Jutta Vesper
Diplom-Dolmetscherin aiic
Haffstraße 12
53225 Bonn

D1683721

DICTIONARY
OF WOOD SCIENCE AND TECHNOLOGY

ENGLISH-GERMAN · GERMAN-ENGLISH

by

PETER MÜHLE

1992

OSCAR BRANDSTETTER VERLAG · WIESBADEN

WÖRTERBUCH
DER HOLZWIRTSCHAFT

ENGLISCH-DEUTSCH · DEUTSCH-ENGLISCH

von

PETER MÜHLE

1992

OSCAR BRANDSTETTER VERLAG · WIESBADEN

CIP-Kurztitelaufnahme der Deutschen Bibliothek

Mühle, Peter:
Wörterbuch der Holzwirtschaft : englisch-deutsch, deutsch-englisch /
von Peter Mühle. – 1. Aufl. – Wiesbaden :
Brandstetter, 1992
  Parallelsacht.: Dictionary of wood science and technology
  ISBN 3-87097-157-6
NE: HST

In this dictionary, as in reference works in general, no mention is made of patents, trademark rights, or other proprietary rights which may attach to certain words or entries. The absence of such mention, however, in no way implies that the words or entries in question are exempt from such rights.

In diesem Wörterbuch werden, wie in Nachschlagewerken allgemein üblich, etwa bestehende Patente, Gebrauchsmuster oder Warenzeichen nicht erwähnt. Wenn ein solcher Hinweis fehlt, heißt das also nicht, daß eine Ware oder ein Warenname frei ist.

All rights reserved. No part of this book may be translated, reproduced, stored in information retrieval systems, or transmitted, in any form or by any means – electronic, mechanical, photocopying, recording, or otherwise – without the prior written permission of the publishers.

Dieses Werk ist urheberrechtlich geschützt. Die dadurch begründeten Rechte, insbesondere die der Übersetzung, des Nachdruckes, der Funksendung, der Wiedergabe auf photomechanischem oder ähnlichem Wege und der Speicherung in Datenverarbeitungsanlagen bleiben, auch bei nur auszugsweiser Verwertung, vorbehalten.

1. Auflage 1992
Copyright © 1992 by
OSCAR BRANDSTETTER VERLAG GMBH & CO. KG, WIESBADEN
Gesamtherstellung: Oscar Brandstetter Druckerei GmbH & Co. KG, Wiesbaden
ISBN 3-87097-157-6
Printed in Germany

FÜR MUTTER UND MARIANNE

VORWORT

Ich habe mich bemüht, den Fachwortschatz der Holzwirtschaft gründlich zu erfassen und übersichtlich darzustellen. In der Fülle des hierzu verwendeten Materials haben sich das Holz-Lexikon des DRW-Verlages Stuttgart sowie das Lexikon der Holztechnik des Fachbuchverlages Leipzig als besonders zuverlässige deutschsprachige Quellen erwiesen.
Ohne das Wohlwollen der Herren Helmut R. Schulze (Heidelberg) und Dr. Hans-Dieter Junge (Weinheim) wäre dieses Buch schwerlich entstanden; ihnen gilt mein Dank.
In schwierigen Fragen der maschinellen Manuskriptbearbeitung durfte ich mich auf die uneigennützige Hilfe von Herrn Peter von Zimmermann verlassen.

An Hinweisen zur Verbesserung und Ergänzung der vorliegenden Ausgabe bin ich selbstverständlich interessiert und bitte, diese an den Oscar Brandstetter Verlag, D-6200 Wiesbaden, Postfach 1708, zu richten.

Heidelberg
Herbst 1991
Peter Mühle

Abkürzungen/Abbreviations

Am	amerikanisches Englisch/American English
bes./esp.	besonders/especially
cv.	Sorte/cultivar
f	Femininum/feminine noun
fpl	Femininum pluralis/feminine plural
f. sp.	Spezialform/special form
m	Maskulinum/masculine noun
mpl	Maskulinum pluralis/masculine plural
n	Neutrum/neuter noun
npl	Neutrum pluralis/neuter plural
pl	Plural/plural
s.	siehe/see
s. a.	siehe auch/see also
spp.	Arten/species plural
ssp.	Unterart/subspecies
var.	Varietät/variety
×	Hybride/hybrid
z. B./e. g.	zum Beispiel/for example

Zeichen/Signs

/	plane/to = to plane
( )	Alter (Echter) Fustik = Alter Fustik *oder* Echter Fustik
	contour cutting (sawing) = contour cutting *or* contour sawing
[ ]	Papier[faser]holz = Papierfaserholz *oder* Papierholz
	scarf [joint] = scarf *or* scarf joint
( )	Diese Klammern enthalten Erklärungen
	These brackets contain explanations

PART I
ENGLISH-GERMAN

A

A-frame A-Rahmen *m*, A-Bock *m* *(Holztransport)*
A-mast A-Mast *m*
Aaron's rod Aaronsstab *m* *(Zierleiste)*
abacterial abakteriell, nicht bakteriell [bedingt]
abacus Abakus *m*, Säulendeckplatte *f*
abandoned tree Baumruine *f* *(z. B. nach Schädlingsbefall)*
abatement Verschnitt *m*, Schnittholzabfall *m*; anfallende Späne *mpl*
abdomen Abdomen *n*, Hinterleib *m* *(der Gliederfüßer)*
abele Silberpappel *f*, Weißpappel *f*, Silberaspe *f*, Alber *f*, Populus alba
abienol Abienol *n* *(Diterpenalkohol)*
abietate Abietat *n*, abietinsaures Salz *n*; Abietinsäureester *m*
abietene Abieten *n* *(Harzsäuren-Spaltprodukt)*
abietic acid Abietinsäure *f*, Sylvinsäure *f*, Abieta-7,14-dien-19-carbonsäure *f* *(Harzsäure, Diterpen)*
abietineous tannenartig
ability to stay [in place] Stehvermögen *n*, Stehfestigkeit *f* *(von Holz)*
abnormal heartwood Falschkern *m*, Scheinkern *m*, fakultativer (anomaler, pathologischer) Farbkern *m* *(Holzfehler)*
abrade/to abschleifen
abrasion Abrieb *m*, Abschleifung *f*
~ **resistance** Abriebwiderstand *m*, Abriebfestigkeit *f*, Abschleiffestigkeit *f*
~-**resistant (-resistive)** abriebfest
abrasive [ab]schleifend
abrasive Schleifmittel *n*, Abrasivum *n*
~ **belt** Schleifband *n*
~-**belt polisher** Bandschleifpoliermaschine *f*
~ **cloth** 1. Schleifgewebe *n*; Schleifvlies *n*; 2. Schleifband *n*
~ **dust** Schleifmittelstaub *m*
~ **grain** Schleifkorn *n*
~ **material** Schleifmittel *n*, Abrasivum *n*
~ **paper** Schleifpapier *n*, Schmirgelpapier *n*, Sandpapier *n*
~ **planing** Schleifegalisieren *n*
~ **wear** Abriebverschleiß *m*, Reibverschleiß *m*
absence of knots Astlosigkeit *f*, Astreinheit *f*, Astfreiheit *f*
absolute form factor absolute Formzahl *f* *(Holzmessung)*
~ **form quotient** absoluter Formquotient *m*, k_a *(Holzmessung)*
~ **humidity** absolute Feuchtigkeit (Feuchte) *f*; absolute Luftfeuchtigkeit *f*
absolutely dry absolut trocken, atro, wasserfrei
absorbent paper Fließpapier *n*, Saugpapier *n*
absorption Absorption *f*
abura Abura *n*, ABU, Mitragyna ciliata (rubrostipulata) *(Holzart)*
abut/to bestoßen *(Holzbearbeitung)*
abutment Stoß *m*, Längsstoß *m* *(Holzbau)*
~ **piece** *(Am)* Schwelle *f*, Schwellbalken *m*, Grundholz *n*
abutting joint *s.* abutment
acacia 1. Akazie *f*, Schotendorn *m* *(Gattung Acacia)*; 2. [Gemeine] Robinie *f*, Heuschreckenbaum *m*, Robinia pseudoacacia; 3. *s.* acacin[e]
~ **oil** Akazienöl *n*
acacin[e] Gummiarabikum *n*, Akaziengummi *n* *(von Acacia spp.)*
acajou *s.* 1. cashew 1.; 2. mahogany 1.
acanthus Akanthus *m*, Akanthusblatt *n* *(Ornament)*
~ **cornice** Akanthussims *m*
acapu Wacapou *n*, WAC, Vouacapoua americana, Andira aubletii *(Holzart)*
acaroid gum (resin) Akaroidharz *n*, Grasbaumharz *n* *(bes. von Xanthorrhoea australis)*
accelerated ag[e]ing beschleunigte (künstliche) Alterung *f*
~ **drying** Schnelltrocknung *f*
accelerator Beschleuniger *m*, Härter *m* *(z. B. für Polyesterlacke)*
acceptable daily intake duldbare tägliche Aufnahme *f* *(von Schadstoffmengen)*
acceptance Abnahme *f*, Schlagabnahme *f*, Abposten *n* *(einer Fläche nach dem Holzeinschlag)*
accepted stock Gutstoff *m*, Feinstoff *m*, büttenfertiger Stoff *m* *(Papierherstellung)*
accepts *s.* accepted stock
accessory wood constituent akzessorischer Holzbestandteil *m*, Holzinhaltsstoff *m*, Holzbegleitstoff *m*
accordion Akkordeon *n*
~ **door** Harmonikatür *f*, Falttür *f*
~ **wall** Faltwand *f*
account book paper Geschäftsbücherpapier *n*
accretion Zuwachs *m*, Anwachsen *n*, Zunehmen *n*; Zusammenwachsen *n*
~ **borer** Zuwachsbohrer *m*, Prüfbohrer *m* *(Holzmessung)*
~ **felling** Lichtungshieb *m*; Spätlichtungshieb *m*
~ **in height** Höhenzuwachs *m*, Höhenzunahme *f* *(z. B. von Bäumen)*
accroides [gum] *s.* acaroid gum
accumulation of knots Astansammlung *f*
accuracy to size Maßgenauigkeit *f*
accurate cut sauberer Schnitt *m* *(Holzbearbeitung)*
aceraceous zu den Ahorngewächsen (Aceraceae) gehörend
acetalizing Acetalisierung *f* *(Holzchemie)*
acetate pulp Acetatzellstoff *m*
~ **rayon** Acetatseide *f*
acetic acid Essigsäure *f*
~ **acid lignin** Essigsäurelignin *n*
~ **acid process** Essigsäureverfahren *n* *(zur Gewinnung von Celluloseacetat)*
~ **acid pulping** Essigsäureaufschluß *m*
aceton Aceton *n*, Azeton *n*, Propanon *n* *(Lösungsmittel)*
~ **extract** Acetonextrakt *m*
~-**rosin method** Aceton-Harz-Methode *f* *(Holzkonservierung)*

acetyl celuloid

acetyl celluloid Acetylcelluloid n
~ **group** Acetylgruppe f (Holzbestandteil)
acetylate/to acetylieren (z. B. Holz)
acetylated cellulose Acetylcellulose f, Acetalcellulose f, Celluloseacetat n, CA
acetylation Acetylierung f
acicular nadelförmig, nadelspitzig, acicular
aciculum Nadel f (der Koniferen)
acid-cured adhesive säurehärtender Klebstoff m
~-**free paper** säurefreies Papier n
~ **hydrolysis** saure Hydrolyse f (Holzaufschluß)
~-**insoluble ash** säureunlösliche Asche f (z. B. von Zellstoff)
~-**insoluble lignin** säureunlösliches Lignin n, Runkel-Lignin n
~ **lignin** Säurelignin n
~ **plant** Säurestation f (Papierherstellung)
~ **tar** Säureteer m, Extraktionsteer m
~ **wood** Destillationsholz n
acorn hinge Nußband[scharnier] n
acouchi [resin] Acouchibalsam m (von Protium aracouchili)
acoustic board Akustikplatte f, Schallschluckplatte f; Akustikbrett n
~ **ceiling** Akustikdecke f, Schallschluckdecke f
~ **tile** Akustikplatte f, Schallschluckplatte f
~ **tile adhesive** Akustikplattenklebstoff m
acoustical properties of wood Schalleigenschaften fpl von Holz
acrolith Akrolith m (Holzbildsäule mit steinernen Gliedern)
across the grain quer zur Faser[richtung]
acroterium Akroterion n, Akroterium n (Giebelzierat)
acrylate resin Acrylatharz n, Akrylharz n
acrylic lacquer Acryl[at]lack m
~ **latex paint** Acryllatexlack m
~ **resin** Acryl[at]harz n, Akrylharz n
activated carbon Aktivkohle f
active alkali aktives Alkali n (Zellstoffherstellung)
~ **lignin** Aktivlignin n
actual measure (size) Istmaß n
acute-leaved oak Rote Lebenseiche f, Quercus acuta
AD, A/D, a.d. s. air-dried
addendum of [saw] tooth Kopfhöhe f des Sägezahns, Zahnkopfhöhe f
~ **radius** Zahnkopfradius m
additive Additiv n, Zusatzstoff m (z. B. zu Klebstoffen)
adherend Fügeteil n, Klebling m
adhesion Adhäsion f, Anhaftung f
~ **fracture** Adhäsionsbruch m (einer Klebverbindung)
~ **power** Klebekraft f
~ **test** Haftfähigkeitsprüfung f
adhesive Klebstoff m, Kleber m; Leim m (s.a. unter glue)
~ **additive** Klebstoffzusatz m, Klebstoffzusatzmittel n
~ **application** Klebstoffauftrag m
~ **applicator** Klebstoffauftragmaschine f
~ **base** Kleb[emittel]grundstoff m, Grundstoff m von Klebstoffen
~ **bond** Klebverbindung f
~-**bonded joint** s. ~ joint
~ **bonding** Kleben n, Verkleben n
~ **coating machine** Klebstoffauftragmaschine f
~ **component** Klebstoffkomponente f, Klebstoffbestandteil m
~ **consistency** Klebstoffkonsistenz f
~ **cure temperature** Abbindetemperatur f von Klebstoffen
~ **dispersion** Dispersionsklebstoff m, Klebdispersion f
~ **drying** Klebstoff[ab]trocknung f
~ **film** Kleb[stof]film m; Klebfolie f
~ **formulation** Klebstoffansatz m
~ **gun** Montage[klebe]pistole f
~ **industry** Klebstoffindustrie f
~ **joint** Klebung f, Kleb[e]verbindung f; Klebfuge f
~ **lacquer** Kleblack m
~ **laminating** Klebkaschieren n
~ **layer** Kleb[e]schicht f
~ **mix[ture]** Klebstoffgemisch n, Klebstoffmischung f
~ **paper** Haftpapier n
~ **resin** Klebstoff[kunst]harz n, Klebharz n
~ **solvent** Klebstofflösungsmittel n
~ **strength** Klebfestigkeit f, Bindefestigkeit f; Haftfestigkeit f
~ **system** Klebstoffsystem n
~ **tape** Klebeband n
~ **testing** Klebstoffprüfung f
~ **type** Klebstoffart f, Klebertyp m
adhesiveness Haftvermögen n, Adhärenz f
ADI s. acceptable daily intake
adipocellulose Adipocellulose f
adjective dye Beizfarbe f, Beizenfarbstoff m
adjouaba 1. Adjouaba n, Dacryodes klaineana (Holzart); 2. s. ozigo
adjustable bevel Schmiege f, Stellschmiege f, Schrägmaß n
~ **jointing cutter** Verstellfügefräser m
~ **shelf** verstellbarer Fachboden m
adnation Verwachsung f
Adriatic oak Zerreiche f, Quercus cerris
adsorb/to adsorbieren
adsorption Adsorption f
adult erwachsen, ausgewachsen, reif, adult
~ **wood** Reifholz n, Trockenkernholz n
advance felling Vor[griffs]hieb m, Vorbereitungsschlag m (Holzernte)
advanced decay fortgeschrittener Anbruch m (Holzfehler)
adz (Am) s. adze
adze/to dechseln, [mit der Dechsel] behauen; einblatten
adze Dechsel f(m), Dachsbeil n, Querbeil n, Queraxt f
~-**eye hammer** Zimmererhammer m, Zimmermannshammer m
aeciospore Äzidiospore f (der Rostpilze)
aerial cableway Hochschleppwerk n (Holzernte)
~ **logging** 1. Holzbringung f mit Luftfahrzeugen; 2. Seilkranbringung f
~ **mycelium** Luftmyzel n; Oberflächenmyzel n
~ **skidder** Seilbringungsanlage f, Seilbahn f

~ **skidding** 1. Schweberückung *f*; 2. Seil[kran]bringung *f*
aerobic aerob[isch], unter Luftzutritt [lebend]; unter Sauerstoffzutritt [stattfindend]
aescin Aescin *n (Saponin)*
aesculetin Aesculetin *n (Cumarin)*
AF *s.* Alpine fir
afara Limba *n*, LMB, Terminalia superba *(Holzart)*
afina Afina[holz] *n, (bes.)* Strombosia pustulata
African blackwood Afrikanisches Grenadill *n*, GRA, [Afrikanische] Grenadille *f*, Afrikanisches Ebenholz *n*, Dalbergia melanoxylon
~ **boxwood** Afrikanischer Buchsbaum *m*, Buxus macowani
~ **canarium** Afrikanisches Canarium *n*, CAF, Gabunmahagoni *n*, Canarium schweinfurthii
~ **catechu** Acacia campylacantha *(Holzart)*
~ **celtis** Ohia *n*, OHI, Celtis mildbraedii *(Holzart)*
~ **cherry** *s.* makoré
~ **crabwood** Demerara-Mahagoni *n*, Carapa procera (grandiflora)
~ **ebony** Afrikanisches Ebenholz *n*, EBE, *(bes.)* Diospyros crassiflora
~ **elemi** 1. Afrikanisches Elemi *n (Harz von Canarium schweinfurthii)*; 2. *s.* ~ canarium
~ **fibre** *s.* Algerian fibre
~ **greenheart** *s.* okan
~ **kino tree** Gambia-Rosenholz *n*, Afrikanischer Rosenholzbaum (Sandelbaum) *m*, Pterocarpus erinaceus
~ **locust bean** Nittabaum *m*, Parkia biglobosa
~ **mahogany** 1. Khaya[-Mahagoni] *n*, MAA, Afrikanisches Mahagoni *n (Khaya ivorensis, K. anthotheca, K. grandifoliola, K. senegalensis)*; 2. *s.* red khaya
~ **myrrh** *Gummiharz von Commiphora dalzielii*
~ **oak** Afrikanische Eiche *f*, Oldfieldia africana
~ **oil palm** Palme *f*, Elaeis guineensis
~ **padauk** Afrikanisches Padouk (Sandelholz) *n*, PAF, Pterocarpus soyauxii
~ **pencil cedar** Afrikanisches Bleistiftholz *n*, BAF, Afrikanische Bleistiftzeder *f*, Juniperus procera
~ **pepper tree** Malaguetapfeffer *m*, Äthiopischer Pfefferbaum *m*, Xylopia aethiopica
~ **pine** s. ekaba
~ **pterygota** Koto *n*, KTO, Pterygota macrocarpa *(Holzart)*
~ **rosewood** 1. Afrikanisches Rosenholz *n (von Pterocarpus erinaceus und P. sieberiana)*; 2. *s.* bubinga
~ **satinwood** Olonvogo *n*, Fagara macrophylla *(Holzart)*
~ **silky oak** Afrikanische Silbereiche (Seideneiche) *f*, Grevillea robusta
~ **teak** 1. Afrikanische Eiche *f*, Oldfieldia africana; 2. *s.* iroko [wood]
~ **thuja** Sandarakbaum *m*, Sandarak[holz] *n*, Thuya-Maser *f*, TUY, Tetraclinis articulata, Callitris quadrivalvis
~ **walnut** Dibétou *n*, DIB, Tigerholz *n*, Westafrikanischer Walnußbaum *m*, Lovoa klaineana (trichilioides)
~ **whitewood** *s.* ayous
~ **wisteria** Lonchocarpus urucu (nitidus) *(Holzart)*
~ **zebra wood** Zingana *n*, ZIN, Microberlinia brazzavillensis *(Holzart)*
afrormosia Kokrodua *n*, Afrormosia *n*, AFR, Afrormosia (Pericopsis) elata *(Holzart)*
after-rabbeting, ~-rebating Nachfalzen *n*
afzelia Afzelia *n*, AFZ, Doussie[holz] *n, (bes.)* Afzelia africana
against the grain gegen die Faser[richtung], gegen den Faserverlauf
agalloch[um], agalwood Adlerholz *n*, Kalumbakholz *n*, Aloeholz *n*, Agalloche *n*, Aquilaria agallocha
agar-block test Klötzchenmethode *f*, Klötzchenverfahren *n (Holzschutz)*
~ **wood** *s.* agalloch[um]
agaric 1. Blätterpilz *m*, Hutpilz *m (Ordnung Agaricales)*; 2. Zunderschwamm *m (bes. Gattung Fomes)*
agaru Dysoxylum decandrum *(Holzart)*
agate burnisher Achatpolierwerkzeug *n*, Achatpolierstein *m (des Vergolders)*
~ **paper** Achatpapier *n*
agba Agba *n*, AGB, Tola[holz] *n*, Gossweilerodendron balsamiferum
ageing Alterung *f (z. B. von Holz)*
agglutinant Klebemittel *n*, Kleber *m*; Bindemittel *n*
agglutinate/to zusammenkleben; [zusammen]leimen, verleimen; verbinden
aggregate ray zusammengesetzter Holzstrahl *m*, falscher Markstrahl *m*, Scheinmarkstrahl *m*
agila wood *s.* agalloch[um]
aging *s.* ageing
aieli Afrikanisches Canarium *n*, CAF, Gabunmahagoni *n*, Canarium schweinfurthii
aini Artocarpus hirsuta *(Holzart)*
air-dried luftgetrocknet, natürlich (an der Luft) getrocknet
~~**-driven clamp** pneumatische Spannvorrichtung *f*
~~**-dry/to** lufttrocknen, an der Luft trocknen
~~**-dry** lufttrocken, lutro; luftgetrocknet
~~**-dry pulp** lufttrockener Zellstoff *m*
~~**-drying** Lufttrocknung *f*, Freilufttrocknung *f*, Trocknung *f* an der Luft, natürliche Trocknung *f*
~~**-drying yard** Holzlagerplatz *m*
~ **embolism** Luftembolie *f (Holzphysiologie)*
~ **felting** pneumatische Verfilzung *f*, Luftverfilzung *f (Faser- und Spanplattenherstellung)*
~ **flotation dryer** Schwebetrockner *m (z. B. für Holzpartikel)*
~ **humidity** Luftfeuchte *f*, Luftfeuchtigkeit *f*
~ **jet coating** Luftdüsenstrich *m (Papierherstellung)*
~~**-knife-coated paper** luftschabergestrichenes Papier *n*
~ **knife coater** Luftschaberstreichmaschine *f*, Luftmesserstreichmaschine *f (Papierherstellung)*

~ **knife coating** Luftschaberstreichverfahren *n*, Luftmesserstrich *m*
~ **pit** blinder Tüpfel *m* *(Holzanatomie)*
~-**seasoned** luftgetrocknet; lufttrocken, lutro
~ **seasoning** Lufttrocknung *f*, Freilufttrocknung *f*, Trocknung *f* an der Luft, natürliche Trocknung *f*
~ **separator** Windsichter *m*
~ **stapler** Druckluftheſter *m*
~ **tacker** Drucklufinagler *m*
~ **tool** Druckluftwerkzeug *n*
airbrasive process Luftschleifprozeß *m*, Luftschleifverfahren *n* *(Holzkonservierung)*
aircraft plywood Flugzeug[bau]sperrholz *n*, Sperrholz *n* für den Flugzeugbau
airless paint-spraying unit Airless-Farbspritzgerät *n*, druckluftlos arbeitendes Farbspritzgerät *n*
~ **spraying** druckluftfreies (hydraulisches) Spritzen *n*, Airless-Verfahren *n* *(Anstrichtechnik)*
airspace between [the] panes Scheibenzwischenraum *m* *(Isolierglas)*
airway Belüftung *f* *(Kaltdach)*
aisle post Arkadensäule *f*; Arkadenpfeiler *m*
akamatsu Akamatsu *n*, Japanische Rotkiefer *f*, Pinus densiflora
Akerblom chair Akerblomstuhl *m*
alabaster board Alabasterkarton *m*
alamo Nordamerikanische Schwarzpappel *f*, Populus deltoides
Alaska-cedar (-cypress) Nutka-Scheinzypresse *f*, Gelbzeder *f*, Chamaecyparis nootkatensis
~ **pine** Westamerikanische Hemlocktanne *f*, Tsuga heterophylla
Alberta white spruce Picea glauca var. albertiana, SWW *(Holzart)*
albizia Musase *n*, *(bes.)* Albizia ferruginea *(Holzart)*
albumin glue Albuminleim *m*, Blutalbuminleim *m*
alburnum Splint *m*, Splintholz *n*, Weichholz *n*
~ **ring** Splintholz[jahr]ring *m*
alchitran 1. [flüssiges] Koniferenharz *n*; 2. Zedernöl *n*; Wacholderöl *n*
Alcock spruce Alcock's Fichte *f*, Buntfichte *f*, Picea alcoquiana (bicolor)
alcohol Alkohol *m*
~-**benzene extract** Alkohol-Benzen-Extrakt *m* *(Holzanalyse)*
~-**benzene extraction** Alkohol-Benzen-Extraktion *f*
~-**ether method** Alkohol-Ether-Methode *f* *(Holzkonservierung)*
~ **lignin** Alkohollignin *n*
~ **stain** Alkoholbeize *f*
~ **test** Alkoholtest *m* *(zur Holzartenbestimmung)*
alcoholic varnish Alkoholfirnis *m*
alcornoque Alcornocorinde *f* *(Färbemittel bes. von Alchornea spp.)*
alcove Alkoven *m*, Bettnische *f*
alder 1. Erle *f*, ER *(Gattung Alnus)*; 2. Schwarzerle *f*, Roterle *f*, Gemeine Erle *f*, Alnus glutinosa; 3. Erlenholz *n*
~ **buckthorn** [Gemeiner] Faulbaum *m*, Pulverholz *n*, Hautbaum *m*, Rhamnus frangula
~ **wood** Erlenholz *n*
aldern 1. erlen, aus Erlenholz; 2. *s.* alder
aldonic acid Aldonsäure *f*, Onsäure *f* *(Holzchemie)*
alem Mallotus ricinoides *(Holzart)*
Aleppo pine 1. Aleppokiefer *f*, See[strand]kiefer *f*, Pinus halepensis; 2. Pinus [halepensis var.] brutia
alerce, alerse Patagonische Zypresse *f*, Alerce *f*, ALR, Fitzroya cupressoides
Alexandrian laurel Alexandrinischer Lorbeer *m*, Südsee-Eisenholz *n*, Calophyllum inophyllum
algar[roba] Johannisbrotbaum *m*, Karobenbaum *m*, Ceratonia siliqua
algarrobilla Algarobilla *n* *(Gerbfrucht bes. von Caesalpinia brevifolia)*
Algerian cedar Atlaszeder *f*, Atlantische Zeder *f*, Cedrus atlantica
~ **fibre** vegetabilisches Roßhaar *n*, Crin végétal *n* *(von Chamaerops humilis)*
~ **fir** Algiertanne *f*, Numidische Tanne *f*, Abies numidica
~ **oak** Kanarische Eiche *f*, Quercus canariensis
alien inclusion Fremd[körper]einschluß *m* (in Rohholz)
aliform aliform, flügelartig, augenförmig *(Holzparenchym)*
align/to ausrichten *(z. B. Langholz)*
aligna *s.* afzelia
alive grün, naß *(Holz)*
alkali bifluoride Alkalihydrogenfluorid *n*, Alkalibifluorid *n* *(Holzschutzmittel)*
~ **carbonate** Alkalicarbonat *n* *(Holzschutzmittel)*
~ **cellulose** Alkalicellulose *f*
~ **dichromate** Alkalidichromat *n* *(Holzschutzmittel)*
~ **extraction [stage]** Alkaliextraktion *f*, Alkaliwäsche *f* *(Bleichstufe)*
~ **fluoride** Alkalifluorid *n* *(Holzschutzmittel)*
~ **lignin** Alkalilignin *n*, Sodalignin *n*; Sulfatablaugenlignin *n*
~ **make-up** Alkalizusatz *m* *(Papierherstellung)*
~-**peroxide pulping** schwefelfreier Holzaufschluß *m*
~ **pulp** alkalisch aufgeschlossener (gekochter) Zellstoff *m*
~ **refining liquor** Alkali-Veredelungslauge *f*, alkalische Zellstoffveredelungslauge *f*
~ **resistance** Alkaliresistenz *f*, Alkalibeständigkeit *f* *(z. B. von Zellstoff)*
~-**resistant** alkaliresistent, alkalibeständig
~ **solubility** Alkalilöslichkeit *f* *(z. B. von Zellstoff)*
alkaline cook[ing] Alkalikochung *f* *(Papierherstellung)*
~ **cooking liquor** Kochlauge *f*
~ **extraction tower** Alkali[sierungs]turm *m* *(Papierherstellung)*
~-**pulping** alkalischer Zellstoffaufschluß (Aufschluß) *m*; Natronaufschluß *m*
~ **stripper** alkalisches Abbeizmittel *n*, Ablaugmittel *n*
~ **sulphite process (pulping)** alkalischer Sulfitaufschluß *m* *(Zellstoffherstellung)*

alkaloid Alkaloid n *(Holzinhaltsstoff)*
alkanet Schminkwurz f, Alkanna[wurzel] f, Färberochsenzunge f, Alkanna tinctoria (tuberculata)
~ **root** Alkannawurzel f *(von Alkanna tinctoria)*
alkannin Alkannin n, Alkannafarbstoff m *(von Alkanna tinctoria)*
alkyd Alkydharz n
~**-based paint** Alkydharzfarbe f
~**[-resin] lacquer** Alkydharzlack m
~ **varnish** Alkydharzklarlack m
alkyl cellulose Alkylcellulose f
all-ground lift truck Gelände[gabel]stapler m
~**-heart** splintfrei, vollkernig *(Holz)*
~**-metal timber dryer** Ganzmetall-Holztrockner m
~**-purpose adhesive** Alleskleber m
~**-rag paper** Hadernhalbstoffpapier n
~**-round visibility cab** Vollsichtkabine f *(z. B. von Holzerntemaschinen)*
~**-sapwood tree** Splintholzbaum m
~**-veneer panel** Furnierplatte f
~**-veneer plywood** Furniersperrholz n, FU
~**-weather cab** Allwetterkabine f, Allwetterverdeck n
~**-weather wood foundation** Allwetter-Holzfundament n
~**-wheel drive** Allradantrieb m, Einzelradantrieb m
~**-wheel drive tractor** Allradtraktor m, Allradschlepper m
~**-wood** ganz aus Holz [bestehend]; Ganzholz...; Vollholz...
~**-wood construction** Ganzholzbauweise f
~**-wood door** Ganzholztür f
Allegheny chinkapin Zwergkastanie f, Ki-Eiche f, Castanea pumila
aller s. alder
alligator Gabelrückeschlitten m *(Holztransport)*
~ **connector** Alligatorring m, Alligator-Zahnringdübel m
~ **cracks** s. alligatoring
~ **juniper** Alligatorwacholder m, Juniperus deppeana
~ **pear** s. avocado [pear]
alligatoring Runzelbildung f *(Anstrichschaden)*
allowable defect zulässiger Fehler m *(z. B. in Holz)*
~ **glue-line stress** zulässige Klebfugenspannung f
~ **stress** zulässige Spannung f *(Statik)*
~ **stress in bending** zulässige Biegespannung f
allowance for bark Rindenabschlag m, Rindenabzug m, Maßvergütung f für Rinde
~ **for defects** Fehlerabzug m *(Holzbewertung)*
~ **for shrinkage** Schwundzugabe f *(Holzbewertung)*
allthorn Koeberlinia spinosa *(Holzart)*
~ **acacia** Weißdornakazie f, Kapschotendorn m, Acacia karoo (horrida)
almaciga Agathis philippensis *(Holzart)*
almacigo Bursera simaruba (gummifera) *(Holzart)*
almery Almosenschrank m
almique Kubanischer Eisenholzbaum m, Labourdonnaisia albescens
almon Almon n, Shorea almon *(Holzart)*
almond [Gemeiner] Mandelbaum m, Echte Mandel f, Prunus dulcis (amygdalus)
~**-leaved pear** Mandelblättriger Birnbaum m, Pyrus spinosa (amygdaliformis)
~**-leaved willow** Mandelweide f, Pfirsichweide f, Salix triandra
~ **tree** 1. Terminalia latifolia *(Holzart)*; 2. s. almond
~ **wood** Coula edulis *(Holzart)*
alnus Erle f *(Gattung Alnus)*
aloes wood s. agalloch[um]
alona wood *(Am)* s. African walnut
along the grain in Faserrichtung, längs der Faser, faserparallel
alouchi resin Elemi[harz] n, Takamahak n *(von Protium spp.)*
alpaca Alpakawolle f *(Polsterfüllstoff)*
alpenhorn Alphorn n, Holztrompete f
alpestrine 1. Alpen...; 2. subalpin[isch], unter der Baumgrenze [wachsend]; bis zur Nadelwaldgrenze reichend
alpha cellulose Alphacellulose f, α-Cellulose f
~**-pinene** Alpha-Pinen n, α-Pinen n, Pin-2-en n
alpigene s. Alpine
Alpine alpin; Alpen...; Hochgebirgs...
~ **ash** Eucalyptus delegatensis (gigantea) *(Holzart)*
~ **fir** Felsengebirgstanne f, Westamerikanische Balsamtanne f, Abies lasiocarpa (subalpina)
~ **larch** Lyalls Lärche f, Larix lyallii
~ **western spruce** Berghemlocktanne f, Tsuga mertensiana
~ **white-bark pine** Weißstammzirbe f, Pinus albicaulis
alstonia Emien n, Alstonia f, Alstonia congensis *(Holzart)*
altar coffer Altartruhe f
~ **furniture** Altarmöbel npl
~ **table** Altartisch m
alternate pitting wechselständige (alternierende) Tüpfelung f *(Holzanatomie)*
~ **top bevel grind** wechselseitiger Schrägschliff m *(Kreissägeblatt)*
alternating-pressure process Wechseldruckverfahren n, alternierende Drucktränkung f *(Holzschutz)*
~ **spiral grain** Wechseldrehwuchs m *(Holzfehler)*
alto-relievo, ~-rilievo Hochrelief n, Hautrelief n
~ **violin** Viola f, Bratsche f *(Streichinstrument)*
aluminium-cladded [wood] window Aluminium-Holz-Fenster n, Holz-Alu-Fenster n
~ **fluorosilicate** Aluminium[hexa]fluorosilicat n *(Holzschutzmittel)*
~ **leaf** Blattaluminium n
~ **nail** Aluminiumnagel m
aluminum ... *(Am)* s. aluminium ...
amabilis fir Purpurtanne f, Abies amabilis
amaga Diospyros discolor *(Holzart)*
amaltas Gerbrindenextrakt von Cassia fistula
amaranth Amarant n, AMA, Violettholz n, Bischofsholz n, Purpurholz n, Luftholz n *(von Peltogyne spp.)*
amargoso [bark] Bitterrinde f, Quassiarinde f *(von Quassia amara)*

amari

amari Amari *n*, Amoora wallichii *(Holzart)*
amateur turner Hobbydrechsler *m*
amber Bernstein *m*, Succinit *m* *(Hartharz)*
~ **acid** Bernsteinsäure *f*, Butandisäure *f*, Succinsäure *f*
~ **oil** Bernsteinöl *n*
~ **varnish** Bernsteinlack *m*
amberoi Amberoi *n*, *(bes.)* Pterocymbium beccarii *(Holzart)*
Amboina pine *s.* amboyna pine
~ **wood** Malabar-Kinobaum *m*, Pterocarpus marsupium
amboyna 1. Padoukmaser *f*, Amboyna *n* *(von Pterocarpus indicus)*; 2. Dammaraholz *n* *(von Agathis dammara)*
~ **pine (pitch tree)** Dammarabaum *m*, Dammaratanne *f*, Kaori *m*, Agathis dammara (alba)
ambrosia beetle 1. Ambrosiakäfer *m*, Kern[holz]käfer *m* *(Familie Platypodidae)*; 2. Ambrosiakäfer *m*, pilzzüchtender Käfer *m* *(bes. Xyloterus spp. und Xyleborus spp.)*
~ **fungus** Ambrosiapilz *m* *(Sammelbegriff)*
ambry Almosenschrank *m*
American arbor vitae Riesenthuja *f*, Riesenlebensbaum *m*, RCW, Rote Zeder *f*, Thuja plicata (gigantea)
~ **ash** 1. Amerikanische Esche *f*, ESA *(Holzartengruppe)*; 2. Weißesche *f*, Amerikanische Esche *f*, Fraxinus americana
~ **aspen** Amerikanische Zitterpappel *f*, Populus tremuloides
~ **basswood** Amerikanische Linde *f*, Tilia americana (glabra)
~ **beech** Amerikanische Buche *f*, Fagus grandifolia
~ **black walnut** Schwarznußbaum *m*, Amerikanischer Nußbaum *m*, NBA, Juglans nigra
~ **cherry** *s.* black cherry
~ **chestnut** Amerikanische Edelkastanie (Kastanie) *f*, Castanea dentata (americana)
~ **ebony** Kokusholz *n*, Brya *(Aspalathus)* ebenus
~ **elm** Amerikanische Ulme (Rüster) *f*, RUA, Weißulme *f*, Weißrüster *f*, Ulmus americana (alba)
~ **gum** Bursera simaruba (gummifera) *(Holzart)*
~ **holly** Amerikanische Stechpalme *f*, Ilex opaca
~ **hornbeam** Amerikanische Hainbuche (Weißbuche) *f*, Amerikanischer Hornbaum *m*, Carpinus caroliniana
~ **horse-chestnut** Kalifornische Roßkastanie (Pavia) *f*, Aesculus californica
~ **ironwood** Virginische Hopfenbuche *f*, Ostrya virginiana
~ **lime** Amerikanische Linde *f*, Tilia americana (glabra)
~ **mahogany** Amerikanisches (Echtes) Mahagoni *n*, Festlandmahagoni *n*, Swietenia macrophylla
~ **oak** Bungur *n*, Lagerstroemia speciosa *(Holzart)*
~ **olive** Amerikanischer Ölbaum *m*, Teufelsholz *n*, Osmanthus americanus
~ **pitch-pine** Sumpfkiefer *f*, Echte Pitchpine (Pechkiefer) *f*, Pinus palustris

~ **plane** Abendländische (Amerikanische) Platane *f*, Platanus occidentalis
~ **post oak** Eiseneiche *f*, Pfahleiche *f*, Quercus stellata
~ **red gum** [Amerikanischer] Amberbaum *m*, Sweetgum *n*, SWG, Guldenbaum *m*, Liquidambar styraciflua
~ **red oak** [Amerikanische] Roteiche *f*, Quercus rubra (borealis)
~ **storax** Amerikanischer Storax *m* *(Balsam von Liquidambar styraciflua)*
~ **sumac[h]** Dividivibaum *m*, Caesalpinia coriaria
~ **sycamore** Amerikanische Platane *f*, Platanus occidentalis
~ **walnut** *s.* ~ black walnut
~ **white oak** [Amerikanische] Weißeiche *f*, Quercus alba
~ **whitewood** Whitewood *n*, WIW, Tulpenbaum *m*, Liriodendron tulipifera
~ **willow** Amerikanische Weide *f*, Amerikanerweide *f*, Salix rigida (americana)
~ **yellowwood** Gelbholz *n*, Cladrastis lutea (tinctoria)
amine hardener Aminhärter *m*, Aminhärtungsmittel *n*
amino-acid Aminosäure *f* *(Holzinhaltsstoff)*
~ **lignin** Aminolignin *n*
aminobenzene Aminobenzen *n*, Anilin *n*
aminoplastic resin Aminoplastharz *n*
ammonia Ammoniak *n*
ammoniac Ammoniakgummi[harz] *n*, Ammoniacum *n* *(bes. von Dorema ammoniacum)*
ammoniacal copper hydroxide Kupferoxidammoniak *n*, Cuoxam *n*, Schweizers Reagens *n* *(Lösungsmittel für Cellulose)*
ammonium borate Ammoniumborat *n* *(Holzschutzmittel)*
~ **bromide** Ammoniumbromid *n* *(Holzschutzmittel)*
~ **chloride** Ammoniumchlorid *n*, Salmiak *m(n)* *(Holzschutzmittel)*
~ **compound** Ammoniumverbindung *f*
~ **hydrogenfluoride** Ammoniumhydrogenfluorid *n* *(Holzschutzmittel)*
~ **sulphate** Ammon[ium]sulfat *n* *(Holzschutzmittel)*
ammunition box Munitionskiste *f*
amoora Amoora rohituke *(Holzart)*
amoretto Amorette *f* *(Dekorationsmotiv)*
amorphous cellulose amorphe Cellulose *f*
amount of set Schränkmaß *n*
Amur cork Amurkorkbaum *m*, Phellodendron amurense
~ **fir** Nierenschuppige (Mandschurische) Tanne *f*, Abies nephrolepis
~ **maple** Feuerahorn *m*, Mandschurischer Ahorn *m*, Acer ginnala
amyl acetate Amylacetat *n* *(Lösungsmittel)*
amyloid Amyloid *n* *(Cellulosechemie)*
amylopectin Amylopektin *n* *(Holzinhaltsstoff)*
amylose Amylose *f* *(Polysaccharid)*
amyrin Amyrin *n* *(Triterpen)*

amyris Amyris *n*, Venezuela-Sandelholz *n*, Amyris balsamifera
amyrol *s.* amyrin
ana-tree Weiße Akazie *f*, Ana-Akazie *f*, Acacia (Faidherbia) albida
anacard Sumachgewächs *n* (Familie Anacardiaceae)
anacardiaceous zu den Sumachgewächsen (Anacardiaceae) gehörend
anaerobic anaerob[isch], unter Luftabschluß [lebend]; unter Sauerstoffabschluß [stattfindend]
analysis of annual rings Jahr[es]ringanalyse *f*
analytical lignin analytisches Lignin *n*
anan Tembusu *n*, Trai *n*, Fagraea fragrans (gigantea) *(Holzart)*
anchor beam verkeilter Träger (Balken) *m*
~ **block** Dübelblock *m*
~ **bolt** Ankerbolzen *m*, Ankerschraube *f*
~ **pile** Verankerungspfahl *m*, Ankerpfahl *m*
~ **tower** Verankerungsturm *m* *(einer Seilkrananlage zum Holztransport)*
Andaman bowwood Sageraea elliptica *(Holzart)*
~ **bulletwood** Manilkara littoralis *(Holzart)*
~ **marblewood** Diospyros marmorata *(Holzart)*
~ **padouk (redwood)** Andamanen-Padouk *n*, Pterocarpus dalbergioides *(Holzart)*
andarac *s.* sandarac[h]
anemometer Anemometer *n*, Luftströmungs-Geschwindigkeitsmesser *m*
angelin Angelin *n*, ANG, Rebhuhnholz *n*, Andira inermis
angelique Angelique *n*, AGQ, Dicorynia paraensis (guianensis) *(Holzart)*
angiosperm Angiosperme *f*, Bedecktsamer *m*, bedecktsamige Blütenpflanze *f* *(Abteilung Angiospermae)*
angiospermous angiosperm[isch], bedecktsamig, zu den Angiospermae gehörend
~ **wood** Laubholz *n*, LH
angle block Verstärkungszwickel *m* *(in Rahmenwinkeln)*
~ **board** Schrägbrett *n* *(Holzbau)*
~ **brace** Winkelstrebe *f*, Eckstrebe *f*
~ **bracket** 1. Betonwinkel *m* *(Holzverbinder)*; 2. *s.* ~ block
~ **bridle [joint]** einseitiger Gehrungszapfen *m*, einseitig auf Gehrung gearbeitete Überblattung *f*, Scherzapfen *m* einseitig auf Gehrung
~~**-count method** Winkelzählmethode *f* [nach Bitterlich], Winkelzählprobe *f*, WZP *(Holzmessung)*
~~**-count gauge** Bitterlich-Stab *m*, Bitterlich-Gerät *n* *(Holzmessung)*
~ **cut** Winkelschnitt *m*, Schrägschnitt *m*
~~**-cut paper** Schrägschnittpapier *n*, Diagonalschnittpapier *n*
~ **fastener** Winkelverbinder *m*
~ **fillet** Winkelleiste *f*, Dreikantleiste *f*
~~**-gauge method** *s.* ~-count method
~ **grain** Schrägfaser *f*
~ **grinder** Winkelschleifer *m*
~ **halving** [durchgehend] überblattete Rahmeneckverbindung *f*, gerades Blatt *n* als Querverbindung
~ **joint** Winkelverbindung *f*, Winkelstoß *m*
~ **of streak** Rißwinkel *m* *(zwischen Tropfrinne und Schnittrille bei der Harzung)*
~ **paper** Schrägschnittpapier *n*, Diagonalschnittpapier *n*
~ **post** Eckpfosten *m*, Eckstiel *m* *(Holzbau)*
~ **rafter** Gratsparren *m*, Walmsparren *m*
~ **strut** Winkeldruckstab *m*
~ **tie** Winkelstrebe *f*, Eckstrebe *f*
angled stair gewinkelte Treppe *f*
angostura bark Angosturarinde *f* *(von Cusparia trifoliata)*
~ **bark oil** Angosturarindenöl *n*
aniline Anilin *n*, Aminobenzen *n*
~ **dye** Anilinfarbstoff *m*
~ **wood** Anilinholz *n*
~ **wood stain** Anilin[holz]beize *f*
animal glue Tierleim *m*, tierischer Leim *m*, Glutinleim *m*, KG
~ **hauling** Bringung *f* mit Tieren *(Holztransport)*
~ **sizing** Papierleimung *f* mit Gelatine, Gelatineleimung *f*
~ **skidding** Gespannrückung *f*, Holzrücken (Rücken) *n* mit Tieren
~ **traction** Gespannzug *m*; Zugtierbetrieb *m*
animé copal Animé-Kopal *m* *(bes. von Hymenaea courbaril)*
anisotropic shrinkage anisotrope Schwindung *f* *(von Holz)*
anisotropy Anisotropie *f*
annual annuell, einjährig
annual Annuelle *f*, Einjahrespflanze *f*
~ **growth layer (ring)** *s.* ~ ring
~ **ring** Jahrring *m*, Jahresring *m*; Zuwachsring *m*, Wuchsring *m*, Vegetationsring *m* *(Holzanatomie)*
~~**-ring boundary** Jahr[es]ringgrenze *f*, Jahresgrenze *f*
~~**-ring formation** Jahrringbildung *f*
~~**-ring index** Jahrringindex *m*
~~**-ring structure** Jahrringaufbau *m*
~~**-ring width** Jahrringbreite *f*
annular delamination Ringschäle *f* *(Holzfehler)*
~ **ring** *s.* annual ring
~~**-ringed shank nail, annularly threaded nail** Rillennagel *m*
annulet Schaftring *f* *(des dorischen Kapitells)*
anobiid beetle Nagekäfer *m*, Bohrkäfer *m*, Werkholzbohrkäfer *m*, Klopfkäfer *m* *(Familie Anobiidae)*
anomalous growth Mißwuchs *m*
anorganic anorganisch
ant Ameise *f* *(Familie Formicidae)*
antefix Antefixum *n*, Zierecke *f* [über Gesimsen]
anthemion Anthemion *n*, Geißblattmotiv *n*
anthraquinone pulping Anthrachinonaufschluß *m* *(Zellstofferzeugung)*
anti-kick-[back] device Rückschlagsicherung[svorrichtung] *f*
antiacid paper säurefreies Papier *n*
antiaris Antiaris *n*, AKO, Antiaris africana *(Holzart)*
antibiotic antibiotisch, wachstumshemmend
antibiotic Antibiotikum *n*, [pflanzlicher] Hemmstoff *m*

anticlinal [cell] division antikline Zellteilung *f* (*Holzbildung*)
anticlockwise spiral grain Linksdrehwuchs *m*, sonn[enläuf]iger Drehwuchs *m*
antifouling coat Antifoulinganstrich *m*
~ **paint** Antifoulinganstrichstoff *m*, anwuchsverhindernder Anstrichstoff *m*, Antifoulingfarbe *f*
antigame protective agent Wildverbißschutzmittel *n*
antique/to antikisieren, patinieren (*Möbel*)
antique antik, altertümlich
antique Antiquität *f*
~ **dealer** Antiquitätenhändler *m*
~ **furniture** Antikmöbel *npl*, antike Möbel *npl*
~ **nail** Polster[zier]nagel *m*, Rundkopfpolsternagel *m*
~ **piece of furniture** Antikmöbelstück *n*, antikes Möbelstück *n*
~ **restorer** Antikmöbelrestaurator *m*
antirot fäulnis[ver]hindernd, fäulnishemmend
antishrinkage treatment schwindungsverhütende Behandlung *f* (*von Holz*)
antislip device Antischlupfeinrichtung *f*
antistain chemical (fungicide) Bläueschutzmittel *n*
~-**treated** bläueschutzbehandelt
~ **treatment** Bläueschutz[mittel]behandlung *f*
ant's wood 1. Eisenholz *n*, Bumelia angustifolia; 2. Eisenholz *n*, Sideroxylon obovatum
anvil block Amboßklotz *m*
apamate Apamate *n*, Roble *n*, (bes.) Tabebuia rosea (*Holzart*)
aperture moulding machine Ausschnittfräsmaschine *f*
apitong Keruing *n*, YAN, Gurjun *n*, Apitong *n* (*Holz von Dipterocarpus spp.*)
apothecary chest Medikamentenschränkchen *n*
apothecium Apothecium *n*, Becherpilzfruchtkörper *m*
apotracheal-banded apotracheal-bandförmig, apotracheal-konzentrisch (*Holzparenchym*)
~-**diffuse** apotracheal-zerstreut (*Holzparenchym*)
~ **[wood] parenchyma** apotracheales Parenchym (*Holzparenchym*) *n*
apparent modulus of elasticity scheinbarer Elastizitätsmodul *m*, apparenter E-Modul *m*, E_b
apple *s*. ~ tree
~ **family** Kernobstgewächse *npl* (Unterfamilie Pomoideae)
~ **tree** 1. Apfelbaum (*Gattung Malus*); 2. Apfelbaum *m*, Malus sylvestris (pumila)
~ **wood** Apfel[baum]holz *n*
apprentice carpenter Zimmererlehrling *m*
apron 1. Sturzbrett *n*; Verkleidung *f*; 2. Siebleder *n* (*Papierherstellung*); 3. Rollenunterlage *f* (*Holztransport*)
~ **lining** Treppenbalkenbeschalung *f*
~ **piece** Holztreppenträger *m*
~-**plate conveyor** Plattenband *n*, Plattenbandförderer *m*
aqueous pulp [wäßrige] Faserstoffsuspension *f*
arabesque Arabeske *f*, Rankenornament *n*, Schnörkelornament *n*

Arabian juniper Juniperus phoenicea (*Holzart*)
~ **tea [plant]** Kathstrauch *m*, Catha edulis
arabinan Arabinan *n* (*Holzpolyose*)
arabinogalactan Arabinogalactan *n* (*Hemicellulose*)
arabinogalacton Arabinogalacton *n* (*Hemicellulose*)
arabinose Arabinose *f*, Ara (*Monosaccharid*)
arabinoxylan Arabinoxylan *n* (*Hemicellulose*)
arar *s*. sandarac[h] tree
arariba Arariba *n*, (bes.) Centrolobium paraense (*Holzart*)
arbiter Arbiter *m*, Schiedsgutachter *m*, vereidigter Prüfer *m* (*Holzhandel*)
arbitrage, arbitrament Arbitrage *f*
arbor 1. Baum *m* (s.a. unter tree); 2. Achse *f*, Spindel *f*; Welle *f*, Werkzeugwelle *f*; Fräs[er]dorn *m*, Fräserspindel *f*
~ **vitae** Lebensbaum *m*, Thuja *f* (*Gattung Thuja*)
arboraceous *s*. arborescent
arboreal 1. baumartig, baumähnlich, arboreszent; Baum...; 2. auf Bäumen lebend, arborikol
arborescent arboreszent, baumartig, baumähnlich
arboretum Arboretum *n*, Baumgarten *m*, Gehölzgarten *m*, Dendrarium *n*
arboriform baumförmig
arcade Arkade *f*
~-**post** Arkadensäule *f*; Arkadenpfeiler *m*
arch truss Bogenfachwerk *n*
arched beam (girder) Bogenträger *m*, Bogen[trag]balken *m*
~ **timber bridge** Holzbogenbrücke *f*
~ **window** Bogenfenster *n*
~ **wooden bridge** Holzbogenbrücke *f*
archery bow Sportbogen *m*
Archimedean drill Drillbohrer *m*
architect's table Zeichentisch *m*
architectural joinery Bautischlerarbeit *f*, Bauschreinerarbeit *f*; Innenausbauten *mpl*
architecture of wood construction Holzbaukunst *f*, Holzarchitektur *f*
architrave 1. Architrav *m*, Epistyl[ion] *n*; 2. *s*. ~ moulding
~ **moulding** Fugendeckleiste *f*, Zierbekleidung *f*
Arctic birch Zwergbirke *f*, Betula nana
area shrinkage Flächenschwindung *f* (*von Holz*)
~ **under felling** Hiebsort *m*, Abtriebsfläche *f*
areng[a] [Echte] Zuckerpalme *f*, Gomutipalme *f*, Arenga pinnata (saccharifera)
argan tree Arganbaum *m*, Eisenholzbaum *m*, Argania spinosa (sideroxylon)
Argentine willow Argentinische Weide *f*, Salix humboldtiana
argus pheasant tree Drachenapfelbaum *m*, Dracontomelon dao
Arizona ash Fraxinus velutina (*Holzart*)
~ **cypress** Arizonazypresse *f*, Cupressus arizonica
~ **madrona** Arbutus arizonica (*Holzart*)
~ **oak** Quercus arizonica (*Holzart*)
~ **pine** Pinus edulis (*Holzart*)
~ **sycamore** Platanus wrightii (*Holzart*)
~ **white oak** Quercus arizonica (*Holzart*)

ark chest Runddeckeltruhe *f*, Truhe *f* mit gewölbtem Deckel
Arkansas ash Wasseresche *f*, Fraxinus caroliniana
~ **oilstone** Arkansasstein *m*, Arkansas-Abziehstein *m*
~ **[short-leaf] pine** Amerikanische Kiefer *f*, Glattkiefer *f*, Pinus echinata
arm 1. starker Ast *m*, Hauptast *m*; 2. Armlehne *f*
armchair Armlehnstuhl *m*; Sessel *m*, Arm[lehn]sessel *m*, Fauteuil *m*
~ **leg** Sesselfuß *m*
Armenian bole *s.* bole 2.
arming chest Waffentruhe *f*, Wehrtruhe *f*
armoire Großschrank *m*, [großer] Kleiderschrank *m*; Dielenschrank *m*, Schapp *m*
armour-plate glass Panzerglas *n*
armrest Armlehne *f*
arolla [pine] Zirbel[kiefer] *f*, Arve *f*, Pinus cembra
aromatic [compound] aromatische Verbindung *f* *(Holzinhaltsstoff)*
arrangement of beams Balkenanordnung *f*
~ **of trusses** Binderanordnung *f*, Binderverteilung *f*
arris [scharfe] Kante *f*, Grat *m*
~ **fillet** *s.* eaves board
~ **knot** Doppelkantenast *m*, zusammengenähter Ast *m*
~ **rail** Gratriegel *m* *(Tischlerei)*; Dreikantholz *n*
arrow-back Windsor chair Arrow-back Windsorstuhl *m*
arsenic acid Arsensäure *f* *(Holzschutzmittel)*
~ **compound** Arsenverbindung *f* *(Holzschutzmittel)*
~ **trioxide** Arsentrioxid *n* *(Holzschutzmittel)*
arsenious acid arsenige Säure *f* *(Holzschutzmittel)*
~ **poison** arsenhaltiges Gift *n* *(Holzschutzmittel)*
art deco Art deco *f* *(Stilrichtung)*
~-**deco furniture style** Art-deco-Möbelstil *m*
~ **nouveau** Jugendstil *m* *(Kunststil)*
~-**nouveau carving** Jugendstilschnitzerei *f*
~-**nouveau furniture** Jugendstilmöbel *npl*
~ **of chair-making** Stuhlbaukunst *f*
~ **of sculpture** Bildhauerkunst *f*, Bildhauerei *f*
~ **paper** Kunstdruckpapier *n*, Illustrations[druck]papier *n*
arterial road Abfuhrweg *m*, Hauptabfuhrweg *m* *(Holztransport)*
articulated beam Gelenkträger *m*, Gerberträger *m*
~ **buckle** Gelenkangel *f* *(der Gattersäge)*
~ **skidder** Knickrahmenrücketraktor *m*
~ **steering [system]** Knick[rahmen]lenkung *f*, Rahmenlenkung *f*
artificial ag[e]ing künstliche Alterung *f* *(z. B. von Verklebungen)*
~ **drying** technische (künstliche) Trocknung *f*
~ **artificial form factor** Unechte Formzahl *f*, $f_{1,3}$ *(Holzmessung)*
~ **form quotient** Unechter Formquotient *m* *(Holzmessung)*
~ **parchment** Pergament[ersatz]papier *n*

~ **seasoning** technische (künstliche) Trocknung *f*
~ **silk** Kunstseide *f*, Chemieseide *f*
~ **stone** Kunststein *m* *(Holzschleifer)*
artistic wood-turning Kunstdrechselei *f*
artist's furniture Künstlermöbel *npl*
~ **table** Schreibmöbel des frühen 18. Jahrhunderts mit verstellbaren Arbeitsplatten
arts and crafts movement Arts-and-Crafts-Bewegung *f* *(im englischen Möbelbau des späten 19. Jahrhunderts)*
AS *s.* alkaline sulphite process
asafoetida Asant *m*, Stinkasant *m*, Asa foetida *f*, Teufelsdreck *m* *(Gummiharz bes. von Ferula asa-foetida)*
asbestos Asbest *m*
~-**cement board (sheet)** Asbestzementplatte *f*
ascending face Lachte *f* der steigenden Harzung
ascogonium Ascogon *n* *(Gametangium der Schlauchpilze)*
ascomycete Askomyzet *m*, Schlauchpilz *m* *(Klasse Ascomycetes)*
ascus Askus *m*, Sporenschlauch *m* *(der Ascomycetes)*
asexual propagation ungeschlechtliche Vermehrung *f*, Vegetativvermehrung *f* *(z. B. von Bäumen)*
ash 1. Esche *f* *(Gattung Fraxinus)*; 2. Eschenholz *n*; 3. Asche *f*
~ **bud moth** Eschenzwieselmotte *f*, Prays curtisiana
~ **constituent** Aschenbestandteil *m* *(z. B. des Holzes)*
~ **content** Aschegehalt *m*
~ **determination** Aschenbestimmung *f*
~-**leaved maple** Eschenahorn *m*, Eschenblättriger Ahorn *m*, Acer negundo
ashen eschen, aus Eschenholz
Asiatic afzelia Afzelia xylocarpa *(Holzart)*
~ **birch** Asiatische Birke *f*, Betula costata (ulmifolia)
~ **dogwood** Pagodenhartriegel *m*, Cornus controversa
~ **long-leaved pine** Emodikiefer *f*, Pinus roxburghii (longifolia)
asoka tree Saraca asoka *(Holzart)*
aspen espen, aus Espenholz
aspen 1. Zitterpappel *f*, Espe *f*, Aspe *f*, Populus tremula; 2. Amerikanische Zitterpappel *f*, Populus tremuloides; 3. Großzähnige Pappel *f*, Populus grandidentata
asphalt Asphalt *m*
~ **felt (paper)** Asphaltpapier *n*, Bitumenpapier *n*
~-**treated [fibre]board** Bitumen-Holzfaserplatte *f*, Asphaltfaserplatte *f*
asphaltum Asphalt *m*
aspidospermin Aspidospermin *n* *(Alkaloid)*
aspirated pit pair einseitig verschlossenes Tüpfelpaar *n* *(Holzanatomie)*
~ **psychrometer** Aspirationspsychrometer *n* *(zur Luftfeuchtemessung)*
Asplund defibrator Asplund-Defibrator *m* *(Holzstofferzeugung)*
~ **process** Asplund-[Defibrator]-Verfahren *n*
assegai Zagai *n*, Curtisia faginea *(Holzart)*
assembled piece of carpentry Zimmerwerksatz

assembled piece of carpentry *m*
assembly adhesive Montageklebstoff *m*
~ **glue** Montageleim *m*
~ **gluing** Montage[ver]leimung *f*
~ **joint** Montageverbindung *f*
~ **mark** Abbundzeichen *n*, Bundzeichen *n*, Bundriß *m*
~ **shop** Tischlerei *f* *(einer Möbelfabrik)*
~ **time** Wartezeit *f* *(Klebevorgang)*
assortment 1. Sortierung *f*, Sortieren *n*; Klassifizierung *f*; Zuordnung *f*; 2. Sortiment *n*, Assortiment *n*, Auswahl *f*
~ **formation** Sortenbildung *f*, Sortierung *f*, Sortimentsbildung *f*
~ **table** Sortentafel *f* *(Holzmessung)*
AST *s*. antistain-treated
astragal cutter Deckleistenfräser *m*, Stabfräser *m*
~ **moulding** Deckleiste *f*, Fugendeckleiste *f*
atelier window Atelierfenster *n*, Studiofenster *n*
Atlantic white-cedar Zederzypresse *f*, Kugelzypresse *f*, Chamaecyparis thyoides
atlantolone Atlantolon *n* *(Sesquiterpenoid)*
Atlas cedar Atlaszeder *f*, Atlantische Zeder *f*, Cedrus atlantica
attic stair[s] Bodentreppe *f*, Dachraumtreppe *f*
attrition barking Reibungsentrindung *f*
auction of timber Holzauktion *f*, Holzversteigerung *f*
auger [bit, drill] Schlangenbohrer *m*, Schraubenbohrer *m*; Schneckenbohrer *m*, Stangenschneckenbohrer *m*, Zimmermannsbohrer *m*, Spitzwinder *m*
aumbry Almosenschrank *m*
Australian black beech Nothofagus moorei *(Holzart)*
~ **blackwood** Schwarzholzakazie *f*, Acacia melanoxylon
~ **corkwood-tree** Turibaum *m*, Sesbania grandiflora
~ **ivory wood** Elfenbeinholz *n*, Siphonodon australe
~ **laurel** Australisch Nußbaum *m*, Endiandra palmerstonii
~ **mahogany** Australisches Rosenholz *n*, Dysoxylum fraseranum
~ **sassafras** Doryphora sassafras *(Holzart)*
~ **silk[y] oak** Australische Silbereiche (Seideneiche) *f*, Cardwellia sublimis
~ **walnut** Australisch Nußbaum *m*, Endiandra palmerstonii
~ **white mahogany** Eucalyptus robusta *(Holzart)*
Austrian oak Stieleiche *f*, Quercus robur
~ **pine** Österreichische Schwarzkiefer *f*, Pinus nigra ssp. austriaca
autobucking automatisches Ablängen *n*
autochthonic, autochthonous autochthon, bodenständig *(z. B. Baumart)*
automatic buffing machine Schwabbelautomat *m*
~ **circular saw sharpener** Kreissägenschärfautomat *m*
~ **copying lathe** Schablonendrehautomat *m*
~ **cross-sander, ~ cross-sanding machine** Kreuzschliffautomat *m*, Kreuzschleifautomat *m*

~ **cross-working machine** Querbearbeitungsautomat *m*
~ **dowel hole boring machine** Dübellochbohrautomat *m*
~ **edge working machine** Kantenbearbeitungsautomat *m*
~ **edger** Besäumautomat *m*
~ **heavy-duty planing machine** Hochleistungshobelautomat *m*
~ **knot-plugging machine** Ast[loch]ausflickautomat *m*, automatische Astausflickmaschine *f*
~ **longitudinal working machine** Längsbearbeitungsautomat *m*
~ **louvre cutter** Jalousienutenfräsautomat *m*
~ **match-making machine** Zündholzautomat *m*
~ **milling machine** Fräsautomat *m*
~ **nailing unit** Nagelautomat *m*
~ **pallet base stacker** Palettenkufenstapelautomat *m*
~ **profile sanding machine** Profilschleifautomat *m*
~ **routing machine** Oberfräsautomat *m*
~ **sander** Schleifautomat *m*
~ **sharpener** Schärfautomat *m*
~ **smoothing sander** Glättschleifautomat *m*
~ **stacker** Stapelautomat *m*
~ **smoothing sander** Glättschleifautomat *m*
~ **stacker** Stapelautomat *m*
~ **swage machine** Stauchautomat *m*, [voll]automatische Stauchmaschine *f*
~ **swaging and shaping unit** Stauch- und Egalisierautomat *m*
~ **tenoner** Schlitzautomat *m*
~ **veneer patching machine** Furnierausflickautomat *m*
~ **wood-turning lathe** Holzdrehautomat *m*
autracon Mukulungu *n*, MUK, Autranella (Mimusops) congolensis *(Holzart)*
autumn wood Spätholz *n*, Sommerholz *n*, Engholz *n*
auxiliary carriage Hilfswagen *m* *(an Gattersägen)*
auxin Auxin *n* *(Phytohormon)*
average degree of polymerization Durchschnittspolymerisationsgrad *m*, DP *(Holzchemie)*
~ **girth** Schaftumfang *m* in der Mitte des Nutzholzteiles *(Holzmessung)*
~ **moisture content** mittlerer Feuchtesatz *m*, mittlere Feuchte *f* *(z. B. von Holz)*
~ **tree** Mittelstamm *m*, Modellstamm *m*
averruncator Astschere *f*, Baumschere *f*, Astschneider *m*
avocado [pear] Avocadobirne *f*, Avocadobaum *m*, Avocatobirne *f*, Alligatorbirne *f*, Persea americana
avodiré Avodiré *n*, AVO, *(bes.)* Turraeanthus africana *(Holzart)*
awl Ahle *f*
awning window Klappflügelfenster *n*, Ausstellfenster *n*
AWWF *s*. all-weather wood foundation
ax *(Am) s*. axe
axe[-hew]/to [mit der Axt] behauen, bebeilen,

zuhauen, beschlagen
axe Axt *f*
~-blade Axtblatt *n*
~-blaze Axtschalm *m*, Schalm *m*
~ damage Einhieb *m* *(Holzverletzung)*
~ eye Axtöhr *n*, Öhr *n*, Auge *n*
~ face Axtbahn *f*
~ handle Axtstiel *m*
~ head Axthelm *m*
~ helve Axtstiel *m*
~-man Holzhauer *m*, Holzfäller *m*
~ shaft Axtstiel *m*
~ wedge Axtkeil *m*
axial element Längstracheide *f*, axiales Element *n* *(Holzanatomie)*
~ knock Axialschlag *m* *(Kreissäge)*
~ lignified element Spätholz[längs]tracheide *f*
~ parenchyma Längsparenchym *n*, Axialparenchym *n*, Strangparenchym *n* *(Holzanatomie)*
~ parenchyma cell Längsparenchymzelle *f*, Axialparenchymzelle *f*
ayan Movingui *n*, MOV, Ayan *n*, Distemonanthus benthamianus *(Holzart)*
ayous Abachi *n*, ABA, Obeche *n*, Triplochiton scleroxylon *(Holzart)*
azedarach [Indischer] Zedrachbaum *m*, Chinesischer Holunder *m*, Paternosterbaum *m*, Sentang *m*, Melia azedarach
azobe Azobé *n*, AZO, Bongossi[holz] *n*, Ekki *n*, Westafrikanisches Eisenholz *n*, Lophira procera (lanceolata, alata)

B

babul Ägyptische Akazie f, Arabischer Gummibaum m, Acacia nilotica (arabica)
~ gum Chati-Gummi n, Salem-Gummi n *(von Acacia nilotica)*
baby cage (trotter, walker), ~ walking frame Laufgitter n, Kinderlaufgestell n
baby's bed Gitterbett n
bachelor's chest (desk) Kommode f mit aufziehbarem Sekretärfach
back 1. Rückseite f; 2. Rückenlehne f
~ angle Freiwinkel m, Rückenwinkel m *(des Sägezahnes)*
~~bent carver's gouge verkehrt gekröpftes Hohleisen n
~~bent veiner verkehrt gekröpfter Bildhauerbeitel m
~ bevel angle Rückenkantenwinkel m *(des Sägezahnes)*
~ clearance angle Freiwinkel m, Rückenwinkel m *(des Sägezahnes)*
~ cupping Harzung f mit Doppellachten
~ cushion Rückenlehnenpolster n
~~cut s. ~~sawn
~ cut Fällschnitt m
~ door Hintertür f
~ edge of saw blade Sägeblattrücken m
~ face Zusatzlachte f *(Harzung)*
~~flap hinge Tischplattenscharnier n
~ iron Klappe f, Spanbrecher m *(am Hobel)*
~~knife lathe Schablonendrehmaschine f
~ leg Hinterfuß m, Hinterbein n *(z. B. eines Stuhls)*
~ lintel hinterer Sturzbalken m
~ of a chair Stuhllehne f
~ ply Unterfurnier n *(von Sperrholz)*
~~saw Rückensäge f, Handsteifsäge f; Fuchsschwanzsäge f mit Rücken[schiene]
~~sawn tangential geschnitten, im Tangentialschnitt (Fladerschnitt, Sehnenschnitt) hergestellt *(Holzbearbeitung)*
~ spar Hintermast m *(Seilbringungsanlage)*
~ veneer s. backing veneer
backfoot Hinterfuß m, Hinterbein n *(eines Stuhls)*
backgammon board Puffspielbrett n
background tool gekröpftes Balleisen n
backing-grade veneer s. backing veneer
~ timber Futterleiste f *(Holzfußboden)*; Trägerleiste f, Nagelleiste f
backing veneer Innenfurnier n, Rück[seit]enfurnier n
backstand Gabel f *(eines Sitzmöbels)*
backwater Sieb[ab]wasser n *(Papierherstellung)*
bacterial bakteriell [bedingt]
bacterium Bakterie f, Bakterium n, Schizomyzet m *(Klasse Schizomycetes)*
badam Badam n, Terminalia procera *(Holzart)*
badigeon Holzkitt m
baffle Leitfläche f, Leitblech n, Leitwand f *(z. B. in Holztrocknern)*

bag barker Parallelentrinder m, Trogentrinder m
~ paper Sackpapier n
bagasse Bagasse f, Zuckerrohrpreßrückstand m
~ board Bagasse[faser]platte f
bagtikan Bagtikan n, Parashorea plicata (malaanonan) *(Holzart)*
Bahama pine Pinus caribaea var. bahamensis *(Holzart)*
Bahia tulip-wood Brasilianisches Rosenholz n, Physocalymna scaberrinum
Bähre-Bison flakeboard Bähre-Bison-Flachpreßplatte f
baikianine Baikianin n *(Alkaloid)*
Bairnsdale grey box Eucalyptus bosisoana *(Holzart)*
baize Möbelfilz m, Möbelsamt m, Boi m
Bajam teak Merbau n, MEB, Neuguinea-Holz n, Intsia bijuga (acuminata)
bake/to technisch trocknen *(Holz)*
balalaika Balalaika f *(Zupfinstrument)*
balance beam Schwebebalken m *(Sportgerät)*
balancing veneer s. backing veneer
balata 1. Balatabaum m, Massaranduba n, MSA, Pferdefleischholz n, Manilkara bidentata, Mimusops balata; 2. Balata f *(Milchsaftprodukt bes. von 1.)*
balau Balau n, BAU, *(bes.)* Shorea atrinervosa *(Holzart)*
balaustre Arariba n, *(bes.)* Centrolobium paraense *(Holzart)*
balcony board Balkonbrett n
~ door Balkontür f
~ plank Balkonbrett n
bald cypress Zweizeilige Sumpfzypresse (Sumpfeibe) f, Taxodium distichum
baldachin, baldaquin Baldachin m, Prunkhimmel m; Betthimmel m
Balearic box [tree] Balearischer Buchsbaum m, Buxus balearica
Bales catch s. bullet-type ball catch
Balfour's pine Balfours Kiefer f, Fuchsschwanzkiefer f, Pinus balfouriana
baling press Ballenpresse f
balk Balken m; Kantholz n
~ dressing machine Blockhobelmaschine f
Balkan maple Balkanahorn m, Heldreichs Ahorn m, Acer heldreichii
~ pine Panzerkiefer f, Pinus heldreichii
~ spruce Rumelische Kiefer f, Pinus peuce
ball-and-claw foot Kugelkrallenfuß m, Vogelfuß m *(Möbelfuß)*
~ castor kugelförmige Möbelrolle f
~ catch Kugelschnäpper m
~~milled wood lignin Kugelmühlenlignin n
~~peen hammer Hammer m mit Kugelfinne
ballhoot/to holzen, treiben, schießen, lassen, bergabrücken *(Stammholz)*
ballhooter Rückearbeiter m an Steilhängen
balloon back Ballonlehne f *(Stuhllehne)*
~ frame construction, ~ framing Balloon-Frame-Bauweise f, Rahmenfachwerkbauweise f
~ seat Ballonsitz m *(Stuhlbau)*
~ yarding Ballonbringung f, Ballonrückung f *(Holztransport)*

balm Balsam *m*, Harzbalsam *m*, Oleoresinat *n*; Myrrhenharz *n (von Commiphora spp.)*
~ **of Gilead** 1. Mekkabalsambaum *m*, Opobalsambaum *m*, Commiphora opobalsamum; 2. Mekkabalsam *m*, Opobalsam *m*, Duhnualbalsam *m*; 3. *s.* balsam poplar; 4. *s.* balsam fir
balsa 1. Balsabaum *m*, Ochroma pyramidale (lagopus); 2. *s.* balsa-wood
~-**wood** Balsa[holz] *n*, BAL, *(bes.)* Ochroma pyramidale (lagopus)
balsam 1. Balsam *m*, Harzbalsam *m*, Oleoresinat *n*; 2. balsamliefernder Baum *m*; 3. *s.* ~ fir
~ **fir** [Nordamerikanische] Balsamtanne *f*, Abies balsamea
~ **of Peru** Perubalsam *m (von Myroxylon balsamum var. pereirae)*
~ **of tolu** Tolubalsam *m (von Myroxylon balsamum)*
~ **poplar** Balsampappel *f*, Populus balsamifera [var. balsamifera]
~ **torchwood** Balsambaum *m*, Venezuela-Sandelholz *n*, Westindisches Sandelholz *n*, Amyris balsamifera
~ **tree** balsamliefernder Baum *m*
~ **woolly aphid** Weißtannenstammlaus *f*, Tannenstammrindenlaus *f*, Tannenknospenlaus *f*, Dreyfusia (Adelges) piceae
balsamic balsamisch; Balsam...
~ **resin** Balsam *m*, Harzbalsam *m*, Oleoresinat *n*
balsamiferous balsamliefernd
Baltic deal Kiefern[schnitt]holz *n*, Föhrenholz *n*
~ **pine** Gemeine Kiefer *f*, KI, Weißkiefer *f*, Waldkiefer *f*, Föhre *f*, Forle *f*, Pinus sylvestris
~ **redwood** *s.* ~ deal
baluster Baluster *m*, Docke *f*, [gebauchter] Geländerstab *m*, Geländersprosse *f*
~ **leg** Balusterbein *n*
~ **vase** Balustervase *f*
balustrade Balustrade *f*; Treppengeländer *n*
bamboo Bambus *m (Gattung Bambusa)*
~ **furniture** Bambusmöbel *npl*
~ **pulp** Bambuszellstoff *m*
~ **splitting machine** Bambus[rohr]spaltmaschine *f*
~ **wickerwork** Bambusflechtwerk *n*
banak Virola *n*, VIR, Baboen[holz] *n*, Banak *n*, *(bes.)* Virola surinamensis (koschnyi)
banana crate Bananenkiste *f*, Bananensteige *f*
~ **oil** *(Am) s.* amyl acetate
Bancroft's red gum Eucalyptus bancroftii *(Holzart)*
band and hook [hinge] Hakengelenk[tor]band *n*
~ **hinge** Langband *n*
~ **mill** 1. Blockbandsäge *f*; 2. Bandsägewerk *n*, Bandsägemühle *f*, Blockbandsägewerk *n*
~ **of veneer** Furnierband *n*
~ **resaw[ing machine]** Trennbandsäge[maschine] *f*, Spaltbandsäge *f*
~ **sander** Bandholzschleifmaschine *f*
~-**saw/to** mit der Bandsäge sägen
~-**saw** Bandsäge[maschine] *f*
~-**saw blade** Bandsägeblatt *n*
~-**saw filing machine** Bandsägeblattfeilmaschine *f*, Bandsägeblattschärfmaschine *f*
~-**saw guide** Bandsägeblattführung *f*
~-**saw machine** Bandsäge[maschine] *f*
~-**saw sharpening file** Bandsägefeile *f*
~-**saw straightening and tensioning** Richten *n* und Spannen *n* von Bandsägeblättern
~-**saw table** Bandsägetisch *m*
~-**saw wheel** Bandsäge[n]rolle *f*, Säge[n]rolle *f*
~ **sawing line** Bandsägestraße *f*
~ **sawing plant** Bandsägeanlage *f*
~ **sawmill** Bandsägewerk *n*, Bandsägemühle *f*, Blockbandsägewerk *n*
bandage process (treatment) Bandagenverfahren *n (Holzschutz)*
banded parenchyma streifenförmiges Parenchym *n*, bandförmiges Längsparenchym *n (Holzanatomie)*
banding Bandeinlage *f*
~ **plane** Grundhobel *m*
banian [tree] *s.* banyan [tree]
banister 1. Geländerstab *m*, Geländersprosse *f*; 2. *s.* baluster
banisters Treppengeländer *n*
banker Modellierbank *f*
banknote paper Banknotenpapier *n*
Bank's (Banksian) pine Bankskiefer *f*, Pinus banksiana
bannister *s.* banister
banyan [tree] Banyanbaum *m*, Ficus benghalensis (indica)
baobab Baobab *m*, Affenbrotbaum *m*, Adansonia digitata
Baptist cone Rückehaube *f*, Schlepphaube *f (Holztransport)*
bar/to verleisten, mit Sprossen (Ziersprossen) versehen *(Fenster, Tür)*
bar 1. Schwert *n*, Schiene *f*, Führungsschiene *f (der Kettensäge)*; 2. Rahmen *m (Schnittholzsortiment)*; 3. Sprosse *f*, Fenstersprosse *f*; Sprosse *f (Holzanatomie)*
~ **clamp** *s.* ~ cramp
~ **counter** Bartresen *m*
~ **cramp** Schraubknecht *m*, Knecht *m*, lange Schraubzwinge *f*
~ **nose** Schwertspitze *f*, Sägeschienenspitze *f*
~ **stool** Barhocker *m*
baratte Baratte *f*, Sulfidiertrommel *f*, Sulfidierkessel *m (Viskoseverfahren)*
Barbados cherry Barbados-Kirsche *f*, Westindische Kirsche *f*, Malpighia glabra (punicifolia)
barberry Berberitze *f*, Gemeiner Sauerdorn *m*, Berberis vulgaris
bare-faced bridle joint einseitig abgesetzter Stirnversatz *m*
~-**faced dovetail housing [joint]** Flächenwinkelverbindung *f* mit einseitigem Grat, einseitige Gratverbindung *f*
~-**faced dovetail slot** einseitig gegratete Nut *f*
~-**faced tenon** einseitig abgesetzter Zapfen *m*
~ **measure** Untermaß *n*; unteres Abmaß *n*; Kleinstmaß *n*
barge Leichter *m (Wasserfahrzeug)*; Schute *f*, Lastkahn *m*
~-**board** Ortgang *m*; Windbrett *n*, Windfeder *f*
~-**building** Leichterbau *m*

barge

~-**pole** Reibpfahl *m*
~ **spike** Holznagel *m*
barjier Bergere *f*, vollgepolsterter Sessel *m*
bark/to entrinden, schälen; abborken
~ **and bast/to** weißschälen, [weiß]schnitzen, vollentrinden
~ **in patches (places)/to** fleckenweise (stellenweise) entrinden, flecken, plätzen, berappen
~ **in strips/to** streifenweise entrinden, streifen, reppeln, rändern
~ **partially/to** teilweise (halbrein) entrinden, waldschälen
bark Rinde *f*, Baumrinde *f*; Borke *f*, Außenrinde *f*, Rhytidom *n*
• **inside** ~ ohne Rinde, o.R. *(Holzmessung)*
• **outside (over)** ~ mit Rinde, m.R. *(Holzmessung)*
• **under** ~ ohne Rinde, o.R. *(Holzmessung)*
~ **allowance** Rindenabschlag *m*, Rindenabzug *m*, Maßvergütung *f* für Rinde
~ **analysis** Rindenanalyse *f*
~ **anatomy** Rindenanatomie *f*
~-**beetle** Borkenkäfer *m*, Splintkäfer *m* *(Familie Scolytidae = Ipidae)*
~-**beetle damage** Borkenkäferschaden *m*
~-**beetle infestation** Borkenkäferbefall *m*
~-**beetle resistance** Borkenkäferresistenz *f*
~-**beetle-resistant** borkenkäferresistent
~-**beetle trap** Borkenkäferfalle *f*
~ **blazer** Baumreißer *m*, Reißhaken *m*, Reißmesser *n*
~ **blister** Rindenbrand *m*, Sonnenbrand *m* *(Holzschaden durch Sonneneinwirkung)*
~-**boring** rindenbohrend, rindenminierend
~-**breeding** rindenbrütend *(z. B. Borkenkäfer)*
~ **bundle** Rindenbündel *n*, Rindengebund *n*
~ **burn** s. ~ blister
~ **burning** Rindenrösten *n* *(zur Borkenkäferbekämpfung)*
~ **cell** Rindenzelle *f*
~ **cellulose** Rindencellulose *f*
~ **chipper** Rindenhackmaschine *f*, Rindenhacker *m*
~-**cloth fig** Kenia-Feigenbaum *m*, Ficus natalensis
~ **compost** Rindenkompost *m*, Rindenhumus *m*
~ **composting** Rindenkompostierung *f*, Kompostierung *f* von Rinde
~ **constituent** Rindenbestandteil *m*
~ **cutting rotor** Rindenschneidrotor *m*
~ **death** Rindensterben *n* *(Sammelbegriff)*
~ **deduction** s. ~ allowance
~ **dryer** Rindentrockner *m*
~ **extract** Rindenextrakt *m*
~ **extractive** Rindenextrakt[iv]stoff *m*
~ **feature** Rindenmerkmal *n*
~ **fibre** Rindenfaser *f*
~-**fibre product** Rindenfaserstoff *m*
~ **fissure** Rindeneinriß *m*
~ **for fuel** Brennrinde *f*
~ **fraction** Rindenfraktion *f*
~ **furrow** Rindenfurche *f*
~ **gauge** Rinden[dicken]messer *m*
~ **hog** Rindenhacker *m*, Rindenhackmaschine *f*

~ **humus** Rindenhumus *m*
~ **in strips** Streifenborke *f*; Reppelrinde *f*
~ **incineration plant** Rindenverbrennungsanlage *f*
~ **inclusion** Rindeneinschluß *m*, Rindentasche *f*
~ **increment** Rindenzuwachs *m*
~ **lignin** Rindenlignin *n*
~ **necrosis** Rindennekrose *f*
~ **paper** Rindenpapier *n*
~ **pattern** Rindenbild *n*
~ **peeler** Rindenschäler *m* *(Arbeiter)*
~-**peeling damage (injury)** Schälschaden *m* *(bes. durch Wild)*
~-**peeling machine** Entrindungsmaschine *f*, Entrinder *m*, Rindenschälmaschine *f*
~ **percent[age]** prozentualer Rindenanteil *m*, Borkenanteil *m* in Prozent
~ **pile** Rindenstapel *m*, Stauche *f*
~ **pocket** Rindentasche *f*, Borkentasche *f*
~ **polysaccharide** Rindenpolysaccharid *n*
~ **portion** Rindenanteil *m*
~ **press** Rindenpresse *f*
~ **processing** Rindenaufbereitung *f*
~ **product** Rindenprodukt *n*, Rindenerzeugnis *n*
~ **pyrolysis** Rindenpyrolyse *f*
~ **reducer** Rindenzerkleinerer *m*
~ **removal** Entrindung *f*
~ **research** Rindenforschung *f*
~ **rot** Rindenfäule *f*
~ **scaling** Rinden[ab]schuppung *f*, Rindenschuppigkeit *f*
~ **scorch[ing]** s. ~ blister
~ **scraper** Rindenkratzer *m*, Baumkratzer *m*, Schäleisen *n*
~ **scraping** Röten *n* *(Harzgewinnung)*
~ **seam** Rindentasche *f*
~ **shave[r]** Röteeisen *n* *(Harzgewinnung)*
~ **shavings** Entrindungsabfälle *mpl*
~ **striation** Rindenstreifigkeit *f*
~ **stripper (stripping machine)** s. barking machine
~ **surface** Rindenoberfläche *f*
~ **tannin** Rindentannin *n*, Rindengerbstoff *m*
~ **tannin extract** Rindengerbstoffextrakt *m*
~ **thickness** Rindendicke *f*
~ **tissue** Rindengewebe *n*
~ **utilization** Rindenverwertung *f*
~ **waste** Rindenabfall *m*
barked berindet
~ **wood** Schälholz *n*
barker 1. Rindenschäler *m* *(Arbeiter)*; 2. s. barking machine
barking Entrinden *n*, Entrindung *f*, Schälen *n*, Rindenschälung *f*
~ **axe** Entrindungsaxt *f*, Schälbeil *n*
~ **bill [spitze]** Entrindungshacke *f*
~ **by water jets** Wasserstrahlentrindung *f*
~ **drum** Entrindungstrommel *f*
~ **in full** Weißschälen *n*, Weißschnitzen *n*
~ **in period of sap flow** Loh[schäl]en *n*, Lohschälung *f*, Rindenschälung *f* in der Vegetationszeit
~-**iron** Schäleisen *n*, Schälmesser *n*, Rindenschäler *m*; Loheisen *n*; Harzeisen *n*
~ **loss** Entrindungsverlust *m*

~ **machine** Entrindungsmaschine *f*, Entrinder *m*,
  Rindenschälmaschine *f*
~ **mill** Rindenmühle *f*
~ **plant** Entrindungsanlage *f*
~ **quality** Entrindungsqualität *f*
~ **refuse** *s.* ~ waste
~ **spud** *s.* ~-iron
~ **tool** Entrindungswerkzeug *n*
~ **waste** Entrindungsabfälle *mpl*,
  Entrindungsabgang *m*, Schälabgang *m*
barky 1. rindenartig; 2. aus Rinde bestehend; 3.
  rindenhaltig
barn door Scheunentor *n*; Stalltür *f*
~ **siding** *s.* drop siding
baroque barock, im Barockstil; Barock...
baroque Barock *n*(*m*), Barockstil *m*
barras Galipot *m*, weißes Fichtenharz *n* *(aus Südfrankreich)*
barred door Sprossentür *f*
~ **gate** Querstrebentor *n*
~ **window** Sprossenfenster *n*
barrel Holzfaß *m*; Faß *n*
~-**arch roof** Tonnengewölbedach *n*
~ **bolt** gerader Riegel *m*
~ **log** Daubenholz *n*, Block *m* für Fässer
~ **moulding** bauchige (konvex gewölbte) Zierleiste *f*
~ **roof** Tonnendach *n*
~ **saw** Trommelsäge[maschine] *f*,
  Zylindersäge[maschine] *f*
~ **stave** Faßdaube *f*, Daube *f*, Oxhoftstab *m*
barrow run (way) Bohlenweg *m*,
  Karrbohlenweg *m*
bars of Sanio Saniosche Balken *mpl*,
  Querleisten *fpl*, Crassulae *fpl* *(Holzanatomie)*
barwood 1. Afrikanisches Sandelholz *n*,
  Pterocarpus erinaceus; 2. Afrikanisches
  Padouk (Sandelholz) *n*, PAF, Pterocarpus
  soyauxii; 3. Santalin *n* *(Farbstoff von 1. und 2.)*; 4. *s.* camwood
bas-relief Bas[is]relief *n*, Flachrelief *n*,
  Flachschnitt *m*
basal area at breast heigth
  Brusthöhenkreisfläche *f* *(Holzmessung)*
~**area increment** Kreisflächenzuwachs *m*
  (Holzmessung)
~ **area increment percent[age]**
  Kreisflächenzuwachsprozent *n*, P$_G$
  (Holzmessung)
~ **log** Erdstamm *m*, Erdblock *m*,
  Erd[stamm]stück *n*, Wurzelstockabschnitt *m*
base Basis *f*, Fußende *n*, [unteres] Ende *n* *(z. B. eines Stammes)*
~ **cabinet** Unterschrank *m*
~ **coat** Grundanstrich *m*
~ **cupboard** Unterschrank *m*
~ **diameter** Stammfußdurchmesser *m*,
  Stammendendurchmesser *m*, Stockdurchmesser *m*
~ **moulding** Sockelleiste *f*, Abschlußleiste *f*
~ **paper** Rohpapier *n*; Basispapier *n*
~ **pile** Grundpfahl *m*
~ **shelf** Bodenbrett *n* *(im Regal)*
~ **unit** Unterteil *n* *(Kastenmöbel)*
~ **unit of kitchen cabinet** Küchenunterschrank

m
baseball bat Baseballschläger *m*
baseboard Scheuerleiste *f*, Fußleiste *f*,
  Sockelleiste *f*, Abschlußleiste *f*
basement stair stringer Kellertreppenwange *f*
~ **stairs** Kellertreppe *f*
~ **window** Kellerfenster *n*
basic density of wood Raumdichte[zahl] *f* von
  Holz, R
~ **machine** Basismaschine *f*, Grundmaschine *f*
~ **stain** Vorbeize *f*
~ **tractor** Basistraktor *m*, Grundtraktor *m*
~ **woodworking** Rohholzbearbeitung *f*,
  Holzhalbwarenherstellung *f*
basidiomycete Basidiomyzet *m*, Ständerpilz *m*
  (Klasse Basidiomycetes)
basidiomycetous zu den Ständerpilzen
  (Basidiomycetes) gehörend
basidiospore Basidiospore *f*
basidium Basidium *n*, Ständerzelle *f*, Ständer *m*
  (der Basidiomyzeten)
basil *s.* bezel
basin floating Beckenflößerei *f*, Bassinflößerei *f*
~ **stand** Waschkommode *f*, Waschtisch *m*
basket arch Korbbogen *m* *(Holzbau)*
~ **chair** Korbstuhl *m*; Korbsessel *m*
~-**maker** Korbmacher *m*, Korbflechter *m*
~-**making** Korbmacherei *f*, Korbflechterei *f*
~ **stapling machine** Obstkorbheftmaschine *f*
~ **weave pattern** Flechtmuster *n* *(Parkett)*
~ **weaving** Korbflechterei *f*, Korbmacherei *f*
~ **willow** 1. Korbweide *f* *(Sammelbegriff)*; 2.
  Korbweide *f*, Hanfweide *f*, Salix viminalis
basketry, basketwork 1. Korbmacherei *f*,
  Korbflechterei *f*; 2. Korbwaren *fpl*
bass 1. Lindenbast *m*; Palmbast *m*; 2. *s.*
  basswood 2.
~ **fiddle** Kontrabaß *m*, Violone *f*
~ **viol** 1. Viola *f* da gamba, Gambe *f*; 2.
  Kontrabaß *m*, Violone *f*
bassoon Fagott *n* *(Holzblasinstrument)*
basswood 1. amerikanische Linde *f*
  (Sammelbegriff für Tilia spp.); 2.
  Amerikanische Linde *f*, Tilia americana
  (glabra); 3. Lindenholz *n* *(bes. von Tilia americana)*
bast 1. Bast *m*, Sekundärrinde *f*, sekundäre
  Rinde *f*, Innenrinde *f*; Bastfaser *f*; 2. *s.* bass;
  3. *s.* phloem
~ **fibre** Bastfaser *f*
~ **stripper** Bastschäler *m*
bastard Bastard *m*, Hybride *f*(*m*), Blendling *m*,
  Kreuzungsprodukt *n* *(z. B. von Holzarten)*
~ **ash** Grünesche *f*, Fraxinus pennsylvanica var.
  subintegerrima
~ **Barbados cedar** Westindische Zeder *f*,
  Cedrela odorata (mexicana)
~ **box** Blaugummibaum *m*, Fieber[heil]baum *m*,
  Eucalyptus globulus
~ **cedar** Kalifornisches Bleistiftholz *n*, BKA,
  Flußzeder *f*, Weihrauchzeder *f*, Calocedrus
  (Libocedrus) decurrens
~ **file** Bastardfeile *f* *(zwischen halbgrob und halbschlicht)*
~ **grain** Fladerzeichnung *f*, gefladerte Maserung

bastard

(Textur) *f*
~ **gum** Gefleckter Gummibaum *m*, Eucalyptus goniocalyx
~ **ironbark** Eucalyptus sieberiana *(Holzart)*
~ **jarrah** Bastardmahagoni *n*, Falsches Mahagoni *n*, Eucalyptus botryoides
~ **lignum vitae** 1. Sarcomphalus laurinus *(Holzart)*; 2. *s.* guayacan
~ **mahogany** *s.* ~ jarrah
~ **manchineel** Cameraria latifolia *(Holzart)*
~ **sandal[wood]** 1. Bastardsandelholz *n*, Erythroxylum monogynum (burmanicum); 2. Falsches Sandelholz *n*, Myoporum tenuifolium (acuminatum)
~-**sawn** tangential geschnitten, im Tangentialschnitt hergestellt
~ **teak** Plossobaum *m*, Kinobaum *m*, Butea superba (monosperma, frondosa)
~ **wild rubber** Funtumia latifolia *(Holzart)*
bat Pritsche *f*, Schlagholz *n*
~ **tree** *s.* cucumber wood
bate Fallkerb *m*, Fällkerb *m*
bathroom cabinet Badezimmerschränkchen *n*
~ **furniture** Bad[ezimmer]möbel *npl*
batten [down, up]/to mit Latten (Leisten) befestigen; mit Latten verkleiden (verschalen)
batten Latte *f*, Leiste *f*; Fugenleiste *f*; Zierleiste *f*
~ **door** aufgedoppelte Tür *f*
~ **fence** Lattenzaun *m*
~ **framework** Lattengerüst *n*, Lattengestell *n*; Verlattung *f*, Holzverlattung *f*
~ **roof** Bohlendach *n*
battenboard Streifenplatte *f*, Tischlerplatte *f* mit Streifenmittellage
battened wall Lattenwand *f*
battening Verlattung *f*, Holzverlattung *f*
batter board Schnurbockbrett *n*
~ **boards** Schnurbock *m*, Schnurgerüst *n*
~ **pile** Schrägpfahl *m*, schräger Rammpfahl *m*
battery box Batteriekasten *m*
baudekin *s.* brocade
Bauer double disk refiner Bauer-Mühle *f*, Doppelscheibenrefiner *m* nach Bauer *(Faserplattenherstellung)*
~ **process** Bauer-Verfahren *n (der Faserplattenherstellung)*
Bauhaus Bauhaus *n*; Bauhausstil *m*
baulk *s.* balk
Bavendamm test Bavendamm-Reaktion *f (zur Unterscheidung von Weißfäulepilzen und Braunfäulepilzen)*
bay 1. Erker *m*; 2. Pfeilerweite *f*; Binderfeld *n*; Fassadenfeld *n*; 3. *s.* ~ laurel
~ **laurel** [Echter] Lorbeerbaum *m*, Lorbeer *m*, Laurus nobilis
~-**leaved willow** Lorbeerweide *f*, Bitterweide *f*, Salix pentandra
~ **tree** *s.* ~ laurel
~ **willow** *s.* ~-leaved willow
~ **window** Erkerfenster *n*; Bogenfenster *n*
~ **wood** Honduras-Mahagoni *n (Herkunftsbezeichnung)*
bayin Bayin *n (Flavonoid)*
bayonet saw *(Am)* Dekupiersäge *f*, maschinelle Laubsäge *f*; Stichsäge *f*, Pendelstichsäge *f*

bd., BD *s.* board 1.
bdellium 1. Bdellium-Gummiharz *n (von Commiphora spp.)*; 2. *s.* ~ tree
~ **tree** 1. Myrrhenstrauch *m (Gattung Commiphora)*; 2. Afrikanischer Balsambaum *m*, Commiphora (Balsamodendron) africana
bead Halbrundstab *m*; Rundstab *m*, Rundleiste *f*
~ **plane** Rundstabhobel *m*; Stabhobel *m*
~ **saw** Feinsäge *f*
~ **tree** [Indischer] Zedrachbaum *m*, Chinesischer Holunder *m*, Paternosterbaum *m*, Sentang *m*, Melia azedarach
beaded board Rundstabbrett *n*
~ **boarding** Stabbrettdecke *f*
beading *s.* bead
beam Balken *m*, Tragbalken, Träger *m*; Kantholz *n*
~ **bending theory** [technische] Balkenbiegelehre *f*
~ **bridge** Balkenbrücke *f*
~ **butt joint** Balkenstoß *m*
~ **ceiling** Holzbalkendecke *f*, Raumdecke *f* mit sichtbaren Trägern
~ **clamp** Dollbaum *m*, Balkweger *m*, Stringer *m (Bootsbau)*
~-**compass** Stangenzirkel *m*
~ **deflection** Balkendurchbiegung *f*
~ **end** Balkenkopf *m*
~ **face hanger** Balkenschuh *m* für Balkenanschlüsse
~ **hanger** Trägeranker *m*, Trägerhaken *m*
~ **head** Balkenkopf *m*
~ **iron** Balkenanker *m*
~ **planer** Balkenhobel *m*
~ **pocket** Balkenauflagernische *f*
~ **strength** Balkenfestigkeit *f*, Trägerfestigkeit *f*
~ **theory** *s.* ~ bending theory
~ **tie** Balkenanker *m*
~ **tree** Elsbeere *f*, Ruhrbirne *f*, Sorbus torminalis
~ **viaduct** Balken-Talbrücke *f*
~ **working line** Balkenbearbeitungsstraße *f*
beamed ceiling Holzbalkendecke *f*, Raumdecke *f* mit sichtbaren Trägern
beams and rafters Balkenwerk *n*
beanpole Bohnenstange *f*
beard Bart *m*, Waldbart *m (Stammbeschädigung beim Fällen)*; Kamm *m (Stockbeschädigung beim Fällen)*
bearer Träger *m*, Tragelement *n (Holzbau)*; Querriegel *m*, Belagriegel *m (am Baugerüst)*
bearing beam Lagerbalken *m*
~ **block** Knagge *f (Holzbau)*
~ **cable** Tragseil *n (einer Seilbringungsanlage)*
~ **guide** Kugellageranlaufring *m (eines Oberfräsers)*
~ **joint** Kammverbindung *f*
bearwood Amerikanischer Faulbaum *m*, Bitterbaum *m*, Rhamnus purshianus
beat/to mahlen *(Faserstoff, Papierherstellung)*
beatability Mahlfähigkeit *f*, Mahlbarkeit *f*
beatable mahlfähig
beaten stuff tester Mahlgradprüfer *m*
beater Holländer *m*, Holländermühle *f*, holländisches Mahlgeschirr *n*

~ **additive** Mahlhilfsmittel *n*
beating Mahlen *n*, Mahlung *f*
~ **behaviour** Mahlverhalten *n*
~ **energy** Mahlungsenergie *f*
~ **flaker** Schlag[zer]spaner *m*
~ **iron** Klopfeisen *n* *(des Korbmachers)*
beaumontage Wachskitt *m*
bebeeru Nectandra rodiaei *(Holzart)*
bed/to betten, ein Bett bereiten *(Baumfällung)*
bed 1. Bett *n*, Schlafmöbel *n*; 2. Bett *n* *(der Drechselbank)*
~-**chair** Liegesessel *m*
~ **fitting** Bettbeschlag *m*
~ **hangings** Bettvorhang *m*
~-**head** Betthaupt *n*, Kopfteil *n*
~ **of putty** Kittbett *n*; Kittfalz *m*, Glasfalz *m* *(Fenster)*
~ **of the undercut** Fallkerbsohle *f* *(Baumfällung)*
~-**post** Bettpfosten *m*
~ **rail** Bettstolle *f*
~-**settee** Schlafsofa *n*
~ **table** Bett-Tisch *m*
bedda nut tree Terminalia belerica *(Holzart)*
bedroom chair Schlafzimmersessel *m*, Schlafzimmerstuhl *m*
~ **closet** *(Am)* Schlafzimmerschrank *m*
~ **furniture** Schlafzimmermöbel *npl*
~ **mirror door** Schlafzimmerspiegeltür *f*
~ **suite [of furniture]** Schlafzimmereinrichtung *f*
bedside cabinet (chest, cupboard) Nachtschränkchen *n*
~ **table** Nachttisch *m*
bedstead Bettgestell *n*, Bettstelle *f*, Bettstatt *f*
bee tree Schwarzlinde *f*, Amerikanische Linde *f*, Tilia americana
beech 1. Buche *f* *(Gattung Fagus)*; 2. Amerikanische Buche *f*, Fagus grandifolia; 3. Rotbuche *f*, Fagus sylvatica; 4. Buchenholz *n*, BU
~ **agrilus** Buchenprachtkäfer *m*, Grüner Laubholzprachtkäfer *m*, Agrilus viridis
~ **canker** Buchenkrebs *m* *(durch Nectria ditissima)*
~ **family** Buchengewächse *npl* *(Familie Fagaceae)*
~ **pitch** Buchenholzpech *n*
~ **tar** Buchen[holz]teer *m*
~-**tar oil** Buchen[holz]teeröl *n*
beechwood Buchenholz *n*, BU
beef wood 1. [Echtes] Pferdefleischholz *n*, Wamara *n*, Swartzia tomentosa (leiocalycina); 2. Keulenbaum *m*, Casuarina equisetifolia; 3. Stenocarpus salignus *(Holzart)*
beefsteak fungus Leberpilz *m*, Ochsenzunge *f*, Fistulina hepatica
beehive Bienenwohnung *f*, Bienenkasten *m*, Beute *f*
beehole borer Xyleutes ceramica *(Holzschädling)*
beer barrel Bierfaß *n*
beeswax Bienenwachs *n* *(Holzschutzmittel)*
beetle 1. Käfer *m* *(Ordnung Coleoptera)*; 2. großer Holzhammer *m*; Spaltschlegel *m*
~ **damage** Käferschaden *m*, Käferfraß *m*
~ **grub** Käferlarve *f*

behead/to abgipfeln, abwipfeln, abzopfen, abkappen
beleric myrobalan Terminalia belerica *(Holzart)*
Belfast [roof] truss Bogenbinder *m*, Parabel[fachwerk]binder *m*
belfry Glockenstuhl *m*
Belgian truss Belgischer Dachstuhl *m*; Dreieck[s]binder *m*
belian Billian *n*, Belian *n*, Borneo-Eisenholz *n*, Eusideroxylon zwageri
bell-flower [decoration] Glockenblumendekor *m(n)*
Bellmer bleacher Bellmer-Bleicher *m*
bellow-framed door Harmonikatür *f*, Falttür *f*
bellows Blasebalg *m* *(der Orgel)*
belly cut Fallkerb *m*, Fällkerb *m* *(Baumfällung)*
belt buffing machine Bandpoliermaschine *f*
~ **conveyor** Bandförderer *m*
~ **drive** Riemenantrieb *m*
~ **dryer** Bandtrockner *m* *(Furniertrockner)*
~ **press** Bandpresse *f*
~ **pressure filter** Banddruckfilter *n*, Bandfilterpresse *f* *(Papierherstellung)*
~ **sander** Bandschleifer *m*
~ **sanding** Bandschleifen *n*
~ **sanding machine** Bandschleifmaschine *f*
~ **saw** Bandsäge *f*
~ **weigher** Bandwaage *f*
bench 1. Bank *f*, Werkbank *f*, Werktisch *m*; 2. Bank *f* *(Sitzmöbel)*
~ **band-saw** Tischlerbandsäge[maschine] *f*
~ **circular saw** Tisch[kreis]säge *f*, Tischkreissäge[maschine] *f*
~ **dog** Bankhaken *m*
~ **hold-down, bench holdfast** Klemmhaken *m*
~ **hook** Anschlagbrett *n*
~ **plane** Bankhobel *m*
~ **room** Bankraum *m*
~ **router** Tischoberfräsmaschine *f*
~ **saw** Tisch[kreis]säge *f*, Tischkreissägemaschine *f*
~ **screw** Zangenspindel *f* *(der Hobelbank)*
~ **stop** Bankhaken *m*
~ **tool** Bankwerkzeug *n*
~ **top** Bankplatte *f*, Hobelbankplatte *f*
~ **vice** Zange *f* *(der Hobelbank)*
bendability Biegbarkeit *f*, Biegefähigkeit *f*, Biegsamkeit *f*
bendable biegbar, biegefähig
bending deflection Durchbiegung *f*
~ **failure** Biegebruch *m*
~ **force** Biegekraft *f*
~ **fracture** Biegebruch *m*
~ **line** Biegelinie *f* *(z. B. eines Tragbalkens)*
~ **load** Biegebeanspruchung *f*
~ **machine** Biegemaschine *f*
~ **mandrel** runde Biegeform *f*, Rundbiegeform *f*
~ **moment** Biegemoment *n*, M
~ **operation** Biegearbeit *f*, Biegevorgang *m*
~ **press** Biegepresse *f*
~ **property** Biegeeigenschaft *f*
~ **quality** Biegefähigkeit *f*, Biegbarkeit *f*, Biegsamkeit *f*
~ **recovery** Biegeerholung *f*
~ **stiffness** Biegesteifigkeit *f*, B

bending deflection 18

~ **stock** Biegeholz *n*
~ **strain** *s.* ~ stress
~ **strength** Biegefestigkeit *f*, β_B
~ **stress** Biegespannung *f*, Biegebeanspruchung *f*, σ_B
~ **stress at break** Bruchbiegespannung *f*
~ **test** Biegeversuch *m*
Bendtsen apparatus Bendtsen-Apparat *m (zur Messung der Oberflächenrauhigkeit von Faserplatten)*
Bengal cutch [dunkles, braunes] Katechu *n (Gerbextrakt bes. aus Acacia catechu)*
~ **fig** Banyanbaum *m*, Ficus benghalensis (indica)
~ **kino** Bengalisches Kino[harz] *n*, Palasokino *n*, Buteakino *n (bes. von Butea frondosa)*
benge Mutenye *n*, MUT, Guibourtia arnoldiana *(Holzart)*
Benguet pine Pinus kesiya (khasia), Pinus insularis *(Holzart)*
Benin walnut *s.* African walnut
benjamin tree Benzoe-Storaxbaum *m*, Styrax benzoin
bent part Biegeteil *n*, Bugholzteil *n*
~ **wood** Bugholz *n*, Biegeholz *n*, gebogenes Holz *n*
~**-wood furniture** Bugholzmöbel *npl*, Biegeholzmöbel *npl*
~**-wood member** Biege[holz]teil *n*, Formvollholzteil *n*
benteak Lagerstroemia lanceolata *(Holzart)*
benzhydrylcellulose Benzhydrylcellulose *f*
benzoin Benzoeharz *n*, Benzoe *f (bes. von Styrax benzoin)*
~ **glaze** Benzoelösung *f*, Benzoetinktur *f (Abpoliermittel)*
benzyl cellulose Benzylcellulose *f*
berberine Berberin *n (Alkaloid)*
berg mahogany Bubuti *n*, Entandrophragma caudatum *(Holzart)*
Bergius process Bergius[-Rheinau]-Verfahren *n (der Holzverzuckerung)*
berlinia Berlinia *n*, BER *(Berlinia spp., Holzarten)*
Bermuda cedar Juniperus bermudiana *(Holzart)*
Bernoulli-Euler theory [of bending for a beam] Bernoulli-Hypothese *f* [der Balkenbiegung]
bespoke furniture maßgefertigte Möbel *npl*, Möbel-Maßanfertigung *f*
beta-amyrin Beta-Amyrin *n*, β-Amyrin *n*, Olean-12-en-3-ol *n (Terpen)*
~**-cellulose** Beta-Cellulose *f*, β-Cellulose *f*
~**-naphthene** Beta-Naphthen *n (Holzschutzmittel)*
~**-phellandrene** Beta-Phellandren *n*, β-Phellandren *n (Monoterpen)*
~**-pinene** Beta-Pinen *n*, β-Pinen *n*, Pin-2(10)-en *n*
~**-sitosterol** Beta-Sitosterol *n*, β-Sitosterol *n (Holzextraktstoff)*
Bethel[l] process Bethell-Verfahren *n*, Kreosot-Volltränkungsverfahren *n (Holzschutz)*
better face bessere Seite *f*, Gutseite *f*, Breitseite *f (von Schnittholz)*
betula camphor *s.* betulin[e]
betulaceous zu den Birkengewächsen (Betulaceae) gehörend
betulin[e], betulinol Betulin *n*, Birkenkampfer *m (Triterpenoid)*
between-centres turning Längsdrehen *n*, Längsdrechseln *n*, Langholzdrehen *n*
bevel/to [ab]fasen; gehren
bevel Abschrägung *f*; Fase *f*, Kantenfase *f*, Abfasung *f*; Facette *f (Glasscheibe)*
~ **angle** Fasewinkel *m*
~ **cut** Schrägschnitt *m*; Gehrungsschnitt *m*
~ **cutter** Fasefräser *m*
~**-edge chisel, ~-edged wood chisel** Stemmeisen (Stecheisen) *n* mit Seitenfase, Tischler[stech]beitel *m*
~ **grind** Schrägschliff *m (Kreissägeblatt)*
~ **ripping** schräges Längssägen *n*
~ **saw** Gehrungssäge *f*
~ **sawing** Gehrungssägen *n*
~ **siding** Stülpschalung *f*
~ **trimmer** Fasefräser *m*
bevelled cogging schräge Verkämmung *f*, Schrägkamm *m*
~ **end cogging** schräge Endverkämmung *f*
~ **glass** facettiertes (angefastes) Glas *n*
~ **housed joint** Spitzblattverbindung *f*, Spitzblatt *n*
Bewoid size Bewoid-Leim *m (Papierherstellung)*
bezel Keilwinkel *m (der Schneide)*; Schneidenfase *f*, Schärfschräge *f*
BH *s.* boxed heart
b.h.d. *s.* breast-height diameter
b.h.g. *s.* breast-height girth
Bhotan pine *s.* Bhutan pine
Bhutan cypress Cupressus torulosa *(Holzart)*
~ **pine** Tränenkiefer *f*, Himalajakiefer *f*, Pinus wallichiana (excelsa)
biberine Biberin *n (Alkaloid)*
bible frankincense Weihrauchbaum *m*, Boswellia sacra (carteri)
~ **paper** Dünndruckpapier *n*, Bibelpapier *n*
bibulous [sehr] saugfähig *(Papier)*
bichromate Dichromat *n*, Bichromat *n (Holzschutzmittel)*
~ **of potash** Kaliumdichromat *n (Holzschutzmittel)*
Biedermeier Biedermeier *n*, Biedermeierstil *m*
~ **furniture** Biedermeiermöbel *npl*
Biffar mill Biffar-Mühle *f (Zerfaserungsmaschine)*
bifurcation Gabelwuchs *m*, Zwiesel[bild]ung *f (Stammformfehler)*
big-cone Douglas fir, ~-cone spruce Großfrüchtige Douglasie *f*, Pseudotsuga macrocarpa
~ **laurel** Großblütige Magnolie *f*, Magnolia grandiflora
~**-leaf maple** Großblättriger Oregonahorn *m*, Acer macrophyllum
~ **shell bark [hickory]** Königsnuß *f*, Carya laciniosa (sulcata)
~**-tooth aspen** Großzähnige Pappel *f*, Populus grandidentata
~ **tree** Mammutbaum *m*, Sequoiadendron giganteum, Sequoia gigantea
bigbud hickory Schuppenrindenhickory *m(f)*, Weißer Hickory *m*, Schindelrindige Hickory *f*,

Carya ovata (alba)
bigness scale Rohmaß *n (von Baumstämmen)*
bignoniaceous zu den Trompetenbaumgewächsen (Bignoniaceae) gehörend
bilimbi[ng] Gurkenbaum *m*, Averrhoa bilimbi
bill of loading Konnossement *n (Seefrachtdokument)*
~ **of materials** Schnittliste *f (Holzbearbeitung)*
billet Holzscheit *n*, Scheit *n*; Knüppel *m*; [kurzes] Rundholzstück *n*, Rundling *m*; Schälklotz *m*
~ **frame saw** Knüppelgattersäge *f*, Knüppelgatter *n*
~ **saw** Scheitsäge *f*
billiard-ball Billardkugel *f*
~-**cue** Billardstock *m*, Billardqueue *n(m)*, Queue *n(m)*
~-**cue machine** Billardstock[dreh]maschine *f*
~-**table** Billard *n*, Billardtisch *m*
Biltmore stick Biltmorestock *m*, Einschenkelkluppe *f* [nach Biltmore] *(Holzmessung)*
bind/to [ver]klemmen, festfressen *(Sägeblatt)*
binder 1. Bindemittel *n*, Binder *m*; 2. Tragbalken *m*, Deckenbalken *m*
~ **chain** s. binding chain
binderless bindemittelfrei
binding agent Bindemittel *n*, Binder *m*
~ **beam** 1. Binderbalken *m*; Bundbalken *m*; 2. Tragbalken *m*, Deckenbalken *m*
~ **chain** Bindekette *f*, Schleppkette *f (Holztransport)*
~ **hypha** Bindehyphe *f*
~ **joist** Tragbalken *m*, Deckenbalken *m*
~ **rafter** Bindersparren *m*
bintangor Bintangor *n*, BIT, Calophyllum *n*, *(bes.)* Calophyllum inophyllum *(Holzart)*
binuang Binu[a]ng *n*, Erima *n*, Octomeles sumatrana *(Holzart)*
biochemical oxygen demand biochemischer Sauerstoffbedarf *m*, BSB
biodeterioration biologische Zerstörung *f (z. B. von Holz)*
biomineralogy Biomineralogie *f*
biopulping biologischer Aufschluß (Holzaufschluß) *m*
biparting door zweiflügelige Tür *f*
birch s. birchen
birch 1. Birke *f (Gattung Betula)*; 2. Birkenholz *n*
~ **bark** Birkenrinde *f*
~ **bark-beetle** Großer Birkensplintkäfer *m*, Scolytus ratzeburgi
~ **bark extractive** Birkenrindenextrakt[iv]stoff *m*
~ **bark oil** Birkenrindenöl *n*
~ **bud oil** Birkenknospenöl *n*
~ **camphor** Birkenkampfer *m*, Betulin *n (Triterpen)*
~ **charcoal** Birken[holz]kohle *f*
~ **[conk] fungus** s. ~ polypore
~ **oil** Birkenöl *n*
~ **plywood** Birkensperrholz *n*
~ **polypore** Birkenporling *m*, Piptoporus betulinus
~ **sap** Birkensaft *m*

~ **sapwood beetle,** ~ **scolytus** Großer Birkensplintkäfer *m*, Scolytus ratzeburgi
~ **tar** Birkenteer *m*; Birkenrindenteer *m*
~ **tar oil** Birkenteeröl *n*
birchen birken, aus Birkenholz
birchwood Birkenholz *n*
bird-hole Spechtloch *n*
~ **peck** Schnabeleinhieb *m*, Schnabelhiebmal *n (an Baumstämmen)*
birdcage[-maker's] awl Reibahle *f*, Spitzbohrer *m* mit eckigem Querschnitt
bird's-eye mit Vogelaugen[textur], augenartig gezeichnet *(Holz)*
~-**eye [figure]** Vogelaugetextur *f*, Vogelauge *n*
~-**eye maple** Zuckerahorn *m*, Vogelaugenahorn *m*, Acer saccharum
~-**mouth/to** aufklauen *(Holzbau)*
~-**mouth** 1. Fallkerb *m (Baumfällung)*; 2. Klaue *f*, Geißfuß *m (Holzbau)*; Kerve *f*, Kerbe *f*, Sattel *m (im Sparren)*
~-**mouth joint** Klauenverbindung *f*, Geißfußverbindung *f*
bishop wood Bischofsholz *n*, Bischofia javanica
bishop's pine Bischofskiefer *f*, Pinus muricata
Bismarck brown Bismarckbraun *n (Anilinfarbstoff)*
bister, bistre Bister *m(n)*, Manganbraun *n (Pigment aus Buchenholzruß)*
bistro table Bistrotisch *m*
bisulphite pulp Bisulfitzellstoff *m*
~ **pulping** Bisulfitkochung *f*
bit 1. Schneidkante *f*; Schneide *f*; Bohrschneide *f*; Bohrer *m*; 2. auswechselbarer Sägezahn *m*; 3. Hobeleisen *n*, Hobelstahl *m*; 4. Schlüsselbart *m*
~ **brace** Bohrwinde *f*, Brustleier *f*
~ **point** Bohrerspitze *f*
bitch Bauklammer *f*
bitter ash 1. Rauvolfia tetraphylla (nitida) *(Holzart)*; 2. s. ~ wood 1.
~ **bark** Amerikanischer Faulbaum *m*, Bitterbaum *m*, Rhamnus purshianus
~ **damson** Marupa *n*, Bitteresche *f*, Simaruba amara
~ **oak** Zerreiche *f*, Quercus cerris
~ **pecan** Carya aquatica *(Holzart)*
~ **wood** 1. Bitterholz *n*, Bitterbaum *m*, Bitteresche *f*, Picrasma excelsa; 2. s. ~ damson; 3. s. quassia
bitterbush Picramnia antidesma *(Holzart)*
Bitterlich angle-count method [of cruising] Winkelzählmethode *f* nach Bitterlich, Winkelzählprobe *f*, WZP *(Holzmessung)*
Bitterlich's angle gauge Bitterlich-Stab *m*, Bitterlich-Gerät *n (Holzmessung)*
bitternut [hickory] Bitternuß *f*, Carya cordiformis
bitumen-based adhesive Bitumenkleber *m*
~ **emulsion** Bitumenemulsion *f*
~-**impregnated insulating board,**
~-**impregnated softboard** Bitumenfaserplatte *f*, BPH, Asphaltplatte *f*
bituminized fibre pipe Bitumencellulosefaserrohr *n*
bituminous mastic Bitumenkleber *m*

bituminous   20

~ **varnish** Bitumenfirnis *m*, Bitumenlack *m*
Björkman lignin Björkman-Lignin *n*
BL *s.* Brauns lignin
black afara Framiré *n*, FRA, Idigbo *n*
  Terminalia ivorensis *(Holzart)*
~ **alder** Schwarzerle *f*, Roterle *f*, Gemeine Erle
  f, Alnus glutinosa
~ **ash** Schwarzesche *f*, Schwarze (Braune) Esche
  f, Fraxinus nigra
~ **balsam** *s.* 1. balsam of Peru; 2. ~ balsam fir
~ **balsam fir** Koloradotanne *f*, Grautanne *f*,
  Gleichfarbige Tanne *f*, Abies concolor
~-**barked terminalia** *s.* ~ afara
~ **bean** Castanospermum australe *(Holzart)*
~ **birch** Schwarzbirke *f*, Betula nigra
~ **cabbage bark** Lonchocarpus castilloi *(Holzart)*
~ **check** 1. Dunkel[ver]färbung *f (Holzfehler)*; 2.
  Harzgalle *f*, Harztasche *f (bes. bei Tsuga
  heterophylla)*
~ **cherry** Amerikanischer Kirschbaum *m*, KIA,
  Lorbeerkirsche *f*, Prunus serotina
~ **chuglam** Pilla-murda *n*, Terminalia mannii
  (chebula) *(Holzart)*
~ **cook** Schwarzkochung *f (Zellstofferzeugung)*
~ **cottonwood** Westliche (Haarfrüchtige)
  Balsampappel *f*, Populus trichocarpa
~ **currant tree** Antidesma ghaesembilla
  (Holzart)
~ **cypress pine** Callitris endlicheri (calcarata)
  (Holzart)
~ **dam[m]ar** Schwarzes Dammarharz *n (bes.
  von Balanocarpus penangianus)*
~ **dam[m]ar tree**, ~ **dhup** Canarium strictum
  (bengalense) *(Holzart)*
~ **dogwood** *s.* alder buckthorn
~ **ebony** Diospyros dendo *(Holzart)*
~ **fig** Ficus macrophylla *(Holzart)*
~ **guarea** Diambi *n*, DIM, Guarea thompsonii
  (Holzart)
~ **gum** 1. Idewa *n*, IDE, Akoriko[holz] *n*,
  Haplormosia monophylla; 2. *s.* ~ tupelo
~ **heart** Schwarzkern *m (Holzfehler)*
~ **hemlock** Westamerikanische Hemlocktanne *f*,
  Berghemlocktanne *f*, Tsuga mertensiana
~ **ironbark** Eucalyptus leucoxylon *(Holzart)*
~ **ironwood** Olea laurifolia *(Holzart)*
~ **Italian poplar** Populus × euramericana cv.
  serotina *(Holzart)*
~ **knot** Schwarzast *m*, kranker Ast *m*
~-**knotty** schwarzästig
~ **kongur** Balanocarpus utilis *(Holzart)*
~ **line** Grenzlinie *f*, Begrenzungslinie *f (zwischen
  gesundem und abgebautem Holz)*
~-**line method (technique)** Schwarzschnitt *m*
  (Holzschnitttechnik)
~ **liquor** Sulfatablauge *f*, Schwarzlauge *f*
  (Zellstoffherstellung)
~ **liquor recovery** Schwarzlaugenaufbereitung *f*
~ **locust** [Gewöhnliche] Robinie *f*, ROB,
  Heuschreckenbaum *m*, Scheinakazie *f*, Falsche
  Akazie *f*, Robinia pseudoacacia
~ **mahoe** Unechtes Lanzenholz *n*, Rollinia
  mucosa
~ **maire** Olea cunninghamii *(Holzart)*
~ **mangrove** 1. Rhizophora mangle *(Holzart)*; 2.
  Avicennia germinans *(Holzart)*
~ **maple** Schwarzahorn *m*, Acer nigrum
~ **marlock** Eucalyptus wandoo (redunca)
  (Holzart)
~ **mountain ash** Eucalyptus fastigata *(Holzart)*
~ **mulberry** Schwarzer Maulbeerbaum *m*,
  Schwarze Maulbeere *f*, Morus nigra
~ **myrobalan** Terminalia chebula *(Holzart)*
~ **oak** Färbereiche *f*, Quercus velutina (tinctoria)
~ **pine** 1. Japanische Schwarzkiefer *f*, Pinus
  thunbergii; 2. Callitris endlicheri (calcarata)
  (Holzart)
~ **pine bark-beetle**, ~ **pine bast beetle**
  Schwarzer Wurzelbrüter (Kiefernwurzelbrüter,
  Kiefernbastkäfer) *m*, Hylastes ater
~ **pitch** Schwarzpech *n*
~ **poison wood** Metopium brownii *(Holzart)*
~ **polish** Schwarzpolitur *f*
~ **poplar** Schwarzpappel *f*, Populus nigra
~ **sage** Cordia sebestena *(Holzart)*
~ **sassafras** Atherosperma moschata *(Holzart)*
~ **spruce** Schwarzfichte *f*, Picea mariana (nigra)
~ **sugar maple** Schwarzahorn *m*, Acer nigrum
~ **tupelo** Waldtupelobaum *m*, Nyssa sylvatica
~ **walnut** Schwarznußbaum *m*, Amerikanischer
  Nußbaum *m*, NBA, Juglans nigra
~ **wattle** Schwarze Akazie *f*, Gerberakazie *f*,
  Acacia mearnsii (mollissima), Acacia
  decurrens var. mollis
~ **willow** Schwarze Weide *f*, Salix nigra
Black Forest house Schwarzwaldhaus *n*
~ **Sea walnut** Kaukasisch-Nuß *f*, Kaukasus-
  Nußholz *n (von Juglans regia)*
blackboard Wandtafel *f*
~ **coating (paint)** Schultafelanstrich *m*,
  Wandtafelfarbe *f*
blackbutt Eucalyptus pilularis *(Holzart)*
blackjack [oak] Maryland-Eiche *f*, Quercus
  marilandica
~ **pine** *s.* Californian white pine
blackthorn Schlehdorn *m*, Schwarzdorn *m*,
  Prunus spinosa
blackwood 1. Ostindisches Rosenholz *n*,
  Dalbergia latifolia; 2. *s.* ~ acacia; 3. *s.*
  Campeachy wood
~ **acacia** Schwarzholzakazie *f*, Acacia
  melanoxylon
blade/to mit dem Rückeschild arbeiten
  (Holztransport)
blade 1. Klinge *f*, Messerklinge *f*; Schneide *f*;
  Sägeblatt *n*; 2. Schwert *n*, Schiene *f (einer
  Kettensäge)*; 3. Schild *m*, Rückeschild *m*
~-**coated paper** messergestrichenes Papier *n*
~ **coating** Messerstreichen *n (Papierherstellung)*
~ **height adjustment** Sägeblatthöheneinstellung
  f; Sägeblatthöhen[ver]stelleinrichtung *f*
~ **saw** Blattsäge *f*
~ **setting** Sägeblattanordnung *f*
~ **tilting mechanism** Sägeblattkippvorrichtung *f*,
  Sägeblattschwenkmechanismus *m*
~ **wear** Sägeblattverschleiß *m*
blank Rohling *m*
~ **door** Blindtür *f*
blanket box (chest) Wäschetruhe *f*
blaze/to [an]schalmen, anreißen, anzeichnen,

anplätzen, mit einem Schalm versehen *(Baumstamm)*
blaze 1. Schalm *m*, Wald[hammer]zeichen *n*, Platte *f (Baummarkierung)*; 2. Lachte *f*, Lache *f (Harzgewinnung)*
blazer 1. Schalmaxt *f*, Schalmbeil *n*, Waldhammer *m*; 2. Reißhaken *m*, Reißmesser *n*, Reißer *m (Harzgewinnung)*
blea falscher Splint *m (Holzanatomie)*
bleach/to bleichen *(z. B. Zellstoff, Papier)*
~ **out/to** ausbleichen
bleach Bleichmittel *n*; Bleichchemikalie *f*, Aufhellungsmittel *n*
~ **plant** Bleichanlage *f*, Bleicherei *f*
~ **plant effluent** Bleichereiabwasser *n*
~ **ratio** Bleichverhältnis *n (Papierherstellung)*
~ **sludge** Bleichschlamm *m (Papierherstellung)*
bleachability Bleichfähigkeit *f*, Bleichbarkeit *f*
bleachable bleichfähig, bleichbar
bleached pulp gebleichter Zellstoff *m*
~ **shellac[k]** gebleichter (entwachster, weißer) Schellack *m*
bleacher Bleicher *m*
bleachery Bleicherei *f*, Bleichanlage *f*
~ **effluent** Bleichereiabwasser *n*
bleaching agent Bleichmittel *n*
~ **chemical** Bleichchemikalie *f*, chemisches Bleichmittel *n*
~ **engine** Bleichholländer *m*
~ **liquor** Bleichflüssigkeit *f*, Bleichflotte *f*
~ **mordant** Bleichbeize *f*
~ **plant** Bleichanlage *f*, Bleicherei *f*
~ **plant effluent** Bleichereiabwasser *n*
~ **procedure (process)** Bleichverfahren *n*
~ **reaction** Bleichreaktion *f*
~ **sequence** Bleichfolge *f*
~ **solution** Bleich[mittel]lösung *f*
~ **stage** Bleichstufe *f*
~ **tower** Bleichturm *m*
bled timber geharztes (entharztes, gezapftes) Holz *n*, Holz *n* von geharzten Bäumen
bleed/to anzapfen *(Pflanze zur Saftgewinnung)*; harzen
bleed through Leimdurchschlag *m*
bleeding Saftbluten *n*, Bluten *n (von Pflanzen)*; Harzen *n*, Harzung *f*; Bluten *n*, Ausschwitzen *n*, Schwitzen *n (von teerölgetränktem Holz)*
~ **sap** Blutungssaft *m (von Pflanzen)*
blind verwachsen, eingewachsen *(Aststumpf)*
blind 1. Jalousie *f*; 2. Fensterladen *m*, Klappladen *m*; Rolladen *m*
~ **bolt** Kantenriegel *m*
~ **box** Jalousiekasten *m*
~ **casing** Fensterblendrahmen *m*
~ **conk** Astbeule *f*; überwallter Faulast *m (Holzfehler)*
~ **nail** verdeckter Nagel *m*
~ **nailing** verdeckte Nagelung *f*
~ **pit** blinder Tüpfel *m (Holzanatomie)*
~ **stitch** Blindstich *m (Polsterei)*
blinding tree Adlerholz *n*, Excoecaria agallocha
blister Kürschner *m (in furnierten Flächen)*
~ **early detection system** Spalterfrüherkennungsanlage *f*
~ **maple** Zuckerahorn *m*, Vogelaugenahorn *m*, Acer saccharum
block 1. Block *m*, Bloch *m*, Holzblock *m*, Stammabschnitt *m*, Stammstück *n*; Klotz *m*; 2. s. tree-stump
~ **carriage** Blockwagen *m*, Blochwagen *m (einer Gattersäge)*
~ **floor** Parkett[fuß]boden *m*, Parkett *n*; Asphaltstabparkett *n*
~ **parquet** Stabparkett *n*; Tafelparkett *n*
~ **plane** Hirnholzhobel *m*, Bestoßhobel *m*
~ **saw** Gehrungssäge *f*
~ **shear strength** Blockscherfestigkeit *f (von Plattenwerkstoffen)*
~ **truing planing machine** Blockhobelmaschine *f*
blockboard Stabsperrholz *n*, ST; Stabplatte *f*
blocked stacking Stapeln *n* ohne Stapelleisten *(Zwischenhölzer)*
blockhouse Blockhaus *n*
blocking Holzverkeilung *f*
blood adhesive Blutalbuminleim *m*
~-albumin glue Blutalbuminleim *m*
bloodwood Blutholz *n*, Eucalyptus corymbosa
bloom Ausblühung *f (z. B. von Holzschutzmitteln)*
blotting-paper Löschpapier *n*, Fließpapier *n*
blow Kürschner *m (in furnierten Flächen)*; Dampfblase *f (in Holzwerkstoffen)*
~-line process Blow-line-Verfahren *n (der Faserstoffbeleimung)*
~-off Abblasprodukt *n (des Zellstoffkochers)*
~-tank Ausblastank *m (einer Holzaufschlußanlage)*
blowdown timber, blowdowns Windbruchholz *n*, Windbruch *m*, Sturmholz *n*, Windfallholz *n*
blown Mondfäule *f*, Mondring *m (Holzfehler)*
blue/to verblauen, blau werden *(Holz)*
blue ash Blauesche *f*, Fraxinus quadrangulata
~ **beech** s. American hornbeam
~ **Douglas fir** Pseudotsuga menziesii var. glauca *(Holzart)*
~ **fig** Elaeocarpus grandis *(Holzart)*
~ **gum[-tree]** Blaugummibaum *m*, Fieber[heil]baum *m*, Eucalyptus globulus
~ **oak** Kalifornische Blaueiche *f*, Quercus douglasii
~ **peppermint** Eucalyptus dives *(Holzart)*
~ **pine** Tränenkiefer *f*, Himalajakiefer *f*, Pinus wallichiana (excelsa)
~ **rot** Blaufäule *f (unexakt für Bläue)*
~ **sap-stain** s. ~-stain
~ **spruce** Stechfichte *f*, Blaufichte *f*, Picea pungens
~-stain Blau[ver]färbung *f*, Bläue *f*, Verblauung *f*, Splint[holz]blaufärbung *f (durch Pilzbefall)*
~-stain fungus Bläuepilz *m (bes. Ophiostoma spp., Ceratostomella spp., Penicillium spp., Fusarium spp.)*
~-stain no defect Bläue kein Fehler *(Tropenholzhandel)*
~-stain prevention Bläueverhütung *f*
~-stained verblaut, bläuebefallen, blaukrank *(Holz)*
~ **vitriol** Kupfervitriol *n*, Kupfersulfat *n (Holzschutzmittel)*
~ **wood** s. purpleheart 1.

blued timber verblautes Holz *n*
blueing *s.* bluing
bluing Verblauen *n*, Blauwerden *n* *(von Holz durch Pilzbefall)*
Blume-Leiss altimeter Blume-Leiss-Baumhöhenmesser *m*
blunt/to 1. stumpf machen, stumpfen, stumpf werden lassen; 2. stumpf werden
blunt stumpf, unscharf *(Werkzeug)*
BMWL *s.* ball-milled wood lignin
bo tree Bobaum *m*, Pepulbaum *m* der Inder, Heiliger Feigenbaum *m*, Indischer Gottesbaum *m*, Ficus religiosa
board [up]/to verbrettern, mit Brettern abdecken
board 1. Brett *n*; Dielenbrett *n*, Diele *f*; 2. Platte *f*; 3. Pappe *f*; Karton *m*
~ **and batten [siding]** gefugte Schalung *f* mit Deckleisten, Brett-Deckleisten-Außenwandverkleidung *f*
~ **and board siding** Deckelschalung *f*
~ **ceiling** Plattendecke *f*; Bretterdecke *f*
~ **density** Plattendichte *f*
~ **door** Brettertür *f*
~ **edge** Brettkante[nfläche] *f*; Plattenkante[nfläche] *f*
~ **fence** Bretterzaun *m*
~ **floor** Bretterfußboden *m*, Dielenfußboden *m*
~ **forming machine** Plattenformmaschine *f*
~ **industry** Plattenindustrie *f*, Faserplattenindustrie *f*
~ **machine** Kartonmaschine *f*
~-**making** Kartonherstellung *f*
~ **manufacture** Plattenherstellung *f*, Plattenproduktion *f*
~ **manufacturer** Plattenhersteller *m*
~ **material** Plattenwerkstoff *m*
~ **materials** Bretterware *f*
~ **measure** 1. Holzmessung *f* in Board-Fuß (Brettfuß); 2. Brettermaßstab *m*, Brettmaß *n*
~ **offcuts** Bretterabfälle *mpl*, Brettsägeabfall *m*
~ **press temperature** Plattenpreßtemperatur *f*
~ **roof** Bretterdach *n*
~ **rule** Brettfußmaßstab *m*
~ **sawmill** Brettsägewerk *n*, Brettschneidemühle *f*, Brett[er]mühle *f*
~ **scale** Plattenwaage *f*
~ **shuttering** Bretterschalung *f*
~ **sorting system** Brettsortieranlage *f*
~ **swelling** Plattenquellung *f*
~ **take-off unit** Brettabnehmer *m*, Brettabnahmevorrichtung *f*
~ **texture** Plattentextur *f*, Plattengefüge *n*
~ **thickness** 1. Brettdicke *f*; 2. Plattendicke *f*
~ **trimmings** Bretterabfälle *mpl*, Brettsägeabfall *m*
~ **turner** Brettwendevorrichtung *f*
~ **turning unit** Plattenwender *m*, Plattenwendevorrichtung *f*
~ **width** Brettbreite *f*
boarded ceiling Bretterdecke *f*
~ **chest** Bohlentruhe *f*, Brettertruhe *f*
~ **floor** Dielen[fuß]boden *m*, Holz[dielen]fußboden *m*
~ **parquet [floor]** Tafelparkett *n*
~ **partition** Brettertrennwand *f*

boarding 1. Schalung *f*, Verschalung *f*, Verzimmerung *f*; Bretterverkleidung *f*; Täfelung *f*; Dielung *f*; 2. Bretterware *f* *(Holzsortiment)*
~ **joist** Dielenbalken *m*
boardroom Konferenzzimmer *n*, Sitzungszimmer *n*
~ **chair** Konferenzsessel *m*
~ **table** Konferenztisch *m*
boards *(Am)* Bauschnittholz bis 38,1 mm Dicke
boardwalk *(Am)* Bohlenweg *m*, Brettersteig *m*
boarwood Manil *n*, Symphonia globulifera *(Holzart)*
boat-builder Bootsbauer *m*
~-**building** Bootsbau *m*
~-**building material** Bootsbaumaterial *n*
~-**building plywood** Bootsbausperrholz *n*
~-**building timber** Boots[bau]holz *m*
~ **construction** Bootsbau *m*
~-**house** Bootshaus *n*
~ **nail** Bootsnagel *m*, Schiffsbaunagel *m*
~ **varnish** Boots[klar]lack *m*
~-**yard** Bootswerft *f*
boatwright Bootsbauer *m*
bob/to mit dem Rückeschlitten transportieren *(Langholz)*
bob-sled (-sleigh) Doppelschlitten *m*, Rückeschlitten *m* *(Holztransport)*
~-**tailing** Schleiffahren *n*, Schleifrücken *n* *(Holztransport)*
bobber Sinkholz *n*, Senkholz *n*, Taucher *m* *(Flößerei)*
bobbin Spule *f*, Bobine *f*; Zwirnspule *f*, Garnrolle *f*
~ **buffing machine** Spindelpoliermaschine *f*
~ **sander** Spindelschleifer *m*
BOD *s.* biochemical oxygen demand
bodied körperreich, körperhaltig *(Anstrichstoff)*
bodkin Stecheisen *n* *(des Korbmachers)*
body paper Rohpapier *n*
bodying Deckpolieren *n (Handpolieren)*
bodywood Stammholz *n*, Schaftholz *n*
bog oak Mooreiche *f* *(fossiles Eichenholz)*
~ **onion** Australisches Rosenholz *n*, Dysoxylum fraseranum
bogie 1. Gatterwagen *m*, Blockwagen *m*; 2. Drehschemel *m*; 3. Fahrgestell *n*; 4. Rückekarren *m*, Rückewagen *m* *(Holztransport)*
boil-proof (-resistant) kochfest, kochwasserfest *(Klebverbindung)*
boiled linseed oil Leinölfirnis *m*
~ **oil** 1. Ölfirnis *m*, Firnis *m*; 2. Leinölfirnis *m*
boiling-under-vacuum process *s.* Boulton process
bole 1. Schaft *m*, Baumschaft *m*; 2. Bolus *m* *(Erdfarbe zur Polimentbereitung)*
~ **area** Schaft[kreis]fläche *f (Holzmessung)*
~ **form** Stammform *f*, Schaftform *f*
~ **removal** Stammholzabfuhr *f*, Lang[roh]holzabfuhr *f*
~ **rot** Stammfäule *f*, Schaftfäule *f*
~ **skidding** Stammholzrücken *n*, Schaftholzrückung *f*
~ **sprout** Wasserreis *n*, Klebast *m (Holzfehler)*

~ **straightness** Geradschäftigkeit *f*, Geradstämmigkeit *f*, Schnürigkeit *f*
~ **wood** Stammholz *n*, Schaftholz *n*
~ **wound** Stamm[holz]wunde *f*
bolection moulding überfälzte Zierleiste *f*
Boliden salt Bolidensalz *n* *(Holzschutzmittel)*
bolling Kopfholzbaum *m*, Kopfholzstamm *m*, Kopfholz *n*
Bologna chalk Bologneser Kreide *f*; Bologneser Kreidegrund *m* *(Vergolden)*
bolong-eta Diospyros mindanaensis *(Holzart)*
bolster 1. Nachläufer *m* *(Langholztransport)*; 2. Sattelholz *n*; Polsterholz *n*
bolt 1. Bolzen *m*, Schraubenbolzen *m*; 2. Riegel *m*; 3. Furnierblock *m*, Schälblock *m*, Furnierrolle *f*, Messerblock *m*; 4. Weidenrutenbündel *n*, Korbweidenbündel *n*
~ **head** Bolzenkopf *m*
~-**hole** Bolzenloch *n*
bolted [timber] joint Bolzenverbindung *f*, Schraubenbolzenverbindung *f*
bombacaceous zu den Wollbaumgewächsen (Bombacaceae) gehörend
bombax 1. Bombax malabaricum *(Holzart)*; 2. Bombax buonopozense *(Holzart)*
Bombay blackwood Ostindischer Palisander *m*, Indisches Rosenholz *n*, Dalbergia latifolia
~ **mastic** Bombay-Mastix *m* *(von Pistacia chinensis ssp. integerrima)*
bombé bombierte Holzfläche *f*, Schwellung *f* *(an Möbelfronten)*
Bommer-type helical hinge Bommerband *n*, Pendeltürband *n*
bond/to 1. verbinden; sich verbinden; 2. [ver]kleben; [ver]leimen
~ **together/to** zusammenkleben; zusammenleimen
bond Verklebung *f*, Klebung *f*; Verleimung *f*
~ **area** Klebfläche *f*
~ **failure** Klebfugenausfall *m*, Versagen *n* der Klebfuge
~ **line** Klebfuge *f*; Leimfuge *f*
~-**line strength test** Klebfugenfestigkeitsprüfung *f*
~ **paper** Banknotenpapier *n*; Dokumentenpapier *n*
~ **strength** Bindefestigkeit *f*, Klebfestigkeit *f*
~ **timber** Verbindungsbalken *m*; Mauerstiel *m*, Mauerwerksanker *m* [aus Holz]
bondability Verklebbarkeit *f*, Verleimbarkeit *f*
bondable verklebbar; verleimbar
bonded area Klebfläche *f*
bonding Verbinden *n*; Verkleben *n*, Verklebung *f*; Verleimen *n*, Verleimung *f*
~ **agent** Klebstoff *m*, Klebemittel *n*
~ **machine** Verleimmaschine *f*
~ **method** Klebverfahren *n*
~ **quality** Holzwerkstoffklasse *f*, Verleimungsklasse *f*, Verleimungsqualität *f*
~ **resin** Klebharz *n*
~ **technique** Klebtechnik *f*
~ **temperature** Verklebungstemperatur *f*, Verleimungstemperatur *f*
bone-dry knochentrocken
~ **glue** Knochenleim *m*
~ **wood** Beinholz *n*, Beinweide *f*, *(bes.*

Lonicera xylesteum
bonnet hinge Haubenscharnier *n*
book match Kartonbuchzünder *m*
~ **paper** Buchdruckpapier *n*
~-**rest** Buchauflage[fläche] *f* *(Lesestuhl)*; Lesepult *n*
~ **stack** Bücherregal *n*
bookcase Bücherschrank *m*; Bücherregal *n*
bookshelf Bücherbord *n*; Bücherregal *n*
bookshelving unit Bücherwand *f*
boom Gurt *m* *(eines unterspannten Trägers oder einer unterspannten Pfette)*
boomerang Bumerang *n*
borage family Rauhblattgewächse *npl* *(Familie Boraginaceae)*
boragin[ac]eous zu den Rauhblattgewächsen (Boraginaceae) gehörend
borax Borax *m*, Natriumtetraborat *n* *(Holzschutzmittel)*
Bordeaux turpentine Bordeaux-Terpentin *n(m)* *(bes. von Pinus pinaster)*
border Tapetenleiste *f*
~ **joist** Streichbalken *m*
bordered pit Hoftüpfel *m(n)*, behöfter (gehöfter) Tüpfel *m* *(Holzanatomie)*
~ **pit membrane** Hoftüpfelmembrane *f*, Hoftüpfelschließhaut *f*
~ **pit torus** Hoftüpfeltorus *m*
bordering off Verwahren *n* *(der Staken beim Korbflechten)*
bore/to [auf]bohren; durchbohren; minieren
bore dust (meal) Bohrmehl *n*, Fraßmehl *n* *(von minierenden Insekten)*
borehole Bohrloch *n*, Ausbohrloch *n*; Fraßgang *m*; Insektenfraßgang *m*
~ **treatment** Bohrlochverfahren *n*, Bohrlochimpfung *f* *(Holzschutz)*
borer 1. Bohrer *m*; Bohrwerkzeug *n*; 2. Minierer *m*, minierende Käferlarve *f*
~ **core** *s.* boring core
boring core Bohrkern *m*, Bohrspan *m*, Zuwachsbohrkern *m* *(Holzmessung)*
~ **dust** *s.* bore dust
~ **jig** Bohrlehre *f*
~ **machine** Bohrmaschine *f*
~ **pest** Bohrschädling *m*
~-**tool** Bohrwerkzeug *n*
Borneo camphor Borneokampfer *m* *(Holzextrakt von Dryobalanops aromatica)*
~ **camphorwood** Kapur[holz] *n*, KPR, *(bes.)* Dryobalanops aromatica
~ **mahogany** *s.* Alexandrian laurel
~ **rosewood** Rengas *n*, RGS *(Holz von Melanorrhoaea spp.)*
borneol Borneol *n* *(Monoterpen)*
~ **acetate** Bornylacetat *n*, Borneolessig[säure]ester *m*
boron diffusion treatment Bordiffusionsverfahren *n* *(Holzschutz)*
borrowed light Innenfenster *n*
Bosnian maple Spitzahorn *m*, Acer platanoides
~ **pine** Schlangenhautkiefer *f*, Dolomitenkiefer *f*, Albanische Kiefer *f*, Pinus leucodermis
boss [geschnitzter] Deckenbalkenknopf *m*
bosting[-in] Grobbearbeiten *n*, Anhauen *n*,

bosting[-in] 24

Ausschlagen *n (Schnitzerei)*
bostrychid beetle Bohrkäfer *m*, Holzbohrkäfer *m* *(Familie Bostrychidae)*
boswell[in]ic acid Boswellinsäure *f (Triterpen)*
botany Botanik *f*, Phytologie *f*, Pflanzenkunde *f*
Botany Bay gum *s.* acaroid gum
bottle-brush buckeye Kleinblütige Roßkastanie *f*, Aesculus parviflora
~ **case (crate)** Flaschenkasten *m*, Haraß *m*
~ **rack** Flaschenregal *n*, Flaschengestell *n*
bottom boom *s.* ~ chord
~ **chord** Untergurt *m (eines Fachwerkträgers)*
~ **chord member** Untergurtstab *m*
~ **drawer** Sockelschubkasten *m*
~ **end** unteres Ende *n*, Fußende *n*, Basis *f (z. B. eines Stammes)*
~ **log** Erdstamm *m*, Erd[stamm]stück *n*, Wurzelstockabschnitt *m*, unteres Stammstück *n*
~**-most step** Antritts[treppen]stufe *f*
~ **piece** *s.* ~ log
~ **plate** Schwelle *f*, Schwellbalken *m*, Schwellriegel *m*, Grundholz *n*
~ **rail** Fußholz *n*; Schwellenholz *n*
~ **riser** Antrittsetzstufe *f*
~**-sawyer** Unterschneider *m*, Pitmann *m*
~ **shelf** Bodenbrett *n (im Regal)*
~ **white pine** *s.* cedar pine
Boucherie process [of sap displacement] Boucherie-Verfahren *n*, Saftverdrängungsverfahren *n (Holzschutz)*
boucherizing Boucherisierung *f (Holzschutz)*
bough Ast *m*; Hauptast *m*
boughy ästig, astreich
boule, boulle in Boulle-Technik eingelegt *(Möbel)*
boule (boulle, Boulle) work Boullearbeit *f*, Boulle-Marketerie *f*, Messing-Schildpatt-Marketerie *f*
Boulton process Boulton-Verfahren *n*, Saftfrischverfahren *n (Holzschutz)*
bound water gebundenes Wasser *n*, gebundene Feuchte *f*, Imbibitionswasser *n*
boundary beam Randträger *m (Holzbau)*
~ **parenchyma** marginales Parenchym (Längsparenchym) *n (Holzanatomie)*
bow 1. Bügel *m (z. B. einer Säge)*; 2. Bogen *m*, Streichbogen *m (für Saiteninstrumente)*; Bogen *m (Waffe)*; 3. *s.* bowing
~ **chain-saw** Bügelkettensäge *f*
~ **front** gebauchte (gewölbte) Front *f (eines Möbelstückes)*
~**-saw** 1. Bügelsäge *f*, Bogensäge *f*; Schweifsäge *f*; 2. Gestellsäge *f*, Tischlersäge *f*, gespannte Säge *f*
~ **truss** Bogenbinder *m*, Parabel[fachwerk]binder *m*
~ **window** Bogenfenster *n*; Erkerfenster *n*
bowing Längskrümmung (Längsverwerfung) *f* der Breitfläche
bowl Holzkugel *f*; Kegelkugel *f*
bowling alley Bowlingbahn *f*; Kegelbahn *f*
bowstring girder Bogenträger *m* mit Zugband, Fachwerkbogenträger *m*
~ **roof** Bogenbinderdach *n*

~ **truss** Bogenbinder *m*, Parabel[fachwerk]binder *m*
bowwood 1. Schlangenholz *n*, Frauen-Letternholz *n*, Amoanoa guianenses; 2. Osagedorn *m*, Maclura pomifera (aurantiaca)
box/to 1. anzapfen; harzen *(Bäume)*; 2. einen Fallkerb anlegen
~ **up/to** [mit Holz] verkleiden
box 1. Fallkerb *m (Baumfällung)*; 2. Eukalyptus[baum] *m (Gattung Eucalyptus)*; 3. Buchs[baum] *m (Gattung Buxus)*; 4. Buchs[baum]holz *n*; 5. Kiste *f*; Kasten *m*
~**-beam** Kastenträger *m*, Hohl[kasten]träger *m*, Kastenbalken *m*, Hohlbalken *m*
~ **bed** Kastenbett *n (im Mittelalter)*; Schrankbett *n*
~ **chisel** Nageleisen *n*
~ **column** Kastenstütze *f*
~ **corner joint** Zinkeneckverbindung *f*
~ **cornice** Holzkastengesims *n*
~ **elder** Eschenahorn *m*, Acer negundo
~**-end piling (stacking)** Aufsetzen *n* eines Kastenstapels
~ **family** Buchsbaumgewächse *npl (Familie Buxaceae)*
~ **girder** *s.* ~-beam
~ **lid** Kastendeckel *m*
~ **lock** Kastenschloß *n*, umgezogenes Schloß *n*
~ **lumber** *(Am)* Kistenholz *n*
~**-maker** Kistenmacher *m*
~**-making** Kistenfabrikation *f*
~ **mill** Kistenfabrik *f*
~ **nail** *(Am)* Drahtnagel *m*, Drahtstift *m*
~ **oak** Eiseneiche *f*, Pfahleiche *f*, Quercus stellata
~ **pallet** Boxpalette *f*
~ **quality** Kistenware *f*, Palettenware *f (Schnittholzgüteklasse)*
~ **seat** Kastensitz *m*
~ **shook** [zugeschnittenes und verpacktes] Kistenholz *n*
~ **stool** Kastenhocker *m*
~ **tenon** Winkelzapfen *m*
~ **wood** Kistenholz *n*
boxboard 1. Kistenbrett *n*; 2. Kartonagenpappe *f*, Schachtelkarton *m*; 3. *Schnittholz von 1,2 bis 5,5 m Länge und 0,1 m Breite*; 4. *s.* chipboard
boxed heart (pith) einstielig eingeschnittenes Holz *n*
~ **tenon** Winkelzapfen *m*
boxing shutter Falt[fenster]laden *m*, Klappladen *m*
boxwood 1. [Gemeiner, Gewöhnlicher] Buchsbaum *m*, BUC, Buxus sempervirens; 2. Buchs[baum]holz *n*; 3. buchsbaumartiges Holz *n*; 4. buchsbaumartiges Holz liefernde Pflanze
BR *s.* boil-proof
brab [tree] *s.* palmyra [palm]
brace/to verstreben; aussteifen
brace 1. Diagonalstab *m*, Kopfband *n*, Schwenkbug *m*, Bug *m (Holzbau)*, Strebe[leiste] *f*, Verstrebung *f*, Spreize f; 2. *s.* ~ and bit

~ **and bit** Bohrwinde *f*, Brustleier *f*
~ **chuck** Bohrwindenspannfutter *n*, Bohrwindenbüchse *f*
braced arch Fachwerkbogen *m*
~ **beam** Fachwerkträger *m*, Fachwerkbinder *m*
~ **door** Rahmentür *f*
~ **girder** Fachwerkträger *m*, Fachwerkbinder *m*
~ **timbering** verstrebte Zimmerung *f*
~ **system** Windverband *m (Holzbau)*
bracker Bracker *m*, Sortierer *m*, [beeidigter] Holzmesser *m*
bracket 1. Konsole *f (Holzbau)*; Knagge *f (Holzbau)*; 2. *s.* ~-type sporophore
~ **foot** Sockelfuß *m (von Kastenmöbeln)*
~-**type sporophore** Pilzkonsole *f*, konsolenförmiger Pilzfruchtkörper *m*
bracketed staircase wangenverzierte Treppe *f*
brad [nail] Drahtstift *m*; Leistenstift *m*; *(Am)* Furnierstift *m*
bradawl Spitzbohrer *m*, Vorstecher *m*; Reißnadel *f*
brail Gestör *n*, Floßsektion *f*
branch/to entasten
branch Ast *m (s.a. unter* limb)
~ **bark** Astrinde *f*
~ **base** Astgrund *m*
~ **form** Astform *f*
~ **form factor** Astholzformzahl *f (Holzmessung)*
~ **formation** Astbildung *f*
~ **hole** Astloch *n*, Asthöhle *f*
~ **leader** Leitast *m*
~ **node** Astknoten *m*
~ **pulp** Astholzzellstoff *m*, Zellstoff *m* aus Astholz
~ **remover** Entastungsgerät *n*, Astschneider *m*
~ **scar** Astnarbe *f*
~ **stub** Aststumpf *m*, Aststummel *m*, Aststumpen *m*
~ **stub occlusion** Astüberwallungsnarbe *f*, Astknaupe *f*
~ **stump** *s.* ~ stub
~ **swelling** Astbeule *f*
~ **whorl** Astquirl *m*, Wirtel *m*
~-**wood** Astholz *n*; Astreisig *n*
branched astig, beastet; verzweigt
~ **knot** verzweigter Ast *m*
branches Geäst *n*
branchiness [äußere] Astigkeit *f*, Beastung *f (eines Baumes)*
branching 1. Verzweigen *n*; Astbildung *f*, Beastung *f*; 2. Entastung *f*
~ **gallery** Gabelgang *m*, gegabelter Fraßgang *m (von Holzschädlingen)*
branchless astrein, astfrei
branchlessness Astreinheit *f*, Astlosigkeit *f*
branchlet Ästchen *n*, Ästlein *n*, Zweig *m*
branchy astig, beastet, Äste tragend
brand [name] furniture Markenmöbel *npl*
branded furniture manufacturer Markenmöbelhersteller *m*
branding machine Brennmaschine *f*
brash spröde; morsch, brüchig
~ **heart** *s.* brittle heart
brashness Brüchigkeit *f*, Sprödigkeit *f (z. B. von Holz)*

brashy *s.* brash
brasiletto *s.* brazilwood
brasilin[e] *s.* brazilin
brass-bound messingbeschlagen
~ **fittings** Messingbeschläge *mpl*
~ **inlay** Messingeinlage *f*
~ **mounts** Messingbeschläge *mpl*
brassware Messingbeschläge *mpl*
brattice/to mit Brettern verschlagen; durch Bretter [ab]trennen
brattice Wetterschleuse *f*, Wetterscheider *m*, Wettertür *f (Grubenausbau)*
Brauns lignin Brauns-Lignin *n*, Nativlignin *n*, natives (natürliches, unverändertes) Lignin *n*
Brazil nut Paranuß *f*, Castanheiro *n*, CAS, Bertholletia excelsa
~ **wax** Karnaubawachs *n*, Carnaubawachs *n*
Brazilette Haematoxylum brasiletto *(Holzart)*
Brazilian fire tree Schizolobium parahybum *(Holzart)*
~ **ironwood** Brasilianisches Eisenholz *n*, Caesalpinia ferrea
~ **mahogany** 1. Jequitiba[holz] *n (von Cariniana spp.)*; 2. *s.* American mahogany
~ **oak** Brasilianische Eiche *f*, Palicourea guianensis
~ **rosewood** [Rio-]Palisander *m*, PRO, Jakarandabaum *m*, Dalbergia nigra
~ **rubber tree** Parakautschukbaum *m*, Kautschukbaum *m*, Hevea brasiliensis
~ **satinwood** Euxylophora paraensis *(Holzart)*
~ **tulip-wood** [Bahia-]Rosenholz *n*, RSB *(bes. von Dalbergia variabilis and D. frutescens)*
~ **walnut** Imbuia *n*, IMB, Ocotea (Phoebe) porosa *(Holzart)*
brazilin Brasilin *n*, Brasilholzextrakt *m (Flavonoid)*
brazilwood Pernambuk *n*, PNB, Brasilholz *n*, Rotholz *n*, *(bes.)* Caesalpinia (Guilandina) echinata
break axe Spaltaxt *f*, Schlägelhacke *f*
~ **down/to** einschneiden, vorschneiden *(Sägeblöcke)*; ablängen *(Rohholz)*
breakdown saw Blocksäge *f*, Hauptmaschine *f (im Sägewerk)*
breaker [beater] Halbzeugholländer *m*, Halbzeugmahlländer *m (Papierherstellung)*
breakfast bar Frühstückstresen *m (Kücheneinrichtung)*
~ **nook** Frühstücks[eß]ecke *f*
~ **table** Frühstückstisch *m*
breaking engine Halbzeugholländer *m*, Halbzeugmahlländer *m (Papierherstellung)*
~ **length** Reißlänge *f (von Papier)*
~ **radius** Bruchradius *m (Biegeversuch)*
~ **strength** Bruchfestigkeit *f*
~ **the log** *s.* conversion
breast drill Bohrwinde *f*, Brustleier *f*
~-**height diameter** Brusthöhendurchmesser *m*, BHD, $d_{1,3}$ *(Holzmessung)*
~-**height form factor** Brusthöhenformzahl *f (Holzmessung)*
~-**height girth** Brusthöhenumfang *m (Holzmessung)*
~ **rail** Brustriegel *m*

Brereton rule Brereton Rule *f (der Rundholz-Volumenberechnung)*
bressumer Sturzbalken *m*
Brewer's spruce Brewer-Fichte *f*, Siskiyoufichte *f*, Picea breweriana
Brewster chair *(Am)* Brewster-Stuhl *m*
briar *s.* brier
brick bolster chisel Steinmeißel *m*, Maurerstemmeisen *n*
~-fashioned rim rippenverleimte runde Tischzarge *f*
~ nogging Ziegelausfachung *f*, Backsteinausfachung *f (Fachwerk)*
bridal chest Brauttruhe *f*, Aussteuertruhe *f*
bridge 1. Brücke *f*; Steg *m (z. B. am Streichinstrument)*; 2. Bruchleiste *f (Baumfällung)*
~ armchair Bridgesessel *m*
~ beam Brückenträger *m*
~ building Brückenbau *m*
~ crane Brückenkran *m*
~ planking Brückenbohlenbelag *m*, Brückenbeplankung *f*
~ table Bridgetisch *m*
~ timber Brückenbauholz *n*
bridging Riegelwerk *n*, Spreizwerk *n (Holzbau)*
~-blue Stapelbläue *f*
~ joist Tragbalken *m*, Deckenbalken *m*
~ piece Unterzugsbalken *m*
bridle joint 1. Schlitz-Zapfen-Rahmenverbindung *f*, Einhälsung *f*; 2. [einfacher] Stirnversatz *m*
brier 1. Baumheide *f*, Erica arborea; 2. Bruyereholz *n (bes. Wurzelholz von Erica arborea)*; 3. Bruyere[tabaks]pfeife *f*
~-dressed *(Am)* geschränkt *(Säge)*
~ teeth KV-Zähne *mpl*, Schwedenzähne *mpl (Kreissägeblatt)*
bright unverfärbt, verfärbungsfrei, blank *(Holz)*
~ gilding Glanzvergoldung *f*
brightness Weiße *f*, Weißgrad *m*, Weißgehalt *m (von Zellstoff oder Papier)*
~ gain (increase) Weißgraderhöhung *f*, Weißgradsteigerung *f*, Weißgradzunahme *f*
brimstone tree Morinda citrifolia *(Holzart)*
Brinell hardness Brinellhärte *f*, [plastische] Härte *f* nach Brinell, H_B
~ number Härtewert *m* nach Brinell
bringing down Niederbringen *n*, Niederwerfen *n*, Zufallbringen *n (z. B. eines hängengebliebenen Baumes)*
briquette/to brikettieren, zu Briketts pressen *(z. B. Sägespäne)*
briquetting Brikettierung *f*
~ press Brikettierpresse *f*
Brisbane mahogany Tristania conferta *(Holzart)*
bristle-cone pine Grannenkiefer *f*, Fuchsschwanzkiefer *f*, Pinus aristata
Bristol pile (stack) Kreuzstapel *m*
British Columbia hemlock *s.* grey fir
~ oak Stieleiche *f*, Sommereiche *f*, Quercus robur
brittle spröd, brüchig, morsch
• **become brittle/to** verspröden *(Klebfuge)*
~ gum Eucalyptus maculosa *(Holzart)*
~ heart Sprödkernigkeit *f*, Sprödfaserigkeit *f*, mürbes (schwammiges) Herz *n*, weicher Kern *m (Holzfehler)*
~ willow Knackweide *f*, Bruchweide *f*, Glasweide *f*, Salix fragilis
brittleness Sprödigkeit *f*, Brüchigkeit *f (z. B. von Holz)*
broach/to anzapfen; harzen *((Bäume)*
broad axe Zimmeraxt *f*, Breitbeil *n*
~-belt sanding machine Breitbandschleifmaschine *f*
~-leaved lime [tree] Sommerlinde *f*, Großblättrige Linde *f*, Tilia platyphyllos (grandifolia)
~-leaved maple Großblattahorn *m*, Acer macrophyllum
~-leaved peppermint Eucalyptus dives *(Holzart)*
~-leaved red iron-bark Eucalyptus siderophloia *(Holzart)*
~-leaved tree Laub[holz]baum *m*, laubabwerfender (sommergrüner) Baum *m*
~-leaved tree of high value Edellaub[holz]baum *m*
~-leaved wood Laubholz *n*, LH
~-ringed breitringig, grobringig, weitringig, grobjährig, mit breiten Jahr[es]ringen *(Holz)*
~ timbers Breitschnittholz *n*
broadleaf Terminalia latifolia *(Holzart)*
brob Bauklammer *f*
brocade Brokat *m (Dekorationsstoff)*
broke Bruch *m (Papierherstellung)*
broken-arch pediment Schwanenhalspediment *n*
bronze/to bronzieren
bronze paper Bronzepapier *n*
~ powder Bronzepulver *n*
~-powder gold paint goldfarbene Bronze[farbe] *f*, Goldbronze *f*
~ saw Bronzesäge *f*
bronzing liquid Bronzetinktur *f*
broom cabinet Besenschrank *m*
~ closet *(Am)* Besenschrank *m*
~ handle Besenstiel *m*
broomhead Besengrundkörper *m*
broomstick 1. Besenstiel *m*; 2. *s.* broomwood
broomwood Trichilia hirta *(Holzart)*
brown ash Schwarzesche *f*, Braune Esche *f*, Fraxinus nigra
~ barrel Eucalyptus fastigata *(Holzart)*
~ beech Pennantia cunninghamii *(Holzart)*
~ chips braune (berindete) Hackschnitzel *npl*, Hackschnitzel *npl* mit Rinde
~ crumbly rot Holzfäule, hervorgerufen durch Fomes marginatus
~ cubical rot Braunfäule *f* mit Würfelbruch
~ ebony 1. [Echtes] Pferdefleischholz *n*, Wamara *n*, Swartzia tomentosa (leiocalycina); 2. Rebhuhnholz *n*, PDG, Caesalpinia grenadillo
~ furniture Mahagonimöbel des 18. Jahrhunderts
~ groundwood [pulp] Braun[holz]schliff *m*
~ heart 1. Braunkern *m (Holzfehler)*; 2. *s.* brownheart
~ mallet Eucalyptus astringens *(Holzart)*
~ mechanical pulp Braun[holz]schliff *m*
~ oak braunstreifiges Eichen[kern]holz *n*;

Eichen[holz]braunfärbung *f (durch Fistulina hepatica)*
~ **olive** Olea africana *(Holzart)*
~ **paper** ungebleichtes Papier *n*; Packpapier *n*
~ **powder post beetle** Brauner Splintholzkäfer *m*, Lyctus brunneus
~ **pulp** 1. Braun[holz]schliff *m*; 2. roher (ungewaschener) Sulfatzellstoff *m*; Rohzellstoff *m*
~ **rot** Braunfäule *f*, Destruktionsfäule *f (bes. von Nadelholz)*
~-**rot fungus,** ~-**rotter** Braunfäulepilz *m*, Cellulosespezialist *m*
~ **silverballi** Holz von Licaria spp.
~ **stain** 1. Braunfärbung *f*, T-u-Verfärbung *f (Trocknungsschaden)*; 2. Braunbeize *f*
~ **sterculia** Lotofa *n*, LOT, Wawabima *n*, Sterculia rhinopetala *(Holzart)*
~ **stock** s. ~ pulp
Brownell lignin Brownell-Lignin *n*
brownheart Wacapou *n*, WAC, Vouacapoua americana, Andira aubletii *(Holzart)*
browns unentrindete (ungeschälte) getrocknete Weidenruten *fpl*
browsing [by game] Wildverbiß *m*
~ **damage** Verbißschaden *m*, Wildverbißschaden *m*
~ **wound** Verbißwunde *f*, Verbißstelle *f*
brucine Brucin *n (Alkaloid)*
bruise Prellwunde *f*, Quetschwunde *f (z. B. an Bäumen)*
bruised tree Baum *m* mit Rückeschäden
Brunswick black Braunschweiger Schwarz *n*, Bitumenfarbe *f*
brush Bürste *f*; Pinsel *m*
~ **application** Anstreichen *n*, Streichen *n*
~ **application technique** Anstreichtechnik *f*; Anstreichverfahren *n*
~ **back** (block) Bürstengrundkörper *m*
~ **box** Pelawan *n*, *(bes.)* Tristania conferta *(Holzart)*
~-**coated paper** [luft]bürstengestrichenes Papier *n*
~ **coating** Anstreichverfahren *n (Holzschutz)*; Bürstenstrich *m (Papierherstellung)*
~ **cypress pine** Callitris macleayana *(Holzart)*
~ **handle** Bürstenstiel *m*; Pinselstiel *m*
~ **manufacturer** Bürstenmacher *m*; Pinselmacher *m*
~ **painting** Anstreichen *n*, Streichen *n*
~ **sanding drum** Bürstenschleiftrommel *f*
~ **treatment** [manuelles] Streichen *n (Holzschutzverfahren)*
brushing lacquer Streichlack *m*
~ **paint** Streichfarbe *f*, Anstreichfarbe *f*
~ **slide** Auszugsplatte *f*, Tablett *n*
brushwood Reisig *n*, Reis[er]holz *n*
brutting Holzbringung *f* mittels Sapinen *(im Gebirge)*
BSND s. blue-stain no defect
bubble [in veneer] Kürschner *m (in furnierten Flächen)*
~ **tar** Blasenteer *m (Holzdestillation)*
bubinga 1. Bubinga *n*, BUB, Westafrikanisches Rosenholz *n*, Guibourtia tessmannii; 2. s.

olive walnut
buck/to ablängen, aushalten; [ab]kappen; ausformen; einschneiden; zersägen
buck 1. Sägebock *m*, Holzbock *m*, Sägegestell *n*; 2. Auffanggefäß *n (Harzung)*; 3. Buche *f (Gattung Fagus)*
~ **saw** Ablängsäge *f*
bucker 1. Abländer *m (Arbeiter)*; 2. Ablängsäge[maschine] *f*, Ablängmaschine *f*, Einschneidemaschine *f*
buckeye Roßkastanie *f (Gattung Aesculus)*
buckham wood Sappan[holz]baum *m*, Ostindisches Rotholz *n*, Caesalpinia sappan
bucking accuracy Ablänggenauigkeit *f*
~ **ladder** Freipolter *m(n) (Rohholzlagerung)*
~ **machine** Ablängsäge[maschine] *f*, Ablängmaschine *f*, Einschneidemaschine *f*
~ **station** Einschnittanlage *f*, Kappanlage *f*
~ **system** Ablängsystem *n*
~ **table** Ablängtabelle *f*, Aushaltungstabelle *f*
buckle [up]/to sich verziehen, sich [ver]werfen *(Schnittholz)*; hochgehen *(Holzfußboden)*
buckle Angel *f*, Sägeangel *f*
buckling Knickung *f*, Knicken *n*, Ausknickung *f (eines Stabes)*
~ **formula** Knickformel *f*
~ **load** Knicklast *f*
~ **mode** Knickform *f*
~ **strength** Knickfestigkeit *f*, kritische Knickspannung *f*, β_K
~ **stress** Knickspannung *f*, σ_K
bucksaw *(Am)* Gestellsäge *f*, Tischlersäge *f*, gespannte Säge *f*
buff/to schwabbeln
buffer Schwabbelmaschine *f*, Poliermaschine *f*
buffet Büffett *n*, Buffet *n*
buffing machine Schwabbelmaschine *f*, Poliermaschine *f*
~ **stand** Schwabbelbock *m*, Ständerschwabbelmaschine *f*
~ **tool** Schwabbelwerkzeug *n*
buhl, Buhl s. boule
builder of wooden bridges Holzbrückenbauer *m*
building biology Baubiologie *f*
~ **board** Bauspanplatte *f*; Leichtbauplatte *f*
~ **joinery** Bautischlerei *f*
~ **logs** Baurundholz *n*
~ **pole** Baumast *m*, Holzbaumast *m*
~ **preservative (protective) agent** Bautenschutzmittel *n*
~ **safety** Bausicherheit *f*
~ **timber** Bauholz *n*
~-**veneer plywood** Bau-Furniersperrholz *n*
built-in eingebaut; Einbau...
~-**in** Einbaumöbel[stück] *n*
~-**in cabinet** Einbauschrank *m*
~-**in corner cupboard** Einbaueckschrank *m*
~-**in furniture** Einbaumöbel *npl*
~-**in kitchen** Einbauküche *f*
~-**in shelf** Einbauregal *n*
~-**in wardrobe** Einbau[kleider]schrank *m*, Wandschrank *m*
~-**up beam** Verbundbalken *m*, Montageträger *m*
~-**up column** kontinuierlich verbundener [mehrteiliger] Stab *m (Holzbau)*

built 28

~-up truss Brettbinder *m (Holzbau)*
~-up wood beam Verbundholzbalken *m*
bukal [tree] Mimusops elengi *(Holzart)*
bulbous [zwiebelartig] ausgerundet, bauchig *(Baluster oder Möbelbein)*
bulk density of wood Rohdichte *f* von Holz, Holzdichte *f*, ϱ
~ **piling (stacking)** Stapeln *n* ohne Stapelleisten (Zwischenhölzer)
bull bay Großblütige Magnolie *f*, Magnolia grandiflora
~-nose plane Bullnose-Eckensimshobel *m*
~-nose step Antritts[treppen]stufe *f* mit gerundeter Außenecke *f*, Rundnasenstufe *f*
~ **pine** 1. Gelbkiefer *f*, Goldkiefer *f*, Schwerholzkiefer *f*, Pinus ponderosa; 2. *s.* loblolly pine
~ **wood** *s.* compression wood
bullace Haferpflaume *f*, Spilling *m*, Prunus [domestica ssp.] insititia
bulldog [timber] connector Bulldogdübel *m*, Einpreßdübel *m* System Bulldog, Bulldog[holz]verbinder *m*
bullet tree *s.* 1. bully tree 1.; 2. bullace
~-type ball catch Einbohrkugelschnäpper *m*
bulletwood *s.* 1. bully tree 1.; 2. bullace
bull's-eye mirror Konvexspiegel *m*
~-eye pane Butzenscheibe *f*
bully tree 1. Balatabaum *m*, Massaranduba *n*, MSA, Pferdefleischholz *n*, Manilkara bidentata, Mimusops balata; 2. Bucida buceras *(Holzart)*
bummer Holzrückewagen *m*, Rückekarren *m*
bump Beule *f*, Buckel *m*, Auftreibung *f*, Erhöhung *f (z. B. auf furnierten Oberflächen)*
bumpy beulig, bucklig *(Holz)*
bun-shaped pellet Kotpille *f*, Kotballen *m*, [walzenförmiges] Kotteilchen *n (z. B. des Gewöhnlichen Nagekäfers)*
buna Japanische Buche *f*, Fagus crenata
bunch/to bündeln; gantern *(Langholz)*; zusammenrücken *(am Boden liegendes Holz)*
bunch bucking gruppenweiser Einschnitt *m*, bündelweises Ablängen *n*
bundle/to bündeln; paketieren
bundle delimbing Bündelentastung *f*, Bundentästung *f*
~ **of logs** Rundholzbündel *n*
~ **raft** Bündelgestör *n (Flößerei)*
bundled wood Bündelholz *n*
bundling installation Paketieranlage *f*
bung 1. Spund *m*, Faßspund *m*, Faßverschluß *m*; 2. Spundloch *n*
~-hole Spundloch *n*
~ **stave** Spunddaube *f*
bunk Polterstrang *m*, Polterschiene *f*
~-beds Etagenbett *n*, Doppelstockbett *n*
bunya-bunya, bunya pine Bunya-Bunya-Baum *m*, Pinkosknolle *f*, Araucaria bidwillii
buprestid[an] Prachtkäfer *m (Familie Buprestidae)*
bur oak Großfrüchtige Eiche *f*, Quercus macrocarpa
Burdekin plum Pleiogynium timoriense *(Holzart)*

burden cable Tragseil *n (einer Seilbringungsanlage)*
bureau 1. Schreibschrank *m*; Aufsatz-Schreibschrank *m*; Pultsekretär *m*; 2. *(Am)* Kommode *f*
~ **on stand** [hoher] Pultschreibtisch *m*
~ **plat** Flachschreibtisch *m*
~-toilette Toilettenschrank *m*
~ **top** Schreibschrankaufsatz *m*, Sekretäraufsatz *m*
Burgundy pitch Burgunderharz *n (bes. von Pinus pinaster)*
~ **turpentine** Burgunderterpentin *n(m) (bes. von Pinus pinaster)*
burio Wercklea insignis *(Holzart)*
burjair *s.* barjier
burl *(Am) s.* burr 1.
Burma boxwood Murraya paniculata (exotica) *(Holzart)*
~ **cedar** Surenbaum *m*, SUR, Moulmein-Zeder *f*, Toona ciliata, Cedrela toona
~ **lancewood** Malas *n*, Homalium foetidum (tomentosum) *(Holzart)*
~ **padouk** Burma-Padouk *n*, PBA, Pterocarpus macrocarpus *(Holzart)*
~ **sal** Pentacme suavis *(Holzart)*
~ **tulip-wood** Dalbergia oliveri *(Holzart)*
Burmese ... *s.* Burma ...
burn/to [ver]brennen; verkohlen *(Holz)*
burnettize/to burnettisieren, Holz mit Chlorzinklösung tränken
Burnett's liquid Chlorzinklösung *f*, Zinkchloridlösung *f (Holzschutzmittel)*
burning behaviour Brennverhalten *n*
~ **quality** Brenneigenschaft *f*
~ **rate** Abbrandgeschwindigkeit *f*, Brenngeschwindigkeit *f (z. B. von Holz)*
burnisher Ziehklingenstahl *m*, [Hand-] Ziehklingengratzieher *m*
burnt cork Korkkohle *f*
~ **sienna** gebrannte Sienaerde *f (Pigment)*
~ **umber** gebrannte Umbra *f (Pigment)*
~ **wood** Brandholz *n*, brandgeschädigtes Holz *n*
burr 1. Maserknolle *f*, Maserkropf *m*; 2. Bearbeitungsgrat *m*; 3. *s.* ~ veneer
~ **veneer** Knollenfurnier *n*, Maserknollenfurnier *n*
~ **walnut** Nußbaummaser *f*
burrow/to minieren
burrow, burrowing passage Fraßgang *m*, Insektenfraßgang *m*
burry knollenmaserig
burseracerous zu den Balsamgewächsen (Burseraceae) gehörend
burst check Ringriß *m (Holzfehler)*
~ **strength, bursting strength** Berstfestigkeit *f*, Berstwiderstand *m*
bush Strauch *m*
~ **apple** Heinsia diervilleoides *(Holzart)*
business furniture Büromöbel *npl*
bust pedestal Büstenständer *m*
bustic Sternapfelbaum *m*, Dipholis salicifolia
busu plum Maranthes corymbosa *(Holzart)*
butcher block Fleischerklotz *m*
butea kino Buteakino[harz] *n*, Bengalisches Kino

n, Palasokino *n (von Butea monosperma)*
butin Butin *n (Flavonoid)*
butt/to stumpf [aneinander]fügen, durch stumpfe Fuge verbinden
butt 1. Stammfuß *m*, Stammbasis *f*, [unteres] Stammende *n*, Erdende *n*, Stockende *n*; 2. dickes Balkenende *n*; 3. Gewehrkolben *m*; 4. *s.* block 1.
~ **circumference** Stammfußumfang *m*; Umfang *m* des dicken Endes *(Pfahl)*
~ **corner joint** [einfacher] Eckstoß *m*
~ **diameter** Stammfußdurchmesser *m (Holzmessung)*
~-**end** *s.* butt 1. *und* 2.
~-**end first** dickörtig, großörtig, mit dem Stammfuß (mit der Fällschnittseite) voran *(Holztransport)*
~-**end first skidding** dickörtiges Rücken *n*, großörtige Rückung *f*
~-**end reducer** Stammenendenreduzierer *m*, Wurzelreduzierer *m*
~-**end reduction** Stammendenreduzierung *f*
~-**end treatment** Balkenfußbehandlung *f (Holzschutz)*
~ **hinge** Einstemmband *n*, Fitschenband *n*, Fischband *n*
~-**joint/to** stumpf [aneinander]fügen, durch stumpfe Fuge verbinden
~ **joint** stumpfe Fuge *f*; Stoßfuge *f*
~ **length (log)** Erdstamm *m*, Erdblock *m*, Erd[stamm]stück *n*, Wurzelstockabschnitt *m*
~ **rot** Stockfäule *f*, Stammfußfäule *f*
~-**rot agent** Stockfäuleerreger *m*
~-**rot fungus** Stockfäulepilz *m*
~ **rot in Scotch fir** Kiefernstockfäule *f (bes. durch Polyporus sistrotremoides)*
~ **rot of spruce** Rotfäule *f* der Fichte *(bes. durch Heterobasidion annosum)*
~ **swelling** starker Wurzelanlauf (Stammanlauf) *m*
~ **treatment** Stammfußbehandlung *f*, Stammendbehandlung *f (Holzschutz)*
butter-mould Butterform *f*
~-**nut** Butternußbaum *m*, Kanadischer Nußbaum *m*, Ölnußbaum *m*, Graunuß *f*, Juglans cinerea
butterfly Schmetterling *m*, Lepidoptere *f (Ordnung Lepidoptera)*
~ **table** Butterfly-Tisch *m (Klapptisch)*
button 1. Knopf *m*; Druckknopf *m*; Saitenhalterknopf *m (am Streichinstrument)*; 2. Nutklotz *m (zur Befestigung von Tischplatten)*
~ **shellac[k]** Knopf[schel]lack *m*
~-**tree** Platane *f (Gattung Platanus)*
buttoning Knopfheftung *f (Polsterei)*
buttonwood 1. Platane *f (Gattung Platanus)*; 2. Abendländische (Amerikanische) Platane *f*, Platanus occidentalis; 3. Platanenholz *n*, PLT *(bes. von Platanus occidentalis)*
buttress 1. spannrückiger Wurzelanlauf (Stammanlauf) *m*; 2. Brettwurzel *f*
~ **flare** *s.* buttress 1.
~ **root** Brettwurzel *f*
buttressed spannrückig, mit [grob] gewellter Mantelfläche *(Baumstamm)*; mit starkem Wurzelanlauf

buttressing Spannrückigkeit *f (Wuchsfehler)*
butyl alcohol n-Butylalkohol *m*, Butanol *n (Lösungsmittel)*
buzz-saw *(Am)* Kreissäge *f*

C

C clamp Laubsägenzwinge *f*; Bügelzwinge *f*
CA *s.* cellulose acetate
CAB *s.* cellulose acetate butyrate
caber *s.* common rafter
cabin log Block[haus]balken *m*
cabinet Kabinett *n*; Kabinettschrank *m*; Tonmöbel *n*, Phonomöbel *n*, Musikschrank *m*; Schrank *m*
~ **back** Schrankrückwand *f*
~ **bed** Schrankbett *n*
~ **carcass** Kastenmöbelrahmen *m*, Kastenmöbelgestell *n*
~ **cherry** Amerikanischer Kirschbaum *m*, KIA, Lorbeerkirsche *f*, Prunus serotina
~ **door** Kastenmöbeltür *f*
~ **file** Kabinettfeile *f*, Cabinetfeile *f*
~ **fitting** Schrankbeschlag *m*
~ **frame** Kastenmöbelrahmen *m*, Kastenmöbelgestell *n*
~ **furniture** Schrankmöbel *npl*; Kastenmöbel *npl*, kastenförmige Möbel *npl*
~ **hardware** Kastenmöbelbeschläge *mpl*
~ **hinge** Möbelscharnier *n*
~ **lock** Möbelschloß *n*
~ **-maker** Möbeltischler *m*, Tischler *m*, Schreiner *m*; Kunsttischler *m*, Kunstschreiner *m*, Kabinettmacher *m*
~ **-maker's [work]shop** Möbeltischlerwerkstatt *f*, Möbeltischlerei *f*, Möbelschreinerwerkstatt *f*, Möbelschreinerei *f*, Tischlerwerkstatt *f*, Schreinerwerkstatt *f*, Tischlerei *f*, Schreinerei *f*
~ **-making** Möbeltischlerei *f*, Tischlerei *f*, Möbelschreinerei *f*, Schreinerei *f*; Kunsttischlerei *f*
~ **-making school** Tischlerlehrwerkstatt *f*, Schreinerlehrwerkstatt *f*
~ **-making shop** *s.* ~ **-maker's [work]shop**
~ **-making veneer** Möbelfurnier *n*
~ **on chest of drawers** Sekretär[kasten] *m* auf Kommodenunterteil
~ **on stand** Sekretär[kasten] *m* auf Tischbeinen
~ **rasp** Tischlerraspel *f*
~ **saw** Tischlersteifsäge *f*
~ **scraper** Ziehklinge *f*
~ **stock** Möbelholz *n*
~ **varnish** 1. Möbelpolitur *f*; 2. Möbelklarlack *m*
~ **wood** Möbelholz *n*, Schreinerholz *n*, Schreinerware *f*, Tischlerware *f*
cabinetry *s.* cabinetwork
cabinetwork Möbeltischlerei *f*, Tischlerarbeit *f*, Schreinerarbeit *f*; Kunsttischlerei *f*, Feintischlerarbeit *f*
cable/to mit Seilzug rücken *(Langholz)*
cable-crane Seilkran *m*, Kabelkran *m*
~ **-drum** Kabeltrommel *f*; Seiltrommel *f*
~ **hauling (logging)** Seilbringung *f* *(Rohholztransport)*
~ **moulding** Spiralstab *m*, Seil[zier]kante *f*
~ **reel** Kabeltrommel *f*; Seiltrommel *f*

~ **reel flange** Kabeltrommelscheibe *f*
~ **skidder** Seilskidder *m*, Seilzugrückeschlepper *m*, Seilwindenrücketraktor *m*, Cableskidder *m*
~ **skidding** Seilrückung *f*; Seilbringung *f*
~ **slide** Seilriese *f* *(Langholztransport)*
~ **traction** Seilzug *m*
~ **winch** Seilwinde *f*, Kabelwinde *f*
cableway Seilbringungsanlage *f*; Seil[schwebe]bahn *f*
~ **logging (skidding)** Seilrückung *f*; Seilbringung *f*
cabochon Cabochon-Motiv *n* *(Möbelverzierung)*
cabriole leg Cabriole-Bein *n*, Bocksbein *n* *(Stuhlbein)*
cacqueteuse [armchair] Caquetoire *m*, Plauderstuhl *m*
cadaga, cadagi Eucalyptus torelliana *(Holzart)*
cadalene Cadalen *n* *(Sesquiterpen)*
cadinene Cadinen *n* *(Sesquiterpen)*
cadinol Cadinol *n* *(Sesquiterpen)*
cadoxene Cadoxen *n*, Cadmium[oxid]ethylendiamin *n* *(Celluloselösungsmittel)*
cairns hickory Flindersia ifflaiana *(Holzart)*
~ **pencil cedar** Palaquium galactoxylum *(Holzart)*
calaba [tree] Calababaum *m*, Calophyllum brasiliense (calaba)
calabash tree 1. Kalebassenbaum *m*, Crecentia cujete; 2. Baoba *m*, Affenbrotbaum *m*, Adansonia digitata
Calabrian pine 1. Korsische Schwarzkiefer *f*, Kalabrische Kiefer *f*, Pinus nigra ssp. laricio; 2. Pinus brutia *(Holzart)*
calamander [wood] Koromandel[holz] *n*, Makassarebenholz *n*, EBM *(von Diospyros spp.)*
calambac Kalumbak[holz] *n*, Adlerholz *n*, Aloeholz *n*, Agalloche *n*, Aquilaria agallocha
calamene Calamen *n* *(Sesquiterpen)*
calamity wood Kalamitätsholz *n*
calcium lignosulphonate Calciumligninsulfonat *n*
calender/to kalandern, kalandrieren, mittels Kalander glätten; satinieren *(Papierherstellung)*
calender Kalander *m*, Walzenglättwerk *n*; Satinierkalander *m*
~ **lacquer** Kalanderlack *m*
calf-skin glue Kalbshautleim *m*
caliatur wood Rotes Santelholz *n*, Caliaturholz *n* (bes. von Pterocarpus santalinus)
calico ash Weißeschenholz *n* (von Fraxinus americana)
~ **wood** Halesia diptera *(Holzart)*
California ... *s. a.* unter Californian ...
California black oak Kellog's Eiche *f*, Quercus kelloggii
~ **buckeye** Kalifornische Roßkastanie (Pavia) *f*, Aesculus californica
~ **false nutmeg** Kalifornische Nußeibe (Torreye) *f*, Torreya californica
~ **laurel** Kalifornischer Berglorbeer *m*, Umbellularia californica
~ **live oak** Kalifornische Stecheiche (Steineiche) *f*, Quercus agrifolia

~ **nutmeg** Kalifornische Nußeibe (Torreye) *f*, Torreya californica
~ **pinyon pine** Pinus quadrifolia *(Holzart)*
~ **torreya** *s*. ~ nutmeg
~ **white oak** Kalifornische Weißeiche *f*, Quercus lobata
Californian coast spruce Sitkafichte *f*, FIS, Picea sitchensis
~ **incense cedar** Kalifornisches Bleistiftholz *n*, BKA, Flußzeder *f*, Weihrauchzeder *f*, Calocedrus (Libocedrus) decurrens
~ **juniper** Juniperus californicus *(Holzart)*
~ **mountain pine** Amerikanische Weymouthskiefer *f*, Gebirgsstrobe *f*, Pinus monticola
~ **red fir** Prachttanne *f*, Abies magnifica
~ **redwood** Kalifornisches Redwood *n*, RWK, Küstensequoie *f*, Sequoie *f*, Küstenmammutbaum *m*, Sequoia sempervirens
~ **sycamore** Platanus racemosa *(Holzart)*
~ **walnut** Claronußbaum *m*, Juglans hindsii
~ **white pine** Gelbkiefer *f*, Goldkiefer *f*, Schwerholzkiefer *f*, Pinus ponderosa
caliper *s*. calliper
calisaya bark Königschinarinde *f (von Cinchona calisaya)*
calliper/to klupp[ier]en, mit der Kluppe messen, ablehren *(Holz)*
calliper 1. Kluppe *f*, Meßkluppe *f*, Baumkluppe *f (Holzmeßwerkzeug)*; 2. Dicke *f*, Stärke *f (von Papier, Pappe oder einem Baumstamm)*
~ **man** Klupp[en]führer *m*, Kluppierer *m*
~ **stick** Ablängstab *m*, Klupp[meß]stock *m*, Stockkluppe *f*
callitroid thickening callitr[is]oide Verdickung *f (Holzanatomie)*
callose Callose *f (Polysaccharid)*
callus Kallus *m*, Wundkallus *m*, Wund[rand]gewebe *n*; Wundholz *n*, Überwallung *f*
~ **overgrowth** Wundüberwallung *f*, wulstartiger Kallus *m*
~ **resin** Wundharz *n*
~ **ring** Kallusring *m*, Narbenring *m*
camagon Diospyros discolor *(Holzart)*
camara Holz von Dipteryx spp.
camber/to krümmen, [auf]wölben
camber Krümmung *f*, Aufwölbung *f*, Wölbung *f (z. B. eines Balkens)*; Überhöhung *f*, Sprengung *f*, Pfeilhöhe *f*, Stich *m (z. B. eines Brettschichtträgers)*
cambered beam Balken (Träger) *m* mit Stich
~ **roof** Bogendach *n*
cambial activity Kambiumtätigkeit *f*
~ **cell** Kambialzelle *f*, Kambiumzelle *f*
~ **cytology** Kambiumzytologie *f*
~ **division** Kambiumteilung *f*
~ **element** *s*. ~ initial
~ **fusiform initial** Kambiummutterzelle *f*, Fusiforminitiale *f*, fusiforme Kambialinitiale *f*, spindelförmige Initialzelle *f*
~ **growth** Kambiumwachstum *n*
~ **initial** Kambialinitiale *f*, Kambiuminitial[zell]e *f*
~ **zone** Kambialzone *f*, Kambiumzone *f*

cambio [de]barker Cambio-Entrinder *m*
cambium Kambium[gewebe] *n*, Cambium *n*, Bildungsgewebe *n*, Zuwachsschicht *f (von Holzpflanzen)*
~ **injury** Kambiumverletzung *f*
~ **layer** Kambiumschicht *f*
~ **miner** Kambiumminierfliege[nlarve] *f (Gattung Dizygomyza)*
~ **mother cell** *s*. cambial fusiform initial
came Fensterblei *n*
camel's foot tree Bauhinia purpurea *(Holzart)*
camlet Kamelott *m (Dekorationsstoff)*
camp-bed Campingliege *f*, Faltbett *n*, Feldbett *n*
~-**chair** Campingstuhl *m*
~-**stool** Campinghocker *m*, Klapphocker *m*
~-**table** Campingtisch *m*
campaigning furniture Feldzugsmöbel *npl*
Campeachy wood Campeche[holz] *n*, CAM, Kampescheholz *n*, Blauholz *n*, Blutholz *n*, Allerheiligenholz *n*, Haematoxylum campechianum
camphene Camphen *n (Terpenkohlenwasserstoff)*
camphor Kampfer *m*, Campher *m (Terpenketon)*
~ **tree** Kampferbaum *m*, Kampferholz *n*, Cinnamomum camphora
camphorwood Kampferholz *n (Sammelbegriff)*
camping furniture Campingmöbel *npl*
camwood 1. Cam[bal]holz *n*, Gabanholz *n*, Afrikanisches Rotholz *n*, Baphia nitida; 2. Iso-Santalin *n (Farbstoff von 1.)*
Canada ... *s.a. unter* Canadian ...
Canada balsam Kanadabalsam *m*, Kanadaterpentin *n*, Balsamtannenharz *n (von Abies balsamea)*
~ **pitch** Hemlock[rinden]harz *n*
~ **yew** Kanadische Eibe *f*, Taxus canadensis
Canadian ash Weißesche *f*, Fraxinus americana
~ **aspen** Amerikanische Zitterpappel *f*, Populus tremuloides
~ **hemlock** [Kanadische] Hemlocktanne *f*, Echte Schierlingstanne *f*, Tsuga canadensis
~ **maple** Zuckerahorn *m*, Vogelaugenahorn *m*, Acer saccharum
~ **poplar** Kanadische Pappel *f*, Populus-Canadensis-Hybride *f*, Populus × canadensis (× euramericana)
~ **red pine** [Amerikanische] Rotkiefer *f*, Pinus resinosa
~ **spruce** [Kanadische] Weißfichte *f*, SWW, Schimmelfichte *f*, Picea glauca (alba)
~ **white birch** Papierbirke *f*, Betula papyrifera
canalete, canaletta Canalete *n*, Cordia gerascanthus *(Holzart)*
canape Kanapee *n*, Sofa *n*
canarium Afrikanisches Canarium *n*, CAF, Gabunmahagoni *n*, Canarium schweinfurthii
canary ash Beilschmiedia bancroftii *(Holzart)*
~ **island cedar** Juniperus cedrus *(Holzart)*
~-**whitewood** Whitewood *n*, WIW, Tulpenbaum *m*, Liriodendron tulipifera
~ **wood** 1. Persea indica *(Holzart)*; 2. Persea canariensis *(Holzart)*; 3. Araiba *n*, (bes.) Centrolobium paraense *(Holzart)*; 4. *s*. ~-whitewood
candelabrum tree Euphorbia pirahazo *(Holzart)*

candellila wax

candellila wax Candellilawachs *n (von Pedilanthus pavonis)*
candle beam Kerzenträgerbalken *m*
~ **chest** Kerzenschrank *m*
~**-stand** Kerzentischchen *n*; [rundes] Leuchtertischchen *n*,. Gueridon *m*
~ **tree (wood)** Kerzenbaum *m*, Dacryodes excelsa
cane/to Rohr [ver]flechten; mit Rohrgeflecht versehen
cane Flechtrohr *n*, Rohr *n*
~ **chair** Rohrstuhl *m*, Stuhl *m* mit Rohrgeflechteinlagen
~ **furniture** Rohrmöbel *npl*
~ **osier** *s*. common osier
~**-seated chair** *s*. ~ chair
~ **strip** Rohrfaden *m*, Holm *m*
caned chair *s*. cane chair
canella bark tree Zimtbaum *m*, Canella winterana (alba)
caning Rohrflechten *n*
canker Krebs *m (z. B. an Bäumen)*
~ **fungus** Krebspilz *m*, krebserzeugender Pilz *m*
cannelure Kannelur *f*, Kannelüre *f*, senkrechte Hohlkehle *f*
canoe birch Papierbirke *f*, Betula papyrifera
~ **paddle** Kanupaddel *n*
canopied (canopy) bed Himmelbett *n*
cant 1. Kantholz *n*, Vierkantholz *n*; Vierkantblock *m*; 2. Model *m*, Prisma *n*
~ **deck** Kantholzdecke *f*; Kantholzboden *m*
~**-dog (-hook)** Kanthaken *m*, Wendehaken *m*, Stammwender *m*; Sapin *m*, Sapine *f*, Sappel *m*
~ **strip** *(Am)* *s*. eaves board
canteen table Kantinentisch *m*
cantilever/to auskragen
cantilever Kragarm *m*; Kragträger *m*; Auskragung *f*
~ **chair** Kragstuhl *m*, Freischwingerstuhl *m*
~ **roof** Kragdach *n*
~ **table** Kragtisch *m*
cantilevered beam Kragbalken *m*
~ **log** Kragträger *m*
~ **steps** Kragtreppe *f*
canvas Kanevas *m*, Stramin *m*, Gittergewebe *n*
caoutchouc Kautschuk *m(n)*, Naturkautschuk *m(n)*, Naturgummi *n*, Gummielastikum *n*
~ **tree** 1. kautschukliefernder Baum *m*, Kautschukbaum *m*; 2. Parakautschukbaum *m*, Kautschukbaum *m*, Hevea brasiliensis
cap Klappe *f (am Hobel)*
~ **iron** Hobeleisenklappe *f*
~ **screw** Klappenschraube *f (am Hobel)*
capacitance meter, ~**-type [moisture] meter** elektrischer Feuchtemesser *m* nach dem Kapazitätsprinzip
capacitive admittance meter Hochfrequenz[feuchte]meßgerät *n* mit Scheinleitwertmessung
capacitor tissue paper Kondensatorpapier *n*
Cape box[wood] Afrikanischer Buchsbaum *m*, Buxus macowani
~ **lancewood** Zagai[holz] *n*, Curtisia faginea
~ **laurel** Stinkholz *n*, Ocotea bullata

capillarity Kapillarität *f*
capillary groove Wassernase *f (z. B. einer Sohlbank)*; Tropfnut *f*, Wassernasenrinne *f (Wetterschenkel)*
capital Kapitell *n*
capping plane Abrundhobel *m*
~ **rail** Oberriegel *m (eines Zaunes)*
capricorn beetle Bock[käfer] *m (Familie Cerambycidae)*
capstan table Trommeltisch *m*
caqueteuse, caquetoire *s*. cacqueteuse [armchair]
caracole Wendeltreppe *f*, gewendelte (gewundene) Treppe *f*
carambola Karambolabaum *m*, Averrhoa carambola
caravan interiors Wohnwagen-Innenausbauten *pl*
carbamide Carbamid *n*, Harnstoff *m*
carbide-tipped slotting cutter hartmetallbestückter Nutfräser *m*
carbohydrate Kohlenhydrat *n*
~ **glue** Kohlenhydratleim *m*
carbolineum Karbolineum *n*, Carbolineum *n (Holzschutzmittel)*
carbon 14 dating *s*. radiocarbon dating
~ **paper** Kohlepapier *n*
~ **tetrachloride** Tetrachlorkohlenstoff *m*, Kohlentstofftetrachlorid *n*
carbonization Verkohlung *f (z. B. von Holz)*; Entgasung *f (z. B. von Holz)*
carbonize/to [ver]kohlen; entgasen
carbonizing base paper Karbonrohpapier *n*
carbonyl compound Carbonylverbindung *f (Holzchemie)*
~ **group** Carbonylgruppe *f (Holzchemie)*
carborundum [powder] Karborund[um] *n*, pulverförmiges Siliciumcarbid *n (Schleifmittel)*
carbowax Carbowax *n (Holzkonservierungsmittel)*
carboxyethylcellulose Carboxyethylcellulose *f*
carboxyl [group] Carboxylgruppe *f (organischer Verbindungen)*
~ **lignin** Carboxyllignin *n*
carboxymethylcellulose Carboxymethylcellulose *f*, CMC
carcase *s*. carcass
carcass Gestell *n*; Möbelgestell *n*, Möbelkörper *m*, Korpus *n(m)*; Rahmenwerk *n*, [holzbauliches] Gerippe *n*
~ **assembly line** Korpusmontagelinie *f*
~ **clamp (cramp)** Korpus[verleim]presse *f*, Korpusverleimvorrichtung *f*
~ **flooring** Dielenbalkenlage *f*, Dielenrahmen *m*
~ **furniture** Korpusmöbel *npl*
~ **roofing** Dachstuhl *m*
carcassing Rohbau *m*; Balkenwerk *n*
~ **timber** Hochbau[schnitt]holz *n*, Holz *n* für den Hochbau, Rahmenholz *n*; Gerüstholz *n*
card box Karteikasten *m*
~ **drawer** Karteikartenschubkasten *m*
~**-key** Lochkartenschlüssel *m (der Holzartenbestimmung)*
~**-table** Kartenspieltisch *m*
~**-table fittings** Spieltischbeschläge *mpl*

~-**table hinge** Spieltischscharnier n, Tischband n
Card process Card-Verfahren n (Holztränkung mit einem Creosot-Zinkchlorid-Gemisch)
cardboard 1. Pappe f; Karton m, Kartonpapier n; 2. Ilomba n, ILO, Pycnanthus angolensis (kombo) (Holzart)
~ **box** Pappschachtel f
~-**making** Pappenherstellung f; Karton[papier]herstellung f
care of buildings Gebäudepflege f, Gebäudeinstandhaltung f
carene Caren n (Monoterpen)
cargo sawmill Sägewerk n mit Holzverschiffungsanlagen
Caribbean [pitch-]pine Karibische Kiefer f, Pinus caribaea
carload Wagenladung f, Motorwagenladung f
carnauba Karnaubapalme f, Brasilianische Wachspalme f, Copernicia cerifera
~ **wax** Karnaubawachs n, Carnaubawachs n
carob [tree] Johannisbrotbaum m, Karobenbaum m, Ceratonia siliqua
Carolina ash Wasseresche f, Fraxinus caroliniana
~ **black poplar** Karolina-Pappel f, Populus angulata
~ **pine** Handelsname für helles Kernholz bes. von Pinus taeda und P. echinata
~ **poplar** s. Canadian poplar
carotenoid, carotinoid Carotinoid n, Lipochrom n (Naturfarbstoff)
carpenter/to zimmern
carpenter Zimmermann m, Zimmerer m; Bautischler m
~ **ant** holzbewohnende Roßameise f (bes. Gattung Camponotus)
~ **bee** Holzbiene f (bes. Gattung Xylocopa)
~ **chalk line** Kreideschnur f
~ **shop** Zimmerei f; Bautischlerei f, Bauschreinerei f
carpentering s. carpentry 1.
carpenter's axe Stoßaxt f, Bundaxt f, Stichaxt f
~ **bench** Hobelbank f
~ **brace** Bohrwinde f
~ **craft** Zimmer[er]handwerk n, Zimmergewerbe n
~ **hammer** Zimmermannshammer m
~ **handsaw** Stoßsäge f; Einhandstoßsäge f
~ **level** Wasserwaage f
~ **mark** Abbundzeichen n, Bundzeichen n, Bundriß m
~ **pencil** Zimmermanns[blei]stift m
~ **plane** Zimmermannshobel m
~ **roofing hammer** Latt[en]hammer m
~ **rule** Gliedermaßstab m, Zollstock m
~ **square** Zimmermannswinkel m, Anschlagwinkel m, Winkeleisen n [des Zimmermanns]
~ **tool** Zimmermannswerkzeug n
~ **work** Zimmermannsarbeit f
carpentership s. carpentry 1.
carpentry 1. Zimmer[er]arbeit f, Zimmermannsarbeit f; Zimmer[er]handwerk n, Zimmermannsgewerk n; 2. Holz[roh]bau m, Zimmer[er]arbeit f

~ **foreman** Zimmererpolier m, Polier m
~ **framework** Holzfachwerk n; Balkenwerk n
~ **joint** zimmermannsmäßige Holzverbindung f
~ **timber** Zimmerholz n
~ **tool** Zimmermannswerkzeug n
~ **trade** Zimmerhandwerk n, Zimmererhandwerk n
~ **wood** Bauholz n für Zimmerarbeiten, Zimmermannsholz n, Zimmermannsware f
~ **work** s. carpentry
~ **workshop** Zimmerei f, Zimmermannswerkstatt f
carport Carport m, [offener] Auto-Unterstellplatz m
carriage bolt Schraubenbolzen m, Flachrundschraube f mit Vierkantansatz
~ **feed** Vorschubmechanismus m (Sägetechnik)
~ **screw** Schlüsselschraube f, Vierkantholzschraube f; Sechskantholzschraube f
~-**shaft** Wagendeichsel f
~ **varnish** Lackfirnis m
carrier cable Tragseil n (einer Seilbringungsanlage)
cart-wright Wagner m, Wagenbauer m
cartonnier Cartonnier m (Kastenmöbel)
cartouche Kartusche f (Zierform)
carve/to schnitzen
carved decoration Schnitzdekor m(n), Schnitzschmuck m, geschnitzter Zierat m; Schnitzwerk n
~ **furniture** Schnitzmöbel npl
~ **moulding** Schnitzleiste f
~ **ornamentation** Schnitzschmuck m
~ **work** Schnitzwerk n
carvel-built kraweelgebaut, karweelgebaut (Boot)
~ **planking** Kraweelbeplankung f, Karweelbeplankung f
carver 1. Schnitzer m, Holzschnitzer m; 2. Eßzimmerlehnstuhl m
~ **chair** Eßzimmerlehnstuhl m
carver's burr Schleifstift m für Holzschnitzer
~ **chisel** 1. Schnitzeisen n; Schnitzbeitel m; 2. s. ~ gouge
~ **gouge** Bildhauerbeitel m, Hohleisen n
~ **mallet** Bildhauerknüppel m, Bildhauerklüpfel m
~ **screw** Schnitzerschraube f
~ **stand** Schnitzbank f
carving 1. Schnitzen n; Schnitzerei f; 2. Schnitzwerk n, Schnitzarbeit f
~ **chisel** Schnitzeisen n; Schnitzbeitel m
~ **in the round** Holzskulptur f, vollplastisches Schnitzwerk n
~ **knife** Schnitzmesser n
~ **machine** Bildschnitzmaschine f, Schnitzmaschine f
~ **property** Schnitzeigenschaft f, Schnitzeignung f, Schnitzfähigkeit f (von Holz)
~ **technique** Schnitztechnik f, Holzschnitztechnik f
~ **tool** Schnitzwerkzeug n; Schnitzeisen n
~ **tool set** Schnitzeisensatz m
caryatid Karyatide f (Zierelement)
caryophyllene Caryophyllen n (Sesquiterpen)

cascade fir

cascade fir Purpurtanne *f*, Abies amabilis
cascara *s*. ~ sagrada
~ **buckthorn** Amerikanischer Faulbaum *m*, Bitterbaum *m*, Rhamnus purshianus
~ **sagrada** Cascara sagrada *f*, Amerikanische Faulbaumrinde *f (von Rhamnus purshianus)*
case furniture Kastenmöbel *npl*, kastenförmige Möbel *npl*; Behältnismöbel *npl*
~ **goods** *(Am)* 1. Eßzimmer[möbel]garnitur *f*; Schlafzimmereinrichtung *f*, 2. *s*. ~ furniture
~-**hardening** Verschalung *f (Trocknungsfehler)*
~ **piece of furniture** Kastenmöbel[stück] *n*
case timber (wood) Kistenholz *n*, Verpackungsholz *n*
cased pile Mantelpfahl *m*
casein glue Kaseinleim *m*
casement 1. Fensterflügel *m*; 2. Flügelfenster *n*
~ **fastener** Vorreiber *m*, Einreiber *m*
~ **frame** Fensterflügelrahmen *m*, Flügelrahmen *m*
~ **grille** Fensterflügelkreuzsprossen *fpl*
~ **hinge** Fensterflügelscharnier *n*
~ **stay** Fensterfeststeller *m*, Fenster[sturm]haken *m*
~ **window** Drehflügelfenster *n*, Flügelfenster *n*
cash desk Kassentisch *m*
cashew [nut tree] 1. Acajubaum *m*, Kaschubaum *m*, Nierenbaum *m*, Anacardium occidentale; 2. *s*. espave[*]
cask Faß *n*
~-**making** Faßherstellung *f*
~ **wood** Daubenholz *n*, Faßholz *n*
casket 1. Schatulle *f*; 2. *(Am)* Sarg *m*
Caspic willow Kaspische Weide *f*, Spitzweide *f*, Salix acutifolia
Cassel earth Kasseler Braun *n*, Kaßlerbraun *n (Erdfarbe)*
cast-coated paper gießbeschichtetes Papier *n*
~ **nail** Guß[eisen]nagel *m*
castalagin Castalagin *n (Tanningerbstoff)*
castanet Kastagnette *f*
caster *s*. castor
castilloa rubber [tree] *s*. Central American rubber [tree]
casting Werfen *n (des Holzes)*
castor Möbelrolle *f*
casuarina Kasuarine *f*, Känguruhbaum *m (Gattung Casuarina)*
catalpa Trompetenbaum *m (Gattung Catalpa)*
catalyst 1. Katalysator *m*; 2. *s*. hardener
catalyzed lacquer Reaktionslack *m*
catch Schnäpper *m*, Schnappverschluß *m*, Schließe *f (Möbelbeschlag)*
catechin, catechol Catechin *n*, Catechol *n (Flavonoid)*
catechu Katechu *n*, Catechu *n*, Cachou *n (Pflanzenextrakt, Gerbmittel)*
~ **acacia** Gerberakazie *f*, Katechuakazie *f*, Katechubaum *m*, Acacia catechu
cathedral truss Binder *m* mit Kreuzkehlbalken
cativo Cativo *n*, CAT, Prioria copaifera *(Holzart)*
cat's-claw blackbead *(Am)* Antillen-Kieselholz *n*, Pithecellobium unguis-cati
catslide roof [lang] abfallendes Dach *n*

34

Caucasian fir Nordmannstanne *f*, Abies nordmannia
~ **walnut** Kaukasisch-Nuß *f*, Kaukasus-Nußholz *n (von Juglans regia)*
~ **wingnut** Flügelnuß *f*, Kaukasischer Nußbaum *m*, Pterocarya fraxinifolia
caul Beilage *f*, Zulage *f*; Zinkzulage *f (Furnieren)*
~ **release agent** Trennmittel *n*, Trennemulsion *f*
caulk/to abdichten; [Fugen] verstemmen; kalfatern
caulk *s*. caulking 2.
caulking 1. Abdichten *n*; Verstemmen *n*; Kalfatern *n*; 2. Dichtungsmasse *f*, Dichtstoff *m*
~ **gun** Montage[klebe]pistole *f*, Druckluftpistole *f* für Dichtstoffe
~ **material** Dichtungsmasse *f*, Dichtstoff *m*
causeuse Causeuse *f*, Plaudersitz *m*
caustic extraction stage Alkaliextraktion *f (Zellstoffbleiche)*
~ **tower** Alkalisierungsturm *m (Zellstoffherstellung)*
cavetto steigende Viertelkehle *f (Profil)*; Hohlkehle *f*
cbft. *s*. cubic foot
CCA mixture (preservative, salt) CKA-Salz *n*, Chromat-Kupfersalz-Arsenat-Gemisch *n (Holzschutzmittel)*
ceara rubber 1. Ceara-Kautschukbaum *m*, Manihot glaziovii; 2. Ceara-Kautschuk *m*
cedar 1. Zeder *f (Gattung Cedrus)*; 2. Zedernholz *n*, ZED; 3. *s*. cedrela
~ **elm** Ulmus crassifolia *(Holzart)*
~ **of Goa** Mexikanische Zypresse, Cupressus lusitanica
~ **of Lebanon** Libanonzeder *f*, Cedrus libani
~ **pine** Glattkiefer *f*, Kahle Kiefer *f*, Pinus glabra
~ **shingle** Zedern[holz]schindel *f*
cedarn *s*. cedrine
cedarwood Zedernholz *n*, ZED
~ **oil** Zedern[holz]öl *n*
cedrela 1. Cedrelabaum *m (Gattung Cedrela)*; 2. Cedro *n*, Cedrela[holz] *n*, CED, Westindische Zeder *f*, Zigarrenkistenzeder *f*, *(bes.)* Cedrela odorata (mexicana)
cedrine zedern, aus Zedernholz
cedro-rana Tornillo *n*, Cedrorana *n*, Cedrelinga catenaeformis *(Holzart)*
cedrol Cedrol *n*, Zedernkampfer *m (Sesquiterpenalkohol)*
ceiba Ceiba *f*, CEI, Kapokbaum *m*, Baumwollbaum *m*, Ceiba pentandra
ceiling Decke *f*, Raumdecke *f*
~ **beam** Deckenbalken *m*; Deckenträger *m*
~ **joist** Deckenträger *m*, Deckenrafter *m*
~ **lath** Deckenlatte *f*
~ **light** Oberlicht[fenster] *n*
~ **lining** Deckenbekleidung *f*, Deckenverkleidung *f*
~ **panel** Deckenpaneel *n*, Deckenplatte *f*
~ **panelling** Deckenvertäfelung *f*
~ **tile** Deckenpaneel *n*, Deckenplatte *f*
~ **window** Deckenlichtöffnung *f*, Deckenlicht *n*
Celebes ebony Makassarebenholz *n*, EBM,

Diospyros celebica
celery top pine Phyllocladus trichomanoides (asplenifolius) *(Holzart)*
~ **wood** Fiederaralie *f (Gattung Polyscias)*
cell Zelle *f (Holzanatomie)*
~ **cavity** Zellhohlraum *m*, Zellumen *n*, Lumen *n*
~ **content** Zellinhalt m
~-**forming tissue** Bildungsgewebe *n*, Meristem *n*
~ **wall** Zellwand *f*
~-**wall area** Zellwandfläche *f*
~-**wall cellulose** Zellwandcellulose *f*
~-**wall component (constituent)** Zellwandbestandteil *m*
~-**wall degradation** Zellwandabbau *m*
~-**wall density** Zellwanddichte *f*, Dichte *f* der reinen Zellwandsubstanz, Reindichte *f*
~-**wall structure** Zellwandaufbau *m*, Zellwandgefüge *n*
~-**wall substance** Zellwandsubstanz *f*
~-**wall thickening** Zellwandverdickung *f*
~-**wall water** gebundenes Wasser *n*, gebundene Feuchte *f*, Imbibitionswasser *n*
cellar door Kellertür *f*
~ **fungus** Kellerschwamm *m*, Warzenschwamm *m*, Gelber Holzschwamm *m*, Coniophora puteana (cerebella)
~ **window** Kellerfenster *n*
cellaret[te] Flaschenabteil *n*, Wein[flaschen]fach *n (im Büfett)*
cello Cello *n*, Violoncello *n (Streichinstrument)*
cellobiose Cellobiose *f (Disaccharid)*
~ **octaacetate** Cellobiose-Octaacetat *n*
Cellon process Cellon-Verfahren *n*, Kesseldrucktränkung *f* mit Rückgewinnung des Lösungsmittels *(Holzschutz)*
cellophane, Cellophane Cellophan *n*
cellotriose Cellotriose *f*, Procellulose *f (Trisaccharid)*
cellular board 1. Hohl[raum]platte *f*, Verbundplatte *f* mit Hohlraummittellage; Hohlraumsperrholz *n*; 2. Wellpappe *f*
~ **panel** Hohlraumspanplatte *f*
~ **powder** Zellpulver *n*
cellulase Cellulase *f (Enzym)*
~ **enzyme lignin** Cellulase Enzym-Lignin *n*
~ **lignin** Cellulaselignin *n*
celluloid Celluloid *n*, Zellhorn *n*
cellulolysis Cellulolyse *f*, Celluloseabbau *m*
cellulolytic cellulolytisch, celluloseabbauend
cellulose 1. Cellulose *f*, Zellulose *f (Polysaccharid)*; 2. Zellstoff *m (technisches Produkt)*
~ **I** Cellulose *f* I, natürliche (native) Cellulose *f*
~ **II** Cellulose *f* II, Hydratcellulose *f*, regenerierte Cellulose *f*, Regeneratcellulose *f*, Celluloseregenerat *n*
~ **III** Cellulose *f* III
~ **IV** Cellulose *f* IV
~ **acetate** Celluloseacetat *n*, Acetylcellulose *f*, Acetalcellulose *f*, CA
~ **acetate butyrate** Celluloseacetobutyrat *n*, Acetylbutyrylcellulose *f*, CAB
~ **acetate fibre** Celluloseacetatfaser *f*
~ **acetate lacquer** Celluloseacetatlack *m*
~ **acetate propionate** Celluloseacetatpropionat *n*,
CAP
~ **acetate rayon** Celluloseacetatseide *f*, Acetatseide *f*
~ **acetobutyrate** *s*. ~ acetate butyrate
~ **acetopropionate** *s*. ~ acetate propionate
~ **agar** Celluloseagar *m*
~-**base lacquer** Nitro[cellulose]lack *m*, NC-Lack *m*, Zaponlack *m*
~ **board** Zellstoffpappe *f*
~ **bonding** Cellulosebindung *f*
~ **caprate** Cellulosedecanoat *n*
~ **chain** Cellulosekette *f*
~ **chemist** Cellulosechemiker *m*
~ **chemistry** Cellulosechemie *f*
~ **coal** Cellulosekohle *f*
~ **content** Cellulosegehalt *m*
~ **copolymer** Cellulosecopolymer[isat] *n*
~ **crystallite** Cellulosekristallit *m*, Cellulosemizelle *f*
~ **decomposer** Cellulosezersetzer *m*, cellulosezersetzender (celluloseabbauender) Mikroorganismus *m*
~ **decomposition (degradation)** Celluloseabbau *m*
~ **depolymerization** Cellulosedepolymerisation *f*
~ **derivative** Cellulosederivat *n*, Celluloseabkömmling *m*
~ **diacetate** Cellulosediacetat *n*, Diacetylcellulose *f*, Hydrocelluloseacetat *n*
~ **dicarboxylic ester** Cellulosedicarbonsäureester *m*
~ **dinitrate** Cellulosedinitrat *n*
~ **ester** Celluloseester *m*
~ **ether** Celluloseether *m*
~ **fibre** Cellulosefaser *f*
~ **fibril** Cellulosefibrille *f*, Cellulosefäserchen *n*
~ **formate** Celluloseformiat *n*, Formylcellulose *f*
~ **gel** Cellulosegel *n*
~ **graft copolymer** Cellulose-Pfropfcopolymer[isat] *n*
~ **hydrate** Cellulosehydrat *n*, Hydratcellulose *f*
~ **hydrogel** Cellulosehydrogel *n*
~ **hydrolysis** Cellulosehydrolyse *f*, hydrolytische Cellulosespaltung *f*
~ **hydroxyl** Cellulosehydroxyl *n*, Cellulosehydroxylgruppe *f*
~ **lacquer** Nitro[cellulose]lack *m*, NC-Lack *m*, Zaponlack *m*
~ **macromolecule** Cellulosemakromolekül *n*
~ **metabolism** Cellulosestoffwechsel *m*
~ **methylation** Cellulosemethylierung *f*
~ **microstructure** Cellulosemikrostruktur *f*
~ **molecule** Cellulosemolekül *n*
~ **nitrate** Cellulosenitrat *n*, *(unexakt)* Nitrocellulose *f*
~ **nitrate lacquer** Nitro[cellulose]lack *m*, NC-Lack *m*, Zaponlack *m*
~ **nitrite** Cellulosenitrit *n*
~-**nitrite ester** Cellulosenitritester *m*
~ **particle** Cellulosepartikel *n*
~ **plastics product** Celluloseplasterzeugnis *n*
~ **polish** Cellulosepolitur *f*
~ **powder** Cellulosepulver *n*
~ **product** Celluloseprodukt *n*, Zellstoffprodukt *n*

cellulose 36

~ **propionate** Cellulosepropionat n, CP
~ **pulp** Zellstoff m
~ **retention** Celluloseretention f
~ **saccharification** Celluloseverzuckerung f
~ **segment** Cellulose[ketten]segment n
~ **solution** Celluloselösung f
~ **solvent** Celluloselösungsmittel n, Celluloselösemittel n
~ **structure** Cellulosestruktur f
~ **substrate** Cellulosesubstrat n
~ **swelling agent** Cellulosequellungsmittel n
~ **technology** Cellulose[gewinnungs]technologie f
~ **tetraacetate** Cellulosetetraacetat n, Tetraacetat n
~ **triacetate** Cellulosetriacetat n, Triacetat n
~ **trinitrate** Cellulosetrinitrat n
~ **tripropionate** Cellulosetripropionat n
~ **wadding** Zellstoffwatte f
~ **waste liquor** Zellstoffablauge f
~ **xanth[ogen]ate** Cellulosexanthogenat n
~ **yield** Celluloseausbeute f
cellulosic cellulosehaltig, cellulosisch; Cellulose...
cellulosic Cellulosederivat n, Celluloseabkömmling m
~ **chain** Cellulosekette f
~ **fibre** Cellulosefaser f
~ **paper** Cellulosepapier n, Zellstoffpapier n
~ **pulp** Zellstoff m
~ **waste [material]** Celluloseabfall m
cellulytic s. cellulolytic
celtis 1. Zürgelbaum m (Gattung Celtis); 2. Celtis philippinensis (Holzart)
cembalo Cembalo n (Saiteninstrument)
cembra[n] pine Zirbelkiefer f, Zirbe[l] f, Arve f, Pinus cembra
cement-bonded particleboard zementgebundene Spanplatte f, Zementspanplatte f
~-**bonded stone** zementgebundener Kunststein m (Holzschleifer)
~-**coated nail** harzbeschichteter (zementierter) Nagel m
~-**wood-chip [hollow] block** Holzbeton[hohlblock]stein m
centering Lehrgerüst n, Schalgerüst n
Central American cedar Cedro n, Cedrela[holz] n, CED, Westindische Zeder f, Zigarrenkistenzeder f, (bes.) Cedrela odorata (mexicana)
~ **American mahogany** Amerikanisches Mahagoni n, Swietenia macrophylla
~ **American rubber [tree]** Hulebaum m, Castilloa-Kautschukbaum m, Castilla elastica
central beam Mittelträger m
~ **core veneer** Mittellagenfurnier n
~ **locking device** Zentralverschluß m
~ **panel** Mittelbild n (eines Triptychons)
~ **ply** s. centre ply
~ **processing yard** zentraler Holzaufarbeitungsplatz (Aufarbeitungsplatz) m, ZAP, zentrale Holzausformungsanlage f, Holzhof m
~ **rot** Kern[holz]fäule f, Splintfäule f
~ **wood** Kernholz n, Kern m
centre 1. Kern m, Holzkern m, Herz n, Mark n;

2. Reitstock[körner]spitze f
~ **[auger] bit** Zentrum[s]bohrer m
~ **board** Mittelbrett n, Mittelbohle f
~ **drawer** Mittelschubfach n
~ **hinge** Zapfenband n
~ **ply** Mittellage f, Sperrholzmittellage f, innerste Sperrholzlage f
~-**ply board** Mittellagenplatte f, Verbundplatte f mit Spanplattenmittellage
~-**ply thickness** Mittellagendicke f
~ **point** Zentrierspitze f
~ **punch** Körner m, Bohrkörner m
centres Furnierschichtholz n
centricleaner Centricleaner m (Faserstoffsortierung)
centrifugal atomizer Zentrifugalzerstäuber m
~ **cleaner** Zentrifugal[kraft]reiniger m, Fliehkraftreiniger m, Hydrozyklon m
~ **dryer** Schleudertrockner m, Karuselltrockner m, Trocknungszentrifuge f
~ **drying** Schleudertrocknung f, Rotationstrocknung f
~ **mill** Schleudermühle f
~ **separator** Zentrifugalabscheider m, Fliehkraftabscheider m
~ **strainer** Zentrifugalsortierer m
cerambycid Bock[käfer] m (Familie Cerambycidae)
cercocarpus Bergmahagoni n (Gattung Cercocarpus)
ceresin Ceresin n, Zeresin n, gebleichtes Erdwachs n
Ceylon boxwood Canthium dicoccum (Holzart)
~ **cedar** Indisches Mahagoni n, Melia dubia (composita)
~ **ebony** Ceylon-Ebenholz n, Ebenholzbaum m, Diospyros ebenum
~ **ironwood** Ceylonesisches (Ostindisches) Eisenholz n, Nagasholz n, Mesua ferrea
~ **mahogany** s. ~ cedar
~ **satinwood** Ostindisches Satin[holz] n, SAO, Chloroxylon swietenia
CF s. cost and freight
CGW s. chemigroundwood [pulp]
chain bar Schiene f, Führungsschiene f, Schwert n (der Kettensäge)
~ **barker (barking machine)** Kettenentrindungsmaschine f, Kettenentrinder m, Kettenschälmaschine f
~ **brake** Kettenbremse f (der Kettensäge)
~ **catcher** Kettenfangvorrichtung f (der Kettensäge)
~ **conveyor** Kettenförderer m, Kettentransporteur m
~ **flail [de]barker** Schlagkettenentrinder m, Schlagkettenentrindungsmaschine f
~ **grinder** 1. Kettenschleifer m, Stetigschleifer m (Holzschlifferzeugung); 2. Kettenschärfeinrichtung f (Kettenfräse)
~ **length distribution** Kettenlängenverteilung f (von Cellulose)
~ **logway** Rundholzkettenförderer m
~ **mortiser,** ~ **mortising machine (set)** Kettenfräse f, Kettenstemmer m, Kettenstemmaschine f, Schlitzmaschine f

~ **rail** s. ~ bar
~-**saw** Kettensäge f, Motorkettensäge f, MKS; Einmannmotorsäge f, EMS
~-**saw lumber-making** (Am) Motor[ketten]sägearbeit f
~ **sawing machine** Kettensägemaschine f (s.a. chain-saw)
~ **sawing machine for log breakdown** Trennkettensägemaschine f
~ **timber** Mauerstiel m, Mauerwerksanker m [aus Holz]
chair Stuhl m; Sessel m
~-**back** Stuhllehne f; Sessellehne f
~-**bed** Bettsessel m
~ **castor** Stuhlrolle f
~ **covering** Stuhl[polster]bezug m; Sesselbezug[sstoff] m
~ **frame** Stuhl[sitz]rahmen m, Stuhlzarge f
~ **leg** Stuhlbein n
~-**maker** Stuhlschreiner m, Stuhlmacher m
~-**maker's workshop** Stuhlschreinerei f
~-**making** Stuhlbau m, Stuhlherstellung f
~-**making technology** Stuhlbautechnik f
~ **nail** Rundkopfpolsternagel m, Polster[zier]nagel m
~ **seat** Stuhlsitzplatte f
~ **shell** Sitzschale f
~-**table** Stuhltisch m
~ **underframing** Stuhl-Untergestell n
chaise longue, ~ lounge Chaiselongue f(n)
chalet Chalet n, [hölzerne] Sennhütte f; Landhaus n in Chaletbauweise
~ **construction** Chaletbauweise f
chalk line 1. Kreideschnur f; 2. Schnurschlag m, Schnurriß f
chalkboard Wandtafel f
chamfer/to [ab]fasen, anfasen, abkanten, [Kante] brechen
chamfer Fase f, Kantenfase f, Abfasung f
~ **plane** Fasehobel m, Abfasehobel m
chamfered board Fasebrett n, gefastes (abgekantetes) Brett n
chamfering knife Fasemesser n
~ **machine** Anfasmaschine f
champak Champaka n, (bes.) Michelia champaka (Holzart)
changed and twisted growth, changing twisted growth Wechseldrehwuchs m (Holzfehler)
channel/to 1. nuten; nutfräsen; 2. riesen (Stammholz)
channel 1. Nut f; Hohlkehle f; 2. Holzriese f, Riesbahn f
chap Frostriß m, Frostspalt m, Frostkluft f (in Holz)
chaplash Terap n, Chaplash n, (bes.) Artocarpus chaplasha (Holzart)
char/to [ver]kohlen; köhlern
char Holzkohle f
charcoal Holzkohle f
~ **briquette** Holzkohlenbrikett n
~-**burner** Köhler m, Kohlenbrenner m, Holzkohlenbrenner m
~ **burning** Köhlerei f, Holzverkohlung f, Holzkohlegewinnung f, Meilerverkohlung f
~ **gas** Holzkohlengas n

~-**making** s. ~ burning
~ **paper** Kohlezeichenpapier n
~ **pholiota** Pholiota carbonaria (Holzpilz)
~ **pile** Kohlenmeiler m, Meiler m
~ **tar** Holzkohlenteer m
~ **wood** Meilerholz n, MH, Köhlereiholz n
~ **yield** Holzkohlenausbeute f
chardonnet silk Chardonnetseide f, Nitratseide f
charring of wood s. charcoal burning
chart paper Registraturpapier n; Landkartenpapier n
chase Kehle f (Holzbearbeitung)
~ **mortise [joint]** Jag[d]zapfenverbindung f
~ **tenon** Jag[d]zapfen m
chatter/to flattern (Sägeblatt)
chatter Flattern n, seitlicher Schlag m (des Sägeblattes)
~ **mark** Rattermarke f, Schleifschlag m
chebulic myrobalan Terminalia chebula (Holzart)
check/to reißen, platzen (Holz)
check 1. [radialer, gerader] Riß m; Kernriß m; Trockenriß m; Luftriß m; Haarriß m; 2. s. rabbet
~ **throat** Tropfnut f, Wassernasenrinne f (Wetterschenkel)
cheek Wange f (z. B. der Axt); Seitenfläche f (des Zapfenloches)
cheese-box [hölzerne] Käseschachtel f
~ **colour[ing]** Käsefarbe f (Holzmalerei)
cheesewood Cheesewood n (Holz von Pittosporum spp.)
chemi-mechanical pulp chemisch-mechanischer Holzstoff m
~-**mechanical refiner pulp** chemomechanischer Refiner[holz]stoff m, Refiner[holz]stoff m mit chemischer Vorbehandlung, C[R]MP
~-**pressurized groundwood** chemisch vorbehandelter Druckschliff m
~-**pulper** Chemipulper m (Zellstofferzeugung)
chemical barking chemisches Entrinden n, chemische Entrindung f
~ **brown stain** Braunfärbung f, T-u-Verfärbung f (Trocknungsschaden)
~ **cellulose** Alphacellulose f, α-Cellulose f
~ **conversion pulp** s. ~ pulp
~ **debarking** s. ~ barking
~ **pulp** chemischer (chemisch aufgeschlossener) Zellstoff m, Chemiezellstoff m
~ **pulping [chemischer] Zellstoffaufschluß m
~ **seasoning** chemische Trocknung (Holztrocknung) f, Trocknung f mit Chemikalien
~ **stain** chemische Verfärbung (Holzverfärbung) f, chemischer Farbfehler m
~ **wood** 1. Chemieholz n; Destillationsholz n; 2. s. chemigroundwood [pulp]
~ **wood preservation** chemischer Holzschutz m
chemigroundwood [pulp] chemischer Holzschliff (Schliff) m, durch chemisches Schleifen gewonnener Holzstoff m
chemisorption Chemisorption f, chemische Sorption f
chemo-mechanical pulp s. chemi-mechanical refiner pulp

chenchen

chenchen s. antiaris
chengal Chengal n, Penak n, Neobalanocarpus (Balanocarpus) heimii *(Holzart)*
cherry 1. Kirsche f, Kirschbaum m *(Gattung Prunus)*; 2. Kirschholz n
~ **-bark oak** Quercus falcata var. pagodaefolia *(Holzart)*
~ **birch** Zuckerbirke f, Kanadische Birke f, Betula lenta
~ **gum** Kirschgummi n *(Baumsekret)*
~ **laurel** Kirschlorbeer m, Lorbeerkirsche f, Prunus laurocerasus
~ **mahogany** s. makoré
~ **picker** Rundholzmanipulator m, Manipulator m
~ **-tree** Kirschbaum m, Kirsche f *(Gattung Prunus)*
~ **-wood** Kirschholz n
~ **-wood furniture** Kirschholzmöbel npl
chess-board Schachbrett n
~ **-man** Schachfigur f
~ **-piece** Schachfigur f
~ **table** Schach[spiel]tisch m
chest Truhe f, Lade f
~ **-height diameter** Brusthöhendurchmesser m *(Holzmessung)*, BHD, $\alpha_{1,3}$
~ **mirror** Kommodenspiegel m
~ **of drawers** Kommode f, Schubkastenkommode f, Schubladenkommode f
~ **on chest** hohe Kommode f
chesterfield Kanapee n, [großes] Sofa n; Schlafcouch f
chestnut 1. Kastanie f *(Gattung Castanea)*; 2. Amerikanische Edelkastanie (Kastanie) f, Castanea dentata (americana); 3. Eßkastanie f, Edelkastanie f, Castanea sativa (vesca); 4. Gemeine Roßkastanie f, Aesculus hippocastanum; 5. Kastanie f, Marone f *(Frucht)*; 6. Kastanienholz n
~ **-leaved oak** Kastanienblättrige Eiche f, Quercus castaneifolia
~ **oak** 1. Kastanieneiche f, Gelbeiche f, Quercus prinus (muehlenbergii); 2. Weißeiche f, Quercus alba
~ **-wood** Kastanienholz n
chevron [geschnitztes] Zickzackornament n
chewstick Zahnputzholz n, Garcinia cola
Chian turpentine Terebinthenöl n, echtes Terpentin n *(von Pistacia terebinthus)*
chiaroscura Clair-obscur n, Chiaroscura n *(Holzschnitttechnik)*
chickrassy Chickrassy n, Chukrasia tabularis *(Holzart)*
chicle Chicle m, Chiclegummi n *(bes. von Manilkara zapota)*
chief branch Hauptast m
~ **rafter** Bundsparren m, Bindersparren m
chiffonier Chiffonier m *(Speisezimmermöbel)*
chifforobe Kleiderschrank-Kommoden-Kombination f
chihuahua pine Mexikanische Gelbkiefer f, Pinus leiophylla
child-proof lock kindersicherer Verschluß m
children's bed Kinderbett n
~ **bedroom furniture** Kinderschlafzimmermöbel npl

~ **chair** Kinderstuhl m
~ **cot** Kinderbett n; Gitterbett n
~ **desk** Kinderschreibtisch m
~ **furniture** Kindermöbel npl
~ **furniture range** Kindermöbelprogramm n, Kinderzimmerprogramm n
~ **high chair** Kinderhochstuhl m
child's chair Kinderstuhl m
~ **desk** Kindertisch m
Chile pine Chilenische Araukarie f, Araucaria araucana (imbricata)
Chilean beech Coigue n, COI, Nothofagus dombeyi *(Holzart)*
~ **laurel** Chileholz n, Laurelia aromatica
~ **short-leaf pine** Manio n, MAO, Podocarpus nubigenus *(Holzart)*
chimb s. chime
chime Kopf m *(eines Fasses)*
chimney Luftkamin m, Luftschacht m *(im Holzstapel)*
~ **furniture** Kaminmöbel npl
china cabinet (-closet, cupboard) Porzellanschrank m; Geschirrschrank m
~ **display cabinet** s. ~ cabinet
~ **hutch** Vitrinenschrank m
~ **stand** Pozellan[vasen]ständer m
China clay China-Clay m(n), Polierweiß n
~ **fir** Spießtanne f, Chinesische Zwittertanne f, Cunninghamia lanceolata
~ **maple** Rotstieliger Streifenahorn m, Acer capillipes
~ **tree, chinaberry** [Indischer] Zedrachbaum m, Chinesischer Holunder m, Paternosterbaum m, Sentang m, Melia azedarach
chinar Morgenländische Platane f, Platanus orientalis
Chinawood oil s. Chinese wood oil
Chinese arbor vitae Morgenländischer Lebensbaum m, Thuja orientalis
~ **beard** Chinesenbart m, Astnarbe f *(bes. bei Fagus sylvatica)*
~ **boxwood** Murraya paniculata (exotica) *(Holzart)*
~ **catalpa [tree]** Chinesischer (Japanischer) Trompetenbaum m, Catalpa ovata (kaempferi)
~ **chestnut** Chinesische Kastanie f, Castanea mollissima
~ **cork-oak** Chinesische (Asiatische) Korkeiche f, Quercus variabilis
~ **fruiting cherry** Zwergkirsche f, Prunus pseudocerasus
~ **golden larch** [Chinesische] Goldlärche f, Scheinlärche f, Pseudolarix kaempferi (amabilis)
~ **hickory** Chinahickory m(f), Carya cathayensis
~ **jujube** s. common jujube
~ **juniper** Chinesischer Wacholder (Sadebaum) m, Juniperus chinensis
~ **laurel** Lorbeerblättriger Flachsbaum m, Salamanderbaum m, Antidesma bunius
~ **liquorice** Chinesisches Süßholz n, Glycyrrhiza uralensis
~ **mahogany** Chinesischer Surenbaum m, Toona (Cedrela) sinensis

~ **myrtle** Murraya paniculata (exotica) *(Holzart)*
~ **parasol tree** Japanischer Schirmbaum *m*, Firmiana simplex (platanifolia)
~ **pine** Chinesische Kiefer *f*, Pinus tabuliformis (funebris)
~ **red pine** Pinus massoniana *(Holzart)*
~ **sumac[h]** Götterbaum *m*, Firnisbaum *m*, Ailanthus altissima (glandulosa)
~ **sweet chestnut** Chinesische Kastanie *f*, Castanea mollissima
~ **tallow-tree** Chinesischer Talgbaum *m*, Stillingie *f*, Sapium sebiferum
~ **torreya** Nußeibe *f*, Torreya grandis
~ **wing-nut** Chinesische Flügelnuß *f*, Pterocarya stenoptera
~ **wood oil** Chinaholzöl *n*, Tungöl *n* (bes. von Aleurites fordii)
~ **wood-oil tree** 1. Tungölbaum *m*, Holzölbaum *m*, Chinesischer Ölbaum *m*, Aleurites fordii; 2. Aleurites montanus (montana)
chink Riß *m* *(in Holz)*
chinked rissig *(Holz)*
chinoiserie Chinoiserie *f*
chinquapin Zwergkastanie *f*, Ki-Eiche *f*, Castanea pumila
~ **oak** Kastanieneiche *f*, Gelbeiche *f*, Quercus prinus (muehlenbergii)
chint[z] Chintz *m* *(Möbelstoff)*
Chios mastic tree Mastixstrauch *m*, Pistacia lentiscus
chip/to 1. [zer]spanen, schnitzeln; [zu Hackschnitzeln] zerhacken; 2. [spanend] behauen; behobeln; 3. [zer]splittern
chip 2. Span *m*, Splitter *m*, Schnitzel *n(m)*; Hackschnitzel *n(m)*; 2. Spankorb *m*
~**-and-glue blending machine** Beleimungsmischer *m*, Spanbeleim[ungs]maschine *f*, Beleim[ungs]maschine *f* für Späne
~**-and-saw headrig** kombinierte Säge- und Profiliermaschine *f* *(zur Rundholzbearbeitung)*
~ **axe** Handbeil *n*, Beil *n*
~ **basket** Spankorb *m*
~ **batching** Spänedosierung *f*
~ **bin** Spänebunker *m*, Spänesilo *m(n)*
~ **blow-in unit** Späneeinblasvorrichtung *f* *(Abfallholzverbrennung)*
~ **box** Spanschachtel *f*
~ **breaker** Spanbrecher *m*
~ **carving** Flachschnitzen *n*, Flachschnitzerei *f*, Kerbschnitzen *n*, Kerbschnitzerei *f*
~ **carving knife** Flachschnitzmesser *n*
~ **cleaning** Spanreinigung *f*
~ **clearance** Spanräumung *f* *(Sägearbeit)*
~ **conveying fan** Späneförderventilator *m*
~ **cutter** Spanzerleger *m*
~ **debarking** Hackschnitzelentrindung *f*
~ **disintegrator** Hackspänezerkleinerer *m*
~ **dryer** Spänetrockner *m*
~ **drying** Spänetrocknung *f*, Spantrocknung *f*, Holzspantrocknung *f*
~ **form** Spanform *f*, Spänegeometrie *f*
~ **fraction** Spanfraktion *f*
~ **geometry** Spänegeometrie *f*, Spanform *f*
~ **gluing** Spänebeleimung *f*

~ **grader** Hackschnitzelsortierer *m*, Spänesortierer *m*
~ **hogger** Zerspaner *m*
~ **length** Spanlänge *f*
~ **mat** Spänevlies *n*, Spänekuchen *m*
~ **moulding** Spanformkörper *m*
~ **pile** Hackschnitzelhaufen *m*
~ **pipeline** Hackschnitzelrohrleitung *f*
~ **preheating** Hackschnitzelvorwärmung *f*
~ **production** Hackschnitzelherstellung *f*, Hackschnitzelerzeugung *f*
~ **proportioning bin** Spänedosierbunker *m*
~ **refining** Hackschnitzelschliff *m*, Schnitzelraffination *f*
~ **refining mill** Spanmühle *f*
~ **resinating mixer** Beleimungsmischer *m* *(Spanplattenherstellung)*
~ **separator** Spanaufteiler *m*
~ **sifter** Spänesichter *m*
~ **size** Spangröße *f*, Hackschnitzelgröße *f*
~ **sorter** Hackschnitzelsortierer *m*, Spänesortierer *m*
~ **storage** Hackschnitzellagerung *f*
~ **surface** Spanoberfläche *f*
~ **thickness** Spandicke *f*
~ **truck** (van) Hackschnitzel[abfuhr]fahrzeug *n*
~ **wood** Spanholz *n*
chipboard 1. Spanplatte *f*, Holzspanplatte *f*; Tischlerplatte *f*; 2. Maschinengraukarton *m*
~ **adhesive** Spanplattenleim *m*
~ **manufacture** Spanplattenherstellung *f*
~ **offcuts** Spanplattenverschnitt *m*
~ **plant** Spanplattenanlage *f*; Spanplattenfabrik *f*, Spanplattenwerk *n*
~ **press (pressing machine)** Spanplattenpresse *f*
~ **production** Spanplattenherstellung *f*
~ **screw** Spanplattenschraube *f*
~ **waste** Spanplattenabfall *m*
chipless spanlos
chipped wood concrete Holzspänebeton *m*
Chippendale Chippendale *n(m)*, Chippendalestil *m* *(Möbelstil)*
~ **chair** Chippendale[polster]stuhl *m*, Polsterstuhl *m* im Chippendalestil
Chippendale style *s.* Chippendale
chipper 1. Hack[schnitzel]maschine *f*, Hacker *m*; Zerspaner *m*, Zerspanungsmaschine *f*; Planschnitzler *m*: 2. Hackermaschinist *m*
~ **canter** Profil[ierzer]spaner *m* *(zur Kantholzherstellung)*; Planschnitzler *m*
~**-canter [headrig] sawing line** Profilspanerstraße *f*, Profilieranlage *f*
~ **chain** Hobelzahnkette *f* *(der Kettensäge)*
~ **chain-saw** Hobel[zahn]kettensäge *f*
~ **chain-saw cutter link** Hobelzahn *m* *(der Sägekette)*
~ **edger** Besäumspaner *m*
~ **for resin tapping** Lachtenreißer *m* *(Harzgewinnung)*
~ **knife** Hackmesser *n*
~**-tooth chain-saw** Hobelzahnkettensäge *f*
chipping 1. Hacken *n*, Zerhacken *n*; Hackschnitzelherstellung *f*; 2. *(Am)* Harzen *n*, Harzung *f*; Reißen *n*
~ **edger** Besäumzerspaner *m*

chipping

~ head Messerkopf m (des Profilzerspaners)
~ headrig Planschnitzler m
~ machine Hack[schnitzel]maschine f, Hacker m; Zerspanungsmaschine f, Zerspaner m
chippings s. chips
chips Schnitzel npl, Späne mpl; Hackschnitzel npl, Hackspäne mpl, Hackgut n
chir pine Emodikiefer f, Pinus roxburghii (longifolia)
chisel/to stemmen
~ off/to abstemmen, wegstemmen
~ out/to ausstemmen
chisel Meißel m; Stemmeisen n, Stecheisen n, Stechbeitel m, Beitel m
~ guard Beitelkasten m
~ handle Beitelheft n, Beitelgriff m
~ mortiser Langlochfräsmaschine f
chiselled stop Stechfase f
chitin Chitin n (Polysaccharid)
Chittagong wood s. chickrassy
chittam wood Amerikanischer Perückenstrauch m, Cotinus obovatus, Rhus cotinoides
chive Kröseisen n, Kimmhobel m (Böttcherei)
chlamydospore Chlamydospore f, Mantelspore f (der Basidiomyzeten)
chloride of lime Chlorkalk m, Bleichkalk m
~ of lime bleach[ing] Chlorkalkbleiche f
chlorinated rubber paint Chlorkautschukfarbe f
chlorine Chlor n
~ bleach[ing] Chlorbleiche f (von Faserstoffen)
~ dioxide bleach[ing] Chlordioxidbleiche f (von Faserstoffen)
~-free bleach[ing] chlorfreie Bleiche f (von Faserstoffen)
chlorite holocellulose Chlorit-Holocellulose f
chlorobenzene Chlorbenzen n (Lösungsmittel)
chlorolignin Chlorlignin n
chlorophenol Chlorphenol n (Holzschutzmittel)
chlorophenolate Chlorphenolat n (Holzschutzmittel)
chlorophorine Chlorophorin n (Stilben)
chloropicrin Chlorpikrin n (Insektizid)
chloroxylonine Chloroxylonin n (Alkaloid)
chockwood Grubenrundholz n, Pfeilerholz n
choice stem (tree) Auslesestamm m, Elitestamm m, Plusbaum m, Elitebaum m
choir furniture Chormöbel npl
~-stalls Chorgestühl n
choke/to anschlagen, anschlingen (Stämme mit dem Chokerseil)
choker Chokerschlinge f, Würgehaken[seil]schlinge f; Chokerseil n, Bindeseil n
chokerless skidding chokerlose Holzrückung f, Holzrückung f ohne Chokerseil, Rücken n ohne Anschlingen der Stämme
chokerman Anschläger m (Arbeiter, der Stämme mit Chokerseilen anschlingt)
chop/to 1. hacken; 2. [ein]stemmen, ausstemmen; 3. s. ~ down/to
~ down (off)/to abschroten, umschroten, [Baum] mit der Axt fällen
~ out/to ausstemmen, ausstechen, auskerben
chop 1. Axthieb m; 2. Holzfällerwettbewerb m
chopped whole-tree material Ganzbaumhackschnitzel npl
chopping board Küchenbrett[chen] n
~ block Hackklotz m, Hauklotz m, Hackstock m; Fleischerklotz m
~ machine Hack[schnitzel]maschine f, Hacker m
~ work Stemmarbeit f
chops Holzfällerwettbewerb m
chord Gurt[stab] m, Gurtholz n
Christmas tree Weihnachtsbaum m, Christbaum m
chromated copper arsenate salt Chromat-Kupfersalz-Arsenat-Gemisch n, CKA-Salz n (Holzschutzmittel)
~ zinc chloride Chromzinkchlorid n, Chromat-Zinkchlorid n (Holzschutzmittel)
chrome glue Chromleim m
chromophoric chromophor, farbverursachend
chromoxylograph Farbholzstich m, Farbxylographie f (Druckstock oder graphisches Blatt)
chrysalis Puppe f, Chrysalis f (Entwicklungsstadium von Insekten)
chrysin Chrysin n (Flavonoid)
chrysophanhydroanthrone Chrysophanhydroanthron n (Alkaloid)
Chubb [lever-tumbler] lock Chubbschloß n (Türschloß)
chuck Spannfutter n
~ key Spannfutterschlüssel m, Futterschlüssel m
chuglam Pilla-murda n, Terminalia chebula (Holzart)
chumprak Mengkulang n, MEN, (bes.) Heritiera simplicifolia (Holzart)
church bench Kirchenbank f
~ furnishings Kirchenausstattung f
~ window Kirchenfenster n
churn wood Ehretia acuminata (Holzart)
chute/to riesen, mittels Riese (Holzrutsche) fördern (Rundholz)
chute Riese f, Riesbahn f, Rutsche f, Gleitrinne f (zur Rundholzbringung im Gebirge)
CIF s. cost insurance and freight
cigar-box cedar s. Central American cedar
~-box wood Zigarrenkistenholz n
cigarette-paper Zigarettenpapier n
Cilician fir Cilicische Tanne f, Abies cilicica
cill s. sill 1.
cinchona 1. Cinchona f, China[rinden]baum m (Gattung Cinchona); 2. s. ~ bark
~ bark Chinarinde f (von Cinchona spp.)
cinchonine Cinchonin n, Zinchonin n (Chinarindenalkaloid)
cinema seats Kinogestühl n
cineole Cineol n, Eukalyptol n (Terpen)
cinnamon Cinnamomum tavoyanum (Holzart)
cinquefoil Fünfpaß m (Zierelement)
Circassian walnut s. Caucasian walnut
circle cutting attachment (device) Kreisschneider m, Kreisschneideinrichtung f (einer Handoberfräsmaschine)
circular hinge Topfscharnier n
~ knife Kreismesser n
~ resaw Nachschnittkreissäge f
~ rip-saw Trennkreissäge f
~ saw Kreissäge[maschine] f

~ **saw bench** Tischkreissäge *f*
~ **saw-blade** Kreissägeblatt *n*
~ **saw for cross-cutting** Querschnitt-Kreissäge[maschine] *f*
~ **saw for finish cutting** Nachschnittkreissäge *f*
~ **saw for ripping** Trennkreissäge[maschine] *f*
~ **saw grinding attachment** Kreissägenschärfvorrichtung *f*
~ **saw shaft** Kreissägewelle *f*
~ **saw table** Kreissägetisch *m*
~ **sawing machine for building sites** Baustellenkreissäge *f*
~ **sawing machine for firewood** Brennholzkreissäge *f*
~ **sawing machine for folding** Kerbschnittkreissäge[maschine] *f*
~ **sawmill** Kreissägewerk *n*
~ **staircase** Wendeltreppe *f*
~ **window** Rundfenster *n*; Radfenster *n*
circulating air drying Umlufttrocknung *f*
CKD box CKD-Kiste *f (zum Transport zerlegter Autos)*
C/L *s.* carload
clad/to bekleiden, verkleiden *(z. B. eine Außenwand)*
cladding Bekleidung *f*, Schalung *f*, Außenschalung *f*, Außenverkleidung *f*
clam bunk Klemmbank *f (Holzrückemittel)*
clam [bunk] skidder Klemmbanktraktor *m*, Bunkskidder *m*
clamp 1. Klemmvorrichtung *f*; Spannvorrichtung *f*; 2. *(Am) s.* cramp
~-**on vice** Schnellspanner *m*
clamping device Spannvorrichtung *f*
clamping plate Klammerplatte *f (Holzverbinder)*
clanwilliam cedar Widdringtonia juniperoides *(Holzart)*
clapboard/to *(Am)* Stülpschalung anbringen, mit Stülpschalung versehen
clapboard *(Am)* Stülpschalungsbrett *n*
clapboarding *(Am)* Stülpschalung *f*
clarinet Klarinette *f (Holzblasinstrument)*
claro walnut Claronußbaum *m*, Juglans hindsii
classicism Klassizismus *m (Kunststil)*
classification Klassifizierung *f*
clavicembalo Cembalo *n*
clavier 1. Klaviatur *f*, Tastatur *f*; 2. Tasteninstrument *n*
claw-and-ball kugelkrallenfüßig, vogelfüßig *(Möbelbein)*
~-**and-ball foot** Kugelkrallenfuß *m*, Vogelfuß *m*
~ **hammer** Zimmermannshammer *m*, Klauenhammer *m*
~-**plate connector** Krallenplatte *f*, Krallenplattendübel *m*
clay slip Kaolinmasse *f (Papierherstellung)*
clean-bark/to weißschälen, [weiß]schnitzen, vollständig (bastfrei) entrinden
clean barking Weißschälen *n*, Vollentrindung *f*
~ **break** stumpfer (spröder, kurzfaseriger) Bruch *m*
~ **timber** fehlerfreies Holz *n*
cleaning knife Ziehmesser *n*, Abziehmesser *n (zum Weißschälen)*
~ **up** Putzen *n*, Abputzen *n*, Fein[st]bearbeiten *n (von Holzoberflächen)*
clear astrein, astfrei; fehlerfrei *(Holzprobe)*
~-**boled** schaftrein
~ **coating** Klarlackanstrich *m*, transparente Anstrichschicht *f*
~-**cut/to** kahlschlagen, abholzen
~-**cut** 1. Kahlschlag *m*, Abholzung *f*, [Endnutzungs-]Kahlhieb *m*; 2. *s.* ~-cut area
~-**cut area** Holzeinschlagsfläche *f*; Kahlschlagfläche *f*, Kahlschlag *m*, kahlgeschlagene Fläche *f*
~ **cutting (felling)** *s.* ~-cut 1.
~ **finish** Klarlackanstrich *m*
~ **glass door** Klarglastür *f*
~ **heart** herzfrei *(Schnittholz)*
~ **lacquer** Klarlack *m*
~ **length** astreine Länge (Stammlänge) *f*
~ **of branches** astrein, astfrei
~ **oil varnish** Öl-Klarlack *m*
~-**shafted** schaftrein
~ **strip felling** Saumkahlhieb *m*, Kahlstreifenschlag *m (Holzernte)*
~ **stuff** astreines (astfreies) Schnittholz *n*; fehlerloses Bauholz *n*
~ **varnish** Klarlack *m*
~ **wood specimen** fehlerfreie Holzprobe *f*
~ **wood strength** Festigkeit *f* fehlerfreier Holzproben
clearance angle Freiwinkel *m*, Rückenwinkel *m (an Schneidwerkzeugen)*
~ **hole** Schraubenschaftbohrung *f*, Vorbohrloch *n*, Führungsloch *n*
clearer tooth Räumer[zahn] *m (von Holzsägen)*
clearing 1. Holzeinschlagsfläche *f*; Kahlschlagfläche *f*, Kahlschlag *m*, kahlgeschlagene Fläche *f*; 2. *s.* clear-cut 1.
~ **road** Rückeweg *m*, Rückelinie *f*; 2. Abfuhrweg *m*, Holzabfuhrweg *m*; Abfuhrstraße *f*
~ **saw** [tragbare] Durchforstungsmaschine *f*, handgeführte Motorkreissäge *f*
clearness Astreinheit *f*, Schaftreinheit *f*
cleat/to mit Knaggen versehen; mittels Knagge stützen
cleat Knagge *f (Holzbau)*; Querleiste *f*; Trägerleiste *f*; Leiste *f*
cleavability Spaltbarkeit *f (Holzeigenschaft)*
cleavable spaltbar, spaltfähig
cleavage Spalten *n (z. B. von Holz)*
~ **strength** Spaltfestigkeit *f*
~ **test** Spaltversuch *m*
cleave/to spalten *(z. B. Holz)*
cleaver *s.* cleaving axe
cleaving axe Spaltaxt *f*, Schlägelhacke *f*
~ **hammer** Spalthammer *m*
~ **machine** Spaltmaschine *f*
~ **saw** Spaltsäge *f*
~ **wedge** Spaltkeil *m*
cleft timber (wood) Spaltholz *n*
clench/to umschlagen, umbiegen, umnieten *(Nagelspitze)*
clerestory window Obergadenfenster *n*, Dachaufsatzfenster *n*
clerk's desk Kanzlei[schreib]pult *n*
CLG *s.* ceiling

climbing-iron Steigeisen *n*
clinch/to *s.* clench/to
clinker-built geklinkert, in Klinkerbauweise beplankt *(Boot)*
clipped gable Walmgiebel *m*
clipper Furnierschere *f*; Kappvorrichtung *f*, Clipper *m*
cloakroom Kleiderablage *f*
clock-case Uhrkasten *m*, Uhrengehäuse *n*
clockwise spiral grain Rechtsdrehwuchs *m*, widersonniger Drehwuchs *m*
clog Holzschuh *m*; Klompe *m*, Clog *m*
~-**maker** Holzschuhmacher *m*
~-**making** Holzschuhherstellung *f*
close-boarded fence Bretterzaun *m*
~-**contact adhesive** Kontaktkleber *m*, Kontaktklebstoff *m*
~-**couple rafter roof** Sparrendach *n (mit Dachbalken)*
~ **grain** 1. Feinringigkeit *f*, Engringigkeit *f*, Feinjährigkeit *f (von Holz)*; 2. Feinporigkeit *f*, Feinfaserigkeit *f (von Holz)*
~-**grained** 1. feinringig, engringig, mit engen Jahr[es]ringen, feinjährig *(Holz)*; 2. feinporig, fein strukturiert, feinfaserig *(Holz)*
~ **nailing** Engnageln *n*, Nageln *n* mit geringem Nagelabstand
~-**pile/to** ohne Stapellatten stapeln; engstapeln
~-**piling (stacking)** Stapeln *n* ohne Stapellatten (Stapelleisten); Engstapeln *n*
closed assembly time geschlossene Wartezeit *f (Klebevorgang)*
~ **split** geschlossener Riß *m (in einer furnierten Fläche)*
~ **string [board]**, ~ **stringer** Wandwange *f*, Außenwange *f*; [ein]gestemmte Treppenwange *f*
closeness of the annual rings Feinringigkeit *f*, Engringigkeit *f*, Feinjährigkeit *f (von Holz)*
closet *(Am)* Schrank *m*
clothes basket Waschkorb *m*, Wäschekorb *m*
~-**chest** Wäschetruhe *f*
~ **closet** Wäscheschrank *m*
~-**peg** Wäscheklammer *f*
~-**pin** *(Am)* Wäscheklammer *f*
~-**pole** *s.* ~-post
~-**post,** ~-**prop** Wäschepfahl *m*, Wäschestange *f*
~ **tree** Garderobenständer *m*, Kleiderständer *m*
cloudiness Wolken *fpl (beim Handpolieren)*
clout nail Breitkopfstift *m*; Dachpappstift *m*, Blattnagel *m*
club foot Keulenfuß *m*, Keulenbein *n (Möbelfuß)*
~ **table** Klubtisch *m*
cluster cherry [Gemeine] Traubenkirsche *f*, Ahlkirsche *f*, Stinkbeere *f*, Prunus padus
~ **of knots** Astansammlung *f*, Astgruppe *f*, Gruppenast *m*
~ **pine** Strandkiefer *f*, Sternkiefer *f*, Pinus pinaster (maritima)
CMC *s.* carboxymethylcellulose
CMP *s.* chemi-mechanical refiner pulp
coach screw Vierkantholzschraube *f*, Schlüsselschraube *f*; Sechskantholzschraube *f*
coachwood Ceratopetalum apetalum *(Holzart)*
coachwork Karosseriebau *m*

coak Hartholzdübel *m (Schiffszimmerei)*
coal igniter Kohlenanzünder *m*
~-**tar-based adhesive** *s.* bitumen-based adhesive
~-**tar creosote [solution]** Karbolineum *n (Holzschutzmittel)*
coarse bark Grobrinde *f*, Grobborke *f*, Altholzrinde *f*
~ **chip** Grobspan *m*
~ **chipping** Grobzerspanung *f*
~-**fibred,** ~ **fibrous** grobfaserig
~-**grain** 1. Grobringigkeit *f*, Weitringigkeit *f*, Grobjährigkeit *f (von Holz)*; 2. Grobporigkeit *f*, Grobfaserigkeit *f (von Holz)*
~-**grained** 1. grobringig, breitringig, weitringig, grobjährig, mit breiten Jahr[es]ringen *(Holz)*; 2. grobporig, grob strukturiert, grobfaserig *(Holz)*
~ **joinery** Grobtischlerei *f*; Bautischlerei *f*, Bauschreinerei *f*
~-**ringed** grobringig, grobjährig, breitringig, weitringig, mit breiten Jahr[es]ringen *(Holz)*
~ **sanding** Grobschleifen *n*
~-**textured** grobporig, grob strukturiert, grobfaserig *(Holz)*
~-**toothed** grobzähnig *(Säge)*
coast Douglas fir Amerikanische Küstendouglasie *f*, Pseudotsuga menziesii var. viridis
~ **grey box** Eucalyptus bosisoana *(Holzart)*
~ **live oak** [Kalifornische] Stecheiche *f*, Quercus agrifolia
~ **nutmeg** *s.* California nutmeg
~ **redwood** Küstensequoie *f*, Sequoie *f*, Küstenmammutbaum *m*, Sequoia sempervirens
coastal Douglas fir [Amerikanische] Douglasie *f*, DGA, Douglastanne *f*, Pseudotsuga menziesii (taxifolia, douglasii)
~ **water pile** Salzwasser[ramm]pfahl *m*
coaster board Bierdeckelpappe *f*
coat hooks Kleiderrechen *m*
~ **of paint** Farbanstrich *m*
~-**hanger** Kleiderbügel *m*
coated base paper gestrichenes Rohpapier *n*, Streichrohpapier *n*
~ **paper** gestrichenes Papier *n*; Kunstdruckpapier *n*
coating 1. Farbschicht *f*, Anstrichschicht *f*; 2. Streichen *n (Papierherstellung)*; Beschichten *n (z. B. von Holzwerkstoffen)*
~ **colour** Streichmasse *f (Papierherstellung)*
~ **press** Beschichtungspresse *f*, Presse *f* für die Beschichtung
~ **resin** Beschichtungsharz *n*
~ **slip** Streichmasse *f (Papierherstellung)*
~ **system** Beschichtungssystem *n*; Anstrichsystem *n*
coatrack Garderobe *f*, Flurgarderobe *f*; Garderobenständer *m*
cobalt chloride Cobaltchlorid *n (Beizmittel)*
cobra process Cobraverfahren *n*, Impfstichverfahren *n (Holzschutz)*
cocal *s.* cow-tree 1.
cock bead *s.* cocked bead
~-**fighting chair** Lesestuhl *m*, Schreib- und Lesestuhl *m*

cocked bead vorstehende (erhabene) Randleiste *f*
cocktail cabinet Cocktailschrank *m*, Barschrank *m*, Hausbar *f*
~ **section** Barfach *n*, Cocktailfach *n*
coco *s.* coconut palm
coco fibre Kokos[nuß]faser *f*
cocobola *s.* cocobolo
cocobolo Cocobolo *n*, COC, Korallenpalisander *m*, *(bes.)* Dalbergia retusa
coconut palm Kokospalme *f*, Cocos nucifera
cocus[wood] Kokusholz *n*, CUS, Amerikanisches Grenadillholz (Ebenholz) *n*, Brya (Aspalathus) ebenus
coefficient of friction Reib[ungs]koeffizient *m*, Reib[ungs]zahl *f*, Reib[ungs]beiwert *m*
~ **of shrinkage** Schwindsatz *m*
~ **of sliding friction** Gleitreibungskoeffizient *m*
~ **of swelling** Quellungskoeffizient *m*,
~ **of thermal expansion** thermischer Ausdehnungskoeffizient *m*
coffee mortar 1. Terminalia obovata *(Holzart)*; 2. Nargusta *n*, *(bes.)* Terminalia amazonia *(Holzart)*
~~**table** Couchtisch *m*
coffeewood Rebhuhnholz *n*, PDG, Caesalpinia grenadillo
coffeic acid Kaffeesäure *f* *(Phenylpropan)*
coffer 1. Schatztruhe *f*; Kassette *f*, Schmuckkassette *f*; 2. Kassette *f* *(zur Deckenbekleidung)*
coffin Sarg *m*
~ **board** Sargbrett *n*
~~**joiner (-maker)** Sargtischler *m*
~~**making** Sargtischlerei *f*
cog/to verkämmen *(Holzbau)*
cogged joint Kammverbindung *f*, Verkämmung *f* *(Holzbau)*; Doppelkammverbindung *f*, doppelter Kamm *m*, Mittelkamm *m*
cohesion Kohäsion *f*
cohesive failure Kohäsionsbruch *m* *(einer Klebverbindung)*
~ **strength** Kohäsionskraft *f*
coigue beech Coigue *n*, COI, Nothofagus dombeyi *(Holzart)*
coin cabinet Münzschränkchen *n*
cold-application glue Kaltleim *m*
~ **bending** Kaltbiegen *n*, Kaltbiegeverfahren *n*
~ **caustic semichemical process** Kaltnatronverfahren *n* *(Zellstofferzeugung)*
~ **crack resistance** Kälterißbeständigkeit *f* *(eines Lackfilms)*
~ **curing** Kalt[aus]härtung *f* *(von Lacken)*
~ **glue** Kaltleim *m*
~ **gluing** Kaltverleimung *f*
~ **grinding** Kaltschleifen *n* *(Holzstofferzeugung)*
~~**ground pulp** Kaltschliff *m*
~ **hardening** Kalt[aus]härtung *f* *(von Klebstoffen)*
~ **laminating** Kaltkaschieren *n*
~ **press** Kaltpresse *f*
~~**pressed panel** kaltgepreßte Platte *f*
~~**pressed paper** kaltgepreßtes Papier *n*
~~**pressed plywood** kaltgepreßtes Sperrholz *n*
~~**seal adhesive** Kaltsiegelklebstoff *m*
~ **setting** Kalt[aus]härtung *f*
~~**setting adhesive (glue)** kalthärtender Klebstoff *m*
~ **soda process** Kaltnatronverfahren *n* *(Zellstofferzeugung)*
~ **soda pulp** Kaltnatron[halbzell]stoff *m*
~ **soda pulping** Kaltnatronverfahren *n* *(Zellstofferzeugung)*
~~**water extract** Kaltwasserextrakt *m*
~ **wood bending** Kaltbiegen *n*, Kaltbiegeverfahren *n*
coldness shrinkage Kälteschwindung *f* *(von Holz)*
collagen Kollagen *n* *(Tierleimgrundstoff)*
collapse Kollaps *m*, Zellkollaps *m*, Zelleinbruch *m* *(bei fehlerhafter Schnittholztrocknung)*
~ **shrinkage** Zellschwund *m* und Zelleinbruch *m* *(bei fehlerhafter Schnittholztrocknung)*
collapsible chair zerlegbarer Stuhl *m*
collar Kehlbalken *m*
~ **and tie-beam truss** Kehlbalkendachstuhl *m*
~ **beam** Kehlbalken *m*; Spannriegel *m*
~~**beam roof** Kehlbalkendach *n*
~ **plate** *s.* ~ purlin
~ **purlin** Kehlbalkenpfette *f*
~ **rafter** Kehlbalken *m* [von Sparrenstärke]
~ **rafter roof** Kehlbalkendach *n*
collecting cup Sammelgefäß *n* *(Harzung)*
collection of wood specimens Holzmustersammlung *f*, Holzprobensammlung *f*
collector's cabinet Sammlervitrine *f*; Sammelschrank *m*, Sammlungsschrank *m*
collenchymatous cell Kollenchymzelle *f* *(Holzanatomie)*
collier *s.* charcoal-burner
collodion Kollodium *n*, Kolloxylinlösung *f*
~ **cotton** Kollodiumwolle *f*, Cellulosedinitrat *n*, Kolloxylin *n*
cologne earth *s.* Cassel earth
Colombian mahogany Jequitiba[holz] *n* *(von Cariniana spp.)*
colonial furniture [nordamerikanische] Kolonialmöbel *npl*
~ **pine** Araucaria cunninghamii *(Holzart)*
colophony Kolophonium *n*, Balsamkolophonium *n* *(Kiefernharz-Destillationsrückstand)*
color *(Am)* *s.* colour
Colorado fir Koloradotanne *f*, Kalifornische Weißtanne *f*, Grautanne *f*, Gleichfarbige Tanne *f*, Abies concolor
~ **pine** Pinus edulis *(Holzart)*
~ **spruce** Stechfichte *f*, Blaufichte *f*, Picea pungens
colour defect (-fault) Farbfehler *m*
~ **polish** Farbpolitur *f*
~ **shade** Farbnuance *f*
~ **varnish** Farblack *m*
~ **wood-block** Farbholzschnitt *m*
coloured heartwood Farbkernholz *n*, Farbkern *m*
~ **sap-stain** Splint[holz]verfärbung *f*
colouring Färben *n*
Columbian pine Douglasie *f*, Douglastanne *f*, Pseudotsuga menziesii (taxifolia, douglasii)
column Säule *f*; Druckstab *m*; Ständer *m*, Stütze *f*, Pfosten *m*, Säule *f*, Stiel *m*

column

~ **base** Stützenschuh *m*, Stützenfuß *m*; Pfostenanker *m*
comb grain Spiegel *m* [des Holzes]
~ **joint** Zinkeneckverbindung *f*
combination bevel Doppelschmiege *f*
~ **door** Verbundtür *f*
~ **machine** Kombinationsmaschine *f*
~ **plane** Kombinationshobel *m*
~ **planer** Dickenhobelmaschine *f*, Dickenfräsmaschine *f*
~ **pliers** Kombizange *f*
~ **plywood** Furnierspanplatte *f*
~ **saw** Hobelzahnsäge *f*
~ **try and mitre square** Kombinationswinkel *m* *(Meßwerkzeug)*
~ **window** kombiniertes Fenster *n*, Kombinationsfenster *n*
combretaceous zu den Combretumgewächsen (Combretaceae) gehörend
commercial gilder Berufsvergolder *m*
~ **hardwood** Handelslaubholz *n*; Laubnutzholz *n*
~ **height** handelsübliche Länge *f* *(stehenden Holzes)*
~ **timber** Handelsholz *n*; Nutzholz *n*
~ **tree species** Wirtschaftsbaumart *f*; Handelsholzart *f*
~ **wood-pulp** Handelsholzstoff *m*
~ **wood species** Handelsholzart *f*
comminution of wood Holzzerkleinerung *f*
commode Kommode *f*
~ **clothes press** Kommodenschrank *m*
~ **step** gekrümmte (verzogene) Antrittsstufe *f*
~-**table** Kommodentisch *m*, Kommodentischchen *n*
common alder Schwarzerle *f*, Roterle *f*, Gemeine Erle *f*, Alnus glutinosa
~ **arbor vitae** Abendländischer Lebensbaum *m*, Thuja occidentalis
~ **ash** [Gemeine] Esche *f*, ES, Geißbaum *m*, Fraxinus excelsior
~ **box tree** [Gemeiner, Gewöhnlicher] Buchsbaum *m*, BUC, Buxus sempervirens
~ **bridle [joint]** einfache Einhälsung *f* *(Holzbau)*
~ **buckthorn** [Echter] Kreuzdorn *m*, Purgierkreuzdorn *m*, Gemeiner Weg[e]dorn *m*, Rhamnus catharticus
~ **cypress** Echte (Italienische, Gemeine) Zypresse *f*, ZYP, Cupressus sempervirens
~ **dogwood** Gemeiner (Roter) Hartriegel *m*, Cornus sanguinea
~ **dovetail joint** durchgehende Schwalbenschwanzzinkung *f*
~ **elm** *s.* 1. mountain elm; 2. field elm 2.; 3. European elm
~ **fig** Gemeiner (Echter) Feigenbaum *m*, Ficus carica
~ **furniture beetle** [Gewöhnlicher, Gemeiner] Nagekäfer *m*, [Kleiner] Holzwurm *m*, Anobium punctatum (striatum)
~ **halving** Kreuzüberblattung *f*, Überblattung *f*
~ **joist** Dielenbalken *m*, Lagerholz *n*, Rippholz *n*, Polsterholz *n*
~ **jujube** Gemeine (Kahlblättrige) Jujube *f*, Chinadattel *f*, Ziziphus jujuba
~ **juniper** [Gemeiner] Wacholder *m*, Juniperus communis
~ **larch** Europäische (Gemeine) Lärche *f*, Larix decidua
~ **lilac** [Gemeiner, Spanischer] Flieder *m*, Syringa vulgaris
~ **lime** Holländische Linde *f*, Tilia × vulgaris
~ **maple** Feldahorn *m*, Maßholder *m*, Acer campestre
~ **mortise and tenon** durchgestemmter Zapfen *m*
~ **nail** Drahtnagel *m*, Drahtstift *m*
~ **oak** Stieleiche *f*, Sommereiche *f*, Quercus robur
~ **osier** Korbweide *f*, Hanfweide *f*, Bandweide *f*, Salix viminalis
~ **persimmon** Persimone *f*, PSI, Virginisches Dattelpflaumenholz *n*, Diospyros virginiana
~ **pine** Gemeine Kiefer *f*, KI, Weißkiefer *f*, Waldkiefer *f*, Föhre *f*, Forle *f*, Pinus sylvestris
~ **powder-post beetle** Brauner Splintholzkäfer *m*, Lyctus[käfer] *m*, Lyctus brunneus
~ **prickly-ash** Zahnwehholz *n*, Zanthoxylum fraxineum (americanum)
~ **rafter** Leersparren *m*, Zwischensparren *m*
~ **robinia** *s.* false acacia
~ **sallow** Salweide *f*, Ziegenweide *f*, Salix caprea
~ **tamarisk** Gemeine (Französische) Tamariske *f*, Tamarix gallica
~ **walnut** [Echter] Walnußbaum *m*, Juglans regia
~ **white quebracho** Quebrachobaum *m*, Aspidosperma quebracho-blanco
~ **willow** Silberweide *f*, Weißweide *f*, Salix alba
~ **wire nail** Drahtnagel *m*, Drahtstift *m*
~ **wood-boring weevil** Pentarthrum huttoni *(Holzschadinsekt)*
~ **yew** Gemeine Eibe *f*, Säuleneibe *f*, Taxus baccata
compact bar Derbstange *f*
~ **dryer** Kompakttrockner *m*
~ **edge banding machine** Kompaktkantenanleimmaschine *f*
~ **wood** Derbholz *n*
compaction pile Verdichtungspfahl *m*
~ **ratio** Verdichtungsgrad *m* *(z. B. von Holzwerkstoffplatten)*
companion cell Geleitzelle *f* *(Holzanatomie)*
compartment kiln Kammertrockner *m*
compartmentalization Kompartimentbildung *f*, Schutzholzbildung *f*
compass plane Schiffhobel *m*
~ **rabbet plane** Schiffsimshobel *m*
~ **rafter** gekrümmter Sparren *m*
~-**saw** Lochsäge *f*, Stichsäge *f*
~ **timber** Krummholz *n*
complete felling Kahlhieb *m*, Kahlschlag *m*
~ **fracture** durchgehender (vollständiger) Bruch *m*
~ **logging system** Holzeinschlag[smaschinen]system *n*
~ **tree utilization** Ganzbaumnutzung *f*
completely peeled weißgeschält *(Holz)*
compo *s.* composite board
composite beam Verbundbalken *m*,

Verbundträger *m*
~ **board** Verbundplatte *f*; Füllplatte *f*
~ **construction** Verbundbauweise *f*, Sandwichbauweise *f*
~ **hearts** Mosaikfarbkern *m*, Mosaikfarbkernholz *n (der Rotbuche)*
~ **panel** Verbundplatte *f*
~ **plywood** heterogenes (zusammengesetztes) Sperrholz *n*, Kombisperrholz *n*
~ **truss** Verbunddachbinder *m*; Stahl-Holz-Dachbinder *m*
~ **truss frame** zusammengesetztes Hänge[spreng]werk *n*
~ **wood panel** Holzwerkstoffplatte *f*
~ **wood product** Holzwerkstofferzeugnis *n*
compound beam Verbundbalken *m*
~ **curvature** Unschnürigkeit *f*, Nichtschnürigkeit *f*, Krummschäftigkeit *f (in mehreren Ebenen)*
~ **girder** Verbundträger *m*
~ **middle lamella** zusammengesetzte Mittellamelle *f (Holzanatomie)*
~ **spur** Quirlholz *n*
compreg Compreg *n*, Kunstharzpreßholz *n*, KP
~ **laminate** Compreglaminat *n*
compressed-air screwdriver Druckluftschraube[ndrehe]r *m*
~-**air tool** Druckluftwerkzeug *n*
~ **cork** Preßkork *m*
~ **fibreboard** Hartfaserplatte *f*
~ **solid wood** Preßvollholz *n*
~ **wood** Preßholz *n*, verdichtetes Holz *n*
compression Kompression *f*, Pressung *f*; Stauchung *f*
~ **chord** Druckgurt *m (Holzbau)*
~ **failure** Stauchbruch *m*, Faserstauchung *f*
~ **member** Druckstab *m (Holzbau)*
~ **phloem** Druck[holz]phloem *n*
~ **rupture** Stauchbruch *m*, Faserstauchung *f*
~ **set** Druckverformungsrest *m*, bleibende Druckverformung *f*
~ **strength** Druckfestigkeit *f*, β_D
~ **strength parallel to the grain** Druckfestigkeit *f* in Faserrichtung, Längsdruckfestigkeit *f*
~ **strength perpendicular to the grain** Druckfestigkeit *f* quer zur Faserrichtung, Querdruckfestigkeit *f*
~ **test** Druckversuch *m*
~ **wood** Druckholz *n*, Rotholz *n*, Rothärte *f*, Buchs[ig] *m (aktives Richtgewebe von Nadelhölzern)*
~ **wood formation** Druckholzbildung *f*
~ **wood lignin** Druckholzlignin *n*
~ **wood stimulus** Druckholzreiz *m (Holzphysiologie)*
~ **wood tracheid** Druckholztracheide *f*
~ **yield point** Stauchgrenze *f*, σ_S
compressive stress Druckspannung *f*, Druckbeanspruchung *f*, σ_D
~ **testing** Druckprüfung *f*
computer tomography Computertomographie *f (z. B. zur Bestimmung von Holzzerstörungen durch Rotfäule)*
conacaste Enterolobium cyclocarpum *(Holzart)*
concealed hinge Einstemmband *n*, Fitschenband *n*, Fischband *n*

~ **nailing** verdeckte Nagelung *f*
concentration yard Waldlagerplatz *m*, Rundholz[lager]platz *m (im Wald)*
concertina door Harmonikatür *f*, Falttür *f*
concrete form construction Betonschalungsbau *m*
~ **form hardboard** Schalungsplatte *f* [für den Betonbau]
~ **formwork** Betonschalung *f*
condensation barrier Dampfsperre *f*, Dampfbremse *f (z. B. an Fenstern)*
~ **water** Kondenswasser *n*, Schwitzwasser *n*, Tauwasser *n*
conditioning Konditionieren *n (z. B. von Plattenwerkstoffen)*
condori wood Korallenholz *n*, [Indischer] Korallenbaum *m*, Roter Sandelholzbaum *m*, Condoribaum *m*, Adenanthera pavonina
conductance-type [moisture] meter Leitfähigkeits-Materialfeuchtemeßgerät *n*
conducting cell Leit[ungs]zelle *f (Holzanatomie)*
~ **hypha** Gefäßhyphe *f*, Schlauchhyphe *f*
~ **tissue** Leitgewebe *n*
conductivity moisture meter Leitfähigkeits-Materialfeuchtemeßgerät *n*
cone 1. Kegel *m*, Konus *m*; 2. Zapfen *m (Nadelholzfrucht)*
~-**bearing plant** *s.* conifer
~-**bearing tree** [zapfentragender] Nadelbaum *m*
~-**cut veneer** Radial[schnitt]furnier *n*
~-**type refiner** Kegelrefiner *m*, Kegelaufschläger *m (Zellstofferzeugung)*
conference table Konferenztisch *m*
confluent konfluent, zusammenfließend *(Holzparenchymanordnung)*
Congo-pump Armleuchterbaum *m*, Kanonenbaum *m*, Cecropia peltata
~ **wood** *(Am) s.* African walnut
conical broach roof Kegeldach *n*
~ **refiner** Kegelrefiner *m*, Kegelaufschläger *m (Zellstofferzeugung)*
conidendrin Conidendrin *n*, Sulfitablaugenlacton *n (Lignan)*
conidiation Konidienbildung *f*
conidium Konidie *f*, Konidiospore *f (von Pilzen)*
conifer Konifere *f*, [zapfentragendes] Nadelholzgewächs *n*, Nadelholzart *f*, Zapfenträger *m (Ordnung oder Unterklasse Coniferae = Pinidae)*
~ **bark** Nadelbaumrinde *f*
~ **cambium** Koniferenkambium *n*
~ **lignin** Nadelholzlignin *n*
~ **tracheid** Nadelholztracheide *f*
~ **wood** Nadelholz *n*, Koniferenholz *n*, NH
coniferin Coniferin *n (Glycosid)*
coniferous zapfentragend; nadelblättrig; Koniferen…, Nadel[holz]…
~ **resin** Koniferenharz *n*
~ **sapwood** Nadelsplintholz *n*
~ **sawn wood** Nadelschnittholz *n*
~ **tree** [zapfentragender] Nadelbaum *m*
~ **wood** Nadelholz *n*, Koniferenholz *n*, NH
~ **wood bark** Nadelholzrinde *f*, Nadelbaumrinde *f*
~ **wood cell** Nadelholzzelle *f*

coniferous
~ **wood tracheid** Nadelholztracheide *f*
~ **xylem** Koniferenxylem *n*
coniferyl alcohol Coniferylalkohol *m*, 4-Hydroxy-3-methoxyzimtalkohol *m* *(Ligninbestandteil)*
coniine Coniin *n*, 2-Propyl-piperidin *n* *(Alkaloid)*
conk 1. Holzschwamm *m*, Schwamm *m*; schwammiges (faules) Holz *n*; 2. [konsolenförmiger] Fruchtkörper *m* holzzerstörender Pilze
~ **rot fungus** Kiefernbaumschwamm *m*, Phellinus (Fomes, Trametes) pini
conky schwammig, faul, verfault; angefault *(Holz)*
conservatory furniture Wintergartenmöbel *npl*
consignee Konsignator *m*, beauftragter Vermittler (Empfänger) *m* *(Holzhandel)*
consignment Konsignation *f*, Sendung (Lieferung) *f* in Kommission *(Holzhandel)*
consignor Konsignant *m*, Ablader *m*, Versender *m* *(Holzhandel)*
console [bracket] Konsole *f* *(Holzbau)*
~ **leg** Konsolen[möbel]fuß *m*
~ **table** Konsoltisch *m*, Trumeautisch *m*
construction adhesive Konstruktionsklebstoff *m*
~ **and industrial plywood** Bausperrholz *n*, Sperrholz *n* für Bauzwecke
~ **log** Baurundholz *n*, Bauholzblock *m*
~ **lumber** *(Am)* Bauholz *n*, Konstruktionsholz *n*
~ **nail** Holzbaunagel *m*
~ **plywood** Bausperrholz *n*, Sperrholz *n* (für Bauzwecke)
~ **pole** Holzbaumast *m*
~ **spruce** Fichtenbauholz *n*
~ **timber** Bauholz *n*, Konstruktionsholz *n*
constructional timber Bauholz *n*, Konstruktionsholz *n*
~ **veneer** Deckfurnier *n*
contact adhesion Kontaktkleben *n*
~ **adhesive** Kontaktklebstoff *m*, Kontaktkleber *m*
~ **adhesive applicator** Kontaktkleber-Auftraggerät *n*
~ **bond adhesive** *s*. ~ **adhesive**
~ **dryer** Kontakttrockner *m*
~ **drying** Kontakttrocknung *f*
~ **parenchyma** Kontaktparenchym *n* *(Holzanatomie)*
~ **pit** Kontakttüpfel *m* *(Holzanatomie)*
~ **roll** Kontaktwalze *f* *(Breitbandschleifmaschine)*
continental headboard Bettüberbau *m*
continuous beam Durchlaufträger *m*
~ **digester** kontinuierlicher Kocher *m* *(Zellstofferzeugung)*
~ **dryer** Durchlauftrockner *m*, Kanaltrockner *m*, Tunneltrockner *m*, stetiger Trockner *m*
~ **grinder** Stetigschleifer *m*, [voll]kontinuierlicher Holzschleifer *m*
~ **handrail** durchgehender Handlauf *m*; durchgehendes Geländer *n*, Durchlaufhandleiste *f*
~ **jetty** durchgehende Auskragung *f*, durchlaufendes Kragelement *n*
~-**process press** Durchlaufpresse *f*, Endlospresse *f*
~ **purlin** Durchlaufpfette *f*

46

~ **roller press** Walzenpresse *f*, Kalanderpresse *f*
~ **truss** Durchlauf-Fachwerkbinder *m*
contour cutting (sawing) Schweifen *n*, Schweifsägen *n*, Kurvenschneiden *n*
contrabass Kontrabaß *m*, Violone *f* *(Streichinstrument)*
contract furniture Geschäftsmöbel *npl*; Möbel *npl* für öffentliche Einrichtungen
convection drying Konvektionstrocknung *f*, Frischluft-Abluft-Trocknung *f*
conversation chair Causeuse *f*, Plaudersitz *m*
conversion 1. Ausformung *f*, Holzausformung *f*, Holzaufarbeitung *f*, Aushalten *n*; 2. Einschneiden *n*, Auftrennen *n* *(von Rundholz)*
~ **circular saw** Nachschnittkreissäge *f*
~ **facility** Ausformungsanlage *f*, Holzausformungsanlage *f*
~ **factor** Umrechnungsfaktor *m*, Umrechnungszahl *f*
~ **of small timber** Schwachholzaufbereitung *f*, Dünnholzaufarbeitung *f*
~ **place (point, site, yard)** Ausformungsplatz *m*, Holzausformungsplatz *m*; Aufarbeitungsplatz *m*
convert/to ausformen; aufarbeiten *(Holz)*
converted building timber Bauschnittholz *n*
~ **timber** Nutzholz *n*
convertible furniture Verwandlungsmöbel *npl*, Patentmöbel *npl*
convex-headed nail Halbrundkopfnagel *m*, Tapeziernagel *m*
conveyor belt scale Bandwaage *f*
cook/to kochen, aufschließen *(Faserrohstoffe)*
cooker hood bridging unit Oberschrank *m* für Dunstabzug *(Küchenmöbel)*
cooking Kochung *f*, Aufschluß *m* *(Zellstofferzeugung)*
~ **agent** Aufschlußmittel *n*
~ **degree** Aufschlußgrad *m*
~ **liquor** Aufschlußlösung *f*, Weißlauge *f*
~ **of wood** Holzkochung *f*, Kochen *n* des Holzes, Holzaufschluß *m*
~ **process** Aufschlußprozeß *m*
~ **time** Kochzeit *f*, Aufschlußzeit *f*
coolabah *(bes.)* Eucalyptus microtheca *(Holzart)*
cooling channel Kühlkanal *m* *(z. B. für Spanplatten)*
~ **period** Kühlperiode *f* *(der Furniertrocknung)*
~ **plate** Kühlplatte *f* *(einer Heißpresse)*
~ **press** Kühlpresse *f*
~ **station** Kühlstation *f*
~ **tower** Kühlturm *m*, Wasserkühlturm *m*
cooper/to Fässer herstellen; Fässer reparieren
cooper Böttcher *m*, Bottichmacher *m*, Büttner *m*, Küfer *m*, Faßbinder *m*
cooperage 1. Böttcherei *f*, Böttcherarbeit *f*, Böttcherhandwerk *n*; 2. Böttcherware *f*; Fässer *npl*; 3. Böttcherwerkstatt *f*, Böttcherei *f*, Küferei *f*
coopered joint Faßfuge *f*
cooper's adze Hohldechsel *m*, Böttcherdechsel *m*
~ **pitch** Faßpech *n*
~ **workshop** Böttcherwerkstatt *f*, Böttcherei *f*, Küferei *f*
coopery *s*. **cooperage**

copaiba, copaiva 1. Kopaivabaum *m*, Copaibobaum *m (Gattung Copaifera);* 2. Kopaivabalsam *m*, Copaibobalsam *m*
copaivic Kopaiva...
copaiye wood Vochysia guianensis *(Holzart)*
copal Kopal *m*, Kopal[hart]harz *n*
~ **polish** Kopalpolitur *f*
~ **varnish** Kopallack *m*
copalche, copalchi Strychnos pseudoquina *(Holzart)*
copaliferous kopalliefernd, Kopal erzeugend
copalin[e], copalite Kopalin *n (fossiles Harz)*
copalm Amerikanischer Storax *m (Balsam von Liquidambar styraciflua)*
coped joint *(Am)* Formfuge *f*, Profilfuge *f*
coping saw Kopiersäge *f*; Laubsäge *f*
copper beech Blutbuche *f*, Fagus sylvatica cv. purpurea
~ **cellulose** Kupfercellulose *f*
~**-chrome-arsenate [preservative],**
~**-chrome-arsenic salt** Chromat-Kupfersalz-Arsenat-Gemisch *n*, CKA-Salz *n (Holzschutzmittel)*
~ **nail** Kupfernagel *m*
~ **naphthenate** Kupfernaphthenat *n (Holzschutzmittel)*
~ **number** Kupferzahl *f (Cellulosechemie)*
~ **pod** Peltophorum pterocarpum *(Holzart)*
~ **rayon** Kupferseide *f*, Cuproseide *f*
~ **sodium cellulose** Kupfernatroncellulose *f*
~ **sulphate (vitriol)** Kupfersulfat *n*, Kupfervitriol *n (Holzschutzmittel)*
~ **weeping beech** Fagus sylvatica cv. purpureopendula *(Holzart)*
copperas Eisenvitriol *n (Beizenzusatz)*
coppice-wood Schlagholz *n*, Ausschlagholz *n*
copy-moulding machine *s.* ~ **routing machine**
~ **routing device** Kopierfräsvorrichtung *f*
~ **routing machine** Kopierfräsmaschine *f*, Kopierfräse *f*
~**-routing work** Kopierfräsen *n*, Kopierfräsarbeit *f*
~ **shaper** *s.* ~ **routing machine**
copying lathe Kopierdrehbank *f*, [fräsende] Kopierdrehmaschine *f*; Schablonendrehmaschine *f*
~ **machine** Kopierfräsmaschine *f*, Kopierfräse *f*
coquillage [geschnitztes] Muschelornament *n*, Muschelschnitzerei *f (z. B. an Tischkanten)*
cor anglais Englischhorn *n (Holzblasinstrument)*
coral-wood 1. Korallenholz *n (Sammelbegriff);* 2. Korallenholz *n*, [Indischer] Korallenbaum *m*, Roter Sandelholzbaum *m*, Condoribaum *m*, Adenanthera pavonina; 3. Pterocarpus dalbergioides *(Holzart);* 4. Korallenholz *n*, Erythrina corallodendron
corbel Kragstein *m*, Tragstein *m*, Konsole *f*
~ **beam** Kragträger *m*
cord/to [auf]klaftern, einschichten, [Holz] zu Klaftern aufschichten
cord Klafter *m(n) (Holzmaß; 1 Klafter = etwa 3,6 Kubikmeter)*
cordage Klafterholzmenge *f*
corded timber Klafterholz *n*
cordia wood Freijo *n*, FEI, Brasilianischer Nußbaum *m*, Cordia goeldiana
cording *(Am)* Pfeifensteppung *f*, Pfeifen *fpl (Polsterei)*
corduroy [road] Knüppeldamm *m*, Prügelweg *m*
cordwood Schicht[nutz]holz *n*, Meterholz *n*; Klafterholz *n*
core 1. Kern *m*, Innenholz *n*; 2. Holzkern *m*, Restrolle *(Furnierherstellung);* 3. Innenlage *f*, Mittellage *f*, Innenschicht *f (z. B. von Sperrholz)*
~ **chip** Mittelschichtspan *m*
~ **gap** offene Mittellagenfuge *f (Sperrholz)*
~ **layer** Innenlage *f*, Mittellage *f*, Innenschicht *f (z. B. von Sperrholz)*
~ **material** Einlagenmaterial *n (z. B. einer Sperrtür)*
~ **paper** Kernpapier *n*, phenolharzgetränktes Sulfatkraftpapier *n*
~ **plywood** Sperrholz *n (mit Mittellage)*
~ **veneer** Mittellagenfurnier *n*
~ **wood** 1. Kernholz *n*, Kern *m*, Herzholz *n*; 2. Jugendholz *n*, Juvenilholz *n*, juveniles Holz *n*
coreboard Tischlerplatte *f*, Verbundplatte *f (mit Vollholzmittellage)*
corestock Mittellagenmaterial *n*, Innenschichtmaterial *n (z. B. von Sperrholz)*
~ **composing and joinery stock offset composing and gluing-up machine** Leisten- und Mittellagenverleimmaschine *f*
cork/to Wundkork (Wundkallus) ausbilden; sich verkorken
cork 1. Kork *m*, Korkrinde *f*; 2. Kork[stopf]en *m*, Flaschenkork *m*; 3. *s.* ~**-oak**
~**-bark fir** Korktanne *f*, Abies lasiocarpa var. arizonica
~ **cambium** Korkkambium *n*, Korkbildungsgewebe *n*, Phellogen *n*
~ **cell** Korkzelle *f*
~ **elm** Felsenrüster *f*, Felsenulme *f*, Traubenulme *f*, Ulmus racemosa (thomasii)
~ **formation** Korkbildung *f*
~ **harvest** Korkernte *f*
~**-oak** Korkeiche *f*, Quercus suber
~ **processing** Korkverarbeitung *f*
~ **product** Korkerzeugnis *n*, Korkprodukt *n*
~ **rubber** Korkklotz *m (Polierwerkzeug)*
~ **slab** *s.* corkboard
~ **tile** Korkbodenplatte *f*, Preßkork[fuß]bodenplatte *f*
~ **tissue** Korkgewebe *n*
~**-tree** *s.* ~**-oak**
corkboard Kork[schrot]platte *f*, Preßkorkplatte *f*, Isolierkorkplatte *f*; Kork[schrot]pappe *f*
corkwood Korkholz *n*; Korkholzbaum *m*
corky korken, aus Kork; korkartig; Kork...
~ **tissue** Korkgewebe *n*
cornel [tree] 1. Hartriegel *m (Gattung Cornus);* 2. *s.* cornelian cherry
cornelian cherry [Gemeine] Kornelkirsche *f*, Herlitze *f*, Cornus mas
corner base unit Eckunterteil *n (Kastenmöbel)*
~ **bead** Eckschutzleiste *f*, Kantenschutzleiste *f*
~ **bench** Eckbank *f*
~ **block** Eckklotz *m*; Knagge *f*
~ **board** Eckbrett *n*

corner

~ **brace** Eckstrebe *f*; Strebe *f*, Bug *m*, Büge *f*
~ **bracket** Verstärkungszwickel *m* (in Rahmenwinkeln)
~ **bridle [joint]** Schlitz-Zapfen-Rahmeneckverbindung *f*
~ **cabinet** Eckschrank *m*
~ **chair** Eckstuhl *m*
~ **chisel** Seitenbeitel *m*
~ **clamp** Kantenzwinge *f*
~ **cogging** Eckverkämmung *f (Holzbau)*
~ **commode** Eckkommode *f*
~ **coping sawing machine** Klinkschnittkreissäge[maschine] *f*
~ **cover moulding (strip)** Kanten[ab]deckleiste *f*
~ **cramp** Kantenzwinge *f*
~ **cupboard** Eckschrank *m*
~ **cutting machine** Eckensäge *f (Palettenherstellung)*
~-**halved joint**, ~ **halving [joint]** glattes Eckblatt *n*, gerades Blatt *n* (als Querverbindung)
~ **joint** Eckverbindung *f*, Eckverband *m*, Rahmeneckverbindung *f*
~ **knot** Kantenast *m*
~ **lap joint** [einfache] Überblattung *f*, Überplattung *f*, [durchgehend] überblattete Eckverbindung *f*
~ **locking machine** *s.* dovetailer
~ **pole** Eckpfosten *m*
~ **post** Eckpfosten *m*, Eckständer *m*, Eckstiel *m (Fachwerk)*
~ **rounding machine** Ecken[ab]rundungsmaschine *f*
~ **seat** Eckbank *f*
~ **stapler** Eckenheftmaschine *f*
~ **strip** Eckleiste *f*
~ **stud** Eckstütze *f*
~ **table** Ecktisch *m*
~ **top unit** Eckoberteil *n (Kastenmöbel)*
~ **video cabinet** Fernsehecktruhe *f*
~ **wall unit** Obereckschrank *m*, Obereckregal *n (Küchenmöbel)*
cornering Splintschnitt *m (Baumfällung)*
cornice Sims *m(n)*, Gesims *n*
~ **construction** Gesimsbau *m*
~ **fascia** Gesimsbrett *n*, Gesimsband *n*; Stirnbrett *n*
~ **moulding** Sims[zier]leiste *f*
~ **plane** Gesimshobel *m*
cornish *s.* cornice
Cornish whitebeam Breitblättrige Eberesche *f*, Sorbus latifolia
Coromandel ebony *s.* ~ wood
~ **lacquer** Koromandellack *m*, Schwarzlack *m*
~ **wood** Koromandel[holz] *n*, Makassarebenholz *n*, EBM *(von Diospyros spp.)*
corona Tropfenleiste *f*
corpus Korpus *n(m)*, Körper *m (eines Kastenmöbels)*; Resonanzkasten *m (eines Musikinstruments)*
~ **press** Korpuspresse *f*
corrugated [card]board Wellpappe *f*
~ **dowel** Riffeldübel *m*
~ **[joint] fastener** Stahlwellenband *n*, Wellen[dübel]band *n*, Wellnagel *m*, Wellstift *m*
~ **joint fastener nailing machine** Wellennagelmaschine *f*
~ **paper** gewelltes Papier *n*
~ **paperboard** Wellpappe *f*
~-**web girder** Wellstegträger *m*
corrugating medium Wellpappe-Mittellage *f*
corrugation board Wellpappe *f*
Corsican pine Korsische Schwarzkiefer *f*, Korsikakiefer *f*, Pinus [nigra ssp.] laricio
cortex Kortex *m*, Rinde *f*, Borke *f*
cortical kortikal; Rinden..., Borken...
~ **oleo-resin** Rindenölharz *n*
~ **turpentine** Rindenterpentin *n*
corticate[d] rindentragend, berindet; borkentragend
corticine Corticin *n (Alkaloid)*
corticole, corticoline, corticolous korticol, rindenbewohnend, auf Rinde wachsend (z. B. Holzschädling)
corticose, corticous 1. rindenartig; 2. mit Rinde bedeckt; 3. *s.* corticate[d]
corundum Korund *m (Schleifmittel)*
cost and freight Verladekosten *pl* und Seefracht *f* [bis Bestimmungshafen], c&f *(Lieferklausel)*
~ **insurance and freight** Verladekosten *pl* Versicherungsprämie *f* und Seefracht *f* [bis Bestimmungshafen], cif *(Lieferklausel)*
costumer *s.* clothes tree
cot 1. Gitterbett *n*; Kinderbett *n*; 2. *s.* crib 2.
cottage chair Bauernstuhl *m*
~ **furniture** Bauernmöbel *npl*
cotton tree Bombax malabaricum *(Holzart)*
cottonwood Nordamerikanische Schwarzpappel *f*, Populus deltoides
couch/to [ab]gautschen *(Papierherstellung)*
couch 1. Couch *f*, Liegesofa *n*; 2. Gautschpartie *f*, Vorpreßpartie *f (der Langsiebmaschine)*
coucher Gautschknecht *m*
p-coumaric unit p-Cumareinheit *f (Ligninbaustein)*
coumarin Cumarin *n (Holzinhaltsstoff)*
counter Schalter[tisch] *m*; Ladentisch *m*
~ **batten** Dachlatte *f*
~ **brace** Wechselstab *m (Fachwerk)*
~-**clockwise spiral grain** Linksdrehwuchs *m*, sonn[enläuf]iger Drehwuchs *m*
~ **knife** Gegenmesser *n (z. B. am Trommelhacker)*
~-**rotating disk refiner** Doppelscheibenrefiner *m* mit gegenläufig rotierenden Scheiben
~ **table** Schalter[tisch] *m*
counterflap hinge Spieltischband *n*
countersink bit (drill), countersinker Krauskopf[bohrer] *m*, Senker *m*, Versenker *m*, Holzsenker *m*; Ausreiber *m*
counterstain Kontrastfarbe *f*, Holzkontrastfarbe *f (Mikrotechnologie)*
countersunk nail Senkkopfnagel *m*
~ **[wood] screw** Senkholzschraube *f*
counterveneer Gegenfurnier *n*
counterwood *s.* afzelia
counting table Zahltisch *m*
country chair Bauernstuhl *m*
~ **furniture** Bauernmöbel *npl*

~ **kiln** Erdmeiler *m*, Holzverkohlungsgrube *f*
couple Sparrenpaar *n*, Dachsparrenpaar *n*
~ **roof** Sparrendach *n*
courbaril 1. Courbaril *n*, CUB, Hymenaea courbaril *(Holzart)*; 2. Südamerikanischer Kopal *m (von Hymenaea courbaril)*
course of shingles Schindelreihe *f*, Schindelband *n*
court furniture höfische Möbel *npl*
cove/to [aus]kehlen
cove Hohlkehle *f*
~ **ceiling** Kniestock *m*, Drempel *m*
~ **cutter** Kehlfräser *m*, Radiusfräser *m*
~ **moulding** Hohlkehlleiste *f*
cover/to beziehen *(Polstermöbel)*
cover board Verzugsbrett *n*
~ **moulding** Deckzierleiste *f*, Zierdeckleiste *f*
~ **strip** Deckleiste *f*, Abdeckleiste *f*
covered timber bridge überdachte (gedeckte) Holzbrücke *f*, Dachbrücke *f*
covering paint Deckfarbe *f*
cow-horn stretcher *s*. crinoline stretcher
~-**tree** 1. Kuhmilchbaum *m*, Sandé[holz] *n*, Brosimum galactodendron (utile); 2. Milchbaum *m*, Couma utilis (guatemalensis); 3. *s*. ~ wood
~ **wood** Bagassa *n*, BAS, Bagassa guianensis *(Holzart)*
cow's-tail pine Harringtons Kopfeibe *f*, Cephalotaxus harringtonia var. drupacea
CP *s*. cellulose propionate
CPGW *s*. chemi-pressurized groundwood
crabwood Andiroba *n*, ADI, Crabwood *n*, Carapa guianensis
crack Riß *m*, Spalt *m* (z. B. in Holz)
~ **geometry** Rißgeometrie *f*
~-**willow** Knackweide *f*, Bruchweide *f*, Glasweide *f*, Salix fragilis
cracket table *s*. cricket table
crackle/to knacken *(Holz)*
cradle Wiege *f*, Kinderwiege *f*
craftsman in wood Holzfacharbeiter *m*; Holzhandwerker *m*
~-**made furniture** Schreinermöbel *npl*
cramp/to [ver]klammern
cramp Klammer *f*, Bauklammer *f*, Krampe *f*; Stoßklammer *f*
cramping jig Korpus[verleim]presse *f*
cranked brace gekröpfte Strebe *f*
~ **centre [pin] hinge** Eckzapfenband *n*, austragendes (gekröpftes) Zapfenband *n*
crassulae Crassulae *fpl*, Saniosche Balken *mpl (Holzanatomie)*
crate Steige *f*, Stiege *f*, Lattenkiste *f*, Fugenkiste *f*; Verschlag *m*
crateriform kraterförmig *(Tüpfel)*
crating material (stock) Steigenmaterial *n*, Lattenkistenmaterial *n*; Verschlagmaterial *n*
crazing Krakelüre *f*, Craquelure *f*
credenza Kredenz *f*, Anrichtetisch *m*, Anrichteschrank *m*
creep [behaviour] Kriechen *n*, Kriechverhalten *n*, Retardation *f* (z. B. von Holz)
~ **deflection** Kriechverformung *f*
creeping willow Kriechweide *f*, Moorweide *f*, Salix repens
Cremona diagram Cremona-Plan *m (Holzbau)*
creosote/to kreosotieren, mit Kreosot behandeln; mit Steinkohlenteeröl tränken (imprägnieren)
creosote 1. Kreosot *n*, Holzteerkreosot *n (Holzschutzmittel)*; 2. *s*. ~ oil
~ **brush** Kreosotpinsel *m*
~ **oil** Steinkohlenteeröl *n*, Steinkohlenkreosot *n (Holzschutzmittel)*
~ **solution** Kreosotlösung *f*
crêpe paper Kreppapier *n*
creping Kreppen *n (Papierherstellung)*
crescent truss Bogenfachwerkträger *m*
cresol resin Kresolharz *n*, Cresolharz *n*
crest Bruchleiste *f (Baumfällung)*
~ **rail, cresting** Lehnenkopfstück *n*, Lehnenkopfteil *n*
cresylic acid Cresylsäure *f*, Teercresol *n*
crib/to aussteifen, verzimmern
crib 1. Holzunterbau *m*; Balkenrostwerk *n*; 2. Krippe *f*, Krippenwiege *f (Kinderbett)*; (Am) Gitterbett *n*
~ **piling (stacking)** Dreieckstapeln *n*, Aufsetzen *n* eines Dreieckstapels *(Holztrocknung)*
cribbing, cribwork Holzverschalung *f*; Holzaussteifung *f*
cricket [niedrige] Holzfußbank *f*
~ **bat** Kricketschläger *m*.
~-**bat willow** Kricketweide *f*, Salix alba var. coerulea
~ **table** Cricket-Tisch *m*
crinoline stretcher Krinolinensprosse *f (des Windsorstuhls)*
cripple stud Kurzständer *m (Holzbau)*
CRMP *s*. chemi-mechanical refiner pulp
crocus powder Polierrot *n*, geglühtes Eisenrot *n*
Cromwellian chair Cromwell-Stuhl *m*
crook *s*. crooking
crooked gekrümmt, einschnürig *(Stammform)*
~-**grown** krummwüchsig; krüppel[wüchs]ig, sperrwüchsig *(Holz)*
~ **growth** Krummwuchs *m*; Krüppelwuchs *m*, Knickwuchs *m (von Holz)*
~-**stemmed** krummschaftig, krummstämmig
crookedness Krümmung *f*, Krummschaftigkeit *f*
crooking Längskrümmung *f (Längsverwerfung) f* der Schmalfläche *(von Schnittholz)*
croquet mallet Krocketschläger *m*
Cross and Bevan cellulose Cross-Bevan-Cellulose *f*
cross axe Kreuzaxt *f*, Zwerchaxt *f*
~-**band [veneer]** Absperrfurnier *n*, Sperrfurnier *n*; Unterfurnier *n*, Blindfurnier *n*
~-**banded plies** gekreuzte Furnierlagen *fpl*
~ **bar** Querstab *m*, Querholz *n*, Traverse *f*
~ **batten** Querleiste *f*
~ **bearer** Querträger *m*
~-**bracing** 1. Kreuzstrebe *f*, Kreuzbug *m (Fachwerk)*; 2. Kreuzverstrebung *f*, Querverstrebung *f*
~ **bracket** Querriegel *m*
~ **break** Querriß *m (Holzfehler)*
~ **cogging** Kreuzverkämmung *f*, Kreuzkamm *m (Holzbau)*
~ **corner** Kreuzecke *f*

~-crack/to querreißen
~-crack Querriß m (Holzfehler)
~-cut/to querschneiden, einschneiden; ausformen (Holzbearbeitung)
~-cut into logs/to ablängen, aushalten (Langholz)
~-cut Quer[ein]schnitt m, Hirnschnitt m (Holzbearbeitung)
~-cut blade Querschnittsägeblatt n
~-cut circular saw[ing machine] Abkürzkreissäge[maschine] f, Querkreissäge[maschine] f, Ablängkreissäge[maschine] f
~-cut end Querschnittfläche f, Hirn[schnitt]fläche f
~-cut fence Querschneidlehre f, Winkelanschlag m
~-cut saw Quer[schnitt]säge f; Querschnittschrotsäge f, [Zweimann-] Schrotsäge f; Einschnittsäge f, Ablängsäge f
~-cut saw-blade Querschnittsägeblatt n
~-cut station Kappstation f
~-cut table Ablängtisch m
~-cut wood Hirnholz n
~-cutting line Ausformungsstrecke f
~-cutting veneer clipper Querfurnierschere f
~ dowel Querholzdübel m, Querholzzapfen m
~-face hammer Kreuzhammer m (zum Richten von Sägeblättern)
~-feed veneer splicer Furnier-Querzusammensetzmaschine f; Furnierfugen-Querverleimmaschine f
~ field Kreuzungsfeld n (Holzanatomie)
~-field pit Kreuzungsfeldtüpfel m(n)
~-field pitting Kreuzungsfeldtüpfelung f
~ fracture Bruch m quer zur Faser[richtung], Querriß m
~ cross garnet [hinge] Zungenband n
~ girder Querträger m
~-grain 1. Riegeltextur f, geriegelte Maserung (Holzzeichnung) f; Widerspänigkeit f; 2. s. sloping grain
~-grained geriegelt; widerspänig
~-grained plywood Querfasersperrholz n
~-halved joint, ~-halving Kreuzüberblattung f, [einfache] Überblattung f
~ joint Kreuzverbindung f (Holzbau)
~-lacunate pit einfacher Tüpfel m (Holzanatomie)
~ lathing Konterlattung f
~ orienter Querorientierungsvorrichtung f (Spanplattenherstellung)
~ rafter Quersparren m
~ rail Querrahmenholz n; Querfries m
~ section Querschnitt m, Hirnschnitt m
~-section dimension Querschnittmaß n
~-sectional area Querschnittfläche f
~ splicer Querklebemaschine f
~-tie (Am) Eisenbahnschwelle f, Bahnschwelle f, Schwelle f
~-veneered querfurniert
~ wall Querwand f (z. B. in Holzparenchymzellen)
crossbanding 1. Kreuzbandmuster n (Furniereinlage); 2. s. cross-band [veneer]

crossed heart shake gekreuzter Kernriß m (Holzfehler)
crosser Stapelleiste f, Stapellatte f, Zwischenholz n, Hölzel n, Querholz n
crosshauling Quer[auf]laden n, Aufladen n in Querrichtung (Holztransport)
crosswise veneer splicer Furnierquerfügemaschine f, Furnier-Querzusammensetzmaschine f
crotch 1. Astgabel f, Zwiesel f(m); Gabelzweig m; Gabelung f; falsche Zwiesel f, Gabelungszwiesel f; 2. Wirbel m (im Holz)
~ veneer Gabelholzfurnier n; Blumenfurnier n
crotched gegabelt, gezwieselt
crotchwood Gabelholz n, Zwieselholz n
crown Krone f, Baumkrone f, Wipfel m, Zopf m
~-cut tangential geschnitten (Holz)
~-formed wood Jugendholz n, Juvenilholz n, juveniles Holz n
~ post Stuhlpfosten m, Stuhlsäule f (bes. im einfach stehenden Dachstuhl)
~ saw Trommelsäge[maschine] f, Zylindersäge[maschine] f
croze 1. Kröse f, Gargel f, Kimme f, Faßbodennut f; 2. Kröseisen n, Kimmhobel m
cruciform slot Kreuzschlitz m (Schraubenkopf)
cruck bis zum Erdboden reichender gebogener Dachsparren im mittelalterlichen englischen Hausbau
~ buildings Cruck-Bauten mpl
~ construction Cruck-Bauweise f
~ truss Cruck-Rahmen m
crude felt Rohfilzpappe f
~ fibre material Faserrohstoff m (Zellstofferzeugung)
~ resin Rohharz n
~ rubber Rohkautschuk m
~ turpentine Rohterpentin n
crumble/to vermorschen, morsch werden
crumbling Vermorschung f
crushing strength Quetschfestigkeit f
cryolite Kryolith m (Holzschutzmittel)
cryptomeria [Japanische] Sicheltanne f, Japanische Zeder f, Cryptomeria japonica
crystal Kristall m (in Holzzellen)
~-[-bearing] cell kristallhaltige Zelle (Holzzelle) f
~ sand Kristallsand m (in Holzzellen)
crystalliferous kristallführend (Holzzelle)
crystalline cellulose kristallin angeordneter Cellulose[mikrofibrillen]bereich m, kristalliner Bereich m
~ lattice Kristallgitter n (z. B. der Cellulose)
~ region s. ~ cellulose
crystallinity Kristallinität f (z. B. von Cellulose)
~ index Kristallinitätsgrad m
crystallite 1. Kristallit m, Mizelle f, Molekülaggregat n (der Cellulose); Mizellarstrang m (der Cellulose); 2. s. crystalline cellulose
cu. ft. s. cubic foot
Cuba pine 1. Pinus tropicalis (Holzart); 2. Pinus occidentalis (Holzart)
Cuban mahogany Amerikanisches (Echtes) Mahagoni n, MAE, Inselmahagoni n, Kuba-Mahagoni n, Spanisches Mahagoni n,

Swietenia mahagoni
~ **royal palm** Königspalme *f*, Roystonea regia
cubic content Kubikmaß *n*, Raumvolumen *n*
~ **foot** Kubikfuß *m (Raummaß; 1 Kubikfuß = 0,02832 Kubikmeter)*
~ **metre** Kubikmeter *m(n)*, m³ *(Raummaß)*
~ **metre of piled wood** Kubikmeter *m(n)* Stapelvolumen, Stapelvolumen *n* in m³, V_{ST} *(Holzmessung)*
~ **metre** Kubikmeter *m(n)*
~ **metre of piled wood** Kubikmeter *m(n)* Stapelvolumen, Stapelvolumen *n* in Kubikmeter *(Holzmessung)*
~ **metre round timber** Rohholzkubikmeter *m(n)*, Rohholzvolumen *n* in Kubikmeter
~ **metre solid** Kubikmeter *m(n)* feste Holzsubstanz
cubical cracking *s.* ~ rot
~ **rot, cuboidal cracking** Würfelbruch *m*, würfelförmiger Zerfall *m (von Holz bei fortgeschrittener Braunfäule)*
cuckoo clock Kuckucksuhr *f*
cucumber *s.* ~ wood
~ **tree** 1. Kigelia *f*, Leberwurstbaum *m*, Kigelia africana (pinnata); 2. *s.* ~ wood
~ **wood** Gurkenmagnolie *f*, MAG, Magnolia acuminata
cue Queue *n(m)*, Billardstock *m*
~ **stand** Queueständer *m*
cull [timber] Ausschußholz *n*, fehlerhaftes Holz *n*; Abfallholz *n*
cultural papers kulturelle Papiere *npl*
Cunningham pine Spießtanne *f*, Zwittertanne *f*, Cunninghamia lanceolata
cuoxam Kuoxam *n*, Kupferoxidammoniak *n*, ammoniakalische Kupferhydroxidlösung *f*, Schweizer Reagens *n (Celluloselösungsmittel)*
~ **lignin** Kuoxamlignin *n*, Kupferoxidammoniaklignin *n*, Freudenberg-Lignin *n*
cup/to schüsseln, sich muldenförmig verwerfen, sich quer zur Faserrichtung verziehen *(Holz)*
cup 1. Auffanggefäß *n (für Weichharz)*; 2. *s.* cupping
~ **chuck** Schrauben[spann]futter *n (Holzdrehmaschine)*
~ **hinge** Topfscharnier *n*
~ **shake** Ringriß *m*, Windriß *m (Holzfehler)*
cupboard Geschirrschrank *m*; Küchenschrank *m*, Anrichteschrank *m*; Wandschrank *m*, Hängeschrank *m*; Schrank *m*
~ **door** Schranktür *f*
~ **lock** Schrankschloß *n*
~ **unit** Schrankwand *f*
cupped center *(Am) s.* cup chuck
cupping Querkrümmung *f*, Querverwerfung *f*, Muldenverwerfung *f*, Verwerfen (Verziehen) *n* quer zur Holzfaser, Schüsseln *n*
~ **axe** Lachtenbeil *n (Harzgewinnung)*
cuprammonium *s.* ~ solution
~ **cellulose** Kuoxamcellulose *f*, Kupferoxidammoniakcellulose *f*
~ **lignin** *s.* cuoxam lignin
~ **solution** Kupferoxidammoniak *n*, ammoniakalische Kupferhydroxidlösung *f*,

Schweizer Reagens *n*, Kuoxam *n* *(Celluloselösungsmittel)*
cuproxam lignin *s.* cuoxam lignin
curability Härtbarkeit *f (z. B. von Klebstoffen)*
curable härtbar
cure/to [aus]härten *(Klebstoff)*; abbinden *(Klebstoff)*
cure Härtung *f*, Aushärtung *f*; Abbinden *n*
~ **rate** Härtungsgeschwindigkeit *f*
~ **time** Härtungszeit *f*, Aushärtungszeit *f*; Abbindezeit *f*
curf Schnittbreite *f (beim Sägen)*; Schnittfuge *f*, Schlitz *m*
Curie-point pyrolysis Curie-Punkt-Pyrolyse *f (von Cellulose)*
curing by heat Hitzehärten *n*
~ **period** *s.* ~ time
~ **temperature** Aushärtungstemperatur *f*, Härtetemperatur *f*
~ **time** Aushärtungszeit *f*, Härtungszeit *f*; Abbindezeit *f*
curio cabinet Nippesschrank *m*
curl 1. Astgabel *f*, Zwiesel *f(m)*; Gabelzweig *m*; Gabelung *f*; falsche Zwiesel *f*, Gabelungszwiesel *f*; 2. Wirbel *m (im Holz)*
~ **figure (grain)** Maserwuchs *m*, geflammte Maserung (Textur) *f*
~ **veneer** Maserfurnier *n*
~ **veneer top** Maserfurniertischplatte *f*
curled gemasert, vermasert
~ **birchwood** Birkenmaser *f*
~ **maple** Vogelaugenahorn *m*; Ahorn-Maserknolle *f*
curly maserwüchsig
~ **birch** 1. Gelbbirke *f*, Amerikanische Birke *f*, Betula alleghaniensis (lutea); 2. Maserbirke *f*
~ **calantes** Nimbaum *m*, Antelaea (Melia) azadirachta, Azadirachta indica
~ **grain** welliger Faserverlauf *m*, Wimmerwuchs *m*, Wellenwuchs *m*; Wirbel *m (in Schnittholz)*
~ **maple** *s.* Canadian maple
curtail step geschwungene Antritts[treppen]stufe *f*
curtain board Gardinenleiste *f*
~ **coater** Gießmaschine *f (zum Auftragen von Klebstoffen oder Lacken)*
~ **coating** Gießen *n*, Lackgießen *n*
~ **pole** Vorhangstange *f*
curule kurulisches Gestell *n (z. B. eines Faltstuhls)*
curvature Krümmung *f (z. B. von Schnittholz)*; Krümmung *f* des Schaftes, Krummschäftigkeit *f*
curve/to schweifen, schweifsägen
curve work Schweif[säge]arbeit *f*
curved gekrümmt; krummschäftig
~ **beam** Bogenbalken *m*
~ **brace** Bogenstrebe *f*, gekurvte Strebe *f*
~ **-component cutter** Bogenfräsmaschine *f*
~ **cut** Schweifschnitt *m*, Kurven[säge]schnitt *m*
~ **cutting** Schweifen *n*, Schweifsägen *n*, Kurvenschneiden *n*
~ **glulam beam** Brettschicht-Bogenträger *m*
~ **gouge** gebogenes Hohleisen *n*
~ **plywood** Formsperrholz *n*, formgeleimtes

curved
 Sperrholz *n*, Sperrholzformteile *npl*, Formteile *npl (aus Sperrholz)*
~ **rafter** Bogensparren *m*
~ **timber** Krummholz *n*
~ **veiner** gebogener Bildhauerbeitel *m*
curving Schweifen *n*, Schweifsägen *n*, Kurvenschneiden *n*
cushion board Wellpappe *f*
~ **cover** Polsterbezug *m*
cusp Nase *f*, Spitze *f (im gotischen Maßwerk)*
custom furniture Möbelsonderanfertigung *f*
cut/to 1. [ab]schneiden, zerschneiden; 2. *s.* ~ down/to
~ **down/to** fällen, abholzen, [ein]schlagen, hauen, abtreiben *(Bäume)*
~ **into lengths/to** ablängen, ausformen, einschneiden, aushalten *(Rohholz)*
cut-and-skid crew Fäll-Rückemannschaft *f*
~ **height** Schnitthöhe *f*
~-**leaved beech** Fagus sylvatica cv. asplenifolia *(Holzart)*
~ **lock** Einlaßschloß *n*, Einsteckschloß *n*
~ **marker beam** Schnittsteuer[licht]strahl *m*, Lichtstrahlschneidlinienprojektor *m*
~ **nail** geschnittener Nagel *m*
~-**off** Ablängrest *m*, Schnittholzrest *m (s.a. off-cuts)*
~-**off saw** Ablängsäge *f*, Abkürzsäge *f*; Trennsäge *f*
~-**off sawing** Trennsägen *n*
~-**off table** Ablängtisch *m*
~-**out unit** Ausschnittvorrichtung *f*
~ **pit timber** Grubenschnittholz *n*
~ **stock** Schnittware *f*
~ **string** ausgesägte Treppenwange *f*
~ **surface** Schnittfläche *f*
~-**tail** Eucalyptus fastigata *(Holzart)*
~ **width** Schnittbreite *f*
cutch 1. [dunkles, braunes] Katechu *n (Gerbextrakt bes. von Acacia catechu)*; 2. *s.* ~ tree
~ **tree** Gerberakazie *f*, Katechuakazie *f*, Katechubaum *m*, Acacia catechu
cutlery box Besteckkasten *m*
~ **cabinet (canteen)** Besteckschrank *m*
~ **compartment (division)** Besteckfach *n*
~ **drawer** Besteckschublade *f*
~ **insert** Besteckfacheinlage *f*
cutter 1. Schneidwerkzeug *n*; Messer *n*; Hobelstahl *m*, Hobeleisen *n*; Fräser *m*; 2. Schneidemaschine *f*; 3. *s.* ~ link
~ **block** Messerwelle *f (einer Fräsmaschine)*
~ **block bearing** Messerwellenlager *n*
~ **block chipper** Messerwellenzerspaner *m*
~ **block guard** Messerwellenabdeckung *f*
~ **chain** Fräskette *f*
~ **head** Messerkopf *m*
~ **head grinding machine** Messerkopfschleifmaschine *f*
~ **head mill** Messermühle *f*
~ **link** Hobelzahn *m (der Sägekette)*
~ **set** Fräsersatz *m*
~ **speed** Fräserdrehzahl *f*
~ **tip** Schneidplättchen *n*, Hartmetallschneidplatte *f (an Werkzeugen)*

~ **tooth** Schneidzahn *m (der Säge)*
cutting 1. Fällen *n*, Fällung *f (s.a. unter felling)*; 2. Schnittstück *n*, Abschnitt *m*
~ **accuracy** Schnittgenauigkeit *f*
~ **angle** Schnittwinkel *m*
~ **area** Holzeinschlagsgebiet *n*
~ **board** Küchenbrett *n*
~ **check** Schälriß *m*, Messerriß *m (im Furnier)*
~ **circle** Schneidenflugkreis *m*
~ **crest** Waldbart *m*, Bart *m*, Waldspan *m*, Kamm *m*, Waldhieb *m (am gefällten Stamm)*
~ **depth** Schnittiefe *f*
~ **edge** Schneidkante *f*, Schneide *f*
~ **gauge** Schneidmaß *n*, verstellbares Schneidstreichmaß *n*
~ **list** Schnittliste *f*, Zuschneideliste *f (Holzbearbeitung)*
~ **method** Einschnittverfahren *n*
~ **performance** Schnittleistung *f*
~ **programme** Einschnittprogramm *n*
~ **resistance** Schnittwiderstand *m*
~ **speed** Schnittgeschwindigkeit *f*
~ **stress** Schnittdruck *m (am Bandsägeblatt)*
~ **tip** *s.* cutter tip
~ **tool** Schneidwerkzeug *n*
~ **waste** Schnittabfall *m*, Schnittverlust *m*
cyanoethylcellulose Cyanethylcellulose *f*
cyclitol Cyclitol *n*, Cyclit *n (Holzinhaltsstoff)*
cylinder cabinet lock Zylindermöbelschloß *n*
~ **desk** Zylinderbureau *n*, Rollschreibtisch *m*
~ **lock** Zylinderschloß *n*
~ **mortise cabinet lock** Zylindereinsteck[möbel]schloß *n*
~ **paper machine** Rundsieb[papier]maschine *f*
~ **saw** Trommelsäge[maschine] *f*, Zylindersäge[maschine] *f*
~-**top desk** Zylinderbureau *n*, Rollschreibtisch *m*
cylindrical saw *s.* cylinder saw
cyma Kyma[tion] *n*, Blattwelle *f (Zierleiste)*
cymene [p-]Cymen *n*, Cymol *n (Kohlenwasserstoff)*
cypress 1. Zypresse *f (Gattung Cupressus)*; 2. Zypressenholz *n*, ZYP
~ **family** Zypressengewächse *npl (Familie Cupressaceae)*
~ **pine** *(bes.)* Callitris columellaris (arenosa) *(Holzart)*
Cyprus cedar Kurznadelige Zeder *f*, Cedrus brevifolia
~ **pine** Pinus [halepensis var.] brutia *(Holzart)*
~ **turpentine tree** Terpentinpistazie *f*, Terebinthe *f*, Pistacia terebinthus
cystidium Zystid[i]e *f*, Cystid[i]e *f (der Basidiomyzeten)*
cystolith Zystolith *m (Holzanatomie)*
cytisine Cytisin *n (Alkaloid)*
cytokinin Cytokinin *n (Phytohormon)*
cytology Zytologie *f*, Zellenlehre *f*
cytoplasm Zytoplasma *n*, Zellplasma *n*
CZC *s.* chromated zinc chloride

D

dabber Firnispinsel *m*
dado/to gratnuten, quernuten, quer zur Holzfaserrichtung nuten
dado 1. [würfelförmiger] Säulensockel *m*; 2. Sockeltäfelung *f*; Sockelleiste *f*, Wandsockelleiste *f*; 3. Grat *m*, Gratnut *f*
~ **and rabbet joint** Nut-Feder-Verbindung *f*
~ **head** Grat[nut]schneidkopf *m*
~ **joint** Grat[nut]verbindung *f*
~ **plane** Grundhobel *m*
~ **tongue and rabbet [joint]** Federverbindung *f* mit überschobener Langholzdecke
dahoma Dabema *n*, Dahoma *n*, DA, Piptadenia africana *(Holzart)*
dahoon holly Ilex dahoon *(Holzart)*
Dahurian larch Dahurische Lärche *f*, Larix gmelinii (dahurica)
daimyo oak [Japanische] Kaisereiche *f*, Riesenblatteiche *f*, Quercus dentata
dalbergione Dalbergion *n* (Chinon)
dalli Virola *n*, VIR, Baboen[holz] *n*, Banak *n*, *(bes.)* Virola surinamensis (koschnyi)
dam beam Dammbalken *m* *(Meerwasserbau)*
damage by game Wildschaden *m* *(an Baumholz)*
damaged timber Schadholz *n*
damar *s.* dammar 1.
damask Damast *m* *(Dekorationsstoff)*
~ **finish** Leinenprägung *f* (Papierherstellung)
dammar 1. dammarliefernder Baum *m* *(bes. der Gattungen Balanocarpus, Agathis und Shorea)*; 2. *s.* ~ **resin**
~ **resin** Dammar[harz] *n*
damp-proof naßfest, feuchtigkeitssicher
dance floor Tanzboden *m*, Tanzparkett *n*
danta Kotibé *n*, KOB, Cistanthera (Nesogordonia) papaverifera *(Holzart)*
dappled pommeliert *(Holzzeichnung)*
dark cutch dunkles (braunes) Katechu *n* *(Gerbextrakt bes. von Acacia catechu)*
~ **knot** dunkler Ast *m* *(in Schnittholz)*
~ **mansonia** Mansonia *n*, MAN, *(unkorrekt)* Afrikanischer Nußbaum *m*, Mansonia altissima
~ **red meranti** Dunkelrotes Meranti *n*, MER/DRM, *(bes.)* Shorea pauciflora
~ **resinous knot** dunkler verharzter (verkienter) Ast *m*
~ **stain** Dunkel[ver]färbung *f* (z. B. von Holz)
~ **uniform colour** dunkle gleichmäßige Farbe *f* *(von Tropenholz)*
darken/to dunkeln, nachdunkeln *(z. B. Holz durch Lichteinfluß)*
Darlington oak Lorbeereiche *f*, Quercus laurifolia
date-palm Dattelpalme *f*, Phoenix dactylifera
~ **plum** Kakipflaume *f*, Chinesisches Dattelpflaumenholz *n*, Diospyros kaki
daub/to mit Lehm verstreichen, mit Lehmverputz versehen; mit Fachwerklehm verfüllen
daub Lehmverstrich *m*, Lehmverputz *m*; Fachwerklehm *m*, Lehm *m*
davenport 1. *(Am)* Kanapee *n*, [großes] Sofa *n*; Schlafcouch *f*; 2. Sekretär *m*, Schreibschrank *m*
day-bed Tagebett *n*, Ruhebett *n*; Liege *f*
daylight hot[-platen] press Etagenheiß[platten]presse *f*
~ **press** Etagenpresse *f*
d.b.h., DBH *s.* diameter at breast height
de-nail/to Nägel entfernen, von Nägeln befreien
de-waxed shellac[k] entwachster (gebleichter, weißer) Schellack *m*
dead bark Borke *f*, Außenrinde *f*, Rhytidom *n*
~ **bolt** Schloßriegel *m*
~ **centre** feste (nicht mitlaufende) Körnerspitze *f* *(der Drechselbank)*
~ **file** Doppelschlichtfeile *f*
~ **gold** Mattgold *n*
~ **knot** Trockenast *m*, Dürrast *m*; nicht verwachsener Ast *m*, loser (ausfallender, toter, abgestorbener) Ast *m*, Durchfallast *m*, Ausfallast *m*; kaum überwallter Ast[stumpf] *m*
~ **lock** Riegelschloß *n*
~ **mortise** blindes Zapfenloch (Stemmloch) *n*
~ **shore** Sprieß *m*, Stempel *m*, Bolzen *m*
~**[-standing] tree** Dürrständer *m*, abständiger (abgestorbener) Baum *m*
deadwood stammtrockenes Holz *n*, stehendes Trockenholz *n*
deal 1. Nadelholzbrett *n*; Nadelholzbohle *f*; 2. Nadelholz *n* *(bes. von Abies spp. und Pinus spp.)*; Nadelbauholz *n*
Dean and Stark type distillation apparatus Dean-Stark-Wasserbestimmungsapparat *m*
death tick Totenuhr *f*, Gescheckter (Bunter) Nagekäfer *m*, Rotscheckiger Klopfkäfer *m*, Xestobium rufovillosum
~**-watch [beetle]** 1. Klopfkäfer *m*, Pochkäfer *m*, Nagekäfer *m*, Bohrkäfer *m* *(Familie Anobiidae)*; 2. [Gewöhnlicher] Nagekäfer *m*, Holzwurm *m*, Anobium punctatum (striatum); 3. *s.* ~ **tick**
debark/to entrinden, schälen; abborken, entborken
debarker Entrindungsmaschine *f*, Entrinder *m*, Rindenschälmaschine *f*
~ **chipper** Entrindungshackmaschine *f*
debarking Entrinden *n*, Entrindung *f*, Schälen *n*
~ **machine** *s.* debarker
~ **ring** Entrindungsrotor *m*
~ **unit** Entrindungsanlage *f*
decay/to verfaulen, vermodern; Fäulnis hervorrufen
decay Fäulnis *f*, Fäule *f*; Verfaulen *n*, Vermodern *n*, Vermoderung *f*; Zersetzung *f*, Abbau *m*
~ **damage** Fäulnisschaden *m*, Zersetzungserscheinung *f*
~ **fungus** Fäulnepilz *m*, Fäulnispilz *m*, fäulniserregender Pilz *m*
~ **hazard** Fäulnisgefahr *f*, Zersetzungsgefahr *f*
~ **pattern** Zerstörungsbild *n* *(von Holzfäulen)*
~ **protection** Fäuleschutz *m*
~ **rate** Zersetzungsgeschwindigkeit *f*
~ **resistance** Fäulniswidrigkeit *f*,

decay

Fäulnisbeständigkeit *f*
~-**resistant** fäulniswidrig, fäulnisbeständig, fäulnisfest
~ **susceptibility** Fäuleanfälligkeit *f*
~-**susceptible** fäuleanfällig
~ **type** Fäuletyp *m*
decayed knot Faulast *m*, fauler Ast *m*
~ **wood** Faulholz *n*
~ **wood bait** Faulholzköder *m* (Termitenbekämpfung)
deciduous cypress Zweizeilige Sumpfzypresse (Sumpfeibe) *f*, Taxodium distichum
~ **tree** Laub[holz]baum *m*, laubabwerfender (sommergrüner) Baum *m*
~ **wood species** Laubholzart *f*; Laubholzarten *fpl*
deck/to [auf]poltern, aufgantern (Rundholz)
deck Polter *m(n)*; Arbeitspolter *m(n)* (eines Sägewerks)
~ **capacity** Polterkapazität *f*
~-**chair** Liegestuhl *m*
~ **extension board** Ansteckbrett *n* (für Flachpaletten)
decking 1. Decksbelag *m*, Decksplanken *fpl*; 2. Bohlenbelag *m*; Balkenlage *f*
deckle board Formatbegrenzungslineal *n* (der Langsiebmaschine)
~ **frame** Deckelrahmen *f* (Papierherstellung)
Decorated style die zweite Stilperiode der englischen Gotik
decorative batten Zierleiste *f*
~ **board** Dekorplatte *f*, dekorative Flachpreßplatte *f*
~ **border** Zierkante *f*
~ **cladding** Zierbekleidung *f* (z. B. einer Tür)
~ **coat** Dekorschicht *f*
~ **film** Dekorfilm *m*, Dekorfolie *f*
~ **fittings for furniture** Möbelzierbeschläge *mpl*
~ **foil** Dekorfolie *f*, Dekorfilm *m*
~ **frieze** Schmuckfries *m*
~ **moulding cutter** Zierleistenfräser *m*
~ **nail** Ziernagel *m*
~ **panelling** Zier[ver]täfelung *f*
~ **paper** Dekorpapier *n*
~ **strap hinge** Zierband *m*
~ **strip moulding machine** Zierleistenfräsmaschine *f*
~ **veneer** Edelfurnier *n*, Dekor[ations]furnier *n*, Schmuckfurnier *n*
~ **wood** Ausstattungsholz *n*
deep bead Fenster[ab]dichtungsstreifen *m*
~ **hole boring machine** Tieflochbohrmaschine *f*
~ **impregnation** Volltränkung *f* (Holzschutz)
~ **penetration** Tiefschutz *m* (Holzschutz)
~ **saw mark** tiefe Sägespur *f*
~ **shake** tiefer Riß (Außenriß) *m* (in Schnittholz)
deeping Trennen *n*, Spalten *n* (von Schnittholz)
deer repellent Wildverbiß[schutz]mittel *n*, Verbißschutzmittel *n*
defect deduction Fehlerabzug *m*, Minderbewertung *f* bei Fehlerhaftigkeit
~ **in growth** Wuchsfehler *m*
~ **in timber** Holzfehler *m*
~ **in veneer** Furnierfehler *m*
~ **in wood** Holzfehler *m*
defective spot Fehlstelle *f*

defiberize/to defibrieren, zerfasern (z. B. Holz)
defibrating machine Zerfaserungsmaschine *f*
defibration Zerfaserung *f*, Faserbündelzerlegung *f*
defibrator [Asplund-]Defibrator *m*, Zerfaserungsmaschine *f*, Zerfaserer *m*
~ **disk** Defibratorscheibe *f*, Refinerscheibe *f*
~ **method (process)** [Asplund-]Defibratorverfahren *n* (der Faserplattenherstellung)
deflake/to entstippen (Holz)
deflaker Entstipper *m*
deflection Durchbiegung *f*, Biegung *f*
deflocculant, deflocculating agent Dispersionsmittel *n*, Dispergens *n* (Papierherstellung)
defoamer, defoaming agent Entschäumungsmittel *n*, Schaumverhütungsmittel *n* (z. B. als Leimzusatz)
deforest/to abholzen; entwalden
deforestation Abholzung *f*; Entwaldung *f*
deformation behaviour Verformungsverhalten *n*
~ **due to swelling** Quellverformung *f*
degame Degamé *n*, Calycophyllum candidissimum (Holzart)
degraded cellulose abgebaute Cellulose *f*
degree of beating Mahlgrad *m*, Zerfaserungsgrad *m* (von Faserstoffen)
~ **of cooking** Aufschlußgrad *m* (von Cellulose)
~ **of crystallinity** Kristallinitätsgrad *m* (z. B. von Cellulose)
~ **of delignification** Delignifizierungsgrad *m* (Zellstofferzeugung)
~ **of polymerization** Polymerisationsgrad *m*
~ **of substitution** Substitutionsgrad *m*, DS (z. B. von Cellulosederivaten)
~ **of sulphonation** Sulfonierungsgrad *m* (von Lignin)
dehydroabietic acid Dehydroabietinsäure *f* (Diterpen, Harzsäure)
delamination Aufblätterung *f*, Delaminierung *f*, Fehlverleimung *f* (z. B. von Sperrholz)
delignification Delignifizierung *f*, Ligninentfernung *f* (Zellstofferzeugung)
~ **kinetics** Delignifizierungskinetik *f*
~ **procedure** Delignifizierungsverfahren *n*
~ **temperature** Delignifizierungstemperatur *f*
delignify/to delignifizieren, Lignin entfernen
delignifying agent Delignifizierungsmittel *n*
delimb/to entasten, entästen (liegende Bäume); aufasten, stehend asten
delimber Entastungsgerät *n*; Entastungsmaschine *f*
~-**bucker** Entastungs- und Einschneidemaschine *f*, Prozessor *m*
~-**bucker-buncher** Entastungs-Paketier-Kombine *f*
~-**buncher** Ausäst- und Bündelmaschine *f*
~-**slasher** s. ~-bucker
delimbing device Entastungsvorrichtung *f*
~ **head** Entastungskopf *m*
~ **machine** Entastungsmaschine *f*
delivery order Lieferschein *m*, Auslieferungsschein *m* (Holzhandel)

demerara [greenheart] *s.* greenheart
demountable furniture zerlegbare Möbel *npl*
denatured alcohol denaturierter (vergällter) Spiritus *m*, Methylethylketon *n*
dendrochronological dating dendrochronologische Datierung *f*, Jahrringdatierung *f*
dendrochronology Dendrochronologie *f*, Jahrringchronologie *f*, Baumringchronologie *f*, Baumringanalyse *f*
dendroclimatological dendroklimatologisch
dendroclimatology Dendroklimatologie *f*
dendrography *s.* dendrology
dendrological dendrologisch, baumkundlich, gehölzkundlich
dendrologist Dendrologe *m*, Baumkundiger *m*, Gehölzfachmann *m*
dendrology Dendrologie *f*, [wissenschaftliche] Baumkunde *f*, Gehölzkunde *f*
dendrometer Dendrometer *n*, Baum[höhen]messer *m*, Baummeßgerät *n*
dendrometrical dendrometrisch, baummeßkundlich
dendrometry Dendrometrie *f*, Baummeßkunde *f*
densified impregnated wood Plast[preß]lagenholz *n*
~ **laminated wood** Preßschichtholz *n*
~ **plywood** Preßsperrholz *n*
~ **wood** Preßvollholz *n*, PVH
density Dichte *f*, Densität *f*; Raumdichte *f*, Wichte *f*
~ **determination** Dichtebestimmung *f*; Rohdichtebestimmung *f* (*z. B. von Holz*)
~ **of completely dry wood** Darrdichte (Darr-Rohdichte) *f* von Holz, ϱ_0
~ **of wet wood** Feuchtholzdichte *f*
dentate gezähnt
dentils Zahnfries *m*, Zahnschnitt *m* (*Zierelement*)
deodar [cedar], deodara Himalajazeder *f*, Cedrus deodara
deodardione Deodardion *n* (*Sesquiterpen*)
deodarone Deodaron *n* (*Sesquiterpen*)
depolymerization Depolymerisation *f*
depressed arch gevierter Bogen *m*
depth gauge Anschlaglehre *f*, Tiefensteller *m* (*z. B. am Bohrer*)
~ **gauge adjustment** Tiefeneinstellung *f*
~ **of penetration** Eindringtiefe *f* (*z. B. von Holzschutzmitteln*)
~ **stop** Tiefenbegrenzer *m*, Schnittiefenanschlag *m*
deragger Zopfwinde *f* (*Papierherstellung*)
deresinate/to [ent]harzen
deresination Entharzung *f*, Harzung *f*
deresinify/to [ent]harzen
derived timber product Holzwerkstoff *m*
descending face Lachte *f* der fallenden Harzung
desert pine Callitris endlicheri (*Holzart*)
desiccator Exsikkator *m* (*Laborgerät*)
design 1. Entwurf *m*; Bauplan *m*; 2. Bauform *f*; Bauweise *f*; 3. Design *n*, Formgestaltung *f*
~ **furniture** Designmöbel *npl*
designer of furniture Möbeldesigner *m*, Möbelentwerfer *m*
designer's furniture Designermöbel *npl*

desk Tisch *m*; Pult *n*
~ **lock** Kofferschloß *n*
~ **top** Schreibtischplatte *f*
desorb/to desorbieren
desorption Desorption *f*
destacking unit Enstapelanlage *f*
detachable circular saw Anbaukreissäge *f*
determa Ocotea rubra (*Holzart*)
determination key Bestimmungsschlüssel *m* (*z. b. für Holzarten*)
devil's-tree Zitronenmahagoni *n*, Alstonia scholaris
devilwood Teufelsholz *n*, Amerikanischer Ölbaum *m*, Osmanthus americanus
dew-point Taupunkt *m*; Taupunkttemperatur *f*, Sättigungstemperatur *f*
~-**point hygrometer** Taupunkthygrometer *n*
~-**point temperature** Taupunkttemperatur *f*, Sättigungstemperatur *f*
dextrin adhesive (glue) Dextrinleim *m*
dextropimaric acid Dextropimarsäure *f* (*Diterpen, Harzsäure*)
DF *s.* Douglas fir
dhak tree Plossobaum *m*, Kinobaum *m*, Butea superba (monosperma, frondosa)
dhup Indisches Canarium *n*, Dhup *n*, Canarium euphyllum (*Holzart*)
diagnosis of wood defects Holzfehlerdiagnose *f*
diagonal beam Schrägbalken *m*
~ **cut** Schrägschnitt *m*, Winkelschnitt *m*
~ **grain** diagonal verlaufende Faser *f* (*Schnittholzfehler*)
~ **plywood** Diagonalsperrholz *n*
~ **spline mitre** stumpfe Gehrung *f* mit Hirnholzfeder
diameter Durchmesser *m*
~ **above buttress** Durchmesser *m* über Wurzelanlauf (*Holzmessung*)
~ **accretion** Durchmesserzuwachs *m*, Dickenzuwachs *m*
~ **at breast height** Brusthöhendurchmesser *m*, BHD, $d_{1,3}$ (*Holzmessung*)
~ **at foot** Fußdurchmesser *m*, Durchmesser *m* am Stammfuß, d_F, Unterstärke *f* (*Holzmessung*)
~ **at half tree height** Mittendurchmesser *m*, d_M (*Holzmessung*)
~ **at stump height (level)** Stock[höhen]durchmesser *m*, d_{St} (*Holzmessung*)
~ **at the smaller end, ~ at the top** Zopfdurchmesser *m*, d_Z, Zopfstärke *f*, Oberstärke *f* (*Holzmessung*)
~ **category** Durchmessergruppe *f*, DGr (*Holzmessung*)
~ **class** Durchmesserklasse *f*, Dickeklasse *f* (*Holzmessung*)
~ **gauge** Kluppe *f*, Meßkluppe *f*, Baumkluppe *f* (*Holzmeßwerkzeug*)
~ **group** Durchmessergruppe *f*, DGr (*Holzmessung*)
~ **growth** Durchmesserwachstum *n*, Dickenwachstum *n*
~ **increment** Durchmesserzuwachs *m*, Dickenzuwachs *m*

diameter   56

~-**limit cutting** Holzeinschlag *m* (Nutzung *f*) ab bestimmtem Mindestdurchmesser
~ **of median basal area tree** Durchmesser *m* des Grundflächenmittelbaumes (Grundflächenzentralstammes), d$_{\bar{g}}$, d$_{gM}$
~ **over bark** Durchmesser *m* mit Rinde, D.m.R. *(Holzmessung)*
~ **swelling** Durchmesserquellung *f*
~ **tape** Durchmesserband *n*, Umfangband *n* *(zur Rohholzmessung)*
~ **under bark** Durchmesser *m* ohne Rinde, D.o.R. *(Holzmessung)*
diamond tool Diamantwerkzeug *n*
diamonding rhombische Schwindverformung *f*
diammonium hydrogen phosphate Diammonium[hydrogen]phosphat *n*, sekundäres Ammonphosphat *n* *(Flammschutzmittel)*
dichlofluanid Dichlofluanid *n* *(Fungizid)*
dichloromethane extract Dichlormethanextrakt *m* *(Zellstoffprüfung)*
dichotomous key dichotomer Schlüssel *m* *(zur Holzartenbestimmung)*
dicotyledonous wood Dicotyledonenholz *n*, Laubholz *n*, LH
dictamine Dictamin *n* *(Alkaloid)*
die hammer Anschlaghammer *m*
~-**square** rechtwinklig zugeschnitten
~-**squared log** besäumter Stamm *m* ohne Wahnkante
dieldrin Dieldrin *n* *(Insektizid)*
dielectric Dielektrikum *n*
~ **constant** Dielektrizitätskonstante *f*, DK *(z. B. von Holz)*
~ **heating** dielektrische (kapazitive) Erwärmung *f*, Hochfrequenzerwärmung *f*, HF-Erwärmung *f* *(z. B. von Holz)*
~-**type [moisture] meter** dielektrisches Feuchtemeßgerät *n*
differential shrinkage differentielle Schwindung *f*, Schwindfaktor *m*
~ **swelling** differentielle Quellung *f*, Quellfaktor *m*, q
difficult to cleave schwer spaltbar, schwerspaltig *(Holz)*
diffuse-in-aggregates diffus aggregiert *(Holzparenchym)*
~ **parenchyma** zerstreutes Parenchym *n* *(Holzanatomie)*
~-**porous** zerstreutporig, mikropor *(Holz)*
~-**porousness** Zerstreutporigkeit *f*
diffusion Diffusion *f*
~ **process (treatment)** Diffusionsverfahren *n*, Diffusions[nach]behandlung *f* *(Holzschutz)*
difuo Morus mesozygia *(Holzart)*
digallic acid Digallussäure *f* *(Gerbstoffbestandteil)*
digester Kocher *m*, Zellstoffkocher *m*, Aufschluß[druck]behälter *m*
~ **neck** Kocherhals *m*
dihydroabietic acid Dihydroabietinsäure *f* *(Harzsäure)*
dihydroquercetin Dihydroquercetin *n* *(Flavonoid)*
dika nut [tree] Irvingia gabonensis *(Holzart)*

dimension 1. Dimension *f*; Abmessung *f*, Maß *n*; 2. *s*. ~ **stock**; 3. *s*. ~ **lumber**
~ **lumber** *(Am)* Bauschnittholz im Dickenbereich 3,8 bis 10,2 cm
~ **of cross-section** Querschnittsmaß *n*
~ **saw** Formatkreissäge *f*
~ **shingle** Maßschindel *f*
~ **stock (timber)** Dimensionsware *f* *(Schnittholz)*
dimensional stability Dimensionsstabilität *f*, Maßbeständigkeit *f*, Formbeständigkeit *f*
~ **stabilization** Dimensionsstabilisierung *f*
dimensionally stable dimensionsstabil, maßbeständig, formbeständig
dimethyl sulphoxide Dimethylsulfoxid *n*, DMSO *(Lösungsmittel)*
diminished haunch geächselte (abgeschrägte) Zapfenstufe *f*
dining chair Eßzimmerstuhl *m*
~ **furniture** Eßzimmermöbel *npl*, Speisezimmermöbel *npl*
~ **recess** Eßecke *f*, Eßnische *f*
~-**room furniture** Eßzimmermöbel *npl*, Speisezimmermöbel *npl*
~-**room chair** Eßzimmerstuhl *m*
~-**room suite** Eßzimmergarnitur *f*
~-**table, dinner-table** Eßtisch *m*, Speisetisch *m*
dioxan[e] lignin Dioxanlignin *n*, Pepper-Lignin *n*
dip Rohharz *n*
~-**diffusion** Tauch-Diffusionsverfahren *n* *(Holzschutz)*
~ **iron** Harzschöpfspachtel *m(f)*, Schöpfspachtel *m(f)*
~ **lacquering** Tauchlackieren *n*
~-**treat/to** tauchbehandeln
~ **treatment** Tauchbehandlung *f*, Tauchen *n* *(Holzschutz)*
dipentene Dipenten *n* *(Monoterpen)*
dipper 1. Harzer *m*, Harzarbeiter *m*; 2. Harzscharrer *m*; 3. Harzschöpfspachtel *m(f)*, Schöpfspachtel *m(f)*
dipping Tauchbehandlung *f*, Tauchen *n* *(Holzschutz)*
~ **lacquer** Tauchlack *m*
~ **vat** Schöpfbütte *f*, Tauchbütte *f* *(Papierherstellung)*
dipterocarpaceous zu den Flügelfruchtbaumgewächsen (Dipterocarpaceae) gehörend
direct steaming direktes Dämpfen *n* *(von Holz)*
directional shrinkage Richtungsschwindung *f* *(von Holz)*
disafforest/to abholzen; entwalden
disappearing door Versenktür *f*, Einschubtür *f*
disappearing stair[case] eingeschobene Treppe *f*, Einschubtreppe *f*
disbark/to entrinden, schälen; abborken
disbranch/to entasten, entästen
discharge table Austragtisch *m*, Abrolltisch *m*
discolouration Verfärbung *f*
discoloured heartwood Farbkern *m*, Farbkernholz *n*
discomycete Diskomyzet *m*, Scheibenpilz *m* *(Ordnung Discomycetales)*
discontinuous digester diskontinuierlicher

Kocher *m* *(Zellstofferzeugung)*
~ **[growth] ring** auskeilender Jahr[es]ring *m*
disintegrate/to aufschlagen, zerfasern *(Cellulose)*
disintegrating machine Mühle *f*
disintegration Aufschlagen *n*, Zerfasern *n*
disintegrator 1. Desintegrator *m*, Hackschnitzelnachzerkleinerer *m*; 2. Zerfaserer *m* *(Celluloseerzeugung)*
disjunctive parenchyma disjunktives (konjugiertes) Parenchym *n* *(Holzanatomie)*
disk barker Messerscheibenentrinder *m*
~ **chipper** Scheibenhacker *m*, Scheibenhackmaschine *f*
~ **flaker** Messerscheibenzerspaner *m*
~ **refiner** Scheibenrefiner *m*, Scheibenmühle *f*, Scheibenaufschläger *m*
~ **sander (sanding machine)** Scheibenschleifmaschine *f*
dispersion Dispersion *f*
~ **paint** Dispersionsfarbe *f*
displacement bleaching [Kamyr-]Verdrängungsbleiche *f* *(von Faserstoffen)*
~ **pile** Verdrängungspfahl *m*; Rammpfahl *m*
display cabinet Schauschrank *m*, Vitrine *f*
~ **cabinet with cupboard base** Vitrinenschrank *m*
dissolving pulp Textilzellstoff *m*, Chemie[faser]zellstoff *m*
distillation Destillation *f*
~ **method** Destillationsmethode *f* *(der Holzfeuchtebestimmung)*
~ **wood** Destillationsholz *n*
distillatory destillativ, durch Destillation gewonnen; auf Destillation beruhend
distort/to sich verziehen (werfen) *(Holz)*
distortion Verziehen *n*, Verwerfen *n*, Verwerfung *f*
distress/to patinieren, antikisieren *(Möbel)*
distressing Patinieren *n*, Antikisieren *n*
dita bark Zitronenmahagoni *n*, Astonia scholaris
diterpene Diterpen *n* *(Holzinhaltsstoff)*
~ **alcohol** Diterpenalkohol *m*
dithionite bleach[ing] Dithionitbleiche *f* *(von Holzstoff)*
divan [bed] Diwan *m*, Liege *f*, Ruhebett *n*
divi-divi Dividivibaum *m*, Caesalpinia coriaria
dividers Spitzzirkel *m*, Stechzirkel *m*
dividing cut Trennschnitt *m*, Spaltschnitt *m*; Aufteilschnitt *m*
DIY ... *s.* do-it-yourself ...
DMSO *s.* dimethyl sulphoxide
do-it-yourself knock-down furniture Selbstbaumöbel *npl*, Zerlegtmöbel *npl*
~-**it-yourselfer** Heimwerker *m*
doaty *s.* dosey
d.o.b. *s.* diameter over bark
docker, docking saw Kappsäge *f*, Ablängsäge *f*, Abkürzsäge *f*
doctor gum Manil *n*, Symphonia globulifera *(Holzart)*
dog Bauklammer *f*, Klammer *f*, Krampe *f*
~-**head hammer** Rundhammer *m* *(zum Richten von Sägeblättern)*
~ **hole** Krampenloch *n*
~-**leg chisel** gekröpfter Geißfuß *m* *(Schnitzeisen)*

~ **vice** Spannkluppe *f*
dogwood 1. Hartriegel *m* *(Gattung Cornus)*; 2. Blumenhartriegel *m*, Cornus florida; 3. Gemeiner (Roter) Hartriegel *m*, Cornus sanguinea; 4. Hartriegelholz *n*
doll's furniture Puppen[stuben]möbel *npl*
~ **house** Puppenstube *f*
dolly [kleiner] Rückewagen *m*, Rückekarren *m* *(Holztransport)*
~ **pear** Ocotea glomerata *(Holzart)*
dolphin 1. Duckdalbe *f*, Dalbe *f*, Duckdalben *m*; 2. Delphin *m* *(Zierelement)*
~ **pile** Duckdalbenpfahl *m*, Dalbenpfahl *m*
dome Bekrönung *f* *(Möbelzierat)*
~-**of-silence** *s.* glider
domed headed nail Halbrundkopfnagel *m*, Tapeziernagel *m*
~ **roof** Kuppeldach *n*
domestic furniture Haushaltsmöbel *npl*, Wohnmöbel *npl*
~ **wood** Inlandsholz *n*, inländisches Holz (Handelsholz) *n*, einheimische Holzart *f*
~ **wood-ware** Haushaltsgegenstände *mpl* aus Holz
door Tür *f*
~ **aperture** Tür[rahmen]lichte *f*
~ **bolt** Türriegel *m*
~ **brace** Türstrebe *f*, Türstreb[e]leiste *f*
~-**case (-casing)** Tür[außen]rahmen *m*, Türstock *m*, Türzarge *f*
~ **catch** Türschnappverschluß *m*
~ **centre line** Türachse *f*
~ **closer** Türschließer *m*
~ **construction** Türbau *m*
~ **core** Sperrtürmittellage *f*
~ **cramp** Tür[en]spanner *m*
~ **croze** Türzarge *f*
~ **face (facing)** Türendeck *n*, Decklage *f*, Türverkleidung *f*
~-**frame** 1. Tür[außen]rahmen *m*, Türstock *m*, Türzarge *f*; 2. Türflügelrahmen *m*
~ **furniture** Türbeschläge *mpl*
~ **glass** Türglas *n*
~ **handle** Türdrücker *m*, Türgriff *m*; Türklinke *f*
~ **hardware** Türbeschläge *mpl*
~ **head[er]** Türrahmenabschluß *m*; Türbogen *m*
~ **hinge** Türband *n*, Türscharnier *n*
~ **ironmongery** Türbeschläge *mpl*
~ **knob** Türknauf *m*, Türknopf *m*
~ **knocker** Türklopfer *m*
~ **leaf** Türblatt *n*
~ **lintel** Türsturz *m*
~ **lock** Türschloß *n*
~ **lock mortiser** Türschloßfräse *f*
~ **lock pillar** Türschloßsäule *f*
~ **manufacture** Türenfertigung *f*
~ **mill** Türenfabrik *f*, Türenwerk *n*
~ **opening** [lichte] Türöffnung *f*
~ **panel** Türverkleidung *f*, Türfüllung *f*
~ **plane** Türhobel *m*
~ **processing** Türenbearbeitung *f*
~ **profile** Türprofil *n*
~ **rabbet** Türfalz *m*
~ **rail** Türriegel *m*
~ **rebate** Türfalz *m*

door

~ **runner rail** Tür[lauf]schiene *f*
~ **skin** Türdecklage *f*
~ **stock** Türholz *n*
~ **stop** Türanschlag *m*, Anschlag *m*, Überschlag *m*, Überfälzung *f*
~ **sweep** Bürstenstreifen *m* [der Türunterkante]
~ **thickness** Türdicke *f*
~ **trim** Türblendrahmen *m*
doorjamb *s.* doorpost
doorpost Türsäule *f*, Türpfosten *m*, Türrahmenlängsstück *n*
doorsill Türschwelle *f*, Anschlagschwelle *f*
doorstop Türfeststeller *m*
doorway Türöffnung *f*
dormant bud schlafendes Auge *n*, Präventivknospe *f* *(Holzanatomie)*
dormer Gaube *f*, Gaupe *f*, Dachgaube *f*; Gaubenfenster *n*
dormer window Gaubenfenster *n*
doronoki Sibirische Balsampappel *f*, Populus suaveolens
dosey, dosy stockig, angefault *(Holz)*; durch [beginnende] Fäule verfärbt *(Holz)*
dote Verstocken *n*, Verstockung *f* *(von Laubholz)*
doty *s.* dosey
double-acting door Pendeltür *f*
~-**acting hinge** Pendeltürband *n*
~-**acting wood-wool machine** zweifachwirkende Holzwollemaschine *f*
~-**arbor circular gang saw** Doppelwellenkreissäge *f*
~ **axe** Doppelaxt *f*, Wendeaxt *f*, mehrschneidige Axt *f*
~ **ball catch** Doppelkugelschnäpper *m*
~-**band sawmill** Sägewerk *n* mit zwei Blockbandsägemaschinen
~-**bass** Kontrabaß *m*, Violone *f*
~ **bed** Doppelbett *n*
~-**belt press** Doppelbandpresse *f*
~-**belt sanding machine** Doppelbandschleifmaschine *f*
~-**bine twist turning** zweigängige Windung *f* *(Drechselarbeit)*
~-**bitted axe** *s.* ~ axe
~-**blade circular sawing machine** Zweiblattkreissäge[maschine] *f*
~-**blade stroke circular sawing machine** Doppelblatthubkreissäge[maschine] *f*
~-**bladed axe** *s.* ~ axe
~ **chest of drawers** hohe Kommode *f*, hoher Schubladenschrank *m*
~ **cogged joint** doppelter Kamm *m*, Doppelkammverbindung *f*, Mittelkamm *m*
~ **cross-cut circular saw** Doppelabkürz[kreis]säge *f*
~ **cross-grain** Wechseldrehwuchs *m (von Holz)*
~ **cut** Doppelschnitt *m*, Prismenschnitt *m*, Kantschnitt *m*, Modelschnitt *m*
~ **cut-off saw** Doppelabkürz[kreis]säge *f*
~-**cutting band-saw** zweiseitig bezahnte Bandsäge *f*
~-**diffusion process (treatment)** Doppeldiffusionsverfahren *n (Holzschutz)*
~-**disk refiner** Doppelscheibenrefiner *m*

(Zellstofferzeugung)

~ **door** Doppeltür *f*, zweiflüg[e]lige Tür *f*, Flügeltür *f*
~-**double-faced corrugated paperboard** zweilagige Wellpappe *f*, Zweifachwellpappe *f*
~ **dovetail halved joint** halbes Schwalbenschwanzblatt *n*
~-**edged panel cutter** zweischneidiger Oberfräser *m*
~ **edger** Doppelbesäum[kreis]säge *f*
~-**end profiling machine** *s.* ~-end tenoner
~-**end tenoner,** ~-**ender and profiler** Doppelendprofiler *m*, Alleskönner *m*
~-**faced corrugated paperboard** einwellige (zweiseitige) Wellpappe *f*
~-**flight stair** zweiläufige Treppe *f*
~-**gabled roof** Doppelsatteldach *n*
~-**glazed window** Doppelscheibenfenster *m*; Verbundfenster *n*; Zweifach-Isolierglasfenster *n*
~ **glazing** Doppelverglasung *f*
~-**handed saw** Zweimannblattsäge *f*, Zweimannhandsäge *f*, Handgegenzugsäge *f*
~-**headed construction nail** Doppelkopfnagel *m*, Duplexnagel *m*
~-**hipped roof** Doppelwalmdach *n*
~-**hung window** Vertikalschiebefenster *n*
~ **knot** Doppelast *m*; Doppelflügelast *m*
~ **lapped dovetail joint** doppelt verdeckte Schwalbenschwanzzinkenverbindung *f*
~-**leafed door** Doppelblattür *f*, Tür *f* mit doppeltem Blatt
~ **magnetic catch** Doppelmagnetschließe *f*, Doppelmagnetschnäpper *m*
~ **mitre cutting circular saw** Doppelgehrungskreissäge *f*
~ **mitre saw** Doppelgehrungssäge *f*
~ **mortise and tenon** Doppelschlitzverbindung *f*
~ **music stand** Doppelnotenständer *m*, Duettnotenpult *n*
~ **nailing** Doppelnagelung *f*, doppelreihige Nagelung *f*
~ **notch[ed joint]** Kreuzüberblattung *f*, Überblattung *f*
~-**pane window** Doppelscheibenfenster *n*; Zweifach-Isolierglasfenster *n*; Verbundfenster *n*
~ **pith** Doppelkern *m (Holzfehler)*
~ **plane iron** Doppeleisen *n*
~-**ply paper** doppellagiges Papier *n*
~ **pole scaffold (staging)** zweireihiges Stangengerüst *n*
~-**quirked bead** Rundstab *m* mit zwei Platten
~ **rafter** Doppelsparren *m*
~ **reed** Doppelrohrblatt *n (in Holzblasinstrumenten)*
~ **ring** Doppelring *m*, Scheinjahrring *m*, falscher Jahr[es]ring *m*
~ **rocking-chair** Doppelschaukelstuhl *m*
~ **saw** Zweiblattkreissäge *f*
~-**shear nailed joint** zweischnittige Nagelverbindung *f*
~ **side mitre saw** doppelseitige Gehrungssäge *f*
~ **sled[ge]** Doppelschlitten *m (Holztransport)*
~-**spindle moulding machine**

Doppel[spindel]fräsmaschine *f*, Zwillingstischfräsmaschine *f*
~ **spruce** Schwarzfichte *f*, Picea mariana (nigra)
~-**stack kiln** zweistapeliger Trockner (Holztrockner) *m*
~ **stairs** Doppeltreppe *f*
~ **step joint** doppelter Versatz *m* (Holzverband)
~ **swing door** zweiflüg[e]lige Pendeltür *f*
~ **tenon** Doppelzapfen *m*
~-**tenon joint** Doppelzapfenverbindung *f*
~ **tongue** Doppelfeder *f*
~ **top desk** Doppelplattenschreibtisch *m*
~ **truss** doppeltes Sprengwerk *n* (Holzbau)
~ **vacuum process (treatment)** Doppelvakuumverfahren *n* (Holzschutz)
~-**wall corrugated paperboard** zweilagige Wellpappe *f*, Zweifachwellpappe *f*
~ **wedge** Doppelkeil *m*
~ **window** Doppelfenster *n*, Verbundfenster *n*
doubling piece Trauflatte *f*
Douglas fir 1. Douglasie *f* (Gattung Pseudotsuga); 2. [Amerikanische] Douglasie *f*, DGA, Douglastanne *f*, Pseudotsuga menziesii (taxifolia, douglasii); 3. Coloradodouglasie *f*, Pseudotsuga menziesii var. glauca; 4. Pseudotsuga menziesii var. menziesii
~ **fir beetle** Dendroctonus pseudotsugae (Holzschädling)
~ **pine (spruce)** 1. Pinus douglasiana (Holzart); 2. *s*. ~ fir
dove plum Coccoloba diversifolia (Holzart)
dovetail/to [ein]schwalben, [ver]zinken
dovetail Schwalbe *f*, Schwalbenschwanz *m*
~ **cutter** Zinkenfräser *m*
~ **cutting machine** Schwalbenschwanzfräsmaschine *f*
~-**halved joint**, ~ **halving** [einseitig] schwalbenschwanzförmiges Blatt *n*
~ **housed joint**, ~ **housing [joint]** Gratverbindung *f*; eingelegter Schwalbenschwanz *m*
~ **jig set** Verbindungssystem *n* für Handoberfräsen zur Herstellung von Schwalbenschwanzzinkungen
~ **joint** Schwalbenschwanzzinkung *f*, Schwalbenschwanzzinkenverbindung *f*
~ **jointing machine** Schwalbenschwanzfügemaschine *f*
~ **key** schwalbenschwanzförmiger Holzdübel *m*; Schwalbenschwanzeinlage *f* [als Fremdverbinder]
~ **saw** Zinkensäge *f*, Feinsäge *f*
dovetailer, dovetailing machine Zinkenfräsmaschine *f* für Schwalbenschwanzzinken, Zinkenfräsapparat *m*
dovewood Alchornea latifolia (Holzart)
dowel/to [ver]dübeln
dowel Dübel *m*
~ **bit** Dübel[loch]bohrer *m*
~ **boring jig** Dübelbohrlehre *f*
~ **cut-off machine** Dübelablängmaschine *f*
~ **drill** Dübel[loch]bohrer *m*
~ **driver**, ~ **driving-in machine** Dübeleintreibmaschine *f*,

Dübeleintreibaggregat *n*, Dübeleinschußgerät *n*
~ **fit** Dübelsitz *m*
~ **gluer** Dübellochbeleimmaschine *f*
~ **hole** Dübelloch *n*
~ **hole boring** Dübel[loch]bohren *n*
~ **hole boring machine** Dübellochbohrmaschine *f*
~ **joint** Dübelverbindung *f*
~-**making machine** Dübelherstellungsmaschine *f*
~ **plate** Dübeleisen *n*
~ **screw** Dübelschraube *f*
~ **trimmer** Dübelspitzer *m*
dowelled beam verdübelter Balken (Träger) *m*
~ **edge-to-edge joint** gedübelte Fuge *f*
~ **joint** Dübelverbindung *f*
~ **mitre [joint]** verdübelte Gehrung *f*, Dübelverbindung *f* auf Gehrung
dowelling Verdübelung *f*
~ **jig** Dübelbohrlehre *f*
dower chest (Am) Aussteuertruhe *f*, Hochzeitstruhe *f*
down-milling Gleichlauffräsen *n*
~ **timber** liegendes Trockenholz *n*
downy oak Flaumeiche *f*, Quercus pubescens
~ **poplar** Populus heterophylla (Holzart)
dozy *s*. dosey
DP *s*. degree of polymerization
drag/to schleifrücken, schleifen (Holzernte)
drag cart Rückewagen *m*, Rückekarren *m*
~ **chain** Rückekette *f*, Kette *f* für die Holzrückung
~ **road** Rückeweg *m*, Schleifweg *m*
~ **saw** Ablängsäge *f*, Abkürzsäge *f*; Zugsäge *f*
~ **sled[ge]** Rückeschlitten *m*
dragging Schleifrücken *n*, Schleifen *n* (Holztransport)
~ **beam** Diagonalstichbalken *m*
~ **out** Bringen *n*, Bringung *f* (Holztransport)
dragon beam Diagonalstichbalken *m*
dragon's blood Drachenblut *n* (Naturharz)
drainability Entwässerbarkeit *f* (z. B. von Holzschliff)
drainage screen Entwässerungssieb *n*
drainer *s*. draining tank
draining-board Abtropfbrett *n*, Ablaufbrett *n*
~ **tank** Eindick[er]trog *m*, Eindicker *m*, Absetzbütte *f* (Papierherstellung)
draught-board Schachbrett *n*
draughtsman's table Zeichentisch *m*
draw-boring [of a mortise and tenon joint] Verbohren *n* einer Zapfenverbindung auf Zug
~-**extension table** holländischer (deutscher) Ausziehtisch *m*
~-**knife**, ~-**shave** Ziehmesser *n*, Reifmesser *n*, Zugschäler *m*
drawer Schubkasten *m*, Schublade *f*, Schubfach *n*, Schiebekasten *m*
~ **bottom** Kastenboden *m*, Schubkastenboden *m*
~ **chest** Schubkastenkommode *f*
~ **clamp** Schubkastenpresse *f*
~ **divan** Bettkastenliege *f*
~ **front** Schubkastenvorderstück *n*, Schubkastenblende *f*, Schubladenfront *f*
~ **front making machine** Schubkastenvorderstückmaschine *f*

drawer 60

~ **guide** Schiebkastenführung *f*
~ **handle** Schubkastengriff *m*, Schubladenbeschlag *m*
~ **kicker** Schubkastenkippleiste *f*, Kippleiste *f*
~-**line base unit** Unterschrank *m* (*Küchenmöbel*)
~-**line corner unit** Untereckschrank *m* (*Küchenmöbel*)
~ **lining** Schubkastenauskleidung *f*
~ **lock** Schubkastenschloß *n*
~ **lock chisel** Riegel[loch]eisen *n*
~ **on castors** Rollschublade *f*
~ **opening** Schubkastenöffnung *f*, Schubladenöffnung *f*
~ **rail** Schubkasten[streich]leiste *f*, Streichleiste *f*
~ **run** (*Am*) *s*. ~ runner
~ **runner** Schubkastenlaufleiste *f*, Laufleiste *f*
~ **runners and rollers** Schubkastenrollenführung *f*
~ **side** Kastenseite *f*, Schubkastenseite *f*
drawing-board Reißbrett *n*, Zeichenbrett *n*
~-**floor** Reißboden *m*, Schnürboden *m*
~-**knife** Ziehmesser *n*, Reifmesser *n*, Zugschäler *m*
~-**paper** Zeichenpapier *n*
~-**pin** Reißzwecke *f*
~-**room furniture** Empfangszimmermöbel *npl*, Salonmöbel *npl*
~ **table** Zeichentisch *m*
dress/to behauen, bebeilen; [ab]hobeln, abrichten, zurichten
dressed size Sollmaß *n*
dresser 1. Anrichte *f*, Büfett *n*, Sideboard *n*; 2. (*Am*) *s*. dressing-table
~ **chest** Frisierkommode *f*
dressing chest Frisierkommode *f*
~ **mirror** Frisierspiegel *m*; Ankleidespiegel *m*
~ **stool** Frisierhocker *m*, Frisierschemel *m*
~-**table** Toilettentisch *m*, Spiegeltisch *m*, Waschtisch *m* [mit Spiegel]; Frisiertoilette *f*, Frisiertisch *m*
~-**table bench** Frisiertisch[sitz]bank *f*
~-**table mirror** Waschtischspiegel *m*; Frisier[tisch]spiegel *m*
~-**table on chests** Frisierkommode *f*
dried in the forest waldtrocken, waldfeucht (*Holz*)
drier 1. Trocknungsmittel *n*; 2. *s*. dryer
drift/to triften, loses Holz flößen
drift *s*. driftwood
~ **bolt (pin)** Stabdübel *m*; Ankerbolzen *m*
driftway Triftweg *m*, Triftstraße *f* (*Flößerei*)
driftwood Triftholz *n*, triftendes Holz *n*; Anschwemmholz *n*, Treibholz *n*
drill bit Spiralbohrer *m*, Holzspiralbohrer *m*
~ **chuck** Bohr[erspann]futter *n*
~-**in hinge** Einbohrband *n*, Bohrband *n*
~ **sharpener** Bohrer[scharf]schleifer *m*
~ **stand** Handbohrmaschinenständer *m*
drilling machine Bohrmaschine *f*
drinks cabinet (cupboard) Barschrank *m*, Cocktailschrank *m*, Hausbar *f*
~ **trolley** Cocktailwagen *m*
drip cap Wassernase *f* (*z. B. einer Sohlbank*)
~ **channel** *s*. ~ groove
~ **edge** Tropfkante *f*

~ **groove** Tropfnut *f*, Wassernasenrinne *f* (*Wetterschenkel*)
~ **moulding** Tropfenleiste *f*
drive/to 1. einschlagen (*Nägel*); einrammen, eintreiben (*Pfähle*); 2. triften, loses Holz flößen
~ **in[to]/to** einschlagen (*Nägel*)
drive link Treibglied *n* (*der Sägekette*)
driven pile Rammpfahl *m*
~ **pile foundation** Rammpfahlgründung *f*
DRM *s*. dark red meranti
drop-leaf table Tisch *m* mit [seitlicher] Klappfläche
~ **lid fall front** Sekretär-Schreibklappe *f*
~ **siding** Stülpschalungsbrett *n*; Stülpschalung *f*
dropped ceiling Unterdecke *f*, abgehängte Decke *f*
drought crack Hitzeriß *m*, Trockenriß *m* (*Holzfehler*)
~ **damage (injury)** Trocknisschaden *m* (*an Holz*)
droxy *s*. drux[e]y
drum barker Trommelentrinder *m*, Trommelentrindungsmaschine *f*, Entrindungstrommel *f*
~ **barking** Trommelentrindung *f*
~ **chipper** Trommelhacker *m*, Trommelhackmaschine *f*
~ **debarker** *s*. ~ barker
~ **dryer** Trommeltrockner *m* (*z. B. für Späne*)
~ **hog** *s*. ~ chipper
~ **logging** Seil[winden]rückung *f*
~ **polishing** Trommelpolieren *n*
~ **polishing machine** Trommelpoliermaschine *f*, Zylinderpoliermaschine *f*
~ **sander** Trommelschleifmaschine *f*, Walzenschleifmaschine *f*, Zylinderschleifmaschine *f*
~ **sanding** Trommelschleifen *n*
~ **sanding machine** *s*. ~ sander
~ **saw** Trommel[abkürz]säge *f*
~ **table** Trommeltisch *m*
drumstick Trommelstock *m*
drunken saw Taumel[kreis]säge *f*, Wanknutsäge *f*, Schleuder[kreis]säge *f*; Taumelsägeblatt *n*
druse Druse *f*, Kristalldruse *f* (*in Holzzellen*)
drux[e]y angestockt, anbrüchig (*Holz*)
dry/to trocknen
~ **down/to** heruntertrocknen, abtrocknen (*z. B. Schnittholz*)
~ **out/to** austrocknen
dry trocken
~ **adhesive** Trockenklebstoff *m*, Trockenleim *m*
~ **bark** Trockenrinde *f*
~ **barking** Trockenentrindung *f*
~ **bond adhesive** Kontaktklebstoff *m*, Kontaktkleber *m*
~ **broke** trockener Bruch *m* (*Papierherstellung*)
~-**bulb temperature** Trocken[thermometer]temperatur *f*
~-**bulb thermometer** Trockenthermometer *n*
~ **chip** Trockenspan *m*
~ **colour** Körnerbeize *f*, Pigment *n*
~ **construction** Trockenbauweise *f*
~ **distillation of wood** trockene Destillation *f* von Holz, Holzverkohlung *f*, Holzpyrolyse *f*

~ **face** trockene Lachte *f (Harzgewinnung)*
~-**kiln operator** Trocknungswart *m*
~-**process fibreboard manufacturing,** ~
   production process Trockenverfahren *n* der
   Faserplattenherstellung
~ **pulp** Trockenzellstoff *m*
~ **rot** 1. Naßfäule *f*, *(unkorrekt)* Trockenfäule *f*;
   2. *s*. ~ rot fungus
~ **rot fungus** Echter (Tränender) Hausschwamm
   m, Tränenhausschwamm *m*, Serpula
   (Merulius) lacrymans
~ **sanding** Trockenschleifen *n*
~ **sawmill** Landsägewerk *n*, Sägemühle *f* ohne
   Klotzteich
~ **sink** *(Am)* Spülschrank *m (Küchenmöbel)*
~ **spraying booth** Trockenspritzstand *m*
~ **strength** Trocken[binde]festigkeit *f*
~ **weight** Trockenmasse *f*, wasserfreie Masse *f*
~ **wood** Trockenholz *n*; Dürrholz *n*
~-**wood insect** Trockenholzinsekt *n*
   (Sammelbegriff)
~-**wood termite** Trockenholztermite *f*
   (Sammelbegriff)
~ **wood weight** Trockenholzgewicht *n*,
   Trockenholzmasse *f*
~ **xanthation** Trockenxanthogenierung *f*,
   Gasphasenxanthogenierung *f*
   (Viskoseverfahren)
~-**zone terminalia** Terminalia baumannia
   (Holzart)
drying Trocknen *n*, Trocknung *f*, Austrocknung
   f (z. B. von Holz)
~ **check** Trocknungsriß *m*, Riß *m* infolge
   [unsachgemäßer] Trocknung
~ **curve** Trocknungsdiagramm *n*
~ **defect** Trocknungsfehler *m*;
   Trocknungsschaden *m*
~ **degrade** Trocknungsverlust *m*,
   trocknungsbedingte Wertminderung *f*
~ **gradient** Trocknungsgefälle *n*,
   Trocknungsgradient *m*
~ **method** Trocknungsmethode *f*
~ **of timber** Holztrocknung *f*
~ **oven** Trockenschrank *m*, Wärmeschrank *m*
~ **room** Trockenkammer *f*
~ **schedule** Trocknungsprogramm *n*,
   Trocknungs[fahr]plan *m*; Trocknungstafel *f*
~ **section** Trockenanlage *f (einer Möbelfabrik)*
~ **shed** Trocknungsschuppen *m*,
   Trockenschuppen *m*
~ **shrinkage** Trocknungsschwund *m*
~ **stress** Trocknungsspannung *f*
~ **time** Trocknungszeit *f*
~ **tunnel** Tunneltrockner *m*, Kanaltrockner *m*
~ **yard** Trocknungsplatz *m*, Holztrocknungsplatz *m*
DS *s*. 1. degree of substitution; 2. drop siding
DSdg *s*. drop siding
dual-bath treatment Heiß-Kalt-Trogtränkung *f*
   (Holzschutzverfahren)
d.u.b. *s*. diameter under bark
dub/to dechseln, [mit der Dechsel] behauen;
   grob abrichten (zurichten)
DUC *s*. dark uniform colour
duchesse Duchesse *f (Liegemöbel)*

duck-boards Laufbohlenweg *m*, Laufsteg *m*
duet music stand Doppelnotenständer *m*,
   Duettnotenpult *n*
dug-out [boat, canoe] Einbaum *m*
   (Wasserfahrzeug)
~-**out chest** Baumtruhe *f*
dukali Parahancornia amapa *(Holzart)*
dulcimer Hackbrett *n (Saiteninstrument)*
dull/to 1. abstumpfen, stumpf (unscharf) werden
   (Schneide); 2. mattieren *(Holzoberfläche)*
dull edge Wahnkante *f*, Schalkante *f*, Baumkante
   f, Fehlkante *f*, Waldkante *f*
~ **paper** Mattpapier *n*
dulling 1. Stumpfen *n*, Abstumpfen *n*,
   Stumpfwerden *n*; Schneidenabstumpfung *f*; 2.
   Mattieren *n*
~ **brush** Mattbürste *f*
dumb waiter Servier[dreh]tisch *m*; Menage *f*
Dunkeld larch Hybridlärche *f*, Larix ×
   eurolepis
dunnage Stauhölzer *npl (zur Frachtbefestigung)*
duo-faced board (hardboard) zweiseitig glatte
   Faser[hart]platte *f*
duopulper Duopulper *m*, Stofflöser *m* mit zwei
   Aufschlagscheiben *(Papierherstellung)*
duplex board Duplexkarton *m*, einseitig
   gedeckter Karton *m*
~ **nail** Doppelkopfnagel *m*, Duplexnagel *m*
durability Haltbarkeit *f*, Dauerhaftigkeit *f (z. B. von Holz)*
durable haltbar, dauerhaft
duramen Kernholz *n*, Kern *m*
duramin[iz]ation Kern[holz]bildung *f*,
   Verkernung *f*
Durand oak Quercus durandii *(Holzart)*
durian, durion Durian[baum] *m*, Zibetbaum *m*,
   Durio zibethinus
durmast oak Traubeneiche *f*, Wintereiche *f*,
   Steineiche *f*, Quercus petraea (sessiliflora)
durn Grubenstempel *m*, Stempel *m*
dust collector Staubsammelvorrichtung *f*
~ **extraction** Staubabsaugung *f*
~ **extraction hood** Staubabsaughaube *f*,
   Absaughaube *f*
~-**extraction plant,** ~ **extractor**
   Staubabsauganlage *f*
~ **removal** Entstaubung *f*
~ **removal system** Staubabsauganlage *f*
~ **separator** Staubabscheider *m*
dustboard Staubleiste *f (zwischen Schubkästen)*
Dutch clock Schwarzwalduhr *f*, Schwarzwälder
   Figurenuhr *f*
~ **doll** Holzgliederpuppe *f*
~ **door** quergeteilte Tür *f*
~ **elm** Holländische Ulme, Ulmus × hollandica
~ **elm beetle** Ulmensplintkäfer, Scolytus
   (Eccoptogaster) multistriatus
~ **elm disease** Ulmensterben *n*, Ulmenkrankheit
   f (durch Ceratocystis ulmi)
~ **foot** *(Am)* Keulenfuß *m*, Keulenbein *n*
   (Möbelfuß)
~ **sawmill** Holländische Sägemühle *f*,
   Feinblattsägemühle *f*
dwarf birch Zwergbirke *f*, Betula nana
~ **bookcase** Bücherschränkchen *n*

dwarf

~ **chest** Schränkchen *n*
~ **cornel (dogwood)** Schwedischer Hartriegel *m*, Cornus suecica
~ **elder** Zwergholunder *m*, Attich *m*, Sambucus ebulus
~ **pine** Bergkiefer *f*, Krummholzkiefer *f*, Latsche[nkiefer] *f*, Legföhre *f*, Pinus mugo (montana)
~ **Siberian pine** Zwergkiefer *f*, Pinus pumila
~ **tree** Zwergbaum *m*
~ **willow** Kriechweide *f*, Salix repens

dwarfism Zwergwuchs *m*, Nanismus *m* (z. B. von Bäumen)

dye[stuff] Farbstoff *m*, Färbemittel *n*

dyewood Farbholz *n*, farbstofflieferndes Holz *n*, farbstoffspendende Holzart *f*

E

E s. edge
eagle wood Adlerholz n, Kalumbakholz n, Aloeholz n, Agalloche n, Aquilaria agallocha
ear pieces Beinbacken fpl (an Cabriole-Beinen)
early bark Früh[jahrs]rinde f, Frühbast m
~ **wood** Früh[jahrs]holz n, Frühlingsholz n
~-**wood cell** Frühholzzelle f
~-**wood tracheid** Frühholztracheide f, dünnwandige Tracheide f
~-**wood vessel** Frühholzgefäß n, Frühholzpore f
~-**wood zone** Frühholzzone f
Early English style frühenglische Gotik f
earth colour Erdfarbe f
earthen chute (slide) Erdriese f, Erdrutsche f (Holzbringung)
eased arris leicht [ab]gerundete Kante f (Holzbearbeitung)
easel Staffelei f
easement Geländerkrümmling m, Handlaufkrümmling m, Krümmling m
East African afrormosia Afrormosia angolensis (Holzart)
~ **African camphorwood** Kikenzi n, Ocotea usambarensis (Holzart)
~ **African cedar** Afrikanisches Bleistiftholz n, BAF, Afrikanische Bleistiftzeder f, Juniperus procera
~ **African mulberry** Difou n, Morus lactea (mesozygia) (Holzart)
~ **African olive** Olea hochstetteri (Holzart)
~ **African pencil cedar** s. ~ African cedar
~ **Indian copal (dhuna)** Canarium strictum (bengalense) (Holzart)
~ **Indian ebony** Ostindisches Ebenholz n, Diospyros montana
~ **Indian kauri** Agathis f, AGT, Agathis alba (Holzart)
~ **Indian redwood** Ostindisches Rotholz n (Brownlowia spp.)
~ **Indian rosewood** Ostindischer Palisander m, Indisches Rosenholz n, Dalbergia latifolia
~ **Indian satinwood** Ostindisches Satin[holz] n, SAO, Chloroxylon swietenia
~ **London boxwood** Afrikanischer Buchsbaum m, Buxus macowani
eastern Canadian spruce Weißfichte f, Picea glauca
~ **cottonwood** Rosenkranzpappel f, Populus deltoides
~ **hemlock** [Kanadische] Hemlocktanne f, Echte Schierlingstanne f, Tsuga canadensis
~ **larch** Amerikanische (Kleinzapfige) Lärche f, LAA, Sumpflärche f, Larix laricina (americana)
~ **red cedar** Virginisches Bleistiftholz n, BVI, Virginischer Wacholder m, Rotzederwacholder m, Juniperus virginiana
~ **redbud** Amerikanischer Judasbaum m, Ceris canadensis
~ **spruce** (Am) Holzartengruppe aus Picea mariana, P. rubens und P. glauca
~ **white cedar** (Am) Gemeiner (Abendländischer, Amerikanischer) Lebensbaum m, Thuja occidentalis
~ **white pine** Weymouthskiefer f, KIW, [Ostamerikanische] Strobe f, Pinus strobus
easy chair Sessel m; Armsessel m
eau de Javelle Eau n de Javelle, Javellesche Lauge f, Javellwasser n, Chlorlauge f (Bleichmittel)
eave s. eaves
eaves Traufe f
~ **board (catch, fascia)** Aufschiebling m (Dachstuhlbau); Traufenbrett n, Traufbohle f
~ **gutter** Traufrinne f
~ **lath** s. ~ board
~ **plate** Fußsparrenträger m
~ **pole** Aufschiebling m (Dachstuhlbau)
~ **purlin** Fußpfette f, Dachfußpfette f
~ **trough (trow)** Traufrinne f
EBC s. electron [beam] curing
ebenaceous zu den Ebenholzgewächsen (Ebenaceae) gehörend
ebeniste Ebenist m, [ebenholzverarbeitender] Kunsttischler m (bes. im Frankreich des 18. Jahrhunderts)
ebon aus Ebenholz; Ebenholz...; ebenholzähnlich
ebonist s. ebeniste
ebonize/to ebonieren, ebenholzschwarz beizen (Holz); mit Ebenholz auslegen
ebony aus Ebenholz; Ebenholz...; ebenholzähnlich
ebony 1. Ebenholz n, EBE (von Diospyros spp.);
2. ebenholzliefernder Baum m (Sammelbegriff);
3. Ebenholzbaum m, Diospyros ebenum
~ **family** Ebenholzgewächse npl (Familie Ebenaceae)
~ **polish** Ebenholzpolitur f
~ **stain** Ebenholzbeize f
eccentric buckle Exzenterangel f (der Gattersäge)
~ **chuck** exzentrisches Futter (Spannfutter) n (einer Oberfräsmaschine)
~ **growth** exzentrischer (einseitiger) Wuchs m
~ **rotary cutting** Exzentrischschälen n, exzentrisches Schälen n, Flachbogenschneiden n (Furnierherstellung)
eccentricity Exzentrizität f, Ausmittigkeit f [der Markröhre], Kernverlagerung f
ecclesiastical furniture Kirchenmöbel npl
~ **interior furnishing in wood** Kirchen[innen]ausbau m aus Holz
ecdysis Ekdysis f, Häutung f, Häuten n (z. B. von Insektenlarven)
echinus Echinus m, Säulenwulst m
ectoparasite Ektoparasit m, Außenschmarotzer m
Ecuador laurel Cordia alliodora (Holzart)
edge/to abkanten, abschrägen, beschneiden; besäumen; bestoßen (Holz)
edge Kante f; Kantenfläche f, Schmalfläche f
~ **absorption** Feuchtabsorption f an Kanten[flächen]
~ **band** Anleimer m; Einleimer m; Umleimer m

edge

~ **banding** Kantenleiste *f (s.a.* edge band)
~ **banding machine** *s.* ~ bander
~ **beam** Randbalken *m*
~ **belt sander** Kantenschleifmaschine *f*
~ **belt sanding** Kantenbandschleifen *n*
~ **bend** Längskrümmung (Längsverwerfung) *f* der Schmalfläche *(von Schnittholz)*
~ **bonding** Kantenverklebung *f*
~ **bonding machine** Schmalflächenfurnierpresse *f,* Schmalflächenfurniermaschine *f;* Kantenverleimpresse *f,* Kantenanleimmaschine *f*
~ **clamp** Kantenzwinge *f*
~ **coating** Kantenbeschichtung *f*
~ **crack** Kanten[flächen]riß *m;* Seitenriß *m*
~ **cutter** Randschneider *m (der Langsiebmaschine)*
~ **defect** Kantenfehler *m (Schnittholz)*
~ **densification** Kantenverdichtung *f,* Schmalflächenverdichtung *f (Spanplattenherstellung)*
~ **finishing** Kantenfertigbearbeitung *f,* Kantennachbearbeitung *f*
~ **gluer** Kantenbeleimer *m*
~ **gluing** Kantenverleimung *f*
~ **gluing line** Fugenverleimanlage *f*
~-**gluing machine** Kantenanleimmaschine *f;* Schmalflächenbeschichtungsmaschine *f*
~ **grain** Spiegel *m* [des Holzes]
~-**grained** radial geschnitten, im Spiegelschnitt hergestellt
~-**holding** kantenfest
~ **joint** Längsfuge *f*
~ **knot** Kantenast *m*
~ **lipping** Kanten[schutz]leiste *f;* Massivholzkante *f;* Vollzumleimer *m,* Vollholzanleimer *m;* Vollholzeinleimer *m*
~ **lipping and bonding machine** Kantenanleimmaschine *f,* Kantenverleimmaschine *f*
~ **machining** [maschinelle] Kantenbearbeitung *f*
~ **mark** Kanten[an]rißzeichen *n*
~ **material** Kantenmaterial *n*
~ **moulder** Kantenkehlmaschine *f,* Kantenfräsmaschine *f*
~ **nailing** verdeckte Nagelung *f*
~ **plane** Kantenhobel *m*
~ **protection** Kantenschutz *m*
~ **rotary gluer** Kantenbeleimer *m*
~ **sander** Kantenschleifmaschine *f,* Kantenschleifer *m*
~ **sanding** Kantenschleifen *n,* Kantenschliff *m*
~-**sawn** radial geschnitten, im Spiegelschnitt hergestellt
~ **shake** Kanten[flächen]riß *m;* Seitenriß *m*
~-**shot board** Glattkantbrett *n,* besäumtes Brett *n*
~ **stacking** Schnittholzstapeln *n* ohne Stapelleisten bei senkrecht stehenden Breitflächen
~ **strip** Umleimer *m*
~ **tool** Schneidwerkzeug *n*
~ **trim** Kanten[schutz]leiste *f*
~ **trimmer** Kantenhobel *m*
~ **trimming plane** Kantenhobel *m*
~ **trimming saw** Besäumkreissäge[maschine] *f,* Besäumsäge *f*
~ **veneer** Kantenfurnier *n*
~ **veneer gluing** Kantenfurnierbeleimung *f*
~-**veneered** kantenfurniert
~ **veneering** Kantenfurnieren *n*
~ **working** Kantenbearbeitung *f*
~ **working machine** Kantenbearbeitungsmaschine *f*

edged besäumt, glattkantig *(Schnittholz)*
edger 1. Besäumer *m;* Besäumzerspaner *m;* 2. Besäumkreissäge[maschine] *f,* Besäumsäge *f*
edging 1. Abkanten *n;* Besäumen *n;* Bestoßen *n;* 2. Säumling *m,* Spreißel *m(n);* 3. Massivholzkante *f;* Kanten[schutz]leiste *f*
~ **chipper** Besäumzerspaner *m*
~ **circular sawing machine** Besäumkreissäge[maschine] *f,* Besäumsäge *f*
~ **material** Kantenbeschichtungswerkstoff *m,* Kantenmaterial *n*
~ **saw** Besäumkreissäge[maschine] *f,* Besäumsäge *f*
~ **strip** Kantenstreifen *m;* Kanten[schutz]leiste *f*
edible chestnut Eßkastanie *f,* Edelkastanie *f,* Castanea sativa (vesca)
~ **palm** Dattelpalme *f,* Phoenix dactylifera
edinam Tiama *n,* TIA, Entandrophragma angolense *(Holzart)*
effective alkali effektives Alkali *n (Zellstofferzeugung)*
egg-and-dart moulding, ~-and-tongue ornament lesbisches Echinus-Kyma *n (Zierleiste)*
~ **chamber** Einische *f (der Kernholzkäfer)*
~ **cup** Eierbecher *m*
~-**laying tube** Legeröhre *f,* Legeapparat *m,* Ovipositor *m (von Insekten)*
~ **moulding** Eierstab *m,* Ionisches Kyma[tion] *n (Zierleiste)*
~-**tunnel** Brutgang *m (von Holzschädlingen)*
Egyptian acacia Ägyptische Akazie *f,* Arabischer Gummibaum *m,* Acacia nilotica (arabica)
~ **paper reed** Papyrusstaude *f,* Cyperus papyrus
~ **willow** Ägyptische Weide *f,* Salix aegyptiaca
ehie Ovengkol *n,* OVE, Guibourtia ehie *(Holzart)*
ejector Auswerfereinrichtung *f,* Auswerfer *m (z. B. einer Einschnittanlage)*
ekaba Ekaba *n,* Ekop *n,* EKB, Tetraberlinia bifoliolata (tubmaniana) *(Holzart)*
ekki Azobé *n,* AZO, Bongossi[holz] *n,* Ekki *n,* Westafrikanisches Eisenholz *n,* Lophira procera (lanceolata, alata)
ekop *s.* ekaba
ekoune Ekoune *n,* EKU, Coelocaryon oxycarpum *(Holzart)*
elastic after-effect elastische Nachwirkung *f*
~ **constant** Elastizitätskonstante *f*
~ **deformation** elastische Verformung *f*
~ **limit** Elastizitätsgrenze *f*
elasticity Elastizität *f*
elastomer-base adhesive, elastomeric adhesive Elastomerklebstoff *m,* Elastomerkleber *m,* Elastomer *n*
elbow brace gekröpfte Strebe *f*

~ **catch** Türfeststeller *m*
~ **chair** 1. Kurzlehnstuhl *m*; Fauteuil *m* mit verkürzter Armlehne; 2. *s.* armchair
elder 1. Holunder *m (Gattung Sambucus)*; 2. Gemeiner (Schwarzer) Holunder *m*, Sambucus nigra
electric chain-saw Elektrokettensäge *f*
~ **drill** elektrische Bohrmaschine *f*
~ **hand-drill** elektrische Handbohrmaschine *f*
~ **saw** Elektrosäge *f*
electrical drying of wood elektrische Holztrocknung *f*, elektrische Widerstandstrocknung *f* von Holz
~ **moisture meter** elektrisches Feuchtemeßgerät *n*, elektrischer Feuchtemesser *m*
~ **moisture meter of the resistance type** elektrischer Feuchtemesser *m* nach dem Widerstandsprinzip
~ **resistance** elektrischer Widerstand *m*
~ **veneering hammer** elektrisch beheizter Aufreibhammer *m*
electrician's chisel Dielenheber *m*, Dielenmeißel *m*
electron [beam] curing Elektronenstrahlhärtung *f*, Strahlungshärtung *f*, ESH *(von lackierten Oberflächen)*
electrostatic spraying elektrostatisches Spritzen (Farbspritzen, Lackieren) *n*
elementary cell Elementarzelle *f (z. B. der Cellulose)*
~ **fibril** Elementarfibrille *f (Holzanatomie)*
elemi Elemi[harz] *n*, Ölbaumharz *n*, Lackharz *n*
~ **of Uganda** Elemi von *Canarium schweinfurthii*
elephant apple Feronia limonia *(Holzart)*
elf cup Fleischbecherling *m (Gattung Peziza)*
elite stem (tree) Elitebaum *m*; Plusbaum *m*
ELL *s.* enzymatically liberated lignin
ellagitannin Ellagengerbstoff *m*
elliptical arch Korbbogen *m*, elliptischer Bogen *m*
elm 1. Ulme *f*, Rüster *f (Gattung Ulmus)*; 2. Ulmenholz *n*, Rüster[n]holz *n*; 3. *s.* European elm
~ **bark-beetle** [Großer] Ulmensplintkäfer *m*, Birkensplintkäfer *m*, Scolytus destructor, Eccoptogaster scolytus
~ **bast** Ulmenbast *m*
~ **burr** Ulmenmaser *f*
~ **disease** Ulmenkrankheit *f*, Ulmensterben *n (durch Ceratocystis ulmi)*
~ **family** Ulmengewächse *npl*, Rüstergewächse *npl (Familie Ulmaceae)*
~-**leaved sumac[h]** Perückenstrauch *m*, Fisettholz *n*, Cotinus coggygria, Rhus cotinus
elmen rüstern, aus Ulmenholz
emblic myrobalan Amblabaum *m*, Myrobalanenbaum *m*, Phyllanthus emblica
embossed hardboard Prägeplatte *f*
~ **moulding** Relief[zier]leiste *f*
~-**surface board** Prägeplatte *f*
embossing calender Prägekalander *m*
~ **depth** Prägetiefe *f*
~ **die** Prägestempel *m*
~ **machine** Prägemaschine *f*

~ **press** Prägepresse *f*
~ **roller** Prägewalze *f*
embrasure Türleibung *f*; Fensterleibung *f*
embula Imbuia *n*, IMB, Ocotea (Phoebe) porosa *(Holzart)*
e.m.c., EMC *s.* equilibrium moisture [content]
emergence period (season) Flugzeit *f*, Fortpflanzungsbereitschaft *f (von Schadinsekten)*
emery Schmirgel *m (Schleifmittel)*
~ **grinding wheel** Schmirgel[schleif]scheibe *f*
~ **paper** Schmirgelpapier *n*
emission Emission *f*, Aussendung *f*, Ausstoß *m (von Schadstoffen)*
emory oak Quercus emoryi *(Holzart)*
empty-cell process Spartränkung *f*, Spar[tränkungs]verfahren *n (Holzschutz)*
~-**cell process without initial air pressure** Spartränkung *f* ohne Luftvordruck, Lowry-Verfahren *n*
emufohai Akossika *n*, Odoko *n*, Scottellia coriacea *(Holzart)*
emulsion paint Emulsionsfarbe *f*
~ **preservative** Schutzmittelemulsion *f*, Holzschutzmittelemulsion *f*
~ **xanthation** Emulsionsxanthogenierung *f*, Naßxanthogenierung *f (Viskoseverfahren)*
enamel paper Glacépapier *n*
encased knot 1. Einschlußast *m*, eingewachsener (überwallter, eingeschlossener) Ast[stumpf] *m*; 2. *s.* loose knot
encina 1. Kalifornische Steineiche (Stecheiche) *f*, Quercus agrifolia; 2. Virginia-Eiche *f*, Lebenseiche *f*, Quercus virginiana
encrusting ingredient (substance) inkrustierende Substanz *f*; Lignin *n*, Holzstoff *m*
end Stirnende *n*, Hirn[holz]ende *n*, Ende *n*
~-**bearing pile** Spitzendruckpfahl *m*, stehender Pfahl *m*, Aufstandspfahl *m*
~-**butting** Zurechtschneiden *n*, Abkappen *n*, Kappen *n (von Schnittholz)*
~ **check** Endriß *m (in Schnittholz)*
~ **checking** Endrißbildung *f*
~ **coating** Hirnflächenanstrich *m*, Stirnflächenanstrich *m*
~ **cogging** Endverkämmung *f*
~ **girder** Giebelbalken *m*, Ortbalken *m*
~ **glu[e]ing** Hirnholzverleimung *f*
~ **grain** Querschnitt *m*, Hirnschnitt *m*
~-**grain block** Hirnholzblock *m*
~-**grain boring** Hirnholzbohren *n*
~ **grain cross-section** Querschnitt *m*, Hirnschnitt *m*
~-**grain cutting** Querschnitt *m*, Hirnschnitt *m (Holzbearbeitung)*
~-**grain nailing** Hirnholznagelung *f*, Längsfasernagelung *f*
~ **grain pavement** Hirnholzpflaster *n*
~-**grain planing** Hirnholzhobeln *n*, Bestoßen *n*
~-**grain surface** Querschnitt[ober]fläche *f*, Hirnschnitt[ober]fläche *f*
~-**grain veneer** Hirnholzfurnier *n*
~-**grain wood** Hirnholz *n*, Stirnholz *n*
~-**grained panel** Hirnholzplatte *f*
~-**joint/to** querfügen *(Furnier)*

end 66

~ **joint** Querfuge *f (Furnier)*; Kopfverbindung *f (Holzbau)*
~ **mark** Wald[hammer]zeichen *n*
~-**matched** endgespundet
~ **protection** Hirnendenschutz *m (Schnittholztrocknung)*
~ **racking** Aufsetzen *n* eines Scherenstapels
~-**section moulder** Stirnkantenfräser *m*
~ **shake** Hirnholzriß *m*, Stirnflächenriß *m*
~ **split** Endriß *m (in Schnittholz)*
~-**table** *(Am)* Sofa-Beistelltisch *m*
~-**trimmer** Abkürzkreissäge[maschine] *f*, Ablängsäge *f*, Kappsäge *f*
~ **truss** Giebelbinder *m*, Kopfbinder *m*
~ **vice** [deutsche] Hinterzange *f (der Hobelbank)*
~ **wall** *s.* perforation plate
endive marquetry Endivienmarketerie *f*
endless panel Endlosplatte *f*
~ **saw** Bandsäge[maschine] *f*
~ **veneer** Endlosfurnier *n*
endoparasite Endoparasit *m*, Innenschmarotzer *m*
endoplasmic reticulum endoplasmatisches Retikulum *n*, ER *(Zellorganell)*
endoscope Endoskop *n (z. B. zur Schadensdiagnose in Holzbauten)*
endosulfan Endosulfan *n*, Thiodan *n (Insektizid)*
ends Enden *npl*, kurze Sägeware *f*, Stumpenbretter *npl*
endways ... *s.* endwise ...
endwise bucking einzelstückweiser Einschnitt *m* nach Langholz-Längszuführung
~ **compressive strength** Längsdruckfestigkeit *f*, Druckfestigkeit *f* in Faserrichtung *(Holzeigenschaft)*
enemy Zollernia paraensis *(Holzart)*
energy-efficient home Energiesparhaus *n*
~-**efficient window** Energiesparfenster *n*
~-**saving door** energiesparende Tür *f*
enfilade Türflucht *f*
eng Eng *n*, Dipterocarpus tuberculatus *(Holzart)*
Engelmann spruce Engelmann[s]fichte *f*, Picea engelmannii
engineered timber construction 1. Ingenieurholzbau *m*; 2. Ingenieurholzkonstruktion *f*
~ **wood** Brettschichtholz *n*, BSH
engineering material technischer Werkstoff *m*
~ **member** Konstruktionsglied *n (Holzbau)*
English elm *s.* European elm
~ **field maple** Feldahorn *m*, Maßholder *m*, Acer campestre
~ **ivy** Efeu *m*, Hedera helix
~ **oak** Stieleiche *f*, Sommereiche *f*, Quercus robur (pedunculata)
~ **sycamore** Bergahorn *m*, Weißahorn *m*, Acer pseudoplatanus
~ **walnut** [Englischer] Walnußbaum *m*, Nußbaum *m*, NB, Juglans regia
~ **yew** [Gemeine] Eibe *f*, EIB, Taxus baccata
engrave/to [Holz] schneiden
engraver Handschnitzmaschine *f*
~ **beetle** Borkenkäfer *m*, Splintkäfer *m (Familie Scolytidae = Ipidae)*
engraving cutter Schriftenfräser *m*

entasis Entasis *f*, Entase *f*, Säulen[schaft]ausbauchung *f*
entering chisel gekröpftes Balleisen *n*
entertainment centre Medienschrank *m*, Mediencenter *n*
entomology Entomologie *f*, Insektenkunde *f*
entrance door Eingangstür *f*
~ **hole** Einbohrloch *n (z. B. des Borkenkäfers)*
envelope paper Briefumschlagpapier *n*, Briefhüllenpapier *n*
enzymatically liberated lignin enzymatisch freigesetztes Lignin *n*
enzyme Enzym *n*, Ferment *n*
~ **lignin** Enzymlignin *n*
epicormic branch Wasserreis *n*, Klebast *m (Holzfehler)*
epiphytal epiphytisch
epiphyte Epiphyt *m*, Aerophyt *m*, nichtparasitärer [pflanzlicher] Aufsiedler *m*
epiphytic epiphytisch
epithelial cell Epithelzelle *f*, Sekretzelle *f (Holzanatomie)*
epoxide adhesive *s.* epoxy adhesive
epoxy Epoxidharz *n*
~ **adhesive** Epoxidharzklebstoff *m*, Epoxidkleber *m*, KEP, EP
~ **injection** Epoxidharzinjektion *f*, Epoxidharzverpressung *f (Holzbausanierung)*
~ **repair of timber** holzbautechnische Sanierung *f* mittels Epoxidharz; polymerchemische Holzergänzung *f*
~ **resin** Epoxidharz *n*
~ **resin adhesive** *s.* ~ adhesive
equalize/to zurechtschneiden, [ab]kappen *(Holz)*
equilateral arch [gleichseitiger] Spitzbogen *m*
equilibrium moisture [content] Gleichgewichtsfeuchte *f*, Feuchtegleichgewicht *n*
~ **moisture content of wood** Gleichgewichtsholzfeuchte *f*, Holzfeuchtegleichgewicht *n*
equivalent crack length äquivalente Bruchlänge *f*
ER *s.* endoplasmic reticulum
erect mountain pine Hakenkiefer *f*, Bergspirke *f*, Spirke *f*, Pinus uncinata ssp. uncinata
erection Aufrichten *n (z. B. einer Holzkonstruktion)*
ericaceous zu den Heidekrautgewächsen (Ericaceae) gehörend
erima Binu[a]ng *n*, Erima *n*, Octomeles sumatrana *(Holzart)*
erythrophleine Erythrophlein *n (Alkaloid)*
ES *s.* Engelmann spruce
escallop *s.* scallop
escapement Spanöffnung *f*, Spanloch *n*; Hobelmaul *n*, Maul *n*
escritoire 1. Sekretär *m*, Schreibschrank *m*; 2. *s.* knee-hole desk
escutcheon 1. Schlüsselbuchse *f*; 2. Schlüsselschild *n*
esenge Musizi *n*, Maesopsis eminii *(Holzart)*
esia Essia *n*, ESS, Abalé *n*, Combretodendron africanum (macrocarpum) *(Holzart)*
espagnolette Espagnolette *f (Möbelbeschlag)*

~ **bolt (lock)** Espagnoletteverschluß *m*, Ruderstangenverschluß *m*, Stangenschloß *n*, Bremer Ruder *n*
esparto pulp Esparto[gras]zellstoff *m*
espave[l] Caracoli *n*, Anacardium excelsum (giganteum) *(Holzart)*
essential oil ätherisches Öl *n* *(akzessorischer Holzbestandteil)*
estate carpenter Bautischler *m*
étagère. etagere Etagere *f* *(Beistellmöbel)*
ethanol lignin Ethanollignin *n*
~ **pulping** Ethanolaufschluß *m*
~-**water lignin** Ethanol-Wasser-Lignin *n*
~-**water pulping** Ethanol-Wasser-Aufschluß *m*
ether extract Etherextrakt *m*
ethyl cellulose Ethylcellulose *f*
ethylene vinyl acetate Ethylenvinylacetat *n*, EVA
eucalypt[us] Eukalyptus[baum] *m* *(Gattung Eucalyptus)*
~ **oil** Eukalyptusöl *n*
eugenol Eugenol *n* *(Holzteerbestandteil)*
Euler column [Eulerscher] Knickstab *m*
~ **column formula** Eulersche Knick[last]formel *f*
~ **critical compressive stress** Eulersche kritische Knickspannung *f*, Eulersche Knickfestigkeit *f*, β_K
~ **load** Eulersche Knicklast *f*
Euramerican (Euro-American) poplar hybrid Euroamerikanische Pappel *f*, Populus-Canadensis-Hybride *f*
European alder *s.* 1. ~ black alder; 2. grey alder
~ **ash** [Gemeine] Esche *f*, ES, Geißbaum *m*, Fraxinus excelsior
~ **aspen** Zitterpappel *f*, Espe *f*, Aspe *f*, Populus tremula
~ **beech** Rotbuche *f*, Fagus sylvatica
~ **birch** 1. Sandbirke *f*, Weißbirke *f*, Hängebirke *f*, Betula pendula (verrucosa); 2. Moorbirke *f*, Haarbirke *f*, Betula pubescens
~ **black alder** Schwarzerle *f*, Alnus glutinosa
~ **black pine** Schwarzkiefer *f*, Pinus nigra
~ **black poplar** Schwarzpappel *f*, Populus nigra
~ **box[wood]** [Gemeiner, Gewöhnlicher] Buchsbaum *m*, BUC, Buxus sempervirens
~ **elm** Englische Ulme (Rüster) *f*, Ulmus procera
~ **elm bark-beetle** Kleiner Ulmensplintkäfer *m*, Scolytus multistriatus
~ **furniture beetle** [Gewöhnlicher, Gemeiner] Nagekäfer *m*, [Kleiner] Holzwurm *m*, Anobium punctatum (striatum)
~ **green alder** Grünerle *f*, Alpenerle *f*, Alnus viridis [ssp. viridis]
~ **holly** Stechpalme *f*, Hülse *f*, Ilex aquifolium
~ **hornbeam** [Gemeine] Hainbuche *f*, Carpinus betulus
~ **house-borer** Hausbock[käfer] *m*, Balkenbock[käfer] *m*, Hylotrupes bajulus
~ **larch** Europäische (Gemeine) Lärche *f*, LA, Larix decidua
~ **larch canker** [Europäischer] Lärchenkrebs *m* *(durch Dasyscypha = Lachnellula willkommii)*
~ **maple** Spitzahorn *m*, Spitzblättriger Ahorn *m*, Acer platanoides
~ **mistletoe** Laubholzmistel *f*, Viscum album ssp. album
~ **oak** Stieleiche *f*, Sommereiche *f*, Früheiche *f*, Quercus robur (pedunculata)
~ **pine-shoot moth** [Europäischer] Kiefern[knospen]triebwickler *m*, Rhyacionia (Evetria) buoliana
~ **plane** Bastardplatane *f*, Gewöhnliche Platane *f*, Ahornblattplatane *f*, Platanus × hybrida (acerifolia)
~ **redwood** 1. Gemeine Kiefer *f*, KI, Weißkiefer *f*, Waldkiefer *f*, Föhre *f*, Forle *f*, Pinus sylvestris; 2. Kiefern[schnitt]holz *n*, Föhrenholz *n*
~ **shot-hole borer** Ungleicher Holzbohrer (Nutzholzborkenkäfer) *m*, Anisandrus (Xyleborus) dispar
~ **spruce** Gemeine (Europäische) Fichte *f*, FI, Rotfichte *f*, Picea abies (excelsa)
~ **spruce [bark-]beetle** Riesen[fichten]bastkäfer *m*, Dendroctonus micans
~ **Turkey oak** Zerreiche *f*, Quercus cerris
~ **walnut** [Englischer] Walnußbaum *m*, Nußbaum *m*, NB, Juglans regia
~ **white birch** Sandbirke *f*, Weißbirke *f*, Hängebirke *f*, Betula pendula (verrucosa)
~ **white elm** Flatterulme *f*, Ulmus laevis
~ **whitewood** Gemeine (Europäische) Fichte *f*, FI, Rotfichte *f*, Picea abies (excelsa)
EVA *s.* ethylene vinyl acetate
evaluation of wood preservatives Holzschutzmittelbewertung *f*
evaporated black liquor eingedickte Schwarzlauge (Ablauge) *f*, Dickablauge *f*
evaporation Verdunstung *f*; Verdampfung *f*
even grain (texture) gleichmäßige Maserung (Holzzeichnung, Textur) *f*
evergreen immergrün
~**cherry** Ilex-Kirschlorbeer *m*, Prunus ilicifolia
~ **holly** Amerikanische Stechpalme *f*, Ilex opaca
~ **magnolia** 1. Gurkenmagnolie *f*, Magnolia acuminata; 2. *s.* great laurel magnolia
~ **oak** 1. [Echte] Steineiche *f*, Quercus ilex; 2. [Kalifornische] Stecheiche *f*, Quercus agrifolia
ex mill ab Sägewerk *(Liefervereinbarung)*
~ **quay** frei Kai *(Liefervereinbarung)*
~ **ship** ab Schiff *(Liefervereinbarung)*
~ **store** ab Lager *(Liefervereinbarung)*
~ **works** ab Werk *(Liefervereinbarung)*
excavator sleeper Baggerschwelle *f*
excelsior Holzwolle *f*
~ **concrete** Holzwollebeton *m*
~ **insulation** Holzwolleisolation *f*, Holzwollisolierung *f*
excurrent astlos bis zum Wipfel auslaufend *(Baumstamm)*
executive chair Chefsessel *m*
~ **desk** Chefschreibtisch *m*
Exeter hammer Tischlerhammer *m*, Schreinerhammer *m*
exhaust Exhaustor *m*, Entlüfter *m*; Absauganlage *f*
~ **air** Abluft *f* *(z. B. aus Holztrocknern)*
exhibition furniture Ausstellungsmöbel *npl*

exit hole Ausflugloch *n*, Flugloch *n* *(von Insekten)*
exospore Exospore *f*, Ektospore *f* *(von Pilzen)*
exotic timber Tropenholz *n*, exotisches Holz *n*
~ **tree species** Tropenholzart *f*, Gastbaumart *f*
expanded plastic Schaum[kunst]stoff *m*
expanding bit *s.* expansive bit
expansive bit Zentrumbohrer *m* mit verstellbarem Messer
experimental pulping Versuchsaufschluß *m*
exploitation Exploitation *f*, Ersteinschlag *m*; Waldflächenausbeutung *f*
~ **felling** Exploitationshieb *m*, Sortimentshieb *m*
explosion process Explosionverfahren *n*; Dampfexplosionsverfahren *n*, Masonite-Verfahren *n* *(der Faserplattenherstellung)*
explosive wedge Sprengkeil *m*
export packaging Exportverpackung *f*
~ **road** Abfuhrweg *m*, Holzabfuhrweg *m*
~ **timber** Exportholz *n*
extended pit aperture überlappende Tüpfelöffnung *f* *(Holzanatomie)*
extender Streckmittel *n*
extending table Ausziehtisch *m*, Auszugstisch *m*
extension leaf Ausziehplatte *f*, Verlängerungsplatte *f* *(Tisch)*
~ **table** Ausziehtisch *m*, Auszugstisch *m*
exterior door Außentür *f*, außenliegende Tür *f*
~ **finish** 1. Außenausbau *m*; 2. Außenanstrich *m*, Außenanstrichschicht *f*
~-**grade plywood** Außensperrholz *n*
~-**grade varnish** Außenklarlack *m*
~ **paint** Außenanstrich *m*, Außen[anstrich]farbe *f*
~ **plywood** Außensperrholz *n*
~ **siding** Außen[ver]schalung *f*, Außenbekleidung *f*
~ **softwood plywood** Nadelholzaußensperrholz *n*
~ **wall siding** Außenwand[ver]schalung *f*, Außenwandbekleidung *f*
~ **window trim** außenliegender Fensterblendrahmen *m*
external door Außentür *f*, außenliegende Tür *f*
~ **door frame** Außentürrahmen *m*
~ **face** linke (äußere) Seite *f*, Splintseite *f* *(eines Brettes)*
~-**fan [compartment] kiln** Kammertrockner *m* mit außenliegendem Ventilator
~ **flush door** oberflächenglatte Außentür *f*
~ **joinery** Außen[holz]bau *m*
~ **joinery timber** Außenbauholz *n*, Holz *n* für Außenbauzwecke
~-**quality paint** Außenanstrich *m*, Außen[anstrich]farbe *f*
~ **string** Innenwange *f*, Lichtwange *f*, Freiwange *f* *(einer Treppe)*
~ **structural timber** *s.* ~ joinery timber
extract/to 1. bringen, rücken, bereitstellen *(Holz aus dem Bestand)*; 2. extrahieren, ausziehen
extract Extrakt *m(n)*
~ **wood** Extraktionsholz *n*
extractability Extrahierbarkeit *f*
extractable extrahierbar
extractant Extraktionsmittel *n*
extraction Bringung *f*, Holzbringung *f*, Vortransport *m*; Ausrücken *n*, Rücken *n*

~ **damage** Rückeschaden *m*
~ **felling** Aushieb *m*, Auszugshieb *m* *(Holzernte)*
~ **lane** Rückeschneise *f*
~ **road** Rückeweg *m*, Rückelinie *f*; Abfuhrstraße *f*
~ **way** Fördergasse *f*, Hauptfördergasse *f*, Verfahrgasse *f* *(zwischen Holzstapeln)*
extractive Extrakt[iv]stoff *m*
~ **content** Extrakt[iv]stoffgehalt *m*
~-**rich** extraktstoffreich
extrados Bogenaußenseite *f*
extraneous component (material) of wood akzessorischer Holzbestandteil *m*, Holzinhaltsstoff *m*, Holzbegleitstoff *m*
extruded board (panel, particleboard) Strangpreßplatte *f*, stranggepreßte (gestopfte) Spanplatte *f*
extrusion coating Extrusionsbeschichtung *f* *(Papierherstellung)*
~ **press** Strangpresse *f*
eye Öhr *n*, Axtöhr *n*, Kausche *f*
~ **ring** Kauschring *m*

F

fabric cover Stoffbezug *m*, Möbelstoffbezug *m*
façade Fassade *f*, Vorderansicht *f (eines Gebäudes)*
face/to beschichten, ummanteln
face 1. Seite *f*, Breitseite *f*, Breitfläche *f* [in Faserrichtung], Gutseite *f*, bessere Seite *f (eines Brettes)*; Vorderseite *f (von Sperrholz)*; Deckschicht *f*; 2. Spanfläche *f (bei Werkzeugen)*; Axtbahn *f*; 3. Lachte *f*, Harzlachte *f*
~ **angle** Dachwinkel *m*, Zahndach-Schnittwinkel *m (des Sägezahns)*
~ **coating** Flächenbeschichtung *f*
~ **cut** Eröffnungsschnitt *m*, erster Schnitt *m (von Blockbandsägen)*
~ **delimination** Röten *n*, Röteln *n (Harzgewinnung)*
~ **density** Deckschicht[roh]dichte *f (von Partikelwerkstoffen)*
~**/girth ratio** Lachtenbreite-Stammumfang-Verhältnis *n (Harzgewinnung)*
~ **gluing** Lagen[ver]leimung *f*, Flächenverklebung *f*
~ **grain** Deckfurnierfaserrichtung *f*
~ **knot** Seitenast *m*, Flächenast *m*
~ **mark** Flächenzeichen *n*
~ **measure** Flächenmaß *n*, Lagenmaß *n*, ausgelegtes Maß *n (von Brettern)*
~ **nailing** Sichtflächen[ver]nagelung *f*, direkte Vernagelung *f*
~-**plate** 1. Planscheibe *f (der Drechselbank)*; 2. Stulp *m (des Einsteckschlosses)*
~-**plate sander** Tellerholzschleifmaschine *f*
~ **ply** Decklage *f*, Deckfurnier *n*, Außenfurnier *n (von Sperrholz)*
~ **sanding** Flächenschleifen *n*
~ **shake** Seitenriß *m*, Flächenriß *m (in Schnittholz)*
~ **side** *s*. face 1.
~ **string** Innenwange *f*, Lichtwange *f*, Freiwange *f (einer Treppe)*
~ **veneer** Deckfurnier *n*, Außenfurnier *n*, Gutfurnier *n*
~ **width** Sichtbreitenseite *f*
facing Massivholzkante *f*
~ **lathe** Plandrehmaschine *f*
factory bonding Werkleimung *f*
~-**built housing** Fertighausbau *m*
~ **lumber** *(Am)* Nutzschnittholz *n*; Werkstättenschnittholz *n*
~-**sawn timber** Nutzschnittholz *n*
facultative parasite fakultativer Parasit (Schmarotzer) *m*, Gelegenheitsparasit *m*
facultatively coloured heartwood fakultativer (anomaler, pathologischer) Farbkern *m*, Falschkern *m*, Scheinkern *m (Holzfehler)*
fad Polierballen *m*, Ballen *m (Werkzeug)*
fadding Grundpolieren *n (Handpolieren)*
fagaceous zu den Buchengewächsen (Fagaceae) gehörend; buchenartig
faggot Reisigbündel *n*, Reisigwelle *f*; Faschine *f*
~ **stake** Faschinenpfahl *m*, Buhnenpfahl *m*, Spickpfahl *m*
~ **wood** Reis[er]holz *n*, Reisig[holz] *n*
faggoting Faschinenpackung *f*, Faschinenpackwerk *n*
fagot *(Am) s.* faggot
failing load Bruchlast *f*, Bruchbelastung *f*, Bruchbeanspruchung *f (z. B. von Holz)*
fair average quality gute Kaufmannsware *f*, Durchschnittsqualität *f (Holzhandel)*
fald stool Faltstuhl *m*, Faldistorium *n (Romanik)*
fall 1. Holzeinschlag *m*, Holzernte *f*; 2. *s*. ~-front
~-**front** Fallklappe *f (Schreibschrank)*
~-**front bureau** Klappschreibschrank *m*
~-**front desk** Klappschreibtisch *m*
~-**front writing cabinet** Schreibsekretär *m* mit hohem Gestell
~-**leaf [of a table]** [ab]klappbare Tischplatte *f*
~ **off** Abholzigkeit *f*, Abformigkeit *f (Holzmessung)*
fallen deadwood liegendes Dürrholz *n*, Lagerholz *n*
~ **logs** Fallholz *n*
faller *(Am)* Fäller *m*, Holzfäller *m*, Holzhauer *m*
falling mould Handlauf-Kontrollschablone *f*
~ **object protective structure** Schutzaufbau *m* gegen herabfallende Gegenstände *(z. B. an Holzerntemaschinen)*
~-**out knot** Durchfallast *m*, Ausfallast *m*, loser (ausfallender) Ast *m*, nicht verwachsener Ast *m*
false acacia [Gewöhnliche] Robinie *f*, Heuschreckenbaum *m*, Scheinakazie *f*, Falsche Akazie *f*, Robinia pseudoacacia
~ **annual [growth] ring** falscher Jahr[es]ring *m*, Scheinjahrring *m*, Doppelring *m*
~ **ceiling** Einschubdecke *f*, Einschub *m*, Fehlboden *m*, Stakung *f*
~ **cypress** Scheinzypresse *f (Gattung Chamaecyparis)*
~ **dalbergia** Afrormosia laxiflora *(Holzart)*
~ **floor** Blindboden *m*
~ **heart[wood]** 1. Falschkern *m*, Scheinkern *m*, fakultativer (anomaler, pathologischer) Farbkern *m (Holzfehler)*; 2. *s.* red heart[wood]
~ **hip roof** Krüppelwalmdach *n*
~ **larch** *s.* golden larch
~ **nutmeg** Ilomba *n*, ILO, Pycnanthus angolensis (kombo) *(Holzart)*
~ **pepper-tree** Peru-Pfefferbaum *m*, Peruanischer Pfefferbaum *m*, Schinus molle
~ **ring** *s.* ~ annual ring
~ **rosewood** Thespesia populnea *(Holzart)*
~ **sandalwood** Falsches Sandelholz *n*, Ximenia americana
~ **sap[wood]** falscher (innerer) Splint *m (Schnittholzfehler)*
~ **tenon** eingelegter Zapfen *m*
~ **tinder fungus** Grauer Feuerschwamm *m*, Falscher Zunderschwamm *m*, Phellinus (Polyporus) igniarius
~ **Weymouth pine** Pinus pseudostrobus *(Holzart)*

falsely ring-porous halbringporig *(Holz)*
falsework structure Lehrgerüst *n*
family handyman Heimwerker *m*
fan Ventilator *m*, Gebläse *n*, Lüfter *m*
~ **back** Fächer[rücken]lehne *f*
~ **truss** Dreieck-Fachwerkbinder *m* mit Mischform
~ **window** Bogenfenster *n*, Fächerfenster *n*
fancy veneer Edel[holz]furnier *n*; Dekorationsfurnier *n*, Maserfurnier *n*
~ **wood** Edelholz *n*; Modeholz *n*
fanlight Rundbogenoberlicht *n*, halbrundes Oberlicht *n*
FAQ *s.* fair average quality
farm basket Kiepe *f*, Tragkorb *m*
farmhouse furniture Bauernmöbel *npl*
farnesene Farnesen *n (Sesquiterpen)*
Farnesian acacia Schwammbaum *m*, Antillenakazie *f*, Acacia farnesiana
fas *s.* free alongside ship
FAS *s.* firsts and seconds
fascia [board] Stirnbrett *n*; Traufbohle *f*, Gesimsbrett *n*, Gesimsband *n*
fascine Faschine *f*; Reisigbündel *n*, Reisigwelle *f*
~ **filling (packing)** Faschinenpackung *f*, Faschinenpackwerk *n*
~ **pole** Faschinenpfahl *m*
~ **wood** Faschinenholz *n*, Faschinen *fpl*
fast-curing schnellhärtend *(z. B. Klebstoff)*
~ **-drying** schnelltrocknend *(z. B. Anstrich)*
~ **-grown** weitringig, breitringig, grobringig, grobjährig, mit breiten Jahr[es]ringen *(Holz)*
~ **setting adhesive** schnellabbindender Kleber (Leim) *m*, Schnellbinder *m*
fastening [device] [mechanisches] Verbindungsmittel *n*, Befestigungselement *n (Holzbau)*
fat harzreich, kienig, verkient
fat Fett *n (Holzinhaltsstoff)*
~ **edge** Randwulst *m(f) (Anstrichmangel)*
~ **oil** Fettöl *n*, fettes Öl *(Holzinhaltsstoff)*
fathom Faden *m*, Fathom *n*, fath *(Raummaß bes. für Schichtholz; 1 Faden = 6,116 Raummeter)*
fatigue Ermüdung *f*, Ermüden *n*, Zerrüttung *f (z. B. von Holz infolge Dauerbeanspruchung)*
~ **failure** Ermüdungsbruch *m*
~ **strength** Dauerschwingfestigkeit *f*
~ **stress** Dauerschwingbelastung *f*
fatty acid Fettsäure *f (Holzinhaltsstoff)*
~ **acid ester** Fettsäureester *m*
fatwood Kienholz *n*, harzreiches (kieniges, verkientes) Holz *n*
fault-free mängelfrei *(z. B. Holz)*
~ **in timber** Holzfehler *m*
fauteuil Fauteuil *m*, Arm[lehn]sessel *m*
faux quarter cutting Faux-Quartierschnitt *m*, unechter Quarterschnitt (Viertelschnitt) *m*
FCAP *s.* fluor chrome arsenate phenol
feather/to durch Nut und Feder verbinden, spunden
feather 1. Feder *f*, Spund *m*; 2. *s.* ~ crotch
~ **crotch** moirierte (geflammte) Pyramidentextur *f (von Holz)*
~ **-edged** scharfkantig; keilartig; mit keilartigem Querschnitt *(z. B. Stülpschalungsbrett)*
feathered joint *s.* tongued joint
feed Vorschub *m*; Zuführung *f*
~ **control** Vorschubsteuerung *f (z. B. bei Sägen)*
~ **screw** Einzugsgewinde *n (an Bohrwerkzeugen)*
~ **speed** Vorschubgeschwindigkeit *f*; Zuführgeschwindigkeit *f*
~ **table** 1. Einlauftisch *m*, Aufgabetisch *m*, Vorschubtisch *m (z. B. einer Abrichthobelmaschine)*; 2. *s.* outfeed table
~ **works** Vorschubmechanismus *m (an Sägemaschinen)*
feeder Beschickungsvorrichtung *f*
~ **road** Rückeweg *m*, Rückelinie *f (Holzbringung)*
feeding gallery (tunnel) Fraßgang *m (z. B. von Holzschädlingen)*
fell/to fällen, abholzen, [ein]schlagen, hauen, abtreiben *(Bäume)*
fell Holzeinschlag *m*, eingeschlagene Holzmenge *f*
felled gefällt, [ein]geschlagen *(Baum)*; abgeholzt, abgetrieben *(Hiebsfläche, Fällort)*
~ **solid metre** Liegendkubikmeter *m(n)*
feller 1. Fäller *m*, Holzfäller *m*, Holzhauer *m*; 2. Fällmaschine *f*, Baumfällmaschine *f*
~ **-buncher** Fäll-Bündel-Maschine *f*, Fäller-Bündler *m*, Fäll-Paketier-Kombine *f*
~ **-chipper** Hackschnitzelvollerntemaschine *f*
~ **-delimber** Fäll-Entastungs-Maschine *f*
~ **-delimber-buncher** Langholzvollerntemaschine *f*, Fäll-Entastungs-Bündel-Maschine *f*
~ **-delimber-slasher-buncher** Kurzholzvollerntemaschine *f*
~ **-delimber-slasher-forwarder** Fäll-Aufbereitungs-Maschine *f*
~ **director** Richtungsfällmaschine *f*, Fällmaschine *f* mit Richtungsvorgabe
~ **-forwarder** Fäll-Rücke-Maschine *f*
~ **-processor** Fäll-Aufarbeitungs-Kombine *f*, Vollerntemaschine *f*
~ **-skidder** Fäll-Rücke-Maschine *f*, Fäll-Rücke-Kombine *f*
felling Fällen *n*, Fällung *f*, Holzfällung *f*, Einschlagen *n*, Einschlag *m*, Schlägerung *f*, Holzeinschlag *m (s.a. unter* cutting und logging*)*
~ **area** Hiebsfläche *f*, Einschlagsfläche *f*, Schlagfläche *f*
~ **axe** Fällaxt *f*, Schrotaxt *f*
~ **break** 1. Fäll[ungs]bruch *m (Holzfehler)*; 2. *s.* ~ shake
~ **-bunching machine** *s.* feller-buncher
~ **cut** Fällschnitt *m*
~ **cycle** Umtrieb *m*, Umtriebszeit *f*
~ **damage** Fäll[ungs]schaden *m*
~ **date** Fälldatum *n*
~ **direction** Fällrichtung *f*, Fallrichtung *f* beim Fällen; Hiebsrichtung *f*
~ **foreman** Haumeister *m*, Forstwirtschaftsmeister *m*
~ **fracture** Fäll[ungs]bruch *m (Holzfehler)*
~ **head** Fällkopf *m (der Fällmaschine)*
~ **location** *s.* ~ site
~ **machine** Fäll[ungs]maschine *f*,

Baumfällmaschine *f*
~ **notch** Fallkerb *m*
~ **place** *s.* ~ site
~ **plan** Hiebsplan *m*
~ **point** Abhieb *m (Trennstelle zwischen Baumschaft und Stock)*
~ **practice** Fäll[ungs]technik *f*
~ **refuse** Schlagraum *m*, Schlagreste *mpl*, Abraum *m*
~ **saw** Fällsäge *f*
~ **season** Einschlagzeit *f*, Fällzeit *f*
~ **shake** Fäll[ungs]riß *m*, Kappriß *m (Holzfehler)*
~ **site** Fällort *m*, Fällbereich *m*, Hiebsort *m*, Einschlagsort *m*
~ **technique** Fäll[ungs]technik *f*
~ **time** Einschlagzeit *f*, Fällzeit *f*
~ **tool** Fäll[ungs]werkzeug *n*, Holzhauerwerkzeug *n*; Fällgerät *n*
~ **waste** *s.* ~ refuse
~ **wedge** Fällkeil *m*
felloe Felgenteilstück *n*, Radkranzteilstück *n (Holzrad)*
felt 1. Filz *m*; 2. Baupappe *f*, Sperrpappe *f*
~-**carrying roll** Filzleitwalze *f (Papierherstellung)*
~ **nail** Pappe[n]nagel *m*
~ **paper** Filzpapier *n*
felter Felter *m*, Streueinheit *f (Faserplattenherstellung)*
female lime Sommerlinde *f*, Großblättrige Linde *f*, Tilia platyphyllos (grandifolia)
femel felling Femelhieb *m*, Femelschlag *m (Holzernte)*
~ **strip felling** Saumfemelschlag *m*, Femelsaumhieb *m*, kombinierter Femelschlag *m*
fence [in]/to einzäunen, einfrieden
fence 1. Zaun *m*; 2. Anschlagleiste *f*, Anschlag *m*, Parallelanschlag *m*, Tischanschlag *m (z. B. an Sägemaschinen)*; [verstellbare] Werkzeugzuführung *f*
~-**building** Zaunbau *m*
~ **picket** *s.* ~ post
~ **post** Zaunpfahl *m*, Zaunpfosten *m*
~ **stake** Zaunpfahl *m*, Zaunpfosten *m*; Zaunstange *f*
fencing 1. Einzäunung *f*, Zaun *m*; Zaunanlage *f (s.a. unter fence)*; 2. Zaun[bau]material *n*
~ **rail** Zaunriegel *m*, Riegel *m*, Spange *f*
~ **timber** Zaunholz *n*
fender Fender *m*, Reibeholz *n (an Schiffen)*
~ **beam** Prellbalken *m*
~ **pile** Fenderpfahl *m*, Reibepfahl *m*, Prellpfahl *m*
fenestrate[d] pit Fenstertüpfel *m*, fensterartiger Kreuzungsfeldtüpfel *m (Holzanatomie)*
fenestriform *s.* fenestrate[d]
fern-leaved beech Fagus sylvatica cv. asplenifolia *(Holzart)*
ferruginol Ferruginol *n (Diterpen)*
ferrule Zwinge *f (am Werkzeuggriff)*
feston Feston *n (Ziergewinde)*
fetid yew Stinkeibe *f*, Stinkzeder *f*, Torreya taxifolia
fiber *(Am) s.* fibre

fiberization Zerfaserung *f (z. B. von Holz)*
fiberize/to zerfasern, defibrieren
fiberizer Zerfaserer *m*, Holzzerfaserer *m*; Prallzerfaserer *m*
fibre 1. Faser *f*, Fiber *f*; Faserstoff *m*; 2. *s.* libriform [wood-]fibre; 3. *s.* tracheid
• **in the ~ direction** in Faserrichtung, längs der Faser[richtung]
~ **assembly** Faserverband *m*
~-**based panel material** Faserplattenwerkstoff *m*
~-**based panel product** Faserplattenerzeugnis *n*
~ **building board** *s.* fibreboard
~ **bundle** Faserbündel *n*
~ **composite material** Faserverbundwerkstoff *m*, FVW
~ **composition** Faserzusammensetzung *f*
~ **cross section** Faserquerschnitt *m*
~ **fine structure** Faserfeinstruktur *f*
~ **fragment** Faserbruchstück *n*, Faserfragment *n*
~ **gluing machine** Faserbeleimmaschine *f*
~ **length** Faserlänge *f*
~ **length frequency distribution** Faserlängenhäufigkeitsverteilung *f*
~ **liberation** Faserfreisetzung *f*
~ **mass** Faserstoff *m*; Faserplattenstoff *m*
~ **mat** Faservlies *n*, Fasermatte *f*, Vlies *n*
~ **morphology** Fasermorphologie *f*
~ **moulding** Holzfaserformkörper *m*
~ **panel** *s.* fibreboard
~ **press** Faserplattenpresse *f*
~ **pulp** Holzfaserstoff *m*
~ **raise** Faseraufrichtung *f (bei Holzfaserplatten)*
~ **saturation** Fasersättigung *f*
~ **saturation point** Fasersättigungspunkt *m*, FSP, Fasersättigungsbereich *m*, Fasersättigungsfeuchte *f*
~ **sheet material** Faserplattenwerkstoff *m*, Faserplattenmaterial *n*
~ **suspension** Faser[stoff]suspension *f*
~-**tracheid** Fasertracheide *f (Holzanatomie)*
~ **wall** Faser[zell]wand *f*, Holzfaser[zell]wand *f*
~ **width** Faserbreite *f*, Faserdurchmesser *m*
~ **wood** Faserholz *n*
fibreboard Faserplatte *f*, Holzfaserplatte *f*, HF
~ **adhesive** Faserplattenleim *m*, Klebstoff *m* für Faserplatten
~ **dryer** Faserplattentrockner *m*
~ **manufacture** Faserplattenherstellung *f*
~ **press** Faserplattenpresse *f*
~ **type** Faserplattentyp *m*
fibril Fibrille *f*, Fäserchen *n (Holzanatomie)*
~ **alignment** Fibrillenausrichtung *f*
~ **angle** Fibrillenwinkel *m*
fibrillar fibrillär; Fäserchen...
fibrillation Fibrillierung *f (Holzaufschluß)*; Entstippen *n (Papierherstellung)*
fibrous fas[e]rig; Faser...
~ **fracture** faseriger (zäher) Bruch *m*
~ **material (matter)** Faserstoff *m*, Fasermaterial *n*
~ **raw material** Faserrohstoff *m*
~ **structure** Faserstruktur *f*
fiddle-back [figure] Riegeltextur *f*, geriegelte Maserung (Holzzeichnung) *f*, Wellenspur *f*; Riegelwuchs *m*

fiddle-back [figure]

~-**back maple** (Am) s. ~-back sycamore
~-**back sycamore** Riegelahorn m, Bergahorn m mit Riegeltextur
fiddlestick Geigenbogen m
fiddlewood 1. Geigenholz n, Leierholz n (Gattung Citharexylum); 2. Petitia domingensis (Holzart)
field bed Feldbett n
~ **elm** 1. Feldulme f (Sammelbegriff); 2. Feldulme f, Rotulme f, RU, Rotrüster f, Glattrüster f, Ulmus carpinifolia (minor, campestre)
~ **maple** Feldahorn m, Maßholder m, Acer campestre
~ **test** Freilandprüfung f (z. B. von Holzschutzmitteln)
~ **trial** Freilandversuch m (z. B. zur Prüfung von Holzschutzmitteln)
fielded panel abgeplattete Füllung f (z. B. in einer Tür)
figure Maser[ung] f, Textur f, Holzzeichnung f
~ **carving** Figurenschnitzen n
~-**head** Galionsfigur f
~-**of-eight movement** Achterzug m, Bewegung f in Achterform (beim Handpolieren)
figured gemasert, maserig, texturiert (Holz)
~ **veneer** Maserfurnier n
~ **walnut** Nußbaummaser f, Nußbaummaserfurnier n
~ **wood** Maserholz n
filbert Hasel[nuß] f, Gemeine Hasel f, Waldhasel f, Corylus avellana
file Feile f
~ **drawer** Aktenschubkasten m, Akten[schub]fach n
~ **handle** Feilengriff m, Feilenheft n
filing angle Feilwinkel m, Schärfwinkel m (des Sägekettenzahnes)
~ **cabinet** Aktenschrank m, Karteischrank m, Registraturschrank m
~ **case** Karteikasten m
~ **machine** Feilmaschine f, Sägeblattfeilmaschine f, Maschinensägefeile f
filler Füllmittel n, Füllstoff m, Füller m
fillet Deckleiste f, Kehlleiste f; Dübelleiste f
filling 1. Kittstelle f; 2. Einlassen n (Handpolieren)
~ **piece** Füllstück n (z. B. für Reparaturen)
fillister [plane] Grathobel m; Falzhobel m; Kittfalzhobel m
film adhesive s. ~ glue
~ **former** Filmbildner m (Lack, Klebemittelgrundstoff)
~-**forming finish** filmbildender Deckanstrich m; filmbildende Deckschicht f
~ **glue** Filmleim m, Klebfolie f, Klebfilm m
~ **thickness** Filmdicke f
filter-paper Filterpapier n, Filtrierpapier n
final assembly of furniture Möbelendmontage f
~ **bleach[ing]** Endbleiche f
~ **cut** s. ~ felling
~ **drying** Fertigtrocknen n
~ **felling** End[nutzungs]hieb m, Abtrieb[sschlag] m, Räumungsschlag m (Holzernte)
~ **landing** Holzausformungsplatz m;

72

Holzlagerplatz m
~ **moisture content** Endfeuchte f (Holztrocknung)
fine abrasive Feinschleifmittel n
~-**blade sawmill** Feinblattsägemühle f, Holländische Sägemühle f
~ **chip** Feinspan m
~ **chip cutter** Feinzerspaner m
~-**fibred** feinfas[e]rig
~ **flakeboard** Feinspanplatte f
~ **furniture** Luxusmöbel npl, Prunkmöbel npl
~ **furniture design** Luxusmöbeldesign n
~ **grain** Feinporigkeit f, Feinfaserigkeit f (von Holz)
~-**grained** feinporig, fein strukturiert, feinfas[e]rig (Holz)
~-**grit sandpaper** Feinschleifpapier n
~ **paper** Feinpapier n
~ **plane** Putzhobel m
~ **sander** Feinschleifmaschine f, Feinschliffmaschine f
~ **saw** Feinsäge f
~ **structure** Feinstruktur f, Fein[auf]bau m (z. B. von Holz)
~-**textured** feinporig, fein strukturiert, feinfas[e]rig (Holz)
~-**tooth blade** Feinsägeblatt n
~-**tooth handsaw, ~-toothed saw** Feinsäge f
~ **top layer chip** Feindeckschichtspan m
~ **veneer** Edelfurnier n
~ **wood** Edelholz n; Wertholz n
~ **woodworking** Kunsttischlerei f, Kunstschreinerei f
fines 1. Feingut n; Feinspäne mpl; Deckschichtspäne mpl, Normalspäne mpl für Spanplattendeckschichten; Feinstspäne mpl; 2. Feinststoff m, Nullfaser f (Zellstofferzeugung); 3. feines Holzmehl n; 4. Holzkohlengrus m
finest top layer chip Feinstdeckschichtspan m
finger-board Griffbrett n (am Saiteninstrument)
~-**joint/to** mit Keilzinkung versehen; durch Keilzinkung verbinden
~-**joint** Keilzinkung f, Keilzinkenverbindung f, Zinkenfuge f (von Furnieren)
~-**joint curing zone** Keilzinkenaushärtungslager n
~-**jointed plywood** keilgezinktes Sperrholz n
~ **jointer** Keilzinkenfräser m, Klebprofilfräser m
~ **jointer set** Keilzinkenfräsgarnitur f
~ **jointing clamp** Keilzinkenverleimpresse f
~ **jointing cutter** Keilzinkenfräser m, Klebprofilfräser m
~-**jointing line** Keilzinkenanlage f
~ **plane** Geigenhobel m
fingerlings (Am) s. strands
finial Blätterknauf m (Zierelement); Schlußverzierung f
finish 1. Oberflächenbeschaffenheit f; Oberflächenqualität f; 2. Deckanstrich m, Decklackschicht f; 3. Ausrüstung f, Finish n (von Papier)
~ **carpenter** Ausbauzimmerer m
~ **carpentry** Ausbau m, Holzausbau m
~ **coat** Deckanstrich m, Decklackschicht f
~ **floor[ing]** Fertigfußboden m

~ **nail** *(Am)* ovaler Drahtstift *m*
~ **nailing** Abnagelung *f*
~ **sanding** Feinschleifen *n*
~ **stair[s]** Wohngeschoßtreppe *f*
~ **stringer** Treppenwange *f*, Treppenzarge *f*
~ **wood floor** Holz-Fertigfußboden *m*
finished paper ausgerüstetes Papier *n*
~ **parquetry** Fertigparkett *n*
~ **size** Sollmaß *n*, Fertigmaß *n* (z. B. von Holz nach der Bearbeitung)
~ **stuff** Ganzstoff *m*, fertiger Papierstoff *m*
finishing Abpolieren *n*, Auspolieren *n*, Abwienern *n* (beim Handpolierverfahren)
~ **coat** Schlußanstrich *m*, Deckanstrich *m*
~ **frame saw** Nachschnittgatter *n*
~ **joinery** Bautischlerei *f*
~ **machine** Feinmühle *f* (Papierherstellung)
~ **paper** Feinschleifpapier *n*
~ **plane** Putzhobel *m*
~ **rail** Abschlußleiste *f*
~ **sander** Schwingschleifmaschine *f*, Schwingschleifer *m*, Vibrationsschleifer *m*
~ **saw** Feinsäge *f*
~ **shop** Beiz- und Polierraum *m* (einer Möbelfabrik)
Fink truss W-Binder *m*, Fink-Binder *m*
fir 1. Tanne *f* (Gattung Abies); 2. Tannenholz *n*, TA
~ **bark-beetle** Krummzähniger Tannenborkenkäfer *m*, Pityokteines (Ips) curvidens
~ **engraver beetle** Scolytus ventralis (Holzschädling)
fire behaviour Brandverhalten *n* (z. B. von Holz)
~ **door** feuerhemmende Tür *f*, Feuerschutztür *f*
~ **endurance** Feuerwiderstandsfähigkeit *f*
~ **gilding** Feuervergoldung *f*
~ **grading** Feuerwiderstandsklasse *f*
~ **performance** Brandverhalten *n* (z. B. von Holz)
~-**proof paint** feuerfester Anstrich *m*
~-**rated door** feuerhemmende Tür *f*, Feuerschutztür *f*
~ **resistance** Feuerwiderstand *m*, fw., Flammwidrigkeit *f*
~-**resistant** feuerbeständig, schwer entflammbar, flammwidrig
~ **retardancy** Schwerentflammbarkeit *f*
~-**retardant** feuerhemmendes Mittel *n*, Feuerhemmstoff *m*
~-**retardant coating** feuerhemmende Anstrichschicht *f*, Flammschutzmittelbeschichtung *f*
~-**retardant salt** Feuerschutzsalz *n*, Dreifachsalz *n*
~-**retardant-treated** feuerschutz[mittel]behandelt
~ **scar** Brandnarbe *f* (z. B. an Stammholz)
~ **screen** Ofenschirm *m*; spanische Wand *f*, Paravent *m(n)*
firecheck door feuerhemmende Tür *f*, Feuerschutztür *f*
fireside chair Kaminsessel *m*
firestop Feuerschutzabschluß *m* (Holzbau)
firewood Brennholz *n*, Feuerholz *n*, Kleinholz *n*
~ **bundling machine** Brennholzbündelmaschine *f*

~ **cleaving machine** Brennholzspaltmaschine *f*
~ **dryer** Brennholztrockner *m*
firmer chisel Stemmeisen *n*
~ **gouge** Formröhre *f* (Drechselwerkzeug)
firring 1. Auffütterung *f*, Unterfütterung *f*; Unterschalung *f*; 2. Futterholz *n*, Polsterholz *n*
~ **piece** Futterholz *n*, Polsterholz *n*
~ **strip** Futterholzleiste *f*, Putzträgerabstandsleiste *f*
firry tannen, aus Tannenholz
first felling Anhieb *m* (Holzernte)
~ **open water** erst offen[es] Wasser, e.o.w. (Lieferklausel im Holzhandel über winterlich vereiste Häfen)
~-**year face** Lachte *f* im ersten Nutzungsjahr (Harzgewinnung)
firsts erste Klasse *f*, beste Qualität *f* (Holzsortierung)
~ **and seconds** erste und zweite Klasse *f*, bestes Mischsortiment *n*, FAS (Holzsortierung)
fisetin Fisetin *n* (Flavonoid)
fisetinidol Fisetinidol *n* (Flavonoid)
fish beam Fischbauchträger *m*
~ **box** Fisch[transport]kiste *f*, Fischstiege *f*
~ **glue** Fischleim *m*
~ **piece** Lasche *f*
~ **plate** Lasche *f*
~ **plate joint** Laschenverbindung *f*, Laschenstoß *m*, Verlaschung *f*
~-**poison tree** Hundholzbaum *m*, Jamaika-Hundsholz *n*, Piscidia piscipula
~ **skin** Fischhaut *f* (Polierwerkzeug; Bezugmaterial)
fished joint n. fish plate joint
fishing rod Angelrute *f*
fissile spaltbar, fissil
fitch brush kleiner Malerpinsel *m*, Kantenziehpinsel *m*
fitments Einbaumöbel *npl*
fitted cupboard Einbauschrank *m*
~ **furniture** Einbaumöbel *npl*
~ **kitchen** Einbauküche *f*; Anbauküche *f*
fitters' shop Fertigmacherei *f* (einer Möbelfabrik)
fitting lock Aufschraub[tür]schloß *n*
~ **up** Fertigmachen *n*, Vollenden *n* (Möbelfertigung)
fittings Armaturen *fpl*
five-needle pine Fünfnadler *m* (Kiefernartengruppe)
~-**ply** fünflagig (Sperrholz)
~-**ply lumber-core panel** *(Am)* fünflagige Tischlerplatte *f*
fixed furniture Einbaumöbel *npl*
~ **light (window)** Festfenster *n*, fest eingebautes Fenster *n*
fixing [mechanisches] Verbindungsmittel *n*, Befestigungselement *n* (Holzbau)
~ **brick** Dübelstein *m*
~ **fillet** Dübelleiste *f*
~ **letter** Schlußschein *m*, Schlußbrief *m*, Kaufvertrag *m* (Holzhandel)
flag-pole, flagstaff Fahnenstange *f*, Fahnenmast *m*

flake/to

flake/to [zer]spanen, schnitzeln; zu Flachspänen (Schneidspänen) verarbeiten
flake Flachspan *m*, Schneidspan *m*
~ shellac[k] Blätterschellack *m*
~ white Bleiweiß *n*, Schieferweiß *n* *(Pigment)*
flakeboard Spanplatte *f* aus Flachspänen
~ core Flachspanmittellage *f*
flaked bark Schuppenborke *f*
flaker Zerspaner *m*, Spaner *m*; Prallzerspaner *m*
flaking Abblättern *n*; Abplatzen *n* *(von Anstrichen)*
~ machine Spanschneidemaschine *f*
flaky abschiefernd, losfas[e]rig
flame birch Flammbirke *f*, geflammtes Birken[furnier]holz *n*, FL
~ figure (grain) geflammte Textur *f*, Flammenzeichnung *f*, flammige Holzzeichnung *f*
~ kurrajong Brachychiton acerifolius *(Holzart)*
~-of-the-forest Kinobaum *m*, Lackbaum *m*, Butea monosperma (frondosa)
~-resistant flammwidrig
~ retardancy Flammwidrigkeit *f*
~-retardant flammwidrig; flammenhemmend, feuerhemmend
~-retardant Flammenhemmittel *n*, Feuerschutzmittel *n*, Flammschutzmittel *n*
~-retardant [fibre]board feuergeschützte Faserplatte *f*
~-retardant paint dämmschichtbildender Lack *m*
~ spread Flammenausbreitung *f*, Feuerausbreitung *f*
~ tree Sansibarakazie *f*, Delonix (Poinciana) regia
flammability Entflammbarkeit *f*
flammable entflammbar
flamy geflammt, flammig *(Holzzeichnung)*
~ birch Flammbirke *f*, geflammtes Birken[furnier]holz *n*, FL
~ figure s. flame figure
flap Klappe *f*; Fallklappe *f* *(Schreibschrank)*; [ab]klappbare Tischplatte *f*
~ door Klapptür *f*
~ hinge Klappscharnier *n*
~ sander Flatterscheibe *f* *(einer Schwabbelmaschine)*
~ stay Klappenhalter *m*
~ table Tisch *m* mit [seitlicher] Klappfläche
flash-over point Flammenübersprung *m* *(Brandverhalten z. B. von Holzbauteilen)*
flat Axtbahn *f*
~-belt drive Flachriemenantrieb *m*
~ carving 1. Flachschnitzen *n*, Flachschnitzerei *f*; 2. Flachschnitzwerk *n*, Flachschnitzerei *f*
~ chip Flachspan *m*
~ chisel Flachmeißel *m*
~ clamp Flachpresse *f*
~ crate Flachsteige *f*, Flachstiege *f*
~ crush resistance Flachstauchwiderstand *m* *(Papierprüfung)*
~-cut 1. gemessert *(Furnier)*; 2. s. ~-sawn
~ cutting Trennschnitt *m* parallel zur Schmalfläche *(Holzbearbeitung)*
~ down/to mattieren *(Holz)*
~ file Flachfeile *f*

~ flake Flachspan *m*, Schneidspan *m*
~-grained s. ~-sawn
~-head nail Flachkopfnagel *m*, Breitkopfnagel *m*
~ oil paint Öl-Mattlack *m*
~ ovolo cutter Viertelstabfräser *m* für flache Ellipsen
~-packed furniture s. knock-down furniture
~ paint Mattfarbe *f*
~ pallet Flachpalette *f*
~ pattern carving s. ~ carving
~ plywood Flachsperrholz *n*
~ press Flachpresse *f*
~-pressed [particle]board Flachpreßplatte *f*, flachgepreßte Spanplatte *f*
~ rabbet breiter Falz *m*, Abplattung *f*
~ roof Flachdach *n*
~-sawing Tangentialschnitt *m*, Fladerschnitt *m*, Brett[er]schnitt *m*
~-sawn tangential geschnitten, im Tangentialschnitt (Fladerschnitt, Brettschnitt) hergestellt
~ slicing [of veneers] Furniermessern *n*
~ stacking Aufsetzen *n* eines Flachstapels
~ stapler Flachheftmaschine *f*
~ stressed-skin panel ebene Tragwerkplatte *f*, Holztafelelement *n*, Holztafel *f*
~ truss Gitterträger *m*; paralleIgurtiger Binder *m*
~ varnish Mattlack *m*
flatting 1. Aufschneiden *n* *(von Schnittholz)*; 2. Glätten *n* *(von Furnieren)*
~ press Furnierplanpresse *f*
~ varnish Schleiflack *m*
flavonoid Flavonoid *n* *(Naturstoff)*
~ tannin Flavonoidgerbstoff *m*
flaw in wood Holzfehler *m*
flax shives Flachsschäben *fpl* *(zur Spanplattenherstellung)*
flaxboard Flachsschäbenplatte *f*, Flachsspanplatte *f*
flay/to entrinden, schälen; abborken
fleak Rüstbohle *f*, Rüstbrett *n*, Gerüstdiele *f*
fleam tooth Spitzwinkelzahn *m*, Dreieckszahn *m*, Lanzenzahn *m*
fleck Fleck *m*, fleckige Verfärbung *f* *(von Holz)*
fleece laminating machine Vlieskaschiermaschine *f*
flexibilizer Weichmacher *m* *(z. B. für Klebstoffe)*
flexible flexibel, biegsam
~ foundation beam Zerrbalken *m*
flexural beam Biegebalken *m*
~ behaviour Biegeverhalten *n*
~ crack Biegeriß *m*
~ rigidity Biegesteifigkeit *f*, B
~ strength Biege[zug]festigkeit *f*, Querfestigkeit *f*, Horizontalfestigkeit *f* *(z. B. von Holz)*
Flg, FLG s. flooring
flier parallele Trittstufe *f*
flight Treppenlauf *m*, Lauf *m*
~ hole Flugloch *n*, Ausflugloch *n*; Wurmloch *n*, Bohrloch *n* *(von Schadinsekten)*
~ season Flugzeit *f*, Fortpflanzungsbereitschaft *f* *(von Schadinsekten)*
flimsy Durchschlagpapier *n*
flint Flint *m*, Feuerstein *m* *(Schleifmittel)*
~ abrasive paper Flintschleifpapier *n*

~ **nogging** Flint[stein]ausfachung *f*
flip-action centre [piece] schwenkbare Klappeinlage *f (eines Klapptisches)*
~ **top table** Tisch *m* mit abklappbarer Platte
flipper Stammwendegerät *n*, Flipper *m (an Blockbandsägen)*
flitch Messer[furnier]block *m*, Flitch *n(m)*
~ **girder** Holz[gitter]träger *m*
~ **table** Messertisch *m (Furnierherstellung)*
flitched beam verdübelter Balken *m*, Dübelbalken *m*
flitches unbesäumte Stammware *f*
float/to triften, [loses Holz] flößen
float Feilenraspel *f*, flachstumpfe [gefräste] Raspel *f*
floatability Flößbarkeit *f*, Triftbarkeit *f*
floatable flößbar, triftbar
floated timber (wood) Triftholz *n*, Treibholz *n*
floating Triften *n*, [stammweises] Treibenlassen *n*, Triftflößerei *f*, Wildflößerei *f*
~ **floor** 1. schwimmender Fußboden (Holzfußboden) *m*; 2. schwimmender Estrich *m*
~ **hook** Flößhaken *m*, Flößer[ei]stange *f*, Griesbeil *n*
~ **inner floor** schwimmender Estrich *m*
~ **timber** Triftholz *n*, Treibholz *n*
flock-coated s. ~-lined
~-**lined** beflockt, samtiert, textilfaserbeschichtet (z. B. *Schubfach*)
~ **lining** Beflocken *n*, Samtieren *n*
flog/to grob zuhauen *(Holz)*
flooded gum Eucalyptus grandis *(Holzart)*
floor/to Fußboden [aus]legen; dielen, Dielen verlegen
floor 1. Fußboden *m*; 2. Stockwerk *n*, Geschoß *n*
~ **beam** Tragbalken *m*, Deckenbalken *m*
~ **board** Fußbodenbrett *n*; Dielenbrett *n*, Hobeldiele *f*
~ **board chisel** Dielenheber *m*, Dielenmeißel *m*
~ **clamp (dog)** Dielenklammer *f*
~ **finish** Fußbodenanstrich *m*
~ **frame (framing)** Dielenbalkenlage *f*
~-**joist** Dielenbalken *m*, Lagerholz *n*, Rippholz *n*, Polsterholz *n*
~ **laying** Fußbodenverlegen *n*
~ **panel** Fußboden[verlege]platte *f*
~ **pattern** Fußboden[verlege]muster *n*
~ **sander (sanding machine)** Fußbodenschleifmaschine *f*
~ **seal[er]** Fußbodenversiegelungsmittel *n*, Fußbodenversiegelungslack *m*
~ **stain** Fußbodenbeize *f*
~ **timber** 1. Holzbodenwrange *f (Schiffbau)*; 2. s. ~-joist
~ **varnish** Fußbodenlack *m*
~ **wax** Bohnerwachs *n*, Bohnermittel *n*
flooring Fußbodenbelag *m*; Dielung *f*
~ **adhesive** Fußbodenkleber *m*
~ **board** Fußbodenbrett *n*; Dielenbrett *n*, Hobeldiele *f*
~ **cement** Steinholz *n*
~ **chisel** Dielenheber *m*, Dielenmeißel *m*
~ **cramp** Dielenklammer *f*

~-**grade chipboard** Fußbodenspanplatte *f*
~ **manufacturer** Fußbodenhersteller *m*
~ **nail** Dielennagel *m*, Fußbodennagel *m*
~ **panel** Fußboden[verlege]platte *f*
floral carving Blumenschnitzwerk *n*, florale Schnitzerei *f*
~ **marquetry** Blumenintarsien *fpl*
Florence Court yew Irische Eibe *f*, Säuleneibe *f*, Taxus baccata var. fastigiata
Florida bitterbush Picramna antidesma *(Holzart)*
~ **cedar** Juniperus lucayana *(Holzart)*
~ **stinking cedar** Stinkzeder *f*, Stinkeibe *f*, Torreya taxifolia
flotation dryer Schwebetrockner *m*
flour beetle Mehlkäfer *m*, Tenebrio molitor
~ **glass-paper** Mehlpapier *n (feinstes Schleifpapier)*
flow coating Fließlackieren *n*, Flow-Coating-Verfahren *n*
~ **line press** kontinuierliche Flachpresse *f*
flower basket Blumenkorb *m*
~-**holder** Blumentisch *m*, Pflanzenständer *m*
flowering ash Mannaesche *f*, Blumenesche *f*, Fraxinus ornus
~ **dogwood** Blumenhartriegel *m*, Cornus florida
fluff[ed] pulp Fluffzellstoff *m*
fluidized-bed wood gasifier Wirbelschichtholzvergaser *m*, Wirbelbettholzvergaser *m*
flume/to mittels Schwemmrinne fördern *(Rohholz)*
flume Schwemmrinne *f*, Wasserriese *f*
fluor chrome arsenate phenol Fluorchromarsenatphenol *n (Holzschutzmittel)*
fluorescence test Fluoreszenztest *m (zur Holzartenbestimmung)*
flush bündig, in einer Ebene liegend *(Oberflächen)*
~ **door** 1. Sperrtür *f*, oberflächenglatte Tür *f*; 2. Tür *f* mit bündigem Anschlag
~ **fitting** Einlaßbeschlag *m*
~-**mounted door** Tür *f* mit bündigem Anschlag
~ **trimming** Bündigfräsen *n*
flute/to auskehlen, kannelieren
flute 1. Hohlkehle *f*, Kannelüre *f*; Hohlkehle *f (Holzfehler)*; Welle[nbahn] *f*, Rille *f*, Riefe *f (in Wellpappe)*; Spannut *f (eines Schneidwerkzeugs)*; 2. [Große] Flöte *f*, Querflöte *f (Holzblasinstrument)*
fluted hohlkehlig, gerieft *(Baumstamm)*; kanneliert *(Säule)*; gewellt, gerippt *(z. B. Papier)*
fluting Kannelierung *f*
~ **attachment** Kannelierapparat *m*
~ **material (medium)** Wellpappe-Mittellage *f*
~ **plane** Kehlhobel *m*, Hohlkehlhobel *m*
flutter/to flattern *(Sägeblatt)*
fly rafter Flugsparren *m*
flybed zigzag classifier Flugbettzickzacksichter *m*
flying bond märkischer Verband *m (Holzbau)*
flying buttress Strebepfeiler *m*, Stützstrebe *f*
foam-bonding adhesive Schaumklebstoff *m*
~-**melt adhesive** aufschäumender Schmelzklebstoff *m*

fob, FOB *s.* free on board
foil cutting machine Folienzuschneidemaschine *f*
~-laminating Folienkaschieren *n*
~-laminating plant Folienkaschieranlage *f*, Folienaufwalzanlage *f*
FOK *s.* free of knots
fold testing Falzwiderstandsprüfung *f* *(Papierprüfung)*
foldaway door Falttür *f*; Faltwand *f*
folded-plate structure, folded plates Faltwerk *n* *(Flächentragwerk)*
folding bed Klappbett *n*, Faltbett *n*
~ **card table** Klappspieltisch *m*
~ **chair** Klappsessel *m*; Klappstuhl *m*; Faltstuhl *m*
~ **door** Falttür *f*; Faltwand *f*
~ **door panel** Falttürlamelle *f*
~ **drawer** Faltschubkasten *m*
~ **endurance** Falzfestigkeit *f*, Falzzahl *f* *(Papierprüfung)*
~ **furniture** Klappmöbel *npl*, Faltmöbel *npl*
~ **garden table** Gartenklapptisch *m*
~ **outdoor table** Gartenklapptisch *m*
~ **partition** Faltwand *f*
~ **rule** Gliedermaßstab *m*, Zollstock *m*
~ **screen** Paravent *m(n)*, spanische Wand *f*
~ **shutter** Falt[fenster]laden *m*, Klappladen *m*
~ **stool** Klapphocker *m*
~ **system** Faltsystem *n* *(Gehrungsfräsen)*
~ **table** Klapptisch *m*
~ **wall table** Wandklapptisch *m*
~ **wedges** Gegenkeile *mpl* *(in einer Hakenblattverbindung)*
foliage Laub[werk] *n*
folio stand Mappenständer *m*
Fomes root rot Rotfäule *f* der Fichte *(durch Heterobasidion annosum)*
food cabinet Speiseschrank *m*
~ **storage cell** Speicherzelle *f* *(Holzanatomie)*
foot board measure Brettermaßstab *m*, Brettmaß *n*
~ **brace** Fußstrebe *f*
~-rail Steg *m* *(am Wangentisch)*
~ **run** laufender Fuß *m* *(Holzmessung)*
footage Kubikfuß-Holzvolumen *n*, Holzvolumen *n* in Kubikfuß
footing Fußpunkt *m* *(eines Pfostens)*
footstool Fußbank *f*
FOPS *s.* falling object protective structure
forced-draught compartment kiln Kammertrockner *m* mit künstlichem Zug
fore plane Rauhbank *f*, Langhobel *m*
foreign wood [species] fremdländische Holzart *f*, Gastholzart *f*
forest chemical industry Industrie *f* der chemischen Holzverarbeitung
~ **depot** *s.* ~ log depot
~-dry waldtrocken, waldfeucht *(Holz)*
~ **harvest[ing]** Holzernte *f*, Holzeinschlag *m*; Rohholzbereitstellung *f*
~ **industry** Forstindustrie *f*
~ **insect** [holzschädigendes] Waldinsekt *n*
~ **log depot** 1. Waldausformungsplatz *m*, Waldaufarbeitungsplatz *m*; 2. Holzsammelplatz (Holzlagerplatz) *m* im Walde, Waldverladeplatz *m*
~ **mensuration** Baummeßkunde *f*, Dendrometrie *f*; Holzmeßkunde *f*
~ **pasture** Waldweide *f*, Waldweidegebiet *n*, Waldweidegrund *m*
~ **pest** Forstschädling *m*
~ **product** Forsterzeugnis *n*, Waldprodukt *n*
~ **products industry** Forsterzeugnisse verarbeitende Industrie *f*, Holzwirtschaft *f*
~ **products marketing** Holzvermarktung *f*; Holzmarktlehre *f*
~ **range** *s.* ~ pasture
~ **red gum** Eucalyptus tereticornis *(Holzart)*
~ **thinnings** Dünnholz *n* [aus Durchforstungen], Durchforstungsholz *n*, Schwachholz *n*, schwaches Rundholz *n*
~ **timber** Rohholz *n*, Lang[roh]holz *n*
~ **tree** Waldbaum *m*, Forstbaum *m*
fork chuck Dreizack *m*, Zwirl *m* *(einer Drechselbankspindel)*
~-lift Gabelstapler *m*
forked gegabelt, gabelförmig, zwieselig *(Baumstamm)*
~ **gallery** Gabelgang *m* *(der Borkenkäfer)*
~ **growth** *s.* forking
~ **joint** Keilzinkung *f*
~ **stem** Gabelstamm *m*, Zwieselstamm *m*
~ **wood** Gabelholz *n*
forking Gabelbildung *f*, Verzwillung *f*, Zwiesel[bild]ung *f*; Gabelungszwiesel *f(m)*
~ **near ground level** Tiefzwiesel *f(m)*
form 1. Form *f*; 2. Bank *f* *(Sitzmöbel)*, Schulbank *f*; 3. *s.* formwork
~ **board** Schal[ungs]brett *n*
~ **building** Schalungsbau *m*
~ **construction** Schalung *f*, Schalkonstruktion *f*
~ **factor** Formzahl *f* *(Holzmessung)*
formaldehyde Formaldehyd *m*
~-based adhesive Klebstoff *m* auf Formaldehydgrundlage
~ **content** Formaldehydgehalt *m*
~ **emission** Formaldehyabspaltung *f*, Formaldehydemission *f*, Formaldehydabgabe *f* *(bes. von Spanplatten)*
~ **migration** Formaldehydwanderung *f* *(in Spanplatten)*
~ **release** *s.* ~ emission
formalin Formalin *n*, Formol *n*, [wäßrige] Formaldehydlösung *f*
formed plywood Formsperrholz *n*, formgeleimtes Sperrholz *n*, Sperrholzformteile *npl*, Formteile *npl* aus Sperrholz
formic acid Ameisensäure *f*
forming head Formkopf *m*, Streukopf *m* *(Faserplattenherstellung)*
~ **machine** Formmaschine *f*, Formstrang *m*, Formband *n* *(Faserplattenherstellung)*
~ **station** Formstation *f* *(Spanplattenherstellung)*
~ **zone** Stoffauflauf *m* *(der Langsiebmaschine)*
Formosan camphorwood Kampferholz *n*, Kampferbaum *m*, Cinnamomum camphora
~ **oak** Formosa-Eiche *f*, Quercus pseudomyrsinaefolia
formwork Schalung *f*, Betonschalung *f*
Forstner bit Forstnerbohrer *m*, Universalbohrer

m, Zylinder[kopf]bohrer *m*
fortified glue verstärkter Leim *m*
forward/to fahrrücken *(Holzbringung)*
forwarder Forwarder *m*,
  Schichtholzrückeschlepper *m*, Tragtraktor *m*,
  Vorbringer *m*
~ **for thinnings** Durchforstungsforwarder *m*
fossil cedar Cedrus penhallowii *(Holzart)*
~ **resin** fossiles Harz *n*
fossilized wood fossiles (versteinertes) Holz *n*
fot, FOT *s.* free on truck
foundation pile (post) Gründungspfahl *m*,
  Grundpfahl *m*
~ **timber** Gründungsholz *n*, Holzteil *n* einer
  Gründung
foundry pattern Gußmodell *n*, Modell *n*
four-centred arch gevierter Bogen *m*
~-door cabinet viertüriger Schrank *m*
~-jaw chuck Vierbacken[bohr]futter *n*
~-piece [diamond] match Kreuzfuge *f*
  (Furnierzusammensetzung)
~-post bed[stead], ~-poster bed Himmelbett *n*
~-pronged chuck Vierzackspitze *f* *(einer
  Drechselbankspindel)*
~-side moulding machine
  Vierseitenfräsmaschine *f*
~-sided planer and moulder
  Vierseitenhobelmaschine *f*
~-sider *s.* 1. ~-side moulding machine; 2. ~-
  sided planer and moulder
~-way flat pallet Vierwege-Flachpalette *f*
~-way pallet Vierwegepalette *f*
~-wing sophora Vierflügeliger Schnurbaum *m*,
  Sophora tetraptera
Fourdrinier former *s.* ~ table
~ **machine** Langsieb[entwässerungs]maschine *f*,
  Fourdrinier-Maschine *f* *(Papierherstellung)*
~ **table** Siebpartie *f*, Langsiebpartie *f*
~ **wire** Langsieb *n*, Maschinensieb *n*
~ **wire part** *s.* ~ table
fourfold division of the bole
  Vierlingsgabelwuchs *m*, vierfache
  Stammgabelung *f* *(Holzfehler)*
~ **rule** viergliedriger Zollstock *m* [mit
  Scharniergelenken]
f.o.w. *s.* first open water
fox wedge Zapfenkeil *m*
~-wedged tenon joint [blind] verkeilter Zapfen
  m, selbstverkeilender Zapfen *m*
foxglove tree Kiri *n*, Paulownia tomentosa
  (imperialis) *(Holzart)*
foxiness Braunstreifigkeit *f*, Einlauf *m* *(bes. an
  Eichenstämmen)*; Verstockung *f*
foxtail pine *s.* 1. Balfour's pine; 2. bristle-cone
  pine; 3. loblolly pine
foxy braunstreifig, vergraut *(Eiche)*; verstockt,
  stockig
fractional distillation fraktionierte Destillation *f*
fractionator Harzabscheider *m*
fracture mechanics Bruchmechanik *f*
~ **morphology** Bruchbild *n*, Bruchgefüge *n*
~ **toughness** Bruchzähigkeit *f*
fragile brüchig, spröde, fragil *(z. B. Holz)*
fragility Brüchigkeit *f*, Sprödigkeit *f*
frame/to [ein]rahmen; verzimmern

frame 1. Rahmen *m*; Zarge *f*; Gestell *n*; 2.
  Balkenwerk *n*, Gebälk *n*; 3. Sägerahmen *m*,
  Gatterrahmen *m*
~ **and panel construction** Skelettplattenbauweise
  f
~ **assembly** Gestellfertigung *f*
~ **clamp** Rahmenpresse *f*
~ **cross-beam, ~crossbar** Gatterriegel *m*,
  Querriegel *m* des Sägegatters
~ **gluing clamp** Korpusverleimpresse *f*
~ **member** Fachwerkstab *m*, Rahmenstab *m*
~ **of joists** Balkenlage *f*
~ **piece stacker** Friesenstapler *m*
~ **press** Rahmenpresse *f*
~ **resaw** Nachschnittgatter *n*
~ **saw** 1. Rahmensäge *f*, Klobsäge *f*; 2.
  Gattersäge *f*; 3. Gestellsäge *f*, Tischlersäge *f*,
  gespannte Säge *f*
~-saw operator Gatterführer *m*
~ **sawing machine** Gattersägemaschine *f*, Gatter
  n
~ **sawmill** Gattersägewerk *n*
~-steer[ed] wheeled skidder knickgelenkter
  Rückeschlepper *m*, Rücketraktor *m* mit
  Knicklenkung (Rahmenlenkung)
framed chest Rahmentruhe *f*
~ **door** Rahmentür *f*, Füllungstür *f*
~ **floor** Holzbalkendecke *f*
~ **ledged and braced door** ausgefachte
  Rahmentür *f*
~ **roof** abgebundenes Dach *n*,
  Zimmermannsdach *n*, Fachwerkdach *n*
~ **wall** Fachwerkwand *f*
framework Fachwerk *n*; Rahmengerüst *n*;
  Tragwerk *n* *(Holzbau)*
~ **bridge** Fachwerkbrücke *f*
~ **construction** Fachwerkkonstruktion *f*
framing anchor Universalverbinder *m*
  (Stahlblechformteil); Winkelverbinder *m*
~ **ground** Reißboden *m*, Schnürboden *m*
~ **hammer** Latthammer *m*
~ **square** Zimmermannswinkel *m*,
  Anschlagwinkel *m*, Winkeleisen *n* [des
  Zimmermanns]
~ **table** Sparren[zu]schneidetisch *m*
~ **timber** Hochbau[schnitt]holz *n*, Holz *n* für
  den Hochbau, Rahmenholz *n*; Gerüstholz *n*
frankincense Olibanum *n*, Weihrauch *m*
  (Gummiharz von Boswellia spp.)
~ **pine** Taedaföhre *f*, Weihrauchkiefer *f*,
  Pechpinie *f*, Pinus taeda
Fraser fir Fraser's Balsamtanne *f*, Abies fraseri
frass Fraßmehl *n*, Bohrmehl *n*; Nagespäne *mpl*,
  Nagsel *n*
fraying damage Fegeschaden *m*, durch Fegen
  verursachter Schaden *m* *(an Waldbäumen)*
free alongside ship (vessel) frei Längsseite
  Schiff, frei bis an Schiffsseite, fas
  (Holzlieferklausel)
~-hand cut Freihand[säge]schnitt *m*
~-hand routing Freihand[ober]fräsen *n*,
  Bilderfräsen *n*
~ **moisture** freie Feuchte *f*, freies Wasser *n*
~ **of knots** astfrei, astrein
~ **on board** frei an Bord [des Frachtschiffes],

free

fob *(Holzlieferklausel)*
~ **on truck** frei Waggon *(Holzlieferklausel)*
~-**rosin content** Freiharzgehalt *m (von Harzleimen)*
~-**rosin size** Freiharzleim *m (Papierherstellung)*
~-**standing single unit** Einzelmöbel[stück] *n*, Solitärmöbel[stück] *n*
~ **stock** wäßriger Stoff *m (Papierherstellung)*
~ **water** freies Wasser *n*, freie Feuchte *f*
freeness Mahlgrad *m*, Zerfaserungsgrad *m (von Faserstoffen)*
~ **tester** Mahlgradprüfer *m*
freeze-dry/to gefriertrocknen *(z. B. Holz)*
freeze dryer Gefriertrockner *m*
~-**drying** Gefriertrocknung *f*
freight or carriage paid to frachtfrei bis zum [genannten] Bestimmungshafen *(Holzlieferklausel)*
freijo Freijo *n*, FEI, Brasilianischer Nußbaum *m*, Cordia goeldiana
Fremont cottonwood (poplar) Fremont-Pappel *f*, Texas-Pappel *f*, Populus fremontii
French chair *s.* fauteuil
~ **door** Fenstertür *f*, Balkontür *f*
~ **elm** Feldulme *f*, Ulmus minor (carpinifolia)
~ **nail** Drahtnagel *m*, Drahtstift *m*
~-**polish/to** [Holz] mit Schellackpolitur behandeln; mit dem Handballen polieren
~ **polish** Schellackpolitur *f*
~ **polisher** Möbelpolierer *m*
~ **polisher's mop** Vertreiber[pinsel] *m*
~ **polishing** Polieren *n* mit Schellackpolitur, Handpolieren *n*, aufbauendes Polieren *n* [nach dem Ballenverfahren]
~ **tamarisk** Gemeine (Französische) Tamariske *f*, Tamarix gallica
~ **truss** Dreieckbinder *m*
~ **walnut** *s.* European walnut
~ **willow** Mandelweide *f*, Pfirsichweide *f*, Salix triandra
~ **window** Fenstertür *f*, Balkontür *f*
fresh frisch, waldfrisch, waldgrün, grün *(Holz)*
~ **cut** *s.* freshly-felled
~ **weight** Frischmasse *f*, Feuchtemasse *f*, Frischgewicht *n*, Grüngewicht *n*, m_u
freshen/to nachröten *(Lachte zur Harzgewinnung)*
freshening tool Röteeisen *n*
freshly-felled frisch eingeschlagen, von frischem Einschlag
freshwater pile Süßwasser[ramm]pfahl *m*
fret 1. durchbrochene Verzierung *f*; 2. Bund *m*, Bundleiste *f (auf dem Griffbrett von Zupfinstrumenten)*
~ **cramp** Laubsägenzwinge *f*
~ **machine** Laubsägemaschine *f*, Dekupiersägemaschine *f*, Ausschneidesägemaschine *f*
fretcutting table Laubsägebrettchen *n*
fretsaw Laubsäge *f*, Feinsäge *f*
~ **blade** Laubsägeblatt *n*, Feinsägeblatt *n*
~ **handframe** Laubsägebogen *m*, Laubsägebügel *m*
~ **table** Laubsägebrettchen *n*
fretwork Laubsägearbeit *f*

Freudenberg lignin *s.* cuoxam lignin
friction calender Friktionskalander *m (Papierherstellung)*
~ **catch** Reibungsschnäpper *m*, Reibungsschnappverschluß *m*
~ **debarker** Reibungsentrinder *m*, Friktionsentrinder *m*
~ **debarking** Reibungsentrindung *f*
~ **glazing** Friktionskalandern *n*
~ **pile** Reibungspfahl *m*, Mantelreibungspfahl *m*, schwebender Pfahl *m (Holzgründung)*
friedelin Friedelin *n (Triterpenoid)*
frieze 1. Fries *m(n)*; 2. Friese *f*
~ **board** Friesbrett *n*
froe[-knife], fromard eiserner Spaltkeil *m*
front-bent gouge gekröpftes Hohleisen *n*
~-**bent veiner** gekröpfter Bildhauerbeitel *m*
~ **bevel angle** Brustkantenwinkel *m*, Anschrägwinkel *m (Sägezahn)*
~ **door** Haus[eingangs]tür *f*
frost callus Frostleiste *f (Holzfehler)*
~ **crack** Frostriß *m*, Eiskluft *f (Holzfehler)*
~-**crack formation** Frostrißbildung *f*
~-**cracked** frostrissig, eisklüftig *(Holz)*
~ **heart** Frostkern *m (Holzfehler)*
~ **rib (scar)** Frostleiste *f (Holzfehler)*
~ **split** *s.* ~ crack
frosting punch Punktierstift *m*
frow[-knife] *s.* froe[-knife]
frowy morsch; anbrüchig *(Holz)*
FRT *s.* fire-retardant-treated
fructification *s.* fruit body
fructose Fructose *f*, Lävulose *f*, Fru *(Monosaccharid)*
fruit body Fruchtkörper *m (der Pilze)*
~ **bowl** Obstschale *f*
~ **picker** Obst[pflück]korb *m*
~-**tree** Obstbaum *m*, Fruchtbaum *m*
~-**tree shot-hole borer** Ungleicher Holzbohrer *m*, Xyleborus (Anisandrus) dispar *(Schadinsekt)*
~-**wood** Obstbaumholz *n*, Fruchtholz *n*
fruiting body Fruchtkörper *m (der Pilze)*
fuel bark Brennrinde *f*
~ **log** Brenn[holz]scheit *n*
fuelwood Brennholz *n*, Feuerholz *n*
~ **chipping** Brennholzhacken *n*
full barking Weißschälen *n*, Weißschnitzen *n*, Schnitzen *n*
~ **bleaching** Vollbleiche *f*
~-**bodied (-boled)** vollholzig, zylindrisch *(Baumstamm)*
~-**cell process** 1. Voll[zell]tränkung *f*, Vakuum-Druck-Verfahren *n*, KVD-Verfahren *n (Holzschutz)*; 2. *s.* Bethell process
~ **chemical pulping** chemischer Zellstoffaufschluß (Aufschluß) *m*
~ **edged** vollkantig *(Schnittholz)*
~-**forest harvesting** Totalrodung *f*, großflächiger (breitflächiger) Kahlschlag *m*
~ **measure** *s.* ~ size
~ **scale** Rohmaß *n (von Baumstämmen)*
~-**scale timber truss** Vollholz-Hängewerk *n*
~-**size** vollmäßig, mit positiver Schnittabweichung

~-tree chipping Ganzbaumhackung f (zur Hackschnitzelgewinnung)
~-tree chips Ganzbaumhackschnitzel npl
~-tree logging Ganzbaumbereitstellung f, baumweise Bringung (Bereitstellung) f
~-tree removal Baumabfuhr f, baumweise Abfuhr f, Ganzbaumtransport m
~-tree skidding Ganzbaumrückung f, baumweises Rücken n
fullness of bole Vollholzigkeit f
fully bleached pulp vollgebleichter Zellstoff m
~ restrained beam voll (beidseitig) eingespannter Balken m
fumed oak Räuchereiche f
fumigant Räuchermittel n, Begasungsmittel n (Holzschutz)
fumigate/to räuchern, begasen
fumigation Räuchern n, Fumigation f (Holzschutz); Begasung f, Durchgasung f (Holzschutz)
~ chamber Begasungskammer f
fuming Räuchern n (bes. von Eichenholz durch Salmiakgeist)
fundamental tissue Grundgewebe n, Parenchym[gewebe] n
funeral cypress Trauerzypresse f, Chamaecyparis (Cupressus) funebris
fungal attack Pilzbefall m, Pilzangriff m
~ cellar trial Schwammkellerversuch m (Holzschutz)
~ colonization Pilzbesiedelung f, Besiedelung f durch Pilze
~ culture Pilzkultur f
~ decay (decomposition) Pilzfäule f, Zerstörung f durch Pilze; pilzliche Holzzersetzung f
~ flora Pilzflora f
~ fruit body Pilzfruchtkörper m
~ infection Pilzinfektion f, Pilzbefall m
~ spore Pilzspore f, Konidi[ospor]e f
fungi attack Pilzbefall m, Pilzangriff m
fungicidal fungizid, pilz[ab]tötend
fungicide Fungizid n, Pilzabtötungsmittel n
fungistatic fungistatisch, pilz[wachstums]hemmend
fungous ... s. fungal ...
fungus Fungus m, Pilz m (Reich Mycota); Echter (Eigentlicher) Pilz m, Fadenpilz m (Abteilung Eumycota); Schwamm m
~ damage Pilzschaden m
~-infected pilzbefallen
~ infection Pilzbefall m, Pilzinfektion f
~-inhibitory pilz[wachstums]hemmend, fungistatisch
~-proof pilzfest, pilzsicher (z. B. Holz)
~ resistance Pilzfestigkeit f, Pilzresistenz f
~ stain Verfärbung (Holzverfärbung) f durch Pilzbefall
fur/to durch Lagerhölzer ebnen, durch Ripphölzer begradigen (Fußboden); auffüttern, mit Futterholz bekleiden
furfural Furfural n, Furfurol n, Furfurylaldehyd m
~ method Furfural-Verfahren n (zur Bestimmung des Pentosangehalts von Zellstoff)
furfuryl alcohol Furfurylalkohol m

furnish/to möblieren
furnish 1. Ganzstoff m (Papierherstellung); 2. Spangut n (Spanplattenherstellung)
~ layer Fertigschicht f, Deckschicht f (Papierherstellung)
furnisher Möbelhändler m
furnishing Möblierung f
~ fabric Dekorationsstoff m, Raumtextilie f; Möbel[bezugs]stoff m
~ house Einrichtungshaus n
~ style Einrichtungsstil m
furnishings Mobiliar n, Möbel npl, Einrichtung f
furniture 1. Möbel npl, Mobiliar n, Einrichtung f; 2. Beschläge mpl; Zubehör n
~ antiquarian (antiquary) Möbelantiquar m; Antiquitätenhändler m
~ assembly Möbel[end]montage f
~ backing Rückwand f [von Korpusmöbeln]
~ beetle 1. Klopfkäfer m, Pochkäfer m, Nagekäfer m, Bohrkäfer m (Familie Anobiidae); 2. [Gewöhnlicher, Gemeiner] Nagekäfer m, [Kleiner] Holzwurm m, Anobium punctatum (striatum)
~-beetle attack Holzwurmbefall m
~ board Möbel[bau]platte f
~ carcass Möbelkörper m, Möbelgestell n, Korpus n(m)
~ catalogue Möbelkatalog m
~ centre Möbel[groß]markt m
~ chipboard Möbelspanplatte f
~ collection Möbelsammlung f, Möbelkollektion f
~ collector Möbelsammler m
~ company Möbelfirma f
~ component Möbel[bestand]teil n, Möbelelement n
~ connoisseur Möbelkenner m
~ conservation Möbelkonservierung f
~ covering Möbelbezug[sstoff] m
~ craft Möbelhandwerk n
~ cream Möbelpflegecreme f
~ decoration Möbelverzierung f, Möbelzierat m
~ design Möbeldesign n, Möbelentwurf m
~ designer Möbeldesigner m, Möbelentwerfer m
~ directory Möbelverzeichnis n
~ door Möbeltür f
~ edge Möbelkante f
~ element Möbelbestandteil n, Möbelbauteil n
~ exhibition Möbelausstellung f
~ expert Möbelfachmann m, Möbelsachverständige m
~ face Möbelaußenfläche f
~ factory Möbelfabrik f
~ fair Möbelmesse f
~ filling Polsterfüllstoff m, Füllmaterial n für Polstermöbel
~ finishing Möbeloberflächenbehandlung f, Möbeloberflächenbearbeitung f
~ fittings Möbelbeschläge mpl
~ foot Möbelfuß m
~ for educational institutions Schulmöbel npl
~ for seating Sitzmöbel npl
~ form Möbelform f
~ frame Möbelrahmen m

furniture

~ **front** Möbelfront *f*
~ **gallery** Möbelgalerie *f*
~ **gilding** Möbelvergoldung *f*
~-**grade particleboard** Möbelspanplatte *f*
~ **handle** Möbelgriff *m*
~ **hardware** Möbelbeschläge *mpl*
~ **historian** Möbelhistoriker *m*
~ **history** Möbelgeschichte *f*
~ **industry** Möbelindustrie *f*
~ **item** Möbelstück *n*, Möbel *n*
~ **lacquer** Möbellack *m*
~ **ledge** Möbelleiste *f*
~ **leg** Möbelbein *n*, Möbelfuß *m*
~ **lock** Möbelschloß *n*
~-**maker** Möbelhersteller *m*, Möbelmacher *m*, Möbelbauer *m*; Möbelschreiner *m*
~-**making** Möbelfabrikation *f*, Möbelfertigung *f*, Möbelbau *m*, Möbelherstellung *f*; Möbelschreinerei *f*; Möbelbauen *n*
~-**making firm** Möbelbaubetrieb *m*, Möbel[bau]firma *f*
~-**making industry** Möbelindustrie *f*
~ **manufactory** Möbelmanufaktur *f*
~ **manufacture** *s*. ~-making
~ **manufacturer** *s*. ~-maker
~ **model** Möbelmodell *n*
~ **moulding** Möbelleiste *f*
~ **mount** Möbelbeschlag *m*
~ **mounting** Möbelmontage *f*
~ **museum** Möbelmuseum *n*
~ **ornament** Möbelornament *n*
~ **panel** Möbel[bau]platte *f*
~ **part** Möbel[bestand]teil *n*, Möbelelement *n*
~ **patent** Möbelpatent *n*
~ **pattern book** Möbelmusterbuch *n*, Möbelmodellbuch *n*
~ **period** Möbel[stil]periode *f*
~ **pick-up store** Möbelabholmarkt *m*
~ **polish** Möbelpolitur *f*
~ **production** Möbelproduktion *f*
~ **programme** Möbelprogramm *n*
~ **remover** Möbelspediteur *m*
~ **repair** Möbelreparatur *f*
~ **repairer** Möbelreparaturtischler *m*
~ **restoration** Möbelrestaurierung *f*, Möbelrestauration *f*
~ **restorer** Möbelrestaurator *m*
~ **reviver** Möbelpolitur *f*
~ **series** Möbelserie *f*, Möbelprogramm *n*
~ **shop** Möbelgeschäft *n*, Möbelladen *m*
~ **sketch** Möbel[bau]skizze *f*
~ **statics** Möbelstatik *f*
~ **stockist** Möbel[fach]händler *m*
~ **store** Möbellager *n*
~ **style** Möbelstil *m*
~ **surface** Möbel[ober]fläche *f*
~ **system** Möbelsystem *n*
~ **terminology** Möbelterminologie *f*
~ **timber** Möbel[tischler]holz *n*
~ **trade** 1. Möbelhandwerk *n*; 2. Möbelhandel *m*
~ **unit** Möbeleinheit *f*
~ **varnish** Möbellack *m*
~ **veneer** Möbelfurnier *n*
~ **wax** Möbelwachs *n*
~ **wood** Möbel[tischler]holz *n*

~ **woodshop** Möbeltischlerei *f*, Möbelschreinerei *f*

furring *s*. firring

fusiform fusiform, zugespitzt faserförmig (spindelförmig)
~ **body** Mikrofibrille *f*, Elementarfibrille *f* *(Holzanatomie)*
~ **initial [cell]** Fusiforminitiale *f*, fusiforme Kambialinitiale *f*, spindelförmige Initialzelle *f*, Kambiummutterzelle *f*
~ **rust [fungus]** Cronartium quercum f.sp. fusiforme *(Holzzerstörer)*

fustic Gelbholz *n*, Alter (Echter) Fustik *m*, [Echtes] Fustikholz *n*, Moral *n*, Chlorophora tinctoria
~ **extract** Gelbholzextrakt *m*

fustin Fustin *n* *(Flavonoid)*

G

G *s.* girth 1.
G-clamp (-cramp) Bügelzwinge *f*
G-layer G-Schicht *f*, gelatinöse Sekundärwandschicht *f (Holzanatomie)*
G-lignin *s.* guaiacyl lignin
G-modulus Schubmodul *m*, Gleitmodul *m*, G
gable Giebel *m*
~ **board** *s.* barge-board
~ **column** Giebelstütze *f*
~ **roof** Satteldach *n*, Giebeldach *n*
~ **truss** Giebelbinder *m*, Kopfbinder *m*
~ **window** Giebelfenster *n*
gabled mansard roof Mansarddach *n*
~ **roof** Satteldach *n*, Giebeldach *n*
gablet roof Zwerggiebeldach *n*
Gabon ebony Diospyros dendo *(Holzart)*
~ **mahogany** *s.* gaboon
~ **padauk** *s.* African padauk
gaboon Okoumé *n*, OKU, Gabun *n*, Aucoumea klaineana *(Holzart)*
gadroon [eiförmiges] Bossenwerkornament *n*
gain/to aussparen, ausnehmen *(z. B. einen Fitschenschlitz)*
gain Aussparung *f*, Vertiefung *f*, Ausnehmung *f*
galactan Galactan *n (Hemicellulose)*
galactodendron Kuhmilchbaum *m*, Brosimum galactodendron (utile)
galactoglucomannan Galactoglucomannan *n (Hemicellulose)*
galactose Galactose *f*, Gal *(Monosaccharid)*
galacturonic acid Galacturonsäure *f (Grundbaustein des Pektins)*
galban[um] Galban[um] *n (Gummiharz von Ferula spp.)*
galimeta [wood] Sternapfelbaum *m*, Dipholis salicifolia
galipot Galipot, Bordeaux-Terpentin *n (von Pinus pinaster)*
gall Galle *f*, Pflanzengalle *f*
~ **formation** Gallenbildung *f*
~-**midge** Gallmücke *f (Familie Cecidomyiidae)*
~ **oak** Gall[apfel]eiche *f*, Quercus infectoria
gallery Fraßgang *m*, Bohrgang *m (z. B. von holzschädigenden Insekten)*
~ **design** Fraßbild *n*, Fraßfigur *f*
gallic acid Gallussäure *f*, 3,4,5-Trihydroxybenzoesäure *f*
gallipot *s.* galipot
gallotannic acid, gallotannin Gallotannin *n*, Tanningerbstoff *m*, Gallusgerbsäure *f*
gallows bracket Galgenstütze *f (Holzbau)*
galvanized clout nail verzinkter Dachpappstift (Blattnagel) *m*
gamari [wood] Gumari[holz] *n*, Gmelina arborea
Gambel oak Quercus gambelii *(Holzart)*
Gambia rosewood Gambia-Rosenholz *n*, Afrikanisches Rosenholz (Sandelholz) *n*, Pterocarpus erinaceus
gambi[e]r 1. Gambir[strauch] *m*, Gambirpflanze *f*, Uncaria gambir; 2. *s.* ~ cutch
~ **cutch** Gambir *m (Gerbextrakt von Uncaria gambir)*

gamboge Gummigutt *n (Gummiharz bes von Garcinia hanburyi)*
~ **tree** Guttabaum *m*, Guttibaum *m*, Garcinia spp.
gambrel roof Mansarddach *n*
~ **truss** Mansardbinder *m*
gamdeboo Celtis kraussiana *(Holzart)*
games (gaming) table Spieltisch *m*
gamma cellulose Gammacellulose *f*, γ-Cellulose *f*
~ **HCH** Gamma-HCH *n*, γ-HCH *n*, γ-Hexachlorcyclohexan *n*, Lindan *n*, *(Insektizid)*
~ **radiation** Gammastrahlung *f*
~ **ray** Gammastrahl *m*, γ-Strahl *m*
gang circular Vielblattkreissäge[maschine] *f*
~ **mill** 1. Gattersäge *f*; 2. *s.* ~ sawmill; 3. *s.* ~ saw
~ **nail gusset [plate]** Gang-Nail-Knotenblech *n*
~ **nail plate** [Gang-Nail-]Nagelplatte *f*, Gang-Nail-Platte *f*
~ **nail[ed] roof truss** Nagelplattenbinder *m*
~ **saw** Vielblattkreissäge[maschine] *f*; Gattersäge[maschine] *f*
~ **saw feeding system** Gatterbeschickungsanlage *f*
~ **sawing** Gattersägen *n*
~ **sawmill** Gattersägewerk *n*, Gattersägemühle *f*; Mehrblattkreissägeanlage *f*
gangboarding Laufbretter *npl*, Laufplanken *fpl*; Laufplankenholz *n*
Ganges tree of heaven Indischer Götterbaum *m*, Ailanthus excelsa
gantry crane Portalkran *m*
gap felling Femelhieb *m*, Femelschlag *m (Holzernte)*
~~-**filling adhesive** fugenfüllender Klebstoff *m*
garage door Garagentür *f*
~ **window** Garagenfenster *n*
garden bench Gartenbank *f*
~ **chair** Gartenstuhl *m*
~ **cherry** Sauerkirsche *f*, Weichsel[kirsche] *f*, Prunus cerasus
~ **fence** Gartenzaun *m*
~ **furniture** Gartenmöbel *npl*
~ **hut** Gartenhütte *f*, Gartenlaube *f*
~ **plum** Zwetsch[g]enbaum *m*, Pflaumenbaum *m*, Prunus domestica
~ **shed** Gartenschuppen *m*
~ **suit** Gartenmöbelgarnitur *f*
Garden City latch Drückerfalle *f*, Klinkenschloß *n*
gardenia Gardenia latifolia *(Holzart)*
garnet paper Granat[schleif]papier *n*
~ **shellac[k]** Granatschellack *m*, Rubinschellack *m*
garret beam Dach[boden]balken *m*
Garry oak Garryeiche *f*, Quercus garryana
gas bleach Gasbleiche *f (Papierherstellung)*
~ **fitter's chisel** Dielenheber *m*, Dielenmeißel *m*
~~-**phase xanthation** Gasphasenxanthogenierung *f*, Trockenxanthogenierung *f (Viskoseverfahren)*
~ **wood** Generatorholz *n*, Tankholz *n*
~ **wood chopping machine**

Tankholzhackmaschine *f*
gasification Vergasung *f* (z. B. von Holz)
gasteromycete Gastromyzet *m*, Bauchpilz *m* (Ordnung Gastromycetidae)
gate hinge Flachband *n*
~ post Torpfosten *m*
~ saw Gattersäge[maschine] *f*
gateleg Klappfuß *m*, schwenkbarer Fußrahmen *m* (eines Ausziehtisches)
~ table Klappfuß[auszieh]tisch *m*
gauge 1. Maßlehre *f*, Lehre *f* ; 2. Meßgerät *n*; 3. Dicke *f*, Durchmesser *m* (Nagel, Schraube)
Gaussian distribution curve, ~ frequency distribution [Gauß'sche] Normalverteilung *f*, Gauß'sche Glockenkurve *f*
gean Europäischer Kirschbaum *m*, KB, Vogelkirsche *f*, Waldkirsche *f*, Süßkirsche *f*, Prunus avium
gedu nohor Tiama *n*, TIA, Gedu nohor *n*, Edinam *n*, Entandrophragma angolense (Holzart)
Geiger tree Cordia sebestena (Holzart)
gelatinous fibre gelatinöse Faser (Tracheide) *f* (Holzanatomie)
~ layer gelatinöse Sekundärwandschicht *f*, G-Schicht *f* (Holzanatomie)
gelling time Gelierzeit *f*, Gelzeit *f* (von Klebstoffen)
gemel window Zwillingsfenster *n*
general-purpose board Mehrzweckplatte *f*, Allzweckplatte *f*
~-purpose construction wood Allzweckbauholz *n*
~-purpose plane Allzweckhobel *m*
~ utility wood Gebrauchsholz *n*, Gebrauchsholzsorte *f*
generative hypha generative Hyphe *f*, Keimhyphe *f*
gent's saw Feinsäge *f*
genus Genus *n*, Gattung *f* (Taxonomie)
geometrical stairs einläufige halbgewendelte Treppe *f*
Georgia pine Sumpfkiefer *f*, Echte Pitchpine (Pechkiefer) *f*, Pinus palustris
geotropism Geotropismus *m*, Erdwendigkeit *f* (Orientierungsbewegung z. B. von Bäumen)
Gerber beam (girder) Gerberträger *m*, Gelenkträger *m* (Holzbau)
~ hinge Gerbergelenk *n*
germacrene Germacren *n* (Sesquiterpen)
German jack plane Doppelhobel *m*
gesso Poliment *n*, Polimentmasse *f* (Vergolden)
~ ground Polimentgrund *m*; Kreidegrund *m*
gessoed mit Poliment[grund] versehen
gheombi Ghéombi *n*, GHE, Sinderopsis letestui (Holzart)
ghost Auspolierballen *m*, Polierballen *m* für das Abpolieren (Auspolieren)
giant arbor vitae Riesenthuja *f*, Riesenlebensbaum *m*, RCW, Thuja plicata (gigantea)
~ bamboo Riesenbambus *m*, Dendrocalamus giganteus
~ cashew Anacardium excelsum (Holzart)
~ fir *s.* grand fir
~ sawmill Großsägewerk *n*
~ sequoia Mammutbaum *m*, Riesensequoie *f*, Sequoiadendron giganteum, Sequoia gigantea
gibberellin Gibberellin *n* (Phytohormon)
gibs-and-cotters connection (joint) Stahlleistenverbindung *f*
gidgee Veilchenholz, Acacia homalophylla
gigantic cedar *s.* giant arbor vitae
~ pine Zuckerkiefer *f*, Pinus lambertiana
gild/to vergolden
gilder Vergolder *m*
gilder's cushion Vergolde[r]kissen *m*
~ knife Vergoldemesser *n*
~ shop Vergolderwerkstoff *m*
~ sieve Vergoldersieb *n*
~ tip Anschießer *m*, Anschießpinsel *m*
gilding Vergolden *n*
gill fungus Blätterpilz *m*, Hutpilz *m* (Ordnung Agaricales)
gilt-wood aus vergoldetem Holz
gilvanol Gilvanol *n* (Triterpenoid)
gimlet 1. Nagelbohrer *m*; 2. Eucalyptus salubris (Holzart)
~ bit Windenschneckenbohrer *m*, Schneckenbohrer *m*
~ point Schrauben[schneid]spitze *f*
gimp Möbelschnur *f*, Möbelborte *f*, Borte *f*
ginger fibre Kokos[nuß]faser *f*
gingko *s.* ginkgo
ginkgo Ginkgobaum *m*, Ginkgo biloba
girandole Girandola *f*, Girandole *f*, Armleuchter *m*
girder 1. Tragbalken *m*, Träger *m*; 2. *s.* girding beam 1.
~ joint Trägerstoß *m*
girding beam 1. Fachriegel *m*, Riegel *m* (Fachwerk); 2. Tragbalken *m*, Träger *m*
giridon *s.* gueridon
girt *s.* girder 1.
girth 1. Umfang *m*, Stammumfang *m*, Rundholzumfang *m*; 2. Gurt *m*
~ above buttress Umfang *m* über Wurzelanlauf (Holzmessung)
~ [at] breast height Brusthöhenumfang *m* (Holzmessung)
girthes Gurtung *f* (Polstermöbel, Betten)
glair Eipoliment *n*
glass cabinet (cupboard) Glasschrank *m*, Vitrine *f*
~ door Glastür *f*, verglaste Tür *f*
~-paper Sandpapier *n*, Schleifpapier *n*, Schmirgelpapier *n*
~ shelf Glaseinlegeboden *m*
~ transition temperature Glasumwandlungstemperatur *f* (Cellulosechemie)
glassine [paper] Pergamentersatzpapier *n*, Pergamin *n*
glassy wood 1. Druckholz *n*, Rotholz *n*, Buchs *m*; 2. Urunday[holz] *n*, Astronium balansae (graveolens)
Glastonbury chair Glastonbury-Stuhl *m*
glaze/to 1. verglasen; 2. lasieren (Holzoberflächen); 3. satinieren, glätten (Papier)

glaze 1. Benzoelösung f, Benzoetinktur f (Abpoliermittel); 2. Lasur f; 3. Satinierung f
glazed display top unit Vitrinenaufsatz m
~ **door** Glastür f, verglaste Tür f
~ **timber door** verglaste Holztür f
~ **top** Vitrinenaufsatz m
glazier Glaser m
glazier's points (Am) Glaserecken fpl, Fenstereckenstifte mpl
~ **putty** Fensterkitt m, Kitt m
glazing 1. Verglasung f, Fensterverglasung f; 2. Satinieren n, Satinage f, Glätten n (Papierherstellung)
~ **bar** Fenstersprosse f
~ **bead** Glasleiste f
~ **calender** Satinierkalander m (Papierherstellung)
~ **points** Glaserecken fpl, Fenstereckenstifte mpl
glider Gleiter m, Gleitschuh m, Möbelgleiter m
globe digester Kugelkocher m (Holzaufschluß)
gloss Glanz m (z. B. einer Holzoberfläche)
~ **paint** Glanzanstrich m
~ **varnish** Glanzlack m
glossy coated paper Glacépapier n
glossy oak Schindeleiche f, Glanzeiche f, Quercus imbricaria
~ **paper** Glanzpapier n, Hochglanzpapier n
gluability Verleimbarkeit f, Verklebbarkeit f
gluable verleimbar, verleimfähig, verklebbar
glucan Glucan n (Polysaccharid)
glucomannan Glucomannan n (Hemicellulose)
glucose Glucose f, Dextrose f, Glc (Monosaccharid)
glucoside Glucosid n (Holzinhaltsstoff)
glue/to [ver]leimen; [ver]kleben
~ **back/to** wieder anleimen
~ **on/to** aufleimen
~ **together/to** zusammenleimen
glue Leim m, Klebstoff m, Kleber m (s.a. unter adhesive)
~ **additive** Leimzusatz m, Klebstoffzusatz m
~ **application** Leimauftrag m
~ **application machine** s. ~ spreader
~ **block** Eckklotz m
~ **bond** Leimverbindung f
~ **brush** Leimpinsel m
~-**coated chips** beleimte Späne mpl
~ **composition** Leimzusammensetzung f
~-**escape groove (slot)** Leimsteigrille f (im Dübel)
~ **extruder** Leimspritzmaschine f
~ **film** Leimfilm m
~ **flow** Leimfluß m
~ **gun** Leimpistole f
~ **joint** s. glued joint
~-**laminated** lamellenverleimt, brettschichtverleimt
~-**laminated beam** Brettschicht[holz]balken m, Schichtholzbalken m, lamellierter Balken m; Leimbinder m; Brettschichtholz n, BSH
~-**laminated bending member** gekrümmtes Brettschichtholz[bau]teil n
~-**laminated timber** Brettschichtholz n, BSH
~-**laminated timber truss** Brettschicht[holz]binder m

~ **line** Leimfuge f; Klebfuge f
~-**line joint** Leimfugenverbindung f; Klebfugenverbindung f
~-**line stress** Klebfugenspannung f, Spannung f in der Klebfuge
~-**line thickness** Leimfugendicke f
~ **liquors** Leimflotte f
~ **mix** Leimgemisch n, Leimmischung f
~ **mixer** Leimmischer m; Klebstoffmischer m
~ **mixture** Leimgemisch n, Leimmischung f
~-**nail joint** Leim-Nagel-Verbindung f
~ **penetration** Leimdurchschlag m
~-**pot** Leimtiegel m
~ **pre-coating** Klebervorbeschichtung f
~ **preparation system** Leimaufbereitungsanlage f
~ **priming** Leimgrundierung f
~ **room** Leimküche f
~ **room equipment** Leimküchenausrüstung f
~-**sized** gelatinegeleimt (Papier)
~ **solution** Leimlösung f, Leimansatz m; Leimwasser n, Leimtränke f (Vergolden)
~ **spoon** Leimlöffel m
~ **spraying gun** Leimspritzpistole f
~ **spread** Klebstoffeinsatzmasse f, spezifische Leimauftragsmenge f
~ **spreader (spreading machine)** Leimauftragmaschine f, Beleim[ungs]maschine f; Klebstoffauftraggerät n
~ **stain** Leimdurchschlag m, Klebstoffdurchschlag m
~ **stirrer** Leimrührer m
~ **stirring device** Leimrührwerk n
~ **technology** Leimtechnik f
~ **thread** Leimfaden m
~-**thread splicer** Leimfadenklebemaschine f
~ **waste** Leimabfall m, Leimrückstand m
~-**wood bond** Leim-Holz-Verbindung f
glueability s. gluability
glued face Klebfläche f
~ **joint** Leimverbindung f; Kleb[e]verbindung f; Leimfuge f
~ **joint strength** Leimfugenfestigkeit f
~-**laminated** s. glue-laminated
~ **truss** Brettschicht[holz]binder m
~ **wood construction** Holzleimbau m
~ **wood joint** Holz-Leim-Verbindung f, Holzverleimung f
~-**wood product** Leimholzerzeugnis n
glueing s. gluing
gluer 1. Verklebemaschine f; 2. s. glue spreader
gluing Verleimen n, Verleimung f, Leimung f, Beleimung f
~ **area** Beleimfläche f
~ **cramp** Leimknecht f
~ **defect (fault)** Verleimungsfehler m, Fehlverleimung f
~ **installation** Beleimungsanlage f
~ **line** Leimstraße f
~ **nozzle** Beleimungsdüse f
~ **pressure** Verklebungs[preß]druck m
~ **shop** Verleimerei f (einer Möbelfabrik)
~ **temperature** Verleimungstemperatur f; Verklebungstemperatur f
~ **tool** Verleimwerkzeug n

glulam

glulam beam Brettschicht[holz]träger *m*
~ **column** Leimholzdruckstab *m*, Brettschichtdruckstab *m*
~ **construction** 1. Holzleimbau *m*; Brettstapelbauweise *f*; 2. Brettschichtholzkonstruktion *f*
~ **member** Holzleimbauteil *n*, Brettschichtholzbauteil *n*; Brettschichtträger *m*
~ **rafter** Schichtholzsparren *m*
glycan Glycan *n*, Polysaccharid *n*
glycol methacrylate Glykolmethacrylat *n* (*Holzschutzmittel*)
glycoside Glycosid *n*, Glykosid *n*
gmelina Gumari *n*, Gumar-Teak *n*, Gmelina *n*, Gmelina arborea (*Holzart*)
gmelinol Gmelinol *n* (*Lignan*)
gnarl/to 1. Knorren (Astbeulen) bilden; 2. sich krümmen, gekrümmt wachsen
gnarl Knorren *m*, Knoten *m*, Astbeule *f*; Maserknolle *f*
gnarled, gnarly 1. knorrig, knotig; knollenmaserig; 2. verkrümmt; drehwüchsig
goat moth Weidenbohrer *m*, Cossus cossus (*Schadinsekt*)
~ **willow** Salweide *f*, Ziegenweide *f*, Salix caprea
going Treppenauftritt *m*, Trittstufenbreite *f*
gola *s.* ekaba
gold birch Gelbbirke *f*, Amerikanische Birke *f*, BIA, Betula alleghaniensis (lutea)
~ **leaf** Blattgold *n*; Goldblättchen *npl*
~ **mohur** Sansibarakazie *f*, Delonix (Poinciana) regia
~ **paint** Goldbronze *f*, goldfarbene Bronze[farbe] *f*
~ **powder** Goldpulver *n* (*Vergolden*)
~ **size** Goldanlegeöl *n*, Anlegeöl *n*; Mixtionöl *n*
~ **tooling** Blattgoldaufbringung *f* [mit dem Abrollgerät]
golden apple *s.* hog plum 1.
~ **champa** Champaka *n*, Michelia champaka (*Holzart*)
~ **chinquapin** Golblättrige Scheinkastanie *f*, Castanopsis chrysophylla
~ **fir** Prachttanne *f*, Abies magnifica
~ **larch** [Chinesische] Goldlärche *f*, Scheinlärche *f*, Pseudolarix kaempferi (amabilis)
~ **oak** Eichen[holz]gelbfärbung *f* (*durch Paecilomyces variotii*)
~ **shower** Röhrenkassie *f*, Cassia fistula (*Holzart*)
~ **spider beetle** Messingkäfer *m*, Niptus hololeucus
~-**twigged ash** Fraxinus excelsior var. jaspidea (*Holzart*)
~ **wattle** Goldakazie *f*, Acacia pycnantha
golf-club head Golfschlägerkopf *m*
gommier Dacryodes excelsa (*Holzart*)
gomuti [palm] [Echte] Zuckerpalme *f*, Gomutipalme *f*, Arenga pinnata (saccharifera)
Gonçalo alves Gonçalo-alvez *n*, (bes.) Astronium fraxinifolium (*Holzart*)
gondola chair Gondelstuhl *m*, Gondelsessel *m*
goomar teak *s.* gmelina
goosefoot maple Pennsylvanischer Ahorn *m*, Acer pennsylvanicum
gopher plum Nyssa ogeche (*Holzart*)
gopherwood Gelbholz *n*, Cladrastis lutea (tinctoria)
gossip chair Caquetoire *m*, Plauderstuhl *m*
Gothic gotisch, in gotischem Stil
Gothic Gotik *f* (*Kunststil*)
~ **Revival** Neugotik *f*, Neogotik *f*
~ **tracery** [gotisches] Maßwerk *n*
Gothick *s.* Gothic Revival
gouge/to 1. mit dem Hohlbeitel arbeiten; 2. fugenhobeln
gouge Hohlbeitel *m*, Hohleisen *n*, Kehlbeitel *m*; Drechslerröhre *f*, Drehröhre *f*
gouge damage (injury) Anreißschaden *m*, Auszeichnungsschaden *m* (*an Baumstämmen*)
governor plum [Echte] Flacourtie *f*, Batokopfpflaume *f*, Flacourtia indica
grade/to sortieren; einwerten, nach Gütemerkmalen beurteilen (*Rohholz*)
grade Güteklasse *f*
~ **beam** Gründungsbalken *m*
~ **of paper** Papiersorte *f*
graded board graduierte (stufenlos aufgebaute) Spanplatte *f*
grader Sortierer *m*, Bracker *m*, [beeidigter] Holzmesser *m*
grading Sortieren *n*, Sortierung *f*; Einwertung *f*
~ **machine** Sortiermaschine *f*
~ **of sawn timber** Schnittholzsortierung *f*
~ **rule** Sortierregel *f*
~ **rules** Sortierregeln *fpl*, Sortierungsgebräuche *pl*
grafting 1. Längsverbinden *n*, Überblatten *n* (*Holzbau*); 2. Pfropfpolymerisation *f*, Anpolymerisation *f* (*z. B. zur Modifizierung von Holz*)
grain/to maserieren, fladern, Holzmaserung malen, Holzmaserung durch Farbauftrag imitieren
grain Faser[richtung] *f*, Faserverlauf (*im Holz*); Maser[ung] *f*, Holzmaserung *f*, Textur *f*, Holzzeichnung *f*
• **across the** ~ quer zur Faser[richtung]
• **against the** ~ gegen die Faser[richtung], gegen den Faserverlauf
• **along the** ~, **parallel to the** ~ in Faserrichtung, längs der Faser, faserparallel
• **perpendicular to the** ~ quer zur Faser[richtung]
~ **angle** Faser[richtungs]winkel *m*
~ **deviation** Faser[richtungs]abweichung *f*, abweichender Faserverlauf *m*
~ **direction** Faserrichtung *f*
~ **filler** Porenfüller *m*, Porenfüllstoff *m* (*Holzoberflächenbehandlung*)
~-**filling lacquer** porenfüllender Lack *m*
~-**filling powder** Porenfüllpulver *n*
~ **flow** Faserverlauf *m*
~ **glue** Körnerleim *m*, körnerförmiger Glutinleim *m*
~ **lac** Körner[schel]lack *m*
~ **orientation** Faserausrichtung *f*
~ **pattern** Maser[ung] *f*, Holzmaserung *f*, Textur *f*, Holzzeichnung *f*

~ **printing** Druck *m* von Holztexturen
~-**raising staining** texturbelebende (anfeuernde) Beizung *f*
~ **sinuosity** Faserkrümmung *f*, Faser[ver]windung *f*
graining Holzmalerei *f*, Maserieren *n*, Fladern *n*
~ **brush** Modler *m* (Holzmalerei)
gram[m]age Flächengewicht *n*, flächenbezogene Masse *f* (z. B. von Papier)
granadillo [wood] 1. Rebhuhnholz *n*, PDG, Caesalpinia granadillo; 2. Kokusholz *n*, CUS, Amerikanisches Grenadillholz (Ebenholz) *n*, Brya (Aspalathus) ebenus
Grand Bassam [mahogany] s. African mahogany
grand fir Riesentanne *f*, Kalifornische Tanne *f*, [Große] Küstentanne *f*, Abies grandis
~ **piano** Flügel *m*, Konzertflügel *m*
grandfather chair Ohrensessel *m*, Backensessel *m*, Wangensessel *m*
~ **clock** Bodenstanduhr *f*, Standuhr *f*
granite paper meliertes Papier *n*
granite roll[er] Granitwalze *f* (Papierherstellung)
grape-stake Rebpfahl *m*, Weinbergpfahl *m*
graphic[al] paper graphisches Papier *n*
grapple [loader] Greifer *m*, Greifarm *m*; Laderzange *f* (Holztransport)
~ **skidder** Grappleskidder *m*, Zangen[rücke]traktor *m*
grass tree Grasbaum *m* (Gattung Xanthorrhoea)
~-**tree gum (resin)** Grasbaumharz *n*, Akaroidharz *n* (bes. von Xanthorrhoea australis)
graver Stichel *m*
graveyard Freilandversuchsfeld *n* (zur Prüfung von Holzschutzmitteln)
gravure coating Gravurstrich *m* (Papierherstellung)
gray (Am) s. grey
Gray's choke cherry Gray's Traubenkirsche *f*, Prunus grayana
great capricorn beetle Großer Eichenbock[käfer] *m*, Heldbock *m*, Cerambyx cerdo
~ **knot** großer Ast *m*
~ **laurel magnolia** Großblütige Magnolie *f*, Magnolia grandiflora
~ **maple** Bergahorn *m*, Weißahorn *m*, AH, Acer pseudoplatanus
~ **organ** Haupt[pfeifen]werk *n* der Orgel
~ **spruce bark-beetle** Riesen[fichten]bastkäfer *m*, Dendroctonus micans
Grecian silk vine Hundswinde *f*, Hundsschlinge *f*, Periploca graeca
Greek fir Griechische Tanne *f*, Abies cephalonica
green grün[feucht], waldgrün, waldfrisch, [saft]frisch (Holz)
~ **alder** Grünerle *f*, Alpenerle *f*, Laublatsche *f*, Alnus viridis [ssp. viridis]
~ **ash** Grünesche *f*, Fraxinus pennsylvanica [var. subintegerrima]
~ **chips** Grünschnitzel *npl*, grüne Hackschnitzel *npl*, Hackschnitzel *npl* mit Grüngut
~ **copperas** s. copperas

~ **density** Frischrohdichte *f*, Rohdichte *f* im Frischzustand
~ **Douglas fir** [Amerikanische] Douglasie *f*, DGA, Douglastanne *f*, Pseudotsuga menziesii (taxifolia, douglasii)
~ **ebony** Amerikanisches Grenadillholz (Ebenholz) *n*, Kokusholz *n*, CUS, Brya (Aspalathus) ebenus
~ **liquor** Grünlauge *f* (Zellstofferzeugung)
~ **liquor clarifier** Grünlaugenklärtank *m*
~ **moisture content of wood** Feuchtegehalt *m* von waldfrischem Holz
~ **oak** Eichenholzgrünverfärbung *f* (durch Peziza aeruginosa)
~ **oil** Karbolineum *n* (Holzschutzmittel)
~ **pole** Roh[holz]mast *m*
~ **[sawn] size** Sägemaß *n* (von Schnittholz)
~ **time** Abbindezeit *f*
~ **veneer** nasses Furnier[band] *n*
~ **wattle** Acacia decurrens (Holzart)
~ **weeping beech** Hängebuche *f*, Trauerbuche *f*, Fagus sylvatica cv. pendula
~ **weight** Frischmasse *f*, Feuchtmasse *f*, Frischgewicht *n*, Grüngewicht *n*, m_u
~ **wood chips** s. ~ chips
greenheart Greenheart *n*, Grünherz *n*, GRE, (unkorrekt) Grünes Ebenholz *n*, Ocotea rodiaei
greens erntefrische Weidenruten *fpl*
greenwood Frischholz *n*, waldgrünes (waldfrisches) Holz *n*
Greim-type construction Greimbauweise *f* (Holzstahlbau)
grenadilla Afrikanisches Grenadill *n*, GRA, [Afrikanische] Grenadille *f*, Afrikanisches Ebenholz *n*, Dalbergia melanoxylon
Grenco digester Grenco-Kocher *m* (Faserplattenherstellung)
Grenoble wood s. European walnut
grevillea Afrikanische Silbereiche (Seideneiche) *f*, Grevillea robusta
grey alder Grauerle *f*, Weißerle *f*, Bergerle *f*, Alnus incana
~ **box** Eucalyptus hemiphloia (moluccana) (Holzart)
~ **discolouration** Vergrauen *n*, Eingrauen *n* (von Holzoberflächen)
~ **elm** Amerikanische Rüster *f*, RUA, Weißulme *f*, Ulmus americana
~ **fir** Westamerikanische Hemlocktanne *f*, Tsuga heterophylla
~ **gum** Eucalyptus propinqua (Holzart)
~ **heart** Graukern *m* (Holzfehler)
~ **iron-bark [tree]** Eucalyptus paniculata (Holzart)
~ **mango** Machang *n*, Mangifer foetida (Holzart)
~ **mangrove** Conocarpus erectus (Holzart)
~ **myrtle** Eisenholz *n*, Backhousia myrtifolia
~ **oak** Weiße Indische Lebenseiche *f*, Quercus leucotrichophora (incana)
~ **persimmon** Diospyros pentamera (Holzart)
~ **pine** Bankskiefer *f*, Pinus banksiana
~ **poplar** Graupappel *f*, Populus canescens
~ **walnut** Graunuß *f*, Kanadischer Nußbaum *m*, Butternußbaum *m*, Ölnußbaum *m*, Juglans

grey

cinerea
~ **willow** Aschweide *f*, Graue Bruchweide (Werftweide) *f*, Salix cinerea
greybark pine Schlangenhautkiefer *f*, Dolomitenkiefer *f*, Albanische Kiefer *f*, Pinus leucodermis
greying Vergrauen *n*, Eingrauen *n* *(von Holzoberflächen)*
greywood *s.* harewood 1.
gribble Bohrassel *f*, Limnoria lignorum (terebrans)
grillage [footing] Gründungsrost *m*, Fundamentrost *m*
grinder Schleifer *m*, Holzschleifer *m*
~ **chamber** Schleifraum *m*
~ **pit** Schleifertrog *m*
grinding angle Keilwinkel *m (der Schneide)*; Schneidenfase *f*, Schärfschräge *f*
~ **disk** Mahlscheibe *f (eines Scheibenrefiners)*
~ **dust** Schleifstaub *m*
~ **oil** Schleiföl *n*
~ **pressure** Schleifdruck *m*
~ **table** Schleiftisch *m*
~ **temperature** Schleif[zonen]temperatur *f*
~ **wheel** Schleifscheibe *f*, Schärfscheibe *f*
~ **zone** Schleifzone *f*
grindstone Schleif[er]stein *m*
~ **grits** Schleifkörner *npl*, Kornmaterial *n*
groin *(Am) s.* groyne
groove/to nuten; nutfräsen
groove Nut *f*, Nute *f*, Kehlung *f*
~ **cutting machine** Nutenfräsmaschine *f*
~ **edge** Nutkante *f*
grooved spannrückig *(Holz)*
~ **and tongued** gespundet
~-**bit key** Nutenbartschlüssel *m*
~ **drawer guide** Nutleistenführung *f (Schubkasten)*
~ **strip** Nutleiste *f*
groover *s.* grooving cutter
grooving cutter Nut[en]fräser *m*
~ **machine** Spundmaschine *f*
~ **plane** Nuthobel *m*; Falzhobel *m*
~ **saw** Nutkreissäge *f*; Nutsägeblatt *n*; Gratsäge *f*
gross anatomical features of wood *s.* ~ wood structure
~ **scale** Rohmaß *n (von Baumstämmen)*
~ **wood structure** makroanatomischer (makroskopischer) Bau *m* des Holzkörpers
ground Dübelleiste *f*
~ **beam** Fußbalken *m*, Fußholz *n*
~ **cedar** *(Am)* [Gemeiner] Wacholder *m*, Juniperus communis
~ **contact** Erdkontakt *m (z. B. von Holzbauten)*
~ **hemlock** Gemeine Eibe *f*, Säuleneibe *f*, Taxus baccata
~-**lead [cable] logging** Schleifrücken *n* mittels Seilkran *(Holztransport)*
~-**line** Bodengleiche *f*, Erd-Luft-Linie *f*
~ **particle** Mahlspan *m*
~ **plane** Grundhobel *m*
~ **skidding** Schleif[rück]en *n*, Ziehen *n*, Streifen *n (Holzbringung)*
~ **slide** Erdriese *f*, Erdrutsche *f (Holzbringung)*
~ **storage** Landlagerung *f (von Rundholz)*

~-**storage time** Landlagerungszeit *f*
~-**storage yard** Rundholzlagerplatz *m*
~ **varnish** Grundierlack *m*
grounder gekröpftes Balleisen *n*
grounds *s.* groundwork
groundsel, groundsill Schwelle *f*, unteres Längsholz *n (Holzbau)*
groundwood Holzschliff *m*, Holzstoff *m*
~ **bleach[ing]** Holzschliffbleiche *f*
~ **mill** Holzschleiferei *f*
~ **paper** Holzschliffpapier *n*, holzhaltiges Papier *n*
~ **pulp** 1. Holzschliff *m*, Holzstoff *m*; 2. Papierbrei *m*, Pulpe *f*
~ **pulping** Holzschlifferzeugung *f*, Holzstofferzeugung *f*
groundwork Trägerplatte *f*; Furnierträger *m*, Träger *m*
group felling gruppenweise Entnahme *f (Holzernte)*
~-**selection felling** Femelhieb *m*, Femelschlag *m (Holzernte)*
grouped knots Astansammlung *f*, Astgruppe *f*, Gruppenast *m*
growing season Vegetationsperiode *f*
~ **tip** Vegetationskegel *m*, Vegetationspunkt *m*, Wachstumspunkt *m (Holzanatomie)*
growth defect Wuchsfehler *m*
~ **factor** Wachstumsfaktor *m*
~ **in diameter** Dickenwachstum *n*
~ **in length** Längenwachstum *n*
~ **increment** Zuwachs *m*, Holzzuwachs *m*
~ **layer** Zuwachsmantel *m (eines Baumes)*
~-**related defect** Wuchsfehler *m*
~ **ring** Wuchsring *m*, Zuwachsring *m*, Vegetationsring *m*; Jahr[es]ring *m (Holzanatomie)*; Zuwachszone *f (bei Tropenhölzern)*
~-**ring arrangement** Jahrringanordnung *f*
~-**ring boundary** Zuwachsringgrenze *f*
~-**ring chronology** Jahrringchronologie *f*
~-**ring formation** Jahrringbildung *f*
~-**ring structure** Jahrringaufbau *m*
~-**ring width** Zuwachsringbreite *f*
~ **stress** Wuchsspannung *f*
groyne Buhne *f*
grub Insektenlarve *f*, Larve *f*, Made *f*
~ **hole** Wurmloch *n*, Bohrloch *n*
~ **screw** Madenschraube *f*
guaiaconic acid Guajacsäure *f (Lignan)*
guaiacum 1. Pockholzbaum *m*, Guajak[holz]baum *m (Gattung Guaiacum)*; 2. Pockholz *n*, POH, Guajakholz *n*, (bes.) Guaiacum officinale; 3. Guaja[k]harz *n*
guaiacyl lignin Guajacyllignin *n*
~-**syringyl lignin** Guajacyl-Syringyl-Lignin *n*
~ **unit** Guajacyl-Einheit *f (Ligninbaustein)*
guaino tree Falsches Sandelholz *n*, Myoporum tenuifolium (acuminatum)
guaiocum *s.* guaiacum
guanacaste Enterolobium cyclocarpum *(Holzart)*
guarea 1. Bossé *n*, BOS, Guarea cedrata *(Holzart)*; 2. Diambi *n*, DIM, Guarea thompsonii *(Holzart)*
guayacan Ipé *n*, IPE, Grünes Ebenholz *n*, *(von*

Tabebuia spp.)
gueridon Gueridon *m*, [rundes] Leuchtertischchen *n*; [hoher] Leuchterständer *m*
guest bed Gästebett *n*, Behelfsbett *n*
guide bar Führungsschiene *f (z. B. einer Kettenfräse)*; Schiene *f*, Schwert *n (der Kettensäge)*
~ **pin** Kopierstift *m (einer Oberfräsmaschine)*; Führungszapfen *m (eines Fräsers)*
~ **plate** *s.* ~ bar
~ **-rail** Führungsschiene *f*; Führungsleiste *f*
guilloche Guilloche *f*, Bandornament *n*
guitar Gitarre *f*
gullet 1. Zahn[lücken]grund *m*, Lückengrund *m*, Ausrundung *f*, Zahnfußrundung *f*; 2. Fallkerb *m (Baumfällung)*
~ **area** Zahnlücke *f*, Spanraum *m*
~ **depth** Zahnhöhe *f*
gully gum Eucalyptus smithii *(Holzart)*
gum 1. Pflanzengummi *n*, Gummi *n*; 2. Balsam *m*, Oleoresinat *n*; 3. Harz *n*
~ **acacia** *s.* ~ arabic
~ **acaroides (accroides)** Akaroidharz *n (bes. von Xanthorrhoea australis)*
~ **arabic** Gummiarabikum *n*, Akaziengummi *n*, Arabisches Gummi *n (von Acacia spp.)*
~ **arabic acacia** Gummiarabikumbaum *m*, Gummiakazie *f*, Senegalakazie *f*, Acacia senegal
~ **arabic tree** Ägyptische Akazie *f*, Arabischer Gummibaum *m*, Acacia nilotica (arabica)
~~**-bearing bursera** Bursera simaruba (gummifera) *(Holzart)*
~ **benzoin** Benzoeharz *n*, Benzoe *f (bes. von Styrax benzoin)*
~ **benzoin tree** Benzoe-Storaxbaum *m*, Benzoebaum *m*, Styrax benzoin
~ **copal** Kopal *m*, Kopal[hart]harz *n*
~ **copal tree** Trachylobium verrucosum *(Holzart)*
~ **cup** Kautschuksammelgefäß *n*; Harzsammelgefäß *n*
~ **cyst** Gummilücke *f*, gummigefüllter Interzellularraum *m (Holzanatomie)*
~ **damar** Dammar[harz] *n*
~ **dragon** Tragant[h] *m (Gummi von Astragalus spp.)*
~ **duct** Harzkanal *m*, Harzgang *m*
~ **elastic** Gummielastikum *n*, Kautschuk *m(n)*
~ **elemi** Elemi[harz] *n*, Ölbaumharz *n*, Lackharz *n*
~ **exudation** Harzausfluß *m*
~ **gall** Harzgalle *f*, Harztasche *f*
~ **ghatti** Ghattigummi *n (von Anogeissus latifolia)*
~ **juniper** *s.* ~ sandarac
~ **kino** *s.* kino
~ **naval stores** Kiefernscharrharz *n*
~ **plant** kautschukliefernde (gummiliefernde) Pflanze *f*
~ **pocket** Harztasche *f*, Harzgalle *f*
~ **resin** Gummiharz *n*
~ **rosin** Kolophonium *n*, Balsamkolophonium *n (Kiefernharz-Destillationsrückstand)*
~ **sandarac** Sandarak *m*, Sandarach *m (von Tetraclinis articulata)*
~ **spirits [of turpentine]** *s.* turpentine 1.
~ **tapping** Gummizapfen *n*
~ **top stringybark (tree)** Eucalyptus sieberi[ana] *(Holzart)*
~ **tragacanth** Tragant[h] *m (Gummi von Astragalus spp.)*
~~**-tree** 1. Eukalyptus[baum] *m (Gattung Eucalyptus)*; 2. Tupelobaum *m (Gattung Nyssa)*; 3. Waldtupelobaum *m*, Nyssa sylvatica; 4. *s.* sweet gum 1.
~ **turpentine** Terpentin *n(m)*, Kiefernterpentin *n*, Kiefernbalsam *m*; Rohharzterpentin *n*; Balsamterpentinöl *n*
~ **vein** Harzader *f*, [aderförmige] Harzansammlung *f*
gumari *s.* gmelina
gumbo-limbo Bursera simaruba (gummifera) *(Holzart)*
gumhar *s.* gmelina
gummed [veneering] tape Fugen[kleb]papier *n*, Fugenleimpapier *n*
gummosis Gummose *f*, Gummosis *f*, Gummifluß *m (Holzkrankheit)*
gumwood Eukalyptusholz *n*
gummy vein *s.* gum vein
gun-injection Impfstichverfahren *n*, Cobra-Impfverfahren *n (Holzschutz)*
~~**-stock** Gewehrschaft *m*, Gewehrkolben *m*
~~**-stock maker** Büchsenschäfter *m*
gurjun 1. Keruing[holz] *n*, YAN, Gurjun *n*, Apitong *n (Dipterocarpus spp.)*; 2. Gurjunbaum *m*, Yang *m*, Dipterocarpus alatus; 3. *s.* ~ balsam
~ **balsam**, ~ **wood oil** Gurjunbalsam *m (bes. von Dipterocarpus alatus)*
gusset/to mittels Knotenblech verstärken
gusset, ~ **[nail] plate** Knotenblech *n*, Nagelplatte *f*, Lochplatte *f*
gutta-percha Guttapercha *f(n) (Polyisopren, Milchsaftprodukt bes. von Palaquium gutta)*
~~**-percha tree** Guttaperchabaum *m*, Palaquium gutta
gutter 1. Dachrinne *f*, Traufe *f*; 2. Tropfrinne *f*, Leitblech *n (Harzgewinnung)*
~ **board** Traufbrett *n*, Traufbohle *f*
gymnasium floor Turnhallen[fuß]boden *m*
gymnosperm Gymnosperme *f*, Nacktsamer *m*, nacktsamige Blütenpflanze *f (Abteilung Gymnospermae)*
gymnospermous gymnosperm[isch], nacktsamig, zu den Gymnospermae gehörend
~ **wood** Gymnospermenholz *n*, Nadelholz *n*, NH
gymp *s.* gimp
gympie messmate Eucalyptus cloeziana *(Holzart)*
gypsum board Gipsfaserplatte *f*; Gipskartonplatte *f*
~ **plasterboard** Gipskartonplatte *f*
~ **wall board** Gipswandbauplatte *f*
gyratory sifter Plansiebmaschine *f*

H

H-F s. hem-fir
hack/to behauen, zuhauen, bebeilen *(Holz)*; kerben, reißen *(einen Baumstamm z. B. zwecks Harzgewinnung)*
hack Reißhaken *m*, Haken *m (Harzgewinnung)*
~ operator Reißer *m (Arbeiter in der Harzgewinnung)*
hackberry Nordamerikanischer Zürgelbaum *m*, Celtis occidentalis
hackmatack Amerikanische (Kleinzapfige) Lärche *f*, LAA, Sumpflärche *f*, Larix laricina (americana)
haematoxylin Haematoxylin *n*, Hämalaun *n (Farbstoff von Haematoxylum campechianum)*
haft Heft *n*, Griff *m*; Stiel *m*
Hägglund process Hägglund-Verfahren *n (der Holzverzuckerung)*
haiawaballi Guayanazeder *f*, Tetragastris altissima
hail damage (injury) Hagelschaden *m*, Hagelschlagverletzung *f (Rindenverletzung)*
hair check (crack) Haarriß *m (Holzfehler)*
~ hygrometer Haarhygrometer *n (Luftfeuchtemeßgerät)*
~-line split s. ~ check
Haiti pine Pinus occidentalis *(Holzart)*
haldu Haldu *n*, Adina cordifolia *(Holzart)*
half-and-half linseed oil and turps Halböl *n*, Leinöl-Terpentin-Gemisch *n*
~-barked halbentrindet, halbrein entrindet, halbgeschält *(Stammholz)*
~-bleached halbgebleicht *(Zellstoff)*
~-blind dovetail [joint] *[Am]* [einseitig] verdeckte Schwalbenschwanzzinkenverbindung *f*
~-blind tongue and rabbet joint verdeckte gefederte Eckverbindung *f*, gefederte Eckverbindung *f* mit Verdeck
~-bordered halbbehöft, einseitig behöft *(Tüpfelpaar; Holzanatomie)*
~-height diameter Mittendurchmesser *m*, Mittenstärke *f (Holzmessung)*
~-hip Krüppelwalm *m*
~-hip and gablet roof Krüppelwalm-Zwerggiebeldach *n*
~-hipped roof Krüppelwalmdach *n*
~ joint gerades Blatt *n*
~-lap[ped] joint s. halving [joint]
~-rotary-cut veneer, ~-round-cut veneer Halbrundschälfurnier *n*, Exzenterschälfurnier *n*
~-round cutting Halbrundschälen *n (Furnierherstellung)*
~-round file Halbrundfeile *f*
~-round gouge Hohlbeitel (Kehlbeitel) *m* mit halbrundem Querschnitt
~-round moulding Halbrundstab *m*, Leiste *f* mit Halbkreisquerschnitt
~-round needle Rundnadel *f (Polsterwerkzeug)*
~-round pole Halbrundstange *f*
~-round rasp Halbrundraspel *f*
~-round sleeper Halbrundschwelle *f*

(Holzsortiment)
~-round slicing Halbrundschälen *n*, Staylog-Schälen *n (Furnierherstellung)*
~-round wood gewöhnliches Halbholz *n*
~-stuff Halbstoff *m (Papierherstellung)*
~-timber ... s. a. ~-timbered ...
~-timber Halbholz *n*, kerngetrenntes Kantholz *n*
~-timber beam Halbholzbalken *m*
~-timber partition Fachwerkzwischenwand *f*
~-timber pattern Fachwerkmuster *n*
~-timber structure Fachwerkbau *m*
~-timbered building Fachwerkbau *m*
~-timbered house Fachwerkhaus *n*
~-timbered wall Fachwerkwand *f*
~-timbering [ausgemauertes] Fachwerk *n*
~ truss Halbbinder *m*
~-turn staircase with landing zweiläufige Treppe *f* mit Halbpodest
~-twist Windenschneckenbohrer *m*, Schneckenbohrer *m*
hall bench Dielenbank *f*
~ cabinet Flurschränkchen *n*
~ clock Bodenstanduhr *f*, Standuhr *f*
~ furniture Flurmöbel *npl*, Dielenmöbel *npl*
~ mirror Flurspiegel *m*, Garderobenspiegel *m*
~ set Flurgarderobe *f*
~-stand Flurgarderobe *f*; Garderobenständer (Kleiderständer) *m* im Flur
~ table Flurtisch *m*
halve/to 1. zweistielig einschneiden *(Rundholz)*; 2. s. ~ together/to
~ together/to überblatten, anblatten *(Holzbau)*
halve s. haft
halved corner joint glattes Eckblatt *n*
~ joint s. halving [joint]
halving [joint] Überblattung *f*, Überplattung *f*, Brüstung *f*
hamamelidaceous zu den Zaubernußgewächsen (Hamamelidaceae) gehörend
hamamelitannin Hamamelitannin *n*
hames Kummethölzer *npl*
hammer Hammer *m*, Richthammer *m*
~ beam Stichbalken *m*, Dachstuhlstichbalken *m*
~-beam roof Stichbalkendach *n*
~-beam roof truss Stichbalkendachstuhl *m*
~ cage mill Hammerkorbmühle *f*
~ claw Hammerklaue *f*
~ debarker Hammerentrindungsmaschine *f*
~ drill Schlagbohrmaschine *f*
~ handle Hammerstiel *m*
~ head Hammerkopf *m*
~ head tenon Sichelzapfen *m*
~ mill Hammermühle *f*
~ post Stichbalken[träger]pfosten *m*
~ veneering Aufreiben *n* von Furnieren
hamper Präsentkorb *m*
hand and breast drill Handbohrmaschine *f* mit Brustplatte
~-boring tool Handbohrwerkzeug *n*, Handbohrgerät *n*; Handbohrer *m*
~ brake Rutenschäleisen *n*, Handschäleisen *n* für Weidenruten
~-carved handgeschnitzt
~ carver Handschnitzmaschine *f*
~-carving Handschnitzen *n*

~ **clamp** Handspannvorrichtung *f*, mechanische Spannvorrichtung *f*
~ **drill** Handbohrmaschine *f*
~ **glue spreader** Leimroller *m*
~-**held router** Handoberfräsmaschine *f*, tragbare Oberfräsmaschine *f*
~-**held stapling gun** Handheftmaschine *f*
~-**made furniture** handgefertigte Möbel *npl*, Schreinermöbel *npl*
~-**made paper** handgeschöpftes Papier *n*, Büttenpapier *n*
~ **nailing** Handnagelung *f*
~-**organ** Drehleier *f* (*Musikinstrument*)
~ **plane** Handhobel *m*
~ **polishing** Handpolieren *n*, aufbauendes Polieren *n* [nach dem Ballenverfahren]
~-**powered drill** Handbohrmaschine *f*
~-**powered planer** Handfräsmaschine *f*, Handhobelmaschine *f*
~ **press** *s*. ~ screw press
~ **router** 1. Grundhobel *m*; 2. *s*. ~-held router
~-**sanding** Handschleifen *n*
~ **screw** Schnabelzwinge *f*
~ **screw press** Handspindelpresse *f* (*Furnierpresse*)
~ **sheet** Zellstoffprüfbogen *m*; Papier[hand]muster *n*, Prüfblatt *n*
~-**split and resawn back** handgespalten und rückseitig gesägt (*Schindel*)
~-**split shake (shingle)** Spaltschindel *f*
~ **swage** Handstauchapparat *m*, Stauchapparat *m*
~ **turning tool** Handdrehstahl *m*, Handdrehmeißel *m*
~ **vice** Feilkloben *m*
~ **woodworking tool** Holzbearbeitungshandwerkzeug *n*
handle Handgriff *m*, Griff *m*, Werkzeuggriff *m*, Heft *n*; Stiel *m*
~ **cavity** Griffmulde *f*
~ **wedge** Keil *m* zur Stielbefestigung
handled scraper Ziehklingenhobel *m*
handrail Handlauf *m*; Treppenhandlauf *m*; Geländer *n*
~ **bolt [and punch]** Kropfschraube *f* [mit Sternmutter], Gestellschraube *f*
~ **bracket** Handlaufkonsole *f*, Wandhandlaufkonsole *f* (*Treppenbau*)
handsaw Handsäge *f*; Handsteifsäge *f*, Steifsäge *f*, Fuchsschwanz *m*; Einhand[stoß]säge *f*; Einmann[trumm]säge *f*
~ **blade** Handsägeblatt *n*
handyman Heimwerker *m*; Bastler *m*
hang/to anschlagen (*Türen, Fenster*)
hanging cabinet Hängeschrank *m*
~ **corner cabinet** Hängeeckschrank *m*
~ **mirror** Hängespiegel *m*
~ **rail** Kleiderstange *f*
~ **shelf** Hängeregal *n*
~ **stile** *s*. hingeing edge
~ **truss bridge** Hängewerkbrücke *f*
Hankinson['s] formula Hankinsonsche Formel *f* (*Holzfestigkeit*)
hard bast Hartbast *m*
~-**bleaching pulp** schwer zu bleichender Zellstoff *m*

~ **celtis** Celtis philippinensis (*Holzart*)
~ **fibreboard** *s*. hardboard
~ **maple** 1. harter Ahorn *m* (*Sortimentsname*); 2. *s*. sugar maple; 3. *s*. black maple
~ **milkwood** Pulai *n*, Alstonia scholaris (*Holzart*)
~ **paper** Hartpapier *n*
~ **pine** Hartkiefer *f*, harte Kiefer *f*, Gelbkiefer *f* (*Sammelbegriff*)
~-**pressed fibreboard** *s*. hardboard
~ **pulp** harter Zellstoff *m*, Zellstoff *m* mit hohem Restligningehalt
~ **resin** Hartharz *n*
~ **rot** *s*. incipient decay
~ **streak[s]** Druckholz *n*, Rotholz *n*, Buchs[ig] *m*
~-**tipped** hartmetallbestückt (*z. B. Sägezahn*)
~-**wooded tree** Hartholzbaum *m*
hardboard harte Holzfaserplatte (Faserplatte) *f*, HFH, Hart[faser]platte *f*, Faserhartplatte *f*
~-**webbed beam** Vollwandträger *m* mit Hartfaserstegplatte
harden/to härten, aushärten (*z. B. Klebstoff*)
hardener Härter *m*, Härtungsmittel *n*, Beschleuniger *m* (*z. B. für Lacke*)
~ **applying machine** Härterauftragmaschine *f*
hardness Härte *f*
~ **test** Härteprüfung *f*
hardware Beschläge *mpl*
~-**fitting machine** Beschlägesetzmaschine *f*
~ **fixing** Beschlagmontage *f*
~ **kit** Beschlagsatz *m*
~ **recessing machine** Beschlageinlaßmaschine *f*
hardwood 1. hartes Holz *n*, Hartholz *n*; Laubholz *n*, LH; 2. Laub[holz]baum *m*, Hartlaubbaum *m*
~ **crosscutting** Laubholzeinschnitt *m*
~ **dowel** Laubholzdübel *m*
~ **furniture timber** Möbellaubholz *n*
~ **lignin** Laubholzlignin *n*
~ **lumber** (*Am*) Laubschnittholz *n*
~ **mill** Laubholzsägewerk *n*
~ **plank** Hartholzbohle *f*; Laubholzbohle *f*
~ **plywood** Laubsperrholz *n*
~ **pulp** Laubholzzellstoff *m*
~ **sawmill** Laubholzsägewerk *n*
~ **sawn timber** Laubschnittholz *n*
~ **sawyer** Laubholzsäge[werk]er *m*
~ **species** Laubholzart *f*; Laubholzarten *fpl*
~ **square** Laubholzkantel *f* (*Holzsortiment*)
~ **tree** Laubbaum *m*
hardy catalpa Prächtiger Trompetenbaum *m*, Catalpa speciosa
harewood 1. [vitriol]gebeizter Bergahorn *m*, gebeiztes Weißhornholz *n*; 2. Bergahorn *m*, Weißahorn *m*, Acer pseudoplatanus
harlequin table Verwandlungstisch *m*, Harlekintisch *m*
harp Harfe *f* (*Zupfinstrument*)
harpsichord Cembalo *n*
Harrington plum yew Japanische (Harringtons) Kopfeibe *f*, Cephalotaxus harringtonia var. drupacea
harvest cut Erntehieb *m*, Verjüngungshieb *m* (*Holzernte*)

harvester

harvester Vollernter *m (Fällungsmaschine)*
hasp [and staple] Überwurf *m (Verriegelungsvorrichtung)*
hat former Hutformmodell *n*
~-rack Hutablage *f*
~ tree Garderobenständer *m*
hatch Durchreiche *f;* Luke *f*
hatchet Beil *n,* Handbeil *n*
~ handle Beilstiel *m*
Hatt-Turner impact [testing] machine Fallhammer *m* nach Hatt-Turner *(Schlagbiegeversuch)*
haul/to bringen, [aus]rücken *(Rohholz);* abfahren *(Holz)*
haul road 1. Rückeweg *m,* Rückelinie *f;* 2. Abfuhrweg *m,* Holzabfuhrweg *m;* Abfuhrstraße *f*
haulage *s.* hauling
hauling Bringung *f,* Rücken *n,* Ausrücken *n,* Räumen *n (von Rohholz);* Abfuhr *f,* Holzabfuhr *f*
~ distance Rückeentfernung *f*
~ route Abfuhrweg *m*
haunch Zapfenstufe *f;* Voute *f*
~ mortise and tenon Stufenzapfenverbindung *f,* angesetzter Zapfen *m* mit angeschnittener gerader Feder
~ mortise and tenon with groove Stufenzapfenverbindung *f* mit Nutzapfen
~ tenon Stufenzapfen *m*
hauncheon, haunchion *s.* haunch
hawthorn Weißdorn *m (Gattung Crataegus)*
hazard class 1. Gefahr[en]klasse *f (z. B. brennbarer Flüssigkeiten);* 2. *s.* ~ level
~ level Gefährdungsklasse *f,* Schutzklasse *f (Holzschutz)*
~ spot Gefahrenpunkt *m (Holzschutz)*
hazel 1. Hasel[nuß]strauch *m,* Haselbusch *m (Gattung Corylus);* 2. Hasel[nuß] *f,* Waldhasel *f,* Gemeine Hasel *f,* Corylus avellana; 3. Hasel[nuß]holz *n*
~ pine *s.* sap gum
~ withe (withy) Haselrute *f,* Haselgerte *f*
HCR *s.* high-consistency refining
hdwd. *s.* hardwood
head [back]/to abwipfeln, abzopfen, kappen *(Bäume)*
head 1. Wipfel *m,* Krone *f,* Baumkrone *f,* Zopf *m;* 2. Haupt *f,* Axthaupt *n;* 3. Rähm *m(n) (Holzbau);* 4. Haupt *n (des Bettgestells)*
~ block Blockwagen-Spannbock *m (einer Sägemaschine)*
~ frame saw Vorschnittgattersäge *f,* Vorschnittgatter *n*
~ log Wipfelholz *n,* Zopfholz *n,* Zopfstück *n,* Zopf *m*
~ rest Kopfstütze *f*
~-rest pole Betthaupt[quer]stange *f*
~ saw Blocksäge *f,* Vorschnittsäge *f,* Hauptmaschine *f (Holzaufbereitung)*
~ support Kopfstütze *f*
~ tree Sattelholz *n*
headboard Betthaupt *n,* Kopfteil *n*
headed nail Nagel *m* mit Kopf
header jamb of a door Futterrahmenquerstück *n* [einer Tür]
~ jamb of a window frame oberes Fensterrahmenquerstück *n*
headpiece Oberschwelle *f (einer Riegelwand);* Rähm *m(n) (Holzbau)*
headrig *s.* head saw
headroom *s.* headway
headstock Spindelstock *m,* Antriebsbock *m (der Drechselbank)*
headway Durchgangshöhe *f,* Kopfhöhe *f;* Treppendurchgangshöhe *f*
heart 1. Herz[holz] *n,* marknahes Holz *n;* 2. *s.* heartwood
~ board Kernbrett *n,* Herzbrett *n*
~ centre 1. marknahes Holz *n,* Herz[holz] *n;* 2. Mark *n,* Markröhre *f,* Markstrang *m (Holzanatomie)*
~ rot Kern[holz]fäule *f,* Splintholzfäule *f*
~-rot fungus Kernholzpilz *m,* Splintfäulepilz *m*
~ shake Kernriß *m,* Markriß *m,* Strahlenriß *m,* Spiegelkluft *f (Holzfehler)*
~ side Kernseite *f,* rechte (innere) Seite *f (eines Brettes)*
~ stain Kernfärbung *f*
heartshaken kernrissig, markrissig *(Holz)*
heartwood Kernholz *n,* Kern *m*
~ board Kernbrett *n,* Herzbrett *n*
~ colour Kernholzfarbe *f,* Kernholzfärbung *f*
~ constituent Kernholzbestandteil *m*
~ decay Kern[holz]fäule *f,* Splintfäule *f*
~ deposit Kern[inhalts]stoff *m*
~ formation Kern[holz]bildung *f,* Verkernung *f*
~ fungus Kernholzpilz *m,* Splintfäulepilz *m*
~ lumber *s.* heartwood
~ region Kernholzzone *f*
~ resin Kernholzharz *n*
~ rot Kern[holz]fäule *f,* Splintfäule *f*
~ transition zone Kernreifholz *n,* intermediäres Holz *n*
~ volume Kernholzvolumen *n*
heat conductivity Wärmeleitfähigkeit *f*
~-curing Wärmehärtung *f (von Klebstoffen)*
~ exchanger Wärmetauscher *m*
~ insulation Wärmedämmung *f*
~ recovery Wärmerückgewinnung *f*
~-resistant wärmebeständig, hitzefest
~-setting resin hitzehärtbares (duroplastisches) Kunstharz *n,* Duroplast *m,* Duromer *m*
~-stabilized compressed wood hitzestabilisiertes Preßholz *n*
~ sterilization Heißluftverfahren *n (Holzschutz)*
~ transfer coefficient Wärmeübergangskoeffizient *m,* α
~ transfer foil Transferfolie *f*
~ value *s.* heating value
heated bending method Heißbiegen *n*
heath family Heidekrautgewächse *npl (Familie Ericaceae)*
heating value Heizwert *m (z. B. von Holz)*
heavy barrel Schwerfaß *n*
~-bodied körperreich *(Anstrichstoff)*
~-bodied stain Farbbeize *f*
~-duty band-saw Hochleistungsbandsäge *f*
~-duty frame saw Hochleistungsgatter *n*
~-duty gang saw Hochleistungsvollgatter *n*

~-duty vertical frame saw
  Hochleistungsvertikalgatter *n*
~ hopea Hopea odorata *(Holzart)*
~ mahogany *s.* ~ sapele
~ sapele Kosipo[-Mahagoni] *n*, KOS, Omu *n*,
  Entandrophragma candollei
~ timber 1. Starkholz *n*, starkes Nutzholz *n*; 2.
  Schwerholz *n*, Gewichtsholz *n*
~ timber construction Starkholzkonstruktion *f*
~ timber truss Kantholzbinder *m*
~ white seraya Handelsname bes. für
  Parashorea parvifolia und P. stellata
hedge maple Feldahorn *m*, Maßholder *m*, Acer
  campestre
~ willow Salweide *f*, Ziegenweide *f*, Salix
  caprea
heel 1. Sägezahnrücken *m*; Freifläche *f*; 2.
  Schuhabsatz *m*, Absatz *m*
~ strap Sparrenankereisen *n*, Dachsparrenanker
  m
height-adjustable castor höhenverstellbare
  Möbelrolle *f*
~-adjustable table Verstelltisch *m*,
  höhenverstellbarer Tisch *m*
~ growth Längenwachstum *n*
~ of tooth Zahnhöhe *f* *(einer Säge)*
helical orientation Schraubungssinn *m* *(von
  Mikrofibrillen)*
~ sculpture (sculpturing) *s.* ~ thickening
~ stair Wendeltreppe *f*, gewendelte (gewundene)
  Treppe *f*
~ thickening spiralige Wandverdickung *f*,
  schraubenförmige (schneckenförmige)
  Verdickung *f* *(in Gefäßen einiger Holzarten)*
helically threaded nail Schraubnagel *m*
helicopter logging Hubschrauberbringung *f*,
  Helikopterbringung *f*
heliotropism Heliotropismus *m*, Lichtwendigkeit
  f *(Orientierungsbewegung z. B. von Bäumen)*
helix angle Drallwinkel *m* *(am Spiralbohrer)*
helve Gerätestiel *m*, Werkzeugstiel *m*, Heft *n*
hem, HEM *s.* hemlock [fir]
hem-fir *(Am)* Hemfir *f(n)* *(Holzartengruppe aus
  Tsuga heterophylla, Abies amabilis, A.
  grandis, A. procera und A. concolor)*
hemicellulose Hemicellulose *f*, Holzpolyose *f*,
  Polyose *f*, Cellulosan *n* *(Polysaccharid)*
~ chain Hemicellulosekette *f*
~ extract Hemicelluloseextrakt *m*
~-lignin complex Hemicellulose-Lignin-Komplex
  m
~-lignin fraction Hemicellulose-Lignin-Fraktion
  f
~ matrix Hemicellulosematrix *f*
hemicellulosic hemicellulosehaltig,
  hemicellulosisch; Hemicellulose...
~ sugar Hemicellulosezucker *m*
hemlock [fir] 1. Hemlocktanne *f*,
  Schierlingstanne *f* *(Gattung Tsuga)*; 2.
  [Kanadische] Hemlocktanne *f*, Echte
  Schierlingstanne *f*, Tsuga canadensis
~ pitch Hemlock[rinden]harz *n*
~ spruce *s.* ~ [fir]
hemp shives Hanfschäben *fpl* *(zur
  Spanplattenherstellung)*

Henkel yellowwood Podocarpus henkelii
  (Holzart)
Henry chestnut Perlenkastanie *f*, Castanea
  henryi
herbicide Herbizid *n*, [chemisches]
  Unkrautbekämpfungsmittel *n*
Hercules-club Zahnwehholz *n*, Zahnwehbaum
  m, Zanthoxylum fraxineum (clava-herculis)
herm, Herma Herme *f*, Büstenpfeiler *m*
Herreshoff furnace Herreshoff-Ofen *m*
  (Holzverkohlung)
herring-bone matching Fischgrätenmuster *n*,
  Fischgratmuster *n* *(Furnierstreifenanordnung)*
~-bone parquet Schrägriemenparkett *n*,
  Diagonalstabparkett *n*, Fischgrätparkett *n*,
  Kapuzinerfußboden *m*
~-bone strutting Diagonalaussteifung *f*
hessian [grober] Jutestoff *m* *(Polstermaterial)*
heterocellular heterocellular, heterogen
  (Holzstrahlgewebe)
heteroecious heterözisch, wirtswechselnd
heteroecism Heterözie *f*, Wirtswechsel *m* *(z. B.
  von parasitischen Pilzen)*
heterogeneous heterogen, heterozellular
  (Holzstrahlgewebe)
heterotrophic heterotroph, sich von organischen
  Stoffen ernährend
hevea Parakautschukbaum *m* *(Gattung Hevea)*
hew/to 1. behauen, zuhauen, beschlagen,
  bebeilen *(Holz)*; 2. *s.* ~ down/to
~ down/to [um]hauen, fällen *(Baum)*
hewed mine timber Grubenkantholz *n*
hexagon head wood screw
  Sechskantholzschraube *f*, Wiener Schraube *f*
hexapod Hexapode *m*, Insekt *n* *(Klasse
  Hexapoda)*
hexosan Hexosan *n* *(Polysaccharid)*
hexose Hexose *f* *(Monosaccharid)*
hi-fi [stack] unit Phonoturm *m*, Hi-Fi-Turm *m*
hiba [arbor vitae] Hibalebensbaum *m*,
  Japanische Thuja *f*, Hibaholz *n*, Thujopsis
  dolabrata
hickory 1. Hickory *m(f)*, Hickorybaum *m*,
  Hickorynuß *f* *(Gattung Carya)*; 2.
  Hickory[holz] *n*, HIC
~ ash Flindersia ifflaiana *(Holzart)*
~ eucalyptus Eucalyptus punctata *(Holzart)*
~ pine 1. Balfours Kiefer *f*, Fuchsschwanzkiefer
  f, Pinus balfouriana; 2. Stechkiefer *f*, Pinus
  pungens
hidden core gap verdeckte Mittellagenfuge *f* *(in
  Sperrholz)*
~ nailing verdeckte Nagelung *f*
hide glue Hautleim *m*
hideaway bed Klappbett *n*
high chair Kinderhochstuhl *m*
~-class furniture Luxusmöbel *npl*, Prunkmöbel
  npl
~-class joinery Ausstattungstischlerei *f*,
  Kunsttischlerei *f*
~-consistency refiner Hochkonsistenzmahlanlage
  f *(Holzstofferzeugung)*
~-consistency refining Hochkonsistenzmahlung *f*
~-density bleacher Dickstoffbleichturm *m*
  (Papierherstellung)

high

~-**density hardboard** Extrahartplatte *f*, HFE, getemperte (wärmevergütete, gehärtete) Faser[hart]platte *f*
~-**density medium board** mittelharte Faserplatte *f* hoher Dichte
~-**density plastic laminate** Plastpreßlagenholz *n*, Kunstharzpreßholz *n*, KP
~ **face** Hochlachte *f (Harzgewinnung)*
~-**frequency curing** *s.* ~-frequency gluing
~-**frequency drying** Hochfrequenztrocknung *f*, HF-Trocknung *f*, dielektrische Trocknung *f*, Elektrowärmetrocknung *f*
~-**frequency gluing** Hochfrequenzverleimung *f*, Hochfrequenzklebung *f*
~-**frequency gluing press** Hochfrequenzverleimpresse *f*
~-**frequency heating** Hochfrequenzerwärmung *f*, HF-Erwärmung *f*, dielektrische (kapazitive) Erwärmung *f (z. B. von Holz)*
~-**frequency tunnel** Hochfrequenz-Durchlauftrockner *m*
~-**gloss** hochglänzend; Hochglanz...
~ **gloss** Hochglanz *m*
~-**gloss paper** Hochglanzpapier *n*
~-**grade stationery** Luxuspapier *n*; Luxusschreibpapier *n*
~-**grade timber** Wertholz *n*, Qualitätsholz *n*; Edelholz *n*
~ **lead** Rückemastanlage *f (Holzbringung)*
~-**lead [cable] logging** Rückemastverfahren ; Kopfhochverfahren *n (der Holzbringung)*
~-**lead skidding** [dünnörtiges] Schleiffahren *n (Holzbringung)*
~-**lignin** ligninreich
~ **liquid pressure perforation** Flüssigkeitshochdruckperforation *f*, Fluid-Jet-Perforation *f (Holzschutz)*
~-**pressure jet barker** Hochdruck-Wasserstrahlentrinder *m*
~-**pressure laminate** Hochdruck-Schichtpreßstoffplatte *f*
~-**purity chemical cellulose** hochreiner Chemiezellstoff *m*
~ **relief** Hochrelief *n*; Hautrelief *n*
~ **sleeper** Hochbett *n*
~ **solids** mit hohem Feststoffgehalt; hoch körperhaltig
~-**speed drying** Hochgeschwindigkeitstrocknung *f*, Schnelltrocknung *f*
~-**speed steel** Schnellschnittstahl *m*, Schnellarbeitsstahl *m*, SS-Stahl *m*
~-**strength paper** hochfestes Papier *n*
~-**temperature drying** Hochtemperaturtrocknung *f*
~-**temperature pyrolysis** Hochtemperaturpyrolyse *f*
~-**viscosity adhesive** dickflüssiger (sprödelastischer) Klebstoff *m*
~-**yield pulp** Hochausbeutezellstoff *m*
~-**yield pulping** Hochausbeuteaufschluß *m*
highboy *(Am)* Kommodenschrank *m*
highest-class furniture Prunkmöbel *npl*
highly beaten hochgemahlen, hochvermahlen *(Faserstoff)*
~-**resinous** harzreich

hill palm Brennpalme *f*, Caryota urens
himachalene Himachalen *n (Sesquiterpen)*
Himalayan cypress Himalajazypresse *f*, Nepalzypresse *f*, Cupressus turulosa
~ **fir** Himalajatanne *f*, Abies pindrow
~ **oak** Himalajaeiche *f*, Quercus spicata
~ **pine** [Weymouth-]Himalajakiefer *f*, Tränenkiefer *f*, Nepal-Weymouthföhre *f*, Pinus wallichiana (excelsa)
~ **silver fir** Himalajatanne *f*, Webb's Weißtanne *f*, Abies spectabilis
~ **spruce** Himalajafichte *f*, Morindafichte *f*, Indische Fichte *f*, Picea smithiana (morinda)
hinau tree Elaeocarpus dentatus *(Holzart)*
hinge/to anlenken, mit Scharnier (Drehbeschlag) versehen
hinge 1. Scharnier *n*, Drehbeschlag *m*; Gelenk *n*; 2. Bruchleiste *f (Baumfällung)*
~ **band** Scharnierband *n*
~-**boring bit** Beschlagbohrer *m*
~ **cup** Scharniertopf *m*
~ **gain** Fitschenschlitz *m*
~ **jamb** Angel[tür]pfosten *m*
~ **leaf** Bandlappen *m*
~ **pivot** Türangel *f*
~ **recesser**, ~ **sinker (sinking cutter)** Einlaßfräser *m*
hinged door Klapptür *f*
~ **seat** Klappsitz *m*
~ **window** Klappfenster *n*
hingeing edge Bandseite *f (einer Tür)*
hinoki [cypress] Feuer[schein]zypresse *f*, Hinoki-Scheinzypresse *f*, Chamaecyparis obtusa
hinokiresinol Hinokiresinol *n (Lignan)*
hip Walm *m (Dachfläche)*
~-**and gable roof** Gratsparrendach *n*
~ **board** Gratbrett *n*
~ **jack rafter** Walmschifter *m*
~ **moulding** Gratsparrenformwerk *n*
~ **rafter** Gratsparren *m*
~ **rafter bird's-mouth** Gratsparrenkerve *f*
~-**roof** Walmdach *n*
~-**roof frame** Walmdachtragwerk *n*
hipped mansard roof Mansardwalmdach *n*
~ **roof** Walmdach *n*
hissing tree Mobola-Pflaumenbaum *m*, Parinarium mobola
Hitchcock chair *(Am)* Hitchcock-Stuhl *m*
~ **rocker** *(Am)* Hitchcock-Schaukelstuhl *m*
HLP perforation *s.* high liquid pressure perforation
hoard[ing] Bauzaun *m*
hockey stick Hockeystock *m*, Hockeyschläger *m*
hog/to [zu Hackschnitzeln] zerhacken; [zer]spanen, schnitzeln
hog-back beam Halbparabelträger *m*
~ **cleaning unit** Hackschnitzelreinigungsanlage *f*
~ **fuel** Heizhackschnitzel *npl*
~ **fuel boiler system** Kesselfeuerungsanlage *f* für Hackschnitzel
~ **gum** Manil *n*, Symphonia globulifera *(Holzart)*
~ **plum** 1. Goldpflaume *f*, Mombinpflaume *f*, Süße Balsampflaume *f*, Ambarellaholz *n*,

Spondias dulcis; 2. *s.* false sandalwood
~ **press** Hackschnitzelpresse *f*
~ **sifter** Hackschnitzelsichter *m*
hogal Röteisen *n (Harzgewinnung)*
hogged chip Hackschnitzel *n(m)*, Hackspan *m*
hogger Zerspaner *m*
hogging cutter block Zerspanerkörper *m*
~ **cutter knife** Zerspanermesser *n*
~ **knife** Hackmesser *n*
~ **machine** Hack[schnitzel]maschine *f*, Hacker *m*
~ **plant** Spanaufbereitungsanlage *f*
hoisting winch Belade[seil]winde *f*
Hokkaido spruce Hokkaidofichte *f*, Sachalinfichte *f*, Glehn's Fichte *f*, Picea glehnii
hold *s.* holding wood
holdfast [clamp] Klemmhaken *m*
holding wood Bruchleiste *f (Baumfällung)*
hole saw Ringkreissäge *f*, Lochkreissäge *f*
Hollander [beater] Holländer *m*, Holländermühle *f*
hollock Terminalia myriocarpa *(Holzart)*
hollow Hohlstelle *f (in einer furnierten Fläche)*
~ **beam** Hohlbalken *m*, Kastenbalken *m*, Hohl[kasten]träger *m*, Kastenträger *m*
~ **cabinet scraper** Hohlziehklinge *f*, konkave Ziehklinge *f*
~ **chamfer** Hohlkante *f*, Hohlfase *f*
~ **chisel** Hohlmeißel *m*, Hohlbeitel *m*; Maschinenhohlstemmer *m*
~ **chisel mortiser (mortising machine)** Hohlmeißelstemmmaschine *f*
~ **construction** Hohl[raum]konstruktion *f*
~**-core door** Hohlraummittellagentür *f*
~ **grinding** Hohlschleifen *n*, Dünnerschleifen *n*, Unterschleifen *n (z. B. von Kreissägeblättern)*
~**-ground blade** hohlgeschliffenes (unterschliffenes) Sägeblatt *n*; Hohlkreissägeblatt *n*
~ **ground saw** Hobelkreissäge *f*
~ **moulding** Kehlleiste *f*
~ **panel** Hohlraumplatte *f*
~ **portion of the twist** Windungsgrund *m (Drechselei)*
~ **square mortise chisel** Maschinenhohlstemmer *m*
holly 1. Stechpalme *f (Gattung Ilex)*; 2. Stechpalme *f*, Hülse *f*, Ilex aquifolium; 3. Amerikanische Stechpalme *f*, Ilex opaca; 4. *s.* holm[-oak]
~ **oak** *s.* holm[-oak]
hollyleaf cherry Ilex-Kirschlorbeer *m*, Prunus ilicifolia
holm[-oak] [Echte] Steineiche *f*, Quercus ilex
holocellulose Holocellulose *f*
~ **fibre** Holocellulosefaser *f*
holocellulosic holocellulosehaltig, holocellulosisch; Holocellulose...
home furniture Heimmöbel *npl*, Wohnmöbel *npl*
~**-grown timber** Inlandsholz *n*, heimisches Holz *n*
~ **handyman** Heimwerker *m*
~ **woodshop craftsman** Holzheimwerker *m*
homocellular homozellular *(Holzstrahlgewebe)*

homogeneous ray homogener Holzstrahl *m*
Hondo spruce Ajanfichte *f*, Yedofichte *f*, Picea jezoensis
Honduran pine Pinus caribaea var. hondurensis *(Holzart)*
Honduras cedar Cedro *n*, CED, Westindische Zeder *f*, Cedrela odorata (mexicana)
~ **mahogany** Honduras-Mahagoni *n*, Amerikanisches (Echtes) Mahagoni *n*, Festlandmahagoni *n*, Swietenia macrophylla
~ **rosewood** Dalbergia stevensonii *(Holzart)*
~ **yellowwood** Podocarpus guatemalensis *(Holzart)*
hone/to abziehen *(Werkzeugschneide)*
hone Abziehstein *m*
honey agaric *s.* ~-fungus
~**-comb rot** Rebhuhnfäule *f*, Bienrösigkeit *f*, Wabenfäule *f (von Eichenkernholz durch Xylobolus frustulatus)*
~**-combing** Wabigwerden *n*, Bildung *f* wabenartiger Innenrisse *(in Schnittholz)*
~**-fungus** Hallimasch *m*, Honigschwamm *m*, Armillaria (Armilariella) mellea *(Holzschädling)*
~ **locust** [Dreidornige, Amerikanische] Gleditschie *f*, Christusdorn *m*, Gleditsia triacanthos
honing oil Abziehöl *n*
~ **tool** Abziehwerkzeug *n*
honoki Magnolia obovata (hypoleuca) *(Holzart)*
hoof foot Huffuß *m (Möbelfuß)*
hook angle Spanwinkel *m*, Stoßwinkel *m*, Brustwinkel *m (des Sägezahns)*
~ **bolt** Hakenschraube *f*, Hakenbolzen *m*
~ **tooth** Hakenzahn *m*, PV-Sägezahn *m*
Hooke's law Hookesches Gesetz *n (Elastizität)*
hoop ash Schwarzesche *f*, Fraxinus nigra
~ **pine** Araucaria cunninghamii *(Holzart)*
hop hornbeam 1. Hopfenbuche *f (Gattung Ostrya)*; 2. Südeuropäische (Gemeine) Hopfenbuche *f*, Ostrya carpinifolia; 3. Virginische Hopfenbuche *f*, Ostrya virginiana
~**-pole** Hopfenstange *f*
hope chest Aussteuertruhe *f*, Hochzeitstruhe *f*
hopper Trichter *m*; Mühlentrichter *m*, Goß *m*
~ **dovetail joint** Trichterzinkung *f*
~ **frame** Kippfensterrahmen *m*
~ **window** Kipp[flügel]fenster *n*
Hoppus [cubic] foot Kubikfuß *m* Hoppus *(Rundholzmessung)*
~ **measure** Hoppus-Messung *f*, Rundholzmessung *f* nach Hoppus
~ **measurer** Kubierungstafeln *fpl* nach Hoppus
horizontal band-saw [machine] Horizontalbandsäge[maschine] *f*
~ **boring machine** Horizontalbohrmaschine *f*
~ **frame saw[ing machine]** Horizontalgattersägemaschine *f*, Waagerechtgattersägemaschine *f*, Horizontalgatter *n*, Waagerechtgatter *n*
~ **frame sawmill** Horizontalgattersägewerk *n*
~ **gliding window** Horizontalschiebefenster *n*
~ **log band-saw[ing machine]** Horizontalblockbandsäge[maschine] *f*
~ **member** Rahmenriegel *m*

horizontal

~ **slider [window]** Horizontalschiebefenster *n*
~ **timber** Zange *f (Holzbau)*
horn Holzrahmenüberstand *m*, überstehendes Rahmenende *n*
~ **knot** 1. Hornast *m*, Kienast *m*, verharzter Ast *m*; 2. Flügelast *m*
~-**tail** 1. Holzwespe *f (Familie Siricidae)*; 2. Holzwespenlarve *f*
hornbeam 1. Hainbuche *f*, Weißbuche *f (Gattung Carpinus)*; 2. [Gemeine] Hainbuche *f*, HB, Weißbuche *f*, Hornbaum *m*, Carpinus betulus
~ **maple** Hainbuchenahorn *m*, Acer carpinifolium
hornbeech *s.* hornbeam 2.
horse ant Rote Waldameise *f*, Formica rufa
~ **beech** *s.* hornbeam 2.
~-**chestnut** [Gemeine] Roßkastanie *f*, KA, Aesculus hippocastanum
~ **hair** Roßhaar *n (Polstermaterial)*
~ **mango** *s.* grey mango
~ **skidding** Gespannrückung *f*, Holzrückung *f* (Rücken *n*) mit Pferden
~-**tail [tree]** 1. Kasuarine *f*, Känguruhbaum *m (Gattung Casuarina)*; 2. Strandkasuarine *f*, Keulenbaum *m*, Eisenholz *n*, Casuarina equisetifolia
horseman's chair Lesestuhl *m*, Schreib- und Lesestuhl *m*
horseshoe-shaped table Hufeisentafel *f*, hufeisenförmiger Tisch *m*
hospital furniture Klinikmöbel *npl*, Krankenhausmöbel *npl*
~ **window** Kippflügelfenster *n*
host tree Wirtsbaum *m*
hot-air dryer Heißlufttrockner *m*
~-**air drying** Heißlufttrocknung *f*
~-**and-cold bath (open tank) method**, ~-**and-cold process**, ~-**and-cold tank steeping** Heiß-Kalt-Tränkung *f*, Heiß-Kalt-Trogtränkung *f (Holzschutz)*
~ **coating machine** Heißgießmaschine *f*
~ **dryer** Heißlufttrockner *m*
~ **foil transfer** [Kalander-]Heißkaschieren *n*, Thermokaschieren *n*
~ **glue** Warmleim *m*, Heißleim *m*
~-**ground pulp** Heißschliff *m (Holzstofferzeugung)*
~ **laminating plant** Heißkaschieranlage *f*
~ **liquid resistance** Heißwasserfestigkeit *f (z. B. von Beschichtungswerkstoffen)*
~-**logging** Holzdirekttransport *m* vom Hiebsort zum Sägewerk
~-**melt adhesive** Schmelzklebstoff *m*, Schmelzkleber *m*
~-**melt coating** Heißschmelzbeschichtung *f (Papierherstellung)*
~-**melt glue applying machine** Schmelzkleberauftragmaschine *f*
~-**melt polyester adhesive** Schmelzkleber *m* auf Polyesterbasis
~-**press/to** heißpressen
~ **press** Heiß[platten]presse *f*
~-**pressed panel** heißgepreßte Platte *f*
~ **pressing** Heißpressen *n*, Heißpressung *f*

94

~-**process embossing press** Heißprägepresse *f*
~ **roll[er] laminator** Rollenheißkaschieranlage *f*, Thermokaschieranlage *f*, Heißkaschieranlage *f*
~ **Scotch glue hammer veneering** *s.* hammer veneering
~-**setting adhesive** heißhärtender Kleber *m*, Heißkleber *m*; heißabbindender Leim *m*
~ **spraying** Heißspritzen *n*
~ **spraying lacquer** Heißspritzlack *m*
~-**water extract** Heißwasserextrakt *m*
~-**water steeping** Warmwasserweiche *f*, Heißwasserweiche *f*
hotbed sash Frühbeetfenster *n*
hotel bed Hotelbett *n*
~ **furniture** Hotelmöbel *npl*
12-hour gold size 12-Stunden-Öl *n (Vergolden)*
house-door Haus[eingangs]tür *f*
~ **fungus** Echter (Tränender) Hausschwamm *m*, Tränenhausschwamm *m*, Serpula (Merulius) lacrymans
~ **longhorn [beetle]** Hausbock[käfer] *m*, Holzbock *m*, Hylotrupes bajulus
~ **longhorn control** Hausbockbekämpfung *f*
~-**wright** *s.* carpenter
housed dovetail [joint] Gratverbindung *f*
~ **joint** Zapfenverbindung *f*
~ **stair[case]** [ein]gestemmte Treppe *f*; eingeschobene Treppe *f*; Wangentreppe *f*
~ **string [board]**, ~ **stringer** [ein]gestemmte Treppenwange *f*
~ **stringer staircase** *s.* ~ stair[case]
household furniture Haushaltsmöbel *npl*
~ **hammer** Haushaltshammer *m*
housing Gratnut *f*, Grat *m*
~ **joint** Gratverbindung *f*, Nutverbindung *f*
~ **plane** Grundhobel *m*
Howard-process Howard-Verfahren *n (der Gewinnung von Lignosulfonaten)*
~ **truss** Dreieck-Fachwerkbinder *m* mit Druckstreben, Howe-Träger *m*
HPL *s.* high-pressure laminate
HSS *s.* high-speed steel
HTD *s.* high-temperature drying
hub Nabe *f*, Radnabe *f*
Huber's formula Hubersche Formel *f*, Mittenflächen-Kubierungsformel *f (Holzmessung)*
Hudson Bay pine Bankskiefer *f*, Pinus banksiana
hue of a stain Beizton *m*
Humboldt willow Argentinische Weide *f*, Salix humboldtiana
humidifier, humidifying apparatus Befeuchtungsanlage *f*, Befeuchter *m*
humidifying chamber Befeuchtungskammer *f (Faserplattenherstellung)*
hump *s.* bump
humulene Humulen *n (Sesquiterpen)*
Hungarian oak Ungarische Eiche *f*, Farnetto-Eiche *f*, Dichtfrüchtige Eiche *f*, Quercus frainetto (conferta)
Huon pine Dacrydium franklinii *(Holzart)*
hura Assacu *n*, ASA, Sandbüchsenbaum *m*, Hura *n*, Hura crepitans
hurdle fence Flechtzaun *m*

huron pine [Kanadische] Hemlocktanne *f*, Echte Schierlingstanne *f*, Tsuga canadensis
hurst beech *s.* hornbeam 2.
hut Baracke *f*
hutch Aufsatzschränkchen *n* [mit Fußgestell]
hybrid Hybride *f(m)*, Bastard *m*, Blendling *m*, Kreuzungsprodukt *n* (*z. B. von Holzarten*)
~ **larch** Hybridlärche *f*, Larix × eurolepis
~ **poplar** Hybridpappel *f*, Hybridaspe *f* (*Sammelbegriff*)
hydrated cellulose Hydrocellulose *f*
hydraulic barking Wasserstrahlentrindung *f*, hydraulische Holzentrindung *f*
~ **debarker** Wasserstrahlentrinder *m*, hydraulische Entrindungsmaschine *f*, Hydroentrindungsmaschine *f*
~ **log loader** hydraulischer Holzladekran *m*
~ **press** hydraulische Presse *f*
~ **ring-type debarker** Ring[viel]strahlentrinder *m*, hydraulischer Entrinder *m* des Ringtyps
~ **single daylight press** Einetagen[kurztakt]presse *f*
~ **wig-wag debarker** Flachstrahlentrinder *m*, Zellerbach-Entrinder *m*
hydro-planing Hydrohobeln *n*
hydrocellulose Hydrocellulose *f*
hydrochloric-acid lignin Salzsäurelignin *n*, Willstätter-Lignin *n*
hydrocracked lignin Hydrocracklignin *n*, Hydrospaltlignin *n*
hydrocyanic acid *s.* hydrogen cyanide
hydrogen bonding Wasserstoffbindung *f*, Wasserstoffbrücke *f* (*z. B. zwischen Cellulosemolekülen*)
~ **cyanide** Blausäure *f*, Cyanwasserstoff *m*, Cyanwasserstoffsäure *f* (*Holzschutzmittel*)
~ **peroxide** Wasserstoff[su]peroxid *n* (*Bleichmittel*)
~ **peroxide bleach[ing]** Wasserstoffperoxidbleiche *f* (*von Faserstoffen*)
hydrogenolysis Hydrogenolyse *f*, hydrogenolytische Spaltung *f* (*z. B. von Lignin*)
hydrolysis Hydrolyse *f*
~ **lignin** Hydrolysenlignin *n*
hydrolyzable tannin hydrolysierbarer Gerbstoff *m*
hydrophobic hydrophob, wasserabweisend
hydrothermolysis Hydrothermolyse *f*, hydrothermaler Abbau *m* (*z. B. von Holz*)
hydrotropic lignin Hydrotroplignin *n*
hydroxyethylcellulose Hydroxyethylcellulose *f*
hydroxymatairesinol Hydroxymatairesinol *n* (*Lignan*)
hydroxypropyl lignin Hydroxypropyllignin *n*
hydroxystilbene Hydroxystilben *n* (*Holzinhaltsstoff*)
hygroscopic hygroskopisch
hygroscopicity Hygroskopizität *f*
hymenium Hymenium *n*, Fruchtschicht *f*, sporenbildende Schicht *f*, Sporenlager *n* (*von Pilzfruchtkörpern*)
hymenomycete Hymenomyzet *m*, Hymenienpilz *m* (*Ordnung Hymenomycetales*)
hymenopteran Hautflügler *m*, Hymenoptere *m* (*Ordnung Hymenoptera*)
hypha Hypha *f*, Pilzfaden *m*
hyphae strand Myzelstrang *m*
hyphal sheath Hyphenscheide *f*
hypochlorite bleach[ing] Hypochloritbleiche *f*
hysteresis loop Hysterese[schleife] *f*, Sorptionsschleife *f*, Sorptionsisotherme *f* (*der Holzfeuchte*)

I

I-beam 1. Doppel-T-Balken *m*, I-Balken *m*; Stegträger *m*; 2. I-Träger *m*
I-joist I-Träger *m*
IC *s.* incense cedar
ice birch Eismaser *f (an Birkenarten)*
icewood Flindersia acuminata *(Holzart)*
Idaho white pine Bergstrobe *f*, Amerikanische Weymouthskiefer *f*, Pinus monticola
identification of timber (wood) Holz[arten]bestimmung *f*, Holzerkennung *f*, Erkennung *f* der Holzarten
idigbo Framiré *n*, FRA, Idigbo *n*, Terminalia ivorensis *(Holzart)*
idioblast Idioblast *m (Zelle von spezifisch abweichendem Bau; Holzanatomie)*
idioblastic idioblastisch
illupi Madhuca (Bassia) longifolia *(Holzart)*
illustration board beklebter (kaschierter) Karton *m*
ilomba Ilomba *n*, ILO, Pycnanthus angolensis (kombo) *(Holzart)*
imago Imago *f*, Vollinsekt *n*, Vollkerf *m*
illustration board beklebter (kaschierter) Karton *m*
imbibition water Imbibitionswasser *n*, gebundenes Wasser *n*, gebundene Feuchte *f*
imbrication Schuppenmuster *n (Schnitzerei)*
imbula *s.* imbuya
imbuya Imbuia *n*, IMB, Ocotea (Phoebe) porosa *(Holzart)*
impact bending strength Bruchschlagarbeit *f*, Schlagbiegefestigkeit *f*, Schlagzähigkeit *f (z. B. von Holz)*
~ **bending test** Schlagbiegeversuch *m*, Schlagbiegeprüfung *f*
~ **handle** Schlagwerkzeuggriff *m*
~ **hardness** Schlaghärte *f (z. B. von Spanplatten)*
~ **mill** Prall[teller]mühle *f*
~ **resistance** *s.* ~ bending strength
~ **sound** Trittschall *m*; Körperschall *m*
~ **test** *s.* ~ bending test
~ **viscosity** *s.* ~ bending strength
imperforate tracheary element *s.* 1. fibre-tracheid; 2. libriform [wood-]fibre
imported timber (wood) Importholz *n*, Einfuhrholz *n*
importer of wood Holzimporteur *m*
impost 1. Kämpfer *m (des Fensterrahmens)*; 2. Kämpfersockel *m (eines Pfeilers)*
impreg Impreg *n (unverdichtetes kunstharzgetränktes Lagenholz)*
impregnability Tränkbarkeit *f (Holzschutz)*
impregnable tränkbar
impregnant Tränkmittel *n*, Imprägnier[ungs]mittel *n*
impregnate/to imprägnieren, [durch]tränken
impregnated with resin verharzt, verkient; harzgetränkt
~ **wood** [drucklos] imprägniertes Holz *n*
impregnating agent *s.* impregnant
~ **primer** Einlaßgrund *m*

~ **resin** Tränkharz *n*
~ **salt** Imprägniersalz *n*, Tränksalz *n*
impregnation Imprägnierung *f*, Durchtränkung *f*, Tränkung *f*
~ **installation** Tränkanlage *f*, Tränkvorrichtung *f*
impressed [finger] joint Mikrozinkenverbindung *f*, Mikrozinkung *f*, Minizinkenverbindung *f*, Minizinkung *f*
imprint Druckstelle *f (z. B. in einer furnierten Fläche)*
improved softboard verbesserte Weichfaserplatte *f*
~ **wood** vergütetes Holz *n*
improvement felling Pflegehieb *m (Holzernte)*
in-built kitchen Einbauküche *f*
~-service moisture content Gebrauchsfeuchte *f*
~ **the solid** aus dem vollen Holz
inbark Rindentasche *f*, Rindeneinschluß *m*, Rindeneinwuchs *m*
incense cedar Kalifornisches Bleistiftholz *n*, BKA, Flußzeder *f*, Weihrauchzeder *f*, Calocedrus (Libocedrus) decurrens
~ **juniper** Weihrauchwacholder *m*, Juniperus thurifera
~ **pencil cedar** *s.* ~ cedar
~ **resin** Räuchermittelharz *n*
~ **tree** Weihrauchbaum *m (Gattung Boswellia)*
incipient decay (deterioration) Verstocken *n*, Verstockung *f (von Laubholz)*
incised lacquer work Lackschnitt *m*
incising Incising-Verfahren *n*, Anstechen *n* von Rundholz *(zur Verbesserung der Tränkbarkeit)*
inclined haunched beam Voltenbalken *m*
~ **joint** Schrägverbindung *f (Holzbau)*
included phloem eingeschlossenes (interxyläres) Phloem *n*, Einschlußphloem *n (Holzanatomie)*
~ **sapwood** eingeschlossenes Splintholz *n*; Mondringe *mpl (bei Rohholz)*; innerer (falscher) Splint *m (bei Schnittholz)*
inclusion Einschluß *m*, Inkluse *f (z. B. in Holz)*
~ **of gummed tape** Fugenpapiereinschluß *m*
increment borer Zuwachsbohrer *m*, Prüfbohrer *m (Holzmessung)*
~ **boring** Zuwachsbohrung *f*, Prüfbohrung *f*
~ **core** Zuwachsbohrkern *m*, Bohrkern *m*, Bohrspan *m (Holzmessung)*
~ **zone** Zuwachszone *f*, Wachstumszone *f (Holzanatomie)*
incrustation Inkrustation *f*, Inkrustierung *f*; Möbelinkrustation *f*
incrusting ingredient (substance) inkrustierende Substanz *f*; Lignin *n*, Holzstoff *m*
indeciduous nicht laubabwerfend, immergrün
indented joint Verzahnung *f (Holzbau)*
indexing pin Spindelfeststeller *m (Holzdrehmaschine)*
India ... *s.a. unter* Indian ...
India almond [wood] Katappenbaum *m*, Indischer Mandelbaum *m*, Etagenbaum *m*, Terminalia catappa
~ **paper** Dünndruckpapier *n*, Bibelpapier *n*
~ **rubber** *s.* indiarubber
Indian acacia Gerberakazie *f*, Katechubaum *m*, Katechuakazie *f*, Acacia catechu
~ **balm of Gilead** Commiphora berryi *(Holzart)*

~ **bdellium** Indisches Bdellium *n (Gummiharz von Commiphora mukul)*
~ **bdellium tree** Indischer Bdelliumbaum *m*, Commiphora (Balsamodendron) mukul
~ **bean** 1. Gemeiner Trompetenbaum *m*, Catalpa bignonioides; 2. Prächtiger Trompetenbaum *m*, Catalpa speciosa
~ **birch** Indische Birke *f*, Asiatische Papierbirke *f*, Betula utilis (bhoipattra)
~ **bombax** Bombax malabaricum *(Holzart)*
~ **boxwood** Gardenia latifolia *(Holzart)*
~ **canarium** Indisches Canarium *n*, Dhup *n*, Canarium euphyllum *(Holzart)*
~ **cedar** Himalajazeder *f*, Cedrus deodara
~ **chestnut** Indische Kastanie *f*, Castanopsis indica
~ **club** Keule *f (Sportgerät)*
~ **cork-tree** Millingtonia hortensis *(Holzart)*
~ **frankincense** Salai[baum] *m*, Boswellia serrata
~ **gooseberry** Amblabaum *m*, Myrobalanenbaum *m*, Phyllanthus emblica
~ **hora** Dipterocarpus zeylanicus *(Holzart)*
~ **horse chestnut** Indische Roßkastanie *f*, Aesculus indica
~ **kapok** Bombax malabaricum (ceiba) *(Holzart)*
~ **kino tree** Bastard-Teakbaum *m*, Pterocarpus marsupium
~ **laburnum** Röhrenkassie *f*, Cassia fistula
~ **laurel** 1. Terminalia tomentosa, LAI *(Holzart)*; 2. Terminalia alata *(Holzart)*
~ **linaloe** Bursera penicillata *(Holzart)*
~ **mulberry** Morinda citrifolia *(Holzart)*
~ **oak** Quercus spicata *(Holzart)*
~ **olibanum** Boswellia serrata *(Holzart)*
~ **olive** Olea ferruginea (cuspidata) *(Holzart)*
~ **paint fungus** Echinodontium tinctorium *(Holzpilz)*
~ **redwood** Chickrassy *n*, Chukrasia tabularis *(Holzart)*
~ **rose chestnut** Nagasbaum *m*, Mesua ferrea
~ **rosewood** Ostindischer Palisander *m*, Indisches Rosenholz *n*, Dalbergia latifolia *(Holzart)*
~ **rubber fig** Gummibaum *m*, Mörderfeige *f*, Ficus elastica
~ **sal [tree]** Salbaum *m*, Shorea robusta
~ **silver fir** Webb's Tanne *f*, Abies webbiana
~ **silver greywood** 1. *dunkle Farbvariante von* Terminalia bialata; 2. Terminalia mannii *(Holzart)*
~ **spruce** Himalajafichte *f*, Morindafichte *f*, Indische Fichte *f*, Picea morinda
~ **tree spurge** Milchbusch *m*, Gummihecke *f*, Euphorbia tirucalli
~ **walnut** Lichtnußbaum *m*, Aleurites moluccanus (trilobus)
~ **wild fig** Banyanbaum *m*, Ficus benghalensis (indica)
~ **willow** Indische Weide *f*, Salix tetrasperma
~ **wood apple** Feronia limonia *(Holzart)*
indiarubber Naturgummi *n*, Gummielastikum *n*, Kautschuk *m(n)*, Naturkautschuk *m(n)*
indigenous [ein]heimisch, inländisch, indigen *(z. B. Holzarten)*
indirect steaming indirektes Dämpfen *n (von Holz)*

individual fibre Einzelfaser *f*
Indo-China pine Pinus merkusii *(Holzart)*
Indonesian kapur Kapur[holz] *n*, KPR, *(bes.)* Dryobalanops aromatica
indoor fittings Innenausbauten *mpl*
~ **furniture** Innenmöbel *npl*, [bewegliche] Innenraumausstattung *f*
~ **gilding** Innenvergoldung *f*
~ **woodwork** Innenausbauten *mpl* aus Holz
induction hardened induktionsgehärtet *(Sägezähne)*
industrial furniture Industriemöbel *npl*
~ **laminate** Industrielaminat *n*
~ **log depot** zentraler Holzaufarbeitungsplatz (Aufarbeitungsplatz) *m*, ZAP, zentrale Holzausformungsanlage *f*, Holzhof *m*
~ **paper** technisches Papier *n*
~ **roundwood** Industrierundholz *n*; Industrierohholz *n*
~ **sawmill plant** Sägewerksindustrieanlage *f*
~ **timber** Industrieholz *n*
~ **timber preservation** Industrieholzschutz *m*
~ **waste wood** Industrierestholz *n*
~ **wood chips** Hackschnitzel *npl* aus Vollholz (Industrieholz)
~ **wood waste** Industrierestholz *n*
inexpensive furniture Billigmöbel *npl*
infant's chair Kinderstuhl *m*
infeed roller Einzugswalze *f (z. B. einer Abrichthobelmaschine)*
~ **table** Einlauftisch *m*, Aufgabetisch *m*, Vordertisch *m (z. B. einer Abrichthobelmaschine)*
inferior purlin Fußpfette *f*
infra-red drying Infrarottrocknung *f*, Strahlungstrocknung *f*
ingrown bark Rindentasche *f*, Rindeneinschluß *m*, eingewachsene Rinde *f*
ingyin Pentacme suavis *(Holzart)*
inhambane copal Copaifera gorskiana *(Holzart)*
initial absorption Anfangsaufnahme *f (z. B. von Holzschutzmitteln)*
~ **air pressure** Luftvordruck *m (bei der Holz-Spartränkung nach dem Rüping-Verfahren)*
~ **cell** Initialzelle *f (Holzanatomie)*
~ **conversion** Erstausformung *f (von Rohholz)*
~ **delignification** Anfangsdelignifizierung *f*
~ **drying** Vortrocknung *f*
~ **grinding time** initiale Schleifzeit *f (Holzschlifferzeugung)*
~ **moisture [content]** Anfangsfeuchte *f*, Ausgangsfeuchte *f*, Anfangsfeuchtigkeitsgehalt *m (Holztrocknung)*
~ **parenchyma** Initialparenchym *n (Holzanatomie)*
~ **weight** Ausgangsmasse *f*
initiating layer Initialschicht *f (Holzanatomie)*
initiator *s.* hardener
injecting the living tree with dye Lebendfärbung *f* von Holz, Durchfärben *n* des Holzes am lebenden Baum
injurious insect Schadinsekt *n*
ink cap *s.* inky cap
inkstands Schreibtischgarnitur *f*
inky cap Tintling *m*, Mistpilz *m (Gattung*

Coprinus)
inlaid work Einlegearbeit *f,* Intarsia *f,* Intarsie *f*; Marketerie *f*
inlay/to einlegen, Einlegearbeiten ausführen, intarsieren
inlay [work] *s.* inlaid work
inlayer Intarsienschneider *m,* Intarsiator *m*
inlet-type lock Einlaßschloß *n*
inn table Wirtshaustisch *m*
inner bark Innenrinde *f (s.a.* phloem)
~ **overlap** Innenlagenüberleimer *m (in Sperrholz)*
~ **ply** Innenlage *f,* Sperrholzinnenlage *f*
innerspring mattress Federkernmatratze *f,* Sprungfedermatratze *f*
inositol Inosit *m,* Inositol *n (Holzinhaltsstoff)*
insect Insekt *n,* Kerbtier *n,* Kerf *m,* Hexapode *m (Klasse Hexapoda)*
~ **attack** Insektenbefall *m*
~ **damage** Insektenschaden *m*
~ **-damaged wood** insektengeschädigtes Holz *n*
~ **frass** Insektenfraßmehl *n,* Insektenbohrmehl *n*
~ **-hole** Insektenfraßgang *m*; Fraßgang *m,* Insekten[fraß]loch *n,* Bohrloch *n,* Ausbohrloch *n*
~ **infestation** Insektenbefall *m*
~ **larva** Insektenlarve *f,* Larve *f*
~ **resistance** Insektenresistenz *f,* Insektenfestigkeit *f (z. B. von Holz)*
~ **-resistant** insektenresistent, insektenfest
insecticide Insektizid *n,* Insektenbekämpfungsmittel *n*
insert *s.* insertion
inserted tenon eingelegter Zapfen *m*
~ **-tooth saw** Kreissäge *f* mit eingesetzten Zähnen
insertion Flicken *m (in einem Furnier)*
inset-type hinge Einlaßband *n*
inside-bark diameter Durchmesser *m* ohne Rinde, DoR *(Holzmessung)*
~ **cannelled gouge** Deutsche Röhre *f (Drechselwerkzeug)*
~ **corner** Innenecke *f*
~ **face-plate** Innenplanscheibe *f (der Drechselbank)*
~ **ground gouge** *s.* ~ cannelled gouge
~ **wall** Innenwand *f*
~ **width of a frame** lichte Rahmenweite *f (Holzbau)*
~ **window** Innenfenster *n*
insignis pine Radiatakiefer *f,* PII, Montereykiefer *f,* Pinus radiata
insoluble lignin unlösliches Lignin *n*
instrument-maker Instrumentenbauer *m*
insulated glass Isolierglas *n*
insulating board Isolierplatte *f,* Dämmplatte *f*; Holzfaserdämmplatte *f,* HFD, poröse Faserplatte *f*
~ **coat** Isoliergrund[lack] *m*
~ **fibreboard** Faserdämmplatte *f*
~ **glass** Isolierglas *n*
~ **glass unit** Thermo[fenster]scheibe *f*
~ **wood** Isoliervollholz *n*
insulation panel *s.* insulating board
intaglio Intaglio *n,* Ätzgravierung *f*
intarsia Intarsia *f,* Intarsie *f,* Einlegearbeit *f*
intercellular interzellulär, interzellular, zwischen den Zellen [gelegen]
~ **canal** Interzellulargang *m,* Interzellularkanal *m (Holzanatomie)*
~ **space** Interzellularraum *m,* Zwischenzellraum *m (Holzanatomie)*
interface Lebendstreifen *m (Rindenstreifen zwischen zwei Lachten)*
interfibrillar interfibrillär, zwischen den Fibrillen [befindlich]
intergrown verwachsen, eingewachsen *(z. B. Ast)*
interior decoration Innenarchitektur *f*; Innenausstattung *f,* Innendekoration *f*
~ **decorator** Innenarchitekt *m*; Innenausstatter *m*
~ **door** Innentür *f*
~ **door frame** Innentürrahmen *m*
~ **finish** 1. Innenausbau *m*; Innenanstrich *m,* Innenanstrichschicht *f*
~ **finishing workshop** Innenausbaubetrieb *m*
~ **fitments** 1. Innenausstattungsgegenstände *mpl*; 2. *s.* ~ furnishing
~ **furnishing** Innenausstattung *f*; Inneneinrichtung *f*
~ **joinery** Innenausbau *m*
~ **live oak** Quercus wislizenii *(Holzart)*
~ **mirror** Innen[tür]spiegel *m*
~ **plywood** Innensperrholz *n*
~ **sill** Fensterbrett *n,* innere Fensterbank *f,* Innenfensterbank *f*
~ **stairway** Innentreppe *f*
~ **trim** Innenausstattung *f,* Innenausbau *m*; Innenausbauholz *n*
~ **-use sawn wood** Innenausbauholz *n*
~ **window casing (trim)** innenliegender Fensterblendrahmen *m*
~ **wood** Innenausbauholz *n*
~ **wood trim** Holzinnenausstattung *f*
~ **wooden furnishings** Holzinnenausbauten *mpl*
~ **woodwork** [Holz-]Innenausbau *m,* Inneneinbau *m,* Holz-Inneneinrichtung *f*
interlaminar shear Scherfestigkeit *f* quer zur Plattenebene *(Spanplattenprüfung)*
interlocked fibre (grain) Wechseldrehwuchs *m (von Holz)*
interlocking machine Zinken[fräs]maschine *f*
intermediate carriage Zwischenholm *m,* Mittelholm *m (Treppe)*
~ **felling** Vornutzungshieb *m,* Vornutzung *f,* Zwischennutzung *f (Holzbereitstellung)*
~ **fibreboard** Halbhartfaserplatte *f*
~ **floor-joist** geschoßtrennender Dielenbalken *m,* etagentrennendes Lagerholz *n*
~ **grinding** Zwischenschleifen *n,* Zwischenschliff *m*
~ **jack rafter** Mittelschifter *m*
~ **lacquer sander** Lackzwischenschliffmaschine *f*
~ **lacquer sanding** Lackzwischenschliff *m*
~ **landing** Zwischenpodest *n (einer Treppe)*
~ **post** Streckenpfahl *m (Zaunbau)*
~ **rafter** Zwischensparren *m*
~ **rail** Mittellagenstab *m (einer Sperrtür)*
~ **storage** Zwischenlagerung *f*
~ **varnish** Zwischenfirnis *m*
~ **wall pole** Zwischenwandpfosten *m*
~ **wood** Übergangsholz *n (zwischen Splint und*

Kernholz)
intermittend board machine
Naßwickelmaschine *f (Kartonherstellung)*
internal blue-stain Innenbläue *f (Nadelholzfehler bes. durch Ophiostoma spp.)*
~ **bond** Innen-Bindefestigkeit *f*
~ **check** 1. Innenriß *m*, innerer Riß *m (Holzfehler)*; 2. *s.* ~ checking
~ **checking** Innenrißbildung *f (in Schnittholz)*; Wabigwerden *n*, Bildung *f* wabenartiger Innenrisse
~ **decay** *s.* ~ rot
~ **door** Innentür *f*
~ **door casing** Futterrahmen *m*, Türfutterrahmen *m*
~ **face** Kernseite *f*, rechte (innere) Seite *f (eines Brettes)*
~~**fan [compartment] kiln** Kammertrockner *m* mit innenliegendem Ventilator
~ **rot** Innenfäule *f (z. B. von Nadelholz durch Befall mit Lentinus spp.)*
~ **sap[wood]** Mondringe *mpl (Rohholzfehler)*; innerer (falscher) Splint *m (Schnittholzfehler)*
~ **shake** Innenriß *m*, innerer Riß *m (Holzfehler)*
~ **side** Kernseite *f*, rechte (innere) Seite *f (eines Brettes)*
~ **sizing** Leimen *n* in der Masse, Masseleimung *f (Papierherstellung)*
~ **split** *s.* ~ shake
~ **stain** *s.* ~ blue-stain
~ **stress** Innenspannung *f*, innere Spannung *f (z. B. in Holz)*
~ **structural wood** Innenausbauholz *n*
~ **window** Innenfenster *n*
~ **wood surface** innere Oberfläche *f* von Holz, Holz[körper]innenfläche *f*
interrupted tie-beam unterbrochener Spannbalken (Zugbalken) *m*
~ **toothing** Gruppenverzahnung *f (an Sägeblättern)*
~ **wavy grain** unregelmäßiger Wimmerwuchs (Wellenwuchs) *m (Holzstruktur)*
intersecting roof Dach *n* über zusammengesetztem Grundriß; Wiederkehrdach *n*
interspace *s.* interface
interstitial mycelium Substratmyzel *n*, Innenmyzel *n*
intertie [beam] Sturzriegel *m*
intervascular pit Gefäßtüpfel *m*, intervaskulärer Tüpfel *m (Holzanatomie)*
~ **pitting** Gefäßtüpfelung *f*
intervessel ... *s.* intervascular ...
interweaving machine Flechtmaschine *f*
interxylary cork interxylärer Kork *m*
~ **phloem** interxyläres Phloem *n (Holzanatomie)*
intra-mural timber eingemauerter Balken *m (als Verstärkung in frühzeitlichen Bauwerken)*
intracellular intrazellulär, in der Zelle [gelegen]
intrados Bogenunterseite *f*, Bogeninnenseite *f*
intrinsic colour Eigenfarbe *f (z. B. von Holz)*
intumescent material Schaumschichtbildner *m*, Dämmschichtbildner *m (Feuerschutzmittel)*
invalid chair Krankenstuhl *m*
~ **furniture** Krankenmöbel *npl*

ipe Ipè *n*, IPE, *(bes.)* Tabebuia serratifolia *(Holzart)*
ipid [beetle] Borkenkäfer *m*, Splintkäfer *m (Familie Scolytidae = Ipidae)*
ipil-ipil Leucaena leucocephala *(Holzart)*
ire rubber tree Seidenkautschukbaum *m*, Funtumia (Kickxia) elastica
Irish yew Irische Eibe *f*, Säuleneibe *f*, Taxus baccata var. fastigiata
iroko [wood] 1. Iroko *n*, IRO, Kambala *n*, Chlorophora excelsa *(Holzart)*; 2. Chlorophora regia *(Holzart)*
iron Eisen *n*, Schneideisen *n*, Schneidstahl *m*
~~**bark [tree]** Eisenrindenholz *n*, Ironbark-Eukalyptus *m (bes. Eucalyptus leucoxylon und E. resinifera)*
~~**bound** eisenbeschlagen
~ **dip** Schöpfspachtel *m(f) (Harzgewinnung)*
~ **dog** Eisenklammer *f*
~ **oak** Eiseneiche *f*, Pfahleiche *f*, Quercus stellata
~ **scrape** Scharrharzhacke *f*
~ **stain** Eisenfleck *m*, Verfärbung *f* durch Eisen
~~**tannate stain** Eisen-Gerbstoff-Verfärbung *f*, Eisen-Gallus-Reaktion *f*, Eisenflecke *mpl*
~ **tree** 1. Eisenholz *n*, Parrotia persica; 2. Ixora ferra *(Holzart)*
ironing-board Bügelbrett *n*, Plättbrett *n*
~ **table** Bügeltisch *m*
ironwood 1. Eisenholz *n (Sammelbegriff)*; 2. Eisenholz *n*, Backhousia myrtifolia; 3. Cassia siamea *(Holzart)*; 4. Virginische Hopfenbuche *f*, Ostrya virginiana; 5. *s.* American hornbeam
~ **of Guiana (Honduras)** Jamaika-Eisenholz *n*, Laplacea curtyana
irregular grain unregelmäßige Textur (Faser) *f*, unregelmäßiger Faserverlauf *m*
irritant timber (wood) Reizstoffe enthaltendes Holz *n*
Irwin bit Irwin[schlangen]bohrer *m*, Schlangenbohrer *m* mit durchgehendem Schaft, Schlangenbohrer *m* mit vollem Kern
isabella wood Persea borbonia *(Holzart)*
isinglass Hausenblasenleim *m*
iso-olivil Iso-Olivil *n (Lignan)*
isocyanate adhesive Isocyanatklebstoff *m*, IC
isodextropimaric acid Isodextropimarsäure *f (Harzsäure)*
isolariciresinol Isolariciresinol *n (Lignan)*
isolation cell Isolationszelle *f (Holzanatomie)*
isometric projection isometrische (axonometrische) Darstellung *f*, Schrägbild *n*, Isometrie *f*
isopimaric acid Isopimarsäure *f (Diterpen, Harzsäure)*
isoprene Isopren *n*, 2-Methylbutadien *n (Kohlenwasserstoff)*
~ **unit** Isoprenbaustein *m*
isosceles triangle gleichschenkliges Dreieck *n*
Italian alder Neapolitanische (Herzblättrige) Erle *f*, Alnus cordata
~ **chestnut** *s.* sweet chestnut
~ **cypress** Echte (Italienische, Gemeine) Zypresse *f*, ZYP, Cupressus sempervirens

Italian

~ **maple** Frühlingsahorn *m*, Italienischer Ahorn *m*, Acer opalus
~ **stone pine** Pinie *f*, Pinus pinea
itapicuru Gonorrhachis marginata *(Holzart)*
item of furniture Möbelstück *n*, Möbel *n*
ivory nut (palm) Steinnußpalme *f*, Phytelephas macrocarpa
ivy Efeu *m*, Hedera helix
IWP *s*. Idaho white pine
Izod impact strength Schlagbiegefestigkeit *f* nach Izod
~ **impact test** Izod-Schlagprüfung *f*, Pendelschlagversuch *m* nach Izod
izombe Izombé *n*, IZO, Testulea gabonensis *(Holzart)*

J

jacaranda Rio-Palisander *m*, PRO, Jakarandabaum *m*, Dalbergia nigra
~ **pardo** Machaerium villosum *(Holzart)*
jacareuba Jacareuba *n*, Calababaum *m*, Calophyllum brasiliense (calaba)
jack Bankknecht *m*
~ **pine** Bankskiefer *f*, Pinus banksiana
~-**plane** Schrupphobel *m*, Schropphobel *m*
~ **rafter** Schiftsparren *m*, Schifter *m*; Kehlschifter *m*
~ **stud** Kurzständer *m* *(Holzbau)*
~ **tree** Jackfruchtbaum *m*, Echter Brotfruchtbaum *m*, Artocarpus heterophyllus
~ **up/to** abhobeln, abstoßen
jacketing plant Ummantelungsanlage *f*
jackwood *s.* jack tree
jag/to einzapfen *(Holz)*
jak *s.* jack tree
jalousette Jalousette *f*
jalousie Jalousie *f*; Lamellenfüllung *f*
~ **window** Jalousiefenster *n*
Jamaica birch tree Bursera simaruba (gummifera) *(Holzart)*
~ **bloodwood** Jamaika-Eisenholz *n*, Laplacea curtyana
jamb Blendrahmen *m*, Rahmenlängsstück *n*; Rahmenquerstück *n*
~ **casing** Türfutter *n*, Futter *n*, Zarge *f*, Holzleibung *f*
~ **post** Gewändepfosten *m*
~ **wall** Kniestockwand *f*, Drempelwand *f*
Janka hardness Janka-Härte *f* *(Holzprüfung)*
~ **tool** Härteprüfwerkzeug *n* nach Janka
japan/to Lackmalerei betreiben, Lackdekor auftragen
japan 1. [echter] Japanlack *m*, Japanischer Firnis *m*; 2. Lackmalerei *f*, Lackarbeit *f*
~ **varnish-tree** Lacksumach *m*, Toxicodendron vernicifula, Rhus vernicifera
Japan ... *s.a. unter* Japanese ...
Japan earth *s.* cutch 1.
~ **varnish** *s.* japan 1.
~ **work** Lackmalerei *f*
Japanese alder Japanische Erle *f*, Alnus japonica
~ **ash** Japanische Esche *f*, ESJ, Fraxinus mandshurica
~ **beech** 1. Japanische Buche *f*, Fagus japonica; 2. Japanische Buche *f*, Fagus crenata (sieboldii)
~ **black pine** Japanische Schwarzkiefer *f*, Thunbergskiefer *f*, Pinus thunbergii
~ **cedar** 1. [Japanische] Sicheltanne *f*, Sugi *n*, SUG, Japanische Zeder *f*, Cryptomeria japonica; 2. *s.* ~ cypress
~ **cherry wood** Zergkirsche *f*, Prunus pseudocerasus
~ **chestnut** Japanische Kastanie *f*, Castanea crenata
~ **cypress** Stumpfblättrige Sonnenzypresse *f*, Feuerzypresse *f*, Hinoki[holz] *n*, Chamaecyparis obtusa
~ **elm** Ulmus japonica (davidiana) *(Holzart)*
~ **evergreen oak** Rote Lebenseiche *f*, Quercus acuta
~ **fir** 1. Momitanne *f*, Abies firma; 2. Sachalintanne *f*, Abies sachalinensis
~ **giant poplar** Populus japano-gigas *(Holzart)*
~ **green oak** Quercus glauca *(Holzart)*
~ **hazel** Mandschurische (Sibirische) Haselnuß *f*, Corylus heterophylla
~ **hemlock** Japanische Hemlocktanne *f*, Araragi-Hemlocktanne *f*, Tsuga sieboldii
~ **hop-hornbeam** Japanische Hopfenbuche *f*, Ostrya japonica
~ **horse chestnut** Japanische Roßkastanie *f*, Aesculus turbinata
~ **juniper** Steifblättriger Wacholder *m*, Juniperus rigida
~ **lacquer** [echter] Japanlack *m*, Japanischer Firnis *m*
~ **larch** Japanische Lärche *f*, LAJ, Hondolärche *f*, Larix kaempferi (leptolepis)
~ **lime** Tilia japonica *(Holzart)*
~ **maple** 1. Japanischer Ahorn *m*, Acer japonicum; 2. Fächerahorn *m*, Japanischer Ahorn *m*, Nippon-Ahorn *m*, Acer palmatum; 3. Japanischer Spitzahorn *m*, Acer mono
~ **medlar** Japanische Mispel *f*, Loquate *f*, Wollmispel *f*, Eriobotrya japonica
~ **oak** 1. Japanische Stieleiche (Eiche, Kohleiche) *f*, Quercus glandulifera (serrata); 2. Mongolische Eiche *f*, Quercus mongolica; 3. Quercus crispula *(Holzart)*
~ **pagoda tree** Japanischer Schnurbaum *m*, Enju *m*, Sophora japonica
~ **paper** Japanpapier *n*
~ **paulownia** *s.* kiri
~ **persimmon** Kakipflaume *f*, Chinesisches Dattelpflaumenholz *n*, Diospyros kaki
~ **pine** Pinus massoniana *(Holzart)*
~ **raisin tree** Japanischer Rosinenbaum *m*, Japanisches Mahagoni *m*, Hovenia dulcis
~ **red pine** Dichtblütige Kiefer *f*, Japanische Rotkiefer *f*, Pinus densiflora
~ **sumac[h]** Talgsumach *m*, Toxicodendrum succedanum, Rhus succedanea
~ **torreya** Nußtragende Stinkeibe *f*, Torreya nucifera
~ **tung** Japanischer Ölbaum *m*, Aleurites cordatus
~ **umbrella tree** Japanische Schirmtanne *f*, Sciadopitys verticillata
~ **varnish-tree** Lacksumach *m*, Firnissumach *m*, Firnisbaum *m*, Toxicodendron vernicifula, Rhus vernicifera
~ **walnut** Siebolds Walnuß *f*, Kurumi *n*, Juglans ailantifolia [var. ailantifolia]
~ **wax** Talgsumach *m*, Toxicodendron succedanum, Rhus succedana
~ **white pine** Mädchenkiefer *f*, Japanische Strobe *f*, Kleinblütige Kiefer *f*, Pinus parviflora
~ **wingnut** Japanische Flügelnuß *f*, Pterocarya rhoifolia
~ **wood oil tree** *s.* ~ tung

Japanese

~ **yew** Japanische Eibe *f*, Taxus cuspidata
japanned lack[malerei]verziert
japanning Lackdekor *m(n)*
jardiniere Jardiniere *f*, Blumenschale *f*
jarrah Jarrah[baum] *m*, JAR, Australische Roteiche *f*, Eucalyptus marginata
javelin Speer *m*
Javelle water Eau *n* de Javelle, Javellesche Lauge *f*, Javellwasser *n*, Chlorlauge *f* *(Bleichmittel)*
jaw Spannbacke *f*, Spannbacken *m (z. B. am Schraubstock)*
Jeffrey pine Jeffrey-Kiefer *f*, Pinus jeffreyi
Jelicote pine Patulakiefer *f*, Pinus patula
jelutong Jelutong *n*, JEL, Dyera costulata *(Holzart)*
Jennings[-pattern auger] bit Jennings[schlangen]bohrer *m*, Schlangenbohrer *m*
jequitiba Jequitiba[holz] *n (von Cariniana spp.)*
Jersey pine Jerseykiefer *f*, Pinus virginiana
Jerusalem pine Aleppokiefer *f*, See[strand]kiefer *f*, Pinus halepensis
~ **thorn** Jerusalemdorn *m*, Stachliger Ginster[baum] *m*, Parkinsonia aculeata
jesuit's bark Chinarinde *f (von Cinchona spp.)*
jet barker Wasserstrahlentrinder *m*
~ **barking** Wasserstrahlentrindung *f*
~ **dryer** Düsentrockner *m*
jetty/to auskragen, herausragen, vorspringen *(Balken)*
jetty Auskragung *f*, Überhang *m*
jewel cabinet Schmuckschrank *m*
jewelry box Schmuckkasten *m*; Schmuckkästchen *n*
Jew's frankincense Harz von Styrax officinalis
jicwood Kunstharzpreßholz *n*, Preß[schicht]holz *n*
jigger[-board] Fälltisch *m*, Holzfällerpodest *n*
jigsaw Dekupiersäge *f*, maschinelle Laubsäge *f*; Stichsäge *f*, Pendelstichsäge *f*
~ **blade** Dekupiersägeblatt *n*; Stichsägeblatt *n*
~ **table** Laubsägetisch *m*
job Werkstück *n*, Werkteil *n*, Arbeitsstück *n*
~**built cabinet** Einbauschrank *m*
joggle/to [ver]zinken, mittels Zinkung fügen
joggle Zinkung *f*
~ **piece** Hängesäule *f (Holzbau)*
Johnson-Noll number Johnson-Noll-Zahl *f*, Kappa-Zahl *f (von Zellstoff)*
join/to abbinden *(Bauholz)*; verbinden, [zusammen]fügen
joiner Tischler *m*, Schreiner *m*; Bautischler *m*, Bauschreiner *m*
joiner's adhesive Tischlerleim *m*
~ **band-saw** Tischlerbandsäge *f*
~ **clamp** Schraubzwinge *f*
~ **glue** Tischlerleim *m*
~ **hammer** Tischlerhammer *m*
~ **mallet** Schreinerklüpfel *m*, Stemmknüppel *m*, Knüpfel *m*, Holzklüpfel *m*, Klopfholz *n*
~ **plane** Tischlerhobel *m*
~ **shop** Tischlerwerkstatt *f*, Schreinerwerkstatt *f*, Tischlerei *f*, Schreinerei *f*; Zimmergeschäft *n*
~ **work** Tischlerarbeit *f*, Tischlerarbeiten *fpl*, Schreinerarbeit *f*
• **do** ~ **work/to** tischlern, schreinern
joiners' guild Tischlerzunft *f*, Tischlerinnung *f*, Schreinergilde *f*, Schreinerinnung *f*
joinery 1. Tischlerhandwerk *n*, Tischlerei *f*; 2. *s.* ~ **work**
~ **grade** Tischlerqualität *f (Nadelschnittholzgüteklasse)*
~ **shop** *s.* joiner's shop
~ **softwood** Nadelholz *n* für Tischlerarbeiten
~ **timber (wood)** Tischlerholz *n*, Holz *n* für Tischlerarbeiten, Tischlerware *f*, Schreinerware *f*
~ **work** 1. Tischlerarbeit *f*, Tischlerarbeiten *fpl*, Schreinerarbeit *f*; 2. [vorgefertigte] Holzbauteile *npl*; Bautischlereierzeugnisse *npl*, Bauschreinerprodukte *npl*
joining Abbund *m*, Abbinden *n*; Verbinden *n*
~ **machine** Abbundmaschine *f*, Abbundkreissäge[maschine] *f*
~ **shop** Abbundhalle *f*
~ **unit** Abbundanlage *f*
~ **yard** Abbundplatz *m*
joint/to 1. geradehobeln, planhobeln, abrichten *(Kanten oder Fugen)*; 2. fügen, verbinden; [ver]zinken
joint Verbindung *f*; Fuge *f*, Stoßfuge *f*; Zinkung *f*
~ **dowel** Fugendübel *m*
~ **fir** Eibengewächs *n (Familie Taxaceae)*
~ **gluing** Fugenverleimen *n*, Fugenverleimung *f*
~ **stool** Pfostenhocker *m*
jointed veneer fugenverleimtes Furnier *n*
jointer 1. Füge[hobel]maschine *f*; 2. *s.* ~ **plane**
~ **plane** Fügehobel *m*, Schlichthobel *m*; Rauhbank *f*, Langhobel *m*
jointing Fügen *n*
~ **cut** Fügeschnitt *m*
~ **cut adjustment** Fügeschnittverstellung *f*
~ **cutter** Fügefräser *m*, Ebenfräser *m*
~ **plane** *s.* jointer plane
jointwood Cassia javanica *(Holzart)*
joist Träger *m*, Tragbalken *m*, Balken *m*; Dielenbalken *m*, Lagerholz *n*, Rippholz *n*; Deckenbalken *m*, Deckenträger *m*; Querträger *m*, Zwischenträger *m*
~ **ceiling** Balken[träger]decke *f*
~ **hanger** Balkenschuh *m (Stahlblechformteil)*
Jokro mill Jokromühle *f (zum Mahlen von Zellstoff)*
Jordan mill Jordanmühle *f*, Kegelstoffmühle *f*
journeyman carpenter Zimmermannsgeselle *m*
Judas tree Judasbaum *m*, Cercis siliquastrum
judder/to flattern *(Sägeblatt)*
judder Flattern *n (von Sägeblättern)*
juglandaceous zu den Walnußgewächsen *(Juglandaceae)* gehörend
jujube 1. Jujube *f (Gattung Ziziphus)*; 2. *s.* common jujube
jump saw Pendel[kreis]säge *f*, Schwingsäge *f*
jumper upset Stauchvorrichtung *f (für Sägezähne)*
junction plate Knotenblech *n*
junior bedstead Jugend[zimmer]bett *n*
juniper Wacholder *m (Gattung Juniperus)*

~ **tar oil** Wacholder[teer]öl *n (von Juniperus oxycedrus)*
juvenile wood juveniles Holz *n*, Juvenilholz *n*, Jugendholz *n*

K

kaempferol Kämpferol *n (Flavonoid)*
kahikatea Podocarpus dacrydioides *(Holzart)*
kakarali Lecythis ollaria *(Holzart)*
kaki Kakipflaume *f*, Chinesisches Dattelpflaumenholz *n*, Diospyros kaki
kamala tree Mallotus philippinensis *(Holzart)*
kamarere Kamerere *n*, Eucalyptus deglupta *(Holzart)*
kamassi [boxwood] Kamassi *n*, Gonioma kamassi *(Holzart)*
kambala Iroko *n*, IRO, Kambala *n*, Chlorophora excelsa *(Holzart)*
Kamyr digester Kamyr[zellstoff]kocher *m*
kanari Canarium commune *(Holzart)*
kaneelhart Holz von Licaria spp.
kaneralle Eschweilera sagotiana *(Holzart)*
kaolin Kaolin *m(n)*, weißer Ton *m*
kapok Kapok *m*, Seidenbaumwolle *f (bes. von Ceiba pentandra)*
~ **tree** Kapokbaum *m*, Wollbaum *m*, Baumwollbaum *m*, Ceiba *f*, CEI, Ceiba pentandra
kappa number Kappa-Zahl *f*, Johnson-Noll-Zahl *f (von Zellstoff)*
~ **number range** Kappa-Zahl-Bereich *m*
kapur Kapur[holz] *n*, KPR, *(bes.)* Dryobalanops aromatica
KAR *s.* knot area ratio
Kara redwood *s.* European redwood
Karafuto oak Quercus crispula *(Holzart)*
karagil Dysoxylum ficiforme *(Holzart)*
karaya gum Karayagummi *n*, Indischer Tragant[h] *m (bes. von Sterculia urens)*
Karelian birch Karelische Birke *f (Herkunftsname)*
karri Karri *n*, KAR, Eucalyptus diversicolor *(Holzart)*
katon Sentul *m*, Katon *n*, Indischer Sandoribaum *m*, Sandoricum koetjape (indicum)
katsura Katsurabaum *m*, Cercidiphyllum japonicum
kaurene Kauren[ol] *n*, Kaurenal *n (Terpen)*
kaurenoic acid Kaurensäure *f*, Phylloclad-16-en-19-säure *f (Terpen)*
kauri 1. Kaurifichte *f (Gattung Agathis)*; 2. Kaurifichte *f*, Agathis australis
~ **copal (gum)** Kaurikopal *m*, Kauriharz *n (von Agathis australis)*
~ **pine** *s.* kauri
KD, K/D, k.d. *s.* kiln-dried
KD furniture *s.* knock-down furniture
keel block Kielpalle *f*; Pallholz *n (Schiffbau)*
keledang Keledang *n*, KEL, Artocarpus anisophyllus (lanceifolius) *(Holzart)*
Kellogg oak Kellogg's Eiche *f*, Quercus kelloggii
kempas Kempas *n*, KEM, Koompassia malaccensis *(Holzart)*
Kentucky coffee tree Kanadischer Judasbaum *m*, Cercis canadensis
Kenya cedar Afrikanisches Bleistiftholz *n*, Afrikanische Bleistiftzeder *f*, BAF, Juniperus procera
keranji Keranji[holz] *n (von Dialium spp.)*
kerf 1. Kerbe *f*, Einschnitt *m*; Schnittfuge *f*; 2. Fallkerb *m*, Fällhieb *m*
~ **bottom** 1. Schnittfugengrund *m*; 2. Fallkerbsohle *f*
~ **width** Schnitt[fugen]breite *f*
kermes [oak] Kermeseiche *f*, Quercus coccifera
keruing Keruing[holz] *n*, YAN, Gurjun *n*, Apitong *n (Dipterocarpus spp.)*
ketone delignification Ketondelignifizierung *f (Aufschlußverfahren)*
kevazingo *s.* 1. bubinga 1.; 2. olive walnut
key/to 1. verkeilen; verdübeln; 2. abzahnen, [mit dem Zahnhobel] aufrauhen
key Bruchleiste *f (Baumfällung)*
~ **buckle** Keilangel *f (der Gattersäge)*
~ **plate** Schlüsselschild *n*
keyaki Ke[y]aki *n*, Zelkowa acuminata (serrata) *(Holzart)*
keyboard Klaviatur *f*, Tastatur *f*
~ **instrument** Tasteninstrument *n*
keyed joint Keilverbindung *f*
~ **tenon** verkeilter Fingerzapfen *m*
~ **tusk tenon** verkeilter Brustzapfen *m*
keyhole Schlüsselloch *n*
~ **borer** Borkenkäfer *m*, Splintkäfer *m (Familie Scolytidae = Ipidae)*
~ **saw** Schlüssellochsäge *f*
khair tree Gerberakazie *f*, Acacia catechu
khasya pine 1. Pinus khasia (insularis) *(Holzart)*; 2. *s.* chir pine
khaya *(Am)* Khaya[-Mahagoni] *n*, MAA, Afrikanisches Mahagoni *n (Khaya ivorensis, K. anthotheca, K. grandifoliola, K. senegalensis)*
kiabooca wood Malabar-Kinobaum *m*, Pterocarpus marsupium
kick-back Rückschlag *m (bei Holzbearbeitungsmaschinen)*
kicker 1. Rundholzabwerfer *m*, Blockabwerfer *m*; 2. Kippleiste *f*, Schubkastenkippleiste *f*
kicking piece Schwellenschubholz *n*
kidney shape Nierenform *f (z. B. einer Tischplatte)*
~ **table** Nierentisch *m*
kier Kocher *m (Zellstofferzeugung)*
kiln 1. Kiln *m*, Meilerofen *m*, Schachtofen *m (zur Holzverkohlung)*; 2. *s.* ~ dryer
~ **burn** Braunverfärbung von Holz nach künstlicher Trocknung
~-**dried** technisch (künstlich) getrocknet, raumgetrocknet, kammergetrocknet
~-**dry/to** technisch (künstlich) trocknen
~-**dry** technisch (künstlich) getrocknet, ofentrocken
~ **dryer** Kammertrockner *m*; Schnittholztrockner *m*; Holztrocknungsanlage *f*
~ **drying** Trockenraumtrocknung *f*, Kammertrocknung *f*, technisches (künstliches) Trocknen *n*
~-**drying chamber** Trockenkammer *f*
~-**drying schedule** Trocknungsprogramm *n*, Trocknungs[fahr]plan *m*; Trocknungstafel *f*

~ **drying time** Gesamttrocknungszeit *f*, Gesamtverweilzeit *f* im Trockner
~ **operation** Trocknungsführung *f*
~ **operator** Trocknungswart *m*
~ **run** Trocknungsablauf *m*
~ **schedule** s. ~-drying schedule
~ **seasoning** s. ~ drying
~ **stick** Stapellatte *f*, Stapelleiste *f*, Hölzel *n*
~ **temperature** Trocknertemperatur *f*, Temperatur *f* im Trockner
~ **truck** Stapelwagen *m* [zur Holztrocknung]
kilning temperature Trocknungstemperatur *f*
kind of paper Papiersorte *f*
~ **of wood** Holzart *f*
kindergarten table Kindergartentisch *m*
king nut [hickory] Königsnuß *f*, Carya laciniosa (sulcata)
~ **post** Hängesäule *f (Holzbau)*
~ **post hanging truss** Dreieckhängewerk *n*
~-**post [roof] truss** einfaches Hänge[balken]werk *n*, einfacher Hängebock *m*
~ **strut** Dachpfosten *m*
King Boris's fir König-Boris-Tanne *f*, Abies borisii-regis
kingwood Königsholz *n*, Dalbergia cearensis
kino Kino[gummi] *n*, Kinoharz *n (zahlreicher Eukalyptus-Arten)*
~ **formation** Kino[gummi]bildung *f*
~ **gum** s. kino
~ **vein** Kino[harz]ader *f*, [aderförmige] Kinoharzansammlung *f*
kipper box Räucherfischkiste *f*
kiri Kiri *n*, Paulownia tomentosa (imperialis) *(Holzart)*
kitchen-cabinet Küchen[unter]schrank *m*
~ **chair** Küchenstuhl *m*
~ **constructor** Küchenhersteller *m*
~ **counter** Küchenarbeitsplatte *f*
~ **cupboard** Küchenschrank *m*
~-**dresser** Küchen[unter]schrank *m*
~ **furniture** Küchenmöbel *npl*; Küche[neinrichtung] *f*
~-**furniture factory** Küchenmöbelfabrik *f*
~-**furniture front** Küchenfront *f*
~-**furniture industry** Küchenmöbelindustrie *f*
~-**furniture manufacturer** Küchenmöbelhersteller *m*
~ **stool** Küchenhocker *m*
~ **table** Küchentisch *m*
~ **unit** Einbauküche *f*, Einbauküchenmöbel *npl*
~ **wall unit** Küchenschrankwand *f*
~ **worktop** Küchenarbeitsplatte *f*
Klason lignin Klason-Lignin *n*
~ **process** Klason-Verfahren *n (der Ligninbestimmung)*
klinki pine Araucaria klinkii (hunsteinii) *(Holzart)*
klismos chair Klismos[-Stuhl] *m*
knackaway Ehretia elliptica *(Holzart)*
knag Knorren *m*, Knoten *m*, Ast *m (Holzfehler)*; Astbeule *f*; [überwallter] Aststummel *m*
knaggy knorrig, knotig, ästig *(Holz)*
knar s. knag
knarled, knarred s. knaggy
kneader, kneading machine Zerfaserer *m*, Zerfaserungsmaschine *f (Papierherstellung)*
kneading temperature Zerfaserungstemperatur *f*
knee 1. Knie *n (z. B. an Möbelbeinen)*; 2. Wurzelanlauf *m*, Stammanlauf *m*
~ **brace** Kopfband *n (Holzbau)*; Eckverstrebung *f*
~ **hole** Knieraum *m*, Fußraum *m (z. B. von Schreibmöbeln)*
~-**hole desk** Schreibkommode *f* mit Knieraum
~ **pine** Pinus mugo ssp. mugo *(Holzart)*
~ **timber** Knieholz *n*
~-**wall** Kniestock *m*, Drempel *m*
kneeling stool Knieschemel *m*
knife Messer *n*; Messerklinge *f*; Schälmesser *n*
~ **angle** Messer[anstell]winkel *m*
~ **barker** Messer[scheiben]entrinder *m*
~-**blade** Messerklinge *f*
~ **case** Besteckkasten *m*
~ **check** Messerriß *m*, Schälriß *m (im Furnier)*
~-**coat/to** mit der Rakel [ab]streichen *(Papierherstellung)*
~-**cut veneer** Messerfurnier *n*
~ **cutting [of veneers]** Furniermessern *n*
~ **file** Messerfeile *f*
~ **grinder** Messerschleifmaschine *f*
~ **mill** Messermühle *f*
~ **ring flaker** Messerringzerspaner *m*
knob 1. Knorren *m*, Knoten *m*, Ast *m (Holzfehler)*; Beule *f*, Astbeule *f*; [überwallter] Aststummel *m*; 2. Knopf *m*, Hörnchen *n (einer Gestellsäge)*
~-**cone pine** Höckerkiefer *f*, Warzenkiefer *f*, Eldoradokiefer *f*, Pinus attenuata
~-**cone-radiata hybrid** Pinus × attenuradiata *(Holzart)*
knobby knorrig, knotig, ästig *(Holz)*; beulig, höckerig *(Stamm)*
~ **thorn** Acacia nigrescens *(Holzart)*
knobwood Südafrikanisches Gelbholz *n*, Zanthoxylum capense
knock in/to einschlagen *(Nägel)*
knock-down furniture Mitnahmemöbel *npl*, Paketmöbel *npl*, Knock-down-Möbel *npl*, KD-Möbel *npl*; Zerlegtmöbel *npl*, Selbstbaumöbel *npl*
knot 1. Ast[knoten] *m*, Astknorren *m*; Astbeule *f*; 2. Faserstoffknoten *m (in Papier)*
~ **area ratio** Verhältnis *n* von Astschnittfläche zu Holz-Querschnittsfläche, KAR
~ **borer** Astausreiber *m*, Astausbohrer *m*
~ **cluster** Astansammlung *f*, Astbüschel *n (Holzfehler)*
~ **diameter** Astdurchmesser *m*
~-**free** astfrei, astrein
~-**hole** Astloch *n*
~-**hole boring machine** Astlochbohrmaschine *f*, Astausbohrmaschine *f*
~ **ratio** Astverhältnis *n (Holzfestigkeitsprüfung)*
~ **screen** Astfänger *m*, Knotenfang *m (Holzstofferzeugung)*
~ **size** Astgröße *f*
~ **whorl** Astquirl *m*, Wirtel *m*
~ **with incipient decay** leicht angefaulter Ast *m*
~ **wood** Ast[knoten]holz *n*
knotted s. knotty

knotter

knotter s. knot screen
knottiness Ästigkeit f, Astigkeit f
knotty ästig, astig, astreich
~ **pine** 1. Kieferastholz n (zu dekorativen Zwecken); 2. s. lodge-pole pine
knuckle Stiftlappen m (eines Scharniers)
~ **joint** Rollenzinkenscharnier n
knuckleboom [unscrambler] Rundholzmanipulator m, Manipulator m
knur[r] Ast[knoten] m, Astknorren m; Astbeule f
Knysna boxwood Kamassi n, Gonioma kamassi (Holzart)
koa Koa n, Acacia koa (Holzart)
kobo tree Copaifera copallifera (Holzart)
kokko Ostindischer Nußbaum m, [Andamanen-]Kokko n, Albizia lebbeck
kokrodua s. afrormosia
konara oak Japanische Stieleiche (Eiche, Kohleiche) f, Quercus glandulifera (serrata)
konoko Riemholz n, Pruteria engleri
Korean arbor-vitae Korea-Lebensbaum m, Thuja koraiensis
~ **pine** Koreakiefer f, Pinus koraiensis
~ **poplar** Koreapappel f, Populus maximowiczii (cathayana)
korina (Am) s. limba
krabak s. mersawa
kraft Kraft[sack]papier n
~-**anthraquinone pulping** Kraft-Anthrachinon-Aufschluß m (Zellstofferzeugung)
~ **black liquor** Sulfatablauge f, Schwarzlauge f
~ **cooking** Kraftkochung f, Kraftaufschluß m, Kraftzellstoffgewinnung f
~ **cooking liquor** Sulfatkochlauge f
~ **fibre** Kraftzellstoffaser f
~ **lignin** Kraftlignin n
~ **lignin acetate** Kraftligninacetat n
~ **lignin derivate** Kraftligninderivat n
~ **liquor recovery** Sulfatkochlaugenrückgewinnung f
~ **mill** Kraftzellstoffwerk n, Sulfatzellstofffabrik f, Sulfatzellstoffwerk n
~ **paper** Krat[sack]papier n
~-**phenolic** phenolharzgetränktes Sulfatkraftpapier n, Kernpapier n
~ **process** Kraftzellstoffverfahren n, Sulfat[aufschluß]verfahren n, Sulfataufschluß m, Sulfatkochung f
~ **pulp** Kraftzellstoff m, Sulfatzellstoff m
~ **pulp mill** s. ~ mill
~ **pulping** Kraftzellstoffgewinnung f, Kraftkochung f, Kraftaufschluß m
~ **pulping effluent** Sulfatablauge f, Schwarzlauge f
Kübler dowel Kübler-Dübel m, Rundholzdübel m System Kübler, Hartholzrunddübel m
Kurilian larch Dahurische Lärche f, Larix gmelinii (dahurica)
kurokai Protium decandrum (Holzart)
kuso tree Kosobaum m, Hagenia abyssinica
kyabuka wood s. kiabooca wood
kyanization Kyanisation f, Kyanisierung f (Holzimprägnierung mit Quecksilberchlorid)

kyanize/to kyanisieren (Holz mit Quecksilberchlorid imprägnieren)

L

L s. western larch
L halving [durchgehend] überblattete Rahmeneckverbindung f, gerades Blatt n als Querverbindung
L-type platform stairway zweiläufige gewinkelte Treppe f mit Zwischenpodest
lab bench Labor[atoriums]tisch m
laboratory bench Labor[atoriums]tisch m
~ **bench top** Labortischplatte f
~ **grinder** Laborschleifer m (Holzschlifferzeugung)
~ **pulping** Laboraufschluß m
~ **sheet** Laborblatt n, Prüfbogen m (Zellstoffprüfung)
~ **table** Labor[atoriums]tisch m
Labrador pine Bankskiefer f, Pinus banksiana
laburnum [Gemeiner] Goldregen m, Laburnum anagyroides, Cytisus laburnum
lac s. shellac
lac tree 1. Kesambi n, Schleichera trijuga (Holzart); 2. s. lacquer-tree
lace-bark pine Bungekiefer f, Pinus bungeana
lacewood Platanenholz n, PLT (von Platanus spp.)
lacework Posamenten npl, Besatzwerk n (z. B. an Polstermöbeln)
lacinilene Lacinilen n (Sesquiterpen)
lacker s. lacquer
lacquer/to lackieren, lacken, Lack auftragen; firnissen
lacquer Lack m; Japanlack m
~ **application** Lackauftrag m, Lackieren n
~ **auxiliary material** Lackhilfsstoff m
~ **coat dryer** Lacktrockner m; Lacktrocknungsanlage f
~ **coating** Lackbeschichtung f
~ **coating line** Lackierstraße f
~ **curing equipment** Lacktrocknungsanlage f; Lackhärtungsanlage f
~ **curtain coater** Lackgießmaschine f
~ **-decorated** lack[malerei]verziert
~ **dryer** Lacktrockner m
~ **drying** Lacktrocknung f, Lackhärtung f
~ **drying plant** Lacktrocknungsanlage f
~ **dust** Lackstaub m
~ **furniture** Lackmöbel npl
~ **mist** Lacknebel m
~ **pigment** Lackpigment n, Lackfarbstoff m
~ **pouring machine** Lackgießmaschine f
~ **residue** Lackrückstand m
~ **roller coating machine** Walzlackiermaschine f, Lackwalze f
~ **sanding** Lackschliff m, Lackschleifen n
~ **sludge removal** Lackschlammentsorgung f
~ **solvent** Lacklösungsmittel m
~ **spraying booth** Lackspritzstand m, Spritzstand m
~ **spraying plant** Lackspritzanlage f
~ **stabilizer** Lackstabilisator m
~ **thinner** Lackverdünner m
~ **-tree** Lacksumach m, Firnissumach m, Firnisbaum m, Toxicodendron verniciflua, Rhus vernicifera
~ **waste** Lackabfall m; Lackrückstand m
~ **work** [japanische] Lackarbeit f
lacquering 1. Lackieren n, Lackauftrag m; 2. Lacküberzug m, Lackschicht f
~ **line** Lackierstraße f
~ **plant** Lackieranlage f
~ **roll** Lack[auftrag]walze f; Walzlackiermaschine f
lacwork [japanische] Lackarbeit f
ladder Leiter f
~ **back** Leiterrückenlehne f, Leiterrücken m
~ **frame** Leiterrahmen m
~ **rail (rung)** Leitersprosse f
~ **stile** Leiterholm m
~ **stock** Leiterholz n
~ **upright** Leiterholm m
ladlewood Cassine colpoon (Holzart)
lady's writing desk Damenschreibtisch m
laevopimaral Lävopimaral n (Diterpen)
laevopimaric acid Lävopimarsäure f (Diterpen, Harzsäure)
lag 1. Faßdaube f, Daube f, Oxhoftstab m; 2. Deckleiste f; Spalierlatte f
~ **bolt (screw)** (Am) Schlüsselschraube f, Vierkantholzschraube f, Sechskantholzschraube f
lagging timber Verzugspfahl m (Grubenausbau)
Lagos rubber tree Seidenkautschukbaum m, Funtumia (Kickxia) elastica
~ **silk rubber** Seidenkautschuk m (von Funtumia elastica)
lake-dwelling Pfahlbau m
~ **floating** Seeflößerei f
~ **-village** Pfahl[bau]dorf n
Lambert's pine Zuckerkiefer f, Pinus lambertiana
lambrequin Lambrequin m, Behangborte f (Schmuckmotiv)
laminate/to laminieren, beschichten; kaschieren
laminate Laminat n, Schicht[preß]stoff m, Verbundmaterial n; Schicht[stoff]platte f
~ **-covered board** Dekorplatte f, dekorative Flachpreßplatte f
laminated arch bridge Lamellenbogenbrücke f
~ **beam** Brettschichtholzbalken m, Schichtholzbalken m, lamellierter Balken m; Brettschichtholz n, BSH
~ **beam construction** 1. Brettschichtholzkonstruktion f; 2. Brettstapelbauweise f; Holzleimbau m, Leimbauweise f
~ **board** s. laminboard
~ **compressed wood** Preßlagenholz n
~ **construction** Holzleimbau m, Leimbauweise f
~ **densified sheet** Schichtholz[preß]platte f
~ **extruded board** beplankte Strangpreßplatte f
~ **paper** Hartpapier n
~ **timber beam** s. ~ beam
~ **veneer** Lamellenfurnier n
~ **veneer lumber** (Am) Furnierschichtholz n
~ **wood** Lagenholz n, lamelliertes Holz n; Leimholz n; Schicht[preß]holz n, Preßschichtholz n

laminated

~ **wood frame** Schichtholzrahmen *m*, Schichtholzgestell *n*
~ **wood sheet** Schichtholzplatte *f*
laminating adhesive Kaschierklebstoff *m*
~ **industry** Brettschichtholzindustrie *f*
~ **machine** Kaschiermaschine *f*
~ **plant** 1. Beschichtungsanlage *f*; Kaschieranlage *f*; 2. Brettschichtholzbetrieb *m*
~ **press** Laminierpresse *f*; Kaschierpresse *f*
lamination Laminierung *f*, Beschichtung *f*; Kaschierung *f*
laminator Lagenholzhersteller *m*; Leimholzhersteller *m*; Schichtholzhersteller *m*; Holzleimbaumechaniker *m*
laminboard Stäbchensperrholz *n*, STAE; Stäbchenplatte *f*
lamp black Lampenruß *m* (Pigment)
~ **table** Leuchtentisch *m*, Lampentisch *m*
lance tooth Spitzwinkelzahn *m*, Lanzenzahn *m*
lancet arch Lanzettbogen *m*
lancewood Oxandra lanceolata *(Holzart)*
landing 1. Lände *f*, Ländungsplatz *m*, Holzgarten *m* *(Flößerei)*; 2. Treppenabsatz *m*, Podest *n(m)*
~ **newel** Austrittpfosten *m* *(Treppengeländer)*
lap dovetail joint *s.* lapped dovetail [joint]
~ **joint** Überlappung[sverbindung] *f*
lapacho *s.* ipe
lapachol Lapachol *n* *(Chinon)*
lapis [lazuli] Lapislazuli *m*, Lasurit *m*, Lasurstein *m* *(Einlegematerial)*
lapped dovetail [joint] [einseitig] verdeckte Schwalbenschwanzzinkenverbindung *f*
~ **(lapping) joint** Überblattung *f*, Überplattung *f*, gerades Blatt *n* *(Längsverbindung)*
larch 1. Lärche *f* *(Gattung Larix)*; 2. Lärchenholz *n*; 3. *s.* European larch
~ **bark-beetle** Großer Lärchenborkenkäfer *m*, Ips cembrae
~ **canker** [Europäischer] Lärchenkrebs *m* *(durch Dasyscypha willkommii)*
~ **canker fungus** Lärchenkrebspilz *m*, Lärchenrindenpilz *m*, Dasyscypha (Lachnellula) willkommii
~ **longhorn (longicorn)** Lärchenbock[käfer] *m*, Lärchensplintbock *m*, Tetropium gabrieli
~ **pine** Korsische Schwarzkiefer *f*, Korsikakiefer *f*, Pinus [nigra ssp.] laricio
~ **weevil** Lärchenrüsselkäfer *m*, Hylobius piceus
larchwood Lärchenholz *n*
larder unit Hochschrank *m* [für Kücheneinbaugeräte]
large-area shuttering panel Großflächenschalungsplatte *f*
~ **ash bark-beetle** Großer Schwarzer Eschenbastkäfer *m*, Hylesinus crenatus
~ **billet** Nutz[holz]scheit *n*
~~**blade circular saw** Großblattkreissäge *f*
~ **carpenter ant** Roßameise *f*, Riesenameise *f*, Große Holzameise *f*, Camponotus herculeanus
~~**dimension timber** Starkholz *n*, starkes Nutzholz *n*
~ **elm bark-beetle** Großer Ulmensplintkäfer *m*, Scolytus scolytus
~~**flowered ash** Fraxinum floribunda *(Holzart)*

108

~~**fruited cypress** Großfrüchtige Zypresse *f*, Cupressus macrocarpa
~~**head nail** Breitkopfstift *m*
~~**leaved lime[-tree]** Sommerlinde *f*, Großblättrige Linde *f*, Tilia platyphyllos
~~**log mill** Starkholzsägewerk *n*
~ **oak timber** Eichenstarkholz *n*
~ **pine pith-borer** *s.* larger pine-shoot beetle
~ **pine weevil** Großer Brauner Nadelholzrüßler (Rüsselkäfer) *m*, Hylobius abietis
~ **pole** Derbstange *f*
~ **poplar [and willow] borer** Großer Pappelbock[käfer] *m*, Saperda cacharias
~~**pored** großporig *(Holz)*
~~**size furniture** Großmöbel *npl*
~~**sized merchantable wood** Langnutzholz *n*
~ **spruce bark-beetle** Großer Buchdrucker *m*, Großer [Achtzähniger] Fichtenborkenkäfer *m*, Ips (Tomicus) typographus
~ **terebinth** Atlantische (Unbewehrte) Pistazie *f*, Pistacia atlantica
~ **timber** Starkholz *n*, starkes Nutzholz *n*
~ **white birch** Papierbirke *f*, Betula papyrifera
~ **wood-wasp** Riesenholzwespe *f*, Sirex (Urocerus) gigas
larger pine-shoot beetle Großer Waldgärtner *m*, Blastophagus (Tomicus) piniperda *(Holzschädling)*
lariciresinol Lariciresinol *n* *(Lignan)*
larixol Larixol *n* *(Diterpen)*
larva Larve *f*; Insektenlarve *f*
larval gallery (tunnel) Larven[fraß]gang *m*
laser beam guidance Laser-Richtlichtgerät *n*, Strichlaser *m*
~ **cutting** Schneiden (Holzschneiden) *n* mittels Laser
last Leisten *m*, Schuhleisten *m*
latch lock Fallenschloß *n*
late bark Spätrinde *f*, Sommerrinde *f*
~ **wood** Spätholz *n*, Sommerholz *n*, Engholz *n*
~~**wood band** Spätholzanteil *m*
~~**wood cell** Spätholzzelle *f*
~~**wood parenchyma** Spätholzparenchym *n*
~~**wood tracheid** Spätholztracheide *f*, dickwandige Tracheide *f*
~~**wood vessel** Spätholzgefäß *n*, Spätholzpore *f*
~~**wood zone** Spätholzzone *f*
lateral meristem Meristemmantel *m*, Kambiummantel *m* *(Holzanatomie)*
~ **set** Schränkung *f*, Schrank *m* *(des Sägeblattes)*
~ **wall pitting** Gefäßtüpfelung *f*, intervaskuläre Tüpfelung *f* *(Holzanatomie)*
latex Latex *m*, Milchsaft *m*, Kautschukmilch *f*, Gummimilch *f*
~~**base[d] paint** Latexfarbe *f*
~ **adhesive** Latexklebstoff *m*
~ **canal (channel)** Latexkanal *m* *(Holzanatomie)*
~ **gall** Latexgalle *f*, Gummimilchgalle *f*
~ **paint** Latexfarbe *f*
~ **passage** Latexgang *m* *(Holzanatomie)*
~ **primer** Latexvorstreichfarbe *f*
~ **product** Latexerzeugnis *n*, Milchsaftprodukt *n*
~ **tapes no defect** Latextaschen kein Fehler *(Tropenholzhandel)*
~ **tube** Milchsaftschlauch *m*, Latexschlauch *m*

(Holzanatomie)
lath/to mit Latten (Leisten) versehen, Latten (Leisten) anbringen
lath Latte *f*, Leiste *f* *(Holzsortiment)*
~ **and plaster** Wandbauplatte *f* (Wandbauplatten *fpl*) aus Gips
~ **back chair** Sprossen[lehn]stuhl *m*
~-**chair** Lattenstuhl *m*
~ **nail** Gipsdielenstift *m*
~ **partition** Lattenverschlag *m*
~-**plaster work** Innenausbau *m* aus Gipsbauplatten
lathe Drehmaschine *f*, Drehbank *f*; Drechselbank *f*
~-**bed** Drehbankbett *n*, Bett *n* der Drehbank
~ **check** Schälriß *m*, Messerrriß *m* *(im Furnier)*
~-**head** Spindelstock *m* *(der Drechselbank)*
~ **spindle** Dreh[bank]spindel *f*
lathing Lattenwerk *n*; Holzverlattung *f*, Belattung *f*
~ **hammer** Latthammer *m*
laticifer Milchsaftzelle *f* *(Holzanatomie)*
laticiferous latexhaltig, Milchsaft enthaltend (führend); latexerzeugend; Latex absondernd, Milchsaft ausscheidend
lattice Gitterwerk *n*; Lattenwerk *n*
~ **girder** Gitterfachwerk *n*; Gitterträger *m*
~ **roof** Fachwerkbinderdach *n*
~ **truss** Gitterfachwerk *n*; Fachwerkbinder *m*, Kreuzfachwerkbinder *m*
~ **window** [bleigefaßtes] Gitterfenster *n*
lauan Lauan *n*, Philippinen-Mahagoni *n* *(Holzartengruppe aus Shorea spp., Parashorea spp. und Pentacme spp.)*
launching Einwässern *n*, Einwerfen *n* *(von Triftholz)*
laundry [corner] unit Wäscheablage *f*
lauraceous zu den Lorbeergewächsen (Lauraceae) gehörend
laurel Terminalia tomentosa, LAI *(Holzart)*
~ **bay** Großblütige Magnolie *f*, Magnolia grandiflora
~ **cherry** Lorbeerkirsche *f*, Kirschlorbeer *m*, Prunus laurocerasus
~-**leaved willow** Lorbeerweide *f*, Salix pentandra
~ **oak** Lorbeereiche *f*, Quercus laurifolia
~ **red oak** *s.* red oak
lauroyl cellulose Lauroylcellulose *f*
lauroylation Laurinsäurebehandlung *f* *(von Holz)*
lavatory paper Toilettenpapier *n*
Lawson[']s cypress Lawsons (Blaue) Scheinzypresse *f*, Oregonzeder *f*, POC, Chamaecyparis lawsoniana
lay/to das Bett bereiten *(Baumfällung)*
~ **off/to** aushalten, vermessen und ablängen *(Rohholz)*
lay-by Rückweiche *f*, Ausweich[stell]e *f* *(um den Stammfuß des zu fällenden Baumes)*
~-**light** Oberlicht *n*
~-**on hinge** verdecktes Aufschraubscharnier *n*
layout line Aufrißlinie *f*, Anrißlinie *f*, Rißlinie *f*
lazy Susan *(Am)* Servier[dreh]tisch *m*; Menage *f*
Lbr, LBR *s.* lumber 1.
LCC *s.* lignin carbohydrate complex
leach-resistance Auswaschungsfestigkeit *f* *(z. B.*

von Holzschutzmitteln)*
~-**resistant** auswaschungsfest
lead Überhang *m* *(Säge)*
~ **hole** Schraubenschaftbohrung *f*, Vorbohrloch *n*, Führungsloch *n*
~ **primer** bleihaltige Vorstreichfarbe *f*
leaded bleigefaßt *n*
~ **light** bleigefaßtes (bleiverglastes) Fenster *n*
leaf 1. Blatt *n*; Tischblatt *n*; 2. Scharnierlappen *m*, Bandlappen *m*
~ **tree** Laub[holz]baum *m*
lean-to roof Pultdach *n*, einseitiges Dach *n*
~-**to-roof purlin** Bockpfette *f*
leather armchair Ledersessel *m*
~ **furniture** lederbezogene Möbel *npl*, Ledermöbel *npl*
~ **glue** Lederleim *m*
~ **grain** Ledernarbung *f* *(als Oberflächenmuster auf Faserplatten)*
~ **upholstered furniture** Lederpolstermöbel *npl*
leatherwood Lederholz *n*, Bleiholz *n*, Dirca palustris
Lebanon cedar Libanonzeder *f*, Cedrus libani
lebbek [tree] Ostindischer Nußbaum *m*, [Andamanen-]Kokko *n*, Albizia lebbeck
lectern Lesepult *n*
ledge Querstück *n*, Querleiste *f*
ledged and braced door, ~ braced and battened door Bretttür *f*; Lattentür *f*
ledger Riegel *m* *(Holzbau)*; Längsriegel *m* *(am Baugerüst)*
left-hand cutter linker Hobelzahn *m*, Hobelzahn *m* links *(der Sägekette)*
~-**hand door** Linkstür *f*
~-**hand lock** Linksschloß *n*
~-**hand spiral grain** Linksdrehwuchs *m*, sonn[enläuf]iger Drehwuchs *m*
~-**handed** links [auf]schlagend *(Tür)*
leg-rest Fußstütze *f* *(z. B. eines Sessels)*
~ **square** Kantel *f* zur Möbelbeinherstellung
leguminose, leguminous zu den Hülsenfrüchtlern (Leguminosae) gehörend
lehua Metrosideros villosa *(Holzart)*
lemon chrome Zitronengelb *n*, Chromgelb *n* *(Pigment)*
~ **gold** Zitronengold *n*, Zitron-Doppelgold *n* *(Vergolden)*
~-**scented iron bark** Eucalyptus staigeriana *(Holzart)*
~-**scented spotted gum** Eucalyptus citriodora *(Holzart)*
lemonwood Degamé *n*, Calycophyllum candidissimum *(Holzart)*
length allowance Längenübermaß *n* *(Rundholzmessung)*
~ **of stair well** Treppenlochlänge *f*
~ **stop device** Längenanschlag *m* *(Oberfräsen)*
~ **swelling** Längenquellung *f*
lengthening joint Längsverbindung *f*, Längsverband *m*
lengthwise profiling machine Längsprofiliermaschine *f*
~ **shrinkage** Längsschwindung *f*, Longitudinalschwindung *f*, Schwindung *f* in Faserrichtung

lengthwise 110

~ veneer splicer Furnier-
  Längszusammensetzmaschine *f*
lens key Lupenschlüssel *m (der
  Holzartenbestimmung)*
lenticel Lentizelle *f*, Rindenpore *f*, Korkwarze *f*
leopard moth Blausieb *n*, Zeuzera pyrina
  (Schadinsekt)
leopardwood Schlangenholz *n*, SHZ, Letternholz
  n, Buchstabenholz *n*, Brosimum (Piratinera)
  guaianensis
lepidopter[an], lepidopteron Lepidoptere *f*,
  Schmetterling *m (Ordnung Lepidoptera)*
lesene Lisene *f*, Lesine *f*
lesser known species weniger bekannte Arten
  (Holzarten) *fpl*, Zweithölzer *npl*,
  Austauschhölzer *npl*
let in/to einlassen *(Beschläge)*; ineinanderfügen
  (Holzteile)
letter hole Brieflade *f (in Schreibmöbeln)*
~-paper Briefpapier *n*
letterpress paper Hochdruckpapier *n*
letterwood *s.* leopardwood
leucocyanidin Leucocyanidin *n (Flavonoid)*
Levant storax [Levantiner, Asiatischer] Storax
  m (Balsam von Liquidambar orientalis)
lever cap Klappe *f (am Hobel)*
levo... *s.* laevo...
Leyland cypress Leylandzypresse *f*,
  Cupressocyparis leylandii
LH spiral grain *s.* left-hand spiral grain
Libby-O'Neil process Libby-O'Neil-Verfahren *n
  (der Holzstofferzeugung)*
liber Bast *m*, Sekundärrinde *f*, sekundäre Rinde
  f
Liberian pine *s.* ekaba
library furniture Bibliotheksmöbel *npl*
~ reading chair Lesestuhl *m*
~ stairs (steps) Bibliotheksleiter *f*
~ table Bibliothekstisch *m*
libriform [wood-]fibre Libriformfaser *f*,
  Holzfaser *f*, Sklerenchymfaser *f*, Hartfaser *f*
licorice *s.* liquorice
lid stay Klappenhalter *m*, Deckelstütze *f*
lie Fällrichtung *f*, Fallrichtung *f* beim Fällen
lift latch *(Am)* Drückerfalle *f*, Klinkenschloß *n*
~-off butt hinge Aushängescharnier *n*
lifting table Hubtisch *m*
~ truck Hubwagen *m*
~ winch Belade[seil]winde *f*
~ window Hebefenster *n*
light Fenster *n*
~ knot heller Ast *m*
~ red meranti hellrotes Meranti *n*, MER/LRM,
  (bes.) Shorea leprosula
~ stain schwache Verfärbung *f (von Holz)*
~ virola *(bes.)* Virola koschnyi *(Holzart)*
~ white seraya *(bes.)* Parashorea malaanonan
  (Holzart)
~ wood-frame construction Holzleichtbauweise
  f
lighten/to aufhellen *(Holz)*
lightning cross-cut tooth Amerikanischer M-
  Zahn *m (Säge)*
~ damage Blitzschaden *m*
~ scar (shake) Blitzriß *m (im Holz)*

lightweight building board Leichtbauplatte *f*
~ building board of wood-wool
  Holzwolleleichtbauplatte *f*
~ core Hohlraummittellage *f*
~ timber (wood) Leichtholz *n*
~ timber-frame construction Holzrahmen-
  Leichtbauweise *f*
~ [wood] truss Leichtbau[holz]binder *m*
lightwood 1. *(Am)* Kienholz *n*, verkientes Holz
  n; Anfeuerholz *n*; 2. Schwarzholzakazie *f*,
  Acacia melanoxylon
lign-aloes 1. Aloeholz *n*, *(bes.)* Aquilaria
  agallocha; 2. Bursera aloexylon *(Holzart)*
lignan Lignan *n*
ligneous holzig, verholzt; hölzern, aus Holz;
  Holz...; holzartig
~ asbestos Holzasbest *m*
~ fibre Holzfaser *f*, Libriformfaser *f*,
  Sklerenchymfaser *f*, Hartfaser *f*
~ plant Holzpflanze *f*, Holzgewächs *n*, Gehölz *n*
~ substance Holz[zellwand]substanz *f*
lignescent teilweise verholzt (holzig); verholzend
lignicole, lignicolous lignikol, holzbewohnend,
  auf Holz wachsend
ligniferous holzbildend, holzerzeugend
lignification Lignifizierung *f*, Verholzung *f*
~ theory Lignifizierungstheorie *f*, Theorie *f* der
  Verholzung
lignified tissue Holzsubstanz *f*
ligniform holzähnlich
lignify/to lignifizieren, verholzen
lignin Lignin *n*, Holzstoff *m*
~ acidolysis Ligninacidolyse *f*
~ analysis Ligninanalyse *f*
~-base adhesive Ligninleim *m*, Holzleim *m* auf
  Ligninbasis
~ biochemistry Ligninbiochemie *f*
~ biodegradation biologischer Ligninabbau *m*
~ biosynthesis Ligninbiosynthese *f*
~ breakdown Ligninabbau *m*
~-carbohydrate bond Lignin-
  Kohlenhydrat-Bindung *f*
~-carbohydrate complex Lignin-
  Kohlenhydrat-Komplex *m*
~-carbohydrate linkage Lignin-
  Kohlenhydrat-Bindung *f*
~ catabolism Ligninkatabolismus *m*,
  [mikrobieller] Ligninabbau *m*
~-cellulose bond Lignin-Cellulose-Bindung *f*
~ chemistry Ligninchemie *f*
~ classification Ligninklassifizierung *f*
~ component Ligninkomponente *f*,
  Ligninbestandteil *m*
~ composition Ligninzusammensetzung *f*
~ concentrate Ligninkonzentrat *n*
~ concentration Ligninkonzentration *f*
~ condensation Ligninkondensation *f*
~ condensation reaction
  Ligninkondensationsreaktion *f*
~ content Ligningehalt *m*
~ decomposer Ligninzersetzer *m*,
  ligninabbauender Mikroorganismus *m*
~ decomposition (degradation) Ligninabbau *m*
~ degradation product Ligninabbauprodukt *n*
~-degrading ligninabbauend

~ deposition Ligninablagerung f
~ derivative Ligninderivat n, Ligninabkömmling m
~ determination Ligninbestimmung f
~ dialysis Ligindialyse f
~ dissolution Lignin[her]auslösung f
~ distribution Ligninverteilung f
~ fraction Ligninfraktion f, Ligninspaltstück n
~ fractionation Ligninfraktionierung f
~ fragment Ligninfragment n
~ frame Ligningerüst n
~-free ligninfrei
~ gel Ligningel f
~ heterogeneity Ligninheterogenität f
~ intermediate Ligninzwischenverbindung f
~ isolation Ligninisolation f
~-lignin bond Lignin-Lignin-Bindung f
~-like ligninähnlich
~ liquefaction Ligninverflüssigung f
~ macromolecule Lignin-Makromolekül n
~ matrix Ligninmatrix f
~ metabolism Ligninstoffwechsel m, Ligninmetabolismus m
~ microlayer Ligninmikroschicht f
~ model Ligninmodell n
~ model compound Ligninmodellverbindung f, Ligninmodellsubstanz f
~ modification Ligninmodifikation f
~ molecule Ligninmolekül n
~ monomer Ligninmonomer n
~ mutant Ligninmutante f
~ oxidation product Ligninoxidationsprodukt n
~ particle Ligninpartikel n
~ peroxidase Ligninperoxidase f (Enzym)
~ phenol Ligninphenol n
~ pitch Ligninpech n
~ polymer Ligninpolymer n
~ polymer system Ligninpolymersystem n
~ polyol Ligninpolyol n, Ligninpolyalkohol m
~-polysaccharide complex Lignin-Polysaccharid-Komplex m
~ precipitate Ligninniederschlag m, Ligninfällung f
~ precursor Ligninvorstufe f
~ preparation Ligninpräparat n
~-preserving bleaching ligninerhaltende Bleiche f (von Faserstoffen)
~ product Ligninprodukt n
~ pyrolysate Ligninpyrolysat n
~ pyrolysis Ligninpyrolyse f
~ radical Ligninradikal n
~ recovery Ligninrückgewinnung f
~ removal Ligninentfernung f, Delignifizierung f
~-removing bleaching ligninentfernende Bleiche f (von Faserstoffen)
~ research Ligninforschung f
~ residues Restlignin n, Ligninreste mpl
~ resin Ligninharz n
~-rich ligninreich
~-saccharidic complex Lignin-Saccharid-Komplex m
~ skeleton Ligningerüst n, Ligninskelett n
~ softening Ligninerweichung f
~ solution Ligninlösung f
~ structure Ligninstruktur f, Ligninaufbau m

~ substructure model Ligninsubstrukturmodell n
~ sulphonate Ligninsulfonat n
~ synthesis Ligninsynthese f
~ tar Lignitteer m
~ thermolysis Ligninthermolyse f
~ type Lignintyp m
~ unit Lignineinheit f
~ utilization Ligninverwertung f
ligninase Ligninase f (Enzymkomplex)
ligninolysis Lignolyse f, Ligninauflösung f
ligninolytic lignolytisch, lignin[auf]lösend
ligninsulphonic acid s. lignosulphonic acid
ligniperdous holzzerstörend
lignite Lignit m, Xylit m, Lignitholz n
lignitiferous lignit[holz]haltig
lignivorous lignivor, xylophag, holzfressend
lignocellulose Lignocellulose f, Cellolignin n, Holzcellulose f, Holzzellstoff m
lignocellulosic lignocellulosehaltig, lignocellulosisch; Lignocellulose...
~ fibre Lignocellulosefaser f
~ material Lignocellulosematerial n
~ waste material Lignocellulose-Abfallstoff m
lignoceric acid Lignocerinsäure f (Fettsäure)
~ alcohol Lignocerinalkohol m
lignol Lignol n (Ligninvorstufe)
lignolytic lignolytisch, lignin[auf]lösend
lignosulphonate Ligninsulfonat n, Lignosulfonat n
lignosulphonic acid Ligninsulfonsäure f, Lignosulfonsäure f
lignotuber Lignotuber m, unterirdische Holzknolle f (bei Eucalyptus spp.)
lignum vitae Pockholz n, POH, Guajakholz n, (bes.) Guaiacum officinale
lilac 1. Flieder m (Gattung Syringa); 2. [Gemeiner, Spanischer] Flieder m, Syringa vulgaris
Lima wood Brasilholz n, Pernambuk[holz] n, Fernambuk[holz] n, (bes.) Caesalpinia echinata
limb/to entasten, entästen (liegende Bäume); aufasten, stehend asten
limb Hauptast m; Gerüstast m; Ast m
~ stub Aststumpf m, Aststummel m
~ whorl Astquirl m
~ wood Astholz n
limba Limba n, LMB, Terminalia superba (Holzart)
limber Entastungsgerät n; Entastungsmaschine f
~-buncher Entastungs-Paketier-Kombine f, Ausäst- und Bündelmaschine f
~ pine Biegsame Nevadakiefer f, Nevadazirbe f, Pinus flexilis
limbiness [äußere]Ästigkeit f, Beastung f (eines Baumes)
limbless astfrei, astrein
limby astig, astreich; grobästig
lime/to kalken, mit Kalkmilch behandeln (Eichenholz)
lime 1. Linde f, Lindenbaum m (Gattung Tilia); 2. Winterlinde f, Kleinblättrige Linde f, Tilia cordata (parvifolia); 3. Sommerlinde f, Tilia platyphyllos (grandifolia); 4. Holländische

lime

Linde *f*, Tilia × vulgaris; 5. Lindenholz *n*, LI
~ **bast** Lindenbast *m*
~ **prickly-ash** Zanthoxylum fagara *(Holzart)*
limed ash Kalkesche *f*
~ **oak** Kalkeiche *f*, gekalkte Eiche *f*, gekalktes (kalkmilchbehandeltes) Eichenholz *n*
limit of proportionality Proportionalitätsgrenze *f (Holzphysik)*
limiting viscosity number Grenzviskositätszahl *f*, GVZ *(z. B. von Cellulose)*
limonene Limonen *n (Monoterpen)*
linden Linde *f*, Lindenbaum *m (Gattung Tilia)*
~ **family** Lindengewächse *npl (Familie Tiliaceae)*
line/to gautschen *(Papierherstellung)*
line 1. Schnur *f (zum Aufreißen von Holzkonstruktionen)*; 2. [schmaler] Intarsienstreifen *m*
~~**bar resaw** Auslegerkreissäge *f*
~ **inlay** *(Am)* Fadeneinlage *f*
~ **of travel** Lauflinie *f (einer Treppe)*
linear measure Längenmaß *n*, Länge *f*
~ **shrinkage** lineare Schwindung *f (von Holz)*
~ **speed** konstante Schnittgeschwindigkeit *f (einer Bandsäge)*
~ **swelling** lineare Quellung *f (von Holz)*
lineate bark-beetle Gestreifter (Liniierter) Nutzholzborkenkäfer *m*, Gestreifter Nadelholzborkenkäfer *m*, Trypodendron lineatum, Xyloterus lineatus
lined board beklebter (kaschierter) Karton *m*
linen basket Wäschekorb *m*
~ **closet (cupboard)** Wäscheschrank *m*
~ **pattern** *s.* linenfold
linenfold Faltwerk *n (Schmuckrelief)*
~ **panel[ling]** Faltwerkfüllung *f*
linenscroll *s.* linenfold
liner Fußholz *n*, Fußpfahl *m (Grubenausbau)*
lingue Litchi *n*, Lingue *n*, Persea lingue *(Holzart)*
lining Verkleidung *f*, Auskleidung *f*; Abdeckung *f*
~ **paper** [bitumen]getränktes Dichtungspapier *n*
~ **rule** Stellmaß *n*
linking chair Reihenstuhl *m*
linn *s.* linden
lino[leum] Linoleum *n*
linseed oil Leinöl *n*
~~**oil paint** Leinölfarbe *f*
~~**oil varnish** Leinölfirnis *m*
lintel Sturz *m*; Sturzbalken *m*; Türsturz *m*; Fenstersturz *m*
linters Linters *pl*, Baumwoll-Linters *pl (Polstermaterial)*
lion's paw foot Löwen[tatzen]fuß *m (Möbelfuß)*
liovil Liovil *n (Lignan)*
lip 1. Hauptschneide *f (Werkzeug)*; 2. Leitblech *n (der Harzungslachte)*
lipped door gefälzte Tür *f*, teilweise vorstehende Tür *f*
~ **drawer** aufgedoppelte Schublade *f*
lipping Lippenrand *m*, Halbrundstäbchen *n (bes. an Schubfachkanten)*; Massivholzkante *f*
liquid-dispersed [wood] adhesive Dispersionsklebstoff *m*, Klebdispersion *f*

~ **glue** Flüssigleim *m*
~ **resin** Flüssigharz *n*, flüssiges Harz *n*
~ **storax** [Levantiner, Asiatischer] Storax *m (Balsam von Liquidambar orientalis)*
liquidambar 1. Amberbaum *m (Gattung Liquidambar)*; 2. Storax *m (Balsam von Liquidambar spp.)*
liquor cabinet Barschrank *m*, Cocktailschrank *m*, Hausbar *f*
liquorice 1. Lakritze *f*, eingedickter Süßholzsaft *m*; 2. Süßholz *n*, Lakritze *f*, Glycyrrhiza glabra
liriodenine Liriodenin *n (Alkaloid)*
list[el] Deckleiste *f*; Kehlleiste *f*
listing Saumholz *n*
litchi Litchibaum *m*, Litchipflaume *f*, Litchi chinensis
litho[graphic paper] Lithographiepapier *n*, Offsetdruckpapier *n*
little-leaf linden Winterlinde *f*, Tilia cordata
~~**leaf sumac[h]** Rhus microphylla *(Holzart)*
~ **walnut** Felsenwalnuß *f*, Juglans microcarpa (rupestris)
live borer Oemia gahani *(holzschädigender Bockkäfer)*
~ **centre** mitlaufende Körnerspitze (Zentrierspitze) *f (der Drechselbank)*
~ **knot** Grünast *m*
~ **log sawing** Blockschnitt *m*, Einfachschnitt *m*, Rundschnitt *m*, Scharfschnitt *m*, Besäumschnitt *m*
~~**oak** Virginia-Eiche *f*, Lebenseiche *f*, Quercus virginiana
~~**sawn** tangential geschnitten, im Tangentialschnitt hergestellt *(Holzbearbeitung)*
liver sausage tree Kigelia *f*, Leberwurstbaum *m*, Kigelia africana (pinnata)
living-room furniture Wohnzimmermöbel *npl*
~~**room set** Wohnzimmer-Polster[möbel]garnitur *f*
lizard Rückegabel *f*; Rückeschlitten *m (Holzbringung)*
load 1. Ladung *f*; 2. Last *f*; Beanspruchung *f*; 3. Raumgehalt von 50 Kubikfuß Schnittholz; Raumgehalt von 40 Kubikfuß Rundholz
~~**bearing pile** Tragpfahl *m*
~~**bearing structure** Tragwerk *n*
~~**bearing wood construction** Holztragwerk *n*
~ **board** Flurfördergerät *n*
~~**deflection curve** Kraft-Durchbiegungs-Diagramm *n*, Durchbiegungsdiagramm *n*
~~**deformation curve** Last-Verformungs-Kurve *f*, Verformungsdiagramm *n*
~~**displacement curve** Lastverschiebungsbild *f*
~ **versus deflection diagram (graph)** *s.* ~-deflection curve
loader Lader *m*, Ladegerät *n*, Verladegerät *n*; Lademaschine *f*, Belademaschine *f*
loading 1. Laden *n*, Beladen *n*; 2. Belastung *f*, Beanspruchung *f*; 3. Aufnahme[masse] *f*, absorbierte Menge *f (eines Schutzmittels im Holz)*
loblolly pine Taedaföhre *f*, Weihrauchkiefer *f*, Pechpinie *f*, Pinus taeda

lock Schloß n
~ **block** Schloßholz n, Schloßverstärkung f (einer Sperrtür)
~ **case** Schloßkasten m
~ **corner [joint]** Fingerzinken[eck]verbindung f
~ **edge** Schloßseite f (einer Tür)
~ **plate** Schlüsselschild n
~ **rail** Schloßleiste f (einer Tür)
locker Spind m
locust [tree] 1. [Gewöhnliche] Robinie f, Heuschreckenbaum m, Scheinakazie f, Falsche Akazie f, Robinia pseudoacacia; 2. Heuschreckenbaum m, Hymenaea courbaril
lodge-pole pine Drehkiefer f, Murray-Kiefer f, Pinus contorta
loft Dachboden m, Boden m
~ **ladder** Boden[tritt]leiter f, Dachbodentreppe f
log/to 1. fällen, einschlagen, abholzen; 2. bringen, [an]rücken (eingeschlagenes Holz); 3. einschneiden, querschneiden, ablängen, in Blöcke zersägen, aufarbeiten (eingeschlagenes Holz)
log 1. gefällter (eingeschlagener) Baumstamm m; unbehauener (unbearbeiteter) Stamm m; Rund[holz]stamm m; 2. Stammabschnitt m, Stammstück n, Abschnitt m; Kloben m; Sägeblock m, Sägebloch m(n), Schneideblock m, Holzblock m, Block m, Bloch m(n), Rolle f
• **in the** ~ unbehauen (Rohholz)
~ **aligner** Blockausrichter m
~ **architecture** Blockbauarchitektur f
~ **band saw[ing machine]** Blockbandsäge[maschine] f
~ **blue (bluing)** Stammbläue f, Balkenbläue f, Waldbläue f (Nadelholzfehler bes. durch Ophiostoma spp.)
~ **building** Gebäude (Bauwerk) n in Blockbauweise, Holzblockbau m
~ **bunk** Lagerholz n des Polterunterbaues
~ **buyer** Stammholzkäufer m
~ **cabin** Blockhütte f
~ **carriage** Block[einspann]wagen m, Einspannwagen m, Gatterwagen m
~ **chain conveyor** Blockkettenförderer m, Rundholzkettenförderer m, Sägeblock-Ketten[längs]förderer m
~ **chute** Stammriese f, Holzriese f, Riese f, Holzrutsche f
~ **circular saw[ing machine]** Blockkreissäge[maschine] f
~ **construction** 1. Blockbauweise f, Blockbau m; 2. Blockbau m, Holzblockbau m, Blockbauwerk n
~ **conversion** 1. Holzausformung f, Ausformung f, Holzaufarbeitung f, Aushalten f; 2. Einschneiden (Auftrennen) n von Rundholz
~ **conveyor** Rundholzförderer m, Sägeblockförderer m
~ **cross-cut** Stammquerschnitt m
~ **cross-cut sawing machine** 1. Fuchsschwanzsägemaschine f, Fuchsschwanzabkürzsäge f, Kopfsäge f, Klotzstutzsäge f, Absprazsäge f; 2. s. ~ cross-cutting saw

~ **cross-cutting saw**, ~ **cut-off saw** Stammquersäge f, Einschnittsäge f, Quer[schnitt]säge f, Ablängsäge f
~ **debarker** Blockentrinder m
~ **deck** Sägeblockpolter m(n), Rundholzpolter m(n)
~ **dog** Blockspannzange f
~ **dogging block** Blockspannblock m
~ **driving** Flößerei f
~ **dump** 1. Rundholz[lager]platz m; 2. s. ~deck
~ **ejector** Rundholzauswerfer m, Stammauswerfer m, Blockabwerfer m
~ **feeder** Stammzuteiler m
~ **fork** Stockrodegabel f
~ **frame** 1. Blockrahmen m; 2. s. ~ frame saw
~ **frame saw** Gattersäge[maschine] f, Sägegatter n
~ **fungus** Nutzholzpilz m, nutzholzbewohnender Pilz m
~ **grab** Blockgreifer m, Kurzholzgreifer m, Greifer m
~ **grading** Rundholzsortierung f, Blocksortierung f
~ **grading rule** Rundholz-Sortierregel f
~ **harbour** Wassergarten m, Wasserlagerplatz m, Wasserlager n, Wasserhof m
~ **haul** Block[auf]zug m
~ **home** Wohnblockhaus n
~ **house** Blockhaus n
~ **house construction** Blockhausbau m
~ **hut** Blockhütte f
~ **jam** Trift[holz]stau m, Holzstau m, Triftrinnenverstopfung f
~ **kicker** s. ~ ejector
~ **-length logging** Holzbereitstellung f in Abschnitten (Stammabschnitten)
~ **lever** Stammheber m
~ **loader** Rundholzlader m, Holzladekran m
~ **mark** Stammzeichen n
~ **measurement** Holz-Liegendmessung f
~ **milling machine** Profil[ierzer]spaner m
~ **parcel** Stammholzposten m, Rundholzposten m
~ **pile** Blockstapel m, Rundholzstapel m
~ **piling** Blockstapeln n, Blockstapelung f
~ **planing machine** Blockhobelmaschine f
~ **pond** Klotzteich m, Holzschwemmteich m
~ **rule** 1. Einschnittabelle f, Rundholz[kubik]tabelle f; 2. s. ~ volume table; 3. s. ~ scale
~ **run** sägefallendes Schnittholz n
~ **saw** Blocksäge f, Hauptmaschine f (im Sägewerk)
~ **saw carriage** Gatterwagen m, Blockwagen m
~ **scale** Rundholzmeßstab m, Blockholzmaß n
~ **scaling** Rundholzeinteilung f
~ **scriber** Stammholzstreichlehre f
~ **siding weather-board** Blockhausschalbrett n
~ **sorter** Blocksortierer m
~ **sorting** Sägeblocksortierung f, Rundholzsortierung f, Blocksortierung f
~ **sorting system** Sortieranlage für Sägeblöcke
~ **splitter** Rundholzspaltmaschine f, Spaltmaschine f
~ **splitting cone** Holzspaltkegel m
~ **stack** Blockstapel m

log

~ **storage deck** Lagerpolter *m(n)*; Arbeitspolter *m(n)*
~ **storage place** Holzlagerplatz *m*, Holzlager *n*
~ **stringer** Brückenlängsbalken *m*
~ **supply** Rundholzzufuhr *f*
~ **transport** Stammholztransport *m*
~ **truck** Langholzlastzug *m*, Langholz-Lkw *m*
~ **turner** Stammwender *m*, Stammdreher *m*
~ **unloader** Langholzentladevorrichtung *f*
~ **volume** Blockvolumen *n*
~ **volume table** Volumentafel *f*, Kubierungstafel *f*
~ **wall** Blockwand *f*, Blockhauswand *f*
~ **wall extension** Wandholzstoß *m*
~ **yard** Rundholz[lager]platz *m*
logger 1. Holzfäller *m*, Holzhauer *m*, Fäller *m*; 2. Fällmaschine *f*; Harvester *m*; 3. Kurzholzlademaschine *f*
loggging 1. Holzeinschlag *m*, Einschlag *m*, Holzernte *f*, Baumfällung *f*; 2. Bringung *f*, Holzbringung *f*, Vortransport *m*; Rücken *n*, Ausrücken *n*; Holzwerbung *f*; 3. Einschneiden *n*, Querschneiden *n*, Ablängen *n*
~ **arch** Rückebogen *m*
~ **area** Einschlagsort *m*, Fällort *m*, Fällbereich *m*, Hiebsort *m*
~ **blade** Rückeschild *m*, Polterschild *m*
~ **company** Holzeinschlagsunternehmen *n*
~ **damage** Fäll[ungs]schaden *m*; Rückeschaden *m*
~ **industry** Holzeinschlagindustrie *f*
~ **injury** *s.* ~ damage
~ **machine** Holzerntemaschine *f*
~ **residues** 1. Rücke- und Abfuhrreste *mpl*; 2. *s.* ~ slash
~ **right** Holzeinschlagsrecht *n*, Holznutzungsrecht *n*
~ **road** Rückeweg *m*, Schleifweg *m*
~ **saw** Stammquersäge *f*
~ **season** Einschlagszeit *f*
~ **skidder** Rückeschlepper *m*, Rücketraktor *m*, Skidder *m*, Schleifrücker *m*
~ **slash** Waldrestholz *n*, Schlagabraum *m*, Abraum *m*
~ **wood-waste** *s.* ~ slash
~ **wound** Fäll[ungs]schaden *m*
logwood Campeche[holz] *n*, CAM, Kampescheholz *n*, Blauholz *n*, Blutholz *n*, Allerheiligenholz *n*, Haematoxylon campechianum
~ **principle** Blauholzfarbstoff *m*
lolagbola Tchitola *n*, TCH, Rotes Tola[holz] *n*, Oxystigma (Pterygopodium) oxyphyllum
Lombardy poplar Pyramidenpappel *f*, Populus nigra var. italica, Populus pyramidalis
London hammer Tischlerhammer *m*, Schreinerhammer *m*
~ **plane[-tree]** Bastardplatane *f*, Gewöhnliche Platane *f*, Ahornblattplatane *f*, Platanus × hybrida (acerifolia)
long-beak eucalyptus Eucalyptus camaldulensis (rostrata) *(Holzart)*
~-**beam** Längsbalken *m*
~-**boled** langstämmig, hochstämmig, langschäftig
~-**case clock** Regulator *m*, Pendeluhr *f*;

Bodenstanduhr *f*, Standuhr *f*
~ **construction lumber** *(Am)* Baulangholz *n*
~-**cornered [turning] chisel** Schlichtstahl *m*, Drehmeißel *m* zum Schlichten; Seitenbeitel *m*
~ **dimension** Längsabmessung *f*, Längsseite *f*
~-**fibre[d]** langfaserig
~-**fibred pulp** Faserlangstoff *m*
~ **flake** Langspan *m*
~-**grained plywood** Längsfasersperrholz *n*
~-**hole borer** Langlochbohrer *m*
~-**leaf [pine]**, ~-**leaf yellow pine** Sumpfkiefer *f*, Echte Pitchpine (Pechkiefer) *f*, Pinus palustris
~-**leaved box** 1. Eucalyptus goniocalyx *(Holzart)*; 2. Eucalyptus elaephora *(Holzart)*
~-**leaved Indian pine** Pinus roxburghii (longifolia) *(Holzart)*
~-**leaved [pitch] pine** *s.* ~-leaf [pine]
~-**length logging** Lang[roh]holzbereitstellung *f*, Bereitstellung *f* ganzer Stämme
~ **log** Langholz *n*, Stammholz *n*
~-**log chipper** Langholzzerspaner *m*
~-**log debarking** Langholzentrindung *f*, Stammentrindung *f*
~-**log deck** Langholzpolter *m(n)*
~ **oil** Leinölfirnis *m*
~ **oil varnish** fetter Öllack *m*
~ **pile** Langpfahl *m*
~ **pitwood** Grubenlangholz *n*
~ **plane** Langhobel *m*
~ **pod gouge** Blumeneisen *n* *(Holzschnitzwerkzeug)*
~ **props** Grubenlangholz *n*
~-**stemmed** langstämmig, hochstämmig, langschäftig
~-**table spindle shaper** Langtischfräse *f*
~-**term protection** Langzeitschutz *m* (z. B. von Holz)
~ **timber** Langholz *n*, Langnutzholz *n*
~-**timber dividing plant** Langholzaufteilanlage *f*
longbow Langbogen *m* *(Waffe)*
longhorn [beetle], longicorn 1. Bock[käfer] *m* (Familie Cerambycidae); 2. *s.* house longhorn [beetle]
~ **borer** Phoracantha semipunctata *(Holzschädling)*
longicyclene Longicyclen *n* *(Sesquiterpen)*
longifolene Longifolen *n* *(Sesquiterpen)*
longipinene Longipinen *n* *(Sesquiterpen)*
longitudinal bevelled halved joint Druckblatt *n*
~ **compression (compressive) strength** Längsdruckfestigkeit *f*, Druckfestigkeit *f* in Faserrichtung
~ **curvature** Längskrümmung *f*, Längsverwerfung *f*, Verziehen (Verwerfen) *n* längs zur Holzfaser
~ **cutting** Längsschneiden *n*, Längsschnitt *m*
~ **gluing** Längsverklebung *f*
~ **growth** Längenwachstum *n*, Längswuchs *m*
~ **growth stress** Längswuchsspannung *f*
~ **growth stress distribution** Längswuchsspannungsverteilung *f*
~ **parenchyma** Längsparenchym *n*, Strangparenchym *n*, Axialparenchym *n* *(Holzanatomie)*
~ **parenchyma cell** Längsparenchymzelle *f*,

Axialparenchymzelle *f*
~ **shaft kiln** Längsschachttrockner *m*, Längsstromtrockner *m*
~ **shrinkage** Longitudinalschwindung *f*, Längsschwindung *f*, Schwindung *f* in Faserrichtung, β_1
~ **swelling** Longitudinalquellung *f*, Längsquellung *f*, Quellung *f* in Faserrichtung, α_1
~ **tensile strenght** Längszugfestigkeit *f*, Zugfestigkeit *f* in Faserrichtung
~ **warping** Längskrümmung *f*, Längsverwerfung *f*, Verwerfen (Verziehen) *n* längs zur Holzfaser
longleaf *s.* long-leaf [pine]
longwood Langholz *n*, Stammholz *n*; Langholzsortiment *n*; langes Faserholz *n*; halbiertes Langholz *n*
~ **harvester** Langholzvollerntemaschine *f*
loo table Trommeltisch *m*
looking-glass Spiegel *m*
looped ornament Ziergewinde *n*, Schmuckgewinde *n*
loose cross tongue [lose] Querholzfeder *f*
~ **cushion** Auflagekissen *n*
~ **face** *s.* ~ **side**
~ **-floated timber** Triftholz *n*, Treibholz *n*
~ **floating** Triften *n*, Einzelstammflößerei *f*
~ **knot** loser (ausfallender) Ast *m*, nicht verwachsener Ast *m*, Durchfallast *m*, Ausfallast *m*
~ **leaf gold** Blattgold *n*
~ **-leaf table** Klapptisch *m*
~ **seat** Einlegesitz *m*, lose einlegbare Sitzplatte *f*
~ **side** offene Seite *f (eines Furniers)*
~ **spindle** Fräserdorn *m*
~ **tenon** Fremdzapfen *m*
~ **tongue** Einsteckfeder *f*, Einschubfeder *f*; [lose] Querholzfeder *f*
lop [off]/to entasten, entästen; entwipfeln, abzopfen
lop and top Schlagreisig *n*, Abfallreisig *n*
lopping axe Astaxt *f*
lopsided windschief
lopsidedness Windschiefe *f*
lopwood Astholz *n*, Astreisig *n*
loquat Loquate *f*, Japanische Mispel *f*, Wollmispel *f*, Eriobotrya japonica
loranthus Eichenmistel *f*, Loranthus europaeus (Holzschädling)
Lord Harrington's yew Japanische (Harringtons) Kopfeibe *f*, Cephalotaxus harringtonia var. drupacea
loss due to sawing Schnittverlust *m*
~ **in felling** Fällungsverlust *m*
lost-head [wire] nail Stauchkopfnagel *m*, gestauchter Nagel *m*
Louis Quatorze Louis-quatorze *n (Möbelstil)*
~ **Quinze** Louis-quinze *n (Möbelstil)*
~ **Seize** Louis-seize *n*, Zopfstil *m (Möbelstil)*
~ **Treize** Louis-treize *n (Möbelstil)*
Louisiana cypress Zweizeilige Sumpfzypresse (Sumpfeibe) *f*, Taxodium distichum
lounge chair Klubsessel *m*
~ **furniture** Klubmöbel *npl*

louseberry Spindelstrauch *m (Gattung Euonymus)*
louvers *s.* louvres
louvre Jalousie *f*
~ **board** Jalousiebrett *n*
~**-boards** *s.* louvres
~ **door** Jalousietür *f*; Lamellentür *f*
louvres Lamellenfensterladen *m*, Fensterladen *m* mit Jalousiebrettchen
love-seat Zweisitzersofa *n*, Zweisitzer *m*
~ **tree** Judasbaum *m*, Cercis siliquastrum
lovely fir Purpurtanne *f*, Abies amabilis
lovoa wood *(Am) s.* African walnut
low-angle plane Hirnholzhobel *m*, Bestoßhobel *m*
~**-boiling solvent** tiefsiedendes (leichtsiedendes) Lösungsmittel *n*, Niedrigsieder *m*
~**-density bleaching** Dünnstoffbleiche *f (von Zellstoff)*
~**-density medium board** mittelharte Faserplatte *f* geringer Dichte
~**-energy gas** Schwachgas *n (Holzvergasung)*
~ **in shrinkage** schwindarm *(Holz)*
~**-lustre paint** Mattfarbe *f*
~**-pitched roof** flach geneigtes Dach *n*
~**-pressure laminate** Niederdrucklaminat *n*
~**-quality paper** Massenpapier *n*
~**-quality plywood** CDX-Sperrholz *n*, geringwertiges Furniersperrholz *n*
~**-rate timber** geringwertiges (minderwertiges) Holz *n*
~ **relief** Flachrelief *n*, Bas[is]relief *n*
~**-relief carving** 1. Flach[relief]schnitzen *n*; 2. Flach[relief]schnitzerei *f*, Flachschnitzwerk *n*
~**-slope roof** flach geneigtes Dach *n*
~**-sulphidity pulping** schwachsulfidischer Aufschluß (Zellstoffaufschluß) *m*
~**-temperature drying** Niedertemperaturtrocknung *f*
~**-temperature kiln** Niedertemperaturtrockner *m*
~**-temperature lignin pyrolysis** Niedertemperatur-Ligninpyrolyse *f*
~**-viscosity adhesive** dünnflüssiger (weichelastischer) Klebstoff *m*
~**-voltage heating** Niederspannungsheizung *f*, Schwachstromheizung *f (z. B. einer Furnierpresse)*
lower depot *s.* ~ **landing**
~**-grade furniture** Gebrauchsmöbel *npl*
~ **landing** zentraler Holzausformungsplatz *m*, stationäre Holzausformungsanlage *f*
lowland fir Riesentanne *f*, Kalifornische Tanne *f*, [Große] Küstentanne *f*, Abies grandis
Lowry process Lowry-Verfahren *n*, Spartränkung *f* ohne Luftvordruck *(Holzschutz)*
lozenge Diamantschnitt *m (Zierwerk)*
LP *s.* lodge-pole pine
LPC *s.* lignin-polysaccharide complex
LRF *s.* lumber recovery factor
LTND *s.* latex tapes no defect
lucarne Gaubenfenster *n*
Luchu pine Luchukiefer *f*, Luchuföhre *f*, Okinawakiefer *f*, Pinus luchuensis
Lucombe oak Quercus lucombeana *(Holzart)*

lug chair Ohren[backen]sessel *m*
luggage-rack Gepäckständer *m*
lumbar roll Nierenstütze *f*
lumbayao Tarrieta javanica *(Holzart)*
lumber/to 1. fällen, abholzen, [ein]schlagen, hauen, abtreiben *(Bäume)*; 2. ausformen, aushalten, ablängen, einschneiden, zuschneiden, aufbereiten *(Rohholz)*
lumber 1. *(Am)* Rohholz *n*; Rundholz *n*; Nutzholz *n*; Schnittholz *n*, Schnittware *f*; Bau[schnitt]holz *n*; 2. Gerümpel *n*
~ **broker** Holzhändler *m*
~ **camp** Holzfällerlager *n*
~ **carrier** Holztransporter *m*; Holztransportschiff *n*
~**-core panel (plywood)** *(Am)* Tischlerplatte *f*, Verbundplatte *f* mit Vollholzmittellage
~ **dealer** Holzhändler *m*
~ **defect** Holzfehler *m*
~ **drying** Schnittholztrocknung *f*
~ **drying kiln** Schnittholztrockner *m*, Schnittholztrocknungsanlage *f*
~ **grade** Schnittholz[güte]klasse *f*
~ **grade stamp** Schnittholz[güte]klassestempel *m*
~ **grading authority** Schnittholzklassifizierungsbehörde *f*
~ **industry** Holzwirtschaft *f*; Sägeindustrie *f*
~ **materials list** Holz[bau]teilliste *f*
~ **mill** Sägewerk *n*, Sägemühle *f*, Schneidemühle *f*, Sägerei *f*
~ **pile** Schnittholzstapel *m*
~ **recovery** Schnittholzausbeute *f*
~ **recovery factor** Sägeholzausnutzung *f*, Schnittergiebigkeit *f*, Erschnittsatz *m*
~ **road** Holzabfuhrstraße *f*, Abfuhrweg *m*
~ **scale stick** Schnittholzmeßlatte *f*
~ **scrap heap** Holzabfallhaufen *m*
~ **shed** Holz[lager]schuppen *m*
~ **tally** Schnittholzsortentabelle *f*
~ **trade** Holzhandel *m*
~ **wagon** Langholzwagen *m*
~ **yard** Holz[lager]platz *m*; Schnittholz[lager]platz *m*
lumbering Abholzen *n*, Holz[ein]schlag *m*
~ **right** Holzeinschlagsrecht *n*, Einschlagsrecht *n*
lumberman Holzeinschlagsunternehmer *m*; Holzfäller *m*, Fäller *m*, Holzhauer *m*
lumen Lumen *n*, Zellumen *n*, Zellhohlraum *m* *(Holzanatomie)*
Lumholz pine Lumholzkiefer *f*, Pinus cembroides
luminous table Leuchttisch *m* *(Furnierkontrolle)*
lunette Lünette *f*, Bogenfeld *n* *(Ornament)*
~ **carving** Lünette-Schnitzerei
lupuna Lupuna *n*, Ceiba samauma *(Holzart)*
luster *(Am)* *s.* lustre
lustre Glanz *m* *(z. B. einer Holzoberfläche)*
lustrous mit natürlichem Glanz
lute Laute *f* *(Zupfinstrument)*
luxury furniture Luxusmöbel *npl*
~ **wood** Edelholz *n*
LV heating *s.* low-voltage heating
LVL *s.* laminated veneer lumber
Lyall's larch Lyalls Lärche *f*, Larix lyallii
lychee *s.* litchi

lyctus beetle 1. Splintholzkäfer *m* *(Gattung Lyctus; Familie Lyctidae)*; 2. Brauner Splintholzkäfer *m*, Lyctus[kiefer] *m*, Lyctus brunneus
lying window Querfenster *n*
lyoniresinol Lyoniresinol *n* *(Lignan)*
lyre Lyra *f*, Leier *f* *(Möbelverzierung)*

M

M & D digester Messing-Durkee-Kocher *m* (*Zellstofferzeugung*)
M-[shaped] roof doppeltes Satteldach *n*
mabura Sougue *n*, Mubura *n*, Parinari excelsa (*Holzart*)
macaroni tool Grateisen *n*, Makkaronieisen *n* (*Schnitzeisen*)
Macassar ebony 1. Makassarebenholz *n*, EBM, Koromandel[holz] *n* (*von Diospyros spp.*); 2. Indisches Ebenholz *n*, Diospyros melanoxylon
~ **oil tree** Ylang-Ylangpflanze *f*, Cananga odorata
Macedonian [white] pine Rumelische Kiefer (Weymouthskiefer) *f*, Griechische Strobe *f*, Balkankiefer *f*, Pinus peuce
macerate/to mazerieren
maceration Mazeration *f*, Mazerieren *n*
macerative technique Mazerationstechnik *f*
machinability [maschinelle] Bearbeitbarkeit *f*; Verarbeitbarkeit *f*
machinable [maschinell] bearbeitbar; verarbeitbar
machine/to [maschinell] bearbeiten
machine barking Maschinenentrindung *f*, maschinelle Entrindung *f*
~ **bit for wood** Holzbohrer *m*
~ **boring tool** Maschinenbohrer *m*
~ **burn** reibungswärmebedingte Holzverfärbung bei mechanischer Bearbeitung
~ **calendering** Maschinenkalandern *n* (*Papierherstellung*)
~ **carving** Maschinenschnitzen *n*
~ **coating** Maschinenstrich *m*, Streichen *n* in der Maschine (*Papierherstellung*)
~ **direction** Maschinenrichtung *f* (*Papierherstellung*)
~ **fretsaw** maschinelle Laubsäge *f*, Dekupiersäge *f*
~-**graded** maschinell sortiert (*Schnittholz*)
~-**made dowel** maschinell gefertigter Dübel *m*
~ **planer** Hobelmaschine *f*
~ **planing** maschinelles Hobeln *n*; Abrichtfräsen *n*
~ **saw** Sägemaschine *f*; Motorsäge *f*
~ **shop** Maschinensaal *m* (*z. B. einer Möbelfabrik*)
~ **stack** Maschinenkalander *m* (*der Langsiebmaschine*)
~ **stress grading** maschinelle Festigkeitssortierung *f* (*von Schnittholz*)
~ **stress-rated** maschinell festigkeitssortiert
~ **table** Maschinentisch *m*, Arbeits[maschinen]tisch *m*
~ **woodworking tool** Holzbearbeitungsmaschinenwerkzeug *n*
machineability *s.* machinability
machining characteristic Bearbeitbarkeitskennwert *m*; Spanbarkeit *f*
macoubeine Macoubein *n* (*Alkaloid*)
macrofibril Makrofibrille *f* (*Holzanatomie*)
macrofungus Makropilz *m*, Großpilz *m*

maculine Maculin *n* (*Alkaloid*)
Madagascar rosewood Dalbergia greveana (*Holzart*)
madder family Krappgewächse *npl*, Rötegewächse *npl* (*Familie Rubiaceae*)
made-to-measure window maßgefertigtes Fenster *n*, Fenster *n* nach Maß
Madeira nut [Englischer] Walnußbaum *m*, Juglans regia
~ **wood** 1. Amerikanischer (Echter) Mahagonibaum *m*, Swietenia mahagoni; 2. Lysiloma latisiliqua (*Holzart*)
Madison [wood-sugar] process Madison-Verfahren *n* (*der Holzverzuckerung*)
madrona, madrone, madrono Madrona *n*, MAD, Arbutus menziesii (*Holzart*)
mafu Fagaropsis angolensis (*Holzart*)
magazine grinder Magazinschleifer *m*, Großpressenschleifer *m* (*Holzschliffererzeugung*)
~ **nailer** Magazinnagler *m*
~ **paper** Zeitschriftenpapier *n*
~ **rack** Zeitungsständer *m*, Zeitschriftenständer *m*
~ **table** Zeitschriftentisch *m*
magnesia cement Magnesiamörtel *m*, Magnesiazement *m*, Magnesiabinder *m*, Sorelzement *m* (*zur Herstellung mineralgebundener Holzwerkstoffe*)
magnesite composition (compositum) Steinholz *n*
~ **floor[ing]** Steinholz[fuß]boden *m*, Steinholzestrich *m*
magnesium bisulphite pulp Magnesiumbisulfitzellstoff *m*
magnet separator Magnetscheider *m*
magnetic catch (lock) Magnetschließe *f*, Magnethalter *m*, Magnetzuhaltung *f*, Magnetschnäpper *m*
magnolia 1. Magnolie *f* (*Gattung Magnolia*); 2. Gurkenmagnolie *f*, MAG, Magnolia acuminata; 3. Magnolienholz *n*, MAG
~ **family** Magnoliengewächse *npl* (*Familie Magnoliaceae*)
magnoliaceous zu den Magnoliengewächsen (*Magnoliaceae*) gehörend
mahaleb Felsenkirsche *f*, [Gemeine] Steinweichsel *f*, Mahalebkirsche *f*, Prunus mahaleb
mahoe Hibiscus elatus (*Holzart*)
mahogany 1. Mahagoni[holz] *n*; 2. *s.* ~ tree
~ **family** Zederachgewächse *npl* (*Familie Meliaceae*)
~ **furniture** Mahagonimöbel *npl*
~-**like** mahagoniähnlich
~ **pine** Podocarpus totara (*Holzart*)
~ **stain** Mahagonibeize *f*
~ **tree** 1. Mahagonibaum *m* (*Gattung Swietenia*); 2. Amerikanischer (Echter) Mahagonibaum *m*, Swietenia mahagoni
maidenhair tree Ginkgobaum *m*, Ginkgo biloba
Maiden's gum tree Eucalyptus maidenii (*Holzart*)
maidu Maidou *n*, Pterocarpus pedatus (*Holzart*)
~ **burr** Maidoumaser *f*
main branch Hauptast *m*

~ **felling** Endnutzungshieb *m*, Räumungshieb *m*, Räumung *f (Holzernte)*
~ **girder** Hauptträger *m*
~ **haul road** Haupt[holz]abfuhrweg *m*
~ **rafter** Bundsparren *m*, Hauptsparren *m*
~ **stairs** Haupttreppe *f*; Wohngeschoßtreppe *f*
~ **top** Oberplatte *f (Ausziehtisch)*
~ **tree species** Hauptbaumart *f*, Hauptholzart *f*
majagua 1. Hibiscus tilaceus *(Holzart)*; 2. Hibiscus elatus *(Holzart)*
major branch Hauptast *m*
~ **forest product** Hauptforsterzeugnis *n*
~ **southern pine** *(Am)* Holzartengruppe aus Pinus palustris, P. echinata, P. taeda und P. elliottii
makarati Mucarati *n*, MUC, Makarati *n*, Burkea africana *(Holzart)*
make into paper/to zu Papier verarbeiten
makoré, makori Makoré *n*, MAC, Afrikanischer Birnbaum *m*, Mimusops (Tieghemalla, Dumoria) heckelii
Malabar kino Malabarkino *n (von Pterocarpus marsupium)*
~ **kino tree** Bastard-Teakbaum *m*, Pterocarpus marsupium
~ **neem** Melia birmanica (superba) *(Holzart)*
~ **plum** Rosenapfel *m*, Syzygium (Eugenia) jambos
Malacca tree Amblabaum *m*, Myrobalanenbaum *m*, Phyllanthus emblica
malagai Kasai *n*, KAS, *(bes.)* Pometia pinnata *(Holzart)*
Malayan eaglewood tree Adlerholz *n*, Aquilaria malaccensis
~ **Grading Rules** Sortierungsanweisungen *fpl* für malaiisches Exportschnittholz, M.G.R.
male agaric Grauer Feuerschwamm *m*, Falscher Zunderschwamm *m*, Phellinus (Polyporus) igniarius
~ **dogwood** Kornelkirsche *f*, Herlitze *f*, Cornus mas
mall *s.* maul
mallet 1. Holzhammer *m*; Stemmknüppel *m*, Schreinerklüpfel *m*, Knüpfel *m*, Holzklüpfel *m*, Klopfholz *n*; 2. Eucalyptus astringens *(Holzart)*
mammee [apple] Mammiapfel *m*, Amerikanischer Aprikosenbaum (Bürstenbaum) *m*, Mammea americana
mammoth tree Mammutbaum *m*, Sequoiadendron giganteum, Sequoia gigantea
man-made board Holzwerkstoffplatte *f*
manchich Lonchocarpus castilloi *(Holzart)*
manchineel Manzinellenbaum *m*, Hippomane mancinella
Manchurian ash Japanische Esche *f*, ESJ, Fraxinus mandshurica
~ **filbert** Mandschurische Hasel[nuß] *f*, Corylus sieboldiana var. mandshurica
~ **fir** Ganzblättrige Weißtanne *f*, Abies holophylla
~ **maple** Mandschurischer Ahorn *m*, Acer caesium
~ **pine** Chinesische Rotkiefer *f*, Mandschurische Kiefer *f*, Pinus tabuliformis (sinensis)

~ **walnut** Mandschurische Walnuß *f*, Juglans mandshurica
mandible Mandibel *f*, Oberkiefer *m (der Insekten)*
mandio[quiera] Mandioqueira *n (Holz von Qualea spp.)*
mandolin[e] Mandoline *f (Zupfinstrument)*
mandrel 1. Spindel *f (z. B. der Drechselbank)*; 2. Kreissägewelle *f*; 3. Dockenstock *m (Drechselei)*
mangaba rubber tree Mangabeirabaum *m*, Hancornia speciosa
mangle *s.* mangrove
mango tree Mangobaum *m*, Mangifera indica
~ **wood** Machang *n*, Mangifera foetida *(Holzart)*
mangrove Mangrove[n]baum *m (Gattung Rhizophora)*
~ **cutch** Mangroverindenextrakt *m (Gerbmittel von Rhizophora spp.)*
~ **family** Manglebaumgewächse *npl (Familie Rhizophoraceae)*
Manila copal Manilakopal *m (von Agathis australis und A. dammara)*
~ **elemi** Manila-Elemi[harz] *n (von Canarium luzonicum)*
~ **padouk** Manila-Padouk *n*, Pterocarpus indicus *(Holzart)*
manio 1. Manio *n*, MAO, Podocarpus nubigenus *(Holzart)*; 2. Manio *n*, MAO, Podocarpus salignus *(Holzart)*
Manitoba maple Eschenahorn *m*, Eschenblättriger Ahorn *m*, Acer negundo
manna Manna *n(f) (eingetrockneter zuckerhaltiger Saft bes. von Fraxinus ornus)*
~ **-ash** Blumenesche *f*, Mannaesche *f*, Fraxinus ornus
~ **gum [eucalypt]** Eucalyptus viminalis *(Holzart)*
~ **oak** Mannaeiche *f*, Quercus brantii
~ **tree** Mannabaum *m*, Alhagi maurorum
mannan Mannan *n (Hemicellulose)*
mannerism, mannerist style Manierismus *m (Kunststil)*
manni Manil *n*, Symphonia globulifera *(Holzart)*
manniballi Inga alba *(Holzart)*
mannose D-Mannose *f*, Man
mansard roof Mansarddach *n*
~ **[roof] truss** Mansarddachbinder *m*, Mansardfachwerkbinder *m*
mansonia Mansonia *n*, MAN, *(unkorrekt)* Afrikanischer Nußbaum *m*, Mansonia altissima
mansonone Mansonon *n (Sesquiterpen)*
manual Manual *n*, Manualklaviatur *f*, Handtastenreihe *f (z. B. der Orgel)*
~ **barking** Handentrindung *f*, manuelles Entrinden *n*
~ **bending** Biegen *n* von Hand, manuelles Biegen *n*
manufacture of wood products Holzwarenherstellung *f*
manufactured housing Fertighausbau *m*
~ **housing component** Fertighausbauteil *n*
~ **wood product** Holzwerkstoff *m*
many-sided unschnürig, in zwei oder mehr Ebenen gekrümmt *(Baumstamm)*

map paper Landkartenpapier *n*
maple 1. Ahorn[baum] *m (Gattung Acer)*; 2. Ahornholz *n*
~ **family** Ahorngewächse *npl (Familie Aceraceae)*
~ **silkwood** Flindersia brayleyana *(Holzart)*
~ **sugar** Ahornzucker *m*
~ **syrup** Ahornsirup *m*
Maracaibo boxwood Zapatero *n*, ZAP, Gossypiospermum praecox *(Holzart)*
marble/to marmorieren, mit Marmormalerei versehen
marble top Marmor[tisch]platte *f*
~-**topped table** Marmortisch *m*
~-**wood** Diospyros marmorata *(Holzart)*
marbleize/to *s.* marble/to
marbling Marmormalerei *f*
margin knot Seitenast *m*
marginal parenchyma marginales Parenchym (Längsparenchym) *n (Holzanatomie)*
~ **ray cell** marginale Strahlzelle *f*, Kantenzelle *f (Holzanatomie)*
margo Margo *f*, Tüpfelringzone *f*, Tüpfelrandzone *f (Holzanatomie)*
margosa Nimbaum *m*, Antelaea (Melia) azadirachta, Azadirachta indica
marimba Marimba *f (Schlaginstrument)*
marine borer 1. Sammelbegriff für durch Bohrgänge holzschädigende Meerestiere; 2. Holzbohrmuschel *f*, Bohrmuschel *f*, Schiffsbohrwurm *m*, Pfahlwurm *m*, Teredo navalis
~ **borer hole** Bohrmuschelloch *n*
~ **borer protection** Bohrmuschelschutz *m*, Pfahlwurmschutz *m*
~ **borer resistance** Bohrmuschelfestigkeit *f*
~-**borer resistant** bohrmuschelfest
~ **construction** Meerwasserbau *m*, mariner Wasserbau *m*
~ **durability** Meerwasserbeständigkeit *f (von Holz)*
~ **fungus** Meerespilz *m*
~ **glue** Marineleim *m*
~ **pest** Meerwasserschädling *m*, Salzwasserschädling *m*, holzzerstörendes Meerestier *n*, mariner Holzschädling *m*
~ **pile** Salzwasser[ramm]pfahl *m*
~ **plywood** Außensperrholz *n*
~ **timber** Wasserbauholz *n*, Salzwasserbauholz *n*, Seebauholz *n*
~ **varnish** meerwasserbeständiger Lack *m*; Bootslack *m*
~ **wood borer** *s.* ~ borer
~ **work** *s.* ~ construction
maritime pine Strandkiefer *f*, See[strand]kiefer *f*, Sternkiefer *f*, Pinus pinaster (maritima)
mark/to 1. markieren, kennzeichnen; auszeichnen, anzeichnen *(Rohholz)*; [an]schalmen, anplätzen, anlaschen *(Baum)*; 2. *s.* ~ out/to
~ **out/to** [an]reißen, aufreißen, zureißen, anzeichnen *(ein Werkstück)*
mark Marke *f*, Markierung *f*; Schalm *m*, Waldhammermarke *f*
marked face Sichtfläche *f (Holzbauteil)*

marker Anzeichner *m (Arbeiter; Gerät)*; Schnittholzsortierer *m*
marking awl Reißnadel *f*, Vorstecher *m*, Spitzbohrer *m*
~ **gauge** Streichmaß *n*
~ **hammer** Anschlaghammer *m*, Revierhammer *m*, Markierhammer *m*, Waldhammer *m (zur Holzkennzeichnung)*
~ **hatchet** Anschlaghammer *m* mit Beilschneide
~ **knife** Anreißmesser *n*
~ **nut tree** [Ostindischer] Tintenbaum *m*, Semecarpus anacardium
~-**off** Vermessen *n*, Ablängen *(von gefälltem Holz)*
~ **press** Markierpresse *f (der Langsiebmaschine)*
~ **punch** Schlagstempel *m*
~ **table** Anreißtisch *m*
marlberry Ardisia paniculata *(Holzart)*
marquetarian *s.* marquetry cutter
marquetry 1. Marketerie *f*, Intarsienmalerei *f (Furnierungstechnik)*; 2. Intarsienbild *n*
~ **cutter** Marketerieschneider *m*; Intarsienschneider *m*, Intarsiator *m*
~ **inlay** Bildintarsie *f*, Marketerieeinlage *f*
marri Eucalyptus calophylla *(Holzart)*
marriage bed Ehebett *n*
~ **chest** Hochzeitstruhe *f*, Aussteuertruhe *f*
marron Edelkastanie *f*, EKE, Eßkastanie *f*, Marone *f*, Echte Kastanie *f*, Castanea sativa (vesca)
marsh nut Ostindischer Tintenbaum *m*, Aangotbaum *m*, Semecarpus anacardium
Martha Washington chair *(Am)* Martha-Washington-Stuhl *m*
Mason gun Mason-Kanone *f (Dampfexplosionszerfaserung)*
Masonite [explosion] process Masonite-Verfahren *n*, Explosionsverfahren *n*, Dampfexplosionsverfahren *n (der Faserplattenherstellung)*
masonry nail Steinnagel *m*, Mauernagel *m*
mason's mitre Maurerverband *m (bes. der frühen Eichenholztischlerei)*
mass-produced furniture Serienmöbel *npl*
~-**production line** Maschinenstraße *f (Möbelbau)*
Masson pine Pinus massoniana *(Holzart)*
mast Mast *m*, Schiffsmast *m*
~ **timber** Mastenholz *n*
master-carpenter Zimmermeister *m*
~-**sawyer** Säge[werks]meister *m*
mastic 1. Mastix *m*, Mastixharz *n*; 2. *s.* ~ tree; 3. Parkettklebemasse *f*
~ **adhesive** Mastixklebstoff *m*
~ **pitch** Pechharz *n*
~ **tree** Mastixstrauch *m*, Pistacia lentiscus
Masur birch braunfleckiges (markfleckiges) Birken[furnier]holz *n (durch Befall von Dendromyza spp.)*
mat/to *s.* matt/to
mat-formed particleboard Flachpreßplatte *f*, flachgepreßte Spanplatte *f*
~ **forming** Vliesformung *f*, Vliesbildung *f*, Mattenbildung *f*
~-**forming head** Faserstreukopf *m (Faserplattenherstellung)*

mat

~-forming machine Streumaschine f
~-pressed particleboard s. ~-formed particleboard
matai Podocarpus spicatus (Holzart)
matairesinol Matairesinol n (Lignan)
match/to spunden (Bretter)
match Streichholz n, Zündholz n
~ **block** Streichholzblock m, Zündholzblock m
~ **boarding** gespundete Bretter npl
~ **joint** Verspundung f, Verzinkung f
~-making Zündholzherstellung f, Streichholzfabrikation f
~-making machine Zündholzmaschine f
~ **of veneer** Furnierzusammensetzung f, Furnierbild n
~ **plane** Nuthobel m, Spundhobel m; Kehlhobel m
matchboard [Nut-und-]Spundbrett n, Nut-und-Feder-Brett n, gespundetes Brett n, Riemenbrett n
matchbox Streichholzschachtel f, Zündholzschachtel f
matched board s. matchboard
~ **joint** Spundung f, Nutverbindung f
~ **lumber** (Am) Profilholz n
~ **siding** gespundete Verschalung (Schalung) f
~ **veneer** Furnierbild n
matcher 1. Furnierbildhersteller m; 2. s. match plane; 3. s. matching machine
matching machine Nuthobelmaschine f
~ **of veneer leaves** Stürzen n von Furnierblättern
matchstick s. match
matchwood 1. Zündwarenholz n, Streichhölzerholz n; 2. Holzspäne mpl; Kleinholz n
mating chamber Rammelkammer f (im Bohrgang der Borkenkäfer)
matrimonial bed Ehebett n
matrix Matrix f, Grundgerüst n, Grundsubstanz f (z. B. der Holzzellwand)
matrushka doll Matrjoschka f (Holzpuppe)
matsu Pinus massoniana (Holzart)
matt/to mattieren
matt effect Matteffekt m
~ **finish** mattpolierte Oberfläche (Holzoberfläche) f
~ **gilding** Mattvergoldung f
matte ... s. matt ...
mattress Matratze f
mature wood Reifholz n, Trockenkernholz n
maul schwerer Holzhammer m
Mäule reaction Mäule-Test m (Ligninbestimmung)
mawbee stick Schlangenbaum m, Colubrina ferruginosa
maximum allowable concentration maximal zulässige Konzentration (Arbeitsplatzkonzentration) f, MAK-Wert m (der Schadstoffbelastung)
~ **shrinkage** maximales Schwindmaß n, maximale Schwindung f, β_{max}
~ **swelling** maximales Quellmaß n, maximale Quellung f, α_{max}
may tree [Gemeiner, Zweigriffliger] Weißdorn m, Crataegus laevigata (oxyacantha)

maya white Camasey n, Calycogonium squamulosum (Holzart)
mayapis Mayapis n, Shorea squamata (Holzart)
mayflower Apamate n, Roble n, (bes.) Tabebuia rosea (Holzart)
mazard [cherry] Europäischer Kirschbaum m, KB, Vogelkirsche f, Waldkirsche f, Süßkirsche f, Prunus avium
mazer tree Feldahorn m, Maßholder m, Acer campestre
mazzard s. mazard [cherry]
mc, MC, m.c., M.C. s. moisture content
MDF [board] s. medium-density fibreboard
meal-beetle Mehlkäfer m, Tenebrio molitor
~-worm Mehlwurm m, Mehlkäferlarve f, Tenebrio molitor
mean basal area mittlere Grundfläche (Kreisfläche) f (Holzmessung)
~ **basal area tree** Grundflächenmittelstamm m, Kreisflächenmittelstamm m
~ **length** Durchschnittslänge f, DL (Holzmessung)
~ **tree** Mittelstamm m (Holzmessung)
~ **width** Durchschnittsbreite f, DB (Holzmessung)
measurement error Meßfehler m
~ **of growth rings** Jahr[es]ringmessung f
~ **of standing timber** Holzmassenaufnahme f
~ **of stem crookedness** Krümmungsmessung f an Baumstämmen
~ **of stems** Schaft[ver]messung f
measuring of spiral grain Drehwuchsmessung f
~-off Vermessen n, Ablängen n (von gefälltem Holz)
~ **stick** Meßstock m, Ablängstab m
~ **table** Meßtisch m
mechanical adhesion mechanische Adhäsion f
~ **pulp** mechanischer Holzfaserstoff m, [mechanischer] Holzschliff m, Holzmasse f, Schleifmasse f
~ **pulp board** Holzkarton m; Holzpappe f
~ **pulp rejects** Holzschliffgrobstoff m
~ **pulping** Holzschliffergeugung f
~ **saw** Motorsäge f, Sägemaschine f
~ **scraper** Ziehklingenmaschine f
~ **spreading** maschinelle Streuung f, Maschinenschüttung f (Spanplattenherstellung)
~ **tissue** Festigungsgewebe n, Stützgewebe n (Holzanatomie)
~ **wood pulp** s. ~ pulp
medal cabinet Münzschrank m
medang Medang n, (bes.) Dehaasia nigrescens (Holzart)
medicinal bark offizinelle Rinde f, Arzneirinde f
medicine cabinet (chest) Arzneischrank m; Hausapotheke f
Mediterranean dry wood termite Gelbhalstermite f, Kalotermes flavicollis
~ **oak** Zeeneiche f, Kanarische Eiche f, Mittelmeereiche f, Quercus canariensis
medium board s. ~-density fibreboard
~ **boiler** Mittelsieder m (Lösungsmittel)
~-density fibreboard, ~ hardboard mittelharte

Faserplatte (Holzfaserplatte) *f*, MHF[-Platte] *f*,
Faserplatte *f* mittlerer Dichte, MDF-Platte *f*
~ **knot** mittlerer Ast *m*
~ **solids** mit mittlerem Körpergehalt *(Lack)*
medlar Echte (Gemeine, Deutsche) Mispel *f*,
Mespilus germanica
medulla Mark *n*, Markröhre *f (Holzanatomie)*
medullary blemish Markfleckchen *n*
(Holzfehler)
~ **ray** Markstrahl *m*
~ **spot** Markfleck *m*
meeting stile Schließlängsholz *n (Fenster; Tür)*
melamine Melamin *n (organische Base)*
~ **film** Melaminfilm *m*, Aminoplastfilm *n*
~ **finish** Melamin[harz]lack *m*
~-**formaldehyde [resin]** Melamin-
Formaldehydharz *n*, Melaminharz *n*, KMF,
MF
~ **lacquer** Melamin[harz]lack *m*
~ **laminate** Melaminlaminat *n*
~ **refinement plant** Melaminvergütungsanlage *f*
~ **resin** *s.* ~-formaldehyde [resin]
~-**resin adhesive** Melamin[kunstharz]leim *m*
~-**resin-coated** melaminharzbeschichtet
~-**resin-impregnated tissue** Melaminfilm *m*
melawis *s.* ramin
meliaceous zu den Zederachgewächsen
(Meliaceae) gehörend
mellowing of wood Lockerwerden *n* von Holz
melon tree Kalebassenbaum *m*, Crescentia cujete
melt glue Schmelzleim *m*, Schmelzklebstoff *m*
member Bauteil *n*; Stab *m (Holzbau)*
membrane form press, ~ **[moulding] press**
Membran[form]presse *f*
Mende chipboard Mende-Spanplatte *f*
~ **process** Mende-Verfahren *n (der
Spanplattenherstellung)*
~-**process board** Mende-Spanplatte *f*
Mendlesham chair Mendlesham-Stuhl *m*
Mendocino cypress Cupressus goveniana var.
pigmaea *(Holzart)*
mengkulang Mengkulang *n*, MEN, *(bes.)*
Heritiera simplicifolia *(Holzart)*
meranti Meranti *n Holzartengruppe aus Shorea
spp. und Parashorea spp.*
merbau 1. Intsia palembanica *(Holzart)*; 2. *s.*
Moluccan ironwood
mercerization Mercerisation *f*
mercerize/to mercerisieren, merzerisieren
(Cellulosefasern mit Alkalilösung behandeln)
merchantable assortment Handelssortiment *n*,
Verkaufssortiment *n (z. B. von Nutzholz)*
~ **cordwood** Schichtnutzholz *n*
~ **form factor table** Derbholzformzahltafel *f*
~ **volume table** Derbholzvolumentafel *f*
~ **wood** Nutzholz *n*
mercurial (mercury) gilding Feuervergoldung *f*
meristem Meristem *n*, [pflanzliches]
Bildungsgewebe *n*
meristematic meristematisch; Meristem...
Merkus pine Pinus merkusii *(Holzart)*
merpau Merpau[h] *n*, MEP, *(bes.)* Swintonia
penangiana *(Holzart)*
mersawa Mersawa *n*, MES, *(bes.)* Anisoptera
curtisii *(Holzart)*

mesh face Siebseite *f (der Faserplatte)*
~ **pattern** Siebmuster *n*, Siebmarkierungen *fpl*
(der Faserplatte)
messmate [stringy-bark] tree Eucalyptus
obliqua *(Holzart)*
metabolism Stoffwechsel *m*, Metabolismus *m*
metal-clad[ded] window metallummanteltes
Fenster *n*, Holz-Leichtmetall-Fenster *n*
~ **detecting machinery,** ~ **detector**
Metallsuchgerät *n*
~ **dowel** Metalldübel *m*
~-**faced plywood** Metallschichtholz *n*,
Panzerholz *n*
~ **gusset plate truss** Nagelplattenbinder *m*,
Knotenblechbinder *m*
~ **plane** metallener Hobel *m*, Metallhobel *m*,
Hobel *m* aus Eisen
~ **plate connected wood truss**
Nagelplattenbinder *m*
~-**plate connector** Flachverbinder *m*, Stahllasche
f
~-**plate fastener [with integral teeth]**
Nagelplatte *f*, Knotenblech *n*
~ **plate wood truss** Nagelplattenbinder *m*
~-**to-wood adhesive** Metall-Holz-Kleber *m*
~-**to-wood lamination** Metall-Holz-Laminierung
f
metallic inclusion Metalleinschluß *m (in Holz)*
~-**salt stain** Metallsalzbeize *f*
metallization Metallisierung *f*
metallize/to metallisieren, mit Metall
beschichten; mit Metall tränken *(Holz)*
metallized wood metallisiertes Holz *n*,
Metallholz *n*; Metallschichtholz *n*, Panzerholz
n
metamorphic table Verwandlungstisch *m*
metatracheal metatracheal *(Holzparenchym)*
metaxylem Metaxylem *n (Holzanatomie)*
methanol Methanol *n*, Methylalkohol *m*,
Holzgeist *m*
~ **pulping** Methanolaufschluß *m*
method of felling Hiebsart *f*
~ **of timber construction** Holzbauweise *f*
methoxyl group Methoxylgruppe *f*
methyl alcohol *s.* methanol
~ **bromide** Methylbromid *n*, Brommethan *n*
(Holzbegasungsmittel)
~ **cellulose** Methylcellulose *f*
~ **methacrylate** Methylmethacrylat *n*
(Tränkmittel)
methylated spirit[s] Methylethylketon *n*,
denaturierter (vergällter) Spiritus *m*
methylol cellulose Methylolcellulose *f*
Mexican blue oak Quercus oblongifolia
(Holzart)
~ **cypress** Mexikanische Zypresse *f*, Cupressus
lusitanica
~ **grey pine** Mexikanische Graukiefer *f*, Pinus
ayacahuite
~ **pine** Patulakiefer *f*, Pinus patula
~ **yellow pine** Mexikanische Gelbkiefer *f*, Pinus
leiophylla
mezereon willow Reifweide *f*, Schimmelweide *f*,
Seidelbastweide *f*, Dünenweide *f*, Salix
daphnoides

MF ... *s.* melamine-formaldehyde ...
M.G.R. *s.* Malayan Grading Rules
MH *s.* mountain hemlock
micell[a] *s.* micelle
micelle Mizelle *f*, Kristallit *m*, Molekülaggregat *n* *(z. B. der Cellulose)*
Michoacan pine Pinus michoacana *(Holzart)*
micro-chip Feinstspan *m*
~ **finger jointing cutter** Minizinkenfräser *m*
~-**[-thin] veneer** Mikrofurnier *n*
microcrystalline cellulose mikrokristalline Cellulose *f*, MKC
microfibril Mikrofibrille *f*, Grundfibrille *f*, Fibrillenbündel *n (Holzanatomie)*
microfibrillar angle Mikrofibrillenwinkel *m*
~ **helix** Mikrofibrillenwendel *f*
microfibrillated cellulose mikrofibrillierte Cellulose *f*
microfungus Mikropilz *m*, Kleinpilz *m*
micrograph Mikrobild *n*
micrographer bark-beetle Kleiner (Furchenflügeliger) Fichtenborkenkäfer *m*, Pityophthorus micrographus
microhypha Mikrohyphe *f*
micrometer [calliper] Mikrometer *n (Feinmeßgerät)*
micropaper foil Mikropapierfolie *f*
micropore Mikropore *f*, Feinpore *f*
microporous mikroporös, [sehr] feinporig *(z. B. Holz)*
micropulping Mikro[holz]aufschluß *m*, Versuchsaufschluß *m*
microtechnic *s.* microtechnique
microtechnique Mikrotechnologie *f (Holzforschung)*
microtome Mikrotom *n (zur Herstellung von Dünnschnittpräparaten)*
microtomy Mikrotomie *f*
microtracheid Mikrotracheide *f (Holzanatomie)*
microwave gluing Mikrowellenverleimung *f*
mid-beam Zwischenbalken *m*
~-**diameter** Mittendurchmesser *m*, Mittenstärke *f*, d_M, $d_{0,5\ h}$ *(Rohholzmessung)*
~-**girth** Mittenumfang *m (Rohholzmessung)*
~-**length circumference** Mittenumfang *m (Rohholzmessung)*
middle cut *s.* ~ log
~-**cutting saw** Mittelschnittsäge *f*
~ **drawer** Mittelschubfach *n*
~ **lamella** Mittellamelle *f (Holzanatomie)*
~ **lamella lignin** Mittellamellenlignin *n*
~ **log** Mittelblock *m*, Mittelstamm *m*, Mittelstück *n (Holzausformung)*
~ **ply** Mittelfurnier *n*
~ **purlin** Zwischenpfette *f*, Mittelpfette *f*
middlings Mittelware *f*, Nutzholz *n* mittlerer Qualität
milanji cedar (cypress) Widdringtonia whytei *(Holzart)*
mildew fungus [Echter] Mehltaupilz *m (Ordnung Erysephales)*
mildewcide Mehltaufungizid *n*, Mehltau[pilz]bekämpfungsmittel *n*
milk bush Milchbusch *m*, Gummihecke *f*, Euphorbia tirucalli

~ **tree** Kuhmilchbaum *m*, Sandé[holz] *n*, Brosimum galactodendron (utile)
mill/to 1. [ver]mahlen; zerkleinern; 2. abrichten, zurichten *(Bretter)*; 3. fräsen
mill 1. Mühle *f*; Mahlwerk *n*; Zerkleinerungsanlage *f*; 2. Sägemühle *f*, Schneidemühle *f*, Sägewerk *n*, Sägerei *f*; 3. Fräser *m*, Fräswerkzeug *n*
~ **cull** 1. Sägewerkabfälle *mpl*, Holzreste *mpl* aus Sägewerken; 2. minderwertige Schnittware *f*, Schnittholz *n* niedrigster Qualität
~ **deck** Arbeitspolter *m(n)*, Rundholzpolter *m(n)* am Sägewerk
~ **file** Mühlsägefeile *f*
~-**made staircase** Typentreppe *f*
~-**pond** Klotzteich *m*, Holzschwemmteich *m*; Wassergarten *m*
~ **saw** Sägegatter *n*, Gattersäge *f*, Gatter *n*
~ **tally** Schnittholz[sorten]tabelle *f*
~-**yard** Rundholzplatz *m*; Schnittholzplatz *m*, Holz[lager]platz *m*
~-**yard pest** Holzplatzschädling *m*
millboard Maschinenkarton *m*, Maschinenpappe *f*
milled-wood lignin Björkman-Lignin *n*
milling cutter Fräser *m*, Fräswerkzeug *n*
~ **defect** Sägefehler *m*, Fehler *m* beim Sägen
~ **residues** Industrieresthholz *n*
millman Sägewerker *m*
millwork [vorgefertigte] Holzbauteile *npl*; Bautischlereierzeugnisse *npl*, Bauschreinerprodukte *npl*
~ **plant** Bautischlerei *f*, Bauschreinerei *f*
millwright Mühlenbauer *m*, Holzmühlenbauer *m*
Mindanao gum Eucalyptus deglupta *(Holzart)*
mine fungus [Weißer] Porenschwamm *m*, Antrodia sinuosa, Poria vaillantii (vaporaria)
~ **prop** Grubenstempel *m*, Stempel *m (Holzsortiment)*
~ **timber** Grubenholz *n*, Zechenholz *n*, Ausbauholz *n*
~ **timbering** Grubenausbau *m*
mineral binder mineralisches Bindemittel *n*
~-**bonded wood composite** mineralgebundener Holzwerkstoff *m*
~ **spirits** *(Am)* Lösungsbenzin *n*, White Spirit *m (Terpentinersatz)*
~ **stain** mineralische Verfärbung (Holzverfärbung) *f*
~ **streak** streifenförmiger Mineralstoffeinschluß *m (Holzanatomie)*
mini finger joint Minizinkenverbindung *f*
~ **sofa table** Sofatischchen *n*
miniature chest Aufsatzschränkchen *n*
~ **furniture** Miniaturmöbel *npl*
minimum cure temperature Mindest[aus]härtungstemperatur *f (von Klebstoffen)*
mining timber *s.* mine timber
minor southern pine *(Am)* Holzartengruppe aus Pinus rigida, P. serotina, P. clausa, P. pungens und P. virginiana
miracle tree Leucaena leucocephala *(Holzart)*
Mirbeck's oak *s.* Mediterranean oak

mirror Spiegel *m*
~ **cabinet** Spiegelschrank *m*
~ **door** Spiegeltür *f*
~ **frame** Spiegelrahmen *m*
~ **glass** Spiegelglas *n*
~ **stand** Spiegelständer *m*
mirrored door Spiegeltür *f*
misericord Miserikordie *f (Teil des Chorgestühls)*
misnomer Fehlname *m*, Fehlbezeichnung *f*, nichtstimmiger Name *m (z. B. einer Holzart)*
missanda Tali *n*, TAL, Missanda *n*, *(bes.)* Erythrophleum ivorense *(Holzart)*
mistletoe 1. Mistel *f (Gattung Viscum)*; 2. Laubholzmistel *f*, Viscum album ssp. album; 3. Tannenmistel *f*, Viscum album ssp. abietis; 4. Föhrenmistel *f*, Nadelholzmistel *f*, Viscum album ssp. austriacum; 5. *s.* loranthus
~ **attack** Mistelbefall *m*
~ **damage** Mistelschaden *m*
miter *(Am) s.* mitre
mitre/to 1. mittels Gehrung verbinden (fügen); 2. *s.* ~-cut/to
~**-cut/to** gehren, auf Gehrung [zu]schneiden
mitre 1. Gehrung *f*, Gehre *f*; 2. *s.* ~ joint
~**-block (-board)** Gehr[ungs]maß *n*, Gehr[ungs]maßbrett *n*
~ **box** Gehrungsschneidlade *f*, Schneidlade *f*
~ **circular saw[ing machine]** Gehrungs[kreis]säge *f*, Gehrungskreissägemaschine *f*
~ **clamp (cramp)** Gehrungs[kanten]zwinge *f*
~ **cut** Gehrungsschnitt *m*
~ **cutter** Gehrungsschneidemaschine *f*, Gehrungsfräsmaschine *f*
~ **cutting guide** Gehrungsanschlag *m*
~ **cutting machine** *s.* ~ cutter
~ **cutting shear** Gehrungsschere *f*
~ **dovetail [joint]** Gehrungszinken *fpl*, doppelseitig verdeckte Handzinkung *f*, Keilzinken-Gehrungseckverbindung *f*, auf Gehrung verdeckte Zinkenverbindung *f*, abgesetzte verdeckte Zinkenverbindung *f* mit dreiseitigem Gehrungsschnitt
~ **fence (gauge)** Gehrungsanschlag *m*; Winkelanschlag *m (z. B. einer Tischkreissäge)*
~ **joint** Gehrung *f*, Gehrungsstoß *m*, Verbindung *f* in (auf) Gehrung
~ **moulding machine** Gehrungsfräsmaschine *f*
~ **rule** Gehr[ungs]maß *n*
~ **saw** Gehrungssäge *f*
~ **shooting-block** Gehrungsstoßlade *f*, Gehrungsvorrichtung *f*
~ **square** Gehr[ungs]maß *n*
~ **trimmer** Gehrungsschneider *m*
~ **trimming machine** Gehrungsschneidemaschine *f*
mitred bridle Scherzapfen *m* auf Gehrung
~ **half-lap [joint]** Verblattung *f* auf Gehrung
~ **joint** *s.* mitre joint
~ **mortise and tenon** eingestemmte Zarge *f* mit geächseltem Zapfen
~ **stringer** Lichtwange *f*, Freiwange *f*, Innenwange *f (Treppe)*
mitreing angle Gehrungswinkel *m*, Gehrwinkel *m*
~ **jig** Gehrungsanschlag *m*
mitring *s.* mitreing
miva mahogany Dysoxylum muellerii *(Holzart)*
mix resin emulsion Mischharzemulsion *f (Klebstoff)*
mixed cellulose ester Cellulosemischester *m*
~ **construction** 1. Gemischtbauweise *f*; 2. Gemischtbau *m*
mixing vat Mischbütte *f (Papierherstellung)*
miyana cherry Maximowicz-Kirsche *f*, Japanischer Kirschbaum *m*, Prunus maximowiczii
Mldg, MLDG *s.* moulding 2.
moabi Moabi *n*, MOA, Baillonella toxisperma *(Holzart)*
mobile chipper Mobilhacker *m*, mobile Hack[schnitzel]maschine *f*
~ **crane** Mobilkran *m*
~ **sawmill** fliegendes (mobiles) Sägewerk *n*
~ **scaffold** bewegliches Gerüst (Baugerüst) *n*
mock-medieval style Neugotik *f*, Neogotik *f*
mockernut [hickory] Echter Hickory *m*, Echte Hickory *f*, Spottnußbaum *m*, Carya tomentosa (alba)
model Modell *n*; Tonmodell *n (z. B. eines Schnitzwerkes)*; Rohling *m*
~ **kitchen** Modellküche[neinrichtung] *f*
~**-maker** Modelltischler *m*, Modellschreiner *m*
~**-making** Modelltischlerei *f*, Modellschreinerei *f*, Modellbau *m*
Modern Style Jugendstil *m (Kunststil)*
modified adhesive modifizierter Klebstoff *m*
~ **solid wood** vergütetes Vollholz (Massivholz) *n*
~ **wood** modifiziertes (vergütetes) Holz *n*
modillion Zierkonsole *f*, Modillion *n*
modular [constructed] furniture Systemmöbel *npl*, Aufbaumöbel *npl*, Baukastenmöbel *npl*
~ **home** Fertig[wohn]haus *n*, Wohnhaus *n* in Fertigteilbauweise
module 1. Modul *m*, [genormte] Maßzahl *f*, Grundmaß *n*; Rastermaß *n*; 2. Modul *n*, standardisiertes Bauteil *n (z. B. in der Möbelfertigung)*
modulus of elasticity [Youngscher] Elastizitätsmodul *m*, E-Modul *m*, E
~ **of elasticity in bending** Biegeelastizitätsmodul *m*
~ **of elasticity in shear** Schubmodul *m*, Gleitmodul *m*, G
~ **of elasticity in tension** Zugelastizitätsmodul *m*
~ **of rigidity** Schubmodul *m*, Gleitmodul *m*, G
~ **of rupture** Bruchmodul *m*, Bruchfestigkeit *f (z. B. im Biegeversuch)*
~ **of rupture in bending** Biegebruchfestigkeit *f*
~ **of rupture in compression** Stauchbruchfestigkeit *f*
~ **of torsion** Torsionsmodul *m*, Drillungsmodul *m*, Verdrehmodul *m*
MOE *s.* modulus of elasticity
moiré Moiré *n (m)*, Moiré-Textur *f*
moisture Feuchte *f*, Feuchtigkeit *f*
~ **absorption** Feuchteaufnahme *f*
~**-carrying capacity** Feuchtigkeitsaufnahmevermögen *n*,

moisture

Feuchteaufnahmevermögen *n*
~ **conductivity** Feuchteleitfähigkeit *f*
~ **conductivity coefficient**
  Feuchteleitfähigkeitskoeffizient *m*,
  Feuchteleitzahl *f*
~ **content** Feuchtegehalt *m*, Feuchte *f*
~ **content change** Feuchte[gehalts]änderung *f*
~-**content determination** Feuchtebestimmung *f*,
  Feuchtemessung *f*
~-**content value** Feuchtegehaltswert *m*
~ **damage** Feuchteschaden *m*
~ **differential** Feuchtegefälle *n*, Feuchtegradient *m*
~ **equilibrium** Feuchtegleichgewicht *n*
~ **extraction [rate]** Feuchteentzug *m*
~ **gradient** Feuchtegradient *m*, Feuchtegefälle *n*
~ **measurement** Feuchtemessung *f*,
  Feuchtebestimmung *f*
~ **measuring device (equipment)**
  Feuchtemeßeinrichtung *f*
~ **meter** Feuchtemeßgerät *n*, Feuchtemesser *m*,
  Feuchtigkeitsmesser *m*
~ **pick-up** Feuchteaufnahme *f*
~ **proofing** Feuchteschutzbehandlung *f*
~ **resistance** Feuchtebeständigkeit *f*,
  Feuchtefestigkeit *f* (*z. B. von Klebverbindungen*)
~-**resistant** feuchtebeständig, feuchtefest
mold[ing] (*Am*) *s*. mould[ing]
molecular chain of cellulose
  Cellulose[molekül]kette *f*,
  Cellulosekettenmolekül *n*
mollisacacidin Mollisacacidin *n* (*Flavonoid*)
molompi Pterocarpus erinaceus (*Holzart*)
Moluccan ironwood Merbau *n*, MEB,
  Neuguinea-Holz *n*, Intsia bijuga (acuminata)
moment of inertia Trägheitsmoment *n*,
  Flächenträgheitsmoment *n*, Flächenmoment *n*
  zweiten Grades
momi fir Momitanne *f*, Abies firma
Mongolian oak Mongolische Eiche *f*, Quercus
  mongolica
monkey apple Brasilianische Eiche *f*, Palicourea
  guianensis
~-**bread** Affenbrotbaum *m*, Baobab *m*,
  Adansonia digitata
~-**face tree** Mallotus philippinensis (*Holzart*)
~-**pod** Saman *m*, Enterolobium (Pithecelobium)
  saman (*Holzart*)
~-**puzzle** Chilenische Araukarie *f*, Araucaria
  araucana (imbricata)
monk's bench Tischbank *f*, Mönchsbank *f*
mono-pitch roof Pultdach *n*
monochrome incised lacquer work einfarbiger
  Lackschnitt *m*
monophagous monophag, univor
  (*Holzschädling*)
monopodium 1. Monopodium *n* (*Piedestal*); 2.
  Trommeltisch *m*
monopoly of timber Holzmonopol *n*
monoterpene Monoterpen *n* (*Holzinhaltsstoff*)
monoxylon Baumtruhe *f*
Monterey cypress Großfrüchtige Zypresse *f*,
  Montereyzypresse *f*, Cupressus macrocarpa
~ **pine** Radiatakiefer *f*, PII, Montereykiefer *f*,

Pinus radiata
Montezuma pine Montezumakiefer *f*, Pinus
  montezumae
Montpellier maple Französischer Ahorn *m*,
  Burgenahorn *m*, Felsenahorn *m*,
  Dreilappenahorn *m*, Acer monspessulanum
moon ring Mondring *m*, doppelter Splint *m*
  (*Holzfehler*)
moose elm Rotulme *f*, Rotrüster *f*, Fuchsbaum
  m, Ulmus rubra (fulva)
~ **maple, moosewood** Pennsylvanischer Ahorn
  m, Acer pennsylvanicum
mopanol Mopanol *n* (*Flavonoid*)
mopboard Scheuerleiste *f*, Fußleiste *f*,
  Sockelleiste *f*
moquette Mokett *m*, Mokette *f*, Möbelplüsch *m*
MOR *s*. modulus of rupture
mora [bukea] Mora [bukea] *f*, Mora
  (Dimorphandra) excelsa, Mora gonggrijpii
  (*Holzart*)
moraceous zu den Maulbeerbaumgewächsen
  (Moraceae) gehörend
mordant gilding Mordentvergoldung *f*
more-part adhesive Mehrkomponentenklebstoff
  m
Moreton Bay chestnut Castanospermum australe
  (*Holzart*)
~ **Bay pine** Araucaria cunninghamii (*Holzart*)
morin Morin *n*, Maclurin *n* (*Flavonoid*)
morning-room furniture Salonmöbel *npl*
morocco Maroquin *n*(*m*), Marokkoleder *n*
morphology Morphologie *f*, Gestaltlehre *f*
mortice *s*. mortise
mortise/to [ein]schlitzen, [Schlitz] ausstemmen;
  verzapfen, mittels Schlitz und Zapfen fügen
mortise Zapfenloch *n*, Stemmloch *n*;
  Stemmschlitz *m*, Schlitz *m*, Fuge *f*
~ **and tenon [joint]** Schlitz-Zapfen-Verbindung
  f, Zapfenverbindung *f*, Zapfen-
  [und-]Schlitz-Verbindung *f*
~ **axe** Stoßaxt *f*, Bundaxt *f*, Stichaxt *f*
~ **bit** Langlochfräsbohrer *m*, Langlochfräser *m*
~ **chain** Fräskette *f* (*einer Kettenfräse*)
~ **chisel** 1. Lochbeitel *m*; 2. *s*. chisel
~ **cutter** Langlochfräsbohrer *m*, Langlochfräser
  m
~ **gauge** Doppelstreichmaß *n*
~ **hole** Zapfenloch *n*, Stemmloch *n*
~ **joint** *s*. ~ and tenon [joint]
~ **latch [lock]** Einsteckfallenschloß *n*
~ **lock** Einsteckschloß *n*, Einstemmschloß *n*
~ **slot** Stemmschlitz *m*, Schlitz *m*, Fuge *f*
mortiser 1. Langlochfräser *m*,
  Langlochfräsbohrer *m*; 2. *s*. mortising
  machine
mortising aggregate Stemmaggregat *n*
~ **chain** Fräskette *f*
~ **chisel** Stemmeißel *m*
~ **machine** Stemmaschine *f*, Schlitzmaschine *f*
moru oak Quercus dilatata (*Holzart*)
mosaic finger Mosaikparkettlamelle *f*
~ **heart[wood]** Mosaikfarbkern *m*,
  Mosaikfarbkernholz *n* (*der Rotbuche*)
~ **parquet[ry]** Mosaikparkett *n*
mosquito wood Brasilianische Eiche *f*,

Palicourea guianensis
mossy oak Großfrüchtige Eiche *f*, Quercus macrocarpa
mother-of-pearl Perlmutter *f(n)*, Perlmutt *n*
mottled butt rot Bunte Stammfußfäule (Stockfäule) *f*
~ **rot** Buntfäule *f*, Fleckenfäule *f (von Holz)*
mould/to 1. [aus]kehlen *(Holz)*; profilieren; Leisten hobeln; 2. [ver]modern, [ver]schimmeln
mould 1. Form *f*; Schablone *f*; Preßform *f*; Matrize *f*; Schöpfform *f (Papierherstellung)*; 2. Schimmel[pilzrasen] *m*; Moder *m*; 3. Schimmelpilz *m (Sammelbegriff)*
~ **bed** Schimmelpilzrasen *m*
~ **fungus** Schimmelpilz *m (Sammelbegriff)*
~ **press** Formteilpresse *f*
~ **resistance** Schimmelfestigkeit *f*, Schimmelbeständigkeit *f*
~-**resistant** schimmelfest
~ **stain** Stockfleck *m*; Holzverfärbung *f* durch Schimmelpilze
moulded board Profilbrett *n*
~ **edge** Formkante *f*
~ **plywood** Formsperrholz *n*, formgeleimtes Sperrholz *n*, Sperrholzformteile *npl*, Formteile *npl* aus Sperrholz; Profilsperrholz *n*
~ **weather-board** profiliertes Stülpschalungsbrett *n*
moulder/to [ver]modern
moulder *s.* moulding machine
moulding 1. Kehlung *f*; 2. Zierleiste *f*; Profilleiste *f*, Hobelleiste *f*
~ **box** Kehlungskasten *m*
~ **cutter** Kehlfräser *m*, Auskehlfräser *m*
~ **machine** 1. Fräsmaschine *f*; Kehl[fräs]maschine *f*; 2. Leistenhobelmaschine *f*
~ **machine for folders** Faltsystem-Fräsmaschine *f*
~-**plane** Profilhobel *m*; Kehlhobel *m*, Hohlkehlhobel *m*
~ **rubber** Profilschleifklotz *m*
~ **spindle** Frässpindel *f*, Fräserdorn *m*
~ **tool combination** Fräserkombination *f*
mouldplane *s.* moulding-plane
mouldy moderig; schimmelig
moulmein cedar Surenbaum *m*, SUR, Moulmein-Zeder *f*, Toona ciliata, Cedrela toona
Mount Atlas cedar Atlaszeder *f*, Cedrus atlantica
mountain ash 1. Eberesche *f (genus Sorbus)*; 2. [Gemeine, Echte] Eberesche *f*, Vogelbeerbaum *m*, Sorbus aucuparia; 3. Holunderblättrige Vogelbeere *f*, Sorbus sambucifolia; 4. Amerikanische Vogelbeere *f*, Sorbus americana; 5. Eucalyptus regnans *(Holzart)*
~ **black oak** Kellogg's Eiche *f*, Quercus kelloggii
~ **damson** Marupa *n*, Bitteresche *f*, Simaruba amara
~ **elm** Bergulme *f*, Bergrüster *f*, Ulmus glabra (montana)
~ **gum** Eucalyptus dalrympleana *(Holzart)*

~ **hemlock** Westamerikanische Hemlocktanne *f*, Berghemlocktanne *f*, Tsuga mertensiana
~ **juniper** Juniperus sabinoides *(Holzart)*
~ **larch** Lyalls Lärche *f*, Larix lyallii
~ **maple** 1. Weinahorn *m*, Rundblattahorn *m*, Acer circinatum; 2. Vermont-Ahorn *m*, Acer spicatum
~ **pine** Bergkiefer *f*, Krummholzkiefer *f*, Latsche[nkiefer] *f*, Legföhre *f*, Pinus mugo (montana)
~ **pine beetle** Dendroctonus ponderosae *(Holzschädling)*
~ **silky oak** Orites excelsa *(Holzart)*
~ **walnut** Cryptocarya foveolata *(Holzart)*
~ **white oak** Garryeiche *f*, Quercus garryana
mountings, mounts Beschläge *mpl*; Armaturen *fpl*
mourning willow Trauerweide *f*, Salix alba var. tristis
mouth 1. Fallkerb *m (Baumfällung)*; 2. Spanloch *n*; Hobelmaul *n*
~-**organ** Mundharmonika *f*
movement Arbeiten *n (von Holz infolge Quellung und Schwindung)*
Mozambique ebony *s.* grenadilla
MSR *s.* machine stress-rated
mtambara Cephalosphaera usambarensis *(Holzart)*
much-branched astreich, stark astig, ästig
muchenche Newtonia bechanchanii *(Holzart)*
mucilage cell Schleimzelle *f*, Sekretzelle *f (Holzanatomie)*
mugongo 1. Essessang *n*, ESG, Erimado[baum] *m*, Ricinodendron heudelotii (africanum); 2. Ricinodendron rautanenii
mugonha Mugonha *n*, Mugonga *n*, Adina microcephala *(Holzart)*
muhimbi Muhimbi *n*, MUH, Angu *n*, Cynometra alexandri *(Holzart)*
muhuhu Muhuhu *n*, MUU, Karkarro *n*, Brachylaena hutchinsii *(Holzart)*
mujua Emien *n*, Alstonia *f*, Alstonia congensis *(Holzart)*
mukul myrrh tree Indischer Bdelliumbaum *m*, Commiphora (Balsamodendron) mukul
mukumari Afrikanisches Cordia[holz] *n*, COA, Mukumari *n (Cordia spp.)*
mulberry 1. Maulbeerbaum *m (Gattung Morus)*; 2. Maulbeerbaumholz *n*
~ **family** Maulbeerbaumgewächse *npl (Familie Moraceae)*
~ **fig** [Echte] Sykomore *f*, Wilder Feigenbaum *m*, Eselsfeige *f*, [Ägyptischer] Maulbeerfeigenbaum *m*, Ficus sycomorus
mule chest Bastardtruhe *f*
mullen strength *s.* burst strength
mullet Nutklotz *m*
mullion Sprosse *f*; [aufrechte] Fenstersprosse *f*
~ **moulding machine** Kreuzsprossenfräsmaschine *f*
mullioned window Sprossenfenster *n*
multi... *s. a. unter* multiple...
multi-blade band sawing machine Mehrblattbandsäge[maschine] *f*
~-**blade circular saw[ing machine]**

multi

Mehrblattkreissäge[maschine] *f*, Vielblattsäge *f*
~-**blade frame saw[ing machine]** Vollgattersägemaschine *f*, Vollgatter *n*, Gatter *n*
~-**blade saw** *s.* ~-blade circular saw[ing machine]
~-**blade stroke circular sawing machine** Mehrblatthubkreissäge[maschine] *f*
~-**component epoxy [resin]** Mehrkomponentenepoxidharz *n*
~-**daylight [heated] press** Mehretagen[heiß]presse *f*, [hydraulische] Vieletagenpresse *f*
~-**frame sawmill** Mehrgattersägewerk *n*, Sägewerk *n* mit mehreren Gatterstraßen
~-**grooved dowel** Längsrillendübel *m*
~-**layer particleboard** Vielschichtspanplatte *f*, mehrschichtige Spanplatte *f*
~-**layered board** Vielschichtplatte *f*, mehrschichtige Platte *f*
~-**plate[n] press** *s.* ~-daylight [heated] press
~-**ply** mehrschichtig *(Sperrholz)*
~-**ply board** mehrschichtige Pappe *f*, Multiplexpappe *f*
~-**plywood** Mehrschichtsperrholz *n*, Vielschichtsperrholz *n*, Multiplexplatte *f*
~-**purpose axe** Universalaxt *f*
~-**purpose furniture** Mehrzweckmöbel *npl*
~-**purpose primer** Mehrzweckvorstreichfarbe *f*
~-**purpose table** Mehrzwecktisch *m*
~-**rip-saw** Vielblattsäge *f*
~-**rod moulding machine** Vielstabfräsmaschine *f*
~-**side planing machine** Mehrseitenhobelmaschine *f*
~-**spindle boring head** Mehrspindelbohrkopf *m*
~-**spindle boring machine** Mehrspindelbohrmaschine *f*
~-**spindle router** mehrspindlige Oberfräsmaschine *f*
multifunction machine Mehroperationsmaschine *f (Holzernte)*
multioperational logging machine Holzaufarbeitungskombine *f*
multiplaten veneer press Etagenfurnierpresse *f*
multiple... *s. a. unter* multi...
multiple band resaw Mehrfachtrennbandsäge *f*
~ **band saw** Mehrfachbandsäge *f*
~ **cross-cut saw** Mehrfachablängsäge *f*
~ **entry card-key** Lochkartenschlüssel *m (der Holzartenbestimmung)*
~ **pore** Vielfachpore *f (Holzanatomie)*
~-**spindle carving machine** Mehrspindel-Schnitzfräsmaschine *f*, Bildhauerkopierfräsmaschine *f*, Kopierfräsmaschine *f* zum Schnitzen
~-**stem barking** Mehrstammentrindung *f*, Vielstammentrindung *f*, Gruppenentrindung *f*
~ **wood borer** Mehrspindelholzbohrmaschine *f*
multiprocessor Mehroperationsmaschine *f (Holzernte)*
multiseriate mehrreihig, mehrschichtig *(Holzstrahl)*
~ **pitting** mehrreihige Tüpfelung *f (Holzanatomie)*
multistage bleaching Mehrstufenbleiche *f*, mehrstufige Bleiche *f (von Faserstoffen)*
~ **bleaching plant** Mehrstufenbleichanlage *f*
muninga Muninga *n*, MNA, Ostafrikanisches Padouk[holz] *n*, Pterocarpus angolensis
muntin Blindholz *n (einer Rahmentür)*; Fenstersprosse *f*
~ **window** Sprossenfenster *n*
munting *s.* muntin
mural clock Wanduhr *m*
Murray red gum Eucalyptus camaldulensis (rostrata) *(Holzart)*
~ **river pine** Callitris columellaris (glauca) *(Holzart)*
muruxi bark Gerbrinde von Byrsonima spicata
mushroom-head screw Linsensenkkopf[holz]schraube *f*, Linsensenk[holz]schraube *f*
music cabinet Musikschrank *m*
~ **rack** *s.* ~ stand
~ **stand** Notenständer *m*, Notenpult *n*
~-**stool** Klavierschemel *m*, Klavierhocker *m*
musical instrument Musikinstrument *n*
~ **instrument maker** Instrumentenbauer *m*
~ **instrument making** Musikinstrumentenbau *m*
musine Musine *n*, Croton megalocarpus *(Holzart)*
musizi 1. Musizi *n*, Maesopsis eminii *(Holzart)*; 2. Cassipourea malosana *(Holzart)*
muurolene Muurolen *n (Sesquiterpen)*
MWL *s.* milled-wood lignin
myall Brigalow *n*, Königsholz *n*, Veilchenholz *n*, Acacia harpophylla
mycele *s.* mycelium
mycelial cord Myzelstrang *m*
~ **mat** Oberflächenmyzel *n*
mycelium Myzel *n*, Pilzgeflecht *n*
~ **filament** Pilzfaden *m*, Hyphe *f*
mycologic[al] mykologisch, pilzkundlich
mycology Mykologie *f*, Pilzkunde *f*
mycorrhiza Mykorrhiza *f*, Wurzelpilzsymbiose *f*, Pilz-Wurzel-Symbiose *f*
mycosis Mykose *f*, Pilzinfektion *f*
myrcene Myrcen *n (Monoterpen)*
myrobalan Myrobalane *f (Gerbfrucht von Terminalia spp.)*
myrrh Myrrhe *f (Gummiharz von Commiphora spp.)*
myrtaceous zu den Myrtengewächsen (Myrtaceae) gehörend
myrtle Brautmyrte *f*, Myrte *f*, Myrtus communis
~ **beech** 1. Nothofagus cunninghamii *(Holzart)*; 2. Eucalyptus microcorys *(Holzart)*
~ **family** Myrtengewächse *npl (Familie Myrtaceae)*
~ **tree** Nothofagus cunninghamii *(Holzart)*
myxomycete Myxomyzet *m*, Schleimpilz *m (Klasse Myxomycetes, Ordnung Myxomycotina)*
myxomycetous zu den Myxomyzeten (Schleimpilzen) gehörend

N

naambar Melaleuca styphelioides *(Holzart)*
nab Türschließblech *n*, Schließblech *n*
nail/to nageln
 ~ **down/to** festnageln
 ~ **on/to** annageln, aufnageln
 ~ **together/to** zusammennageln
 ~ **up/to** zunageln
nail Nagel *m*
 ~ **bonding** Nagelung *f*
 ~ **diameter** Nageldurchmesser *m*
 ~-**driving test** Nageleinschlagversuch *m*
 ~-**extracting tool** Nagelausziehwerkzeug *n*
 ~ **form** Nagelform *f*
 ~ **gun** Nagelapparat *m*
 ~ **head** Nagelkopf *m*
 ~-**holding** nagelfest
 ~-**holding power** Nagelhaltevermögen *n*
 ~ **hole** Nagelloch *n*
 ~ **knot** Nagelast *m*
 ~ **length** Nagellänge *f*
 ~ **location** Nagelstelle *f*
 ~-**on plate** *s.* ~ plate
 ~ **penetration [depth]** Nageleindringtiefe *f*
 ~ **plate** Nagelplatte *f*, Knotenblech *n*
 ~ **point** Nagelspitze *f*
 ~ **pull[er]** Nagel[aus]zieher *m*
 ~-**punch (-set)** Nageltreiber *m*, Nagelkopfversenker *m*, Versenkstift *m*, Senkstift *m*
 ~ **shank** Nagelschaft *m*
 ~ **spacing** Nagelabstand *m*; Nagelverteilung *f*
 ~-**withdrawal resistance** Nagelausziehwiderstand *m*; Ausziehfestigkeit *f* eines Nagels
nailability Nagelbarkeit *f*
nailable nagelbar
nailed connection Nagelverbindung *f*
 ~ **construction** Nagelbauweise *f*
 ~ **gusset** Nagelplatte *f*, Knotenblech *n*
 ~ **joint** Nagelverbindung *f*
 ~ **[timber] truss** Holznagelbinder *m*, Nagelbinder *m*
nailer Nagelmaschine *f*, Drahtnagelmaschine *f*
 ~ **strip** *s.* nailing flange
nailing Nageln *n*; Nagelung *f*
 ~ **depth** Nageltiefe *f*
 ~ **diagram** Nagelbild *n*
 ~ **flange** Nagelleiste *f*, Nagelrand *m*, Nagellasche *f*
 ~ **machine** Nagelmaschine *f*, Drahtnagelmaschine *f*
 ~ **marker** Nagel[stellen]schablone *f*
 ~ **pattern** Nagelbild *n*
 ~ **specification** Nagelungsvorschrift *f*
 ~ **surface** Nagelfläche *f*
 ~ **technique** Nageltechnik *f*
naked flooring Dielenbalkenlage *f*, Dielenrahmen *m*
name of origin Herkunftsname *m (z. B. einer Holzart)*
nanmu Persea nan-mu *(Holzart)*
nargusta Nargusta *n*, *(bes.)* Terminalia amazonia *(Holzart)*
narra[wood] Manila-Padouk[holz] *n*, Pterocarpus indicus
narrow band-saw Tischbandsäge[maschine] *f*
 ~-**belt sanding machine** Langbandschleifmaschine *f*
 ~ **face** Schmalfläche *f (z. B. eines Brettes)*
 ~-**leaved ash** Edelesche *f*, Schmalblättrige (Südliche) Esche *f*, Fraxinus angustifolia [ssp. angustifolia]
 ~-**leaved red iron-bark** Eucalyptus cebra *(Holzart)*
 ~-**ringed** engringig, mit engen Jahr[es]ringen, feinringig, feinjährig *(Holz)*
 ~ **stuff, narrows** Schmalware *f (Holzsortiment)*
Natal fig Kenia-Feigenbaum *m*, Ficus natalensis
Natick process Natick-Prozeß *m (der Holzverzuckerung)*
native cellulose natürliche (native) Cellulose *f*, Cellulose *f* I
 ~ **lignin** natives (natürliches, unverändertes) Lignin *n*, Nativlignin *n*, Brauns-Lignin *n*
 ~ **softwood** [ein]heimisches Nadelholz *n*
natron cellulose Natroncellulose *f*
natural adhesion spezifische (natürliche) Adhäsion *f*
 ~ **adhesive** natürlicher Klebstoff *m*
 ~ **bevel** Baumkante *f*, Fehlkante *f*, Waldkante *f*, Schalkante *f*, Wahnkante *f*
 ~ **cork** Naturkork *m*
 ~-**draught compartment kiln** Kammertrockner *m* mit natürlichem Zug
 ~ **durability** natürliche Dauerhaftigkeit *f (von Holz)*
 ~ **paper** Naturpapier *n*
 ~ **pruning** natürliche Astreinigung (Schaftreinigung) *f*
 ~ **resin** Naturharz *n*, natürliches Harz *n*
 ~ **resistance** natürliche Resistenz (Widerstandsfähigkeit) *f (z. B. von Holz)*
 ~ **rubber** Naturkautschuk *m(n)*, Kautschuk *m(n)*, Naturgummi *n*, Gummielastikum *n*
 ~ **seasoning** natürliche Trocknung *f*, Lufttrocknung *f*, Freilufttrocknung *f*, Trocknung *f* an der Luft
 ~ **varnish** Naturlack *m*; Biolack *m*
 ~ **wood** Naturholz *n*, Massivholz *n*, Vollholz *n*
nave Nabe *f*, Radnabe *f*
 ~ **elm** Englische Ulme (Rüster) *f*, Ulmus procera
 ~ **hoop** Nabenreifen *m*
neck Hals *m (z. B. der Violinen)*
 ~ **yoke** Brustholz *n*
necrosis Nekrose *f (Holzfehler)*
nectandrine Nectandrin *n (Alkaloid)*
needle 1. Nadel *f*; 2. [kurzer] Querbalken *m*
 ~ **hole** Nadelloch *n (Holzfehler)*
 ~-**leaved tree** Nadelbaum *m*, Konifere *f*
needlework cabinet Nähschränkchen *n*
 ~ **table** Nähtisch *m*
neem [tree] Nimbaum *m*, Antelaea (Melia) azadirachta, Azadirachta indica
Nelson pine Nelsonkiefer *f*, Pinus nelsonii
 ~ **Windsor chair** Nelson-Stuhl *m*, Trafalgar-Stuhl *m*

neo-Gothic Neugotik *f*, Neogotik *f*
neoabietic acid Neoabietinsäure *f (Diterpen, Harzsäure)*
neoclassic[al] neoklassizistisch, neuklassizistisch
neoclassicism Neoklassizismus *m*, Neuklassizismus *m*
neolignan Neolignan *n*
neoprene adhesive Neoprenkleber *m*
nerolidol Nerolidol *n (Sesquiterpen)*
nest gallery Brutgang *m (von Holzschädlingen)*
~ **of saws** Nestsäge *f*, Sägenest *n*, Universalsäge *f*
~ **of tables** Satztisch *m*, Dreisatztisch *m*
nesting place (site) Brutplatz *m*, Niststätte *f (z. B. von Holzschädlingen)*
~ **tunnel** Brutgang *m*
net absorption Nettoaufnahme *f*, effektiv absorbierte Menge *f (z. B. eines Konservierungsmittels im Holz)*
~ **measure** Fertigmaß *n*
netleaf willow Netzweide *f*, Salix reticulata
nettle tree 1. Zürgelbaum *m (Gattung Celtis)*; 2. [Südlicher, Gemeiner] Zürgelbaum *m*, Triester Holz *n*, Celtis australis
neutral axis Nullinie *f*, Spannungsnullinie *f*, neutrale Schicht *f (in biegebeanspruchten Körpern)*
~ **glue** Neutralleim *m*, vollverseifter Leim *m*
~ **plane** *s.* ~ axis
~ **sulphite pulp** Neutralsulfitzellstoff *m*
~ **sulphite semichemical liquor** Neutralsulfitkochlauge *f (Zellstofferzeugung)*
~ **sulphite semichemical process** *s.* ~ sulphite semichemical pulping
~ **sulphite semichemical pulp** Neutralsulfithalbzellstoff *m*, NSSC-Stoff *m*
~ **sulphite semichemical pulping** halbchemischer Neutralsulfit-Holzaufschluß *m*, Neutralsulfitverfahren *n*, NSSC-Verfahren *n*
neutron activation analysis Neutronenaktivierungsanalyse *f (Holzanalyse)*
new-fallen frisch eingeschlagen, von frischem Einschlag *(Rohholz)*
New England blackbutt Eucalyptus campanulata *(Holzart)*
~ **Guinea boxwood** Xanthophyllum papuanum *(Holzart)*
~ **Guinea celery top pine** Phyllocladus pypophyllus *(Holzart)*
~ **Guinea gum** Eucalyptus deglupta *(Holzart)*
~ **Guinea oak** Holzartengruppe bes. aus Castanopsis spp., Lithocarpus spp., Pasania spp. und Quercus spp.
~ **Guinea walnut** 1. Dracontomelum mangiferum *(Holzart)*; 2. Dracontomelum puberulum *(Holzart)*; 3. *s.* paldao
~ **Guinea wattle** Acacia crassicarpa *(Holzart)*
~ **York pine** *s.* North Carolina pine
~ **Zealand cedar** Neuseelandzeder *f*, Libocedrus bidwillii
~ **Zealand kauri** Kaurifichte *f*, Agathis australis
~ **Zealand teak** Vitex littoralis *(Holzart)*
~ **Zealand white pine** Podocarpus dacrydioides *(Holzart)*
newel Treppenpfosten *m*, Geländerpfosten *m*, Hauptstab *m*; Treppenspindel *f*
~ **cap** Treppenpfostenkappe *f*
~ **post** *s.* newel
newly cut wood grünfeuchtes (waldfrisches, saftfrisches) Holz *n*
newsprint Zeitungs[druck]papier *n*
~ **mill** Zeitungspapierfabrik *f*
ngaio Myoporum laetum *(Holzart)*
niangon *s.* nyankom
nibbler Furnierkonturschere *f*
Nicaraguan [pitch] pine Nikaragua-Kiefer *f*, Pinus oocarpa
niche Nische *f*
nicker Vorschneider *m (am Zentrumbohrer)*
~ **tree** Geweihbaum *m*, Totenbeinbaum *m*, Gymnoclades dioicus
niepa bark Nieparinde *f (von Samadera indica)*
Niger copal Nigerkopal *m (von Daniella oblonga)*
Nigerian cedar Agba *n*, AGB, Tola[holz] *n*, Gossweilerodendron balsamiferum
~ **satinwood** Movingui *n*, MOV, Ayan *n*, Distemonanthus benthamius *(Holzart)*
~ **walnut** Dibétou *n*, DIB, Tigerholz *n*, Westafrikanischer Walnußbaum *m*, Lovoa klaineana (trichilioides)
night latch Nachtriegel *m (an Türschlössern)*
~ **stand (table)** *(Am)* Nachttisch *m*
Nikko fir Nikkotanne *f*, Abies nikoense
~ **maple** Nikko-Ahorn *m*, Acer nikoense
nim *s.* neem [tree]
niové Niové *n*, Bosasa *n*, NIO, Staudtia gabonensis (stipitata) *(Holzart)*
nippers Beißzange *f*, Kneifzange *f*, Kantenzange *f*
nitric acid pulping Salpetersäureverfahren *n* der Zellstofferzeugung
nitrile[-butadiene] rubber Nitrilkautschuk *m (Klebstoff)*
nitro-cellulose Cellulosenitrat *n*, *(unexakt)* Nitrocellulose *f*
~-**cellulose lacquer** Nitro[cellulose]lack *m*, NC-Lack *m*
~ **clear lacquer** Nitroklarlack *m*
nitrosolignin Nitrosolignin *n*
No. 1 common & selects zweitbestes Mischsortiment *n (Holzsortierung)*
noble fir Edeltanne *f*, Abies procera (nobilis)
nodal swelling occlusion Astüberwallungsnarbe *f*, Astknaupe *f*
node Knotenpunkt *m*, Knoten *m (Holzbau)*
nog Holzziegel *m*; Holzdübel *m*
nogaed *(Am)* Dalbergia stevensonii *(Holzart)*
nogal [Südamerikanischer] Nogal *m*, Südamerikanischer Nußbaum *m*, *(bes.)* Juglans neotropica
nogging *s.* 1. ~ piece; 2. ~ infill
~ **infill** Ausfachung *f*, Fachfüllung *f (Fachwerk)*
~ **piece** Stab *m (Fachwerk)*
noise-proofing window schalldämmendes Fenster *n*, Schallschutzfenster *n*
nomenclature of commercial timbers Holzartennomenklatur *f*
nominal dimension (measure, size) Nennmaß *n*; Rauhmaß *n*

non-bordered unbehöft, ungehöft *(Tüpfel)*
~ **-cellulosic constituent** Nichtcellulosebestandteil *m*
~ **-chemical wood preservation** nichtchemischer Holzschutz *m*
~ **-combustible paint** feuerhemmender Anstrichstoff *m*
~ **-compressed softboard** nichtgepreßte Faserplatte *f*
~ **-conventional pulping** nichtkonventioneller Aufschluß[prozeß] *m*
~ **-corroding nail** nichtrostender (rostfreier) Nagel *m*
~ **-crystalline region** amorphe Lockerstelle *f*, amorpher Bereich *m (einer Mikrofibrille)*
~ **-debarked** ungeschält, vollrindig *(Rohholz)*
~ **-fade stain** lichtechte Holzbeize *f*
~ **-fading** nichtgilbend *(Papier)*
~ **-floater** nicht flößbare Holzart *f*
~ **-grain-raising staining** deckende (egalisierende) Beizung *f*
~ **-lignified** unverholzt
~ **-lignin constituent** Nichtlignin-Bestandteil *m (z. B. von Holz)*
~ **-lustrous** glanzlos, matt, stumpf *(z. B. Holzoberfläche)*
~ **-opening window** feststehendes (nicht zu öffnendes) Fenster *n*
~ **-porous wood** Nadelholz *n*; *(unexakt)* Weichholz *n*
~ **-pressure method (process)** Nichtdruckverfahren *n*, Verfahren *n* ohne Druckanwendung, druckloses Verfahren *n (Holzschutz)*
~ **-pressure treatment** drucklose Behandlung *f (Holzschutz)*
~ **-resinous** harzfrei, unverkient
~ **-secretory intercellular space** sekretfreier Interzellularraum *m (Holzanatomie)*
~ **-stress-graded** nicht festigkeitssortiert *(Schnittholz)*
~ **-sulphur pulping** schwefelfreier Holzaufschluß *m*
~ **-tapering** vollholzig *(Baumstamm)*
~ **-upholstered** ungepolstert
~ **-weather-resistant** nicht wetterbeständig
~ **-winder stairs (stairway)** geradläufige (gerade) Treppe *f*
~ **-wood plant fibre pulping** Zellstoffgewinnung *f* aus Einjahrespflanzen
nonda tree Merbatu[holz] *n (Parinari spp.)*
Nonsuch chest Nonsuch-Truhe *f (Ende des 16. Jahrhunderts)*
nook cabinet Nischenschrank *m*, Erkerschrank *m*
Nootka [false] cypress Nutka-Scheinzypresse *f*, Gelbzeder *f*, Chamaecyparis nootkatensis
nootkatin Nootkatin *n (Sesquiterpen)*
Norfolk Island pine Norfolk-Tanne *f*, Zimmertanne *f*, Araucaria heterophylla
~ **latch** Drückerfalle *f*, Klinkenschloß *n*
~ **pine** s. ~ Island pine
normal bark Normalrinde *f*
~ **top layer chip** Normaldeckschichtspan *m*
~ **wood** Normalholz *n*

normalized moisture content Normalfeuchte *f*, u_{12} *(Holzprüfung)*
norsesquiterpene Norsesquiterpen *n*
North African boxwood [Gemeiner, Gewöhnlicher] Buchsbaum *m*, BUC, Buxus sempervirens
~ **American beech** Amerikanische Buche *f*, Fagus grandifolia
~ **Carolina pine** Amerikanische Kiefer *f*, Glattkiefer *f*, Pinus echinata
northern black wattle Acacia auriculiformis *(Holzart)*
~ **cottonwood** Populus deltoides ssp. virginiana *(Holzart)*
~ **pin oak** Quercus ellipsoidalis *(Holzart)*
~ **pitch pine** Pechkiefer *f*, Pitchpine *f*, Pinus rigida
~ **red oak** [Amerikanische] Roteiche *f*, Quercus rubra (borealis)
~ **silky oak** Australische Silbereiche (Seideneiche) *f*, Cardwellia sublimis
~ **timber** nordisches Holz *n*, nordische Holzart *f*
~ **white cedar** Abendländischer (Gemeiner) Lebensbaum *m*, Thuja occidentalis
Norway maple Spitzahorn *m*, Acer platanoides
~ **pine** Gemeine Kiefer *f*, Waldkiefer *f*, Föhre *f*, Forle *f*, Pinus sylvestris
~ **spruce** Gemeine (Europäische) Fichte *f*, FI, Rotfichte *f*, Picea abies (excelsa)
~ **spruce engraver** Buchdrucker *m*, Großer Achtzähniger Fichtenborkenkäfer *m*, Ips typographus
Norwegian grey alder Grauerle *f*, Weißerle *f*, Bergerle *f*, Alnus incana
nose/to [ab]kappen, abkoppen, abstumpfen *(Stamm)*; spranzen, starzen, abstumpfen *(Rundholz)*
nose 1. Sägeschienenspitze *f*, Schwertspitze *f*; 2. Spranz *m (abgestumpfte Kante ausgeformter Rundhölzer)*
~ **bar** Druckleiste *f (an Furnierschälmaschinen und Furniermessermaschinen)*
nosing gerundete (gestumpfte) Kante *f*; Trittstufenvorderkante *f*; Trittvorsprung *m*, Unterschneidung *f*
notch/to [ein]kerben, einschneiden, schlitzen, aussparen; verzahnen; einzapfen; abbeilen *(Wurzelanläufe)*; den Fallkerb anlegen *(Baumfällung)*
notch Kerb *m*, Kerbe *f*, Einschnitt *m*, Schnittfuge *f*; Fallkerb *m (Baumfällung)*
notched joint Kammverbindung *f*, Verkämmung *f (Holzbau)*
notching saw Klinkenschnittsägemaschine *f*
notepaper Briefpapier *n*
novelty saw Hobelzahnsäge *f*
NSSC process s. neutral sulphite semichemical pulping
nucleus Nukleus *m*, Zellkern *m*
nulling [eiförmiges] Bossenwerkornament *n*; gedrückter Rundstab *m (Profil)*
numbering hammer Numerierhammer *m*, Anschlaghammer *m*, Waldhammer *m*, Numerierschlägel *m*
nursery furniture Kinderzimmermöbel *npl*,

nursery furniture Kinderzimmereinrichtung *f*
nursing chair Ammensessel *m*, Ammenstuhl *m*
nut 1. Nuß *f (Schließfrucht)*; 2. Mutter *f*, Gewindering *m*; 3. Sattel *m (der Saiteninstrumente)*
~ **gall oak** Galleiche *f*, Quercus lusitanica
~**-tree** 1. Nußbaum *m*; 2. Hasel[nuß]strauch *m*, Haselbusch *m (Gattung Corylus)*
nutmeg family Muskatnußgewächse *npl (Familie Myristicaceae)*
~ **hickory** Carya myristiciformis *(Holzart)*
~ **tree** Muskat[nuß]baum *m*, Myristica fragrans
nux vomica Strychninbaum *m*, Brechnußbaum *m*, Strychnos nux-vomica
nyankom Niangon *n*, NIA, Tarrietia utilis *(Holzart)*
nyatoh 1. Nyatho *n*, NYA, *(bes.)* Palaquium maingayi *(Holzart)*; 2. Payena leeri *(Holzart)*

O

oak s. oaken
oak 1. Eiche f (Gattung Quercus); 2. Eichenholz n
~ **bark** 1. Eichenrinde f; 2. s. ~ tanbark
~ **bark-beetle** Eichensplintkäfer m, Scolytus (Eccoptogaster) intricatus
~-**bark tannin** Eichenrindengerbstoff m
~ **burr** Eichenmaser f
~ **cask** Eichen[holz]faß n
~ **cerambyx** Großer Eichenbock[käfer] m, Heldbock m, Cerambyx cerdo
~ **chest** Eichentruhe f
~ **coffin** Eichensarg m
~ **finish furniture** eichenfurnierte Möbel npl
~ **furniture** Eichen[holz]möbel npl
~ **heartwood** Eichenkernholz n
~ **joinery** Eichenholztischlerei f
~ **panelling** Eichentäfelung f
~ **pin-hole borer** Eichenkern[holz]käfer m, Platypus cylindrus
~ **saw timber** Eichensägeholz n
~ **tanbark** Eichenloh[rind]e f, Eichengerbrinde f
~ **tannin** Eichengerbstoff m
~ **wilt** [Amerikanische] Eichenwelke f (durch Ceratocystis fagacearum)
~-**wood** Eichenholz n
oaken eichen, aus Eiche[nholz]
~ **cask** Eichen[holz]faß n
oaky eichen[holz]artig
oar Ruder n, Riemen m
obeche Abachi n, ABA, Obeche n, Triplochiton scleroxylon (Holzart)
obelisk Obelisk m
obligate parasite obligat[orisch]er Parasit m, echter Schmarotzer m
oblique bridle [joint] Keilschlitz-Zapfen-Rahmenverbindung f
~ **grain** Schrägfaser f, schräge (diagonal verlaufende) Holzfaser f
~ **joint** Schrägverband m, Schrägverbindung f (Holzbau)
~ **mortise and tenon** schräger Zapfen m, Stirnversatz m (Holzbau)
~ **projection** Schrägbild n, [schiefe] Parallelperspektive f
~ **tenon joint** s. ~ mortise and tenon
obliteration Verborkung f, Borkenbildung f
obnoxious insect Schadinsekt n
oboe Oboe f (Holzblasinstrument)
occasional furniture Bei[stell]möbel npl; Kleinmöbel npl
~ **table** Beistelltisch m
occidenol Occidenol n (Sesquiterpen)
occidentalol Occidentalol n (Sesquiterpenalkohol)
occlude/to überwallen, zuwachsen (Aststumpf)
occlusion Überwallung f, Zuwachsen n (von Aststümpfen)
ocimene Ocimen n (Terpen)
ocote pine 1. Ocote n, Pinus oocarpa (Holzart); 2. Pinus maximinoi (Holzart)
octagon[al] table Achtecktisch m

O.D. clearance s. back clearance angle
odd mitre falsche Gehrung f
odoko Akossika n, Odoko n, Scottellia coriacea (Holzart)
off-cut 1. Ablängrest m, Schnittholzrest m; Schwarte f, Rundschwarte f; 2. Beschnitt m (eines Papierbogens)
~-**cuts** Ablängreste mpl, Sägerestholz n, Schnittholzreste mpl, Zuschnittreste mpl, Stückrestholz n, Verschnitt m
~-**cutting** Ablängen n; Winkligschneiden n
~-**diametrical plank** Seitenbohle f
~-**saw measure (size)** Istmaß n nach dem Sägen
offal timber Abfallholz m
office cabinet Büroschrank m
~ **chair** Bürostuhl m, Arbeitsstuhl m
~ **furnishing system** Büromöbelsystem n
~ **furniture** Büromöbel npl
~ **furniture factory** Büromöbelfabrik f
~ **furniture series** Büromöbelprogramm n
~ **swivel chair** Bürodrehstuhl m
~ **writing table** Büroschreibtisch m
offset hinge gekröpftes Scharnier n
~ **paper** Flachdruckpapier n
ogea Daniellia ogea (Holzart)
ogee brace geschweifte Strebe f (Fachwerk)
~ **moulding** Karnies n, Glockenleiste f
~ **plane** Karnieshobel m
ogeechee plum s. ~ tupelo
~ **tupelo** Nyssa ogeche (Holzart)
Ohio buckeye Ohio-Roßkastanie f, Aesculus glabra
oidium Oidie f, Oidiospore f (der Pilze)
oil-base[d] paint Ölanstrichstoff m
~-**based stain** Ölbeize f
~-**based varnish** Öllack m
~-**bound paste grain filler** Ölporenfüller m
~ **cell** Ölzelle f, Ölidioblast m (Holzanatomie)
~-**colour** Ölfarbe f
~ **gall** Ölgalle f
~ **gilding** Ölvergoldung f, Öl-Vergolden n
~ **of turpentine** Terpentinöl n; Balsamterpentinöl n
~-**paint** Ölfarbe f
~ **palm** Ölpalme f, Elaeis guineensis
~ **polish** Polieröl n
~ **preservative, ~-soluble wood preservative** öliges Holzschutzmittel n, Holzschutzöl n
~-**solvent wood preservative** lösemittelhaltiges Holzschutzmittel n
~ **stain** Ölbeize f
~ **steeping** Öltränkung f (Holzschutz)
~-**tar creosote** Ölteerkreosot n (Holzschutzmittel)
~-**tempered hardboard** ölgehärtete Hart[faser]platte f
~-**tempering** Ölhärtung f (von Faserhartplatten)
~ **tree** Ölbaum m, öllieferender Baum m
~-**type preservative** s. ~ preservative
~ **varnish** Öllack m
oiled paper Ölpapier n
oilstone Ölstein m
~ **box** Ölsteintrog m
okan Okan n, OKA, Cylicodiscus gabunensis (Holzart)
okanin Okanin n (Flavonoid)

Okinawa pine Okinawakiefer *f*, Luchukiefer *f*, Luchuföhre *f*, Pinus luchuensis
okoumé Okoumé *n*, OKU, Aucoumea klaineana *(Holzart)*
okwen Naga *n*, NAG, Okwen *n*, *(bes.)* Brachystegia cynometroides *(Holzart)*
old fustic Gelbholz *n*, Alter (Echter) Fustik *m*, [Echtes] Fustikholz *n*, Moral *n*, Chlorophora tinctoria
~**-growth timber** Altholz *n*, Baumholz *n*
~ **paint [coat]** Altanstrich *m*, alter Anstrich *m*
~ **paper** Altpapier *n*, Abfallpapier *n*
~ **timber** Altholz *n*; Abbruchholz *n* *(Bauholz)*
~ **woman's tooth** [hölzerner] Grundhobel *m*
~ **women's walking stick** Clibadium erosum *(Holzart)*
oleaceous zu den Ölbaumgewächsen (Oleaceae) gehörend
oleaster 1. Wilder Ölbaum *m*, Wilde Olive *f*, Olea europaea ssp. sylvestris; 2. Ölweide *f* *(Gattung Elaeagnus)*; 3. [Schmalblättrige] Ölweide *f*, Elaeagnus angustifolia
oleo-resin Ölharz *n*, Oleoresin *n*
~**-resin composition** Ölharzzusammensetzung *f*
oleoresinous Oleoresin..., Ölharz...; ölharzhaltig
~ **varnish** Ölharzlack *m*
oliban[um] Olibanum *n*, Weihrauch *m* *(Gummiharz bes. von Boswellia sacra)*
olibene Oliben *n* *(Terpen)*
olive ash Olivenesche *f*, Eschenfalschkern *m*
~ **bark-beetle** Europäischer Ölbaumborkenkäfer *m*, Phloeotribus scarabaeoides
~ **family** Ölbaumgewächse *npl* *(Familie Oleaceae)*
~**-leaved pear** Ölweidenblättriger Birnbaum *m*, Pyrus eleagrifolia
~ **tree** 1. Ölbaum *m*, Olivenbaum *m*, Olive *f*, OLI *(Gattung Olea)*; 2. Europäischer Ölbaum (Olivenbaum) *m*, Olea europaea
~ **walnut** Mutenye *n*, MUT, Guibourtia arnoldiana *(Holzart)*
olivewood 1. Olivenholz *n* *(Sammelbegriff)*; 2. Olea hochstetteri *(Holzart)*
olivil Olivil *n* *(Lignan)*
olusare *s.* odoko
omander wood Ceylon-Ebenholz *n*, Diospyros ebenum
omu Kosipo[-Mahagoni] *n*, KOS, Omu *n*, Entandrophragma candollei
one-blade sawmill Einblatt[säge]gatter *n*, Einblattgattersäge *f*
~**-component adhesive** Einkomponentenkleber *m*
~**-flute cutter** einschneidiger (exzentrischer) Fräser *m*
~**-flute straight cutter** einschneidiger Oberfräser *m* mit glattem Schaft
~**-hand planer** Einhandhobel *m*
~**-leaved ash** Fraxinus excelsior cv. diversifolia *(Holzart)*
~**-man cross-cut saw** Fuchsschwanzsäge *f*, Fuchsschwanz *m*
~**-man power saw** Einmann-Motor[ketten]säge *f*
~**-man saw** Einmannsäge *f*, einmännige Säge *f*
~**-metre measuring rod** Meterstock *m*, Ablängstab *m*

~**-pack lacquer** Einkomponentenlack *m*
~**-part adhesive** Einkomponentenkleber *m*
~**-side moulding machine** Fräsmaschine *f* für einseitige Bearbeitung
~**-sided edge gluing machine** einseitig arbeitende Kantenanleimmaschine (Schmalflächenbeschichtungsmaschine) *f*
~**-sided pitch pocket** einseitige Harzgalle *f*
Ontario poplar Balsampappel *f*, Populus balsamifera [var. balsamifera]
oocarpa pine Ocote *n*, Nikaragua-Kiefer *f*, Pinus oocarpa
opacity Opazität *f*, Lichtundurchlässigkeit *f* *(z. B. von Papier)*
opaque stain Farbbeize *f*
open assembly time offene Zeit (Wartezeit) *f*, Naßklebezeit *f*
~**-beam ceiling** Raumdecke *f* mit sichtbaren Trägern
~**-bine twist turning** Hohlwindung *f* *(Drechselarbeit)*
~**-cell process** Sparverfahren *n*, Spartränkung *f* *(Holzschutz)*
~ **cornice** offenes Gesims *n*
~ **formwork** Sparschalung *f*
~**-grained (-grown)** 1. grobringig, breitringig, weitringig, grobjährig, mit breiten Jahr[es]ringen *(Holz)*; 2. grobporig, grob strukturiert, grobfaserig *(Holz)*
~ **joint** offene Fuge *f*
~ **mortise [joint]** Scherzapfen *m* als Querverbindung, durchgehende Zapfenquerverbindung *f*
~ **newel staircase** Pfostentreppe *f* mit Treppenauge
~ **shelf top** Regalaufsatz *m*
~ **split** klaffender (offener) Riß *m* *(Holzfehler)*
~ **string [board], ~ stringer** Lichtwange *f*, Freiwange *f*, Innenwange *f*; ausgesägte (ausgeklinkte) Treppenwange *f*
~**-tank method (process)** Trogtränkverfahren *n*, Einlagerungsverfahren *n* *(Holzschutz)*
~**-tank treatment** Trogtränkung *f*
~**-tank treatment of the ends of long timbers** Einstelltränkung *f*
~ **texture** grobe Textur (Holztextur) *f*
~ **timber roof** offenes Holzdachwerk *n*, sichtbares Dach[trag]werk *n*
openable window zu öffnendes Fenster *n*
opener Opener *m*, Separator *m* *(Zellstofferzeugung)*
opening Einschneiden *n*, Vorschneiden *n* *(von Rundholz)*
~ **cut** Einschnitt *m*, Vorschnitt *m*; Trennschnitt *m (Furnierblock)*
opepe Bilinga *n*, BIL, Nauclea trillesii, Sarcocephalus diderichii *(Holzart)*
operating door Gang[tür]flügel *m*
opopanax Opopanax *n*, Opoponax *n* *(Gummiharz von Opopanax chironium)*
opposite cutting edge Gegenschneide *f*
~ **pitting** gegenständige (opponierende) Tüpfelung *f (Holzanatomie)*
optimizing cut-off saw Optimierungskappanlage *f*

orange jasmin[e] Murraya paniculata (exotica) *(Holzart)*
~ **peel** Orangenschaleneffekt *m*, Apfelsinenschalenstruktur *f (von Deckanstrichen)*
~ **shellac[k]** Goldorangenschellack *m*, blonder Schellack *m*
~ **tree** Orangenbaum *m*, Apfelsinenbaum *m*, Citrus [aurantium var.] sinensis
~-**wood** Orangenholz *n*
orbital sander Schwingschleifmaschine *f*, Schwingschleifer *m*, Vibrationsschleifer *m*
Oregon alder [Amerikanische] Roterle *f*, Oregonerle *f*, Alnus oregona (rubra)
~ **ash** Oregonesche *f*, Fraxinus latifolia (oregana)
~ **balsam poplar** Westliche (Haarfrüchtige) Balsampappel *f*, Populus trichocarpa
~ **cedar** Lawsons (Blaue) Scheinzypresse *f*, Oregonzeder *f*, POC, Chamaecyparis lawsoniana
~ **fir** *s.* ~ pine
~ **maple** Großblättriger Oregonahorn *m*, Acer macrophyllum
~ **myrtle** Kalifornischer Berglorbeer *m*, Umbellularia californica
~ **pine** [Amerikanische] Douglasie *f*, DGA, Douglastanne *f*, Pseudotsuga menziesii (taxifolia, douglasii)
~ **white oak** Garryeiche *f*, Quercus garryana
organ Orgel *f*
~ **bench** Orgelbank *f*
~-**builder** Orgelbauer *m*
~ **building** Orgelbau *m*
~ **keyboard** Orgelklaviatur *f*, Orgeltastatur *f*
~-**loft** Orgelboden *m*
~-**pipe** Orgelpfeife *f*
~-**stop** 1. Orgelregister *n*, Register *n*; 2. Registerknopf *m*
organic solvent organisches Lösungsmittel *n*
organosolv lignin Organosolv-Lignin *n*
~ **pulping** Organosolv-Verfahren *n (der Zellstofferzeugung)*
organotin polymer Organozinnpolymer *n*, organisches Zinnpolymer *n (Holzschutzmittel)*
oriel 1. Erker *m*; 2. Erkerfenster *n*
~ **window** Erkerfenster *n*
oriental arbor vitae Morgenländischer Lebensbaum *m*, Thuja orientalis
~ **beech** Orientalische Buche *f*, Fagus orientalis
~ **cashew nut** *s.* marsh nut
~ **hornbeam** Orientalische Weißbuche (Hainbuche) *f*, Südländischer Hornbaum *m*, Carpinus orientalis
~ **plane[-tree]** Morgenländische Platane *f*, Platanus orientalis
~ **spruce** Kaukasusfichte *f*, Orientalische Fichte *f*, Sapindusfichte *f*, Picea orientalis
~ **thuja** Morgenländischer Lebensbaum *m*, Thuja orientalis
orientalwood Australisch Nußbaum *m*, Endiandra palmerstonii
oriented strand (structural) board Spanplatte *f* mit [aus]gerichteten Spänen, spanorientierte (orientiert gestreute) Platte *f*, OSB[-Platte *f*]

original sawn wood Originalschnittware *f*
ormolu Musivgold *n*, Mosaikgold *n*, Goldbronzepaste *f*
~ **mount** Musivgoldbeschlag *m*, vergoldeter Messingbeschlag *m*; vergoldeter Bronzebeschlag *m*
ornament Verzierung *f*, Zierat *m*, Ornament *n*
ornamental beam Zierbalken *m*
~ **hinge** Zierscharnier *n*, Zierbeschlag *m*
~ **moulding** Zierleiste *f*
~ **strap hinge** Zierband[scharnier] *n*
oro 1. Oro *n*, Oba *n*, Irvingia gabonensis *(Holzart)*; 2. *s.* antiaris
orthographic projection Senkrechtprojektion *f*, Senkrechtdarstellung *f*
orthotropic orthotrop
orthotropy Orthotropie *f*, orthogonale Anisotropie *f*
Osage-orange 1. Osagedorn *m (Gattung Maclura)*; 2. Osagedorn *m*, Gelbholz *n*, Bogenholz *n*, Maclura pomifera (aurantiaca)
OSB *s.* oriented strand board
~ **installation (plant)** OSB-Anlage *f*
oscillating chisel Schwingmeißel *m*
~-**pressure process** alternierende Drucktränkung *f (Holzschutzverfahren)*
~ **sander** Schwingschleifmaschine *f*, Schwingschleifer *m*, Vibrationsschleifer *m*
~ **sieve** Schwingsieb *n*, Schwingsiebmaschine *f (Faserplattenherstellung)*
~ **wig-wag debarker** Flachstrahlentrinder *m*, Zellerbach-Entrinder *m*
osier 1. Weide *f (Gattung Salix)*; 2. Korbweide *f*, Hanfweide *f*, Bandweide *f*, Salix viminalis; 3. Weidenrute *f*, Weidengerte *f*
~ **seating furniture** Korbweiden[sitz]möbel *npl*
~ **splitting machine** Weidenrutenspaltmaschine *f*
osmose process Osmoseverfahren *n (Holzschutz)*
osmosis Osmose *f*
osolo (ossol) boarwood Ossol, Symphonia gabonensis *(Holzart)*
ottoman Ottomane *f (Liegemöbel)*
out-of-round unrund *(z. B. Stammquerschnitt)*
~-**of round** Unrundheit *f*
~ **of truth** verzogen; windschief
outdoor chip storage Hackschnitzelfreilagerung *f*
~ **exposure trial** Freilandversuch *m (zur Prüfung von Holzschutzmitteln)*
~ **furniture** Freilandmöbel *npl*, Außenmöbel *npl*; Gartenmöbel *npl*
~ **gilding** Außenvergoldung *f*
~ **paint** Außenfarbe *f*, Außenanstrich[stoff] *m*
~ **table** Gartentisch *m*
outer bark Außenrinde *f*, Borke *f*, Rhytidom *n*
~ **overlap** Decklagenüberleimer *m (in Sperrholz)*
~ **ply** Deckfurnier *n*, Decklage *f*, Außenfurnier *n (von Sperrholz)*
~ **profiler (profiling machine)** Umfälzautomat *m*
~ **string** *s.* outside string
~ **wood** Reifholz *n*, Trockenkernholz *n*
outfeed table Auslauftisch *m*, Abnahmetisch *m*, Hintertisch *m (z. B. einer Abrichthobelmaschine)*

outgoing 134

outgoing air Abluft *f (z. B. aus Holztrocknern)*
output Durchsatz *m*, Ausbringleistung *f (z. B. einer Sägemaschine)*
outside carriage Außenholm *m (Treppe)*
~ corner Außenecke *f*
~ door Außentür *f*
~ face-plate Außenplanscheibe *f (der Drechselbank)*
~-ground gouge [normale] Formröhre *f (Drechselwerkzeug)*
~ string Innenwange *f*, Lichtwange *f*, Freiwange *f (einer Treppe)*
~ veneer Außenfurnier *n*
~ window Außenfenster *n*
outturn sheet Ausfallmuster *n (Papierherstellung)*
oval-head wood-screw Linsensenk[kopf]holzschraube *f*
~ knot ovaler Ast *m (in Schnittholz)*
~ nail ovaler Drahtstift *m*
~ table Ovaltisch *m*
~ wire nail ovaler Drahtstift *m*
ovangkol Ovengkol *n*, OVE, Guibourtia ehie *(Holzart)*
oven Trockenschrank *m*, Wärmeschrank *m*
~-dried *s.* **~-dry**
~-dry/to darren, im Trockenschrank (bis zur Massekonstanz) trocknen
~-dry darrtrocken, u₀, dtr, *(unexakt)* atro; ofentrocken, technisch (künstlich) getrocknet
~-dry density Darrdichte *f*, ϱ_0, ϱ_{dtr}, Rohwichte *f*
~-dry method (process) Darrmethode *f (der Holzfeuchtebestimmung)*
~-dry state ofentrockener (technisch getrockneter) Zustand *m*
~-dry weight Darrmasse *f*, Darrgewicht *n*
over bark mit Rinde, m.R. *(Holzmessung)*
~-door Sopraporte *f*, Suraporte *f*, Türbekrönung *f*
~ -matured überständig, überaltert *(z. B. Baum)*
overall heat transfer coefficient Wärmedurchgangskoeffizient *m*, Wärmedurchgangszahl *f*, k-Wert *m*
overcup oak 1. Zeeneiche *f*, Kanarische Eiche *f*, Mittelmeereiche *f*, Quercus canariensis; 2. Leierförmige Eiche *f*, Quercus lyrata
overcut size vollmaßig
overdried übertrocknet, übermäßig getrocknet
overdry/to übertrocknen, übermäßig trocknen
overdrying Ölbertrocknung *f*, übermäßige Trocknung *f*
overgrown überwallt *(Aststumpf)*
overhand plane Abricht[hobel]maschine *f*, Abrichtfräsmaschine *f*
overhanging beam (girder) Kragträger *m*
overhead beam Deckenbalken *m*
~ cableway Hochschleppwerk *n (Holztransport)*
~ line Seil[schwebe]bahn *f (Holztransport)*
~ router, ~ routing machine Oberfräsmaschine *f*; Tischoberfräsmaschine *f*
~ skidding Schwebrückung *f (Holztransport)*
overlaid plywood beschichtetes Sperrholz *n*
overlap Überleimer *m (in Sperrholz)*
~ joint Aufverband *m (Holzbau)*

overlapping drawer aufgedoppelte Schublade *f*
overlay/to beschichten, kaschieren
overlay Beschichtungsmaterial *n*, Beschichtungswerkstoff *m*, Oberflächenwerkstoff *m*, Overlay *n*
~ door ungefälzte Tür *f*
~ foil Dekorfolie *f*, Overlayfolie *f*
~ material *s.* overlay
~ paper Dekorpapier *n*, Overlaypapier *n*
~ sheet Overlaybogen *m*
overrun Überschuß *m*, Mehrausbeute *f (z. B. an Schnittholz)*
oversail/to auskragen
oversea[s] timber Überseeholz *n*
oversize Übermaß *n*
oversized chips Hackschnitzel-Grobgut *n*
overstuffed überpolstert, über die Kanten gepolstert
oviposition Eiablage *f*
ovipositor Ovipositor *m*, Legeapparat *m*, Legeröhre *f (von Insekten)*
ovolo 1. Viertelstab *m* [mit Platten]; 2. Viertelstabfräser *m*
~ cutter Viertelstabfräser *m*
~ plane Viertelstabhobel *m*
ox gall Ochsengalle *f (Färbemittel)*
oxalate Oxalat *n*, Kleesalz *n*
oxalic acid Oxalsäure *f*
oxidative ammonolysis oxidative Ammonolyse *f (von Lignin)*
~ bleach[ing] oxidative Bleiche *f (von Faserstoffen)*
oxycellulose Oxycellulose *f*, oxidierte Cellulose *f*
oxygen bleaching (delignification) [Alkali-]Sauerstoffbleiche *f*
~ pre-bleaching Sauerstoff-Vorbleiche *f*
~ pulping Sauerstoffaufschluß *m (Zellstofferzeugung)*
oyster [shell] veneer, ~ work Austern[muschel]furnier *n*, Austermusterfurnier *n*; Hirnholzfurnier *n*
ozigo Ozigo *n*, OZI, Dacryodes buettneri *(Holzart)*
ozocerite, ozokerite Ozokerit *m (Erdwachs)*
ozone bleach[ing] Ozonbleiche *f (von Faserstoffen)*

P

P *s.* primary wall
P_W *s.* degree of polymerization
Pacific hemlock *s.* western hemlock
~ **madrona (madrone)** Erdbeerbaum *m*, MAD, Arbutus menziesii
~ **maple** Großblättriger Oregonahorn *m*, Acer macrophyllum
~ **post oak** Garryeiche *f*, Quercus garryana
~ **silver fir** Purpurtanne *f*, Abies amabilis
~ **walnut** Dracontomelum mangiferum *(Holzart)*
~ **yew** 1. Japanische Eibe *f*, Taxus cuspidata; 2. Kurzblättrige (Pazifische) Eibe *f*, Taxus brevifolia
packaged furniture Paketmöbel *npl*, Mitnahmemöbel *npl*, Knock-down-Möbel *npl*, KD-Möbel *npl*
packaging barrel (drum) Verpackungsfaß *n*
~ **installation** Paketieranlage *f*
~ **of sawn timber** Schnittholzpaketierung *f*, Paketierung *f* von Schnittholz
~ **paper** Packpapier *n*
~ **plywood** Verpackungssperrholz *n*
~ **timber** Verpackungsholz *n*, Holz *n* für Verpackungszwecke; Kistenholz *n*
packers' department Packraum *m* (z. B. einer Möbelfabrik)
packing Packmittel *n*
~ **case** Verpackungskiste *f*
~ **piece** Futterholz *n*, Füllholz *n* (Holzbau)
PAD *s.* partially air-dry
pad/to [aus]polstern
pad Polster *n*
~ **foot** *s.* paw foot
~-**saw** Schlüssellochsäge *f*
~-**saw blade** Schlüssellochsägeblatt *n*
padauk *s.* padouk 1.
padded back gepolsterte Lehne *f*; überpolsterte Lehne *f*
~ **back chair** Polsterlehnstuhl *m*
~ **carver [chair]** Polsterarmlehnstuhl *m*
~ **stool** Polsterhocker *m*
padding stain *(Am)* Antikbeize *f*
padouk 1. Padouk[holz] *n*, Padauk *n* (von Pterocarpus spp.); 2. *s.* Burma padaouk
pagoda tree 1. [Japanischer] Schnurbaum *m*, Honigbaum *m*, Sophora japonica; 2. Banyanbaum *m*, Ficus benghalensis (indica)
paint/to [an]streichen; [an]malen
paint Farbe *f*, Anstrichstoff *m*, Anstrichmittel *n*
~ **absorption** Farbabsorption *f*
~ **adhesion** Anstrichhaftung *f*
~ **cleaner** Abbeizmittel *n*, Abbeizer *m*
~ **coat[ing]** Farbüberzug *m*, Anstrich *m*, Anstrichschicht *f*
~ **crack** Lackriß *m*
~ **cracking** Lackrißbildung *f*, Runzelbildung *f*
~ **failure** Anstrichschaden *m*, Anstrichmangel *m*
~ **film** Anstrichfilm *m*, Farbfilm *m*, Lackfilm *m*
~ **finish** Schlußanstrich *m*, Deckanstrich *m*, Decklackschicht *f*
~ **gun** Farbspritzpistole *f*, Lackspritzpistole *f*, Spritzpistole *f*
~-**holding ability (property)** Farbhaltevermögen *n*
~ **mist suction plant** Farbnebelabsauganlage *f*
~ **peeling** Abblättern *n* von Anstrichen
~ **pigment** Farbpigment *n*, Anstrichpigment *n*
~ **primer** Vorstreichfarbe *f*, Grund[anstrich]farbe *f*
~ **remover** Abbeizmittel *n*, Abbeizer *m*
~ **run** Farbnase *f*
~ **skin** Anstrichfilm *m*, Farbfilm *m*, Lackfilm *m*
~ **solvent** Farbverdünner *m*, Anstrichverdünnungsmittel *n*
~ **spray** Farb[sprüh]nebel *m*
~ **spray exhausting (extraction) plant** Farbnebelabsauganlage *f*
~ **spray gun** *s.* ~ gun
~ **spraying robot** Farbsprühroboter *m*
~ **stability** Anstrichstabilität *f*
~ **system** Anstrichsystem *n*
~ **thinner** Farbverdünner *m*, Anstrichverdünnungsmittel *n*
paintability Anstreichfähigkeit *f*, Anstreichbarkeit *f*
paintable anstreichfähig, anstreichbar
paintbrush Pinsel *m*
painting technology Anstrichtechnologie *f*; Anstrichtechnik *f*
pair of pincers Beißzange *f*, Kneifzange *f*, Kantenzange *f*
~ **of steps** Stufenleiter *f*, Trittleiter *f*
pala indigo-plant Wrightia tinctoria *(Holzart)*
palaquium Palaquium galactoxylum *(Holzart)*
palas tree Plossobaum *m*, Butea superba
paldao Paldao *n*, PAL, Dao-Nußbaum *m*, Dracontomelum dao
pale Zaunlatte *f*, Stakete *f*; Holzpfahl *m*
~ **bark** Cinchona calisaya *(Holzart)*
~ **catechu** 1. Gambir *m* (Gerbeextrakt aus Uncaria gambir); 2. *s.* ~ cutch
~ **cutch** helles (gelbes) Katechu *n* (katechinreicher kristalliner Extraktanteil)
palette Palette *f*, Malerpalette *f*
paling 1. Lattenzaun *m*, Staket *n*; Jägerzaun *m*; 2. *s.* pale
~ **board** Rundschwarte *f*
palisade 1. Palisade *f*, Palisadenpfahl *m*; 2. Palisade *f*, Palisadenwand *f*
~ **fence (fencing)** Palisade *f*, Pfahlzaun *m*
pali[s]sander [Rio-]Palisander *m*, Palisander *m*, Jakarandabaum *m*, (bes.) Dalbergia nigra
pallet 1. Palette *f*, Transportpalette *f*, Ladeplatte *f*; 2. Dübelholz *n*
~ **block** Palettenklotz *m*
~ **board** Palettenbrett *n*
~ **chamfering unit** Palettenfasgerät *n*
~ **conveyor** Palettenförderer *m*
~ **nailer**, ~ **nailing machine** Palettennagelmaschine *f*
~ **production line** Palettenfertigungsstraße *f*
~ **profile** Palettenprofil *n*
~ **stock** Palettenware *f*
palm Palme *f* (Familie Palmae)
~ **fibre** Palmfaser *f*
~-**tree** Palmbaum *m*, Palme *f*

palm

~ **wood** Palmenholz *n*
palmette Palmette *f (Ornament)*
palmyra [palm] 1. Lontaroplame *f*, Palmyrapalme *f*, Agopalme *f*, Borassus flabellifer; 2. Stachelschweinholz *n (von Borassus flabellifer)*
palosapis Anisoptera thurifera *(Holzart)*
palu Mimusops hexandra *(Holzart)*
palustric acid Palustrinsäure *f (Diterpen, Harzsäure)*
pan Vertiefung *f*, Ausnehmung *f (für Beschläge)*
~ **grinder** Kollergang *m*
~-**pipe[s]** Panflöte *f (Holzblasinstrument)*
Panama redwood Trebol[holz] *n, (bes.)* Platymiscium duckei
Pandia digester Pandia-Kocher *m (Zellstofferzeugung)*
panel/to [ver]täfeln, mit Täfelung versehen; verkleiden, beplanken
panel 1. Paneel *n*; Täfelung *f*, Holztäfelung *f*; Füllung *f (einer Tür)*; Tafel *f*; Platte *f*; 2. Fach *n*, Gefach *n (Fachwerk)*
~ **adhesive** Plattenklebstoff *m*
~ **cutter** 1. Kantenfräser *m*; 2. Plattenzuschneid- und -aufteilsäge *f*
~ **dividing plant** Plattenaufteilanlage *f*
~ **dividing saw** Platten[format]säge *f*, Plattenaufteilsäge *f*, Aufteilsäge *f*
~ **dividing unit** Plattenaufteilanlage *f*
~ **door** Rahmentür *f*, Füllungstür *f*, gestemmte Tür *f*
~ **door moulding** Rahmentür[zier]leiste *f*
~ **edge** Plattenkante *f*
~ **edging machine** Plattenbesäumanlage *f*
~ **factory** Plattenwerk *n*
~ **feeding** Plattenbeschickung *f*
~ **industry** Plattenindustrie *f*
~ **jointing machine** Plattenverleimmaschine *f*
~ **lay-up** Plattenaufbau *m*, Tafelaufbau *m (Sperrholz)*
~ **machining line** Paneelstraße *f (Möbelherstellung)*
~ **material** Plattenwerkstoff *m*
~ **painting** 1. Tafelmalerei *f*; 2. Tafelgemälde *n*, Holztafelgemälde *n*, Gemäldetafel *f*
~ **parquet** Tafelparkett *n*
~ **pin** Paneelnagel *m*, Vertäfelungsnagel *m*
~ **planer** Dickenhobelmaschine *f*, Dickenfräsmaschine *f*
~ **product** Plattenerzeugnis *n*
~ **sander** Spanplatten-Dickenschleifmaschine *f*
~ **sanding line** Plattenschleifstraße *f*
~ **saw** 1. Platten[format]säge *f*, Plattenaufteilsäge *f*, Aufteilsäge *f*; 2. Feinsäge *f*
~ **sawing machinery** Plattenaufteilanlagen *fpl*
~ **shear strength** Plattenscherfestigkeit *f*
~ **sizer** *s.* ~ sizing saw
~ **sizing saw[ing machine]** Plattenaufteilsäge *f*, Plattenformatkreissäge[maschine] *f*; Gestellkreissäge[maschine] *f*
~ **stack** Plattenstapel *m*
~ **stacker** Plattenstapler *m*
~ **test** Platten[werkstoff]prüfung *f*
~ **thickness** Plattendicke *f*
~ **turner** Plattenwender *m*, Teilewender *m*

~ **veneer** Plattenfurnier *n*
~ **wall** Paneelwand *f*, Füllwand *f*
panelboard *s.* high-density medium board
paneling, panelization *(Am) s.* panelling
panelled ceiling Kassettendecke *f*
~ **door** Rahmentür *f*, Füllungstür *f*, gestemmte Tür *f*
panelling 1. Täfeln *n*, Vertäfeln *n*; Verkleiden *n*; Beplanken *n*; 2. Täfelung *f*, Vertäfelung *f*, Getäfel *n*; Verkleidung *n*; Beplankung *f*
panic bolt Notausgangsriegel *m*, Notausgangsverriegelung *f*
paper [down]/to mit Schleifpapier [ab]schleifen, [ab]schmirgeln
paper papieren, aus Papier; Papier...
paper Papier *n*
~ **adhesive** Papierklebstoff *m*
~-**base laminate** Schichtpreßstoff *m*; Schicht[preß]stoffplatte *f*
~-**based material** Papierwerkstoff *m*
~ **birch** Papierbirke *f*, Betula papyrifera
~ **chemist** Papierchemiker *m*
~ **chemistry** Papierchemie *f*
~ **coating** Papierbeschichtung *f*
~ **defect** Papierfehler *m*
~ **dimension** Papierformat *n*
~ **drying** Papiertrocknung *f*
~-**faced** papierbeschichtet
~ **filler** Papierfüllstoff *m*
~ **foil** Papierfolie *f*
~ **grade** Papierqualität *f*; Papiersorte *f*
~ **honeycomb [core]** Papierwabe *f*
~ **industry** Papierindustrie *f*
~ **laminate** Schichtpreßstoff *m*; Schicht[preß]stoffplatte *f*
~ **machine** Papiermaschine *f*
~ **machine felt** Papiermaschinenfilz *m*
~-**maker** Papiermacher *m*, Papierhersteller *m*, Papiermüller *m*
~-**making** Papierherstellung *f*, Papiergewinnung *f*, Papierfabrikation *f*, Papiermacherei *f*
~-**making aid** Papierhilfsmittel *n*, Hilfsstoff *m* der Papierherstellung
~-**making fibre** Papierfaser *f*
~-**making machine** Papiermaschine *f*
~-**making pulp** Papierzellstoff *m*, Papierfaserstoff *m*
~-**making slurry** [verdünnter] Papierbrei *m*
~-**making technology** Papiertechnologie *f*, Technologie *f* der Papierherstellung
~ **manufacture** *s.* ~-making
~ **manufacturer** *s.* ~-maker
~-**mill** Papierfabrik *f*, Papiermühle *f*
~-**mill effluent** Papierfabrikabwasser *n*, Abwasser *n* der Papierfabrik
~-**mulberry [tree]** Papiermaulbeerbaum *m*, Broussonetia papyrifera
~ **physics** Papierphysik *f*
~ **product** Papiererzeugnis *n*, Papierprodukt *n*
~ **production** Papierproduktion *f*, Papiererzeugung *f*
~ **property** Papiereigenschaft *f*
~ **pulp** Papierbrei *m*, Papierzellstoff *m*, Papierfaserstoff *m*
~ **pulp wood** Papier[faser]holz *n*, Faserholz *n*,

Holzschliffholz n, Schleifholz n
~ **quality** Papierqualität f, Papiergüte f
~ **reed** s. papyrus
~ **sheet** Papierbogen m, Papierblatt n
~ **size** Papierformat n
~ **sizing** Papierleimung f
~ **stock** Papierrohstoff m, Papierfaserstoff m
~ **strength** Papierfestigkeit f
~ **technology** Papiertechnologie f, Technologie f der Papierherstellung
~ **testing** Papierprüfung f
~ **tree** s. ~ mulberry
~ **wood** Papierholz n, Faserholz n, Holzschliffholz n, Schleifholz n
paperbark Kajeputbaum m, Silberbaum f, Melaleuca leucadendra
~ **maple** Papierrindenahorn m, Acer griseum
paperboard Pappe f; Karton m, Kartonpapier n
papier mâché Papiermaché n, Pappmaché n
Papua water gum Syzygium buettnerianum (Holzart)
papyrin[e] Pergamentpapier n
papyrus Papyrusstaude f, Cyperus papyrus
~ **pith** Papyrusmark n
PAR s. planed all round
Para-angelim Hymenolobium excelsum (Holzart)
~ **mahogany** Andiroba n, ADI, Crabwood n, Carapa guianensis
~ **nut** Paranuß f, Castanheiro n, CAS, Bertholletia excelsa
~ **rubber [tree]** Parakautschukbaum m, Kautschukbaum m, Hevea brasiliensis
parabolic arch Parabolbogen m
paradise wood s. agalloch[um]
paraffin/to paraffinieren, mit Paraffin behandeln (z. B. Holz)
paraffin Paraffin n (Kohlenwasserstoff)
~ **embedding** Paraffineinbettung f (z. B. von Holzpräparaten)
~ **oil** Paraffinöl n
~ **wax** Hartparaffin n
paraformaldehyde Paraformaldehyd m
Paraguay cocopalm Acrocomia totai (Holzart)
parallel bars Barren m (Sportgerät)
~-**chord [wood] truss** parallelgurtiger Binder m
~ **grain** Parallelfaser f
~-**grained** parallelfaserig
~-**grained panel** Flachholzplatte f
~ **laminated veneer** Furnierschichtholz n
~ **link sawing machine** Parallelschwingkreissägemaschine f
~ **strip** Richtleiste f, Fluchtholz n
~ **swing circular saw** Parallelpendelkreissäge f
~-**thread screw** Parallelgewindeschraube f
Parana pine Brasilkiefer f, PAP, [Brasilianische] Araukarie f, Araucaria angustifolia
parapet cross beam Brüstungsholm m
paraphysis Paraphyse f, Saftfaden m (von Pilzfruchtkörpern)
paraquat Paraquat n (Herbizid)
parasite Parasit m, Schmarotzer m
parasitic parasitär, parasitisch, schmarotzerhaft
~ **fungus** parasitärer Pilz m, pilzlicher Schmarotzer m, Pilzparasit m

parasol fir Schirmtanne f, Sciadopitys verticillata
~ **pine** Pinie f, Pinus pinea
paratracheal paratracheal, poreneinfassend (Holzparenchym)
~-**scanty** paratracheal spärlich
parbuckling (Am) Quer[auf]laden n, Auflanden n in Querrichtung (Holztransport)
parcel Partie f, Posten m (Holzhandel)
~ **gilt** teilvergoldet, teilweise vergoldet
parchment panel[ling] Faltwerkfüllung f (Möbelverzierung)
~ **size** Pergamentleim[stoff] m (Papierherstellung)
parclose [screen] Lettner m, Chorschranke f; Altargitter n
pare/to beschneiden; schälen; [aus]stechen, ausnehmen
parenchyma Parenchym[gewebe] n, Grundgewebe n (Holzanatomie)
~ **band** Parenchymband n
~ **cell** Parenchymzelle f, Speicherzelle f
~ **pit** Parenchymtüpfel m
~ **strand** Parenchymstrang m, strangförmiges Längsparenchym n
~ **tissue** s. parenchyma
~-**vessel pit** Parenchymgefäßtüpfel m
parenchymatous parenchymatös, parenchymatisch; parenchymreich; Parenchym...
paring axe Schälaxt f
~ **chisel** Stechbeitel m, Stecheisen n
parlour chair Wohnzimmerstuhl m
parquet/to parkettieren, [mit] Parkett auslegen, mit Fußbodentäfelung versehen
parquet 1. Parkett n, Parkett[fuß]boden m; 2. s. parquetry 1.
~ **adhesive** Parkettklebstoff m
~ **batten** Parkettstab m, Parkette f, Parkettriemen m
~ **block** Parkettafel f; Fertigparkettelement n
~ **floor[ing]** Parkett[fuß]boden m, Parkett n
~ **flooring pattern** Parkettmuster n
~ **lacquer** Parkett[versiegelungs]lack m
~ **layer** Parkettleger m
~ **machinery** Parkettmaschinen fpl
~ **mosaic finger** Mosaikparkettlamelle f
~ **planer** Parketthobelmaschine f
~ **stain** Parkettbeize f
~ **stave (strip)** Parkettstab m, Parkette f, Parkettriemen m
~ **tile** Parkettafel f
parquetry 1. Parketerie f, Parqueterie f, Parket[einlege]arbeit f, Mosaikparkett n; Holzmosaik n (bes. in Fußböden); 2. Parketerie[kunst] f, Mosaikparkettlegerhandwerk n; 3. s. parquet 1.
~ **layer** Parkettleger m
Parry pinyon Pinus quadrifolia (Holzart)
partial barking teilweises (halbreines) Entrinden n, Waldschälen n
~ **gilding** Teilvergoldung f
~ **hydrolysis** Teilhydrolyse f, Partialhydrolyse f (Holzverzuckerung)

partially

partially air-dry teilweise lufttrocken, halbtrocken
~ **gilt** teilvergoldet, teilweise vergoldet
~ **intergrown knot** teilweise verwachsener Ast *m*
particle alignment Spanausrichtung *f*, Partikelorientierung *f*
~-**collecting bin** Spänebunker *m*, Spänesilo *m(n)*
~ **geometry** Partikelgeometrie *f*
~ **mattress** Spänevlies *n*, Spänekuchen *m*
~ **morphology** Partikelmorphologie *f*
~ **panel** *s*. 1. ~ panel material; 2. particleboard
~ **panel material** Partikelwerkstoff *m*
particleboard Spanplatte *f*, Holzspanplatte *f*
~ **mat[tress]** Spanplattenvlies *n*
~ **press** Spanplattenpresse *f*
parting bead Schiebefenstergleitleiste *f*
~ **tool** Stechmeißel *m*; Abstechstahl *m* (*Drechselwerkzeug*)
partly bleached halbgebleicht (*Faserstoff*)
partner's desk Doppelschreibkommode *f*
partridge-wood 1. Rebhuhnholz *n*, PDG (*bes. von Andira inermis und Caesalpinia grenadillo*); 2. Rebhuhnholz *n* (*durch den Pilz Stereum frustulosum befallenes Laubholz*)
passage way Zwischengasse *f* (*zwischen Holzstapeln*)
passing knot durchgehender Ast *m* (*Holzfehler*)
paste Kleister *m*
~ **filler** Porenfüllpaste *f*, pastenförmiges Porenfüllmittel *n*
~ **furniture wax** Möbelwachssalbe *f*
pasteboard Schichtenpappe *f*, Klebekarton *m*
pasture pole Weide[zaun]pfahl *m*
Patagonian cypress Patagonische Zypresse *f*, Alerce *f*, ALR, Fitzroya cupressoides
patch Flicken *m*, Furnierflicken *m*
~-**bark/to** flecken, fleckenweise (platzweise) entrinden
patera Rundornament *n*
pathological heart[wood] Falschkern *m*, Scheinkern *m*, fakultativer (anomaler, pathologischer) Farbkern *m* (*Holzfehler*)
patina Patina *f*
patio door Innenhoftür *f*, Terrassentür *f*, Patiotür *f*
patten Holzschuh *m*
pattern 1. Muster *n*, Vorlage *f*; 2. Modell *n*, Gußmodell *n*
~ **control** Modellsteuerung *f* (*z. B. einer Kopierfräsmaschine*)
~ **flooring** *s*. parquet floor[ing]
~ **lumber** Modell[bau]holz *n*, Modellware *f*
~ **maker** Modellbauer *m*, Modelltischler *m*, Modellschreiner *m*
~ **maker's shop** Modelltischlerei *f*, Modellschreinerei *f*, Modellmacherei *f*
~-**making** Modellbau *m*, Formenbau *m*
~-**making timber** Modell[bau]holz *n*, Modellware *f*
~ **milling and recessing machine** Modellfräsmaschine *f*
patternwood Emien *n*, Alstonia *f*, Alstonia congensis (*Holzart*)
pau marfim Pau marfim *n*, Aspidosperma

138

tomentosum, Balfourodendron riedelianum (*Holzart*)
paving-block Pflasterklotz *m*
~ **wood** Pflasterholz *n*
paw foot Löwenfuß *m*, Pfotenfuß *m*, Krallenfuß *m* (*an Möbeln*)
paxillus Krempling *m*, Fächerschwamm *m* (*Gattung Paxillus*; *Holzschädling*)
paynize/to paynesieren (*Holzschutz*)
PCP *s*. pentachlorophenol
PDT *s*. polycrystalline diamond tipped
pea-fruited cypress Erbsenfrüchtige Scheinzypresse *f*, Sawarascheinzypresse *f*, Chamaecyparis pisifera
peach-leaved willow Pfirsichweide *f*, Salix amygdaloides
~ **oak** Weideneiche *f*, Quercus phellos
peachwood Campeche[holz] *n*, Kampescheholz *n*, Blauholz *n*, Blutholz *n*, Allerheiligenholz *n*, Haematoxylum campechianum
peacock pine [Japanische] Sicheltanne *f*, Japanische Zeder *f*, Cryptomeria japonica
pear[-tree] 1. Birnbaum *m* (*Gattung Pyrus*); 2. Birnbaum *m*, BB, Pyrus communis
~-**wood** Birnbaumholz *n*
pearl ash Pottasche *f*, [rohes] Kaliumcarbonat *n* (*Ablaugmittel*)
~ **essence** Perlessenz *f*, Fischschuppenessenz *f* (*Lackbestandteil*)
~ **glue** Perl[en]leim *m*
pearl wood Cassia apoucouita (*Holzart*)
peat Torf *m*
peav[e]y Kanthaken *m*, Wendehaken *m*, Stammwender *m*; Sapin *m*, Sapine *f*, Sappel *m*
pecan [hickory] 1. Pecan-Hickory *m(f)*, Pekannußbaum *m*, Carya illinoensis (oliviformis); 2. Bitternuß *f*, Carya cordiformis; 3. Carya myristiciformis; 4. Carya aquatica
~ **nut** Pekannuß *f* (*Poliermittel*)
peckiness *s*. pocket rot
pectic acid Pektinsäure *f*, α-1,4-Polygalacturonsäure *f*
pectin Pektin *n* (*Holzinhaltsstoff*)
pedal Pedal *n*, Fußtaste *f* (*z. B. der Orgel*)
pedestal Fußgestell *n*, Fußauslegerkonstruktion *f*; Untersatz *m*, Piedestal *n*, Sockel *m*
~ **table** Säulentisch *m*; Einfußtisch *m*, einfüßiger Tisch *m*; Piedestal-Tisch *m*
~ **writing desk** Piedestal-Schreibtisch *m*
pediment Giebelaufsatz *m*; Ziergiebel *m*
~ **cupboard** Giebelaufsatzschrank *m*
pedunculate oak Stieleiche *f*, Sommereiche *f*, Quercus robur (pedunculata)
peel/to [ab]schälen, entrinden; rundschälen (*Furnier*)
~ **in strips/to** streifenweise entrinden, streifen, reppeln, berappen, rändern
peel strength Schälwiderstand *m*
peelability Schälbarkeit *f*, Schälfähigkeit *f*
peelable schälbar, schälfähig
peeled veneer Schälfurnier *n*; Rundschälfurnier *n*
~ **wood** Schälholz *n*
peeler 1. Schälmaschine *f*,

Furnierrundschälmaschine *f*; 2. *s.* ~ block
~ **block (bolt)** Furnierschälklotz *m*, Furnierblock *m*
~ **core** Restrolle *f*, Holzkern *m* *(Furnierherstellung)*
~ **log** *s.* ~ block
peeling chip Schälspan *m*
~ **knife** Schälmesser *n*
~ **test** Schälprüfung *f*; Abhebe[festigkeits]prüfung *f*
peen/to mit der Finne hämmern
peen Finne *f*, Schmalbahn *f (des Hammers)*
peepul tree Pepulbaum *m* der Inder, Bobaum *m*, Heiliger Feigenbaum *m*, Indischer Gottesbaum *m*, Ficus religiosa
PEG *s.* polyethylene glycol
peg Pflock *m*; Wirbel *m (Streichinstrument)*
~-**board** 1. Lochplatte *f*; 2. Wirbelfeld *n*, Wirbelbalken *m (Klavier)*
~-**box** Wirbelkasten *m (der Violinen)*
~ **saw** Quer[schnitt]säge *f*; Ablängsäge *f*
~ **tooth** Dreieckszahn *m*
pegged joint abgebohrte (verbohrte) Schlitzzapfenverbindung *f*
Pegu cutch dunkles (braunes) Katechu *n (Gerbextrakt bes. aus Acacia catechu)*
pein *s.* peen
pelmet Gardinenleiste *f*
peltogynol Peltogynol *n (Flavonoid)*
Pembroke table Pembroke-Tisch *m*
pen painting Binnenzeichnung *f (zur Imitation gravierter Elfenbeineinlagen)*
Penang palm Licuala acutifida *(Holzart)*
pencil Bleistift *m*
~ **brush** Haarpinsel *m*
~ **cedar** Virginisches Bleistiftholz *n*, BVI, Virginischer Wacholder *m*, Rotzederwacholder *m*, Juniperus virginiana
~ **gauge** Bleistift-Streichmaß *n*
~ **line** Grenzlinie *f*, Zonenbegrenzungslinie *f (in pilzbefallenem Holz)*
~-**making industry** Bleistiftindustrie *f*
~ **wood** Bleistiftholz *n*
pendulum impact machine Pendelschlagwerk *n (zur Bestimmung der Bruchschlagarbeit)*
~ **impact test** Pendelschlagversuch *m*
~ **saw** Pendel[kreis]säge *f*, Schwingsäge *f*, Schwenksäge *f*
pene *s.* peen
penetrability Durchdringbarkeit *f*, Tränkbarkeit *f (Holzschutz)*
penetrable durchdringbar; tränkbar
penetration depth Eindringtiefe *f (z. B. von Holzschutzmitteln)*
penicillium Pinselschimmel *m (Gattung Penicillium)*
Pennsylvanian maple Pennsylvanischer Ahorn *m*, Acer pennsylvanicum
pent-roof Pultdach *n*
pentachlorophenol Pentachlorphenol *n*, PCP *(Holzschutzmittel)*
penthouse 1. Vordach *n*, Schutzdach *n*; 2. Dachterrassenwohnung *f*, Penthouse *n*
pentice, pentise *s.* penthouse
pentosan Pentosan *n (Polysaccharid)*

pentose Pentose *f (Monosaccharid)*
pepperidge [tree] 1. Tupelobaum *m (Gattung Nyssa)*; 2. Waldtupelobaum *m*, Nyssa sylvatica
peracid bleaching *s.* peroxide bleach[ing]
perch Konsole *f (Holzbau)*; Knagge *f (Holzbau)*
percussion instrument Schlaginstrument *n*
perforated chipboard Lochspanplatte *f*
~ **hardboard** [harte] Lochfaserplatte *f*
perforation plate Lochplatte *f*, Gefäß[glieder]durchbrechung *f (Holzanatomie)*
perforator method Perforatormethode *f (zur Messung der Formaldehydabspaltung)*
pergola Pergola *f*, [hölzerner] Laubengang *m*
periclinal [cell] division perikline Zellteilung *f (Holzbildung)*
perimeter nail Randnagel *m*
period furniture Stilmöbel *npl*
periodate lignin Periodatlignin *n*, Purves-Lignin *n*
peripheral milling Rundschälen *n (Furnierherstellung)*
~ **speed** Umfangsgeschwindigkeit *f (z. B. eines Sägeblattes)*
perishable verderblich
perithecium Perithezium *n (Fruchtkörper von Askomyzeten)*
permanent set bleibende Verformung *f*, Formänderungsrest *m (z. B. von Holz)*
~ **wood foundation** bleibende (festverlegte) Holzgründung *f*
permanganate number Permanganatzahl *f (Zellstofferzeugung)*
~ **of potash** Kaliumpermanganat *n (Beizenbestandteil)*
permeability Permeabilität *f*, Durchlässigkeit *f*
permeable permeabel, durchlässig
peroba rosa Peroba rosa *n*, PER, Aspidosperma polyneuron (peroba) *(Holzart)*
peroxide bleach[ing] Peroxidbleiche *f (von Holzstoff)*
Perpendicular style die dritte Stilepoche der englischen Gotik
perron Freitreppe *f*
Persian bark [Gemeiner] Faulbaum *m*, Pulverholz *n*, Hautbaum *m*, Rhamnus frangula
~ **lilac** [Indischer] Zedrachbaum *m*, Chinesischer Holunder *m*, Paternosterbaum *m*, Sentang *m*, Melia azedarach
~ **oak** Persische Eiche *f*, Quercus castaneifolia
~ **red** Persischrot *n (Pigment)*
~ **walnut** 1. [Englischer] Walnußbaum *m*, Juglans regia; 2. Echter (Welscher) Walnußbaum *m*, Juglans regia ssp. regia
persimmon 1. Dattelpflaume *f (Gattung Diospyros)*; 2. Persimone *f*, PSI, Virginisches Dattelpflaumenholz *n*, Diospyros virginiana
Peru ... *s. a. unter* Peruvian ...
Peru balsam Perubalsam *m (von Myroxylon balsamum var. pereirae)*
~ **balsam tree** Perubalsambaum *m*, Myroxylon balsamum var. pereirae
Peruvian bark Chinarinde *f (von Cinchona spp.)*
~ **pepper-tree** Peru-Pfefferbaum *m*, Peruanischer

Pfefferbaum *m*, Schinus molle
pest Schädling *m*
~ **of [old] furniture** Möbelschädling *m*
~ **resistance** Schädlingsresistenz *f*
~**-resistant** schädlingsresistent
petrified wood versteinertes (fossiles) Holz *n*
Petrograd standard [St.] Petersburger Standard *m* *(Schnittholz-Maßeinheit)*
petrol-engine saw Benzinmotorsäge *f*
pew [geschlossene] Kirchenbank *f*
PF ... *s.* phenol-formaldehyde ...
PGW *s.* pressure grinding process
Pharaoh's fig *s.* mulberry fig
pheasantwood Angelin *n*, ANG, Rebhuhnholz *n*, Andira inermis
phellem Phellem *n*, Kork *m*, Korkschicht *f*
phelloderm Phelloderm *n*, Korkrinde *f*
phellogen Phellogen *n*, Korkkambium *n*, Korkbildungsgewebe *n*
phenol Phenol *n* *(Holzinhaltsstoff)*
~**-formaldehyde glue** Phenolformaldehyd[harz]leim *m*
~**-formaldehyde resin** Phenol[formaldehyd]harz *n*, KPF
~ **lignin** Phenollignin *n*
~ **pulping** Phenolaufschluß *m* *(Zellstofferzeugung)*
~ **resin** *s.* ~-formaldehyde resin
~**-resorcinol resin** Phenol-Resorcinharz *n*, Phenol-Resorcin-Formaldehydharz *n*, PRF-Harz *n*
phenolic glue Phenoplastleim *m*, Phenolharzleim *m*
~ **lacquer** Phenol[harz]lack *m*
~ **lignin** Phenollignin *n*
~**-resin-bonded particleboard** phenolharzverleimte Spanplatte *f*
phenylpropane Phenylpropan *n* *(Holzinhaltsstoff)*
Philippine mahogany 1. Tarrietia javanica *(Holzart)*; 2. *s.* lauan
~ **maple** Acer niveum *(Holzart)*
Phillips head Kreuzschlitzkopf *m*
~ **screw** Kreuzschlitz[holz]schraube *f*
phlobaphene Phlobaphen *n* *(Gerbstoffverbindung)*
~ **cork** Phlobaphenkork *m*
phlobatannin Phlobatannin *n*
phloem Phloem *n*, Siebteil *n*, Bastteil *n* *(Holzanatomie)*
~ **mother cell** Phloemmutterzelle *f*
~ **necrosis** Phloemnekrose *f*
~ **parenchyma** Phloemparenchym *n*, Siebparenchym *n*
~ **parenchyma cell** Phloemparenchymzelle *f*
~ **ray** Phloemstrahl *m*, Rindenstrahl *m*, Baststrahl *m*
~ **sieve element** Phloemsiebelement *n*
~ **structure** Phloemstruktur *f*, Phloemaufbau *m*
~ **tissue** Phloemgewebe *n*
PHND *s.* pin holes no defect
Phoenician juniper Juniperus phoenicea *(Holzart)*
pholad Bohrmuschel *f* *(Gattung Pholas)*
pholiota Schüppling *m* *(Gattung Pholiota)*

phonograph cabinet Phonomöbel *n*, Tonmöbel *n*, Musikschrank *m*
photocopying paper Photokopierpapier *n*
photodegradation photochemischer Abbau *m* *(z. B. von Holzsubstanzen)*
photographic base paper Photorohpapier *n*
photosynthesis Photosynthese *f*
phoxim Phoxim *n* *(Insektizid)*
phytohormone Phytohormon *n*, [pflanzlicher] Wuchsstoff *m*
PGW *s.* pressure groundwood
piano Piano[forte] *n*, Klavier *m*
~ **action** [bewegliches] Klavierteil *n*
~ **case** Pianogehäuse *n*, Klaviergehäuse *n*
~ **construction** Klavierbau *m*
~ **hinge** *s.* ~ strip hinge
~ **key** Klaviertaste *f*
~**-maker** Klavierbauer *m*
~ **sounding board** Resonanzboden *m* des Klaviers
~**-stool** Klavierhocker *m*, Klavierschemel *m*
~ **strip hinge** Klavierband *n*, Stangenscharnier *n*
~ **trade** Klavierbau *m*
pianoforte *s.* piano
~ **work** Klavierbau *m*
piassava 1. Piassavafaser f; 2. *s.* ~-palm
~**-palm** 1. Bahia-Piassavapalme *f*, Attalea funifera; 2. Parapiassavapalme *f*, Leopoldinia piassaba
piceoid cross-field pitting piceoide Kreuzungsfeldtüpfelung *f* *(Holzanatomie)*
pick handle Hackenstiel *m*
~ **knife** Spaltmesser *n* *(des Korbmachers)*
pickaxe handle Kreuzhackenstiel *m*, Pickelstiel *m*
picket Pfahl *m*; Pflock *m*
~ **fence** Palisade *f*, Pfahlzaun *m*
pickle Ablauglösung *f*
pickling Ablaugen *n* *(z. B. alter Möbel)*
picnic bench Picknickbank *f*
~ **hamper** Picknickkorb *m*
~ **table** Picknicktisch *m*
pictorial marquetry (veneering) Furnierbildzusammensetzung *f*, Bildeinlegearbeit *f*
picture frame Bilderrahmen *m*
~**[-frame] moulding** Bilderrahmenleiste *f*, Rahmenleiste *f*
~ **rail** Bilderschiene *f*
~ **window** Panoramafenster *n*, groß[flächig]es Fenster *n*
piddock *s.* pholad
pie-crust edging Pie-crust-Rand *m*, Bath-Rand *m* *(bes. bei Chippendale-Möbeln)*
~**-crust table** Pie-crust-Tisch *m*
piece of furniture Möbel *n*, Möbelstück *n*, Einrichtungsgegenstand *m*
~ **of wood** Holzstück *n*
pier glass Pfeilerspiegel *m*, Zwischenfensterspiegel *m*, Trumeau *m*
~**-glass table** Pfeilertisch *m*, Trumeautisch *m*
pierced panel gelochte (durchbrochene) Tafel *f*
pietra dura, pietre dure Pietra-dura-Intarsie *f*, Halbedelsteinintarsie *f*
pigeon hole [offenes] Schreibmöbelfach *n*,

Schreibtischfach *n*
~-**hole stack** Kastenstapel *m*
~ **plum** 1. Licania hypoleuca *(Holzart)*; 2. *s.* ~ sea-grape
~ **sea-grape** Coccoloba diversifolia *(Holzart)*
pigment Pigment *n*, farbgebender Stoff *m*
pigmented lacquer Pigmentlack *m*, pigmentierter Lack *m*
~ **stain** Pigmentbeize *f*
pignut [hickory] Ferkelnuß *f*, Carya glabra
pilaster Pilaster *m*
pile/to 1. Pfähle einrammen; mit Rammpfählen befestigen *(Gründung)*; 2. *s.* ~ up/to
~ **up/to** [auf]stapeln; aufpoltern, aufsetzen *(Rundholz)*
pile 1. Stapel *m*; Polter *m(n)*, Rundholzstapel *m*; Pile *m*, Lager[ungs]haufen *m*; Hackschnitzelhaufen *m*; 2. Pfahl *m*; Rammpfahl *m*
~ **bridge** Jochbrücke *f*
~ **cover** Stapelabdeckung *f*
~-**driver** Pfahlramme *f*, Kraftramme *f*, Ramme *f*
~-**driving formula** Rammformel *f*
~-**dwelling** Pfahlbau *m*
~ **foundation** Pfahlgründung *f*
~ **foundation grill[e]** Pfahlrost *m*
~ **grating** Pfahlrost *m*
~ **groyne** Pfahlbuhne *f*
~ **head** Pfahlkopf *m*, oberes Pfahlende *n*; Rammpfahlkopf *m*
~ **of cut timber** Holzstoß *m*, Schichtholzstoß *m*, Stoß *m*
~ **plank** Spundbohle *f*
~ **roof** Stapelabdeckung *f*
~ **shoe** Pfahlschuh *m*
~-**supported structure** Pfahlgründungsbauwerk *m*
~ **timber** Pfahlholz *n*
~ **tip** Pfahlspitze *f*
~ **top** Pfahlkopf *m*, oberes Pfahlende *n*
~ **trestle** Pfahljoch *n*
~ **wall** Pfahlwand *f*
piled fathom Stapelfaden *m* *(Holzmaß; 1 Stapelfaden = 6,11645 Kubikmeter)*
piled timber (wood) Schichtholz *n*, Stapelholz *n*
piling Pfahlwerk *n*
~ **clamp** Stapelpresse *f*
~ **place** Stapelplatz *m*, Ablage *f*
~ **sleeper** Stapelunterlagsholz *n*
~ **stick (strip)** Stapellatte *f*, Stapelleiste *f*, Hölzel *n*
~ **technique** Stapeltechnik *f*
~ **yard** Stapelplatz *m*, Ablage *f*
pillar Pfeiler *m*; Säule *f*; Stütze *f*; Ständer *m*
~ **drill** Ständerbohrmaschine *f*
~ **table** Säulentisch *m*, Ständertisch *m*
pillarwood Cassipourea malosana *(Holzart)*
pilon 1. Hyeronima alchorneoides *(Holzart)*; 2. Hyeronima laxiflora *(Holzart)*
pilot hole Vorbohrloch *n*, Führungsloch *n*, Schraubenschaftbohrung *f*
pimaradiene Pimaradien *n* *(Diterpen)*
pimaric acid Pimarsäure *f* *(Diterpen, Harzsäure)*
pin Stift *m*, Drahtstift *m*
~ **hinge** Zapfenband *n*
~ **hole** 1. Stiftloch *n*; 2. Nagelloch *n*, kleines

Bohrloch (Fraßloch) *n* *(in schädlingsbefallenem Holz)*
~-**hole borer** 1. Kern[holz]käfer *m*, Ambrosiakäfer *m* *(Familie Platypodidae)*; 2. Eichenkern[holz]käfer *m*, Platypus cylindrus
~ **holes no defect** Insektenfraßlöcher kein Fehler *(Tropenholzhandel)*
~ **knot** Punktast *m*; Stiftast *m*, Stiftästchen *n*
~ **oak** Sumpfeiche *f*, Spießeiche *f*, Quercus palustris
pina-palm Kohlpalme *f*, Euterpe oleracea
pinaceous zu den Kieferngewächsen (Pinaceae) gehörend
pinaster [pine] Strandkiefer *f*, See[strand]kiefer *f*, Sternkiefer *f*, Pinus pinaster (maritima)
pinboard *s.* low-density medium board
pincers Beißzange *f*, Kneifzange *f*, Kantenzange *f*
pinching Festklemmen *n* *(eines Sägeblattes)*
pine 1. Kiefer *f*, Föhre *f*, Forle *f* *(Gattung Pinus)*; 2. Kiefernholz *n*, Föhrenholz *n*
~ **beetle [Großer]** Waldgärtner *m*, Großer Kiefernmarkkäfer *m*, Tomicus (Blastophagus, Myelophilus) piniperda
~ **family** Kieferngewächse *npl* *(Familie Pinaceae)*
~ **oil** Kienöl *n*; Kiefernnadelöl *n*; Pineöl *n*, höhersiedende Terpentinölfraktion *f*
~ **pitch** Kienteerpech *n*
~ **resin** 1. Kiefernharz *n*, Kienharz *n*; 2. *s.* ~ rosin
~-**resin gall-moth** Kiefernharzgallenwickler *m*, Rhyacionia resinella
~ **rosin** Kolophonium *n* *(Kiefernharz-Destillationsrückstand)*
~ **sawyer [beetle]** Schusterbock[käfer] *m*, Schwarzer Fichtenbock *m*, Monochamus sutor
~ **scrape** Kiefernscharharz *n*
~-**shoot moth** 1. [Europäischer] Kieferntriebwickler *m*, Rhyacionia (Evetria) duplana; 2. [Europäischer] Kiefernknospentriebwickler *m*, Rhyacionia (Evetria) buoliana
~ **stump wood** Kiefernstockholz *n*, Kiefernaltstöcke *mpl*
~ **tar** Kiefern[holz]teer *m*, Kienteer *m*
~ **tree beetle** Zwölfzähniger (Großer) Kiefernborkenkäfer *m*, Ips sexdentatus
~ **weevil** Großer Brauner Nadelholzrüßler (Kiefernrüßelkäfer) *m*, Hylobius abietis
pinene Pinen *n* *(Monoterpen)*
pinewood Kiefernholz *n*, Föhrenholz *n*; Kienholz *n*, Kien *m*
~ **wasp** Riesenholzwespe *f*, Sirex (Urocerus) gigas
piney *s.* piny
pink cedar Acrocarpus fraxinifolius *(Holzart)*
~ **mahogany** Agba *n*, AGB, Tola[holz] *n*, Gossweilerodendron balsamiferum
~ **poplar** Euroschinus falcata *(Holzart)*
pinkwood [Bahia-]Rosenholz *n*, RSB *(bes. von Dalbergia variabilis und D. frutescens)*
pinobanksin Pinobanksin *n* *(Flavonoid)*
pinocembrin Pinocembrin *n*, Pinozembrin *n* *(Flavonoid)*

pinoid pinoid *(Tüpfel)*
pinoresinol Pinoresinol *n (Lignan)*
pinostrobin Pinostrobin *n (Flavonoid)*
pinosylvin Pinosylvin *n*, 3,5-Dihydroxystilben *n*
~ **phenol** Pinosylvin-Phenol *n*
piny kiefern, aus Kiefernholz; Kiefer...
~ **resin** Dammar[harz] *n*
~ **[varnish] tree** Vateria indica *(Holzart)*
pinyon Pinus edulis *(Holzart)*
pipal [tree] Bobaum *m*, Pepulbaum *m* der Inder, Heiliger Feigenbaum *m*, Indischer Gottesbaum *m*, Ficus religiosa
pipe 1. Pfeife *f*; Faßhahn *m*, Pipe *f*
~ **clay** *s.* China clay
~ **rot** Hohlfäule *f (pilzlicher Holzschaden)*; Weißpfeifigkeit *f*, Gelbpfeifigkeit *f (von Eichenholz durch Stereum spp.)*
piping Pfeifensteppung *f*, Pfeifen *fpl (Polsterei)*
pit Tüpfel *m(n) (Holzanatomie)*
~ **aperture** Tüpfelöffnung *f*, Tüpfelmündung *f*, Porus *m*
~ **aspiration** Tüpfelaspiration *f*
~ **border** Tüpfelwulst *m*, Hof *m*
~ **canal** Tüpfelkanal *m*
~ **cavity** Tüpfelhohlraum *m*, Tüpfelhöhle *f*
~ **chamber** Tüpfelkammer *f*
~ **diameter** Tüpfeldurchmesser *m*
~ **field** Tüpfelfeld *n*
~ **incrustation** Tüpfelinkrustation *f*
~ **kiln** Holzverkohlungsgrube *f*, Erdmeiler *m*, Grube *f*
~-**like** tüpfelähnlich
~ **membrane** Tüpfelmembran *f*, Tüpfelschließhaut *f*, Schließmembran *f*
~ **membrane pore** Schließhautpore *f*
~ **membrane structure** Tüpfelmembranstruktur *f*
~ **opening** Tüpfelöffnung *f*, Tüpfelmündung *f*, Porus *m*
~-**pair** Tüpfelpaar *n*
~ **pore** Schließhautpore *f*, Tüpfelpore *f*
~ **post** Grubenpfeiler *m*
~-**prop** Grubenstempel *m*, Stempel *m*
~ **saw** große Schrotsäge (Längsschnittschrotsäge) *f*, Schottsäge *f*
~ **size** Tüpfelgröße *f*
~ **slab** Grubenschwarte *f*
~ **sleeper** Grubenschwelle *f*
~ **timber** Grubenholz *n*, Zechenholz *n*, Ausbauholz *n*
~ **torus** Torus *m (Schließhautverdickung bei Hoftüpfeln)*
pitch 1. Pech *n (Teerdestillationsprodukt)*; 2. Naturharz *n*, Harz *n (bestimmter Nadelbäume)*; Zellstoffharz *n*; 3. [unspezifische] Harzansammlung *f (in Nadelholz)*; 4. Schneidwinkel *m (des Hobels)*
~ **blister** Harzbeule *f (im Nadelholz)*
~ **board** Teilbrett *n*, Winkelbrett[chen] *n*, Lehrbrettchen *n (zum Anreißen von Treppenwangen)*
~ **deposition** Harzablagerung *f*
~ **distillation** Pechdestillation *f*, Holzpechdestillation *f*
~ **distillery** Pechbrennerei *f*
~-**loblolly hybrid** Pinus × rigitaeda *(Holzart)*

~ **pine** 1. Pechkiefer *f*, Pitchpine *f*, Pinus rigida; 2. Pitchpine *f(n)*, Pechkiefernholz *n*, PIP; 3. *s.* ~ tree 1.
~ **pocket** Harztasche *f*, Harzgalle *f*
~ **problems** *s.* ~ troubles
~ **seam (shake, streak)** Harzriß *m*, Pechriß *m*, Pechlarse *f (Holzfehler)*
~ **tree** 1. Pechkiefer *f*, harzliefernde Kiefer *f (Sammelbegriff)*; 2. Kaurifichte *f (Gattung Agathis)*; 3. Dammarabaum *m*, Dammaratanne *f*, Kaori *m*, Agathis dammara (alba)
~ **troubles** Harzstörungen *fpl*, Harzschwierigkeiten *fpl (chemischer Holzaufschluß)*
~ **tubule** Harzgang *m*, Harzkanal *m (Holzanatomie)*
~ **zone** harzreiche (verkiente) Holzzone *f*
pitched flat truss Pultdachbinder *m*, Pult-Fachwerkträger *m*
~ **truss** Dreieck[s]binder *m*
pith Mark *n*, Markröhre *f (Holzanatomie)*
~ **axis** Markröhrenachse *f*
~ **fleck** Markfleck *m (Holzfehler)*
~ **knot** Hohlast *m*
~ **ray** Markstrahl *m*
~ **stock** marknahes Holz *n*
~ **wander** schlängeliges Herz *n (Holzfehler)*
~ **wood** juveniles Holz *n*, Juvenilholz *n*, Jugendholz *n*
pithiness Markigkeit *f*
pithless marklos
pithy markig; markgefüllt
pitting 1. Tüpfelung *f (Holzanatomie)*; 2. Antreiben *n (von Weidenruten vor dem Entrinden)*
pitwood Grubenholz *n*, Zechenholz *n*, Ausbauholz *n*
pivot hinge Zapfenband *n*; Gelenkband *n*
pivoted window Dreh[flügel]fenster *n*
pivoting saw Schwenksäge *f*
plafond Plafond *m*, verzierte Decke (Raumdecke) *f*
plain-cut gemessert *(Furnier)*
~-**edged** besäumt, glattkantig *(Schnittholz)*
~-**head nail** Breitkopfnagel *m*, Flachkopfnagel *m*
~ **housing joint** *s.* through housing [joint]
~ **sawing** Tangentialschneiden *n*
~-**sawn** tangential geschnitten, im Tangentialschnitt (Fladerschnitt, Sehnenschnitt) hergestellt
~-**sawn timber** Tangentialschnittholz *n*, Fladerschnittholz *n*
plane/to hobeln, behobeln
~ **away/to** weghobeln
~ **off/to** abhobeln
~ **out/to** aushobeln
~ **smooth/to** glatthobeln
plane 1. Platane *f*, PLT *(Gattung Platanus)*; 2. Hobel *m*, Handhobel *m*
~ **cutter** *s.* ~ iron
~ **iron** Hobelstahl *m*, Hobeleisen *n*
~ **maple** Spitzahorn *m*, Leinbaum *m*, Acer platanoides
~ **plywood** Flugzeugsperrholz *n*
~-**tree** Platane *f (Gattung Platanus)*

planed all round zweiseitig (beidseitig) gehobelt
~ **board** Hobelbrett *n*, gehobeltes Brett *n*
~ **timber** Hobelware *f*
~ **tongued and grooved** gehobelt und gespundet (*Schnittholz*)
planer 1. Hobelmaschine *f*; Abrichthobelmaschine *f*, Abrichtfräsmaschine *f*; 2. Hobelwerker *m*
~ **blade** 1. Hobelkopfmesser *n*, Hobelfräserschneide *f*; 2. Hobelkreissägeblatt *n*
~ **head** Hobelkopf *m*, Hobelfräser *m*
~ **knife and cutter setter** Hobelmessereinstellehre *f*
~ **knife grinder (grinding machine)** Hobelmesserschleifmaschine *f*
~ **line** Hobel[maschinen]straße *f*
~ **mill** Hobelwerk *n*
~ **platen** Hobelmaschinentisch *m*
~ **saw** Hobelkreissäge *f*
~ **saw-blade** Hobelkreissägeblatt *n*
~ **shavings** Hobelmaschinenspäne *mpl*, Maschinenhobelspäne *mpl*
planerman Hobelmaschinenführer *m*
planing defect Hobelfehler *m*
~ **installation** Hobelanlage *f*
~ **loss** Hobelverlust *m*
~ **machine** Hobelmaschine *f*
~ **mill** Hobelwerk *n*
~ **mill products** Hobelware *f*
~ **operation** Hobelwerk *n*
~-**sanding machine** Hobelschleifmaschine *f*
~ **tool** Hobelwerkzeug *n*
~ **unit** Hobeleinheit *f*
~ **width** Hobelbreite *f*
~ **work** Hobelarbeit *f*
plank/to dielen; beplanken; verschalen
plank Bohle *f*, Diele *f*; Planke *f*
~ **bed** Pritsche *f*
~ **bottom** Bohlenbelag *m*
~ **buttress** Brettwurzel *f*
~ **chest** Bohlentruhe *f*, Brettertruhe *f*
~ **construction** Bohlenkonstruktion *f*
~ **conveyor** Bohlentransportgerät *n*
~ **flooring** Dielenfußboden *m*
~ **furniture** Bohlenmöbel *npl*
~ **grating** Bohlenrost *m*
~ **lining** Bohlenverschalung *f*
~ **saw** Bohlensäge *f*
planked panel Brettpaneel *n*
planking Bohlenbelag *m*; Dielung *f*; Beplankung *f*
plant hormone Phytohormon *n*, [pflanzlicher] Wuchsstoff *m*
~ **protein glue** Pflanzeneiweißleim *m*
~ **stand** Pflanzenständer *m*, Blumentisch *m*
plantation-grown tree Plantagenbaum *m*
~ **hardwood** Plantagenhartholz *n*
~ **wood** Plantagenholz *n*
~ **wood species** Plantagenholzart *f*, Anbauholzart *f*
planted moulding Befestigungsleiste *f*, aufgesetzte (befestigte) Zierkante *f*
plasmodesm[a] Plasmodesmus *m* (*Holzzellanatomie*)

plaster lath Gipslatte *f*, Spalierlatte *f*, Plafondlatte *f*
~ **of Paris** gebrannter Gips *m* (*Porenfüller*)
plasterboard Gipsfaserplatte *f*; Gipskartonplatte *f*
~ **saw** Gipsplattensäge *f*
plastic 1. plastisch; 2. aus Kunststoff (Plastik) hergestellt; Kunststoff..., Plast[ik]...
plastic Kunststoff *m*, Plastik *n*, Plast *m*
~ **deformation** plastische (bleibende, irreversible) Verformung *f*
~-**faced wood panel** kunststoffbeschichtete (plastummantelte) Holzwerkstoffplatte *f*
~ **foil** Kunststoffolie *f*, Plast[ik]folie *f*
~ **laminate** chemischer Beschichtungswerkstoff *m*, Dekorfolie *f*, Dekorfilm *m*; Phenolharzfilm *m*
~ **laminate sheet** Schicht[preß]stoffplatte *f*
~ **paint** plastischer Anstrichstoff *m*
~ **veneer** Kunststoffoberfläche *f* mit Holzreproduktion, Holztextur-Dekorfolie *f*
~ **wood** Holzkitt *m*, plastisches Holz *n*
plasticization Plastifizierung *f*, Weichmachen *n*
plasticize/to 1. plastizieren, weichmachen; 2. plastifizieren, mit Weichmacher[n] behandeln
plasticizer Weichmacher *m*
platan[e] Platane *f* (*Gattung Platanus*)
plate 1. Rähm *m(n)* (*Holzbau*); Fußpfette *f*, Dachrähm *m(n)*; 2. Stahllasche *f*
~ **anchor** Schwellenanker[bolzen] *m*; Steinfalle *f*, Ankereisen *n*; Anker *m*, Schlauder *f*
~ **escutcheon** Schlüsselschild *n*
~ **glazing** Plattenkalandern *n* (*Papierherstellung*)
~ **saw** Kreissäge[maschine] *f*; Kreissägeblatt *n*
platen press Einetagen[takt]presse *f*
~-**pressed chipboard (particleboard)** Flachpreßplatte *f*, flachgepreßte Spanplatte *f*
platform frame construction Plattformbauweise *f* (*Holzbau*)
~ **stair[way]** Podesttreppe *f*, Treppe *f* mit Zwischenpodest
platt 1. Fußpfette *f* (*Zimmerei*); 2. Kantholz *n*
platypodid Kern[holz]käfer *m* (*Familie Platypodidae*)
play furniture [Kinder-]Spielmöbel *npl*
~-**pen (-suit)** Laufgitter *n*
~ **table** Spieltisch *m*
playground Spielplatz *m*, Kinderspielplatz *m*
pleat Furnierfalte *f*
pliant biegsam (*z. B. Holz*)
plicatic acid Plicatsäure *f* (*Lignan*)
plicatin Plicatin *n* (*Lignan*)
plicatinapththol Plicatinaphthol *n* (*Lignan*)
pliers saw-set Schränkzange *f*
plinth Plinthe *f*, Säulenfuß *m*; Sockelrahmen *m*, [voller] Sockel *m*, Sockelzarge *f* (*eines Behältnismöbels*)
plough/to nuten
plough plane Nuthobel *m*; Grundhobel *m*
ploughed string [board] [ein]gestemmte Treppenwange *f*
plucked instrument Zupfinstrument *n*
plug 1. Trift[holz]stau *m*, Holzstau *m*; 2. Dübelholz *n*; Keildübel *m*
~ **tenon** Kurzzapfen *m*, kurzer Zapfen *m*
plugging Furnierausflicken *n*

plum

plum Pflaume *f*, Zwetsch[g]e *f*, Prunus domestica *(Holzart)*
~ **mango** Bouea oppositifolia *(Holzart)*
~ **wood** Pflaumenholz *n*
plumb bob Senklot *n*
~ **rule** Setzwaage *f*, Richtscheit *n* (Setzlatte *f*) mit Lot
plunge router Handoberfräsmaschine *f*
plus tree Plusbaum *m*; Elitebaum *m*
ply 1. Lage *f*, Sperrholzlage *f*, Sperrholzschicht *f*; Lage *f* *(Papier, Karton)*; 2. Furnierplatte *f*; 3. Dickte *f*, Lage *f* *(Bauholz)*; 4. Sperrholz
plymill Sperrholzfabrik *f*, Sperrholzwerk *n*
plywood Sperrholz *n*
~ **adhesive** Sperrholzkleber *m*
~ **bender** Sperrholzbiegemaschine *f*
~ **board** Sperrholzplatte *f*
~ **box** Sperrholzkiste *f*
~ **classification** Sperrholzklassifikation *f*
~ **construction** Sperrholzaufbau *m*
~ **container** Sperrholzcontainer *m*
~ **covering** Sperrholzabdeckung *f*, Sperrholzbeplankung *f*
~ **deck** Sperrholzdachplatte *f*
~ **door** Sperrholztür *f*
~ **factory** Sperrholzfabrik *f*, Sperrholzwerk *n*
~ **floor** Sperrholz[fuß]boden *m*
~ **for external use** Außensperrholz *n*
~ **for internal use** Innensperrholz *n*
~ **forming** Sperrholz-Formpressen *n*
~ **glue** Sperrholzleim *m*
~ **gluing** Sperrholzleimung *f*
~ **industry** Sperrholzindustrie *f*
~ **lathe** Furnierschälmaschine *f* zur Sperrholzherstellung
~ **lay-up** Sperrholzaufbau *m*
~ **machine** Sperrholzmaschine *f*
~ **manufacture** Sperrholzherstellung *f*
~~**manufactured mould** Sperrholzformteil *n*
~ **mill** Sperrholzfabrik *f*, Sperrholzwerk *n*
~ **mill waste** Sperrholz[fertigungs]abfall *m*
~ **packing case** Sperrholzkiste *f*
~ **pad footing** Gründungspfahlauflage *f* aus Sperrholz, Sperrholz-Grundpfahlauflage *f*
~ **pallet** Sperrholzpalette *f*
~ **panel** Sperr[holz]platte *f*, plattenförmiges Sperrholz *n*
~ **panelling** Sperrholz[ver]täfelung *f*
~ **plant** Sperrholzfabrik *f*, Sperrholzwerk *n*
~ **press** Sperrholzpresse *f*
~ **underlayment** Sperrholzzwischenlage *f* (in Fußböden)
~ **veneer** Sperrholzfurnier *n*
pneumatic [de]barking pneumatische Entrindung *f*, pneumatisches Entrinden *n*
~ **nail gun (machine)**, ~ **nailer** Druckluftnagler *m*, Preßluft-Handnagler *m*
~ **screwdriver** Druckluftschrauber *m*
~ **stapler** Druckluftheſter *m*
~ **stay** pneumatischer Dämpfungszylinder *m*
~ **tool** Druckluftwerkzeug *n*
pneumatically operated nailer Druckluftnagler *m*, Preßluft-Handnagler *m*

~ **operated [portable] stapler** Druckluftdrahtklammermaschine *f*
pocket Tasche *f*; Preßkasten *m*, Füllschacht *m*, Einlegeschacht *m* *(Holzschleifer)*
~ **barker** Taschenentrindungsanlage *f*, Trogentrindungsmaschine *f*, Parallelentrinder *m*
~ **barking** Taschenentrindung *f*, Trogentrindung *f*
~ **door** Versenktür *f*, Einschubtür *f*
~ **grinder** Pressenschleifer *m*, Mehrpressenschleifer *m* *(Holzschlifferzeugung)*
~ **level** Taschenwasserwaage *f*
~ **rot** Lochfäule *f*; Weißlochfäule *f*, Wabenfäule *f*
~ **spring mattress** Taschenfederkernmatratze *f*
pocketed spring upholstery Taschenfederkernpolsterung *f*
podo Podo *n*, POD, *(bes.)* Podocarpus gracilior *(Holzart)*
podocarpaceous zu den Stieleibengewächsen (Podocarpaceae) gehörend
podocarpic acid Podocarpinsäure *f* *(Triterpen)*
poga Poga oleosa *(Holzart)*
point angle Spitzenwinkel *m*, Bohrerspitzenwinkel *m*
pointed arch Spitzbogen *m*
poison ivy Giftsumach *m*, Rhus toxicodendron, Toxicodendron quercifolium
~ **laurel** Cryptocarya pleurosperma *(Holzart)*
~ **oak** s. ~ **ivy**
Poisson's ratio Poisson-Zahl *f*, Poissonsche Konstante *f*, Querkontraktionszahl *f*, *v*
poker-work Holzbrandmalerei *f*, Pyrographie *f*
pole 1. Mast *m*; Pfosten *m*, Pfahl *m*; Stange *f*; Derbstange *f*; Rundholz *n*, Bauholz *n*; Gerüstständer *m*; 2. Nacken *m* *(der Axt)*
~ **and treadle lathe** Wippdrechselbank *f*, Wippe *f*
~ **building** Gebäude (Bauwerk) *n* in Mastenbauweise
~ **construction** Mastenbauweise *f*, Holzmastenbauart *f*
~ **footing** Mastsockel *m*; Mast[einzel]fundament *n*
~ **foundation** Mastgründung *f*
~ **house** Haus (Wohnhaus) *n* in Mastenbauweise
~ **lathe** s. ~ **and treadle lathe**
~~**peeling machine** Mastenschälmaschine *f*
~ **plate** Binderbalken *m*, Fußplatte *f* *(Holzbau)*
~ **preservation** Masten[holz]schutz *m*
~ **preservative** Mastenschutzmittel *n*
~ **scaffold** Stangengerüst *n*
~ **space** Gerüstfeldlänge *f*
~ **stack** Scherenstapel *m*
~ **structure** Mastkonstruktion *f*; Holzmastentragwerk *n*
~ **stub** Mast[en]stumpf *m*
~ **timber** Stangenholz *n*
~~**timber stage** Stangenholzstadium *n*, Stangenholzalter *n*
polecat tree Amerikanischer Faulbaum *m*, Bitterbaum *m*, Rhamnus purshianus
poliment Poliment *n*, Polimentmasse *f*

(Vergolden)
polish/to polieren
~ **up/to** aufpolieren
polish Politur *f*, Poliermittel *n*, Poliermaterial *n*, Möbelpolitur *f*; Polish *n*, Polierwasser *n*
polishability Polierfähigkeit *f*
polishable polierfähig
polished press plate Glanz[blech]blech *n* *(Faserplattenherstellung)*
polisher Poliermaschine *f*
polishing Polieren *n*
~ **agent** Poliermittel *n*
~ **compound** Poliermasse *f*
~ **disk** Polierscheibe *f*
~ **drum** Poliertrommel *f*
~ **liquid** Polierflüssigkeit *f*
~ **machine** Poliermaschine *f*
~ **method** Polierverfahren *n*
~ **oil** Polieröl *n*
~ **paste** Polierpaste *f*
~ **plane** Putzhobel *m*
~ **roll** Polierwalze *f*
~ **shop** Polierraum *m*; Polierwerkstatt *f*
~ **technique** Poliertechnik *f*
~ **tool** Polierwerkzeug *n*
~ **wax** Polierwachs *n*
~ **workroom** Polierwerkstatt *f*
pollard Kopfholzbaum *m*, Kopfholzstamm *m*, Kopfholz *n*
~ **willow** Kopfweide *f*
polo stick Poloschläger *m*
polyacrylate lacquer Polyacrylatlack *m*
polychrome Bantam work *s*. ~ **incised lacquer work**
~ **incised lacquer work** mehrfarbiger Lackschnitt *m*
polycrystalline diamond tipped diamantbestückt, mit polykristallinem Sinterdiamant bestückt *(Schneidwerkzeug)*
polydisperse polydispers *(Cellulose)*
polyester adhesive Polyesterklebstoff *m*, KUP
~ **impregnation** Polyesterharztränkung *f*, Polyesterharzimprägnierung *f*
~ **lacquer** Polyester[harz]lack *m*
polyethylene glycol Polyethylenglykol *n*, PEG *(Holzfestigungsmittel)*
~ **glycol treatment** Polyethylenglycol-Behandlung *f*, PEG-Behandlung *f*
polyflavonoid Polyflavonoid *n*
polymer Polymer[e] *n*
polymerization Polymerisation *f*
Polynesian chestnut Tahitikastanie *f*, Inocarpus fagifer (edulis)
polyphagous polyphag, multivor *(Holzschädling)*
polyphenol Polyphenol *n*
polysaccharide Polysaccharid *n*
polysulphide pulping Polysulfid[holz]aufschluß *m*
~ **sealant** Polysulfid-Dichtstoff *m*
polyterpene Polyterpen *n* *(Holzinhaltsstoff)*
polyurethane adhesive Polyurethanklebstoff *m*, PUR-Klebstoff *m*
~ **foam** Polyurethanschaum *m* *(z. B. als Polsterfüllstoff)*
~ **lacquer (paint)** Polyurethanlack *m*, PUR-Lack

m, Isocyanatlack *m*
polyvinyl-acetate adhesive (glue), ~-acetate-resin emulsion Polyvinylacetatleim *m*, Weißleim *m*, KPVAC, PVAC, PVAc
pommelle Pommelé-Textur *f*, Blumentextur *f*, blumige Textur *f*
pond pine Pinus serotina *(Holzart)*
~ **storage** Wasserlagerung *f*, Klotzteichlagerung *f* *(von Holz)*
ponderosa [pine] Gelbkiefer *f*, Goldkiefer *f*, Schwerholzkiefer *f*, Pinus ponderosa
ponderous borer Ergates spiculatus *(holzschädigender Bockkäfer)*
ponding Einteichen *n* *(Rundholzlagerung)*
pondosa pine *s.* ponderosa [pine]
pony band-saw Trennbandsäge *f*
~ **mill** Dünnholzsägewerk *n*
poon[spar] Calophyllum elatum (tomentosum) *(Holzart)*
poor pine *s.* spruce pine
~ **man's candle** Carpolobia lutea *(Holzart)*
pop ash Wasseresche *f*, Fraxinus caroliniana
popinac Schwammbaum *m*, Antillenakazie *f*, Acacia farnesiana
poplar 1. Pappel *f* *(Gattung Populus)*; 2. Pappelholz *n*, PA; 3. Tulpenbaum *m*, Whitewood *n*, WIW, Liriodendron tulipifera
~-and-willow borer [Bunter] Erlenrüßler (Erlenrüsselkäfer) *m*, Cryptorhynchus lapathi
~ **birch** Graubirke *f*, Betula populifolia
~ **hybrid** 1. Populus-Canadensis-Hybride *f*, Populus euamericana *(Holzart)*; 2. Populus marilandica *(Holzart)*; 3. Populus monilifera *(Holzart)*
~-leaved gum Eucalyptus polyanthemos *(Holzart)*
poppet Spindelstock *m* *(der Drechselbank)*
popping Fällrißbildung *f* *(bei der Baumfällung)*
popple *s.* poplar 1.
populin Populin *n* *(Glycosid)*
porch Vorhalle *f*, Windfang *m*; Vorbau *m*; *(Am)* Veranda *f*
pore Pore *f*, Gefäß *n*, Trachee *f* *(Holzanatomie)*
~ **anisotropy** Porenanisotropie *f*
~ **arrangement** Porenanordnung *f*, Gefäßanordnung *f*
~ **blister** Porenblase *f*
~-chain Porenkette *f*
~ **cluster** Porengruppe *f*, Porennest *n*
~ **ring** Porenring *m*
~ **space** Porenraum *m*, Porenvolumen *n*
pored wood poriges (gefäßreiches) Holz *n*; Laubholz *n*
porosimetry Porosimetrie *f*
porosity Porigkeit *f* *(z. B. von Holz)*
Porsild spruce Picea glauca var. porsildii *(Holzart)*
Port-Jackson wattle Acacia cyanophylla (saligna) *(Holzart)*
~-Maquarie pine Callitris macleayana *(Holzart)*
~-Orford cedar Lawsons (Blaue) Scheinzypresse *f*, Oregonzeder *f*, POC, Chamaecyparis lawsoniana
portable band-saw Handbandsäge[maschine] *f*
~ **belt-sanding machine**

portable
    Handbandschleifmaschine *f*, Handbandschleifer *m*
~ **bow chain-saw** Handbügelkettensäge *f*
~ **chain mortiser (mortising machine)** Handkettenfräse *f*, Handkettenstemmaschine *f*
~ **chain-saw** Handkettensägemaschine *f*
~ **circular saw** Handkreissäge[maschine] *f*
~ **debarking machine** Handentrindungsmaschine *f*
~ **electric belt sander** Handbandschleifmaschine *f*
~ **electric circular saw** Handkreissäge[maschine] *f*
~ **electric drill** elektrische Handbohrmaschine *f*
~ **electric finishing sander** Schwingschleifmaschine *f*, Schwingschleifer *m*, Vibrationsschleifer *m*
~ **electric planer** Handfräsmaschine *f*, Handhobelmaschine *f*
~ **electric router** Oberfräser *m*, Oberfräse *f*
~ **glue spreader** Handleimauftraggerät *n*
~ **log frame [saw]** fahrbares Vollgatter *n*
~ **nailer** Handnagelmaschine *f*
~ **router** Handoberfräsmaschine *f*
~ **sander** Handschleifmaschine *f*
~ **sawmill** fliegendes (transportables, mobiles) Sägewerk *n*
~ **stapler** Handheftmaschine *f*
~ **boring machine** Portalbohrmaschine *f*
Portia-tree Thespesia populnea *(Holzart)*
Portugal laurel Portugiesische Lorbeerkirsche *f*, Portugiesischer Kirschlorbeer *m*, Prunus lusitanica
Portuguese cypress Mexikanische Zypresse *f*, Cupressus lusitanica
porus Porus *m*, Tüpfelöffnung *f*, Tüpfelmündung *f (Holzanatomie)*
post Pfosten *m*, Säule *f*, Stiel *m*, Ständer *m*, Stütze *f*
~ **anchor** Pfostenanker *m*, Säulenanker *m*
~-**and-beam construction** 1. Ständerbauweise *f*; 2. Ständerbau *m*
~-**and-lintel construction** Ständer-Sturz-Bauweise *f*
~ **base** Pfostenträger *m*
~ **bed** Pfostenbett *n*
~-**cure/to** aushärten, nachhärten; aushärten lassen
~ **cure** Aushärtung *f*
~ **locust** [Gewöhnliche] Robinie *f*, ROB, Heuschreckenbaum *m*, Scheinakazie *f*, Falsche Akazie *f*, Robinia pseudoacacia
~ **oak** Eiseneiche *f*, Pfahleiche *f*, Quercus stellata
~ **plate** Schwellriegel *m*, Schwelle *f (Fachwerk)*
~-**pressing operations** Nachvergütung *f (von Spanplatten)*
~ **refining** Nachmahlen *n*, Nachmahlung *f (von Holzschliff)*
poster paper Plakat[druck]papier *n*, Posterpapier *n*
postern Hintertür *f*
postform/to nach[ver]formen, umformen *(Holzwerkstoffe)*
postforming Nach[ver]formen *n*, Umformen *n*,

146

    Postforming *n*
~ **machine** Postforming-Maschine *f*
posting Einhängen *n (einer Gattersäge)*
~ **plumb** Sägelot *n*, Überhangmeßgerät *n (für Gattersägeblätter)*
~ **square** Kreuzwinkel *m (für Gattersägen)*
pot-life Topfzeit *f*, Gebrauchsdauer *f (von Klebstoffen oder Lacken)*
potash Pottasche *f*, Kaliumcarbonat *n*
potassium arsenate Kaliumarsenat *n (Holzschutzmittel)*
~ **arsenite** Kaliumarsenit *n (Holzschutzmittel)*
~ **dichromate** Kaliumdichromat *n (Holzschutzmittel)*
~ **fluoride** Kaliumfluorid *n (Holzschutzmittel)*
~ **hydrogenfluoride** Kaliumhydrogenfluorid *n (Holzschutzmittel)*
~ **oxalate** Kaliumoxalat *n (Bleichmittel)*
~ **silicate** Kaliumsilicat *n (Holzschutzmittel)*
potcher Bleichholländer *m (Zellstofferzeugung)*
pouch table Beuteltisch *m (Nähtischvariante)*; Nähtisch *m*, Handarbeitstischchen *n*
pouffe Pouf *m*, gepolstertes Tabouret *n*
pouring head Gießkopf *m (Lackgießmaschine)*
powder-post beetle (borer) 1. Splintholzkäfer *m (Familie Lyctidae)*; 2. Bohrkäfer *m*, Holzbohrkäfer *m (Familie Bostrychidae)*; 3. Brauner Splintholzkäfer *m*, Lyctus[käfer] *m*, Lyctus brunneus
~ **stain** Beizchemikalie *f*
powdered glue Leimpulver *n*
power-driven sawmill Motorsägewerk *n*
~ **hand saw** Handkreissäge *f*
~-**line pole** Leitungsmast *m*, Stromleitungsmast *m*
~-**loss [moisture] meter** Verlustwinkel[holz]feuchtemeßgerät *n*, Hochfrequenz[feuchtemeß]gerät *n* mit Verlustfaktormessung
~ **nail gun**, ~ **nailer** Nagelmaschine *f*, Drahtnagelmaschine *f*
~ **nailing** Maschinennagelung *f*, maschinelle Nagelung *f*
~ **plane** Handhobelmaschine *f*; Hobelmaschine *f*; Putzhobelmaschine *f*
~ **saw** Motorsäge *f*, Maschinensäge *f*
~ **saw operator** Motorsägenführer *m*
~ **screwdriver** Elektroschraubendreher *m*
~ **tool** 1. Motorwerkzeug *n*, motorgetriebenes Werkzeug *n*; 2. elektrische Handbohrmaschine (Bohrmaschine) *f*
powered cable logging motor[kraft]getriebene Seilbringung *f*
PP *s*. ponderosa [pine]
praam *s*. pram
pram Prahm *m (Wasserfahrzeug)*
Pratt truss Dreieck-Fachwerkbinder *m* mit Zugstreben
prayer-stool Betschemel *m*, Betstuhl *m*
pre-bleach/to vorbleichen
pre-bleaching Vorbleiche *f*
~-**bleaching agent** Vorbleichmittel *n*
~-**bore/to** vorbohren
~-**catalysed lacquer** Einkomponentenlack *m*
~-**cure/to** vorhärten

~-**cut/to** vorschneiden
~-**drill/to** vorbohren
~-**extraction** Vorextraktion *f (Holzanalyse)*
~-**season/to** [natürlich] vortrocknen
~-**stain/to** vorbeizen
~-**stress/to** vorspannen *(Kreissägeblätter)*
precious furniture Luxusmöbel *npl*
~ **veneer** Edel[holz]furnier *n*
~ **wood** Edelholz *n*
precision circular saw Präzisionskreissäge *f*
~-**cut circular sawing machine**
  Feinschnittkreissäge[maschine] *f*
~ **dowel hole boring machine**
  Präzisionsdübellochbohrmaschine *f*
~ **mitre box** Präzisionsschneidlade *f*
predecorated embossed [hard]board Prägeplatte *f*
predeflaker Vorentstipper *m*
predry/to vortrocknen
predryer Vortrockner *m*; Vortrocknungskammer *f*
preengineered timber connector vorgefertigter Holzverbinder *m*
prefab[-house] construction Fertighausbau *m*
prefabricated component vorgefertigtes Bauelement *n*, Fertig[bau]teil *n*
~ **log home** Fertigteil-Wohnblockhaus *n*
~ **parquet** Fertigparkett *n*, vorgefertigtes Parkett *n*; Fertigparkettelemente *npl*
~ **parquet tile** Fertigparketttafel *f*
prefinished plywood vorbehandeltes Sperrholz *n*
pregwood Preßholz *n*, Kunstharzpreßholz *n*
preheater Vorwärmer *m (Faserplattenherstellung)*
prehydrolysate Vorhydrolysat *n (Zellstofferzeugung)*
prehydrolysis Vorhydrolyse *f (Zellstofferzeugung)*
~ **sulphate process** Vorhydrolyse-Sulfatverfahren *n*
~ **sulphate pulp** Vorhydrolyse-Sulfatzellstoff *m*
preliminary cut Vorschnitt *m*
~ **seasoning** Vortrocknung *f*; vorläufige Holztrocknung *f*
preplaning line Vorhobelstraße *f*
preservation of timber Holzkonservierung *f*; Holzschutz *m*
preservative [agent] Konservierungsmittel *n*, Konservierungsstoff *m*; Schutzmittel *n*
~ **application** Schutzmittelanwendung *f*, Schutzmittelaufbringung *f*
~ **emulsion** Schutzmittelemulsion *f*, Holzschutz-Emulsionskonzentrat *n*
~ **of timber** Holzschutzmittel *n*, Holzkonservierungsmittel *n*
~ **oil** Schutzöl *n*, öliges Holzschutzmittel *n*
~ **paste** Holzschutzpaste *f*, pastenförmiges Holzschutzmittel *n*
~ **penetration** Eindringtiefe *f* von Holzschutzmitteln
~ **retention** Schutzmittelaufnahme *f*, Einbringmenge *f* für Holzschutzmittel
~ **solution** Schutzmittellösung *f*
~ **testing** Schutzmittelprüfung *f*
~-**treated** schutz[mittel]behandelt

~ **treatment** Schutzmittelbehandlung *f*
preservatively treated schutz[mittel]behandelt
preserve/to konservieren; mit Schutzmittel[n] behandeln
preskidding Ausrücken *n*, Vorliefern *n (Holztransport)*
press cycle [time] Preßzyklus *m*
~ **dryer** Bügeltrockner *m*, Bügelbandtrockner *m (Furniertrockner)*
~ **for laminated wood** Schichtholzpresse *f*
~ **pressure** Preßdruck *m (Spanplattenherstellung)*
~ **section** Pressenpartie *f (der Langsiebmaschine)*
~ **temperature** Preßtemperatur *f*
~ **time** Preß[druck]zeit *f*, Spannzeit *f*
pressafiner Pressafiner *m (Schneckenpresse zur Holzzerfaserung)*
pressboard Preßkarton *m*
pressing cycle Preßzyklus *m*
~ **schedule** Preßdiagramm *m*, Preßschema *n*, Preßprogramm *n (Spanplattenherstellung)*
~ **sequence** Preßvorgang *m*; Preßzyklus *m*
~ **time** Preß[druck]zeit *f*, Spannzeit *f*
~ **tool** Preßwerkzeug *n*
presspahn Preßspan *m*, Elektropreßspan *m*
presspaper Preßpapier *n*
pressure bar (beam) Druckleiste *f*, Druckbalken *m*
~ **frame** Druckrahmen *m (z. B. einer Membranpresse)*
~ **gluing** Druckverleimung *f*, Verleimen (Leimen) *n* unter Druck
~ **grinder** Druckschleifer *m*
~ **grinding** Druckschleifen *n (Holzschlifferzeugung)*
~ **grinding process** Druckschleifprozeß *m*, Druckschleifverfahren *n*
~ **groundwood** Druckschliff *m*, PGW
~-**impregnated** [kessel]druckgetränkt
~ **impregnation** Kesseldrucktränkung *f*, Drucktränkung *f*, Druckimprägnierung *f (Holzschutz)*
~ **pad** Kissendruckbalken *m (einer Bandschleifmaschine)*
~ **plant** Druckimprägnierungsanlage *f*, Drucktränkanlage *f*
~-**preservative treated** druckgetränkt, druckimprägniert *(Holz)*
~ **preservative treatment** Druck[tränkungs]verfahren *n*
~-**preserve/to** drucktränken, druckimprägnieren
~ **process** Druck[tränkungs]verfahren *n*
~-**treat/to** drucktränken, druckimprägnieren
~ **wood** Druckholz *n*, Rotholz *n*, Rothärte *f*, Buchs[ig] *m (aktives Richtgewebe von Nadelhölzern)*
pressurized groundwood Druckschliff *m*, PGW
presteam/to vordämpfen *(Hackschnitzel)*
presteaming vessel Vordämpfkessel *m*
preventive wood preservation vorbeugender Holzschutz *m*
prick post Hilfspfosten *m*
pricking Lochpause *f (z. B. für Einlegearbeiten)*
prickly-ash 1. Gelbholz *n (Gattung Zanthoxylum)*; 2. Zahnwehholz *n*, Zynthoxylum fraxineum (americanum)

prickly

~ **brazilwood** Brasilholz *n*, Pernambuk[holz] *n*, Fernambuk[holz] *n*, *(bes.)* Caesalpinia echinata
~ **broom** Jerusalemdorn *m*, Stachliger Ginster[baum] *m*, Parkinsonia aculeata
~ **burr** Amerikanische Edelkastanie (Kastanie) *f*, Castanea dentata (americana)
~ **cedar (juniper)** Baumwacholder *m*, Zederwacholder *m*, Juniperus oxycedrus [ssp. oxycedrus]
pricktimber, prickwood 1. Spindelstrauch *m* *(Gattung Euonymus)*; 2. Pfaffenhütchen *n*, Pfaffenkäppchen *n*, Mitscheleholz *n*, Euonymus europaeus
pride-of-India *s.* Persian lilac
prie-dieu [chair] Betstuhl *m*
primary breakdown Vorschnitt *m*, Vorschneiden *n* *(von Stammholz)*
~ **cell wall** Primärwand[schicht] *f* *(Holzanatomie)*
~ **conversion** Aufarbeitung *f*, Rohholzaufarbeitung *f*
~ **insect** [holzschädigendes] Primärinsekt *n*, primäres Insekt *n*
~ **phloem** Primärphloem *n*, primäres Phloem *n* *(Holzanatomie)*
~ **pit field** primäres Tüpfelfeld *n* *(Holzanatomie)*
~ **ray** primärer Markstrahl *m* *(Holzanatomie)*
~ **rot** Primärfäule *f*
~ **thickening** primäres Dickenwachstum *n*, Erstarkungswachstum *n* *(von Holz)*
~ **timber** Wertholz *n*
~ **wall** Primärwand[schicht] *f* *(Holzanatomie)*
~ **wood** *s.* ~ xylem
~ **woodworking industry** primäre Holzindustrie *f*, holzbearbeitende Industrie *f*
~ **xylem** Primärxylem *n*, primäres Xylem (Holz) *n*
primavera Primavera *n*, Cybistax (Roseodendron, Tabebuia) donnell-smithii *(Holzart)*
prime/to grundieren *(Holzoberflächen)*
prime quality erste Qualität *f (Holzbewertung)*
primer 1. Grundiermittel *n*, Vorstreichfarbe *f*, Grundanstrichstoff *m*; 2. Haftvermittler *m* *(Klebstoffverarbeitung)*; 3. *s.* ~ coat
~ **coat** Voranstrich *m*, Grund[ier]anstrich *m*
~ **coating** Grundieren *n* *(Oberflächenbehandlung)*
primeval tree [alter] Urwaldbaum *m*, Wetterbaum *m*
priming coat Voranstrich *m*, Grund[ier]anstrich *m*
~ **lacquer** Grundlack *m*
~ **paint** Vorstreichfarbe *f*, Grund[anstrich]farbe *f*
Prince Albert fir Westamerikanische Hemlocktanne *f*, HEM, Mertens-Hemlocktanne *f*, Riesenschierlingstanne *f*, Tsuga heterophylla
~ **Albert yew** Patagonische Eibe *f*, Saxegothaea conspicua
Prince's wood Königsholz *n*, Dalbergia cearensis
princess post Hängesäulen[stütz]pfosten *m*
princewood 1. Albarillo[holz] *n*, Exostema caribaeum; 2. Cordia gerascanthoides *(Holzart)*; 3. Hamelia ventricosa *(Holzart)*
principal *s.* ~ rafter
~ **felling** Endnutzungshieb *m (Holzernte)*
~ **post** Pfosten *m*, Stiel *m*, Ständer *m (Fachwerk)*
~ **rafter** Bundsparren *m*, Bindersparren *m*
~ **tree species** Hauptbaumart *f*, Hauptholzart *f*
printer's block Druckstock *m*, Druckplatte *f*, Holzstock *m*
printing-paper Druckpapier *n*
prismatic cut Prismenschnitt *m*, Doppelschnitt *m*, Kantschnitt *m*, Modelschnitt *m*
~ **guide** Prismenführung *f*
privet Gemeine Rainweide *f*, Liguster *m*, Grießholz *n*, Ligustrum vulgare
procambial strand Prokambiumstrang *m (Holzanatomie)*
procambium Prokambium *n (Holzanatomie)*
processed pulp Edelzellstoff *m*
processing Aufarbeitung *f*, Holzaufarbeitung *f*
~ **site** Aufarbeitungsplatz *m*; Ausformungsplatz *m*
processor Prozessor *m*, Holzaufarbeitungskombine *f (Fällungsmaschine)*
~-**chipper** Entastungshacker *m*
~ **for thinnings** Durchforstungsprozessor *m*
procumbent ray cell niederliegende Markstrahlzelle *f (Holzanatomie)*
producer gas Generatorgas *n*
profile/to profilieren
profile Profil *n*
~ **board** Profilbrett *n*
~ **chipper** Profilspaner *m*
~ **chipper (chipping) line** Profilspanerlinie *f*, Profilspanerstraße *f*
~ **cutter** Profilfräser *m*, Profilfräswerkzeug *n*
~-**forming machine** *s.* profiling machine
~ **jacketing** Profilummantelung *f*
~ **jacketing machine** Profilummantelungsmaschine *f*
~ **jacketing plant** Profilummantelungsanlage *f*
~ **knife** Profilmesser *n*, Spannbackenfräsmesser *n*
~ **moulder** Profilfräsmaschine *f*
~ **sander** Profilschleifer *m*, Profilschleifmaschine *f*
~ **sanding** Profilschleifen *n*, Profilschliff *m*
~ **sanding belt** Profilschleifgurt *m*
~ **sanding disk** Profilschleifscheibe *f*
~ **sanding machine** Profilschleifmaschine *f*, Profilschleifer *m*
~ **wrapping machine** Profilummantelungsmaschine *f*
profiled edge Profilkante *f*
~ **lath** profilierte Leiste *f*, Profilleiste *f*
~ **press plate** Matrizenblech *n (Prägeplattenherstellung)*
~-**strip spraying unit** Profilleistenspritzvorrichtung *f*
profiling line Profilieranlage *f*, Profilspanerstraße *f*
~ **machine** Fassonfräsmaschine *f*, Kopierfräsmaschine *f*

148

~ **tool** Profilierwerkzeug *n*
program-controlled tacker programmgesteuerter Nagler *m*
progressive kiln Durchlauftrockner *m*, Kanaltrockner *m*, Tunneltrockner *m*, stetiger Trockner *m*
~ **presser** Durchlaufpresse *f*, Endlospresse *f*
projecting beam Kragbalken *m*
prong chuck Dreizack *m*, Zwirl *m (einer Drechselbankspindel)*
~**-shaped test piece** Gabelprobe *f (Holztrocknung)*
~ **presser** Stütze *f*, Pfosten *m*; Stempel *m*, Grubenstempel *m*
~ **crushing strength** Stempeldruckfestigkeit *f*
~ **wood** Grubenrundholz *n*, Stempelholz *n*
proportional limit Proportionalitätsgrenze *f (Biegeversuch)*
props Stempelholz *n*, Grubenrundholz *n*
protection wood Schutzholz *n*
protective lacquer Schutzlack *m*
~ **paint layer** Schutzanstrich *m*
~ **threshold** Schutzschwelle *f*, Toxizitätsschwelle *f (z. B. eines Holzschutzmittels gegenüber Schädlingen)*
protein[-type] adhesive Eiweißleim *m*, Klebstoff *m* auf Eiweißbasis
protolignin Protolignin *n*
protoplasm Protoplasma *n*
protoxylem Protoxylem *n (Holzanatomie)*
provenance Provenienz *f*, Herkunft *f (z. B. von Nutzholz)*; Herkunftsgebiet *n*, Wuchsgebiet *n (z. B. von Rohholz)*
~ **denomination** Herkunftsbezeichnung *f*
~ **trial** Herkunftsversuch *m*, Provenienzversuch *m*
~ **variability** Herkunftsvariabilität *f*
provenience *(Am)* s. provenance
provision basket Proviantkorb *m*
prune/to [auf]ästen, [auf]asten
prunetin Prunetin *n (Flavonoid)*
pruning Ästung *f*, Astung *f*
~ **for quality** Wertastung *f*
~ **scar** Ästungsnarbe *f*
~ **time** Ästungszeit *f*
~ **tool** Ästungswerkzeug *n*
~ **wound** Ästungswunde *f*, Astungswunde *f*
pry bar Kistenbeitel *m*
pseudocellulose *s.* hemicellulose
pseudosindorin Pseudosindorin *n (Flavonoid)*
psilotum Psilotum nudum *(Holzart)*
psychrometer Psychrometer *n*, Verdunstungs[luft]feuchtemesser *m*, Verdunstungsmesser *m*
pterocarpin Pterocarpin *n (Flavonoid)*
pterygota Koto *n*, KTO, *(bes.)* Pterygota bequaertii *(Holzart)*
P.T.G. *s.* planed tongued and grooved
P.T.G. flooring Hobeldielen *fpl*, Dielen *fpl*, Fußbodenbretter *npl*
PU *s.* polyurethane lacquer
pubescent birch Moorbirke *f*, Haarbirke *f*, Besenbirke *f*, Betula pubescens
public furniture Möbel *npl* im öffentlichen Bereich, gesellschaftliche Möbel *npl*

pulai Pulai *n*, *(bes.)* Alstonia scholaris *(Holzart)*
pull Schubkastengriff *m*, Schubladenbeschlag *m*
~**-out leaf** Auszieh[tisch]platte *f*
~**-out resistance** Ausziehwiderstand *m (z. B. von Nägeln)*
~**-out slide** herausziehbare Abstellplatte (Ablage) *f*
~**-out video shelf** Video-Auszug *m*, Video-Ausziehboden *m*
puller Röteeisen *n*, Harzscharrer *m (für Hochlachten)*
pulley Riemenscheibe *f*
pulling face Hochlachte *f (Harzgewinnung)*
~**-over** Abpolieren *n*, Abwienern *n (einer polierten Oberfläche)*
pulp/to [chemisch] aufschließen; zu Holzstoff (Holzschliff) verarbeiten, Faserstoff gewinnen
pulp 1. Faserstoff[brei] *m*, Halbstoff *m*, Stoff *m*, Pulpe *f (Papierherstellung)*; 2. Holzfaserstoff *m*, Holzschliff *m*, Holz[zell]stoff *m*; 3. Zellstoff *m*
~ **analysis** Zellstoffanalyse *f*
~ **and paper industry** Zellstoff-Papierindustrie *f*
~ **bleach[ing]** Zellstoffbleiche *f*
~ **board** Zellstoffplatte *f*, Zellstoffpappe *f*
~ **chest** Zellstoffbütte *f*, Stoffbütte *f*, Bütte *f*
~ **cleaning** Zellstoffreinigung *f*
~ **constituent** Zellstoffbestandteil *m*
~ **cooking** Zellstoffkochung *f*
~ **digester** Zellstoffkocher *m*
~ **dryer** Zellstofftrockner *m*
~ **drying** Zellstofftrocknung *f*
~ **fibre** Holzstoffaser *f*; Stoffaser *f (Papierherstellung)*
~ **grinder, ~-grinding machine** Holzschleifmaschine *f*, Holzschleifer *m*
~ **industry** Zellstoffindustrie *f*
~ **lignin** Zellstofflignin *n*
~ **liquor** Zellstoffablauge *f*
~**-maker** Zellstoffhersteller *m*
~ **manufacture** Zellstofferzeugung *f*, Zellstoffgewinnung *f*, Zellstoffherstellung *f*
~ **mill** Zellstoffwerk *n*, Zellstoffabrik *f*
~ **mill bleachery effluent** Zellstoffbleichereiabwasser *n*
~ **mill effluent** Zellstoff[abrik]abwasser *n*
~ **mill waste** Abprodukt *n* der Zellstofferzeugung
~ **plant** Aufschlußanlage *f*
~ **production** Holzstofferzeugung *f*
~ **purification** Zellstoffreinigung *f*
~ **quality** Zellstoffqualität *f*
~ **rejects** Spuckstoff *m*, Grobstoff *m*, Rejektstoff *m (Faserstoff-Feinsortierung)*
~ **sample** Zellstoffprobe *f*
~ **screen** Halbstoffsortierer *m*
~ **sheet** Zellstoffbogen *m*
~ **stock** Faserstoff *m*, Stoff *m*
~ **strength** Zellstoffestigkeit *f*
~ **suspension** Zellstoffsuspension *f*
~ **technological** zellstofftechnologisch
~ **technologist** Zellstofftechnologe *m*
~ **technology** Zellstofftechnologie *f*
~**-type chips** Feinstspäne *mpl*; Faserspäne *mpl*
~ **valve** [hydraulischer] Stoffschieber *m*

pulp

~ **washer** Zellstoffwäscher *m*
~ **washing** Zellstoffwäsche *f*
~ **yield** Zellstoffausbeute *f*
pulper Stofflöser *m*, Pulper *m* (*Papierherstellung*)
pulping Aufschließen *n*, [chemischer] Aufschluß *m*
~ **chemical** Aufschlußchemikalie *f*, Aufschlußmittel *n*
~ **chemistry** Aufschlußchemie *f*
~ **condition** Aufschlußbedingung *f*
~ **equipment** Aufschlußanlage *f*
~ **kinetics** Aufschlußkinetik *f*
~ **liquor** Aufschlußlösung *f*, Kochlösung *f*
~ **method** Aufschlußverfahren *n*
~ **mill** Zellstoffwerk *n*, Zellstoffabrik *f*
~ **of wood** Holzaufschluß *m*; Holzstofferzeugung *f*, Holzschlifferzeugung *f*
~ **procedure (process)** Aufschlußverfahren *n*; Holzstofferzeugungsprozeß *m*
~ **reagent** Aufschließungsreagens *n*
~ **time** Aufschlußdauer *f*
~ **trial** Aufschlußversuch *m*, Versuchsaufschluß *m*
pulpwood Faserholz *n*, Schleifholz *n*, Papierholz *n*, Zellstoffholz *n*
~ **bolt** Faserholzrolle *f*, Schleifholzrundling *m*, Schleifholzknüppel *m*
~ **chips** Faserholzspäne *mpl*
~ **cross-cutting band sawing machine** Schleifereisäge[maschine] *f*
~ **storage** Faserholzlagerung *f*
pulvinate[d] konvex gewölbt, bauchig (*Zierleistenprofil, Fries*)
pumice powder Bimsmehl *n*, Bimssteinpulver *n*
~-**stone** Bimsstein *m*
pump screwdriver Drillschraubendreher *m*
pumpkin ash Fraxinus profunda (*Holzart*)
punah Punah *n*, Tetramerista glabra (*Holzart*)
puncheon [kurzer] Pfosten *m*, Steife *f*
punk 1. faules (verfaultes, morsches) Holz *n*; 2. Zunder[schwamm] *m* (*trockene Fruchtkörper bes. von Fomes spp.*)
~ **knot** Faulast *m* (*Holzfehler*)
punky faul, verfault, morsch; zundrig, schwammig
~-**heart** Sprödkernigkeit *f*, Sprödfaserigkeit *f*, mürbes (schwammiges) Herz *n*, weicher Kern *m* (*Holzfehler*)
pupa Puppe *f*, Chrysalis *f* (*Entwicklungsstadium von Insekten*)
pupal chamber Puppenwiege *f*
pupation Verpuppung *f* (*von Insektenlarven*)
purchase according to sample Kauf *m* nach Probe (*Holzhandel*)
pure culture Reinkultur *f* (*von Pilzen*)
purfling Flödel *m* (*eingelegter Zierstreifen an Streichinstrumenten*)
purging buckthorn [Gemeiner] Kreuzdorn *m*, Purgierkreuzdorn *m*, Gemeiner Weg[e]dorn *m*, Rhamnus catharticus
~ **cassia** Röhrenkassie *f*, Cassia fistula
purified wood-pulp Edelzellstoff *m*
purlin Pfette *f*
~ **arrangement** Pfettenanordnung *f*

150

~ **brace** Windrispe *f*, Windlatte *f*, Windstrebe *f*, Windbrett *n*, Sturmlatte *f*
~ **butt joint** Pfettenstoßverbindung *f*
~ **construction** Pfettenkonstruktion *f*
~ **hanger** Pfettenschuh *m*
~ **joint** Pfettenstoß *m*
~ **roof** Pfettendach *n*
~ **spacing** Pfettenabstand *m*
purline *s.* purlin
purple beech Blutbuche *f*, Fagus sylvatica cv.purpurea
~ **conk** Violetter Porling *m*, [Gemeiner] Violettporling *m*, Polystictus (Hirschioporus, Polyporus) abietinus
~ **willow** Purpurweide *f*, Salix purpurea
purpleheart, purplewood 1. Amarant *n*, AMA, Violettholz *n*, Bischofsholz *n*, Purpurholz *n*, Luftholz *n* (*von Peltogyne spp.*); 2. Furnierholz von Copaifera spp.
purpose furniture Zweckmöbel *npl*
Purves lignin Purves-Lignin *n*, Periodatlignin *n*
push block Schiebeholz *n*
~ **pole** Druckstange *f* (*Fällungswerkzeug*)
~-**pull handsaw** Stoßsäge *f*
~ **stick** Schiebestock *m*
pussy willow Kaspische (Spitzblättrige) Weide *f*, Salix acutifolia
putlock *s.* putlog
putlog Rüststange *f*, Gerüststange *f*; Querriegel *m*, Belagriegel *m* (*am Baugerüst*)
~ **hole** Rüst[stangen]loch *n*
putto Putto *m*, Putte *f* (*Ziermotiv*)
putty/to [ver]kitten
putty Kitt *m*, Fensterkitt *m*
~ **cleaner** Kittfräse *f*
~ **knife** Kittmesser *n*
PVA [adhesive] *s.* polyvinyl-acetate adhesive
PVC foil PVC-Folie *f*
PWF *s.* permanent wood foundation
pycnanthus Ilomba *n*, ILO, Pycnanthus angolensis (kombo) (*Holzart*)
pygmy cypress Cupressus goveniana var. pigmaea (*Holzart*)
pyinkado Burma-Eisenholz *n*, Xylia dolabriformis (xylocarpa)
pyinma Lagerstroemia lanceolata (*Holzart*)
pyramid-texture veneer Pyramidenfurnier *n*
Pyrenean oak Pyrenäen-Eiche *f*, Bergeiche *f*, Quercus pyrenaica
pyrocellulose Kollodiumwolle *f*, Cellulosedinitrat *n*, Kolloxylin *n*
pyrogallic acid, pyrogallol Pyrogallol *n*, 1,2,3-Trihydroxy-benzen *n* (*Vorbeize*)
pyrography Holzbrandmalerei *f*, Pyrographie *f*
pyroligneous acid Pyroligninsäure *f*, Holzessig *m*, Rohholzessig *f*
~ **spirit** Holzgeist *m*
~ **vinegar** *s.* ~ acid
pyrolysis Pyrolyse *f*
~ **resin** Pyrolyseharz *n*
pyrolyze/to pyrolysieren
pyroxylin Pyroxylin *n*, Schießbaumwolle *f*
pyrufuran Pyrufuran *n* (*Holzinhaltsstoff*)

Q

quadrant moulding Viertel[rund]stab *m*
quadratic mean diameter
  Kreisflächenmitteldurchmesser *m*
  (Holzmessung)
quadruple-acting wood-wool machine
  vierfachwirkende Holzwollemaschine *f*
quagginess Kernrissigkeit *f*, Markrissigkeit *f*
  (Holzfehler)
Quaker chair Quäker-Stuhl *m*
quaking asp[en] Amerikanische Zitterpappel *f*,
  Populus tremuloides
quality furniture Qualitätsmöbel *npl*
~ **softwood timber** Qualitätsnadelholz *n*
~ **timber** Qualitätsholz *n*, Wertholz *n*
quarter/to vierteln, kreuzweise auftrennen *(z. B. Rundholz)*
quarter-cut *s.* ~-**sawn**
~ **cut** Quart[i]erschnitt *m*, Viertelschnitt *m*
~-**girth** Viertelumfang *m (Holzmessung)*
~-**girth measure** Viertelumfangsmessung *f*,
  Hoppus-Kubikfußmessung *f (von Rundholz)*
~-**girth tape** Umfangsmeßband *n* zur
  Viertelumfangsmessung
~-**round moulding** Viertel[rund]stab *m*
~-**sawed** *s.* ~-**sawn**
~-**sawn** radial geschnitten, im Spiegelschnitt
  (Quartierschnitt, Viertelschnitt) hergestellt
~-**sawn oak** Spiegelware *f*, im Spiegelschnitt
  eingeschnittenes Eichenholz *n*
~-**sawn timber** Spiegelholz *n*
~-**sliced veneer** Spiegelschnittfurnier *n*,
  Quartierschnittfurnier *n*
~-**space landing** Viertelpodest *n (Treppenbau)*
~ **table** Ecktisch *m*
~ **timber** Kreuzholz *n*
~ **turn staircase** viertelgewendete Treppe *f*
quartetto tables Quartetto-Tische *mpl*
quaruba Quaruba *n*, QUA, *(bes.)* Vochysia
  hondurensis *(Holzart)*
quassia 1. Quassie *f (Gattung Quassia)*; 2.
  Quassia[holz]baum *m*, Quassie *f*, Quassia
  amara; 3. Quassiaholz *n*
quatrefoil Vierpaß *m (Zierelement)*
Quebec birch Gelbbirke *f*, Amerikanische Birke
  f, Betula alleghaniensis (lutea)
~ **oak** [Amerikanische] Weißeiche *f*, Quercus
  alba
~ **pine** *s.* white pine 2.
quebracho Quebracho colorado *n*, QEC,
  Quebracho[holz] *n*, Schinopsis lorentzii
~ **bark** Quebrachorinde *f*
~ **extract** Quebrachoextrakt *m (Gerbmittel)*
queen post Dachpfosten *m*, Stuhlpfosten *m*,
  Stuhlsäule *f*, Hochsäule *f*, Hängepfosten *m*
~-**post hanging truss** Trapezhängewerk *n*
~-**post truss** doppeltes Hänge[balken]werk *n*,
  doppelter Hängebock *m*
~ **truss** 1. Rahmenbinder *m (im stehenden
  Dachstuhl)*; 2. *s.* ~-**post truss**
Queensland hog plum Pleiogynium timoriense
  (Holzart)
~ **kauri** Queenslandkauri *m(f)*, Agathis brownii
  (robusta) *(Holzart)*
~ **maple** *(bes.)* Flindersia brayleyana *(Holzart)*
~ **messmate** Eucalyptus cloeziana *(Holzart)*
~ **nut** Macadamia ternifolia *(Holzart)*
~ **pine** Bunya-Bunya-Baum *m*, Pinkosknolle *f*,
  Araucaria bidwillii
~ **poplar** Homalanthus populifolius *(Holzart)*
~ **turpentine tree** Syncarpia laurifolia
  (glomulifera) *(Holzart)*
~ **walnut** Australisch Nußbaum *m*, Endiandra
  palmerstonii
quercetin Quercetin *n*, Quercitrin *n (Flavonoid)*
quercitron 1. Färbereiche *f*, Quercus velutina
  (tinctoria); 2. Färbereichenrinde *f*
~ **bark** Färbereichenrinde *f*
quick-action clamp Schnellspanner *m*
~-**dogging carriage** Schnellspannwagen *m*
  (Gattersäge)
~-**drying** schnelltrocknend *(z. B. Lack)*
quill bit Löffelbohrer *m*, Bürstenholzbohrer *m*
quillai 1. Quillaja saponaria *(Holzart)*; 2. *s.* ~
  bark
~ **(quillaia) bark** Quillajarinde *f*, Panamarinde *f*
  (von Quillaja saponaria; Waschmittel)
quilted figure Wellenwuchs *m*; Fladerzeichnung
  f, Flader[ung] *f*
quinic acid Chinasäure *f*, 1,3,4,5-Tetrahydroxy-
  cyclohexancarbonsäure *f (Ligninbiosynthese)*
quinine Chinin *n (Alkaloid)*
~ **fungus** Lärchen-Baumschwamm *m*, Fomitopsis
  (Lariciformis) officinalis
quinone Chinon *n (Holzinhaltsstoff)*
quinquino Perubalsambaum *m*, Myroxylon
  balsamum var. pereirae
quire Lage *f (Papiermaß)*
quirk Platte *f (Profilteil)*
quirked bead Rundstab *m* mit Platte
quoin Faltwerkkante *f*

R

R-value *s.* thermal resistance
rabbet/to 1. nuten, [aus]kehlen; fugen, [ein]fügen; 2. [ein]falzen, überfälzen
rabbet Nut *f*, Falz *m*, Ausfalzung *f*, Fuge *f*, Anschlag *m*; Türanschlag *m*
~ **cutter** Falzfräser *m*, Falzkopf *m*
~ **depth** Falztiefe *f*
~ **edge** Falzkante *f*
~ **height** Falzhöhe *f*
~ **joint** 1. Nutverbindung *f*; Fuge[nverbindung] *f*; 2. überfälzte Fuge *f*, Wechselfalz *m*, Falzverbindung *f*, Einfalzung *f*
~ **plane** Falzhobel *m*; Simshobel *m*
rabbeted butt joint gefälzte Eckverbindung *f*
~ **door** Falztür *f*
~ **side guide** Falzleiste *f* (*Schubkasten*)
~ **strip** Falzleiste *f*
rabbeting cutter Nutfräser *m*; Falzfräser *m*
~ **plane** Falzhobel *m*; Simshobel *m*
rabbit skin glue Hasen[haut]leim *m*
race Baumreißer *m*, Reißhaken *m* (*zur Baummarkierung*)
rack Gestell *n*; Regal *n*
~ **saw** Säge[maschine] *f* mit Zahnstangenvorschub
~-**type shelf support** Zahnleiste *f* für Einlegböden
rack wag[g]on Leiterwagen *m*
racket Tennisschläger *m*
racking resistance Verwindungsfestigkeit *f* (*z. B. von Plattenwerkstoffen*)
~ **test** Verwindungstest *m*
racquet *s.* racket
radial-arm saw, ~ **circular saw** Auslegerkreissäge[maschine] *f*, Ausleger-Querkreissägemaschine *f*
~ **cut** Radialschnitt *m*, Spiegelschnitt *m*, Spaltschnitt *m*
~ **growth (increment)** Dickenwachstum *n*, Durchmesserzuwachs *m* (*von Baumstämmen*)
~ **parenchyma** *s.* ray parenchyma
~ **saw[ing] machine** Auslegerkreissäge[maschine] *f*
~ **shake** Radialriß *m* (*Holzfehler*)
~ **shrinkage** radiale Schwindung *f*, Radialschwindung *f*, β_r (*von Holz*)
~ **step** *s.* radiating tread
~ **swelling** radiale Quellung *f*, Radialquellung *f*, α_r (*von Holz*)
radially cut (sawn) radial geschnitten, im Radialschnitt (Spiegelschnitt) hergestellt
radiata pine Radiatakiefer *f*, PII, Montereykiefer *f*, Pinus radiata
radiating tread verzogene (gewendelte, nichtparallele) Trittstufe *f*, Wendelstufe *f*
radiation curing Strahlungshärtung *f* (*Holzkonservierung*)
~ **polymerization** Strahlenpolymerisation *f* (*Holzkonservierung*)
radio cabinet Tonmöbel *n*, Phonomöbel *n*; Musikschrank *m*

~-**frequency** ... *s.* high-frequency ...
radiocarbon dating Radiocarbondatierung *f*, C_{14}-Methode *f* (*zur Bestimmung des Fällungsdatums eines Baumes*)
radiosterilization Radiosterilisation *f* (*Holzkonservierung*)
radius cutter Radiusfräser *m*
~ **of curvature** Krümmungsradius *m*
~ **rod** Ring[form]lehre *f*, Putzerzirkel *m*
raffinose Raffinose *f* (*Trisaccharid*)
raft/to 1. flößen; 2. zu einem Floß zusammenbinden
raft Floß *n*
~ **body** Floßkörper *m*
~ **bridge** Floßbrücke *f*
~ **channel** Flößkanal *m*
~-**construction point** Floßbindestätte *f*
rafted wood Floßholz *n*
rafter 1. Sparren *m*, Dachsparren *m*; 2. Flößer[eiarbeiter] *m*
~ **foot** Sparrenfuß *m*
~ **head** Sparrenkopf *m*
~ **roof** Sparrendach *n*, Gespärredach *n*
~ **shoe** Bundsparrensockel *m*
~ **spacing** Sparrenabstand *m*
~ **square** Zimmermannswinkel *m*, Anschlagwinkel *m*, Winkeleisen *n* [des Zimmermanns]
~-**supporting purlin** Pfettensparren *m*, Sparrenpfette *f*
~ **system** Sparrenlage *f*
~ **tail** Aufschiebling *m*; Sparrenüberstand *m*
rafting [of timber] Flößerei *f*
~ **reservoir** Wassergarten *m*, Wasserlagerplatz *m*, Wasserlager *n*, Wasserhof *m*
~ **right** Flöß[erei]recht *n*
raftsman Flößer[eiarbeiter] *m*
raftman's hook Flößerhaken *m*
raftwood Floßholz *n*
rag-containing hadernhaltig (*Papier*)
~ **content** Haderngehalt *m*
~ **paper** Hadernpapier *n*
~ **pulp** Hadernstoff *m*
rags Hadern *mpl*, Lumpen *mpl* (*Papierrohstoff*)
rail 1. Geländer *n*, Handlauf *m*; Brüstung *f*; 2. Riegel *m*, Querholz *n*, Querstück *n*; Querfries *m*; 3. *s.* railing 2.
~ **bolt** Kropfschraube *f* [mit Sternmutter], Gestellschraube *f*
~ **fence** Riegelzaun *m*
~ **sleeper** *s.* railway sleeper
railing 1. Geländer *n*, Handlauf *m*; 2. Kantenleiste *f* (*Holzsortiment*); Zaunholz *n*
~ **piece** Mauerlatte *f*, Mauerbank *f*
~ **post** Geländerpfosten *m*
railroad bridge tie (*Am*) Bahnbrückenschwelle *f*
~ [**cross**]**tie** (*Am*) Eisenbahnschwelle *f*, Bahnschwelle *f*, Gleisschwelle *f*, Schwelle *f*
railway furniture Eisenbahnmöbel *npl*, Zugmöbel *npl*
~ **sleeper** Eisenbahnschwelle *f*, Bahnschwelle *f*, Gleisschwelle *f*, Schwelle *f*
~ **sleeper working machine** Gleisschwellenbearbeitungsmaschine *f*
~ **station furniture** Bahnhofsmöbel *npl*

rain-forest tree Regenwaldbaum *m*
~-tree 1. Saman *n*, Enterolobium (Pithecelobium) saman *(Holzart)*; 2. *s.* kokko
raised countersunk screw *s.* ~-head screw
~ grain Widerspänigkeit *f*, Streifer *m*, widerspänige Holzfaser *f (Holzfehler)*
~-head screw Linsensenkkopf[holz]schraube *f*, Linsensenk[holz]schraube *f*
~ panel erhabenes Tafelelement *n*; abgeplattete Füllung *f (z. B. einer Tür)*
raising plate Fußpfette *f*, Dachrähm *m(n)*
rake angle Spanwinkel *m*, Stoßwinkel *m*, Brustwinkel *m (des Sägezahns)*
~ face Spanfläche *f*, Zahnbrust *f*
~ tooth Rechenzahn *m*, Rechenzinke *f*
rakehead [window] Dachschrägenfenster *n*
raker 1. Tiefenbegrenzer *m (der Kettensäge)*; 2. *s.* ~ tooth
~ clearance Tiefenbegrenzerabstand *m (der Kettensäge)*
~ tooth Räumer[zahn] *m (einer Säge)*
raking moulding Schrägzierkante *f*, [schräg] abfallende Zierleiste *f*
~ riser schräge Setzstufe *f*
~ shore Schrägstütze *f*, Strebe *f*, Büge *f*
ram pile Rammpfahl *m*
ramin Ramin *n*, RAM, Melawis *n*, *(bes.)* Gonystylus bancanus (macrophylla) *(Holzart)*
ramp 1. Geländerkrümmung *m*, Krümmling *m*, Handlaufkrümmling *m*; 2. *s.* ~ site
~ site Holzlagerplatz *m*
rand Säumling *m*, Spreißel *m(n)*
random widths unsortierte Größen (Breiten) *fpl (Schnittholzsortiment)*
range of furniture Möbelprogramm *n*
ranging down Egalisieren (Jointen) *n* von Schneidenflugkreisradien
raphide Raphide *f (in Holzzellen)*
rapid-cycle digester Rapid-Cycle-Kocher *m (Holzaufschluß)*
~ dogging carriage Schnellspannwagen *m*
~-drying schnelltrocknend *(z. B. Lack)*
Rapid-Köthen appliance Rapid-Köthen-Gerät *n (Zellstoffprüfung)*
~-Köthen method Rapid-Köthen-Verfahren *n (Zellstoffprüfung)*
rasamala Rasamala *n*, Altingia excelsa *(Holzart)*
rasp/to raspeln
~ off/to abraspeln
rasp Raspel *f*
raspberry jam Acacia acuminata *(Holzart)*
rat-tail file Rattenschwanz *m (Rundfeile)*
rata Ratabaum *m*, Metrosideros robusta
ratchet brace Bohrwinde *f* mit Ratsche, Brustleier *f* mit Knarre
~ screwdriver Ratschenschraubendreher *m*, Ratschenschraubenzieher *m*
rate of drying Trocknungsgeschwindigkeit *f*
~ of feed Zuführgeschwindigkeit *f*, Vorschubgeschwindigkeit *f*, Durchgangsgeschwindigkeit *f (z. B. von Holz durch eine Bearbeitungsmaschine)*
~ of flame spread Flammenausbreitungsgeschwindigkeit *f*
~ of head movement, ~ of loading Lastauftragsgeschwindigkeit *f*, Belastungsgeschwindigkeit *f (Holzprüfung)*
~ of setting Abbindegeschwindigkeit *f (eines Klebstoffes)*
~ of straining Dehnungsgeschwindigkeit *f (Holzprüfung)*
rated size Nenngröße *f (z. B. von Schnittholz)*
rattan Rattan *n*, Peddigrohr *n*, Spanisches Rohr *n*, Rotan[g]palme *f*, *(bes.)* Calamus rotang
~ furniture Rattanmöbel *npl*
~ splitting machine Peddigrohrspaltmaschine *f*
rauli beech Rauli *n*, RAU, Nothofagus procera (alpina) *(Holzart)*
raw density Rohdichte *f*
~ measure Rohmaß *n*, Zuschnittmaß *n*
~ panel Rohplatte *f*
~ panel cooling stacker Rohplattenkühlstapler *m*
~ paper Rohpapier *n*
~ paper-making material Papierrohstoff *m*, Papierfaserstoff *m*
~ parquet block (stave) Parkettrohfriese *f*
~ wood Rohholz *n*; Waldholz *n*
~ wood conveyor unit Rohholztransportanlage *f*
~ wood machining Rohholzbearbeitung *f*
~ wood yard Rohholzplatz *m*
ray Strahl *m*, Holzstrahl *m*; Markstrahl *m (Holzanatomie)*
~ arrangement Holzstrahlenanordnung *f*
~ cell Holzstrahlzelle *f*, Markstrahlzelle *f*
~ cell wall Holzstrahlzellwand *f*
~ height Holzstrahlhöhe *f*
~ initial [cell] Strahlinitiale *f*
~ parenchyma Strahl[en]parenchym *n*, Holzstrahlparenchym *n*, Radialparenchym *n*
~-parenchyma cell Holzstrahlparenchymzelle *f*
~ shake Radialriß *m (Holzfehler)*
~ tissue Holzstrahlgewebe *n*
~ tracheid Holzstrahltracheide *f*
~ type Holzstrahltyp *m*
~ vessel Holzstrahlgefäß *n*
~-vessel pit Holzstrahlgefäßtüpfel *m(n)*
~-vessel pitting Holzstrahlgefäßtüpfelung *f*
~ volume Holzstrahlvolumen *n*
~ width Holzstrahlbreite *f*
raylessness Strahllosigkeit *f*
rayon Reyon *m(n)*, Viskose[kunst]seide *f*
~ pulp Reyonzellstoff *m*, Textilzellstoff *m*
~ staple [fibre] Zellwolle *f*
Raywood ash Fraxinus [angustifolia ssp.] oxycarpa *(Holzart)*
razor-strap fungus Birkenporling *m*, Piptoporus betulinus
re-dry/to nachtrocknen *(z. B. schutzmittelgetränktes Holz)*
~-lay/to wiederverlegen, erneut verlegen *(z. B. Dielenbretter)*
~-sharpen/to nachschärfen
reaction wood Reaktionsholz *n*, Richtgewebe *n*
reading chair Lesestuhl *m*, Schreib- und Lesestuhl *m*
~ desk (stand) Lesepult *n*
~ table Lesetisch *m*
real wood Echtholz *n*, echtes Holz *n*
~ wood veneer Echtholzfurnier *n*
ream Ries *n (Papiermaß)*

reamer Aufreiber *m*, Spitzensenker *m*
rebark/to nachentrinden
rebate/to *s.* rabbet/to
recent resin rezentes Harz *n*
recessed panel vertiefte Fläche *f*, Spiegel *m*, Reserve *f*
rechip/to nachhacken
rechipper Nachhacker *m*, Wiederhacker *m*; Desintegrator *m*
reciprocating log cross-cut saw Ablängschwertsäge[maschine] *f*
~ **sander** Schwingschleifmaschine *f*, Schwingschleifer *m*
~ **saw** Kraftstichsäge *f*, schwere Stichsäge (Pendelstichsäge) *f*, hin- und hergehende Säge *f*
recirculated air Umluft *f* (*z. B. einer Holztrocknungsanlage*)
recliner, reclining chair Liegesessel *m*, [verstellbarer] Ruhesessel *m*, Entspannungssessel *m*, Kanadier *m*
reconstituted wood panel Holzwerkstoffplatte *f*
record cabinet Schallplattenschrank *m*, Plattenschrank *m*
~--**player cabinet** Plattenspielergehäuse *n*
~ **rack** Schallplattengestell *n*
recorder Blockflöte *f* (*Holzblasinstrument*)
recording paper Registrierpapier *n*
rectangular timber Kantholz *n*
recycling Recycling *n*, Rezyklierung *f*, Abfallaufbereitung *f* [zur Wiederverwertung], Rohstoffrückgewinnung *f*
red ... *s.a.* purple ...
red alder [Amerikanische] Roterle *f*, Oregonerle *f*, Alnus oregona (rubra)
~ **ash** Rotesche *f*, Fraxinus pennsylvanica [var. pennsylvanica]
~ **balau** Holzartengruppe bes. *aus Shorea guiso und S. kunstleri; Kurzzeichen BAR*
~--**bark [cinchona]** Chinarindenbaum *m*, Cinchona pubescens (succirubra)
~ **bay** Persea borbonia (*Holzart*)
~ **bean tree** Korallenholz *n*, Erythrina corallodendron
~ **beech** 1. Amerikanische Buche *f*, Fagus grandifolia; 2. Nothofagus fusca (*Holzart*)
~--**belt fungus** Rotrandiger Baumschwamm *m*, Geränderter Porling *m*, Fomes (Fomitopsis) pinicola, Fomes marginatus
~--**berried elder** Traubenholunder *m*, Hirschholunder *m*, Bergholunder *m*, Sambucus racemosa
~ **birch** 1. Gelbbirkenkernholz *n* (*von Betula alleghaniensis*); Zuckerbirkenkernholz *n* (*von Betula lenta*); 2. Schwarzbirke *f*, Betula nigra
~ **bloodwood** Blutholz *n*, Eucalyptus corymbosa
~ **box** Eucalyptus polyanthemos (*Holzart*)
~ **brown terminalia** Katappenbaum *m*, Indischer Mandelbaum *m*, Etagenbaum *m*, Terminalia catappa
~ **buckeye** Pavie *f*, Aesculus pavia (rubra) (*Holzart*)
~ **cabbage tree** Andira coriacea (*Holzart*)
~ **carpenter ant** Riesenameise *f*, Camponotus herculeanus

~ **cedar** 1. Rotzederwacholder *m*, Virginischer Wacholder *m*, Juniperus virginiana; 2. Riesenthuja *f*, Riesenlebensbaum *m*, Thuja plicata; 3. Surenbaum *m*, SUR, Toona ciliata; 4. Acrocarpus fraxinifolius (*Holzart*)
~ **ceiba** Bombacopsis quinata (*Holzart*)
~ **cotton tree** Bombax malabaricum (ceiba) (*Holzart*)
~ **cypress** Zweizeilige Sumpfzypresse (Sumpfeibe) *f*, Taxodium distichum
~ **deal** Kiefern[schnitt]holz *n*, Föhrenholz *n*
~ **dogwood** Roter Hartriegel *m*, Cornus sanguinea
~ **elm** 1. Rotulme *f*, Rotrüster *f*, Fuchsbaum *f*, Ulmus rubra (fulva); 2. Ulmus serotina
~ **fir** 1. Prachttanne *f*, Abies magnifica; 2. [Amerikanische] Douglasie *f*, DGA, Douglastanne *f*, Pseudotsuga menziesii (taxifolia, douglasii)
~ **gum** 1. *Kernholz von Liquidambar styraciflua*; 2. Eucalyptus ficifolia (*Holzart*)
~ **heart[wood]** Rotkern *m*, Alterskern *m* (*physiologische Farbkernbildung bei Buche*)
~ **horse-chestnut** Rotblühende (Rotblütige) Roßkastanie *f*, Aesculus × carnea
~ **iron-bark** Eucalyptus sideroxylon (crebra) (*Holzart*)
~ **ironwood** Azobe *n*, AZO, Westafrikanisches Eisenholz *n*, Lophira procera (lanceolata, alata)
~ **juniper** 1. Rotzederwacholder *m*, Virginisches Bleistiftholz *n*, Virginischer Wacholder *m*, Juniperus virginiana; 2. Juniperus lycayana
~ **khaya** Gambia-Mahagoni *n*, Khaya senegalensis
~ **larch** Amerikanische Lärche *f*, Larix laricina (americana)
~ **lauan** *Gruppe philippinischer Shorea spp., Kurzzeichen LAR*
~ **letterwood** Schlangenholz *n*, Frauen-Letternholz *n*, Amaonoa guianenses
~ **liquor** Rotlauge *f*, Sulfitablauge *f* (*Zellstofferzeugung*)
~ **louro** Ocotea rubra, LVE (*Holzart*)
~ **mangrove** (*Am*) Rhizophora mangle (*Holzart*)
~ **maple** Rotahorn *m*, Roter (Virginischer) Ahorn *m*, Acer rubrum
~ **meranti** Rotes Meranti *n*, MER (*Handelsname für Mischungen aus dark red meranti und light red meranti*)
~ **mombin** Rote Mombinpflaume *f*, Spondias purpurea
~ **mulberry** Roter Maulbeerbaum *m*, Rote Maulbeere *f*, Morus rubra
~ **oak** 1. [Amerikanische] Roteiche *f* (*Artengruppe*); 2. [Amerikanische] Roteiche *f*, EIR, Quercus rubra (borealis)
~ **ochre** Rotocker *m*, Rötel *m* (*Erdfarbe*)
~ **osier [dogwood]** Weißer Hartriegel *m*, Cornus sericea (stolonifera)
~ **peroba** Peroba rosa *n*, PER, Aspidosperma polyneuron (peroba) (*Holzart*)
~ **Peru bark** Chinarindenbaum *m*, Cinchona pubescens (succirubra)
~ **pine** 1. [Amerikanische] Rotkiefer *f*, Pinus

resinosa; 2. *s.* rimu
~ **planchonella** Planchonella torricellensis *(Holzart)*
~ **rot** Rotfäule *f (Holzerkrankung)*
~ **sandalwood** 1. Roter Santelbaum *m*, Pterocarpus santalinus; 2. Pterocarpus angolensis; 3. Rotes Santelholz *n*, Caliaturholz *n*, *(bes.)* Pterocarpus santalinus
~ **sanders** *s.* ~ sandalwood 3.
~ **seraya** *(bes.)* Shorea leprosula *(Holzart)*
~ **spruce** [Nordamerikanische] Rotfichte *f*, Hudsonfichte *f*, Picea rubens (rubra)
~ **stain** Rot[ver]färbung *f (von Holz)*
~ **stringybark** Eucalyptus macrorhyncha *(Holzart)*
~-**striped** rotstreifig *(Holz)*
~ **tulip oak** Argyodendron perastal *(Holzart)*
~-**twigged lime** Sommerlinde *f*, Großblättrige Linde *f*, Tilia platyphyllos (grandifolia)
~ **zebra** Rengas *n*, RGS *(Holz von Melanorrhoea spp.)*
redbark cypress Arizonazypresse *f*, Cupressus arizonica
redbud Judasbaum *m (Gattung Cercis)*
redden/to röten, rötein, die Borke abschuppen *(Harzgewinnung)*
reducer band-saw Reduzierbandsäge *f*
reducing machine Zerkleinerungsmaschine *f*
reduction bleach[ing] Reduktionsbleiche *f (von Faserstoffen)*
reductive bleach[ing] reduktive Bleiche *f (von Faserstoffen)*
redwood 1. Rotholz *n*; Rotholz liefernder Baum *m (Sammelbegriff)*; roten Farbstoff lieferndes Holz *n*; 2. Küstensequoie *f*, Sequoie *f*, Küstenmammutbaum *m*, Sequoia sempervirens; 3. Kiefernholz *n*, Föhrenholz *n*; 4. Rotholz *n*, Druckholz *n*, Buchs[ig] *m*
~ **willow** Knackweide *f*, Bruchweide *f*, Glasweide *f*, Salix fragilis
reed 1. Ried *n*; 2. Rohrblatt *n*
~ **instrument** Rohrblattinstrument *n*
~ **panel** Schilfrohr[bau]platte *f*
reediness, reeding Rundstabverzierung *f*
reel Haspel *f*; Tambour *m*, Papiertambour *m*, Bobine *f*
~ **wood** Polyalthia andamanica *(Holzart)*
refectory table Refektoriumstisch *m*
refiner Refiner *m*, Stoffmühle *f*, Stoffaufschläger *m*, Zerfaserer *m*
~ **bleach[ing]** Refinerbleiche *f*
~ **disk** Refiner[mahl]scheibe *f*, Mahlscheibe *f*, Zerfaserungsscheibe
~ **groundwood pulp** *s.* ~ mechanical pulp
~ **mechanical pulp** [mechanischer] Refinerholzstoff *m*, Refinerschliff *m* ohne Vorbehandlung, RMP
~ **[mechanical] pulping** Refinerholzstofferzeugung *f*
refinish/to aufarbeiten, aufmöbeln
refractory schwer imprägnierbar (tränkbar) *(Holz)*; schwer trocknend *(Holz)*; schwer bearbeitbar *(Holz)*
refurbish/to aufarbeiten, aufmöbeln; auffrischen
refurbishment Aufarbeitung *f*, Aufmöbeln *n*; Auffrischen *n (von Beizflächen)*
refuse wood Restholz *n*, Abfallholz *n*
~ **wood reducing** Restholzzerkleinerung *f*
~ **wood reducing machine** Restholzzerkleinerungsmaschine *f*
Regency zum Regency-Stil gehörend
~ **furniture** Regencymöbel *npl*
~ **style** Regency-Stil *m*, Regency-Möbelstil *m*
regenerated cellulose regenerierte Cellulose *f*, Regeneratcellulose *f*, Celluloseregenerat *n*, Hydratcellulose *f*, Cellulose *f* II
~ **cellulose fibre** Cellulose-Regeneratfaser *f*
~ **cellulose membrane** Regeneratcellulosemembran *f*
regeneration felling Verjüngungshieb *m*, Erntehieb *m (Holzernte)*
registered chisel Grobbeitel *m*, schweres Stemmeisen *n*
registration of felled timber Hiebsaufnahme *f*, Schlagaufnahme *f*, Holzaufnahme *f (Holzernte)*
reglaze/to nachverglasen
reglet [dünne] Deckleiste *f*
regrind/to nachzerkleinern *(Holzspäne)*
regulator Verteiler *m (Polsterwerkzeug)*
~ **clock** Regulator *m*, Pendeluhr *f*
reinforced scarf joint verschwertete Schäftung *f*
reject Ausschußteil *n*
rejected stock, rejects Spuckstoff *m*, Grobstoff *m*, Rejektstoff *m (Faserstoff-Feinsortierung)*
relative density relative Dichte *f*, Dichteverhältnis *n*
~ **humidity [of the air]** relative Luftfeuchte *f*
release paper Releasepapier *n*
relief Relief *n*
~ **carving** 1. Reliefschnitzerei *f*; Flachschnitzen *n*; 2. Reliefschnittwerk *n*
reliquary chest Reliquienschrein *m*
relish Zapfenstufe *f*
remnant tree Überhälter *m*, Überhaltbaum *m*
removal 1. Räumung *f*, Entnahme *f (z. B. von Altholz aus einem zu verjüngenden Bestand)*; 2. Beseitigung *f (z. B. von Schlagabraum)*; 3. Rückung *f*, Abfuhr *f (von Rohholz)*; 4. Herauslösung *f (z. B. von Lignin)*
~ **age** Abtriebsalter *n (eines Baumbestandes)*
~ **of lumber** *(Am)* Holzabfuhr *f*
Renaissance Renaissance *f*; Renaissancestil *m*
rengas Rengas *n*, RGS *(Holz von Melanorrhoea spp.)*
rengasin Rengasin *n (Flavonoid)*
rep Rips *m (Polstermaterial)*
repaint/to nachstreichen
repair of knot-holes Astloch[aus]flicken *n*
replica furniture Stilmöbel *npl*
representative furniture Repräsentationsmöbel *npl*, Repräsentationsmobiliar *n*
reproduction felling Verjüngungshieb *m*, Erntehieb *m (Holzernte)*
~ **[period] furniture** Stilmöbel *npl*
~ **suite** Stilmöbelgarnitur *f*
repulp/to in Zellstoff zurückverwandeln
reputty/to nachverkitten
reredos Altartafelrückseite *f*
RES *s.* resawn
resak Resak *n (Holz von Vatica spp.)*

resaw/to trennen *(Schnittholz)*
resaw Trennkreissäge *f*, Nachschnittsäge *f*, Spaltsäge *f*
~ **mill** Trennsägewerk *n*
resawing cut Trennschnitt *m*, Spaltschnitt *m*
resawn getrennt *(Schnittholz)*
~ **material** Trennware *f*
resawyer Trennsägenführer *m*
reserved tree Überhälter *m*, Überhaltbaum *m*
residential door Wohnungstür *f*
~ **entrance door** Wohnungseingangstür *f*
~ **furniture** Wohnmöbel *npl*
residual deformation bleibende Verformung *f*, Formänderungsrest *m (Holzprüfung)*
~ **lignin** Restlignin *n*
~ **lignin content** Restligningehalt *m*
~ **moisture** Restfeuchte *f*
~ **pulp lignin** Zellstoff-Restlignin *n*
~ **stress** Restspannung *f (z. B. von Schnittholz)*
~ **wood** Restholz *n*
~ **wood reducing machine** Restholzverhobelungsmaschine *f*
residue on ignition Glührückstand *m (z. B. von Zellstoff)*
resilience Rückfederkraft *f*, Zurückfedern *n*
resin/to mit Harz behandeln
resin 1. Harz *n*, Baumharz *n*, Naturharz *n*; Kunstharz *n*; 2. *s.* rosin
~ **accumulation** Harzansammlung *f*, Harzablagerung *f*
~ **acid** Harzsäure *f*, Resinolsäure *f*
~ **acid methyl ester** Harzsäuremethylester *m*
~ **adhesive** Kunstharzklebstoff *m*, synthetischer Klebstoff *m*
~ **alcohol** Harzalkohol *m*
~ **aldehyde** Harzaldehyd *m*
~ **binder** Kunstharzbindemittel *n*
~ **blaze** Harzlachte *f*, Lachte *f*, Lache *f*
~-**bonded chipboard** Kunstharzspanplatte *f*
~-**bonded plywood** Kunstharzpreßholz *n*, KP, Plastpreßlagenholz *n*, Kunstharzsperrholz *n*
~-**bound** kunstharzverleimt
~ **build-up** Verharzen *n (von Sägeblättern)*
~ **canal** Harzkanal *m*, Harzgang *m*
~ **canal tissue** Harzkanalgewebe *n*
~ **cell** Harzzelle *f (Holzanatomie)*
~-**coated** [kunst]harzbeschichtet, beharzt
~ **constituent** Harzbestandteil *m*, Harzkomponente *f*
~ **content** Harzgehalt *m*
~ **crystallization** Harzkristallisation *f*
~ **cyst** Harzlücke *f*, harzgefüllter Interzellularraum *m*
~ **deposit** Harzablagerung *f*, Harzansammlung *f*
~ **distillation** Harzdestillation *f*
~ **duct** Harzgang *m*, Harzkanal *m (Holzanatomie)*
~ **extraction** Harzgewinnung *f*
~ **exudation** 1. Harzabscheidung *f*, Harzausscheidung *f*, Harzabsonderung *f*; 2. *s.* ~ flow
~ **flow (flux)** Harz[aus]fluß *m*, Resinose *f*
~ **formation** Harzbildung *f*
~ **gall** Harzgalle *f*, Harztasche *f*
~ **glue** Harzleim *m*

~-**impregnated** [kunst]harzgetränkt
~-**impregnated and compressed laminated wood** Kunstharzpreßholz *n*
~ **impregnation** Harzimprägnierung *f*, Harztränkung *f (Holzkonservierung)*
~ **inclusion** Harzeinschluß *m*
~ **induction** [künstliche] Harzflußauslösung *f*
~-**laminated** [kunst]harzbeschichtet
~-**like** harzähnlich
~ **oil** Harzöl *n*, Pechöl *n*
~ **oil varnish** Harzölfirnis *m*
~ **pitch** Harzpech *n*
~ **pocket** Harztasche *f*, Harzgalle *f*
~ **product** Harzprodukt *n*, Harzerzeugnis *n*
~ **secretion** Harzsekretion *f*, Harzabsonderung *f*
~ **separator** Harzabscheider *m*
~ **size** Harzleim *m*
~ **soak** Verkienung *f*
~-**soaked** verkient
~ **soaking** Verkienung *f*
~ **soap** Harzseife *f*, Harzsäuresalz *n*
~ **streak** streifige Harzgalle *f*, Harzschliere *f*; Harzzone *f*
~ **synthesis** Harzsynthese *f*
~ **tapper** Harzarbeiter *m*, Harzsammler *m*, Harzer *m*
~ **tapping** Harzgewinnung *f*; Lebendharzung *f*, Harzung *f*
~-**treated compressed wood** Kunstharzpreßholz *n*, KP, Compreg *n*
~ **tube** Harztrichter *m (an den Einbohrlöchern von Borkenkäfern)*
~ **yield** Harzertrag *m*, Harzausbeute *f*
resinate/to mit Harz tränken
resinate Resinat *n (Harzsäuresalz oder Harzester)*
resinating drum Beleimungstrommel *f*
~ **mixer** Beleimungsmischer *m*
resiniferous harzbildend, harzliefernd
~ **cavity** Harztasche *f*, Harzgalle *f*
resinification Harzbildung *f*; Verharzung *f*, Verkienung *f*
resinify/to verharzen, verkienen
resinoid Gummiharz *n*
resinosis Resinose *f*, Harz[aus]fluß *m*
resinous harzhaltig, harzig, kienig; harzreich, verkient; harzartig
~ **knot** verharzter Ast *m*, Kienast *m*, Hornast *m*
~ **pinewood** Kienholz *n*, Kien *m*
~ **plug** Harzpfropf *m*
~ **putty** Harzkitt *m*
~ **stumpwood** Extraktionsstockholz *n*, harzreiches (verkientes) Stockholz *n*
~ **varnish** Naturharzlack *m*; Kunstharzlack *m*
~ **wood** Kienholz *n*, verkientes Holz *n*
resinousness Harzhaltigkeit *f*, Harzigkeit *f*
resistance 1. Resistenz *f*, Widerstandsfähigkeit *f*; 2. [elektrischer] Widerstand *m*
~ **heating** Widerstandserwärmung *f (z. B. zur Holztrocknung)*
~ **moisture meter** [elektrischer] Feuchtemesser *m* nach dem Widerstandsprinzip
~ **to [impact] indentation** Kugeldruckhärte *f (Holzprüfung)*
resonance (resonant) wood Resonanzholz *n*,

Tonholz *n*, Klangholz *n*
resorcinol Resorcin[ol] *n*, 1,3-Dihydroxy-benzen *n*
~-formaldehyde resin Resorcin-Formaldehydharz *n*, Resorcinharz *n*, KRF
~ glue, ~-resin [adhesive] *s.* ~-formaldehyde resin
rest Auflage *f*, Werkzeugauflage *f (der Drechselbank)*
restain/to nachbeizen
restorability Restaurierbarkeit *f (z. B. eines Möbelstücks)*
restorable restaurierbar
restoration Restaurierung *f*
Restoration furniture Möbel *npl* der [englischen] Restaurationszeit
restore/to restaurieren
restorer Restaurator *m*
resupinate resupinat, krustenförmig [aufliegend] *(Pilzfruchtkörper)*
reswaging Nachstauchen *n (von Sägezähnen)*
retail timber trade Holzeinzelhandel *m*
~ timber yard Holzeinzelhandelsunternehmen *n*, Holzfachhandlung *f*, Holzfachmarkt *m*
retene Reten *n*, Isopropylmethylphenanthren *n (Holzdestillationsprodukt)*
reticulate retikulat, netzartig *(z. B. Holzparenchym)*
return [rechtwinklige] Zierleistenumlenkung *f*
~ bead Kantenrundstab *m*
reveal Leibung *f*; Fensterleibung *f*; Türleibung *f*
reverse diamond match verkehrte Kreuzfuge *f (Furnierzusammensetzung)*
reversed brace Gegenstrebe *f*
~ ogee brace geschweifte Gegenstrebe *f*
reversible hinge Paraventscharnier *n*
revolving armchair Drehsessel *m*
~ centre mitlaufende Körnerspitze *f* [des Reitstocks]
~ chair Drehstuhl *m*
~ digester Dreh[zellstoff]kocher *m*
~ door Drehtür *f*, Karuselltür *f*
~ office chair Bürodrehstuhl *m*
rewa-rewa Knightia excelsa *(Holzart)*
RF ... *s.* resorcinol-formaldehyde ...
Rfg. *s.* roofing 1.
Rgh, RGH *s.* rough
RH spiral grain *s.* right-hand spiral grain
rhamnose Rhamnose *f*, 6-Desoxymannose *f*
rhizomorph Rhizomorph *m*, Myzelstrang *m*, Strangmyzel *n*
Rhodesian teak Mukusi[holz] *n*, MKI, Umgusi *n*, Baikiaea plurijuga
rhytidome Rhytidom *n*, Außenrinde *f*, Borke *f*
rib Spante *f (Bootsbau)*
ribbing Zellkollaps *m*, Zelleinbruch *m (Holztrocknungsschaden)*
ribbon Bandsägeblatt *n*
~ figure (grain) 1. Streifentextur *f*, Streifenzeichnung *f*, gestreifte Maserung (Holzzeichnung) *f*; 2. Wechseldrehwuchs *m (Holzfehler)*
~ guide Bandsägeblattführung *f*
~ saw Bandsäge[maschine] *f*

ribbonwood Hoheria populnea *(Holzart)*
rice paper [Chinesisches] Reispapier *n*, Araliamark *n*
~ paper tree Reispapierbaum *m*, Tetrapanax papyrifer
~ straw Reisstroh *n*
rich gold Dukatengold *n*, feines Doppelgold *n (Vergolden)*
~ in lignin ligninreich
rick Brennholzstapel *m*
ride Gestell *n*, Durchhau *m*, Schneise *f*
ridge First *m*, Dachfirst *m*, Firstlinie *f*
~ beam Firstbalken *m*, Firstbaum *m*
~ board Firstbohle *f*, Firstbrett *n*
~-piece (-pole, -purlin) Firstpfette *f*; Firstbalken *m*, Firstbaum *m*
~ redwood Bathurst-Rotholz *n*, Erythroxylum areolatum
~ shingle Firstschindel *f*
~-tree *s.* ~-piece
riffler 1. Sandfang *m (Zellstofferzeugung)*; 2. Bildhauerraspel *f*
rifle butt (-stock) Gewehrkolben *m*, Gewehrschaft *m*
rift crack Kernriß *m*, Markriß *m*, Strahlenriß *m*, Spiegelkluft *f (Holzfehler)*
~ grain Spiegel *m* [des Holzes]
~-sawn radial geschnitten, im Spiegelschnitt (Riftschnitt) hergestellt
Riga balsam Karpatisches Terpentin *n (von Pinus cembra)*
~ deal (fir, pine) *s.* Scotch fir
right-hand cutter rechter Hobelzahn *m*, Hobelzahn *m* rechts *(der Sägekette)*
~-hand door Rechtstür *f*
~-hand lock Rechtsschloß *n*
~-hand spiral grain Rechtsdrehwuchs *m*, widersonniger Drehwuchs *m*
~-handed rechts [auf]schlagend *(Tür)*
rim 1. Felge *f*, Radfelge *f*; 2. Rundtischzarge *f*
~ ash Grünesche *f*, Fraxinus pennsylvanica var. subintegerrima
~ beam Randbalken *m*
~ deadlock Aufschraubnachtschloß *n*, klinkenloses Aufschraubschloß *n*
~ lock Kastenschloß *n*, Aufschraubschloß *n*
rimer *s.* reamer
rimu Rimu *n*, Dacrydium cupressinum *(Holzart)*
rind/to entrinden, schälen
rind Rinde *f*, Baumrinde *f*
~ gall Rindengalle *f*
ring barker Rotorentrinder *m*, Rotorentrindungsmaschine *f*; Rotorentrindungsanlage *f*
~ barking Rotorentrindung *f*
~ debarker *s.* ~ barker
~ delamination Ringschäle *f (Holzfehler)*
~ dog Wendehaken *m* [nach Gayer-Fabricius]
~ failure *s.* ~ shake
~ grinder Ringschleifer *m (Holzschlifferzeugung)*
~-porosity Ringporigkeit *f (Holzanatomie)*
~-porous ringporig, zyklopor
~-porousness Ringporigkeit *f (Holzanatomie)*
~ rot Ringfäule *f*; Mondringigkeit *f (Holzfehler)*
~ saw Ringkreissäge *f*, Lochkreissäge *f*

~ **scale fungus** Kiefernbaumschwamm *m*, Kiefernfeuerschwamm *m*, Phellinus (Fomes, Trametes) pini
~ **shake** Ringriß *m*, *(unkorrekt)* Windriß *m* *(Holzfehler)*
~ **shank nail** Rillennagel *m*
~**-type cutter-block chipper** Messerrringzerspaner *m*
~**-type [de]barker** Rotorentrinder *m*, Rotorentrindungsmaschine *f*, Rotorentrindungsanlage *f*
~ **width** Jahrringbreite *f*
ringworm bush Cassia alata *(Holzart)*
rip/to 1. spalten; 2. besäumen; 3. *s.* ~ down/to
~ **down/to** längssägen, längsschneiden, in Faserrichtung trennen
rip fence Längenanschlag *m*, Parallelanschlag *m* *(z. B. einer Tischkreissäge)*
~ **fence adjustment** Längenanschlageinstellung *f*, Längenanschlag[ver]stelleinrichtung *f*
~**-saw** Längsschnitt[schrot]säge *f*, Brett[er]säge *f*; Trennkreissäge *f*
~**-saw blade** Trennkreissägeblatt *n*
~ **sawing** Längssägen *n*, Aufschneiden *n*, Längsschneiden *n*, Auftrennen *n*
ripe for cutting (felling) haubar, hiebsreif, schlagfähig, schlagbar *(Holzbestand)*
ripewood Reifholz *n*, Trockenkernholz *n*
~ **layer (zone)** Reifholzzone *f*
ripper Längsschnitt[schrot]säge *f*, Brett[er]säge *f*
ripping Längssägen *n*, Aufschneiden *n*, Längsschneiden *n*, Auftrennen *n*
~ **circular saw** Trennkreissäge *f*, Lattenkreissäge[maschine] *f*
~ **cut** Längsschnitt *m*
~ **fence** Längenanschlag *m*, Parallelanschlag *m* *(z. B. einer Tischkreissäge)*
~ **hammer** Latthammer *m*
~**-tooth chain** Spitzzahnkette *f*
ripple[d] grain (mark) Riegeltextur *f*, geriegelte Maserung (Holzzeichnung) *f*, Wellenspur *f*
rise Steigung *f*, Treppensteigung *f*, Stufenhöhe *f*
riser [board] Setzstufe *f*, Setzbrett *n*
~**-to-tread ratio** Steigungsverhältnis *n* [einer Treppe]
rising butt [hinge] Hebescharnier *n*
~ **flap** Hebeklappe *f*
~ **sun** aufgehende Sonne *f (Ziermotiv)*
Ritter-Kellner [cook] process Ritter-Kellner-Sulfitverfahren *n*, direkte Zellstoffkochung *f* nach Ritter-Kellner
rive/to [in Faserrichtung] spalten
river *s*. riving knife
river ash Rotesche *f*, Fraxinus pennsylvanica [var. pennsylvanica]
~ **birch** *(Am)* Schwarzbirke *f*, Betula nigra
~ **cottonwood** Populus heterophylla *(Holzart)*
~ **maple** Silberahorn *m*, Weißer Ahorn *m*, Acer saccharinum
~ **red gum** Eucalyptus camaldulensis (rostrata) *(Holzart)*
riverside landing Lände *f*, Ländungsplatz *m*, Holzgarten *m (Flößerei)*
riving knife Spaltkeil *m*, Sicherheitsspaltkeil *m* *(an Sägemaschinen)*

RMP *s.* refiner mechanical pulp
road slide Wegriese *f*, Riesweg *m* *(Holzbringung)*
roadside tree Straßenbaum *m*
roadway beam Fahrbahnbalken *m (Brückenbau)*
roba mahogany Andiroba[holz] *n*, Crabwood *n*, Carapa guianensis
robinetin Robinetin *n (Flavonoid)*
robinia 1. Robinie *f (Gattung Robinia)*; 2. [Gewöhnliche] Robinie *f*, Heuschreckenbaum *m*, Scheinakazie *f*, Falsche Akazie *f*, Robinia pseudoacacia
roble Apamate *n*, Roble *n*, *(bes.)* Tabebuia rosea *(Holzart)*
Roblé beech Nothofagus obliqua *(Holzart)*
robot Roboter *m*, Industrieroboter *m*, IR, Handhabungsautomat *m*
~ **spray painting** Roboterspritzlackierung *f*, Spritzlackierung *f* durch Roboter
rocaille Rocaille *n*, Muschel[grotten]werk *n*, Muschelwerksdekor *m(n)*
rock cherry Felsenkirsche *f*, [Gemeine] Steinweichsel *f*, Mahalebkirsche *f*, Prunus mahaleb
~ **elm** Felsenrüster *f*, Felsenulme *f*, Traubenulme *f*, Ulmus racemosa (thomasii)
~ **maple** Zuckerahorn *m*, AHZ, Vogelaugenahorn *m*, Acer saccharum
~ **oak** Quercus montana *(Holzart)*
rocker *(Am)* Schaukelstuhl *m*; Schaukelfauteuil *m*
~ **recliner** Schaukel-Liegesessel *m*, Schaukel-Ruhesessel *m*
rocking chair Schaukelstuhl *m*; Schaukelfauteuil *m*
~ **horse** Schaukelpferd *n*
~ **sofa** Schaukelsofa *n*
Rocky Mountain Douglas fir Coloradodouglasie *f*, Pseudotsuga menziesii var. glauca
~ **Mountain juniper** Felsengebirgswacholder *m*, Juniperus scopulorum
rococo zum Rokoko gehörend, aus dem Rokoko stammend; Rokoko...
rococo [style] Rokoko *n*, Rokokostil *m*
rod milling machine Rundstabfräsmaschine *f*
roe [figure] Drehwuchs *m (Holzfehler)*
Roe [chlorine] number Roe-Zahl *f* *(Zellstofferzeugung)*
roll Rolle *f*; Walze *f*
~**-coated paper** glättwalzengestrichenes (rollengestrichenes) Papier *n*
~ **coating** Glättwalzenstrich *m*, Rollenstrich *m* *(Papierherstellung)*
~**-front cutting machine** Rolladenschneidemaschine *f*
~**-fronted cabinet** Rollschrank *m*
~ **glue spreader** Walzenleimauftragmaschine *f*
~ **spreading** Walzenauftrag *m (z. B. von Lack)*
~**-top** Rolldecke *f*, Rollverschluß *m (eines Schreibschranks)*
~**-top desk** Rollschreibtisch *m*, Zylinderbureau *n*
~**-top desk lock** Rollschreibtischschloß *n*, Rolljalousieschloß *n*
~**-up door** Rolladentür *f*; Rolladentor *n*
roller catch Rollenschnäpper *m*

~ **dryer** Rollen[furnier]trockner *m*, Walzenbahntrockner *m*
~ **feed** Rollenbahn *f* (*z. B. für den Holztransport*)
~ **nose** Umlenkrolle *f*, Umlenkstern *m*, Umlaufstern *m* (*der Sägeschienenspitze*)
~ **shutter** Rolladen *m*
~ **shutter housing** Rolladenkasten *m*
~ **shutter ledge** Rolladenleiste *f*
~ **shutter tape** Rolladengurt *m*
~ **stand** Rollbock *m*
~ **stretching machine** Walzmaschine *f*, Spannwalzmaschine *f*, Streckwalze *f* (*zum Spannen von Sägeblättern*)
~ **window shade** Rolladen *m*
rolling pin Nudelholz *n*
~ **shear strength** Scherfestigkeit *f* quer zur Faserrichtung
Romanesque romanisch
Romanesque Romanik *f*
roof Dach *n*
~ **batten** Dachlatte *f*, Ziegellatte *f*
~ **beam** Dachbalken *m*, Binderbalken *m*
~ **beams** Dachgebälk *n*
~ **board** 1. Dachplatte *f*; 2. Dachschalbrett *n*
~ **boarding (boards)** Dachschalung *f*
~ **component** Dachelement *n*
~ **construction** Dachbau *m*; Dachkonstruktion *f*
~ **covering** Dachhaut *f*; Dach[ein]deckung *f*
~-**covering material** Dacheindeckungsmaterial *n*
~ **decking** Dachdeckung *f*
~ **frame (framing)** Dachtragwerk *n*, Dachgebälk *n*
~ **joist** Flachdachsparren *m*
~-**light** Dach[flächen]fenster *n*
~ **overhang** Dachüberhang *m*, Dachüberstand *m*, Dachvorsprung *m*
~ **paint** Dachanstrich[stoff] *m*
~ **panelling** Dachbeplankung *f*
~ **pitch** Dachneigung *f*
~ **plate** Sparrenschwelle *f*, Schwelle *f* (*Fachwerk*)
~ **pole** Dachständer *m*
~ **purlin** Dachpfette *f*
~-**ridge** Dachfirst *m*, First *m*, Firstlinie *f*
~ **shape** Dachform *f*
~ **sheathing** Dachschalung *f*
~-**shingle** Dachschindel *f*, Schindel *f*
~ **slope** Dachneigung *f*
~ **space** Dach[stuhl]raum *m*
~ **standard** Dachständer *m*
~ **strut** Dachstrebe *f*
~ **style** Dachform *f*
~ **surface** Dach[ober]fläche *f*
~ **timbers** Dachstuhl *m*, Dachgebälk *n*, Dachholz *n*
~-**tree** 1. Firstbalken *m*, Firstpfette *f*, Dachbalken *m*; 2. Dach *n*
~ **truss** 1. Dachbinder *m*; 2. *s*. ~ **timbers**
~ **window** Dachfenster *n*
~ **work** Dach[stuhl]bau *m*
roofed timber bridge Dachbrücke *f*, überdachte (gedeckte) Holzbrücke *f*
~ **wicker beach chair** Strandkorb *m*
roofing 1. Dachhaut *f*; Dach[ein]deckung *f*, Bedachung *f*; 2. Dach *n*
~ **board (felt)** Dachpappe *f*
~ **nail** Dachnagel *m*
~ **paper** Dachpappe *f*
~ **shingle** Dachschindel *f*, Schindel *f*
room-divider Raumteiler *m*
~ **door** Zimmertür *f*
~ **door lock** Zimmertürschloß *n*
~-**dry** zimmertrocken
~-**size sliding door** Zimmerschiebetür *f*
root Wurzel *f*
~ **bark** Wurzelrinde *f*
~ **burl** Wurzelknolle *f*
~ **buttress** [spannrückiger] Wurzelanlauf *m*
~ **collar** Wurzelanlauf *m*
~ **compression wood** Wurzeldruckholz *n*
~ **line** Zahngrundlinie *f*
~ **rot** Wurzelfäule *f*
~-**stock** Wurzelstock *m*
~-**stock cleaving machine** Wurzelstockspaltmaschine *f*
~ **swelling** Wurzelanlauf *m*
~ **wood** Wurzelholz *n*
rope moulding Spiralstab *m*, Seil[zier]kante *f*
ropeway Seilbringungsanlage *f*
~ **track** Seilrückeweg *m*, Rückeweg *m* bei Seilbringung
rosaceous zu den Rosengewächsen (Rosaceae) gehörend
rose acacia Borstige Robinie *f*, Robinia hispida
~-**apple** 1. Kirschmyrtenbaum *m* (*Gattung Eugenia*); 2. Rosenapfel *m*, Jambuse *f*, Syzygium (Eugenia) jambos
~ **countersink [bit]** Krauskopf[bohrer] *m*, Senker *m*, Versenker *m*; Ausreiber *m*
~ **family** Rosengewächse *npl* (*Familie Rosaceae*)
~ **gum** Eucalyptus grandis (*Holzart*)
~ **mahogany** Australisches Rosenholz *n*, Dysoxylum fraseranum
~ **window** Rosettenfenster *n*; Radfenster *n*
rosehead countersink bit *s*. **rose countersink [bit]**
rosemary pine Amerikanische Kiefer *f*, Glattkiefer *f*, Pinus echinata
rosette Rosette *f* (*Zierelement*)
rosewood 1. Rosenholz *n* (*Sammelbegriff*); 2. [Rio-]Palisander *m*, PRO, Jakarandabaum *m*, (*bes.*) Dalbergia nigra
~ **oil** Rosenholzöl *n*
rosin Kolophonium *n*, Balsamkolophonium *n* (*Kiefernharz-Destillationsrückstand*)
~ **acid** Harzsäure *f*, Resinolsäure *f*
~ **oil** Terpentinharzöl *n*, Harzöl *n*
~ **size** Harzleim *m* (*Papierherstellung*)
~ **sizing** Harzleimung *f*
rosiny kolophoniumhaltig; Kolophonium...
ross/to abborken; entrinden, schälen
rosser head Entrindungskopf *m*
~ **head debarker** Fräskopfentrinder *m*
rot [away, down]/to [ver]faulen, verrotten
rot Fäule *f*, Fäulnis *f*
~ **fungus** Fäulepilz *m*, Fäulnispilz *m*, fäulniserregender Pilz *m*
~ **pocket** Fäuleloch *n*, Weißfäuleloch *n*
~ **protection** Fäulnisschutz *m*

~-resistant fäulnisbeständig, fäulnisfest
rotang Rotangpalme *f*, Calamus rotang
rotary barker Rotorentrinder *m*,
  Rotorentrindungsmaschine *f*;
  Rotorentrindungsanlage *f*
~-cut veneer Rundschälfurnier *n*; Schälfurnier *n*
~ cutting Rundschälen *n*, Zentrischschälen *n*
  (Furnierherstellung)
~ cutting machine Rundschälmaschine *f*,
  Furnierrundschälmaschine *f*
~ hogger Hackrotor *m*
~ lathe Rundschälmaschine *f*,
  Furnierrundschälmaschine *f*
~ microtome Mikrotom *n* mit
  kreis[bogen]förmiger Messerführung
~ miller bit Langlochfräs[bohr]er *m*
~-peel/to rundschälen *(Furnier)*
~ sander Tellerschleifmaschine *f*
~-sawed (-sawn) mit der Kreissäge geschnitten
~ veneer Rundschälfurnier *n*; Schälfurnier *n*
~ veneer lathe (machine)
  Furnierrundschälmaschine *f*,
  Rundschälmaschine *f*
rotogravure paper Tiefdruckpapier *n*
rotproofing agent Fäulnisschutzmittel *n*
rotten heart Faulkern *m* *(Holzkrankheit)*
~ knot Faulast *m*, fauler Ast *m*
~ spot Faulfleck *m*; Faulstelle *f*
rottenstone [powder] Polierschiefer *m*,
  Tripelpulver *n*, Tripel *m*
rough [säge]rauh, sägeroh *(Schnittholz)*
rough-bark/to grobentrinden, waldschälen
rough-barked grobrindig, grobborkig
~ barking Grobentrindung *f*
~ boring Grobbohren *n*
~ carpentry Holzrohbau *m*
~ carving Grobschnitzen *n*
~ conversion Aufarbeitung *f*,
  Rohholzaufarbeitung *f*
~-dress/to grob [ab]hobeln, grob abrichten
  (zurichten)
~ dry halbtrocken *(Rundholz)*
~ edge Baumkante *f*, Fehlkante *f*, Waldkante *f*,
  Schalkante *f*
~-edged baumkantig, fehlkantig, waldkantig,
  schalkantig *(Schnittholz)*
~-grained 1. grobringig, breitringig, weitringig,
  grobjährig, mit breiten Jahr[es]ringen *(Holz)*;
  2. grobporig, grob strukturiert, grobfaserig
  (Holz)
~-hew/to roh behauen (beschlagen),
  bewaldrechten *(Langholz)*
~-log deck Langrohholzpolter *m(n)*
~ lumber *(Am)* Rauhware *f*, unbearbeitetes
  Schnittholz *n*
~ opening width Lichtmaß *n*, Lichte *f*
~-plane/to vorhobeln
~ sanding Grobschleifen *n*
~ saw cut rauher Sägeschnitt *m*
~-sawn sägerauh, sägeroh *(Schnittholz)*
~-shape/to [grob] behauen
~ size Rauhmaß *n*
~ string[er] Treppenwange *f*, Treppenzarge *f*;
  Treppenholm *m*
~ timber 1. nicht entrindetes Rohholz
  (Rundholz) *n*; 2. Rauhware *f*, unbearbeitetes
  Schnittholz *n*
~-turn/to grobdrechseln
roughing frame Vorschnittgatter *n*
~-in (-out) Grobbearbeiten *n*, Anhauen *n*,
  Ausschlagen *n* *(Schnitzerei)*
~ plane Schrupphobel *m*, Schropphobel *m*
round/to runden, stumpfen, schrägen *(Kanten)*
round *s.* rung
round-blade bradawl Spitzbohrer *m* mit rundem
  Querschnitt
~ dowel Runddübel *m*
~-ear willow Ohrweide *f*, Salix aurita
~ file Rundfeile *f*
~ hardwood Laubrundholz *n*; Laubstammholz *n*
~-head nail Rundkopfnagel *m*
~-head screw Halbrund[holz]schraube *f*
~-headed fir borer Tetropium abietis
  (Holzschädling)
~ knot runder Ast *m*, Rundast *m*
~ log 1. Rund[holz]stamm *m*; 2. Sägeblock *m*,
  Sägebloch *m(n)*, Schneideblock *m*, Holzblock
  m, Block *m*, Bloch *m(n)*, Rolle *f*
~ mine timber Grubenrundholz *n*
~ moulding Rundstab *m*, Rundleiste *f*
~-nose turning chisel Schrotstahl *m*
  (Drechselwerkzeug)
~ pit timber Grubenrundholz *n*
~ plain-head nail Breitkopfnagel *m*
  (Flachkopfnagel) *m* mit rundem Schaft
~ pole Rund[holz]mast *m*
~ rod moulding machine Rundstabfräsmaschine
  f
~ root swelling runder Wurzelanlauf *m*
~ saw Kreissäge[maschine] *f*
~ shake Ringschäle *f* *(Holzfehler)*
~ softwood Nadelrundholz *n*; Nadelstammholz *n*
~ step Rundnasenstufe *f*, Antritts[treppen]stufe *f*
  mit gerundeter Außenecke
~ timber Rohholz *n*; Stammholz *n*; Rohholz *n*
~-timber pile Rundholzpfahl *m*
~-timber pole Rundholzmast *m*
~ top window Kreisbogenfenster *n*
~ wire nail *s.* ~ plain-head nail
rounded down measure abgerundetes Maß *n*
roundel Rundverzierung *f*; Rundschnitzwerk *n*
rounding Anschälen *n* *(von Furnierblöcken)*
~ machine Rundstabfräsmaschine *f*
roundwood Rundholz *n*; Stammholz *n*; Rohholz
  n
~ assortment Rundholzsortiment *n*
~ cleaving machine Rollenspaltmaschine *f*
~ cross-cutting line Rundholzkapplinie *f*
~ packaging Rundholzbündelung *f*
~ product Rundholzerzeugnis *n*
~ yard Rundholzplatz *m*
rout/to oberfräsen
router 1. Grundhobel *m*; 2. Oberfräsmaschine *f*,
  Oberfräse *f*
~ bit Schaftfräser *m* für Oberfräsen
~ chuck Fräserspannfutter *n*
~ cutter Oberfräswerkzeug *n*, Oberfräser *m*
~ cutter set Oberfräsersatz *m*
~ drill Fräsbohrer *m*
~ dust extraction Oberfrässtaubabzug *m*

~ **head** Fräskopf *m*
~ **plane** Grundhobel *m*
routing frame Führungs[schienen]system *n* für Handoberfräsmaschinen
~ **machine** Oberfräsmaschine *f*, Oberfräse *f*
~ **stand** Tischfräsmaschinen[unter]gestell *n*
~ **tool** Oberfräswerkzeug *n*
rowan[-tree] 1. [Gemeine, Echte], Eberesche *f*, Vogelbeerbaum *m*, Sorbus aucuparia; 2. Edeleberesche *f*, Eßbare (Mährische) Eberesche *f*, Sorbus aucuparia var. edulis; 3. Amerikanische Vogelbeere *f*, Sorbus americana
RSI-value *s.* thermal resistance
rubbed finish Schleiflack[ober]fläche *f*
~ **joint** Leimverbindung *f*; Kleb[e]verbindung *f*; Leimfuge *f*
rubber 1. Gummi *m(n)*; 2. Naturgummi *n*, Gummi[elastikum] *n*, Kautschuk *m(n)*, Naturkautschuk *m(n)*
~ **bag press** Gummisackpresse *f* *(Formholzherstellung)*
~**-based adhesive** Kontaktklebstoff *m*
~ **plant** 1. Kautschukpflanze *f*, kautschukliefernde Pflanze *f*; 2. Gummibaum *m*, Ficus elastica
~ **tree** 1. kautschukliefernder Baum *m*; Kautschukbaum *m*; 2. *s.* rubberwood
rubberwood Parakautschukbaum *m*, Kautschukbaum *m*, Hevea brasiliensis
rubbing compound Schleifpaste *f*
~ **varnish** Schleiflack *m*
rubiaceous zu den Krappgewächsen (Rötegewächsen, Rubiaceae) gehörend
ruby wood Caliaturholz *n*, Rotes Santelholz *n*, *(bes.)* Pterocarpus santalinus
Rueping [empty-cell] process Rüping-Verfahren *n*, Spartränkungsverfahren *n* nach Rüping *(Holzschutz)*
rule joint Scharnierstreifenverbindung *f*
~ **joint stay** Hochklappscharnier *n*
run Auftritt *m (Treppenstufe)*
~**-of-the-log, ~-of-the-mill** sägefallend *(Schnittholz)*
~ **to wood/to** verholzen, lignifizieren
rundle *s.* rung
rung 1. Sprosse *f*, Leitersprosse *f*; 2. [gedrechselte] Stegleiste *f (Stuhlbau)*
runged chair Sprossenstuhl *m*
Runkel lignin Runkel-Lignin *n*, säureunlösliches Lignin *n*
runner Nachläufer *m (eines Langholztransportfahrzeugs)*
running out Verlaufen *n (von Sägeblättern)*
rupture load Bruchlast *f*
rush[-bottomed] chair Binsenstuhl *m*
Russian oak Stieleiche *f*, Quercus robur
~ **olive** [Schmalblättrige] Ölweide *f*, Elaeagnus angustifolia
~ **pear** Russischer Birnbaum *m*, Pyrus rossica
~ **white elm** Flatterulme *f*, Ulmus laevis (effusa)
rust fungus Rostpilz *m (Ordnung Uredinales)*
rustic rustikal *(z. B. Möbel)*
~ **chair** Bauernstuhl *m*
~ **cupboard** Bauernschrank *m*

~ **furniture** Bauernmöbel *npl*
~ **siding** Stülpschalungsbrett *n*; Stülpschalung *f*
rutaceous zu den Rautengewächsen (Rutaceae) gehörend

S

S-hook S-Haken *m (zur Verminderung des Aufreißens von Rundholz)*
S₁ layer *s.* secondary wall 1
S₂ layer *s.* secondary wall 2
S₃ layer *s.* secondary wall 3
saber leg *(Am) s.* sabre leg
sabicu Lysiloma sabicu (latisiliqua) *(Holzart)*
sabina juniper *s.* savin[e]
Sabine pine 1. Nußkiefer *f*, Pinus sabiniana; 2. Torreykiefer *f*, Pinus torreyana
sabinene Sabinen *n (Monoterpen)*
sabot Holzschuh *m*, holzbesohlter Schuh *m*
sabre leg Säbel[stuhl]bein *n*
~ **saw** Stichsäge *f*, Pendelstichsäge *f*
~ **saw-blade** Stichsägeblatt *n*
Sachalin ... *s.* Sakhalien ...
sacred fig tree Pepulbaum *m* der Inder, Bobaum *m*, Heiliger Feigenbaum *m*, Indischer Gottesbaum *m*, Ficus religiosa
~ **shoab-tree** Mimusops laurifolia *(Holzart)*
saddle 1. Sattel *m*, Sattelholz *n*; 2. *(Am)* Türschwelle *f*, Anschlagschwelle *f*
~**[-shaped] seat** sattelartig gemuldete Sitzfläche *f (bes. bei Windsorstühlen)*
safari chair Safaristuhl *m*
safed siris Albizia procera *(Holzart)*
safety device Schutzvorrichtung *f*, Sicherheitsvorrichtung *f (z. B. an einer Holzbearbeitungsmaschine)*
~ **factor** Sicherheitsfaktor *m*, Sicherheitszahl *f (Holzbau)*
saffron tree Sternapfel[baum] *m*, Chrysophyllum cainito
saffronwood Elaeodendron croceum *(Holzart)*
safoukala Safukala *n*, SAF, *(bes.)* Dacryodes pubescens *(Holzart)*
safranin[e] Safranin *n (Färbemittel für Holzdünnschnitte)*
sag truss Parallel-Fachwerkträger *m*
Sakhalien fir 1. Hokkaidofichte *f*, Sachalinfichte *f*, Glehn's Fichte *f*, Picea glehnii; 2. Sachalintanne *f*, Abies sachalinensis
~ **spruce** *s.* ~ **fir** 1.
sal Sal[baum] *m*, Shorea robusta
~ **resin** Salharz *n*
salai tree Boswellia serrata *(Holzart)*
salamander tree Lorbeerblättriger Flachsbaum *m*, Salamanderbaum *m*, Antidesma bunius
sale after conversion Verkauf *m* nach Ausformung, Nachverkauf *m (Holzhandel)*
~ **on the stump** Verkauf *m* stehenden Holzes, Holzverkauf *m* auf dem Stock
saleable height verkäufliche (handelsübliche) Höhe *f (stehenden Holzes)*
salicaceous zu den Weidengewächsen (Salicaceae) gehörend
salicin Salicin *n (Glucosid)*
saligna gum Eucalyptus saligna *(Holzart)*
Salisbury glue Hautleim *m*
sallow Salweide *f*, Ziegenweide *f*, Salix caprea
sally/to aufklauen *(Holzbau)*

sally 1. Klaue *f*, Geißfuß *m (Holzbau)*; 2. *s.* sallow
salmwood Cordia alliodora *(Holzart)*
Salomons padouk Manila-Padouk *n*, Pterocarpus indicus *(Holzart)*
salon furniture Salonmöbel *npl*
~ **table** Salontisch *m*
salt preservative Schutzsalz *n*, Holzschutzsalz *n*
~ **seasoning** chemische Trocknung (Holztrocknung) *f*, Trocknung *f* mit Chemikalien
~**-type preservative** Schutzsalz *n*, Holzschutzsalz *n*
saltfish wood Santos-Palisander *m*, PSA, *(bes.)* Machaerium scleroxylum
salvage felling, salvaging Zwangseinschlag *m*, Kalamitätennutzung *f (Holzernte)*
saman Saman *n*, Enterolobium (Pithecelobium) saman *(Holzart)*
samba *s.* obeche
samovar table Samowartischchen *n*
sample/to eine Probe [ent]nehmen; einer Probenahme unterziehen
sample Probe *f*; Stichprobe *f*
~ **board** Probebrett *n*, Prüfbrett *n (Holztrocknung)*
San Domingo boxwood Baitoa[holz] *n*, Phyllostylon brasiliensis
sand/to schleifen, schmirgeln
~ **down/to** abschleifen, abschmirgeln
~ **smooth/to** glattschleifen
sand blasting Sandstrahlen *n*, Sandeln *n (z. B. von Holzoberflächen)*
~**-box tree** Assacu *n*, ASA, Sandbüchsenbaum *m*, Hura *n*, Hura crepitans
~ **pine** Pinus clausa *(Holzart)*
~ **shading** Sengen *n (von Furnier durch heißen Sand)*
~**-table** Sandfang *m (Zellstofferzeugung)*
~ **through** Durchschleifen *n*; Durchschliff *m (eines Furniers)*
~ **trap** Sandfang *m (Zellstofferzeugung)*
sandal *s.* sandalwood
sandal bead tree Korallenholz *n*, Indischer Korallenbaum *m*, Adenanthera pavonina
~**-tree** 1. Sandelholzbaum *m (Gattung Santalum)*; 2. Sentul *m*, Katon *n*, Indischer Sandoribaum *m*, Sandoricum koetjape (indicum)
sandalwood [Echtes] Sandelholz *n*, Santal *n*, Santalum album
~ **oil** Sandelholzöl *n*
sandan Ougeninia dalbergioides *(Holzart)*
sandarac[h] Sandarak *m*, Sandarach *m (Harz von Tetraclinis articulata)*
~ **tree** Sandarakbaum *m*, Tetraclinis articulata
sandaracopimaric acid Sandaracopimarsäure *f (Diterpen, Harzsäure)*
sande Kuhmilchbaum *m*, Sandé[holz] *n*, Brosimum galactodendron (utile)
sanded plywood geschliffenes Sperrholz *n*
sander Schleifmaschine *f*
~ **dust** Schleifstaub *m*, Schleifspäne *mpl*
sanders[wood] *s.* 1. sandalwood; 2. red sandalwood

sanding attachment Schleifeinrichtung *f*
~ **belt** Schleifband *n*
~ **block** Schleifklotz *m*, Handschleifklotz *m*
~ **defect** Schleiffehler *m*
~ **disk** Schleifscheibe *f*
~ **drum** Schleifzylinder *m*
~ **dust** Schleifstaub *m*, Schleifspäne *mpl*
~ **dust extraction** Schleifstaubabsaugung *f*
~ **line** Schleifstraße *f*
~ **machine** Schleifmaschine *f*
~ **pressure bar** Schleifdruckbalken *m*
~ **sealer** Schliffgrund *m*, Schleifgrund *m*
~ **speed** Schleifgeschwindigkeit *f*
~ **table** Schleif[maschinen]tisch *m*
~ **through** Durchschleifen *n*; Durchschliff *m* (eines Furniers)
~ **tool** Schleifwerkzeug *n*
sandpaper/to mit Schleifpapier [ab]schleifen, [ab]schmirgeln
sandpaper Sandpapier *n*, Schleifpapier *n*, Schmirgelpapier *n*
~ **tree** Sandpapierbaum *m*, Cecropia adenopus
sandwich board (panel) Sandwichelement *n*, Sandwichplatte *f*
sandwiched truss Brettbinder *m*
sanitary crepe paper Hygienekrepp *m*
sanitation Sanierung *f*, Hygienemaßnahme *f*
~ **cutting (felling)** Sanitärhieb *m*, Sammelhieb *m* (Holzernte)
Sant tree Ägyptische Akazie *f*, Arabischer Gummibaum *m*, Acacia nilotica (arabica)
Santa Lucia fir Santa-Lucia-Tanne *f*, Abies bracteata
~ **Maria** Jacareuba *n*, Calophyllum brasiliense (Holzart)
santal Santal *n* (Flavonoid)
santalene Santalen *n* (Sesquiterpen)
santalin Santalin *n* (Flavonoid)
sap 1. Saft *m*, Pflanzensaft *m*; 2. Splint *m*, Splintholz *n*
~ **ascent** Saftaufstieg *m*, Saftsteigen *n* (in Bäumen)
~-**clear** splint[holz]frei
~ **displacement treatment** Saftverdrängungsverfahren *n*, Boucherie-Verfahren *n* (Holzschutz)
~ **flow** Saftstrom *m* (in Bäumen)
~-**flow period** Saftzeit *f*, Zeit *f* des Saftsteigens (in Bäumen)
~ **gum** Amberbaum-Splintholz *n* (von Liquidambar styraciflua)
~-**peel/to** saftfrisch schälen, zur Saftzeit entrinden
~ **pine** Pechkiefer *f*, Pitchpine *f*, Pinus rigida
~ **replacement treatment** *s*. ~ displacement treatment
~ **rot** Splintfäule *f*
~-**rot fungus** Splintfäulepilz *m*
~-**stain** Splint[holz]verfärbung *f*
~-**stain fungus** splint[holz]verfärbender Pilz *m*
~ **streak** (Am) streifige Harzgalle *f*
~ **sugar** Baumsaftzucker *m*
sapan caesalpinia Sappan[holz]baum *m*, Ostindisches Rotholz *n*, Caesalpinia sappan
~-**wood** Sappanholz *n* (Kernholz von Caesalpinia sappan)
sapele [mahogany] Sapel[l]i *n*, MAS, Entandrophragma cylindricum (Holzart)
sapindaceous zu den Seifenbaumgewächsen (Sapindaceae) gehörend
sapodilla Sapotillbaum *m*, Breiapfelbaum *m*, Chiclegummibaum *m*, Manilkara (Achras) zapota
saponin Saponin *n* (Glycosid)
sapotaceous zu den Sapotegewächsen (Sapotaceae) gehörend
sappadillo tree *s*. sapodilla
sappan ... *s*. sapan ...
saprophagous saprophag, saprovor, detritivor
saprophyte Saprophyt *m*, Fäulnisbewohner *m*
saprophytic saprophytisch, fäulnisbewohnend
saprotrophic *s*. saprophagous
sapwood Splintholz *n*, Splint *m*
~ **decay** Splintfäule *f*
~ **discolouration** Splint[holz]verfärbung *f*
~-**heartwood boundary** Splintholz-Kernholz-Grenze *f*
~ **ring** Splintholz[jahr]ring *m*
~ **rot** Splintfäule *f*
~ **tree** Splintholzbaum *m*
~ **zone** Splint[holz]zone *f*
sarawa cedar Chamaecyparis pisifera (Holzart)
sarking Dachschalung *f*
~ **felt** Dachpappe *f*
sash 1. Fensterflügelrahmen *m*, Flügelrahmen *m*; Fensterflügel *m*; 2. Gatterrahmen *m*, Sägenrahmen *m*
~ **and frame** Schiebefenster *n*
~ **cramp** Tür[en]spanner *m*
~ **door** Sprossentür *f*; Fenstertür *f*, Balkontür *f*
~ **fillister [plane]** Fensterkehlhobel *m*; Nuthobel *m*
~ **gang [saw]** Gattersäge[maschine] *f*, Sägegatter *n*
~ **lock** Fensterflügelverschluß *m*
~ **sticker** Fensterkehlmaschine *f*
~ **stuff** *s*. ~ timber
~ **timber** Flügelkanteln *fpl*; Fensterholz *n*, Glaserholz *n*
~ **window** Schiebe[flügel]fenster *m*; Hubfenster *n*
sassafras Sassafras *m*, Fenchelholz *n*, Sassafras albidum
sasswood Rotwasserbaum *m*, Erythrophleum guineense
sassy bark 1. Rotwasserbaumrinde *f* (von Erythrophleum guineense); 2. *s*. sasswood
sassywood *s*. sasswood
satin finish (sheen) Seidenglanz *m* (z. B. von Holz)
~ **walnut** *s*. American red gum
satinay Syncarpia hillii (Holzart)
satiné Muirapiranga *n*, Satiné *n*, Brosimum rubescens (paraense) (Holzart)
satinwood 1. Satin[holz] *n*, Seidenholz *n* (Sammelbegriff); 2. Ostindisches Satinholz *n*, SAO, Chloroxylon swietenia
saturation vapour pressure Sättigungs[dampf]druck *m*
satyr mask Satyrmaske *f*, Maske *f* (Zierelement)

saucisse [große] Faschine *f*
saul *s.* sal
sauna Saune *f*; Saunaraum *m*
~ **bench** Saunabank *f*, Saunapritsche *f*
savin[e] Sadebaum *m*, Stinkwacholder *m*, Sabinischer Wacholder *m*, Juniperus sabina
Savonarola chair Savonarolastuhl *m*, Scherensessel *m*
saw/to [zer]sägen, durchsägen
~ **away/to** absägen
~ **down/to** umsägen
~ **off/to** absägen, abtrennen
~ **out/to** aussägen, heraussägen
~ **through/to** durchsägen
~ **up/to** zersägen
saw Säge *f*
~ **arbor** Sägewelle *f*
~ **band** Bandsägeblatt *n*
~ **bench** Sägetisch *m*; Sägengestell *n*
~ **binding** Klemmen *n* von Sägeblättern
~-**blade** Sägeblatt *n*
~-**blade grinding machine** Sägeblattschleifmaschine *f*
~-**blade life** Sägeblattstandzeit *f*
~-**blade sharpening** Sägeblattschärfen *n*
~-**blade tension** Sägeblattspannung *f*; Bandsägeblattspannung *f*
~-**blade thickness** Sägeblattdicke *f*
~ **brazing machine** Sägenlötvorrichtung *f*
~ **carriage** Blockwagen *m*
~ **chain** Sägekette *f*
~ **chop** (clamp) Feilkluppe *f*, Feilkloben *m*
~ **cut** Säge[ein]schnitt *m*
~-**cut veneer** Sägefurnier *n*
~ **doctor** Sägendoktor *m*
~ **doctoring** Spannen *n* und Richten *n* von Sägeblättern, Sägeblattbehandlung *f*
~ **dulling** Sägenabstumpfung *f*
~ **file** Säge[schärf]feile *f*
~ **filer** 1. Sägenschärfer *m*; 2. Säge[n]feilmaschine *f*
~ **filing machine** Säge[n]feilmaschine *f*
~ **filing shop** Schärfraum *m*
~-**frame** Sägerahmen *m*; Sägegatter *n*, Gatter *n*, Gattermaschine *f*
~-**gate** Sägegatter *n*, Gatter *n*, Gattermaschine *f*
~-**guard** Sägeblattabdeckung *f* (Schutzvorrichtung)
~ **guide** Bandsägeblattführung *f*, Sägeblattführung *f*
~ **hanger** Sägeneinhang *m*
~-**horse** Sägebock *m*, Holzbock *m*
~ **kerf** Schnittfuge *f*; Schnitt[fugen]breite *f*
~ **life** Sägeblattstandzeit *f*; Sägeblattlebensdauer *f*
~ **log** Sägeblock *m*, Schneideblock *m*
~ **log end** Sägeblockende *n*, Blockende *n*
~ **logs** Säge[rund]holz *n*; Rundholz *n*
~ **maintenance** Sägenpflege *f*
~ **mark** Sägespur *f*
~ **motor** Säge[nantriebs]motor *m*
~ **output** Sägeleistung *f*, Einschnittleistung *f*
~ **performance** Sägenleistung *f*
~ **pit** Sägegrube *f*, Sägekuhle *f*
~ **pitch** Sägezahnteilung *f*, Zahnteilung *f*
~ **powder** *s.* sawdust

~ **rack** Sägengestell *n*, Handsägengestell *n*
~ **set** 1. Schränkvorrichtung *f*; Schränkwerkzeug *n*, Schränkeisen *f*; 2. Schrank *m* [einer Säge], Schränkung *f*
~ **set gauge** Schrankmeßlehre *f*
~ **setting** Schränken *n*
~-**setting machine** Sägenschränkmaschine *f*, Schränkmaschine *f*
~-**setting pliers** Schränkzange *f*
~ **shaft** Säge[n]welle *f*
~ **sharpener** 1. Sägenschärfer *m* (*Arbeiter*); 2. Sägenschärfer *m* (*Gerät*)
~ **sharpening** Sägenschärferei *f*, Sägenschärfung *f*, Schärfen *n* von Sägen
~ **sharpening file** Säge[schärf]feile *f*
~ **sharpening machine** Sägenschärfmaschine *f*, Sägeblattschleifmaschine *f*, Schärfmaschine *f*
~ **sharpening vice** [Reppener] Schärfkluppe *f*
~ **shop** Schärfraum *m*
~ **spindle** Kreissägewelle *f*
~ **spindle bearing** Sägewellenlager *n*
~ **steel** Sägenstahl *m*
~ **stool** Sägebock *m*, Holzbock *m*
~ **swarf** Feinsägespäne *mpl*, Sägemehl *n*
~ **table** Sägetisch *m*
~ **timber** Sägerundholz *n*; Schneideholz *n*
~ **tooth** Sägezahn *m*
~-**tooth gullet** Zahn[lücken]grund *m*, Lückengrund *m*, Ausrundung *f*, Zahnfußrundung *f*
~-**tooth hook** Sägezahn-Spanwinkel *m*
~-**tooth oak** Spitzeiche *f*, Quercus acutissima
~-**tooth rack** Zahnleistenauflage[vorrichtung] *f* (*für Einlegeböden*)
~-**tooth setter** Schränkzange *f*
~ **vice** Feilkluppe *f*, Feilkloben *m*
~ **wandering** Verlaufen *n* der Säge
~ **wear** Sägenverschleiß *m*
~ **wheel** Säge[n]rolle *f*, Bandsäge[n]rolle *f*
~ **wrest** *s.* ~ **set**
Sawara cypress Erbsenfrüchtige Scheinzypresse *f*, Sawarascheinzypresse *f*, Chamaecyparis pisifera
sawbuck Sägebock *m*, Holzbock *m*
sawdust Sägespäne *mpl*; Sägemehl *n*, Sägestaub *m*
~ **briquette** Sägespänebrikett *n*
~ **concrete** Sägespänebeton *m*
~ **pulping** Sägespäneaufschluß *m*
sawed structural lumber (*Am*) Bauschnittholz *n*
~ **veneer** Sägefurnier *n*
sawer *s.* sawyer 1.
sawing defect Sägefehler *m*
~ **fence** Parallelanschlag *m* der Sägemaschine
~ **hall** Sägehalle *f*
sawing horse Sägebock *m*, Holzbock *m*
~ **industry** Sägeindustrie *f*, Schnittholzindustrie *f*
~ **line** Sägeholzlinie *f*, Einschnittstraße *f*
~ **machine** Sägemaschine *f*
~ **pattern** Einschnittschema *n*, Einschnittdiagramm *n*, Schnittfigur *f*
~ **programme** Einschnittprogramm *n*
~ **quality** Säge[bearbeitungs]qualität *f* (*von Holz*)
~ **schedule** Schnittbild *n*, Einschnittschema *n* (*Rundholzverarbeitung*)

~ **set-up** Einhang *m*, Sägeblattanordnung *f (im Vollgatter)*; Einhangschema *n*
~ **shop** Sägehalle *f*
~ **stool** Sägebock *m*, Holzbock *m*
~ **tool technique** Sägewerkzeugtechnik *f*
~ **up from beneath** von unten geführtes Schneiden *n*
sawings *s.* sawdust
sawmill Sägewerk *n*, Sägemühle *f*, Schneidemühle *f*, Sägerei *f (Zusammensetzungen s.a. unter* mill*)*
~ **chips** Sägewerkshackschnitzel *npl*, in der Holzindustrie hergestellte Hackschnitzel *npl*
~ **equipment** Sägewerksausrüstung *f*, Sägewerksanlage *f*
~ **log** Sägeblock *m*
~ **machinery** Sägewerksmaschinen *fpl*
~ **operator** Sägewerksbetreiber *m*; Sägewerker *m*; Sägeführer *m*, Gatterführer *m*
~ **owner** Sägewerksbesitzer *m*
~ **quality** Sägequalität *f (Qualitätsbegriff im Tropenholzhandel)*
~ **shop** Sägehalle *f*
~ **technology** Sägewerkstechnologie *f*
~ **waste** Sägewerksabfall *m*, Holzreste *mpl* aus Sägewerken
~ **wood** Sägeholz *n*
sawmiller Sägemüller *m*, Schneidemüller *m*
sawmilling industry Sägeindustrie *f*, Schnittholzindustrie *f*
~ **technology** Sägewerkstechnologie *f*
sawn sägerauh, sägeroh; unbehobelt
~ **alive** tangential geschnitten, im Tangentialschnitt hergestellt
~ **hardwood [timber]** Laubschnittholz *n*
~ **log** Sägeblock *m*, Sägebloch *m(n)*, Schneideblock *m*, Holzblock *m*, Block *m*, Bloch *m(n)*, Rolle *f*
~-**on-the-back** *s.* ~ alive
~-**on-the-quarter** im Quartierschnitt (Viertelschnitt) hergestellt
~ **pit timber** Grubenschnittholz *n*
~ **softwood [timber]** Nadelschnittholz *n*
~ **structural timber** Bauschnittholz *n*
~ **timber** Schnittholz *n*, Schnittware *f*
~ **veneer** Sägefurnier *n*
~ **wainscot oak log** Wagenschoßbohle *f (Eichenbrett)*
~ **waste** Schnittholzabfall *m*
~ **wood** Schnittholz *n*, Schnittware *f*
~-**wood assortment** Schnittholzsortiment *n*
~-**wood cross-cutting station** Schnittholzkappstation *f*
~-**wood dryer** Schnittholztrockner *m*
~-**wood grade** Schnittholzgüteklasse *f*
~ **wood of broad-leaved species** Laubschnittholz *n*
~ **wood of common use** Gebrauchsschnittholz *n*; Marktware *f*
~-**wood product** Schnitt[holz]produkt *n*, Schnitterzeugnis *n*
~-**wood size** Schnittholzmaß *n*
~-**wood yard** Schnittholzplatz *m*
sawtimber *s.* sawn wood
sawyer 1. Sägewerk[sarbeit]er *m*, Säger *m*;

Sägemüller *m*, Schneidemüller *m*; Gatterführer *m*; Motorsägenführer *m*; 2. Langhornbock[käfer] *m*; Handwerkerbock *m (Gattung Monochamus)*; 3. Treibholz[stück] *n*
sawzall *s.* reciprocating saw
saxophone Saxophon *n (Holzblasinstrument)*
SBL *s.* spent bleach liquor
SBR [emulsion] adhesive SBK-Kleber *m*, Styren-Butadien-Kautschukklebstoff *m*
scab Überwallung *f*, überwallte Schadstelle *f (an Bäumen)*
scaffold/to einrüsten
scaffold Gerüst *n*, Rüstung *f*; Holzgerüst *n*; Baugerüst *n*, Baurüstung *f*
~ **board** Rüstbohle *f*, Rüstbrett *n*, Gerüstdiele *f*
~-**building** Gerüstbau *m*, Rüstungsbau *m*
~ **nail** Doppelkopfnagel *m*, Duplexnagel *n*
~ **plank** *s.* ~ board
~-**pole** Gerüststange *f*
scaffoldage *s.* scaffolding
scaffolder Gerüstbauer *m*
scaffolding *s.* scaffold
scalariform perforation plate skalariforme (leiterförmige) Enddurchbrechung *f (eines Gefäßgliedes)*
scale/to kubieren, kubizieren *(Rohholz)*; [ab]messen, aufmessen *(Holz)*;
scale bark Schuppenborke *f*
~ **pine** Schuppenkiefer *f*, Plattenkiefer *f*
~ **stick** Meßstock *m*, Meßlatte *f*
scalebark Schuppenrindenhickory *m(f)*, Weißer Hickory *m*, Carya ovata
scaler Holz[ver]messer *m*
scallop Muschelornament *n (Schnitzerei)*
scalloped torus gekerbter Torus *m (Holzanatomie)*
scaly abschiefernd, losfaserig *(Holz)*
~ **bark** Schuppenborke *f*
~ **lentinus [Schuppiger] Sägeblättling** *m*, Schuppenschwamm *m*, Zähling *m*, Lentinus lepideus (squamosus)
scant untermaßig *(Schnittholz)*
~ **measure (size)** Untermaß *n*; unteres Abmaß *n*; Kleinstmaß *n*
scantling 1. Kantholz *n*; Rahmen *m (Holzsortiment)*; Rahmenware *f*; 2. Bauholzmaße *npl*
~ **saw** Bauholzkreissäge *f*
scarf[-joint]/to überblatten, verblatten; schäften; durch Überblattung fügen; durch Schäftung fügen
scarf [joint] Blattverbindung *f*, Überblattung *f*; Schäftung *f*; Schäftfuge *f (von Furnieren)*
~ **moulding machine** Schäftfräsmaschine *f*
scarfed plywood gefügtes Sperrholz *n*
scarfing Schäftung *f*
~ **clamp** Schäftverleimpresse *f*
scarlet maple Rotahorn *m*, Roter (Virginischer) Ahorn *m*, Acer rubrum
~ **oak** Scharlacheiche *f*, Sumpfscharlacheiche *f*, Quercus coccinea
scattered knot Einzelast *m*
scented guarea Bossé *n*, BOS, Guarea cedrata *(Holzart)*
~ **mahogany** *s.* sapele [mahogany]

scented

~ **satinwood** Ceratopetalum apetalum *(Holzart)*
~ **thorn** Acacia nilotica (arabica) *(Holzart)*
Scholler process Scholler[-Tornesch]-Verfahren *n (der Holzverzuckerung)*
Scholten nomograph Scholten-Nomogramm *n (zur Bestimmung der Holzfestigkeit in Abhängigkeit von der Faserrichtung)*
school bench Schulbank *f*
~ **furniture** Schulmöbel *npl*
schoolmarm Hochzwiesel *f(m) (Holzfehler)*
Schopper-Riegler apparatus Schopper-Riegler-Apparat *m*, Mahlgradprüfer *m* nach Schopper-Riegler
~-**Riegler freeness** Schopper-Riegler-Mahlgrad *m*, Mahlgrad (Zerfaserungsgrad) *m* nach Schopper-Riegler, SR
Schrenk spruce Schrenks Fichte *f*, Picea schrenkiana
scimitar[-shaped] chair leg *s.* sabre leg
scissor brace Schwert *n*, Schwertlatte *f (Holzbau)*
~ **legs** Scherenfüße *mpl (Möbelfüße)*
scissors joint doppelte Schäftung *f*
~ **truss** Binder *m* mit Kreuzkehlbalken
sclereid Sklereide *f*, Sklerenchymzelle *f*, Steinzelle *f (der Baumrinde)*
sclerenchyma Sklerenchym *n*, Festigungsgewebe *n (Holzanatomie)*
~ **cell** Sklerenchymzelle *f*
sclerosed tylosis sklerotisierte Thylle (Füllzelle) *f*, Stein[zell]thylle *f (Holzanatomie)*
sclerotic cell *s.* sclereid
~ **ray cell** sklerotische Holzstrahlzelle *f*
~ **tylosis** *s.* sclerosed tylosis
scorched conk Rauchgrauer Porling *m*, Angebrannter Rauchporling *m*, Polyporus (Bjerkandera) adusta
score/to [an]zeichnen *(Holz)*; vorritzen
scoring saw Vorritzsäge *f*, Hilfssäge *f*; Ritzsäge *f*
~ **saw-blade** Vorritzsägeblatt *n*, Vorritzer *m*
~ **saw spindle** Vorritzsägewelle *f*
~ **unit** Vorritzaggregat *n*
Scotch elm Bergulme *f*, Bergrüster *f*, Ulmus glabra (montana)
~ **fir** Gemeine Kiefer *f*, KI, Weißkiefer *f*, Waldkiefer *f*, Föhre *f*, Forle *f*, Pinus sylvestris
~ **glue** Glutinleim *m*, KG, Tierleim *m*, tierischer Leim *m*
~ **pine** *s.* ~ fir
~ **whitebeam** Schwedische Mehlbeere (Vogelbeere) *f*, Oxelbeere *f*, Sorbus intermedia
Scots ... *s.* Scotch ...
SCP *s.* single-cell protein
scrag mill Kreissägewerk *n*
scrap timber Abfallholz *n*
scraper 1. Ziehklinge *f*; Ziehklingenmaschine *f*; 2. Kratzerentrinder *m*, Scraper *m*
~ **handle** Schabergriff *m*
~ **plane** Ziehklingenhobel *m*
~ **sharpener** Ziehklingenstahl *m*, [Hand-]Ziehklingengratzieher *m*
scraping chip Ziehklingenspan *m*

166

~ **machine** Ziehklingenmaschine *f*
~ **tool** 1. Vordrehstahl *m*, Schruppstahl *m (des Drechslers)*; 2. Ziehklinge *f*
scratch stock Profilziehhobel *m*
screech/to kreischen *(Säge)*
screed 1. Gipslatte *f*, Spalierlatte *f*, Plafondlatte *f*; 2. Glättbohle *f*, Abziehbohle *f*; 3. Estrich *m*
screen 1. Sieb *n*; 2. Wandschirm *m*, [leichte] Trennwand *f*; Paravent *m(n)*, spanische Wand *f*
~ **clogging** Siebverstopfung *f (Papierherstellung)*
~ **hinge** Paraventscharnier *n*
~ **pattern** Siebmuster *n*, Siebmarkierungen *fpl (an Faserplatten)*
~ **printing technique** Siebdrucktechnik *f*, Durchdrucktechnik *f*, Serigraphie *f*
screening test Screening *n*, Siebtest *m (z. B. zur Prüfung von Holzschutzmitteln)*
screw Schraube *f*; Holzschraube *f*
~ **bolt** Schraubenbolzen *m*
~ **box and tap** Holzgewindeschneider *m*, Holzschraubenschneidzeug *n*
~-**butt hinge** Hebescharnier *n*
~ **castor** Einschraub[möbel]rolle *f*
~ **clamp** Schraubzwinge *f*
~ **connection** Schraubverbindung *f*
~ **cup** Metallrosette *f* [für Holzschrauben]
~ **driving machine** Motorschrauber *m*
~ **feeding unit** Schraubenzuführgerät *n*
~ **head** Schraubenkopf *m*
~-**holding strength** Schraubenhaltevermögen *n*
~-**holding test** Schraubenhalteprüfung *f*
~ **hole** Schraubloch *n*
~ **nail** Schraubnagel *m*
~-**on bolt** Aufschraubriegel *m*
~-**on hook** Aufschraubzapfen *m (Drehbeschlag)*
~-**on lock** Aufschraub[tür]schloß *n*
~ **pile** Schraubenpfahl *m*
~ **plate** Stegschraube *f*, Blattschraube *f*
~-**point chuck** Schraubenfutter *n (Holzdrehmaschine)*
~ **press** Schraubenpresse *f*
~ **retention strength** Schraubenausziehwiderstand *m*
~ **shank** Schraubenschaft *m*
~-**withdrawal resistance** Schraubenausziehwiderstand *m*
screwdriver Schraubenzieher *m*, Schraub[endreh]er *m*
~ **bit** Schraubendrehereinsatz *m*, Schrauber-Bit *m*
scribe/to [an]reißen, aufreißen, zureißen, anzeichnen *(ein Werkstück)*
scribe [awl] Reißhaken *m*, Baumreißer *m*, Holzritzer *m (zum Auszeichnen von Bäumen)*; Reißnadel *f*, Vorstecher *m*
scribed joint Formfuge *f*, Profilfuge *f*
scriber *s.* scribe [awl]
scribing gouge Deutsche Röhre *f (Drechselwerkzeug)*
~ **tool** Anreißwerkzeug *n*
Scribner rule Scribner Rule *f (der Rundholz-Volumenberechnung in den USA)*
scriptoire, scriptor *s.* secretaire
scroll Schnecke *f (der Violinen)*

~ **cutting** Schweifsägen *n*
~ **foot** Volutenfuß *m*, Schneckenfuß *m* (Möbelfuß)
~-**lathe** Ovalwerk *n* (Drechselbank)
~ **leg** *s*. ~ foot
~-**saw** 1. Laubsäge *f*, Feinsäge *f*; Laubsägemaschine *f*, Ausschneidesägemaschine *f*; 2. Schweifsäge *f*
~-**work** Rollwerk *n* (Ornament)
scrolled endive marquetry Seetangmarketerie *f*
~ **pediment** Schwanenhalspediment *n*
scrub beef wood Stenocarpus salignus (Holzart)
~ **pine** Krüppelkiefer *f*
~ **plane** Schrupphobel *m*, Schropphobel *m*
scrubboard Scheuerleiste *f*, Fußleiste *f*, Sockelleiste *f*
scrubby oak Azobé *n*, AZO, Westafrikanisches Eisenholz *n*, Lophira procera (lanceolata, alata)
scrutoire *s*. secretaire
sculpt/to bildhauern, skulptieren
sculpting tool Holzbildhauerwerkzeug *n*
sculpture/to bildhauern, skulptieren
sculpture 1. Bildhauerei *f*, Bildhauerkunst *f*; 2. Skulptur *f*
~ **bench** Bildhauer[arbeits]tisch *m*
scurfing plane *s*. scrub plane
scutcheon *s*. escutcheon
SD *s*. shipping-dry
s.e. *s*. square-edged
S1E *s*. surfaced one edge
S2E *s*. surfaced two edges
seal/to versiegeln (z. B. Holzoberflächen)
sealant Dichtstoff *m*; Wundverschlußmittel *n*
sealed bed Himmelbett *n*
~ **[glass] unit** Thermo[fenster]scheibe *f*
sealer Versiegelungsmittel *n*
~-**preservative** Einlaßgrund *m* (Holzschutz)
sealing grooving cutter Dichtungsnutfräse *f*
~ **lacquer** Versiegelungslack *m*, Dichtlack *m*
~ **wax tree** *s*. muninga
seaside pine Strandkiefer *f*, Sternkiefer *f*, Pinus pinaster (maritima)
season/to [frei]lufttrocknen, [natürlich] austrocknen; [aus]trocknen lassen
season crack Frostriß *m*, Eiskluft *f* (Holzfehler)
seasoned [frei]luftgetrocknet, natürlich getrocknet, ausgetrocknet; abgelagert (Holz)
seasoning Trocknen *n*, Trocknung *f*, Austrocknung *f* (z. B. von Holz)
~ **check** Schwind[ungs]riß *m*, Trocknungsriß *m*, Riß *m* infolge [unsachgemäßer] Trocknung
~ **colo[u]ration** Verfärbung *f* bei der Holztrocknung
~ **crack** *s*. ~ check
~ **defect** Trocknungsschaden *m*, Trocknungsfehler *m*
~ **kiln** Trockenkammer *m*, Trockenraum *m*, Trockenofen *m*; Holztrocknungsanlage *f*
~ **method** Trocknungsmethode *f*
~ **period** Trocknungszeit *f*, Trocknungszeitraum *m*
~ **shed** Trockenschuppen *m*
~ **stain** fleckige Verfärbung *f* bei der Holztrocknung

~ **technique** Trocknungstechnik *f*; Trocknungsführung *f*
~ **yard** Holzlagerplatz *m*
seat covering Sitzbezug *m*
~ **cushion** Sitzpolster *n*
~ **frame** Sitzrahmen *m*
~ **furniture** Sitzmöbel *npl*
~ **rail** Sitzrahmenteil *n*
seating Sitzmöbel[stück] *n*
~ **arrangement** Sitz[möbel]gruppe *f*
~ **construction** Sitzmöbelbau *m*
~ **group** Sitz[möbel]gruppe *f*
seaweed marquetry Seetangmarketerie *f*
second-cut file Halbschlichtfeile *f*
~ **fixings** Nach-Putz-Einbauten *pl* (z. B. Handläufe, Fußleisten)
~-**hand furniture** Gebrauchtmöbel *npl*
~ **lengths** Mittelware *f* (Holzsortiment)
~ **seasoning** Nachtrocknung *f*
~-**stage barking** Nachentrinden *n*, Nachentrindung *f*
secondary beam Zwischenträger *m*
~ **breakdown (cutting)** Nachschneiden *n*, Nachschnitt *m* (Rundholzaufbereitung)
~ **insect** [holzschädigendes] Sekundärinsekt *n*, sekundäres Insekt *n*
~ **mycelium** Paarkernmyzel *n* (der Basidiomyzeten)
~ **phloem** sekundäres Phloem *n*, Sekundärphloem *n*, sekundäre Rinde *f*, Sekundärrinde *f*, Bast *m*
~ **ray** sekundärer Markstrahl *m*, Holzstrahl *m*
~ **rot** Sekundärfäule *f*
~ **wall** Sekundärwand[schicht] *f* (Holzanatomie)
~ **wall 1** äußere Sekundärwand *f*, S_1, Primärlamelle *f*, Übergangslamelle *f* (Holzanatomie)
~ **wall 2** zentrale (mittlere) Sekundärwand *f*, Zentralschicht *f*, S_2 (Holzanatomie)
~ **wall 3** Tertiärwand[schicht] *f*, Tertiärlamelle *f*, Abschlußhaut *f*, S_3 (Holzanatomie)
~ **wall lignin** Sekundärwandlignin *n*
~ **wood** Sekundärholz *n*, Sekundärxylem *n*, sekundäres Xylem (Holz) *n*
~ **wood component** Holzbegleitstoff *m*, Holzinhaltsstoff *m*, akzessorischer Holzbestandteil *m*
~ **woodworking industry** sekundäre Holzindustrie *f*, Holzverarbeitungsindustrie *f*
~ **xylem** Sekundärxylem *n*, Sekundärholz *n*, sekundäres Xylem (Holz) *n*
seconds II. Klasse *f*, zweite Qualität *f* (Holzsortierung)
secret compartment Geheimfach *n* (in Kastenmöbeln)
~ **door** Geheimtür *f*, Tapetentür *f*
~ **dovetail [joint]** [doppelt] verdeckte Schwalbenschwanzzinkenverbindung *f*
~ **drawer** Geheimschubfach *n*
~ **fixing** verdeckte Anbringung (Befestigung) *f*
~ **mitre dovetail joint** auf Gehrung verdeckte Schwalbenschwanzzinkenverbindung *f*
~ **nailing** verdeckte Nagelung *f*
~ **stain** *s*. internal blue-stain
secretaire Sekretär *m*, Schreibschrank *m*

secretaire

~-**bookcase** Aufsatzsekretär *m* mit Bücherfach
~-**cabinet** Aufsatzsekretär *m*, Schreibschrank *m* mit geschlossenem Aufsatz
~ **flap** Schreibklappe *f*
~ **joint** Klappenanschlag *m* (am Schreibschrank)
secretary *s.* secretaire
secretory canal Sekretgang *m*, Sekretkanal *m* (Holzanatomie)
~ **[parenchyma] cell** Sekretzelle *f*, Epithelzelle *f* (Holzanatomie)
sectional area Schnittfläche *f*
~ **furniture** Aufbaumöbel *npl*
sectioning defect Schnittfehler *m*, Feinschnittfehler *m* (Holzpräparation)
secupira *s.* sucupira
security door Sicherheitstür *f*, einbruchhemmende Tür *f*
seed *s.* spore
seed lac Körner[schel]lack *m*
segmental arch Segmentbogen *m*
~ **circular saw** Segmentkreissäge *f*, Furnierkreissägemaschine *f*
segmented grinding disk Segmentmahlscheibe *f* (eines Scheibenrefiners)
sekondi Sekondi-Mahagoni *n*, Khaya ivorensis
select merchantable (Am) unsortiertes Nadelschnittholz *n*, u/s-Ware *f*
~ **tree** Plusbaum *m*; Elitebaum *m*
selectifier screen Drucksortierer *m*, Druckseparator *m*, Vertikalsichter *m* (Papierherstellung)
selection felling Plenterhieb *m* (Holzernte)
selective logging selektiver Einschlag (Holzeinschlag) *m*
self adhesive Selbstkleber *m*, Haftklebstoff *m*, Haftkleber *m*
~-**adhesive tape** Selbstklebeband *n*, Haftklebeband *n*
~-**bonding** Eigenverklebung *f*
~-**centreing chuck** selbstzentrierendes Dreibacken[spann]futter *n*
~-**closing feature** Selbstschließvorrichtung *f* (Türbeschlag)
~-**closing hinge** Scharnier *n* mit Zuhaltung
~-**drilling screw** Schraube (Holzschraube) *f* mit Schneidspitze
~-**ignition** Selbstentzündung *f* (z. B. von Holzspänen)
~-**pruning** natürliche Astreinigung *f*, Schaftreinigung *f*
semi-... *s. a.* half-...
semi-bleached pulp halbgebleichter Zellstoff *m*
~-**chemical pulp** halbchemischer Zellstoff *m*, Halbzellstoff *m*
~-**chemical pulping** halbchemischer Aufschluß *m*, chemomechanischer Holzaufschluß *m*, Halbzellstoffaufschluß *m*
~-**circular head** Halbrundbogen *m*, Rundbogen *m* (Fensterrahmen, Türrahmen)
~-**concealed hinge** halbverdecktes Scharnier *n*
~-**diffuse-porous** halbzerstreutporig (Holz)
~-**dry [production] process** Halbtrockenverfahren *n*, Semidry-Verfahren *n* (der Faserplattenherstellung)
~-**finished sawn wood** halbvergütetes Schnittholz *n*
~-**gloss varnish** Halbglanzlack *m*
~-**hard wood** halbhartes Holz *n*
~-**micropyrolysis** Halbmikropyrolyse *f*
~-**processor** Teilaufarbeitungskombine *f*
~-**ring-porous** halbringporig (Holz)
~-**ring-porousness** Halbringporigkeit *f*
~-**trailer** Satteanhänger *m*, aufgesattelter Anhänger *m*
~-**transparent stain** Beizlasur *f*, lasierende Holzbeize *f*
Senegal prickly-ash Zanthoxylum senegalense, Fagara zanthoxyloides (Holzart)
Sepa hinge Sepascharnier *n*
separated joint offene Decklagenfuge *f* (in Sperrholz)
separator Separator *m*, Opener *m* (Zellstofferzeugung)
sepetir 1. Sepetir *n*, SEP, (bes.) Sindora coraceae (Holzart); 2. *s.* ~ paya
~ **paya** Sepetir *n*, SEP, Copaifera (Pseudosindora) palustris (Holzart)
septate septiert, gekammert, gefächert (z. B. Holzfaser)
September elm Ulmus serotina (Holzart)
sequence of fellings Schlagordnung *f*, Hiebsfolge *f* (Holzernte)
sequoia 1. Mammutbaum *m*, Sequoie *f*, Wellingtonia *f* (Gattung Sequoia); 2. Küstensequoie *f*, Sequoie *f*, Küstenmammutbaum *m*, Kalifornisches Redwood *n*, RWK, Sequoia sempervirens
Serbian spruce Omorikafichte *f*, Serbische Fichte *f*, Picea omorika
serge Serge *f(m)* (Möbelbezugsstoff)
serial-produced chair Serienstuhl *m*
seriate in Reihen angeordnet, seriell, schichtig (Holzstrahl)
sericulture Seidenraupenzucht *f*
series furniture Serienmöbel *npl*
serpentine front geschweifte Front (Möbelfront) *f*
~ **marble** schlangenhautähnliche Marmormalerei *f*
~ **spring** Schlangenfeder *f*, Zickzackfeder *f* (Polsterfeder)
serrated [wire] nail head geriffelte Nagelkopffläche *f*
service-berry Felsenbirne *f* (Gattung Amelanchier)
~ **stair** untergeordnete Treppe *f*
~-**tree** 1. Eberesche *f* (Gattung Sorbus); 2. Zahme Eberesche *f*, Speierling *m*, Sorbus domestica; 3. Elsbeere *f*, Ruhrbirne *f*, Sorbe *f*, Sorbus torminalis
serving cart *s.* ~ trolley
~ **commode** *s.* sideboard
~ **table** Serviertisch *m*
~ **trolley** Servierwagen *m*, Stummer Diener *m*
sesbania Turiholz *n*, Sesbania grandiflora
sesquiterpene Sesquiterpen *n* (Holzinhaltsstoff)
sesquiterpenoid Sesquiterpenoid *n*
sessile oak Traubeneiche *f*, Wintereiche *f*, Späteiche *f*, Quercus petraea (sessiliflora)
set/to 1. schränken (Sägezähne); 2. [ver]senken

(Nagelköpfe); 3. abbinden *(Klebschicht)*
~ **out/to** [an]reißen, aufreißen, zureißen, anzeichnen *(ein Werkstück)*
set 1. Zahnschrank *m*, Schränkung *f*, Schrank *m* *(einer Säge)*; 2. *s.* nail-punch
~ **of furniture** Möbelgarnitur *f*
~ **of seat furniture** Sitz[möbel]garnitur *f*
~ **size** Sollmaß *n* *(z. B. von Schnittholz)*
sett Nachläuferzug *m* *(Langholztransport)*
~ **of timber** Langholzladung *f*
settee Sofabank *f*, Kanapee *n*, Polster[sitz]bank *f*, Sitzbank *f*
setting Abbinden *n* *(z. B. von Klebstoffen)*
~ **anvil** Schränkamboß *m*
~ **hammer** Schränkhammer *m*
~ **machine** Schränkmaschine *f*
~ **strength** Abbindefestigkeit *f*
~ **sun** *s.* rising sun
~ **temperature** Abbindetemperatur *f*
~ **time** Abbindezeit *f*
~ **tool** Schränkwerkzeug *n*
~~**up** 1. Ästung *f*, Aufästen *n*, Aufastung *f*; 2. Bebeilen (Abbeilen) *n* des Baumfußes; 3. Vorarbeiten *fpl (Harzgewinnung)*
settle Sitzbank (Ruhebank) *f* mit Lehne; Kastensitzbank *f*
settling tar Absetzteer *m (Holzdestillation)*
severe check großer Riß *m*, tiefer Riß *m* *(Holzgütemerkmal)*
sewing box Nähkasten *m*, Nähkästchen *n*
~ **chest of drawers** Nähkommode *f*
~ **table** Nähtisch *m*, Handarbeitstischchen *n*
sex dimorphism Sexualdimorphismus *m*, Geschlechtsdimorphismus *m*
sexual stage (state) Hauptfruchtform *f*, Perfektstadium *n* *(bei Pilzen)*
SGW *s.* stone groundwood
shadbush Felsenbirne *f (Gattung Amelanchier)*
shadow guide device Richtlichtgerät *n*
shaft 1. Deichsel *f*; 2. Welle *f* *(Maschinenelement)*
shaftwood Deichselholz *n*
shagbark 1. Pithecellobium micradenium *(Holzart)*; 2. *s.* ~ hickory
~ **hickory** Schuppenrindenhickory *m(f)*, Weißer Hickory *m*, Schindelrindige Hickory *f*, Carya ovata (alba)
shagreen Chagrin[leder] *n*
shake 1. [tangentialer] Riß *m*; Ringriß *m*; Kernriß *m*; Luftriß *m*; 2. Spaltschindel *f*; Langschindel *f*; 3. *s.* stave 1.; 4. *s.* shook 1.
Shaker furniture Shaker-Möbel *npl*
~ **knob** Shaker-Möbelknauf *m*
shaky rissig; schälrissig
shamel ash Fraxinus uhdei *(Holzart)*
shank cutter Schaftfräser *m*
shaped part Formteil *n*
shaper *s.* 1. shaping machine; 2. spindle moulder
shaping machine Mehrseitenfräsmaschine *f*, Kehlmaschine *f*
~ **press** Formpresse *f*
share of early wood Frühholzanteil *m*
~ **of late wood** Spätholzanteil *m*
sharpening angle Keilwinkel *m (des Sägezahns)*

~ **machine** Schärfmaschine *f*
~ **stone** Abziehstein *m*
~ **vice** Schärfkluppe *f*
sharpness angle *s.* sharpening angle
Shasta [red] fir Shasta-Tanne *f*, Abies magnifica var. shastensis
shave Ziehmesser *n*, Reifmesser *n*, Zugschäler *m*
~ **hook** Leimkratzer *m*
~ **knife** Schälmesser *n*, Furnierschälmesser *n*
shaving Span *m*, Hobelspan *m*, Handhobelspan *m*
~ **board** Hobelspanplatte *f*
~ **table** Rasiertisch *m*
shavings Hobelspäne *mpl*
she-balsam [Nordamerikanische] Balsamtanne *f*, Abies balsamea
~~**oak** Casuarina fraseriana *(Holzart)*
~~**pine** Podocarpus elata *(Holzart)*
shear Scherung *f*, Schub *m*
~ **centre** Schubmittelpunkt *m*
~ **connector** Scherdübel *m (Holzbau)*
~ **failure** Scherbruch *m*
~ **force** Scherkraft *f*
~ **fracture** Scherbruch *m*
~ **load** Scherbeanspruchung *f*
~ **modulus** Schubmodul *m*, Gleitmodul *m*, G
~ **plate** Stegverstärkungsplatte *f*
~ **strain** Scherverformung *f*, Scherverschiebung *f*, Scherdehnung *f*
~ **strength** Scherfestigkeit *f*
~ **strength across the grain** Scherfestigkeit *f* quer zur Faserrichtung
~ **strength parallel to the grain** Scherfestigkeit *f* in Faserrichtung
~ **strength perpendicular to the plane of the board** Scherfestigkeit *f* quer zur Plattenebene *(Spanplattenprüfung)*
~ **stress** Schubspannung *f*, Scherspannung *f*, τ
~ **test** Scherprüfung *f*
shearing ... *s.* shear ...
sheath cell Scheidenzelle *f (Holzanatomie)*
sheathe/to verschalen, verkleiden; verbrettern
sheathed truss Binderscheibe *f*
sheathing Verkleidung *f (Holzbau)*; Bretterverkleidung *f*
shed Schuppen *m*, Holzschuppen *m*
~ **door** Schuppentür *f*
~ **dormer** Schleppgaube *f*, durchgehende Gaube *f*
~ **roof** Pultdach *n*; Sheddach *n*, Sägedach *n*
~ **roof rafter** Pultdachsparren *m*
~ **seasoning** Schuppentrocknung *f (von Schnittholz)*
sheet Bogen *m*, Blatt *n (Furnier, Papier)*; Fell *n (Kautschukaufbereitung)*
~ **calender** Bogenkalander *m (Papierherstellung)*
~ **cleanliness** Bogenreinheit *f*, Bogenreinheitsgrad *m*
~ **formation** Vliesbildung *f (Faserplattenherstellung)*; Blattbildung *f (Papierherstellung)*
~~**forming device** Bogenschneidvorrichtung *f*
~ **material** Plattenwerkstoff *m*
~ **of veneer** Furnierblatt *n*

sheet

~ **opacity** Bogenopazität *f*, Blattundurchsichtigkeit *f (Papierherstellung)*
~ **pile** Spundbohle *f*
~-**pile wall** Spundwand *f*
~ **property** Bogeneigenschaft *f*, Blatteigenschaft *f (Papierherstellung)*
~ **size** Plattengröße *f*
~ **strength** Blattfestigkeit *f*
shelf Regal *n*, Bord *n*; Regalbrett *n*, Einlegeboden *m*, Fachbrett *n*; Schrankfach *n*
~ **alcove** Wandbrettnische *f*
~ **board** Regalbrett *n*, Einlegeboden *m*, Fachbrett *n*
~ **bottom** Regalboden *m*
~ **bracket** Regalkonsole *f*
~ **complex** Regalsystem *n*
~ **construction** Regalbau *m*
~ **life** Lagerbeständigkeit *f*, Lagerdauer *f*, Haltbarkeit *f (z. B. eines Klebstoffes)*
~ **support** Bodenträger *m*; Regalbretthalter *m*
~ **system** Regalsystem *n*
shell Gestell *n*; Möbelgestell *n*, Korpus *n(m)*
~-**bark** 1. Schuppenborke *f*; 2. *s*. ~-bark hickory
~-**bark hickory** 1. Schuppenrindenhickory *m(f)*, Weißer Hickory *m*, Schindelrindige Hickory *f*, Carya ovata (alba); 2. Königsnuß *f*, Carya laciniosa (sulcata)
~ **bit** Löffelbohrer *m*, Bürstenholzbohrer *m*
~ **bodkin** gekrümmtes Stecheisen *n (des Korbmachers)*
~ **carving** Muschelschnitzerei *f*, Muschelornament *n*
~ **chair** Schalensessel *m*
~ **gold** Muschelgold *n (Vergolden)*
~ **rot** Splintfäule *f*
shellac/to mit Schellack behandeln
shellac Schellack *m (Harzprodukt)*
~ **polish** Schellackpolitur *f*
~ **solution** Schellacklösung *f*
~ **stick** Stocklack *m*, Zopfschellack *m*
~ **varnish** Schellacklack *m*, Schellackfirnis *m*
shellack *s*. shellac
shelling Jahrringspaltung *f*
shelterwood felling Schirmschlag *m*, Schirmhieb *m (Holzernte)*
~ **strip felling** Schirmsaumschlag *m*, Schirmstreifenhieb *m*
shelving system Regalsystem *n*
Sheraton [style] Sheraton-Stil *m (Möbelstil)*
shide Scheit *n*, Holzscheit *n*
shim [washer] Distanzring *m (z. B. einer Fräserkombination)*
shingle/to verschindeln, mit Schindeln decken
shingle Schindel *f*, Holzschindel *f*; Dachschindel *f*
~ **bolt** Schindel[holz]block *m*
~ **maker** Schindelhersteller *m*, Schindelmacher *m*, Holzschindelmacher *m*, Schindelspalter *m*
~ **mill** Schindelfabrik *f*, Schindelmacherei *f*, Schindelwerk *n*
~ **nail** Schindelnagel *m*
~ **oak** Schindeleiche *f*, Glanzeiche *f*, Quercus imbricaria
~ **roof** Schindeldach *n*

~ **row spacing** Schindelreihenabstand *m*
~ **saw** Schindelsäge *f*
~ **stain** Holzschindelbeize *f*
~ **tip** Schindelkopfende *n*
~ **wall** Schindelwand *f*
shingler 1. Schindelleger *m (Arbeiter)*; 2. Schindel[herstellungs]maschine *f*
shinglewood 1. Schindelholz *n*; 2. Nectandra leucantha *(Holzart)*
shingling Verschindeln *n*, Verschindelung *f*
~ **hatchet** Lattbeil *n*, Schindel[leger]hammer *m*
shingly 1. schindelgedeckt, schindelbedeckt; 2. schindelartig
shining cypress Scheinzypresse *f (Gattung Chamaecyparis)*
~ **gum** Eucalyptus nitens *(Holzart)*
ship building timber Schiffs[bau]holz *n*, Bootsbauholz *n*
~ **carpentry** Schiffszimmerei *f*
~ **carver** Schiffsschnitzer *m*
~ **furniture** Schiffsmöbel *npl*
~ **timber** Schiffs[bau]holz *n*, Bootsbauholz *n*
~-**timber beetle** Schiffswerftkäfer *m*, Haarwurm *m*, Lymexylon navale
~-**worm** Holzbohrmuschel *f*, Bohrmuschel *f*, Schiffsbohrwurm *m*, Pfahlwurm *m*, Teredo navalis
shiplap/to Stülpschalung anbringen, als Stülpschalung verbrettern
shiplap [cladding] Stülpschalung *f*
shiplapped drop siding gefalztes Stülpschalungsbrett *n*; gefalzte Stülpschalung *f*
shipper Befrachter *m*, Verschiffer *m*, Verlader *m (Holzhandel)*
shipping-dry verladetrocken, verschiffungstrocken, halbtrocken *(Holzfeuchtebegriff)*
ship's carpenter, shipwright Schiffszimmermann *m*, Schiffszimmerer *m*
shittah [tree] Acacia vera *(Holzart)*
shittim [wood] 1. Bumelia lanuginosa *(Holzart)*; 2. Purgierfaulbaum *m*, Rhamnus purshianus; 3. Carolina-Schneeglöckchenbaum *m*, Vierflügeliger Schneeglöckchenbaum *m*, Halesia carolina
shive Spund *m*, Faßspund *m*, Faßverschluß *m*
shives Schäben *fpl*; Flachsschäben *fpl*
shock resistance, ~ resisting ability Bruchschlagfestigkeit *f*, Schlagfestigkeit *f (Holzprüfung)*
shoe Schwelle *f*, Schwellbalken *m*, Schwellriegel *m*, Grundholz *n*
~ **cabinet** Schuhschrank *m*
~ **heel** Schuhabsatz *m*
~ **last** Schuhleisten *m*, Leisten *m*
~ **rack** (rail) Schuhrost *m*, Schuhgestell *n*
~-**string fungus** Hallimasch *m*, Honigschwamm *m*, Armillaria (Armillariella) mellea *(Holzschädling)*
~-**tree** Schuhleisten *m*, Leisten *m*; Schuhspanner *m*
shook 1. Kistenteile *npl*, [zugeschnittenes und verpacktes] Kistenholz *n*; [zugeschnittenes und verpacktes] Daubenholz *n*; 2. Zerlegtmöbel

170

npl, Selbstbaumöbel *npl*
shoot/to 1. geradehobeln, planhobeln, abrichten *(Kanten oder Fugen)*; 2. sprossen, sprießen
shoot Sproß *m (z. B. von Gehölzen)*
shooting board Stoßlade *f*
~ plane Schlichthobel *m*
shop counter Ladentisch *m*
~ counter top Ladentischplatte *f*
~ fittings (furniture) Ladenmöbel *npl*
~ knife Arbeitsmesser *n (des Korbmachers)*
~ lumber *(Am)* Werkstättenschnittholz *n*
~-window Schaufenster *n*
shore pine Drehkiefer *f*, Pinus contorta
short-boled kurzschäftig, kurzstämmig
~-branched kurzästig
~-cycle laminating plant Kurztaktbeschichtungsanlage *f*
~-cycle press Kurztaktpresse *f*
~ ends Kürzungslängen *fpl*, Kürzungen *fpl*
~ fibre fraction Kurzfaserfraktion *f*, Kurzstofffraktion *f*, Staub *m (Holzstofferzeugung)*
~-fibred pulp Faserkurzstoff *m*
~ grain angeschnittene Faser *f*
~-leaf pine 1. Amerikanische Kiefer *f*, Glattkiefer *f*, Pinus echinata; 2. *s.* loblolly pine
~-log deck Schichtholzpolter *m(n)*
~ logger Kurzholzsattelzug *m*, Schichtholzsattelzug *m*
~ measure Untermaß *n*
~ oil varnish magerer (ölarmer) Lack *m*
~ pitwood (props) Grubenkurzholz *n*, Stempelholz *n*
~-stemmed kurzstämmig, kurzschäftig
~ timber Kurzholz *n*, Schichtholz *n*
~ timber truck Kurzholzwagen *m*
shorts Kürzungsware *f*, kurze Sägeware *f*, Kürzungsmaterial *n*, Kurzlängen *fpl*, Enden *npl*, Stumpenbretter *npl*
shortwood Kurzholz *n*, Schichtholz *n*
~ harvester Kurzholzvollerntemaschine *f*
~ logging [system] 1. Sortimentsmethode *f*, sortimentsweises (sortenweises) Rücken *n*; 2. *s.* ~ method
~ method Kurzholzverfahren *n (der Rohholzbereitstellung)*
~ trailer Kurzholzanhänger *m*
shot hole Schußloch *n (Holzfehler)*
~-hole borer Borkenkäfer *m*, Splintkäfer *m (Familie Scolytidae = Ipidae)*
shoulder/to absetzen
shoulder Absatz *m (Holzverbindung)*
~ cutter *s.* tenoner
shovel handle Schaufelstiel *m*
show-case Schaukasten *m*
~-window Schaufenster *n*
shower cabinet Duschkabine *f*
showwood Wertholz *n*
shrine Schrein *m*
shrink/to schwinden, schrumpfen
shrink foil wrapping machine Schrumpffolien-Verpackungsmaschine *f*
shrinkage Schwindung *f*, Schwinden *n*, Schrumpfung *f (Holzverhalten)*

~ anisotropy Schwindungsanisotropie *f*
~ behaviour Schwindverhalten *n*
~ crack Schwind[ungs]riß *m*, Schwundriß *m*
~ figure Schwindmaß *n*; differentielle Schwindung *f*
~ parallel to the grain Schwindung *f* in Faserrichtung, Längsschwindung *f*, Longitudinalschwindung *f*, β_1
~ ratio *s.* ~ figure
~ reduction Schwindungsverringerung *f*
~ shake *s.* ~ crack
~ tendency Schwind[ungs]neigung *f*
~ value *s.* ~ figure
shrub Strauch *m*
shudder/to flattern *(Sägeblatt)*
Shumard oak Shumard-Eiche *f*, Quercus shumardii
shute/to *s.* shoot/to 1.
shutter/to Fensterläden anbringen; mit Rolläden versehen
shutter Fensterläden *m*, Klappladen *m*; Rolladen *m*
~ cabinet Rollschrank *m*
~ door Jalousietür *f*
shuttering Schalung *f*, Betonschalung *f*
~ board Schalbrett *n*
~ panel Schal[ungs]platte *f*, Schaltafel *f*
shutting joint Mittelschluß *m (der Doppeltür)*
shuttle Webschützen *m*, Web[er]schiffchen *n*
Siam benzoin Styrax tonkinensis *(Holzart)*
~ benzoin gum Siambenzoeharz *n (von Styrax tonkinensis)*
siaresinolic acid Siaresinolsäure *f (Harzsäure)*
Siberian elm Sibirische Ulme *f*, Ulmus pumila
~ fir Sibirische Tanne *f*, Abies sibirica
~ larch Sibirische Lärche *f*, LAS, Larix sibirica
~ pine Sibirische Zirbel[kiefer] *f*, Pinus [cembra var.] sibirica
~ spruce Sibirische Fichte *f*, Altaifichte *f*, Picea obovata
~ white fir Mandschurische (Nierenschuppige) Tanne *f*, Abies nephrolepis
sibirene Sibiren *n (Sesquiterpen)*
sibukau *s.* sapan caesalpinia
Sicilian fir Sizilianische Tanne *f*, Abies nebrodensis
side/to 1. vierkantig [zu]schneiden *(Holz)*; 2. seitlich glatthobeln
side Seite *f (z. B. eines Furniers)*; Breitseite *f (eines Brettes)*
~ axe Beschlagbeil *n*
~ board Seitenbrett *n (Holzsortiment)*
~ board production Seitenbretterzeugung *f*
~ board sorting Seitenbrettsortierung *f*
~ boards Seitenmaterial *n*, Seitenware *f*
~ compression Querdruckbelastung *f*
~-cutting pliers Seitenschneider *m*
~-door Seitentür *f*, Nebentür *f*
~ dresser Egalisierapparat *m*; Handegalisierapparat *m*
~ dressing Egalisieren *n (von Sägezähnen nach dem Schränken)*
~ filing Feilegalisieren *n (von Sägezähnen nach dem Schränken)*
~ friction Mantelreibung *f (eines*

side

Gründungspfahls)
~-grain nailing Querfasernagelung *f*
~ lumber *(Am)* Seitenmaterial *n*, Seitenware *f*
~-plate angle Brustwinkel *m*, Frontwinkel *m* (des Sägekettenzahns)
~ purlin Mittelpfette *f*
~ rail Längsrahmenholz *n*
~-run Nebenbahn *f (Papierherstellung)*
~ stud Seitenstütze *f (Holzbau)*
~-table Beistelltisch *m*
~ tenon Seitenzapfen *m*
sideboard Sideboard *n*, Anrichte *f*, Büfett *n*, Kredenz *f*
sidelight verglaste Seitenöffnung *f*, verglastes Seitenteil *n (Tür, Fenster)*
sidewise bucking einzelstückweiser Einschnitt *m* nach Langholz-Querzuführung
siding 1. Zuschneiden *n*, Zusägen *n*; 2. Seitenbrett *n*; Schwarte *f*, Rundschwarte *f*; Schal[ungs]brett *n*, Wandschalungsbrett *n*; 3. Schalung *f*, Verschalung *f*, Stülpschalung *f*; Verbretterung *f*; Außenbekleidung *f*
~ machine Brettschneidemaschine *f*
~ mill Brettsägewerk *n*, Brettermühle *f*
~ shingle Wandschindel *f*
Sidney blue gum Eucalyptus saligna *(Holzart)*
Siebold's filbert Siebolds Hasel *f*, Japanische Hasel[nuß] *f*, Corylus sieboldiana var. sieboldiana
~ beech Japanische Buche *f*, Fagus crenata (sieboldii)
Sierra Leone gum copal Copaifera copallifera *(Holzart)*
sieve area Siebfeld *n (Holzanatomie)*
~ cell Siebzelle *f (Holzanatomie)*
~ cell ultrastructure Siebzellenultrastruktur *f*
~ element Siebelement *n*
~ field Siebfeld *n*
~ pit Siebtüpfel *m(n)*
~ pitting Siebtüpfelung *f*, siebartige Tüpfelung *f*
~ plate Siebplatte *f*
~ tube Siebröhre *f*
~ tube element Siebröhrenglied *n*
~ tube member Siebteil *n*, Phloem *n*
sight for straightness/to fluchten
sight size Sichtfläche *f*, lichtdurchlässige Fläche *f (Fenster)*
silica body (grain) Siliciumkörper *m*, Siliciumpartikel *n (in Holz)*
silicic acid Kieselsäure *f (Holzbestandteil)*
silicification Verkieselung *f (z. B. von Holz)*
silicified wood verkieseltes Holz *n*, Kieselholz *n*
silicon carbide Siliciumcarbid *n (Schleifmittel)*
~ tetrachloride Siliciumtetrachlorid *n (Holzschutzmittel)*
silk cotton Seidenbaumwolle *f*, Kapok *m* (bes. von Ceiba pentandra)
~-cotton family Wollbaumgewächse *npl (Familie Bombacaceae)*
~-cotton tree Kapokbaum *m*, Baumwollbaum *m*, Wollbaum *m*, Ceiba *f*, CEI, Ceiba pentandra
~ culture Seidenraupenzucht *f*
~ oak *s.* silky oak
~ tree Schlafbaum *m*, Federbaum *m*, Persische Akazie *f*, Albizia julibrissin

172

silky celtis Celtis philippinensis *(Holzart)*
~ oak 1. Australische Silbereiche (Seideneiche) *f*, Grevillea robusta; 2. Cardwellia sublimis *(Holzart)*
sill 1. Sohl[en]holz *n*, Unterlagsholz *n*; Sohlbank *f*, Unterzug *m*; 2. Türschwelle *f*, Anschlagschwelle *f*; 3. *s.* ~ plate
~ anchor Schwellenanker[bolzen] *m*; Steinfalle *f*, Ankereisen *n*; Anker *m*, Schlauder *m*
~ bead Fenster[ab]dichtungsstreifen *m*
~-beam *s.* ~ plate
~ of framework Fachwerkschwelle *f*
~ plate Schwelle *f*, Schwellbalken *m*, Schwellriegel *m*, Grundholz *n*
sillboard Fensterbrett *n*
silver beech Nothofagus menziesii *(Holzart)*
~ birch Sandbirke *f*, Weißbirke *f*, Hängebirke *f*, Betula pendula (alba)
~ chain [Gewöhnliche] Robinie *f*, Heuschreckenbaum *m*, Scheinakazie *f*, Falsche Akazie *f*, Robinia pseudoacacia
~-dollar tree Eucalyptus cinerea *(Holzart)*
~ figure Spiegeltextur *f*, Spiegelzeichnung *f (von Messerfurnieren)*
~ fir 1. [Nordamerikanische] Balsamtanne *f*, Abies balsamea; 2. Weißtanne *f*, Tanne *f*, TA, [Europäische] Edeltanne *f*, Abies alba (pectinata)
~ fir bark-beetle [Kleiner] Tannenborkenkäfer *m*, Cryphalus piceae
~ furniture Silbermöbel *npl*, silberverzierte (silberbeschlagene) Möbel *npl*
~ grain *s.* ~ figure
~ greywood Terminalia bialata *(Holzart)*
~ leaf Blattsilber *n*
~-leaf poplar Silberpappel *f*, Weißpappel *f*, Populus alba
~ linden Silberlinde *f*, Tilia tomentosa (argentea)
~ maple Silberahorn *m*, Weißer Ahorn *m*, Acer saccharinum
~ paint Silberbronze *f*, silberfarbene Bronze[farbe] *f*
~ powder Silberpulver *n (Vergolden)*
~ spruce 1. Stechfichte *f*, Blaufichte *f*, Picea pungens; 2. *s.* Sitka spruce; 3. *s.* Engelmann spruce
~ wattle [Australische] Silberakazie *f*, Weißliche Akazie *f*, Acacia dealbata
silvertop ash Eucalyptus sieberiana *(Holzart)*
silverwood *s.* harewood 1.
silvichemical Silvichemikalie *f (aus Holzbegleitstoffen gewonnene chemische Substanz)*
Simmental house Simmental-Haus *n (Holzarchitektur)*
simple curvature Einschnürigkeit *f*, Krummschäftigkeit *f* in einer Ebene
~ lap joint einfache Überblattung *f*, rechtwinklige Brüstung *f (Holzbau)*
~ perforation plate einfache (offene) Enddurchbrechung *f (eines Gefäßgliedes)*
~ pit einfacher Tüpfel *m (Holzanatomie)*
~ shake einfacher Kernriß *m (Holzfehler)*
~ solid column einteiliger Stab *m (Holzbau)*
simulated watermark unechtes Wasserzeichen *n*

(in Papier)
simultaneous rot Simultanfäule *f*
sinapyl alcohol Sinapinalkohol *m*, Sinapylalkohol *m (Ligninbaustein)*
single-bine twist turning eingängige Windung *f*, Schlangenwindung *f (Drechselei)*
~**-bit[ted] axe** einschneidige Axt *f*
~**-blade circular sawing machine** Einblattkreissäge[maschine] *f*
~**-blade edging circular sawing machine** Einblatt-Besäumkreissäge[maschine] *f*
~**-blade frame sawing machine** Einblattgattersägemaschine *f*, Seitengattersägemaschine *f*
~**-blade non-stroke circular sawing machine** hublose Einblattkreissäge[maschine] *f*
~**-blade stroke circular sawing machine** Einblatthubkreissäge[maschine] *f*
~**-bladed axe** einschneidige Axt *f*
~ **bridging** einfache Querbalkenüberdeckung *f*
~**-cell protein** Einzellerprotein *n*
~ **cogged joint** einfache Kammverbindung *f*, einfacher Kamm *m (Holzbau)*
~**-cut file** einhiebige Feile *f*
~**-daylight heated press** Einetagenheißpresse *f (Faserplattenherstellung)*
~**-daylight press** Einetagenpresse *f*
~**-disk pressurized refiner** Einscheibendruckrefiner *m (Zellstofferzeugung)*
~**-disk refiner** Einscheibenrefiner *m (Zellstofferzeugung)*
~ **dovetail halved joint** einseitig schwalbenschwanzförmiges Blatt *n*, halbes Weißschwanzblatt *n*
~**-edged** einschneidig *(z. B. ein Fräswerkzeug)*
~**-end tenoner (tenoning machine)** einseitige Zapfenschneidmaschine *f*
~**-face corrugated paperboard** einseitige (einlagige) Wellpappe *f*
~ **fibre** Einzelfaser *f*
~ **floor[ing]** Einfelddecke *f*, einfache Deckenbalkenlage *f*
~**-flute cutter** einschneidiger Fräser *m*
~**-glazed** einfachverglast
~ **glazing** Einfachverglasung *f*
~**-grip harvester** Greifprozessor *m (Holzernte)*
~**-hung window** Einflügelhubfenster *n*; Einflügelschiebefenster *n*
~ **iron** einfaches Eisen (Hobeleisen) *n*, Einfachmesser *n*
~**-layer particleboard** Einschicht[span]platte *f*
~**-leaf pinyon** Nußkiefer *f*, Pinus monophylla
~**-leaf woodcut** Einblattholzschnitt *m*
~ **nailing** Einfachnagelung *f*, einreihige Nagelung *f*
~**-pane window** Einfachscheibenfenster *n*
~**-pitch roof** einseitiges Dach *n*, Pultdach *n*
~**-pole scaffold** einreihiges Stangengerüst *n*
~**-purpose axe** Einzweckaxt *f*
~ **reed** einfaches Blatt (Rohrblatt) *n (in Holzblasinstrumenten)*
~ **roof** [einfaches] Sparrendach *n*
~**-roof hall house** Einach-Hallenhaus *n (Holzarchitektur)*
~**-sashed window** Einfachfenster *n*

~**-shear nailed joint** einschnittige Nagelverbindung *f*
~**-sided edge banding machine** einseitige Kantenanleimmaschine *f*
~**-spindle boring machine** Einspindelbohrmaschine *f*
~**-spindle interlocking machine** Einspindelzinken[fräs]maschine *f*, einspindlige Zinken[fräs]maschine *f*
~**-spindle moulding machine** einspindlige Tischfräsmaschine *f*
~**-stage bleach[ing]** einstufige Bleiche *f*, Einstufenbleiche *f (von Faserstoffen)*
~**-stage process** Einstufenverfahren *n (z. B. der Holzschlifferzeugung)*
~**-step joint** Stirnversatz *m (Holzverband)*
~ **through dovetail joint** Schwalbenschwanzzapfen *m* als Rahmeneckverbindung
~**-tree assortment table** Sortentafel *f* für den Einzelstamm
~ **unit** Einzelmöbel[stück] *n*, Solitärmöbel[stück] *n*
~**-wall corrugated paperboard** einwellige (zweiseitige) Wellpappe *f*
singulation Vereinzelung *f (von Langholz)*
singulator Vereinzeler *m*
sink Spültisch *m*
sinker 1. Senkholz *n*, Sinkholz *n* (beim Holztransport durch Triften); 2. Senker *m*, Senkerwurzel *f (der Mistel)*
sinking 1. Vertiefung *f*, Ausnehmung *f*; 2. s. ~ in
~ **in** Mattwerden *n* der Decklackschicht
sinuate pear [tree] borer 1. [Gebuchteter] Birnbaumprachtkäfer *m*, Agrilus sinuatus; 2. Blitzwurm *m*, Birnbaumprachtkäferlarve *f*
sinuous spring Schlangenfeder *f*, Zickzackfeder *f (Polsterfeder)*
sisal fibre Sisalfaser *f (Polstermaterial)*
sissoo Sissoo *n*, Sissu *n*, Shisham *n*, Ostindisches Rosenholz *n*, Dalbergia sissoo
SIT. SPR *s.* Sitka spruce
sitar Sitar *m (Gitarreninstrument)*
site screen Bauzaun *m*
Sitka alder Alnus sinuata *(Holzart)*
~ **cypress** Nutkascheinzypresse *f*, Gelbzeder *f*, Chamaecyparis nootkatensis
~ **spruce** Sitkafichte *f*, FIS, Picea sitchensis
sitosterin *s.* sitosterol
sitosterol Sitosterol *n*, Sitosterin *n (Holzinhaltsstoff)*
sitting room ... *s.* living room ...
six-dentated engraver beetle, ~-toothed spruce bark-beetle Kupferstecher *m*, Sechszähniger Fichtenborkenkäfer *m*, Pityogenes (Ips) chalcographus
~**-stage bleaching** Sechsstufenbleiche *f (Papierherstellung)*
size 1. Größe *f*; Abmessungen *fpl*; Format *n*; 2. Leimtränke *f*; Leim *m (Papierherstellung)*; Kleister *m*
~ **class** Stärkeklasse *f*, Stammklasse *f (Holzmessung)*
~ **consistency** Maßhaltigkeit *f (z. B. von*

size

Schnittholz)
~ **cutting optimization** Zuschnittoptimierung *f*
~ **press** Leimpresse *f (der Langsiebmaschine)*
~ **press coating** Leimpressenstrich *m*
sized paper geleimtes Papier *n*
sizing Leimen *n*, Leimung *f (Papierherstellung)*
~ **agent** Leim[ungs]stoff *m*, Leimungsmaterial *n*
~ **circular saw** Formatkreissäge *f*
~ **saw** Formatsäge *f*
~ **tool** Kalibrierstahl *m (Drechselwerkzeug)*
skatole Skatol *n (Alkaloid)*
skein Flechtschiene *f*, gespaltene Weidenrute *f*
skeletal hypha Skeletthyphe *f*
~ **structure** Skelettstruktur *f*
skeleton [framework] Skelett *n*; Gestell *n*, Gerüst *n*; Möbelgestell *n*, Korpus *n(m)*
~ **substance** Gerüstsubstanz *f (Holzanatomie)*
skep Kiepe *f*, Tragkorb *m*
skew chisel Seitenbeitel *m*; Schlichtstahl *m*, Drehmeißel *m* zum Schlichten
~ **fillet** Aufschiebling *m (Dachstuhlbau)*
~ **nailing** Schrägnagel *n*; Stichnagel *n*
skewerwood Pfaffenhütchen *n*, Pfaffenkäppchen *n*, Mischelesholz *n*, Euonymus europaeus
ski Ski *m*, Schi *m*, Schneeschuh *m*
skid/to [aus]rücken; schleifrücken; anrücken, vorführen *(Holztransport)*
skid *s.* sticker
skid chain Rückekette *f*, Schleifrückekette *f*
~ **road (trail)** *s.* skidding lane
skidder Rückeschlepper *m*, Rücketraktor *m*, Skidder *m*, Schleifrücker *m*
~ **track** *s.* skidding lane
skidding Rücken *n*, Ausrücken *n*; Schleif[rück]en *n*, Ziehen *n*, Streifen *n*; Anrücken *n*, Vorlieferung *f*, Vorführen *n*
~ **cap** Rückehaube *f*, Schlepphaube *f*
~ **damage** Rückeschaden *m*
~ **equipment** Rückeausrüstung *f*
~ **grapple** Rückezange *f*
~ **lane** Rückegasse *f*, Rückeweg *m*, Schleifweg *m*; Rückeschneise *f*
~ **line** Rück[e]linie *f*, Anrücklinie *f*
~ **means** Rückemittel *npl*, Rückeaggregate *npl*
~ **method** Rückeverfahren *n*
~ **pan** Rückepfanne *f*
~ **scars** Rückeschaden *m*
~ **shoe** Rückepfanne *f*
~ **tongs** Rückezange *f*
~ **tractor** *s.* skidder
~ **unit** Rückezug *m*
~ **winch** Rückewinde *f*
skin for upholstery Polsterleder *n*
~ **glue** Hautleim *m*
~-**stress panel** Tragwerkplatte *f*
skippet [hölzerne] Siegelkapsel *f*
skirt *s.* string board
skirting[-board] Fußleiste *f*, Sockelleiste *f*, Scheuerleiste *f*
skittle Kegel *m (Sportgerät)*
~ **alley** Kegelbahn *f*
skiverwood *s.* skewerwood
skylight Dachluke *f*; Dach[flächen]fenster *n*
skyline Tragseil *n (Seilkranbringung)*
~ **cable logging** Seilkranbringung *f*,

Freischwebend-Verfahren *n* der Seilbringung
~ **cableway** Seilkran *m*, Seilkrananlage *f*
~ **carriage** Laufwagen *m*, Laufkatze *f (Seilkranbringung)*
~ **crane** Seilkran *m*
~ **hauling (logging)** *s.* ~ cable logging
SL *s.* shiplap [cladding]
slab[-cut]/to abschwarten, besäumen, zurichten *(Rundholz)*
slab Schwarte *f*, Rundschwarte *f*; Säumling *m*
~ **board** Schwartenbrett *n*
~ **chipper** Säumlingszerspaner *m*, Besäumhacke *f*
~ **cut** Anlageschnitt *m (Furnierblock)*
slabbing cut Besäumschnitt *m*
slabwood Schwartenholz *n*
slack barrel Trockenfaß *n*, Packfaß *n*
~ **cooperage** Trockenfässer *npl*, Packfässer *npl*
~ **side** offene Seite *f (eines Furniers)*
slamming stile Schloßbrett *n (im Türflügel)*
~ **strip** Anschlagleiste *f (im Türrahmen)*
slant driving of nails Schrägnageln *n*
~-**front desk** *(Am)* Schreibschrank *m*
~ **nailing** Schrägnageln *n*
slash Schlagabraum *m*, Abraum *m*, Waldrestholz *n*
~-**grained** *s.* ~-sawn
~ **knot** Flügelast *m*, Querast *m*
~ **pine** 1. Karibische Kiefer *f*, Pinus caribaea; 2. Elliottkiefer *f*, Pinus elliottii; 3. *s.* loblolly pine
~-**sawn** tangential geschnitten, im Tangentialschnitt (Fladerschnitt, Sehnenschnitt) hergestellt
slasher, slashing saw Ablängsäge *f*, Abkürzsäge *f*; Vielblattkreissäge *f*, Mehrblattkreissäge *f*, Vielblatt[abkürz]säge *f*, Slascher *f*
slat Latte *f*; Leiste *f*; Sprosse *f*
~-**back chair** Sprossen[lehnen]stuhl *m*
~ **fence** Lattenzaun *n*
slating[-and-tiling] batten Dachlatte *f*
slatted back Sprossenlehne *f*, Stuhllehne *f* mit Sprossen
~ **base** Lattenrost *m*, Lattenrahmen *m (Bett)*
Slavonian beech Slawonische Buche (Rotbuche) *f (Herkunftsname)*
~ **oak** Slawonische Eiche *f (Herkunftsname)*
slayped joint *s.* rubbed joint
sledge 1. Schlitten *m*; 2. *s.* ~ microtome
~ **microtome** Schlittenmikrotom *n*
~ **runner** Schlittenkufe *f*
~-**way** Schlittweg *m*, Ziehweg *m (Holzbringung)*
sleeper 1. Schwelle *f*, Gleisschwelle *f*, Eisenbahnschwelle *f*; 2. Lagerbalken *m*, Trägerbalken *m*
~ **block** Doppelschwelle *f (Holzsortiment)*
~ **butt end** Schwellenkopf *m*
~ **pile** Schwellenstapel *m*, Z-Stapel *m*
~ **timber** Schwellenholz *n*
sleepy hollow chair Gondelstuhl *m*, Gondelsessel *m*
slenderness Schlankheitsgrad *m (von Baumstämmen)*
~ **ratio** Schlankheitsgrad *m (eines Druckstabes)*
slice/to schnitzeln; [ab]messern; flachschälen

sliceable messerfähig
sliced veneer Messerfurnier *n*
slicer *s.* slicing machine
slicewood gemessertes Schnittholz *n*, Messerholz *n*
slicing cut quasi-ziehender Schnitt *m (einer Furniermessermaschine)*
~ **machine** 1. Schnitzelmaschine *f*; 2. Furniermessermaschine *f*, Messermaschine *f*
~ **machine for board production** Brettchenschneidemaschine *f*
slick paper Hochglanzpapier *n*
slide/to riesen, mittels Riese (Holzrutsche) fördern *(Rundholz)*
slide 1. Gleitrinne *f*, Rutsche *f*, Riese *f*, Riesbahn *f (zur Rundholzbringung im Gebirge);* 2. Auszugsplatte *f*, Tablett *n*
~ **bar** Gleitbahn *f (des Sägegatters)*
slider 1. Gleitklotz *m (der Gatterführung);* 2. Auszugsplatte *f*, Tablett *n*
~ **window** Horizontalschiebefenster *n*, Schiebe[flügel]fenster *n*
sliding bevel Gehrungswinkel[messer] *m*
~ **coefficient of friction** Gleitreibungskoeffizient *m*
~ **door** Schiebetür *f*
~ **door lock** Schiebetürschloß *n*
~ **door runner** Schiebetürgleiter *m*
~ **door track** Schiebetürführung *f*
~ **dovetail** *(Am)* Gratverbindung *f*
~ **folding door** Faltschiebetür *f*
~ **glass door** Glasschiebetür *f*
~ **microtome** Schlittenmikrotom *n*
~ **sash** Schiebe[fenster]flügel *m*
~ **sash window** Schiebe[flügel]fenster *n*; Horizontalschiebefenster *n*
~ **shelf** Auszug *m*
~ **shutter** Schiebeladen *m*
~ **T-bevel** *(Am)* Schmiege *f*, Stellschmiege *f*, Schrägmaß *n*
~ **table circular sawing machine** Schiebetischkreissäge[maschine] *f*
~ **top** Schiebe[tisch]platte *f*
~ **window** Schiebe[flügel]fenster *n*; Horizontalschiebefenster *n*
slime accumulation Schleim[stoff]ansammlung *f (Papierherstellung)*
~ **fungus** Schleimpilz *m*, Myxomyzet *m (Klasse Myxomycetes, Ordnung Myxomycotina)*
~ **pulp** Schleimstoff *m (Holzstofferzeugung)*
slip Masse *f*, Füllstoffmasse *f (Papierherstellung)*
~ **corner [joint]** Fingerzinken[eck]verbindung *f*
~-**dovetail joint** Gratverbindung *f*, Nutverbindung *f*
~ **joint** *(Am)* Scherzapfen *m* als Querverbindung, durchgehende Zapfenquerverbindung *f*
~ **seat** Einlegesitz *m*, lose einlegbare Sitzplatte *f*
slippery elm 1. Rotulme *f*, Rotrüster *f*, Fuchsbaum *m*, Ulmus rubra (fulva); 2. Rotulmenbast *m*
slitting cutter Keilnutmesser *n*
~ **saw** Gratsäge *f*
sliver Splitter *m*, Holzsplitter *m*, Holzspan *m*
~ **tooth** Splitterzahn *m (am Sägebandrücken)*
slope of grain Fasernneigung *f*, Faserabweichung *f (Schnittholz-Gütemerkmal)*
sloping grain Schrägfaser *f*, schräge (diagonal verlaufende) Holzfaser *f*
slot boring machine Langlochbohrmaschine *f*
slot-dovetail joint Gratverbindung *f*, Nutverbindung *f*
~ **mortise** Langloch *n*, Zapfenloch *n*
~ **mortising machine** Langloch[bohr]fräsmaschine *f*
~ **moulding machine** Langlochfräsmaschine *f*
~ **screw[ed] joint** Schlitzschraubverbindung *f*
slotted countersunk (flat) head wood screw Senkholzschraube *f* mit Schlitz (Querschlitz)
~ **head** Schlitzkopf *m (Schraube)*
~ **round head wood screw** Halbrundholzschraube *f* mit Schlitz (Querschlitz)
slotting bit Schlitzfräser *m*
~ **cutter** Nutfräser *m*
sloughing Häutung *f*, Häuten *n*, Ekdysis *f (z. B. von Insektenlarven)*
sloven Waldbart *m*, Bart *m*, Waldspan *m*, Kamm *m*, Waldhieb *m (am gefällten Stamm)*
slow-drying langsamtrocknend *(z. B. ein Lack)*
~-**growing** langsamwüchsig
~-**grown** feinjährig, feinringig, engringig *(Holz)*
~ **stock** feuchter Stoff *m (Papierherstellung)*
sluice gate Schleusentor *n*
slush pulp Dickstoff *n (Papierherstellung)*
slushing Auflösen *n*, Lösen *n (Papierherstellung)*
SM *s.* surface measure
small ash bark-beetle Kleiner (Bunter, Gemeiner) Eschenbastkäfer *m*, Leperisinus fraxini
~-**diameter softwood** Nadelschwachholz *n*
~-**diameter trees** Dünnholz *n*, Schwachholz *n*
~ **elm bark-beetle** Kleiner Ulmensplintkäfer *m*, Scolytus multistriatus
~ **end** dünnes Ende *n*, Zopfende *n (des Baumstammes)*
~-**end diameter** Zopfdurchmesser *m*, d_Z, Zopfstärke *f*, Oberstärke *f (Holzmessung)*
~-**end first** dünnörtig, mit dem Zopfende voran *(Holztransport)*
~ **face** Schmalfläche *f*, Schmalseite *f*, Kantenfläche *f*, Kante *f*
~ **furniture** Kleinmöbel *npl*
~ **furniture industry** Kleinmöbelindustrie *f*
~ **item of wood** Holzkleinteil *n*
~ **knot** kleiner Ast *m*
~-**leaved ash** Fraxinus rotundifolia (parvifolia) *(Holzart)*
~-**leaved laurel** Cryptocarya foveolata *(Holzart)*
~-**leaved lime (linden)** Winterlinde *f*, Kleinblättrige Linde *f*, Tilia cordata (parvifolia)
~-**log headrig** Schwachholz-Vorschnittsäge *f*, Dünnholz-Hauptmaschine *f*
~-**log [saw]mill** Schwachholzsägewerk *n*
~ **piece of furniture** Kleinmöbel[stück] *n*
~ **pignut [hickory]** Roter Hickory *m*, Carya ovalis
~ **pine tree bark-beetle** Zweizähniger (Kleiner) Kiefernborkenkäfer *m*, Pityogenes bidentatus

small

~ **poplar borer (longicorn)** Kleiner Pappelbock[käfer] *m*, Kleiner Aspenbock *m*, Saperda populnea
~-**pored** feinporig
~ **roundwood** schwaches Rundholz *n*, Derbstangen *fpl*
~ **shot-hole borer** Kleiner Holzbohrer *m*, Saxesens Holzbohrkäfer *m*, Xylebor[in]us saxeseni
~-**sized timber** *s*. ~ timber
~ **table** Tischchen *n*
~ **timber** Schwachholz *n*, schwaches Rohholz *n*, Dünnholz *n* [aus Durchforstungen], Durchforstungsholz *n*
~ **timber harvest[ing]** Schwachholzernte *f*
~ **timber processing** Schwachholzverarbeitung *f*
~ **timber processor** Schwachholzprozessor *m*, Dünnholzaufarbeitungskombine *f*
~ **wooden articles** Holzkleinwaren *fpl*, Holzkleinteile *npl*
smaller bamboo shot-hole borer Bambusbohr[käf]er *m*, Dinoderus minutus
~ **European elm bark-beetle** Kleiner Ulmensplintkäfer *m*, Scolytus multistriatus
smallwood *s*. small timber
Smith degradation Smith'scher Abbau *m* (von Lignin)
smock-mill Holländer[wind]mühle *f*
smoke plant (tree) 1. Perückenstrauch *m* (Gattung Cotinus); 2. Perückenstrauch *m*, Fisettholz *n*, Junger Fustik *m*, Cotinus coggygria, Rhus cotinus
smoked sheet geräuchertes Fell *n* (Kautschukaufbereitung)
smoker's table Rauchtisch *m*
smoking chair Rauchsessel *m*
smooth bark Spiegelrinde *f*, Glanzrinde *f*, unverborkte Rinde *f*
~-**barked** glattrindig
~-**barked apple** Angophora costata (Holzart)
~ **cypress** Arizonazypresse *f*, Cupressus arizonica
~ **file** Schlichtfeile *f*
~-**leaved elm** Feldulme *f*, Rotulme *f*, RU, Rostrüster *f*, Glattrüster *f*, Ulmus carpinifolia (minor, campestre)
~ **plane** Putzhobel *m*
~-**2-sides hardboard** zweiseitig glatte Faser[hart]platte *f*
~ **sumac[h]** Scharlachsumach *m*, Kahler Sumach *m*, Rhus glabra
~-**surface panel** Feinspanplatte *f*, Spanplatte *f* mit Feinspandeckschicht
~ **two sides** zweiseitig glatt (Faserplatte)
smoother Putzhobel *m*
smoothing machine Glättmaschine *f*
~-**plane** Putzhobel *m*
~ **roll coating** Glattwalzenstrich *m* (Papierherstellung)
Smyrna fig Gemeiner (Echter) Feigenbaum *m*, Ficus carica
snag 1. Aststummel *m*, Aststumpf *m*; 2. Dürrständer *m*, abgestorbener (abständiger) Baum *m*; 3. *s*. sinker 1.
snake S-Schnitt *m*, Wellenschnitt *m*, Waschbrettschnitt *m* (durch verlaufende Sägen)
~ **bark** Schlangenbaum *m*, Colubrina ferruginosa
snakewood Schlangenholz *n*, SHZ, Letternholz *n*, Buchstabenholz *n*, Brosimum (Piratinera) guaianensis
snaking Schleif[rück]en *n*, Ziehen *n*, Streifen *n* (Holzbringung)
snap [a chalk] line/to aufschnüren, mittels Schnurschlag markieren
snape/to spranzen, spronzen, Fällschnittkanten abschrägen
snapped-bit key Buntbartschlüssel *m*
sneezewood Ptaeroxylon obliquum (utile) (Holzart)
snigging *s*. snaking
snooker table Billardtisch *m*
snout-beetle Rüsselkäfer *m*, Rüßler *m* (Familie Curculionidae)
snow break Schneebruch *m*
~ **damage** Schneeschaden *m*
~ **fence** Schneezaun *m*
~ **pear** Schneebirne *f*, Lederbirne *f*, Pyrus nivalis
~-**shoe** Schneeschuh *m*, Ski *m*, Schi *m*
~-**shovel** [hölzerne] Schneeschaufel *f*, Schneeschippe *f*
snub cornice Bandgesims *n*
snubbing line Rückholseil *n* (Seilbringung)
soak/to tränken; sich vollsaugen
soap-bark Quillajarinde *f*, Panamarinde *f* (von Quillaja saponaria; Waschmittel)
~ **tree** Chinesischer Talgbaum *m*, Stillingie *f*, Sapium sebiferum
soapberry family Seifenbaumgewächse *npl* (Familie Sapindaceae)
sociable *s*. sofa
socket castor Serviertischrolle *f*
~ **wedge** Fällkeil *m* mit Holzeinsatz
socle Sockel *m*
soda-anthraquinone pulping Soda-Anthrachinon-Aufschluß *m*, alkalischer Anthrachinon-Aufschluß *m* (Zellstofferzeugung)
~-**chlorine pulp** Natron-Chlorzellstoff *m*
~ **high-yield pulp** Hochausbeute-Natronzellstoff *m*
~ **lignin** Sodalignin *n*, Alkalilignin *n*; Sulfatablaugenlignin *n*
~-**oxygen pulping** Alkali-Sauerstoff-Verfahren *n* (Zellstofferzeugung)
~ **process** Natronverfahren *n*, Sodaverfahren *n* (Zellstofferzeugung)
~ **pulp** Natronzellstoff *m*
~ **pulping [process]** *s*. ~ process
sodium arsenate Natriumarsenat *n* (Holzschutzmittel)
~ **arsenite** Natriumarsenit *n* (Holzschutzmittel)
~ **carboxymethylcellulose** Natriumcarboxymethylcellulose *f*
~ **cellulose xanthate** Natriumcellulosexanthogenat *n*
~ **dichromate** Natriumdichromat *n* (Holzschutzmittel)
~ **fluoride** Natriumfluorid *n* (Holzschutzmittel)

~ **fluorosilicate** Natrium[hexa]fluorosilicat *n* *(Holzschutzmittel)*
~ **lignin sulphonate** Natriumligninsulfonat *n*
~ **pentachlorophenate** Natriumpentachlorphenolat *n*, Pentachlorphenolnatrium *n* *(Bläueschutzmittel)*
~ **perborate** Natriumperborat *n* *(Bleichmittel)*
~ **silicate** Natriumsilicat *n*, Natronwasserglas *n* *(Holzschutzmittel)*
~ **tetraborate** Natriumtetraborat *n*, Borax *m* *(Holzschutzmittel)*
sofa Sofa *n*, Kanapee *n*
~ **bed** Klappcouch *f*, Bettsofa *n*, Schlafsofa *n*
~ **suite** Sofagarnitur *f*
~ **table** Sofatisch *m*
soffit 1. Unterfläche *f*, Unterseite *f*, Untersicht *f* *(z. B. einer Treppe)*; Sturzunterfläche *f*; 2. *s.* ~ boards
~ **boards** Traufschalung *f*; Schalbretter *npl*, Schalboden *m*
~ **casing** Türsturzfutter *n*
~ **scaffold[ing]** Lehrgerüst *n*
~ **vents** Zuluftöffnungen *fpl* in der Traufschalung
soft ash 1. Rotesche *f*, Fraxinus pennsylvanica var. pennsylvanica; 2. milde Esche *f* *(Holzhandelsbegriff)*
~ **bark** Weichbast *m*, Bastparenchym *n*
~ **cordwood** Nadelschichtholz *n*
~ **elm** Amerikanische Rüster *f*, RUA, Weißulme *f*, Ulmus americana
~ **fibreboard** *s.* softboard
~ **furniture beetle** Weicher Nagekäfer *m*, Ernobius mollis
~ **heart** *s.* spongy heart
~ **maple** 1. Silberahorn *m*, Weißer Ahorn *m*, Acer saccharinum; 2. weicher Ahorn *m* *(Sortimentsname)*
~ **pine** Weichkiefer *f*, Weißkiefer *f* *(Sammelbegriff)*
~ **pulp** weicher Zellstoff *m*, Zellstoff *m* mit niedrigem Restligningehalt
~ **resin** Weichharz *n*
~ **rot** Moderfäule *f* *(von Holz durch zahlreiche Pilzarten)*
~-**rot attack** Moderfäulebefall *m*
~-**rot control** Moderfäulebekämpfung *f*
~-**rot fungus** Moderfäulepilz *m*
~ **stock** schmieriger Stoff *m* *(Papierherstellung)*
~-**wooded** 1. aus Weichholz hergestellt; weichholzig; Weichholz…; 2. aus Nadelholz hergestellt; Nadelholz…
softboard poröse Faserplatte *f*, Holzfaserdämmplatte *f*, HFD; Weichfaserplatte *f*, weiche Faserplatte *f*
softening point Erweichungstemperatur *f* *(von thermoplastischen Klebstoffen)*
~ **pre-treatment** *s.* ~ treatment
~ **temperature** Erweichungstemperatur *f* *(z. B. von Klebstoffen)*
~ **pre-treatment** Plastifizierung *f* *(von Holz z. B. durch Dämpfen)*
softforming edge Softformingkante *f*
~ **machine** Softformingmaschine *f*
softwood *s.* soft-wooded

softwood 1. weiches Holz *n*, Weichholz *n*; 2. Nadelholz *n*, Koniferenholz *n*, NH; Nadel[holz]baum *m*
~ **cross-cutting** Nadelholzeinschnitt *m*
~ **furniture** Weichholzmöbel *npl*
~ **lignin** Nadelholzlignin *n*
~ **mill** Nadelholzsägewerk *n*
~ **panel painting** Weichholz-Tafelgemälde *n*
~ **plywood** Nadelsperrholz *n*
~ **pulp** Nadelholzzellstoff *m*
~ **pulping** Nadelholzaufschluß *m*
~ **sawmill** Nadelholzsägewerk *n*
~ **species** Nadelholzart *f*
~ **timber** Nadelnutzholz *n*; Nadelschnittholz *n*
~ **tracheid** Nadelholztracheide *f*
~ **tree** Nadel[holz]baum *m*
~ **veneer** Nadelholzfurnier *n*
soggy wassergetränkt, wassersatt, absolut naß *(Holz)*
solar drying Solartrocknung *f*
~ **heat method** Totsonnen *n* *(borkenkäferbefallener Bäume)*
soldier Aussteifungspfosten *m*
sole 1. Sohlenholz *n*; 2. *s.* ~ plate
~ **plate** Schwelle *f*, Schwellbalken *m*, Schwellriegel *m*, Grundholz *n*
solid banding Massivumleimer *m*
~ **board** Hartkarton *m*; Hartpappe *f*
~ **colour stain** Farbbeize *f*
~ **cubic metre** Kubikmeter *m(n)* Festmaß (feste Holzsubstanz), Festmeter *m(n)*
~ **door** Volltür *f*; Brettertür *f*, Brettertürflügel *m*
~ **fibreboard** Vollpappe *f*
~ **foam core** Hartschaumkern *m*, Hartschaumfüllung *f* *(z. B. in Türen)*
~ **furniture** Massivholzmöbel *npl*, Vollholzmöbel *npl*
~ **lumber panel composer** *(Am)* Massivholzverleimanlage *f*
~ **measure** Festmaß *n*
~ **metre** *s.* ~ cubic metre
~ **piling** Stapeln *n* ohne Stapellatten
~-**profile cutter** Fräswerkzeug *n* in Kompaktbauweise
~ **rib** Scheitelrahmenholz *n*
~ **stacking** *s.* ~ piling
~ **step** Vollholz[tritt]stufe *f*; Vollholz[treppen]stufe *f*
~ **strutting** Querholzaussteifung *f*
~ **timber beam** Vollholzbalken *m*, Massivholzbalken *m*
~ **timber column** Holzdruckstab *m*, Vollholzdruckstab *m*
~ **volume** Festgehalt *m*, Volumen *n* in Kubikmeter Festmaß
~-**web girder** Vollwandträger *m*
~-**web truss** Vollwandbinder *m*
~ **wood** Vollholz *n*, Massivholz *n*, Naturholz *n*
~-**wood bending** Massivholzbiegen *n*
~-**wood board** Massivholzplatte *f*
~-**wood-core plywood** Tischlerplatte *f*, Verbundplatte *f* mit Vollholzmittellage
~ **wood density** Massivholzdichte *f*
~ **wood dryer** Schnittholztrockner *m*
~ **wood frame** Massivholzrahmen *m*

solid   178

~ **wood furniture** s. ~ furniture
~ **wood gluing** Massivholzverleimung f
~-**wood gluing press** Massivholzverleimpresse f
~-**wood part** Vollholzteil n
~-**wood product** Massivholzerzeugnis n
solidification point Erstarrungstemperatur f
　(z. B. von Klebstoffen)
solids Feststoffe mpl; Trockensubstanz f
solitary tree Solitärbaum m, Einzelbaum m,
　Einzelstamm m
~ **vessel** Einzelpore f, solitäre Pore f
　(Holzanatomie)
solo outer profiler Solo-Umfälzautomat m
Solomon Islands maple Campnosperma
　brevipetiolata (Holzart)
soluble glass Wasserglas n
~ **resin** lösliches Harz n
solvent Lösungsmittel n
~[-**based**] **adhesive** Lösungsmittelklebstoff m,
　Lösungsmittelkleber m
~-**coated paper** lösungsmittelbeschichtetes Papier
　n
~ **drying** Trocknung f in Lösungsmitteln,
　Lösungsmitteltrocknung f (von Holz)
~-**free paint** lösungsmittelfreier Anstrichstoff m
~ **pulping** Lösungsmittelaufschluß m
~ **stain** Lösungsmittelbeize f
~-**type** [**wood**] **preservative** lösungsmittelhaltiges
　Holzschutzmittel n
solvolysis delignification Solvolyse-
　Delignifizierung f
~ **lignin** Solvolyselignin n
~ **pulp** Solvolysezellstoff m
~ **pulping** Solvolyse-Aufschluß m
　(Zellstofferzeugung)
soot brown s. bister
sorb 1. Eberesche f (Gattung Sorbus); 2. Zahme
　Eberesche f, Speierling m, Sorbus domestica
Sorel cement s. magnesia cement
sorption Sorption f, sorptive Bindung f
~ **hysteresis** Sorptionshysterese f
~ **isotherm** Sorptionsisotherme f
~ **range** Sorptionsbereich m
sort bin Sortierfach n (Rundholz-Landlagerung)
sorting boom Wassergarten m,
　Sortierwasserplatz m; Sortierfach n
　(Rundholzsortierung)
~ **conveyor** Sortierförderer m
~ **deck** Sortierpolter m(n), Sortenpolter m(n)
~ **installation** Sortieranlage f
~ **line** Sortierstrecke f
~ **plant** Sortieranlage f
sound gesund, einwandfrei (z. B. Holz)
sound Schall m
~ **absorption** Schallabsorption f,
　Schallschluckung f
~ **absorption coefficient** Schallabsorptionsgrad
　m, Schallschluckgrad m
~-**board** Resonanzboden m
~-**box** Resonanzkasten m (eines
　Musikinstrumentes)
~ **branch** s. ~ knot
~-**deadening board** Schallschluckplatte f,
　Akustikplatte f
~ **detector** Abhorchgerät n, Horchgerät n

　(Hausbockdiagnose)
~ **insulation** Schalldämmung f
~ **knot** Gesundast m, Weißast m, gesunder
　(fäulnisfreier) Ast m; Grünast m
~ **level** Schallpegel m
~-**post** Stimmstock m (der Streichinstrumente)
~ **pressure** Schalldruck m
~-**rated door** Schalldämmtür f
~ **reduction value** Schalldämmwert m
sounding-board Resonanzboden m;
　Resonanzplatte f
soundness Gesundheit f (z. B. von Rohholz)
sour cherry Sauerkirsche f, Weichsel[kirsche] f,
　Prunus cerasus
~ **gum** Waldtupelobaum m, Nyssa sylvatica
South African red pear Scolopia ecklonii
　(Holzart)
~ **African stinkwood** Akasina[holz] n, Celtis
　kraussiana
~ **American alder** Aliso[holz] n, Alnus
　jorullensis
~ **American beech** (Am) Rauli n, RAU,
　Nothofagus procera (alpina) (Holzart)
~ **American cedar** Cedrela fissilis (Holzart)
~ **American grenadilla** Rebhuhnholz n, PDG,
　Caesalpinia grenadilla
~ **Florida slash pine** Pinus elliottii var. densa
　(Holzart)
southern beech Scheinbuche f (Gattung
　Nothofagus)
~ **blue gum**[-**tree**] Blaugummibaum m,
　Fieber[heil]baum m, Eucalyptus globulus
~ **catalpa** Gemeiner (Gewöhnlicher)
　Trompetenbaum m, Catalpa bignonioides
~ **magnolia** Großblütige Magnolie f, Magnolia
　grandiflora
~ **mahogany** Bastardmahagoni n, Falsches
　Mahagoni n, Eucalyptus botryoides
~ **pine** 1. Südliche Kiefer f (Sammelbegriff für
　amerikanische Kiefern südlicher
　Wuchsgebiete); 2. s. major southern pine
~ **pine beetle** Dendroctonus frontalis
　(Holzschädling)
~ **red cedar** 1. Juniperus silicicola (Holzart); 2.
　Juniperus barbadensis (Holzart)
~ **red oak** Sicheleiche f, Quercus falcata
~ **sassafras** Atherosperma moschatum (Holzart)
~ **sugar-maple** Acer barbatum (Holzart)
~ **whitewood** Gurkenmagnolie f, Magnolia
　acuminata
~ **yellow pine** Sumpfkiefer f, Echte Pitchpine
　(Pechkiefer) f, Pinus palustris
~ **yew** Podocarpus macrophyllus (Holzart)
soya glue, soybean adhesive Soja[bohnen]leim
　m
sp. s. species
SP s. sugar pine
space-filling glue fugenfüllender Leim m
~ **frame**[**work**] Raumtragwerk n, räumliches
　Fachwerk n
~ **nailing** Nageln n mit weitem Nagelabstand
spaced column gespreizter Druckstab m,
　Druckstab (Stab) m mit Spreizung
spacing collar Frässpindelring m, Fräserdornring
　m

~ **of nails** Nagelabstand *m*
~ **shim** Distanzring *m* (*z. B. einer Fräserkombination*)
spade toe Klotzfuß *m* (*Möbelfuß*)
span Spannweite *f*
~ **piece** Kehlbalken *m*
~ **rail** *s.* spandrel
~ **roof** Satteldach *n*, Giebeldach *n*
~-**saw** Spannsäge *f*
spandrel, spandril Bogenwickel *m*
Spanish cedar Cedro *n*, CED, Westindische Zeder *f*, Cedrela odorata (mexicana)
~ **chestnut** Eßkastanie *f*, Edelkastanie *f*, EKE, Echte Kastanie *f*, Castanea sativa (vesca)
~ **fir** Spanische Tanne *f*, Abies pinsapo
~ **mahogany** Amerikanisches (Echtes) Mahagoni *n*, MAE, Inselmahagoni *n*, Spanisches Mahagoni *n*, Kuba-Mahagoni *n*, Swietenia mahogani
~ **oak** 1. Scharlacheiche *f*, Quercus coccinea; 2. Spanische Eiche *f*, Falsche Korkeiche *f*, Quercus × hispanica; 3. Sumpfeiche *f*, Spießeiche *f*, Quercus palustris
~ **pine** Hakenkiefer *f*, Spanische Kiefer *f*, Pinus uncinata
~ **plum** Rote Mombinpflaume *f*, Spondias purpurea
~ **windlass** *s.* tourniquet
spar Rückemast *m*, Tragseilstütze *f* (*Seilbringung*)
~ **dust** Bohrmehl *n*, Fraßmehl *n* (*holzschädigender Insekten*)
~ **tree** *s.* spar
~ **varnish** witterungsbeständiger Holzklarlack *m*; Öllack *m*
spare plane iron Ersatzhobelstahl *m*
sparsely paratracheal spärlich paratracheal, [Poren] sichelförmig einfassend (*Holzparenchym*)
spatula Spatel *m*
spearwood Eucalyptus (Acacia) doratoxylon (*Holzart*)
special board Spezialplatte *f*
~ **chipboard** Spezialspanplatte *f*
~ **cutter** Spezialfräser *m*
~ **densified hardboard** harte Spezialholzfaserplatte *f*
~-**design window** Fenstersonderanfertigung *f*
~ **door** Spezialtür *f*
~ **furniture** Spezialmöbel *npl*, Sondermöbel *npl*
~ **nail** Sondernagel *m*
~ **paper** Spezialpapier *n*
~ **plywood** Spezialsperrholz *n*
~-**purpose glue** Spezialleim *m*
~-**purpose nail** Sondernagel *m*
~ **saw** Spezialsäge *f*
~ **veneer** Spezialfurnier *n*
species Species *f*, Spezies *f*, sp., Art *f* (*Taxonomie*)
~ **group** Artengruppe *f*, Holzartengruppe *f*
~ **grouping** Artengruppierung *f*, Holzartengruppierung *f*
~ **of wood** Holzart *f*; Holzarten *fpl*
specific adhesion spezifische (natürliche) Adhäsion *f*

~ **gravity** relative Dichte *f*, Dichteverhältnis *n*
specific heat spezifische Wärme[kapazität] *f*, c, C_s (*z. B. von Holz*)
specimen Prüfkörper *m*
speckled alder 1. Grauerle *f*, Weißerle *f*, Bergerle *f*, Alnus incana; 2. Weiche Erle *f*, Alnus rugosa
~ **birch** Maserbirke *f*
speed of drying Trocknungsgeschwindigkeit *f*
~ **of sound** Schallgeschwindigkeit *f*
spell Holzsplitter *m*
spent air Abluft *f*
~ **bleach liquor** Bleichereiabwasser *n*
~ **[pulping] liquor** Ablauge *f* (*Zellstofferzeugung*)
sphaerocrystal kugelförmiger Kristall *m*, Kugelkristall *m* (*in Holzzellen*)
sphero... (*Am*) *s.* sphaero...
spice cabinet Gewürzschrank *m*
~ **tree** Kalifornischer Berglorbeer *m*, Umbellularia californica
spike Holzbaunagel *m*, Zimmermannsnagel *m*
~ **grid connector** zweiseitige Nagelplatte *f*, Menig-Nagelplatte *f*
~ **knot** *s.* splay knot
spile 1. Holzpflock *m*; Faßspund *m*: 2. Pfahl *m*; Rammpfahl *m*
spindle Spindel *f*; [gedrechselter] Geländerstab *m*, Rundstab *m*
~ **back** Sprossenrückenlehne *f*
~ **cutter head** Tischfräskopf *m*
~ **drive lathe** Fußdrechselbank *f*
~ **moulder** Tischfräsmaschine *f*, Unterfräs[maschin]e *f*
~ **moulding** Tischfräsen *n*
~ **nut** Frässpindelmutter *f*, Fräserdornmutter *f*
~ **shaper (shaping machine)** *s.* ~ moulder
~ **tree** Spindelstrauch *m* (*Gattung Euonymus*)
~ **turning** Längsdrehen *n*, Langholzdrehen *n*, Längsdrechseln *n*
spine beam Mittelträger *m*
spinet Spinett *n* (*Tasteninstrument*)
spinning-wheel Spinnrad *n*
spiny allthorn Koeberlinia spinosa (*Holzart*)
spiral bole Schraubenwuchs *m*, schraubenförmiger Wuchs *m*, Spiralwuchs *m* (*von Baumschäften*)
~ **compression wood** drehwüchsiges Druckholz *n*
~ **cutter block** Spiralmesserwelle *f*
~ **double-cone spring** Taillen[sprung]feder *f*
~ **dowel** Spiral[rillen]dübel *m*
~ **grain** Drehwuchs *m*, Drehwüchsigkeit *f* (*von Holz*)
~ **grain index** Drehwüchsigkeitsindex *m*
~ **grain ratio** Drehwuchsverhältnis *n*
~ **moulding machine** Spiralfräsmaschine *f*, Tischfräsmaschine *f*
~-**ratchet screwdriver** Drillschraubendreher *m*
~ **stair stair[case]** Wendeltreppe *f*, gewendelte (gewundene) Treppe *f*
~ **thickening** Spiralverdickung *f*, spiralförmige Verdickungsleiste *f* (*Holzanatomie*)
~ **turning** Windung *f*, Knorpelwerk *n* (*Drechselarbeit*)

spiral 180

~ **wood drill** Holzspiralbohrer *m*, Spiralbohrer *m* für Holz
spirality *s.* spiral grain
spirally grained drehwüchsig, mit spiraligem Faserverlauf
spirit-based stain Spiritusbeize *f*
~-**level** Wasserwaage *f*
~ **of turpentine** Balsamterpentinöl *n*
~ **stain** Spiritusbeize *f*
~ **varnish** Spirituslack *m*
spiriting-off Auspolieren (Abpolieren) *n* mit Spiritus
spirits of camphor Kampferspiritus *m*
splad *s.* splat
splat Lehnenmittelstück *n*, Mittelbrett *n* (Stuhlbau)
splay knot länglicher Ast *m*; Flügelast *m*, Querast *m*
splayed [scarf] joint *s.* spliced joint
splice/to 1. schäften, überlaschen; verblatten; 2. aufständern (Pfähle)
spliced joint Schäftung *f (Längsverbindung)*
~ **joint with sallied vertical abutments** Schrägblatt *n* mit Führungsstoß
~ **joint with square vertical abutments** einfaches Schrägblatt *n*
spline Einsteckfeder *f*, Einschubfeder *f*, [lose] Querholzfeder *f*
splinter Splitter *m*; Span *m*; Kienspan *m*
~-**free** splitterfrei, ausrißfrei (*z. B.* Sägeschnitt)
splintering Jahrringspaltung *f*
splintery leicht splitternd, splitt[e]rig
split/to spalten; sich spalten
split 1. Spaltriß *m*, [durchgehender] Riß *m* (in Holz); 2. *s.* splinter
~ **billets** Scheitholz *n*, Nutzspälter *mpl*
~ **block** Spaltklotz *m*
~ **log** Spälter *m*, zu spaltendes Stammstück *n*
~ **product** Spalterzeugnis *n*
~-**ring connector** geschlitzter Ringdübel *m*
~ **shingle** Spaltschindel *f*
~-**up assortment** *s.* splitwood
splitter Spaltkeil *m*, Sicherheitsspaltkeil *m* (an einer Sägemaschine)
splitting axe Spaltaxt *f*, Schlägelhacke *f*
~ **gun** Sprengspaltkeil *m*
~ **hammer** Spalthammer *m*, Holzspalthammer *m*
~ **machine** Spaltmaschine *f*
~ **maul** Spalthammer *m*, Holzspalthammer *m*
~ **pressure** Spaltdruck *m*
~ **resistance** Spaltwiderstand *m*, Spaltfestigkeit *f*
~-**resistant** spaltfest
~ **saw** Spaltkreissäge *f*, Feinschnittkreissäge *f*
~ **test** Spaltprüfung *f*
~ **wedge** Spaltkeil *m*
splitwood Spaltware *f*, Spalterzeugnisse *npl*, Spaltholz *n*
spoke 1. Speiche *f*, Radspeiche *f*; 2. Sprosse *f*, Leitersprosse *f*
~-**dog** Wendehaken *m*, Kehrhaken *m*
spoke-shave/to mit dem Schabhobel (Stuhlhobel) bearbeiten
spokeshave Schabhobel *m*, Stuhlhobel *m*, Kantenhobel *m*
sponge tree Schwammbaum *m*, Antillenakazie *f*, Acacia farnesiana
spongy schwammig, mürbe
~ **heart** Sprödkernigkeit *f*, Sprödfaserigkeit *f*, mürbes (schwammiges) Herz *n*, schwammiger (weicher) Kern *m (Holzfehler)*
spool Spule *f*; Zwirnspule *f*
spoon bit Löffelbohrer *m*, Bürstenholzbohrer *m*; Schaftfräser *m*
~ **chisel** gekröpftes Balleisen *n*
~ **foot** *(Am)* Keulenbein *n (Möbelfuß)*
sporangium Sporangium *n*, Sporenbehälter *m* (von Pilzen)
spore Spore *f*, Fortpflanzungskörper *m*, Fortpflanzungszelle *f (der Pilze)*
~ **infection** Soreninfektion *f*
~ **plant** Sporenpflanze *f*, blütenlose Pflanze *f*
sporting (sports) goods Sportgeräte *npl*, Sportartikel *mpl*
spot/to 1. auszeichnen, anzeichnen (Rohholz); [an]schalmen, anplätzen, anlaschen (Baum); 2. masern (Holz)
spot of mould Stockfleck *m*
~ **worm** *s.* ambrosia beetle
spotted gum Eucalyptus maculata (Holzart)
~ **tree** Flindersia maculosa (Holzart)
spray booth Spritzkabine *f*
~ **gun** Spritzpistole *f*
~ **lacquer** Spritzlack *m*
~ **painting** Spritzlackieren *n*, Spritzlackierung *f*, Farbspritzen *n*
~-**painting robot** Lackierroboter *m*
~ **polishing** Spritzpolieren *n*, Lackpolieren *n*
~ **treatment** Sprühbehandlung *f*, Sprühverfahren *n (Holzschutz)*
~ **wall** Spritzwand *f*, Lackspritzwand *f*
spraying Spritzen *n*; Sprühen *n*
~ **booth** Spritzkabine *f*
~ **robot** Spritzroboter *m*
~ **stand** Spritzstand *m*
~ **varnish** Spritzlack *m*
spread Auftragsmenge *f*, Auftragsmasse *f*, Klebstoffeinsatzmasse *f*
~ **of flame** Flammenausbreitung *f*, Feuerausbreitung *f*
~ **rate [of adhesives]** spezifische Auftragsmenge (Klebstoffeinsatzmasse) *f*
spreading equipment Auftraggeräte *npl (für Klebstoffe)*
~ **head** Streukopf *m (Spanplattenanlage)*
~-**leaved pine** Patulakiefer *f*, Pinus patula
~ **machine** Streumaschine *f (Spanplattenherstellung)*
sprig Drahtstift *m*; Glaserecke *f*, Fenstereckenstift *m*
spring Längskrümmung (Längsverwerfung) *f* der Schmalfläche (von Schnittholz)
~ **balance** Federgegenkraft[vorrichtung] *f (Schiebefenster)*
~ **base** Federboden *m*, Bettfederboden *m*
~ **catch** Schnappriegel *m*
~ **corner cramp, ~ dog** Gehrungsspannklammer *f*, Spannklammer *f*, Leimklammer *f*
~ **hinge** Federscharnier *n*
~-**interior mattress** Federkernmatratze *f*, Sprungfedermatratze *f*

~ **joint divider** Federzirkel *m*
~**-loaded hinge** Federscharnier *n*
~ **mattress** Federkernmatratze *f*, Sprungfedermatratze *f*
~ **measuring tape** Stahlmeßband *n*, Stahlbandmaß *n*
~ **saw set** Schränkzange *f*
~ **set** Kippschrank *m*, Biegeschrank *m* *(von Sägezähnen)*
~ **setting** Kippschränken *n*, Biegeschränken *n*
~ **wood** Früh[jahrs]holz *n*, Frühlingsholz *n*
~ **wood vessel** Frühholzgefäß *n*
sprinkler system Sprinkleranlage *f*
sprocket nose Umlenkstern *m*, Umlaufstern *m*, Umlenkrolle *f* *(der Sägeschienenspitze)*
~ **piece** Aufschiebling *m* *(Dachstuhlbau)*
spruce 1. Fichte *f* *(Gattung Picea)*; 2. Gemeine (Europäische) Fichte *f*, FI, Rotfichte *f*, Picea abies (excelsa)
~ **bark** Fichtenrinde *f* *(Gerbmittel)*
~ **bark-beetle** 1. [Großer] Buchdrucker *m*, Großer Achtzähniger Fichtenborkenkäfer *m*, Ips (Tomicus) typographus; 2. Doppeläugiger (Vieräugiger) Fichtenbastkäfer *m*, Polygraphus polygraphus
~ **budworm** Choristoneura fumiferana *(Holzschädling)*
~ **longhorn** Fichtenbock[käfer] *m*, Fichtensplintbock *m*, Tetropium castaneum (luridum)
~ **needle rust** Fichtennadelrost *m* *(durch Chrysomyxa abietis)*
~ **pine** Glattföhre *f*, Kahle Kiefer *f*, Pinus glabra
~ **pulpwood** Fichtenfaserholz *n*
~**-wood** Fichtenholz *n*
sprung rissig *(Holz)*
~ **mattress** Federkernmatratze *f*, Sprungfedermatratze *f*
~ **moulding** gebogene (gekrümmte) Verzierung *f*
spud Schäleisen *n*, Rindenschäler *m*, Entrindungsmesser *n*
spudder 1. Rindenschäler *m* *(Arbeiter)*; 2. *s.* spud
spur Vorschneider *m* *(des Schlangenbohrers)*
~ **stretcher** Krinolinensprosse *f* *(Windsorstuhl)*
~ **tenon** Kurzzapfen *m*, kurzer Zapfen *m* *(in Holzverbindungen)*
squalane Squalan *n*, hydriertes Squalen *n*
squalene Squalen *n* *(Triterpen)*
square [up]/to besäumen *(Schnittholz)*; winklig schneiden
square 1. Winkel[haken] *m*, Werkstattwinkel *m*, Winkelmaß *n*, Anschlagwinkel *m*; 2. Kantel *f* *(Holzsortiment)*
~**-blade bradawl** Reibahle *f*, Spitzbohrer *m* mit eckigem Querschnitt
~ **cogging** gerade Verkämmung *f*, gerader Kamm *m*
~ **cutter block** Vierkantmesserwelle *f* *(einer Fräsmaschine)*
~ **dovetail [joint]** Fingerzinkenverbindung *f*
~**-dressed** gestaucht *(Sägezahn)*
~**-edged** parallel besäumt, par. bes. *(Schnittholz)*
~**-edged oak timber** parallel besäumtes Eichenschnittholz *n*, Pariser Ware *f*

~ **grind** Geradschliff *m* *(Kreissägeblatt)*
~ **housed joint** Einblattung *f* [eines Wechsels in einen Balken]
~ **joint** Stoßfuge *f*
~**-jointed** *s.* ~-edged
~ **log** Kantholz *n*, Vierkantholz *n*; Vierkantblock *m*; Balken *m*
~ **nail** Schmiedenagel *m*, schmiedeeiserner Nagel *m*
~ **nut** Vierkantmutter *f*
~**-shanked bit** Bohrer *m* mit Vierkantschaft
~ **timber stock** Vorratskantholz *n*
~ **turning** Kantigdrehen *n*
squared timber Kantholz *n*, Vierkantholz *n*; Vierkantblock *m*
squaring cut Besäumschnitt *m*, Winkelschnitt *m*
squeeze press Montagepresse *f*
SR *s.* stress-rated
SS *s.* Sitka spruce
S1S *s.* surfaced one side
S2S *s.* 1. surfaced two sides; 2. smooth two sides
S4S *s.* surfaced four sides
S1S1E *s.* surfaced one side one edge
S1S2E *s.* surfaced one side two edges
S2S1E *s.* surfaced two sides one edge
St. Andrew's cross Andreaskreuz *n* *(Fachwerk)*
St. Lucie cherry Felsenkirsche *f*, [Gemeine] Steinweichsel *f*, Mahalebkirsche *f*, Prunus mahaleb
stabilization of wood Stabilisierung *f* von Holz, Holzfestigung *f*
stabilizer Stabilisator *m* *(z. B. in Klebstoffformulierungen)*
stable door Stalltür *f*
stack/to [auf]stapeln, zu Stapeln setzen *(z. B. Holz)*
stack 1. Stapel *m*; Meiler *m*; 2. Stack *n* *(Raummaß bes. für Brennholz; 1 Stack = 3,058 Kubikmeter)*
~ **bottom** Stapelunterbau *m*
~**-building** Stapelsetzen *n*, Stapeln *n*
~ **foundation** Stapelunterbau *m*; Stapelsockel *m*
~ **foundation stone** Stapelstein *m*; Stapelsockel *m*
~ **of boards** Bretterstapel *m*; Plattenstapel *m*
~ **of wood** Holzstapel *m*, Schichtholzstoß *m*
~ **seasoning** Stapeltrocknung *f*
stacked cubic foot Kubikfuß *m* Stapelholz (Schichtholz)
~ **cubic metre** Kubikmeter *m(n)* Stapelvolumen, Raummeter *m(n)*, Ster *m*
~ **industrial wood** Schicht[nutz]holz *n*, Meterholz *n*, Klafterholz *n*
~ **measure** Schichtmaß *n*
~ **products** Schichtholzsortiment *n*
~ **timber** Stapelholz *n*; Schicht[nutz]holz *n*
~ **volume** Stapelvolumen *n*
stacker 1. Stapelmaschine *f*, Stapelgerät *n*, Stapler *m*; Stapelanlage *f*; 2. Stapler *m*, Stapelarbeiter *m*
~ **chair** Stapelstuhl *m*, stapelbarer Stuhl *m*
~ **crane** Stapelkran *m*
stacking chair *s.* stacker chair
~ **conveyor** Stapelförderer *m*

stacking

~ **furniture** Stapelmöbel *npl*
~ **hoist** Paternosterstapelanlage *f*
~ **line** Stapelbahn *f*
~ **stool** Stapelhocker *m*
~ **strip** Stapellatte *f*, Stapelleiste *f*, Hölzel *n*
~ **unit** Stapelanlage *f*
stadium seat Stadionsitz *m*
staff angle Putzkanten[schutz]leiste *f*
~ **bead** Kantenrundstab *m*
stag-headed zopftrocken, wipfeldürr, gipfeldürr *(Baum)*
~-**headedness** Zopftrocknis *f*, Wipfeldürre *f*, Gipfeldürre *f*
stage furniture Bühnenmöbel *npl*
~ **micrometer** Objektmikrometer *n*
staggered nailing versetztes Nageln *n*
staggering Saumschlag *m*, Saumhieb *m* *(Holzernte)*
staghorn sumac[h] Essigbaum *m*, Hirschkolbensumach *m*, Rhus typhina
staging Baugerüst *n*, Baurüstung *f*
~ **plank** Rüstbohle *f*, Rüstbrett *n*, Gerüstdiele *f*
~ **pole** Gerüststange *f*
stain/to 1. verfärben; sich verfärben; fleckig werden; 2. beizen *(Holz)*
stain 1. [fleckige] Verfärbung *f*; Fleck *m*; 2. Beize *f*, Holzbeize *f*
~ **fungus** 1. Bläuepilz *m (bes. Ophiostoma spp., Ceratostomella spp., Penicillium spp., Fusarium spp.)*; 2. *s.* staining fungus
stainability Beizbarkeit *f*
stainable beizbar
staining Beizen *n (von Holz)*
~ **fungus** Verfärbungen hervorrufender Pilz *m*, holzverfärbender Pilz *m*
~ **machine** Beizmaschine *f*
~ **shop** Beizwerkstatt *f*, Beizerei *f*
~ **wax** Wachsbeize *f*
stair Treppenstufe *f*
~ **balustrading** Treppengeländer *n*
~ **builder** Treppenbauer *m*
~ **carriage** Treppenholm *m*
~ **enclosure** Treppenraum *m*, Treppenhaus *n*
~ **finish** Treppenausbau *m*
~ **framing** Treppenrohbau *m*, Stellen *n* der Treppe
~ **handrail** Treppenhandlauf *m*, Handlauf *m* einer Treppe
~ **horse** Treppenholm *m*
~ **landing** Treppenabsatz *m*, Treppenpodest *n(m)*, Podest *n(m)*
~ **opening** Treppenöffnung *f*, Treppenloch *n*
~ **stringer** Treppenwange *f*, Treppenzarge *f*
~ **tread** Treppenstufe *f*, Trittstufe *f*
~ **trimmer** Treppenwechselbalken *m*
~ **well** Treppenöffnung *f*, Treppenloch *n*; Treppenauge *n*
~ **width** Treppenbreite *f*
staircase Treppe *f*, Geschoßtreppe *f*, Treppenhaus *n*, Treppenraum *m*
~ **configuration** Treppenform *f*; Treppengrundriß *m*
~ **construction** Treppenbau *m*
~ **housing jig** Treppenwangenfräse *f*
~ **landing** Treppenabsatz *m*, Podest *n(m)*

~ **railing** Treppengeländer *n*
~ **spindle** Treppenspindel *f*
~ **string** Treppenwange *f*, Treppenzarge *f*
~ **window** Treppen[haus]fenster *n*
~ **work** Treppenbau *m*
staircasing Treppenbau *m*
stairs Treppe *f*
stairway 1. einläufige gerade Treppe *f*; 2. *s.* staircase
stake 1. Pflock *m*; Stake *f (Korbflechterei)*; 2. *s.* stanchion
stakelet Holzstäbchen *n*
stalkless-flowered oak *s.* sessile oak
stallwork Kirchengestühl *n*, Gestühl *n*
stanchion Runge *f*, Seitenrunge *f (z. B. an Holztransportfahrzeugen)*
stand Ständer *m*; Fußgestell *n (eines Behältnismöbels)*
~-**alone piece [of furniture]** Einzelmöbel[stück] *n*, Solitärmöbel[stück] *n*
standard band-saw machine Standard-Bandsägemaschine *f*
~ **door** genormte (standardisierte) Tür *f*, Typentür *f*
~ **foot** Standardfuß *m (Möbelbau)*
~ **hardboard** normalharte Faserplatte *f*
~ **moisture content** Normalfeuchte *f*, u_{12} *(Holzprüfung)*
~ **name** Leitname *m*, Standardname *m*, standardisierter Name *m (einer Holzart)*
~ **window** Normalfenster *n*
standing-desk Stehpult *n*
~ **solid metre** Kubikmeter *m(n)* stehendes Holz, Stehendfestmeter *m(n)*
~ **timber** stehendes Holz *n*, stehender Holzvorrat *m*
~-**tree fungus** Baumholzpilz *m*, stammholzbewohnender Pilz *m*
standish Schreibtischgarnitur *f*
staple/to heften
staple Krampe *f*, Schlaufe *f*; Heftklammer *f*, Drahtklammer *f*
~ **crown** Klammerrücken *m*, Drahtklammerrücken *m*
~ **leg** Klammerschaft *m*, Drahtklammerschaft *m*
stapler, stapling machine Heftmaschine *f*, Drahtklammermaschine *f*
star-apple family Sapotegewächse *npl (Familie Sapotaceae)*
~ **bit** Fitschenbeitel *m*
~ **formation** sternförmige Anordnung *f (z. B. von Furnierlagen)*
~ **pine** Strandkiefer *f*, Sternkiefer *f*, Pinus pinaster (maritima)
~ **plywood** Sternholz *n*
~-**shake** Sternriß *m (Holzfehler)*
starch Stärke *f (Polysaccharid, Holzinhaltsstoff)*
~ **adhesive (glue)** Stärkeleim *m*
starting board Fußschalbohle *f*, unterstes Schalbrett *n*
~ **newel** Antrittpfosten *m (Treppengeländer)*
~ **step** Antrittstufe *f*
starved joint verhungerte Klebfuge *f*
state of order *s.* crystallinity index
static bending statische Biegung *f*

~ **coefficient of friction** Haftreibungskoeffizient *m*
~ **hardness** statische Härte *f (z. B. von Holz)*
~ **load[ing]** statische Belastung (Last) *f*
~ **moment** statisches Moment *n*, Flächenmoment *n* ersten Grades
~ **strength** statische Festigkeit *f*
~ **tensile strength** statische Längszugfestigkeit *f*
statics Statik *f*
stationary sawmill stationäres (ortsfestes) Sägewerk *n*
stationery nest Schreibgerätefach *n (im Schreibschrank)*
stave 1. Daube *f*, Faßdaube *f*, Oxhoftstab *m*; 2. *s.* rung
~ **bending machine** Faßdaubenbiegemaschine *f*
~ **church** Stabkirche *f*, Ständerkirche *f*
~ **construction** 1. Stabbauweise *f*, Stabbau *m*; 2. Stabbauwerk *n*, Stabbau *m*
~ **cross-cut saw** Daubenabkürzsägemaschine *f*, Daubenablängsägemaschine *f*
~ **jointing machine** Daubenfügemaschine *f*
~ **oak** Weißeiche *f*, Quercus alba
~ **shook** [zugeschnittenes und verpacktes] Daubenholz *n*
~ **wood** Faßholz *n*, Böttcherholz *n*, Daubenholz *n*
stay [in place]/to stehen, dimensionsstabil (maßbeständig) sein *(Holz)*
stay 1. Stütze *f*, Strebe *f*; Versteifung *f*; Träger *m*; 2. Haltebeschlag *m*; 3. *s.* stanchion
~ **log** Stay-log[-Körper] *m (Trägervorrichtung)*
~-**log cutting (slicing)** Stay-log-Schälen *n*, Halbrundschälen *n (Furnierherstellung)*
staybwood *(Am)* Staybwood *n (vergütetes Holz)*
staypak *s.* 1. untreated compressed wood; 2. heat-stabilized compressed wood
steady Lünette *f (der Drechselbank)*
steam/to dämpfen, dampfbehandeln, [durch Wasserdampf] plastifizieren *(z. B. Furnierholz)*
steam Wasserdampf *m*, Dampf *m*; Heißdampf *m*, überhitzter Dampf *m*
~ **bending** Heißbiegen *n*; Dampfbiegen *n*, Dampfbiegeverfahren *n*
~-**caused blister** *s.* ~ pocket
~ **chest** Dämpfkessel *m*
~ **cooking** Dampfaufschluß *m*
~ **distillation** Wasserdampfdestillation *f (z. B. von Holz)*
~-**driven saw** Dampfsägegatter *n*, Dampfsäge[maschine] *f*
~-**driven sawmill** Dampfsägewerk *n*
~ **drying** Heißdampftrocknung *f*
~ **expansion defibration** Dampfexplosionszerfaserung *f*
~-**exploded lignin** Dampfexplosionslignin *n*
~ **explosion defibration** Dampfexplosionszerfaserung *f*
~ **explosion lignin** Dampfexplosionslignin *n*
~ **hydrolysis** Dampfhydrolyse *f*
~-**operated kiln** Dampfdarre *f (Holztrocknung)*
~ **pocket** Dampfblase *f (in Holzwerkstoffen)*
~[-**powered**] **sawmill** Dampfsägewerk *n*
~ **shock [effect]** Dampfstoßeffekt *m (Spanplattenherstellung)*

steamed groundwood Braunschliff *m*
~ **wood lignin** Dampfaufschlußlignin *n*
steaming chamber Dämpfkammer *f*
~ **period** Dämpfzeit *f*
~ **pit** Dämpfgrube *f*
~ **plant** Dämpfanlage *f*
steel-blue wood-wasp Stahlblaue (Gemeine) Fichtenholzwespe *f*, Gemeine (Stahlblaue) Holzwespe *f*, Kiefernholzwespe *f*, Sirex (Paururus) juvencus
~ **carpenter's square** Zimmermannswinkel *m*, Winkeleisen *n*, großer Stahlwinkel *m*
~ **furniture** Stahlmöbel *npl*
~ **gusset plate** Stahlnagelplatte *f*
~ **nail** Stahlnagel *m*
~-**pointed shoe [of pile tip]** [spitzer] Pfahlschuh *m*
~ **roofing nail** Stahldachnagel *m*
~ **square** Stahl[anschlag]winkel *m*, Metallwinkel *m*
~ **tape** Stahlbandmaß *n*
~ **wool** Stahlwolle *f (Schleifmittel)*
steep roof Steildach *n*, steiles Dach *n*
steeping [treatment] Tauchtränkung *f (Holzschutzverfahren)*
stellate gallery Sterngang *m (Insektenfraßbild)*
stellite/to stelliti[si]eren, Stellit aufbringen, mit Stellit bestücken *(Sägezähne)*
stellite Stellit *m(n) (Hartmetallegierung)*
stem Stamm *m*, Baumstamm *m*, Schaft *m*
~ **analysis** Stammanalyse *f*
~ **axis** Stammachse *f*
~ **bark** Stammrinde *f*
~ **base** Stammende *n*, Stammfuß *m*
~ **crack** Stammriß *m*
~ **decay** Stammfäule *f (durch Pilze am lebenden Baum)*
~ **eccentricity** Stammexzentrizität *f*
~ **forking** Gabelstammbildung *f*, Verzwilung *f*
~ **form** Stammform *f*, Schaftform *f*
~-**formed wood** Reifholz *n*, Trockenkernholz *n*
~ **growth model** Stammwuchsbild *n*
~ **kink** Stammknick *m*, Stamm[ab]knickung *f*
~ **notch** Fallkerb *m (Baumfällung)*
~-**only harvest** Stammholzernte *f*
~ **section** Stammabschnitt *m*, Stammstück *n*, Block *m*, Klotz *m*
~ **spirality** Schraubenwuchs (Spiralwuchs) *m* des Stammes
~ **straightness** Geradschäftigkeit *f*, Geradstämmigkeit *f*, Schnürigkeit *f*
~ **swelling** Stammverstärkung *f*, Schaftverstärkung *f*
~ **taper** Durchmesserabnahme *f* eines Stammes; Abholzigkeit *f*, Abformigkeit *f (Holzmessung)*
~ **timber** Stammholz *n*, Lang[nutz]holz *n*
~ **volume** Schaft[holz]volumen *n*, Stammvolumen *n (Holzmessung)*
~ **wood** Stammholz *n*, Lang[nutz]holz *n*
~ **wood form factor** Schaftholzformzahl *f*, f_{Sh}
~ **wound** Stammwunde *f*, Wundstelle *f* am Stamm
stempel, stemple Kappe *f (Grubenholzsortiment)*
stenograph bark-beetle Zwölfzähniger (Großer) Kiefernborkenkäfer *m*, Ips sexdentatus

step Trittstufe *f*; Treppenstufe *f*; Leitersprosse *f*
~ **joint** Versatz *m (Holzverband)*
~-**ladder** Stufenleiter *f*, Trittleiter *f*
~-**ladder hinge** Trittleiterscharnier *n*
stepped shelf abgesetzter Einlegeboden *m*
stepped string ausgesägte Treppenwange *f*
steps *s.* step-ladder
sterculia gum Karayagummi *n*, Indischer Tragant[h] *m (bes. von Sterculia urens)*
stere *s.* stacked cubic metre
stereo cabinet Phonoturm *m*, Hi-Fi-Turm *m*
stereum Schicht[rinden]pilz *m*, Lederschwamm *m (Gattung Stereum)*
sterigma Sterigma *n*, Stielchen *n*, Ausstülpung *f (in den Hyphenenden von Basidiomyzeten)*
sterilant Steril[is]ans *n*, Sterilisant *n*, Sterilisationsmittel *n (z. B. zur Holzkonservierung)*
stick Stock *m*, Weidenrute *f* aus mehrjährigem Aufwuchs
~ **shellac[k]** Stocklack *m*, Zopfschellack *m*
sticker/to Stapellatten einlegen, mittels Stapelleisten (Hölzeln) stapeln
sticker Stapellatte *f*, Stapelleiste *f*, Hölzel *n*
~ **hopper** Stapelleistenmagazin *n*, Leistenmagazin *n*
~ **stain** Stapelbläue *f*
stiff-leaved juniper Steifblättriger Wacholder *m*, Juniperus rigida
~-**needled pine** Pechkiefer *f*, Pitchpine *f*, Pinus rigida
stiffness Steifigkeit *f*, Biegesteifigkeit *f (z. B. von Holz)*
~ **matrix** Steifigkeitsmatrix *f*
stilbene Stilben *n*, 1,2-Diphenylethen *n (Holzinhaltsstoff)*
stilbenoid Stilbenoid *n (Holzinhaltsstoff)*
stile Senkrechtfries *m(n)*, Langfries *m(n)*, Höhenfries *m(n)*, aufrechtes Fries *n*, Längsholz *n (z. B. einer Rahmentür)*; Senkrechtstab *m*; Holm *m*
stilt root Stelzwurzel *f*
stinking cedar Kalifornische Nußeibe (Torreye) *f*, Torreya californica
~ **nutmeg** Nußtragende Stinkeibe *f*, Torreya nucifera
stinkwood Stinkholz *n*, Ocotea bullata
~ **tree** Essia *n*, ESS, Abale *n*, Combretodendron africanum (macrocarpum)
stirrup Bewehrungsbügel *m*, Bügeleisen *n*
~ **joint** Bügel[eisen]verbindung *f*
stob Pflock *m*; Zaunpfahl *m*
stock 1. Baumstamm *m*, Stamm *m*, Schaft *m*; 2. Baumstumpf *m*, Stock *m*, Stubben *m*, Stumpen *m*; 3. Kolben *m*, Gewehrkolben *m*; 4. Stoff *m (Papierherstellung)*
~ **cleaning** Stoffreinigung *f*
~ **concentration (density)** Stoffkonzentration *f*, Stoffdichte *f*
~ **disintegration** Stoffmahlung *f*
~ **piping** Stoff[rohr]leitung *f*
~ **preparation** Stoffaufbereitung *f*
~ **solution** Stammlösung *f (z. B. einer Holzbeize)*
~ **suspension** Fasersuspension *f*, Zellstoffsuspension *f*

stockade/to einpfählen
stockade Staket *n*; Einpfählung *f*
stocker Schäfter *m*, Gewehrschaftmacher *m*
Stockholm pitch Holzpech *n*
~ **tar** Stockholmer Teer *m*, Schwedischer Meilerteer *m*
Stoddard solvent Stoddard-Solvent *n (Holzschutzmittel)*
stone Stein *m*; Schleif[er]stein *m*
~ **cell** Steinzelle *f*, Sklerenchymzelle *f*, Sklereide *f (der Baumrinde)*
~ **grinding** Steinschliffherstellung *f*, Steinverfahren *n*, konventioneller Holzschliff *m*
~ **groundwood** Stein[holz]schliff *m*
~ **nogging** Bruchsteinausfachung *f (Fachwerk)*
~ **pine** 1. Pinie *f*, Pinus pinea; 2. Alpenfichte *f*, Picea [excelsa var.] alpestris
~ **surface velocity** Steinumfangsgeschwindigkeit *f*
stool 1. Hocker *m*, Schemel *m*; Fußbank *f*; 2. Fußgestell *n (eines Behältnismöbels)*; 3. Fensterbrett *n*; 4. Türschwelle *f*, Anschlagschwelle *f*
~ **seat** Hockersitzfläche *f*, Schemelsitzfläche *f*
~ **wood** Emien *n*, Alstonia *f*, Alstonia congensis *(Holzart)*
stop Anschlag *m*, Überschlag *m*, Überfälzung *f (z. B. einer Tür)*; Stoppklotz *m (Schubkasten)*
~ **bar** Stoppleiste *f (Schubkasten)*
stopped bridle [joint] abgesetzte Schlitz-Zapfen-Rahmenverbindung *f*
~ **chamfer** ausgesetzte Fase *f*; Stechfase *f*
~ **dovetail housing [joint]** abgesetzte Gratverbindung *f*
~ **housing [joint]** abgesetzte Nutverbindung *f*
~ **lap joint** Einblattung *f*
~ **mortise and tenon** verdeckte Schlitz-Zapfen-Verbindung *f*
stopping Spachtelmasse *f*, Spachtel *m*, Füllmasse *f*
storage cell Speicherzelle *f*, Parenchymzelle *f*
~ **defect** Lager[ungs]schaden *m*
~ **furniture** Aufbewahrungsmöbel *npl*; Kastenmöbel *npl*
~ **life** *s.* shelf life
~ **material** Speicherstoff *m*, Reservestoff *m (z. B. in Holz)*
~ **rot** Lagerfäule *f*
~-**rot fungus** Lagerfäulepilz *m*, Lagerfäuleerreger *m*
~ **shed** Lagerschuppen *m*
~ **shed predrying** Vortrocknung *f* im Lagerschuppen
~ **stool** Kastenhocker *m*
~ **substance** *s.* ~ material
~ **table** Ablage *f (Kleinmöbel)*
~ **tissue** Speichergewebe *n*, Parenchym *n (Holzanatomie)*
~ **wall** Schrankwand *f*
storax 1. [Orientalischer, Levantiner, Asiatischer] Storax *m (Balsam von Liquidambar orientalis)*; 2. Amerikanischer Storax *m (Balsam von Liquidambar styraciflua)*; 3. Benzoeharz *n*, Benzoe *f (von*

Styrax spp.); 4. *s.* ~-tree
~-tree 1. Storaxbaum *m (Gattung Styrax)*; 2. Benzoe-Storaxbaum *m*, Styrax benzoin
store furniture Geschäftsmöbel *npl*, Ladenmöbel *npl*, Möbel *npl* für Verkaufs- und Dienstleistungseinrichtungen
~ **window** Schaufenster *n*
storey-bed Etagenbett *n*
~ **height** Geschoßhöhe *f*, Stockwerkshöhe *f*
~ **post** Flurbalkenstütze *f*
~ **rod** Tritthöhenmarkierungsstange *f*
storeyed rays Holzstrahlenstockwerkbau *m*, stockwerkartig angeordnete Holzstrahlen *mpl*
~ **structure** Stockwerkbau *m*, Etagenbau *m* *(Holzanatomie)*
storied ... *s.* storeyed
storm-window äußeres Schutzfenster *n*, Sturmfenster *n*
story ... *s.* storey ...
straddling chair Lesesessel *m*
straight-boled geradschäftig, geradstämmig, schnürig
~ **carver's chisel** gerades Balleisen *n*
~ **carver's gouge** gerades Hohleisen *n*
~ **cutter** zylindrischer Oberfräser *m*
~-**edge** 1. Lineal *n*; 2. Setzlatte *f*, Waagescheit *n*, Richtscheit *n*
~-**flight stair** [einläufige] gerade Treppe *f*
~ **from the saw** sägeroh, [säge]rauh; ungehobelt
~ **grain** geradliniger Faserverlauf *m*, Geradfaser *f*, schlichte Textur *f*
~-**grained** geradfaserig, mit schlichter Textur
~-**line edger saw** Besäumkreissäge[maschine] *f*
~-**line production** Fließfertigung *f (z. B. in der Möbelmontage)*
~ **lock** Aufschraubschloß *n*
~ **nailing** Sichtflächen[ver]nagelung *f*, direkte Vernagelung *f*
~-**split [wood] shake** dickengleiche (nicht keilförmige) Spaltschindel *f*
~ **stair[way]** [einläufige] gerade Treppe *f*
~-**stemmed** Geradstämmig, geradschäftig, schnürig
~ **V [veining] tool** gerader Geißfuß *m* *(Schnitzwerkzeug)*
~ **veiner** gerader Bildhauerbeitel *m*
straightness [of stem] Geradschäftigkeit *f*, Geradstämmigkeit *f*, Schnürigkeit *f*
strain 1. Dehnung *f*, ε; 2. Beanspruchung *f*; [innere] Spannung *f (z. B. im Holz)*
~ **crack** Dehnungsriß *m*
~-**stress curve** Spannungs-Dehnungs-Diagramm *n*
straining beam Spannbalken *m*, Spannriegel *m*, Sprengstrebe *f*
strand Strang *m (z. B. von Parenchymzellen)*
~ **parenchyma** Strangparenchym *n*, Längsparenchym *n*, Axialparenchym *n* *(Holzanatomie)*
strandboard *s.* oriented strand board
stranded timber gestrandetes Triftholz *n*, Strandholz *n*
strands Strands *pl*, Schneidspäne *mpl* für OSB-Platten
strap 1. Kopfverbundbügel *m*; 2. Flachverbinder

m; Lasche *f*, Stahllasche *f*
~ **hinge** Scharnierband *n*, Bandscharnier *n*
~-**work** Stabwerk *n*, Scheibenleisten *fpl (Zierat)*
strapped joint Kopfbügelverbund *m*
Strasbourg turpentine Straßburger Terpentin *n* *(von Abies alba)*
straw Stroh *n (Rohstoff z. B. für Spanplatten)*
~ **pulp** Stroh[zell]stoff *m*
strawberry-tree [Westlicher] Erdbeerbaum *m*, Sandbeere *f*, Arbutus unedo
strawboard Strohspanplatte *f*
streak/to Rillen [ein]schneiden, reißen *(zu harzenden Baum)*
streak 1. [streifenförmiger] Stockfleck *m*; 2. Rille *f*, Harzungsriß *m*
streaked rot Streifenfäule *f (von Laubhölzern)*
stream barker Wasserstrahlentrinder *m*, Streambarker *m*, Hydroentrindungsmaschine *f*, hydraulische Entrindungsmaschine *f*
~ **barking** Wasserstrahlentrindung *f*, hydraulische Holzentrindung *f*
~ **driving** Triftflößerei *f*, Triften *n*, Einze[lstamm]flößerei *f*, Wildflößerei *f*
street door Haustür *f*
strength Festigkeit *f*, [mechanische] Widerstandsfähigkeit *f*
~ **property** Festigkeitseigenschaft *f (z. B. von Holz)*
~ **testing** Festigkeitsprüfung *f*
~ **theory** Festigkeitslehre *f*
~ **to buckling** Knickfestigkeit *f*, kritische Knickspannung *f*, $β_K$
strengthening tissue Festigungsgewebe *n*, Stützgewebe *n (Holzanatomie)*
stress [mechanische] Spannung *f*, Beanspruchung *f*
~ **concentration** Spannungskonzentration *f*
~ **crack** Spannungsriß *m*
~ **grade** Festigkeitswert *m*
~-**graded timber** Festigkeitsklassenholz *n*
~-**grading** Festigkeitssortierung *f*, Sortierung *f* nach Festigkeit *(z. B. von Schnittholz)*
~-**grading machine** Festigkeitssortiermaschine *f*
~-**rated** festigkeitssortiert *(Schnittholz)*
stressed-skin construction Flächentragwerk *n*, flächige Tragkonstruktion *f*
~-**skin panel** Tragwerkplatte *f*
stretch-out Verstreckungsschablone *f* *(Treppenbau)*
~ **rolling** Spannen *n* und Richten *n (von Sägeblättern)*
stretcher 1. Steg *m*, Stegleiste *f* *(Konstruktionselement)*; 2. Keilrahmen *m*
~ **chair** Krankentragstuhl *m*
stretching pliers Gurtspanner *m* *(Polstererwerkzeug)*
~ **rolls** Walzmaschine *f*, Richtanlage *f (zur Behandlung von Sägeblättern)*
striated grain *s.* stripe figure
strike [plate], striker [plate] *s.* striking plate
striking button Schlagknopf *m (des Hobels)*
~ **knife** Anreißmesser *n*
~ **plate** Schließblech *n*, Einlaßschließblech *n*
~ **plate with roller** Rollschließblech *n*
string 1. [schmaler] Intarsienstreifen *m*; 2. *s.* ~

string

board
~ **board** Treppenwange *f*, Treppenzarge *f*
~ **instrument** Saiteninstrument *n*; Streichinstrument *n*
~ **piece** Bogenbinderuntergurt *m*
stringed musical instrument Saiteninstrument *n*; Streichinstrument *n*
stringer 1. Stützbalken *m*; Unterzug *m*; Rippe *f* (in Flächentragwerken); 2. *s.* string board
stringing Fadeneinlage *f* (Zierform in Furnierflächen)
stringy-bark Eucalyptus acmeniodes (Holzart)
~ **fracture** faseriger (splittriger, zäher) Bruch *m*
strip/to 1. entrinden, [ab]schälen; abborken; streifen[weise entrinden], berappen, reppeln; 2. entasten; 3. abbeizen; abziehen
~-**bark/to** streifen[weise entrinden], berappen, reppeln
strip 1. Leiste *f*, Latte *f*; 2. *s.* ~ test piece; 3. *s.* sticker
~ **cutting saw** Leistensäge *f*
~ **felling** Saumschlag *m*, Saumhieb *m* (Holzernte)
~ **floor** Riemen[fuß]boden *m*
~ **hinge** Stangenscharnier *n*, Klavierband *n*
~ **nails** magazinierte Nägel *mpl*
~ **test piece** Trennschnittprobe *f*, Verschalungsprobe *f*, Schichtprobe *f* (Holztrocknung)
stripe figure (grain) Streifentextur *f*, Streifenzeichnung *f*, gestreifte Maserung (Holzzeichnung) *f*
striped gestreift, streifig (Holzzeichnung)
~ **letterwood** *s.* red letterwood
~ **maple** Pennsylvanischer Ahorn *m*, Acer pensylvanicum (striatum)
striper Durchziehpinsel *m*, Schläger *m* (Holzmalerei); langer Modler *m* (Holzmalerei)
stripper 1. Zuschnittsäge[maschine] *f*; 2. Abbeizmittel *n*, Abbeizer *m*; Ablaugmittel *n*, alkalisches Abbeizmittel *n*
stripping knife Spachtel *m(f)*
~ **whites** Weißarbeit *f*, Weidenrutenschälen *n*
strips Schmalware *f* (Holzhandelssortiment)
stripy *s.* striped
stroking Durchschlagen *n*, Schlagen *n* (Holzmalerei)
strong-box Schatztruhe *f*; Kassette *f*, Schmuckkassette *f*
strop Abziehriemen *m*
structural carpentry *s.* carpentry
~ **fibreboard** Faserbauplatte *f*
~ **grade** Bauholzgüteklasse *f*
~-**grade plywood** Bausperrholz *n*
~ **insulating board** Dämmplatte *f*, Isolierplatte *f*
~ **laminated timber** Brettschichtholz *n*, BSH
~ **lumber** (Am) Bauschnittholz *n*
~ **material** Baustoff *m*, Baumaterial *n*
~ **optimization** Tragwerksoptimierung *f* (Holzbau)
~ **panel** Bauholzplatte *f*; Bauspanplatte *f*
~ **particleboard** Bauspanplatte *f*
~ **sawn wood** Bauschnittholz *n*
~ **surveying** Bauüberwachung *f*, Bauaufsicht *f*
~ **timber** Bauholz *n*, Konstruktionsholz *n*;

186

Baurundholz *n*
~ **timber-destroying fungus** bauholzzerstörender Pilz *m*
~ **timber fire endurance** Feuerbeständigkeit *f* von Holzbauteilen
~-**use panel** 1. Bauspanplatte *f*; 2. Bausperrholzplatte *f*
~ **wood component** Holzbauelement *n*, Holzbauteil *n*
~ **wood framing system** Holzrahmenkonstruktion *f*
~ **wood panel** Bauholzplatte *f*, Holzplatte *f* für Bauzwecke
~ **wood preservation** baulicher Holzschutz *m*, Bauholzschutz *m*
~ **wood product** Bauholzerzeugnis *n*
~ **wood research** Bauholzforschung *f*
structure adhesive Konstruktionsklebstoff *m*
strut [kurze] Stütze *f*, Druckstab *m*, Pfosten *m*
~-**framed beam** Sprengwerkbalken *m*
strutted frame Sprengwerk *n*
strutting of beams Balkenverspreizung *f*
strychnin[e] Strychnin *n* (Alkaloid)
stub [out]/to stockroden, Stöcke (Baumstümpfe) roden
stub-tenon/to blind verzapfen, verdeckt [ein]zapfen, mit abgesetzten Zapfen verbinden
stub 1. Stumpf *m*, Stummel *m*; Aststumpf *m*; Aststummel *m*; 2. Stock *m*, Stubben *m*, Stumpen *m*, Baumstumpf *m*; 3. Dürrständer *m*, abgestorbener (abständiger) Baum *m*
~ **beam** Kurzbalken *m*
~ **mortise** verdecktes Zapfenloch *n*, blinder Schlitz *m*
~ **mortise and tenon [joint]** [einfache] abgesetzte Zapfenverbindung *f*
~ **pile** Kurzpfahl *m*
~ **tenon** blinder (verdeckter) Zapfen *m*
stuck [on the solid] aus dem vollen Holz herausgearbeitet (Schnitzwerk)
stud 1. Kantholz *n*; Rahmen *m* (Holzsortiment); 2. Kantholzstiel *m*, Stütze *f* (Holzbau); Wandpfosten *m*, Leerpfosten *m* (Fachwerk); 3. Raumhöhe *f*
~ **mill** Kantholz-Kreissägemaschine *f*
~ **wall** *s.* timber stud partition
studio couch Schlafcouch *f*
~ **window** Atelierfenster *n*
study Arbeitszimmer *n*
stuff 1. Material *n*, Arbeitsmaterial *n*; Schnittware *f* (Holzverarbeitung); Flechtmaterial *n*; 2. Stoff *m*, Papierstoff *m*; mechanischer Holzschliff *m*
~ **catcher** Stoffänger *m*, Papierstoffänger *m*
~-**over [seat]** überpolsterter Sitzmöbelrahmen *m*, über die Kanten gepolsterter Rahmen *m*
~-**over upholstery** Überpolsterung *f*
stuffing material Polsterfüllstoff *m*, Polsterfüllmaterial *n*
stull Stempel *m*, Grubenstempel *m*; Kappe *f* (Grubenholzsortiment)
stump [out]/to stockroden, Stöcke (Baumstümpfe) roden
stump 1. Stock *m*, Stubben *m*, Stumpen *m*, Baumstumpf *m*; 2. Aststumpf *m*

~ **blasting** Stock[holz]sprengung *f*, Sprengroden *n*
~ **diameter** Stockdurchmesser *m*, Stockstärke *f*
~ **extraction** *s.* ~ grubbing
~ **grubber** Stockrodegerät *n*, Stubbenroder *m*
~ **grubbing** Stockrodung *f*, Stubbenrodung *f*
~ **height** Stockhöhe *f*, Stubbenhöhe *f*
~ **puller (pulling machine)** Stockrodegerät *n*, Stubbenroder *m*
~ **rot** Stockfäule *f*, Stammfußfäule *f*
~ **semi-processor** am Stock arbeitende Teilaufarbeitungskombine *f*
~ **splitter** Stockholzspalter *m*, Stubbenspaltmaschine *f*
~ **tenon** abgesetzter (unregelmäßiger) Kurzzapfen *m*
~ **utilization** Stockholznutzung *f*
~ **veneer** Wurzel[stock]furnier *n*
stumpage stehendes Holz *n*, stehender Holzvorrat *m*
stumpwood Stockholz *n*
~ **blasting** Stock[holz]sprengung *f*, Sprengroden *n*
sturdy baulk system Streckbalkensystem *n*
STWL *s.* steamed wood lignin
style of furniture Möbelstil *m*
styloid styloider Kristall *m* (*in Holzzellen*)
styracin Styracin *n*, Cinnamylcinnamat *n*
styrax *s.* storax
sub-base Unterboden *m*
subalpine subalpin[isch], unter der Baumgrenze [wachsend]; bis zur Nadelwaldgrenze reichend
~ **fir** Balsamtanne *f*, Abies lasiocarpa
suber Kork *m*, Korkrinde *f*
suberin Suberin *n*, Korkstoff *m*, Korkzellen-Gerüstsubstanz *f*
~ **lamella** Suberinlamelle *f*
~ **monomer** Suberinmonomer *n*
suberize/to Suberin (Korkstoff) ausbilden, sich verkorken
suberose korkartig
subfloor Unter[fuß]boden *m*, Blindboden *m*
~ **of wood chipboards** Unter[fuß]boden *m* aus Spanplatten
subgrade Rundholz *n* in Sägequalität (*Tropenholzhandel*)
sublimate Sublimat *n*, Quecksilber-II-Chlorid *n* (*Holzschutzmittel*)
sublimation drying Sublimationstrocknung *f* (*von Holz*)
submerged timber Unterwasserholz *n*
substitute fibre [ungeteilte, querwandlose] Ersatzfaser *f* (*im Laubholz*)
~ **wood** Austauschholz *n*
substrate 1. Substrat *n*, Nährboden *m*; 2. Substrat *n*, Trägerplatte *f*; Trägerwerkstoff *m*
subterranean termite Bodentermite *f*, bodenbewohnende Termite *f* (*bes. Reticulitermes spp.*)
succinic acid Bernsteinsäure *f*, Butandisäure *f*, Succinsäure *f*
suction box Saugkasten *m* (*der Langsiebmaschine*)
sucupira 1. Sucupira *n*, SUC, Bowdichia nitida (*Holzart*); 2. Bowdichia virgilioides (*Holzart*);

3. Diplotropis purpurea (*Holzart*)
suede palette Vergoldekissen *n*
Suffolk latch Drückerfalle *f*, Klinkenschloß *n*
sugar Zucker *m* (*Holzinhaltsstoff*)
~ **alcohol** Zuckeralkohol *m*, Alditol *m*
~ **gum** Eucalyptus corynocalyx (*Holzart*)
~ **-maple** Zuckerahorn *m*, AHZ, Vogelaugenahorn *m*, Acer saccharum
~ **palm** 1. Zuckerpalme *f* (*Sammelbegriff*); 2. *s.* true sugar palm
~ **pine** Zuckerkiefer *f*, Pinus lambertiana
sugi Sugi *n*, SUG, [Japanische] Sicheltanne *f*, Japanische Zeder *f*, Cryptomeria japonica
suite of furniture Möbelgarnitur *f*
sulf... *s.* sulph...
sulphate black liquor Sulfatschwarzlauge *f*, Kraftschwarzlauge *f*, Sulfatablauge *f*
~ **cooking** Sulfat[aufschluß]verfahren *n*, Sulfataufschluß *m*, Sulfatkochung *f*, Kraftzellstoffverfahren *n*
~ **digester** Sulfat[zellstoff]kocher *m*
~ **lignin** Sulfatlignin *n*, Thiolignin *n*
~ **liquor** Sulfatablauge *f*, Schwarzlauge *f*
~ **mill** Sulfat[zellstof]fabrik *f*
~ **process** *s.* ~ cooking
~ **pulp** Sulfatzellstoff *m*; Kraftzellstoff *m*
~ **pulping** *s.* ~ cooking
~ **turpentine** Sulfatterpentin[öl] *n*, Sulfat-Holzterpentinöl *n*
~ **wood rosin** Tallharz *n*; Tallölkolophonium *n*
~ **wood turpentine** *s.* ~ turpentine
sulphidity Sulfidität *f* (*Zellstofferzeugung*)
sulphite cooking Sulfitverfahren *n*, Sulfitaufschluß *m* (*Zellstofferzeugung*)
~ **digester** Sulfit[zellstoff]kocher *m*
~ **lignin** Sulfitlignin *n*
~ **liquor** Sulfitablauge *f*, Rotlauge *f*
~ **pulp** Sulfitzellstoff *m*
~ **pulping [process]** Sulfitverfahren *n*, Sulfitaufschluß *m* (*Zellstofferzeugung*)
~ **turpentine** Sulfitterpentinöl *n*, Fichtenöl *n*
~ **wood pulp factory** Sulfitzellstoffabrik *f*
~ **wood pulp manufacture** Sulfitzellstofferzeugung *f*
sulphur-free pulping schwefelfreier Holzaufschluß *m*
~ **fungus (polypore)** Schwefelporling *m*, Laetiporus (Polyporus) sulphureus
~ **tuft fungus** Büscheliger (Grünblättriger) Schwefelkopf *m*, Hypholoma fasciculare
sulphuric-acid lignin Schwefelsäurelignin *n*, Klason-Lignin *n*
sumac[h] Sumach *m* (*Gattung Rhus*)
Sumatra benzoin 1. Benzoe-Storaxbaum *m*, Styrax benzoin; 2. Styrax paralleloneurum; 3. Sumatrabenzoe *f* (*bes. von Styrax benzoin*)
summer beam Sturzbalken *m*
~ **felling** Sommereinschlag *m*, Sommerfällung *f*
~ **wood** Spätholz *n*, Sommerholz *n*, Engholz *n*
~ **wood content (percent)** Spätholzanteil *m*
~ **wood tracheid** Spätholztracheide *f*
sun crack Hitzeriß *m*, Trockenriß *m* (*in lebendem Nadelholz*); Mantelriß *m*, Spaltriß *m*, Trockenriß *m* (*in totem Nadelholz*)
~ **-dry/to** an der Sonne trocknen, durch

Sonnenwärme trocknen
~ **plane** Kranzhobel *m* der Küfer
~**-scald (-scorch)** Sonnenbrand *m*, Rindenbrand *m (sonnenexponierter Baumstämme)*
~ **window** Sonnenschutzfenster *n*
sunk panel zurückgesetzte Füllung *f*
sunken joint eingesunkene Fuge *f (z. B. in Sperrholz)*
super hardboard, superboard Extrahartplatte *f*, HFE, getemperte (wärmevergütete, gehärtete) Faser[hart]platte *f*
supercalender Superkalander *m (Papierherstellung)*
supercalendering Superkalandern *n*, Supersatinage *f*, Satinieren *n*, Glätten *n*
superficial area *s*. ~ measure
~ **blue-stain** Anbläue *f*, Oberflächenbläue *f*, Schnittholzbläue *f*, sekundäre Bläue *f (Nadelholzfehler bes. durch Ophiostoma spp.)*
~ **measure** Flächenmaß *n*, Lagenmaß *n*, ausgelegtes Maß *n (von Brettern)*
~ **mould** Oberflächenpilz *m*
~ **mycelium** Oberflächenmyzel *n*
superior timber Wertholz *n*
~ **tree** Plusbaum *m*
supper table Ständertisch *m*
supple biegsam, flexibel
support batten Stützleiste *f*
supporting beam Stützbalken *m*
~ **block** Lünette *f (der Drechselbank)*
~ **pile** Tragpfahl *m*
~ **pit timber** Schalholz *n* [im Bergbau]
~ **root** Stützwurzel *f*
~ **strap** Biegeband *n*
~ **timber** Schalholz *n*
~ **tissue** Stützgewebe *n*, Festigungsgewebe *n*
supportive cell Stützzelle *f*, Festigungszelle *f (Holzanatomie)*
surbase obere Sockelleiste *f*, Obergesims *n*
surface/to abrichten, zurichten, anhobeln; [ab]hobeln
surface blue-stain *s*. superficial blue-stain
~ **check** Oberflächenriß *m*, Außenriß *m*
~ **chip** Decklagenspan *m*
~ **coating** 1. Oberflächenbeschichtung *f*; 2. Beschichtungsmaterial *n*, Beschichtungswerkstoff *m*
~ **decay** Oberflächenfäule *f*
~ **defect** Oberflächenfehler *m*
~ **discolo[u]ration** Oberflächenverfärbung *f*
~**-dry** oberflächentrocken *(Holz)*
~ **finishing** Oberflächenbearbeitung *f*; Oberflächenbehandlung *f*
~ **hinge** Aufschraubscharnier *n*, Aufschraubband *n*, Aufsatzband *n*
~**-laminated fibreboard** kunststoffbeschichtete dekorative Faserplatte *f*, KH
~ **measure** Flächenmaß *n*, Lagenmaß *n*, ausgelegtes Maß *n (von Brettern)*
~ **planer** Abricht[hobel]maschine *f*, Abrichtfräsmaschine *f*
~ **planing and edge jointing machine** Winkelkantenabrichthobelmaschine *f*
~ **planing and thicknessing machine** Abrichtdickenhobelmaschine *f*

~ **planing machine** *s*. ~ planer
~ **rot** Oberflächenfäule *f*
~ **roughness** Oberflächenrauhigkeit *f*
~ **sap-stain** *s*. superficial blue-stain
~ **seasoning check** Oberflächenriß *m*, Außenriß *m*
~**-sized paper** oberflächengeleimtes Papier *n*
~ **sizing** Oberflächenleimung *f (Papierherstellung)*
~ **staining** Oberflächenbeizung *f*
~ **texture** Oberflächentextur *f*, Oberflächengefüge *n*
~ **treatment** Oberflächen[schutz]behandlung *f*
~ **veneer** Deckfurnier *n*, Außenfurnier *n*, Gutfurnier *n*
surfaced four sides vierseitig gehobelt, allseitig abgerichtet
~ **one edge** einkantig gehobelt (abgerichtet)
~ **one side** einseitig gehobelt (abgerichtet)
~ **one side one edge** einseitig und einkantig gehobelt (abgerichtet)
~ **one side two edges** einseitig und zweikantig gehobelt (abgerichtet)
~ **timber** Hobelware *f*
~ **timber size** Schnittholz-Sollmaß *n*
~ **two edges** zweikantig gehobelt (abgerichtet)
~ **two sides** zweiseitig gehobelt (abgerichtet)
~ **two sides one edge** zweiseitig und einkantig gehobelt (abgerichtet)
surfacer *s*. surface planer
surfacing and thicknessing planer Abrichtdickenhobelmaschine *f*
~ **table lip plate** Tischlippe *f (einer Abrichtmaschine)*
surgery furniture Sprechzimmermöbel *npl*
Surinam quassia Quassia[holz]baum *m*, Quassie *f*, Quassia amara
surtax Surcharge *f*, Surtaxe *f*, Frachtratenaufschlag *m (Holzhandel)*
suspended beam Schwebeträger *m*
~ **ceiling** Unterdecke *f*, abgehängte Decke *f*
suspender Hängesäule *f*
suspension Suspension *f*
~ **bridge** Hängebrücke *f*
swag Feston *n (Ziergewinde)*
swage/to stauchen *(Sägezahn)*
swage Stauch *m*
~ **machine** Stauchmaschine *f*
~ **saw** *s*. splitting saw
~**-set tooth** gestauchter Sägezahn *m*
~ **setting** Stauchen *n*, Kaltbreiten *n (von Sägezähnen)*
swager Stauchmaschine *f*; Stauchvorrichtung *f*
swaging Stauchen *n*, Kaltbreiten *n (von Sägezähnen)*
~ **technique** Stauchtechnik *f*
swamp ash Schwarzesche *f*, Fraxinus nigra
~ **box** Tristania suaveolens *(Holzart)*
~ **cedar** Zederzypresse *f*, Kugelzypresse *f*, Chamaecyparis thyoides
~ **chestnut oak** Korbeiche *f*, Quercus michauxii
~ **cottonwood** Populus heterophylla *(Holzart)*
~ **cypress** 1. Sumpfzypresse *f*, Sumpfeibe *f (Gattung Taxodium)*; 2. Zweizeilige Sumpfzypresse (Sumpfeibe) *f*, Taxodium

distichum
~-**degraded wood** Moorholz *n*
~ **hickory** 1. Königsnuß *f*, Carya laciniosa (sulcata); 2. Bitternuß *f*, Carya cordiformis
~ **laurel oak** Lorbeereiche *f*, Quercus laurifolia
~ **magnolia** Sumpfmagnolie *f*, Magnolia virginiana (glauca)
~ **mahogany** Eucalyptus robusta *(Holzart)*
~ **maple** 1. Rotahorn *m*, Roter (Virginischer) Ahorn *m*, Acer rubrum; 2. *s.* silver maple
~ **oak** Sumpfeiche *f*, Spießeiche *f*, Quercus palustris
~ **pine** Sumpfkiefer *f*, Echte Pitchpine (Pechkiefer) *f*, Pinus palustris
~ **sassafras** Sumpfmagnolie *f*, Magnolia virginiana (glauca)
~ **sepetir** Pseudosindora palustris *(Holzart)*
~ **Spanish oak** *s.* ~ oak
~ **tea-tree** Kajeputbaum *m*, Silberbaum *m*, Melaleuca leucadendra
~ **tupelo,** Nyssa [sylvatica var.] biflora *(Holzart)*
~ **white oak** Zweifarbige Eiche *f*, Quercus bicolor
~ **willow oak** Weideneiche *f*, Quercus phellos
~ **wood** Moorholz *n*
swan-neck pediment Schwanenhalspediment *n*
Swan River blackbutt Eucalyptus patens *(Holzart)*
sway brace *s.* wind brace
~ **wood** Reaktionsholz *n* aus dem unteren Stammteil
Swedish aspen Zitterpappel *f*, Espe *f*, Aspe *f*, Populus tremula
~ **beam-tree** Nordische (Schwedische) Mehlbeere *f*, Oxelbeere *f*, Bastardmehlbeere *f*, Sorbus intermedia
~ **birch** Weißbirke *f*, Hängebirke *f*, Sandbirke *f*, Betula pendula (alba, verrucosa)
~ **toothing** Schwedenzahnung *f* *(von Kreissägeblättern)*
~ **whitebeam** *s.* ~ beam-tree
sweep Säbelwuchs *m* *(Baumstammkrümmung)*
~ **saw** Bügelsäge *f*, Bogensäge *f*
sweet acacia Antillenakazie *f*, Antillenkassie *f*, Schwammbaum *m*, Acacia farnesiana
~ **bay** 1. Sumpfmagnolie *f*, Magnolia virginiana (glauca); 2. [Echter] Lorbeerbaum *m*, Lorbeer *m*, Laurus nobilis
~ **birch** Zuckerbirke *f*, Kanadische Birke *f*, Betula lenta
~ **buckeye** Gelbe Roßkastanie *f*, Aesculus octandra
~ **cherry** Süßkirsche *f*, Europäischer Kirschbaum *m*, KB, Vogelkirsche *f*, Waldkirsche *f*, Prunus avium
~ **chestnut** Edelkastanie *f*, EKE, Eßkastanie *f*, Marone *f*, Echte Kastanie *f*, Castanea sativa (vesca)
~ **gum** 1. [Amerikanischer] Amberbaum *m*, Sweetgum *m*, SWG, Guldenbaum *m*, Liquidambar styraciflua; 2. Amerikanischer Storax *m* *(Balsam von 1.)*
~ **locust** [Dreidornige, Amerikanische] Gleditschie *f*, Christusdorn *m*, Gleditsia triacanthos

~ **pignut** Roter Hickory *m*, Carya ovalis
swell/to quellen
swell-butted mit starkem Stammfuß (Erdstamm)
swelling Quellung *f*, Quellen *n* (*z. B.* von Holz)
~ **anisotropy** Quellungsanisotropie *f*
~ **behaviour** Quellverhalten *n*
~ **in thickness** Dickenquellung *f* *(z. B. von Holzfaserplatten)*
~ **pressure** Quell[ungs]druck *m*, Quell-Druckspannung *f* *(in Holz)*
~ **ratio** differentielle Quellung *f*, Quellfaktor *m*, q
~ **stress** *s.* ~ pressure
~ **tendency** Quell[ungs]neigung *f*
swept leg Säbel[stuhl]bein *n*
swing chain saw Kettenschwenksäge *f*
~ **chisel** Schwingmeißel *m*
~ **chisel mortiser** Schwingmeißelstemmaschine *f*
~ **door** Pendeltür *f*, Schwingtür *f*
~ **mirror** Drehspiegel *m*, Schwenkspiegel *m*
~ **sash** Schwing[fenster]flügel *m*
~ **saw** Schwingsäge *f*, Schwenksäge *f*, Pendel[kreis]säge *f*
swinging cross-cut saw Pendelsäge (Schwingsäge) *f* zum Querschneiden
~ **door** Pendeltür *f*, Schwingtür *f*
~ **window** Schwingflügelfenster *n*
Swiss Menig plate Menig-Nagelplatte *f*, zweiseitige Nagelplatte *f*
~ **pine** 1. Zirbe[lkiefer] *f*, KIZ, Arve *f*, Pinus cembra; 2. Alpenfichte *f*, Picea [excelsa var.] alpestris
switch tie *(Am)* Weichenschwelle *f*
swivel[-action] chair Drehstuhl *m*; Drehsessel *m*
~ **chair for housework** Hausarbeitsdrehstuhl *m*
~ **rocker** Dreh-Schaukelstuhl *m*; Dreh-Schaukelsessel *m*
swivelling work chair Arbeitsdrehstuhl *m*
sword Schwert *n*, Sägeschwert *n*, Sägeschiene *f*, Führungsschiene *f* *(einer Kettensäge)*
sycamore 1. [Echte] Sykomore *f*, Wilder Feigenbaum *m*, Eselsfeige *f*, [Ägyptischer] Maulbeerfeigenbaum *m*, Ficus sycomorus; 2. *s.* ~ maple; 3. *s.* plane-tree
~ **fig** *s.* sycamore 1.
~ **maple (plane)** Bergahorn *m*, Weißahorn *m*, AH, Acer pseudoplatanus
sycomore fig *s.* sycamore 1.
Sydney acacia Langblättrige Akazie *f*, Acacia longifolia var. floribunda
~ **blue gum** Eucalyptus saligna *(Holzart)*
~ **wattle** Schwarze Akazie *f*, Gerberakazie *f*, Acacia mearnsii (mollissima), Acacia decurrens var. mollis
sylvic acid Abietinsäure *f*, Sylvinsäure *f*, Abieta-7,14-dien-19-carbonsäure *f* *(Harzsäure, Diterpen)*
symbiosis Symbiose *f* *(Zusammenleben zweier ungleicher Organismen zu gegenseitigem Vorteil)*
symbiont, symbiote Symbio[n]t *m*, Symbiosepartner *m*
symbiotic symbio[n]tisch, in Symbiose lebend
synthetic adhesive *s.* ~-resin adhesive
~ **fibre** Synthesefaser *f*, Chemiefaser *f*,

synthetic

   Kunstfaser *f*
~ **resin** Kunstharz *n*
~-**resin adhesive** Kunstharzklebstoff *m*,
   synthetischer Klebstoff *m*, Kunstharzleim *m*
~-**resin binder** Kunstharzbindemittel *n*
~-**resin glue** *s.* ~-resin adhesive
~-**resin varnish** Kunstharzlack *m*
~ **wood** Kunstholz *n*
SYP *s.* southern pine 1.
syringa Flieder *m (Gattung Syringa)*
~ **aldehyde** Syringaaldehyd *m (Ligninvorstufe)*
syringin Syringin *n (Glucosid)*
syringyl lignin Syringyllignin *n*
syringyl unit Syringyl-Einheit *f (Ligninbaustein)*

T

T and G *s.* tongued and grooved
T halved joint, T halving (joint) T-Überblattung *f*, gerades Blatt *n* als Querverbindung
T-hinge Zungenband *n*
T-nail T-Nagel *m*
T-nailer T-Nagler *m*
T slotter T-Schlitzfräser *m*
T-square Reißschiene *f*
T-strap tie T-Flachwinkel *m* (*Holzverbinder*)
tabernacle Tabernakel *n*, Altarschrein *m*
table/to ein Bett bereiten (*Baumfällung*)
table Tisch *m*
~ **band sawing machine** Tischbandsägemaschine *f*
~-**bench** Tischbank *f*
~ **brace plate** Metallklammer *f* zum Verbinden eckiger Tischgestelle
~-**chair** Tischsessel *m*
~ **desk** Schreibkasten *m*
~ **drawer** Tischkasten *m*, Tisch[schub]lade *f*
~ **easel** Tischstaffelei *f*
~ **edge** Tischkante *f*
~ **extension** Tischverlängerung *f*, Maschinentischverlängerung *f*
~-**flap** Tischklappe *f*, herunterhängende Klappe *f* eines Klapptisches
~ **foot** Tischfuß *m*
~ **frame** Tischzarge *f*
~ **joint** Hakenblattverbindung *f*, Französischer Keil[verschluß] *m*, Schaffhauser Schloß *n*
~-**leaf** 1. Auszug *m*, ausziehbare Fläche *f* (*eines Tisches*); Klappeinlage *f*, herausklappbare Einlage *f* (*eines Tisches*); 2. *s.* ~-flap
~ **leg** Tischbein *n*
~ **mountain pine** Stechkiefer *f*, Pinus pungens
~ **nest** Satztisch *m*, Dreisatztisch *m*
~ **piano** Tafelklavier *n*
~ **saw** Tisch[kreis]säge *f*, Tischkreissägemaschine *f*
~-**tennis bat** Tischtennisschläger *m*
~-**tennis table** Tischtennisplatte *f*
~-**top** Tischplatte *f*
~-**top height** Tischhöhe *f*
~-**top hinge** Klapptischband *n*
~ **underframe** Tischgestell *n*
~ **vice** Bankschraubstock *m*
tabled scarf joint schräges Hakenblatt *n* (*Längsverbindung*)
taboret (*Am*) *s.* tabouret
tabouret Taburett *n*, Tabouret *n* (*Sitzmöbel*)
tabular root Brettwurzel *f*
tacamahac Balsampappel *f*, Populus balsamifera [var. balsamifera]
tack/to heften; anheften, provisorisch befestigen
tack 1. Klebekraft *f*, Bindekraft *f*, Klebrigkeit *f*, Kaltklebekraft *f*, Kaltklebrigkeit *f*; 2. Stiftnagel *m*; Polsterstift *m*; Dachpappennagel *m*
~-**hammer** Zweckenhammer *m*
~-**rag** getränktes Abwischtuch *n* (*für Anstrichflächen*)
tacker Hefter *m*, Handheftgerät *n*, Tacker *m*
tacky klebrig, klebfähig, haftfähig (*Klebstoff, Goldanlegeöl*)
taffeta, taffety Taft *m* (*Möbelstoff*)
Tahiti chestnut Tahitikastanie *f*, Inocarpus fagifer (edulis)
tail beam Stichbalken *m*
~ **rope** Rückholseil *n* (*Seilbringung*)
~ **spar** Hintermast *m* (*Seilbringung*)
~ **trimmer** Beiwechsel *m* (*Holzbau*)
~ **vice** [deutsche] Hinterzange *f* (*der Hobelbank*)
tailpiece Saitenhalter *m* (*am Streichinstrument*)
tailstock Reitstock *m* (*der Drechselbank*)
~ **clamp** Reitstockklemmung *f*, Reitstock-Schnellspannung *f*
~ **cross travel screw** Reitstockquerverstellung *f*
~ **quill** Reitstockpinole *f*, Pinole *f*
~ **quill (spindle) clamp** Pinolenklemmung *f*, Festspanner *m* für Pinole
Taiwan white oak Castanopsis formosana (*Holzart*)
take a polish/to polierfähig sein
taking-off table Auslauftisch *m* (*z. B. einer Abrichthobelmaschine*)
tali 1. Tali *n*, TAL, Rotwasserbaum *m*, Erythropleum guineense (suaveolens); 2. Tali *n*, TAL, Erythropleum ivorense (*Holzart*)
tall oil Tallöl *n* (*Nebenprodukt beim Sulfataufschluß von Kiefernholz*)
~-**oil fatty acid** Tallfettsäure *f*
~-**oil pitch** Tallpech *n*
~-**oil precursor** Tallölvorstufe *f*
~-**oil resin** Tallharz *n*
~-**oil rosin** Tallölkolophonium *n*
~-**oil soap** Tallseife *f*
tallboy hohe Kommode *f*, hoher Schubladenschrank *m*, Doppelkommode *f*
~ **cupboard** Besenschrank *m*
~-**secretaire** hoher Schubladenschrank *m* mit Schreiblade
tallow-berry *s.* ~-tree 1.
~ **nut** *s.* ~ wood 1.
~-**tree** 1. Chinesischer Talgbaum *m*, Stillingie *f*, Sapium sebiferum; 2. Boiré *n*, BOR, Detarium senegalense (*Holzart*)
~ **wood** 1. Falsches Sandelholz *n*, Ximenia americana; 2. Eucalyptus microcorys (*Holzart*)
tamarac[k] *s.* 1. ~ larch; 2. ~ pine
~ **larch** Amerikanische (Kleinzapfige) Lärche *f*, LAA, Sumpflärche *f*, Larix laricina (americana)
~ **pine** Pinus murrayana (*Holzart*)
tamarind Tamarinde *f*, Tamarindenbaum *m*, Tamarindus indica
~ **oil** Tamarindenöl *n*
~ **plum** Samttamarinde *f*, Dialium indum
tambour Rollverschluß *m*, Tambour *m*
~ **desk** Rollbureau *n*, Rolladen-Schreibschrank *m*
~ **door** Rolladen *m*, Rolladentür *f*
tamo *s.* Manchurian ash
tamrit cypress Cupressus dupreziana (*Holzart*)
tan 1. Gerbstoff *m*; Gerbmittel *n*; 2. *s.* tanbark
~ **oak** Lithocarpus densiflora (densiflorus) (*Holzart*)

tan

~ **plant** Gerbstoffpflanze *f*, gerbstoffliefernde Pflanze *f*
~-**stuff** Gerbstoff *m*; Gerbmittel *n*
tanbark [zerkleinerte] Gerbrinde *f*, Lohrinde *f*, Lohe *f*
~ **borer** Veränderlicher Scheibenbock[käfer] *m*, Phymatodes (Callidium) testaceus
~ **oak** 1. Weißeiche *f*, Quercus alba; 2. Lithocarpus densiflora (densiflorus) *(Holzart)*
tang Angel *f* (z. B. eines Stemmeisens)
tangential cutting Tangentialschnitt *m*, Fladerschnitt *m*, Brett[er]schnitt *m*
~ **section** Tangentialschnittfläche *f*, Fladerschnittfläche *f*
~ **shrinkage** tangentiale Schwindung *f*, Tangentialschwindung *f*, β_t *(von Holz)*
~ **swelling** tangentiale Quellung *f*, Tangentialquellung *f*, α_t *(von Holz)*
tangentially-sawn tangential geschnitten, im Tangentialschnitt (Fladerschnitt) hergestellt
tangile Tangile *n*, Shorea polysperma *(Holzart)*
tank soaking (steeping) treatment Trogtränkung *f (Holzschutz)*
tannate Tannat *n*, gerbsaures Salz *n*
tanner's bark Gerbrinde *f*
tannic acid *s*. tannin
~ **discolo[u]ration** Tannin[ver]färbung *f*
tannin Tannin *n*, Tanningerbstoff *m*, Galloylhexose *f*; Gerbsäure *f* *(pflanzlichen Ursprungs)*; Gerbstoff *m*; Gerbmittel *n*
~ **adhesive** Gerbstoffleim *m*, Tannin-Formaldehydharz *n*, TF
~ **colo[u]ration** Gerbstoff[ver]färbung *f*
~ **content** Gerbstoffgehalt *m*
~ **extract** Gerbextrakt *m*, Gerbstoffauszug *m*
tanning agent Gerbstoff *m*
~ **compound** Gerbstoffverbindung *f*
~ **extract** Gerbextrakt *m*, Gerbstoffauszug *m*
~ **material (substance)** Gerbmittel *n*
~ **sumac[h]** Gerbersumach *m*, Rhus coriaria
tanniniferous gerbstoffhaltig; gerbstoffbildend, gerbstoffliefernd
tanwood Gerbholz *n*
tap [for resin]/to harzen, Harz zapfen *(von Bäumen)*
~ **to death**/to totharzen
tap Gewindebohrer *m*, Gewinde[schneid]kolben *m*
tapa Papiermaulbeer[baum]rinde *f (von Broussonetia papyrifera)*
tapeless jointer (veneer splicer) Furnierfugenheftmaschine *f* ohne Papierstreifen
taper Durchmesserabnahme *f (eines Stammes)*; Abholzigkeit *f*, Abformigkeit *f (Holzmessung)*
~ **bit** Spundbohrer *m*, Verfolgbohrer *m*
~ **centre** Körnerspitze *f* des Reitstocks *(der Drechselbank)*
~ **curve** Abholzigkeitskurve *f*
~-**ground blade** Hobelkreissägeblatt *n*
~ **ripping** diagonales Längssägen *n*
~ **ripping jig** Diagonalschnittführung *f (an der Tischkreissäge)*
~ **saw** Spaltkreissäge *f*, Feinschnittkreissäge *f*
~-**split [wood] shake** keilige (keilförmig gespaltene) Schindel *f*
~ **table** Abholzigkeitstafel *f*
tapered finger cutter Keilzinkenfräser *m*
~ **roller curve** Kurvenrollenbahn *f*
~ **slip joint** Keilschlitzverbindung *f*, Keilschlitz *m*
tapering abholzig, abformig
~ **work** Kegligdrehen *n (Drechselei)*
taping machine Tapingmaschine *f (zum Furnierfugenheften mittels Klebestreifen)*
tapped-out timber geharztes (gezapftes) Holz *n*
tapping Harzgewinnung *f*; Lebendharzung *f*, Harzung *f*
~ **season** Harzungssaison *f*
Tapria siris Albizia lucida *(Holzart)*
taqua nut (palm) Steinnußpalme *f*, Phytelephas macrocarpa
tar Teer *m*
~ **acid** Teersäure *f*
~ **bases** basische Teerbestandteile *mpl (Holzschutz)*
~ **black** Steinkohlenteeröl *n (Holzschutzmittel)*
~-**board** Teerpappe *f*, Dachpappe *f*
~ **burning** *s.* ~ distillation
~ **distillate** Teerdestillat[ionsprodukt] *n*
~ **distillation** Teerdestillation *f*, Teerschwelerei *f*, Nadelholzdestillation *f*
~ **oil** Teeröl *n*, Pechöl *n*
~-**oil[-type] preservative** Teerölpräparat *n*, teerölhaltiges Holzschutzmittel *n*
~ **paper** Teerpapier *n*, Bitumenpapier *n*
target size Sollmaß *n* (z. B. *von Schnittholz*)
tarpaulin Persenning *f*, Abdeckplane *f*
tarred board Teerpappe *f*, Dachpappe *f*
~ **brown paper** Teerpapier *n*, Bitumenpapier *n*
tarsia[tura] Intarsia *f*, Intarsie *f*, Marketerie *f*, Einlegearbeit *f*
Tasmanian beech 1. Eucalyptus microcorys *(Holzart)*; 2. *s.* ~ myrtle
~ **blue gum-tree** Blaugummibaum *m*, Fieber[heil]baum *m*, Eucalyptus globulus
~ **myrtle** Nothofagus cunninghamii *(Holzart)*
~ **oak** 1. Eucalyptus regnans *(Holzart)*; 2. Handelsname für Lieferungen aus Eucalyptus obliqua, E. delegatensis und E. regnans; Kurzzeichen TAO
~ **sassafras** Doryphora sassafras *(Holzart)*
Tatarian maple Tatarenahorn *m*, Afterahorn *m*, Acer tataricum
taun Kasai *n*, KAS, Pometia pinnata *(Holzart)*
Taurus cedar Libanonzeder *f*, Cedrus libani
tawa Beilschmiedia tawa *(Holzart)*
taxaceous zu den Eibengewächsen (Taxaceae) gehörend
taxifolin Taxifolin *n (Flavonoid)*
taxine Taxin *n (Alkaloid)*
taxon Taxon *n*, taxonomische Einheit *f*
taxonomic taxonomisch, systematisch
taxonomy Taxonomie *f*, Systematik *f*
taxusin Taxusin *n (Diterpenoid)*
TBR *s.* timber 2. und 3.
tchitola Tchitola *n*, TCH, Rotes Tola[holz] *n*, Oxystigma (Pterygopodium) oxyphyllum
TCT *s.* tungsten-carbide-tipped
tea-bag tissue Teebeutel[seiden]papier *n*

~ **caddy** Teeschatulle *f*; Teebüchse *f*
~ **cart** Teewagen *m*
~ **chest** Teeschatulle *f*
~ **table** Teetisch *m*
~-**trolley** Teewagen *m*
~ **wagon** *(Am)* Teewagen *m*
teak Teak[holz] *n*, TEK, Tectona grandis
~ **furniture** Teak[holz]möbel *npl*
~ **oil** Teaköl *n* *(Pflegemittel für Teak)*
teakwood Teak[holz] *n*, TEK, Tectona grandis
tear index Durchreißfestigkeitsindex *m* *(von Holzstoff)*
~ **strength** Durchreißfestigkeit *f*, Reißfestigkeit *f*
tears in wood Faserausriß *m*; wollige Holzoberfläche *f*
technical lignin technisches Lignin *n*
~ **paper** technisches Papier *n*
technology Technologie *f*
tectoquinone Tectochinon *n*
tecun-uman pine Pinus tecunumanii *(Holzart)*
tee-halved joint *s.* T halved joint
~ **hinge** Scharnierband *n*, Bandscharnier *n*
teeth root line Zahngrundlinie *f* *(einer Säge)*
telecommunication pole Telefon[leitungs]mast *m*
telegraph pole Telegraphenstange *f*, Poststange *f*
telegraphing Durchschlagen *n*, Durchscheinen *n* *(von Trägerkonstruktionen durch Deckfurnier)*
telephone pole Telefon[leitungs]mast *m*
~ **seat** Telefonbank *f*
~ **table** Telefontischchen *n*
teliospore Teleutospore *f*, Teliospore *f*, Winterspore *f* *(der Rostpilze)*
telium Telium *n*, Teleutosporenlager *n* *(der Rostpilze)*
tembusu Tembusu *n*, Trai *n*, Fagraea fragrans (gigantea) *(Holzart)*
temperature blistering Blasenbildung *f* *(Anstrichschaden)*
~ **blisters** Trocknungsblasen *fpl* *(Anstrichschaden)*
~ **conductivity** Temperaturleitfähigkeit *f*, Temperaturleitzahl *f* *(z. B. von Holz)*
tempered hardboard getemperte (wärmevergütete, gehärtete) Faser[hart]platte *f*, Extrahartplatte *f*, HFE
template Schablone *f*, Kopierschablone *f*, Lehre[nform] *f*
~ **control** Schablonensteuerung *f* *(z. B. einer Kopierfräsmaschine)*
temple tree Tempelbaum *m*, Plumeria acutifolia (acuminata)
templet *s.* template
tenar Druckholz *n*, Rotholz *n*, Rothärte *f*, Buchs[ig] *m* *(aktives Richtgewebe von Nadelhölzern)*
tendency to shrink Schwundneigung *f* *(Holzeigenschaft)*
~ **to splitting** Rißneigung *f* *(Holzeigenschaft)*
tenon/to Zapfen schneiden; zapfen
~ **together/to** verzapfen, durch Zapfen verbinden
tenon Zapfen *m*
~ **and mortise [joint]** Schlitz-Zapfen-Verbindung *f*, Zapfenverbindung *f*
~ **hole** Zapfenloch *n*

~-**saw** Zapfensäge *f*; Rückensäge *f*, Fuchsschwanzsäge *f* mit Rücken[schiene]
~ **shoulder** Brüstung *f*, Brust *f* *(Schlitz-Zapfen-Verbindung)*
tenoner Zapfenschneidmaschine *f*, Zapfenschneidapparat *m*
tenoning cutter Zapfenschneidmesser *n*
tenor violin *s.* viola
tensile buckling Knickzugfestigkeit *f*
~ **index** Zugfestigkeitsindex *m* *(von Holzstoff)*
~ **strength** Zugfestigkeit *f*, β_Z
~ **strength parallel to the grain** Zugfestigkeit *f* in Faserrichtung, Längszugfestigkeit *f*
~ **strength perpendicular to surface** Querzugfestigkeit *f* *(von Holzwerkstoffplatten)*
~ **strength perpendicular to the grain** Zugfestigkeit *f* quer zur Faserrichtung, Querzugfestigkeit *f*
~ **stress** Zugspannung *f*, Zugbeanspruchung *f*, σ_Z
tension fibre Zugholzfaser *f*
~ **set** Zugverformungsrest *m*, bleibende Zugverformung *f*
~ **sleeve** Spannschraube *f*
~ **spring** zylindrische Feder (Zugfeder) *f* *(Polsterei)*
~ **wood** 1. Zugholz *n*, Weißholz *n* *(aktives Richtgewebe von Laubhölzern)*; 2. zugbeanspruchtes Holz *n*
~ **wood fibre** Zugholzfaser *f*
~ **wood formation** Zugholzbildung *f*
tensioning Spannen *n* und Richten *n* *(von Sägeblättern)*
~ **device** Spannvorrichtung *f* *(z. B. einer Bandsäge)*
tent pole Zeltstange *f*
terebinth Terpentinpistazie *f*, Terebinthe *f*, Pistacia terebinthus
~-**tree** 1. terpentinliefernder Baum *m*; 2. *s.* terebinth
terebinthine Terpentin...
terebra Terebra *f*, Legebohrer *m*, Legestachel *m* *(z. B. der Holzwespen)*
teredinid [borer] Schiffsbohrer *m* *(Familie Teredinidae)*
teredo 1. Holzbohrmuschel *f* *(Gattung Teredo)*; 2. *s.* ship-worm
terentang Terentang *n*, TER, *(bes.)* Campnosperma auriculatum *(Holzart)*
teri-pod plant Caesalpinia digyna *(Holzart)*
terminal parenchyma Terminalparenchym *n*, terminales Parenchym *n* *(Holzanatomie)*
terminalia Almend *m* *(Gattung Terminalia)*
termite Termite *f*, Weiße Ameise *f*, Isoptere *f* *(Ordnung Isoptera)*
~ **attack** Termitenbefall *m*
~ **bioassay** Termitenprüftest *m*
~ **control** Termitenbekämpfung *f*
~ **damage** Termitenschaden *m*
~-**proof** termitenfest
~ **protection** Termitenschutz *m*
~ **repellant** Termitenabwehrmittel *n*
~ **resistance** Termitenfestigkeit *f*, Widerstandsfähigkeit *f* gegen Termiten
~-**resistant** termitenfest

termite

~ **toxicity** Termitentoxizität *f*, Toxizität *f* gegenüber Termiten
termiticidal termitizid, termiten[ab]tötend
termiticide Termitizid *n*, [chemisches] Termitenbekämpfungsmittel *n*
terpene Terpen *n* *(Naturstoff)*
~ **hydrocarbon** Terpenkohlenwasserstoff *m*
~ **keton** Terpenketon *n*
~ **resin** Terpenharz *n*
terpenoid Terpenoid *n*, terpenartige Verbindung *f*
terpineol Terpineol *n* *(Monoterpen)*
terpinolene Terpinolen *n* *(Monoterpen)*
terrace door Terrassentür *f*
~ **furniture** Terrassenmöbel *npl*
~ **roof** Terrassendach *n*
tertiary lamella (wall) Tertiärwand[schicht] *f*, Tertiärlamelle *f*, Abschlußhaut *f*, S₃ *(Holzanatomie)*
tessellated schachbrettartig, gewürfelt, tessellarisch *(z. B. Einlegearbeit)*
test board Prüfbrett *n*, Probebrett *n* *(Holztrocknung)*
~ **conversion of a log** Probeeinschnitt *m*
~ **piece** Prüfkörper *m*, Probekörper *m*, Probe *f*
testing of full-size timber Gebrauchsholzprüfung *f*, Festigkeitsprüfung *f* an Bauholz
~ **of wood** Prüfung *f* von Holz, Holzprüfung *f*
tetraberlinia Sikon *n*, SIK, Tetraberlinia tubmaniana (bifoliolata) *(Holzart)*
tetramethylammonium cellulose Tetramethylammoniumcellulose *f*
tetraterpene Tetraterpen *n*
Texas madrona Arbutus texana *(Holzart)*
~ **poplar** Fremont-Pappel *f*, Texas-Pappel *f*, Populus fremontii
texture Textur *f*, Gefüge *n*; Holztextur *f*, Holzzeichnung *f*, Maserung *f*, Holzbild *n*
t & g, T.G. *s.* tongued and grooved
TGA-L *s.* thioglycol[l]ic-acid lignin
theatre seat Theaterstuhl *m*
~ **seats** Theatergestühl *n*
theory of adhesion Verklebungstheorie *f*
~ **of bending** Biegetheorie *f*
~ **of elastic stability** Elastizitätstheorie *f*
thermal bridge Wärmebrücke *f*, Kältebrücke *f*
~ **capacity** 1. Wärmekapazität *f*; 2. *s.* specific heat
~ **conductivity** Wärmeleitfähigkeit *f*, Wärmeleitvermögen *n*, Wärmeleitzahl *f*, λ
~ **expansion coefficient** thermischer Ausdehnungskoeffizient *m*
~ **insulating panel** Wärmedämmplatte *f*
~ **insulation** Wärmedämmung *f*, Wärmeschutz *m*
~ **resistance** Wärmedurchlaßwiderstand *m*, Wärmeleitwiderstand *m*
~ **treatment** *s.* hot-and-cold bath method
thermography Thermographie *f*
thermolaminating foil thermoplastische Dekorfolie *f*
~ **plant** Thermokaschieranlage *f*, Rollenheißkaschieranlage *f*, [Kalander-]Heißkaschieranlage *f*
thermolamination Thermokaschieren *n*, [Kalander-]Heißkaschieren *n*

thermomechanical pulp thermomechanischer Refinerholzstoff (Holzstoff) *m*, TMP
thermopane glazing Isolierverglasung *f*, Thermoverglasung *f*
~ **unit** Thermo[fenster]scheibe *f*
thermoplastic thermoplastisch, durch Hitze verformbar
~ **[adhesive]** thermoplastischer Klebstoff *m*
~ **resin** Thermoplast *m*, thermoplastisches Kunstharz *n*
thermoplasticization Thermoplastifizierung *f* *(z. B. von Holz)*
thermosetting acrylic [resin] hitzehärtbares Acrylatharz *n*
~ **adhesive** hitzehärtbarer Klebstoff *m*
~ **resin** hitzehärtbares (duroplastisches) Kunstharz *n*, Duroplast *m*, Duromer *n*
thick-barked dickrindig
~-**butted shingle** Schuppenschindel *f*
~ **liquor** Dick[ab]lauge *f*
~ **stuff** Mittelbohlen *fpl*
~-**walled tracheid** dickwandige Tracheide *f*, Spätholztracheide *f* *(Holzanatomie)*
thickener 1. Verdickungsmittel *n* *(z. B. in Klebstoffen)*; 2. Eindicker *m*, Eindickapparat *m*
thickening Dickenwachstum *n*
thickness/to auf [bestimmte] Dicke hobeln; dickenfräsen *(Holz)*
thickness Dicke *f* *(z. B. eines Brettes)*
~-**jointing machine** Dickenhobel- und Fügemaschine *f*
~ **measurement (measuring)** Dickenmessung *f* *(z. B. von Schnittholz)*
~ **planer (planing machine)** *s.* thicknesser
~ **swell[ing]** Dickenquellung *f*
thicknesser Dickenhobelmaschine *f*, Dickenfräsmaschine *f*
thicknessing table Dickenhobeltisch *m*
thin-barked dünnrindig
~-**knife cutter** Streifen[hobel]messer *n*
~ **planer knife** Streifen[hobel]messer *n*
~-**walled tracheid** dünnwandige Tracheide *f*, Frühholztracheide *f* *(Holzanatomie)*
thinner Verdünnungsmittel *n*
thinnings Dünnholz *n* [aus Durchforstungen], Durchforstungsholz *n*, Schwachholz *n*, schwaches Rundholz *n*
thioglycol[l]ic-acid lignin Thioglycolsäurelignin *n*
thiolignin Thiolignin *n*, Sulfatlignin *n*
thitka Thitka *n*, Melunak *n*, *(bes.)* Pentacme burmanica *(Holzart)*
Thonet [bent wood] chair Thonet-Stuhl *m*, Bugholzstuhl *m*, Wiener Stuhl *m*
thorax Thorax *m*, Brustabschnitt *m*, Rumpf *m* *(der Insekten)*
thorn pear Scolopia ecklonii *(Holzart)*
thread escutcheon Schlüsselbuchse *f*
~ **hole** Gewinde[bohr]loch *n*
threaded cutter Gewindeschaftfräser *m*
~ **nail** Schraubnagel *m*
three-centred arch Korbbogen *m* *(Holzbau)*
~-**cornered file** Dreikantfeile *f*
~-**drum travelling-bed sander**

Dreizylinderschleifmaschine f, Zylinderschleifmaschine (Walzenschleifmaschine) f mit drei Schleifzylindern
~-**edged timber** dreiseitig besäumtes Schnittholz n
~-**flute engraver** dreischneidiger Schriftenfräser m
~-**hinged arch** Dreigelenkbogen m; Dreigelenkrahmen m (Holzleimbau)
~-**hinged truss** Dreigelenkbinder m
~-**jaw chuck** Dreibacken[bohr]futter n
~-**layer particleboard** dreischichtige (triplierte) Spanplatte f, Dreischichtplatte f
~-**layer plywood** Dreilagensperrholz n
~-**leaved pine** Pinus roxburghii (longifolia) (Holzart)
~-**legged table** dreibeiniger Tisch m, Dreibeintisch m
~-**needle pine** Dreinadler m (Kiefernartengruppe)
~-**part adhesive** Dreikomponentenklebstoff m
~-**piece suite** Polster[möbel]garnitur f
~-**ply** dreilagig (Sperrholz)
~-**ply [panel]** Dreilagensperrholz n; Verbundplatte f
~-**pocket [pulp] grinder** Dreipressenschleifer m (Holzschlifferzeugung)
~-**pulley band sawing machine** Dreirollenbandsägemaschine f
~-**seater [sofa]** Drei[sitz]ersofa n
~-**side moulding machine** Dreiseitenfräsmaschine f
~-**thorned acacia** [Dreidornige, Amerikanische] Gleditschie f, Christusdorn m, Gleditsia triacanthos
~-**way bracing** dreiseitige Kopfbänder npl, dreiseitige Büge mpl
throat 1. Fallkerb m (Baumfällung); 2. Spanöffnung f, Spanloch n; Hobelmaul n, Maul n; 3. s. throating
throating Wassernase f (z. B. einer Sohlbank)
throne [chair] Thron[sessel] m
through and through [cutting] s. tangential cutting
~ **bridle joint** Bügelzapfenverbindung f
~ **crack** durchgehender Riß m (Holzfehler)
~ **dovetail housing joint** Flächenwinkelverbindung f mit einseitigem Grat
~ **dovetail joint** durchgehende Schwalbenschwanzzinkenverbindung f
~ **housing [joint]** durchgehende Nutverbindung f, stumpf eingenutete Fläche f, Flächenwinkelverbindung f mit voll eingelassener Nut
~ **mortise and tenon [joint]** durchgestemmte Schlitzzapfenverbindung f
~ **pitch pocket** durchgehende Harzgalle f
~ **shake** durchgehender Riß m (Holzfehler)
~ **tenon** durchgehender Zapfen m
~ **tenon [and mortise] joint** durchgehende Zapfenverbindung f
throw/to drechseln
throw-away cutter Einwegmesser n
thrown chair Drechselstuhl m, gedrechselter Stuhl m, Sprossenstuhl m
thuja Lebensbaum m, Thuja f (Gattung Thuja)
thujaplicatin Thujaplicatin n (Lignan)
thujaplicin Thujaplicin n (Terpenoid)
thujene Thujen n (Monoterpen)
thujic acid Thujasäure f (Terpenoid)
thujopsis Hibalebensbaum m, Japanische Thuja f, Hibaholz n, Thujopsis dolabrata
thumb latch Drückerfalle f, Klinkenschloß n
~ **plane** Schmalhobel m
~ **screw** Laubsägenzwinge f
thunder shake 1. Faserstauchung f, Stauchbruch m, Querriß m (Holzfehler); 2. Blitzriß m (Holzschaden)
thurming Kantigdrehen n
~ **drum** Kantigdrehtrommel f
thuya [burr] 1. Sandarakbaum m, Tetraclinis articulata; 2. s. thuja
thuyin Thujon n (Terpenoid)
thylosis s. tylosis
tiaong Tiaong n, Shorea agsaboensis (Holzart)
ticketer Ziehklingenstahl m, [Hand-] Ziehklingengratzieher m
tideland spruce Sitkafichte f, FIS, Picea sitchensis
tie 1. (Am) Schwelle f, Bahnschwelle f, Gleisschwelle f, Eisenbahnschwelle f; 2. s. ~-beam; 3. s. ~-rod
~-**beam** Zugband n; Untergurt m; Bundbalken m; Spannbalken m, Ankerbalken m, Spannriegel m
~ **bolt** Lasche f (Holzbau)
~ **rail** Krawattenleiste f, Krawattenstange f, Krawattenbügel m (im Kleiderschrank)
~-**rod** Zugstab m, Zuganker m
~ **strap** Verbindungsglied n (der Sägekette)
~-**arch truss** Bogenfachwerk n
tied arch Fachwerkbogenträger m, Bogenträger m mit Zugband
tiger's-tail spruce Tigerschwanzfichte f, Toranofichte f, Stachelfichte f, Picea polita
tigerwood 1. Dibétou n, DIB, Tigerholz n, Westafrikanischer Walnußbaum m, Lovoa klaineana (trichilioides); 2. Astronium fraxinifolium (Holzart)
tight barrel Dichtfaß n
~ **cooperage** 1. Herstellung f von Dichtfässern; 2. Dichtfässer npl
~-**coopered barrel** Dichtfaß n
~ **face** geschlossene Seite f (eines Furniers), Furnieraußenseite f
~ **knot** Grünast m
~ **side** s. ~ face
~ **split** nichtklaffender (geschlossener) Riß m (Holzfehler)
~ **stacking** Stapeln n ohne Stapellatten
tile batten Dachlatte f
~ **cell** ziegelförmige Zelle (Holzstrahlzelle) f
tiliaceous zu den Lindengewächsen (Tiliaceae) gehörend
tiling batten Dachlatte f
till drawer block Zählbrett n, Münzzählbrett n
~ **lock** Schubkastenschloß n
tilting cordwood trailer Schichtholzkipp[anhäng]er m

tilting

~ **fillet** Aufschiebling *m (Dachstuhlbau)*
~ **of idler pulley** Sturz *m* der Sägebandrolle
~ **piece** Aufschiebling *m (Dachstuhlbau)*
~ **spindle moulder (moulding machine)** Schwenkfräs[maschin]e *f*
~ **table** Kipptisch *m (z. B. einer Kreissäge)*
~ **window** Kippfenster *n*
timber/to zimmern, verzimmern
timber hölzern; Holz... *(s.a. unter* wood, wooden*)*
timber 1. [stehendes] Holz *n*, Holz *n* auf dem Stock, Gehölz *n*; Baumstämme *mpl*; Holz *n (s. a. unter* wood); 2. Nutzholz *n*, Werkholz *n*; Schnittholz *n*, Schnittware *f (s. a. unter* lumber); Bauholz *n*; *(Am)* Bauschnittholz von über *11,4 cm* Dicke; 3. Holzbalken *m*, Balken *m*; 4. Grubenholz *n*, Zechenholz *n*
~ **age** Holzalter *n*
~ **agency** Holzagentur *f*
~ **architecture** Holzarchitektur *f*
~ **assortment** Holzsortiment *n*
~ **auction** Holzauktion *f*, Holzversteigerung *f*
~ **balance** Holzbilanz *f*
~ **balk** Holzbalken *m*
~-**based product** Holzwerkstoff *m*
~ **batten** Holzlatte *f*, Holzleiste *f*
~ **beam** Holzbalken *m*
~ **beetle** 1. holzschädigender Käfer *m (Sammelbegriff)*; 2. Bock[käfer] *m (Familie Cerambycidae)*; 3. Kern[holz]käfer *m (Familie Platypodidae)*
~-**boarded floor** Bretterfußboden *m*; Dielenfußboden *m*
~ **bolt** Bolzen *m*, Schraubenbolzen *m*
~ **bolt hole** Bolzenloch *n*, Schraubenbolzenloch *n*
~ **branch** Holzbranche *f*
~-**breeding** holzbrütend *(z. B. Borkenkäfer)*
~ **brick** Holzziegel *m*; Dübelstein *m*
~ **bridge** Holzbrücke *f*
~ **bridge construction** Holzbrückenbau *m*
~ **bridge truss** Holzbrücken[fachwerk]träger *m*
~ **building** 1. Holzgebäude *n*, Holzbauwerk *n*; 2. Holzbau *m*
~ **building technique** Holzbautechnik *f*
~ **caisson** hölzerner Schwimmkasten *m*, Holzsenkkasten *m*
~ **cargo** Holzfracht *f*
~ **carrier** 1. Torlader (Torladewagen) *m* für den Schnittholztransport; 2. Holzfrachtschiff *n*, Holztransportschiff *n*, Holzhandelsschiff *n*
~-**carrying shǐp** s. ~ carrier 2.
~ **cart** *s.* ~ carrier 1.
~ **category** Holzsorte *f*
~ **chord** Gurtholz *n*, Gurt[stab] *m*
~ **church** Holzkirche *f*
~ **cladding** Holzbekleidung *f*, Holzverkleidung *f*
~ **column** Holzsäule *f*; Holzpfeiler *m*; Holz[vertikal]stab *m*
~ **compass** Fällungskompaß *m*, Fällrichtungsanzeiger *m*
~ **connector** Holzverbinder *m*, Verbindungsmittel *n* [des Holzbaus]; Industriedübel *m*
~ **construction** 1. Holzbau *m*; 2. Holzkonstruktion *f*
~ **construction manual** Holzbauhandbuch *n*
~ **construction practice** Holzbaupraxis *f*
~ **construction works** Holzbauarbeiten *fpl*
~ **consumption** Holzverbrauch *m*
~ **contract** Holzliefer[ungs]vertrag *m*
~ **conversion** Holzausformung *f*, Rohholzaufarbeitung *f*, Aushalten (Zurichten) *n* von Rohholz
~ **crop** Holzernte *f*, Holz[ernte]ertrag *m*, Holzaufkommen *n*
~ **customs** Holz[einfuhr]zoll *m*
~ **decay** Holzfäule *f*; Holzzerstörung *f*
~ **decoration** Holzverzierung *f*, hölzerner Zierat *m*
~ **demand** Holzbedarf *m*
~ **design** Holzbauweise *f*; holzbauliche Gestaltung *f*
~ **designer** Holzbauingenieur *m*
~ **dolphin** Holzdalbe *f*
~ **drag** Nachläufer *m (eines Langholztransportfahrzeuges)*; Langholz-Nachläufersystem *n*
~ **driving** Einzel[stamm]flößerei *f*, Triften *n*, Triftflößerei *f*
~ **dryer**, ~ **drying kiln** Holztrockner *m*, Holztrocknungsanlage *f*
~ **duty** Holzzoll *m*
~ **economy** Holzwirtschaft *f*
~ **end** Balkenende *n*, Balkenstirnfläche *f*; Balkenkopf *m*
~ **engineer** Holzbauingenieur *m*
~ **engineering** Ingenieurholzbau *m*
~ **evaluation** Holzbewertung *f*
~ **expert** Holzfachmann *m*, Holzsachverständiger *m*, Sachverständiger *m* für Holz
~ **export** Holzexport *m*, Holzausfuhr *f*
~ **exporter** Holzexporteur *m*
~-**exporting area** Holzausfuhrgebiet *n*
~-**exporting country** Holzausfuhrland *n*, Holzüberschußland *n*
~-**exporting port** Holzausfuhrhafen *m*
~ **external wall** Holzaußenwand *f*
~ **facing** Holzverkleidung *f*
~ **famine** Holznot *f*, Holzmangel *m*
~ **fire door** Feuerschutztür *f* aus Holz
~ **floor** Holzfußboden *m*
~ **floor-joist** Lagerholz *n*, Dielenbalken *m*, Rippholz *n*
~ **for sale** Handelsholz *n*
~ **form factor** Derbholzformzahl *f*
~ **formwork** Holzschalung *f*, Schalung *f*
~ **frame** Holzrahmen *m*; Holzrahmenwerk *n*
~-**frame architecture** Fachwerkarchitektur *f*
~-**frame carpentry** Fachwerkzimmerei *f*, Zimmermannsarbeit *f* im Fachwerkbau
~-**frame construction** Holzrahmenbauweise *f*, Holzrahmenbau *m*, Holzskelettbauweise *f*, Skelettbau *m*; Holzfachwerkbau *m*, Rahmenfachwerk *n*, Fachwerkbau *m*
~ **frame home** 1. Wohnblockhaus *n*; 2. *s.* ~ frame house
~ **frame house** Holzrahmenhaus *n*; Fachwerkhaus *n*
~-**frame technique** Fachwerktechnik *f*

~ **frame wall** Holzrahmenwand *f*
~-**framed architecture** Fachwerkarchitektur *f*
~-**framed building** Fachwerkbau *m*, Fachwerkgebäude *n*
~-**framed house** Fachwerkhaus *n*
~-**framed partition** Fachwerkinnenwand *f*, innere Fachwerkwand *f*
~-**framed structure** Holzrahmenkonstruktion *f*
~-**framed wall** Fachwerkwand *f*
~ **framework (framing)** Holzfachwerk *n*, Fachwerk *n*
~ **from intermediate fellings** Vornutzungsholz *n*, Zwischennutzungsholz *n*
~ **fungus** Holzpilz *m*, holzbewohnender Pilz *m*; Bauholzpilz *m*
~ **grab** Rundholzgreifer *m*
~ **grader** Schnittholzsortiermaschine *f*
~-**grading rules** Holzsortierregeln *fpl*, Holzsortierungsgebräuche *mpl*
~ **growing** Holzerzeugung *f*
~ **harvest** Holzernte *f*, Holzwerbung *f*
~ **harvesting machine** Holzerntemaschine *f*
~ **hauling** Holzbringung *f*, Holzrücken *n*; Holzabfuhr *f*
~ **height** Stammholzlänge *f (stehender Stamm)*; Langholzlänge *f (liegender Stamm)*
~ **house construction** Holzhausbau *m*
~ **identification** Holz[arten]bestimmung *f*, Holzerkennung *f*, Erkennung *f* der Holzarten
~ **import** Holzimport *m*, Holzeinfuhr *f*
~ **importer** Holzimporteur *m*
~-**importing country** Holzeinfuhrland *n*
~ **in the rough** Rohholz *n*
~ **in the round** Rundholz *n*
~ **insect** Holzinsekt *n*, holzschädigendes Insekt *n*
~ **joint** Holzverbindung *f*
~ **ladder** Holzleiter *f*
~ **laminating industry** Holzleimindustrie *f*
~ **laminating plant** Holzleimbaubetrieb *m*
~ **language** Holzfachsprache *f*
~ **lattice girder** Holzgitterträger *m*
~-**lined shed** Bretterverschlag *m*
~ **lining** Holzbekleidung *f*, Holzverkleidung *f*
~ **load** Holzladung *f*
~ **loading site** Holzumschlagplatz *m*
~ **loading winch** Langholzverlade[seil]winde *f*
~ **log** Nutzholzblock *m*, Sägeholzblock *m*
~ **lorry** Langholzfahrzeug *n*
~ **management** Holzwirtschaft *f*
~ **market** Holzmarkt *m*
~ **marketing** Holzvermarktung *f*
~ **measure** Holzmaß *n*
~ **measuring regulations** Holzmeßanweisung *f*, Homa *f*
~ **member** Holzbauteil *n*, Holzbauelement *n*; Stab *m (Holzbau)*
~ **mensuration** Holzmeßkunde *f*
~ **merchant** Holz[groß]händler *m*, Holzkaufmann *m*
~ **merchant's yard** Holzhandelshof *m*
~ **moisture recording** Holzfeuchteerfassung *f*
~ **moulding** Holz[profil]leiste *f*
~ **name** Holzname *m*, Holzbezeichnung *f*
~ **needs** Holzbedarf *m*
~ **nomenclature** Holzartennomenklatur *f*,

Nomenklatur *f* der Holzarten
~ **of commerce** Handelsholz *n*
~ **pack** Schnittholzpaket *n*
~ **paving block** Holzpflasterklotz *m*
~ **pest infestation** Holzschädlingsbefall *m*
~ **piece** Holzstück *n*
~ **pile** Holzpfahl *m*
~ **pillar** Holzsäule *f*
~ **planking** Holzdielung *f*; Holzbeplankung *f*
~ **policy** Holzwirtschaftspolitik *f*
~ **port** Holz[handels]hafen *m*
~ **preserving process** Holzschutzverfahren *n*, Einbringverfahren *n* für Holzschutzmittel
~ **producer** Holzerzeuger *m*
~ **production** Holzerzeugung *f*, Holzproduktion *f*, Rohholzerzeugung *f*
~ **profile** Holzprofil *n*
~ **proofing** Holzkonservierung *f*
~ **prop** Holzstempel *m*
~ **properties** Holzeigenschaften *fpl*
~ **provision** Holzbeschaffung *f*
~ **quality** Holzqualität *f*, Holzgüte *f*
~ **rafter** Holzsparren *m*
~ **research** Holzforschung *f*
~ **research institute** Holzforschungsinstitut *n*
~ **research laboratory** Holzforschungslabor[atorium] *n*
~ **research worker** Holzforscher *m*
~ **rigid frame** [hölzerne] Starrahmenkonstruktion *f*, starrer Holzrahmen *m*
~ **road block** Balkensperre *f*
~ **roadway** Balkenbahn *f*
~ **roof** Holz[balken]dach *n*
~ **roof deck** Dachhautträger *m* aus Holz
~ **roof truss** Holz[dach]binder *m*; Holzdachstuhl *m*; Holzdachhängewerk *n*
~ **sale** Holzverkauf *m*
~ **scarcity** Holzknappheit *f*, Holzverknappung *f*, Holzmangel *m*
~ **selection** Holzauswahl *f*, Holzartenwahl *f*
~ **set** Türstock *m (Bergbau)*
~ **shelter** Holzbunker *m*
~ **shoring** Balkenabstützung *f*; Holzverschalung *f*
~ **shortage** Holzknappheit *f*, Holzverknappung *f*, Holzmangel *m*
~ **sill** Holzschwelle *f*
~ **slide** Holzriese *f (Holzbringung)*
~ **species** Holzart *f*; Holzarten *fpl*
~ **specification** Holzspezifikation *f*
~ **stack** Holzstapel *m*
~ **stairparts** Holztreppenteile *npl*
~ **stock** Holzvorrat *m*
~ **storage** Holzlagerung *f*; Holzbevorratung *f*
~ **storage shed** Holzlagerschuppen *m*, Schober *m*
~ **storage site** Holz[zwischen]lagerort *m*
~ **structure** Holzbauteil *n*; Holzbauwerk *n*
~ **stud partition** Holzgerippe[zwischen]wand *f*, Riegelwand *f* mit Plattenverkleidung; leichtes Wandelement *n*
~ **studding** Holzgerippe *n*
~ **supplier** Holzlieferant *m*
~ **supply** Holzbereitstellung *f*
~-**supply industry** holzliefernde (holzbereitstellende) Industrie *f*

timber

~ tally Schnittholzsortentabelle f
~-technologic[al] holztechnologisch
~ technologist Holztechnologe m; Holztechniker m
~ technology Holztechnologie f; Holztechnik f
~ term Holzfachausdruck m, Holzfachwort n
~-testing laboratory Holzprüflabor[atorium] n
~ tie Holzschwelle f
~ trade 1. Holzhandel m; 2. Holzgewerbe n; Holzhandwerk n
~ trade and industry Holzwirtschaft f
~ trade customs Holzhandels[ge]bräuche mpl
~ trade term Holzhandelsbegriff m, Ausdruck m der Holzhandelssprache
~ transport[ation] Holztransport m, Rohholztransport m
~ transporter Langholzwagen m
~-tree Nutzholzbaum m
~ truck Langholz[transport]fahrzeug n, Holztransport-Lkw m
~ user Holznutzer m, Holzverbraucher m
~ vault Holzgewölbe n
~ wharf Holzverladekai m
~ wholesale trade Holzgroßhandel m
~-yard Holzhof m, zentraler Holzaufarbeitungsplatz (Aufarbeitungsplatz) m, ZAP; Holzlagerplatz m
~-yard equipment Holzplatzeinrichtung f
~ yield Holzertrag m
timbered building Fachwerkgebäude n
~ wall Bohl[en]wand f
timbering 1. Holzbau m; Zimmerung f; Verzimmern n; 2. Zimmerholz n; Ausbauholz n; Schalbretter npl; 3. Balkenwerk n; Dachstuhl m
~ joint Anschlußzimmerung f
~ of excavations Grubenverbau m; Grubenausbau m
timberman Holzeinschlagsunternehmer m; Holzfäller m, Fäller m, Holzhauer m
timberwork 1. Holzbau m; 2. Holzkonstruktion f; Holzrohbau m, Zimmer[er]arbeit f
Timor white gum Eucalyptus urophylla (Holzart)
tindalo Pahudia rhompoidea (Holzart)
tinder fungus [Echter] Zunderschwamm m, Fomes (Polyporus) fomentarius
tip speed s. peripheral speed
tipped saw hartmetallbestücktes Sägeblatt (Kreissägeblatt) n
~ tooth hartmetallbestückter Sägezahn m
tipping edge Kippkante f (Baumfällung)
tissue paper Seidenpapier n
titanium dioxide Titandioxid n (Papierfüllstoff)
TMP s. thermomechanical pulp
TMS-cellulose s. trimethylsilylcellulose
TnBTO s. tributyltin oxide
to the weather wetterseitig
toat Hobelnase f, Nase f
tobacco pipe Tabak[s]pfeife f
toboggan Rodel[schlitten] m, Schlitten m
toe-nail/to schrägnageln, beinageln
toe-nail Stichnagel m, schräg eingeschlagener Nagel m
~-nailed joint Schrägnagelverbindung f

198

~-nailing Schrägnageln n, Beinageln n
toeboard Fußbrett n (z. B. im Gerüstbau)
toilet furniture Toilettenmöbel npl
~ mirror Toilettenspiegel m
~-paper Toilettenpapier n
~ seat Toilettensitz m
~ table Toilettentisch m, Waschtisch m [mit Spiegel]
tola Pterygopodium oxyphyllum (Holzart)
Toledo wood Manbarklak n, MBK (Holz von Eschweilera spp.)
tolerance Toleranz f, Maßtoleranz f, [zulässige] Maßabweichung f
tolu [balsam] Tolubalsam m (von Myroxylon balsamum)
~ tree Tolubaum m, Myroxylon balsamum [var. balsamum]
tonal wood Tonholz n, Resonanzholz n, Klangholz n
tongue/to 1. eine Feder anhobeln; 2. durch Nut und Feder verbinden, spunden
tongue [angehobelte] Feder f, [angehobelter] Spund m
~ and dado joint gefederte Eckverbindung f
~-and-groove joint Nut-Feder-Verbindung f [mit angestoßener Feder]
~-and-groove siding gespundete Verschalung (Schalung) f
~ and rabbet joint gefederte Eckverbindung f
~ edge Federkante f
tongued and grooved gespundet, mit Nut und Feder versehen
~-and-grooved boards gespundete Bretter npl, Nut- und Federbretter npl
~-and-grooved flooring gespundete Dielung f
~-and-grooved joint Nut-Feder-Verbindung f [mit angestoßener Feder]
~ and trenched joint einfache Federverbindung f, Nutverbindung f mit Feder
~ grooved and beaded board Stabbrett n
~ grooved and V-jointed boards Fasebretter npl
~ joint Nut-Feder-Verbindung f mit eingeschobener Feder, Nut-Nut-Verbindung f
~ mitre stumpfe Gehrung f mit Hirnholzfeder
tonguing-and-grooving machine Nut- und Federfräsmaschine f
~ plane Federhobel m
tonka[-bean tree], tonka-wood Tonkabohnenbaum m, Dipteryx odorata
tool box Werkzeugkasten m
~-grinding machine Werkzeugschleifmaschine f
~ handle Werkzeugstiel m, Werkzeuggriff m
~-holder Werkzeugträger m
~-rest Werkzeugauflage f, Auflage f, Stichelauflage f (der Drechselbank)
~-rest base Auflage-Unterteil n
~ trough Beilade f (der Hobelbank)
~ wear Werkzeugverschleiß m
~ well Beilade f (der Hobelbank)
tooling wheel Abrollgerät n (Prägen, Vergolden)
toon [tree] Surenbaum m, SUR, Moulmein-Zeder f, Toona ciliata, Cedrela toona
tooth/to abzahnen, mit dem Zahnhobel bearbeiten

tooth angle Keilwinkel m *(des Sägezahns)*
~ **back** Zahnrücken m, Freifläche f des Sägezahns
~ **body** Zahnkörper m
~ **depth difference measuring instrument** Zahnhöhendifferenzmeßgerät n
~ **height** Zahnhöhe f, Sägezahnhöhe f
~ **line** Zahn[spitzen]linie f, Zahnkopflinie f
~ **pattern** Zahnform f, Sägezahnform f
~ **pitch** Zahnteilung f, Zahnabstand m
~ **pitch difference measuring instrument** Zahnwinkeldifferenzmeßgerät n
~ **root** Zahn[lücken]grund m, Lückengrund m
~ **spacing** Zahnteilung f, Zahnabstand m
toothache tree Zahnwehholz n, Zanthoxylum fraxineum (americanum)
toothed chain Fräskette f *(einer Kettenfräse)*
~-**plate connector** Bulldogdübel m, Einpreßdübel m System Bulldog, Bulldog[holz]verbinder m
~-**ring connector** Zahnringdübel m
toothing Zahnung f, Bezahnung f *(von Sägeblättern)*
~ **plane** Zahnhobel m
toothpick Zahnstocher m
top/to abzopfen, entwipfeln, abgipfeln *(Stammholz)*
top 1. Wipfel m, Gipfel m, Baumwipfel m; Zopf m, Zopfstück n, Wipfelstück n; 2. Aufsatz m, Möbelaufsatz m; 3. Kreisel m, Spielzeugkreisel m
~ **bark-beetle** Sechszähniger Kiefernborkenkäfer m, Gipfelbohrkäfer m, Ips sexdentatus (acuminatus)
~ **beam** Firstbalken m; Ortbalken m
~ **bunk** Oberbett n *(Doppelstockbett)*
~ **cabinet** Oberschrank m
~ **chord** Obergurt m *(eines Fachwerkträgers)*
~ **diameter** s. ~ **end diameter**
~-**dry** zopftrocken, wipfeldürr m, gipfeldürr *(Baum)*
~-**edge angle** s. ~-**plate angle**
~ **end** Zopfende n, oberes Stammende n
~ **end diameter** Zopfdurchmesser m, ZD, d_Z, Zopfstärke f, Oberstärke f
~-**end-first skidding** dünnörtiges Rücken n, Holzrückung f mit dem Zopfende voran
~-**face angle**, ~ **filing angle** Schnittwinkel m des Zahndaches
~ **finished tread** Austrittstufe f
~ **layer chip** Deckschichtspan m
~ **log** Zopf m, Zopfstück n, Wipfelstück n
~ **plate** 1. Sparrenschwelle f, Schwelle f *(Fachwerk)*; 2. Zahndach n *(des Sägekettenzahns)*
~-**plate angle** Dachwinkel m, Schärfwinkel m *(des Sägekettenzahns)*
~-**plate cutting angle** Schnittwinkel m des Zahndaches
~ **rail** 1. Rückbrett n, Lehnenkopfstück n, Lehnenkopfteil n *(Stuhlbau)*; 2. Oberriegel m *(eines Zaunes)*
~ **riser** Austrittsetzstufe f
~ **sawyer** Topmann m, Oberschneider m *(Handsägetechnik)*
~ **shingle** Firstschindel f

~ **unit** Aufsatz m, Möbelaufsatz m, Oberteil n
~ **window** Oberfenster n
topcoat Deckanstrich m; Decklack m
~ **paint** Deckanstrichstoff m
topping-out [ceremony] Richtfest n, Dachgleichenfeier f, Aufrichte f
tops, topwood Zopfware f, Zopfholz n
torch Kien[holz]fackel f
~ **wood** Amyris n, Venezuela-Sandelholz n, Amyris balsamifera
torchère [hoher] Leuchterständer m
tore s. **torus**
torn grain ausgerissene Faser f *(z. B. in Sperrholz)*
tornillo Tornillo n, Cedrorana n, Cedrelinga catenaeformis *(Holzart)*
torse grain Drehwuchs m *(Holzfehler)*
torsion Torsion f, Verdrehung f, Verwindung f, Drillung f
torsional load Torsionsbeanspruchung f
~ **rigidity** Torsionssteifigkeit f, Drillsteifigkeit f
~ **shear strength** Torsionsfestigkeit f
~ **stress** Torsionsspannung f, τ_T
tortoise [shell] Schildpatt n, Schildkrot n
tortricid zu den Wicklern (Tortricidae) gehörend
tortricid [moth] Wickler m *(Familie Tortricidae; Schadinsekt)*
tortrix [moth] s. **tortricid [moth]**
torula Torula[hefe]pilz m, Torulopsis utilis *(zur Verhefung von Holzzucker)*
~ **yeast** Torulahefe f
torus 1. Torus m *(Schließhautverdickung bei Hoftüpfeln)*; 2. Torus m, Wulstring m *(einer Säulenbasis)*
totai palm Acrocomia totai *(Holzart)*
total rise [of a stairway] Gesamtsteigung f [einer Treppe], Treppenhöhe f
~ **run [of a stairway]** Treppenlauflänge f, Lauflänge f
~ **shrinkage** Gesamtschwindung f *(Holztrocknung)*
~ **work in bending** Biegearbeit f bis zum Bruch
totara Totara n, Podocarpus totara *(Holzart)*
tote Hobelnase f, Nase f
totem-pole Totempfahl m
touch-sanding Kontaktschleifen n, Kontaktschliff m
touchwood 1. faules Holz n, Zunderholz n; 2. Grauer Feuerschwamm m, Falscher Zunderschwamm m, Phellinus (Polyporus) igniarius
tough zäh
~ **ash** zähe Esche f *(Holzhandelsbegriff)*
toughness Zähigkeit f
tourniquet Spannschnur f *(einer Gestellsäge)*
towel rail Handtuchgestell n
tower bleach[ing] Turmbleiche f *(Zellstofferzeugung)*
~ **pincers** Kneifzange f
toxicity Toxizität f, Giftigkeit f
toy case Spielzeugkiste f
~ **furniture** Spielzeugmöbel npl
~ **industry** Spielzeugindustrie f, Spielwarenindustrie f
trabeculae [of Sanio] Trabeculae fpl,

trabeculae
    intrazellulare Stabbildungen *fpl (Holzanatomie)*
trac [wood] 1. Dalbergia cambodiana *(Holzart)*; 2. Dalbergia cochinchinensis *(Holzart)*
trace element Spurenelement *n (z. B. in Holz)*
tracery Maßwerk *n (Verzierung an gotischen Bauwerken)*
~ **panel** Maßwerkfüllung *f*
tracheary element Gefäßglied *n*, Gefäßelement *n (Holzanatomie)*
tracheid Tracheide *f*, Leitzelle *f (Holzanatomie)*
~ **length** Tracheidenlänge *f*
~ **lumen** Tracheidenlumen *n*
~ **membrane** Tracheidenmembran *f*
~ **pitting** Tracheidentüpfelung *f*
~ **wall** Tracheidenwand[ung] *f*
~ **wall thickening** Tracheidenwandverdickung *f*
~ **width** Tracheidenbreite *f*
tracheidal tracheidal; Tracheiden...
tracked log skidder Kettenrückeschlepper *m*, Kettenrücketraktor *m*
tracking fence Führungsschiene *f*, Führungsanschlag *m (Oberfräsen)*
tractor logging Schlepperbringung *f*, Holzbringung *f* mit Traktoren
trade name Handelsname *m (z. B. einer Holzart)*
~ **terms** Handelsgebräuche *mpl*, Vertragsforme[l]n *fpl (Holzhandel)*
traditional furniture Traditionsmöbel *npl*
Trafalgar chair Trafalgar-Stuhl *m*, Nelson-Stuhl *m*
~ **furniture** Trafalgar-Möbel *npl*
tragacanth Tragant[h] *m*, Tragantgummi *n (von Astragalus spp.)*
tramete Tramete *f (Pilzgruppe Trametes)*
trammel points, trammels Stangenzirkel *m*
transfer foil Transferfolie *f*
~ **gold** Transfergold *n*, Sturmgold *n*
~ **line** Transferstraße *f*
transformer board Transformatorenpreßspan *m*
transition zone Übergangszone *f (zwischen Splint und Kernholz)*
transmission belt Transmissionsriemen *m*
~ **pole** Leitungsmast *m*
transom Kämpfer *m (des Fensterrahmens)*; Türquerholz *n*
~ **window** Türoberlicht *n*
transparency Transparenz *f*, Lichtdurchlässigkeit *f (z. B. von Papier)*
transparent coating transparente Anstrichschicht *f*, Klarlackanstrich *m*
~ **polish** ungefärbte Politur *f*
transportable [saw]mill fliegendes (mobiles) Sägewerk *n*
transpressorium Transpressorium *n*, Bohrhyphe *f (bestimmter Pilze)*
transversal internal bond Querzugfestigkeit *f*
transverse frame Querrahmen *m (Fachwerkbau)*
~ **section** Querschnitt *m*, Hirnschnitt *m*
~ **shake** Querriß *m*, Stauchbruch *m*, Faserstauchung *f (Holzschaden)*
~ **shrinkage** Tangentialschwindung *f*, Querschwindung *f (von Holz)*
~ **tensile strength** Querzugfestigkeit *f (z. B. von Plattenwerkstoffen)*
~ **warping** Querkrümmung *f*, Querverwerfung *f*,

Muldenverwerfung *f*, Verwerfen (Verziehen) *n* quer zur Holzfaser, Schüsseln *n*
trap bark Fangrinde *f*
~ **billet** Fangklotz *m*, Fangkloben *m*
~ **door** Falltür *f*
~ **tree** Fangbaum *m*
~ **window** Klapp[flügel]fenster *n*
trapezoidal hanging truss Trapezhängewerk *n*
traumatic canal (gum duct) *s.* ~ resin duct
~ **heartwood** Wundkern *m*, Wundkernholz *n*
~ **parenchyma** traumatisches Parenchym *n*, Wundparenchym *n (Holzanatomie)*
~ **resin duct** Wund[harz]kanal *m*, traumatischer Interzellulargang *m*, fakultativer Harzgang *m*
~ **tissue** Wundgewebe *n*
trave 1. Querträger *m*, Querbalken *m*; 2. [durch Querträger begrenztes] Deckenfeld *n*
travelling desk Reiseschreibtisch *m*
~ **folding desk** Reiseklappschreibtisch *m*
~ **journeyman carpenter** wandernder Zimmermannsgeselle *m*
traverse [hölzernes] Trenngitter *n*
~ **beam** Querbalken *m*, Querträger *m*
traversing Hobeln *n* quer zur Faserrichtung, Querhobeln *n*
~ **splay knot** durchgehender Flügelast *m*
tray table Tableautisch *m*
~ **water** Siebabwasser *n (Papierherstellung)*
tread Trittbrett *n*, Stufe *f (einer Leiter)*; Tritt *m*, Trittbrett *n*
~ **-board** Tritt *m*, Trittbrett *n*
~ **nosing** Trittstufenvorderkante *f*; Trittvorsprung *m*, Unterschneidung *f*
~ **run** Auftritt *m (Treppe)*
treatability Behandelbarkeit *f*, Tränkbarkeit *f (Holzschutz)*
treatable behandelbar, tränkbar
tree Baum *m*
~ **age** Baumalter *n*
~ **bark** Baumrinde *f*, Rinde *f*
~ **bole** Baumschaft *m*, Schaft *m*
~ **brace** Baumstütze *f*, Baumpfahl *m*
~ **-branch** Ast *m*
~ **care** Baumpflege *f*
~ **chipper** Baumhackmaschine *f*
~ **crown** Baumkrone *f*
~ **decay** Stammfäule *f*
~ **defect** Stammfehler *m*
~ **diameter** Baumdurchmesser *m*
~ **disease** Baumkrankheit *f*
~ **extraction** Baumrodung *f*
~ **extractor** Baumrodegerät *n*
~ **feller** Holzfäller *m*, Holzhauer *m*, Fäller *m*
~ **felling** Baumfällung *f*
~ **felling machine** Baumfällmaschine *f*, Fäll[ungs]maschine *f*
~ **fungus** baumbesiedelnder Pilz *m*
~ **-garden** Baumgarten *m*, Gehölzgarten *m*, Arboretum *n*, Dendrarium *n*
~ **growth** Baumwachstum *n*
~ **growth stress** Baumwuchsspannung *f*
~ **habit** Baumgestalt *f*, Wuchsform *f* eines Baumes
~ **harvest** Baumernte *f*
~ **harvester** Baumerntemaschine *f*,

Holzerntemaschine *f*
~**-harvesting delimbing unit** Fäll-Entastungsmaschine *f*
~ **hazel** Baumhasel *f*, Türkische Hasel (Nuß) *f*, Corylus colurna
~ **heath** Baumheide *f*, Bruyèreholz *n*, BRU, Erica arborea
~ **height** Baumhöhe *f*
~ **injury** Baum[be]schädigung *f*
~**-length skidding** Ganzstammrückung *f*
~**-length timber** Stammholz *n*
~ **lift fork** Baumrodegabel *f*
~**-like** baumartig, arboreszent
~ **mensuration** Baummeßkunde *f*, Dendrometrie *f*
~ **of heaven** [Drüsiger] Götterbaum *m*, Firnisbaum *m*, Ailanthus altissima (glandulosa)
~ **of life** Lebensbaum *m*, Thuja *f* (*Gattung Thuja*)
~ **of the gods** *s.* ~ of heaven
~ **of the sun** Stumpfblättrige Sonnenzypresse *f*, Feuerzypresse *f*, Chamaecyparis obtusa
~ **overbark volume** Bruttovolumen *n* eines Baumes, V_B
~ **pole (-prop)** Baum[stütz]pfahl *m*, Baumstütze *f*
~**-resin** Baumharz *n*
~ **ring** Jahrring *m*, Jahresring *m*, Zuwachsring *m*, Wuchsring *m*, Vegetationsring *m*, Baumring *m* (*Holzanatomie*)
~**-ring analysis** Baumringanalyse *f*
~**-ring dating** Jahrringdatierung *f*, Jahrringchronologie *f*, Dendrochronologie *f*
~**-ring study** Jahrringuntersuchung *f*
~ **root** Baumwurzel *f*
~ **saw log** Stammblock *m*
~ **species** Baumart *f*; Baumarten *fpl*
~ **stem** Baumstamm *m*
~**-stump** Baumstumpf *m*, Stock *m*, Stubben *m*, Stumpen *m*
~**-stump removal** Stockrodung *f*, Stubbenrodung *f*
~ **surgeon** Baumchirurg *m*
~ **surgery** Baumchirurgie *f*, Behandeln *n* von Baumwurzeln
~**-top** Baumwipfel *m*, Wipfel *m*, Gipfel *m*
~ **trunk** Baumstamm *m*, Stamm *m*, Baumschaft *m*, Schaft *m*
~**-trunk seat** Baumsessel *m*
~ **underbark volume** Nettovolumen *n* eines Baumes, V_N
~ **volume table** Baumholz[volumen]tafel *f*, Volumentafel (Massentafel) *f* für Einzelstämme
~ **with true heartwood** Kernholzbaum *m*, Baum *m* mit obligatorischem Farbkern
~**-wood form factor** Baumholzformzahl *f*, f_{Bh}
~ **wound** Baumwunde *f*, Baumverletzung *f*
treen [hauswirtschaftliche] Holzgerätschaften *pl*
treenail Holznagel *m*, Schiffsnagel *m*
~ **hole** Holznagelloch *n*
trefoil Dreipaß *m* (*Zierelement*)
trellis Spalier *n*; Gitter[werk] *n*
~**-[-work] fence** Scherenzaun *m*, Jägerzaun *m*, Gitterzaun *m*, Kreuzlattenzaun *m*

trembling aspen Amerikanische Zitterpappel *f*, Populus tremuloides
~ **fungus** Gallertpilz *m*, Zitterpilz *m* (*Ordnung Tremellales*)
~ **poplar** Zitterpappel *f*, Espe *f*, Aspe *f*, AS, Populus tremula
~ **tree** *s.* ~ aspen
tremuloidin Tremuloidin *n* (*Glycosid*)
trenail *s.* treenail
trench/to quer [zur Holzfaserrichtung] nuten
trench Quernut *f*
trenching plane Nuthobel *m*; Grundhobel *m*
trestle Sägebock *m*
~ **table** Wangentisch *m*
triangular hanging truss Dreieckhängewerk *n*
~**-pointed [carpet] needle** Bajonettnadel *f* (*Polsterwerkzeug*)
~ **shave hook** Dreieckleimkratzer *m*
~ **truss** Dreiecksprengwerk *n*
triangulated truss Dreiecksprengwerk *n*
triangulating members Dreiecksverband *m* (*Holzbau*)
tributyltin oxide Tributylzinnoxid *n*, [bis-]TBTO *n* (*Holzschutzmittel*)
tric-trac table Tricktrack-Spieltisch *m*
trichloroethylene Trichloreth[yl]en *n* (*Extraktionsmittel*)
trigger catch Türfeststeller *m*
triglyph Triglyphe *f*, Dreischlitz *m* (*dorisches Friesornament*)
trim/to 1. zurechtschneiden; abkanten; [ab]kappen (*Schnittholz*); ablängen, querschneiden (*Rundholz*); 2. [ab]asten, entasten, aufarbeiten (*liegenden Stamm*); 3. fügen (*Furnier*)
trim Ausbauholzteile *npl*; Blendrahmenholz *n*; Blendrahmen *m*
~ **waste** Verschnitt *m*, Schnittverlust *m*
~ **wood** Ausstattungsholz *n*
trimethylsilylcellulose Trimethylsilylcellulose *f*, TMS-Cellulose *f*
trimmer 1. Trimmer *m*, Mehrfachablängesäge *f*, Mehrfachkappsägemaschine *f*; 2. Bestoßmaschine *f*, Trimmer *m*; 3. Bündigfräser *m*; 4. *s.* ~ beam
~ **beam (joist)** Wechsel[balken] *m*
~ **rafter** Wechselsparren *m* (*Holzbau*)
trimming knife Beschneid[e]messer *n*, Universalmesser *n*, Vielzweckmesser *n*
~ **line** Abbundstraße *f*, Abbundanlage *f*
~ **machine** *s.* trimmer 1. und 2.
trimmings Ablängreste *mpl*; Zuschnittreste *mpl*; Besäumreste *mpl*
tringle Deckleiste *f*
triple band saw Dreifach[trenn]bandsäge *f*
~**-bine twist turning** dreigängige Windung *f* (*Drechselarbeit*)
~ **glazing** Dreifachverglasung *f*
~ **mirror** dreiteiliger Spiegel *m*
~**-pane window** Dreifach-Isolierglasfenster *n*
~**-ply** dreilagig (*Sperrholz*)
~ **tenon** Dreifachzapfen *m*
~**-wall corrugated paperboard** dreilagige Wellpappe *f*, Dreifachwellpappe *f*
triplex board Triplexkarton *m*, beidseitig

triplex board

gedeckter Karton *m*
tripod stool dreibeiniger Hocker (Schemel) *m*
~ **table** Dreifußtisch *m*; Ständertisch *m*, Säulentisch *m*
Tripoli powder Tripelpulver *n*, Tripel *m*, Polierschiefer *m*
triptych Triptychon *n*, [dreiteiliger] Flügelaltar *m*
triterpene Triterpen *n* *(Holzinhaltsstoff)*
triterpenoid Triterpenoid *n* *(Holzinhaltsstoff)*
trivial furniture Trivialmöbel *npl*
tropical forest tree Tropenwaldbaum *m*
~ **hardwood** Tropenlaubholz *n*
~ **timber** Tropenholz *n*, tropisches Holz *n*
~ **walnut** [Südamerikanischer] Nogal *m*, Südamerikanischer Nußbaum *m*, *(bes.)* Juglans neotropica
~ **wood** Tropenholz *n*, tropisches Holz *n*
~ **wood veneer** Tropenholzfurnier *n*
tropolone Tropolon *n* *(Terpen)*
truck floor [Lkw-]Pritsche *f*
true [up]/**to** abrichten, planhobeln
true bark-beetle Eigentlicher (Echter) Borkenkäfer *m* *(Familie Scolytidae = Ipidae)*
~ **box** Balearischer Buchsbaum *m*, Buxus balearica
~ **camphorwood** Kampferholz *n*, Kampferbaum *m*, Cinnamomum camphora
~ **cedar** Himalajazeder *f*, Cedrus deodara
~ **face** *s.* tight face
~ **frankincense** Olibanum *n*, Weihrauch *m*, *(Gummiharz bes. von Boswellia sacra)*
~ **heartwood** echtes Kernholz *n*
~ **hickory** *s.* hickory
~ **ironwood** Metrosideros vera *(Holzart)*
~ **mahogany** Amerikanisches (Echtes) Mahagoni *n*, Festlandmahagoni *n*, Swietenia macrophylla
~ **mountain-mahogany** Cercocarpus montanus *(Holzart)*
~ **quarter cutting** echter Quart[i]erschnitt (Viertelschnitt) *m*
~ **service** Zahme Eberesche *f*, Speierling *m*, Sorbus domestica
~ **sugar palm** [Echte] Zuckerpalme *f*, Gomutipalme *f*, Arenga pinnata (saccharifera)
trug Spankorb *m*
trumpet tree, trumpetwood Cecropia peltata *(Holzart)*
trunk Stamm *m*, Baumstamm *m*, Schaft *m*, Baumschaft *m*
~ **circumference** Stammumfang *m*
~ **diameter** Stammdurchmesser *m*, Schaftdurchmesser *m*
~ **rot** Stammfäule *f* *(durch Pilze am lebenden Baum)*
~ **wood** Stammholz *n*
~ **wound** Stamm[holz]wunde *f*
trunnel *s.* treenail
Trus Joist beam Trus-Joist-Träger *m*
truss Binder *m* *(Tragwerk)*; Fachwerk *n*; Hängewerk *n*
~ **fabricator** Binderhersteller *m*
~-**girder** Fachwerkträger *m*
~ **joint** Fachwerkknoten *m*
~ **member** Fachwerkstab *m*

~ **plate** Nagelplatte *f*, Knotenblech *n*
~ **post** Hängesäule *f*, Hängepfosten *m*
~ **profile** Binderprofil *n*
~ **roof** Binderdach *n*
~ **spacing** Binderabstand *m*, Bundweite *f*
trussed beam unterspannter Träger *m*
~ **bridge** Sprengwerkbrücke *f*
~ **girder** Fachwerkträger *m*
~ **log bridge** Holzfachwerkbrücke *f*
~ **purlin** unterspannte Pfette *f*, Fachwerkpfette *f*
~ **rafter** Bindersparren *m*
~ **roof** Binderdach *n*
try [up]/**to** abrichten, planhobeln
try mitre Gehr[ungs]maß *n*
~ **plane** *s.* trying plane
~-**square** Winkel[haken] *m*, Werkstattwinkel *m*, Winkelmaß *n*, Anschlagwinkel *m*
trying plane Rauhbank *f*, Langhobel *m*
t. s. *s.* transverse section
tuart Eucalyptus gomphocephala *(Holzart)*
tub Kübel *m*
tube dryer Röhrentrockner *m*, Rohrbündeltrockner *m*
tubular board Röhren[span]platte *f*
Tudor arch Tudorbogen *m* *(Holzbau)*
tulip oak Argyodendron perastal *(Holzart)*
~-**poplar** *s.* ~-tree
~-**tree** Tulpenbaum *m*, Whitewood *n*, WIW, Liriodendron tulipifera
~-**wood** 1. Dalbergia oliveri *(Holzart)*; 2. Rosenholz *n*, Dalbergia variabilis
tumbledown [red] gum Eucalyptus dealbata *(Holzart)*
tumbler Zuhaltungshebel *m*, Zuhalter *m* *(Schloß)*
~ **screening machine** Taumelsiebmaschine *f*
tumbling box Poliertrommel *f*, Putztrommel *f* *(z. B. für Holzkleinteile)*
tung 1. Tungbaum *m* *(Gattung Aleurites)*; 2. Tungölbaum *m*, Holzölbaum *m*, Chinesischer Ölbaum *m*, Aleurites fordii
~ **oil** Tungöl *n*, Holzöl *n*, Chinaholzöl *n* *(bes. von Aleurites fordii)*
tungsten carbide Wolframcarbid *n*
~-**carbide-tipped** hartmetallbestückt *(z. B. Sägezahn)*
tunnel/**to** minieren
tunnel 1. Tunnel *m*; 2. Fraßgang *m*, Insektenfraßgang *m*
~ **dryer (kiln)** Tunneltrockner *m*, Kanaltrockner *m*, Durchlauftrockner *m*
~ **timbering** Tunnelzimmerung *f*
tupelo [gum] 1. Tupelobaum *m* *(Gattung Nyssa)*; 2. Waldtupelobaum *m*, Nyssa sylvatica; 3. Wassertupelobaum *m*, Nyssa aquatica; 4. Tupeloholz *n*
turbinella oak Quercus turbinella *(Holzart)*
Turkey oak 1. Zerreiche *f*, Burgunder (Türkische) Eiche *f*, Quercus cerris; 2. Quercus laevis *(Holzart)*
~-**work** Möbelbezug[sstoff] *m* in türkischer Knotung
Turkish boxwood Balearischer Buchsbaum *m*, Buxus balearica
~ **filbert (hazel)** Baumhasel *f*, Türkische Hasel (Nuß) *f*, Corylus colurna

turn/to drechseln
turn-out sleeper Weichenschwelle f (Holzsortiment)
~-screw Schraubenzieher m, Schraub[endreh]er m
turnbuckle Spannschloß n; Spannschraube f
turned article Drechselgegenstand m, Drechselerzeugnis n
~ chair Drechselstuhl m, gedrechselter Stuhl m, Sprossenstuhl m
~ fancy goods kunstgewerbliche Drechselerzeugnisse npl
~ part Drechselteil n
~ work Drechselarbeit f
turner's art Drechselkunst f
~ trade Drechslerhandwerk n
Turner's oak Wintergrüne Eiche f, Quercus x turneri
turnery 1. Drechslerei f, Drechselei f; 2. s. ~ items
~ items Drechslerarbeiten fpl, Drechslerwaren fpl, Holzdrehwaren fpl, Holzdrehteile npl
turning box Kehlungskasten m
~ chisel Drechslerbeitel m; Drehmeißel m, Balleisen n, Flachmeißel m
~ device Wendevorrichtung f
~ gouge Drechslerröhre f, Drehröhre f
~ lathe Langdrehmaschine f; Drechselbank f
~ machine Drehmaschine f
~ piece Bogenlehre f, Bogenlehrbrett n
~ saw Lochsäge f, Stichsäge f
~ technology Drechseltechnik f
~ tool Drechslerwerkzeug n, Drechslerwerkzeug n, Drehstahl m
~ tool set Drechslerwerkzeugsatz m, Drehstahlsatz m
~ wood Drechslerholz n
turnplate cutter Wendeschneidplatte f
turpentine/to 1. mit Terpentin[öl] behandeln; 2. Terpentin extrahieren (bes. durch Lebendharzung von Pinus spp.)
turpentine 1. echtes Terpentin n, Terebinthenöl n (von Pistacia terebinthus); 2. Terpentin n(m), Kieferterpentin n, Kiefernbalsam m; 3. Balsamterpentinöl n; 4. s. ~ tree 2.
~ oil Terpentinöl n
~ substitute Terpentin[öl]ersatz m
~ tree 1. Terpentin[öl] liefernder Baum m; 2. Syncarpia laurifolia (Holzart); 3. Tristania conferta (Holzart); 4. s. terebinth
~ varnish Terpentinbeize f, Ölbeize f
turps Terpentinöl n; Balsamterpentinöl n
turu palm Oenocarpus bacaba (Holzart)
Tuscan tree Pinie f, Pinus pinea
tusk tenon Brustzapfen m
TV trolley Fernseh-Wagen m, Video-Wagen m
TV-video corner unit TV-Video-Eckschrank m
twart-saw Querschnittschrotsäge f, [Zweimann-]Schrotsäge f
twig Zweig m
twin-... s.a. unter double-..., two-...
twin-band headrig Zweiblatt-Blockbandsäge f, Zwillingsblockbandsäge f
~-band saw Zwillingsbandsäge f
~-disk refiner Twin-Refiner m
~-frame sawmill Doppelrahmen[säge]gatter n, Zwillings[voll]gatter n
~ stem Doppelstamm m, Zwieselstamm m; Tiefzwiesel f(m)
~ tenon joint Doppelschlitzverbindung f
~-thread screw Doppelganggewindeschraube f, Spanplattenschraube f [mit Doppelganggewinde]
twist/to sich verdrehen, sich spiralförmig verziehen, windschief werden (Schnittholz)
twist Verdrehung f, Flügligkeit f (von Schnittholz)
~ bit Schlangenbohrer m, Schraubenbohrer m
~ drill Spiralbohrer m, Holzspiralbohrer m
~ turning Windung f, Knorpelwerk n (Drechselarbeit)
twisted verdreht, spiralförmig verzogen, windschief (Schnittholz)
~ grain Drehwuchs m (Holzfehler)
~ pine Drehkiefer f, Murray-Kiefer f, Pinus contorta
two-component adhesive Zweikomponentenklebstoff m
~ door wardrobe zweitüriger Kleiderschrank m
~-edged timber besäumtes Schnittholz n
~-end mill Doppelendprofiler m, Doppelendprofiliermaschine f, Alleskönner m
~-flute cutter zweischneidiger Fräser m
~-framed sawmill Doppelrahmengatter n, Zwillings[voll]gatter n
~-handed saw zweigriffige Handsäge f, Zweimannsäge f, zweimännige Säge f
~-hinged arch Zweigelenkbogen m
~-hinged truss Zweigelenkbinder m
~-hinged Tudor arch Zweigelenkrahmen m (Holzleimbau)
~-jaw chuck Zweibacken[bohr]futter n
~-layer particleboard zweischichtige Spanplatte f, Zweischichtplatte f
~-leaf door doppelflügelige Tür f
~-man saw s. ~-handed saw
~-needle pine Zweinadler m (Kiefernartengruppe)
~-pack lacquer Zweikomponentenlack m
~-package thermosetting resin hitzehärtbares (wärmeaushärtendes) Zweikomponentenharz n
~-part adhesive Zweikomponentenklebstoff m
~-part bleach Zweikomponentenbleichmittel n
~-part furniture zweiteilige Möbel npl, Aufsatzmöbel npl
~-part jaws Zweibacken[bohr]futter n
~ seater [sofa] Zwei[sitz]ersofa n
~-shaft circular saw Doppelwellenkreissäge f
~-side moulding machine Zweiseitenfräsmaschine f
~-side planing machine Zweiseitenhobelmaschine f
~-side press Zweiseitenpresse f
~-stage bleach[ing] Zweistufenbleiche f (von Holzstoff)
~-stage chip dryer Zweistufenspänetrockner m
~-stage pulping Zweistufenaufschluß f (Zellstofferzeugung)
~-stage refining Zweistufenverfahren n der Holzschlifferzeugung

two

~-storey face Zweietagenlachte *f*
(*Harzgewinnung*)
~-toothed [pine] bark-beetle Zweizähniger
(Kleiner) Kiefernborkenkäfer *m*, Pityogenes
bidentatus
~-way bracing zweiseitige Kopfbänder *npl*,
zweiseitige Büge *mpl*
~-wing cutter Schlitzscheibe *f* mit zwei Messern
(*Fräswerkzeug*)
tylose formation Thyllenbildung *f*, Verthyllung *f*
tylosis Thylle *f*, Füllzelle *f* (*Holzanatomie*)
~ wall Thyllenwand *f*, Füllzellenwand[ung] *f*
type of felling Hiebsart *f*, Einschlagsart *f*
~ of paper Papiersorte *f*
typewriter desk Schreibmaschinentisch *m*
typewriting (typing) paper
Schreibmaschinenpapier *n*
typist's desk Schreibmaschinentisch *m*
tyre Bandsägenrollenbandage *f*

U

U-shaped column base U-Stützenschuh *m*
U-type platform stairway zweiläufige gegenläufige Treppe *f* mit Zwischenpodest
UF ... *s.* urea-formaldehyde ...
ulmaceous zu den Ulmengewächsen (Rüstergewächsen, Ulmaceae) gehörend
ultimate bending stress Bruchbiegespannung *f*
~ **load[ing]** Bruchlast *f*, Höchstlast *f*, Bruchbeanspruchung *f* (*z. B. von Bauholz*)
~ **strength** Bruchfestigkeit *f*, Festigkeit *f*
~ **strength in compression** Druckfestigkeit *f*, β_D
~ **strength in compression parallel to grain** Druckfestigkeit *f* in Faserrichtung
~ **strength in shearing** Scherfestigkeit *f*
~ **strength in static bending** statische Biegefestigkeit *f*, σ_{bB}
~ **strength in tension** Zugfestigkeit *f*, β_Z
~ **stress** 1. Bruchspannung *f*; 2. *s.* ~ strength ...
~ **tensile stress parallel to grain** Zugfestigkeit *f* in Faserrichtung
~ **tensile stress perpendicular to grain** Querzugfestigkeit *f*, Zugfestigkeit *f* quer zur Faserrichtung
ultramicrotomed wood section ultradünner Holzmikrotomschnitt *m*
ultrasound Ultraschall *m*
ultrastructure Ultrastruktur *f*
ultraviolet ultraviolett; UV-... (*s.a. unter UV-...*)
~ **[light ray] absorber** UV-Absorber *m* (*z. B. in Lichtschutzlacken*)
umber Umbra *f*, Umber *m*, Erdbraun *n* (*Pigment*)
umbrella pine 1. Pinie *f*, Pinus pinea; 2. Schirmtanne *f*, Sciadopitys verticillata
~ **stand** Schirmständer *m*
~ **tree** 1. Schirmbaum *m*, Musanga *m*, Musanga cecropioides (smithii); 2. Japanischer Schnurbaum *m*, Enju *m*, Sophora japonica
UMF *s.* urea-melamine-formaldehyde ...
unbark/to entrinden, schälen; abborken
unbleached pulp ungebleichter Zellstoff *m*
uncoated paper Naturpapier *n*
uncooked unaufgeschlossen (*Zellstoff*)
under bark ohne Rinde (*Holzmessung*)
~-bed drawer (wardrobe) Bettkasten *m*
underbleach/to unterbleichen, nicht vollständig bleichen (*Zellstoff*)
underbleaching Unterbleichen *n*
undercook/to unterkochen, nicht vollständig aufschließen (*Zellstofferzeugung*)
undercooking Unterkochung *f*
undercot drawer Gitterbettkasten *m*
undercut/to unterschneiden; den Fallkerb anlegen (*Baumfällung*)
undercut circular saw Unterschnitt[voll]kreissäge *f*
~ **swing saw** Untertischkappsäge *f*
underframe, underframing Fußgestell *n*; Untergestell *n*; Sockelkonstruktion *f*; Bodenrahmen *m*

underlay Unterlagsfilm *m*, Underlay *n*
~ **laminate** Unterleglaminat *n*
underlayment Unterkonstruktion *f*, Tragkonstruktion *f* (*z. B. eines Daches*); Fußbodenbelagunterlage *f*, Zwischenlage *f*
underliner Unterschicht *f* (*von Karton*)
undersize Untermaß *n*, Untergröße *f*
undersized chips Hackschnitzel-Feingut *n*, Kleinschlag *m*
underwater pile Unterwasserpfahl *m*
~ **rot** Unterwasserfäule *f* (*von Holz*)
undressed timber unbearbeitetes Holz *n*, Rohholz *n*
undried ungetrocknet
unearthed wood Ausgrabungsholz *n*
unedged baumkantig, fehlkantig, waldkantig, schalkantig (*Schnittholz*); unbesäumt
~ **board** Klotzbrett *n*
uneven grain (texture) ungleichmäßige Maserung (Holzzeichnung, Textur) *f*
unglazed unverglast
unglued unverleimt
unhewn unbehauen (*Rohholz*)
~ **timber** Rohholz *n*
uniform grain (texture) gleichmäßige Maserung (Holzzeichnung, Textur) *f*
unimpregnated ungetränkt
uniseriate einreihig, einschichtig (*Holzstrahl*)
unit back Schrankwandrückwand *f*
~ **furniture** Typenmöbel *npl*; Anbaumöbel *npl*
universal cutter head Universalfräskopf *m*
~ **table** Mehrzwecktisch *m*
~ **tool** Universalwerkzeug *n*, Allzweckwerkzeug *n*
~ **woodworker** Doppelendprofiler *m*, Doppelendprofiliermaschine *f*, Alleskönner *m*
unlignified unverholzt
unpainted ungestrichen
unplaned ungehobelt; [säge]rauh, sägeroh (*Schnittholz*)
unrecovered strain bleibende Verformung *f*, Formänderungsrest *m* (*z. B. von Holz*)
unsanded un[ab]geschliffen (*z. B. Sperrholz*)
unsaturated polyester lacquer ungesättigter Polyester[harz]lack *m*, UP-Lack *m*
unscrambler Rundholzmanipulator *m*, Manipulator *m*
unseasoned ungetrocknet, feucht (*Holz*)
unsized paper ungeleimtes Papier *n*
unsorted unsortiert, u/s (*Schnittholz*)
~ **[joinery] softwood** unsortiertes Nadelschnittholz *n*, u/s-Ware *f*
unsound knot 1. angefaulter Ast *m*; 2. *s.* rotten knot
unstacking system Abstapelsystem *n*
unstained ungebeizt
unstoried nicht stockwerkartig angeordnet (*Holzstrahl*)
untreated compressed wood [nichtimprägniertes] Preßholz *n*
unupholstered ungepolstert
unwrought sägeroh, [säge]rauh (*Schnittholz*)
up brace Diagonalstab *m*, Kopfband *n*, Schwenkbug *m*, Bug *m* (*Holzbau*)
upholder *s.* upholsterer

upholster

upholster/to polstern; aufpolstern
upholstered chair Polsterstuhl *m*
~ **easy chair** Polstersessel *m*
~ **furniture** Polstermöbel *npl*
~ **item** Polstermöbel[stück] *n*
~ **seat** Polstersitz *m*
~ **seating** Polstersitzmöbel *n*
~ **stool** Polsterschemel *m*
~ **suite** Polster[möbel]garnitur *f*
upholsterer Polsterer *m*
upholsterer's hammer Polsterhammer *m*
~ **straight [double-pointed] needle** Garniernadel *f* (Polsterwerkzeug)
~ **tool** Polsterwerkzeug *n*
upholstery 1. Polstermaterial *n*; Polsterung *f*; 2. Polsterei *f*
~ **accessories** Polsterzubehör *n*
~ **cover** Polsterbezug *m*
~ **edge** Polsterkante *f*
~ **fabric** Polstergewebe *n*; Möbel[bezugs]stoff *m*
~ **filling material** Polsterfüllstoff *m*, Polsterfüllmaterial *n*
~ **foundation** Polsterunterbau *m*
~ **industry** Polsterindustrie *f*
~ **leather** Polsterleder *n*
~ **nail** Polsternagel *m*
~ **shop** Polsterwerkstatt *f*, Polsterei *f*
~ **spring** Polsterfeder *f*, Sprungfeder *f*
~ **stuffing** Polsterfüllstoff *m*, Polsterfüllmaterial *n*
~ **style** Polstermöbelstil *m*
~ **tack** Polsternagel *m*
~ **webbing** Fassonleinen *n*, Formleinen *n*
upper depot (landing) Waldausformungsplatz *m*, Holzsammelplatz *m* im Walde
~ **light** Oberlicht *n*, Fensteroberlicht *n*
~ **plate** Fußpfette *f*, Dachrähm *m(n)*
upright Pfosten *m*, Säule *f*, Stiel *m*, Ständer *m*, Stütze *f*; [senkrechter] Stab *m*; Stollen *m*, Eckstollen *m*
~ **limb** Steilast *m*
~ **ray cell** aufrechtstehende Holzstrahlzelle *f*
upset Faserstauchung *f*, Stauchbruch *m*, Querriß *m* (Holzfehler)
urea Harnstoff *m*, Carbamid *n*
~**-formaldehyde adhesive (glue)** Harnstoff-Formaldehyd-Klebstoff *m*, Harnstoffkleber *m*, Carbamidharzleim *m*
~**-formaldehyde resin** Harnstoff-Formaldehydharz *n*, Urea-Formaldehydharz *n*, Harnstoffharz *n*, Carbamidharz *n*, KUF
~ **glue** *s.* ~-formaldehyde adhesive
~**-melamine-formaldehyde resin** Harnstoff-Melamin-Formaldehyd-Harz *n*, UMF-Harz *n*
~ **resin** *s.* ~-formaldehyde resin
~ **resin adhesive** *s.* ~-formaldehyde adhesive
ured[i]ospore Uredospore *f*, Protospore *f* (der Rostpilze)
urethane lacquer *s.* polyurethane lacquer
urn Urne *f* (Zierelement)
~ **stand** Urnenständer *m*
~ **table** Urnentischchen *n*
uronic acid Uronsäure *f* (Holzinhaltsstoff)
u.s., u/s *s.* unsorted
used-air outlet Abluftklappe *f* (z. B. eines Kammertrockners)
~**-wood recycling** Altholzrecycling *n*, Altholzaufbereitung *f* [zur Wiederverwendung]
Utah ash Einblättrige Esche *f*, Fraxinus anomala
~ **juniper** Juniperus osteosperma (Holzart)
utile Sipo *n*, Utile *n*, MAU, Entandrophragma utile (Holzart)
utility chair Gebrauchsstuhl *m*
~ **furniture** Arbeitsmöbel *npl*; Zweckmöbel *npl*
~ **knife** Beschneid[e]messer *n*, Universalmesser *n*, Vielzweckmesser *n*
~ **pole** Versorgungsleitungsmast *m*
~ **veneer** Absperrfurnier *n*; Unterfurnier *n*
~ **wood** Gebrauchsholz *n*, Gebrauchs[holz]sorte *f*
utilization of bark Rindennutzung *f*
UV curing UV-Strahlenhärtung *f*, Ultraviolettstrahlenhärtung *f*
UV-curing paint ultraviolettrocknender Lack *m*, UV-[strahlungshärtender] Lack *m*
UV priming lacquer UV-Grundlack *m*

V

V-belt drive Keilriemenantrieb *m*
V-groove cutter, ~-groover V-Nutfräser *m*
V tool 1. Abstechstahl *m (Drechselwerkzeug)*; 2. *s.* V veining tool
V veining tool Geißfuß *m (Schnitzwerkzeug)*
vacuole Vakuole *f*, [flüssigkeitsgefüllter] Zellhohlraum *m*
vacuum bag Gummisack *m* als Hülle der Form, Vakuum[gummi]sack *m (einer Formpresse)*
~ chuck Vakuum[spann]futter *n*, Saug[luftspann]futter *n (Holzdrehmaschine)*
~ dryer Vakuumtrockner *m*
~ drying Vakuumtrocknung *f*
~ impregnation Vakuumimprägnierung *f*, Vakuumverfahren *n (Holzschutz)*
~ press Vakuumpresse *f*
~-pressure process Vakuum-Druck-Verfahren *n (Holzschutz)*
~ process Vakuumverfahren *n*, Vakuumimprägnierung *f (Holzschutz)*
~ seasoning Vakuumtrocknung *f*
Valais house Walliser Haus *n (Holzarchitektur)*
valley Kehle *f*, Ichse *f (zweier Dachflächen)*
~ board Kehlbrett *n*
~ jack rafter Kehlschifter *m*
~ oak Kalifornische Weißeiche *f*, Quercus lobata
~ rafter Kehlsparren *m*
valonia oak Walloneneiche *f*, Quercus macolepsis (aegilops)
valuable timber-tree Wertholzstamm *m*
Vandyke brown Van-Dyck-Braun *n (Pigment)*
~ crystals Nußbaumkörnerbeize *f*
vanillin Vanillin *f*, 3-Methoxy-4-hydroxy-benzaldehyd *m*
vanillyl alcohol Vanillylalkohol *m*
vanity dresser *(Am)* Toilettentisch *m*, Waschtisch *m* [mit Spiegel]; Frisiertoilette *f*
~ stool Frisierschemel *m*
vapor *(Am) s.* vapour
vapour-air mixture Dampf-Luft-Gemisch *n*
~ barrier Dampfsperre *f*, Dampfbremse *f (z. B. an Fenstern)*
~ barrier film Dampfsperrfolie *f*
~ drying Dampftrocknung *f*, Trocknung (Holztrocknung) *f* in organischen Dämpfen
~ permeability test Dampfdurchlässigkeitsprüfung *f (z. B. von Faserplatten)*
~ retarder *s.* ~ barrier
variety 1. Varietät *f*, var. *(Taxonomie)*; 2. Varietät *f*, Abart *f*; Sorte *f*
varnish/to firnissen; lackieren, lacken
varnish Firnis *m*; Klarlack *m*
~ film Klarlackfilm *m*
~ paint Lackfarbe *f*
~ remover Lackentferner *m*
~-resin Lackharz *n*
~ stain Lackbeize *f*
~ thinner Klarlackverdünner *m*
~ tree 1. Lackharz liefernder Baum *m (Sammelbegriff)*; 2. Lacksumach *m*, Firnissumach *m*, Firnisbaum *m*, Toxicodendron verniciflua, Rhus vernicifera; 3. Lichtnußbaum *m*, Aleurites moluccanus
vas *s.* vessel
vascular vaskulär, vaskular; Gefäß...
~ bundle Gefäßbündel *n*, Leitbündel *n (Holzanatomie)*
~ cambium Kambiummantel *m*, Meristemmantel *m*
~ hypha Gefäßhyphe *f*
~ plant Gefäßpflanze *f*, Leitbündelpflanze *f*
~ ray Holzstrahl *m*, Strahl *m*; Markstrahl *m*
~ tissue Leitgewebe *n*
~ tracheid Gefäßtracheide *f*, unvollständiges Gefäßglied *n*
vase-shaped knife case Messerurne *f*
vasicentric vasizentrisch, [Poren] kreisförmig umfassend *(Holzparenchym)*
~ tracheid vasizentrische Tracheide *f (Holzanatomie)*
vat Bottich *m*, Bütte *f*; [großes] Faß *n*
~ machine Rundsieb[papier]maschine *f*
~ mill Büttenpapiermühle *f*
~ paper Büttenpapier *n*
vatman Büttengeselle *m*, Schöpfer *m*
vault Gewölbe *n*
vaulted roof Gewölbedach *n*
vaulting 1. Wölbung *f*; 2. Gewölbe *n*
vegetable dye Pflanzenfarbstoff *m*, pflanzlicher Farbstoff *m*
~ glue Pflanzenleim *m*, pflanzlicher Klebstoff *m*
~ milk Milchsaft *m*, Latex *m*, Kautschukmilch *f*, Gummimilch *f*
~ parchment [echtes] Pergamentpapier *n*
~ protein glue Eiweißleim *m* auf pflanzlicher Basis
~ resin Pflanzenharz *n*, Naturharz *n*
~ starch glue Stärkeleim *m*
vehicle Trägersubstanz *f (von Anstrichstoffen)*
veined gemasert, maserig *(Holz)*
~ root swelling spannrückiger Wurzelanlauf *m*
veiner Bildhauerbeitel *m*
veining Maserung *f (im Holz)*
Veitch fir Veitch-Tanne *f*, Abies veitchii
velvet ash Samtesche *f*, Fraxinus velutina
~ osier [Echte] Korbweide *f*, Hanfweide *f*, Bandweide *f*, Salix viminalis
~-stemmed agaric Samtfußrübling *m*, Winterpilz *m*, Collybia (Flammulina) velutipes
~ tamarind Dialium ovoideum *(Holzart)*
veneer/to 1. furnieren, mit Furnier versehen; 2. zu Furnier verarbeiten
veneer Furnier *n (s.a. unter* veneering*)*
~ band-saw Furnierbandsäge *f*
~ block (bolt) Furnierstamm *m*; Furnierblock *m*, Furnierrolle *f*, Schälblock *m*
~ bundle Furnierbündel *n*, Furnierpaket *n*, Bund (Pack, Buschen) *m* Furniere
~ chipper Furnierzerspaner *m*
~ circular saw Furnierkreissäge *f*
~ clipper Furnier[schlag]schere *f*, Furnierklipper *m*, Klipper *m*
~ collage Furniercollage *f*
~ collection Furniermustersammlung *f*
~ contouring machine Furnierkonturschere *f*

veneer

~ **control** Furnierkontrolle *f*
~ **core** Restrolle *f*, Holzkern *m* (*Furnierherstellung*); Messerrest *m* (*Furnierherstellung*)
~ **cross-cutter** Furnierquerschneider *m*
~ **cross-splicing plant** Furnierquerverleim[ungs]anlage *f*
~ **cut-up line** Furnierzerteil[ungs]anlage *f*
~ **cutter** Furnierschneider *m*, Furniersteller *m*
~ **cutting** Furnierherstellung *f*, Furnierschneiden *n*, Furnierschälen *n*
~ **cutting machine** Furnierschneidemaschine *f*, Furnierschälmaschine *f*
~ **defect** Furnierfehler *m*
~ **department** Furniererei *f* (*einer Möbelfabrik*)
~ **door** Furnierplattentür *f*
~ **dryer** Furniertrockner *m*, Furniertrocknungsanlage *f*
~ **edge** Furnierkante *f*
~ **edge banding machine** Furnier[falz]kantenanleimmaschine *f*
~ **edge trimmer** Furnierkantenschneider *m*
~-**faced panel** Furnierplatte *f*
~ **factory** Furnierwerk *n*, Furnierfabrik *f*
~ **figure** Furniermaser[ung] *f*, Furnier[holz]zeichnung *f*
~ **frame-saw** Furnierrahmensäge *f*; Furniergatter *n*, Hamburger Säge *f*
~ **glue** Furnierkleber *m*, Furnierleim *m*
~ **glu[e]ing machine** Furnierbeleimmaschine *f*
~ **grade** Furnier[güte]klasse *f*
~ **guillotine** Furnierpaketschere *f*
~ **industry** Furnierindustrie *f*
~ **inlay cutter** Furnieradernhobel *m*
~ **jet dryer** Düsenfurniertrockner *m*
~ **joint** Furnierfuge *f*
~ **jointer (jointing machine)** Furnierfugenheftmaschine *f*, Furnierfügemaschine *f*
~ **jointing plant** Furnierfügeanlage *f*
~ **knife** Furniermesser *n*
~ **lathe** Furnierschälmaschine *f*, Rundschälmaschine *f*
~ **lathe check** Schälriß *m*, Messerriß *m* (*im Furnier*)
~ **leaf** Furnierblatt *n*
~ **log** Furnierstamm *m*; Furnierblock *m*, Furnierrolle *f*, Schälblock *m*
~ **manufacturer** Furnierhersteller *m*; Furnierverarbeiter *m*
~ **matching** Furnierzusammensetzen *n*, Zusammensetzen *n* der Furniere, Stürzen *n* von Furnierblättern
~ **merchant** Furnierhändler *m*
~ **mill** Furnierwerk *n*, Furnierfabrik *f*
~ **mosaic** Furniermosaik *n*
~ **optimizing unit** Furnieroptimierungsanlage *f*
~ **outer ply** Furnierdecklage *f*
~ **pack** Furnierpaket *n*, Furnierbündel *n*, Pack (Bund, Buschen) *m* Furniere
~ **pack edge shears** Furnierpaketschneidemaschine *f*, Furnierpaketschere *f*
~ **pack measuring installation** Furnierpaketvermessungsanlage *f*

~ **panel** Furnierplatte *f*
~-**particle [composite] panel** s. veneered chipboard
~ **peeler, ~ peeling lathe (machine)** Furnierschälmaschine *f*, Rundschälmaschine *f*
~ **peeling plant** Furnierschälanlage *f*
~ **pin** Furniernadel *f*, Furnierstift *m*
~ **plant** Furnierwerk *n*, Furnierfabrik *f*
~ **plywood** Furniersperrholz *n*, FU
~ **press** Furnierpresse *f*
~ **production** Furnierherstellung *f*
~ **punch** Furnierstanze *f*, Furnierstanzeisen *n*
~ **punching machine** Furnierstanzmaschine *f*
~ **ribbon** Furnierband *n*
~ **sanding** Furnierschleifen *n*, Furnierschliff *m*
~ **saw** 1. Furniersäge *f*; 2. [zweiseitiger] Furnierschneider *m*
~ **saw [with reversible saw blade]** [zweiseitiger] Furnierschneider *m*
~ **shearing machine** Furnierschere *f*
~ **sheet** Furnierblatt *n*
~ **slicer** Furniermessermaschine *f*, Messermaschine *f*
~ **slicing** Furniermessern *n*, Messerfurnierherstellung *f*, Messern *n*
~ **slicing machine** s. ~ slicer
~ **species** Furnierholzart *f*
~ **splicer** Furnierfügemaschine *f*, Furnierzusammensetzmaschine *f*
~ **splicing** Furnierfügen *n*, Furnierzusammensetzen *n*
~ **splicing machine** s. ~ splicer
~ **stacking unit** Furnierstapelvorrichtung *f*
~ **stamping machine** Furnierstanzmaschine *f*
~ **stitching machine** Furnierheftmaschine *f*
~ **stock** Furnierware *f*
~ **stockist** Furnier[groß]händler *m*
~ **storage** Furnierlagerung *f*
~ **store** Furnierlagerraum *m*, Furnierlager *n*
~ **strip** Furnierstreifen *m*
~ **strip store** Furnierbandspeicheranlage *f*
~ **surface** Furnieroberfläche *f*
~ **tape** Fugen[kleb]papier *n*, Fugenleimpapier *n*
~ **thickness** Furnierdicke *f*
~ **timber growing** Furnierholzanbau *m*, Furnierholzzucht *f*
~ **top** Furniertischplatte *f*
~ **warehouse** Furnierlager[haus] *n*
~ **waste** Furnierabfall *m*, Furnierrest *m*
~ **waste comminuting machine** Furnierabfallzerkleinerungsmaschine *f*
~ **wood dryer** Furniertrockner *m*, Furniertrocknungsanlage *f*
~ **workshop** Furnier[tischler]werkstatt *f*
~ **yield** Furnierausbeute *f*
veneerable furnierfähig
veneered chipboard [panel] Furnierspanplatte *f*, Spanplatte *f* mit Deckfurnieren, furnierte Spanplatte *f*
~ **fibreboard** furnierte Faserplatte *f*
~ **furniture** Furniermöbel *npl*
~ **panel** Furnierplatte *f*
veneerer Furniertischler *m*
veneering 1. Furnieren *n*; 2. Furnierung *f* (*s.a. unter* veneer)

~ **artistry** Furnierkunst *f*
~ **hammer** Furnier[aufreib]hammer *m*, Aufreibhammer *m*
~ **plant** Furnieranlage *f*
~ **sheet** Furnierblatt *n*
~ **tape** Fugen[kleb]papier *n*, Fugenleimpapier *n*
~ **technique** Furniertechnik *f*
~ **tool** Furnierwerkzeug *n*
~ **wood** Furnierholz *n*, F
Venetian blind Jalousie *f*
~ **blind slat** Jalousielamelle *f*
~ **red** Venezianischrot *n (Färbemittel)*
~ **sumac[h]** Perückenstrauch *m*, Fisettholz *n*, Junger Fustik *m*, Cotinus coggygria, Rhus cotinus
Venezuela boxwood Zapatero *n*, ZAP, Gossypiospermum praecox *(Holzart)*
Venice turpentine Venezianer Terpentin *n (von Larix decidua)*
veranda[h] floor Veranda[fuß]boden *m*
verawood *(Am)* Vera *n*, VEP, Maracaibo Pockholz *n*, Bulnesia arborea
verbenaceous zu den Eisenkrautgewächsen (Verbenengewächsen, Verbenaceae) gehörend
verdant *s.* green
verge-board Ortgang *m*; Windbrett *n*, Windfeder *f*
vermiculate[d] wurmstichig, von Holzwürmern zerfressen
vermilion wood *(Am)* Andamanen-Padouk *n*, Pterocarpus dalbergioides *(Holzart)*
vernacular name Volksname *m*, Trivialname *m*, Vulgärname *m*, Vernakularname *m* (z. B. einer Holzart)
vernis Martin Vernis Martin *m (Möbellack)*
vertical bar Rahmenpfosten *m*
~ **branch** Steilast *m*
~ **dryer** Senkrechttrockner *m*, Hochtrockner *m (Lacktrocknung)*
~ **frame sawing machine** Vertikalgattersägemaschine *f*, Vertikalgatter *n*; Vollgattersägemaschine *f*, Vollgatter *f*
~ **gliding window** Vertikalschiebefenster *n*
~ **grain** Spiegel *m* [des Holzes]
~-**grained** radial geschnitten, im Spiegelschnitt (Quartierschnitt, Viertelschnitt) hergestellt
~ **log band saw[ing machine]** Vertikalblockbandsäge[maschine] *f*
~ **weather-board cladding** [lotrecht verlaufende] gefugte Schalung *f* mit Deckleisten
vertically sliding window Vertikalschiebefenster *n*
vessel Gefäß *n*, Trachee *f*, Pore *f (Holzanatomie)*
~ **aggregation** Gefäßaggregation *f*
~ **cavity** Gefäßlumen *n*
~ **cell** Gefäßzelle *f*
~ **conduit** Gefäßbahn *f*
~ **density** Gefäßhäufigkeit *f*
~ **diameter** Gefäß[glied]durchmesser *m*
~ **dimorphism** Gefäßdimorphismus *m*
~ **distribution** Gefäßverteilung *f*, Gefäßanordnung *f*, Porenanordnung *f*
~ **element** Gefäßglied *n*, Gefäßelement *n*
~ **element length** Gefäßgliedlänge *f*

~ **grouping** *s.* ~ distribution
~ **length** Gefäßlänge *f*
~-**less** gefäßlos
~ **line** Porenrille *f*, Porenkette *f*
~ **lumen** Gefäßlumen *n*
~ **member** Gefäßglied *n*, Gefäßelement *n*
~-**parenchyma pit** Gefäß-Parenchym[zellen]-Tüpfel *m*, Tüpfel *m* zwischen Gefäß und Parenchymzelle
~ **line** Porenrille *f*, Porenkette *f*
~ **lumen** Gefäßlumen *n*
~ **perforation [plate]** Gefäß[glieder]durchbrechung *f*, Lochplatte *f*
~ **pit** Gefäßtüpfel *m*
~ **pitting** Gefäßtüpfelung *f*
~-**ray pitting** Gefäß-Holzstrahl-Tüpfelung *f*
~ **segment** *s.* ~ element
~ **size** Gefäßgröße *f*
~-**vessel pitting** Gefäßtüpfelung *f*
~ **wall** Gefäßwand *f*
~ **wall surface** Gefäßwand[ober]fläche *f*
vesta kurzes Streichholz (Zündholz) *n*
vestigially bordered pit verkümmerter Hoftüpfel *m (Holzanatomie)*
vesture Verzierung *f (in Laubholztüpfeln)*
vestured pit verzierter (skulpturierter) Tüpfel *m (Holzanatomie)*
vibrating screen Vibrationssortierer *m*, Wuchtschüttler *m*; Vibrationsknotenfänger *m (Papierherstellung)*
~ **stump puller** Vibrationsstockrodegerät *n*
~ **trough** Vibrationsrinne *f*, Vibrorinne *f (Spänetransport)*
vice/to in den Schraubstock spannen; mittels Schraubstock [ein]spannen
vice Schraubstock *m*
~ **with quick-release** Schnellspannschraubstock *m*
Victorian oak Eucalyptus regnans *(Holzart)*
video cabinet Fernsehtruhe *f*
~ **corner unit** Fernsehecktruhe *f*
~ **trolley** Fernseh-Wagen *m*, Video-Wagen *m*
Vienna chalk Wiener Kalk *m (Poliermittel)*
Vierendeel column Vierendeel-Stütze *f (Holzbau)*
~ **girder** Vierendeel-Träger *m*, Rahmenträger *m* nach Vierendeel
village wheelwright's shop Dorfstellmacherei *f*
vine maple Weinahorn *m*, Rundblattahorn *m*, Acer circinatum
vineyard pole Rebpfahl *m*, Weinbergpfahl *m*
vinhatico Plathymenia reticulata *(Holzart)*
viola Viola *f*, Bratsche *f (Streichinstrument)*
~ **da gamba** Gambe *f*, Viola *f* da gamba *(Streichinstrument)*
violet willow Reifweide *f*, Schimmelweide *f*, Dünenweide *f*, Seidelbastweide *f*, Salix daphnoides
~ **wood** 1. Andiara violacea *(Holzart)*; 2. Königsholz *n*, Dalbergia cearensis
violin Geige *f*, Violine *f*
~ **bow** Geigenbogen *m*
~ **case** Geigenkasten *m*
~-**maker** Geigenbauer *m*
~-**making** Geigenbau *m*

violin

~ **sounding-board** Geigendecke *f*
~ **wood** Geigen[bau]holz *n*
violoncello Violoncell[o] *n*, Cello *n* (*Streichinstrument*)
violone Kontrabaß *m*, Violone *f*
virgin tree ungeharzter Baum *m*
Virginia ash Blauesche *f*, Fraxinus quadrangulata
~ **[live] oak** Virginia-Eiche *f*, Lebenseiche *f*, Quercus virginiana
~ **pine** Jerseykiefer *f*, Pinus virginiana
Virginian juniper, ~ **pencil cedar** Virginisches Bleistiftholz *n*, BVI, Virginischer Wacholder *m*, Rotzederwacholder *m*, Juniperus virginiana
viscoelastic viskoelastisch
viscoelasticity Viskoelastizität *f*
viscometry Viskosimetrie *f*, Viskositätsmessung *f*
viscose Viskose *f*
~ **process** Viskoseverfahren *n*
~ **rayon** Viskoseseide *f*
~ **staple fibre** Zellwolle *f*
viscosity Viskosität *f*, Zähflüssigkeit *f*, Zähigkeit *f*
viscous viskos, zäh[flüssig]
vise (*Am*) *s*. vice
visitor chair Besucherstuhl *m*
visually stress-graded visuell festigkeitssortiert (*Schnittholz*)
vitamin meal Vitaminmehl *n* (*aus Koniferenlaub*)
vitrine Vitrine *f*, Schauschrank *m*
~ **table** Vitrinentischchen *n*
Vitruvian scroll Vitruvianische Volute *f*, laufender Hund *m* (*ornamentaler Fries*)
volatile oil ätherisches Öl *n* (*akzessorischer Holzbestandteil*)
volume Volumen *n*, Rauminhalt *m*
~ **determination** Volumenermittlung *f*, Rauminhaltsbestimmung *f*
~ **formula** Volumenformel *f*, Kubierungsformel *f* (*Holzmessung*)
~ **increment** Volumenzuwachs *m*
~ **shrinkage** *s*. volumetric shrinkage
~ **table** Volumentafel *f*, Massentafel *f* (*Holzmessung*)
volumetric shrinkage Volumenschwindung *f*; Volumenschwindmaß *n*, β_v
~ **swelling** Volumenquellung *f*; Volumenquellmaß *n*, räumlicher Quellsatz *m*, α_v
volute Volute *f*, Schnecke *f* (*Schmuckmotiv*)
vulcanized fibre Vulkanfiber *f*

W

wad Weidenrutenbündel *n*, Korbweidenbündel *n*
wadding Polsterwatte *f*
wafer-type flakes Waferspäne *mpl*, Wafers *pl*
waferboard [panel] Waferboard-Platte *f*, Waferplatte *f*
wagon plank Waggonbohle *f*, Waggonplanke *f*
wahoo Ulmus alata *(Holzart)*
waika chewstick Manil *n*, Symphonia globulifera *(Holzart)*
wainscot/to täfeln, paneelieren
wainscot 1. Täfelung *f*, Paneel *n*; Eichentäfelung *f*; Holzverkleidung *f*; 2. Täfelholz *n*; Wagenschoß *m*, Wagenschuß *m* *(Eichenholzsortiment)*
~ **billet** Stückholz *n*, Halbwender *m*; gewöhnliches Halbholz *n*
~ **oak** Zerreiche *f*, Burgunder (Türkische) Eiche *f*, Quercus cerris
~ **plank** Herzbohle *f*, Kernbohle *f*
wainscot[t]ing 1. Täfeln *n*, Paneelieren *n*; 2. *s.* wainscot 1. und 2.
wainwright Wagner *m*, Wagenbauer *m*
waling Firstenstempel *m* *(Grubenausbau)*
walk-in door Eingangstür *f*, Zugangstür *f*
walking line Lauflinie *f*, Gehlinie *f* *(Treppenbau)*
~-**stick** Gehstock *m*, Spazierstock *m*
~-**stick chair** Stocksessel *m*
wall bars Sprossenwand *f* *(Sportgerät)*
~ **bed** Wandklappbett *n*
~ **brace** Wandstrebe *f*, Wandbug *m* *(Fachwerk)*
~ **cabinet** Wandschränkchen *n*
~ **chisel** Maurerstemmeisen *n*
~ **cladding** Wandbekleidung *f*, Wandverkleidung *f*
~ **clock** Wanduhr *f*, Hängeuhr *f*; Konsoluhr *f*
~ **cupboard** Wandschrank *m*; Hängeschrank *m*
~ **frame** Wandrahmen *m*
~ **furniture** Wandmöbel *npl*
~ **light** Wandleuchter *m*
~-**lining** Wandbekleidung *f*, Wandverkleidung *f*
~ **mirror** Wandspiegel *m*
~-**mounted shelf** Wandregal *n*
~ **panel** Paneel *n*
~ **panelling** Wand[ver]täfelung *f*, Wandverkleidung *f*
~-**plate** Mauerlatte *f*, Mauerbank *f*
~ **post** Wandpfosten *m*, Wandsäule *f* *(Fachwerk)*
~ **scaffold[ing]** Fassadengerüst *n*, Liniengerüst *n*
~ **sheathing** Wandschalung *f*; Wandbekleidung *f*, Wandverkleidung *f*
~ **shelf** Wandregal *n*; Wandbrett *n*
~ **shingle** Wandschindel *f*, WS
~ **string [board]** Wandwange *f*, Außenwange *f* *(einer Treppe)*
~ **table** Wandklapptisch *m*; Wandtisch *m*
~-**unit** Schrankwand *f*, Anbauwand *f*
wallaba Walaba *n*, Eperua falcata *(Holzart)*
wallboard Wandplatte *f*, Leichtbauplatte *f*; Gipskartonplatte *f*
~ **saw** Gipsplattensäge *f*

walling off Überwallen *n*, Überwallung *f*
wallpaper Tapete *f*
~ **base** Tapetenrohpapier *n*
walnut Walnußbaum *m*, Nußbaum *m* (Gattung Juglans)
~ **bean** Australisch Nußbaum *m*, Endiandra palmerstonii
~ **crystals** *s.* ~ **stain** *f*
~ **family** Walnußgewächse *npl* (Familie Juglandaceae)
~ **furniture** Nußbaummöbel *npl*
~ **oil** Walnußöl *n*
~ **shell** Walnußschale *f*
~ **stain** Nuß[baumkörner]beize *f*, Nußbaumbeize *f*, Körner[nuß]beize *f*
wamara [Echtes] Pferdefleischholz *n*, Wamara *n*, Swartzia tomentosa (leiocalycina)
wand Weidengerte *f*
wandering heart Markverlagerung *f*, Kernverlagerung *f*, Exzentrizität (Ausmittigkeit) *f* der Markröhre, einseitiger (exzentrischer) Wuchs *m*
wandoo Eucalyptus wandoo (redunca) *(Holzart)*
wane Baumkante *f*, Fehlkante *f*, Waldkante *f*, Schalkante *f*, Wahnkante *f*
waney[-edged] baumkantig, fehlkantig, waldkantig, schalkantig *(Schnittholz)*
wany *(Am) s.* waney[-edged]
warding file Schlüsselfeile *f*
wardrobe 1. Garderobe *f*, Flurgarderobe *f*; 2. Kleiderschrank *m*
~ **bed** Wandklappbett *n*
~ **door** Kleiderschranktür *f*
~ **hook** Garderobenhaken *m*
~ **lock** Kleiderschrankschloß *n*
~ **rail** Kleiderstange *f*
~-**trunk** Schrankkoffer *m*
warning ability Warnfähigkeit *f* *(Holzeigenschaft)*
warp/to sich krümmen, sich verziehen, sich werfen *(Holz)*
warp [einfache] Krümmung *f*, Verwerfung *f*
warped timber verzogenes (geworfenes) Holz *n*
warping [Sich-]Verziehen *n*, [Sich-]Verwerfen *n*, [Sich-]Werfen *n*
wart Warze *f*, warzenartige Erhebung *f* *(auf Hoftüpfeln)*
warty layer Warzenschicht *f* *(der Tertiärwand von Holzzellen)*
wash primer Haftgrund *m*, Haftgrundmittel *n*, Washprimer *m*
washboarding 1. waschbrettartige Holzverformung *f* *(Trocknungsschaden)*; 2. Waschbrettschnitt *m* *(Holzbearbeitung)*
washer 1. Unterlegscheibe *f*; 2. Wäscher *m* *(Holzaufschlußanlage)*; 3. *s.* ~ **beater**
~ **beater** Waschholländer *m* *(Zellstofferzeugung)*
washing stand Waschkommode *f*, Waschtisch *m*
waste bark Abfallrinde *f*
~ **cellulose** Abfallcellulose *f*, Celluloseabfall *m*
~ **chips** Abfallspäne *mpl*, Holzrestspäne *mpl*
~ **cutter** Bohrschaufel *f* *(des Schlangenbohrers)*
~ **paper** Altpapier *n*, Abfallpapier *n*
~ **paper utilization** Altpapierverwendung *f*
~ **pulp** Abfallzellstoff *m*

waste

~ **side** Abfallseite *f (beim Sägen)*
~ **timber (wood)** Abfallholz *n*, Holzabfall *m*, Restholz *n*; Altholz *n*; Verschnitt *m*
~-**wood burning** Holzreststoffverbrennung *f*
~-**wood management** Holzabfallwirtschaft *f*
~-**wood utilization** Holzabfallnutzung *f*, Abfallholznutzung *f*
water ash Wasseresche *f*, Fraxinus caroliniana
~-**based adhesive** *s.* ~-borne adhesive
~-**based stain** Wasserbeize *f*, wasserlösliche Farbstoffbeize *f*
~ **beech** Hainbuche *f*, Weißbuche *f* (*Gattung Carpinus*)
~-**borne adhesive** wasserlöslicher (in Wasser gelöster) Klebstoff *m*, Leim *m*
~-**borne [wood] preservative** wasserlösliches Holzschutzmittel *n*
~ **cedar** Arizonazypresse *f*, Cupressus arizonica
~-**colour paper** Aquarellpapier *n*
~ **conduction** Wasserleitung *f (z. B. in Holz)*
~ **cooling tower** Wasserkühlturm *m*, Kühlturm *m*
~ **core** Naßkern *m (Holzfehler)*
~ **flume** Wasserriese *f*, Naßriese *f* (*Rohholztransport*)
~-**gas tar** Wassergasteer *m (Holzschutzmittel)*
~ **gilding** Polimentvergoldung *f*, Polimentvergolden *n*
~ **hickory** Carya aquatica (*Holzart*)
~ **imbibition value** Quellwert *m (z. B. von Zellstoff)*
~ **lacquer** Wasserlack *m*
~ **maple** 1. Silberahorn *m*, Weißer Ahorn *m*, Acer saccharinum; 2. Rotahorn *m*, Roter (Virginischer) Ahorn *m*, Acer rubrum
~ **oak** 1. Sumpfeiche *f*, Spießeiche *f*, Quercus palustris; 2. Wassereiche *f*, Quercus nigra
~-**powered corn mill** Wasser[korn]mühle *f*
~-**powered [saw]mill** Wassersägemühle *f*, Sägemühle *f* mit Wasserantrieb
~-**repellent [preservative, size]** Hydrophobierungsmittel *n*, Vergütungsmittel *n*
~ **resistance** Wasserfestigkeit *f*, Naßfestigkeit *f* (*z. B. von Klebungen*)
~-**resistant** wasserfest, naßfest
~ **retention value** Wasserrückhaltewert *m* (*Papierherstellung*)
~ **seasoning** Auslaugen *n* [von Holz durch Wasserlagerung]
~-**ski** Wasserski *m*
~ **slide** Wasserriese *f*, Naßriese *f* (*Rohholztransport*)
~-**soluble extractive** wasserlöslicher Extraktivstoff (Holzinhaltsstoff) *m*
~-**soluble [wood] preservative** wasserlösliches Holzschutzmittel *n*
~ **spraying** Wasserberieselung *f*, Beregnung *f* (*von Rundholz zum Schutz vor Pilzbefall*)
~ **stain** Wasserbeize *f*, wasserlösliche Farbstoffbeize *f*
~ **storage** Wasserlagerung *f (von Holz)*
~ **tupelo** Wassertupelobaum *m*, Nyssa aquatica
~ **vapour** Wasserdampf *m*
~ **vapour permeance** Wasserdampfdurchlässigkeit *f (z. B. von Faserplatten)*
~ **varnish** Wasserlack *m*
~-**wheel** Wasserrad *n (einer Mühle)*
~-**white** wasserklar (*Flüssigkeit*)
watered-silk figure geflammte Textur *f*, Flammenzeichnung *f*, flammige Holzzeichnung *f*
waterleaf paper ungeleimtes Papier *n*
waterlogged wassergetränkt, wassersatt, absolut naß (*Holz*)
~ **wood** wassergetränktes (wassersattes) Holz *n*, Naßholz *n*, Wasserholz *n*
~ **wood conservation** Naßholzkonservierung *f*
Waterloo leg Säbel[stuhl]bein *n*
watermark Wasserzeichen *n (in Papier)*
wattle/to mit Zweiggeflecht [und Lehm] ausfüllen (*Fachwerk*)
wattle 1. Akazie *f*, Schotendorn *m* (*Gattung Acacia*); 2. Zweiggeflecht *n*
~ **and daub** Zweiggeflecht (Flechtwerk) *n* und Lehm *m (Fachwerkbau)*
~ **bark** Akazienrinde *f*, Mimosenrinde *f* (*Gerbmittel von Acacia spp.*)
~ **tannin** Akaziengerbstoff *m*
wave moulding Wellen[profil]leiste *f*, gewellte Leiste *f*; Flammleiste *f*
~ **scroll** Vitruvianische Volute *f*; laufender Hund *m (ornamentaler Fries)*
waviness *s.* wavy figure
wavy figure (grain) welliger Faserverlauf *m*, Wimmerwuchs *m*, Wellenwuchs *m*
wawa *s.* obeche
wax Wachs *n*
~ **palm** 1. Wachspalme *f*, Ceroxylon alpinum (andicolum); 2. Karnaubapalme *f*, Brasilianische Wachspalme *f*, Copernicia cerifera
~ **paper** Wachspapier *n*
~ **pine** Kaurifichte *f* (*Gattung Agathis*)
~ **polish** Wachsmattierung *f*
~ **stopping** Wachskitt *m*
~-**tree** Talgsumach *m*, Rhus succedana
waxed paper Wachspapier *n*
way-bill Frachtbrief *m (Holzhandel)*
WBP *s.* weather-and-boil-proof plywood
WCH *s.* western hemlock
wd *s.* wood 1.
wear Abnutzung *f*, Abnützung *f*, Verschleiß *m*
~ **resistance** Abnutzungsbeständigkeit *f*, Abnützungswiderstand *m*, Verschleißfestigkeit *f*
~-**resistant** abnutzungsbeständig, verschleißfest
wearing test Verschleißprüfung *f*
weather/to 1. verwittern; Witterungsausflüssen aussetzen; 2. abschrägen, neigen (*wetterexponierte Flächen*)
weather-and-boil-proof plywood wetter- und kochfestes Sperrholz *n*
~-**board/to** Stülpschalung anbringen, mit Stülpschalung versehen
~-**board** Stülpschalungsbrett *n*
~-**board cladding, ~-boarding, ~-boards** Bretterverschalung *f*; Stülpschalung *f*; Wetterschalung *f*
~ **check** Wassernase *f (z. B. einer Sohlbank)*

~ **moulding** Wetterschenkel *m*, Wasserschenkel *m*
~-**proof, ~-resistant** wetterbeständig, witterungsbeständig, witterungsfest *(z. B. Klebverbindung)*
~ **stain** verwitterungsbedingte Holzverfärbung *f*
~ **strip** Wetterschenkel *m*, Wasserschenkel *m*
~ **strip cutter** Fräserkombination *f* für Wetterschenkel
weathering Verwitterung *f*; Bewetterung *f*, Bewitterung *f*
~ **[exposure] test** Bewetterungstest *m*, Bewetterungsprüfung *f*
weatherstrip/to mittels Profilstreifen abdichten, mit Dichtungsprofil[streifen] versehen
weatherstripping Dichtungsprofil *n*
weave/to flattern *(Sägeblatt)*
web 1. Trägerfachwerk *n*; Binderfachwerk *n*; 2. Langblattsägewerkzeug *n*; 3. Bahn *f*, Faserbahn *f*; Papierbahn *f*
~ **saw** Rahmensäge *f*, Klobsäge *f*
~ **strainer** Gurtspanner *m* *(Polsterwerkzeug)*
webbing Fassonleinen *n*, Formleinen *n*
~ **strainer** Gurtspanner *m* *(Polsterwerkzeug)*
wedge/to verkeilen, festkeilen
wedge Keil *m*
~ **finger jointing** Keilzinkung *f*
wedged [through] tenon verkeilter Stemmzapfen *m*
Wedgwood plaque Wedgwood-Plakette *f* *(Möbelzierat)*
weep hole Drainageloch *n*
weeping ash Fraxinus excelsior var. pendula *(Holzart)*
~ **aspen** Trauerespe *f*, Traueraspe *f*, Populus tremula cv. pendula
~ **beech** Hängebuche *f*, Trauerbuche *f*, Fagus sylvatica cv. pendula
~ **birch** Hängebirke *f*, Weißbirke *f*, Sandbirke *f*, Betula pendula (alba)
~ **cypress** Trauerzypresse *f*, Chamaecyparis (Cupressus) funebris
~ **elm** Trauerulme *f*, Ulmus glabra cv. pendula
~ **larch** Larix x pendula *(Holzart)*
~ **poplar** Großzähnige Pappel *f*, Populus grandidentata
~ **spruce** 1. Hängefichte *f*, Picea abies cv. viminalis; 2. Brewer-Fichte *f*, Siskiyoufichte *f*, Picea breweriana; 3. Westamerikanische Hemlocktanne *f*, Berghemlocktanne *f*, Tsuga mertensiana; 4. *s.* Himalayan spruce
~ **willow** 1., Trauerweide *f*, Salix alba var. tristis; 2. Chinesische Hängeweide (Trauerweide) *f*, [Echte] Trauerweide *f*, Salix babylonica
weight of wood Holzgewicht *n*, Holzmasse *f*
well Treppenauge *n*
well-seasoned [gut] abgelagert
wellingtonia 1. Mammutbaum *m*, Sequoie *f*, Wellingtonia *f* *(Gattung Sequoia)*; 2. Mammutbaum *m*, Riesensequoie *f*, Sequoiadendron giganteum, Sequoia gigantea
wenge Wengé *n*, WEN, Millettia laurentii *(Holzart)*
West African cordia Afrikanisches Cordia[holz] *n*, COA, Mukumari *n* *(Cordia spp.)*
~ **African rubber tree** Seidenkautschukbaum *m*, Funtumia (Kickxia) elastica
~ **Coast hemlock** *s.* western hemlock
~ **India birch [tree]** Bursera simaruba (gummifera) *(Holzart)*
~ **Indian boxwood** 1. Baitoa[holz] *n*, Phyllostylon brasiliensis; 2. *s.* Venezuela boxwood
~ **Indian cedar** Cedro *n*, Cedrela[holz] *n*, CED, Westindische Zeder *f*, Zigarrenkistenzeder *f*, *(bes.)* Cedrela odorata (mexicana)
~ **Indian cherry** Westindische Kirsche *f*, Barbadoskirsche *f*, Malpighia glabra (punicifolia)
~ **Indian locust [tree]** Heuschreckenbaum *m*, Hymenaea courbaril
~ **Indian mastic** Bursera simaruba (gummifera) *(Holzart)*
~ **Indian rosewood (sandalwood)** Amyris *n*, Venezuela-Sandelholz *n*, Amyris balsamifera
~ **Indian satinwood** Westindisches Satinholz *n*, SAW, Espenille *n*, Domingo-Satin *n*, Atlasholz *n*, Fagara flava, Zanthoxylum flavum
western alder [Amerikanische] Roterle *f*, Oregonerle *f*, Alnus oregona (rubra)
~ **Australian blackbutt** Eucalyptus patens *(Holzart)*
~ **Australian she-oak** Casuarina fraseriana *(Holzart)*
~ **balsam fir** Prachttanne *f*, Abies magnifica
~ **balsam poplar** Westliche (Haarfrüchtige) Balsampappel *f*, Populus trichocarpa
~ **fir** Gruppenname nordamerikanischer Abies spp.
~ **hemlock** Westamerikanische Hemlocktanne *f*, HEM, Mertens-Hemlocktanne *f*, Riesenschierlingstanne *f*, Tsuga heterophylla
~ **Himalayan spruce** Himalajafichte *f*, Picea smithiana
~ **juniper** 1. *(Am)* Juniperus occidentalis *(Holzart)*; 2. Holzartengruppe aus Juniperus deppeana, J. scopulorum, J. osteosperma und J. occidentalis
~ **larch** Westamerikanische Lärche *f*, LAA, Larix occidentalis
~ **larch borer** Tetropium velutinum *(Schadinsekt)*
~ **paper birch** Betula papyrifera var. commutata (occidentalis) *(Holzart)*
~ **plane** Amerikanische (Abendländische) Platane *f*, Platanus occidentalis
~ **poison oak** Rhus diversiloba *(Holzart)*
~ **red cedar** 1. Riesenthuja *f*, Riesenlebensbaum *m*, RCW, Rote Zeder *f*, Thuja plicata (gigantea); 2. Juniperus occidentalis *(Holzart)*
~ **spruce** 1. Holzartengruppe aus Picea sitchensis und P. engelmanii; 2. *s.* ~ hemlock
~ **tamarack** *s.* ~ larch
~ **true fir** *s.* ~ fir
~ **white pine** Bergstrobe *f*, Amerikanische Weymouthskiefer *f*, Pinus monticola
~ **white spruce** Picea glauca var. albertiana, SWW *(Holzart)*

~ **whitewoods** *(Am)* Holzartengruppe aus Picea engelmannii, Pinus monticola, P. contorta, P. ponderosa, P. lambertiana, Abies balsamea und Tsuga mertensiana
~ **yellow pine** Gelbkiefer *f*, Goldkiefer *f*, Schwerholzkiefer *f*, Pinus ponderosa
westland pine Dacrydium colensoi *(Holzart)*
wet and dry bulb hygrometer (thermometer) Aspirationspsychrometer *n* [nach Aßmann]
~ **barker** Naßentrinder *m*
~ **barking** Naßentrindung *f*
~ **broke** nasser Bruch *m (Papierherstellung)*
~-**bulb temperature** Feucht[thermometer]temperatur *f*, Naßtemperatur *f*, F
~-**bulb thermometer** Feuchtthermometer *n*
~-**cemented** naßgeklebt *(Sperrholz)*
~ **chip** Naßspan *m*
~ **chute** Naßriese *f*, Wasserriese *f (Rohholztransport)*
~ **cooperage** Dichtfässer *npl*
~ **cork** Naßkork *m*
~ **cyclic test** Zyklustest *m* im feuchten Milieu, Wechsel-Naßprüfung *f (z. B. von Plattenwerkstoffen)*
~ **felting** nasse Vliesbildung *f (Faserplattenherstellung)*
~ **grinding** Naßschleifen *n*
~ **heart[wood]** Naßkern *m (Holzfehler)*
~ **lap** Faservlies *n (Faserplattenherstellung)*
~ **lap formation** nasse Vliesbildung *f (Faserplattenherstellung)*
~ **lap machine** Naßwickelmaschine *f (Kartonherstellung)*
~ **machine** Holzstoffentwässerungsmaschine *f*; Zellstoffentwässerungsmaschine *f*
~ **preservation of logs** Rundholznaßkonservierung *f*
~ **press** Naßpresse *f (der Langsiebmaschine)*
~ **pressing** Naßpressen *n*, Naßverfestigung *f*
~ **process** Naßverfahren *n (der Faserplattenherstellung)*
~ **pulp** Naßzellstoff *m*
~ **rot** Naßfäule *f (von Holz durch Pilzbefall)*
~ **rot fungus** Naßfäulepilz *m (Sammelbegriff)*
~ **sanding** Naßschleifen *n*
~ **sawmill** Wassersägewerk *n*
~ **slide** Naßriese *f*, Wasserriese *f (Rohholztransport)*
~ **stock** feuchter Stoff *m (Papierherstellung)*
~-**stone grinder** Naßschleifmaschine *f*
~-**stone grindstone** Naßschleifstein *m*
~ **storage** Naßlagerung *f (von Holz)*
~ **strength** Naßfestigkeit *f*, Wasserfestigkeit *f (z. B. von Klebungen)*
~-**strength agent** Naßverfestigungsmittel *n (Papierherstellung)*
~ **strength paper** naß[reiß]festes Papier *n*
~ **strength resin** Naßfestleim *m (Papierherstellung)*
~-**use adhesive** Naßklebstoff *m*
~ **web** feuchte Bahn (Faserbahn) *f*, feuchtes Faservlies *n*
~ **wood** Feuchtholz *n*, Naßholz *n*, nasses Holz *n*
~ **wood barking** Naßentrindung *f*

~ **xanthation** Naßxanthogenierung *f*, Emulsionsxanthogenierung *f (Viskoseverfahren)*
wetter *s.* wetting agent
wetting agent Netzmittel *n*, Benetzungsmittel *n*
wetwood Naßkern *m (Holzfehler)*
~ **of fir** Tannennaßkern *m*
Weymouth pine Weymouthskiefer *f*, KIW, [Ostamerikanische] Strobe *f*, Pinus strobus
WF *s.* white fir 1.
wharf borer Scheinbock[käfer] *m*, Werftbohrkäfer *m*, Nacerda melanura
~ **timber** Hafenbauholz *n*
wheel dresser Schleifscheibenabrichter *m*
~ **loader** Radlader *m (Rundholztransport)*
~ **skidder** Rückeschlepper *m*, Rücketraktor *m*
~ **spoke** Radspeiche *f*, Speiche *f*
~-**spoke planing machine** Speichenhobelmaschine *f*
~ **window** Radfenster *n*; Rosettenfenster *n*
wheelchair Rollstuhl *m*
wheeler *s.* wheelwright
wheelwright Stellmacher *m*
wheelwright's shop Stellmacherei *f*
whet/to abziehen, wetzen
whetstone Abziehstein *m*; Wetzstein *m*
whip-saw/to mit der Rahmensäge (Klobsäge) sägen
whip-saw Rahmensäge *f*, Klobsäge *f*
whipstock Peitschenstiel *m*
whisk Bankhobel *m (Böttcherwerkzeug)*
white acacia Weiße Akazie *f*, Ana-Akazie *f*, Acacia (Faidherbia) albida
~ **afara** Limba *n*, LMB, Terminalia superba *(Holzart)*
~ **afrormosia** Afrormosia laxiflora *(Holzart)*
~ **alder** Alnus rhombifolia *(Holzart)*
~ **ant** Weiße Ameise *f*, Termite *f*, Isoptere *f (Ordnung Isoptera)*
~ **ash** Weißesche *f*, Weiße (Amerikanische) Esche *f*, Fraxinus americana
~ **balata** Micropholis balata *(Holzart)*
~ **basswood** Verschiedenblättrige Linde *f*, Tilia heterophylla
~ **beam-tree** Mehlbeerbaum *m*, Gemeine (Echte) Mehlbeere *f*, Sorbus aria
~ **beech** 1. Hainbuche *f*, Weißbuche *f (Gattung Carpinus)*; 2. [Gemeine] Hainbuche *f*, HB, Weißbuche *f*, Hornbaum *m*, Carpinus betulus; 3. Gmelina leichhardtii *(Holzart)*
~ **birch** 1. Weißbirke *f*, Hängebirke *f*, Sandbirke *f*, Betula pendula (alba, verrucosa); 2. Moorbirke *f*, Betula pubescens; 3. Graubirke *f*, Betula populifolia; 4. Papierbirke *f*, Betula papyrifera; 5. Schizomeria ovata *(Holzart)*
~ **bombay** Badam *f*, Terminalia procera *(Holzart)*
~ **box** Eucalyptus alba (albens) *(Holzart)*
~ **bully tree** Sternapfelbaum *m*, Dipholis salicifolia
~ **cedar** 1. Zederzypresse *f*, Kugelzypresse *f*, Chamaecyparis thyoides; 2. Abendländischer (Gemeiner) Lebensbaum *m*, Thuja occidentalis; 3. Chickrassy *n*, Chukrasia tabularis *(Holzart)*

- **cheesewood** Pulai *n*, Alstonia scholaris *(Holzart)*
- **chuglam** *helle Farbvariante von Terminalia bialata*
- **cypress pine** Schmuckzypresse *f*, Callitris columellaris
- **deal** Fichtenholz *n*, Rotfichtenholz *n*
- **dhup** Indisches Canarium *n*, Dhup *n*, Canarium euphyllum *(Holzart)*
- **elm** 1. Amerikanische Ulme (Rüster) *f*, RUA, Weißulme *f*, Weißrüster *f*, Ulmus americana (alba); 2. Bergulmenholz *n* (*von Ulmus glabra*)
- **fir** 1. Koloradotanne *f*, Kalifornische Weißtanne *f*, Grautanne *f*, Gleichfarbige Tanne *f*, Abies concolor; 2. Riesentanne *f*, Kalifornische Tanne *f*, [Große] Küstentanne *f*, Abies grandis; 3. *Holzartengruppe aus Abies magnifica, A. grandis, A. amabilis, A. lasiocarpa und A. concolor*
- **flock** Linters *pl*, Baumwoll-Linters *pl* *(Polstermaterial)*
- **glue** Weißleim *m*, Polyvinylacetatleim *m*, KPVAC
- **gold mohur** Delonix elata *(Holzart)*
- **groundwood** Weißschliff *m*
- **gum** Karri *n*, KAR, Eucalyptus diversicolor *(Holzart)*
- **hemlock** [Kanadische] Hemlocktanne *f*, Echte Schierlingstanne *f*, Tsuga canadensis
- **holly** Amerikanische Stechpalme *f*, Ilex opaca
- **lauan** *Gruppe philippinischer Pentacme spp., Parashorea spp. und Shorea spp., Kurzzeichen LAW*
- ~-**line method (technique)** Weißschnitt *m* *(Holzschnittechnik)*
- **liquor** Weißlauge *f*, Aufschlußlösung *f* *(Zellstofferzeugung)*
- **mahogany** Primavera *n*, Cybistax (Roseodendron, Tabebuia) donnell-smithii *(Holzart)*
- **maple** 1. Zuckerahorn-Splintholz *n* (Handelsname); 2. Silberahorn *m*, Weißer Ahorn *m*, Acer saccharinum
- **meranti** Weißes Meranti *n*, MEW, *(bes.)* Shorea bracteolata *(Holzart)*
- **mulberry** Weißer Maulbeerbaum *m*, Morus alba
- **oak** 1. [Amerikanische] Weißeiche *f*, EIW *(Artengruppe)*; 2. [Amerikanische] Weißeiche *f*, Quercus alba; 3. *s.* ~ **wenge**
- **olivier** Nargusta *n*, (*bes.*) Terminalia amazonia *(Holzart)*
- **Oregon oak** Garryeiche *f*, Quercus garryana
- **pear** Chinesische Birne *f*, Sandbirne *f*, Ostasiatischer Birnbaum *m*, Pyrus pyrifolia (sinensis)
- **peroba** Peroba *f* de campos, PEC, Paratecoma peroba *(Holzart)*
- **pine** 1. Weißkiefer *f*, Weichkiefer *f* *(Sammelbegriff)*; 2. Weymouthskiefer *f*, KIW, [Ostamerikanische] Strobe *f*, Pinus strobus; 3. Amerikanische Weymouthskiefer *f*, Gebirgsstrobe *f*, Pinus monticola; 4. Zuckerkiefer *f*, Pinus lambertiana

- **pine blister rust** 1. Weymouthskiefernblasenrost *m* (*durch* Cronartium ribicola); 2. Weymouthskiefernblasenrostpilz *m*, Cronartium ribicola
- **planchonella** Planchonella thyrsoidea *(Holzart)*
- **pocket rot** Weißlochfäule *f*, Lochfäule *f*, Wabenfäule *f*
- **polish** weiße (gebleichte) Politur *f*
- **poplar** Weißpappel *f*, Silberpappel *f*, Silberaspe *f*, Populus alba
- **pore fungus** [Weißer] Porenschwamm *m*, Antrodia sinuosa, Poria vaillantii (vaporaria)
- **quebracho** Quebrachobaum *m*, QEB, Aspidosperma quebracho-blanco
- **ring rot** Ringfäule *f*
- **rot** Weißfäule *f*, Korrosionsfäule *f*
- ~-**rot fungus** Weißfäulepilz *m*, Ligninspezialist *m*
- ~-**rotted wood** weißfäulebefallenes Holz *n*
- ~-**rotter** *s.* ~-**rot fungus**
- **seraya** *s.* 1. light white seraya; 2. heavy white seraya
- **shellac[k]** weißer (gebleichter) Schellack *m*
- **siris [tree]** Albizia procera *(Holzart)*
- **spirit** Lösungsbenzin *n*, Lackbenzin *n*, White Spirit *m* *(Terpentinersatz)*
- **spruce** 1. [Kanadische] Weißfichte *f*, SWW, Schimmelfichte *f*, Picea glauca (alba); 2. Stechfichte *f*, Blaufichte *f*, Picea pungens; 3. Engelmannsfichte *f*, Picea engelmannii
- **spruce [bark-]beetle** Kleiner Tannenborkenkäfer *m*, Cryphalus piceae
- **star apple** Sternapfel[baum] *m*, Chrysophyllum cainito
- **sterculia** Eyong *n*, EYG, Sterculia oblonga *(Holzart)*
- **stinkwood** Akasina[holz] *n*, Celtis kraussiana
- **stringybark** Eucalyptus globoidea (eugenioides) *(Holzart)*
- **tabebuia** Tabebuia stenocalyx *(Holzart)*
- ~-**topped box** Eucalyptus quadrangulata *(Holzart)*
- **walnut** Butternußbaum *m*, Kanadischer Nußbaum *m*, Ölnußbaum *m*, Graunuß *f*, Juglans cinerea
- **wenge** Lati *n*, LAT, *(bes.)* Amphimas pterocarpoides *(Holzart)*
- **willow** Silberweide *f*, Weißweide *f*, Dorfweide *f*, Salix alba
- **whitebark pine** Panzerkiefer *f*, Weißrindige Kiefer *f*, Pinus heldreichii
- **whitebeam [tree]** 1. Mehlbeere *f*, Weißbaum *m*, Sorbus aria; 2. *s.* wild service-tree
- **whiteness [degree]** Weißgrad *m*, Weißgehalt *m*, Weiße *f* (*von Zellstoff oder Papier*)
- **whitening** Weißarbeit *f*, Weidenrutenschälen *n*
- ~ **stage** Endbleichstufe *f* *(Papierherstellung)*
- **whitethorn** Weißdorn *m* *(Gattung Crataegus)*
- **whitewood** 1. Weißholz *n* *(Sammelbegriff)*; 2. Fichtenholz *n*; Weißtannenholz *n*; 3. Whitewood, WIW, Tulpenbaum *m*, Liriodendron tulipifera; 4. Amerikanische Linde *f*, Tilia americana; 5. Hannoa klaineana *(Holzart)*

whiting Schlämmkreide f
whittle/to schnitzen
whole-barked vollentrindet
~-log direct flaker Langholz[direkt]zerspaner m
~-stem logging Langholzbringung f, Bringung (Bereitstellung) f ganzer Stämme
~ tree Ganzbaum m
~-tree chipping Ganzbaumhack[schnitzelherstell]ung f
~-tree chips Ganzbaumhackschnitzel npl
~-tree harvest[ing] Ganzbaumernte f, Ganzbaumgewinnung f
~-tree utilization Ganzbaumnutzung f, Ganzbaumverwertung f, Vollbaumnutzung f
~ wood Vollholz n, Massivholz n, Naturholz n
wholesale yard Holzgroßhandlung f, Platzholzhandlung f
whorl foot Volutenfuß m, Schneckenfuß m (Möbelfuß)
whortleberry willow Moorweide f, Salix myrtilloides
wicker Flechtwerk n; Weidengeflecht n
~ basket Weidenkorb m
~ chair Korbsessel m, Korbstuhl m
~ furniture Korbmöbel npl; Flechtwerkstoffmöbel npl
wickerwork 1. Flechtwerk n; Weidengeflecht n; 2. s. ~ articles
~ articles Korbwaren fpl; Flechtwaren fpl
wicket Schlupftür f
wide abrasive belt Breitschleifband n
~-band saw Breitbandsäge[maschine] f
~-belt contact sanding machine Breitbandkontaktschleifmaschine f
~-belt sander (sanding machine) Breitbandschleifmaschine f
~-board planing machine Breithobelmaschine f
~ flakes großflächige Späne (Schneidspäne) mpl
~ glue joint dicke Klebfuge f
~-headed nail Breitkopfnagel m, Flachkopfnagel m
~-ringed breitringig, mit breiten Jahr[es]ringen, grobjährig, weitjährig (Holz)
width joint Breitenverbindung f
~ of annual ring Jahrringbreite f
~ over set Schrankweite f (eines Sägezahns)
~ swelling Breitenquellung f
Wiesner reaction Wiesner-Reaktion f (Ligninbestimmung)
wig tree Perückenstrauch m, Fisettholz n, Cotinus coggygria, Rhus cotinus
wiggle nail s. wriggle nail
wild apple [tree] Holzapfel[baum] m, Wildapfel[baum] m, Malus sylvestris [ssp. sylvestris]
~ cashew Caracoli n, Anacardium excelsum (giganteum) (Holzart)
~ coffee Amerikanischer Faulbaum m, Bitterbaum m, Rhamnus purshianus
~ date palm Walddattel f, Phoenix sylvestris
~ fig [tree] [Echte] Sykomore f, Wilder Feigenbaum m, Eselsfeige f, [Ägyptischer] Maulbeerfeigenbaum m, Ficus sycomorus
~ man Wilder Mann m (Fachwerkverstrebung)
~ nutmeg 1. Ekoune n, EKU, Coelocaryon

oxycarpum (Holzart); 2. Malaboda n, Myristica dactyloides (Holzart)
~ olive 1. Wilder Ölbaum m, Wilde Olive f, Olea europaea ssp. sylvestris; 2. Olea africana (Holzart)
~ pear Holzbirne f, Wilder Birnbaum m, Pyrus pyraster
~ rubber tree Funtumia (Kickxia) africana (Holzart)
~ service-tree Elsbeere f, Ruhrbirne f, Sorbus torminalis
~ sugar apple Unechtes Lanzenholz n, Rollinia mucosa
willow 1. Weide f (Gattung Salix); 2. Weidenholz n, WDE
~ chair Korbweidenstuhl m
~ family Weidengewächse npl (Familie Salicaceae)
~ mattress Weidenmatratze f, Weidensinkstück n (Buhnenbau)
~ oak Weideneiche f, Quercus phellos
~ poplar Schwarzpappel f, Populus nigra
~ processing Weidenrutenverarbeitung f
~ rod Weidenrute f, Weidengerte f
Willstätter lignin Willstätter-Lignin n
wimble s. 1. auger; 2. gimlet
winch skidding Seilwindenrückung f (Holzernte)
wind/to sich verziehen, sich werfen (Holz); sich verdrehen, sich spiralförmig verziehen, windschief werden (Schnittholz)
wind brace Windrispe f, Windlatte f, Windstrebe f, Windbrett n, Sturmlatte f
~ bracing Windverband m (Holzbau)
~-broken spruce Fichtenbruchholz n
~ damage Windschaden m
~-driven sawmill Sägewindmühle f
~-fallen wood Windfallholz n, Sturmholz n, Windbruchholz n, Windbruch m
~ shake Ringriß m, Windriß m (Holzfehler)
winder [tread] verzogene (gewendelte, nichtparallele) Trittstufe f, Wendelstufe f
winding spiralförmig verdreht (verzogen), windschief
winding Verdrehung f, Spiraldrehung f, Windschiefe f (z. B. von Schnittholz)
~ staircase Wendeltreppe f, gewendelte (gewundene) Treppe f
~ step s. winder
~ stick (strip) Richtleiste f, Fluchtholz n
window Fenster n
~ accessories Fensterzusatzeinrichtungen fpl
~ area Fensterfläche f
~ bar Fenstersprosse f
~ bench Fenster[sitz]bank f
~ blind Fensterabdeckung f
~ board Fensterbrett n
~ boarding Fensterverkleidung f
~ bolt Fensterriegel m
~ box Fensterkasten m, Blumenkasten m
~ brassware Fensterbeschläge mpl aus Messing, Messing-Fensterbeschläge mpl
~ casing Fensteraußenrahmen m; Fensterblendrahmen m
~ column Fensterpfeiler m
~ component Fensterteil m

~ **construction** Fensterbau m
~ **door** Fenstertür f
~ **frame** Fensterrahmen m
~ **furniture** Fensterbeschläge mpl
~ **glass** Fensterglas n
~ **glazing** Fensterverglasung f
~ **hardware** Fensterbeschläge mpl
~ **header** Fensterriegel m
~ **hinge** Fensterband n
~ **industry** Fenster[bau]industrie f
~ **industry cutter** Fensterfräser m
~ **joinery** 1. Fenstertischlerei f; 2. s. ~ joinery timber
~ **joinery timber** Fensterholz n, Glaserholz n
~ **ledge** Fensterbank f
~ **manufacture** Fensterfabrikation f, Fensterherstellung f
~ **manufacturer** Fensterfabrikant m, Fensterhersteller m
~ **manufacturing industry** Fenster[bau]industrie f
~ **opening** Fensteröffnung f
~-**pane** Fensterscheibe f
~ **part** Fensterteil n
~ **profile** Fensterprofil n
~ **sash** Fensterflügelrahmen m, Flügelrahmen m; Fensterflügel m
~ **seal fillet** Fensterdichtleiste f
~ **seat** Fenstersofa n
~ **section** Fensterabschnitt m
~ **shutter** Fensterladen m, Klappladen m; Rolladen m
~ **sill** Fensterbank f; Sohlbank f
~ **style** Fensterbauart f
~ **trim** Fensterblenrahmen m
~ **unit** Fertigfenster n
~ **wood** Fensterholz n
Windsor chair Windsor-Stuhl m
windthrow Windwurf m
~ **timber** Windwurfholz n, Sturmholz n
wine barrel Weinfaß n
~ **waiter** Weinservierwagen m
wing-beater mill Schlagkreuzmühle f
~-**chair** Ohren[backen]sessel m
~ **compass** Bogenzirkel m
~ **cutter** Vorschneider m (des Schlangenbohrers)
~ **of a door** Türflügel m
winged elm Ulmus alata (Holzart)
~ **euonymus** Geflügelter Spindelstrauch m, Geflügeltes Pfaffenhütchen n, Euonymus alatus
wingnut Flügelnuß f, Kaukasischer Nußbaum m, Pterocarya fraxinifolia
winter felling Wintereinschlag m, Winterfällung f
Winter's cinnamon Drimys winteri (Holzart)
wire-bound box (crate) Drahtbundsteige f, Drahtbundkiste f
~-**cut nail** s. ~ nail
~ **glass** Drahtglas n
~ **gravity cable** Draht[seil]riese f (Holzbringung)
~ **nail** Drahtnagel m, Drahtstift m
~ **slide** s. ~ gravity cable
~ **stapling machine** Drahtheftmaschine f
wishmore s. nyankom

witch ... s. wych ...
withdrawal resistance (strength) Ausziehwiderstand m (z. B. von Nägeln)
withe, withy Rute f, Gerte f; Weidenrute f, Weidengerte f
wobble saw Taumel[kreis]säge f, Wanknutsäge f, Schleuder[kreis]säge f; Taumelsägeblatt n
Wolman salt Wolman-Salz n (Holzschutzmittel)
wood/to 1. mit Holz versorgen; 2. mit Brennholz [be]heizen
wood 1. Holz n (Zusammensetzungen s.a. unter wooden und timber); Rohholz n; 2. Wald m, Forst m, Holz n
~ **acid** Holzsäure f
~ **acidity** Holzazidität f, Holzsäuregehalt m
~ **adhesive** Holzklebstoff m; Holzleim m
~ **agate** Holzachat m
~ **alcohol** Holzalkohol m, Holzspiritus m; Holzgeist m, Methanol n, Methylalkohol m
~ **analysis** [chemische] Holzanalyse f
~ **analytics** Holzanalytik f
~-**anatomic[al]** holzanatomisch
~ **anatomist** Holzanatom m
~ **anatomy** Holzanatomie f
~ **anatomy study** holzanatomische Untersuchung f
~ **and canvas kayak** Faltboot n
~ **ant** Rote Waldameise f, Formica rufa
~ **antique** Holzantiquität f
~ **ash** Holzasche f
~ **assembly** Holzbaugruppe f, Holzbaueinheit f
~-**base product** Holzwerkstofferzeugnis n
~-**based composite** Holzverbund[werk]stoff m
~-**based industry** Holzindustrie f; holzverarbeitende Industrie f
~-**based material** Holzwerkstoff m
~-**based panel [product]** plattenförmiger Holzwerkstoff m, Holzwerkstoffplatte f
~-**based particle product** Holzpartikelwerkstoff m
~-**based sheet material** s. ~-based panel [product]
~ **beam** Holzbalken m
~ **bending** Biegen n von Holz; Holzbiegerei f
~ **bending jig** Holzbiegevorrichtung f
~ **bending machine** Holzbiegemaschine f
~ **biochemistry** Holzbiochemie f, Biochemie f des Holzes
~ **biology** Holzbiologie f
~ **biotechnology** Holz-Biotechnologie f
~ **bit** Holzbohrer m
~ **blade** Holzsägeblatt n
~-**block** 1. Holzklotz m; Holzpflasterklotz m; Druckstock m, Holzstock m, Druckplatte f; 2. Holzschnitt m
~-**block floor[ing]** Holzpflasterboden m
~ **block method** Klötzchenmethode f, Klötzchenverfahren n (Holzschutz)
~-**block pavement (paving)** Holzpflaster n
~-**block printing** Holztafeldruck m
~ **blocks paving works** Holzpflasterarbeiten fpl
~ **boat** Holzboot n
~ **bonding** Holzverklebung f, Holzverleimung f
~-**bonding adhesive** Holzklebstoff m; Holzleim m

wood

- ~ **borer** 1. Holzbohrer *m*, Bohrschädling *m*; 2. s. ~-boring beetle
- ~-**boring beetle** 1. Holzbohrkäfer *m* (*Sammelbegriff*); 2. Bohrkäfer *m*, Holzbohrkäfer *m* (*Familie Bostrychidae*)
- ~-**boring bit** Holzbohrer *m*
- ~-**boring insect** holzzerstörendes Insekt *n*, Bohrschädling *m*, Holzbohrer *m*
- ~-**boring tool** Holzbohrwerkzeug *n*
- ~ **brick** Holzziegel *m*
- ~ **bridge** Holzbrücke *f*, hölzerne Brücke *f*
- ~ **broker** Holzmakler *m*
- ~ **building** Holzbauwerk *n*, Holzgebäude *n*, Holzbau *m*
- ~ **building component** Holzbauteil *n*
- ~ **burner** s. ~-burning appliance
- ~ **burning** 1. Holzverfeuerung *f*, Holzbrand *m*; 2. Farbbrennen *n* (*von Holzoberflächen*)
- ~-**burning appliance** Holz[ver]feuerungsanlage *f*, Holzverbrennungsanlage *f*
- ~-**burning gas generator** Holzvergaser *m*
- ~-**burning structure** s. ~-burning appliance
- ~ **button** Holzknopf *m*
- ~ **carbohydrate** Holzkohlenhydrat *n*
- ~ **carbonization** Holzverkohlung *f*
- ~ **carbonization residue** Holzverkohlungsrückstand *m*
- ~ **care** Holzpflege *f*
- ~ **care preservative** Holzpflegeschutzmittel *n*
- ~ **carpet** Holzteppich *m*
- ~-**carver** Holzschnitzer *m*
- ~-**carver's art** Holzschnitzkunst *f*
- ~-**carver's mallet** Holzbildhauerklüpfel *m*
- ~-**carver's screw** Schnitzerschraube *f*
- ~-**carving** 1. Holzschnitzen *n*; Holzschnitzerei *f*; 2. Holzschnitzwerk *n*, Holzschnitzerei *f*, Holzschnitzarbeit *f*
- ~-**carving knife** Schnitzmesser *n*
- ~-**carving rasp** Holzschnitzerraspel *f*, Holzbildhauerraspel *f*
- ~-**carving technique** Holzschnitztechnik *f*
- ~-**carving tool** Holzschnitzwerkzeug *n*; Holzbildhauerwerkzeug *n*
- ~ **cell** Holzzelle *f*
- ~ **cell cavity** Holzzellumen *n*
- ~ **cell wall** Holzzellwand *f*
- ~ **cell-wall surface** Holzzellwand[ober]fläche *f*
- ~ **cellulose** Holzcellulose *f*; Holzzellstoff *m*
- ~ **cement** Holzzement *m*, Steinholz *n*
- ~-**cement board** Holzzementplatte *f*
- ~-**cement composite** zementgebundener Holzwerkstoff *m*
- ~ **cement construction board** Holzzementbauplatte *f*
- ~ **cement particleboard** Zementspanplatte *f*, zementgebundene Spanplatte *f*, Steinholz[span]platte *f*
- ~ **characteristic** Holzmerkmal *n*
- ~-**charcoal** Holzkohle *f*
- ~ **charring** Holzverkohlung *f*
- ~ **chemical** holzchemisch
- ~ **chemical** Holzchemikalie *f*, holzchemisches Produkt *n*
- ~ **chemical industry** Industrie *f* der chemischen Holzverarbeitung
- ~ **chemist** Holzchemiker *m*
- ~ **chemistry** Holzchemie *f*, Chemie *f* des Holzes
- ~ **chip** Holzspan *m*; Holz[hack]schnitzel *n*; Kochschnitzel *n*
- ~-**chip dryer** Holzspänetrockner *m*
- ~-**chip pile** Holz[hack]schnitzelhaufen *m*
- ~-**chip wallpaper** Rauhfasertapete *f*
- ~ **chipboard** Holzspanplatte *f*, Span[holz]platte *f*
- ~ **chisel** Stemmeisen *n*, Stecheisen *n*, Stechbeitel *m*, Beitel *m*
- ~-**chopping contest** Holzfällerwettbewerb *m*
- ~ **chopping machine** Holzhackmaschine *f*
- ~ **coal** 1. Holzkohle *f*; 2. Braunkohlenholz *n*, holzartige (xylitische) Braunkohle *f*
- ~ **collection** Holz[muster]sammlung *f*, Xylothek *f*
- ~ **colour** Holzfarbe *f*, Farbe *f* des Holzes
- ~ **colouration** Holzfärbung *f*
- ~ **combustion** Holzverbrennung *f*
- ~ **component** 1. Holzbestandteil *m*, Holzkomponente *f*; 2. Holz[bau]teil *n*
- ~ **composite** Holzverbund[werk]stoff *m*
- ~ **composition** Holzzusammensetzung *f*
- ~ **concrete** Holzbeton *m*
- ~ **conditioning** Holzkonditionierung *f*
- ~ **conservation** Holzkonservierung *f*
- ~ **consolidant** Holz[ver]festigungsmittel *n*, Holzstabilisierungsmittel *n*
- ~ **consolidation** Holz[ver]festigung *f*, Holzstabilisierung *f*
- ~ **constituent** Holzbestandteil *m*, Holzkomponente *f*
- ~ **construction** 1. Holzbau *m*; 2. Holzkonstruktion *f*; Holzbauwerk *n*
- ~ **construction industry** Holzbauindustrie *f*
- ~ **consumer** Holzverbraucher *m*
- ~ **containing** holzhaltig
- ~-**containing paper** holzhaltiges Papier *n*, Holzschliffpapier *n*
- ~ **copolymerization** Holzkopolymerisation *f*
- ~-**core plywood** Tischlerplatte *f*, Verbundplatte *f* mit Vollholzmittellage
- ~ **covering** Holzbelag *m*
- ~ **craftsman** Holzhandwerker *m*
- ~ **creosote** Holzteerkreosot *n*
- ~ **cutting blade** Holzsägeblatt *n*
- ~ **debris** Holzreste *mpl*, Holzrückstände *mpl*, Holzabfall *m*
- ~ **decay** Holzzersetzung *f*, Holzzerstörung *f*; Holzfäule *f*, Holzfäulnis *f*
- ~-**decay fungus** holzzersetzender (holzzerstörender) Pilz *m*, pilzlicher Holzzerstörer *m*; Holz[fäule]pilz *m*
- ~-**decay process** Holzzersetzungsprozeß *m*
- ~ **decayer** Holzzerstörer *m*, holzzersetzender Organismus *m*
- ~ **deck[ing]** Holzschalung *f* (*Dachbau*)
- ~ **decomposer** s. ~ decayer
- ~ **decomposition** Holzzerstörung *f*, Holzzersetzung *f*
- ~ **defect** Holzfehler *m*
- ~ **degradation** Holzabbau *m*
- ~-**degrading organism** holzabbauender Organismus *m*
- ~ **delignification** Holzdelignifizierung *f*

~ **density** Holzdichte *f*, Rohdichte *f* von Holz, ǫ
~ **density component** Holzdichtekomponente *f*
~ **derivative** Holzwerkstoff *m*
~ **description** Holzbeschreibung *f*
~ **design** 1. holzbauliche Projektierung *f*; holzbauliche Gestaltung *f*; Holzgestaltung *f*; 2. Holzbauweise *f*
~ **destroyer** Holzzerstörer *m*, Holzschädling *m*
~-**destroying** holzzerstörend
~-**destroying fungus** holzzerstörender (holzzersetzender) Pilz *m*
~-**destroying organism** s. ~ destroyer
~ **destruction** Holzzerstörung *f*
~ **deterioration** Holzverfall *m*, Holzzerfall *m*, Holzabbau *m*; Holzentwertung *f*
~ **development** Holzentwicklung *f*, Holzentstehung *f*
~ **digestion** Holzaufschluß *m*; Holzverdauung *f*
~ **disease** Holzerkrankung *f*, Holzkrankheit *f*
~ **distillation** Holzdestillation *f*
~ **distilling apparatus** Holzdestillationsanlage *f*
~ **dome structure** Holzkuppelbau *m*
~ **dowel** Holzdübel *m*, Tischlerdübel *m*, Dübel *m*
~ **dry weight** Holztrockengewicht *n*, Holztrockenmasse *f*
~ **drying** Holztrocknung *f*
~ **drying curve** Holztrocknungsdiagramm *n*
~-**drying plant** Holztrocknungsanlage *f*
~-**drying process** Holztrocknungsprozeß *m*
~ **dust** Holzstaub *m*
~ **dust explosion** Holzstaubexplosion *f*
~ dye Holzfärbemittel *n*
~-**eating** holzfressend, xylophag, lignivor
~ **element** Holz[bau]teil *n*
~ **energy** Holzenergie *f*, Energie *f* aus Holz
~ **engineer** Holz[bau]ingenieur *m*
~ **engineering** Ingenieurholzbau *m*
~-**engraver** 1. holzbrütender Borkenkäfer *m* (*Familie Scolytidae*); 2. holzbohrender Käfer *m* (*Sammelbegriff*); 3. Holzstecher *m*, Hersteller *m* von Holzstichen
~-**engraving** 1. Holzstich *m*, Holzstichkunst *f*, Xylographie *f*; 2. Holzstich *m* (*Druckerzeugnis*)
~-**engraving block** Holzstichplatte *f*, Holzstock *m*, Druckstock *m*
~-**engraving technique** Holzstichtechnik *f*
~ **enzyme** Holzenzym *n*
~ **evolution** Evolution *f* des Holzes
~ **extract** Holzextrakt *m*
~ **extraction** Holzbringung *f*, Bringung *f*, Vortransport *m*; Ausrücken *n*, Rücken *n*
~ **extractive** Holzextrakt[iv]stoff *m*; Holzinhaltsstoff *m*
~-**faced** holzbeschichtet; holzverkleidet, holzbekleidet
~ **feature** Holzmerkmal *n*
~-**feeding** holzfressend, xylophag, lignivor
~ **feeding** Holzvorschub *m* (*Holzschlifferzeugung*)
~ **fibre** Holzfaser *f*, Libriformfaser *f*
~-**fibre concrete** Holzfaserbeton *m*
~-**fibre material** Holzfaserwerkstoff *m*

~-**fibre reinforced** holzfaserverstärkt (*z. B. Gipserzeugnisse*)
~-**fibre reinforcement** Holzfaserverstärkung *f*
~-**fibre softboard** s. softboard
~ **fibreboard** Holzfaserplatte *f*, Faserplatte *f*,
~ **file** Holzfeile *f*, Feile *f* für die Holzbearbeitung
~ **filler** Porenfüller *m*, Porenfüllstoff *m* (*Holzoberflächenbehandlung*)
~ **finish** Holzanstrich *m*, Holzanstrichschicht *f*
~ **finisher** Holzoberflächenbearbeiter *m*
~ **finishing** Holzoberflächenbehandlung *f*, Holzoberflächenbearbeitung *f*
~-**finishing lacquer** Holzlack *m*
~ **firing plant** Holz[ver]feuerungsanlage *f*
~ **flake** Holzflachspan *m*, Holzschneidspan *m*
~ **floater** Holzflößer *m*, Flößer[eiarbeiter] *m*
~ **floor** Holzfußboden *m*, Fußboden *m* aus Holz, Dielenfußboden *m*
~ **floor joist** Dielenbalken *m*, Lagerholz *n*, Rippholz *n*
~ **flour** Holzmehl *n*; Holzstaub *m*
~ **flour manufacturing plant** Holzmehlfabrik *f*
~ **for aircraft construction** Flugzeugbauholz *n*
~ **for boat building** Bootsbauholz *n*
~ **for building purposes** Holz *n* für Bauzwecke, Bauholz *n*
~ **for musical instruments** Instrumentenholz *n*, Holz *n* für Musikinstrumente
~ **form** s. ~ formwork
~ **formation** Holzbildung *f*
~ **formwork** Betonschalung *f* aus Holz, Holz[ver]schalung *f*
~ **foundation** Holzfundament *n*, Holzgründung *f*
~ **foundation floor** Holzfundamentboden *m*
~ **foundation wall** Holzfundamentwand *f*
~ **fragrance** Holzduft *m*
~ **frame** Holzrahmen *m*; Holzgestell *n*
~-**frame [house] construction** Holzrahmenbauweise *f*, Holzskelettbauweise *f*
~-**frame wall** Holzrahmenwand *f*
~ **framing** Holzrahmenwerk *n*, Holzskelett *n*
~-**free** holzfrei (*Papier*)
~ **fretter** s. ~-boring insect
~ **fuel** Holzbrennstoff *m*
~-**fueled heater, ~ furnace** Holz[verbrennungs]ofen *m*
~ **furniture** Holzmöbel *npl*
~ **furniture industry** Holzmöbelindustrie *f*
~-**gas** Holzgas *n*
~-**gas engine** Holzgasmotor *m*
~-**gas generator, ~-gas producer** Holzgasgenerator *m*
~-**gas stove** Holzgasofen *m*
~ **gasification** Holzvergasung *f*
~ **gasifier** Holzvergasungsapparat *m*, Holzvergaser *m*
~ **glue** Holzleim *m*
~ **gluing** Holzverleimung *f*
~ **glycoside** Holzglycosid *n*
~ **grading and sorting** s. ~ sorting
~ **grain** 1. Holzfaser[richtung] *f*, Holzfaserverlauf *m*; 2. s. ~ grain figure
~ **grain figure, ~ grain patterning** Holztextur *f*, Holzzeichnung *f*, Holzmaserung *f*,

wood

Maser[ung] f
~-grain printing Druck m (Drucken n) von Holztexturen
~ grinder Holzschleifer m, Schleifer m
~ grinding Holzschleifen n, Holzschleiferei f
~ ground Holzuntergrund m, Holzunterlage f
~ growth Holzwachstum n
~ gum Holzgummi n, Xylan n (Polysaccharid)
~ gutter Holzdachrinne f
~ handle Holz[hand]griff m
~ hardener Holzhärtungsmittel n
~ harvest[ing] Holzernte f, Holzeinschlag m, Rohholzbereitstellung f
~ heating Holzheizung f, Heizen n mit Holz
~ hemicellulose Holzhemicellulose f, Holzpolyose f, Hemicellulose f, Polyose f, Cellulosan n (Polysaccharid)
~ hewer Holzhauer m, Holzfäller m, Fäller m
~ house Holzhaus n
~ hydrogenation Holzhydrierung f
~ hydrolysis Holzhydrolyse f, Holzverzuckerung f
~ hydrolyzate Holzhydrolysat n
~ identification Holz[arten]bestimmung f, Holzerkennung f, Erkennung f der Holzarten
~ imitation Holzimitation f
~ impregnation Holztränkung f, Holzimprägnierung f
~ impregnation plant Holztränkungsanlage f
~ in service verbautes Holz n
~ industry Holzindustrie f
~ information centre Holzberatungsstelle f
~-inhabiting holzbewohnend, auf Holz wachsend, lignikol
~-inhabiting fungus holzbewohnender Pilz m, Holzpilz m
~ injury Holzschaden m, Holzschädigung f
~ insulation Holzisolierung f
~ ionization Holzionisierung f
~ item Holzartikel m
~ joint Holzverband m
~ lacquer Holzlack m
~ laminate Holzschichtpreßstoff m, Schichtholz n
~ lathe Drechselbank f, Holzdrehbank f, Drehbank f
~-lathe artisanry Drechselkunst f
~ lathing Holzstab[gewebe]matte f
~ lattice mast Holzgittermast m
~ lignin Holzlignin n
~ lining Holzverkleidung f, Täfelung f, Paneel n
~ liquefaction Holzverflüssigung f, Holzhydrierung f
~ literature Holz[fach]literatur f
~ loss Holzverlust m (z. B. beim Entrinden)
~-louse 1. Assel f (Ordnung Isopoda); 2. Landassel f (Familie Oniscoidea); 3. Kellerassel f (Gattung Oniscus)
~ machining maschinelle Holzbearbeitung f; spanende Holzbearbeitung f
~ macrostructure Holzmakrostruktur f
~ marine structures Meerwasserbauten mpl
~ marketing Holzvermarktung f
~ marking Holzauszeichnen n, Holzanzeichnen n

~ material Holzwerkstoff m
~ maturation Holzreifung f
~ meal Holzmehl n
~ mechanics Holzmechanik f
~ member Holz[bau]teil n
~-metal square Holz-Metall-Anschlagwinkel m
~ microsection Holzdünnschnitt m
~ microstructure Holzmikrostruktur f
~ mill Holzwerk n, Holzfabrik f (s.a. unter sawmill)
~ milling cutter Holzfräser m
~ milling machine Holzfräsmaschine f, Fräsmaschine f [für die Holzbearbeitung]
~ moisture [content] Holzfeuchtegehalt m, Holzfeuchte f, Holzfeuchtigkeit f
~-moisture measurement Holzfeuchtemessung f, Holzfeuchtebestimmung f
~-moisture measurement method Holzfeuchtemeßmethode f
~-moisture meter Holzfeuchtemesser m, Holzfeuchtemeßgerät n
~ molasses Holzsirup m
~ mosaic Holzmosaik f
~ naphtha s. ~ spirit
~ nut Hasel[nuß] f, Gemeine Hasel f, Waldhasel f, Corylus avellana
~ of commerce Handelsholz n
~ of small diameter Schwachholz n, schwaches Rohholz n, Dünnholz n
~ oil 1. Gurjunbalsam m (bes. von Dipterocarpus alatus); 2. Holzöl n, Tungöl n, Chinaholzöl n (bes. von Aleurites fordii)
~ oil rubbing varnish Holzölschleiflack m
~ opal Holzopal m
~ package 1. Holzpaket n; 2. Holzverpackung f, Verpackung f aus Holz; 3. Holzverpackungsmaterial n
~ packing Holzpackmittel n
~ packing piece Futterholz n
~ panel Holztafel f; Holzplatte f
~ panel construction Holztafelbauweise f
~-panelled holzgetäfelt, holzvertäfelt
~ panelling Holz[ver]täfelung f
~ paper holzhaltiges Papier n
~ parenchyma Holzparenchym n, Holzgewebe n, Xylemparenchym n
~-parenchyma cell Holzparenchymzelle f
~-parenchyma strand Holzparenchymstrang m
~-parenchyma tissue s. ~ parenchyma
~ part Holzteil n
~ particle Holzpartikel n(f)
~ particle moulding Holzfaserformteil n, Faserformteil n; Holzspanformteil n, Spanformteil n
~ particleboard Holzspanplatte f, Spanplatte f
~ pathology Holzpathologie f
~ pattern Holzmodell n
~ pattern shop Modelltischlerei f
~ pavement (paving) Holzpflaster n
~-peeling machine Holzschälmaschine f
~ pest Holzschädling m
~ pest control Holzschädlingsbekämpfung f
~ petrifaction Holzversteinerung f, Fossilisation (Verkieselung) f von Holz
~ pH [value] pH-Wert m von Holz

~-**physical** holzphysikalisch
~ **physics** Holzphysik *f*, Physik *f* des Holzes
~ **physiology** Holzphysiologie *f*
~ **piece** Holzstück *n*
~ **pile** 1. Holzpfahl *m*; 2. Holzhaufen *m*
~ **pile foundation** Holzpfahlgründung *f*
~ **pitch** Holz[teer]pech *n*
~ **plane** Holzhobel *m*, Hobel *m* aus Holz
~-**planing machine** Holzhobelmaschine *f*
~ **plant** Holzpflanze *f*, Holzgewächs *n*, holzige Pflanze *f*, Gehölz *n*
~-**plastic composite** Polymer[en]holz *n*, Holz-Plast[ik]-Kombinationswerkstoff *m*, Holz-Polymeren-Material *n*
~-**plywood glued structural member** Vollholz-Sperrholz-Leimbauteil *n*
~ **pole** Holzmast *m*
~ **pole maintenance** Mastennachpflege *f*, Nachpflege *f* von Holzmasten
~ **pole treatment** Masten[schutz]behandlung *f*
~-**polymer composite (material)** s. ~-plastic composite
~ **polyose** Holzpolyose *f*, Polyose *f*, Hemicellulose *f*, Cellulosan *n* (*Polysaccharid*)
~ **polyphenol** Holzpolyphenol *n*
~ **polysaccharide** Holzpolysaccharid *n*
~ **polysaccharose** s. ~ polyose
~ **pore** Holzpore *f*
~ **post** Holzpfahl *m*
~ **powder** Holzstaub *m*, [feines] Holzmehl *n*
~ **prefab[ricated] construction** Holzmontagebau *m*
~ **preparation** 1. Holzaufbereitung *f*; 2. Holzpräparat *n*
~ **preservation** Holzschutz *m*, Holzkonservierung *f*
~ **preservation standard** Holzschutznorm *f*
~ **preservative** Holzschutzmittel *n*, Holzkonservierungsmittel *n*
~ **preservative retention** Holzschutzmittelaufnahme *f*
~-**preservative solution** Holzschutzmittellösung *f*
~ **preservative toxicity** Holzschutzmitteltoxizität *f*, Giftigkeit *f* von Holzschutzmitteln
~ **preserver** Holzschutzfachmann *m*
~-**preserving chemical** chemisches Holzschutzmittel *n*
~-**preserving industry** Holzschutzindustrie *f*
~-**preserving method** Holzschutzverfahren *n*, Einbringverfahren *n* für Holzschutzmittel
~-**preserving plant** Tränkanlage *f*
~ **primer** Holzgrundiermittel *n*, Grundanstrichstoff *m* für Holz
~-**processing** holzverarbeitend
~ **processing** Holzaufbereitung *f*; Holzverarbeitung *f*, Verarbeitung *f* von Holz; Holzveredelung *f*, Holzvergütung *f*
~-**processing factory** Holzverarbeitungsbetrieb *m*
~-**processing industry** Holzverarbeitungsindustrie *f*, holzverarbeitende Industrie *f*
~-**processing product** Holzverarbeitungsprodukt *n*; Holzveredelungsprodukt *n*
~-**producing area (region)** Holzerzeugungsgebiet *n*

~ **products** Holzwaren *fpl*, Holzerzeugnisse *npl*
~ **products industry** Holzwarenindustrie *f*
~ **profile** Holzprofil *n*
~ **prop** Holzstempel *m*
~ **property** Holzeigenschaft *f*
~ **protecting salt** Holzschutzsalz *n*
~ **protection** Holzschutz *m*, Holzkonservierung *f*
~-**pulp** Holzfaserstoff *m*, Holzschliff *m*, Holz[zell]stoff *m*
~-**pulp bleach[ing]** Holzstoffbleiche *f*
~-**pulp [card]board** Holzkarton *m*; Holzpappe *f*
~-**pulp fibre** Holzstoffaser *f*
~-**pulp grinder** Holzschleifer *m*, Schleifer *m*
~-**pulp manufacture** Holzschlifferzeugung *f*, Holzstofferzeugung *f*
~-**pulp paper** Holzschliffpapier *n*
~ **pulping** Holzaufschluß *m*; Holzschlifferzeugung *f*, Holzstofferzeugung *f*
~-**pulping process** Holzaufschlußverfahren *n*
~ **putty** Holzkitt *m*
~ **pyrolysis** Holzpyrolyse *f*, thermische Holzzersetzung *f*, trockene Destillation *f* von Holz
~ **quality parameter** Holzqualitätsparameter *m*
~ **raw material** Holzrohstoff *m*
~ **ray** Holzstrahl *m*, Xylemstrahl *m*, Markstrahl *m* (*Holzanatomie*)
~ **ray density** Holzstrahldichte *f*
~ **recycling** Holzrecycling *n*, Holzrückgewinnung *f*, Altholz[wieder]verwertung *f*
~ **refinishing** Holzoberflächenaufarbeitung *f*
~-**refuse burner** s. ~-residue burner
~ **repair** Holzreparatur *f*
~-**residue burner** Holzabfallofen *m*, Holzabfallverbrennungsanlage *f*
~ **residues** Holzreste *mpl*, Holzabfall *m*
~ **resin** Baumharz *n*; Naturharz *n*, natürliches Harz *n*
~ **resources** Holzressourcen *fpl*
~-**rim bending machine** Holzreifenbiegemaschine *f*
~ **roof covering** Holzdachbelag *m*, Holzbedachung *f*
~ **roof truss** Holzdachbinder *m*; Holzdachstuhl *m*
~ **roofing** 1. Holzdach[ein]deckung *f*, Holzbedachung *f*; 2. Holzdach *n*
~ **rot** Holzfäule *f*
~-**rotting** Holzfäule[n] verursachend; Holzfäule...
~-**rotting fungus** Holz[fäule]pilz *m*
~ **saccharification** Holzverzuckerung *f*, Holzhydrolyse *f*
~ **sailing vessel** Holzsegelschiff *n*
~ **sample** Holzprobe *f*, Holzmuster *n*
~ **sample collection** Holz[muster]sammlung *f*, Xylothek *f*
~ **sample preservation** Holzprobenkonservierung *f*
~ **sander** Holzschleifmaschine *f*
~ **sanding dust** Holzschleifstaub *m*
~ **saw** Holzsäge *f*; Bügelsäge *f*; Ablängsäge *f*; Kappsäge *f*
~ **scaffold[ing]** Holzgerüst *n*

wood

~ **science** Holzkunde f, Holzwissenschaft f
~ **scientist** Holzkundler m, Holzwissenschaftler m
~ **scrap** Holzabfall m
~-**screw** Holzschraube f
~-**screw joint** Holzschraubenverbindung f
~-**screw size** Holzschraubengröße f
~-**screw thread** Holzschraubengewinde n
~ **sculptor** Holzbildhauer m
~ **sculpture** 1. Holzskulptur f, Holzplastik f; 2. Holzbildhauerei f
~ **sealer** Holzversiegelungsmittel n
~ **seasoning** [natürliche] Holztrocknung f
~ **section [preparation]** [präparativer] Holzschnitt m, Holzdünnschnitt m
~ **selection** Holzauswahl f
~ **semi-product** Holzhalbprodukt n, Holzhalbware f
~ **shake** Holzspaltschindel f, Holzlangschindel f
~ **shavings** Hobelspäne mpl
~-**sheathed** holzverkleidet, holzbekleidet; holzgedeckt (Dach)
~-**shed** Holzschuppen m, Brennholzschuppen m
~ **shingle** Holzschindel f, Schindel f
~ **shingle roof** Holzschindeldach n
~ **ship** Holzschiff n
~ **shredding** Holzzerkleinerung f
~ **shredding machine** Holzzerkleinerungsmaschine f
~ **shrinkage** Holzschwindung f
~ **siding** Holzverschalung f; Verbretterung f
~ **slat** Holzlatte f; Holzleiste f
~ **sliver** Holzsplitter m, Holzspan m
~-**smoke** Holzrauch m
~-**softener** [pilzlicher] Holzweichmacher m
~ **sorting** Holzsortierung f, Sortenbildung f, Rohholzeinteilung f in Sortimente
~ **species** Holzart[en] f[pl]
~ **specific gravity** relative (bezogene) Holzdichte f
~ **specimen** Holzprüfkörper m, Holzprobestück n
~ **spirit** Holzspiritus m, Holzgeist m (Methylalkohol)
~ **spirits of turpentine** Holzterpentinöl n, Wurzelterpentinöl n
~ **splinter** Holzsplitter m
~-**splitting machine** Holzspaltmaschine f
~-**spoked wheel** Holzspeichenrad n
~ **stacker** Holzstapler m
~ **staging** Holzgerüst n
~ **stain** Holzbeize f
~-**staining fungus** holzverfärbender Pilz m
~ **starch** Holzstärke f (Polysacchariod)
~ **steaming installation (plant)** Holzdämpfanlage f
~ **steeping** s. ~ impregnation
~ **sterilization** Holzsterilisation f
~ **stockist** Holzfachhändler m
~ **stopping** Holzfüllmasse f; Holzkitt m
~ **storage** Holzlagerung f
~ **stove** Holzherd m; Holz[verbrennungs]ofen m
~ **strength** Holzfestigkeit f, Festigkeit f von Holz
~ **strength testing** Holzfestigkeitsprüfung f

~ **strip** Holzleiste f, Holzlatte f
~ **strip [finish] flooring** Lattendielung f, Schmaldielung f
~ **structural part** Holzbauteil n
~ **structure** 1. Holzstruktur f, Holzgefüge n; 2. Holzbauwerk n, Holzbau m
~-**stud wall** s. timber stud partition
~ **study** Holzuntersuchung f
~ **substance** Holz[zellwand]substanz f
~ **substance density** Dichte f der reinen Zellwandsubstanz, Zellwanddichte f, Reindichte f
~ **substrate** Holzsubstrat n
~ **sugar** Holzzucker m, D-Xylose f (Pentose)
~ **sulphite liquor** Sulfit[koch]säure f
~ **supplier** Holzlieferant m
~ **supply** Holzversorgung f, Holzbereitstellung f, Holz[an]lieferung f
~ **surface** Holzoberfläche f
~ **surface decoration** Holzoberflächenverzierung f
~ **swelling** Holzquellung f
~ **tannin** Holztannin n; Holzgerbmittel n
~ **tar** Holzteer m
~ **tar constituent** Holzteerbestandteil m
~-**tar creosote** Holzteerkreosot n
~ **tar phenol** Holzteerphenol n
~-**technological** holztechnologisch
~ **technology** Holztechnologie f
~ **testing** Holzprüfung f, Prüfung f von Holz
~ **testing apparatus (instrument)** Holzprüfgerät n
~ **texture** Holztextur f, Textur f, Holzzeichnung f, Maserung f, Holzbild n; Holzgefüge n
~ **tissue** Holzgewebe n, Holzparenchym n
~-**to-concrete bonding** Holz-Beton-Verbindung f
~-**to-metal joint** Holz-Metall-Verbindung f
~-**to-wood connection (joint)** Holz-Holz-Verbindung f
~ **tone** Holz[farb]ton m
~ **toughness** Holzzähigkeit f, Zähigkeit f von Holz
~ **transmission [line] structures** Fernleitungsanlagen fpl (Fernleitungsmaste mpl) aus Holz
~ **treatment** Holzbehandlung f
~ **treatment solution** Holz[schutz]behandlungslösung f
~ **trim** Holzausstattung f, Holzausbauten mpl
~ **truss** Holzbinder m; Holzhängewerk n
~ **truss system** 1. Holzdachstuhl m; 2. Holzsprengwerk n; Holzhängewerk n
~ **tumour** Holztumor m
~ **turner** Holzdrechsler m, Drechsler m
~-**turner's shop** Drechslerwerkstatt f
~-**turning** Drechseln n, Drechselei f
~-**turning lathe** Drechselbank f, Holzdrehbank f, Drehbank f
~-**turning tool** Drechselwerkzeug n, Drechslerwerkzeug n
~ **turnings** Holzdrehwaren fpl, Holzdrehteile npl, Drechslerwaren fpl, Drechslerarbeiten fpl
~ **turpentine** Holzterpentinöl n, Wurzelterpentinöl n
~ **ultrastructure** Holz-Ultrastruktur f

~ **usage (use)** Holznutzung *f*, Holzverwendung *f*
~-**using industry** holzverarbeitende Industrie *f*; Holzindustrie *f*
~ **utilization** Holznutzung *f*, Holzverwendung *f*, Holzverwertung *f*
~ **value** Holzwert *m*
~ **veneer** Holzfurnier *n*, Echtholzfurnier *n*, Furnier *n* aus Holz
~ **vessels** Holzteil *m*, Gefäßteil *m*, Vasalteil *m*, Xylem *n* (*Holzanatomie*)
~ **vinegar** Holzessig *m*, Rohholzessig *m*, Pyroligninsäure *f*, Schwelwasser *n*
~ **void** Holzhohlraum *m*
~ **wall** Holzwand *f*
~ **wall panel** Holzwand[verkleidungs]platte *f*
~-**ware** Holzartikel *mpl* [für den Hausgebrauch]
~-**ware furniture** Holzmöbel *npl*
~-**wasp** Holzwespe *f* (*Familie Siricidae*)
~-**wasp control** Holzwespenbekämpfung *f*
~ **wastage** Holzvergeudung *f*, Holzverschwendung *f*
~ **waste** Holzabfall *m*, Restholz *n*, Abfallholz *n*
~ **waste burning** Holzabfallverbrennung *f*
~ **waste product** Holzabfallprodukt *n*
~ **water content** Holzfeuchtegehalt *m*, Holzfeuchte *f*, Holzfeuchtigkeit *f*
~ **weathering** Holzverwitterung *f*, Verwitterung *f* von Holz
~ **wedge** Holzkeil *m*
~ **weight** Holzgewicht *n*, Holzmasse *f*
~ **wind [instrument]** Holzblasinstrument *n*
~ **window** Holz[rahmen]fenster *n*
~ **window blind** Holzjalousie *f*
~ **window sash** Holzfensterflügel[rahmen] *m*
~-**wool** Holzwolle *f*
~-**wool baling press** Holzwolleballenpresse *f*, Holzwollepackpresse *f*
~-**wool board (building slab),** ~-**wool lightweight building board** Holzwolleleichtbauplatte *f*
~-**wool machine** Holzwollemaschine *f*
~-**wool planing machine** Holzwollehobelmaschine *f*
~-**wool rope** Holzwolleseil *n*
~-**wool rope spinning machine** Holzwollespinnmaschine *f*
~-**wool shredding machine** Holzwolle[schneide]maschine *f*
~-**wool volume reducer press** Holzwolleschachtpresse *f*
~-**wool wood** Holzwolleholz *n*
~-**yard** Holzhof *m*, Holz[lager]platz *m*
~-**yard installation** Holzplatzanlage *f*
~-**yard storage** Holzplatzlagerung *f*
woodcollier Köhler *m*, Kohlenbrenner *m*, Holzkohlenbrenner *m*
woodcraft Holzhandwerk *n*; Holzbearbeitung *f*; Holzschnitzerei *f*; Holzschneidekunst *f*
~ **vice** Schreinerschraubstock *m*
woodcraftsman Holzhandwerker *m*; Holz[be]arbeiter *m*; Holzschnitzer *m*
woodcut 1. Holzschnitt *m*, Holzschnittkunst *f*; 2. Holzschnitt *m* (*Druckerzeugnis*)
~ **technique** Holzschnittechnik *f*
~ **tool** Holzschnittwerkzeug *n*

woodcutter 1. Holzschneider *m*, Hersteller *m* von Holzschnitten; 2. Sägereiarbeiter *m*; 3. Holzfäller *m*, Fäller *m*, Holzhauer *m*
woodcutter's axe Fällaxt *f*, Holzhaueraxt *f*
woodcutting technique Holzschneidetechnik *f*, Holzschnittechnik *f*
~ **tool** Fällungswerkzeug *n*, Fällgerät *n*
wooden hölzern, aus Holz; Holz... (*Zusammensetzungen s.a. unter* wood *und* timber)
~ **aircraft** Holzflugzeug *n*
~ **article** Holzartikel *m*, Holzgegenstand *m*
~ **ball** Holzkugel *f*
~ **beam** Holzbalken *m*
~ **beehive** Holzbienenkasten *m*, Holzbeute *f*
~ **bridge structure** Holzbrückenkonstruktion *f*
~ **bucket** Holzeimer *m*
~ **building** Holzbau *m*, Holzgebäude *n*, Holzbauwerk *n*
~ **butter churn** Holzbutterfaß *n*
~ **cask** Holzfaß *n*
~ **caul** Holzbeilage *f*, Holzzulage *f* (*Furnieren*)
~ **ceiling** Holzdecke *f*
~ **church** Holzkirche *f*
~ **cornice flashing** Brettgesims *n*
~ **crate** Holzsteige *f*, Holzstiege *f*, Lattenkiste *f*, Fugenkiste *f*
~ **doll** Holzpuppe *f*
~ **door** Holztür *f*
~ **eating utensils** Holzgeschirr *n*
~ **fence** Holzzaun *m*
~ **floor** Holzfußboden *m*, Fußboden *m* aus Holz
~ **frame construction** Holzrahmenkonstruktion *f*
~-**frame pattern** Riegelfachwerkmuster *n*
~ **framed and panel door** Holzrahmentür *f*, hölzerne Füllungstür *f*
~ **furnishings** Holzinnenausbauten *mpl*
~ **furniture** Holzmöbel *npl*
~ **grating** Holz[gitter]rost *m*
~ **hammer** Holzhammer *m*
~ **handle** Holz[hand]griff *m*
~ **hull planking** Holzbeplankung *f* (*Bootsbau*)
~ **jewellery** Holzschmuck *m*
~ **joint** Holzverbindung *f*
~ **lattice bridge** Holzgitterbrücke *f*
~ **lining** Holzbekleidung *f*, Holzverkleidung *f*
~ **monument** Holzbaudenkmal *n*
~ **object** Holzgegenstand *m*, Holzobjekt *n*, Objekt *n* aus Holz
~ **objet d'art** Holzkunstwerk *n*, hölzernes Kunstobjekt *n*
~ **packing** Holzverpackung *f*
~ **pallet** Holzpalette *f*
~ **panelling** Holztäfelung *f*
~ **paver** Holzpflasterklotz *m*
~ **peg** Holzstift *m*
~ **plough** Holzpflug *m*, hölzerner Pflug *m*
~ **post** Holzpfahl *m*
~ **post-and-beam structure** Holzständerbau *m*, Holzständerkonstruktion *f*
~ **printing block** Druckstock *m*, Druckplatte *f*, Holzstock *m*
~ **puppet** Holzpuppe *f*, Marionette *f*
~ **rake** Holzrechen *m*, Holzharke *f*
~ **sandal** Holzsandale *f*

wooden

~ **sculpture** Holzskulptur *f*, Holzplastik *f*
~ **shelter** Holzhütte *f*, [hölzerne] Schutzhütte *f*
~ **ship** Holzschiff *n*
~ **ship-building** Holzschiffbau *m*
~ **shoe** Holzschuh *m*
~ **skeleton structure** Holzskelettbau *m*
~ **sleeper** Holzschwelle *f*
~ **slide** Holzriese *f (Holzbringung)*
~ **smoke** Holzrauch *m*
~ **spoon** Holzlöffel *m*
~ **stairs** Holztreppe *f*
~ **statue** Holzbildsäule *f*
~ **structure** Holzbauwerk *n*, Holzbau *m*
~ **surface** Holzoberfläche *f*
~ **toy** Holzspielzeug *n*
~ **toys** Holzspielwaren *fpl*, Holzspielsachen *fpl*
~ **vault** Holzgewölbe *n*
~ **vessel** Holzschiff *n*
~ **wheel** Holzrad *n*
woodenware Holzwaren *fpl*, Holz[massen]artikel *mpl*
~ **novelties** Modeartikel *mpl* aus Holz
woodiness Holzigkeit *f*
woodland grazing Waldweide *f*, Waldweidegang *m*, Waldweideauftrieb *m*
~ **grazing area (ground)** Waldweide *f*, Waldweidegebiet *n*, Waldweidegrund *m*
woodman 1. Förster *m*; 2. *s.* woodcutter 3.
woodmonger Holzhändler *m*
woodpecker's hole Spechtloch *n*
woodpile Holzstapel *m*, Holzstoß *m*, Brennholzstapel *m*
woodshop Holz[bearbeitungs]werkstatt *f*
woodstone versteinertes (fossiles) Holz *n*
woodwork Holzarbeit *f*, Holzwerk *n*
~ **adhesive** Holzklebstoff *m*, Holzkleber *m*
woodworker Holz[be]arbeiter *m*; Holzverarbeiter *m*
woodworker's bench Hobelbank *f*
~ **mallet** Stemmknüpfel *m*, Schreinerklüpfel *m*, Holzklüpfel *m*, Knüpfel *m*, Klopfholz *n*
~ **vice** [französische] Vorderzange *f*, Parallelvorderzange *f (der Hobelbank)*
woodworking Holzbearbeitung *f*; Holzverarbeitung *f*
~ **adhesive** Holzklebstoff *m*; Holzleim *m*
~ **bench** Hobelbank *f*
~ **chisel** Beitel *m*, Stechbeitel *m*, Stemmeisen *n*, Stecheisen *n*
~ **craft** Holz[bearbeitungs]handwerk *n*
~ **enterprise (factory)** Holzbearbeitungsbetrieb *m*, Holzbearbeitungswerk *n*
~ **hammer** Zimmermannshammer *m*, Tischlerhammer *m*
~ **hand tool** Holzbearbeitungshandwerkzeug *n*
~ **industry machinery** Maschinen *fpl* der Holzbearbeitungsindustrie
~ **joint** Holzverbindung *f* [des Tischlers]
~ **machine** Holzbearbeitungsmaschine *f*, Maschine *f* für die Holzbearbeitung
~ **machine operator** Holzbearbeitungsmechaniker *m*
~ **machinery** Holzbearbeitungsmaschinen *fpl*
~ **machinery construction** Holzbearbeitungsmaschinenbau *m*

~ **machinery manufacturer** Holzbearbeitungsmaschinenhersteller *m*
~ **manufacturer** Holzverarbeiter *m*
~ **school** Holzfachschule *f*
~ **shop** Holz[bearbeitungs]werkstatt *f*
~ **technique** Holzbearbeitungstechnik *f*
~ **technology** Holzbearbeitungstechnologie *f*, Technologie *f* der Holzbearbeitung
~ **tool** Holzbearbeitungswerkzeug *n*
~ **trade** Holzbearbeitungshandwerk *n*, holzbearbeitendes Handwerk *n*
woodworm Holzwurm *m*, Wurm *m*, Klopfkäferlarve *f*, Pochkäferlarve *f*, Nagekäferlarve *f*; Bohrkäferlarve *f*; Splintholzkäferlarve *f*
~ **control** Holzwurmbekämpfung *f*
~ **infestation** Holzwurmbefall *m*
woody holzig, verholzt; hölzern, aus Holz; Holz...; holzartig
~ **plant** Holzpflanze *f*, Holzgewächs *n*, holzige Pflanze *f*, Gehölz *n*
~ **species** Gehölzart *f*; Gehölzarten *fpl*
~ **tissue** Holzgewebe *n*, Holzparenchym *n*
woolly willow Wollweide *f*, Salix lanata
woollybutt Eucalyptus longifolia *(Holzart)*
work/to arbeiten; bearbeiten
work-centre Fräs-Sägetisch *m*
~-**table** Arbeitstisch *m*; Arbeitsplatte *f*
workability Bearbeitbarkeit *f (z. B. von Holz)*
workable bearbeitbar
worked-out geharzt, gezapft *(Holz)*
working chair Arbeitsstuhl *m*
~ **drawing** Arbeitszeichnung *f*; Werkstattzeichnung *f*
~ **life** Gebrauchsdauer *f*, Topfzeit *f (von Klebstoffen oder Lacken)*
~ **of wood** Arbeiten *n* von Holz
~ **property** Bearbeitungseigenschaft *f (z. B. von Holz)*
~ **quality** Bearbeitbarkeit *f*
workmate bench tragbare Werkbank *f*
workpiece Werkstück *n*, Werkteil *n*, Arbeitsstück *n*
workshop furniture Werkstattmöbel *npl*
worktop Arbeitsplatte *f*
world furniture market Weltmöbelmarkt *m*
~ **wood consumption** Weltholzverbrauch *m*
~ **wood resources** Weltholzressourcen *fpl*, Weltholzvorräte *mpl*
worm *s.* woodworm
~-**eaten** von Holzwürmern zerfressen, wurmstichig
~ **hole** Wurmloch *n*, Bohrloch *n*; Flugloch *n*, Ausflugloch *n (von Schadinsekten)*
wormy wurmstichig, von Holzwürmern zerfressen
worse face schlechtere Seite *f*, Schlechtseite *f (von Schnittholz)*
wound bark Wundrinde *f*
~ **cork** Wundkork *m*
~ **decay** Wundfäule *f*
~ **duct** Wund[harz]kanal *m*
~ **gum** Wundgummi *n (Holzinhaltsstoff)*
~ **heartwood** Wundkernholz *n*, Wundkern *m*
~-**initiated rot** Wundfäule *f*

~ **parenchyma** Wundparenchym *n*,
  traumatisches Parenchym *n* *(Holzanatomie)*
~ **pathogen** [pilzlicher] Wundfäuleerreger *m*
~ **rot** Wundfäule *f*
~ **stain** Wundverfärbung *f*
~ **wood** Wundholz *n*
wove paper Velinpapier *n*
woven board Flechtzaun *m* [aus dünnen Latten]
~ **wood** Holzgeflecht *n*
~ **wood panel** *s.* ~ board
WPC *s.* wood-plastic composite
wrapping-paper Packpapier *n*, Papier *n* für
  Verpackungszwecke, Verpackungspapier *n*,
  Einwickelpapier *n*, Einschlagpapier *n*
~ **tissue** Seidenpapier *n*, Packseidenpapier *n*
WRC *s.* western red cedar
wreath Handlaufkrümmling *m* ohne Steigung
~ **piece** *s.* wreathed string
wreathed string Wangenkrümmling *m*,
  Treppenwangenkrümmling *m*
wrecking bar Nageleisen *n*, Geißfuß *m*
wriggle nail Wellennagel *m*, Wellstift *m*,
  Stahlwellenband *n*, Wellen[dübel]band *n*
wrinkling Runzelbildung *f* *(Anstrichschaden)*
writing arm Schreiblehne *f*,
  Stuhllehnenschreibplatte *f*, Tablar *n*
~ **armchair** Schreibtischsessel *m*
~ **cabinet** Schreibschrank *m*, Sekretär *m*
~-**desk** Schreibtisch *m*; Schreibpult *n*
~ **drawer** Schreiblade *f*
~ **furniture** Schreibmöbel *npl*
~-**paper** Schreibpapier *n*
~ **secretaire** Sekretär *m*, Schreibschrank *m*
~-**slab,** ~ **slope** [schräge] Schreibplatte *f*
~ **surface** Schreibfläche *f* *(Schreibtisch)*
~ **table** Schreibtisch *m*
~ **top** Schreibplatte *f*
~ **Windsor [chair]** Windsorstuhl *m* mit
  Schreiblehne
wrought gehobelt, abgerichtet *(Holz)*
~ **nail** schmiedeeiserner (handgeschmiedeter)
  Nagel *m*, Schmiedenagel *m*
~ **timber** Hobelware *f*
WRV *s.* water retention value
wych-elm Bergulme *f*, Bergrüster *f*, Ulmus
  glabra (montana)
~-**hazel family** Zaubernußgewächse *npl* *(Familie
  Hamamelidaceae)*
wyches'-broom Hexenbesen *m*, Donnerbesen *m*,
  Zweigsucht *f*, Reisigkrankheit *f* *(an
  Holzpflanzen bes. durch Pilzbefall)*
~-**broom [fir] rust** Tannenkrebs *m*, Krebs *m* an
  Tannen *(durch Melamsporella
  caryophyllacearum)*

X

xanthate Xanthat n, Xanthogenat n
xanthation Xanthogenierung f (von Cellulose)
xanthogenic acid Xanthogensäure f
xanthone Xanthon n (Holzinhaltsstoff)
xylan Xylan n, Holzgummi n (Polysaccharid)
~ number Xylanzahl f, Holzgummizahl f (von Zellstoff)
~ removal Xylanauslösung f
xylanase Xylanase f (Enzym)
xylanolytic xylanolytisch (Enzym)
xylarium Holz[muster]sammlung f, Xylothek f
~ sample Holzmuster n
xylem Xylem n, Holzteil m, Gefäßteil m, Vasalteil m (Holzanatomie)
~ band Xylemband n
~ cylinder Xylemzylinder m
~ mother cell Xylemmutterzelle f
~ oleo-resin Xylemölharz m
~ parenchyma Xylemparenchym n, Holzparenchym n, Holzgewebe n
~ ray Xylemstrahl m, Holzstrahl m, Markstrahl m (Holzanatomie)
~ ray parenchyma Holzstrahlparenchym n, Markstrahlparenchym n
~ resin Xylemharz n
~ sap Xylemsaft m
~ structure Xylemstruktur f, Xylemaufbau m
xylenol Xylenol n, Dimethylphenol n
~ resin Xylenolharz n
xylitol Xylitol n, Xylit m (Zuckeralkohol)
xylogen s. xylem
xylogenesis Xylogenese f, Xylembildung f
xyloglucan Xyloglucan n (Polysaccharid)
xylograph Holzstich m, Xylographie f (Druckstock oder graphisches Blatt)
xylographer Holzstecher m, Xylograph m
xylographic xylographisch
~ impression Holzstich m, Xylographie f
xylographical xylographisch
xylography Holzstich m, Holzstichkunst f, Xylographie f
xyloid holzähnlich, holzartig; holzig, verholzt; hölzern, aus Holz; Holz...
xylolith floor Steinholzfußboden m
~ slab Steinholzplatte f
xylologic[al] holzkundlich
xylology Holz[struktur]lehre f, Holzkunde f
xylometer Xylometer n, Holzvolumenmeßgerät n
xylometric xylometrisch
xylophage Xylophage m, Lignivore m, Holzfresser m
xylophagous xylophag, lignivor, holzfressend
xylophone Xylophon n (Schlaginstrument)
xylose D-Xylose f, Holzzucker m (Pentose)
xylotomous holz[zer]schneidend, holzbohrend

226

~ ray parenchyma Holzstrahlparenchym n, Markstrahlparenchym n
~ resin Xylemharz n
~ sap Xylemsaft m
~ structure Xylemstruktur f, Xylemaufbau m
xylenol Xylenol n, Dimethylphenol n
~ resin Xylenolharz n
xylitol Xylitol n, Xylit m (Zuckeralkohol)
xylogen s. xylem
xylogenesis Xylogenese f, Xylembildung f
xyloglucan Xyloglucan n (Polysaccharid)
xylograph Holzstich m, Xylographie f (Druckstock oder graphisches Blatt)
xylographer Holzstecher m, Xylograph m
xylographic xylographisch
~ impression Holzstich m, Xylographie f
xylographical xylographisch
xylography Holzstich m, Holzstichkunst f, Xylographie f
xyloid holzähnlich, holzartig; holzig, verholzt; hölzern, aus Holz; Holz...
xylolith floor Steinholzfußboden m
~ slab Steinholzplatte f
xylologic[al] holzkundlich
xylology Holz[struktur]lehre f, Holzkunde f
xylometer Xylometer n, Holzvolumenmeßgerät n
xylometric xylometrisch
xylophage Xylophage m, Lignivore m, Holzfresser m
xylophagous xylophag, lignivor, holzfressend
xylophone Xylophon n (Schlaginstrument)
xylose D-Xylose f, Holzzucker m (Pentose)
xylotomous holz[zer]schneidend, holzbohrend

Y

yacht construction Yachtbau *m*
~ **varnish** Bootslack *m*
yaka 1. Dacrydium nausoriensis *(Holzart)*; 2. Dacrydium nidulum *(Holzart)*
Yale night latch Zylinderschloß *n*
yang *s.* keruing
yangoora Eucalyptus macrorrhyncha *(Holzart)*
Yankee [ratchet] screwdriver Drillschraubendreher m
yard/to *(Am)* bringen, [an]rücken *(eingeschlagenes Holz)*
yard 1. Rah[e] *f*, Rahenholz *n*; 2. *s.* timber-yard
~ **hygiene** Holzplatzhygiene *f*
~ **lumber** *(Am)* 1. Stapelschnittholz *n*; luftgetrocknetes Schnittholz *n*; 2. Bauschnittholz *n*
yarrow tree *s.* jarrah
yate tree Eucalyptus occidentalis *(Holzart)*
yeastification Verhefung *f (z. B. von Holzzucker)*
Yeddo spruce *s.* Yeso spruce
yellow ash Gelbholz *n*, Cladrastis lutea (tinctoria)
~ **balau** Balau *n*, BAU, *(bes.)* Shorea atrinervosa *(Holzart)*
~-**bark [cinchona]** Cinchona calisaya *(Holzart)*
~-**barked oak** Färbereiche *f*, Quercus velutina (tinctoria)
~ **birch** Gelbbirke *f*, Amerikanische Birke *f*, BIA, Betula alleghaniensis (lutea)
~ **box** Eucalyptus melliodora *(Holzart)*
~ **buckeye** Gelbe Roßkastanie *f*, Aesculus octandra
~ **carabeen** Sloanea woollsii *(Holzart)*
~ **cedar** Gelbzeder *f*, Chamaecyparis nootkatensis
~ **champa** Champaka *n*, Michelia champaka *(Holzart)*
~ **clay** gelbes Poliment *n (Vergolden)*
~ **cypress** *s.* ~ cedar
~ **deal** Kiefern[schnitt]holz *n*, Föhrenholz *n*
~ **fir** [Amerikanische] Douglasie *f*, DGA, Douglastanne *f*, Pseudotsuga menziesii (taxifolia, douglasii)
~ **flame** Peltophorum pterocarpum *(Holzart)*
~ **gum** Akaroidharz *n (bes. von Xanthorrhoea australis)*
~ **lauan** *Gruppe philippinischer Shorea spp., Kurzzeichen KAI*
~ **locust** *s.* post locust
~ **meranti** Gelbes Meranti *n*, MEG, *(bes.)* Shoera faguetiana *(Holzart)*
~ **mombin** Gelbe Mombinpflaume *f*, Gelbpflaume *f*, Mopé *n*, Spondias mombin
~ **mombin** Gelbe Mombinpflaume *f*, Gelbpflaume *f*, Mopé *n*, Spondias mombin
~-**necked dry wood termite** Gelbhalstermite *f*, Kalotermes flavicollis
~ **oak** 1. Kastanieneiche *f*, Gelbeiche *f*, Quercus prinus (muehlenbergii); 2. Färbereiche *f*, Quercus velutina (tinctoria)
~ **pine** 1. Gelbkiefer *f*, harte Kiefer *f*, Hartkiefer *f (Sammelbegriff)*; 2. Weymouthskiefer *f*, KIW, [Ostamerikanische] Strobe *f*, Pinus strobus
~ **poplar** Tulpenbaum *m*, Whitewood *n*, WIW, Liriodendron tulipifera
~ **rot** Gelbfäule *f (der Eiche durch Stereum hirsutum)*
~ **seraya** Shorea faguetiana, MEG *(Holzart)*
~ **silverballi** Ashmud[holz] *n (von Aniba spp.)*
~ **sterculia** Eyong *n*, EYG, Sterculia oblonga *(Holzart)*
~ **stringybark** Eucalyptus muelleri *(Holzart)*
~ **terminalia** Terminalia complanata, TEY *(Holzart)*
~ **walnut** Beilschmiedia bancroftii *(Holzart)*
yellowing Vergilbung *f (von Papier)*
~ **tendency** Vergilbungsneigung *f (von Holzstoff)*
yellowwood 1. Gelbholz *n (Sammelbegriff für Farbhölzer bes. der Gattung Podocarpus)*; 2. Manio *n*, MAO, Podocarpus nubigenus *und* P. salignus; 3. Kalander *n*, Podocarpus falcatus; 4. Gelbholz *n*, Cladrastis lutea (tinctoria); 5. Terminalia sericea *(Holzart)*
yertchuk Eucalyptus consideniana *(Holzart)*
Yeso spruce Ezomatsu *n*, Kuroezomatsu *n*, Picea jezoensis *(Holzart)*
yew 1. Eibe *f*, Taxus *f(m) (Gattung Taxus)*; 2. Eibenholz *n*, EIB
~ **cypress** Arizonazypresse *f*, Cupressus arizonica
~ **family** Eibengewächse *npl (Familie Taxaceae)*
Yezo spruce Ajanfichte *f*, Yedofichte *f*, Picea jezoensis
yield Ausbeute *f*
~ **of sawn timber** Schnittholzausbeute *f*, Sägeholzausnutzung *f*, Erschnittsatz *m*, A
~ **table** Ertragstafel *f (Holzmessung)*
ylang-ylang Ylang-Ylang-Pflanze *f*, Cananga odorata
yohimbine Yohimbin *n (Alkaloid)*
yoke elm [Gemeine] Hainbuche *f*, HB, Weißbuche *f*, Hornbaum *m*, Carpinus betulus
young fustic *s.* zantewood 1.
Young's modulus [Youngscher] Elastizitätsmodul *m*, E-Modul *m*
YP *s.* yellow pine 1.

Z

Z-brace door Brettertür *f*, Brettertürflügel *m*
Zambesi redwood Mukusi[holz] *n*, MKI, Umgusi *n*, Baikiaea plurijuga
zante [fustic] *s.* zantewood 1.
zantewood 1. Perückenstrauch *m*, Fisettholz *n*, Junger Fustik *m*, Cotinus coggygria, Rhus cotinus; 2. Ostindisches Satinholz *n*, SAO, Chloroxylon swietenia
Zanzibar copal Sansibarkopal *m (von Trachylobium verrucosum)*
zapoterin Zapoterin *n (Flavonoid)*
zebra wood 1. Zebraholz *n*, Connarus guianensis; 2. Diospyros marmorata *(Holzart)*; 3. Pistacia chinensis ssp. integerrima *(Holzart)*; 4. streifiges Holz *n*
zebrano Zingana *n*, ZIN, Microberlinia brazzavillensis *(Holzart)*
zero fibre content Nullfasergehalt *m (in Chemiezellstoff)*
zigzag cross-feed veneer splicer Furnier-Querzusammensetzmaschine *f* mit Zickzackpunktheftung
~ **longitudinal veneer splicer** Furnier-Längszusammensetzmaschine *f* mit Zickzackpunktheftung
~ **spring** Schlangenfeder *f*, Zickzackfeder *f (Polsterfeder)*
~ **veneer splicing and gluing machine** Furnierfugenheft- und -verleimmaschine *f* mit Zickzackpunktheftung
zinc caul Zinkzulage *f (Furnieren)*
~**-coated nail** verzinkter Nagel *m*
~ **fluorosilicate** Zink[hexa]fluorosilicate *n*, Zinksilikofluorid *n (Holzschutzmittel)*
~ **naphthenate** Zinknaphthenat *n (Holzschutzmittel)*
~ **silicofluoride** *s.* ~ fluorosilicate
~ **slate nail** Zinkschiefernagel *m*
~ **white** Zinkweiß *n*
zither[n] Zither *f (Zupfinstrument)*
zone line Grenzlinie *f*, Zonen[begrenzungs]linie *f (in pilzbefallenem Holz)*

TEIL II
DEUTSCH-ENGLISCH

A

a *s.* Temperaturleitfähigkeit
A *s.* 1. Arsenverbindung; 2. Sägeholzausnutzung
A-Bock *m* A-frame *(timber transport)*
A-Mast *m* A-mast
A-Rahmen *m* A-frame *(timber transport)*
Aangotbaum *m* marsh nut, Semecarpus anacardium
Aaronsstab *m* Aaron's rod *(moulding)*
ab Lager ex store
~ **Sägewerk** ex mill
~ **Schiff** ex ship
~ **Werk** ex works
ABA *s.* Abachi
Abachi *n* obeche, ayous, African whitewood, samba, Triplochiton scleroxylon
abakteriell abacterial
Abakus *m* abacus
Abalé *n* esia, stinkwood tree, Combretodendron africanum (macrocarpum)
Abart *f* variety
abasten to trim *(the lying trunk)*
Abbau *m* decay
abbeilen to notch *(a root collar)*
Abbeilen *n* [des Baumfußes] setting-up
abbeizen to strip
Abbeizer *m* stripper, paint remover (cleaner)
Abbeizmittel *n* stripper, paint remover (cleaner)
Abbindefestigkeit *f* setting strength
Abbindegeschwindigkeit *f* rate of setting *(of an adhesive)*
abbinden 1. to set, to cure *(adhesives)*; 2. to join *(structural timber)*
Abbinden *n* 1. setting, cure; 2. joining
Abbindetemperatur *f* setting temperature
~ **von Klebstoffen** adhesive cure temperature
Abbindezeit *f* setting time, curing time (period), cure time, green time
Abblasprodukt *n* blow-off of the pulp digester
Abblättern *n* flaking
~ **von Anstrichen** paint peeling
abborken to debark, to unbark, to disbark, to flay, to ross, to strip
Abbrandgeschwindigkeit *f* burning rate *(e.g. of wood)*
Abbruchholz *n* old timber
Abbund *m* joining *(timber construction)*
Abbundanlage *f* joining unit; trimming line
Abbundhalle *f* joining shop
Abbundkreissägemaschine *f* joining machine
Abbundmaschine *f* joining machine
Abbundplatz *m* joining yard
Abbundstraße *f* trimming line
Abbundzeichen *n* carpenter's mark, assembly mark
Abdeckleiste *f* cover strip
Abdeckplane *f* tarpaulin
Abdeckung *f* cover; lining
abdichten to seal, to caulk
Abdomen *n* abdomen *(of arthropods)*
Abendländische Platane *f* American plane, *(Am)* buttonwood, western plane, Platanus occidentalis
Abendländischer Lebensbaum *m* common arbor vitae, *(Am)* [eastern, northern] white cedar, Thuja occidentalis
abfahren to haul *(roundwood)*
Abfallaufbereitung *f* [zur Wiederverwendung] recycling
Abfallcellulose *f* waste cellulose
abfallende Zierleiste *f* raking moulding
abfallendes Dach *n* catslide roof
Abfallholz *n* waste wood (timber), scrap (offal) timber, refuse wood, cull [timber], wood waste
Abfallholznutzung *f* waste-wood utilization
Abfallpapier *n* waste paper, old paper
Abfallreisig *n* lop and top
Abfallrinde *f* waste bark
Abfallseite *f* waste side *(sawing work)*
Abfallspäne *mpl* waste chips
Abfallzellstoff *m* waste pulp
Abfasehobel *m* chamfer plane
abfasen to chamfer, to bevel
Abfasung *f* chamfer, bevel
abformig tapering
Abformigkeit *f* [stem] taper, fall off *(timber mensuration)*
Abfuhr *f* haulage, hauling, removal *(timber transport)*
Abfuhrstraße *f* hauling road, hauling route, clearing (extraction) road, *(Am)* lumber road
Abfuhrweg *m s.* Abfuhrstraße
abgautschen to couch *(paper-making)*
abgebaute Cellulose *f* degraded cellulose
abgebohrte Schlitzzapfenverbindung *f* pegged joint
abgebundenes Dach *n* framed roof
abgehängte Decke *f* suspended ceiling, dropped ceiling
abgeholzt clear-cut, felled
abgekantetes Brett *n* chamfered board
abgelagert [well]-seasoned *(wood)*
abgeplattete Füllung *f* fielded panel, raised panel *(e.g. in a door)*
abgerundetes Maß *n* rounded down measure
abgeschrägte Zapfenstufe *f* diminished haunch
abgesetzte Gratverbindung *f* stopped dovetail housing [joint]
~ **Nutverbindung** *f* stopped housing [joint]
~ **Schlitz-Zapfen-Rahmenverbindung** *f* stopped bridle joint
~ **verdeckte Zinkenverbindung** *f* mit dreiseitigem Gehrungsschnitt mitre dovetail joint
~ **Zapfenverbindung** *f* stub mortise and tenon joint
abgesetzter Einlegeboden *m* stepped shelf
~ **Kurzzapfen** *m* stump tenon
abgestorbener Ast *m* dead knot
~ **Baum** *m* dead[-standing] tree, stub, snag
abgetrieben clear-cut, felled
abgipfeln to [be]head, to top
Abhebe[festigkeits]prüfung *f* peeling test
Abhieb *m* felling point
abhobeln to plane off, to jack up, to surface, to dress
abholzen to clear[-cut], to clear of trees, to

abholzen deforest, to disafforest, to cut [down], to fell, to log, *(Am)* to lumber
Abholzen *n s.* **Abholzung**
abholzig tapering
Abholzigkeit *f* [stem] taper, fall off *(timber mensuration)*
Abholzigkeitskurve *f* taper curve
Abholzigkeitstafel *f* taper table
Abholzung *f* clear-cut, clear cutting (felling), clearing, deforestation, *(Am)* lumbering
Abhorchgerät *n* sound detector *(for house longhorn detection)*
Abienol *n* abienol *(diterpene alcohol)*
Abieta-7,14-dien-19-carbonsäure *s.* Abietinsäure
Abietat *n* abietate
Abietinsäure *f* abietic acid, abietinic (sylvic) acid *(resin acid, diterpene)*
Abietinsäureester *m* abietate
abietinsaures Salz *n* abietate
abkanten to edge, to trim; to chamfer, to bevel
Abkanten *n* edging, trimming
abkappen to behead; to nose *(a tree-trunk)*; to trim, to equalize *(sawnwood)*
Abkappen *n* end-butting
abklappbare Tischplatte *f* fall-leaf of a table, flap
abkoppen to nose *(a tree-trunk)*
Abkürzkreissäge[maschine] f cross-cut circular saw[ing machine], end-trimmer
Abkürzsäge *f* cut-off saw, cross-cut saw, docking saw, docker, drag saw, slasher, slashing saw
Ablader *m* consignor *(timber trade)*
Ablage *f* 1. piling place, piling yard; 2. storage table
ablängen 1. to measure off, to mark off *(hewn timber)*; 2. to cross-cut into logs, to cut into lengths, to buck, to break down, to trim, to log, *(Am)* to lumber
Ablängen *n* 1. measuring-off, marking-off *(hewn timber)*; 2. cross-cutting, off-cutting, logging
Ablänger *m* bucker *(worker)*
Abländgenauigkeit *f* bucking accuracy
Abländgkreissäge[maschine] *f* cross-cut circular sawing machine, end-trimmer
Ablängmaschine *f s.* Ablängsägemaschine
Abländgreste *mpl* off-cuts, trimmings
Abländgsäge *f* log cross-cutting saw, log cut-off saw; buck saw, docking saw, docker, drag saw, slasher, slashing saw
Abländgsägemaschine *f* log cross-cutting sawing machine, bucking machine, bucker
Abländgschwertsäge[maschine] *f* reciprocating log cross-cut saw
Abländgstab *m* calliper stick, measuring stick, one-metre measuring rod
Abländgsystem *n* bucking system
Abländgtabelle *f* bucking table
Abländgtisch *m* cross-cut table, cut-off table
Ablaufbrett *n* draining-board
Ablauge *f* spent [pulping] liquor
Ablaugen *n* pickling, stripping *(e.g. antique finishes)*
Ablauglösung *f*, **Ablaugmittel** *n* pickle, [alkaline] stripper
ablehren to calliper

Abluft *f* used (spent) air, outgoing air, exhaust air *(e.g. from timber dryers)*
Abluftklappe *f* used-air outlet *(e.g. of a compartment kiln)*
abmessen to measure, to scale
abmessern to slice
Abmessung *f* dimension, size
Abnagelung *f* finish nailing
Abnahme *f* acceptance *(timber harvest)*
Abnahmetisch *m* outfeed table *(e.g. of a planer)*
Abnutzung *f* wear
abnutzungsbeständig wear-resistant
Abnutzungsbeständigkeit *f* wear resistance
Abnutzungswiderstand *m* wear resistance
Abplattung *f* flat rabbet
Abplatzen *n* flaking *(of paint or varnish)*
Abpolieren *n* finishing *(French polishing)*; pulling over *(a polished surface)*
~ **mit Spiritus** spiriting-off
Abposten *n* acceptance *(timber harvest)*
Abprodukt *n* **der Zellstofferzeugung** pulp mill waste
Abputzen *n* cleaning up *(of wood surfaces)*
Abrasivum *n* abrasive material
abraspeln to rasp off
Abraum *m* felling refuse, felling waste, logging slash, logging wood-waste
Abrichtdickenhobelmaschine *f* surfacing and thicknessing planer, surface planing and thicknessing machine
abrichten to surface, to dress; to true up, to try up; to mill *(boards)*; to shoot, to shute, to joint *(edges or joints)*
Abrichtfräsen *n* machine planing
Abrichtfräsmaschine *f s.* Abricht[hobel]maschine
Abricht[hobel]maschine *f* surface planer (planing machine), surfacer, [overhand] planer
Abrieb *m* abrasion
abriebfest abrasion-resistant, abrasion-resistive
Abriebfestigkeit *f* abrasion resistance
Abriebverschleiß *m* abrasive wear
Abriebwiderstand *m* abrasion resistance
Abrollgerät *n* tooling wheel *(embossing, gilding)*
Abrolltisch *m* discharge table
Abrundhobel *m* capping plane
absägen to saw away, to saw off
Absatz *m* 1. shoulder *(timber joint)*; 2. heel
Absauganlage *f* exhaust
Absaughaube *f* dust extraction hood
abschälen to peel, to strip, to flay
abschiefernd scaly, flaky *(wood)*
abschleifen to abrade; to sand down
abschleifend abrasive
Abschleiffestigkeit *f* abrasion resistance
Abschleifung *f* abrasion
Abschlußhaut *f* secondary wall 3, tertiary lamella (wall), S_3 layer *(wood anatomy)*
Abschlußleiste *f* base moulding; finishing rail
abschmirgeln to sandpaper, to paper down, to sand down
abschneiden to cut off, to trim
Abschnitt *m* cutting; section
abschrägen to bevel, to edge; to weather *(weather-exposed surfaces)*
Abschrägung *f* bevel

abschroten to chop [down], to chop off
abschwarten to slab[-cut] *(roundwood)*
Absetzbütte *f* draining tank, drainer *(papermaking)*
absetzen to shoulder
Absetzteer *m* settling tar *(wood distillation)*
absolut naß waterlogged, soggy *(wood)*
~ **trocken** absolutely dry
absolute Feuchte (Feuchtigkeit) *f* absolute humidity
~ **Formzahl** *f* absolute form factor *(timber mensuration)*
~ **Luftfeuchtigkeit** *f* absolute humidity
absoluter Formquotient *m* absolute form quotient *(timber mensuration)*
absorbierte Menge *f* loading *(amount of preservative taken up in timber treatment)*
Absorption *f* absorption
Absperrfurnier *n* cross-band [veneer], crossbanding, utility veneer
Abspranzsäge *f* log cross-cut sawing machine
abständiger Baum *m* dead[-standing] tree, snag, stub
Abstapelsystem *n* unstacking system
Abstechstahl *m* parting tool, V tool *(of the wood turner)*
abstemmen to chisel off
abstoßen to jack up
abstumpfen 1. to dull *(cutting edge)*; 2. to nose *(a tree-trunk or roundwood)*
Abstumpfen *n* dulling
abtreiben to cut [down], to fell, *(Am)* to lumber
abtrennen to saw off
Abtrieb *m* final felling, final cut
Abtriebsalter *n* removal age *(of a timber stand)*
Abtriebsfläche *f* area under felling
Abtriebsschlag *m* final felling, final cut
abtrocknen to dry down
Abtropfbrett *n* draining-board
ABU *s.* abura
Abura *n* abura, Mitragyna ciliata (rubrostipulata) *(wood species)*
Abwasser *n* [der Papierfabrik] paper-mill effluent
abweichender Faserverlauf *m* grain deviation
Abwienern *n* finishing *(French polishing)*; pulling-over *(a polished surface)*
abwipfeln to [be]head, to head back
abzahnen to tooth, to key
Abziehbohle *f* screed
abziehen 1. to strip; 2. to whet, to hone *(a tool edge)*
Abziehmesser *n* cleaning knife *(for clean barking)*
Abziehöl *n* honing oil
Abziehriemen *m* strop
Abziehstein *m* hone; whetstone, sharpening stone
Abziehwerkzeug *n* honing tool
abzopfen to [be]head, to head back, to top, to lop [off]
Acacia acuminata raspberry jam, Acacia acuminata *(wood species)*
~ **arabica** *s.* Acacia nilotica
~ **auriculiformis** northern black wattle, Acacia auriculiformis *(wood species)*
~ **campylacantha** African catechu, Acacia campylacantha *(wood species)*
~ **crassicarpa** New Guinea wattle, Acacia crassicarpa *(wood species)*
~ **cyanophylla** Port-Jackson wattle, Acacia cyanophylla (saligna) *(wood species)*
~ **decurrens** green wattle, Acacia decurrens *(wood species)*
~ **doratoxylon** spearwood, Acacia dorytoxylon
~ **nigrescens** knobby thorn, Acacia nigrescens *(wood species)*
~ **nilotica** scented thorn, Acacia nilotica (arabica)
~ **saligna** *s.* ~ cyanophylla
~ **vera** shittah [tree], Acacia vera
Acajubaum *m* cashew [nut tree], Anacardium occidentale
Acer barbatum southern sugar-maple, Acer barbatum
~ **niveum** Philippine maple, Acer niveum
Acetalcellulose *f* acetylated cellulose, cellulose acetate
Acetalisierung *f* acetalizing wood chemistry
Acetatseide *f* [cellulose] acetate rayon
Acetatzellstoff *m* acetate pulp
Aceton *n* acetone *(solvent)*
~-Harz-Methode *f* acetone-rosin method *(wood preservation)*
Acetonextrakt *m* acetone extract
Acetylbutyrylcellulose *f* cellulose acetate butyrate, cellulose acetobutyrate
Acetylcelluloid *n* acetyl celluloid
Acetylcellulose *f* acetylated cellulose, cellulose acetate
Acetylgruppe *f* acetyl group *(wood constituent)*
acetylieren to acetylate *(e.g. wood)*
Acetylierung *f* acetylation
Achatpapier *n* agate paper
Achatpolierstein *m* agate burnisher *(gilder's tool)*
Achatpolierwerkzeug *n* agate burnisher *(gilder's tool)*
Achse *f* axle, arbor; axis
Achtecktisch *m* octagon[al] table
Achterzug *m* figure-of-eight movement *(in French polishing)*
acicular acicular
Acouchibalsam *m* acouchi [resin] *(from Protium aracouchili)*
Acrocarpus fraxinifolius pink cedar, red cedar, Acrocarpus fraxinifolius
Acrocomia totai Paraguay cocopalm, totai palm, Acrocomia totai
Acrylatharz *n* acrylate resin, acrylic resin
Acryllack *m* acrylic lacquer
Acryllatexlack *m* acrylic latex paint
Additiv *n* additive *(e.g. to adhesives)*
aderförmige Harzansammlung *f* gum[my] vein, kino vein
Adhärenz *f* adhesiveness
Adhäsion *f* adhesion
Adhäsionsbruch *m* adhesion fracture *(of a bond)*
ADI *s.* Andiroba[holz]
Adipocellulose *f* adipocellulose
Adjouaba *n* adjouaba, Dacryodes klaineana *(wood species)*
Adlerholz *n* 1. agalloch[um], agalwood, eagle

Adlerholz

(paradise) wood, Aquilaria agallocha; 2. blinding tree, Excoecaria agallocha; 3. Malayan eaglewood tree, Aquilaria malaccensis
adsorbieren to adsorb
Adsorption *f* adsorption
adult adult, ripe
aerob[isch] aerobic
Aerophyt *m* epiphyte, aerophyte
Aescin *n* aescin *(saponin)*
Aesculetin *n* aesculetin *(coumarin)*
Affenbrotbaum *m* baobab, calabash tree, monkey-bread, Adansonia digitata
Afina[holz] *n* afina, *(esp.)* Strombosia pustulata
AFR *s.* Afrormosia
Afrikanische Bleistiftzeder *f* African pencil cedar, East African pencil cedar, Juniperus procera
~ **Eiche** *f* African oak, African teak, Oldfieldia africana
~ **Grenadille** *f s.* Afrikanisches Grenadill
~ **Seideneiche (Silbereiche)** *f* African silky oak, grevillea, Grevillea robusta
Afrikanischer Balsambaum *m* bdellium [tree], Commiphora (Balsamodendron) africana
~ **Birnbaum** *m* makore, makori, Mimusops (Tieghemella, Dumoria) heckelii
~ **Buchsbaum** Cape box[wood], East London boxwood, African boxwood, Buxus macowani
~ **Nußbaum** *m* [dark] mansonia, Mansonia altissima *(wood species)*
~ **Rosenholzbaum (Sandelbaum)** *m* African kino tree, barwood, Pterocarpus erinaceus
Afrikanisches Bleistiftholz *n* African pencil cedar, East African [pencil] cedar, Kenya cedar, Juniperus procera
~ **Canarium** *n* [African] canarium, African elemi, aieli, Canarium schweinfurthii
~ **Cordia[holz]** *n* West African cordia, mukumari *(wood from Cordia spp.)*
~ **Ebenholz** *n* 1. African ebony, *(esp.)* Diospyros crassiflora; 2. *s.* ~ Grenadill
~ **Grenadill** *n* African blackwood, grenadilla, Mozambique ebony, Dalbergia melanoxylon
~ **Mahagoni** *n* African mahogany, Grand Bassam [mahogany], *(Am)* khaya *(Khaya ivorensis, K. anthotheca, K. grandifoliola, K. senegalensis)*
~ **Padouk** *n* African padauk, barwood, Pterocarpus soyauxii
~ **Rosenholz** *n* African (Gambia) rosewood *(from Pterocarpus erinaceus and P. sieberiana)*
~ **Rotholz** *n* camwood, Baphia nitida
~ **Sandelholz** *n* 1. African kino tree, barwood, Pterocarpus erinaceus; 2. African padauk, barwood, Pterocarpus soyauxii
Afrormosia *n* afrormosia, Afrormosia (Pericopsis) elata *(wood species)*
~ **angolensis** East African afrormosia, Afrormosia angolensis *(wood species)*
~ **laxiflora** white afrormosia, false dalbergia, Afrormosia laxiflora *(wood species)*
Afterahorn *m* Tatarian maple, Acer tataricum
AFZ *s.* Afzelia
Afzelia *n* afzelia, *(esp.)* Afzelia africana *(wood species)*
~ **xylocarpa** Asiatic afzelia, Afzelia xylocarpa *(wood species)*
Agalloche *n* agalloch[um], agalwood, eagle (paradise) wood, Aquilaria agallocha
Agathis *f* East Indian kauri, Agathis alba *(wood species)*
~ **philippensis** almaciga, Agathis philippensis *(wood species)*
AGB *s.* Agba
Agba *n* agba, Nigerian cedar, pink mahogany, Gossweilerodendron balsamiferum
Agopalme *f* palmyra [palm], Borassus flabellifer
AGQ *s.* Angelique
AGT *s.* Agathis
Ägyptische Akazie *f* Egyptian acacia, gum arabic tree, babul, Sant tree, Acacia nilotica (arabica)
~ **Weide** *f* Egyptian willow, Salix aegyptiaca
Ägyptischer Maulbeerfeigenbaum *m* sycamore [fig], wild fig [tree], mulberry fig, Pharaoh's fig, Ficus sycomorus
AH *s.* 1. Bergahorn; 2. Weißahorn
Ahle *f* awl
Ahlkirsche *f* cluster cherry, Prunus padus
Ahorn *m* maple *(genus Acer)*
~**-Maserknolle** *f* curled maple
Ahornbaum *m* maple *(genus Acer)*
Ahornblattplatane *f* European plane, London plane[-tree], Platanus x hybrida (acerifolia)
Ahornblättrige Platane *f s.* Ahornblattplatane
Ahorngewächse *npl* maple family *(family Aceraceae)*
Ahornholz *n* maple
Ahornsirup *m* maple syrup
Ahornzucker *m* maple sugar
AHZ *s.* Zuckerahorn
Airless-Farbspritzgerät *n* airless paint-spraying unit
~**-Verfahren** *n* airless spraying *(painting technology)*
Ajanfichte *f* Hondo spruce, Yezo spruce, Picea jezoensis
Akamatsu *n* akamatsu, Pinus densiflora *(wood species)*
Akanthus *m* acanthus *(ornament)*
Akanthusblatt *n* acanthus *(ornament)*
Akanthussims *m* acanthus cornice
Akaroidharz *n* acaroid gum (resin), [gum] accroides, yellow (Botany Bay) gum, grass-tree gum *(esp. from Xanthorrhoea australis)*
Akasina[holz] *n* South African stinkwood, white stinkwood, Celtis kraussiana
Akazie *f* acacia, wattle *(genus Acacia)*
Akaziengerbstoff *m* wattle tannin
Akaziengummi *n* gum acacia, gum arabic, acacin[e] *(from Acacia spp.)*
Akazienöl *n* acacia oil
Akazienrinde *f* wattle bark
Akerblomstuhl *m* Akerblom chair
Akkordeon *n* accordion
AKO *s.* Antiaris
Akoriko[holz] *n* black gum, Haplormosia monophylla *(wood species)*
Akossika *n* odoko, olusare, emufohai, Scottellia coriaceae *(wood species)*
Akrolith *m* acrolith *(wooden sculpture with limbs*

made of stone)
Akroterion *n* acroterium *(decorative element at gables)*
Akroterium *n s.* Akroterion
Akrylatlack *m* acrylic lacquer
Akrylharz *n* acrylate resin, acrylic resin
Aktenfach *n* file drawer
Aktenschrank *m* filing cabinet
Aktenschubkasten *m* file drawer
aktives Alkali *n* active alkali *(pulp manufacture)*
Aktivkohle *f* activated carbon
Aktivlignin *n* active lignin
Akustikbrett *n* acoustic board
Akustikdecke *f* acoustic ceiling
Akustikplatte *f* acoustic tile (board), sound-deadening board
Akustikplattenklebstoff *m* acoustic tile adhesive
akzessorischer Holzbestandteil *m* secondary (accessory) wood constituent, extraneous component (material) of wood
Alabasterkarton *m* alabaster board
Albanische Kiefer *f* greybark pine, Bosnian pine, Pinus leucodermis
Albarillo[holz] *n* princewood, Exostema caribaeum
Alber *f* abele, Populus alba
Albizia lucida Tapria siris, Albizia lucida *(wood species)*
~ **procera** white siris [tree], safed siris, Albizia procera
Albuminleim *m* albumin glue
Alchornea latifolia dovewood, Alchornea latifolia
Alcock's Fichte *f* Alcock spruce, Picea alcoquiana (bicolor)
Alcornocorinde *f* alcornoque *(dyestuff esp. from Alchornea spp.)*
Alditol *n* sugar alcohol *(secondary wood constituent)*
Aldonsäure *f* aldonic acid *(wood chemistry)*
Aleppokiefer *f* Aleppo (Jerusalem) pine, Cyprus pine, Pinus halepensis
Alerce *f* alerce, alerse, Patagonian cypress, Fitzroya cupressoides
Aleurites montanus (montana) Chinese wood-oil tree, Aleurites montanus (montana)
Alexandrischer Lorbeer *m* Alexandrian laurel, Calophyllum inophyllum
Algarobilla *n* algarobilla *(pods esp. from Caesalpinia brevifolia used in tanning)*
Algiertanne *f* Algerian fir, Abies numidica
aliform aliform *(wood parenchyma)*
Aliso[holz] *n* South American alder, Alnus jorullensis
Alkali-Sauerstoff-Verfahren *n* soda-oxygen pulping
~**-Sauerstoffbleiche** *f* oxygen bleaching, oxygen delignification
~**-Veredelungslauge** *f* alkali refining liquor
alkàlibeständig alkali-resistant
Alkalibeständigkeit *f* alkali resistance *(e.g. of pulp)*
Alkalibifluorid *n* alkali bifluoride *(wood preservative)*
Alkalicarbonat *n* alkali carbonate *(wood preservative)*

Alkalicellulose *f* alkali cellulose
Alkalidichromat *n* alkali dichromate *(wood preservative)*
Alkaliextraktion *f* alkali extraction [stage], caustic extraction stage *(pulp bleaching)*
Alkalifluorid *n* alkali fluoride *(wood preservative)*
Alkalihydrogenfluorid *n* alkali bifluoride *(wood preservative)*
Alkalikochung *f* alkaline cook[ing] *(paper-making)*
Alkalilignin *n* alkali lignin, soda lignin
Alkalilöslichkeit *f* alkali solubility *(e.g. of pulp)*
alkaliresistent alkali-resistant
Alkaliresistenz *f* alkali resistance *(e.g. of pulp)*
alkalisch aufgeschlossener (gekochter) Zellstoff *m* alkali pulp
alkalische Zellstoffveredelungslauge *f* alkali refining liquor
alkalischer Anthrachinonaufschluß *m* soda-anthraquinone pulping
~ **Aufschluß** *m* alkaline pulping
~ **Sulfitaufschluß** *m* alkaline sulphite process (pulping)
~ **Zellstoffaufschluß** *m* alkaline pulping
alkalisches Abbeizmittel *n* [alkaline] stripper
Alkalisierungsturm *m* alkaline extraction tower, caustic tower *(pulp manufacture)*
Alkaliturm *m s.* Alkalisierungsturm
Alkaliwäsche *f* alkali extraction [stage]
Alkalizusatz *m* alkali make-up *(paper-making)*
Alkaloid *n* alkaloid *(secondary wood constituent)*
Alkanna *f* alkanet, Alkanna tinctoria (tuberculata)
Alkannawurzel *f* 1. alkanet root *(from Alkanna tinctoria)*; 2. *s.* Alkanna
Alkannin *n* alkannin *(dye from Alkanna tinctoria)*
Alkohol *m* alcohol
~**-Benzen-Extrakt** *m* alcohol-benzene extract *(wood analysis)*
~**-Benzen-Extraktion** *f* alcohol-benzene extraction
~**-Ether-Methode** *f* alcohol-ether method *(wood conservation)*
Alkoholbeize *f* alcohol stain
Alkoholfirnis *m* alcoholic varnish
Alkohollignin *n* alcohol lignin
Alkoholtest *m* alcohol test *(for timber identification)*
Alkoven *m* alcove
Alkydharz *n* alkyd [resin]
Alkydharzfarbe *f* alkyd[-based] paint
Alkydharzklarlack *m* alkyd varnish
Alkydharzlack *m* alkyd-resin lacquer
Alkylcellulose *f* alkyl cellulose
Allerheiligenholz *n* Campeachy wood, peachwood, logwood, Haematoxylum campechianum
Alleskleber *m* all-purpose adhesive
Alleskönner *m* double-end tenoner, double-ender and profiler, two-end mill, universal woodworker
Alligator-Zahnringdübel *m* alligator connector
Alligatorbirne *f* avocado [pear], Persea americana
Alligatorring *m* alligator connector
Alligatorwacholder *m* alligator juniper, Juniperus

Alligatorwacholder
deppeana
Allradantrieb *m* all-wheel drive
Allradschlepper *m* all-wheel drive tractor
Allradtraktor *m* all-wheel drive tractor
allseitig abgerichtet surfaced four sides, S4S
Allwetter-Holzfundament *n* all-weather wood foundation
Allwetterkabine *f* all-weather cab
Allwetterverdeck *n* all-weather cab
Allzweckbauholz *n* general-purpose construction wood
Allzweckhobel *m* general-purpose plane
Allzweckplatte *f* general-purpose board
Allzweckwerkzeug *n* universal tool
Almend *m* terminalia *(genus Terminalia)*
Almon *n* almon, Shorea almon *(wood species)*
Almosenschrank *m* aumbry, ambry, almery
Alnus rhombifolia white alder, Alnus rhombifolia
~ **sinuata** Sitka alder, Alnus sinuata
Aloeholz *n* aloes wood, lign-aloes, agalloch[um], agalwood, eagle (paradise) wood, Aquilaria agallocha
Alpakawolle *f* alpaca *(upholstery stuffing)*
Alpenerle *f* [European] green alder, Alnus viridis [ssp. viridis]
Alpenfichte *f* stone pine, Swiss pine, Picea [excelsa var.] alpestris
Alpha-Pinen *n* alpha-pinene
Alphacellulose *f* alpha cellulose, chemical cellulose
Alphorn *n* alpenhorn
ALR *s.* Alerce
Alstonia *f* alstonia, mujua, stool wood, patternwood, Alstonia congensis
Altaifichte *f* Siberian spruce, Picea obovata
Altanstrich *m* old paint [coat]
Altargitter *n* parclose [screen]
Altarmöbel *npl* altar furniture
Altarschrein *m* tabernacle
Altartafelrückseite *f* reredos
Altartisch *m* altar table
Altartruhe *f* altar coffer
Alter Fustik *m* [old] fustic, Chlorophora tinctoria *(wood species)*
alternierende Drucktränkung *f* alternating-pressure process, oscillating-pressure process *(wood preservation)*
~ **Tüpfelung** *f* alternate pitting *(wood anatomy)*
Alterskern *m* red heart[wood]
altertümlich antique
Alterung *f* ag[e]ing *(e.g. of wood)*
Altholz *n* 1. old-[growth] timber; 2. waste wood, waste timber
Altholzaufbereitung *f* [zur Wiederverwendung] used-wood recycling
Altholzrecycling *n* used-wood recycling
Altholzrinde *f* coarse bark
Altholzverwertung *f* used-wood recycling
Altpapier *n* waste paper, old paper
Altpapierverwendung *f* waste paper utilization
Aluminium-Holz-Fenster *n* aluminium-cladded [wood] window
Aluminium[hexa]fluorosilicat *n* aluminium fluorosilicate [wood preservative]

Aluminiumnagel *m* aluminium nail
AMA *s.* Amarant
Amarant *n* amaranth, purpleheart, purplewood *(from Peltogyne spp.)*
Amari *n* amari, Amoora wallichii *(wood species)*
Ambarellaholz *n* hog plum, Spondias dulcis
Amberbaum *m* 1. liquidambar *(genus Liquidambar)*; 2. American red gum, sweet gum, SWG, Liquidambar styraciflua
~-**Splintholz** *n* sap gum *(from Liquidambar styraciflua)*
Amberoi *n* amberoi, *(esp.)* Pterocymbium beccarii *(wood species)*
Amblabaum *m* emblic myrobalan, Indian gooseberry, Malacca tree, Phyllanthus emblica
Amboßklotz *m* anvil block
Amboyna *n* amboyna, Pterocarpus indicus *(wood species)*
Ambrosiakäfer *m* 1. platypodid, ambrosia beetle, pin-hole borer *(family Platypodidae)*; 2. ambrosia beetle, spot worm *(esp. Xyloterus spp. and Xyleborus spp.)*
Ambrosiapilz *m* ambrosia fungus *(comprehensive term)*
Ameise *f* ant *(family Formicidae)*
Ameisensäure *f* formic acid
Amerikanerweide *f* American willow, Salix rigida (americana)
Amerikanische Birke *f* yellow (gold) birch, curly birch, Quebec birch, Betula alleghaniensis (lutea)
~ **Buche** *f* [North American] beech, red beech, Fagus grandifolia
~ **Douglasie** *f* [coastal, green] Douglas fir, red (yellow) fir, Oregon (Columbian) pine, Pseudotsuga menziesii (taxifolia, douglasii)
~ **Edelkastanie** *f* [American] chestnut, prickly burr, Castanea dentata (americana)
~ **Eichenwelke** *f* oak wilt *(caused by Ceratocystis fagacearum)*
~ **Esche** *f* 1. American ash, white ash, Fraxinus americana; 2. American ash *(group of wood species)*
~ **Faulbaumrinde** *f* cascara [sagrada] *(from Rhamnus purshianus)*
~ **Gleditschie** *f* honey (sweet) locust, three-thorned acacia, Gleditsia triacanthos
~ **Hainbuche** *f* American hornbeam, Carpinus caroliniana
~ **Kastanie** *f s.* ~ Edelkastanie
~ **Kiefer** *f* North Carolina pine, New York pine, rosemary pine, [Arkansas] short-leaf pine, Pinus echinata
~ **Küstendouglasie** *f* coast Douglas fir, Pseudotsuga menziesii var. viridis
~ **Lärche** *f* eastern (red) larch, tamarack [larch], hackmatack, Larix laricina (americana)
~ **Linde** *f* [American] basswood, American lime, bee tree, whitewood, Tilia americana (glabra)
~ **Platane** *f* American plane (sycamore), *(Am)* buttonwood, western plane, Platanus occidentalis
~ **Roteiche** *f* 1. red oak *(group of species)*; 2. [American, northern] red oak, Quercus rubra (borealis)

~ **Roterle** *f* Oregon alder, red alder, western alder, Alnus oregona (rubra)
~ **Rotkiefer** *f* [Canadian] red pine, Pinus resinosa
~ **Rüster** *f* American elm, white (grey, soft) elm, Ulmus americana (alba)
~ **Stechpalme** *f* [American] holly, white (evergreen) holly, Ilex opaca
~ **Ulme** *f* American elm, white (grey, soft) elm, Ulmus americana (alba)
~ **Vogelbeere** *f* mountain ash, rowan[-tree], Sorbus americana
~ **Weide** *f* American willow, Salix rigida (americana)
~ **Weißbuche** *f* American hornbeam, Carpinus caroliniana
~ **Weißeiche** *f* 1. white oak *(group of species)*; 2. [American] white oak, Quebec oak, Quercus alba
~ **Weymouthskiefer** *f* [western, Idaho] white pine, IWP, Californian mountain pine, Pinus monticola
~ **Zitterpappel** *f* quaking aspen, [American, Canadian] aspen, trembling aspen (tree), Populus tremuloides
Amerikanischer Amberbaum *m* American red gum, sweet gum, SWG, Liquidambar styraciflua
~ **Aprikosenbaum (Bürstenbaum)** *m* mammee [apple], Mammea americana
~ **Faulbaum** *m* cascara buckthorn, polecat tree, bitter bark, wild coffee, bearwood, Rhamnus purshianus
~ **Hornbaum** *m* American hornbeam, Carpinus caroliniana
~ **Judasbaum** *m* eastern redbud, Ceris canadensis
~ **Kirschbaum** *m* black cherry, cabinet cherry, Prunus serotina
~ **Lebensbaum** *m* (Am) eastern white cedar, Thuja occidentalis
~ **M-Zahn** *m* lightning cross-cut tooth *(of a handsaw)*
~ **Mahagonibaum** *m* mahogany [tree], Madeira wood, Swietenia mahagoni
~ **Nußbaum** *m* [American] black walnut, Juglans nigra
~ **Ölbaum** *m* devilwood, American olive, Osmanthus americanus
~ **Perückenstrauch** *m* chittam wood, Cotinus obovatus, Rhus cotinoides
~ **Storax** *m* sweet gum, [American] storax *(balsam from Liquidambar styraciflua)*
Amerikanisches Ebenholz (Grenadillholz) *n* green ebony, cocus [wood], granadillo [wood], Brya (Aspalathus) ebenus
~ **Mahagoni** *n* 1. Cuban (Spanish) mahogany, Swietenia mahagoni; 2. [Central] American (true) mahogany, Honduras mahogany, Swietenia macrophylla
Aminhärter *m* amine hardener
Aminhärtungsmittel *n* amine hardener
Aminobenzen *n* aminobenzene, aniline
Aminolignin *n* amino lignin
Aminoplastfilm *m* melamine film
Aminoplastharz *n* aminoplastic resin
Aminosäure *f* amino-acid *(secondary wood constituent)*
Ammensessel *m* nursing chair
Ammenstuhl *m* nursing chair
Ammoniacum *n* ammoniac *(gum resin esp. from Dorema ammoniacum)*
Ammoniak *n* ammonia
ammoniakalische Kupferhydroxidlösung *f* cuprammonium [solution], cuoxam *(solvent)*
Ammoniakgummi[harz] *n* ammoniac *(gum resin esp. from Dorema ammoniacum)*
Ammoniumborat *n* ammonium borate *(wood preservative)*
Ammoniumbromid *n* ammonium bromide *(wood preservative)*
Ammoniumchlorid *n* ammonium chloride *(wood preservative)*
Ammoniumhydrogenfluorid *n* ammonium hydrogenfluoride *(wood preservative)*
Ammoniumsulfat *n* ammonium sulphate *(wood preservative)*
Ammoniumverbindung *f* ammonium compound
Amoora rohituke amoora, Amoora rohituke *(wood species)*
Amorette *f* amoretto *(decorative motif)*
amorphe Cellulose *f* amorphous cellulose
~ **Lockerstelle** *f* non-crystalline region *(of a microfibril)*
amorpher Bereich *m* non-crystalline region *(of a microfibril)*
Amurkorkbaum *m* Amur cork, Phellodendron amurense
Amylacetat *n* amyl acetate *(solvent)*
Amyloid *n* amyloid *(cellulose chemistry)*
Amylopektin *n* amylopectin *(secondary wood constituent)*
Amylose *f* amylose *(polysaccharide)*
Amyrin *n* amyrin, amyrol *(triterpene)*
Amyris *n* amyris, torch wood, West Indian rosewood (sandalwood), Amyris balsamifera
Ana-Akazie *f* ana-tree, white acacia, Acacia (Faidherbia) albida
Anacardium excelsum giant cashew, Anacardium excelsum *(wood species)*
anaerob[isch] anaerobic
analytisches Lignin *n* analytical lignin
Anbauholzart *f* plantation wood species
Anbaukreissäge *f* detachable circular saw
Anbauküche *f* fitted kitchen
Anbaumöbel *npl* unit furniture
Anbauwand *f* wall-unit
anblatten to halve [together] *(timber construction)*
Anbläue *f* superficial (surface) blue-stain *(fault in softwoods esp. caused by Ophiostoma spp.)*
anbrüchig drux[e]y, droxy, frowy *(wood)*
Andamanen-Kokko *n* kokko, lebbek [tree], rain-tree, Albizia lebbeck
~~**-Padouk** *n* Andaman padouk (redwood), *(Am)* vermilion wood, Pterocarpus dalbergioides
Andira coriacea red cabbage tree, Andira coriacea
~ **violacea** violet wood, Andiara violacea
Andiroba[holz] *n* crabwood, roba (Para) mahogany, Carapa guianensis
Andreaskreuz *n* St. Andrew's cross *(framework)*

Anemometer

Anemometer *n* anemometer
anfallende Späne *mpl* abatement
Anfangsaufnahme *f* initial absorption *(e.g. of wood preservatives)*
Anfangsdelignifizierung *f* initial delignification
Anfangsfeuchte *f* initial moisture [content] *(timber drying)*
Anfangsfeuchtigkeitsgehalt *m* initial moisture [content] *(timber drying)*
anfasen to chamfer, to bevel
Anfasmaschine *f* chamfering machine
Anfeuerholz *n* lightwood
anfeuernde Beizung *f* grain-raising staining
ANG *s.* Angelin
Angebrannter Porling (Rauchporling) *m* scorched conk, Polyporus (Bjerkandera) adusta
angefastes Glas *n* bevelled glass
angefault conky, doty, dosey, dosy, dozy *(wood)*
angefaulter Ast *m* unsound knot
angehobelte Feder *f* tongue
angehobelter Spund *m* tongue
Angel *f* 1. buckle *(of a frame saw)*; 2. tang *(e.g. of a chisel)*
Angelin *n* angelin, pheasantwood, Andira inermis
Angelique *n* angelique, Dicorynia paraensis (guianensis) *(wood species)*
Angelpfosten *m* hinge jamb
Angelrute *f* fishing rod
Angeltürpfosten *m* hinge jamb
angeschnittene Faser *f* short grain
angesetzter Zapfen *m* mit [angeschnittener gerader Feder] haunch mortise and tenon
angestockt drux[e]y, droxy, frowy *(wood)*
angiosperm angiospermous
Angiosperme *f* angiosperm *(division Angiospermae)*
angiospermisch angiospermous
Angophora costata smooth-barked apple, Angophora costata
Angosturarinde *f* angostura bark *(from Cusparia trifoliata)*
Angosturarindenöl *n* angostura bark oil
Angu *n* muhimbi, Cynometra alexandri *(wood species)*
Anhaftung *f* adhesion
Anhauen *n* roughing-in, roughing-out, bosting[-in] *(wood-carving)*
anheften to tack
Anhieb *m* first felling
anhobeln to surface
Anilin *n* aniline, aminobenzene
Anilinbeize *f* aniline wood stain
Anilinfarbstoff *m* aniline dye
Anilinholz *n* aniline wood
Anilinholzbeize *f* aniline wood stain
Animé-Kopal *m* animé copal *(esp. from Hymenaea courbaril)*
Anisoptera thurifera palosapis, Anisoptera thurifera *(wood species)*
anisotrope Schwindung *f* anisotropic shrinkage *(of wood)*
Anisotropie *f* anisotropy
Anker *m* anchor; sill anchor, plate anchor
Ankerbalken *m* tie-beam
Ankerbolzen *m* 1. drift bolt, drift pin; 2. *s.* Ankerschraube
Ankereisen *n* sill anchor, plate anchor
Ankerpfahl *m* anchor pile
Ankerschraube *f* anchor bolt
Ankleidespiegel *m* dressing mirror
Anlageschnitt *m* slab cut *(veneer production)*
anlaschen to mark, to spot *(a tree)*
Anlegeöl *n* gold size
Anleimer *m* edge band
anlenken to hinge
anmalen to paint
annageln to nail on
annuell annual
Annuelle *f* annual
anomaler Farbkern *m* abnormal (false, pathological) heartwood, facultatively coloured heartwood *(wood defect)*
anorganisch anorganic
anplätzen to mark, to spot *(a tree)*; to blaze *(a trunk)*
Anpolymerisation *f* grafting *(e.g. for modification of wood)*
anrücken to skid, to log, *(Am)* to yard *(felled timber)*
Anrücken *n* skidding, logging, *(Am)* yarding
Anrücklinie *f* skidding line
anreißen to blaze *(a trunk)*; to scribe, to mark [out], to set out *(a workpiece)*
Anreißmesser *n* marking knife, striking knife
Anreißschaden *m* gouge damage, gouge injury *(on tree-trunks)*
Anreißtisch *m* marking table
Anreißwerkzeug *n* scribing tool
Anrichte *f* dresser, sideboard, serving commode
Anrichteschrank *m* cupboard; credenza
Anrichtetisch *m* credenza
Anrißlinie *f* layout line
Anschälen *n* rounding *(of veneer logs)*
anschalmen to mark, to spot *(a tree)*; to blaze *(a trunk)*
Anschießer *m* gilder's tip
Anschießpinsel *m* gilder's tip
Anschlag *m* stop *(e.g. of a door)*; fence; rabbet, rebate
Anschlagbrett *n* bench hook
anschlagen 1. to choke *(timber harvest)*; 2. to hang *(a door or window)*
Anschläger *m* chokerman *(timber harvest)*
Anschlaghammer *m* marking (die) hammer, numbering hammer
~ mit Beilschneide marking hatchet
Anschlaglehre *f* depth gauge *(e.g. fitted to a bit or drill)*
Anschlagleiste *f* 1. fence; 2. slamming strip *(in the door frame)*
Anschlagschwelle *f* sill, doorsill, stool, *(Am)* saddle
Anschlagwinkel *m* carpenter's square, framing square, try-square
anschlingen to choke *(timber harvest)*
Anschlußzimmerung *f* timbering joint
Anschrägwinkel *m* front bevel angle *(of a saw-tooth)*
Anschwemmholz *n* drift[wood]
Anstechen *n* **von Rundholz** incising *(for*

improving penetration of wood preservatives)
Ansteckbrett *n* deck extension board *(for flat pallets)*
anstreichbar paintable
Anstreichbarkeit *f* paintability
anstreichen to paint
Anstreichen *n* brush painting, brush application
anstreichfähig paintable
Anstreichfähigkeit *f* paintability
Anstreichfarbe *f* brushing paint
Anstreichtechnik *f* brush application technique
Anstreichverfahren *n* brush application technique, brush coating
Anstrich *m* paint coat[ing]
Anstrichfilm *m* paint film, paint skin
Anstrichhaftung *f* paint adhesion
Anstrichmangel *m* paint failure
Anstrichmittel *n* paint
Anstrichpigment *n* paint pigment
Anstrichschaden *m* paint failure
Anstrichschicht *f* paint coat[ing]
Anstrichstabilität *f* paint stability
Anstrichstoff *m* paint
Anstrichsystem *n* paint system, coating system
Anstrichtechnik *f* painting technology
Anstrichtechnologie *f* painting technology
Anstrichverdünnungsmittel *n* paint thinner, paint solvent
Antefixum *n* antefix *(furniture decoration)*
Anthemion *n* anthemion *(furniture decoration)*
Anthrachinonaufschluß *m* anthraquinone pulping
Antiaris *n* antiaris, oro, Antiaris africana *(wood species)*
Antibiotikum *n* antibiotic
antibiotisch antibiotic
Antidesma ghaesembilla black currant tree, Antidesma ghaesembilla
Antifoulinganstrich *m* antifouling coat
Antifoulinganstrichstoff *m* antifouling paint
Antifoulingfarbe *f* antifouling paint
antik antique
Antikbeize *f (Am)* padding stain
antikisieren to distress, to antique *(furniture)*
Antikisieren *n* distressing *(of furniture)*
antikline Zellteilung *f* anticlinal [cell] division *(wood formation)*
Antikmöbel *npl* antique furniture
Antikmöbelrestaurator *m* antique restorer
Antikmöbelstück *n* antique piece of furniture
Antillen-Kieselholz *n (Am)* cat's-claw blackbead, Pithecellobium unguis-cati *(wood species)*
Antillenakazie *f* Farnesian (sweet) acacia, sponge tree, popinac, Acacia farnesiana
Antiquität *f* antique
Antiquitätenhändler *m* antique dealer; furniture antiquarian (antiquary)
Antischlupfeinrichtung *f* antislip device
Antreiben *n* pitting *(of withies before stripping)*
Antriebsbock *m* headstock *(of a wood-turning lathe)*
Antrittpfosten *m* starting newel *(of a balustrade)*
Antrittsetzstufe *f* bottom riser *(of a stair)*
Antrittstufe *f* starting step, bottom-most step *(of a stair)*
~ mit gerundeter Außenecke bull-nose step, round step
Antrittstreppenstufe *f s.* Antrittstufe
Anwachsen *n* accretion
anwuchsverhindernder Anstrichstoff *m* antifouling paint
anzapfen to tap, to bleed, to broach, to box *(e.g. tree for resin collection)*
anzeichnen to mark, to spot *(e.g. a tree)*; to blaze *(a trunk)*; to score *(wood)*; to scribe, to mark [out], to set out *(a workpiece)*
Anzeichner *m* marker
Apamate *n* roble, apamate, mayflower, *(esp.)* Tabebuia rosea *(wood species)*
Apfelbaum *m* 1. apple [tree] *(genus Malus)*; 2. apple [tree], Malus sylvestris (pumila)
Apfel[baum]holz *n* apple wood
Apfelsinenbaum *m* orange tree, Citrus [aurantium var.] sinensis
Apfelsinenschalenstruktur *f* orange peel *(of paint finishes)*
Apitong *n* gurjun, keruing, apitong, yang *(wood from Dipterocarpus spp.)*
Apothecium *n* apothecium *(spore-bearing structure of certain fungi)*
apotracheal-bandförmig apotracheal-banded *(wood parenchyma)*
~-konzentrisch apotracheal-banded *(wood parenchyma)*
~-zerstreut apotracheal-diffuse *(wood parenchyma)*
apotracheales Holzparenchym *n* apotracheal wood parenchyma
~ Parenchym *n* apotracheal parenchyma
apparenter E-Modul *m* apparent modulus of elasticity
Aquarellpapier *n* water-colour paper
Ara *s.* Arabinose
Arabeske *f* arabesque
Arabinan *n* arabinan *(wood polyose)*
Arabinogalactan *n* arabinogalactan *(hemicellulose)*
Arabinogalacton *n* arabinogalacton *(hemicellulose)*
Arabinose *f* arabinose *(monosaccharide)*
Arabinoxylan *n* arabinoxylan *(hemicellulose)*
Arabischer Gummibaum *m* gum arabic tree, babul, Egyptian acacia, Sant tree, Acacia nilotica (arabica)
Arabisches Gummi *n* gum arabic, gum acacia *(from Acacia spp.)*
Araliamark *n* rice paper
Araragi-Hemlocktanne *f* Japanese hemlock, Tsuga sieboldii
Arariba *n* balaustre, arariba, canary wood, *(esp.)* Centrolobium paraense
Araucaria cunninghamii colonial (hoop) pine, Moreton Bay pine, Araucaria cunninghamii
~ hunsteinii *s.* ~ klinkii
~ klinkii klinki pine, Araucaria klinkii (hunsteinii)
Araukarie *f* Parana pine, Araucaria angustifolia
Arbeiten *n* [von Holz] movement, working of wood *(due to swelling and shrinkage)*
Arbeitsdrehstuhl *m* swivelling work chair
Arbeitsmaschinentisch *m* machine table

Arbeitsmaterial

Arbeitsmaterial *n* stuff
Arbeitsmöbel *npl* utility furniture
Arbeitsmesser *n* shop knife *(of the basket-maker)*
Arbeitsplatte *f* worktop, work-table
Arbeitspolter *m(n)* mill deck, log storage deck, deck
Arbeitsstück *n* workpiece, job
Arbeitsstuhl *m* working chair; office chair
Arbeitstisch *m* work-table; machine table
Arbeitszeichnung *f* working drawing
Arbeitszimmer *n* study
Arbiter *m* arbiter *(timber trade)*
Arbitrage *f* arbitrage, arbitrament
arboreszent arborescent, arboraceous, tree-like
Arboretum *n* arboretum, tree-garden
arborikol arboreal
Arbutus arizonica Arizona madrona, Arbutus arizonica *(wood species)*
~ **texana** Texas madrona, Arbutus texana *(wood species)*
Architrav *m* architrave
Ardisia paniculata marlberry, Ardisia paniculata *(wood species)*
Arganbaum *m* argan tree, Argania spinosa (sideroxylon)
Argentinische Weide *f* Argentine willow, Humboldt willow, Salix humboldtiana
Argyodendron perastal [red] tulip oak, Argyodendron perastal
Arizonazypresse *f* Arizona cypress, redbark cypress, smooth (yew) cypress, water cedar, Cupressus arizonica
Arkade *f* arcade
Arkadenpfeiler *m* arcade-post, aisle post
Arkadensäule *f* arcade-post, aisle post
Arkansas-Abziehstein *m* Arkansas oilstone
Arkansasstein *m* Arkansas oilstone
Armaturen *fpl* fittings, mountings, mounts
Armlehne *f* armrest, arm
Armlehnsessel *m* fauteuil, armchair, easy chair
Armlehnstuhl *m* armchair
Armleuchter *m* girandole
Armleuchterbaum *m* Congo-pump, Cecropia peltata *(wood species)*
Armsessel *m s.* Armlehnsessel
aromatische Verbindung *f* aromatic compound *(secondary wood constituent)*
Arrow-back Windsorstuhl *m* arrow-back Windsor chair
arsenhaltiges Gift *n* arsenious poison *(wood preservative)*
arsenige Säure *f* arsenious acid *(wood preservative)*
Arsensäure *f* arsenic acid *(wood preservative)*
Arsentrioxid *n* arsenic trioxide *(wood preservative)*
Arsenverbindung *f* arsenic compound *(wood preservative)*
Art *f* species, sp. *(taxonomy)*
Art deco *f* art deco *(decorative art style)*
~ **-deco-Möbelstil** *m* art deco furniture style
Artengruppe *f* species group, group of species
Artengruppierung *f* species grouping
Artocarpus hirsuta aini, Artocarpus hirsuta *(wood species)*

Arts-and-Crafts-Bewegung *f* arts and crafts movement *(in English furniture production of the late 19. century)*
Arve *f* cembra[n] pine, arolla [pine], Swiss pine, Pinus cembra
Arzneirinde *f* medicinal bark
Arzneischrank *m* medicinal chest, medicine cabinet
AS *s.* Aspe
ASA *s.* Assacu
Asa foetida *f*, **Asant** *m* asafoetida *(gum resin esp. from Ferula asa-foetida)*
Asbest *m* asbestos
Asbestzementplatte *f* asbestos-cement board (sheet)
Asche *f* ash
Aschegehalt *m* ash content
Aschenbestandteil *m* ash constituent *(e.g. of wood)*
Aschenbestimmung *f* ash determination
Aschweide *f* grey willow, Salix cinerea
Ascogon *n* ascogonium *(gametangium of ascomycetes)*
Ashmud[holz] *n* yellow silverballi *(wood from Aniba spp.)*
Asiatische Birke *f* Asiatic birch, Betula costata (ulmifolia)
~ **Korkeiche** *f* Chinese cork-oak, Quercus variabilis
~ **Papierbirke** *f* Indian birch, Betula utilis (bhoipattra)
Asiatischer Storax *m* Levant storax, [liquid] storax, liquidambar *(balsam from Liquidambar orientalis)*
Askomyzet *m* ascomycete *(class Ascomycetes)*
Askus *m* ascus *(of ascomycetes)*
Aspe *f* [European, Swedish] aspen, trembling poplar, Populus tremula
Asphalt *m* asphalt[um]
Asphaltfaserplatte *f* asphalt-treated [fibre]board
Asphaltpapier *n* asphalt paper, asphalt felt
Asphaltplatte *f* bitumen-impregnated insulating board, bitumen-impregnated softboard
Asphaltstabparkett *n* block floor
Aspidospermin *n* aspidospermin *(alkaloid)*
Aspirationspsychrometer *n* aspirated psychrometer *(for humidity determination)*
~ **nach Aßmann** wet- and dry-bulb hygrometer (thermometer)
Asplund-Defibrator *m* [Asplund] defibrator
~**-Defibratorverfahren** *n* defibrator method, Asplund [defibrator] process *(of wood-pulp manufacture)*
Assacu *n* hura, sand-box tree, Hura crepitans
Assel *f* wood-louse *(order Isopoda)*
Assortiment *n* assortment
Ast *m* 1. [tree-]branch, limb, bough; 2. knot, knob, knur[r], knag, knar, gnarl *(wood defect)*
Astansammlung *f* knot cluster, grouped knots, cluster (accumulation) of knots
Astausbohrer *m* knot borer
Astausbohrmaschine *f* knot-hole boring machine
Astausflickautomat *m* automatic knot-plugging machine
Astausreiber *m* knot borer

Astaxt *f* lopping axe
Astbeule *f* branch swelling; blind conk; knot, knob, knur[r], knag, knar, gnarl
Astbeulen bilden to gnarl
Astbildung *f* branch formation, branching
Astbüschel *n* knot cluster
Astdurchmesser *m* knot diameter
asten to delimb, to prune; to trim *(the lying trunk)*
Astfänger *m* knot screen, knotter *(wood-pulp manufacture)*
Astform *f* branch form
astfrei 1. branchless, limbless; 2. knot-free, clear, free of knots, FOK *(sawnwood)*
astfreies Schnittholz *n* clear stuff
Astfreiheit *f* absence of knots
Astgabel *f* crotch, curl
Astgröße *f* knot size
Astgrund *m* branch base
Astgruppe *f* cluster of knots, grouped knots
Asthöhle *f* branch hole
Astholz *n* 1. branch-wood, limb wood, lopwood; 2. knot wood
Astholzformzahl *f* branch form factor *(timber mensuration)*
Astholzzellstoff *m* branch pulp
astig 1. branched, branchy, limby; 2. knotty, knotted
Astigkeit *f* 1. branchiness, limbiness *(of a tree)*; 2. knottiness
Astknaupe *f* branch stub occlusion, nodal swelling occlusion
Astknorren *m s.* Astknoten
Astknoten *m* branch node; knot, knob, knur[r]
Astknotenholz *n* knot wood
Astloch *n* knot-hole
Astlochausflickautomat *m* automatic knot-plugging machine
Astlochausflicken *n* knot plugging, repair of knot-holes
Astlochbohrmaschine *f* knot-hole boring machine
astlos bis zum Wipfel auslaufend excurrent *(trunk)*
Astlosigkeit *f* 1. branchlessness; 2. absence of knots
Astnarbe *f* branch scar; Chinese beard *(esp. with Fagus sylvatica)*
Astquirl *m* branch whorl, limb whorl; knot whorl
astreich 1. much-branched, branchy, limby, boughy; 2. knotty, knotted
astrein 1. branchless, limbless; 2. knot-free, clear, free of knots, FOK *(sawnwood)*
astreine Länge (Stammlänge) *f* clear length
astreines Schnittholz *n* clear stuff
Astreinheit *f* 1. branchlessness; 2. absence of knots, clearness
Astreisig *n* lopwood, branch-wood
Astrinde *f* branch bark
Astschere *f* averruncator
Astschneider *m* averruncator, branch remover
Aststummel *m*, **Aststumpf** *m* [branch] stub, branch stump, limb stub; knot, knob, knag, knar, snag
    kaum überwallter ~ dead knot

Astüberwallungsnarbe *f* branch stub occlusion, nodal swelling occlusion
Astung *f*, **Ästung** *f* pruning, setting-up
Astungswunde *f* pruning wound
Astverhältnis *n* knot ratio *(wood strength testing)*
Atelierfenster *n* atelier window, studio window
Atherosperma moschata (moschatum) black (southern) sassafras, Atherosperma moschata (moschatum) *(wood species)*
Atlantische Pistazie *f* large terebinth, Pistacia atlantica
~ Zeder *f* [Mount] Atlas cedar, Algerian cedar, Cedrus atlantica
Atlantolon *n* atlantolone *(sesquiterpenoid)*
Atlasholz *n* West Indian satinwood, Fagara flava, Zanthoxylum flavum
Atlaszeder *f* [Mount] Atlas cedar, Algerian cedar, Cedrus atlantica
atro *s.* absolut trocken
Attich *m* dwarf elder, Sambucus ebulus
auf Bäumen lebend arboreal
~ [bestimmte] Dicke hobeln to thickness *(wood)*
~ Gehrung schneiden to mitre[-cut]
~ Gehrung verdeckte Schwalbenschwanzzinkenverbindung *f* secret mitre dovetail joint
~ Gehrung verdeckte Zinkenverbindung *f* mitre dovetail [joint]
~ Gehrung zuschneiden to mitre[-cut]
~ Holz wachsend lignicole, lignicolous, wood-inhabiting
~ Rinde wachsend corticole, corticoline, corticolous *(e.g. wood pests)*
aufarbeiten 1. to convert, to trim, to log *(stemwood)*; 2. to refurbish, to refinish *(furniture)*
Aufarbeitung *f* 1. [primary, rough] conversion, processing; 2. refurbishment
Aufarbeitungsplatz *m* conversion place (point, yard), processing site
aufasten, aufästen to prune, to delimb
Aufasten *n*, **Aufastung** *f* pruning, setting-up
aufbauendes Polieren *n* [nach dem Ballenverfahren] hand polishing, French polishing
Aufbaumöbel *npl* modular [constructed] furniture, sectional furniture
Aufbewahrungsmöbel *npl* storage furniture
Aufblätterung *f* delamination *(e.g. of plywood)*
aufbohren to bore
Auffanggefäß *n* cup, buck *(resin-tapping)*
auffrischen to refurbish, to refinish *(e.g. stained surfaces)*
Auffrischen *n* refurbishment
Aufgabetisch *m* [in]feed table *(e.g. of a planer)*
aufgantern *s.* aufpoltern
aufgedoppelte Schublade *f* overlapping drawer, lipped drawer
~ Tür *f* batten door
aufgehende Sonne *f* rising sun, setting sun *(decorative motif)*
aufgesattelter Anhänger *m* semi-trailer
aufgesetzte Zierkante *f* planted moulding
aufhellen to lighten *(wood)*
Aufhellungsmittel *n* bleach, bleaching agent

aufklaftern

aufklaftern to cord
aufklauen to bird's-mouth, to sally *(timber construction)*
Aufladen *n* **in Querrichtung** crosshauling, *(Am)* parbuckling *(timber transportation)*
Auflage *f* [tool-]rest *(of a wood-turning lathe)*
~-Unterteil *n* tool-rest base
Auflagekissen *n* loose cushion
aufleimen to glue on
Auflösen *n* slushing *(paper-making)*
aufmöbeln to refurbish, to refinish
Aufmöbeln *n* refurbishment
aufmessen to scale
aufnageln to nail on
Aufnahmemasse *f* loading *(wood preservation)*
aufpolieren to polish up
aufpolstern to upholster
aufpoltern to pile [up], to deck *(roundwood)*
aufrechte Fenstersprosse *f* mullion
aufrechtes Fries *n* stile *(e.g. of a framed door)*
aufrechtstehende Holzstrahlzelle *f* upright ray cell *(wood anatomy)*
Aufreiben *n* **von Furnieren** [hot Scotch glue] hammer veneering
Aufreiber *m* reamer, rimer
Aufreibhammer *m* veneering hammer
aufreißen to scribe, to mark [out], to set out *(a workpiece)*
Aufrichte *f* topping-out [ceremony]
Aufrichten *n* erection *(e.g. of a timber structure)*
Aufrichtfest *n* topping-out [ceremony]
Aufrißlinie *f* layout line
Aufsatz *m* top [unit]
Aufsatzband *n* surface hinge
Aufsatzmöbel *npl* two-part furniture
Aufsatzschränkchen *n* miniature chest
~ mit Fußgestell hutch
Aufsatzschreibschrank *m* bureau
Aufsatzsekretär *m* secretaire-cabinet
~ mit Bücherfach secretaire-bookcase
aufschäumender Schmelzklebstoff *m* foam-melt adhesive
Aufschiebling *m* eaves board (catch, pole), sprocket piece, skew fillet, tilting fillet, rafter tail *(roof work)*
aufschlagen to disintegrate *(cellulose)*
Aufschlagen *n* disintegration *(of cellulose)*
aufschließen to pulp, to cook
 nicht vollständig ~ to undercook *(pulping)*
Aufschließen *n* pulping, cooking
Aufschließungsreagens *n* pulping reagent
Aufschluß *m* pulping, cooking
Aufschlußanlage *f* pulp plant, pulping equipment
Aufschlußbedingung *f* pulping condition
Aufschlußbehälter *m* digester
Aufschlußchemie *f* pulping chemistry
Aufschlußchemikalie *f* pulping chemical
Aufschlußdauer *f* pulping time
Aufschlußdruckbehälter *m* digester
Aufschlußgrad *m* degree of cooking, cooking degree *(pulp manufacture)*
Aufschlußkinetik *f* pulping kinetics
Aufschlußlösung *f* pulping liquor, cooking liquor, white liquor
Aufschlußmittel *n* pulping chemical, cooking agent
Aufschlußprozeß *m* pulping process, cooking process
Aufschlußverfahren *n* pulping method, pulping procedure
Aufschlußversuch *m* pulping trial
Aufschlußzeit *f* cooking time
Aufschneiden *n* rip sawing, ripping, flatting *(of sawnwood)*
aufschnüren to snap [a chalk] line
Aufschraubband *n* surface hinge
Aufschraubnachtschloß *n* rim deadlock
Aufschraubriegel *m* screw-on bolt
Aufschraubscharnier *n* surface hinge
Aufschraubschloß *n* rim lock, straight lock
Aufschraubtürschloß *n* screw-on lock, fitting lock
Aufschraubzapfen *m* screw-on hook
aufsetzen to pile [up] *(roundwood)*
Aufsetzen *n* **eines Dreieckstapels** crib piling, crib stacking *(timber drying)*
~ eines Flachstapels flat stacking
~ eines Kastenstapels box-end piling (stacking)
~ eines Scherenstapels end racking
aufständern to splice *(piles)*
Aufstandspfahl *m* end-bearing pile
aufstapeln to pile [up], to stack
Aufteilsäge *f* panel [dividing] saw
Aufteilschnitt *m* dividing cut
Auftraggeräte *npl* spreading equipment *(e.g. for adhesives)*
Auftragsmasse *f* spread
Auftragsmenge *f* spread
Auftreibung *f* bump *(e.g. on veneered surfaces)*
Auftrennen *n* rip sawing, ripping, conversion *(of roundwood)*
~ von Rundholz log conversion
Auftritt *m* [tread] run
Aufverband *m* overlap joint *(timber construction)*
aufwölben to camber
Aufwölbung *f* camber
Auge *n* eye *(e.g. of an axe)*
augenartig gezeichnet bird's-eye *(wood)*
augenförmig aliform *(wood parenchyma)*
Ausäst- und Bündelmaschine *f* delimber-buncher, limber-buncher
Ausbau *m* finish carpentry
Ausbauholz *n* pitwood, pit timber, mine timber, mining timber; timbering
Ausbauholzteile *npl* trim
Ausbauzimmerer *m* finish carpenter
Ausbeute *f* yield
Ausblastank *m* blow-tank *(pulp plant)*
ausbleichen to bleach out
Ausblühung *f* bloom *(e.g. of wood preservatives)*
Ausbohrloch *n* borehole, insect-hole
Ausbringleistung *f* output *(e.g. of a sawing machine)*
Ausdruck *m* **der Holzhandelssprache** timber trade term
Ausfachung *f* nogging [infill] *(framework)*
Ausfallast *m* loose knot, falling-out knot, dead knot
ausfallender Ast *m* loose knot, falling-out knot, dead knot

Ausfallmuster n outturn sheet *(paper-making)*
Ausfalzung f rabbet, rebate
Ausflugloch n flight hole, exit hole, worm hole *(of insects)*
ausformen to convert, to cross-cut, to cut into lengths, to buck, *(Am)* to lumber
Ausformung f [log] conversion
Ausformungsanlage f conversion facility
Ausformungsplatz m conversion place (point, yard), processing site
Ausformungsstrecke f cross-cutting line
Ausgangsfeuchte f initial moisture [content] *(timber drying)*
Ausgangsmasse f initial weight
ausgefachte Rahmentür f framed ledged and braced door
ausgeklinkte Treppenwange f open stringer
ausgelegtes Maß n [sur]face measure, superficial measure (area), SM *(of boards)*
ausgemauertes Fachwerk n half-timbering
ausgerissene Faser f torn grain *(e.g. in plywood)*
ausgerüstetes Papier n finished paper
ausgerundet bulbous *(turned baluster or leg)*
ausgesägte Treppenwange f cut string, open (stepped) string
ausgesetzte Fase f stopped chamfer
ausgetrocknet seasoned
ausgewachsen adult
Ausgrabungsholz n unearthed wood
aushalten to convert, to cross-cut into logs, to cut into lengths, to buck, to lay off, *(Am)* to lumber
Aushalten n [log] conversion
~ **von Rohholz** timber conversion
Aushaltungstabelle f bucking table
Aushängescharnier n lift-off butt hinge
Aushieb m extraction felling
aushobeln to plane out
aushärten to [post-]cure, to harden *(adhesive)*
~ **lassen** to [post-]cure
Aushärtung f [post] cure
Aushärtungstemperatur f curing temperature
Aushärtungszeit f curing time (period), cure time
auskehlen to flute, to cove, to mould, to rabbet, to rebate
Auskehlfräser m moulding cutter
auskeilender Jahr[es]ring m discontinuous [growth] ring
auskerben to chop out
Auskleidung f lining
Ausknickung f buckling
auskragen to cantilever, to jetty, to oversail *(beam)*
Auskragung f cantilever, jetty
Auslauftisch m outfeed table, taking-off table *(e.g. of a planer)*
Auslaugen n [von Holz durch Wasserlagerung] water seasoning
Auslegerkreissäge[maschine] f radial-arm saw, radial circular saw, radial saw[ing machine], line-bar resaw
Auslesestamm m choice stem, choice tree
Auslieferungsschein m delivery order *(timber trade)*
Ausmittigkeit f [der Markröhre] eccentricity, wandering heart (pith)
ausnehmen to pare; to gain *(e.g. a cut-out for a butt hinge)*
Ausnehmung f gain, sinking, pan *(for mountings)*
Auspolierballen m ghost
Auspolieren n finishing *(French polishing)*
~ **mit Spiritus** spiriting-off
auspolstern to pad
Ausreiber m countersink bit (drill), countersinker, rose countersink [bit]
ausrichten to align *(e.g. long timber)*
ausrißfrei splinter-free *(e.g. a saw cut)*
ausrücken to extract, to skid, to haul *(roundwood)*
Ausrücken n [wood] extraction, [pre]skidding, logging, haulage, hauling
Ausrundung f [saw-tooth] gullet
Ausrüstung f finish *(of paper)*
aussägen to saw out
Ausschlagen n roughing-in, roughing-out, bosting[-in] *(wood-carving)*
Ausschlagholz n coppice-wood
Ausschneidesägemaschine f fret machine, scroll-saw
Ausschnittfräsmaschine f aperture moulding machine
Ausschnittvorrichtung f cut-out unit
Ausschußholz n cull [timber]
Ausschußteil n reject
Ausschwitzen n bleeding *(of tar-oil-impregnated timber)*
Außenanstrich m exterior finish, exterior (outdoor) paint, external-quality paint
Außenanstrichfarbe f exterior paint
Außenanstrichschicht f exterior finish
Außenausbau m exterior finish
Außenbau m external joinery
Außenbauholz n external joinery (structural) timber
Außenbekleidung f cladding, weather-boarding, *(Am)* [exterior] siding
Aussendung f emission *(of pollutants)*
Außenecke f outside corner
Außenfarbe f exterior (outdoor) paint, external-quality paint
Außenfenster n outside window
Außenfurnier n outside veneer, [sur]face veneer; outer ply, face ply *(of plywood)*
Außenholm m outside carriage *(of a stairway)*
Außenholzbau m external joinery
Außenklarlack m exterior-grade varnish
außenliegende Tür f external door, exterior door
außenliegender Fensterblendrahmen m exterior window trim
Außenmöbel npl outdoor furniture
Außenplanscheibe f outside face-plate *(of a wood-turning lathe)*
Außenrinde f outer bark, [dead] bark, rhytidome
Außenriß m surface [seasoning] check
Außenschalung f [exterior] siding, cladding
Außenschmarotzer m ectoparasite
Außensperrholz n exterior[-grade] plywood, plywood for external use, marine plywood
Außentür f external (exterior) door, outside door
Außentürrahmen m external door frame

Außenvergoldung

Außenvergoldung f outdoor gilding
Außenverschalung f [exterior] siding, cladding
Außenwandbekleidung f,
Außenwand[ver]schalung f exterior wall siding
Außenwange f wall string [board], closed stringer (*of a staircase*)
aussparen to gain (*e.g. a cut-out for a butt hinge*); to notch (*a root collar*)
Ausstattungsholz n trim wood, decorative wood
Ausstattungstischlerei f high-class joinery
ausstechen to chop out, to pare
aussteifen to brace, to crib
Aussteifungspfosten m soldier
Ausstellfenster n awning window
Ausstellungsmöbel npl exhibition furniture
ausstemmen to chop [out], to chisel out, to mortise
Aussteuertruhe f bridal chest, marriage (hope) chest, (*Am*) dower chest
Ausstoß m emission (*of pollutants*)
Ausstülpung f sterigma (*in the hyphal ends of basidiomycetes*)
Austauschholz n substitute wood
Austauschhölzer npl lesser known species
Auster[muster]furnier n oyster [shell] veneer, oyster work
austragendes Zapfenband n cranked centre [pin] hinge
Austragtisch m discharge table
Australisch Nußbaum m Queensland walnut, Australian walnut (laurel), walnut bean, orientalwood, Endiandra palmerstonii
Australische Roteiche f jarrah, Eucalyptus marginata
~ **Seideneiche** f silk[y] oak, Grevillea robusta
~ **Silberakazie** f silver wattle, Acacia dealbata
~ **Silbereiche** f 1. Australian silk[y] oak, northern silk[y] oak, Cardwellia sublimis; 2. silk[y] oak, Grevillea robusta
Australisches Rosenholz n rose (Australian) mahogany, bog onion, Dysoxylum fraseranum
Austrittpfosten m landing newel (*of a balustrade*)
Austrittsetzstufe f top riser (*of a stair*)
Austrittstufe f top finished tread
austrocknen to season, to dry out
~ **lassen** to season
Austrocknung f seasoning, drying
Auswahl f assortment
auswaschungsfest leach-resistant (*e.g. wood preservative*)
Auswaschungsfestigkeit f leach-resistance
auswechselbarer Sägezahn m bit
Ausweich[stell]e f lay-by (*around the base of a tree to be felled*)
Auswerfer m ejector
Auswerfereinrichtung f ejector
auszeichnen to mark, to spot (*rawwood*)
Auszeichnungsschaden m gouge damage, gouge injury (*on tree-trunks*)
ausziehbare Fläche f table-leaf
ausziehen to extract
Ausziehfestigkeit f **eines Nagels** nail-withdrawal resistance

Ausziehplatte f pull-out leaf, extension leaf (*e.g. of a table*)
Ausziehtisch m extending table, extension table
Ausziehtischplatte f pull-out leaf, extension leaf
Ausziehwiderstand m withdrawal resistance (strength), pull-out resistance (*e.g. of nails*)
Auszug m sliding shelf; table-leaf
Auszugshieb m extraction felling
Auszugsplatte f [brushing] slide, slide[r]
Auszugstisch m extending table, extension table
Auto-Unterstellplatz m carport
autochthon autochthonic, autochthonous (*e.g. a tree species*)
automatische Astausflickmaschine f automatic knot-plugging machine
~ **Stauchmaschine** f automatic swage machine
automatisches Ablängen n autobucking
Auxin n auxin (*phytohormone*)
Avicennia germinans black mangrove, Avicennia germinans
AVO s. Avodire
Avocadobirne f, **Avocatobirne** f avocado [pear], Persea americana
Avodiré n avodiré, (*esp.*) Turraeanthus africana (*wood species*)
axiales Element n axial element (*wood anatomy*)
Axialparenchym n axial (longitudinal) parenchyma, strand parenchyma (*wood anatomy*)
Axialparenchymzelle f axial (longitudinal) parenchyma cell
Axialschlag m axial knock (*of circular saw blade*)
axonometrische Darstellung f isometric projection
Axt f axe, (*Am*) ax
  mit der ~ behauen to axe[-hew]
  mit der ~ fällen to chop [down], to chop off
Axtbahn f [axe] face, flat
Axtblatt n axe-blade
Axthaupt n axe head
Axthelm m axe head
Axthieb m chop
Axtkeil m axe wedge
Axtöhr n [axe] eye
Axtschalm m axe-blaze
Axtstiel m axe handle, axe helve, axe shaft
Ayan n ayan, Nigerian satinwood, Distemonanthus benthamianus
Azeton n acetone (*solvent*)
AZO s. Azobé
Azobé n azobé, ekki, scrubby oak, red ironwood, Lophira procera (lanceolata, alata)

B

B s. Biegesteifigkeit
Baboen[holz] n banak, dalli, (esp.) Virola surinamensis (koschnyi) (wood species)
Backensessel m grandfather chair
Backsteinausfachung f brick nogging (half-timbering)
Badam n white bombay, badam, Terminalia procera (wood species)
Badezimmermöbel npl bathroom furniture
Badezimmerschränkchen n bathroom cabinet
Badmöbel npl bathroom furniture
BAF s. Afrikanisches Bleistiftholz
Bagassa n cow wood, cow-tree, Bagassa guianensis
Bagasse f bagasse
Bagasse[faser]platte f bagasse board
Baggerschwelle f excavator sleeper
Bagtikan n bagtikan, Parashorea plicata (malaanonan) (wood species)
Bahia-Piassavapalme f piassava[-palm], Attalea funifera
~-Rosenholz n Brazilian tulip-wood, pinkwood (esp. from Dalbergia variabilis and D. frutescens)
Bahn f web (paper-making)
Bahnbrückenschwelle f (Am) railroad bridge tie
Bahnhofsmöbel npl railway station furniture
Bahnschwelle f rail[way] sleeper, (Am) railroad [cross]tie, [cross-]tie
Bähre-Bison-Flachpreßplatte f Bähre-Bison flakeboard
Baikianin n baikianine (alkaloid)
Baitoa[holz] n West Indian boxwood, San Domingo boxwood, Phyllostylon brasiliensis
Bajonettnadel f triangular-pointed [carpet] needle (upholsterer's tool)
Bakterie f s. Bakterium
bakteriell bacterial
~ bedingt bacterial
Bakterium n bacterium (class Schizomycetes)
BAL s. Balsaholz
Balalaika f balalaika (plucked instrument)
Balanocarpus utilis black kongur, Balanocarpus utilis (wood species)
Balata f balata (latex product esp. from Manilkara bidentata)
Balatabaum m balata, bully tree, bullet tree, bulletwood, Manilkara bidentata, Mimusops balata
Balau n [yellow] balau, (esp.) Shorea atrinervosa (wood species)
Baldachin m baldachin, baldaquin
Balearischer Buchsbaum m Balearic box [tree], true box, Buxus balearica
Balfours Kiefer f Balfour's pine, hickory pine, Pinus balfouriana
Balkanahorn m Balkan maple, Acer heldreichii
Balkankiefer f Macedonian [white] pine, Pinus peuce
Balken m beam, ba[u]lk, square log, timber, TBR; joist

~ mit Stich cambered beam
~-Talbrücke f beam viaduct
Balkenabstützung f timber shoring
Balkenanker m beam iron, beam tie
Balkenanordnung f arrangement of beams
Balkenauflagernische f beam pocket
Balkenbahn f timber roadway
Balkenbearbeitungsstraße f beam working line
Balkenbiegelehre f beam [bending] theory
Balkenbläue f log blue (bluing) (softwood defect esp. due to Ophiostoma spp.)
Balkenbock[käfer] m European house-borer, Hylotrupes bajulus
Balkenbrücke f beam bridge
Balkendecke f joist ceiling
Balkendurchbiegung f beam deflection
Balkenende n timber end
Balkenfestigkeit f beam strength
Balkenfußbehandlung f butt-end treatment (wood preservation)
Balkenhobel m beam planer
Balkenkopf m beam (timber) end, beam head
Balkenlage f frame of joists, decking
Balkenrostwerk n crib
Balkenschuh m joist hanger (metal fitting)
~ für Balkenanschlüsse beam face hanger
Balkensperre f timber road block
Balkenstirnfläche f timber end
Balkenstoß m beam butt joint
Balkenträgerdecke f joist ceiling
Balkenverspreizung f strutting of beams
Balkenwerk n carpentry framework, beams and rafters, timbering, carcassing, frame
Balkonbrett n balcony board, balcony plank
Balkontür f balcony door; French (sash) door, French window
Balkweger m beam clamp (boat-building)
Balleisen n turning chisel
Ballen m 1. bale; 2. fad (polishing tool)
Ballenpresse f baling press
Ballonbringung f balloon yarding (timber transport)
Ballonlehne f balloon back (chair back)
Ballonrückung f balloon yarding (timber transport)
Ballonsitz m balloon seat (chair-making)
Balloon-Frame-Bauweise f balloon frame construction, balloon framing
Balsa n s. Balsaholz
Balsabaum m balsa, Ochroma pyramidale (lagopus) (wood species)
Balsaholz n balsa[-wood], (esp.) Ochroma pyramidale (lagopus)
Balsam m balsam, balsamic resin, balm, gum
Balsambaum m balsam torchwood, Amyris balsamifera
balsamisch balsamic
Balsamkolophonium n colophony, [gum] rosin, resin (solid residue after distillation of oil of turpentine)
balsamliefernd balsamiferous
balsamliefernder Baum m balsam [tree]
Balsampappel f balsam poplar, tacamahac, Ontario poplar, Populus balsamifera [var. balsamifera]

Balsamtanne

Balsamtanne f 1. balsam [fir], silver fir, shebalsam, Abies balsamea; 2. subalpine fir, Abies lasiocarpa
Balsamtannenharz n Canada balsam (from Abies balsamea)
Balsamterpentinöl n spirit[s] of turpentine, oil of turpentine, [gum] turpentine, turps
Baluster m baluster, banister
Balusterbein n baluster leg
Balustervase f baluster vase
Balustrade f balustrade
Bambus m bamboo (genus Bambusa)
Bambusbohr[käf]er m smaller bamboo shot-hole borer, Dinoderus minutus
Bambusflechtwerk n bamboo wickerwork
Bambusmöbel npl bamboo furniture
Bambus[rohr]spaltmaschine f bamboo splitting machine
Bambuszellstoff m bamboo pulp
Banak n banak, dalli, (esp.) Virola surinamensis (koschnyi) (wood species)
Bananenkiste f banana crate
Bananensteige f banana crate
Bandagenverfahren n bandage process, bandage treatment (wood preservation)
Banddruckfilter n belt pressure filter (papermaking)
Bandeinlage f banding
Bandfilterpresse f belt pressure filter (papermaking)
Bandförderer m belt conveyor
bandförmiges Längsparenchym n banded parenchyma (wood anatomy)
Bandgesims n snub cornice
Bandholzschleifmaschine f band sander
Bandlappen m [hinge] leaf
Bandornament n guilloche
Bandpoliermaschine f belt buffing machine
Bandpresse f belt press
Bandsäge f band-saw [machine], belt saw, endless (ribbon) saw
 mit der ~ sägen to band-saw
Bandsägeanlage f band sawing plant
Bandsägeblatt n band-saw blade, saw band, ribbon
Bandsägeblattfeilmaschine f band-saw filing machine
Bandsägeblattführung f band-saw guide, saw guide, ribbon guide
Bandsägeblattschärfmaschine f band-saw filing machine
Bandsägeblattspannung f saw-blade tension
Bandsägefeile f band-saw sharpening file
Bandsägemaschine f s. Bandsäge
Bandsägemühle f band [saw]mill
Bandsägenrolle f [band-]saw wheel
Bandsägenrollenbandage f tyre
Bandsägestraße f band sawing line
Bandsägetisch n band-saw table
Bandsägewerk n band [saw]mill
Bandscharnier n strap hinge, tee hinge
Bandschleifen n belt sanding
Bandschleifer m, **Bandschleifmaschine** f belt sander, belt sanding machine
Bandschleifpoliermaschine f abrasive-belt polisher
Bandseite f hingeing edge (of a door)
Bandtrockner m belt dryer (veneer dryer)
Bandwaage f belt weigher, conveyor belt scale
Bandweide f [common] osier, velvet osier, Salix viminalis
Bank f bench, form
Bankhaken m bench dog, bench stop
Bankhobel m bench plane; whisk (cooper's tool)
Bankknecht m jack
Banknotenpapier n banknote paper, bond paper
Bankplatte f bench top
Bankraum m bench room
Bankschraubstock m table vice
Bankskiefer f Bank's pine, Banksian pine, Labrador (Hudson Bay) pine, jack (grey) pine, Pinus banksiana
Bankwerkzeug n bench tool
Banyanbaum m banyan [tree], banian [tree], pagoda tree, Bengal (Indian wild) fig, Ficus benghalensis (indica)
Baobab m baobab, calabash tree, monkey-bread, Adansonia digitata
Baracke f hut
Baratte f baratte (viscose process)
Barbadoskirsche f Barbados cherry, West Indian cherry, Malpighia glabra (punicifolia)
Barfach n cocktail section
Barhocker m bar stool
barock baroque
Barock n(m) baroque
Barockstil m baroque
 im ~ baroque
Barren m parallel bars (sports equipment)
Barschrank m cocktail cabinet, drinks (liquor) cabinet, drinks cupboard
Bart m beard, sloven, cutting crest (of a felled tree)
Bartresen m bar counter
BAS s. Bagassa
Baseballschläger m baseball bat
Basidiomyzet m basidiomycete (class Basidiomycetes)
Basidiospore f basidiospore
Basidium n basidium (of basidiomycetes)
Basis f base; bottom end (e.g. of a bole)
basische Teerbestandteile mpl tar bases (wood preservation)
Basismaschine f basic machine
Basispapier n base paper
Basisrelief n low relief, bas-relief
Basistraktor m basic tractor
Basrelief n bas-relief, low relief
Bassinflößerei f basin floating
Bast m bast, liber, secondary phloem
Bastard m bastard, hybrid (e.g. of wood species)
~-Teakbaum m Indian kino tree, Malabar kino tree, Pterocarpus marsupium
Bastardfeile f bastard file (medium, neither coarse nor fine)
Bastardmahagoni n bastard jarrah, southern mahogany, Eucalyptus botryoides
Bastardplatane f European plane, London plane[-tree], Platanus x hybrida (acerifolia)

Bastardsandelholz *n* bastard sandal[wood], Erythroxylum monogynum (burmanicum)
Bastardtruhe *f* mule chest
Bastfaser *f* bast [fibre]
bastfrei entrinden to clean-bark
Bastler *m* handyman
Bastparenchym *n* soft bark
Bastschäler *m* bast stripper
Baststrahl *m* phloem ray
Bastteil *m* phloem *(wood anatomy)*
Bath-Rand *m* pie-crust edging *(esp. on Chippendale furniture)*
Bathurst-Rotholz *n* ridge redwood, Erythroxylum areolatum
Batokopflaume *f* governor plum, Flacourtia indica
Batteriekasten *m* battery box
BAU *s.* Balau
Bau-Furniersperrholz *n* building-veneer plywood
Bauaufsicht *f* structural surveying
Baubiologie *f* building biology
bauchig bulbous *(turned baluster or leg)*; pulvinate[d] *(moulding profile, frieze)*
bauchige Zierleiste *f* barrel moulding
Bauchpilz *m* gasteromycete *(order Gastromycetidae)*
Bauer-Mühle *f* Bauer double disk refiner *(fibreboard manufacture)*
~-Verfahren *n* Bauer process *(of fibreboard manufacture)*
Bauernmöbel *npl* cottage furniture, rustic (country) furniture, farmhouse furniture
Bauernschrank *m* rustic cupboard
Bauernstuhl *m* cottage chair, rustic (country) chair
Bauform *f* design
Baugerüst *n* scaffold[ing], staging
  bewegliches ~ mobile scaffold[ing]
Bauhaus *n*, **Bauhausstil** *m* Bauhaus
Bauhinia purpurea camel's foot tree, Bauhinia purpurea
Bauholz *n* construction[al] timber, structural (building) wood, timber, TBR, *(Am)* [construction] lumber
~ für Zimmerarbeiten carpentry wood
Bauholzblock *m* construction log
Bauholzerzeugnis *n* structural wood product
Bauholzforschung *f* structural wood research
Bauholzgüteklasse *f* structural grade
Bauholzkreissäge *f* scantling saw
Bauholzmaße *npl* scantling
Bauholzpilz *m* timber fungus, structural timber destroying fungus
Bauholzplatte *f* building board, structural [wood] panel
Bauholzschutz *m* structural wood preservation
bauholzzerstörender Pilz *m s.* Bauholzpilz
Baukastenmöbel *npl* modular [constructed] furniture
Bauklammer *f* cramp, dog, bitch, brob
Baulangholz *n (Am)* long construction lumber
baulicher Holzschutz *m* structural wood preservation
Baum *m* tree, arbor

~ mit obligatorischem Farbkern tree with true heartwood
~ mit Rückeschäden bruised tree
~ mit der Axt fällen to chop [down], to chop off
Baumabfuhr *f* full-tree removal
baumähnlich tree-like, arborescent, arboreal
Baumalter *n* tree age
Baumart *f* tree species
Baumarten *fpl* tree species
baumartig tree-like, arborescent, arboreal
Baumast *m* building pole
Baumaterial *n* structural material
Baumbeschädigung *f* tree injury
baumbesiedelnder Pilz *m* tree fungus
Baumchirurg *m* tree surgeon
Baumchirurgie *f* tree surgery
Baumdurchmesser *m* tree diameter
Baumernte *f* tree harvest
Baumerntemaschine *f* tree harvester
Baumfällmaschine *f* [tree] felling machine, feller
Baumfällung *f* tree felling, logging
baumförmig arboriform
Baumgarten *m* tree-garden, arboretum
Baumgestalt *f* tree habit
Baumhackmaschine *f* tree chipper
Baumharz *n* [tree-]resin, wood (natural) resin
Baumhasel *f* tree hazel, Turkish filbert (hazel), Corylus colurna
Baumheide *f* brier, briar, tree heath, Erica arborea
Baumhöhe *f* tree height
Baumhöhenmesser *m* dendrometer
Baumholz *n* old-growth timber
Baumholzformzahl *f* tree-wood form factor
Baumholzpilz *m* standing-tree fungus
Baumholz[volumen]tafel *f* tree volume table
Baumkante *f* wane, rough (dull) edge, natural bevel
baumkantig waney[-edged], wany, rough-edged, unedged
Baumkluppe *f* calliper, caliper, diameter gauge
Baumkrankheit *f* tree disease
Baumkratzer *m* bark scraper
Baumkrone *f* [tree] crown, head
Baumkunde *f* dendrology, dendrography
Baumkundiger *m* dendrologist
baumkundlich dendrological
Baummesser *m* dendrometer
Baummeßgerät *n* dendrometer
Baummeßkunde *f* dendrometry, tree mensuration, forest mensuration
baummeßkundlich dendrometrical
Baumpfahl *m* tree pole, tree-prop, tree brace
Baumpflege *f* tree care
Baumreißer *m* bark blazer, scribe [awl], scriber, race *(for marking of trees)*
Baumrinde *f* [tree] bark, rind
Baumring *m* tree ring
Baumringanalyse *f* tree-ring analysis; dendrochronology
Baumringchronologie *f* dendrochronology
Baumrodegabel *f* tree lift fork
Baumrodegerät *n* tree extractor

Baumrodung *f* tree extraction
Baumruine *f* abandoned tree *(e.g. after pest attack)*
Baumsaftzucker *m* sap sugar
Baumschädigung *f* tree injury
Baumschaft *m* [tree-]trunk, [tree] bole
Baumschere *f* averruncator
Baumsessel *m* tree-trunk seat
Baumstamm *m* [tree] stem, [tree-]trunk
Baumstämme *mpl* timber
Baumstumpf *m* [tree-]stump, stock, stub
Baumstümpfe roden to stump [out], to stub [out]
Baumstütze *f*, **Baumstützpfahl** *m* tree pole, tree-prop, tree brace
Baumtruhe *f* dug-out chest, monoxylon
Baumverletzung *f* tree wound
Baumwacholder *m* prickly cedar (juniper), Juniperus oxycedrus [ssp. oxycedrus]
Baumwachstum *n* tree growth
baumweise Abfuhr *f* full-tree removal
~ **Bereitstellung (Bringung)** *f* full-tree logging
baumweises Rücken *n* full-tree skidding
Baumwipfel *m* [tree-]top
Baumwoll-Linters *pl* linters, white flock *(upholstery)*
Baumwollbaum *m* kapok tree, silk-cotton tree, ceiba, Ceiba pentandra
Baumwuchsspannung *f* tree growth stress
Baumwunde *f* tree wound
Baumwurzel *f* tree root
Baupappe *f* felt
Bauplan *m* design
Baurundholz *n* construction (building) logs, structural timber
Baurüstung *f* scaffold[ing], staging
Bauschnittholz *n* sawn structural timber, structural sawnwood, converted building timber, *(Am)* [sawed] structural lumber, [yard] lumber
~ **im Dickenbereich 3,8 bis 10,2 cm** *(Am)* dimension [lumber]
Bauschreiner *m* joiner
Bauschreinerarbeit *f* building (architectural) joinery, coarse (finishing) joinery
Bauschreinerei *f* carpenter shop, millwork plant
Bauschreinerprodukte *npl* millwork
Bausicherheit *f* building safety
Bauspanplatte *f* structural[-use] panel, structural particleboard, building board
Bausperrholz *n* structural-grade plywood, construction [and industrial] plywood
Bausperrholzplatte *f* structural-use plywood panel
Baustellenkreissäge *f* circular sawing machine for building sites, job site circular saw
Baustoff *m* structural material
Bauteil *n* member
Bautenschutzmittel *n* building preservative (protective) agent
Bautischler *m* joiner, [estate] carpenter
Bautischlerarbeit *f* building (architectural) joinery, coarse (finishing) joinery
Bautischlerei *f* carpenter shop, millwork plant
Bautischlereierzeugnisse *npl* millwork

Bauüberwachung *f* structural surveying
Bauweise *f* design
Bauwerk *n* **in Blockbauweise** log building
~ **in Mastenbauweise** pole building
Bauzaun *m* site screen, hoard[ing]
Bavendamm-Reaktion *f* Bavendamm test *(for distinction of white-rot fungi and brown-rot fungi)*
Bayin *n* bayin *(flavonoid)*
BB *s.* Birnbaum
Bdellium-Gummiharz *n* bdellium *(gum resin from Commiphora spp.)*
Beanspruchung *f* stress, strain, load[ing]
bearbeitbar workable, machin[e]able
Bearbeitbarkeit *f* workability, working quality, machin[e]ability *(e.g. of wood)*
Bearbeitbarkeitskennwert *m* machining characteristic
bearbeiten to work, to machine
Bearbeitungseigenschaft *f* working property *(e.g. of wood)*
Bearbeitungsgrat *m* burr, *(Am)* burl
beastet branched, branchy
Beastung *f* branchiness, limbiness *(of a tree)*; branching
beauftragter Empfänger *m* consignee *(timber trade)*
~ **Vermittler** *m* consignee *(timber trade)*
bebeilen to axe[-hew], to hew, to hack, to dress
Bebeilen *n* **des Baumfußes** setting-up
Becherpilzfruchtkörper *m* apothecium
Beckenflößerei *f* basin floating
Bedachung *f* roofing, Rfg.
Bedecktsamer *m* angiosperm *(division Angiospermae)*
bedecktsamig angiospermous
bedecktsamige Blütenpflanze *f* angiosperm *(division Angiospermae)*
beeidigter Holzmesser *m* bracker, grader
befestigte Zierkante *f* planted moulding
Befestigungsleiste *f* planted moulding
Befestigungsmittel *n* fixing, fastening [device]
Befeuchter *m* humidifier, humidifying apparatus
Befeuchtungsanlage *f* humidifier, humidifying apparatus
Befeuchtungskammer *f* humidifying chamber *(fibreboard manufacture)*
Beflocken *n* flock lining
beflockt flock-lined, flock-coated *(e.g. a drawer)*
Befrachter *m* shipper *(timber trade)*
begasen to fumigate
Begasung *f* fumigation *(wood preservation)*
Begasungskammer *f* fumigation chamber
Begasungsmittel *n* fumigant
Begrenzungslinie *f* black line *(between sound and deteriorated timber)*
Behältnismöbel *npl* case furniture
behandelbar treatable
Behandelbarkeit *f* treatability *(wood preservation)*
Behandeln *n* **von Baumwurzeln** tree surgery
Behangborte *f* lambrequin
beharzt resin-coated
behauen to axe[-hew], to hew, to hack, to dress;

to rough-shape; to adze; to chip, to dub
Behelfsbett *n* guest bed
behobeln to plane, to chip
behöfter Tüpfel *m* bordered pit *(wood anatomy)*
beidseitig eingespannter Balken *m* fully restrained beam
~ **gedeckter Karton** *m* triplex board
~ **gehobelt** planed all round, PAR
Beil *n* hatchet, chip axe
Beilade *f* tool trough, tool well *(of a carpenter's bench)*
Beilage *f* caul *(veneering)*
Beilschmiedia bancroftii canary ash, yellow walnut, Beilschmiedia bancroftii
~ **tawa** tawa, Beilschmiedia tawa *(wood species)*
Beilstiel *m* hatchet handle
Beimöbel *npl* occasional furniture
beinageln to toe-nail
Beinageln *n* toe-nailing
Beinbacken *fpl* ear pieces *(at cabriole legs)*
Beinholz *n* bone wood, *(esp.)* Lonicera xylesteum
Beinweide *f* bone wood, *(esp.)* Lonicera xylesteum
Beißzange *f* nippers, [pair of] pincers
Beistellmöbel *npl* occasional furniture
Beistelltisch *m* occasional table, side-table
Beitel *m* wood[working] chisel, chisel
Beitelgriff *m*, **Beitelheft** *n* chisel handle
Beitelkasten *m* chisel guard
Beiwechsel *m* tail trimmer *(timber construction)*
Beiz- und Polierraum *m* finishing shop *(of a furniture factory)*
beizbar stainable
Beizbarkeit *f* stainability
Beizchemikalie *f* powder stain
Beize *f* stain; mordant
beizen to stain *(wood)*
Beizen *n* staining
Beizenfarbstoff *m* adjective dye
Beizerei *f* staining shop
Beizfarbe *f* adjective dye
Beizlasur *f* semi-transparent stain
Beizmaschine *f* staining machine
Beizton *m* hue of a stain
Beizwerkstatt *f* staining shop
beklebter Karton *m* lined board, illustration board
bekleiden to clad *(e.g. an external wall)*
Bekleidung *f* cladding
Bekrönung *f* dome *(decorative element in cabinet-making)*
Belademaschine *f* loader
Beladen *n* loading
Belade[seil]winde *f* hoisting winch, lifting winch
Belagriegel *m* bearer, putlog *(of a scaffold)*
Belastung *f* loading
Belastungsgeschwindigkeit *f* rate of loading, rate of head movement *(wood testing)*
Belattung *f* lathing
Beleimfläche *f* glu[e]ing area
Beleimmaschine *f* glue spreader, glue spreading (application) machine, gluer
beleimte Späne *mpl* glue-coated chips
Beleimung *f* gluing, glueing

Beleimungsanlage *f* glu[e]ing installation
Beleimungsdüse *f* glu[e]ing nozzle
Beleimungsmaschine *f* glue spreader, glue spreading (application) machine, gluer
~ **für Späne** chip-and-glue blending machine
Beleimungsmischer *m* chip-and-glue blending machine, [chip] resinating mixer *(chipboard production)*
Beleimungstrommel *f* resinating drum
Belgischer Dachstuhl *m* Belgian truss
Belian *n* belian, Eusideroxylon zwageri *(wood species)*
Bellmer-Bleicher *m* Bellmer bleacher
Belüftung *f* 1. ventilation; aeration; 2. airway *(of a roof)*
Bendtsen-Apparat *m* Bendtsen apparatus *(for measuring the surface smoothness of fibreboards)*
Benetzungsmittel *n* wetting agent, wetter
Bengalisches Kino[harz] *n* 1. Bengal kino *(esp. from Butea frondosa)*; 2. butea kino *(from Butea monosperma)*
Benzhydrylcellulose *f* benzhydrylcellulose
Benzinmotorsäge *f* petrol-engine saw
Benzoe *f* 1. [gum] benzoin *(esp. from Styrax benzoin)*; 2. storax *(from Styrax spp.)*
~**-Storaxbaum** *m* gum benzoin tree, storax[-tree], Sumatra benzoin, benjamin tree, Styrax benzoin
Benzoeharz *n* 1. [gum] benzoin *(esp. from Styrax benzoin)*; 2. storax *(from Styrax spp.)*
Benzoelösung *f* [benzoin] glaze *(means for finishing French polish)*
Benzoetinktur *f s.* Benzoelösung
Benzylcellulose *f* benzyl cellulose
beplanken to panel, to plank
Beplanken *n* panelling, (Am) paneling, panelization
beplankte Strangpreßplatte *f* laminated extruded board
Beplankung *f* panelling, planking, (Am) paneling, panelization
BER *s.* Berlinia
berappen to bark in patches (places); to strip[-bark], to bark in strips, to peel in strips
Berberin *n* berberine *(alkaloid)*
Berberitze *f* barberry, Berberis vulgaris
Beregnung *f* water spraying *(of roundwood as protective measure against fungal attack)*
bereitstellen to extract *(logwood)*
Bereitstellung *f* **ganzer Stämme** long-length logging, whole-stem logging
bergabrücken to ballhoot *(round timber)*
Bergahorn *m* harewood, English sycamore, sycamore (great) maple, Acer pseudoplatanus
~ **mit Riegeltextur** fiddle-back sycamore, *(Am)* fiddle-back maple
Bergeiche *f* Pyrenean oak, Quercus pyrenaica
Bergere *f* barjier *(upholstered seating)*
Bergerle *f* [Norwegian] grey alder, speckled alder, Alnus incana
Berghemlocktanne *f* mountain hemlock, black hemlock, weeping (Alpine western) spruce, MH, Tsuga mertensiana
Bergholunder *m* red-berried elder, Sambucus

Bergholunder racemosa
Bergius[-Rheinau]-Verfahren n Bergius process *(of wood saccharification)*
Bergkiefer f dwarf pine, mountain pine, Pinus mugo (montana)
Bergmahagoni n cercocarpus *(genus Cercocarpus, wood species)*
Bergrüster f wych elm, mountain (Scotch) elm, Ulmus glabra (montana)
Bergspirke f erect mountain pine, Pinus uncinata ssp. uncinata
Bergstrobe f western (Idaho) white pine, IWP, Pinus monticola
Bergulme f wych elm, mountain (Scotch) elm, Ulmus glabra (montana)
Bergulmenholz n white elm *(from Ulmus glabra)*
berindet barked, corticate[d], corticose, corticous
berindete Hackschnitzel npl brown chips
Berlinia n berlinia *(Berlinia spp., wood species)*
Bernoulli-Hypothese f [der Balkenbiegung] Bernoulli-Euler theory [of bending for a beam]
Bernstein m amber *(hard resin)*
Bernsteinlack m amber varnish
Bernsteinöl n amber oil
Bernsteinsäure f amber acid, succinic acid
Berstfestigkeit f burst[ing] strength, mullen strength
Berstwiderstand m burst[ing] strength, mullen strength
Berufsvergolder m commercial gilder
Besatzwerk n lacework *(e.g. on upholstered furniture)*
Besäumautomat m automatic edger
besäumen to slab[-cut] *(roundwood)*; to edge, to rip, to square [up] *(sawnwood)*
Besäumen n edging
Besäumer m edger
Besäumhacke f slab chipper
Besäumkreissäge[maschine] f edging circular sawing machine, [straight-line] edging saw, edge trimming saw, edger
Besäumreste mpl trimmings
Besäumsäge f edging saw, edge trimming saw, edger
Besäumschnitt m live log sawing; squaring cut, slabbing cut
Besäumspaner m s. Besäumzerspaner
besäumt [plain-]edged *(sawnwood)*
besäumter Stamm m ohne Wahnkante die-squared log
besäumtes Brett n edge-shot board
~ Schnittholz n two-edged timber
Besäumzerspaner m chipper (chipping) edger, edging chipper
beschichten to coat, to face; to overlay; to laminate
Beschichten n coating
beschichtetes Sperrholz n overlaid plywood
Beschichtung f coating; lamination
Beschichtungsanlage f laminating plant
Beschichtungsharz n coating resin
Beschichtungsmaterial n surface coating; overlay [material]
Beschichtungspresse f coating press
Beschichtungssystem n coating system
Beschichtungswerkstoff m surface coating; overlay [material]
Beschickungsvorrichtung f feeder
Beschlag m s. Beschläge
Beschlagbeil n side axe
Beschlagbohrer m hinge-boring bit
Beschläge mpl mountings, mounts, fittings, hardware, ironmongery, furniture
Beschlageinlaßmaschine f hardware recessing machine
beschlagen to axe[-hew], to hew
Beschlägesetzmaschine f hardware-fitting machine
Beschlagmontage f hardware fixing
Beschlagsatz m hardware kit
Beschleuniger m accelerator, hardener *(e.g. for polyester lacquers)*
beschleunigte Alterung f accelerated ag[e]ing
Beschneid[e]messer n trimming knife, utility knife
beschneiden to trim, to edge, to pare
Beschnitt m off-cut *(of a sheet of paper)*
Beseitigung f removal *(e.g. of lop and top)*
Besenbirke f pubescent birch, Betula pubescens
Besengrundkörper m broomhead
Besenschrank m broom cabinet, tallboy cupboard, *(Am)* broom closet
Besenstiel m broomstick, broom handle
Besiedelung f durch Pilze fungal colonization
bessere Seite f better face *(of sawnwood)*; face [side] *(of a board)*
beste Qualität f firsts *(timber grading)*
Besteckfach n cutlery compartment, cutlery drawer
Besteckfacheinlage f cutlery insert
Besteckkasten m cutlery box; knife case
Besteckschrank m cutlery cabinet, cutlery canteen
Besteckschubfach n, **Besteckschublade** f cutlery compartment, cutlery drawer
bestes Mischsortiment n firsts and seconds *(timber grading)*
Bestimmungsschlüssel m determination key *(e.g. for wood species)*
bestoßen to abut; to edge
Bestoßen n end-grain planing; edging
Bestoßhobel m block plane, low-angle plane
Bestoßmaschine f trimmer, trimming machine
Besucherstuhl m visitor chair
Beta-Amyrin n beta-amyrin *(terpene)*
~-Cellulose f beta-cellulose
~-Naphthen n beta-naphthene *(wood preservative)*
~-Phellandren n beta-phellandrene *(monoterpene)*
~-Pinen n beta-pinene
~-Sitosterol n beta-sitosterol *(wood extractive)*
Bethell-Verfahren n Bethel[l] process *(wood preservation)*
Betonschalung f form[work], concrete

formwork, shuttering
~ **aus Holz** wood form[work]
Betonschalungsbau *m* concrete form construction
Betonwinkel *m* angle bracket *(timber connector)*
Betschemel *m* prayer-stool
Betstuhl *m* prie-dieu [chair]; prayer-stool
Bett *n* bed
~ **der Drehbank** lathe-bed
~-**Tisch** *m* bed table
   das ~ bereiten to bed, to table, to lay *(tree felling)*
Bettbeschlag *m* bed fitting
Bettfederboden *m* spring base
Bettgestell *n* bedstead
Betthaupt *n* headboard, bed-head
Betthaupt[quer]stange *f* head-rest pole
Betthimmel *m* baldachin, baldaquin
Bettkasten *m* under-bed drawer, under-bed wardrobe
Bettkastenliege *f* drawer divan
Bettnische *f* alcove
Bettpfosten *m* bed-post, bed rail
Bettsessel *m* chair-bed
Bettsofa *n* sofa bed
Bettstatt *f* bedstead
Bettstelle *f* bedstead
Bettstolle *f* bed rail
Bettüberbau *m* continental headboard
Bettvorhang *m* bed hangings
Betula papyrifera var. commutata (occidentalis) western paper birch, Betula papyrifera var. commutata (occidentalis)
Betulin *n* betulin[e], betulinol, birch (betula) camphor *(triterpenoid)*
Beule *f* bump, knob *(e.g. on veneered surfaces)*
beulig bumpy, knobby *(wood)*
Beute *f* beehive
Beuteltisch *m* pouch table *(variant of sewing table)*
bewaldrechten to rough-hew
bewegliche Innenraumausstattung *f* indoor furniture
bewegliches Klavierteil *n* piano action
Bewegung *f* **in Achterform** figure-of-eight movement *(in French polishing)*
Bewehrungsbügel *m* stirrup
Bewetterung *f* weathering
Bewetterungsprüfung *f* weathering [exposure] test
Bewetterungstest *m* weathering [exposure] test
Bewitterung *f s.* Bewetterung
Bewoid-Leim *m* Bewoid size *(paper-making)*
beziehen to cover *(upholstery)*
bezogene Holzdichte *f* wood specific gravity
BHD *s.* Brusthöhendurchmesser
BIA *s.* Amerikanische Birke
Bibelpapier *n* India paper, bible paper
Biberin *n* biberine *(alkaloid)*
Bibliotheksleiter *f* library stairs (steps)
Bibliotheksmöbel *npl* library furniture
Bibliothekstisch *m* library table
Bichromat *n* bichromate *(wood preservative)*
Biedermeier *n* Biedermeier
Biedermeiermöbel *npl* Biedermeier furniture

Biedermeierstil *m* Biedermeier
biegbar bendable, flexible
Biegbarkeit *f* bendability, bending quality
Biegearbeit *f* bending operation
~ **bis zum Bruch** total work in bending
Biegebalken *m* flexural beam
Biegeband *n* supporting strap
Biegebeanspruchung *f* bending stress (strain), bending load
Biegebruch *m* bending fracture, bending failure
Biegebruchfestigkeit *f* modulus of rupture in bending
Biegeeigenschaft *f* bending property
Biegeelastizitätsmodul *m* modulus of elasticity in bending
Biegeerholung *f* bending recovery
biegefähig bendable
Biegefähigkeit *f* bendability, bending quality
Biegefestigkeit *f* bending strength, flexural strength
Biegeholz *n* bent wood, bending stock
Biegeholzmöbel *npl* bent-wood furniture
Biegeholzteil *n* bent-wood member
Biegekraft *f* bending force
Biegelinie *f* bending line *(e.g. of a beam)*
Biegemaschine *f* bending machine
Biegemoment *n* bending moment
Biegen *n* **von Hand** manual bending
~ **von Holz** wood bending
Biegepresse *f* bending press
Biegeriß *m* flexural crack
Biegeschrank *m* spring set *(of saw-teeth)*
Biegeschränken *n* spring setting
Biegespannung *f* bending stress, bending strain
Biegesteifigkeit *f* [bending] stiffness, flexural rigidity
Biegeteil *n* bent part, bent-wood member
Biegetheorie *f* theory of bending
Biegeverhalten *n* flexural behaviour
Biegeversuch *m* bending test
Biegevorgang *m* bending operation
Biegezugfestigkeit *f* flexural strength
biegsam pliant, flexible, supple
Biegsame Nevadakiefer *f* limber pine, Pinus flexilis
Biegsamkeit *f* bendability, bending quality
Biegung *f* bend; deflection
Bienenkasten *m* beehive
Bienenwachs *n* beeswax *(wood preservative)*
Bienenwohnung *f* beehive
Bienrösigkeit *f* honey-comb rot *(of oak heartwood, caused by Xylobolus frustulatus)*
Bierdeckelpappe *f* coaster board
Bierfaß *n* beer barrel
Biffar-Mühle *f* Biffar mill *(refiner)*
BIL *s.* Bilinga
Bildeinlegearbeit *f* pictorial marquetry (veneering)
Bilderfräsen *n* free-hand routing
Bilderrahmen *m* picture frame
Bilderrahmenleiste *f* picture[-frame] moulding
Bilderschiene *f* picture rail
Bildhauerarbeitstisch *m* sculpture bench
Bildhauerbeitel *m* carver's gouge, carver's chisel; veiner

Bildhauerei   22

Bildhauerei *f* [art of] sculpture
Bildhauerklüpfel *m* carver's mallet
Bildhauerknüppel *m* carver's mallet
Bildhauerkopierfräsmaschine *f* multiple-spindle carving machine
Bildhauerkunst *f* [art of] sculpture
bildhauern to sculpture, to sculpt
Bildhauerraspel *f* riffler
Bildintarsie *f* marquetry inlay
Bildschnitzmaschine *f* carving machine
Bildungsgewebe *n* meristem, cambium, cell-forming tissue
Bilinga *n* opepe, Nauclea trillesii, Sarcocephalus diderichii *(wood species)*
Billard *n* billiard-table
Billardkugel *f* billiard-ball
Billardqueue *n(m)* billiard-cue, cue
Billardstock *m* billiard-cue, cue
Billardstock[dreh]maschine *f* billiard-cue machine
Billardtisch *m* billiard-table, snooker table
Billian *n* belian, Eusideroxylon zwageri *(wood species)*
Billigmöbel *npl* inexpensive furniture
Biltmorestock *m* Biltmore stick *(timber mensuration)*
Bimsmehl *n* pumice powder
Bimsstein *m* pumice-stone
Bimssteinpulver *n* pumice powder
Bindefestigkeit *f* bond, strength, adhesive strength
Bindehyphe *f* binding hypha
Bindekette *f* binding chain, binder chain *(timber transport)*
Bindekraft *f* tack
Bindemittel *n* binder, binding agent, agglutinant
bindemittelfrei binderless
Binder *m* 1. truss; 2. binder, binding agent, agglutinant
~ **mit Kreuzkehlbalken** scissors truss, cathedral truss
Binderabstand *m* truss spacing
Binderanordnung *f* arrangement of trusses
Binderbalken *m* pole plate, binding beam, roof beam *(timber construction)*
Binderdach *n* truss[ed] roof
Binderfachwerk *n* web
Binderfeld *n* bay
Binderhersteller *m* truss fabricator
Binderprofil *n* truss profile
Binderscheibe *f* sheathed truss
Bindersparren *m* trussed rafter, binding (chief) rafter, principal [rafter]
Binderverteilung *f* arrangement of trusses
Bindeseil *n* choker
Binnenzeichnung *f* pen painting *(to imitate the patterns of incised ivory inlays)*
Binsenstuhl *m* rush[-bottomed] chair
Bintangor *n* bintangor, *(esp.)* Calophyllum inophyllum *(wood species)*
Binuang *n*, **Binung** *n* binuang, erima, Octomeles sumatrana *(wood species)*
Biochemie *f* **des Holzes** wood biochemistry
biochemischer Sauerstoffbedarf *m* biochemical oxygen demand, BOD

Biolack *m* natural varnish
biologische Zerstörung *f* biodeterioration *(e.g. of wood)*
biologischer Aufschluß (Holzaufschluß) *m* biopulping
~ **Ligninabbau** *m* lignin biodegradation
Biomineralogie *f* biomineralogy
Birke *f* birch *(genus Betula)*
birken birch[en]
Birkenholz *n* birch[wood]
aus ~ birch[en]
Birkenholzkohle *f* birch charcoal
Birkenkampfer *m* birch camphor, betulin[e], betulinol *(triterpenoid)*
Birkenknospenöl *n* birch bud oil
Birkenöl *n* birch oil
Birkenmaser *f* curled birchwood
Birkenporling *m* birch polypore, birch [conk] fungus, razor-strap fungus, Piptoporus betulinus
Birkenrinde *f* birch bark
Birkenrindenextrakt[iv]stoff *m* birch bark extractive
Birkenrindenöl *n* birch bark oil
Birkenrindenteer *m* birch tar
Birkensaft *m* birch sap
Birkensperrholz *n* birch plywood
Birkensplintkäfer *m* elm bark-beetle, Scolytus destructor, Eccoptogaster scolytus
Birkenteer *m* birch tar
Birkenteeröl *n* birch tar oil
Birnbaum *m* 1. pear[-tree] *(genus Pyrus)*; 2. pear[-tree], Pyrus communis
Birnbaumholz *n* pear-wood
Birnbaumprachtkäfer *m* sinuate pear [tree] borer, Agrilus sinuatus
Birnbaumprachtkäferlarve *f* sinuate pear [tree] borer
bis-TBTO *n* tributyltin oxide, TnBTO *(wood preservative)*
Bischofsholz *n* 1. amaranth, purplewood, purpleheart *(wood from Peltogyne spp.)*; 2. bishop wood, Bischofia javanica
Bischofskiefer *f* bishop's pine, Pinus muricata
Bismarckbraun *n* Bismarck brown *(aniline dye)*
Bister *m(n)* bistre, bister, soot brown *(pigment derived from soot made by burning beech wood)*
Bistrotisch *m* bistro table
Bisulfitkochung *f* bisulphite pulping
Bisulfitzellstoff *m* bisulphite pulp
BIT *s.* Bintangor
Bitterbaum *m* 1. bitter wood (ash), Picrasma excelsa; 2. cascara buckthorn, polecat tree, bitter bark, wild coffee, bearwood, Rhamnus purshianus
Bitteresche *f* 1. bitter wood, bitter ash, Picrasma excelsa; 2. bitter (mountain) damson, bitter wood, Simaruba amara
Bitterholz *n* bitter wood, bitter ash, Picrasma excelsa
Bitterlich-Gerät *n* Bitterlich's angle gauge, angle-count gauge *(timber mensuration)*
~**-Stab** *m s.* Bitterlich-Gerät
Bitternuß *f* bitternut [hickory], pecan [hickory],

swamp hickory, Carya cordiformis
Bitterrinde *f* amargoso [bark] *(from Quassia amara)*
Bitterweide *f* bay[-leaved] willow, Salix pentandra
Bitumencellulosefaserrohr *n* bituminized fibre pipe
Bitumenemulsion *f* bitumen emulsion
Bitumenfarbe *f* Brunswick black
Bitumenfaserplatte *f* bitumen-impregnated insulating board, bitumen-impregnated softboard, asphalt-treated [fibre]board
Bitumenfirnis *m* bituminous varnish
bitumengetränktes Dichtungspapier *n* lining paper
Bitumenholzfaserplatte *f s.* Bitumenfaserplatte
Bitumenkleber *m* bitumen-based adhesive, bituminous mastic
Bitumenlack *m* bituminous varnish
Bitumenpapier *n* asphalt paper (felt), tar paper, tarred brown paper
Björkman-Lignin *n* milled-wood lignin, MWL, Björkman lignin
BKA *s.* Kalifornisches Bleistiftholz
BL *s.* Brauns Lignin
blank bright *(wood)*
Blasebalg *m* bellows *(of musical organ)*
Blasenbildung *f* temperature blistering *(paint failure)*
Blasenteer *m* bubble tar *(wood distillation)*
Blatt *n* leaf, sheet *(veneer, paper)*
Blattaluminium *n* aluminium leaf
Blattbildung *f* sheet formation *(paper-making)*
Blatteigenschaft *f* sheet property
Blätterknauf *m* finial *(ornament)*
Blätterpilz *m* gill fungus, agaric *(order Agaricales)*
Blätterschellack *m* flake shellac[k]
Blattfestigkeit *f* sheet strength
Blattgold *n* gold leaf, loose leaf gold
Blattgoldaufbringung *f* [mit dem Abrollgerät] gold tooling
Blattnagel *m* clout nail
Blattsäge *f* blade saw
Blattschraube *f* screw plate
Blattsilber *n* silver leaf
Blattundurchsichtigkeit *f* sheet opacity *(paper-making)*
Blattverbindung *f* scarf [joint]
Blattwelle *f* cyma *(decorative moulding)*
blau werden to blue *(wood)*
Blaue Scheinzypresse *f* Lawson['s] cypress, Oregon (Port-Orford) cedar, Chamaecyparis lawsoniana
Bläue *f* blu[e]ing, blue-stain, blue sap-stain, *(inexact)* blue rot *(caused by fungal attack)*
~ **kein Fehler** blue-stain no defect *(timber trade)*
bläuebefallen blue-stained *(wood)*
Bläuepilz *m* [blue-]stain fungus *(esp. Ophiostoma spp., Ceratostomella spp., Penicillium spp., Fusarium spp.)*
bläueschutzbehandelt antistain-treated
Bläueschutzbehandlung *f* antistain treatment
Bläueschutzmittel *n* antistain chemical (fungicide)

Bläueschutzmittelbehandlung *f* antistain treatment
Blauesche *f* blue ash, Virginia ash, Fraxinus quadrangulata
Bläueverhütung *f* blue-stain prevention
Blaufärbung *f* blu[e]ing, blue-stain, blue sap-stain, *(inexact)* blue rot *(caused by fungal attack)*
Blaufäule *f s.* Blaufärbung
Blaufichte *f* Colorado spruce, blue spruce, silver (white) spruce, Picea pungens
Blaugummibaum *m* [southern, Tasmanian] blue gum-tree, bastard box, Eucalyptus globulus
Blauholz *n* Campeachy wood, logwood, peachwood, Haematoxylum campechianum
Blauholzfarbstoff *m* logwood principle
blaukrank blue-stained *(wood)*
Blausäure *f* hydrogen cyanide, hydrocyanic acid *(wood preservative)*
Blausieb *n* leopard moth, Zeuzera pyrina
Blauverfärbung *f* blu[e]ing, blue-stain, blue sap-stain, *(inexact)* blue rot *(caused by fungal attack)*
Blauwerden *n* blu[e]ing *(e.g. of wood)*
bleibende Druckverformung *f* compression set
~ **Holzgründung** *f* permanent wood foundation, PWF
~ **Verformung** *f* permanent set, residual (plastic) deformation, unrecovered strain *(e.g. of wood)*
~ **Zugverformung** *f* tension set
Bleichanlage *f* bleach[ing] plant, bleachery *(pulp manufacture)*
bleichbar bleachable
Bleichbarkeit *f* bleachability
Bleichbeize *f* bleaching mordant
Bleichchemikalie *f* bleaching chemical, bleach
bleichen to bleach
nicht vollständig ~ to underbleach *(pulp)*
Bleicher *m* bleacher
Bleicherei *f* bleachery, bleach[ing] plant
Bleichereiabwasser *n* bleachery effluent, bleach[ing] plant effluent, spent bleach liquor, SBL
bleichfähig bleachable
Bleichfähigkeit *f* bleachability
Bleichflotte *f* bleaching liquor
Bleichflüssigkeit *f* bleaching liquor
Bleichfolge *f* bleaching sequence
Bleichholländer *m* bleaching engine, potcher
Bleichkalk *m* chloride of lime
Bleichlösung *f* bleaching solution
Bleichmittel *n* bleach, bleaching agent
Bleichmittellösung *f* bleaching solution
Bleichreaktion *f* bleaching reaction
Bleichschlamm *m* bleach sludge
Bleichstufe *f* bleaching stage
Bleichturm *m* bleaching tower
Bleichverfahren *n* bleaching procedure, bleaching process
Bleichverhältnis *n* bleach ratio
bleigefaßt leaded
bleigefaßtes Fenster *n* leaded light
~ **Gitterfenster** *n* lattice window
bleihaltige Vorstreichfarbe *f* lead primer

Bleiholz

Bleiholz *n* leatherwood, Dirca palustris
Bleistift *m* [lead] pencil
~-Streichmaß *n* pencil gauge
Bleistiftholz *n* pencil wood
Bleistiftindustrie *f* pencil-making industry
bleiverglastes Fenster *n* leaded light
Bleiweiß *n* flake white *(pigment)*
Blendling *m* bastard, hybrid *(e.g. of wood species)*
Blendrahmen *m* jamb, trim
Blendrahmenholz *n* trim
blind verkeilter Zapfen *m* fox-wedged tenon joint
~ verzapfen to stub-tenon
Blindboden *m* subfloor, false floor
blinder Schlitz *m* stub mortise
~ Tüpfel *m* blind pit, air pit *(wood anatomy)*
~ Zapfen *m* stub tenon
blindes Stemmloch (Zapfenloch) *n* dead mortise
Blindfurnier *n* cross-band [veneer], crossbanding
Blindholz *n* muntin *(of a framed door)*
Blindstich *m* blind stitch *(upholstery)*
Blindtür *f* blank door
Blitzriß *m* lightning scar, lightning shake, thunder shake *(in wood)*
Blitzschaden *m* lightning damage
Blitzwurm *m* sinuate pear [tree] borer *(larva from Agrilus sinuatus)*
Bloch *m(n)* [round] log, sawn log, stem section
Blochwagen *m* s. Blockwagen
Block *m* block; [round] log, sawn log, stem section
~ für Fässer barrel log
Blockabwerfer *m* log ejector, [log] kicker
Blockaufzug *m* log haul
Blockausrichter *m* log aligner
Blockbalken *m* cabin log
Blockbandsäge *f* band mill
Blockbandsägemaschine *f* log band sawing machine
Blockbandsägewerk *n* band [saw]mill
Blockbau *m* log construction
Blockbauarchitektur *f* log architecture
Blockbauweise *f* log construction
Blockbauwerk *n* log construction
Blockeinspannwagen *m* log carriage
Blockende *n* saw log end
Blockentrinder *m* log debarker
Blockflöte *f* recorder
Blockgreifer *m* log grab
Blockhaus *n* log house, log cabin, blockhouse
Blockhausbalken *m* cabin log
Blockhausbau *m* log house construction
Blockhausschalbrett *n* log siding weather-board
Blockhauswand *f* log wall
Blockhobelmaschine *f* log planing machine, block truing planing machine, balk dressing machine
Blockholzmaß *n* log scale, log rule
Blockhütte *f* log cabin, log hut
Blockkettenförderer *m* log chain conveyor
Blockkreissäge[maschine] *f* log circular saw[ing machine]
Blockrahmen *m* log frame

Blocksäge *f* log saw, breakdown saw, head saw, headrig *(in the sawmill)*
Blockscherfestigkeit *f* block shear strength *(of wood-based panels)*
Blockschnitt *m* live log sawing
Blocksortierer *m* log sorter
Blocksortierung *f* log sorting, log grading
Blockspannblock *m* log dogging block
Blockspannzange *f* log dog
Blockstapel *m* log pile, log stack
Blockstapeln *n* log piling
Blockstapelung *f* log piling
Blockvolumen *n* log volume
Blockwagen *m* log [saw] carriage, saw carriage, block carriage, bogie *(of a frame saw)*
Blockwagenspannbock *m* head block *(of a sawing machine)*
Blockwand *f* log wall
Blockzug *m* log haul
blonder Schellack *m* orange shellac[k]
Blow-line-Verfahren *n* blow-line process *(of fibre-mass gluing)*
Blume-Leiss-Baumhöhenmesser *m* Blume-Leiss altimeter
Blumeneisen *n* long pod gouge *(wood-carver's tool)*
Blumenesche *f* flowering ash, manna-ash, Fraxinus ornus
Blumenfurnier *n* crotch veneer
Blumenhartriegel *m* [flowering] dogwood, Cornus florida
Blumenintarsien *fpl* floral marquetry
Blumenkasten *m* window box
Blumenkorb *m* flower basket
Blumenschale *f* jardiniere
Blumenschnitzwerk *n* floral carving
Blumentextur *f* pommelle
Blumentisch *m* plant stand, flower-holder
blumige Textur *f* pommelle
Blutalbuminleim *m* [blood-]albumin glue, blood adhesive
Blutbuche *f* copper beech, purple beech, Fagus sylvatica cv. purpurea
Bluten *n* bleeding
blütenlose Pflanze *f* spore plant
Blutholz *n* 1. Campeachy wood, logwood, peachwood, Haematoxylum campechianum; 2. [red] bloodwood, Eucalyptus corymbosa
Blutungssaft *m* bleeding sap *(of plants)*
Bobaum *m* pipal [tree], sacred fig tree, bo (peepul) tree, Ficus religiosa
Bobine *f* bobbin, reel
Bock *m* s. Bockkäfer
Bockkäfer *m* longhorn [beetle], longicorn, capricorn (timber) beetle, cerambycid *(family Cerambycidae)*
Bockpfette *f* lean-to-roof purlin
Bocksbein *n* cabriole leg *(of a chair)*
bodenbewohnende Termite *f* subterranean termite *(esp. Reticulitermes spp.)*
Bodenbrett *n* bottom shelf, base shelf
Bodengleiche *f* ground-line
Bodenleiter *f* loft ladder
Bodenrahmen *m* underframe, underframing
bodenständig autochthonic, autochthonous *(e.g.*

a tree species)
Bodenstanduhr *f* long-case clock, grandfather clock, hall clock
Bodentermite *f* subterranean termite *(esp. Reticulitermes spp.)*
Bodenträger *m* shelf support
Bodentreppe *f* attic stairs
Bodentrittleiter *f* loft ladder
Bogen *m* 1. bow; 2. sheet, leaf *(veneer, paper)*
Bogenaußenseite *f* extrados
Bogenbalken *m* arched beam, curved beam, arched girder
Bogenbinder *m* bow[string] truss, Belfast [roof] truss
Bogenbinderdach *n* bowstring roof
Bogenbinderuntergurt *m* string piece
Bogendach *n* cambered roof
Bogeneigenschaft *f* sheet property
Bogenfachwerk *n* [tied-]arch truss
Bogenfachwerkträger *m* crescent truss
Bogenfeld *n* lunette *(ornament)*
Bogenfenster *n* bow (arched) window, fan window; bay window
Bogenfräsmaschine *f* curved-component cutter
Bogenholz *n* Osage-orange, Maclura pomifera (aurantiaca)
Bogeninnenseite *f* intrados
Bogenkalander *m* sheet calender *(paper-making)*
Bogenlehrbrett *n* turning piece
Bogenlehre *f* turning piece
Bogenopazität *f* sheet opacity *(paper-making)*
Bogenreinheit *f* sheet cleanliness *(paper-making)*
Bogenreinheitsgrad *m* sheet cleanliness *(paper-making)*
Bogensäge *f* bow-saw, sweep saw
Bogenschneidvorrichtung *f* sheet-forming device
Bogensparren *m* curved rafter
Bogenstrebe *f* curved brace
Bogentragbalken *m* arched beam, arched girder
Bogenträger *m* arched beam, arched girder
~ **mit Zugband** tied arch, bowstring girder
Bogenunterseite *f* intrados
Bogenzirkel *m* wing compass
Bogenzwickel *m* spandrel, spandril, span rail
Bohle *f* plank
Bohlenbelag *m* plank bottom, planking, decking
Bohlendach *n* batten roof
Bohlenkonstruktion *f* plank construction
Bohlenmöbel *npl* plank furniture
Bohlenrost *m* plank grating
Bohlensäge *f* plank saw
Bohlentransportgerät *n* plank conveyor
Bohlentruhe *f* plank chest, boarded chest
Bohlenverschalung *f* plank lining
Bohlenwand *f* timbered wall
Bohlenweg *m* barrow run, barrow way, *(Am)* boardwalk
Bohlwand *f* timbered wall
Bohnenstange *f* beanpole
Bohnermittel *n* floor wax
Bohnerwachs *n* floor wax
Bohrassel *f* gribble, Limnoria lignorum (terebrans)
Bohrband *n* drill-in hinge
bohren to bore, to drill

Bohrer *m* borer, bit
~ **mit Vierkantschaft** square-shanked bit
Bohrer[scharf]schleifer *m* drill sharpener
Bohrerspannfutter *n* drill chuck
Bohrerspitze *f* bit point
Bohrerspitzenwinkel *m* point angle
Bohrfutter *n* drill chuck
Bohrgang *m* gallery *(e.g. from wood-destroying insects)*
Bohrhyphe *f* transpressorium *(of certain fungi)*
Bohrkäfer *m* 1. bostrychid beetle, powder-post beetle (borer), wood-boring beetle, wood borer *(family Bostrychidae)*; 2. anobiid beetle, furniture beetle, death-watch [beetle] *(family Anobiidae)*
Bohrkäferlarve *f* woodworm, worm
Bohrkern *m* boring core, borer core, increment core *(timber mensuration)*
Bohrkörner *m* centre punch
Bohrlehre *f* boring jig
Bohrloch *n* 1. borehole; 2. insect-hole, worm (grub) hole, flight hole *(of insect pests)*
Bohrlochimpfung *f* borehole treatment *(wood preservation)*
Bohrlochverfahren *n* borehole treatment *(wood preservation)*
Bohrmaschine *f* boring machine, drilling machine
Bohrmehl *n* 1. bore (boring) dust, bore meal; 2. frass, spar dust *(of wood destroying insects)*
Bohrmuschel *f* 1. pholad, piddock *(genus Pholas)*; 2. marine [wood] borer, ship-worm, teredo, Teredo navalis
bohrmuschelfest marine-borer-resistant
Bohrmuschelfestigkeit *f* marine borer resistance
Bohrmuschelloch *n* marine borer hole
Bohrmuschelschutz *m* marine borer protection
Bohrschädling *m* boring pest, wood borer, wood-boring insect
Bohrschaufel *f* waste cutter *(of a twist bit)*
Bohrschneide *f* bit
Bohrspan *m* boring core, borer core, increment core *(timber mensuration)*
Bohrwerkzeug *n* boring-tool, borer
Bohrwinde *f* carpenter's brace, brace [and bit], bit brace, breast drill
~ **mit Ratsche** ratchet brace
Bohrwindenbüchse *f* brace chuck
Bohrwindenspannfutter *n* brace chuck
Boi *m* baize
Boiré *n* tallow-tree, Detarium senegalense
Bolidensalz *n* Boliden salt *(wood preservative)*
Bologneser Kreide *f* Bologna chalk
~ **Kreidegrund** *m* Bologna chalk *(gilding)*
Bolus *m* [Armenian] bole *(earth colour for preparation of gesso in gilding)*
Bolzen *m* [timber] bolt, dead shore
Bolzenkopf *m* bolt head
Bolzenloch *n* [timber] bolt-hole
Bolzenverbindung *f* bolted [timber] joint
Bombacopsis quinata red ceiba, Bombacopsis quinata *(wood species)*
Bombax buonopozense bombax, Bombax buonopozense *(wood species)*

Bombax ceiba

~ **ceiba** *s*. Bombax malabaricum
~ **malabaricum** bombax, [red] cotton tree, Indian bombax (kapok), Bombax malabaricum
Bombay-Mastix *m* Bombay mastic *(from Pistacia chinensis ssp. integerrima)*
bombierte Holzfläche *f* bombé *(bellied front surface e.g. of cabinets)*
Bommerband *n* Bommer-type helical hinge
Bongossi[holz] *n* azobe, ekki, Lophira procera (lanceolata, alata) *(wood species)*
Bootsbau *m* boat-building, boat construction
Bootsbauer *m* boat-builder, boatwright
Bootsbauholz *n* boat-building timber, ship [building] timber, wood for boat-building
Bootsbaumaterial *n* boat-building material
Bootsbausperrholz *n* boat-building plywood
Bootshaus *n* boat-house
Bootsholz *n s*. Bootsbauholz
Boots[klar]lack *m* yacht (boat) varnish, marine varnish
Bootsnagel *m* boat nail
Bootswerft *f* boat-yard
BOR *s*. Boiré
Borax *m(n)* borax, sodium tetraborate *(wood preservative)*
Bord *n* shelf
Bordeaux-Terpentin *n* galipot, gallipot, Bordeaux turpentine *(resin from Pinus pinaster)*
Bordiffusionsverfahren *n* boron diffusion treatment *(wood preservation)*
Borke *f* [outer, dead] bark, rhytidome, cortex
Borkenanteil *m* **in Prozent** bark percent[age]
Borkenbildung *f* obliteration
Borkenkäfer *m* bark-beetle, engraver beetle, ipid [beetle], keyhole (shot-hole) borer *(family Scolytidae = Ipidae)*
Borkenkäferbefall *m* bark-beetle infestation
Borkenkäferfalle *f* bark-beetle trap
borkenkäferresistent bark-beetle-resistant
Borkenkäferresistenz *f* bark-beetle resistance
Borkenkäferschaden *m* bark-beetle damage
Borkentasche *f* bark pocket
borkentragend corticate[d], corticose, corticous
Borneo-Eisenholz *n* belian, Eusideroxylon zwageri *(wood species)*
Borneokampfer *m* Borneo camphor *(wood extract from Dryobalanops aromatica)*
Borneol *n* borneol *(monoterpene)*
Borneolessig[säure]ester *m* borneol acetate
Bornylacetat *n* borneol acetate
Borstige Robinie *f* rose acacia, Robinia hispida
Borte *f* gimp
BOS *s*. Bossé
Bosasa *n* niove, Staudtia gabonensis (stipitata) *(wood species)*
Bossé *n* [scented] guarea, Guarea cedrata *(wood species)*
Bossenwerkornament *n* gadroon, nulling
Boswellia serrata Indian olibanum, salai tree, Boswellia serrata
Boswellinsäure *f* boswell[in]ic acid *(triterpene)*
Botanik *f* botany
Böttcher *m* cooper
Böttcherarbeit *f* cooperage, coopering, coopery

Böttcherdechsel *f(m)* cooper's adze
Böttcherei *f* 1. cooperage, coopering, coopery; 2. cooper's workshop, coopery, cooperage
Böttcherhandwerk *n* cooperage, coopery
Böttcherholz *n* stave wood
Böttcherware *f* cooperage, coopery
Böttcherwerkstatt *f* cooper's workshop, coopery, cooperage
Bottich *m* vat
Bottichmacher *m* cooper
Boucherie-Verfahren *n* Boucherie process [of sap displacement], sap displacement treatment *(wood preservation)*
Boucherisierung *f* boucherizing *(wood preservation)*
Bouea oppositifolia plum mango, Bouea oppositifolia *(wood species)*
Boulle-Marketerie *f* boule (boulle, Boulle, buhl) work
mit ~ verziert boule, boulle, buhl
Boullearbeit *f s*. Boulle-Marketerie
Boulton-Verfahren *n* Boulton process, boiling-under-vacuum process *(wood preservation)*
Bowdichia virgilioides sucupira, Bowdichia virgilioides *(wood species)*
Bowlingbahn *f* bowling alley, skittle alley
Boxpalette *f* box pallet
BPH *s*. Bitumenfaserplatte
Brachychiton acerifolius flame kurrajong, Brachychiton acerifolius *(wood species)*
Bracker *m* bracker, grader
brandgeschädigtes Holz *n* burnt wood
Brandholz *n* burnt wood
Brandnarbe *f* fire scar *(e.g. at stem wood)*
Brandverhalten *n* fire behaviour, fire performance *(e.g. of wood)*
Brasilholz *n* [prickly] brazilwood, Lima wood, *(esp.)* Caesalpinia (Guilandina) echinata
Brasilholzextrakt *m* brazilin, brasilin[e] *(flavonoid)*
Brasilianische Araukarie *f* Parana pine, Araucaria angustifolia
~ **Eiche** *f* Brazilian oak, monkey apple, mosquito wood, Palicourea guianensis
~ **Wachspalme** *f* wax palm, carnauba, Copernicia cerifera
Brasilianischer Nußbaum *m* freijo, cordia wood, Cordia goeldiana
Brasilianisches Eisenholz *n* Brazilian ironwood, Caesalpinia ferrea
~ **Rosenholz** *n* Bahia tulip-wood, Physocalymna scaberrinum
Brasilin *n* brazilin, brasilin[e] *(flavonoid)*
Brasilkiefer *f* Parana pine, Araucaria angustifolia
Bratsche *f* alto violin, tenor violin, viola
Braunbeize *f* brown stain
Braune Esche *f* brown ash, black ash, Fraxinus nigra
braune Hackschnitzel *npl* brown chips
Brauner Splintholzkäfer *m* common (brown) powder-post beetle, powder-post beetle (borer), lyctus beetle, Lyctus brunneus
braunes Katechu *n* [dark] cutch, Bengal (Pegu) cutch, Japan earth *(tannin extract esp. from*

Acacia catechu)
Braunfärbung *f* [chemical] brown stain *(seasoning defect)*
Braunfäule *f* brown rot *(esp. of softwood)*
~ **mit Würfelbruch** brown cubical rot
Braunfäulepilz *m* brown-rot fungus, brown-rotter
braunfleckiges Birken[furnier]holz *n* Masur birch *(due to the attack of Dendromyza spp.)*
Braunholzschliff *m* brown groundwood [pulp], brown [mechanical] pulp, brown stock
Braunkern *m* brown heart *(wood defect)*
Braunkohlenholz *n* wood coal
Brauns Lignin *n* Brauns lignin, native lignin, BL
Braunschliff *m* brown groundwood [pulp], brown [mechanical] pulp, brown stock, steamed groundwood
Braunschweiger Schwarz *n* Brunswick black
braunstreifig foxy *(oak)*
braunstreifiges Eichen[kern]holz *n* brown oak
Braunstreifigkeit *f* foxiness *(esp. of oak timber)*
Brautmyrte *f* myrtle, Myrtus communis
Brauttruhe *f* bridal chest, marriage (hope) chest, *(Am)* dower chest
Brechnußbaum *m* nux vomica, Strychnos nux-vomica
Breiapfelbaum *m* sapodilla, sappadillo [tree], Manilkara (Achras) zapota
Breitbandkontaktschleifmaschine *f* wide-belt contact sanding machine
Breitbandsäge[maschine] *f* wide-band saw
Breitbandschleifmaschine *f* wide-belt sander, broad-belt sanding machine
Breitbeil *n* broad axe
Breitblättrige Eberesche *f* Cornish whitebeam, Sorbus latifolia
Breitenquellung *f* width swelling
Breitenverbindung *f* width joint
breiter Falz *m* flat rabbet, flat rebate
Breitfläche *f* [in Faserrichtung] face [side]
breitflächiger Kahlschlag *m* full-forest harvesting
Breithobelmaschine *f* wide-board planing machine
Breitkopfnagel *m* plain-head nail, flat-head nail, wide-headed nail
~ **mit rundem Schaft** round plain-head nail
Breitkopfstift *m* clout nail, large-head nail
breitringig broad-ringed, wide-ringed, coarse-ringed, open-grained, rough-grained, fast-grown *(wood)*
Breitschleifband *n* wide abrasive belt
Breitschnittholz *n* broad timber
Breitseite *f* face [side], better face *(of sawnwood)*; side *(of a board)*
Bremer Ruder *n* espagnolette lock (bolt)
Brenneigenschaft *f* burning quality
brennen to burn
Brenngeschwindigkeit *f* burning rate *(e.g. of wood)*
Brennholz *n* firewood, fuelwood
 mit ~ beheizen to wood
Brennholzbündelmaschine *f* firewood bundling machine

Brennholzhacken *n* fuelwood chipping
Brennholzkreissäge *f* circular sawing machine for firewood
Brennholzscheit *n* fuel log
Brennholzschuppen *m* wood-shed
Brennholzspaltmaschine *f* firewood cleaving machine
Brennholzstapel *m* rick, woodpile
Brennholztrockner *m* firewood dryer
Brennmaschine *f* branding machine
Brennpalme *f* hill palm, Caryota urens
Brennrinde *f* fuel bark, bark for fuel
Brennscheit *n* fuel log
Brennverhalten *n* burning behaviour
Brereton Rule *f* Brereton rule *(timber mensuration)*
Brett *n* board
~-Deckleisten-Außenwandverkleidung *f* board and batten [siding]
Brettabnahmevorrichtung *f* board take-off unit
Brettabnehmer *m* board take-off unit
Brettbinder *m* built-up truss, sandwiched truss
Brettbreite *f* board width
Brettchenschneidemaschine *f* slicing machine for board production
Brettdicke *f* board thickness
Bretterabfälle *mpl* board offcuts, board trimmings
Bretterdach *n* board roof
Bretterdecke *f* board ceiling
Bretterfußboden *m* timber boarded floor, board floor
Brettermaßstab *m* [foot] board measure
Brettermühle *f* board sawmill, siding mill
Brettersäge *f* rip-saw, ripper
Bretterschalung *f* board shuttering
Bretterschnitt *m s.* Brettschnitt
Bretterstapel *m* stack of boards
Brettersteig *m (Am)* boardwalk
Brettertrennwand *f* boarded partition
Brettertruhe *f* boarded chest, plank chest
Brettertür *f*, **Brettertürflügel** *m* board door, ledged and braced door, ledged braced and battened door, Z-brace door, solid door
Bretterverkleidung *f* boarding, sheathing
Bretterverschalung *f* weather-board cladding, weather-boarding, weather-boards
Bretterverschlag *m* timber-lined shed
Bretterware *f* board materials, boarding
Bretterzaun *m* board fence, close-boarded fence
Brettfußmaßstab *m* board rule
Brettgesims *n* wooden cornice flashing
Brettkante *f* board edge
Brettkantenfläche *f* board edge
Brettmaß *n* [foot] board measure
Brettmühle *f* board sawmill, siding mill
Brettpaneel *n* planked panel
Brettsäge *f* rip-saw, ripper
Brettsägeabfall *m* board offcuts, board trimmings
Brettsägewerk *n* board sawmill, siding mill
Brettschicht-Bogenträger *m* curved glulam beam
Brettschichtbalken *m* glue-laminated beam
Brettschichtbinder *m* glue-laminated timber

Brettschichtbinder

truss, glued truss
Brettschichtdruckstab *m* glulam column
Brettschichtholz *n* glue-laminated timber (wood), structural laminated timber, engineered wood
Brettschichtholzbalken *m* [glue-]laminated beam, laminated timber beam
Brettschichtholzbauteil *n* glulam member
Brettschichtholzbetrieb *m* laminating plant
Brettschichtholzbinder *m* glue-laminated timber truss, glued truss
Brettschichtholzindustrie *f* laminating industry
Brettschichtholzkonstruktion *f* glulam construction, laminated beam construction
Brettschichtträger *m* glulam beam, glulam member
brettschichtverleimt glue-laminated
Brettschneidemaschine *f* siding machine
Brettschneidemühle *f* board sawmill, siding mill
Brettschnitt *m* flat-sawing, tangential cutting, through and through [cutting]
im ~ hergestellt flat-sawn (-cut, -grained), tangentially sawn, plain-sawn, slash-sawn, back-sawn
Brettsortieranlage *f* board sorting system
Brettstapelbauweise *f* glulam construction
Brettstapelbauweise *f* laminated beam construction
Brettwendevorrichtung *f* board turner
Brettwurzel *f* buttress [root], plank buttress, tabular root
Brewer-Fichte *f* Brewer's spruce, weeping spruce, Picea breweriana
Brewster-Stuhl *m* (Am) Brewster chair
Bridgesessel *m* bridge armchair
Bridgetisch *m* bridge table
Briefhüllenpapier *n* envelope paper
Brieflade *f* letter hole (in writing furniture)
Briefpapier *n* letter-paper, notepaper
Briefumschlagpapier *n* envelope paper
Brigalow *n* myall, Acacia harpophylla (wood species)
brikettieren to briquette (e.g. sawdust)
Brikettierpresse *f* briquetting press
Brikettierung *f* briquetting
Brinellhärte *f* Brinell hardness
bringen to log, to extract, to haul, (Am) to yard (felled timber)
Bringen *n* s. Bringung
Bringung *f* logging, [wood] extraction, hauling, haulage, dragging out, (Am) yarding
~ **ganzer Stämme** whole-stem logging
~ **mit Tieren** animal hauling
Bringungsschaden *m* logging scars
Brokat *m* brocade (furnishing fabric)
Brommethan *n* methyl bromide (fumigant)
Bronzepapier *n* bronze paper
Bronzepulver *n* bronze powder
Bronzesäge *f* bronze saw
Bronzetinktur *f* bronzing liquid
bronzieren to bronze
Brownell-Lignin *n* Brownell lignin
BRU s. Bruyereholz
Bruch *m* 1. fracture, failure; 2. broke (paper-making)

~ **quer zur Faser[richtung]** cross fracture
Bruchbeanspruchung *f* ultimate load[ing], failing load (e.g. of structural timber)
Bruchbelastung *f* failing load, rupture load
Bruchbiegespannung *f* ultimate bending stress, bending stress at break
Bruchbild *n* fracture morphology
Bruchbirke *f* European birch, Betula pubescens
Bruchfestigkeit *f* breaking strength, ultimate strength; modulus of rupture, MOR (e.g. in bending test)
Bruchgefüge *n* fracture morphology
brüchig brittle, brash[y], fragile
Brüchigkeit *f* brittleness, brashness, fragility (e.g. of wood)
Bruchlast *f* ultimate load[ing], failing load, rupture load (e.g. of structural timber)
Bruchleiste *f* holding wood, hold, key, hinge, crest, bridge (tree felling)
Bruchmechanik *f* fracture mechanics
Bruchmodul *m* modulus of rupture, MOR (e.g. in bending test)
Bruchradius *m* breaking radius (bending test)
Bruchschlagarbeit *f* impact bending strength, impact resistance (viscosity)
Bruchschlagfestigkeit *f* shock resistance, shock resisting ability
Bruchspannung *f* ultimate stress
Bruchsteinausfachung *f* stone nogging (framework)
Bruchweide *f* crack-willow, redwood willow, brittle willow, Salix fragilis
Bruchzähigkeit *f* fracture toughness
Brucin *n* brucine (alkaloid)
Brücke *f* bridge
Brückenbau *m* bridge building
Brückenbauholz *n* bridge timber
Brückenbeplankung *f* bridge planking
Brückenbohlenbelag *m* bridge planking
Brückenkran *m* bridge crane
Brückenlängsbalken *m* log stringer
Brückenträger *m* bridge beam
Brust *f* tenon shoulder (mortise and tenon joint)
Brustabschnitt *m* thorax (of insects)
Brusthöhendurchmesser *m* breast-height diameter, b.h.d., diameter at breast height, chest-height diameter (timber mensuration)
Brusthöhenformzahl *f* breast-height form factor (timber mensuration)
Brusthöhenkreisfläche *f* basal area at breast heigth (timber mensuration)
Brusthöhenumfang *m* breast-height girth, girth [at] breast height (timber mensuration)
Brustholz *n* neck yoke
Brustkantenwinkel *m* front bevel angle (of a saw-tooth)
Brustleier *f* carpenter's brace, brace [and bit], bit brace, breast drill
~ **mit Knarre** ratchet brace
Brustriegel *m* breast rail
Brüstung *f* 1. rail; 2. halving [joint], halved joint, half-lap[ped] joint; 3. tenon shoulder (mortise and tenon joint)
Brüstungsholm *m* parapet cross beam
Brustwinkel *m* hook angle, rake angle (of a

saw-tooth); side-plate angle *(of the saw chain tooth)*
Brustzapfen *m* tusk tenon
Brutgang *m* egg-tunnel, nest gallery, nesting tunnel *(of wood pests)*
Brutplatz *m* nesting place, nesting site *(e.g. of wood pests)*
Bruttovolumen *n* **eines Baumes** tree overbark volume
Bruyèreholz *n* 1. tree heath, Erica arborea; 2. brier, briar *(esp. root wood from Erica arborea)*
Bruyère[tabaks]pfeife *f* brier, briar
BSB *s.* biochemischer Sauerstoffbedarf
BSH *s.* Brettschichtholz
BU *s.* Buchenholz
BUB *s.* Bubinga
Bubinga *n* bubinga, African rosewood, Guibourtia tessmannii
Bubuti *n* berg mahogany, Entandrophragma caudatum
BUC *s.* Buchsbaum
Buchauflage[fläche] *f* book rest
Buchdrucker *m* spruce bark-beetle, Norway spruce engraver, Ips (Tomicus) typographus
Buchdruckpapier *n* book paper
Buche *f* beech, buck *(genus Fagus)*
buchenartig fagaceous
Buchengewächse *npl* beech family *(family Fagaceae)*
Buchenholz *n* beech[wood]
Buchenholzpech *n* beech pitch
Buchenholzteer *m* beech tar
Buchenkrebs *m* beech canker *(caused by Nectria ditissima)*
Buchenprachtkäfer *m* beech agrilus, Agrilus viridis
Buchenteer *m* beech tar
Buchenteeröl *n* beech-tar oil
Bücherbord *n s.* Bücherregal
Bücherregal *n* bookshelf, book stack, bookcase
Bücherschrank *m* bookcase
Bücherschränkchen *n* dwarf bookcase
Bücherwand *f* bookshelving unit
Buchs *m* 1. box *(genus Buxus)*; 2. compression wood, pressure wood, glassy wood, redwood, hard streak[s], tenar
Buchsbaum *m* 1. box *(genus Buxus)*; 2. European box[wood], [North African] boxwood, Buxus sempervirens
buchsbaumartiges Holz *n* boxwood
~ **Holz liefernde Pflanze** *f* boxwood
Buchsbaumgewächse *npl* box family *(family Buxaceae)*
Buchsbaumholz *n* box[wood]
Büchsenschäfter *m* gun-stock maker
Buchsholz *n* box[wood]
Buchsig *m s.* Buchs 2.
Buchstabenholz *n* leopardwood, letterwood, snakewood, Brosimum (Piratinera) guaianensis
Bucida buceras bully tree, Bucida buceras
Buckel *m* bump *(e.g. on veneered surfaces)*
bucklig bumpy *(wood)*
Bufett *n*, **Büffet** *n* sideboard, dresser, serving commode, buffet

Bug *m* [corner] brace *(timber construction)*; up brace *(timber construction)*
Büge *f* corner brace, raking shore *(timber construction)*
Bügel *m* bow *(e.g. of a saw)*
Bügelbandtrockner *m* press dryer *(veneer dryer)*
Bügelbrett *n* ironing-board
Bügeleisen *n* stirrup
Bügeleisenverbindung *f* stirrup joint
Bügelkettensäge *f* bow chain-saw
Bügelsäge *f* bow-saw, sweep saw
Bügeltisch *m* ironing table
Bügeltrockner *m* press dryer *(veneer dryer)*
Bügelverbindung *f* stirrup joint
Bügelzapfenverbindung *f* through bridle joint
Bügelzwinge *f* G-clamp, G-cramp, C-clamp
Bugholz *n* bent wood
Bugholzmöbel *npl* bent-wood furniture
Bugholzstuhl *m* Thonet [bent wood] chair
Bugholzteil *n* bent part
Buhne *f* groyne, *(Am)* groin
Bühnenmöbel *npl* stage furniture
Buhnenpfahl *m* faggot stake
Bulldogdübel *m* bulldog [timber] connector, toothed-plate connector
Bulldog[holz]verbinder *m* bulldog [timber] connector, toothed-plate connector
Bullnose-Eckensimshobel *m* bull-nose plane
Bumelia lanuginosa shittim [wood], Bumelia lanuginosa
Bumerang *m* boomerang
Bund *n* bundle
~ **Furniere** veneer bundle, veneer pack
Bund *m* fret *(on finger-board of plucked instruments)*
Bundaxt *f* carpenter's axe, mortise axe
Bundbalken *m* tie[-beam], binding beam
Bündelentastung *f* bundle delimbing
Bündelgestör *n* bundle raft
Bündelholz *n* bundled wood
bündeln to bundle, to bunch
bündelweises Ablängen *n* bunch bucking
Bundentästung *f* bundle delimbing
bündig flush
Bündigfräsen *n* flush trimming
Bündigfräser *m* trimmer
Bundleiste *f* fret *(on finger-board of plucked instruments)*
Bundriß *m s.* Bundzeichen
Bundsparren *m* main rafter, chief rafter, principal [rafter]
Bundsparrensockel *m* rafter shoe
Bundweite *f* truss spacing
Bundzeichen *n* carpenter's mark, assembly mark
Bungekiefer *f* lace-bark pine, Pinus bungeana
Bungur *n* American oak, Lagerstroemia speciosa
Bunkskidder *m* clam [bunk] skidder
Buntbartschlüssel *m* snapped-bit key
Bunte Stammfußfäule (Stockfäule) *f* mottled butt rot
Bunter Erlenrüsselkäfer (Erlenrüßler) *m* poplar-and-willow-borer, Cryptorhynchus lapathi
~ **Eschenbastkäfer** *m* small ash bark-beetle, Leperisinus fraxinus

Bunter Nagekäfer 30

~ **Nagekäfer** *m* death tick, death-watch [beetle], Xestobium rufovillosum
Buntfäule *f* mottled rot *(of wood)*
Buntfichte *f* Alcock spruce, Picea alcoquiana (bicolor)
Bunya-Bunya-Baum *m* bunya-bunya, bunya (Queensland) pine, Araucaria bidwillii
Burgenahorn *m* Montpellier maple, Acer monspessulanum
Burgunder Eiche *f* wainscot oak, Turkey oak, Quercus cerris
Burgunderharz *n* Burgundy pitch *(esp. from Pinus pinaster)*
Burgunderterpentin *n* Burgundy turpentine *(esp. from Pinus pinaster)*
Burma-Eisenholz *n* pyinkado, Xylia dolabriformis (xylocarpa) *(wood species)*
~-**Padouk** *n* Burma padouk, Pterocarpus macrocarpus *(wood species)*
burnettisieren to burnettize
Bürodrehstuhl *m* office swivel chair, revolving office chair
Büromöbel *npl* office furniture, business furniture
Büromöbelfabrik *f* office furniture factory
Büromöbelprogramm *n* office furniture series
Büromöbelsystem *n* office furnishing system
Büroschrank *m* office cabinet
Büroschreibtisch *m* office writing table
Bürostuhl *m* office chair
Bursera aloexylon lign-aloes, Bursera aloexylon *(wood species)*
~ **penicillata** Indian linaloe, Bursera penicillata *(wood species)*
~ **gummifera** *s.* Bursera simaruba
~ **simaruba** gum-bearing bursera, American gum, almacigo, gumbo-limbo, West Indian birch (mastic), Jamaica birch tree, Bursera simaruba (gummifera)
Bürste *f* brush
bürstengestrichenes Papier *n* brush-coated paper
Bürstengrundkörper *m* brush back, brush block
Bürstenholzbohrer *m* shell bit, sppon bit, quill bit
Bürstenmacher *m* brush manufacturer
Bürstenschleiftrommel *f* brush sanding drum
Bürstenstiel *m* brush handle
Bürstenstreifen *m* **[der Türunterkante]** door sweep
Bürstenstrich *m* brush coating *(paper-making)*
Büscheliger Schwefelkopf *m* sulphur tuft fungus, Hypholoma fasciculare
Buschen *m* **Furniere** veneer bundle, veneer pack
Büstenpfeiler *m* herm, Herma
Büstenständer *m* bust pedestal
Butandisäure *f* amber acid, succinic acid
Butanol *n* butyl alcohol *(solvent)*
Buteakino *n* 1. butea kino *(from Butea monosperma)*; 2. Bengal kino *(esp. from Butea frondosa)*
Butin *n* butin *(flavanoid)*
Bütte *f* vat; pulp chest
büttenfertiger Stoff *m* accepted stock, accepts *(paper-making)*

Büttengeselle *m* vatman *(paper-making)*
Büttenpapier *n* hand-made paper, vat paper
Büttenpapiermühle *f* vat mill
Butterfly-Tisch *m* butterfly table *(folding table)*
Butterform *f* butter-mould
Butternußbaum *m* butter-nut, grey (white) walnut, Juglans cinerea
Büttner *m* cooper
Butylalkohol *m* butyl alcohol *(solvent)*
Butzenscheibe *f* bull's-eye pane
Buxus balearica Turkish boxwood, Buxus balearica
BVI *s.* Virginischer Wacholder

C

c *s.* spezifische Wärme[kapazität]
c & f *s.* Verladekosten und Seefracht [bis Bestimmungshafen]
C_{14}-Methode *f* radiocarbon dating *(for determining the felling date of a tree)*
CA *s.* Celluloseacetat
CAB *s.* Celluloseacetobutyrat
Cabinetfeile *f* cabinet file
Cableskidder *m* cable skidder
Cabochon-Motiv *n* cabochon *(furniture decoration)*
Cabriole-Bein *n* cabriole leg *(e.g. of a chair)*
Cachou *n* catechu *(extractive, tannin)*
Cadalen *n* cadalene *(sesquiterpene)*
Cadinen *n* cadinene *(sesquiterpene)*
Cadinol *n* cadinol *(sesquiterpene)*
Cadmium[oxid]ethylendiamin *n*, **Cadoxen** *n* cadoxene *(cellulose solvent)*
Caesalpinia digyna teri-pod plant, Caesalpinia digyna *(wood species)*
CAF *s.* Afrikanisches Canarium
Calababaum *m* jacareuba, calaba [tree], Calophyllum brasiliense (calaba)
Calamen *n* calamene *(sesquiterpene)*
Calciumligninsulfonat *n* calcium lignosulphonate
Caliaturholz *n* caliatur wood, red sandalwood, red sanders, ruby wood, *(esp.)* Pterocarpus santalinus
Callitris columellaris cypress pine, Murray river pine, *(esp.)* Callitris columellaris
~ **endlicheri** black [cypress] pine, desert pine, Callitris endlicheri
~ **macleayana** Port-Maquarie pine, brush cypress pine, Callitris macleayana
callitr[is]oide Verdickung *f* callitroid thickening *(wood anatomy)*
Callose *f* callose *(polysaccharide)*
Calophyllum *n* bintangor, *(esp.)* Calophyllum inophyllum *(wood species)*
~ **elatum (tomentosum)** poon[spar], Calophyllum elatum (tomentosum) *(wood species)*
CAM *s.* Campeche[holz]
Camasey *n* maya white, Calycogonium squamulosum *(wood species)*
Cambalholz *n* camwood, Baphia nitida
Cambio-Entrinder *m* cambio [de]barker
Cambium *n* *s.* Kambium
Cameraria latifolia bastard manchineel, Cameraria latifolia *(wood species)*
Camholz *n* camwood, Baphia nitida
Campeche[holz] *n* Campeachy wood, logwood, peachwood, Haematoxylum campechianum
Camphen *n* camphene *(terpene hydrocarbon)*
Campher *m* camphor *(terpene ketone)*
Campinghocker *m* camp-stool
Campingliege *f* camp-bed
Campingmöbel *npl* camping furniture
Campingstuhl *m* camp-chair
Campingtisch *m* camp-table
Campnosperma brevipetiolata Solomon Islands maple, Campnosperma brevipetiolata
Canalete *n* canalete, canaletta, Cordia gerascanthus *(wood species)*
Canarium commune kanari, Canarium commune *(wood species)*
~ **bengalense** *s.* Canarium strictum
~ **strictum** black dhup, black dam[m]ar tree, East Indian copal (dhuna), Canarium strictum (bengalense)
Candellilawachs *n* candellila wax *(from Pedilanthus pavonis)*
Canthium dicoccum Ceylon boxwood, Canthium dicoccum
CAP *s.* Celluloseacetatpropionat
Caquetoire *m* ca[c]queteuse [armchair], ca[c]quetoire, gossip chair
Caracoli *n* wild cashew, espave[l], Anacardium excelsum (giganteum) *(wood species)*
Carbamid *n* carbamide, urea
Carbamidharz *n* urea-formaldehyde resin, UF resin, urea resin
Carbamidharzleim *m* urea-formaldehyde adhesive (glue), urea glue
Carbolineum *n* carbolineum *(wood preservative)*
Carbonylgruppe *f* carbonyl group *(wood chemistry)*
Carbonylverbindung *f* carbonyl compound *(wood chemistry)*
Carbowax *n* carbowax *(wood-preservative)*
Carboxyethylcellulose *f* carboxyethylcellulose
Carboxylgruppe *f* carboxyl [group]
Carboxyllignin *n* carboxyl lignin
Carboxymethylcellulose *f* carboxymethylcellulose
Card-Verfahren *n* Card process *(of wood impregnation)*
Cardwellia sublimis silk[y] oak, Cardwellia sublimis
Caren *n* carene *(monoterpene)*
Carnaubawachs *n* carnauba wax, Brazil wax
Carolina-Schneeglöckchenbaum *m* shittim [wood], Halesia carolina
Carotinoid *n* carotenoid, carotinoid *(natural dye)*
Carpolobia lutea poor man's candle, Carpolobia lutea *(wood species)*
Carport *m* carport
Cartonnier *m* cartonnier *(piece of case furniture)*
Carya aquatica bitter pecan, water hickory, pecan [hickory], Carya aquatica
~ **myristiciformis** nutmeg hickory, pecan [hickory], Carya myristiciformis
Caryophyllen *n* caryophyllene *(sesquiterpene)*
CAS *s.* Castanheiro
Cascara sagrada *f* cascara [sagrada] *(bark from Rhamnus purshianus)*
Cassia alata ringworm bush, Cassia alata *(wood species)*
~ **apoucouita** pearl wood, Cassia apoucouita
~ **siamea** ironwood, Cassia siamea
Cassine colpoon ladlewood, Cassine colpoon
Cassipourea malosana pillarwood, musizi, Cassipourea malosana
Castalagin *n* castalagin *(tannin)*

Castanheiro

Castanheiro *n* Brazil nut, Para nut, Bertholletia excelsa
Castanopsis formosana Taiwan white oak, Castanopsis formosana
Castanospermum australe Moreton Bay chestnut, black bean, Castanospermum australe
Castilloa-Kautschukbaum *m* Central American rubber [tree], Castilla elastica
Casuarina fraseriana [western Australian] she-oak, Casuarina fraseriana
CAT *s.* Cativo
Catechin *n*, **Catechol** *n* catechin, catechol *(flavonoid)*
Catechu *n* catechu *(extractive, tannin)*
Cativo *n* cativo, Prioria copaifera *(wood species)*
Causeuse *f* conversation chair, causeuse
CDX-Sperrholz *n* low-quality plywood
Ceara-Kautschuk *m* ceara rubber
~-Kautschukbaum *m* ceara rubber, Manihot glaziovii
Cecropia peltata trumpet tree, trumpetwood, Cecropia peltata
CED *s.* Cedro
Cedrela *n s.* Cedro
~ fissilis South American cedar, Cedrela fissilis
Cedrelabaum *m* cedrela, cedar *(genus Cedrela)*
Cedro *n* [Central American] cedar, Honduras (Spanish, West Indian) cedar, cedrela, *(esp.)* Cedrela odorata (mexicana)
Cedrol *n* cedrol *(sesquiterpene alcohol)*
Cedrorana *n* tornillo, cedro-rana, Cedrelinga catenaeformis *(wood species)*
Cedrus penhallowii fossil cedar, Cedrus penhallowii
CEI *s.* Ceiba
Ceiba *f* ceiba, silk-cotton tree, kapok tree, Ceiba pentandra
Cello *n* cello, violoncello *(stringed instrument)*
Cellobiose *f* cellobiose *(disaccharide)*
~-Octaacetat *n* cellobiose octaacetate
Cellolignin *n* lignocellulose
Cellon-Verfahren *n* Cellon process *(wood preservation)*
Cellophan *n* cellophane, Cellophane
Cellotriose *f* cellotriose *(trisaccharide)*
Cellulase *f* cellulase *(enzyme)*
~-Enzym-Lignin *n* cellulase enzyme lignin
Cellulaselignin *n* cellulase lignin
Celluloid *n* celluloid
Cellulolyse *f* cellulolysis
cellulolytisch cellulolytic, cellulytic
Cellulosan *n* hemicellulose, wood polyose, wood polysaccharose, pseudocellulose
Cellulose *f* cellulose *(polysaccharide)*
~ I cellulose I, native cellulose
~ II regenerated cellulose, cellulose II
~ III cellulose III
~ IV cellulose IV
~-Pfropfcopolymer[isat] *n* cellulose graft copolymer
~-Regeneratfaser *f* regenerated cellulose fibre
Celluloseabbau *m* cellulose decomposition (degradation), cellulolysis
celluloseabbauend cellulolytic, cellulytic

celluloseabbauender Mikroorganismus *m* cellulose decomposer
Celluloseabfall *m* cellulosic waste [material], waste cellulose
Celluloseabkömmling *m* cellulose derivative, cellulosic
Celluloseacetat *n* cellulose acetate, acetylated cellulose
Celluloseacetatfaser *f* cellulose acetate fibre
Celluloseacetatlack *m* cellulose acetate lacquer
Celluloseacetatpropionat *n* cellulose acetate propionate, cellulose acetopropionate
Celluloseacetatseide *f* cellulose acetate rayon
Celluloseacetobutyrat *n* cellulose acetate butyrate, cellulose acetobutyrate
Celluloseagar *m* cellulose agar
Celluloseausbeute *f* cellulose yield
Cellulosebindung *f* cellulose bonding
Cellulosechemie *f* cellulose chemistry
Cellulosechemiker *m* cellulose chemist
Cellulosecopolymer[isat] *n* cellulose copolymer
Cellulosedecanoat *n* cellulose caprate
Cellulosedepolymerisation *f* cellulose depolymerization
Cellulosederivat *n* cellulose derivative, cellulosic
Cellulosediacetat *n* cellulose diacetate
Cellulosedicarbonsäureester *m* cellulose dicarboxylic ester
Cellulosedinitrat *n* cellulose dinitrate, collodion cotton, pyrocellulose
Celluloseester *m* cellulose ester
Celluloseether *m* cellulose ether
Cellulosefaser *f* cellulose fibre, cellulosic fibre
Cellulosefäserchen *n* cellulose fibril
Cellulosefibrille *f* cellulose fibril
Celluloseformiat *n* cellulose formate
Cellulosegehalt *m* cellulose content
Cellulosegel *n* cellulose gel
Cellulosegewinnungstechnologie *f* cellulose technology
cellulosehaltig cellulosic
Cellulosehydrat *n* cellulose hydrate
Cellulosehydrogel *n* cellulose hydrogel
Cellulosehydrolyse *f* cellulose hydrolysis
Cellulosehydroxyl *n* cellulose hydroxyl
Cellulosehydroxylgruppe *f* cellulose hydroxyl
Cellulosekette *f* cellulose chain, cellulosic chain
Cellulosekettenmolekül *n* molecular chain of cellulose
Cellulosekettensegment *n* cellulose segment
Cellulosekohle *f* cellulose coal
Cellulosekristallit *m* cellulose crystallite
Celluloselösemittel *n* cellulose solvent
Celluloselösung *f* cellulose solution
Celluloselösungsmittel *n* cellulose solvent
Cellulosemakromolekül *n* cellulose macromolecule
Cellulosemethylierung *f* cellulose methylation
Cellulosemikrostruktur *f* cellulose microstructure
Cellulosemischester *m* mixed cellulose ester
Cellulosemizelle *f* cellulose crystallite
Cellulosemolekül *n* cellulose molecule
Cellulosemolekülkette *f* molecular chain of

cellulose
Cellulosenitrat *n* cellulose nitrate, nitro-cellulose
Cellulosenitrit *n* cellulose nitrite
Cellulosenitritester *m* cellulose nitrite ester
Cellulosepapier *n* cellulosic paper
Cellulosepartikel *n* cellulose particle
Celluloseplasterzeugnis *n* cellulose plastics product
Cellulosepolitur *f* cellulose polish
Celluloseprodukt *n* cellulose product
Cellulosepropionat *n* cellulose propionate
Cellulosepulver *n* cellulose powder
Cellulosequellungsmittel *n* cellulose swelling agent
Celluloseregenerat *n* regenerated cellulose, cellulose II
Celluloseretention *f* cellulose retention
Cellulosesegment *n* cellulose segment
Cellulosespezialist *m* brown-rot fungus, brown-rotter
Cellulosestoffwechsel *m* cellulose metabolism
Cellulosestruktur *f* cellulose structure
Cellulosesubstrat *n* cellulose substrate
Cellulosetechnologie *f* cellulose technology
Cellulosetetraacetat *n* cellulose tetraacetate
Cellulosetriacetat *n* cellulose triacetate
Cellulosetrinitrat *n* cellulose trinitrate
Cellulosetripropionat *n* cellulose tripropionate
Celluloseverzuckerung *f* cellulose saccharification
Cellulosexanthogenat *n* cellulose xanth[ogen]ate
cellulosezersetzender Mikroorganismus *m* cellulose decomposer
Cellulosezersetzer *m* cellulose decomposer
cellulosisch cellulosic
Celtis kraussiana gamdeboo, Celtis kraussiana *(wood species)*
~ **philippinensis** [hard, silky] celtis, Celtis philippinensis *(wood species)*
Cembalo *n* harpsichord, clavicembalo, cembalo
Centricleaner *m* centricleaner *(for sorting of fibrous materials)*
Cephalosphaera usambarensis mtambara, Cephalosphaera usambarensis *(wood species)*
Ceratopetalum apetalum coachwood, scented satinwood, Ceratopetalum apetalum
Cercocarpus montanus true mountain-mahogany, Cercocarpus montanus
Ceresin *n* ceresin
Ceylon-Ebenholz *n* Ceylon ebony, omander wood, Diospyros ebenum
Ceylonesisches Eisenholz *n* Ceylon rionwood, Mesua ferrea
Chagrin[leder] *n* shagreen
Chaiselongue *f(n)* chaise longue, chaise lounge
Chalet *n* chalet
Chaletbauweise *f* chalet construction
Champaka *n* champak, golden (yellow) champa, Michelia champaka *(wood species)*
Chaplash *n* chaplash, *(esp.)* Artocarpus chaplasha *(wood species)*
Chardonnetseide *f* chardonnet silk
Chati-Gummi *n* babul gum *(from Acacia nilotica)*
Cheesewood *n* cheesewood *(Pittosporum spp.)*

Chefschreibtisch *m* executive desk
Chefsessel *m* executive chair
Chemie *f* **des Holzes** wood chemistry
Chemiefaser *f* synthetic fibre
Chemiefaserzellstoff *m* dissolving pulp, chemical pulp
Chemieholz *n* chemical wood
Chemieseide *f* artificial silk
Chemiezellstoff *m* dissolving pulp, chemical pulp
Chemipulper *m* chemi-pulper
chemisch aufgeschlossener Zellstoff *m* chemical pulp
~ **aufschließen** to pulp
~-**mechanischer Holzstoff** *m* chemi-mechanical pulp
~ **vorbehandelter Druckschliff** *m* chemi-pressurized groundwood
chemische Entrindung *f* chemical [de]barking
~ **Holzanalyse** *f* wood analysis
~ **Holztrocknung** *f* chemical seasoning of wood, salt seasoning
~ **Holzverfärbung** *f* chemical stain
~ **Sorption** *f* chemisorption
~ **Trocknung** *f* chemical seasoning, salt seasoning
~ **Verfärbung** *f* chemical stain
chemischer Aufschluß *m* [full chemical] pulping
~ **Beschichtungswerkstoff** *m* plastic laminate
~ **Farbfehler** *m* chemical stain
~ **Holzschliff** *m* chemigroundwood [pulp], chemical wood[-pulp]
~ **Holzschutz** *m* chemical wood preservation
~ **Zellstoff** *m* chemical pulp
~ **Zellstoffaufschluß** *m* [full] chemical pulping
chemisches Bleichmittel *n* bleaching chemical, bleach
~ **Entrinden** *n* chemical [de]barking
~ **Termitenbekämpfungsmittel** *n* termiticide
~ **Unkrautbekämpfungsmittel** *n* herbicide
Chemisorption *f* chemisorption
chemomechanischer Holzaufschluß *m* semi-chemical pulping
~ **Refiner[holz]stoff** *m* chemi-mechanical refiner pulp, chemo-mechanical pulp
Chengal *n* chengal, Neobalanocarpus (Balanocarpus) heimii *(wood species)*
Chiaroscura *n* chiaroscura *(woodcut technique)*
Chickrassy *n* chickrassy, Chittagong wood, Indian redwood, white cedar, Chukrasia tabularis
Chicle *m*, **Chiclegummi** *n* chicle *(esp. from Manilkara zapota)*
Chiclegummibaum *m* sapodilla, sappadilla [tree], Manilkara (Achras) zapota
Chiffonier *m* chiffonier *(type of sideboard)*
Chileholz *n* Chilean laurel, Laurelia aromatica
Chilenische Araukarie *f* Chile pine, monkey-puzzle, Araucaria araucana (imbricata)
China-Clay *m(n)* China clay, pipe clay *(polishing agent)*
Chinabaum *m* cinchona *(genus Cinchona)*
Chinadattel *f* common jujube, Ziziphus jujuba
Chinahickory *m(f)* Chinese hickory, Carya cathayensis

Chinaholzöl n [Chinese] wood oil, tung oil *(esp. from Aleurites fordii)*
Chinarinde f cinchona [bark], Peruvian bark, jesuit's bark *(from Cinchona spp.)*
Chinarindenbaum m 1. cinchona *(genus Cinchona)*; 2. red-bark [cinchona], red Peru bark, Cinchona pubescens (succirubra)
Chinasäure f quinic acid *(lignin biosynthesis)*
Chinesenbart m Chinese beard *(esp. with Fagus sylvatica)*
Chinesische Birne f white pear, Pyrus pyrifolia (sinensis)
~ **Flügelnuß** f Chinese wing-nut, Pterocarya stenoptera
~ **Goldlärche** f [Chinese] golden larch, Pseudolarix kaempferi (amabilis)
~ **Hängeweide** f weeping willow, Salix babylonica
~ **Kastanie** f Chinese [sweet] chestnut, Castanea mollissima
~ **Kiefer** f Chinese pine, Pinus tabuliformis (funebris)
~ **Korkeiche** f Chinese cork-oak, Quercus variabilis
~ **Rotkiefer** f Manchurian pine, Pinus tabuliformis (sinensis)
~ **Trauerweide** f weeping willow, Salix babylonica
~ **Zwittertanne** f China fir, Cunninghamia lanceolata
Chinesischer Holunder m China (bead) tree, chinaberry, Persian lilac, pride-of-India, azedarach, Melia azedarach
~ **Ölbaum** m Chinese wood-oil tree, tung, Aleurites fordii
~ **Sadebaum** m Chinese juniper, Juniperus chinensis
~ **Surenbaum** m Chinese mahogany, Toona (Cedrela) sinensis
~ **Talgbaum** m Chinese tallow-tree, tallow-berry, soap tree, Sapium sebiferum
~ **Trompetenbaum** m Chinese catalpa [tree], Catalpa ovata (kaempferi)
~ **Wacholder** m Chinese juniper, Juniperus chinensis
Chinesisches Dattelpflaumenholz n kaki, Japanese persimmon, Diospyros kaki
~ **Reispapier** n rice paper
~ **Süßholz** n Chinese liquorice, Glycyrrhiza uralensis
Chinin n quinine *(alkaloid)*
Chinoiserie f chinoiserie
Chinon n quinone *(secondary wood constituent)*
Chintz m chint[z] *(furnishing fabric)*
Chippendale n(m) Chippendale [style]
Chippendalepolsterstuhl m Chippendale chair
Chippendalestil m Chippendale [style]
Chippendalestuhl m Chippendale chair
Chitin n chitin *(polysaccharide)*
Chlamydospore f chlamydospore *(of basidiomycetes)*
Chlor n chlorine
Chlorbenzen n chlorobenzene *(solvent)*
Chlorbleiche f chlorine bleach[ing] *(of fibrous materials)*

Chlordioxidbleiche f chlorine dioxide bleach[ing] *(of fibrous materials)*
chlorfreie Bleiche f chlorine-free bleach[ing] *(of fibrous materials)*
Chlorit-Holocellulose f chlorite holocellulose
Chlorkalk m chloride of lime
Chlorkalkbleiche f chloride of lime bleach[ing]
Chlorkautschukfarbe f chlorinated rubber paint
Chlorlauge f Javelle water, eau de Javelle *(bleaching agent)*
Chlorlignin n chlorolignin
Chlorophora regia iroko [wood], Chlorophora regia
Chlorophorin n chlorophorine *(stilbene)*
Chloroxylonin n chloroxylonine *(alkaloid)*
Chlorphenol n chlorophenol *(wood preservative)*
Chlorphenolat n chlorophenolate *(wood preservative)*
Chlorpikrin n chloropicrin *(insecticide)*
Chlorzinklösung f Burnett's liquid *(wood preservative)*
chokerlose Holzrückung f chokerless skidding
Chokerschlinge f choker
Chokerseil n choker
Chorgestühl n choir-stalls
Choristoneura fumiferana spruce budworm, Choristoneura fumiferana *(wood pest)*
Chormöbel npl choir furniture
Chorschranke f parclose [screen]
Christbaum m Christmas tree
Christusdorn m honey (sweet) locust, three-thorned acacia, Gleditsia triacanthos
Chromat-Kupfersalz-Arsenat-Gemisch n copper-chrome-arsenate [preservative], copper-chrome-arsenic salt, chromated copper arsenate salt, CCA mixture (preservative)
~~-**Zinkchlorid** n chromated zinc chloride *(wood preservative)*
Chromgelb n lemon chrome *(pigment)*
Chromleim m chrome glue
chromophor chromophoric
Chromzinkchlorid n chromated zinc chloride *(wood preservative)*
Chrysalis f chrysalis, pupa *(stage of metamorphic insects)*
Chrysin n chrysin *(flavonoid)*
Chrysophanhydroanthron n chrysophanhydroanthrone *(alkaloid)*
Chubbschloß n Chubb [lever-tumbler] lock
cif s. Verladekosten Versicherungsprämie und Seefracht [bis Bestimmungshafen]
Cilicische Tanne f Cilician fir, Abies cilicica
Cinchona f cinchona *(genus Cinchona)*
~ **calisaya** pale bark, yellow-bark [cinchona], Cinchona calisaya *(wood species)*
Cinchonin n cinchonine *(alkaloid)*
Cineol n cineole *(terpene)*
Cinnamomum tavoyanum cinnamon, Cinnamomum tavoyanum *(wood species)*
Cinnamylcinnamat n styracin
CKA-Salz n chromated copper arsenate salt, copper-chrome-arsenic salt, CCA mixture *(wood preservative)*
CKD-Kiste f CKD box *(for shipping of dismounted motor vehicles)*

Clair-obscur *n* chiaroscuro *(woodcut technique)*
Claronußbaum *m* claro walnut, Californian walnut, Juglans hindsii
Clibadium erosum old women's walking stick, Clibadium erosum *(wood species)*
Clipper *m* clipper
Clog *m* clog, sabot, wooden-soled shoe
CMC *s.* Carboxymethylcellulose
CMP *s.* chemomechanischer Refiner[holz]stoff
COA *s.* Afrikanisches Cordia[holz]
Cobaltchlorid *n* cobalt chloride *(staining agent)*
Cobra-Impfverfahren *n* gun-injection *(wood preservation)*
Cobraverfahren *n* cobra process *(wood preservation)*
COC *s.* Cocobolo
Coccoloba diversifolia dove (pigeon) plum, pigeon sea grape, Coccoloba diversifolia *(wood species)*
Cocktailfach *n* cocktail section
Cocktailschrank *m* cocktail cabinet, drinks (liquor) cabinet, drinks cupboard
Cocktailwagen *m* drinks trolley
Cocobolo *n* cocobolo, cocobola, *(esp.)* Dalbergia retusa *(wood species)*
COI *s.* Coigue
Coigue *n* coigue beech, Chilean beech, Nothofagus dombeyi
Coloradodouglasie *f* [Rocky Mountain] Douglas fir, Pseudotsuga menziesii var. glauca
Commiphora berryi Indian balm of Gilead, Commiphora berryi *(wood species)*
Compreg *n* compreg, resin-treated compressed wood
Compreglaminat *n* compreg laminate
Computertomographie *f* computer tomography *(e.g. for determination of timber decay due to red rot)*
Condoribaum *m* condori wood, coral-wood, Adenanthera pavonina
Conidendrin *n* conidendrin *(lignan)*
Coniferin *n* coniferin *(glycoside)*
Coniferylalkohol *m* coniferyl alcohol *(lignin component)*
Coniin *n* coniine *(alkaloid)*
Conocarpus erectus grey mangrove, Conocarpus erectus *(wood species)*
Copaibobalsam *m* copaiba, copaiva
Copaibobaum *m* copaiba, copaiva *(genus Copaifera)*
Copaifera copallifera kobo tree, Sierra Leone gum copal, Copaifera copallifera
~ **gorskiana** inhambane copal, Copaifera gorskiana *(wood species)*
Cordia alliodora salmwood, Ecuador laurel, Cordia alliodora
~ **gerascanthoides** princewood, Cordia gerascanthoides
~ **sebestena** black sage, Geiger tree, Cordia sebestena
Corticin *n* corticine *(alkaloid)*
Couch *f* couch
Couchtisch *m* coffee-table
Coula edulis almond wood, Coula edulis
Courbaril *n* courbaril, Hymenaea courbaril *(wood species)*
Crabwood *n* crabwood, roba mahogany, Carapa guianensis
Craquelure *f* crazing
Crassulae *fpl* crassulae, bars of Sanio *(wood anatomy)*
Cremona-Plan *m* Cremona diagram *(timber construction)*
Cresolharz *n* cresol resin
Cresylsäure *f* cresylic acid
Cricket-Tisch *m* cricket table, cracket table
Crin végétal *n* Algerian fibre *(from Chamaerops humilis)*
CRMP *s.* chemomechanischer Refiner[holz]stoff
Cromwell-Stuhl *m* Cromwellian chair
Cronartium quercum f.sp. fusiforme fusiform rust [fungus] *(wood destroyer)*
Cross-Bevan-Cellulose *f* Cross and Bevan cellulose
Cruck-Bauten *mpl* cruck buildings
~-**Bauweise** *f* cruck construction
~-**Rahmen** *m* cruck truss
Cryptocarya foveolata mountain walnut, small-leaved laurel, Cryptocarya foveolata
~ **pleurosperma** poison laurel, Cryptocarya pleurosperma
CT *s.* Computertomographie
CUB *s.* Courbaril
Cumarin *n* coumarin *(extraneous wood constituent)*
Cuoxam *n* ammoniacal copper hydroxide *(solvent for cellulose)*
Cupressus dupreziana tamrit cypress, Cupressus dupreziana
~ **goveniana var. pigmaea** Mendocino cypress, pygmy cypress, Cupressus goveniana var. pigmaea
~ **torulosa** Bhutan cypress, Cupressus torulosa
Cuproseide *f* copper rayon
Curie-Punkt-Pyrolyse *f* Curie-point pyrolysis *(of cellulose)*
CUS *s.* Kokusholz
Cyanethylcellulose *f* cyanoethylcellulose
Cyanwasserstoff *m*, **Cyanwasserstoffsäure** *f* hydrogen cyanide, hydrocyanic acid *(wood preservative)*
Cyclit[ol] *n* cyclitol *(extraneous wood constituent)*
Cymol *n* cymene *(hydrocarbon)*
Cystid[i]e *f* cystidium *(of basidiomycetes)*
Cytisin *n* cytisine *(alkaloid)*
Cytokinin *n* cytokinin *(phytohormone)*

D

D-Mannose *f* mannose
D-Xylose *f* xylose, wood sugar
DA *s.* Dabema *and* Dahoma
Dabema *n* dahoma, Piptadenia africana *(wood species)*
Dach *n* roof, roofing
~ **über zusammengesetztem Grundriß** intersecting roof
Dachanstrich[stoff] *m* roof paint
Dachaufsatzfenster *n* clerestory window
Dachbalken *m* roof beam, roof-tree; garret beam
Dachbau *m* roof construction, roof work
Dachbeplankung *f* roof panelling
Dachbinder *m* roof truss
Dachboden *m* loft
Dachbodenbalken *m* garret beam
Dachbodentreppe *f* loft ladder
Dachbrücke *f* covered (roofed) timber bridge
Dach[ein]deckung *f* roof covering (decking), roofing, Rfg.
Dacheindeckungsmaterial *n* roof-covering material
Dachelement *n* roof component
Dachfenster *n* roof-light, roof window; skylight
Dachfirst *m* [roof-]ridge
Dachfläche *f* roof surface
Dachflächenfenster *n* roof-light, roof window; skylight
Dachform *f* roof shape, roof style
Dachfußpfette *f* eaves purlin
Dachgaube *f* dormer
Dachgebälk *n* roof beams (timbers); roof frame, roof framing
Dachgleichenfeier *f* topping-out [ceremony]
Dachhaut *f* roof covering, roofing, Rfg.
Dachhautträger *m* **aus Holz** timber roof deck
Dachholz *n* roof timbers
Dachkonstruktion *f* roof construction
Dachlatte *f* roof batten, slating[-and-tiling] batten, tile (tiling) batten, counter batten
Dachluke *f* skylight
Dachnagel *m* roofing nail
Dachneigung *f* roof pitch, roof slope
Dachoberfläche *f* roof surface
Dachpappe *f* roofing board, roofing felt (paper), sarking felt, tar[red] board
Dachpappennagel *m* tack
Dachpappstift *m* clout nail
Dachpfette *f* roof purlin
Dachpfosten *m* king strut; queen post
Dachplatte *f* roof board
Dachrähm *m(n)* raising plate, [upper] plate
Dachraum *m* roof space
Dachraumtreppe *f* attic stairs
Dachsbeil *n* adze
Dachschalbrett *n* roof board
Dachschalung *f* roof boarding, roof boards, roof sheathing, sarking
Dachschindel *f* roof[ing] shingle, shingle
Dachschrägenfenster *n* rakehead [window]
Dachsparren *m* rafter
Dachsparrenanker *m* heel strap
Dachsparrenpaar *n* couple
Dachständer *m* roof pole, roof standard
Dachstrebe *f* roof strut
Dachstuhl *m* roof timbers, roof truss, carcass roofing, timbering
Dachstuhlbau *m* roof work
Dachstuhlraum *m* roof space
Dachstuhlstichbalken *m* hammer beam
Dachtragwerk *n* roof frame, roof framing
Dachüberhang *m*, **Dachüberstand** *m*, **Dachvorsprung** *m* roof overhang
Dachwinkel *m* 1. face angle *(of a saw-tooth)*; 2. top-plate angle, top-edge angle *(of the saw chain tooth)*
Dacrydium colensoi westland pine, Dacrydium colensoi
~ **franklinii** Huon pine, Dacrydium franklinii
~ **nausoriensis** yaka, Dacrydium nausoriensis *(wood species)*
~ **nidulum** yaka, Dacrydium nidulum *(wood species)*
Dacryodes excelsa gommier, Dacryodes excelsa *(wood species)*
Dahoma *n* dahoma, Piptadenia africana *(wood species)*
Dahurische Lärche *f* Dahurian larch, Kurilian larch, Larix gmelinii (dahurica)
Dalbe *f* dolphin
Dalbenpfahl *m* dolphin pile
Dalbergia cambodiana trac [wood], Dalbergia cambodiana
~ **cochinchinensis** trac [wood], Dalbergia cochinchinensis
~ **greveana** Madagascar rosewood, Dalbergia greveana
~ **oliveri** [Burma] tulip-wood, Dalbergia oliveri
~ **stevensonii** Honduras rosewood, *(Am)* nogaed, Dalbergia stevensonii
Dalbergion *n* dalbergione *(quinone)*
Damast *m* damask *(furnishing fabric)*
Damenschreibtisch *m* lady's writing desk
Dammar *n* gum damar, dammar [resin], piny resin
Dammarabaum *m* amboyna pine, pitch tree, Agathis dammara (alba)
Dammaraholz *n* amboyna *(from Agathis dammara)*
Dammaratanne *f s.* Dammarabaum
Dammarharz *n s.* Dammar
dammarliefernder Baum *m* dammar, damar *(esp. of genera Balanocarpus, Agathis and Shorea)*
Dammbalken *m* dam beam *(marine construction)*
Dämmplatte *f* [structural] insulating board, insulation panel, softboard
dämmschichtbildender Lack *m* flame-retardant paint
Dämmschichtbildner *m* intumescent material
Dampf *m* steam; vapour, *(Am)* vapor
~**-Luft-Gemisch** *n* vapour-air mixture
Dampfanlage *f* steaming plant
Dampfaufschluß *m* steam cooking

Dampfaufschlußlignin *n* steamed wood lignin, STWL
dampfbehandeln to steam
Dampfbiegen *n* steam bending
Dampfbiegeverfahren *n* steam bending
Dampfblase *f* steam pocket, steam-caused blister, blow *(in wood-based materials)*
Dampfbremse *f* condensation (vapour) barrier, vapour retarder *(e.g. at windows)*
Dampfdarre *f* steam-operated kiln *(timber drying)*
Dampfdurchlässigkeitsprüfung *f* vapour permeability test *(e.g. of fibre building boards)*
dämpfen to steam
Dampfexplosionslignin *n* steam explosion lignin, steam-exploded lignin
Dampfexplosionsverfahren *n* explosion process, Masonite [explosion] process *(of fibreboard manufacture)*
Dampfexplosionszerfaserung *f* steam explosion defibration
Dämpfgrube *f* steaming pit
Dämpfkammer *f* steaming chamber
Dämpfkessel *m* steam chest
Dampfsägegatter *n* steam-driven saw
Dampfsägemaschine *f* steam-driven saw
Dampfsägewerk *n* steam-driven sawmill, steam[-powered] sawmill
Dampfsperre *f* condensation (vapour) barrier, vapour retarder *(e.g. at windows)*
Dampfsperrfolie *f* vapour barrier film
Dampfstoßeffekt *m* steam shock [effect] *(particleboard manufacture)*
Dampftrocknung *f* vapour drying
Dämpfzeit *f* steaming period
Daniellia ogea ogea, Daniellia ogea *(wood species)*
Dao-Nußbaum *m* paldao, New Guinea walnut, Dracontomelum dao
Darr-Rohdichte *f* **von Holz** density of completely dry wood
Darrdichte *f* oven-dry density
~ **von Holz** density of completely dry wood
darren to oven-dry
Darrgewicht *n* oven-dry weight
Darrmasse *f* oven-dry weight
Darrmethode *f* oven-dry method (process) *(of determining the moisture content of wood)*
darrtrocken oven-dry, oven-dried
Dattelpalme *f* date palm, edible palm, Phoenix dactylifera
Dattelpflaume *f* persimmon *(genus Diospyros)*
Daube *f* [barrel] stave, shake, lag
Daubenabkürzsägemaschine *f* stave cross-cut saw
Daubenablängsägemaschine *f* stave cross-cut saw
Daubenfügemaschine *f* stave jointing machine
Daubenholz *n* stave (cask) wood, barrel log; [stave] shook
dauerhaft durable
Dauerhaftigkeit *f* durability
Dauerschwingbelastung *f* fatigue stress
Dauerschwingfestigkeit *f* fatigue strength

DB *s.* Durchschnittsbreite
Dean-Stark-Wasserbestimmungsapparat *m* Dean and Stark type distillation apparatus
Dechsel *f(m)* adze, *(Am)* adz
  mit der ~ behauen to adze, to dub
dechseln to adze, to dub
Deckanstrich *m* paint finish, finish [coat], finishing coat, topcoat
Deckanstrichstoff *m* topcoat paint
Decke *f* ceiling
Deckelrahmen *m* deckle frame *(paper-making)*
Deckelschalung *f* board and board siding
Deckelstütze *f* lid stay
Deckenbalken *m* ceiling (overhead) beam, floor beam, binder, binding beam, [bridging] joist
Deckenbalkenknopf *m* boss
Deckenbekleidung *f* ceiling lining
deckende Beizung *f* non-grain-raising staining
Deckenfeld *n* trave
Deckenlatte *f* ceiling lath
Deckenlicht *n* ceiling window
Deckenlichtöffnung *f* ceiling window
Deckenpaneel *n* ceiling panel, ceiling tile
Deckenplatte *f* ceiling panel, ceiling tile
Deckenrafter *m* ceiling joist
Deckenträger *m* ceiling joist (beam), joist
Deckenverkleidung *f* ceiling lining
Deckenvertäfelung *f* ceiling panelling
Deckfarbe *f* covering paint
Deckfurnier *n* constructional veneer; [sur]face veneer; face ply, outer ply *(of plywood)*
Deckfurnierfaserrichtung *f* face grain
Decklack *m* topcoat
Decklackschicht *f* paint finish, finish [coat], finishing coat
Decklage *f* face, facing *(e.g. of a door)*; face ply, outer ply *(of plywood)*
Decklagenspan *m* surface chip
Decklagenüberleimer *m* outer overlap *(in plywood)*
Deckleiste *f* fillet, list[el]; cover strip; astragal moulding, lag, reglet, tringle
Deckleistenfräser *m* astragal cutter
Deckpolieren *n* bodying *(French polishing)*
Decksbelag *m* decking
Deckschicht *f* face [side]; furnish layer *(paper-making)*
Deckschicht[roh]dichte *f* face density *(of particle panel materials)*
Deckschichtspan *m* top layer chip
Deckschichtspäne *mpl* fines
Decksplanken *fpl* decking
Deckzierleiste *f* cover moulding
Defibrator *m* defibrator
Defibratorscheibe *f* defibrator disk
Defibratorverfahren *n* defibrator method, defibrator process *(of fibreboard manufacture)*
defibrieren to defiberize, to fiberize
Degamé *n* degamé, lemonwood, Calycophyllum candidissimum
Dehnung *f* strain
Dehnungsgeschwindigkeit *f* rate of straining *(wood testing)*
Dehnungsriß *m* strain crack
Dehydroabietinsäure *f* dehydroabietic acid

Dehydroabietinsäure

(diterpene, resin acid)
Deichsel f 1. shaft; 2. adze, (Am) adz
Deichselholz n shaftwood
Dekorationsfurnier n decorative veneer, fancy veneer
Dekorationsmöbel npl decorative furniture
Dekorationsstoff m furnishing fabric
dekorative Flachpreßplatte f decorative board, laminate-covered board
~ **Hochdruck-Schichtpreßstoffplatte** f decorative laminate
~ **Schichtstoffplatte** f decorative laminate
Dekordämmplatte f decorative insulating board
Dekorfilm m decorative film, decorative (overlay) foil, plastic laminate
Dekorfurnier n decorative veneer, fancy veneer
Dekorlaminat n decorative laminate
Dekorpapier n decorative paper, overlay paper
Dekorplatte f decorative board, laminate-covered board
Dekorschicht f decorative coat
Dekupiersäge f jigsaw, machine fretsaw, (Am) bayonet saw
Dekupiersägeblatt n jigsaw blade
Dekupiersägemaschine f fret machine, scroll-saw
Delaminierung f delamination (e.g. of plywood)
delignifizieren to delignify
Delignifizierung f delignification, lignin removal
Delignifizierungsgrad m degree of delignification
Delignifizierungskinetik f delignification kinetics
Delignifizierungsmittel n delignifying agent
Delignifizierungstemperatur f delignification temperature
Delignifizierungsverfahren n delignification procedure
Delonix elata white gold mohur, Delonix elata (wood species)
Delphin m dolphin (ornamentation)
Demerara-Mahagoni n African crabwood, Carapa procera (grandiflora)
denaturierter Spiritus m denatured alcohol, methylated spirit[s]
Dendrarium n arboretum, tree-garden
Dendrochronologie f dendrochronology, tree-ring dating
dendrochronologische Datierung f dendrochronological dating
Dendroctonus frontalis southern pine beetle, Dendroctonus frontalis
~ **ponderosae** mountain pine beetle, Dendroctonus ponderosae
~ **pseudotsugae** Douglas fir beetle, Dendroctonus pseudotsugae
Dendroklimatologie f dendroclimatology
dendroklimatologisch dendroclimatological
Dendrologe m dendrologist
Dendrologie f dendrology, dendrography
dendrologisch dendrological
Dendrometer n dendrometer
Dendrometrie f dendrometry, tree mensuration; forest mensuration
dendrometrisch dendrometrical
Densität f density

Deodardion n deodardione (sesquiterpene)
Deodaron n deodarone (sesquiterpenoid)
Depolymerisation f depolymerization
Derbholz n compact wood
Derbholzformzahl f timber form factor
Derbholzformzahltafel f merchantable form factor table
Derbholzvolumentafel f merchantable volume table
Derbstange f [large] pole, compact bar
Derbstangen fpl small roundwood
Design n design
Designmöbel npl design furniture
Designermöbel npl designers' furniture
Desintegrator m disintegrator, rechipper
desorbieren to desorb
Desorption f desorption
6-Desoxymannose f rhamnose
Destillation f distillation
  durch ~ gewonnen distillatory
Destillationsholz n distillation wood, chemical (acid) wood
Destillationsmethode f distillation method (of determining the moisture content of wood)
destillativ distillatory
Destruktionsfäule f brown rot (esp. of softwood)
detritivor saprophagous, saprotrophic
Deutsche Hinterzange f tail vice, end vice (of a woodworking bench)
~ **Mispel** f medlar, Mespilus germanica
~ **Röhre** f scribing gouge, inside cannelled (ground) gouge (turning tool)
Deutscher Auszziehtisch m draw-extension table
Dextrinleim m dextrin adhesive, dextrin glue
Dextropimarsäure f dextropimaric acid (diterpene, resin acid)
Dextrose f glucose (monosaccharide)
DGA s. Amerikanische Douglasie
DGr, DGR s. Durchmessergruppe
Dhup n [white] dhup, Indian canarium, Canarium euphyllum (wood species)
Diacetylcellulose f cellulose diacetate
diagonal verlaufende Faser (Holzfaser) f diagonal grain, sloping (oblique) grain
Diagonalaussteifung f herring-bone strutting
diagonales Längssägen n taper ripping
Diagonalschnittführung f taper ripping jig (at the table saw)
Diagonalschnittpapier n angle[-cut] paper
Diagonalsperrholz n diagonal plywood
Diagonalstab m brace, up brace (timber construction)
Diagonalstabparkett n herring-bone parquet
Diagonalstichbalken m dragon beam, dragging beam
Dialium ovoideum velvet tamarind, Dialium ovoideum (wood species)
diamantbestückt polycrystalline diamond tipped, PDT (cutting tool)
Diamantschnitt m lozenge (decoration)
Diamantwerkzeug n diamond tool
Diambi n [black] guarea, Guarea thompsonii (wood species)
Diammonium[hydrogen]phosphat n diammonium hydrogen phosphate (flame-

retardant)
DIB *s.* Dibétou
Dibétou *n* African (Nigerian) walnut, Lovoa klaineana (trichilioides)
Dichlofluanid *n* dichlofluanid *(fungicide)*
Dichlormethanextrakt *m* dichloromethane extract *(testing of pulp)*
dichotomer Schlüssel *m* dichotomous key *(for timber identification)*
Dichromat *n* bichromate *(wood preservative)*
Dichtblütige Kiefer *f* Japanese red pine, Pinus densiflora
Dichte *f* density
~ der reinen Zellwandsubstanz cell-wall density, wood substance density
Dichtebestimmung *f* density determination
Dichteverhältnis *n* relative density, specific gravity
Dichtfaß *n* tight[-coopered] barrel
Dichtfrüchtige Eiche *f* Hungarian oak, Quercus frainetto (conferta)
Dichtfässer *npl* tight cooperage, wet cooperage
Dichtlack *m* sealing lacquer
Dichtstoff *m* caulk[ing], caulking material, sealant
Dichtungsmasse *f* caulk[ing], caulking material, sealant
Dichtungsnutfräse *f* sealing grooving cutter
Dichtungsprofil *n* weatherstripping
mit ~ versehen to weatherstrip
Dickablauge *f* evaporated black liquor, thick liquor *(pulp manufacture)*
Dicke *f* thickness; calliper, caliper *(of paper, board or a tree-trunk)*; gauge *(of nails or screws)*
Dickeklasse *f* diameter class *(timber mensuration)*
dickenfräsen to thickness *(wood)*
Dickenfräsmaschine *f* thickness planer, thicknesser, panel planer, combination planer
dickengleiche Spaltschindel *f* straight-split [wood] shake
Dickenhobel- und Fügemaschine *f* thickness-jointing machine
Dickenhobelmaschine *f s.* Dickenfräsmaschine
Dickenhobeltisch *m* thicknessing table
Dickenmessung *f* thickness measurement, thickness measuring
Dickenquellung *f* thickness swell[ing], swelling in thickness *(e.g. of wood fibreboards)*
Dickenwachstum *n* diameter growth, radial growth, radial increment, thickening
Dickenzuwachs *m* diameter accretion, diameter increment
dickes Balkenende *n* butt[-end]
dickflüssiger Klebstoff *m* high-viscosity adhesive
Dicklauge *f s.* Dickablauge
dickörtiges Rücken *n* butt-end-first skidding
dickrindig thick-barked
Dickstoff *n* slush pulp *(paper-making)*
Dickstoffbleichturm *m* high-density bleacher
Dickte *f* ply *(structural timber)*
dickwandige Tracheide *f* thick-walled tracheid, late-wood tracheid *(wood anatomy)*
Dicotyledonenholz *n* dicotyledonous wood

Dictamin *n* dictamine *(alkaloid)*
Dieldrin *n* dieldrin *(insecticide)*
Diele *f* plank, board
Dielektrikum *n* dielectric
dielektrische Erwärmung *f* dielectric heating, high-frequency heating *(e.g. of wood)*
~ Trocknung *f* high-frequency drying
dielektrisches Feuchtemeßgerät *n* dielectric-type [moisture] meter
Dielektrizitätskonstante *f* dielectric constant *(e.g. of wood)*
dielen to floor, to plank
Dielen *fpl* P.T.G. flooring
~ verlegen to floor, to plank
Dielenbalken *m* [wood] floor-joist, [common] joist, boarding joist, floor timber
Dielenbalkenlage *f* floor frame (framing), naked (carcass) flooring
Dielenbank *f* hall bench
Dielenboden *m s.* Dielenfußboden
Dielenbrett *n* floor[ing] board
Dielenfußboden *m* [timber] boarded floor, board floor, plank flooring, wood floor
Dielenheber *m* flooring chisel, floor board chisel, electrician's (gas fitter's) chisel
Dielenklammer *f* floor clamp (dog), flooring cramp
Dielenmöbel *npl* hall furniture
Dielenmeißel *m s.* Dielenheber
Dielennagel *m* flooring nail
Dielenrahmen *m* carcass flooring, naked flooring
Dielenschrank *m* armoire
Dielung *f* flooring, planking, boarding
differentielle Quellung *f* differential swelling, swelling ratio
~ Schwindung *f* differential shrinkage, shrinkage figure, shrinkage ratio (value)
diffus aggregiert diffuse-in-aggregates *(wood parenchyma)*
Diffusion *f* diffusion
Diffusions[nach]behandlung *f* diffusion process, diffusion treatment *(wood preservation)*
Diffusionsverfahren *n* diffusion process, diffusion treatment *(wood preservation)*
Difou *n* East African mulberry, Morus lactea (mesozygia)
Digallussäure *f* digallic acid *(tannin constituent)*
Dihydroabietinsäure *f* dihydroabietic acid *(resin acid)*
Dihydroquercetin *n* dihydroquercetin *(flavonoid)*
1,3-Dihydroxybenzen *n* resorcinol
3,5-Dihydroxystilben *n* pinosylvin
DIM *s.* Diambi
Dimension *f* dimension
dimensionsstabil dimensionally stable
~ sein to stay [in place] *(wood)*
Dimensionsstabilisierung *f* dimensional stabilization
Dimensionsstabilität *f* dimensional stability
Dimensionsware *f* dimension [stock], dimension timber
Dimethylphenol *n* xylenol
Dimethylsulfoxid *n* dimethyl sulphoxide, DMSO *(solvent)*

Diospyros

Diospyros dendo black ebony, Gabon ebony, Diospyros dendo
~ **discolor** amaga, camagon, Diospyros discolor *(wood species)*
~ **marmorata** [Andaman] marblewood, zebra wood, Diospyros marmorata
~ **mindanaensis** bolong-eta, Diospyros mindanaensis *(wood species)*
~ **pentamera** grey persimmon, Diospyros pentamera *(wood species)*
Dioxanlignin *n* dioxan[e] lignin
Dipenten *n* dipentene *(monoterpene)*
1,2-Diphenylethen *n* stilbene *(secondary wood constituent)*
Diplotropis purpurea sucupira, Diplotropis purpurea *(wood species)*
Dipterocarpus zeylanicus Indian hora, Dipterocarpus zeylanicus *(wood species)*
direkte Vernagelung *f* face nailing, straight nailing
~ **Zellstoffkochung** *f* nach Ritter-Kellner Ritter-Kellner [cook] process *(of pulp manufacture)*
direktes Dämpfen *n* direct steaming *(of wood)*
disjunktives Parenchym *n* disjunctive parenchyma *(wood anatomy)*
Diskomyzet *m* discomycete *(order Discomycetales)*
diskontinuierlicher Kocher *m* discontinuous digester *(pulp manufacture)*
Dispergens *n* deflocculant, deflocculating agent *(paper-making)*
Dispersion *f* dispersion
Dispersionsfarbe *f* dispersion paint
Dispersionsklebstoff *m* adhesive dispersion, liquid-dispersed [wood] adhesive
Dispersionsmittel *n* deflocculant, deflocculating agent *(paper-making)*
Distanzring *m* spacing shim, shim [washer] *(e.g. of a cutter combination)*
Diterpen *n* diterpene *(secondary wood constituent)*
Diterpenalkohol *m* diterpene alcohol
Dithionitbleiche *f* dithionite bleach[ing] *(of wood-pulp)*
Dividivibaum *m* divi-divi, American sumac[h], Caesalpinia coriaria
Diwan *m* divan [bed]
DK *s.* Dielektrizitätskonstante
DL *s.* Durchschnittslänge
D.m.R. *s.* Durchmesser mit Rinde
DMSO *s.* Dimethylsulfoxid
Docke *f* baluster, banister
Dockenstock *m* mandrel *(turnery)*
Dokumentenpapier *n* bond paper
Dollbaum *m* beam clamp *(boat-building)*
Dolomitkiefer *f* Bosnian pine, greybark pine, Pinus leucodermis
Domingo-Satin *n* West Indian satinwood, Fagara flava, Zanthoxylum flavum
Donnerbesen *m* wyches'-broom *(of woody plants mainly due to fungal attack)*
Doppel-T-Balken *m* I-beam
Doppelabkürz[kreis]säge *f* double cross-cut circular saw, double cut-off saw
Doppelast *m* double knot
Doppeläugiger Fichtenbastkäfer *m* spruce bark-beetle, Polygraphus polygraphus
Doppelaxt *f* double[-bitted] axe, double-bladed axe
Doppelbandpresse *f* double-belt press
Doppelbandschleifmaschine *f* double-belt sanding machine
Doppelbesäum[kreis]säge *f* double edger
Doppelbett *n* double bed
Doppelblatthubkreissäge[maschine] *f* double-blade stroke circular sawing machine
Doppelblattür *f* double-leafed door
Doppeldiffusionsverfahren *n* double-diffusion process *(wood preservation)*
Doppeleisen *n* double plane iron
Doppelendprofiler *m* double-end tenoner, double-ender and profiler, two-end mill, universal woodworker
Doppelendprofiliermaschine *f s.* Doppelendprofiler
Doppelfeder *f* double tongue
Doppelfenster *n* double window
Doppelflügelast *m* double knot
doppelflügelige Tür *f* two-leaf door
Doppelfräsmaschine *f* double-spindle moulding machine
Doppelganggewindeschraube *f* twin-thread screw
Doppelgehrungskreissäge *f* double mitre cutting circular saw
Doppelgehrungssäge *f* double mitre saw
Doppelhobel *m* German jack plane
Doppelkammverbindung *f* [double] cogged joint
Doppelkantenast *m* arris knot
Doppelkeil *m* double wedge
Doppelkern *m* double pith *(wood defect)*
Doppelkommode *f* tallboy
Doppelkopfnagel *m* duplex nail, double-headed construction nail, scaffold nail
Doppelkugelschnäpper *m* double ball catch
doppellagiges Papier *n* double-ply paper
Doppelmagnetschließe *f*,
Doppelmagnetschnäpper *m* double magnetic catch
Doppelnagelung *f* double nailing
Doppelnotenständer *m* double music stand, duet music stand
Doppelplattenschreibtisch *m* double top desk
Doppelrahmen[säge]gatter *n* two-framed sawmill, twin-frame sawmill
doppelreihige Nagelung *f* double nailing
Doppelring *m* false annual [growth] ring, false ring, double ring
Doppelrohrblatt *n* double reed *(of wood-wind instruments)*
Doppelsatteldach *n* double-gabled roof
Doppelschaukelstuhl *m* double rocking-chair
Doppelscheibenfenster *n* double-glazed window, double-pane window
Doppelscheibenrefiner *m* double-disk refiner *(pulp manufacture)*
~ **mit gegenläufig rotierenden Scheiben** counter-rotating disk refiner
~ **nach Bauer** Bauer double-disk refiner

(fibreboard manufacture)
Doppelschlichtfeile *f* dead file
Doppelschlitten *m* bob-sled, double sled[ge], bob-sleigh *(timber transport)*
Doppelschlitzverbindung *f* twin tenon joint, double mortise and tenon
Doppelschmiege *f* combination bevel
Doppelschnitt *m* double cut, prismatic cut
Doppelschreibkommode *f* partner's desk
Doppelschwelle *f* sleeper block *(timber assortment)*
doppelseitig verdeckte Handzinkung *f* mitre dovetail [joint]
doppelseitige Gehrungssäge *f* double-side mitre saw
Doppelsparren *m* double rafter
Doppelspindelfräsmaschine *f* double-spindle moulding machine
Doppelstamm *m* twin stem
Doppelstockbett *n* bunk-beds
Doppelstreichmaß *n* mortise gauge
doppelt verdeckte Schwalbenschwanzzinkenverbindung *f* double lapped dovetail joint, secret dovetail [joint]
doppelte Schäftung *f* scissors joint *(timber construction)*
doppelter Hängebock *m* queen[-post] truss
~ **Kamm** *m* [double] cogged joint *(timber construction)*
~ **Splint** *m* moon ring *(wood defect)*
~ **Versatz** *m* double step joint
doppeltes Hänge[balken]werk *n* queen[-post] truss
~ **Satteldach** *n* M-[shaped] roof
~ **Sprengwerk** *n* double truss *(timber construction)*
Doppeltreppe *f* double stairs
Doppeltür *f* double door
Doppelvakuumverfahren *n* double vacuum process *(wood preservation)*
Doppelverglasung *f* double glazing
Doppelwalmdach *n* double-hipped roof
Doppelwellenkreissäge *f* two-shaft circular saw, double-arbor circular gang saw
Doppelzapfen *m* double tenon
Doppelzapfenverbindung *f* double-tenon joint
DoR, D.o.R. *s.* Durchmesser ohne Rinde
Dorfstellmacherei *f* village wheelwright's shop
Dorfweide *f* white willow, Salix alba
Doryphora sassafras Australian (Tasmanian) sassafras, Doryphora sassafras *(wood species)*
Douglasie *f* 1. Douglas fir, Douglas pine (spruce) *(genus Pseudotsuga)*; 2. [coastal, green] Douglas fir, Oregon (Columbian) pine, yellow fir, Pseudotsuga menziesii (taxifolia, douglasii)
Douglastanne *f s.* Douglasie
Doussie[holz] *n* afzelia, *(esp.)* Afzelia africana *(wood species)*
DP *s.* Durchschnittspolymerisationsgrad
Drachenapfelbaum *m* argus pheasant tree, Dracontomelon dao
Drachenblut *n* dragon's blood *(natural resin)*
Dracontomelum mangiferum New Guinea walnut, Pacific walnut, Dracontomelum mangiferum
~ **puberulum** New Guinea walnut, Dracontomelum puberulum
Drahtbundkiste *f* wire-bound box (crate)
Drahtbundsteige *f* wire-bound box (crate)
Drahtglas *n* wire glass
Drahtheftmaschine *f* wire stapling machine
Drahtklammer *f* staple
Drahtklammermaschine *f* stapler, stapling machine
Drahtklammerrücken *m* staple crown
Drahtklammerschaft *m* staple leg
Drahtnagel *m* wire[-cut] nail, common [wire] nail, French nail, *(Am)* box nail
Drahtnagelmaschine *f* power nail gun, [power] nailer
Draht[seil]riese *f* wire gravity cable, wire slide *(timber extraction)*
Drahtstift *m* 1. brad [nail], pin; sprig; 2. *s.* Drahtnagel
Drainageloch *n* weep hole
Drallwinkel *m* helix angle *(at a twist drill)*
Drechselarbeit *f* turned work
Drechselbank *f* wood[-turning] lathe, [turning] lathe
Drechselei *f* wood-turning, turnery
Drechselerzeugnis *n* turned article
Drechselgegenstand *m* turned article
Drechselkunst *f* turner's art, wood-lathe artisanry
drechseln to turn, to throw
Drechseln *n* wood-turning
Drechselstuhl *m* turned chair, thrown chair
Drechseltechnik *f* turning technology
Drechselteil *n* turned part
Drechselwerkzeug *n* [wood-]turning tool
Drechselwerkzeugsatz *m* turning tool set
Drechsler *m* wood turner
Drechslerarbeiten *fpl* turnery [items], wood turnings
Drechslerbeitel *m* turning chisel
Drechslerei *f* turnery
Drechslerhandwerk *n* turner's trade
Drechslerholz *n* turning wood
Drechslerröhre *f* [turning] gouge
Drechslerwaren *fpl* turnery [items], wood turnings
Drechslerwerkstatt *f* wood-turner's shop
Drechslerwerkzeug *n* [wood-]turning tool
Dreh-Schaukelsessel *m* swivel rocker
~**-Schaukelstuhl** *m* swivel rocker
Drehbank *f* lathe, wood[-turning] lathe
Drehbankbett *n* lathe-bed
Drehbankspindel *f* lathe spindle
Drehbeschlag *m* hinge
Dreh[flügel]fenster *n* pivoted window, casement window
Drehkiefer *f* lodge-pole pine, knotty (twisted) pine, shore pine, LP, Pinus contorta
Drehkocher *m* revolving digester
Drehleier *f* hand-organ
Drehmaschine *f* turning machine, lathe
Drehmeißel *m* turning chisel
~ **zum Schlichten** skew chisel, long-cornered

Drehmeißel [turning] chisel
Drehröhre f [turning] gouge
Drehschemel m bogie
Drehsessel m swivel[-action] chair, revolving armchair
Drehspiegel m swing mirror
Drehspindel f lathe spindle
Drehstahl m turning tool
Drehstahlsatz m turning tool set
Drehstuhl m swivel[-action] chair, revolving chair
Drehtür f revolving door
Drehwuchs m s. Drehwüchsigkeit
drehwüchsig gnarled, gnarly, spirally grained
drehwüchsiges Druckholz n spiral compression wood
Drehwüchsigkeit f spiral (twisted) grain, spirality, torse grain, roe [figure]
Drehwüchsigkeitsindex m spiral grain index
Drehwuchsmessung f measuring of spiral grain
Drehwuchsverhältnis n spiral grain ratio
Drehzellstoffkocher m revolving digester
Dreibacken[bohr]futter n three-jaw chuck
dreibeiniger Hocker (Schemel) m tripod stool
~ Tisch m three-legged table
Dreibeintisch m three-legged table
Dreidornige Gleditschie f honey (sweet) locust, three-thorned acacia, Gleditsia triacanthos
Dreieck-Fachwerkbinder m **mit Druckstreben** Howe truss
~-Fachwerkbinder m **mit Mischform** fan truss
~-Fachwerkbinder m **mit Zugstreben** Pratt truss
Dreieckbinder m French truss, Belgian truss, pitched truss
Dreieckhängewerk n king post [hanging] truss, triangular hanging truss
Dreieckleimkratzer m triangular shave hook
Dreiecksprengwerk n triangular truss, triangulated truss
Dreieckstapeln n crib piling, crib stacking (timber drying)
Dreiecksverband m triangulating members (timber construction)
Dreieckszahn m fleam tooth, peg tooth
Dreiersofa n three seater [sofa]
Dreifach-Isolierglasfenster n triple-pane window
Dreifachsalz n fire-retardant salt
Dreifachtrennbandsäge f triple band saw
Dreifachverglasung f triple glazing
Dreifachwellpappe f triple-wall corrugated paperboard
Dreifachzapfen m triple tenon
Dreifußtisch m tripod table
dreigängige Windung f triple-bine twist turning
Dreigelenkbinder m three-hinged truss
Dreigelenkbogen m three-hinged arch (timber construction)
Dreigelenkrahmen m three-hinged arch (timber construction)
Dreikantfeile f three-cornered file
Dreikantholz n arris rail
Dreikantleiste f angle fillet
Dreikomponentenklebstoff m three-part adhesive

Dreilagensperrholz n three-ply [panel], three-layer plywood
dreilagig three-ply, triple-ply (plywood)
dreilagige Wellpappe f triple-wall corrugated paperboard
Dreilappenahorn m Montpellier maple, Acer monspessulanum
Dreinadler m three-needle pine (species group)
Dreipaß m trefoil (ornamental feature)
Dreipressenschleifer m three-pocket [pulp] grinder
Dreirollenbandsägemaschine f three-pulley band sawing machine
Dreisatztisch m nest of tables, table nest
dreischichtige Spanplatte f three-layer particleboard
Dreischichtplatte f three-layer particleboard
Dreischlitz m triglyph (ornament on a Doric frieze)
dreischneidiger Schriftenfräser m three-flute engraver
Dreiseitenfräsmaschine f three-side moulding machine
dreiseitig besäumtes Schnittholz n three-edged timber
dreiseitige Büge mpl three-way bracing (timber construction)
~ Kopfbänder npl three-way bracing (timber construction)
Dreisitzersofa n three seater [sofa]
dreiteiliger Flügelaltar m triptych
~ Spiegel m triple mirror
Dreizack m prong chuck, fork chuck (of a lathe spindle)
Dreizylinderschleifmaschine f three-drum travelling-bed sander
Drempel m knee-wall, cove ceiling
Drempelwand f jamb wall
Drillbohrer m Archimedean drill
Drillschraubendreher m spiral-ratchet screwdriver, Yankee [ratchet] screwdriver, pump screwdriver
Drillsteifigkeit f torsional rigidity
Drillung f torsion
Drillungsmodul m modulus of torsion
Druckbalken m pressure bar (beam)
Druckbeanspruchung f compressive stress
Druckblatt n longitudinal bevelled halved joint
Drucken n **von Holztexturen** [wood-]grain printing
Drückerfalle f Norfolk latch, Suffolk latch, thumb latch, (Am) lift latch
Druckfestigkeit f compression strength, ultimate strength in compression
~ in Faserrichtung compression strength parallel to the grain, longitudinal (endwise) compressive strength
~ quer zur Faserrichtung compression strength perpendicular to the grain
druckgetränkt pressure-impregnated, pressure-preservative treated (wood)
Druckgurt m compression chord
Druckholz n compression (pressure) wood, glassy wood, tenar, redwood, hard streak[s]
Druckholzbildung f compression wood

formation
Druckholzlignin *n* compression wood lignin
Druckholzphloem *n* compression phloem
Druckholzreiz *m* compression wood stimulus *(wood physiology)*
Druckholztracheide *f* compression wood tracheid
druckimprägnieren to pressure-preserve, to pressure-treat *(wood)*
druckimprägniert pressure-impregnated, pressure-preservative treated *(wood)*
Druckimprägnierung *f* pressure impregnation
Druckimprägnierungsanlage *f* pressure plant
Druckknopf *m* button
Druckleiste *f* pressure bar (beam); nose bar *(of veneering machines)*
drucklos imprägniertes Holz *n* impregnated wood
drucklose Behandlung *f* non-pressure treatment *(wood preservation)*
druckloses Verfahren *n* non-pressure method (process) *(wood preservation)*
Druckluftdrahtklammermaschine *f* pneumatically operated [portable] stapler
druckluftfreies Spritzen *n* airless spraying *(painting technology)*
Drucklufthefter *m* air stapler, pneumatic stapler
druckluftlos arbeitendes Farbspritzgerät *n* airless paint-spraying unit
Druckluftnagler *m* pneumatic nail gun, pneumatically operated nailer, air tacker
Druckluftpistole *f* **für Dichtstoffe** caulking gun
Druckluftschraube[ndrehe]r *m* pneumatic screwdriver, compressed-air screwdriver
Druckluftwerkzeug *n* compressed-air tool, pneumatic tool, air tool
Druckpapier *n* printing-paper
Druckphloem *n* compression phloem
Druckplatte *f* wood[-engraving] block, printer's block, wooden printing block
Druckprüfung *f* compressive testing
Druckrahmen *m* pressure frame *(e.g. of a membrane form press)*
Druckschleifen *n* pressure grinding *(wood-pulp manufacture)*
Druckschleifer *m* pressure grinder
Druckschleifprozeß *m* pressure grinding process, PGW
Druckschleifverfahren *n* pressure grinding process, PGW
Druckschliff *m* pressurized groundwood, pressure groundwood, PGW
Druckseparator *m* selectifier screen *(paper-making)*
Drucksortierer *m* selectifier screen *(paper-making)*
Druckspannung *f* compressive stress
Druckstab *m* strut, compression member, column *(timber construction)*
~ **mit Spreizung** spaced column
Druckstange *f* push pole *(tree felling)*
Druckstelle *f* imprint *(e.g. in a veneered surface)*
Druckstock *m* wood[-engraving] block, printer's block, wooden printing block

Drucktränkanlage *f* pressure plant *(wood preservation)*
drucktränken to pressure-preserve, to pressure-treat
Drucktränkung *f* pressure impregnation *(wood preservation)*
Druck[tränkungs]verfahren *n* pressure [preservative] treatment *(wood preservation)*
Druckverformungsrest *m* compression set
Druckverleimung *f* pressure glu[e]ing
Druckversuch *m* compression test
Druse *f* druse *(in wood cells)*
Drüsiger Götterbaum *m* tree of heaven, tree of the gods, Ailanthus altissima (glandulosa)
DS *s.* Substitutionsgrad
dtr *s.* darrtrocken
Dübel *m* [wood] dowel
 maschinell gefertigter ~ machine-made dowel
Dübelablängmaschine *f* dowel cut-off machine
Dübelbalken *m* flitched beam
Dübelblock *m* anchor block
Dübelbohren *n* dowel hole boring
Dübelbohrer *m* dowel bit, dowel drill
Dübelbohrlehre *f* dowel boring jig, dowelling jig
Dübeleinschußgerät *n* dowel driver, dowel driving-in machine
Dübeleintreibaggregat *n* dowel driver, dowel driving-in machine
Dübeleintreibmaschine *f* dowel driver, dowel driving-in machine
Dübeleisen *n* dowel plate
Dübelherstellungsmaschine *f* dowel-making machine
Dübelholz *n* plug, pallet
Dübelleiste *f* [fixing] fillet, ground
Dübelloch *n* dowel hole
Dübellochbeleimmaschine *f* dowel gluer
Dübellochbohrautomat *m* automatic dowel hole boring machine
Dübellochbohren *n* dowel hole boring
Dübellochbohrer *m* dowel bit, dowel drill
Dübellochbohrmaschine *f* dowel hole boring machine
dübeln to dowel
Dübelschraube *f* dowel screw
Dübelsitz *m* dowel fit
Dübelspitzer *m* dowel trimmer
Dübelstein *m* fixing brick, timber brick
Dübelverbindung *f* dowel[led] joint
~ **auf Gehrung** dowelled mitre [joint]
Duchesse *f* duchesse *(a kind of day-bed)*
Duckdalbe *f* dolphin
Duckdalben *m* dolphin
Duckdalbenpfahl *m* dolphin pile
Duettnotenpult *n* duet music stand, double music stand
Duhnualbalsam *m* balm of Gilead
Dukatengold *n* rich gold *(gilding)*
duldbare tägliche Aufnahme *f* acceptable daily intake *(e.g of pollutants)*
Dünenweide *f* violet willow, mezereon willow, Salix daphnoides
Dunkelfärbung *f* black check, dark stain *(wood defect)*

dunkeln

dunkeln to darken *(e.g. wood under the influence of light)*
Dunkelrotes Meranti *n* dark red meranti, *(esp.)* Shorea pauciflora
Dunkelverfärbung *f* black check, dark stain *(wood defect)*
dunkle gleichmäßige Farbe *f* dark uniform colour *(of tropical wood)*
dunkler Ast *m* dark knot *(in sawn timber)*
~ **verharzter (verkienter) Ast** *m* dark resinous knot
dunkles Katechu *n* [dark] cutch, Bengal (Pegu) cutch, Japan earth *(tannin extract esp. from Acacia catechu)*
Dünndruckpapier *n* India paper, bible paper
Dünnerschleifen *n* hollow grinding *(e.g. of circular saw blades)*
dünnes Ende *n* small end *(of the tree-stem)*
dünnflüssiger Klebstoff *m* low-viscosity adhesive
Dünnholz *n* wood of small diameter, small-diameter trees, smallwood
~ **aus Durchforstungen** [forest] thinnings, small[-sized] timber
~-**Hauptmaschine** *f* small-log headrig
Dünnholzaufarbeitung *f* conversion of small timber
Dünnholzaufarbeitungskombine *f* small timber processor
Dünnholzsägewerk *n* pony mill
dünnörtig top-end first, small-end first *(timber transport)*
dünnörtiges Rücken *n* top-end-first skidding
~ **Schleiffahren** *n* high-lead skidding
dünnrindig thin-barked
Dünnstoffbleiche *f* low-density bleaching *(of pulp)*
dünnwandige Tracheide *f* thin-walled tracheid, early-wood tracheid *(wood anatomy)*
Duopulper *m* duopulper *(paper-making)*
Duplexkarton *m* duplex board
Duplexnagel *m* duplex nail, double-headed construction nail, scaffold nail
Durchbiegung *f* [bending] deflection
Durchbiegungsdiagramm *n* load-deflection curve, load versus deflection diagram (graph)
durchbohren to bore
durchbrochene Tafel *f* pierced panel
~ **Verzierung** *f* fret
durchdringbar penetrable
Durchdringbarkeit *f* penetrability
Durchdrucktechnik *f* screen printing technique
Durchfallast *m* loose knot, dead knot
Durchfärben *n* **des Holzes am lebenden Baum** injecting the living tree with dye
Durchforstungsforwarder *m* forwarder for thinnings
Durchforstungsholz *n* [forest] thinnings, small-[sized] timber
Durchforstungsmaschine *f* clearing saw
Durchforstungsprozessor *m* processor for thinnings
Durchgangsgeschwindigkeit *f* rate of feed
Durchgangshöhe *f* headway, headroom
Durchgasung *f* fumigation *(wood preservation)*

durchgehend überblattete Eckverbindung *f* corner lap joint
~ **überblattete Rahmeneckverbindung** *f* angle halving, L halving
durchgehende Auskragung *f* continuous jetty
~ **Gaube** *f* shed dormer
~ **Harzgalle** *f* through pitch pocket
~ **Nutverbindung** *f* through housing [joint], plain housing joint
~ **Schwalbenschwanzzinkung** *f* through dovetail joint, common dovetail joint
~ **Zapfenquerverbindung** *f* open mortise [joint], *(Am)* slip joint
~ **Zapfenverbindung** *f* through tenon [and mortise] joint
durchgehender Ast *m* passing knot
~ **Bruch** *m* complete fracture
~ **Flügelast** *m* traversing splay (spike) knot
~ **Handlauf** *m* continuous handrail
~ **Riß** *m* through crack, through shake, split *(wood defect)*
~ **Zapfen** *m* through tenon
durchgehendes Geländer *n* continuous handrail
durchgestemmte Schlitzzapfenverbindung *f* through mortise and tenon [joint]
durchgestemmter Zapfen *m* common mortise and tenon
Durchhau *m* ride
durchlässig permeable
Durchlässigkeit *f* permeability
Durchlauf-Fachwerkbinder *m* continuous truss
durchlaufendes Kragelement *n* continuous jetty
Durchlaufhandleiste *f* continuous handrail
Durchlaufpfette *f* continuous purlin
Durchlaufpresse *f* progressive presser, continuous-process press
Durchlaufträger *m* continuous beam
Durchlauftrockner *m* continuous dryer, tunnel dryer (kiln), progressive kiln
Durchmesser *m* diameter; gauge *(of nails or screws)*
~ **am Stammfuß** diameter at foot
~ **des Grundflächenmittelbaumes** diameter of median basal area tree
~ **des Grundflächenzentralstammes** diameter of median basal area tree
~ **mit Rinde** diameter over bark, d.o.b.
~ **ohne Rinde** inside-bark diameter, diameter under bark, d.u.b.
~ **über Wurzelanlauf** diameter above buttress
Durchmesserabnahme *f* [eines Stammes] [stem] taper
Durchmesserband *n* diameter tape *(for timber mensuration)*
Durchmessergruppe *f* diameter group, diameter category *(timber mensuration)*
Durchmesserklasse *f* diameter class *(timber mensuration)*
Durchmesserquellung *f* diameter swelling
Durchmesserwachstum *n* diameter growth
Durchmesserzuwachs *m* diameter accretion, diameter increment, radial growth (increment)
Durchreiche *f* hatch
Durchreißfestigkeit *f* tear strength
Durchreißfestigkeitsindex *m* tear index *(of wood*

pulp)
durchsägen to saw [through]
Durchsatz *m* output *(e.g. of a sawing machine)*
Durchscheinen *n* telegraphing *(of groundwork through face veneer)*
Durchschlagen *n* 1. telegraphing *(of groundwork through face veneer)*; 2. stroking *(graining)*
Durchschlagpapier *n* flimsy
Durchschleifen *n* sanding through *(of a veneer)*
Durchschliff *m* sand through *(of a veneer)*
Durchschnittsbreite *f* mean width
Durchschnittslänge *f* mean length
Durchschnittspolymerisationsgrad *m* average degree of polymerization *(wood chemistry)*
Durchschnittsqualität *f* fair average quality, FAQ *(timber trade)*
durchtränken to impregnate
Durchtränkung *f* impregnation
Durchziehpinsel *m* striper *(graining)*
Durian[baum] *m* durian, durion, Durio zibethinus *(wood species)*
Duromer *n* thermosetting resin, heat-setting resin
Duroplast *m* thermosetting resin, heat-setting resin
duroplastisches Kunstharz *n* thermosetting resin, heat-setting resin
Dürrast *m* dead knot
Dürrholz *n* dry wood
Dürrständer *m* dead-standing tree, snag, stub
Duschkabine *f* shower cabinet
Düsenfurniertrockner *m* veneer jet dryer
Düsentrockner *m* jet dryer
Dysoxylum decandrum agaru, Dysoxylum decandrum *(wood species)*
~ **ficiforme** karagil, Dysoxylum ficiforme *(wood species)*
~ **muellerii** miva mahogany, Dysoxylum muellerii

E

E *s.* E-Modul
E-Modul *m* modulus of elasticity, MOE
Eau *n* **de Javelle** Javelle water, eau de Javelle *(bleaching agent)*
EBE *s.* 1. Ebenholz; 2. Afrikanisches Ebenholz 1.
ebene Tragwerkplatte *f* flat stressed-skin panel
Ebenfräser *m* jointing cutter
Ebenholz *n* ebony *(from Diospyros spp.)*
   aus ~ ebony, ebon
   mit ~ **auslegen** to ebonize
ebenholzähnlich ebony, ebon
Ebenholzbaum *m* [Ceylon] ebony, omander wood, Diospyros ebenum
Ebenholzbeize *f* ebony stain
Ebenholzgewächse *npl* ebony family *(family Ebenaceae)*
ebenholzliefernder Baum *m* ebony
Ebenholzpolitur *f* ebony polish
ebenholzsehwarz beizen to ebonize
ebenholzverarbeitender Kunsttischler *m* ebeniste, ebonist *(esp. in France during the 18. century)*
ebenieren to ebonize
Ebenist *m* ebeniste, ebonist *(esp. in France during the 18. century)*
Eberesche *f* 1. service-tree, mountain ash, sorb *(genus Sorbus)*; 2. rowan[-tree], mountain ash, Sorbus aucuparia
EBM *s.* Makassarebenholz
Echinodontium tinctorium Indian paint fungus, Echinodontium tinctorium
Echinus *m* echinus
Echte Eberesche *f* rowan[-tree], mountain ash, Sorbus aucuparia
~ **Flacourtie** *f* governor plum, Flacourtia indica
~ **Hickory** *f* mockernut [hickory], Carya tomentosa (alba)
~ **Kastanie** *f* [sweet, Spanish, edible] chestnut, marron, Castanea sativa (vesca)
~ **Korbweide** *f* velvet osier, Salix viminalis
~ **Mandel** *f* almond [tree], Prunus dulcis (amygdalus)
~ **Mispel** *f* medlar, Mespilus germanica
~ **Pechkiefer (Pitchpine)** *f* American pitch-pine, southern yellow pine, long-leaf [yellow] pine, swamp pine, Georgia pine, Pinus palustris
~ **Schierlingstanne** *f* eastern (Canada) hemlock, hemlock [fir, spruce], HEM, white hemlock, huron pine, Tsuga canadensis
~ **Steineiche** *f* holm[-oak], evergreen oak, holly [oak], Quercus ilex
~ **Sykomore** *f* sycamore [fig], wild fig [tree], mulberry fig, Pharaoh's fig, Ficus sycomorus
~ **Trauerweide** *f* weeping willow, Salix babylonica
~ **Zuckerpalme** *f* [true] sugar palm, areng[a], gomuti [palm], Arenga pinnata (saccharifera)
~ **Zypresse** *f* common (Italian) cypress, Cupressus sempervirens
Echter Borkenkäfer *m* true bark-beetle *(family Scolytidae = Ipidae)*
~ **Brotfruchtbaum** *m* jack tree, jackwood, jak, Artocarpus heterophyllus
~ **Feigenbaum** *m* common fig, Smyrna fig, Ficus carica
~ **Fustik** *m* [old] fustic, Chlorophora tinctoria *(wood species)*
~ **Hausschwamm** *m* house fungus, dry rot [fungus], Serpula (Merulius) lacrymans
~ **Hickory** *m* mockernut [hickory], Carya tomentosa (alba)
~ **Kreuzdorn** *m* common buckthorn, purging buckthorn, Rhamnus catharticus
~ **Lorbeerbaum** *m* bay [laurel], sweet bay, bay tree, Laurus nobilis
~ **Mahagonibaum** *m* mahogany [tree], Madeira wood, Swietenia mahagoni
~ **Mehltaupilz** *m* mildew fungus *(order Erysephales)*
~ **Pilz** *m* fungus *(division Eumycota)*
~ **Walnußbaum** *m* common walnut, Persian walnut, Juglans regia [ssp. regia]
~ **Zunderschwamm** *m* tinder fungus, Fomes (Polyporus) fomentarius
echter Quart[i]erschnitt *m* true quarter cutting
~ **Schmarotzer** *m* obligate parasite
~ **Viertelschnitt** *m* true quarter cutting
Echtes Fustikholz *n* [old] fustic, Chlorophora tinctoria *(wood species)*
~ **Mahagoni** *n* 1. true (American) mahogany, Honduras mahogany, Swietenia macrophylla; 2. Cuban (Spanish) mahogany, Swietenia mahagoni
~ **Pferdefleischholz** *n* wamara, brown ebony, beef wood, Swartzia tomentosa (leiocalycina)
~ **Sandelholz** *n* sandal[wood], sanders[wood], Santalum album
echtes Kernholz *n* true heartwood
~ **Pergamentpapier** *n* vegetable parchment
~ **Terpentin** *n* [Chian] turpentine *(from Pistacia terebinthus)*
Echtholz *n* real wood
Echtholzfurnier *n* [real] wood veneer
Eckbank *f* corner bench, corner seat
Eckbrett *n* corner board
Eckenabrundungsmaschine *f* corner rounding machine
Eckenheftmaschine *f* corner stapler
Eckenrundungsmaschine *f* corner rounding machine
Eckensäge *f* corner cutting machine *(pallet manufacture)*
Eckklotz *m* corner block, glue block
Eckkommode *f* corner commode
Eckleiste *f* corner strip
Eckoberteil *n* corner top unit *(case furniture)*
Eckpfosten *m* corner post (pole), angle post
Eckschrank *m* corner cabinet, corner cupboard
Eckschutzleiste *f* corner bead
Eckständer *m* corner post *(timber framing)*
Eckstiel *m* corner post (pole), angle post
Eckstoß *m* butt joint
Eckstollen *m* upright
Eckstrebe *f* angle brace, corner brace, angle tie
Eckstuhl *m* corner chair

Eckstütze f corner stud
Ecktisch m corner table, quarter table
Eckunterteil n corner base unit *(case furniture)*
Eckverband m corner joint
Eckverbindung f corner joint
Eckverkämmung f corner cogging *(timber construction)*
Eckverstrebung f knee brace
Eckzapfenband f cranked centre [pin] hinge
Edeleberesche f rowan[-tree], Sorbus aucuparia var. edulis
Edelesche f narrow-leaved ash, Fraxinus angustifolia ssp. oxycarpa
Edelfurnier n decorative veneer, fine (precious, fancy) veneer
Edelholz n fine wood, luxury (precious, fancy) wood, high-grade timber
Edelholzfurnier n s. Edelfurnier
Edelkastanie f [sweet, Spanish, edible] chestnut, marron, Castanea sativa (vesca)
Edellaub[holz]baum m broad-leaved tree of high value
Edeltanne f 1. noble fir, Abies procera (nobilis); 2. silver fir, Abies alba (pectinata)
Edelzelistoff m processed pulp, purified wood-pulp
Edinam n gedu nohor, Entandrophragma angolense *(wood species)*
Efeu m [English] ivy, Hedera helix
effektiv absorbierte Menge f net absorption *(of a wood preservative)*
effektives Alkali n effective alkali *(pulp manufacture)*
Egalisierapparat m side dresser
Egalisieren n side dressing *(of saw-teeth after setting)*
~ von Schneidenflugkreisradien ranging down
egalisierende Beizung f non-grain-raising staining
Ehebett n matrimonial bed, marriage bed
Ehretia acuminata churn wood, Ehretia acuminata
~ elliptica knackaway, Ehretia elliptica *(wood species)*
Eiablage f oviposition
EIB s. 1. Eibe; 2. Eibenholz
Eibe f 1. yew *(genus Taxus)*; 2. English yew, Taxus baccata
Eibengewächse npl yew family, joint firs *(family Taxaceae)*
Eibenholz n yew
Eiche f oak *(genus Quercus)*
  aus ~ oak[en]
eichen oak[en]
eichenartig oaky
Eichenbraunfärbung f brown oak *(caused by Fistulina hepatica)*
Eichenfaß n oak[en] cask
eichenfurnierte Möbel npl oak finish furniture
Eichengelbfärbung f golden oak *(discolouration caused by Paecilomyces variotii)*
Eichengerbrinde f oak [tan]bark
Eichengerbstoff m oak tannin
Eichenholz n oak[-wood]
  aus ~ oak[en]

eichenholzartig oaky
Eichenholzbraunfärbung f brown oak *(caused by Fistulina hepatica)*
Eichenholzfaß n oak[en] cask
Eichenholzgelbfärbung f golden oak *(discolouration caused by Paecilomyces variotii)*
Eichenholzgrünverfärbung f green oak *(caused by Peziza aeruginosa)*
Eichenholzmöbel npl oak furniture
Eichenholztischlerei f oak joinery
Eichenkernholz n oak heartwood
Eichenkern[holz]käfer m [oak] pin-hole borer, Platypus cylindrus
Eichenloh[rind]e f oak [tan]bark
Eichenmaser f oak burr
Eichenmistel f loranthus, mistletoe, Loranthus europaeus *(wood pest)*
Eichenmöbel npl oak furniture
Eichenrinde f oak bark
Eichenrindengerbstoff m oak-bark tannin
Eichensägeholz n oak saw timber
Eichensarg m oak coffin
Eichensplintkäfer m oak bark-beetle, Scolytus (Eccoptogaster) intricatus
Eichenstarkholz n large oak timber
Eichentäfelung f oak panelling, wainscot[ting]
Eichentruhe f oak chest
Eichenwelke f oak wilt *(caused by Ceratocystis fagacearum)*
Eierbecher m egg cup
Eierstab m egg moulding
eiförmiges Bossenwerkornament n gadroon, nulling
Eigenfarbe f intrinsic colour *(e.g. of wood)*
Eigentlicher Borkenkäfer m true bark-beetle *(family Scolytidae = Ipidae)*
~ Pilz m fungus *(division Eumycota)*
Eigenverklebung f self-bonding
Einbaueckschrank m built-in corner cupboard
Einbaukleiderschrank m built-in wardrobe
Einbauküche f built-in kitchen, in-built kitchen, fitted kitchen, kitchen unit
Einbauküchenmöbel npl kitchen unit
Einbaum m dug-out [boat], dug-out canoe
Einbaumöbel npl built-in furniture, fitted (fixed) furniture, fitments
Einbaumöbelstück n built-in
Einbauregal n built-in shelf
Einbauschrank m built-in cabinet, job-built cabinet, built-in wardrobe, fitted cupboard
Einblatt-Besäumkreissäge[maschine] f single-blade edging circular sawing machine
einblatten to adze
Einblattgatter n one-blade sawmill
Einblattgattersäge f one-blade sawmill
Einblattgattersägemaschine f single-blade frame sawing machine
Einblattholzschnitt m single-leaf woodcut
Einblatthubkreissäge[maschine] f single-blade stroke circular sawing machine
Einblattkreissäge[maschine] f single-blade circular sawing machine
Einblättrige Esche f Utah ash, Fraxinus anomala

Einblattsägegatter

Einblattsägegatter *n* one-blade sawmill
Einblattung *f* stopped lap joint
~ **eines Wechsels in einen Balken** square housed joint
Einbohrband *n* drill-in hinge
Einbohrkugelschnäpper *m* bullet-type ball catch
Einbohrloch *n* entrance hole *(e.g. of a bark-beetle)*
Einbringmenge *f* **für Holzschutzmittel** preservative retention
Einbringverfahren *n* **für Holzschutzmittel** wood-preserving method, timber preserving process
einbruchhemmende Tür *f* security door
Eindach-Hallenhaus *n* single-roof hall house *(timber architecture)*
Eindickapparat *m* thickener
Eindicker *m* thickener
Eindick[er]trog *m* draining tank, drainer *(papermaking)*
Eindringtiefe *f* penetration depth, depth of penetration *(e.g. of wood preservatives)*
~ **von Holzschutzmitteln** preservative penetration
Einetagenheißpresse *f* single-daylight heated press *(fibreboard manufacture)*
Einetagenkurztaktpresse *f* hydraulic single daylight press
Einetagen[takt]presse *f* single-daylight press, platen press
einfache abgesetzte Zapfenverbindung *f* stub mortise and tenon [joint]
~ **Deckenbalkenlage** *f* single floor[ing]
~ **Einhälsung** *f* common bridle [joint]
~ **Enddurchbrechung** *f* simple perforation plate *(of a vessel member)*
~ **Federverbindung** *f* tongued and trenched joint
~ **Kammverbindung** *f* single cogged joint
~ **Krümmung** *f* warp
~ **Querbalkenüberdeckung** *f* single bridging
~ **Überblattung** *f* simple lap joint; cross-halving, cross-halved joint; corner lap joint
einfacher Eckstoß *m* butt corner joint
~ **Hängebock** *m* king-post [roof] truss
~ **Kamm** *m* single cogged joint *(timber construction)*
~ **Kernriß** *m* simple shake *(wood defect)*
~ **Stirnversatz** *m* bridle joint
~ **Tüpfel** *m* simple pit, cross-lacunate pit *(wood anatomy)*
einfaches Blatt *n* single reed *(in wood-wind instruments)*
~ **Eisen** *n* single iron *(of a plane)*
~ **Hänge[balken]werk** *n* king-post [roof] truss
~ **Hobeleisen** *n* single iron
~ **Rohrblatt** *n* single reed *(in wood-wind instruments)*
~ **Schrägblatt** *n* spliced joint with square vertical abutments
~ **Sparrendach** *n* single roof
Einfachfenster *n* single-sashed window
Einfachmesser *n* single iron *(of a plane)*
Einfachnagelung *f* single nailing
Einfachscheibenfenster *n* single-pane window
Einfachschnitt *m* live log sawing

einfachverglast single-glazed
Einfachverglasung *f* single glazing
einfalzen to rabbet, to rebate
Einfalzung *f* rabbet joint
einfarbiger Lackschnitt *m* monochrome incised lacquer work
Einfelddecke *f* single floor[ing]
Einflügelhubfenster *n* single-hung window
Einflügelschiebefenster *n* single-hung window
einfrieden to fence [in]
einfügen to rabbet, to rebate
Einfuhrholz *n* imported timber (wood)
einfüßiger Tisch *m* pedestal table
Einfußtisch *m* pedestal table
eingängige Windung *f* single-bine twist turning
Eingangstür *f* entrance door, walk-in door
eingebaut built-in
eingedickte Ablauge (Schwarzlauge) *f* evaporated black liquor *(pulp manufacture)*
eingedickter Süßholzsaft *m* liquorice, licorice
eingelegter Schwalbenschwanz *m* dovetail housed joint, dovetail housing [joint]
~ **Zapfen** *m* false tenon, inserted tenon
eingemauerter Balken *m* intra-mural timber *(as reinforcement in early buildings)*
eingeschlagen felled *(tree)*
eingeschlagene Holzmenge *f* fell
eingeschlagener Baumstamm *m* log
eingeschlossener Ast[stumpf] *m* encased knot
eingeschlossenes Phloem *n* included phloem
~ **Splintholz** *n* included sapwood
eingeschobene Treppe *f* housed stair, disappearing stair[case]
eingestemmte Treppe *f* housed stair, housed stringer staircase, disappearing stair[case]
~ **Treppenwange** *f* housed string [board], closed stringer, ploughed string [board]
~ **Zarge** *f* **mit geächseltem Zapfen** mitred mortise and tenon
eingesunkene Fuge *f* sunken joint *(e.g. in plywood)*
eingewachsene Rinde *f* ingrown bark, inbark
eingewachsener Ast[stumpf] *m* encased knot, intergrown (blind) knot
Eingrauen *n* greying, grey discolouration *(of wood surfaces)*
Einhälsung *f* bridle joint
Einhandhobel *m* one-hand planer
Einhand[stoß]säge *f* [carpenter's] handsaw
Einhang *m* sawing set-up *(in a frame-saw)*
Einhängen *n* posting *(of a frame saw)*
Einhangschema *n* sawing set-up
einheimisch indigenous *(e.g. wood species)*
einheimische Holzart *f* domestic wood
einheimisches Nadelholz *n* native softwood
Einhieb *m* axe damage
einhiebige Feile *f* single-cut file
Einische *f* egg chamber *(of pin-hole borers)*
Einjahrespflanze *f* annual
einjährig annual
einkantig abgerichtet surfaced one edge, S1E
~ **gehobelt** surfaced one edge, S1E
einkerben to notch
Einkomponentenkleber *m* one-component adhesive, one-part adhesive

Einkomponentenlack *m* one-pack lacquer, pre-catalysed lacquer
Einlaßband *n* inset-type hinge
Einlaßbeschlag *m* flush fitting
Einlaßfräser *m* hinge recesser (sinker), hinge sinking cutter
Einlagenmaterial *n* core material *(e.g. of a flush door)*
Einlagerungsverfahren *n* open-tank method *(wood preservation)*
einlagige Wellpappe *f* single-face corrugated paperboard
einlassen 1. to let in *(fittings)*; 2. to fill *(French polishing)*
Einlaßgrund *m* sealer-preservative, impregnating primer *(wood preservation)*
Einlaßschließblech *n* striking plate, strike [plate]
Einlaßschloß *n* inlet-type lock, cut lock
Einlauf *m* foxiness *(esp. of oak timber)*
einläufige gerade Treppe *f* straight-flight stair, straight stair[way]
~ **halbgewendelte Treppe** *f* geometrical stairs
Einlauftisch *m* [in]feed table *(e.g. of a planer)*
Einlegearbeit *f* inlaid work, inlay [work], intarsia, tarsia[tura]
Einlegearbeiten ausführen to inlay
Einlegeboden *m* shelf [board]
einlegen to inlay
Einlegeschacht *m* pocket *(of a wood grinder)*
Einlegesitz *m* loose seat, slip seat
Einleimer *m* edge band
Einmann-Motor[ketten]säge *f* one-man power saw
einmännige Säge *f* one-man saw, handsaw
Einmannmotorsäge *f* chain-saw
Einmannsäge *f* one-man saw, handsaw
Einmanntrummsäge *f* handsaw
einpfählen to stockade
Einpfählung *f* stockade
Einpreßdübel *m* **System Bulldog** bulldog [timber] connector, toothed-plate connector
einrahmen to frame
einrammen to drive *(piles)*
Einreiber *m* casement fastener
einreihig uniseriate *(wood ray)*
einreihige Nagelung *f* single nailing
einreihiges Stangengerüst *n* single-pole scaffold[ing]
Einrichtung *f* furnishings, furniture
Einrichtungsgegenstand *m* piece of furniture
Einrichtungshaus *n* furnishing house
Einrichtungsstil *m* furnishing style
einrüsten to scaffold
Einscheibendruckrefiner *m* single-disk pressurized refiner *(pulp manufacture)*
Einscheibenrefiner *m* single-disk refiner *(pulp manufacture)*
Einschenkelkluppe *f* [nach Biltmore] Biltmore stick *(timber mensuration)*
einschichten to cord
einschichtig uniseriate *(wood ray)*
Einschicht[span]platte *f* single-layer particleboard
Einschlag *m* felling, logging
  von frischem ~ freshly-felled, new-fallen, freshly cut
einschlagen to fell, to log, to cut [down], *(Am)* to lumber
  Nägel ~ to drive, to drive in[to], to knock in *(nails)*
Einschlagpapier *n* wrapping-paper
Einschlagsart *f* type of felling
Einschlagsfläche *f* felling area
Einschlagsort *m* felling site, felling place, logging area
Einschlagsrecht *n* *(Am)* lumbering right
Einschlagzeit *f* felling season, felling time, logging season
einschlitzen to mortise
Einschluß *m* inclusion *(e.g. in wood)*
Einschlußast *m* encased knot, intergrown (blind) knot
Einschlußphloem *n* included phloem *(wood anatomy)*
Einschneidemaschine *f* bucking machine, bucker
einschneiden to cut into lengths, to cross-cut, to buck, to log, to break down, *(Am)* to lumber
Einschneiden *n* **von Rundholz** log conversion, opening, bucking, logging
einschneidig single-edged *(e.g. a milling cutter)*
einschneidige Axt *f* single-bit[ted] axe, single-bladed axe
einschneidiger Fräser *m* one-flute cutter, single-flute cutter
~ **Oberfräser** *m* **mit glattem Schaft** one-flute straight cutter
Einschnitt *m* opening cut; kerf, notch
Einschnittabelle *f* log rule
Einschnittanlage *f* bucking station
Einschnittdiagramm *n* sawing pattern
einschnittige Nagelverbindung *f* single-shear nailed joint
Einschnittleistung *f* saw output
Einschnittprogramm *n* sawing programme, cutting programme
Einschnittsäge *f* [log] cross-cutting saw, log cut-off saw, log cross-cut sawing machine, buck saw
Einschnittschema *n* sawing pattern; sawing schedule *(processing of saw logs)*
Einschnittstraße *f* sawing line
Einschnittverfahren *n* cutting method
einschnürig crooked *(tree-trunk)*
Einschnürigkeit *f* simple curvature
Einschraub[möbel]rolle *f* screw castor
Einschub *m* false ceiling
Einschubdecke *f* false ceiling
Einschubfeder *f* loose tongue, spline, feather
Einschubtreppe *f* disappearing stair[case], housed stair
Einschubtür *f* disappearing door, pocket door
einschwalben to dovetail
einseitig abgerichtet surfaced one side, S1S
~ **abgesetzter Stirnversatz** *m* bare-faced bridle joint
~ **abgesetzter Zapfen** *m* bare-faced tenon
~ **arbeitende Kantenanleimmaschine** *f* one-sided edge glu[e]ing machine
~ **arbeitende Schmalflächenbeschichtungsmaschine** *f* one-

einseitig sided edge glu[e]ing machine
~ **auf Gehrung gearbeitete Überblattung** f angle bridle [joint]
~ **behöft** half-bordered *(pit pair; wood anatomy)*
~ **gedeckter Karton** m duplex board
~ **gegratete Nut** f bare-faced dovetail slot
~ **gehobelt** surfaced one side, S1S
~ **schwalbenschwanzförmiges Blatt** n [single] dovetail-halved joint, dovetail halving
~ **und einkantig abgerichtet (gehobelt)** surfaced one side one edge, S1S1E
~ **und zweikantig abgerichtet (gehobelt)** surfaced one side two edges, S1S2E
~ **verdeckte Schwalbenschwanzzinkenverbindung** f lap[ped] dovetail joint, *(Am)* half-blind dovetail [joint]
~ **verschlossenes Tüpfelpaar** n aspirated pit pair *(wood anatomy)*
einseitige Gratverbindung f bare-faced dovetail housing [joint]
~ **Harzgalle** f one-sided pitch pocket
~ **Kantenanleimmaschine** f single-sided edge banding machine
~ **Wellpappe** f single-face corrugated paperboard
~ **Zapfenschneidmaschine** f single-end tenoner, single-end tenoning machine
einseitiger Gehrungszapfen m angle bridle [joint]
~ **Wuchs** m eccentric growth, wandering heart (pith)
einseitiges Dach n single-pitch roof; lean-to roof
Einspannwagen m log carriage
Einspindelbohrmaschine f single-spindle boring machine
Einspindelzinken[fräs]maschine f single-spindle interlocking machine
einspindlige Tischfräsmaschine f single-spindle moulding machine
~ **Zinken[fräs]maschine** f single-spindle interlocking machine
Einsteckfallenschloß n mortise latch [lock]
Einsteckfeder f loose tongue, spline, feather
Einsteckschloß n mortise lock, cut lock
Einstelltränkung f open-tank treatment of the ends of long timbers
Einstemmband n butt hinge, concealed hinge
einstemmen to chop
Einstemmschloß n mortise lock, cut lock
einstielig eingeschnittenes Holz n boxed heart, boxed pith
Einstufenbleiche f single-stage bleach[ing] *(of pulps)*
Einstufenverfahren n single-stage process *(e.g. of wood pulping)*
einstufige Bleiche f single-stage bleach[ing] *(of pulps)*
Einteichen n ponding *(roundwood storage)*
einteiliger Stab m simple solid column *(timber construction)*
eintreiben to drive *(piles)*
einwandfrei sound *(e.g. wood)*
Einwässern n launching *(of driftwood)*
Einwegmesser n throw-away cutter
einwellige Wellpappe f single-wall corrugated paperboard, double-faced corrugated paperboard
Einwerfen n launching *(of driftwood)*
einwerten to grade *(logwood)*
Einwertung f grading
Einwickelpapier n wrapping-paper
einzapfen to jag, to notch
einzäunen to fence [in]
Einzäunung f fencing
Einzellast m scattered knot
Einzelbaum m solitary tree
Einzelfaser f individual fibre, single fibre
Einzelflößerei f timber driving, loose floating, stream driving
Einzellerprotein n single-cell protein, SCP
Einzelmöbel[stück] n stand-alone piece [of furniture], [free-standing] single unit
Einzelpore f solitary vessel *(wood anatomy)*
Einzelradantrieb m all-wheel drive
Einzelstamm m solitary tree
Einzelstammflößerei f timber driving, loose floating, stream driving
einzelstückweiser Einschnitt m **nach Langholz-Längszuführung** endwise bucking
~ **Einschnitt** m **nach Langholz-Querzuführung** sidewise bucking
Einzugsgewinde n feed screw *(of boring-tools)*
Einzugswalze f [in]feed roller *(e.g. of a surface planer)*
Einzweckaxt f single-purpose axe
Eipoliment n glair *(gilding)*
EIR s. Amerikanische Roteiche 2.
Eisen n iron
~-Gallus-Reaktion f iron-tannate stain
~-Gerbstoff-Verfärbung f iron-tannate stain
Eisenbahnmöbel npl railway furniture
Eisenbahnschwelle f rail[way] sleeper, sleeper, *(Am)* railroad [cross]tie, tie
eisenbeschlagen iron-bound
Eiseneiche f [American] post oak, box (iron) oak, Quercus stellata
Eisenfleck m iron stain; iron-tannate stain
Eisenholz n 1. ironwood *(comprehensive term)*; 2. ironwood, grey myrtle, Backhousia myrtifolia; 3. iron tree, Parrotia persicea; 4. horse-tail [tree], Casuarina equisetifolia; 5. ant's wood, Sideroxylon obovatum; 6. ant's wood, Bumelia angustifolia
Eisenholzbaum m argan tree, Argania spinosa (sideroxylon)
Eisenklammer f iron dog
Eisenrindenholz n iron-bark [tree] *(esp. Eucalyptus leucoxylon and E. resinifera)*
Eisenvitriol n copperas *(additive to stains)*
eiserner Spaltkeil m froe[-knife], frow[-knife], fromard
eisklüftig frost-cracked *(wood)*
Eiskluft f frost crack, frost split, season crack *(wood defect)*
Eismaser f ice birch
EIW s. Weißeiche
Eiweißleim m protein[-type] adhesive
~ **auf pflanzlicher Basis** vegetable protein glue
Ekaba n ekaba, ekop, Tetraberlinia bifoliolata (tubmaniana) *(wood species)*

EKB s. Ekaba
Ekdysis f ecdysis, sloughing (e.g. of insect larvae)
EKE s. Edelkastanie
Ekki n azobe, ekki, Lophira procera (lanceolata, alata) (wood species)
Ekop n ekaba, ekop, Tetraberlinia bifoliolata (tubmaniana) (wood species)
Ekoune n ekoune, wild nutmeg, Coelocaryon oxycarpum (wood species)
Ektoparasit m ectoparasite
Ektospore f exospore (of fungi)
EKU s. Ekoune
Elaeocarpus dentatus hinau tree, Elaeocarpus dentatus
~ **grandis** blue fig, Elaeocarpus grandis (wood species)
Elaeodendron croceum saffronwood, Elaeodendron croceum
elastische Nachwirkung f elastic after-effect
~ **Verformung** f elastic deformation
Elastizität f elasticity (e.g. of wood)
Elastizitätsgrenze f elastic limit
Elastizitätskonstante f elastic constant
Elastizitätsmodul m modulus of elasticity, Young's modulus, MOE
Elastizitätstheorie f theory of elastic stability
Elastomer n s. Elastomerkleber
Elastomerkleber m, **Elastomerklebstoff** m elastomer-base adhesive, elastomeric adhesive
Eldoradokiefer f knob-cone pine, Pinus attenuata
elektrisch beheizter Aufreibhammer m electrical veneering hammer
elektrische Bohrmaschine f electric drill
~ **Handbohrmaschine** f electric hand-drill, portable electric drill, power tool
~ **Holztrocknung** f electrical drying of wood
~ **Widerstandstrocknung f von Holz** electrical drying of wood
elektrischer Feuchtemesser m electrical moisture meter
~ **Feuchtemesser** m **nach dem Kapazitätsprinzip** capacitance meter, capacitance-type [moisture] meter
~ **Feuchtemesser** m **nach dem Widerstandsprinzip** resistance moisture meter, electrical moisture meter of the resistance type
~ **Widerstand** m [electrical] resistance
elektrisches Feuchtemeßgerät n electrical moisture meter
Elektrokettensäge f electric chain-saw
Elektronenstrahlhärtung f electron [beam] curing, EBC (of lacquered surfaces)
Elektropreßspan m presspahn
Elektrosäge f electric saw
Elektroschraubendreher m power screwdriver
elektrostatisches Farbspritzen (Lackieren) n electrostatic spraying
~ **Spritzen** n electrostatic spraying
Elektrowärmetrocknung f high-frequency drying
Elementarfibrille f elementary fibril, fusiform body (wood anatomy)

Elementarzelle f elementary cell (e.g. of cellulose)
Elemi[harz] n [gum] elemi; alouchi resin (from Protium spp.)
Elfenbeinholz n Australian ivory wood, Siphonodon australe
Elitebaum m choice tree (stem), elite tree (stem), select (plus) tree
Elitestamm m s. Elitebaum
Ellagengerbstoff m ellagitannin
Elliottkiefer f slash pine, Pinus elliottii
elliptischer Bogen m elliptical arch
Elsbeere f [wild] service-tree, whitebeam [tree], beam tree, Sorbus torminalis
Emien n alstonia, mujua, patternwood, stool wood, Alstonia congensis
Emission f emission (of pollutants)
Emodikiefer f Asiatic long-leaved pine, chir pine, Pinus roxburghii (longifolia)
Empfangszimmermöbel npl drawing-room furniture
EMS s. Einmannmotorsäge
Emulsionsfarbe f emulsion paint
Emulsionsxanthogenierung f emulsion xanthation, wet xanthation (viscose process)
Endbleiche f final bleach[ing] (pulp manufacture)
Endbleichstufe f whitening stage (paper-making)
Enden npl ends, shorts (sawnwood assortment)
Endfeuchte f final moisture content
endgespundet end-matched
Endhieb m final felling, final cut
Endivienmarketerie f endive marquetry
Endlosfurnier n endless veneer
Endlosplatte f endless panel
Endlospresse f progressive presser, continuous-process press
Endnutzungs-Kahlhieb m clear-cut, clear cutting (felling), clearing
Endnutzungshieb m final felling, final cut, main (principal) felling
Endoparasit m endoparasite
endoplasmatisches Retikulum n endoplasmic reticulum, ER (organelle)
Endoskop n endoscope (e.g. for detecting damages in timber constructions)
Endosulfan n endosulfan (insecticide)
Endriß m end check, end split
Endrißbildung f end checking
Endverkämmung f end cogging (timber construction)
Energie f aus Holz wood energy
energiesparende Tür f energy-saving door
Energiesparfenster n energy-efficient window
Energiesparhaus n energy-efficient home
Eng n eng, Dipterocarpus tuberculatus (wood species)
Engelmann[s]fichte f Engelmann spruce, silver (white) spruce, ES, Picea engelmannii
Engholz n autumn wood, summer wood, late wood
Englische Rüster (Ulme) f European elm, nave elm, Ulmus procera
Englischer Walnußbaum m English (European) walnut, Madeira nut, Juglans regia

Englischhorn 52

Englischhorn n cor anglais (wood-wind instrument)
Engnageln n close nailing
engringig close-grained, narrow-ringed, slow-grown (wood)
Engringigkeit f closeness of the annual rings, close grain (of wood)
engstapeln to close-pile
Engstapeln n close-piling, close-stacking
Enju m Japanese pagoda tree, umbrella tree, Sophora japonica
Entase f, **Entasis** f entasis
entasten, entästen to [dis]branch, to [de]limb, to strip, to lop [off], to trim; to prune
Entastungs-Paketier-Kombine f delimber-bucker-buncher, limber-buncher
~ und Einschneidemaschine f delimber-bucker, delimber-slasher
Entastungsgerät n branch remover, [de]limber
Entastungshacker m processor-chipper
Entastungskopf m delimbing head
Entastungsmaschine f delimbing machine, [de]limber
Entastungsvorrichtung f delimbing device
entborken to debark
Enterolobium cyclocarpum conacaste, guanacaste, Enterolobium cyclocarpum (wood species)
entflammbar flammable
Entflammbarkeit f flammability
entgasen to carbonize (e.g. wood)
Entgasung f carbonization
entharzen to deresinify, to deresinate, to bleed
entharztes Holz n bled timber
Entharzung f deresination
Entlüfter m exhaust
Entnahme f removal (e.g. of old timber out of a stand to be thinned)
Entomologie f entomology
entrinden to [de]bark, to disbark, to unbark, to rind, to peel, to strip, to ross, to flay
zur Saftzeit ~ to sap-peel
Entrinder m debarker, [de]barking machine
Entrindung f [de]barking, bark removal
Entrindungsabfälle mpl barking waste (refuse), bark shavings
Entrindungsabgang m s. Entrindungsabfälle
Entrindungsanlage f barking plant, debarking unit
Entrindungsaxt f barking axe
Entrindungshacke f barking bill
Entrindungshackmaschine f debarker chipper
Entrindungskopf m rosser head
Entrindungsmaschine f [de]barking machine, debarker
Entrindungsmesser n spud[der]
Entrindungsqualität f barking quality
Entrindungsrotor m debarking ring
Entrindungstrommel f barking drum, drum [de]barker
Entrindungsverlust m barking loss
Entrindungswerkzeug n barking tool
Entschäumungsmittel n defoamer, defoaming agent (e.g. as glue additive)
Entspannungssessel m recliner, reclining chair

Entstaubung f dust removal
Entstapelanlage f destacking unit
entstippen to deflake (wood)
Entstippen n fibrillation (pulp manufacture)
Entstipper m deflaker
entwachster Schellack m bleached shellac[k], de-waxed shellac[k]
entwalden to deforest, to disafforest
Entwaldung f deforestation
Entwässerbarkeit f drainability (e.g. of groundwood)
Entwässerungssieb n drainage screen
entwipfeln to [be]head, to lop [off], to top
Entwurf m design
Enzym n enzyme
enzymatisch freigesetztes Lignin n enzymatically liberated lignin, ELL
Enzymlignin n enzyme lignin
e.o.w. s. erst offen[es] Wasser
EP s. Epoxidharzklebstoff
Epiphyt m epiphyte
epiphytisch epiphytic, epiphytal
Epistyl[ion] n architrave
Epithelzelle f epithelial cell, secretory [parenchyma] cell (wood anatomy)
Epoxidharz n epoxy [resin]
Epoxidharzinjektion f epoxy injection
Epoxidharzklebstoff m epoxy [resin] adhesive, epoxide adhesive
Epoxidharzverpressung f epoxy injection
Epoxidkleber m epoxy [resin] adhesive, epoxide adhesive
ER s. 1. Erle; 2. endoplasmatisches Retikulum
Erbsenfrüchtige Scheinzypresse f Sawara cypress, pea-fruited cypress, Chamaecyparis pisifera
Erd-Luft-Linie f ground-line
Erdbeerbaum m 1. strawberry-tree, Arbutus unedo; 2. Pacific madrona (madrone), Arbutus menziesii
Erdblock m butt length, butt log
Erdbraun n umber (pigment)
Erdende n butt[-end]
Erdfarbe f earth colour
Erdkontakt m ground contact (e.g. of timber structures)
Erdmeiler m pit kiln, country kiln
Erdriese f, **Erdrutsche** f earthen chute, ground (earthen) slide
Erdstamm m, **Erd[stamm]stück** n bottom log (piece), butt log (length)
mit starkem ~ swell-butted
Erdwendigkeit f geotropism (e.g. of trees)
Ergates spiculatus ponderous borer, Ergates spiculatus (wood pest)
erhabene Randleiste f cock[ed] bead
erhabenes Tafelelement n raised panel
Erhöhung f bump (e.g. on veneered surfaces)
Erima n erima, binuang, Octomeles sumatrana (wood species)
Erkennung f der Holzarten wood identification, identification of timber
Erker m bay, oriel
Erkerfenster n bay window, bow window, oriel [window]

Erkerschrank *m* nook cabinet
Erle *f* alder, aller, alnus *(genus Alnus)*
erlen aldern
Erlenholz *n* alder [wood], aller [wood]
 aus ~ aldern
Ermüden *n*, **Ermüdung** *f* fatigue *(e.g. of wood)*
Ermüdungsbruch *m* fatigue failure
erneut verlegen to re-lay *(e.g. floor boards)*
erntefrische Weidenruten *fpl* greens
Erntehieb *m* harvest cut; reproduction (regeneration) felling
Eröffnungsschnitt *m* face cut *(log conversion)*
Ersatzhobelstahl *m* spare plane iron
Erschnittsatz *m* yield of sawn wood, *(Am)* lumber recovery factor, LRF
erst offen[es] Wasser first open water, f.o.w. *(timber trade)*
Erstarkungswachstum *n* primary thickening *(of wood)*
Erstarrungstemperatur *f* solidification point *(e.g. of adhesives)*
Erstausformung *f* initial conversion *(of roundwood)*
erste Klasse *f* firsts *(timber grading)*
~ Qualität *f* prime quality *(timber graduation)*
~ und zweite Klasse *f* firsts and seconds, FAS *(timber grading)*
Ersteinschlag *m* exploitation
erster Schnitt *m* face cut *(log conversion)*
Ertragstafel *f* yield table *(timber mensuration)*
erwachsen adult
Erweichungstemperatur *f* softening temperature; softening point *(of thermoplastic adhesives)*
Erythrophlein *n* erythrophleine *(alkaloid)*
ES *s.* Esche
ESA *s.* Amerikanische Esche
Esche *f* 1. ash *(genus Fraxinus)*; 2. common (European) ash, Fraxinus excelsior
eschen ashen
Eschenahorn *m* ash-leaved maple, box elder, *(Am)* Manitoba maple, Acer negundo
Eschenblättriger Ahorn *m s.* Eschenahorn
Eschenfalschkern *m* olive ash
Eschenholz *n* ash
 aus ~ ashen
Eschenzwieselmotte *f* ash bud moth, Prays curtisellus
Eschweilera sagotiana kanerälle, Eschweilera sagotiana *(wood species)*
Eselsfeige *f* sycamore [fig], wild fig [tree], mulberry fig, Pharaoh's fig, Ficus sycomorus
ESG *s.* Essessang
ESH *s.* Elektronenstrahlhärtung
ESJ *s.* Japanische Esche
Espagnolette *f* espagnolette *(furniture mount)*
Espagnoletteverschluß *m* espagnolette bolt (lock)
Esparto[gras]zellstoff *m* esparto pulp
Espe *f* [European, Swedish] aspen, trembling poplar, Populus tremula
espen aspen
Espenille *n* West Indian satinwood, Fagara flava, Zanthoxylum flavum
ESS *s.* Essia
Eßbare Eberesche *f* rowan[-tree], Sorbus aucuparia var. edulis
Eßecke *f* dining recess
Essessang *n* mugongo, Ricinodendron heudelotii (africanum) *(wood species)*
Essia *n* esia, stinkwood tree, Combretodendron africanum (macrocarpum)
Essigbaum *m* staghorn sumac[h], Rhus typhina
Essigsäure *f* acetic acid
Essigsäureaufschluß *m* acetic acid pulping
Essigsäurelignin *n* acetic acid lignin
Essigsäureverfahren *n* acetic acid process *(for manufacture of cellulose acetate)*
Eßkastanie *f* [sweet, Spanish, edible] chestnut, marron, Castanea sativa (vesca)
Eßnische *f* dining recess
Eßtisch *m* dining-table, dinner-table
Eßzimmergarnitur *f* dining-room suite, *(Am)* case goods
Eßzimmerlehnstuhl *m* carver [chair]
Eßzimmermöbel *npl* dining[-room] furniture
Eßzimmerstuhl *m* dining[-room] chair
Estrich *m* screed
Etagenbau *m* storeyed structure *(wood anatomy)*
Etagenbaum *m* red brown terminalia, India almond [wood], Terminalia catappa
Etagenbett *n* bunk-beds, storey-bed
Etagenfurnierpresse *f* multiplaten veneer press
Etagenheiß[platten]presse *f* daylight hot[-platen] press
Etagenpresse *f* daylight press
etagentrennendes Lagerholz *n* intermediate floor-joist
Etagere *f* étagère, etagere
Ethanol-Wasser-Aufschluß *m* ethanol-water pulping
~-Wasser-Lignin *n* ethanol-water lignin
Ethanolaufschluß *m* ethanol pulping
Ethanollignin *n* ethanol lignin
Etherextrakt *m* ether extract
Ethylcellulose *f* ethyl cellulose
Ethylenvinylacetat *n* ethylene vinyl acetate, EVA
Eucalyptus acmeniodes stringy-bark, Eucalyptus acmeniodes
~ alba (albens) white box, Eucalyptus alba (albens)
~ astringens [brown] mallet, Eucalyptus astringens
~ bancroftii Bancroft's red gum, Eucalyptus bancroftii
~ bosisoana coast grey box, Bairnsdale grey box, Eucalyptus bosisoana
~ calophylla marri, Eucalyptus calophylla
~ camaldulensis Murray (river) red gum, long-beak eucalyptus, Eucalyptus camaldulensis
~ campanulata New England blackbutt, Eucalyptus campanulata
~ cebra narrow-leaved red iron-bark, Eucalyptus cebra
~ cinerea silver-dollar tree, Eucalyptus cinerea
~ citriodora lemon-scented spotted gum, Eucalyptus citriodora
~ cloeziana Queensland (gympie) messmate, Eucalyptus cloeziana
~ consideniana yertchuk, Eucalyptus

Eucalyptus

    consideniana
~ **corynocalyx** sugar gum, Eucalyptus corynocalyx
~ **dalrympleana** mountain gum, Eucalyptus dalrympleana
~ **dealbata** tumbledown [red] gum, Eucalyptus dealbata
~ **deglupta** New Guinea gum, Eucalyptus deglupta
~ **delegatensis** Alpine ash, Eucalyptus delegatensis (gigantea)
~ **dives** broad-leaved peppermint, blue peppermint, Eucalyptus dives
~ **doratoxylon** spearwood, Eucalyptus doratoxylon
~ **elaephora** long-leaved box, Eucalyptus elaephora
~ **fastigata** black mountain ash, brown barrel, cut-tail, Eucalyptus fastigata
~ **ficifolia** red gum, Eucalyptus ficifolia
~ **globoidea** white stringybark, Eucalyptus globoidea (eugenioides)
~ **gomphocephala** tuart, Eucalyptus gomphocephala
~ **goniocalyx** long-leaved box, Eucalyptus goniocalyx
~ **grandis** rose gum, flooded gum, Eucalyptus grandis
~ **hemiphloia (moluccana)** grey box, Eucalyptus hemiphloia (moluccana)
~ **leucoxylon** black ironbark, Eucalyptus leucoxylon
~ **longifolia** woollybutt, Eucalyptus longifolia
~ **macrorhyncha** red stringybark, yangoora, Eucalyptus macrorhyncha
~ **maculata** spotted gum, Eucalyptus maculata
~ **maculosa** brittle gum, Eucalyptus maculosa
~ **maidenii** Maiden's gum tree, Eucalyptus maidenii
~ **melliodora** yellow box, Eucalyptus melliodora
~ **microcorys** Tasmanian (myrtle) beech, tallow wood, Eucalyptus microcorys
~ **microtheca** coolabah, Eucalyptus microtheca
~ **muelleri** yellow stringybark, Eucalyptus muelleri
~ **nitens** shining gum, Eucalyptus nitens
~ **obliqua** messmate [stringy-bark] tree, Eucalyptus obliqua
~ **occidentalis** yate tree, Eucalyptus occidentalis
~ **paniculata** grey iron-bark [tree], Eucalyptus paniculata
~ **patens** western Australian blackbutt, Swan River blackbutt, Eucalyptus patens
~ **pilularis** blackbutt, Eucalyptus pilularis
~ **polyanthemos** poplar-leaved gum, red box, Eucalyptus polyanthemos
~ **propinqua** grey gum, Eucalyptus propinqua
~ **punctata** hickory eucalyptus, Eucalyptus punctata
~ **quadrangulata** white-topped box, Eucalyptus quadrangulata
~ **regnans** Tasmanian (Victorian) oak, mountain ash, Eucalyptus regnans
~ **robusta** Australian white mahogany, swamp mahogany, Eucalyptus robusta
~ **rostrata** *s.* Eucalyptus camaldulensis
~ **saligna** saligna gum, Sidney blue gum, Eucalyptus saligna
~ **salubris** gimlet, Eucalyptus salubris
~ **siderophloia** broad-leaved red iron-bark, Eucalyptus siderophloia
~ **sideroxylon** red iron-bark, Eucalyptus sideroxylon (crebra)
~ **sieberi[ana]** gum top stringybark (tree), bastard ironbark, silvertop ash, Eucalyptus sieberi[ana]
~ **smithii** gully gum, Eucalyptus smithii
~ **staigeriana** lemon-scented iron bark, Eucalyptus staigeriana
~ **tereticornis** forest red gum, Eucalyptus tereticornis
~ **torelliana** cadaga, cadagi, Eucalyptus torelliana
~ **urophylla** Timor white gum, Eucalyptus urophylla
~ **viminalis** manna gum [eucalypt], Eucalyptus viminalis
~ **wandoo** wandoo, black marlock, Eucalyptus wandoo (redunca)
Eugenol *n* eugenol *(wood tar constituent)*
Eukalyptol *n* cineole *(terpene)*
Eukalyptus[baum] *m* gum-tree, box, eucalypt[us] *(genus Eucalyptus)*
Eukalyptusholz *n* gumwood
Eukalyptusöl *n* eucalypt[us] oil
Eulersche Knickfestigkeit *f* Euler critical compressive stress
~ **Knicklast** *f* Euler load
~ **Knicklastformel** *f* Euler column formula
~ **kritische Knickspannung** *f* Euler critical compressive stress
Eulerscher Knickstab *m* Euler column
Euphorbia pirahazo candelabrum tree, Euphorbia pirahazo
Euroamerikanische Pappel *f* Euramerican (Euro-American) poplar hybrid
Europäische Edeltanne *f* silver fir, Abies alba (pectinata)
~ **Fichte** *f* [Norway] spruce, European spruce (whitewood), Picea abies (excelsa)
~ **Lärche** *f* common (European) larch, Larix decidua
Europäischer Kiefernknospentriebwickler *m* [European] pine-shoot moth, Rhyacionia (Evetria) buoliana
~ **Kieferntriebwickler** *m* pine-shoot moth, Rhyacionia (Evetria) duplana
~ **Kirschbaum** *m* mazard [cherry], mazzard, sweet cherry, gean, Prunus avium
~ **Lärchenkrebs** *m* [European] larch canker *(caused by Dasyscypha = Lachnellula willkommii)*
~ **Ölbaum** *m* olive tree, Olea europaea
~ **Ölbaumborkenkäfer** *m* olive bark-beetle, Phloeotribus scarabaeoides
~ **Olivenbaum** *m* olive tree, Olea europaea
Euroschinus falcata pink poplar, Euroschinus falcata
Euxylophora paraensis Brazilian satinwood, Euxylophora paraensis

EVA s. Ethylenvinylacetat
Evolution f **des Holzes** wood evolution
Exhaustor m exhaust
Exospore f exospore *(of fungi)*
exotisches Holz n exotic timber, tropical timber
Exploitation f exploitation
Exploitationshieb m exploitation felling
Explosionverfahren n explosion process, Masonite [explosion] process *(of fibreboard manufacture)*
Exportholz n export timber
Exportverpackung f export packaging
Exsikkator m desiccator *(laboratory apparatus)*
Extrahartplatte f super[hard]board, tempered hardboard, high-density hardboard
extrahierbar extractable
Extrahierbarkeit f extractability
extrahieren to extract
Extrakt m(n) extract
Extraktionsholz n extract wood
Extraktionsmittel n extractant
Extraktionsstockholz n resinous stumpwood
Extraktionsteer m acid tar
Extraktivstoff m extractive
Extraktstoff m extractive
Extraktstoffgehalt m extractive[s] content
extraktstoffreich extractive-rich
Extrusionsbeschichtung f extrusion coating *(paper-making)*
Exzenterangel f eccentric buckle *(of a frame saw)*
Exzenterschälfurnier n half-rotary-cut veneer, half-round-cut veneer
exzentrischer Fräser m one-flute cutter
~ **Wuchs** m eccentric growth, wandering heart (pith)
exzentrisches Futter (Spannfutter) n eccentric chuck *(of a routing machine)*
~ **Schälen** n, **Exzentrischschälen** n eccentric rotary cutting *(veneer production)*
Exzentrizität f eccentricity
~ **der Markröhre** wandering heart (pith)
EYG s. Eyong
Eyong n white (yellow) sterculia, Sterculia oblonga *(wood species)*
Ezomatsu n Yeso spruce, Yeddo spruce, Picea jezoensis

F

F *s.* 1. Feucht[thermometer]temperatur; 2. Feuerwiderstandsklasse; 3. Furnierholz
Facette *f* bevel *(of a glass pane)*
facettiertes Glas *n* bevelled glass
Fach *n* panel *(framework)*
Fachbrett *n* shelf [board]
Fächerahorn *m* Japanese maple, Acer palmatum
Fächerfenster *n* fan window
Fächerrückenlehne *f* fan back
Fächerschwamm *m* paxillus *(wood-damaging fungus of genus Paxillus)*
Fachfüllung *f* nogging [infill]
Fachriegel *m* girding beam, girder, girt
Fachwerk *n* 1. [timber] framework, timber framing; half-timbering; 2. truss
Fachwerkarchitektur *f* timber-frame[d] architecture
Fachwerkbau *m* 1. timber-frame construction; 2. timber-framed building; half-timber[ed] structure
Fachwerkbinder *m* lattice truss, braced beam (girder)
Fachwerkbinderdach *n* lattice roof
Fachwerkbogen *m* braced arch
Fachwerkbogenträger *m* tied arch, bowstring girder
Fachwerkbrücke *f* framework bridge
Fachwerkdach *n* framed roof
Fachwerkgebäude *n* timber-framed building, timbered building
Fachwerkhaus *n* timber-framed house; half-timbered house (building)
Fachwerkinnenwand *f* timber-framed partition
Fachwerkknoten *m* truss joint
Fachwerkkonstruktion *f* framework construction
Fachwerklehm *m* daub
  mit ~ **verfüllen** to daub
Fachwerkmuster *n* half-timber pattern
Fachwerkpfette *f* trussed purlin
Fachwerkschwelle *f* sill of framework
Fachwerkstab *m* truss member, frame member
Fachwerktechnik *f* timber-frame technique
Fachwerkträger *m* truss[ed] girder, braced beam (girder)
Fachwerkwand *f* half-timbered wall; [timber-]framed wall
Fachwerkzimmerei *f* timber-frame carpentry
Fachwerkzwischenwand *f* half-timber partition
Faden *m* fathom, fath *(cordwood measure)*
Fadeneinlage *f* stringing, *(Am)* line inlay
Fadenpilz *m* fungus *(division Eumycota)*
Fagara zanthoxyloides Senegal prickly-ash, Fagara zanthoxyloides
Fagaropsis angolensis mafu, Fagaropsis angolensis *(wood species)*
Fagott *n* bassoon *(wood-wind instrument)*
Fagus sylvatica cv. asplenifolia cut-leaved beech, fern-leaved beech, Fagus sylvatica cv. asplenifolia
~ **sylvatica cv. purpureo-pendula** copper weeping beech, Fagus sylvatica cv. purpureo-pendula
Fahnenmast *m*, **Fahnenstange** *f* flag-pole, flagstaff
Fahrbahnbalken *m* roadway beam *(bridge-building)*
fahrbares Vollgatter *n* portable log frame [saw]
Fahrgestell *n* bogie
fahrrücken to forward *(timber harvest)*
fakultativer Farbkern *m* abnormal (false) heartwood, pathological heart[wood], facultatively coloured heartwood
~ **Harzgang** *m* traumatic resin duct, traumatic canal *(gum duct)*
~ **Parasit (Schmarotzer)** *m* facultative parasite
Faldistorium *n* fald stool *(Romanesque)*
Fäll-Aufarbeitungs-Kombine *f* feller-processor
~-**Aufarbeitungsmaschine** *f* feller-delimber-slasher-forwarder
~-**Bündel-Maschine** *f* feller-buncher, felling-bunching machinel
~-**Entastungs-Bündel-Maschine** *f* feller-delimber-buncher
~-**Entastungsmaschine** *f* feller-delimber, tree harvesting delimbing unit
~-**Paketier-Kombine** *f* feller-buncher, felling-bunching machine
~-**Rücke-Kombine** *f* feller-skidder
~-**Rücke-Maschine** *f* feller-forwarder, feller-skidder
~-**Rückemannschaft** *f* cut-and-skid crew
Fällaxt *f* felling axe, woodcutter's axe
Fällbereich *m* felling site, felling place, logging area
Fällbruch *m* felling fracture, felling break
Fälldatum *n* felling date
fällen to fell, to log, to cut [down], to hew [down], *(Am)* to lumber
Fällen *n* felling, cutting
Fallenschloß *n* latch lock
Fäller *m* [tree] feller, wood hewer, woodcutter, woodman, timberman, logger, *(Am)* lumberman, faller
~-**Bündler** *m* feller-buncher, felling-bunching machine
Fällgerät *n* felling tool, woodcutting tool
Fallhammer *m* **nach Hatt-Turner** Hatt-Turner impact [testing] machine
Fällhieb *m* kerf
Fallholz *n* fallen logs
Fällkeil *m* felling wedge
~ **mit Holzeinsatz** socket wedge
Fällkerb *m* felling (stem) notch, kerf, belly cut, [bird's-]mouth, bate, gullet, throat
  den ~ anlegen to notch, to undercut, to box
Fällkerbsohle *f* kerf bottom, bed of the undercut *(tree felling)*
Fallklappe *f* flap; fall [front] *(of a secretaire)*
Fällkopf *m* felling head
Fällmaschine *f* [tree] felling machine, feller, logger
~ **mit Richtungsvorgabe** feller director
Fällort *m* felling site, felling place, logging area
Fällriß *m* felling shake
Fällrißbildung *f* popping
Fällrichtung *f* felling direction, lie

Fällrichtungsanzeiger *m* timber compass
Fällsäge *f* felling saw
Fällschaden *m* felling damage, logging damage (injury); logging wound
Fällschnitt *m* felling cut, back cut
Fällschnittkanten abschrägen to snape
Fälltechnik *f* felling practice, felling technique
Fälltisch *m* jigger[-board]
Falltür *f* trap door
Fällung *f* felling, cutting
Fällungsbruch *m* felling fracture, felling brake
Fällungskompaß *m* timber compass
Fällungsmaschine *f* [tree] felling machine
Fällungsriß *m* felling shake
Fällungsschaden *m* felling damage, logging damage (injury); logging wound
Fällungstechnik *f* felling practice, felling technique
Fällungsverlust *m* loss in felling
Fäll[ungs]werkzeug *n* felling tool, woodcutting tool
Fällzeit *f* felling season, felling time
falsche Gehrung *f* odd mitre
~ **Zwiesel** *f* crotch, curl
Falsche Akazie *f* robinia, [false] acacia, locust [tree], black (yellow, post) locust, silver chain, Robinia pseudoacacia
falscher Jahr[es]ring *m* false annual [growth] ring, false ring, double ring
~ **Markstrahl** *m* aggregate ray
~ **Splint** *m* false sapwood, blea *(wood anatomy)*; included sapwood, internal sap[wood] *(of sawnwood)*
Falscher Zunderschwamm *m* false tinder fungus, male agaric, touchwood, Phellinus (Polyporus) igniarius
Falsches Mahagoni *n* bastard jarrah, bastard (southern) mahogany, Eucalyptus botryoides
~ **Sandelholz** *n* 1. bastard sandal[wood], guaino tree, Myoporum tenuifolium (acuminatum); 2. false sandalwood, tallow wood (nut), Ximenia americana
Falschkern *m* false heart[wood], abnormal heartwood, pathological heart[wood], facultatively coloured heartwood
Faltbett *n* folding bed, camp-bed
Faltboot *n* folding (collapsible) boat, wood and canvas kayak
Faltfensterladen *m* folding shutter, boxing shutter
Faltmöbel *npl* folding furniture
Faltschiebetür *f* sliding folding door
Faltschubkasten *m* folding drawer
Faltstuhl *m* folding chair; fald stool *(Romanesque)*
Faltsystem *n* folding system *(mitreing)*
~ **Fräsmaschine** *f* moulding machine for folders
Falttür *f* folding (foldaway) door, accordion door, concertina (bellow-framed) door
Falttürlamelle *f* folding door panel
Faltwand *f* folding partition, accordion wall, folding (foldaway) door
Faltwerk *n* 1. folded-plate structure, folded plates *(stressed-skin construction)*; 2. linenfold, linen pattern, linenscroll *(decorative relief)*
Faltwerkfüllung *f* linenfold panel[ling], parchment panel[ling] *(furniture decoration)*
Faltwerkkante *f* quoin
Falz *m* rabbet, rebate; rabbet joint
falzen to rabbet, to rebate
Falzfestigkeit *f* folding endurance *(paper testing)*
Falzfräser *m* rabbet[ing] cutter
Falzhöhe *f* rabbet height
Falzhobel *m* rabbet[ing] plane, grooving plane, fillister [plane]
Falzkante *f* rabbet edge
Falzkopf *m* rabbet cutter
Falzleiste *f* rabbeted strip; rabbeted side guide *(of a drawer)*
Falztiefe *f* rabbet depth
Falztür *f* rabbeted door
Falzverbindung *f* rabbet joint
Falzwiderstandsprüfung *f* fold testing *(paper testing)*
Falzzahl *f* folding endurance *(paper testing)*
Fangbaum *m* trap tree
Fangkloben *m* trap billet
Fangklotz *m* trap billet
Fangrinde *f* trap bark
Farbabsorption *f* paint absorption
Farbanstrich *m* coat of paint
Farbbeize *f* solid colour stain, opaque stain, heavy-bodied stain
Farbbrennen *n* wood burning
Farbe *f* colour, *(Am)* color; paint
~ **des Holzes** wood colour
Färbemittel *n* dye[stuff]
Färben *n* colouring
Färbereiche *f* quercitron, yellow[-barked] oak, black oak, Quercus velutina (tinctoria)
Färbereichenrinde *f* quercitron [bark]
Färberochsenzunge *f* alkanet, Alkanna tinctoria (tuberculata)
Farbfehler *m* colour defect, colour-fault
Farbfilm *m* paint film, paint skin
farbgebender Stoff *m* pigment
Farbhaltevermögen *n* paint-holding ability (property)
Farbholz *n* dyewood
Farbholzschnitt *m* colour wood-block
Farbholzstich *m* chromoxylograph *(wood-block or a xylographic impression)*
Farbkern *m* [dis]coloured heartwood
Farbkernholz *n* [dis]discoloured heartwood
Farblack *m* colour varnish
Farbnase *f* paint run
Farbnebel *m* paint spray
Farbnebelabsauganlage *f* paint spray exhausting (extraction) plant, paint mist suction plant
Farbnuance *f* colour shade
Farbpigment *n* paint pigment
Farbpolitur *f* colour polish
Farbschicht *f* coating
Farbspritzen *n* spray painting
Farbspritzpistole *f* paint [spray] gun
Farbsprühnebel *m* paint spray
Farbsprühroboter *m* paint spraying robot
Farbstoff *m* dye[stuff]
farbstoffflieferndes Holz *n* dyewood

farbstoffspendende Holzart 58

farbstoffspendende Holzart *f* dyewood
Farbüberzug *m* paint coat[ing]
Farbverdünner *m* paint thinner, paint solvent
farbverursachend chromophoric
Farbxylographie *f s.* Farbholzstich
Farnesen *n* farnesene *(sesquiterpene)*
Farnetto-Eiche *f* Hungarian oak, Quercus frainetto (conferta)
fas *s.* frei Längsseite Schiff
FAS *s.* erste und zweite Klasse
Faschine *f* fascine, faggot, saucisse, *(Am)* fagot
Faschinen *fpl*, **Faschinenholz** *n* fascine wood
Faschinenpackung *f*, **Faschinenpackwerk** *n* fascine filling (packing), faggoting
Faschinenpfahl *m* fascine pole, faggot stake
Fase *f* chamfer, bevel
Fasebrett *n* chamfered board
Fasebretter *npl* tongued grooved and V-jointed boards
Fasefräser *m* bevel cutter, bevel trimmer
Fasehobel *m* chamfer plane
Fasemesser *n* chamfering knife
fasen to chamfer, to bevel
Faser *f* 1. fibre, *(Am)* fiber; 2. grain *(in wood)*
  gegen die ~ against the grain
Faserabweichung *f* grain deviation, slope of grain
Faseraufrichtung *f* fibre raise *(on wood fibreboards)*
Faserausrichtung *f* grain orientation
Faserausriß *m* tears in wood
Faserbahn *f* web *(paper-making)*
Faserbauplatte *f* structural fibreboard
Faserbeleimmaschine *f* fibre glu[e]ing machine
Faserbreite *f* fibre width
Faserbruchstück *n* fibre fragment
Faserbündel *n* fibre bundle
Faserbündelzerlegung *f* defibration
Fäserchen *n* fibril *(wood anatomy)*
Faserdämmplatte *f* insulating fibreboard
Faserdurchmesser *m* fibre width
Faserfeinstruktur *f* fibre fine structure
Faserformteil *n* wood particle moulding
Faserfragment *n* fibre fragment
Faserfreisetzung *f* fibre liberation
Faserhartplatte *f* hardboard, hard[-pressed] fibreboard
Faserholz *n* pulpwood, paper [pulp] wood, fibre wood
Faserholzlagerung *f* pulpwood storage
Faserholzrolle *f* pulpwood bolt
Faserholzspäne *mpl* pulpwood chips
faserig fibrous
faseriger Bruch *m* fibrous fracture, stringy fracture
Faserkrümmung *f* grain sinuosity
Faserkurzstoff *m* short-fibred pulp
Faserlänge *f* fibre length
Faserlängenhäufigkeitsverteilung *f* fibre length frequency distribution
Faserlangstoff *m* long-fibred pulp
Fasermaterial *n* fibrous material, fibrous matter
Fasermatte *f* fibre mat
Fasermorphologie *f* fibre morphology
Faserneigung *f* slope of grain

faserparallel along the grain, parallel to the grain
Faserplatte *f* [wood] fibreboard, fibre panel, fibre building-board
  ~ mittlerer Dichte medium-density fibreboard, MDF [board], medium [hard]board
Faserplattenerzeugnis *n* fibre-based panel product
Faserplattenherstellung *f* fibreboard manufacture
Faserplattenindustrie *f* board industry
Faserplattenleim *m* fibreboard adhesive
Faserplattenmaterial *n* fibre sheet material
Faserplattenpresse *f* fibreboard press
Faserplattenstoff *m* fibre mass
Faserplattentrockner *m* fibreboard dryer
Faserplattentyp *m* fibreboard type
Faserplattenwerkstoff *m* fibre-based panel material, fibre sheet material
Faserquerschnitt *m* fibre cross section
Faserrichtung *f* grain [direction]
  gegen die ~ against the grain
  in ~ along the grain, parallel to the grain, in the fibre direction
  in ~ spalten to rive
  in ~ trennen to rip [down]
  sich quer zur ~ verziehen to cup
Faserrichtungsabweichung *f* grain deviation
Faserrichtungswinkel *m* grain angle
Faserrohstoff *m* crude fibre material, fibrous raw material
Fasersättigung *f* fibre saturation
Fasersättigungsbereich *m* fibre saturation point
Fasersättigungsfeuchte *f* fibre saturation point
Fasersättigungspunkt *m* fibre saturation point
Faserspäne *mpl* pulp-type chips
Faserstauchung *f* compression failure, compression rupture; transverse (thunder) shake, upset *(wood defect)*
Faserstoff *m* fibrous material (matter), fibre [mass], pulp [stock]
~ gewinnen to pulp
Faserstoffbrei *m* pulp
Faserstoffknoten *m* knot *(in paper)*
Faserstoffsuspension *f* fibre suspension, aqueous pulp
Faserstreukopf *m* mat-forming head *(fibreboard manufacture)*
Faserstruktur *f* fibrous structure
Fasersuspension *f* fibre suspension, stock suspension
Fasertracheide *f* fibre-tracheid, imperforate tracheary element *(wood anatomy)*
Faserverband *m* fibre assembly
Faserverbundwerkstoff *m* fibre composite material
Faserverlauf *m* grain flow, grain *(in wood)*
  gegen den ~ against the grain
  mit spiraligem ~ spirally grained
Faserverwindung *f* grain sinuosity
Faservlies *n* fibre mat; wet lap *(fibreboard manufacture)*
Faserwand *f* fibre wall
Faserwindung *f* grain sinuosity
Faserwinkel *m* grain angle

Faserzellwand f fibre wall
Faserzusammensetzung f fibre composition
Fasewinkel m bevel angle
fasrig fibrous
Faß n barrel, cask, vat
  großes ~ vat
Fassade f façade
Fassadenfeld n bay
Fassadengerüst n wall scaffold[ing]
Faßbinder m cooper
Faßbodennut f croze
Faßdaube f [barrel] stave, lag, shake
Faßdaubenbiegemaschine f stave bending machine
Fässer npl cooperage
  ~ **herstellen** to cooper
  ~ **reparieren** to cooper
Faßfuge f coopered joint
Faßhahn m pipe
Faßherstellung f cask-making
Faßholz n cask wood, stave wood
Fassonfräsmaschine f profiling machine, profile-forming machine
Fassonleinen n [upholstery] webbing
Faßpech n cooper's pitch
Faßspund m, **Faßverschluß** m bung, shive, spile
Fathom n fathom, fath (cordwood measure)
faul conky, punky (wood)
Faulast m punk knot, decayed knot, rotten (unsound) knot
Faulbaum m alder buckthorn, Persian bark, Rhamnus frangula
Fäule f decay, rot
  durch [beginnende] ~ **verfärbt** doty, dos[e]y, dozy (wood)
fäuleanfällig decay-susceptible
Fäuleanfälligkeit f decay susceptibility
Fäuleloch n rot pocket
faulen to rot [away, down]
Fäulepilz m decay fungus, rot fungus
fauler Ast m punk knot, decayed knot, rotten (unsound) knot
faules Holz n s. Faulholz
Fäuleschutz m decay protection
Fäuletyp m decay type
Faulfleck m rotten spot
Faulholz n conk, punk, touchwood, decayed wood
Faulholzköder m decayed knot bait (termite control)
Faulkern m rotten heart (wood disease)
Fäulnis f decay, rot
  ~ **hervorrufen** to decay
fäulnisbeständig decay-resistant, rot-resistant
Fäulnisbeständigkeit f decay resistance
fäulnisbewohnend saprophytic
Fäulnisbewohner m saprophyte
fäulniserregender Pilz m decay fungus, rot fungus
fäulnisfest decay-resistant, rot-resistant
fäulnisfreier Ast m sound knot
Fäulnisgefahr f decay hazard
fäulnishemmend antirot
fäulnishindernd antirot

Fäulnispilz m decay fungus, rot fungus
Fäulnisschaden m decay damage
Fäulnisschutz m rot protection
Fäulnisschutzmittel n rotproofing agent
fäulnisverhindernd antirot
fäulniswidrig decay-resistant
Fäulniswidrigkeit f decay resistance
Faulstelle f rotten spot
Fauteuil m fauteuil, French chair, armchair
  ~ **mit verkürzter Armlehne** elbow chair
Faux-Quartierschnitt m faux quarter cutting
Feder f 1. spring; 2. tongue, feather
  eine ~ **anhobeln** to tongue
Federbaum m silk tree, Albizia julibrissin
Federboden m spring base
Federgegenkraft[vorrichtung] f spring balance (sliding sash)
Federhobel m tonguing plane
Federkante f tongue edge
Federkernmatratze f sprung mattress, innerspring mattress, spring[-interior] mattress
Federscharnier n spring[-loaded] hinge
Federverbindung f **mit überschobener Langholzdecke** dado tongue and rabbet [joint]
Federzirkel m spring joint divider
Fegeschaden m fraying damage
Fehlbezeichnung f misnomer (e.g. of a wood species)
Fehlboden m false ceiling
Fehler m **beim Sägen** milling defect
Fehlerabzug m allowance for defects, defect deduction (timber evaluation)
fehlerfrei clear, clean (wood specimen)
fehlerfreie Holzprobe f clear wood specimen
fehlerfreies Holz n clean timber
fehlerhaftes Holz n cull [timber]
fehlerloses Bauholz n clear stuff
Fehlkante f wane, rough edge, dull edge, natural bevel
fehlkantig waney[-edged], wany, rough-edged, unedged
Fehlname m misnomer (e.g. of a wood species)
Fehlstelle f defective spot
Fehlverleimung f glu[e]ing defect, glu[e]ing fault; delamination (of plywood)
FEI s. Freijo
Feile f file
  ~ **für die Holzbearbeitung** wood file
Feilegalisieren n side filing (of saw-teeth after setting)
Feilengriff m, **Feilenheft** n file handle
Feilenraspel f float
Feilkloben m, **Feilkluppe** f saw chop, saw vice (clamp), hand vice
Feilmaschine f filing machine
Feilwinkel m filing angle (of chain-saw tooth)
fein strukturiert fine-textured, fine-grained, close-grained (wood)
Fein[auf]bau m fine structure
Feinbearbeiten n cleaning up (of wood surfaces)
Feinblattsägemühle f fine-blade sawmill, Dutch sawmill
Feindeckschichtspan m fine top layer chip
feines Doppelgold n rich gold (gilding)
  ~ **Holzmehl** n wood powder, fines

feinfas[e]rig

feinfas[e]rig fine-fibred; fine-grained, close-grained, fine-textured *(wood)*
Feinfaserigkeit *f* fine grain, close grain *(of wood)*
Feingut *n* fines
feinjährig narrow-ringed, slow-grown, close-grained *(wood)*
Feinjährigkeit *f* closeness of the annual rings, close grain *(of wood)*
Feinmühle *f* finishing machine *(paper-making)*
Feinpapier *n* fine paper
Feinpore *f* micropore
feinporig microporous, small-pored; fine-grained, close-grained, fine-textured *(wood)*
Feinporigkeit *f* fine grain, close grain *(of wood)*
feinringig narrow-ringed, slow-grown, close-grained *(wood)*
Feinringigkeit *f* closeness of the annual rings, close grain *(of wood)*
Feinsäge *f* fine[-toothed] saw, panel saw, bead saw, finishing saw, gent's saw; fretsaw; scroll-saw; dovetail saw
Feinsägeblatt *n* fine-tooth blade; fretsaw blade
Feinsägespäne *mpl* saw swarf
Feinschleifen *n* finish sanding
Feinschleifmaschine *f* fine sander
Feinschleifmittel *n* fine abrasive
Feinschleifpapier *n* fine-grit sandpaper, finishing paper
Feinschliffmaschine *f* fine sander
Feinschnittfehler *m* sectioning defect *(of a wood preparation)*
Feinschnittkreissäge *f* splitting saw, swage saw, taper saw
Feinschnittkreissägemaschine *f* precision-cut circular sawing machine
Feinspan *m* fine chip
Feinspäne *mpl* fines
Feinspanplatte *f* fine flakeboard, smooth-surface panel
Feinstbearbeiten *n* cleaning up *(of wood surfaces)*
Feinstdeckschichtspan *m* finest top layer chip
Feinstoff *m* accepted stock, accepts *(paper-making)*
Feinstruktur *f* fine structure
Feinstspan *m* micro-chip
Feinstspäne *mpl* pulp-type chips, fines
Feinststoff *m* fines *(pulp manufacture)*
Feintischlerarbeit *f* cabinetwork
Feinzerspaner *m* fine chip cutter
Feldahorn *m* common maple, [English] field maple, hedge maple, mazer tree, Acer campestre
Feldbett *n* camp-bed, field bed
Feldulme *f* 1. field elm *(comprehensive term)*; 2. smooth-leaved elm, field (French) elm, Ulmus carpinifolia (minor, campestre)
Feldzugsmöbel *npl* campaigning furniture
Felge *f* rim
Felgenteilstück *n* felloe
Fell *n* sheet *(caoutchouc processing)*
Felsenahorn *m* Montpellier maple, Acer monspessulanum
Felsenbirne *f* service-berry, shadbush (genus *Amelanchier)*
Felsengebirgstanne *f* Alpine fir, Abies lasiocarpa (subalpina)
Felsengebirgswacholder *m* Rocky Mountain juniper, Juniperus scopulorum
Felsenkirsche *f* mahaleb, rock cherry, St. Lucie cherry, Prunus mahaleb
Felsenrüster *f*, **Felsenulme** *f* rock elm, cork elm, Ulmus racemosa (thomasii)
Felsenwalnuß *f* little walnut, Juglans microcarpa (rupestris)
Felter *m* felter *(fibreboard manufacture)*
Femelhieb *m* femel felling, gap felling, group-selection felling
Femelsaumhieb *m* femel strip felling
Femelschlag *m* s. Femelhieb
Fenchelholz *n* sassafras, Sassfras albidum *(wood species)*
Fender *m* fender
Fenderpfahl *m* fender pile
Fenster *n* window, light
~ **nach Maß** made-to-measure window
groß[flächig]es ~ picture window
nicht zu öffnendes ~ non-opening window
Fensterabdeckung *f* window blind
Fensterabdichtungsstreifen *m* sill bead, deep bead
Fensterabschnitt *m* window section
fensterartiger Kreuzungsfeldtüpfel *m* fenestrate[d] pit *(wood anatomy)*
Fensteraußenrahmen *m* window casing
Fensterband *n* window hinge
Fensterbank *f* 1. window sill, window ledge; 2. window bench
Fensterbau *m* window construction
Fensterbauart *f* window style
Fensterbauindustrie *f* window [manufacturing] industry
Fensterbeschläge *mpl* window hardware, window furniture
~ **aus Messing** window brassware
Fensterblei *n* came
Fensterblendrahmen *m* window casing, window trim, blind casing
Fensterbrett *n* window board, stool, interior sill, sillboard *(Scotland)*
Fensterdichtleiste *f* window seal fillet
Fensterdichtungsstreifen *m* sill bead, deep bead
Fenstereckenstift *m* sprig, *(Am)* glazier's point, glazing point
Fensterfabrikant *m* window manufacturer
Fensterfabrikation *f* window manufacture
Fensterfeststeller *m* casement stay
Fensterfläche *f* window area
Fensterflügel *m* [window] sash, casement
Fensterflügelkreuzsprossen *fpl* casement grille
Fensterflügelrahmen *m* [window] sash, casement frame
Fensterflügelscharnier *n* casement hinge
Fensterflügelverschluß *m* sash lock
Fensterfräser *m* window industry cutter
Fensterglas *n* window glass
Fensterhaken *m* casement stay
Fensterhersteller *m* window manufacturer
Fensterherstellung *f* window manufacture

Fensterholz *n* sash timber, sash stuff, window wood, window joinery [timber]
Fensterkasten *m* window box
Fensterkehlhobel *m* sash fillister [plane]
Fensterkehlmaschine *f* sash sticker
Fensterkitt *m* [glaziers'] putty
Fensterladen *m* blind, [window] shutter
~ **mit Jalousiebrettchen** louvres, louvre-boards, louvers
Fensterläden anbringen to shutter
Fensterleibung *f* embrasure, reveal
Fensteroberlicht *n* upper light
Fensteröffnung *f* window opening
Fensterpfeiler *m* window column
Fensterprofil *n* window profile
Fensterrahmen *m* window frame
Fensterrahmenquerstück *n* jamb [of a window frame]
  oberes ~ header jamb [of a window frame]
Fensterriegel *m* 1. window header; 2. window bolt
Fensterscheibe *f* window-pane
Fenstersitzbank *f* window bench
Fenstersofa *n* window seat
Fenstersonderanfertigung *f* special-design window
Fenstersprosse *f* mullion, glazing bar, [window] bar, muntin[g]
Fenstersturmhaken *m* casement stay
Fenstersturz *m* lintel
Fensterteil *n* window component, window part
Fenstertischlerei *f* window joinery
Fenstertüpfel *m* fenestrate[d] pit *(wood anatomy)*
Fenstertür *f* French door, French window, window (sash) door
Fensterverglasung *f* [window] glazing
Fensterverkleidung *f* window boarding
Fensterzusatzeinrichtungen *fpl* window accessories
Ferkelnuß *f* pignut [hickory], Carya glabra
Ferment *n* enzyme
Fernambuk[holz] *n* Lima wood, prickly brazilwood, *(esp.)* Caesalpinia echinata
Fernleitungsanlagen *fpl* (**Fernleitungsmaste** *mpl*) **aus Holz** wood transmission [line] structures
Fernseh-Wagen *m* TV trolley, video trolley
Fernsehhecktruhe *f* corner video cabinet, video corner unit
Fernsehtruhe *f* video cabinet
Feronia limonia Indian wood apple, elephant apple, Feronia limonia
Ferruginol *n* ferruginol *(diterpene)*
Fertigbauteil *n* prefabricated component
fertiger Papierstoff *m* finished stuff
Fertigfenster *n* window unit
Fertigfußboden *m* finish floor[ing]
Fertighaus *n* modular home
Fertighausbau *m* prefab[-house] construction, factory-built housing, manufactured haousing
Fertighausbauteil *n* manufactured housing component
Fertigmachen *n* fitting up *(furniture-making)*
Fertigmacherei *f* fitter's shop *(of a furniture factory)*
Fertigmaß *n* net measure, finished size
Fertigparkett *n* prefabricated parquet, finished parquetry
Fertigparkettafel *f* prefabricated parquet tile
Fertigparkettelement *n* parquet block
Fertigschicht *f* furnish layer *(paper-making)*
Fertigteil *n* prefabricated component
~-Wohnblockhaus *n* prefabricated log home
Fertigtrocknen *n* final drying
Fertigwohnhaus *n* modular home
fest eingebautes Fenster *n* fixed light, fixed window
feste Körnerspitze *f* dead centre *(of wood-turning lathe)*
Festfenster *n* fixed light, fixed window
festfressen to bind *(saw-blade)*
Festgehalt *m* solid volume
Festigkeit *f* [ultimate] strength
~ **fehlerfreier Holzproben** clear wood strength
~ **von Holz** wood strength
Festigkeitseigenschaft *f* strength property *(e.g. of wood)*
Festigkeitsklassenholz *n* stress-graded timber
Festigkeitslehre *f* strength theory
Festigkeitsprüfung *f* strength testing
~ **an Bauholz** testing of full-size timber
Festigkeitssortiermaschine *f* stress-grading machine
festigkeitssortiert stress-graded, stress-rated, SR *(sawnwood)*
nicht ~ non-stress-graded
Festigkeitssortierung *f* stress-grading *(of sawnwood)*
Festigkeitswert *m* stress grade
Festigungsgewebe *n* strengthening (supporting, mechanical) tissue, sclerenchyma *(wood anatomy)*
Festigungszelle *f* supportive cell *(wood anatomy)*
festkeilen to wedge
Festklemmen *n* pinching *(of a saw blade)*
Festlandmahagoni *n* true mahagony, American (Honduras) mahogany, Swietenia macrophylla
Festmaß *n* solid measure
Festmeter *m(n)* solid [cubic] metre
festnageln to nail down
Feston *n* festoon, swag *(looped ornament)*
Festspanner *m* **für Pinole** tailstock quill (spindle) clamp
feststehendes Fenster *n* non-opening window
Feststoffe *mpl* solids
festverlegte Holzgründung *f* permanent wood foundation, PWF
Fett *n* fat *(secondary wood constituent)*
fetter Öllack *m* long oil varnish
fettes Öl *n*, **Fettöl** *n* fat oil *(secondary wood constitutent)*
Fettsäure *f* fatty acid *(secondary wood constituent)*
Fettsäureester *m* fatty acid ester
feucht fresh, wet, green, unseasoned *(wood)*
Feuchte *f* moisture; moisture content, mc, MC, m.c., M.C.
feuchte Bahn (Faserbahn) *f* wet web
Feuchteabsorption *f* **an Kanten[flächen]** edge

Feuchteabsorption

absorption
Feuchteänderung *f* moisture content change
Feuchteaufnahme *f* moisture absorption, moisture pick-up
Feuchteaufnahmevermögen *n* moisture-carrying capacity
feuchtebeständig moisture-resistant
Feuchtebeständigkeit *f* moisture resistance *(e.g. of glued joints)*
Feuchtebestimmung *f* moisture-content determination, moisture measurement
Feuchteentzug *m* moisture extraction [rate]
Feuchtefestigkeit *f* moisture resistance *(e.g. of glued joints)*
Feuchtegefälle *n* moisture gradient, moisture differential
Feuchtegehalt *m* moisture content, mc, MC, m.c., M.C.
~ **von waldfrischem Holz** green moisture content of wood
Feuchtegehaltsänderung *f* moisture content change
Feuchtegehaltswert *m* moisture-content value
Feuchtegleichgewicht *n* moisture equilibrium, equilibrium moisture [content]
Feuchtegradient *m* moisture gradient, moisture differential
Feuchteleitfähigkeit *f* moisture conductivity
Feuchteleitfähigkeitskoeffizient *m* moisture conductivity coefficient
Feuchteleitzahl *n* moisture conductivity coefficient
Feuchtemasse *f* fresh weight, green weight
Feuchtemeßeinrichtung *f* moisture measuring device (equipment)
Feuchtemeßgerät *n* moisture meter
Feuchtemesser *m* moisture meter
~ **nach dem Widerstandsprinzip** resistance moisture meter
Feuchtemessung *f* moisture-content determination, moisture measurement
feuchter Stoff *m* wet stock, slow stock *(papermaking)*
feuchtes Faservlies *n* wet web
Feuchteschaden *m* moisture damage
Feuchteschutzbehandlung *f* moisture proofing
feuchtfest moisture-resistant
Feuchtholz *n* wet wood
Feuchtholzdichte *f* density of wet wood
Feuchtigkeit *f* moisture
Feuchtigkeitsaufnahmevermögen *n* moisture-carrying capacity
Feuchtigkeitsmesser *m* moisture meter
feuchtigkeitssicher damp-proof
Feuchtthermometer *n* wet-bulb thermometer
Feucht[thermometer]temperatur *f* wet-bulb temperature
Feuerahorn *m* Amur maple, Acer ginnala
Feuerausbreitung *f* spread of flame, flame spread
feuerbeständig fire-resistant
Feuerbeständigkeit *f* **von Holzbauteilen** structural timber fire endurance
feuerfester Anstrich *m* fire-proof paint
feuergeschützte Faserplatte *f* flame-retardant [fibre]board
feuerhemmend flame-retardant
feuerhemmende Anstrichschicht *m* fire-retardant coating
~ **Tür** *f* fire[-rated] door, firecheck door
feuerhemmender Anstrichstoff *m* non-combustible paint
feuerhemmendes Mittel *n* fire-retardant
Feuerhemmstoff *m* fire-retardant
Feuerholz *n* firewood, fuelwood
Feuerscheinzypresse *f* hinoki [cypress], Japanese cypress (cedar), tree of the sun, Chamaecyparis obtusa
Feuerschutzabschluß *m* firestop *(timber construction)*
feuerschutzbehandelt fire-retardant-treated, FRT *(e.g. wood)*
Feuerschutzmittel *n* flame-retardant
feuerschutzmittelbehandelt fire-retardant-treated, FRT *(e.g. wood)*
Feuerschutzsalz *n* fire-retardant salt
Feuerschutztür *f* fire[-rated] door, firecheck door
~ **aus Holz** timber fire door
Feuerstein *m* flint *(abrasive)*
Feuervergoldung *f* fire gilding, mercurial (mercury) gilding
Feuerwiderstand *m* fire resistance
Feuerwiderstandsfähigkeit *f* fire endurance
Feuerwiderstandsklasse *f* fire grading
Feuerzypresse *f* hinoki [cypress], Japanese cypress (cedar), tree of the sun, Chamaecyparis obtusa
FI *s.* Gemeine Fichte
Fiber *f* fibre, *(Am)* fiber
fibrillär fibrillar
Fibrille *f* fibril *(wood anatomy)*
Fibrillenausrichtung *f* fibril alignment
Fibrillenbündel *n* microfibril *(wood anatomy)*
Fibrillenwinkel *m* fibril angle
Fibrillierung *f* fibrillation
Fichte *f* spruce *(genus Picea)*
Fichtenbauholz *n* construction spruce
Fichtenbock[käfer] *m* spruce longhorn, Tetropium castaneum (luridum)
Fichtenbruchholz *n* wind-broken spruce
Fichtenfaserholz *n* spruce pulpwood
Fichtenholz *n* spruce-wood, white deal, whitewood
Fichtennadelrost *m* spruce needle rust *(caused by Chrysomyxa abietis)*
Fichtenöl *n* sulphite turpentine
Fichtenrinde *f* spruce bark *(tanning agent)*
Fichtensplintbock *m* spruce longhorn, Tetropium castaneum (luridum)
Ficus macrophylla black fig, Ficus macrophylla *(wood species)*
Fieber[heil]baum *m* bastard box, [Tasmanian, southern] blue gum-tree, Eucalyptus globulus
Fiederaralie *f* celery wood *(genus Polyscias)*
Figurenschnitzen *n* figure carving
filmbildende Deckschicht *f* film-forming finish
filmbildender Deckanstrich *m* film-forming finish
Filmbildner *m* film former

Filmdicke *f* film thickness
Filmleim *m* film glue, film adhesive
Filterpapier *n* filter-paper
Filtrierpapier *n* filter-paper
Filz *m* felt
Filzleitwalze *f* felt-carrying roll *(paper-making)*
Filzpapier *n* felt paper
Fingerzinkeneckverbindung *f* slip corner [joint], lock corner [joint]
Fingerzinkenverbindung *f* square dovetail [joint]
Finish *n* finish *(of paper)*
Fink-Binder *m* Fink truss
Finne *f* peen, pein *(of the hammer)*
  mit der ~ hämmern to peen
Firnis *m* varnish, boiled oil
Firnisbaum *m* 1. tree of heaven, tree of the gods, Chinese sumac[h], Ailanthus altissima (glandulosa); 2. *s.* Firnissumach
Firnispinsel *m* dabber
firnissen to varnish, to lacquer
Firnissumach *m* japan (Japanese) varnish-tree, lac[quer]-tree, Toxicodendron vernicifua, Rhus vernicifera
First *m* [roof-]ridge
Firstbalken *m*, **Firstbaum** *m* ridge beam, ridge-tree (-piece, -pole, -purlin), roof-tree, top beam
Firstbohle *f* ridge board
Firstbrett *n* ridge board
Firstenstempel *m* waling *(mine timbering)*
Firstlinie *f* [roof-]ridge
Firstpfette *f s.* Firstbalken
Firstschindel *f* ridge shingle, top shingle
FIS *s.* Sitkafichte
Fischband *n* butt hinge, concealed hinge
Fischbauchträger *m* fish beam
Fischgrätenmuster *n* herring-bone matching *(veneering)*
Fischgrätenparkett *n* herring-bone parquet
Fichgratmuster *n s.* Fischgrätenmuster
Fischhaut *f* fish skin *(polishing tool; covering material)*
Fischkiste *f* fish box
Fischleim *m* fish glue
Fischschuppenessenz *f* pearl essence *(lacquer ingredient)*
Fischstiege *f* fish box
Fischtransportkiste *f* fish box
Fisetin *n* fisetin *(flavonoid)*
Fisetinidol *n* fisetinidol *(flavonoid)*
Fisettholz *n* smoke plant (tree), young fustic, Venetian (elm-leaved) sumac[h], zantewood, wig tree, Cotinus coggygria, Rhus cotinus
fissil fissile
Fitschenband *n* butt hinge, concealed hinge
Fitschenbeitel *m* star bit
Fitschenschlitz *m* hinge gain
FL *s.* Flammbirke
flach geneigtes Dach *n* low-pitched roof, low-slope roof
Flachband *n* gate hinge
Flachbogenschneiden *n* eccentric rotary cutting *(veneer production)*
Flachdach *n* flat roof

Flachdachsparren *m* roof joist
Flachdruckpapier *n* offset paper
Flächenast *m* face knot
Flächenbeschichtung *f* face coating
flächenbezogene Masse *f* gram[m]age *(e.g. of paper)*
Flächengewicht *n* gram[m]age *(e.g. of paper)*
Flächenmaß *n* [sur]face measure, superficial measure (area), SM *(of boards)*
Flächenmoment *n* ersten Grades static moment
  ~ zweiten Grades moment of inertia
Flächenriß *m* face shake *(in sawn timber)*
Flächenschleifen *n* face sanding
Flächenschwindung *f* area shrinkage *(of wood)*
Flächenträgheitsmoment *n* moment of inertia
Flächentragwerk *n* stressed-skin construction
Flächenverklebung *f* face glu[e]ing
Flächenwinkelverbindung *f* mit einseitigem Grat through dovetail housing joint, bare-faced dovetail housing [joint]
  ~ mit voll eingelassener Nut through housing [joint], plain housing joint
Flächenzeichen *n* face mark
Flachfeile *f* flat file
flachgepreßte Spanplatte *f s.* Flachpreßplatte
Flachheftmaschine *f* flat stapler
Flachholzplatte *f* parallel-grained panel
flächige Tragkonstruktion *f* stressed-skin construction
Flachkopfnagel *m* plain-head nail, flat-head nail, wide-headed nail
  ~ mit rundem Schaft round plain-head nail, round wire nail
Flachmeißel *m* flat chisel, turning chisel
Flachpalette *f* flat pallet
Flachpresse *f* flat press, flat clamp
Flachpreßplatte *f* mat-formed particleboard, flat-pressed [particle]board, platen-pressed chipboard (particleboard)
Flachrelief *n* low relief, bas-relief
Flachreliefschnitzen *n s.* Flachschnitzen
Flachriemenantrieb *m* flat-belt drive
Flachrundschraube *f* mit Vierkantansatz carriage bolt
flachschälen to slice
Flachschnitt *m* bas-relief
Flachschnitzen *n*, **Flachschnitzerei** *f* chip carving, flat [pattern] carving, [low-]relief carving
Flachschnitzmesser *n* chip carving knife
Flachschnitzwerk *n* flat carving, low-relief carving
Flachschreibtisch *m* bureau plat
Flachspan *m* [flat] flake, flat chip
Flachspanmittellage *f* flakeboard core
Flachsperrholz *n* flat plywood
Flachsschäben *fpl* flax shives, shives *(for chipboard manufacture)*
Flachsschäbenplatte *f* flaxboard
Flachsspanplatte *f* flaxboard
Flachstauchwiderstand *m* flat crush resistance *(testing of paper)*
Flachsteige *f*, **Flachstiege** *f* flat crate
Flachstrahlentrinder *m* hydraulic (oscillating) wig-wag debarker

flachstumpfe [gefräste] Raspel f float
Flachverbinder m metal-plate connector, strap
Flacourtie f governor plum, Flacourtia indica
Flader f quilted figure
fladern to grain
Fladern n graining
Fladerschnitt m flat-sawing, tangential cutting, through and through [cutting]
 im ~ hergestellt flat-sawn (--cut, -grained), tangentially sawn, slash-sawn, plain-sawn, back-sawn
Fladerschnittfläche f tangential section
Fladerschnittholz n plain-sawn timber, tangential-sawn timber
Fladerung f quilted figure
Fladerzeichnung f quilted figure; bastard grain
Flammbirke f flame birch, flamy birch
Flammenausbreitung f spread of flame, flame spread
Flammenausbreitungsgeschwindigkeit f rate of flame spread
flammenhemmend flame-retardant
Flammenhemmittel n flame-retardant
Flammenübersprung m flash-over point (fire behaviour e.g. of structural wood components)
Flammenzeichnung f flame (flamy) figure, flame grain, watered-silk figure
flammige Holzzeichnung f s. Flammenzeichnung
Flammleiste f wave moulding
Flammschutzmittel n flame-retardant
Flammschutzmittelbeschichtung f fire-retardant coating
flammwidrig flame-resistant, fire-resistant
Flammwidrigkeit f flame retardancy, fire resistance
Flaschenabteil n cellaret[te] (in a buffet)
Flaschengestell n bottle rack
Flaschenkasten m bottle case, bottle crate
Flaschenkork m cork
Flaschenregal n bottle rack
flattern to chatter, to judder, to shudder, to flutter, to weave (saw-blade)
Flatterscheibe f flap sander (of a buffing machine)
Flatterulme f European (Russian) white elm, Ulmus laevis (effusa)
Flaumeiche f downy oak, Quercus pubescens
Flavonoid n flavonoid
Flavonoidgerbstoff m flavonoid tannin
Flechtmaschine f interweaving machine
Flechtmaterial n stuff
Flechtmuster n basket weave pattern (of parquet flooring)
Flechtrohr n cane
Flechtschiene f skein
Flechtwaren fpl wickerwork [articles]
Flechtwerk n wicker[work]
~ und Lehm m wattle and daub (framework)
Flechtwerkstoffmöbel npl wicker furniture
Flechtzaun m hurdle fence
~ aus dünnen Latten woven board, woven wood panel
Fleck m fleck, stain
flecken to patch-bark, to bark in patches (places)

Fleckenfäule f mottled rot (of wood)
fleckenweise entrinden s. flecken
fleckig werden to stain
fleckige Verfärbung f fleck, stain (of wood)
~ Verfärbung f **bei der Holztrocknung** seasoning stain
Fleischbecherling m elf cup (genus Peziza)
Fleischerklotz m butcher block, chopping block
flexibel flexible, pliant, supple
Flicken m patch, insert[ion] (in a veneer)
Flieder m 1. lilac, syringa (genus Syringa); 2. [common] lilac, Syringa vulgaris
fliegendes Sägewerk n mobile sawmill, [trans]portable sawmill
Fliehkraftabscheider m centrifugal separator
Fliehkraftreiniger m centrifugal cleaner
Fließfertigung f straight-line production (e.g. in furniture assembly)
Fließlackieren n flow coating
Fließpapier n blotting paper, absorbent paper
Flindersia acuminata icewood, Flindersia acuminata
~ brayleyana Queensland maple, maple silkwood, Flindersia brayleyana
~ ifflaiana cairns hickory, hickory ash, Flindersia ifflaiana
~ maculosa spotted tree, Flindersia maculosa
Flint m flint (abrasive)
Flintausfachung f flint nogging
Flintschleifpapier n flint abrasive paper
Flintsteinausfachung f flint nogging
Flipper m flipper (of a log band-saw)
Flitch n(m) flitch
Flödel m purfling (inlaid ornamental strip around the edges of stringed instruments)
florale Schnitzerei f floral carving
Floß n raft
 zu einem ~ zusammenbinden to raft
flößbar floatable
Flößbarkeit f floatability
Floßbindestätte f raft-construction point
Floßbrücke f raft bridge
flößen to float, to raft
Flößer m wood floater, raftsman, rafter
Flößerei f floating; rafting [of timber]; log driving
Flößereiarbeiter m s. Flößer
Flößereirecht n rafting right
Flößerhaken m raftman's hook
Flößerstange f floating hook
Flößhaken m floating hook
Floßkanal m raft channel
Floßholz n rafted wood, raftwood
Floßkörper m raft body
Flößrecht n rafting right
Floßsektion f brail
Flöte f flute (wood-wind instrument)
Flow-Coating-Verfahren n flow coating
fluchten to sight for straightness
Fluchtholz n parallel strip, winding stick (strip)
Fluffzellstoff m fluff[ed] pulp
Flugbettzickzacksichter m flybed zigzag classifier
Flügel m grand piano
Flügelaltar m triptych

flügelartig aliform *(wood parenchyma)*
Flügelast *m* splay knot, splash knot, spike knot, horn knot
Flügelfenster *n* casement [window]
Flügelkanteln *fpl* sash timber, sash stuff
Flügelnuß *f* [Caucasian] wingnut, Pterocarya fraxinifolia
Flügelrahmen *m* casement frame, [window] sash
Flügeltür *f* double door
Flügligkeit *f* twist *(of sawnwood)*
Flugloch *n* flight hole, exit hole *(of insects)*
Flugsparren *m* fly rafter
Flugzeit *f* flight season, emergence period (season) *(of insects)*
Flugzeugbauholz *n* wood for aircraft construction
Flugzeug[bau]sperrholz *n* aircraft plywood, plane plywood
Fluid-Jet-Perforation *f* high liquid pressure perforation, HLP perforation *(wood preservation)*
Fluorchromarsenatphenol *n* fluor chrome arsenate phenol, FCAP *(wood preservative)*
Fluoreszenztest *m* fluorescence test *(for timber identification)*
Flurbalkenstütze *f* storey post
Flurfördergerät *n* load board
Flurgarderobe *f* hall set, hall-stand, coatrack; wardrobe
Flurmöbel *npl* hall furniture
Flurschränkchen *n* hall cabinet
Flurspiegel *m* hall mirror
Flurtisch *m* hall table
flüssiges Harz *n* liquid resin
~ **Koniferenharz** *n* alchitran
Flüssigharz *n* liquid resin
flüssigkeitsgefüllter Zellhohlraum *m* vacuole
Flüssigkeitshochdruckperforation *f* high liquid pressure perforation, HLP perforation *(wood preservation)*
Flüssigleim *m* liquid glue
Flußzeder *f* incense [pencil] cedar, Californian incense cedar, bastard cedar, IC, Calocedrus (Libocedrus) decurrens
fob *s.* frei an Bord [des Frachtschiffes]
Föhre *f* 1. pine *(genus Pinus)*; 2. common pine, Baltic (Norway) pine, Scotch fir (pine), Riga deal (fir, pine), Pinus sylvestris
Föhrenholz *n* pine[wood], European (Baltic, Kara) redwood, red (yellow, Baltic) deal
Föhrenmistel *f* mistletoe, Viscum album ssp. austriacum
Folienaufwalzanlage *f* foil-laminating plant
Folienkaschieranlage *f* foil-laminating plant
Folienkaschieren *n* foil-laminating
Folienzuschneidemaschine *f* foil cutting machine
Fördergasse *f* extraction way *(between stacks of timber)*
Forle *f s.* Föhre
Form *f* 1. form; 2. mould, *(Am)* mold
Formaldehyd *m* formaldehyde
Formaldehydabgabe *f* formaldehyde emission (release) *(esp. from chipboards)*
Formaldehydabspaltung *f* formaldehyde emission (release) *(esp. from chipboards)*

Formaldehydemission *f* formaldehyde emission (release) *(esp. from chipboards)*
Formaldehydgehalt *m* formaldehyde content
Formaldehydlösung *f* formalin
Formaldehydwanderung *f* formaldehyde migration *(in chipboards)*
Formalin *n* formalin
Formänderungsrest *m* permanent set, residual deformation, unrecovered strain *(e.g. of timber)*
Format *n* size
Formatbegrenzungslineal *n* deckle board *(of a Fourdrinier machine)*
Formatkreissäge *f* sizing circular saw
Formatsäge *f* sizing saw, dimension saw
Formband *n* forming machine *(fibreboard manufacture)*
formbeständig dimensionally stable
Formbeständigkeit *f* dimensional stability
Formenbau *m* pattern-making
Formfuge *f* scribed joint, *(Am)* coped joint
formgeleimtes Sperrholz *n* moulded plywood, formed (curved) plywood
Formgestaltung *f* design
Formkante *f* moulded edge
Formkopf *m* forming head *(fibreboard manufacture)*
Formleinen *n* [upholstery] webbing
Formmaschine *f* forming machine *(fibreboard manufacture)*
Formol *n* formalin
Formosa-Eiche *f* Formosan oak, Quercus pseudomyrsinaefolia
Formpresse *f* shaping press
Formröhre *f* firmer gouge, outside-ground gouge *(turning tool)*
Formsperrholz *n* moulded plywood, formed (curved) plywood
Formstation *f* forming station *(chipboard production)*
Formstrang *m* forming machine *(fibreboard manufacture)*
Formteil *n* shaped part
Formteile *npl* **aus Sperrholz** moulded plywood, formed (curved) plywood
Formteilpresse *f* mould press
Formvollholzteil *n* bent-wood member
Formylcellulose *f* cellulose formate
Formzahl *f* form factor *(timber mensuration)*
Forst *m* forest, wood
Forstbaum *m* forest tree
Förster *m* forester, woodman
Forsterzeugnis *n* forest product
Forsterzeugnisse verarbeitende Industrie *f* forest products industry
Forstindustrie *f* forest industry
Forstnerbohrer *m* Forstner bit
Forstschädling *m* forest pest
Forstwirtschaftsmeister *m* felling foreman
fortgeschrittener Anbruch *m* advanced decay *(wood defect)*
Fortpflanzungsbereitschaft *f* flight season, emergence period (season) *(of insects)*
Fortpflanzungskörper *m* spore, seed *(of fungi)*
Fortpflanzungszelle *f* spore, seed *(of fungi)*

Forwarder *m* forwarder
fossiles Harz *n* fossil resin
~ **Holz** *n* fossilized wood, petrified wood, woodstone
Fossilisation *f* **von Holz** wood petrifaction
Fourdrinier-Maschine *f* Fourdrinier machine *(paper-making)*
FRA *s.* Framiré
Frachtbrief *m* way-bill *(timber trade)*
frachtfrei bis zum [genannten] Bestimmungshafen freight or carriage paid to *(timber trade clause)*
Frachtratenaufschlag *m* surtax *(timber trade)*
fragil fragile, brittle, brash[y]
fraktionierte Destillation *f* fractional distillation
Framiré *n* idigbo, black afara, Terminalia ivorensis *(wood species)*
Französische Tamariske *f* common tamarisk, French tamarisk, Tamarix gallica
~ **Vorderzange** *f* woodworker's vice *(of woodworking bench)*
Französischer Ahorn *m* Montpellier maple, Acer monspessulanum
~ **Keil[verschluß]** *m* table joint
Fräs-Sägetisch *m* work-centre
Fräsautomat *m* automatic milling machine
Fräsbohrer *m* router drill
Fräsdorn *m* arbor
fräsen to mill
fräsende Kopierdrehmaschine *f* copying lathe
Fräser *m* [milling] cutter, mill
Fräserdorn *m* arbor, loose spindle, moulding spindle
Fräserdornmutter *f* spindle nut
Fräserdornring *m* spacing collar
Fräserdrehzahl *f* cutter speed
Fräserkombination *f* moulding tool combination
~ **für Wetterschenkel** weather strip cutter
Fraser's Balsamtanne *f* Fraser fir, Abies fraseri
Fräsersatz *m* cutter set
Fräserspannfutter *n* router chuck
Fräserspindel *f* arbor
Fräskette *f* mortise (mortising) chain, toothed chain, cutter chain *(of a chain mortiser)*
Fräskopf *m* router head
Fräskopfentrinder *m* rosser head debarker
Fräsmaschine *f* moulding machine, moulder
~ **für die Holzbearbeitung** wood milling machine
~ **für einseitige Bearbeitung** one-side moulding machine
Fraßbild *n* gallery design
Fraßfigur *f* gallery design
Fraßgang *m* burrow[ing passage], feeding gallery, [feeding] tunnel, borehole *(of wood pests)*
Fraßmehl *n* frass, bore dust (meal), spar dust *(of wood-destroying insects)*
Frässpindel *f* moulding spindle
Frässpindelmutter *f* spindle nut
Frässpindelring *m* spacing collar
Fräswerkzeug *n* [milling] cutter, mill
~ **in Kompaktbauweise** solid-profile cutter
Frauen-Letternholz *n* red (striped) letterwood, bowwood, Amoanoa guianenses

Fraxinus angustifolia ssp. oxycarpa Raywood ash, Fraxinus angustifolia ssp. oxycarpa
~ **excelsior cv. diversifolia** one-leaved ash, Fraxinus excelsior cv. diversifolia
~ **excelsior var. jaspidea** golden twigged ash, Fraxinus exelsior var. jaspidea
~ **excelsior var. pendula** weeping ash, Fraxinus excelsior var. pendula
~ **floribunda** large-flowered ash, Fraxinus floribunda
~ **profunda** pumpkin ash, Fraxinus profunda
~ **rotundifolia** small-leaved ash, Fraxinus rotundifolia (parvifolia)
~ **uhdei** shamel ash, Fraxinus uhdei
frei an Bord [des Frachtschiffes] free on board, fob, FOB *(timber trade)*
~ **bis an Schiffsseite** free alongside ship (vessel)
~ **Kai** ex quay
~ **Längsseite Schiff** free alongside ship (vessel), fas
~ **Waggon** free on truck
freie Feuchte *f* free moisture, free water
freies Wasser *n* free water, free moisture
Freifläche *f* heel
~ **des Sägezahns** tooth back
Freihand[ober]fräsen *n* free-hand routing
Freihand[säge]schnitt *m* free-hand cut
Freiharzgehalt *m* free-rosin content *(of rosin sizes)*
Freiharzleim *m* free-rosin size *(paper-making)*
Freijo *n* freijo, cordia wood, Cordia goeldiana
Freilandfeldversuch *m* *s.* Freilandversuch
Freilandmöbel *npl* outdoor furniture
Freilandprüfung *f* field testing *(e.g. of wood preservatives)*
Freilandversuch *m* outdoor exposure trial, field test (trial)
Freilandversuchsfeld *n* graveyard *(for testing of wood preservatives)*
freiluftgetrocknet seasoned
freilufttrocknen to season
Freilufttrocknung *f* natural seasoning, air seasoning, air-drying
Freipolter *m(n)* bucking ladder *(log storage)*
Freischwebend-Verfahren *n* **der Seilbringung** skyline [cable] logging, skyline hauling
Freischwingerstuhl *m* cantilever chair
Freitreppe *f* perron
Freiwange *f* outside (outer) string, external (face) string, open (mitred) stringer *(of a staircase)*
Freiwinkel *m* clearance angle, back [clearance] angle, O.D. clearance *(of cutting edge)*
Fremd[körper]einschluß *m* alien inclusion *(in raw wood)*
fremdländische Holzart *f* foreign wood [species]
Fremdzapfen *m* loose tenon
Fremont-Pappel *f* Fremont cottonwood (poplar), Texas poplar, Populus fremontii
Freudenberg-Lignin *n* Freudenberg lignin, cu[pr]oxam lignin, cuprammonium lignin
Friedelin *n* friedelin *(triterpenoid)*
Fries *m(n)* frieze
Friesbrett *n* frieze board

Friese *f* frieze
Friesenstapler *m* frame piece stacker
Friktionsentrinder *m* friction debarker
Friktionskalander *m* friction calender *(paper-making)*
Friktionskalandern *n* friction glazing *(paper-making)*
frisch fresh, green, verdant *(wood)*
~ **eingeschlagen** freshly-felled, fresh cut, new-fallen
Frischgewicht *n* fresh weight, green weight
Frischholz *n* greenwood
Frischluft-Abluft-Trocknung *f* convection drying
Frischmasse *f* fresh weight, green weight
Frischrohdichte *f* green density
Frisierhocker *m* dressing stool, vanity stool
Frisierkommode *f* dressing chest, dresser chest, dressing-table on chests
Frisierschemel *m* dressing stool, vanity stool
Frisierspiegel *m* dressing[-table] mirror
Frisiertisch *m* dressing-table, toilet table, *(Am)* dresser
Frisiertisch[sitz]bank *f* dressing-table bench
Frisiertischspiegel *m* dressing-table mirror
Frisiertoilette *f* dressing-table, toilet table, *(Am)* dresser, vanity [dresser]
Frontwinkel *m* side-plate angle *(of the saw chain tooth)*
Frostkern *m* frost heart *(wood defect)*
Frostkluft *f* chap *(in wood)*
Frostleiste *f* frost rib, frost scar (callus) *(wood defect)*
Frostriß *m* frost crack (split), season crack, chap *(wood defect)*
Frostrißbildung *f* frost-crack formation
frostrissig frost-cracked
Frostspalt *m s.* Frostriß
Fru *s.* Fructose
Fruchtbaum *m* fruit-tree
Fruchtholz *n* fruit-wood
Fruchtkörper *m* fruit[ing] body, fructification *(of fungi)*
~ **holzzerstörender Pilze** conk
Fruchtschicht *f* hymenium *(of fungal fruiting bodies)*
Fructose *f* fructose *(monosaccharide)*
Frühbast *m* early bark
Frühbeetfenster *n* hotbed sash
frühenglische Gotik *f* Early English style
Frühholz *n* early wood, spring wood
Frühholzanteil *m* share of early wood
Frühholzgefäß *n* early-wood vessel, spring wood vessel
Frühholzpore *f* early-wood vessel
Frühholztracheide *f* early-wood tracheid, thin-walled tracheid *(wood anatomy)*
Frühholzzelle *f* early-wood cell
Frühholzzone *f* early-wood zone
Frühjahrsholz *n* early wood, spring wood
Frühjahrsrinde *f* early bark
Frühlingsahorn *m* Italian maple, Acer opalus
Frühlingsholz *n* early wood, spring wood
Frührinde *f* early bark
Frühstücks[eß]ecke *f* breakfast nook

Frühstückstisch *m* breakfast table
Frühstückstresen *m* breakfast bar
FSP *s.* Fasersättigungspunkt
FU *s.* Furniersperrholz
Fuchsbaum *m* red elm, slippery (moose) elm, Ulmus rubra (fulva)
Fuchsschwanz *m* one-man cross-cut saw, handsaw
Fuchsschwanzabkürzsäge *f* log cross-cut sawing machine
Fuchsschwanzkiefer *f* 1. Balfour's pine, foxtail (hickory) pine, Pinus balfouriana; 2. bristle-cone pine, foxtail pine, Pinus aristata
Fuchsschwanzsäge *f* one-man cross-cut saw, handsaw
~ **mit Rücken[schiene]** back-saw, tenon-saw
Fuchsschwanzsägemaschine *f* log cross-cut sawing machine
Fuge *f* 1. joint; 2. mortise, mortice; rabbet, rebate
durch stumpfe ~ verbinden to butt[-joint]
Fügefräser *m* jointing cutter
Fügehobel *m* jointer [plane], jointing plane
Fügehobelmaschine *f* jointer
Fügemaschine *f* jointer
fugen to rabbet, to rebate
fügen to join[t]; to match, to trim *(veneer)*
Fugen verstemmen to caulk
Fugendübel *m* joint dowel
Fugendeckleiste *f* architrave moulding, astragal moulding
fugenfüllender Klebstoff *m* gap-filling adhesive
~ **Leim** *m* space-filling glue
fugenhobeln to gouge
Fugenkiste *f* [wooden] crate
Fugenklebpapier *n*, **Fugenleimpapier** *n* veneering tape, gummed [veneering] tape
Fugenleiste *f* batten
Fugenpapier *n* veneering tape, gummed [veneering] tape
Fugenpapiereinschluß *m* inclusion of gummed tape
Fugenverbindung *f* rabbet joint
Fugenverleimanlage *f* edge glu[e]ing line
Fugenverleimen *n* joint glu[e]ing
fugenverleimtes Furnier *n* jointed veneer
Fugenverleimung *f* joint glu[e]ing
Fügeschnitt *m* jointing cut
Fügeschnittverstellung *f* jointing cut adjustment
Fügeteil *n* adherend
Führungsanschlag *m* tracking fence *(plunge routing)*
Führungsleiste *f* guide-rail
Führungsloch *n* clearance (lead) hole, pilot hole
Führungsschiene *f* 1. chain bar (rail), sword *(of a chain-saw)*; 2. guide-rail; guide bar, guide plate *(e.g. of a chain mortising set)*
Führungs[schienen]system *n* für Handoberfräsmaschinen routing frame; tracking fence *(plunge routing)*
Führungszapfen *m* guide pin *(of a router cutter)*
Füller *m* filler
Füllholz *n* packing piece *(timber construction)*
Füllmasse *f* stopping
Füllmaterial *n* **für Polstermöbel** furniture

Füllmaterial 68

filling
Füllmittel n filler
Füllplatte f composite board, composite panel
Füllschacht m pocket *(of a wood grinder)*
Füllstoff m filler
Füllstoffmasse f slip *(paper-making)*
Füllstück n filling piece
Füllung f panel *(of a door)*
Füllungstür f framed door, panel[led] door
Füllwand f panel wall
Füllzelle f t[h]ylosis *(wood anatomy)*
Füllzellenwand[ung] f tylosis wall
Fumigation f fumigation *(wood preservation)*
Fundamentrost m grillage [footing]
fungistatisch fungistatic, fungus-inhibitory
fungizid fungicidal
Fungizid n fungicide
Fungus m fungus *(kingdom Mycota)*
Funtumia africana wild rubber tree, Funtumia (Kickxia) africana
~ **latifolia** bastard wild rubber, Funtumia latifolia
fünflagig five-ply *(plywood)*
fünflagige Tischlerplatte f *(Am)* five-ply lumber-core panel
Fünfnadler m five-needle pine *(species group)*
Fünfpaß m cinquefoil *(ornamental feature)*
Furchenflügeliger Fichtenborkenkäfer m micrographer bark-beetle, Pityophthorus micrographus
Furfural n furfural
~-**Verfahren** n furfural method *(for determining the pentosan content of pulp)*
Furfurol n furfural
Furfurylaldehyd m furfural
Furfurylalkohol m furfuryl alcohol
Furnier n veneer
~ **aus Holz** wood veneer
~-**Längszusammensetzmaschine** f lengthwise veneer splicer
~-**Längszusammensetzmaschine** f **mit Zickzackpunktheftung** zigzag longitudinal veneer splicer
~-**Querzusammensetzmaschine** f cross-feed veneer splicer, crosswise veneer splicer
~-**Querzusammensetzmaschine** f **mit Zickzackpunktheftung** zigzag cross-feed veneer splicer
Furnierabfall m veneer waste
Furnierabfallzerkleinerungsmaschine f veneer waste comminuting machine
Furnieradernhobel m veneer inlay cutter
Furnieranlage f veneering plant
Furnieraufreibhammer m veneering hammer
Furnierausbeute f veneer yield
Furnierausflickautomat m automatic veneer patching machine
Furnierausflicken n plugging
Furnieraußenseite f tight face (side) of a veneer, true face of a veneer
Furnierband n band of veneer, veneer ribbon
Furnierbandsäge f veneer band-saw
Furnierbandspeicheranlage f veneer strip store
Furnierbeleimmaschine f veneer glu[e]ing machine

Furnierbild n matched veneer, match of veneer
Furnierbildhersteller m matcher
Furnierbildzusammensetzung f pictorial marquetry (veneering)
Furnierblatt n sheet of veneer, veneer[ing] sheet, veneer leaf
Furnierblock m veneer log, veneer block (bolt), peeler [log, bolt]
Furnierbündel n veneer bundle, veneer pack
Furniercollage f veneer collage
Furnierdecklage f veneer outer ply
Furnierdicke f veneer thickness
furnieren to veneer
Furnieren n veneering
Furniererei f veneer department *(of a furniture factory)*
Furnierfabrik f veneer factory, veneer mill (plant)
furnierfähig veneerable
Furnierfalte f pleat
Furnierfalzkantenanleimmaschine f veneer edge banding machine
Furnierfehler m defect in veneer, veneer defect
Furnierflicken m patch
Furnierfuge f veneer joint
Furnierfügeanlage f veneer jointing plant
Furnierfügemaschine f veneer jointing (splicing) machine, veneer jointer (splicer)
Furnierfügen n veneer jointing (splicing)
Furnierfugen-Querverleimmaschine f cross-feed veneer splicer
Furnierfugenheft- und -verleimmaschine f **mit Zickzackpunktheftung** zigzag veneer splicing and glu[e]ing machine
Furnierfugenheftmaschine f veneer jointer, veneer jointing machine
~ **ohne Papierstreifen** tapeless jointer, tapeless veneer splicer
Furniergatter n veneer frame-saw
Furnierglätten n flatting of veneers
Furniergroßhändler m veneer stockist
Furniergüteklasse f veneer grade
Furnierhammer m veneering hammer
Furnierhändler m veneer merchant, veneer stockist
Furnierheftmaschine f veneer stitching machine
Furnierhersteller m veneer cutter
Furnierherstellung f veneer cutting, veneer production
Furnierholz n veneering wood
Furnierholzanbau m veneer timber growing
Furnierholzart f veneer species
Furnierholzzeichnung f veneer figure
Furnierholzzucht f veneer timber growing
Furnierindustrie f veneer industry
Furnierkante f veneer edge
Furnierkantenschneider m veneer edge trimmer
Furnierklasse f veneer grade
Furnierkleber m veneer glue
Furnierklipper m veneer clipper
Furnierkontrolle f veneer control
Furnierkonturschere f veneer contouring machine, nibbler
Furnierkreissäge f veneer circular saw
Furnierkreissägemaschine f segmental circular

saw
Furnierkunst *f* art of veneering, veneering artistry
Furnierlager[haus] *n* veneer warehouse; veneer store
Furnierlagerraum *m* veneer store
Furnierlagerung *f* veneer storage
Furnierleim *m* veneer glue
Furniermaser[ung] *f* veneer figure
Furniermesser *n* veneer knife
Furniermessermaschine *f* veneer slicer, veneer slicing machine
Furniermessern *n* veneer slicing, knife cutting of veneers, flat slicing of veneers
Furniermöbel *npl* veneered furniture
Furniermosaik *n* veneer mosaic
Furniermustersammlung *f* veneer collection
Furniernadel *f* veneer pin
Furnieroberfläche *f* veneer surface
Furnieroptimierungsanlage *f* veneer optimizing unit
Furnierpaket *n* veneer pack, veneer bundle
Furnierpaketschere *f* veneer guillotine, veneer pack edge shears
Furnierpaketschneidemaschine *f s.* Furnierpaketschere
Furnierpaketvermessungsanlage *f* veneer pack measuring installation
Furnierplanpresse *f* flatting press
Furnierplatte *f* all-veneer panel, veneer[-faced] panel, ply
Furnierplattentür *f* veneer door
Furnierpresse *f* veneer press
Furnierquerfügemaschine *f* crosswise veneer splicer
Furnierquerschneider *m* veneer cross-cutter
Furnierquerverleim[ungs]anlage *f* veneer cross-splicing plant
Furnierrahmensäge *f* veneer frame-saw
Furnierrest *m* veneer waste
Furnierrolle *f* veneer log, veneer block (bolt)
Furnierrundschälmaschine *f* peeler
Furniersäge *f* veneer saw
Furnierschälanlage *f* veneer peeling plant
Furnierschälen *n* veneer cutting
Furnierschälklotz *m* peeler [block], peeler log (bolt)
Furnierschälmaschine *f* [rotary] veneer lathe, veneer peeler (peeling lathe)
~ **zur Sperrholzherstellung** plywood lathe
Furnierschälmesser *n* shave knife
Furnierschere *f* veneer clipper, veneer shearing machine
Furnierschichtholz *n* parallel laminated veneer, centres, *(Am)* laminated veneer lumber, LVL
Furnierschlagschere *f* veneer clipper, veneer shearing machine
Furnierschleifen *n* veneer sanding
Furnierschliff *m* veneer sanding
Furnierschneidemaschine *f* veneer cutting machine
Furnierschneiden *n* veneer cutting
Furnierschneider *m* veneer cutter; veneer saw [with reversible saw blade]
Furnierspanplatte *f* veneered chipboard [panel],

veneer-particle [composite] panel, combination plywood
Furniersperrholz *n* [all-]veneer plywood
Furnierstamm *m* veneer log, veneer block (bolt)
Furnierstanze *f* veneer punch
Furnierstanzeisen *n* veneer punch
Furnierstanzmaschine *f* veneer punching machine, veneer stamping machine
Furnierstapelvorrichtung *f* veneer stacking unit
Furnierstift *m* veneer pin, *(Am)* brad [nail]
Furnierstreifen *m* veneer strip
furnierte Faserplatte *f* veneered fibreboard
~ **Spanplatte** *f* veneered chipboard [panel], veneer-particel [composite] panel
Furniertechnik *f* veneering technique
Furniertischler *m* veneerer
Furniertischlerwerkstatt *f* veneer workshop
Furniertischplatte *f* veneer top
Furnierträger *m* groundwork, grounds
Furniertrockner *m* veneer [wood] dryer
Furniertrocknungsanlage *f* veneer [wood] dryer
Furnierung *f* veneering
Furnierverarbeiter *m* veneer manufacturer
Furnierware *f* veneer stock
Furnierwerk *n* veneer factory, veneer mill, veneer plant
Furnierwerkstatt *f* veneer workshop
Furnierwerkzeug *n* veneering tool
Furnierzeichnung *f* veneer figure
Furnierzerspaner *m* veneer chipper
Furnierzerteil[ungs]anlage *f* veneer cut-up line
Furnierzusammensetzen *n* veneer splicing, veneer matching
Furnierzusammensetzmaschine *f* veneer splicer, veneer splicing machine
Furnierzusammensetzung *f* match of veneer
fusiform fusiform
fusiforme Kambialinitiale *f*, **Fusiforminitiale** *f* fusiform initial [cell], cambial fusiform initial, cambium mother cell
Fußauslegerkonstruktion *f* pedestal
Fußbalken *m* ground beam
Fußbank *f* footstool, stool
Fußboden *m* floor
~ **aus Holz** wood[en] floor
~ **[aus]legen** to floor
Fußbodenanstrich *m* floor finish
Fußbodenbeize *f* floor stain
Fußbodenbelag *m* flooring, Flg, FLG
Fußbodenbelagunterlage *f* underlayment
Fußbodenbrett *n* floor[ing] board
Fußbodenbretter *npl* P.T.G. flooring
Fußbodenhersteller *m* flooring manufacturer
Fußbodenkleber *m* flooring adhesive
Fußbodenlack *m* floor varnish
Fußbodenmuster *n* floor pattern
Fußbodennagel *m* flooring nail
Fußbodenplatte *f* floor[ing] panel
Fußbodenschleifmaschine *f* floor sander, floor sanding machine
Fußbodenspanplatte *f* flooring-grade chipboard
Fußbodenverlegemuster *n* floor pattern
Fußbodenverlegen *n* floor laying
Fußbodenverlegeplatte *f* floor[ing] panel
Fußbodenversiegelungslack *m* floor seal[er]

Fußbodenversiegelungsmittel *n* floor seal[er]
Fußbrett *n* toeboard *(e.g. in scaffolding)*
Fußdrechselbank *f* spindle drive lathe
Fußdurchmesser *m* diameter at foot *(timber mensuration)*
Fußende *n* base; bottom end *(e.g. of a bole)*
Fußgestell *n* underframe, underframing, pedestal, stand, stool *(of case furniture)*
Fußholz *n* ground beam, bottom rail; liner *(pit timbering)*
Fußleiste *f* skirting[-board], baseboard, mopboard, scrubboard
Fußpfahl *m* liner *(pit timbering)*
Fußpfette *f* eaves purlin, inferior purlin, raising (upper) plate, plate, platt
Fußplatte *f* pole plate *(timber construction)*
Fußpunkt *m* footing *(of an upright)*
Fußraum *m* knee hole *(e.g. of writing furniture)*
Fußschalbohle *f* starting board
Fußsparrenträger *m* eaves plate
Fußstrebe *f* foot brace
Fußstütze *f* leg-rest *(e.g. of a chair)*
Fußtaste *f* pedal *(of musical organ)*
Fustikholz *n* [old] fustic, Chlorophora tinctoria *(wood species)*
Fustin *n* fustin *(flavonoid)*
Futter *n* jamb casing
Futterholz *n* [wood] packing piece, firring [piece], furring *(timber construction)*
   mit ~ bekleiden to fur
Futterholzleiste *f* firring strip
Futterleiste *f* backing timber *(wooden floor)*
Futterrahmen *m* internal door casing
Futterrahmenquerstück *n* **[einer Tür]** header jamb of a door
Futterschlüssel *m* chuck key
FVW *s.* Faserverbundwerkstoff
fw. *s.* Feuerwiderstand

G

G s. Gleitmodul
G-Schicht *f* gelatinous layer, gelatinous layer *(wood anatomy)*
Gabanholz *n* camwood, Baphia nitida
Gabel *f* backstand *(of seat furniture)*
Gabelbildung *f* forking, forked growth
gabelförmig forked
Gabelgang *m* forked gallery, branching gallery *(of wood pests)*
Gabelholz *n* crotchwood, forked wood
Gabelholzfurnier *n* crotch veneer
Gabelprobe *f* prong-shaped test piece *(wood drying)*
Gabelrückeschlitten *m* alligator *(timber transport)*
Gabelstamm *m* forked stem
Gabelstammbildung *f* stem forking
Gabelstapler *m* fork-lift
Gabelung *f* crotch, curl
Gabelungszwiesel *f(m)* crotch, curl, forking, forked growth
Gabelwuchs *m* bifurcation *(of a trunk)*
Gabelzweig *m* crotch, curl
Gabun *n* gaboon, okoume, Aucoumea klaineana *(wood species)*
Gabunmahagoni *n* [African] canarium, aieli, Canarium schweinfurthii
Gal *s.* Galactose
Galactan *n* galactan *(hemicellulose)*
Galactoglucomannan *n* galactoglucomannan *(hemicellulose)*
Galactose *f* galactose *(monosaccharide)*
Galacturonsäure *f* galacturonic acid *(main constituent of pectin)*
Galban[um] *n* galban[um] *(gum resin from Ferula spp.)*
Galgenstütze *f* gallows bracket *(timber construction)*
Galionsfigur *f* figure-head
Galipot *m* galipot, gallipot *(resin from Pinus pinaster)*; barras
Gallapfeleiche *f* gall oak, Quercus infectoria
Galle *f* gall
Galleiche *f* 1. nut gall oak, Quercus lusitanica; 2. *s.* Gallapfeleiche
Gallenbildung *f* gall formation
Gallertpilz *m* trembling fungus *(order Tremellales)*
Gallmücke *f* gall-midge *(family Cecidomyiidae)*
Gallotannin *n* gallotannic acid, gallotannin
Galloylhexose *f* tannin, tannic acid
Gallusgerbsäure *f* gallotannic acid, gallotannin
Gallussäure *f* gallic acid
Gambe *f* viola da gamba, bass viol *(stringed musical instrument)*
Gambia-Mahagoni *n* red khaya, Khaya senegalensis
~-Rosenholz *n* African kino tree, Gambia rosewood, Pterocarpus erinaceus
Gambir *m* gambi[e]r [cutch], pale catechu *(tanning extract from Uncaria gambir)*
Gambirpflanze *f*, **Gambirstrauch** *m* gambi[e]r, Uncaria gambir *(wood species)*
Gamma-HCH *n*, **Gamma-Hexachlorcyclohexan** *n* gamma HCH *(insecticide)*
Gammacellulose *f* gamma cellulose
Gammastrahl *m* gamma ray
Gammastrahlung *f* gamma radiation
Gang-Nail-Knotenblech *n* gang nail gusset [plate]
~-Nail-Nagelplatte *f* gang nail plate
~-Nail-Platte *f* gang nail plate
Gang[türf]lügel *m* operating door
gantern to bunch *(longwood)*
Ganzbaum *m* whole tree
Ganzbaumbereitstellung *f* full-tree logging
Ganzbaumernte *f* whole-tree harvest[ing]
Ganzbaumgewinnung *f* whole-tree harvest[ing]
Ganzbaumhackschnitzel *npl* whole-tree chips, full-tree chips, chopped whole-tree material
Ganzbaumhack[schnitzelherstell]ung *f* whole-tree chipping, full-tree chipping
Ganzbaumnutzung *f* whole-tree utilization, complete tree utilization
Ganzbaumrückung *f* full-tree skidding
Ganzbaumtransport *m* full-tree removal
Ganzbaumverwertung *f* whole-tree utilization, complete tree utilization
Ganzblättrige Weißtanne *f* Manchurian fir, Abies holophylla
Ganzholzbauweise *f* all-wood construction
Ganzholztür *f* all-wood door
Ganzmetall-Holztrockner *m* all-metal timber dryer
Ganzstammrückung *f* tree-length skidding
Ganzstoff *m* furnish, finished stuff *(paper-making)*
Garagenfenster *n* garage window
Garagentür *f* garage door
Gardenia latifolia gardenia, Indian boxwood, Gardenia latifolia
Garderobe *f* wardrobe; coatrack
Garderobenhaken *m* wardrobe hook
Garderobenspiegel *m* hall mirror
Garderobenständer *m* coatrack, clothes (hat) tree; hall-stand
Gardinenleiste *f* curtain board, pelmet
Gargel *f* croze
Garniernadel *f* upholsterer's straight [double-pointed] needle
Garnrolle *f* bobbin
Garryeiche *f* Garry oak, mountain (Oregon) white oak, Pacific post oak, Quercus garryana
Gartenbank *f* garden bench
Gartenhütte *f* garden hut
Gartenklapptisch *m* folding garden (outdoor) table
Gartenlaube *f* garden hut
Gartenmöbel *npl* garden furniture, outdoor furniture
Gartenmöbelgarnitur *f* garden suit
Gartenschuppen *m* garden shed
Gartenstuhl *m* garden chair
Gartentisch *m* outdoor table
Gartenzaun *m* garden fence
Gasbleiche *f* gas bleach *(paper-making)*

Gasphasenxanthogenierung 72

Gasphasenxanthogenierung f gas-phase xanthation, dry xanthation (viscose process)
Gastbaumart f exotic tree species
Gästebett n guest bed
Gastholzart f foreign wood [species]
Gastromyzet m gasteromycete (order Gastromycetidae)
Gatter n frame saw[ing machine], sash gang [saw], multi-blade frame saw, log frame [saw], saw-frame, saw-gate, gate saw, gang (mill) saw
Gatterbeschickungsanlage f gang saw feeding system
Gatterführer m frame-saw operator, sawyer, sawer
Gattermaschine f s. Gatter
Gatterrahmen m frame, sash
Gatterriegel m frame cross-beam, frame crossbar
Gattersäge[maschine] f s. Gatter
Gattersägemühle f gang [saw]mill, frame sawmill
Gattersägen n gang sawing
Gattersägewerk n gang [saw]mill, frame sawmill
Gatterwagen m log [saw] carriage, bogie
Gattung f genus (taxonomy)
Gaube f dormer
Gaubenfenster n dormer [window], lucarne
Gaupe f s. Gaube
Gauß'sche Glockenkurve (Normalverteilung) f Gaussian distribution curve, Gaussian frequency distribution
gautschen to couch, to line (paper-making)
Gautschknecht m coucher
Gautschpartie f couch (of a Fourdrinier machine)
geächselte Zapfenstufe f diminished haunch
Geäst n branches
Gebälk n beams, joists, frame
gebauchte Front f bow front (of a piece of furniture)
gebauchter Geländerstab m baluster
Gebäude n in Blockbauweise log building
~ **in Mastenbauweise** pole building
Gebäudeinstandhaltung f care of buildings
Gebäudepflege f care of buildings
gebeizter Bergahorn m harewood, silverwood
gebeiztes Weißahornholz n harewood, silverwood
Gebirgsstrobe f Californian mountain pine, white pine, Pinus monticola
Gebläse n fan
gebleichte Politur f white polish
gebleichter Schellack m bleached shellac[k], de-waxed shellac[k], white shellac[k]
~ **Zellstoff** m bleached pulp
gebleichtes Erdwachs n ceresin
gebogene Verzierung f sprung moulding
gebogener Bildhauerbeitel m curved veiner
gebogenes Hohleisen n curved gouge
~ **Holz** n bent wood
gebrannte Sienaerde f burnt sienna (pigment)
~ **Umbra** f burnt umber (pigment)
gebrannter Gips m plaster of Paris (grain filler)

Gebrauchsdauer f pot-life, working life (of adhesives or lacquers)
Gebrauchsfeuchte f in-service moisture content
Gebrauchsholz n [general] utility wood
Gebrauchsholzprüfung f testing of full-size timber
Gebrauchsholzsorte f [general] utility wood
Gebrauchsmöbel npl lower-grade furniture
Gebrauchsschnittholz n sawn wood of common use
Gebrauchtmöbel npl second-hand furniture
Gebuchteter Birnbaumprachtkäfer m sinuate pear [tree] borer, Agrilus sinuatus
gebundene Feuchte f bound water, cell-wall water, imbibition water
gebundenes Wasser n bound water, cell-wall water, imbibition water
gedeckte Holzbrücke f covered (roofed) timber bridge
gedrechselte Stegleiste f rung, round, rundle (chair-making)
gedrechselter Geländerstab m spindle
~ **Stuhl** m turned chair, thrown chair
gedrückter Rundstab m nulling (moulding)
Gedu nohor n gedu nohor, Entandrophragma angolense (wood species)
gedübelte Fuge f dowelled edge-to-edge joint
Gefach n panel (framework)
gefächert septate (e.g. a wood fibre)
Gefährdungsklasse f hazard level, hazard class (wood preservation)
Gefahrenklasse f hazard class (e.g. of combustible liquids)
Gefahrenpunkt m hazard spot (wood preservation)
gefällt felled
gefällter Baumstamm m log
gefälzte Eckverbindung f rabbeted butt joint
~ **Stülpschalung** f shiplapped drop siding
~ **Tür** f lipped door
gefalztes Stülpschalungsbrett n shiplapped drop siding
Gefäß n vessel, vas, pore (wood anatomy)
~-Holzstrahl-Tüpfelung f vessel-ray pitting
~-Parenchym[zellen]-Tüpfel m vessel-parenchyma pit
Gefäßaggregation f vessel aggregation
Gefäßanordnung f vessel distribution, vessel grouping, pore arrangement
Gefäßbahn f vessel conduit
Gefäßbündel n vascular bundle
Gefäßdimorphismus m vessel dimorphism
Gefäßdurchbrechung f s. Gefäßgliederdurchbrechung
Gefäßdurchmesser m vessel diameter
Gefäßelement n s. Gefäßglied
Gefäßglied n vessel element, vessel member, tracheary element
Gefäßglieddurchmesser m vessel diameter
Gefäßgliederdurchbrechung f vessel perforation [plate], perforation plate
Gefäßgliedlänge f vessel element length
Gefäßgröße f vessel size
Gefäßhäufigkeit f vessel density
Gefäßhyphe f vascular hypha, conducting hypha

Gefäßlänge f vessel length
gefäßlos vessel-less
Gefäßlumen n vessel cavity, vessel lumen
Gefäßpflanze f vascular plant
gefäßreiches Holz n pored wood
Gefäßteil m xylem, xylogen, wood vessels
Gefäßtracheide f vascular tracheid
Gefäßtüpfel m vessel pit, intervascular pit
Gefäßtüpfelung f intervascular pitting, vessel[-vessel] pitting, lateral wall pitting
Gefäßverteilung f vessel distribution, vessel grouping
Gefäßwand f vessel wall
Gefäßwand[ober]fläche f vessel wall surface
Gefäßzelle f vessel cell
gefastes Brett n chamfered board
gefederte Eckverbindung f tongue and rabbet joint, tongue and dado joint
~ Eckverbindung f **mit Verdeck** half-blind tongue and rabbet joint
gefladerte Maserung (Textur) f bastard grain
geflammt flamy (wood grain)
geflammte Maserung f curl figure, curl grain
~ Pyramidentextur f feather [crotch]
~ Textur f flame (flamy) figure, curl figure (grain), watered-silk figure
geflammtes Birken[furnier]holz n flame birch
Gefleckter Gummibaum m bastard gum, Eucalyptus goniocalyx
Geflügelter Spindelstrauch m winged euonymus, Euonymus alatus
Geflügeltes Pfaffenhütchen n winged euonymus, Euonymus alatus
gefriertrocknen to freeze-dry (e.g. wood)
Gefriertrockner m freeze dryer
Gefriertrocknung f freeze-drying
Gefüge n texture
gefugte Schalung f **mit Deckleisten** board and batten [siding]
gefügtes Sperrholz n scarfed plywood
gegabelt crotched, forked
gegabelter Fraßgang m branching gallery (of wood pests)
Gegenfurnier n counterveneer
Gegenkeile mpl folding wedges
Gegenmesser n counter knife (e.g. of a drum chipper)
Gegenschneide f opposite cutting edge
gegenständige Tüpfelung f opposite pitting (wood anatomy)
Gegenstrebe f reversed brace
geglühtes Eisenrot n crocus powder
gehärtete Faser[hart]platte f tempered hardboard, super[hard]board, high-density hardboard
geharztes Holz n tapped-out timber, bled timber
Geheimfach n secret compartment (in case furniture)
Geheimschubfach n secret drawer
Geheimtür f secret door
Gehlinie f walking line (staircase construction)
gehobelt planed, wrought
~ und gespundet planed tongued and grooved, P.T.G. (sawnwood)
gehobeltes Brett n planed board

gehöfter Tüpfel m bordered pit (wood anatomy)
Gehölz n wood[y] plant, ligneous plant, timber
Gehölzart f woody species
Gehölzarten fpl woody species
Gehölzfachmann m dendrologist
Gehölzgarten m tree-garden, arboretum
Gehölzkunde f dendrology, dendrography
gehölzkundlich dendrological
Gehre f mitre, (Am) miter
gehren to mitre[-cut], (Am) to miter, to bevel
Gehrmaß n mitre-block, mitre-board, try mitre, mitre square (rule)
Gehrmaßbrett n mitre-block, mitre-board
Gehrung f mitre [joint], mitred joint, (Am) miter [joint]
Gehrungsanschlag m mitre fence (gauge), mitre cutting guide, mitreing jig
Gehrungsfräsmaschine f mitre cutter, mitre cutting (moulding, trimming) machine
Gehrungskantenzwinge f mitre clamp, mitre cramp
Gehrungskreissäge[maschine] f mitre circular saw[ing machine]
Gehrungsmaß n mitre-block, mitre-board, try mitre, mitre square (rule)
Gehrungsmaßbrett n mitre-block, mitre-board
Gehrungssäge f mitre saw, bevel (block) saw; mitre circular saw[ing machine]
Gehrungssägen n mitreing, bevel sawing
Gehrungsschere f mitre cutting shear
Gehrungsschneidemaschine f mitre cutter, mitre cutting (trimming) machine
Gehrungsschneider m mitre trimmer
Gehrungsschneidlade f mitre box
Gehrungsschnitt m mitre cut, bevel cut
Gehrungsspannklammer f spring corner cramp, spring dog
Gehrungsstoß m mitre [joint], mitred joint
Gehrungsstoßlade f mitre shooting-block
Gehrungsvorrichtung f mitre shooting-block
Gehrungswinkel m mitreing angle
Gehrungswinkelmesser m sliding bevel
Gehrungszinken fpl mitre dovetail [joint]
Gehrungszwinge f mitre clamp, mitre cramp
Gehrwinkel m mitreing angle
Gehstock m walking-stick
Geige f violin
Geigenbau m violin-making
Geigenbauer m violin-maker
Geigenbauholz n violin wood
Geigenbogen m violin bow, fiddlestick
Geigendecke f violin sounding-board
Geigenhobel m finger plane
Geigenholz n 1. violin wood; 2. fiddlewood (genus Citharexylum)
Geigenkasten m violin case
Geißbaum m common ash, European ash, Fraxinus excelsior
Geißblattmotiv n anthemion (furniture decoration)
Geißfuß m 1. bird's-mouth, sally (timber construction); 2. V veining tool, V tool (carving tool); wrecking bar
Geißfußverbindung f bird's-mouth joint (timber construction)

gekalkte Eiche f limed oak
gekalktes Eichenholz n limed oak
gekammert septate *(e.g. a wood fibre)*
gekerbter Torus m scalloped torus *(wood anatomy)*
geklinkert clinker-built *(boat)*
gekreuzte Furnierlagen fpl cross-banded plies
gekreuzter Kernriß m crossed heart shake *(wood defect)*
gekröpfte Strebe f cranked brace, elbow brace
gekröpfter Bildhauerbeitel m front-bent veiner
~ **Geißfuß** m dog-leg chisel *(carving chisel)*
gekröpftes Balleisen n spoon (entering) chisel, background tool, grounder
~ **Hohleisen** n front-bent gouge
~ **Scharnier** n offset hinge
~ **Zapfenband** n cranked centre [pin] hinge
gekrümmt crooked, curved *(e.g. trunk form)*
~ **wachsen** to gnarl
gekrümmte Antrittsstufe f commode step
~ **Verzierung** f sprung moulding
gekrümmter Sparren m compass rafter
gekrümmtes Brettschichtholz[bau]teil n glue-laminated bending member
~ **Stecheisen** n shell bodkin *(of the basket-maker)*
gekurvte Strebe f curved brace
Geländegabelstapler m all-ground lift truck
Geländer n rail[ing], handrail
Geländerkrümmling m ramp, easement
Geländerpfosten m railing post, baluster
Geländersprosse f banister, spindle
Geländerstab m banister, spindle
gelatinegeleimt glue-sized *(paper)*
Gelatineleimung f animal sizing, glue sizing *(paper-making)*
gelatinöse Faser f gelatinous fibre *(wood anatomy)*
~ **Sekundärwandschicht** f gelatinous layer, G-layer *(wood anatomy)*
~ **Tracheide** f gelatinous fibre *(wood anatomy)*
Gelbbirke f yellow (gold) birch, Quebec (curly) Betula alleghaniensis (lutea)
Gelbbirkenkernholz n red birch *(from Betula alleghaniensis)*
Gelbe Mombinpflaume f yellow mombin, Spondias mombin *(wood species)*
~ **Roßkastanie** f yellow (sweet) buckeye, Aesculus octandra
Gelbeiche f chestnut oak, chinquapin oak, yellow oak, Quercus prinus (muehlenbergii)
Gelber Holzschwamm m cellar fungus, Coniophora puteana (cerebella)
Gelbes Katechu n pale cutch
~ **Meranti** n yellow meranti, yellow seraya, *(esp.)* Shorea faguetiana *(wood species)*
gelbes Poliment n yellow clay *(gilding)*
Gelbfäule f yellow rot *(of oak, caused by Stereum hirsutum)*
Gelbhalstermite f Mediterranean dry wood termite, yellow-necked dry wood termite, Kalotermes flavicollis
Gelbholz n 1. yellowwood *(comprehensive term for dyewoods esp. of genus Podocarpus)*; 2. [American] yellowwood, fustic, gopherwood, Cladrastis lutea (tinctoria); 3. old fustic, Chlorophora tinctoria; 4. prickly-ash *(genus Zanthoxylum)*
Gelbholzextrakt m fustic extract
Gelbkiefer f 1. yellow (hard) pine, YP *(comprehensive term)*; 2. ponderosa [pine], pondosa pine, PP, bull pine, western yellow pine, Californian white pine, Pinus ponderosa
Gelbpfeifigkeit f pipe rot *(of oakwood caused by Stereum spp.)*
Gelbpflaume f yellow mombin, Spondias mombin *(wood species)*
Gelbzeder f Nootka [false] cypress, Sitka (Alaska) cypress, yellow cedar (cypress), Chamaecyparis nootkatensis
Gelegenheitsparasit m facultative parasite
geleimtes Papier n sized paper
Geleitzelle f companion cell *(wood anatomy)*
Gelenk n hinge
Gelenkangel f articulated buckle *(of frame saw)*
Gelenkband n pivot hinge
Gelenkträger m articulated beam, Gerber beam (girder)
Gelierzeit f gelling time *(of adhesives)*
gelochte Tafel f pierced panel
Gelzeit f gelling time *(of adhesives)*
Gemäldetafel f panel painting
gemasert figured, veined, curled *(wood)*
Gemeine Eberesche f rowan[-tree], mountain ash, Sorbus aucuparia
~ **Eibe** f common yew, English yew, ground hemlock, Taxus baccata
~ **Erle** f common alder, [black] alder, aller, Alnus glutinosa
~ **Esche** f common ash, European ash, Fraxinus excelsior
~ **Fichte** f [Norway] spruce, European spruce (whitewood), Picea abies (excelsa)
~ **Fichtenholzwespe** f steel-blue wood-wasp, Sirex (Paururus) juvencus
~ **Hainbuche** f [European] hornbeam, hornbeech, horse (hurst, white) beech, yoke elm, Carpinus betulus
~ **Hasel** f filbert, hazel [wood nut], Corylus avellana
~ **Holzwespe** f steel-blue wood-wasp, Sirex (Paururus) juvencus
~ **Hopfenbuche** f hop hornbeam, Ostrya carpinifolia
~ **Jujube** f [common, Chinese] jujube, Ziziphus jujuba
~ **Kiefer** f common pine, Baltic (Norway) pine, Euroepean redwood, Scotch fir (pine), Pinus sylvestris
~ **Kornelkirsche** f cornelian cherry, cornel [tree], Cornus mas
~ **Lärche** f common larch, Euroepan larch, Larix decidua
~ **Mehlbeere** f white beam-tree, Sorbus aria
~ **Mispel** f medlar, Mespilus germanica
~ **Rainweide** f privet, Ligustrum vulgare
~ **Robinie** f [false] locust tree, post (yellow) locust, acacia, silver chain, Robinia pseudoacacia
~ **Roßkastanie** f [horse-]chestnut, Aesculus

hippocastanum
~ **Steinweichsel** *f* rock cherry, mahaleb, St. Lucie cherry, Prunus mahaleb
~ **Tamariske** *f* common tamarisk, French tamarisk, Tamarix gallica
~ **Traubenkirsche** *f* cluster cherry, Prunus padus
~ **Zypresse** *f* common (Italian) cypress, Cupressus sempervirens
Gemeiner Buchsbaum *m* common box tree, European (North African) boxwood, Buxus sempervirens
~ **Eschenbastkäfer** *m* small ash bark-beetle, Leperisinus fraxinus
~ **Faulbaum** *m* alder buckthorn, Persian bark, Rhamnus frangula
~ **Feigenbaum** *m* common fig, Smyrna fig, Ficus carica
~ **Flieder** *m* [common] lilac, Syringa vulgaris
~ **Goldregen** *m* laburnum, Laburnum anagyroides, Cytisus laburnum
~ **Hartriegel** *m* [common] dogwood, Cornus sanguinea
~ **Holunder** *m* elder, Sambucus nigra
~ **Lebensbaum** *m* [eastern, northern] white cedar, Thuja occidentalis
~ **Mandelbaum** *m* almond [tree], Prunus dulcis (amygdalus)
~ **Nagekäfer** *m* [common, European] furniture beetle, Anobium punctatum (striatum)
~ **Sauerdorn** *m* barberry, Berberis vulgaris
~ **Trompetenbaum** *m* Indian bean, southern catalpa, Catalpa bignonioides
~ **Violettporling** *m* purple conk, Polystictus (Hirschioporus, Polyporus) abietinus
~ **Wacholder** *m* common juniper, *(Am)* ground cedar, Juniperus communis
~ **Weg[e]dorn** *m* common buckthorn, purging buckthorn, Rhamnus catharticus
~ **Weißdorn** *m* may tree, Crataegus laevigata (oxyacantha)
~ **Zürgelbaum** *m* nettle tree, Celtis australis
gemessert flat-cut, plain-cut *(veneer)*
gemessertes Schnittholz *n* slicewood
Gemischtbau *m* mixed construction
Gemischtbauweise *f* mixed construction
generative Hyphe *f* generative hypha
Generatorgas *n* producer gas
Generatorholz *n* gas wood
genormte Maßzahl *f* module
~ **Tür** *f* standard door
Genus *n* genus *(taxonomy)*
Geotropismus *m* geotropism *(e.g. of trees)*
Gepäckständer *m* luggage-rack
gepolsterte Lehne *f* padded back
gepolstertes Tabouret *n* pouffe
gerade Treppe *f* non-winder stairs (stairway), straight-flight stair, straight stair[way]
~ **Verkämmung** *f* square cogging *(carpentry)*
geradehobeln to joint, to shoot, to shute
gerader Bildhauerbeitel *m* straight veiner
~ **Geißfuß** *m* straight V [veining] tool *(carving tool)*
~ **Kamm** *m* square cogging *(carpentry)*
~ **Riegel** *m* barrel bolt

~ **Riß** *m* check *(wood defect)*
gerades Balleisen *n* straight carver's chisel
~ **Blatt** *n* half joint, lapped (lapping) joint, lapping joint
~ **Blatt** *n* **als Querverbindung** corner-halved joint, corner halving [joint], T halving, tee[-halved] joint, angle halving
~ **Hohleisen** *n* straight carver's gouge
Geradfaser *f* straight grain
geradfaserig straight-grained
geradläufige Treppe *f* non-winder stairs (stairway), straight[-flight] stair
geradliniger Faserverlauf *m* straight grain
geradschäftig straight-boled, straight-stemmed
Geradschäftigkeit *f* bole straightness, stem straightness, straightness [of stem]
Geradschliff *m* square grind *(circular saw-blade)*
geradstämmig *s.* geradschäftig
Geränderter Porling *m* red-belt fungus, Fomes (Fomitopsis) pinicola, Fomes marginatus
Gerätestiel *m* helve
geräuchertes Fell *n* smoked sheet *(caoutchouc processing)*
Gerberakazie *f* 1. catechu acacia, cutch (khair) tree, Indian acacia, Acacia catechu; 2. [Sydney] black wattle, Acacia mearnsii (mollissima), Acacia decurrens var. mollis
Gerbergelenk *n* Gerber hinge
Gerbersumach *m* tanning sumac[h], Rhus coriaria
Gerberträger *m* Gerber beam (girder), articulated beam
Gerbextrakt *m* tannin[g] extract
Gerbholz *n* tanwood
Gerbmittel *n s.* Gerbstoff
Gerbrinde *f* tan[bark], tanner's bark
Gerbsäure *f* tannic acid, tannin *(of plant origin)*
gerbsaures Salz *n* tannate
Gerbstoff *m* tan[-stuff], tannin, tanning substance (material, agent)
Gerbstoffauszug *m* tannin[g] extract
gerbstoffbildend tanniniferous
Gerbstoffgehalt *m* tannin content
gerbstoffhaltig tanniniferous
Gerbstoffleim *m* tannin adhesive
gerbstoffliefernd tanniniferous
gerbstoffliefernde Pflanze *f* tan plant
Gerbstoffpflanze *f* tan plant
Gerbstoffverbindung *f* tanning compound
gerieft fluted *(tree-trunk)*
geriegelte Holzzeichnung (Maserung) *f* cross-grain, ripple[d] grain, ripple[d] mark, fiddle-back [figure]
geriffelte Nagelkopffläche *f* serrated [wire] nail head
geringwertiges Furniersperrholz *n* low-quality plywood
~ **Holz** *n* low-rate timber
Gerippe *n* carcass, carcase
gerippt fluted, corrugated *(e.g. paper)*
Germacren *n* germacrene *(sesquiterpene)*
Gerte *f* withe, withy
gerundete Kante *f* nosing
Gerüst *n* 1. skeleton [framework]; 2.

Gerüst 76

shuttering panel
bewegliches ~ mobile scaffold[ing]
Gerüstast *m* limb
Gerüstbau *m* scaffold-building
Gerüstbauer *m* scaffolder
Gerüstdiele *f* scaffold board (plank), staging plank, fleak
Gerüstfeldlänge *f* pole space
Gerüstholz *n* framing timber, carcassing timber
Gerüstständer *m s.* Gerüststange
Gerüststange *f* [scaffolding-]pole, staging pole; putlog, putlock
Gerüstsubstanz *f* skeleton substance *(wood anatomy)*
Gesamtschwindung *f* total shrinkage *(timber drying)*
Gesamtsteigung *f* total rise *(of a stairway)*
Gesamttrocknungszeit *f* kiln drying time
Gesamtverweilzeit *f* **im Trockner** kiln drying time
Geschäftsbücherpapier *n* account book paper
Geschäftsmöbel *npl* contract furniture, store furniture
Gescheckter Nagekäfer *m* death tick, death-watch [beetle], Xestobium rufovillosum
Geschirrschrank *m* cupboard; china cabinet, china closet (cupboard)
geschlagen felled *(tree)*
Geschlechtsdimorphismus *m* sex dimorphism
geschliffenes Sperrholz *n* sanded plywood
geschlitzter Ringdübel *m* split-ring connector
geschlossene Kirchenbank *f* pew
~ **Seite** *f* tight face, tight side, true face *(of a veneer)*
~ **Wartezeit** *f* closed assembly time *(bonding process)*
geschlossener Riß *m* closed split, tight split *(e.g. in a veneered surface)*
geschnittener Nagel *m* cut nail
geschnitzter Deckenbalkenknopf *m* boss
~ **Zierat** *m* carved decoration
geschnitztes Muschelornament *n* coquillage *(e.g. around the edges of a table-top)*
~ **Zickzackornament** *n* chevron
Geschoßhöhe *f* storey height
geschoßtrennender Dielenbalken *m* intermediate floor-joist
Geschoßtreppe *f* staircase, stairway
geschränkt set, *(Am)* brier-dressed *(saw)*
geschweifte Front *f* serpentine front
~ **Gegenstrebe** *f* reversed ogee brace
~ **Möbelfront** *f* serpentine front
~ **Strebe** *f* ogee brace
geschwungene Antritts[treppen]stufe *f* curtail step
gesellschaftliche Möbel *npl* public furniture
Gesims *n* cornice, cornish
Gesimsband *n* cornice fascia, fascia [board]
Gesimsbau *m* cornice construction
Gesimsbrett *n* cornice fascia, fascia [board]
Gesimshobel *m* cornice plane
gespaltene Weidenrute *f* skein
Gespannrückung *f* horse skidding, animal skidding
gespannte Säge *f* bow-saw, frame saw, *(Am)* bucksaw
Gespannzug *m* animal traction *(timber transport)*
Gespärredach *n* rafter roof
gespreizter Druckstab *m* spaced column
gespundet tongued and grooved, t & g, T.G.
gespundete Bretter *npl* tongued-and-grooved boards, match boarding
~ **Dielung** *f* tongued-and-grooved flooring
~ **Schalung (Verschalung)** *f* matched siding, tongue-and-groove siding
gespundetes Brett *n* matchboard, matched board
Gestaltlehre *f* morphology
gestauchter Nagel *m* lost-head [wire] nail
~ **Sägezahn** *m* swage-set tooth, square-dressed tooth
Gestell *n* carcass, carcase, shell, frame, skeleton [framework]; rack, ride
Gestellfertigung *f* frame assembly
Gestellkreissäge[maschine] *f* panel sizing saw[ing machine], panel sizer
Gestellsäge *f* bow-saw, frame saw, *(Am)* bucksaw
Gestellschraube *f* handrail bolt [and punch], rail bolt
gestemmte Treppe *f* housed stringer staircase
~ **Treppenwange** *f* housed string [board], closed stringer, ploughed string [board]
~ **Tür** *f* panel[led] door
gestopfte Spanplatte *f* extruded [particle]board, extruded panel
gestrandetes Triftholz *n* stranded timber
gestreift striped, stripy *(wood grain)*
gestreifte Holzzeichnung (Maserung) *f* ribbon grain (figure), stripe (striated) grain
Gestreifter Nadelholzborkenkäfer (Nutzholzborkenkäfer) *m* lineate bark-beetle, Trypodendron lineatum, Xyloterus lineatus
gestrichenes Papier *n* coated paper
~ **Rohpapier** *n* coated base paper
Gestühl *n* stallwork
gestumpfte Kante *f* nosing
gesund sound *(e.g. wood)*
Gesundast *m* sound knot
Gesundheit *f* soundness *(e.g. of raw wood)*
Getäfel *n* panelling, *(Am)* paneling, panelization
getemperte Faser[hart]platte *f* tempered hardboard, super[hard]board, high-density hardboard
getränktes Abwischtuch *n* tack-rag *(for painted surfaces)*
~ **Dichtungspapier** *n* lining paper
getrennt resawn, RES *(sawnwood)*
gevierter Bogen *m* four-centred arch, depressed arch
Gewändepfosten *m* jamb post
Gewehrkolben *m*, **Gewehrschaft** *m* gun-stock, rifle-stock, [rifle] butt, stock
Gewehrschaftmacher *m* stocker
Geweihbaum *m* nicker tree, Gymnoclades dioicus
gewellt fluted *(e.g. paper)*
gewellte Leiste *f* wave moulding
gewelltes Papier *n* corrugated paper
gewendelte Treppe *f* spiral stair[case], helical (winding) stair, caracole

~ **Trittstufe** f winder [tread], radiating tread, radial step
Gewichtsholz n heavy timber
Gewindebohrer m tap
Gewindebohrloch n thread hole
Gewindekolben m tap
Gewindeloch n thread hole
Gewindering m nut
Gewindeschaftfräser m threaded cutter
Gewindeschneidkolben m tap
gewinkelte Treppe f angled stair
Gewöhnliche Platane f European plane, London plane[-tree], Platanus x hybrida (acerifolia)
~ **Robinie** f robinia, black (post) locust, false acacia, Robinia pseudoacacia
Gewöhnlicher Buchsbaum m common box tree, European (North African) boxwood, Buxus sempervirens
~ **Nagekäfer** m [common, European] furniture beetle, death-watch [beetle]Anobium punctatum (striatum)
~ **Trompetenbaum** m Indian bean, southern catalpa, Catalpa bignonioides
gewöhnliches Halbholz n half-round wood, wainscot billet
Gewölbe n vault[ing]
Gewölbedach n vaulted roof
gewölbte Front f bow front, bombe (of a piece of furniture)
geworfenes Holz n warped timber
gewundene Treppe f spiral stair[case], helical (winding) stair, caracole
gewürfelt tessellated (e.g. inlaid work)
Gewürzschrank m spice cabinet
gezähnt dentate
gezapftes Holz n tapped-out timber, bled timber
gezwieselt crotched
Ghattigummi n gum ghatti (from Anogeissus latifolia)
GHE s. Ghéombi
Ghéombi n gheombi, Sinderopsis letestui (wood species)
Gibberellin n gibberellin (phytohormon)
Giebel m gable
Giebelaufsatz m pediment
Giebelaufsatzschrank m pediment cupboard
Giebelbalken m end girder
Giebelbinder m gable truss, end truss
Giebeldach n gable[d] roof, span roof
Giebelfenster n gable window
Giebelstütze f gable column
gießbeschichtetes Papier n cast-coated paper
Gießen n curtain coating (lacquering)
Gießkopf m pouring head (lacquer pouring machine)
Gießmaschine f curtain coater (for applying adhesives or lacquers)
Giftigkeit f toxicity
~ **von Holzschutzmitteln** wood preservative toxicity
Giftsumach m poison ivy, poison oak, Rhus toxicodendron, Toxicodendron quercifolium
Gilvanol n gilvanol (triterpenoid)
Ginkgobaum m ginkgo, gingko, maidenhair tree, Ginkgo biloba

Gipfel m [tree-]top
Gipfelbohrkäfer m top bark-beetle, Ips sexdentatus (acuminatus)
gipfeldürr top-dry, stag-headed (tree)
Gipfeldürre f stag-headedness
Gipsdielenstift m lath nail
Gipsfaserplatte f gypsum board, plasterboard
Gipskartonplatte f gypsum board, plasterboard, wallboard
Gipslatte f plaster lath, screed
Gipsplattensäge f plasterboard saw, wallboard saw
Gipswandbauplatte f gypsum wall board
Girandola f, **Girandole** f girandole
Gitarre f guitar
Gitter n lattice, trellis
Gitterbett n baby's bed, [children's] cot, (Am) crib
Gitterbettkasten m undercot drawer
Gitterfachwerk n lattice girder, lattice truss
Gitterfenster n lattice window
Gittergewebe n canvas
Gitterträger m lattice girder, lattice truss; parallel chord truss, flat truss
Gitterwerk n lattice, trellis
Gitterzaun m trellis[-work] fence
Glacépapier n enamel paper, glossy coated paper
Glanz m gloss, lustre, (Am) luster (e.g. of a wood surface)
   mit natürlichem ~ lustrous
Glanzanstrich m gloss paint
Glanzblech n polished press plate (fibreboard manufacture)
Glanzeiche f glossy oak, shingle oak, Quercus imbricaria
Glanzlack m gloss varnish
glanzlos non-lustrous
Glanzpapier n glossy paper
Glanzpreßblech n polished press plate (fibreboard manufacture)
Glanzrinde f smooth bark
Glanzvergoldung f bright gilding
Glaseinlegeboden m glass shelf
Glaser m glazier
Glaserecke f sprig, (Am) glazier's point, glazing point
Glaserholz n window joinery [timber], sash timber, sash stuff
Glasfalz m bed of putty (of a window sash)
Glasleiste f glazing bead
Glasschiebetür f sliding glass door
Glasschrank m glass cabinet, glass cupboard
Glastonbury-Stuhl m Glastonbury chair
Glastür f glass door, glazed door
Glasumwandlungstemperatur f glass transition temperature (cellulose chemistry)
Glasweide f crack-willow, brittle willow, redwood willow, Salix fragilis
Glättbohle f screed
glätten to glaze (paper)
Glätten n glazing, supercalendering (paper-making)
glattes Eckblatt n corner-halved joint, corner halved corner joint, halving [joint]

Glattföhre *f* spruce pine, poor (cedar) pine, Pinus glabra
glatthobeln to plane smooth
Glattkantbrett *n* edge-shot board
glattkantig [plain-]edged *(sawnwood)*
Glattkiefer *f* North Carolina pine, [Arkansas] short-leaf pine, rosemary pine, Pinus echinata
Glättmaschine *f* smoothing machine
glattrindig smooth-barked
Glattrüster *f* smooth-leaved elm, field elm, Ulmus carpinifolia (minor, campestre)
Glättschleifautomat *m* automatic smoothing sander
glattschleifen to sand smooth
glättwalzengestrichenes Papier *n* roll-coated paper
Glättwalzenstrich *m* [smoothing] roll coating *(paper-making)*
Glc *s.* Glucose
Gleditschie *f* honey (sweet) locust, three-thorned acacia, Gleditsia triacanthos
Glehn's Fichte *f* Hokkaido spruce, Sakhalin fir (spruce), Picea glehnii
Gleichfarbige Tanne *f* white fir, WF, black balsam [fir], Colorado fir, Abies concolor
Gleichgewichtsfeuchte *f* equilibrium moisture [content]
Gleichgewichtsholzfeuchte *f* equilibrium moisture content of wood
Gleichlauffräsen *n* down-milling
gleichmäßige Holzzeichnung (Maserung, Textur) *f* even (uniform) grain, even texture
gleichschenkliges Dreieck *n* isosceles triangle
gleichseitiger Spitzbogen *m* equilateral arch
Gleisschwelle *f* [railway] sleeper, (Am) railroad [cross]tie, tie
Gleisschwellenbearbeitungsmaschine *f* railway sleeper working machine
Gleitbahn *f* slide bar *(of a frame saw)*
Gleiter *m* glider
Gleitklotz *m* slider *(of a frame saw)*
Gleitmodul *m* modulus of elasticity in shear, shear modulus, modulus of rigidity, G-modulus
Gleitreibungskoeffizient *m* coefficient of sliding friction
Gleitrinne *f* chute, slide
Gleitschuh *m* glider
Gliedermaßstab *m* carpenter's rule, folding rule
Glockenblumendekor *m(n)* bell-flower [decoration]
Glockenleiste *f* ogee moulding
Glockenstuhl *m* belfry
Glucan *n* glucan *(polysaccharide)*
Glucomannan *n* glucomannan *(hemicellulose)*
Glucose *f* glucose *(monosaccharide)*
Glucosid *n* glucoside *(wood constituent)*
Glührückstand *m* residue on ignition *(e.g. of pulp)*
Glutinleim *m* animal glue, Scotch glue
Glycan *n* glycan, polysaccharide
Glykolmethacrylat *n* glycol methacrylate *(wood preservative)*
Glykosid *n* glycoside
Gmelina *n* gmelina, goomar teak, gumari, gumhar, Gmelina arborea
~ **leichhardtii** white beech, Gmelina leichhardtii
Gmelinol *n* gmelinol *(lignan)*
Goldakazie *f* golden wattle, Acacia pycnantha
Goldanlegeöl *n* gold size
Goldblättchen *npl* gold leaf
Goldblättrige Scheinkastanie *f* golden chinquapin, Castanopsis chrysophylla
Goldbronze *f* gold paint
Goldbronzepaste *f* ormolu
goldfarbene Bronze[farbe] *f* [bronze-powder] gold paint
Goldkiefer *f* ponderosa [pine], pondosa pine, PP, bull (Californian white) pine, western yellow pine, Pinus ponderosa
Goldlärche *f* [Chinese] golden larch, Pseudolarix kaempferi (amabilis)
Goldorangenschellack *m* orange shellac[k]
Goldpflaume *f* hog plum, golden apple, Spondias dulcis
Goldpulver *n* pold powder *(gilding)*
Goldregen *m* laburnum, Laburnum anagyroides, Cytisus laburnum
Golfschlägerkopf *m* golf-club head
Gomutipalme *f* areng[a], gomuti [palm], [true] sugar palm, Arenga pinnata (saccharifera)
Gonçalo-alvez *n* Gonçalo alvez, *(esp.)* Astronium fraxinifolium *(wood species)*
Gondelsessel *m*, **Gondelstuhl** *m* gondola chair, sleepy hollow chair
Gonorrhachis marginata itapicuru, Gonorrhachis marginata *(wood species)*
Goß *m* hopper
Gotik *f* Gothic *(art style)*
gotisch Gothic
gotisches Maßwerk *n* Gothic tracery
Götterbaum *m* tree of heaven, tree of the gods, Chinese sumac[h], Ailanthus altissima (glandulosa)
GRA *s.* Afrikanisches Grenadill
Grabenverbau *m* timbering of excavations
graduierte Spanplatte *f* graded board
Granatpapier *n* garnet paper
Granatschellack *m* garnet shellac[k]
Granatschleifpapier *n* garnet paper
Granitwalze *f* granite roll[er] *(paper-making)*
Grannenkiefer *f* bristle-cone pine, foxtail pine, Pinus aristata
graphisches Papier *n* graphic[al] paper
Grappleskidder *m* grapple skidder
Grasbaum *m* grass tree *(genus Xanthorrhoea)*
Grasbaumharz *n* grass-tree gum, acaroid gum (resin) *(esp. from Xanthorrhoea australis)*
Grat *m* arris; dado, housing
Gratbrett *n* hip board
Grateisen *n* macaroni tool *(wood carving tool)*
Grathobel *m* fillister [plane]
Gratnut *f* dado, housing
gratnuten to dado
Gratnutschneidkopf *m* dado head
Gratnutverbindung *f* dado joint
Gratriegel *m* arris rail
Gratsäge *f* grooving saw, slitting saw
Gratschneidkopf *m* dado head
Gratsparren *m* hip rafter, angle rafter

Gratsparrendach *n* hip-and-gable roof
Gratsparrenformwerk *n* hip moulding
Gratsparrenkerve *f* hip rafter bird's mouth
Gratverbindung *f* dovetail housing, housed dovetail [joint], housing joint, slot-dovetail joint, *(Am)* sliding dovetail; dado joint
Graue Bruchweide (Werftweide) *f* grey willow, Salix cinerea
Grauer Feuerschwamm *m* male agaric, false tinder fungus, touchwood, Phellinus (Polyporus) igniarius
Grauerle *f* [Norwegian] grey alder, speckled alder, Alnus incana
Graukern *m* grey heart *(wood defect)*
Graunuß *f* butter-nut, grey (white) walnut, Juglans cinerea
Graupappel *f* grey poplar, Populus canescens
Grautanne *f* white fir, WF, Colorado fir, black balsam [fir], Abies concolor
Gravurstrich *m* gravure coating *(paper-making)*
Gray's Traubenkirsche *f* Gray's choke cherry, Prunus grayana
GRE *s.* Greenheart
Greenheart *n* greenheart, Ocotea rodiaei *(wood species)*
Greifarm *m* grapple [loader]
Greifer *m* log grab, grapple [loader]
Greifprozessor *m* single grip harvester
Greimbauweise *f* Greim-type construction
Grenadille *f* African blackwood, grenadilla, Mozambique ebony, Dalbergia melanoxylon
Grenco-Kocher *m* Grenco digester *(fibreboard manufacture)*
Grenzlinie *f* black line, zone (pencil) line *(between sound and deteriorated timber)*
Grenzviskositätszahl *f* limiting viscosity number *(e.g. of cellulose)*
Griechische Strobe *f* Macedonian [white] pine, Pinus peuce
~ **Tanne** *f* Greek fir, Abies cephalonica
Griesbeil *n* floating hook
Grießholz *n* privet, Ligustrum vulgare
Griff *m* handle, haft
Griffbrett *n* finger-board
Griffmulde *f* handle cavity
grob abhobeln (abrichten) to rough-dress, to dub
~ **behauen** to rough-shape
~ **strukturiert** coarse-grained (-textured), open-grained, rough-grained *(wood)*
~ **zuhauen** to flog *(timber)*
~ **zurichten** to rough-dress, to dub
grobästig limby
Grobbearbeiten *n* roughing-in, roughing out, bosting[-in] *(carving)*
Grobbeitel *m* registered chisel
Grobbohren *n* rough boring
Grobborke *f* coarse bark
grobborkig rough-barked
grobdrechseln to rough-turn
grobe Holztextur (Textur) *f* open texture
grobentrinden to rough-bark
Grobentrindung *f* rough barking
grober Jutestoff *m* hessian *(upholstery)*
grobfaserig coarse-fibred, coarse fibrous; coarse-grained, rough-grained, coarse textured, open-grained *(wood)*
Grobfaserigkeit *f* coarse-grain *(of wood)*
grobjährig coarse-ringed, coarse-grained, rough-grained, open-grained *(wood)*
Grobjährigkeit *f* coarse-grain *(of wood)*
grobporig coarse-grained, coarse-textured, rough-grained, open-grown *(wood)*
Grobporigkeit *f* coarse-grain *(of wood)*
Grobrinde *f* coarse bark
grobrindig rough-barked
grobringig coarse-ringed, coarse-grained, rough-grained, open-grown, fast-grown *(wood)*
Grobringigkeit *f* coarse-grain *(of wood)*
Grobschleifen *n* coarse sanding, rough sanding
Grobschnitzen *n* rough carving
Grobspan *m* coarse chip
Grobstoff *m* [pulp] rejects, rejected stock
Grobtischlerei *f* coarse joinery
grobzähnig coarse-toothed *(saw)*
Grobzerspanung *f* coarse chipping
Großblattahorn *m* broad-leaved maple, Acer macrophyllum
Großblattkreissäge *f* large-blade circular saw
Großblättrige Linde *f* broad-leaved lime, female lime, Tilia platyphyllos (grandifolia)
Großblütige Magnolie *f* great laurel [magnolia], southern magnolia, laurel (bull) bay, Magnolia grandiflora
große Faschine *f* saucisse
Große Flöte *f* flute (wood wind instrument)
~ **Holzameise** *f* large carpenter ant, Camponotus herculeanus
~ **Küstentanne** *f* grand fir, lowland (white) fir, Abies grandis
Großer Achtzähniger Fichtenborkenkäfer *m* [large] spruce bark-beetle, Norway spruce engraver, Ips (Tomicus) typographus
~ **Birkensplintkäfer** *m* birch bark-beetle, birch sapwood beetle, birch Scolytus, Scolytus ratzeburgi
~ **Brauner Kiefernrüsselkäfer (Nadelholzrüßler)** *m* [large] pine weevil, Hylobius abietis
~ **Buchdrucker** *m s.* Großer Achtzähniger Fichtenborkenkäfer
~ **Eichenbock[käfer]** *m* great capricorn beetle, oak cerambyx, Cerambyx cerdo
~ **Kiefernborkenkäfer** *m* pine tree beetle, stenograph bark-beetle, Ips sexdentatus
~ **Kiefernmarkkäfer** *m* pine beetle, Tomicus (Blastophagus, Myelophilus) piniperda
~ **Lärchenborkenkäfer** *m* larch bark-beetle, Ips cembrae
~ **Pappelbock[käfer]** *m* large poplar [and willow] borer, Saperda cacharias
~ **Schwarzer Eschenbastkäfer** *m* large ash bark-beetle, Hylesinus crenatus
~ **Ulmensplintkäfer** *m* [large] elm bark-beetle, Scolytus scolytus (destructor), Eccoptogaster scolytus
~ **Waldgärtner** *m* [larger] pine-shoot beetle, large pine pith-borer, Blastophagus, Tomicus, Myelophilus) piniperda
Großflächenschalungsplatte *f* large-area

Großflächenschalungsplatte

shuttering panel
großflächige Schneidspäne (Späne) *mpl* wide flakes
großflächiger Kahlschlag *m* full-forest harvesting
Großfrüchtige Douglasie *f* big-cone Douglas fir, big-cone spruce, Pseudotsuga macrocarpa
~ **Eiche** *f* bur oak, mossy oak, Quercus macrocarpa
~ **Zypresse** *f* large-fruited cypress, Monterey cypress, Cupressus macrocarpa
Großmöbel *npl* large-size furniture
großörtige Rückung *f* butt-end-first skidding
Großpilz *m* macrofungus
großporig large-pored *(wood)*
Großpressenschleifer *m* magazine grinder *(wood pulping)*
Großsägewerk *n* giant sawmill
Großschrank *m* armoire
Großzähnige Pappel *f* weeping poplar, [bigtooth] aspen, Populus grandidentata
Grubenausbau *m* mine timbering, timbering of excavations
Grubenholz *n* mine timber, pit timber, pitwood
Grubenkantholz *n* hewed mine timber
Grubenkurzholz *n* short pitwood, short props
Grubenlangholz *n* long pitwood, long props
Grubenpfeiler *m* pit post
Grubenrundholz *n* round mine (pit) timber, prop wood, props, chockwood
Grubenschnittholz *n* cut (sawn) pit timber
Grubenschwarte *f* pit slab
Grubenschwelle *f* pit sleeper
Grubenstempel *m* mine prop, [pit-]prop, stull, durn
grün green, fresh, verdant, alive *(wood)*
Grünast *m* live knot, sound knot, tight knot
Grünblättriger Schwefelkopf *m* sulphur tuft fungus, Hypholoma fasciculare
Grundanstrich *m* primer [coat], priming coat, base coat
Grundanstrichfarbe *f* paint primer, priming paint
Grundanstrichstoff *m* primer
~ **für Holz** wood primer
Grundfarbe *f* paint primer, priming paint
Grundfibrille *f* microfibril *(wood anatomy)*
Grundflächenmittelstamm *m* mean basal area tree *(timber mensuration)*
Grundgerüst *n* matrix *(e.g. of wood cell wall)*
Grundgewebe *n* parenchyma [tissue], fundamental tissue *(wood anatomy)*
Grundhobel *m* dado plane, housing (plough) plane, ground (banding, trenching) plane, router plane
Grundholz *n* sill (sole) plate, bottom plate, shoe, *(Am)* abutment piece
Grundieranstrich *m* primer [coat], priming coat
grundieren to prime *(wood surfaces)*
Grundieren *n* primer coating *(surface treatment)*
Grundierlack *m s.* Grundlack
Grundiermittel *n* primer
Grundlack *m* priming lacquer, ground varnish
Grundmaß *n* module
Grundmaschine *f* basic machine

Grundpfahl *m* foundation pile (post), base pile
Grundpolieren *n* fadding *(French polishing)*
Grundsubstanz *f* matrix *(e.g. of wood cell wall)*
Grundtraktor *m* basic tractor
Gründungsbalken *m* grade beam
Gründungsholz *n* foundation timber
Gründungspfahl *m* foundation pile (post), base pile
Gründungspfahlauflage *f* **aus Sperrholz** plywood pad footing
Gründungsrost *m* grillage [footing]
grüne Hackschnitzel *npl* green chips
Grüner Laubholzprachtkäfer *m* beech agrilus, Agrilus viridis
Grünerle *f* [European] green alder, Alnus viridis [ssp. viridis]
Grünes Ebenholz *n* 1. guayacan *(wood from Tabebuia spp.)*; 2. *s.* Grünherz
Grünesche *f* green ash, bastard (rim) ash, Fraxinus pennsylvanica [var. subintegerrima]
grünfeucht green, verdant *(wood)*
grünfeuchtes Holz *n* newly cut wood
Grüngewicht *n* green weight, fresh weight
Grünherz *n* greenheart, Ocotea rodiaei *(wood species)*
Grünlauge *f* green liquor *(pulp manufacture)*
Grünlaugenklärtank *m* green liquor clarifier
Grünschnitzel *npl* green chips
Gruppenast *m* cluster of knots, grouped knots
Gruppenentrindung *f* multiple-stem barking
Gruppenverzahnung *f* interrupted toothing *(of saw-blades)*
gruppenweise Entnahme *f* group felling
gruppenweiser Einschnitt *m* bunch bucking
Guajacsäure *f* guaiaconic acid *(lignan)*
Guajacyl-Einheit *f* guaiacyl unit *(structural unit of lignin)*
~-**Syringyl-Lignin** *n* guaiacyl-syringyl lignin
Guajacyllignin *n* guaiacyl lignin, G-lignin
Guajakbaum *m* guaiacum *(genus Guaiacum)*
Guajakharz *n* guaiacum
Guajakholz *n* guaiacum, lignum vitae, *(esp.)* Guaiacum officinale
Guayanazeder *f* haiawaballi, Tetragastris altissima *(wood species)*
Gueridon *m* gueridon, candle-stand
Guilloche *f* guilloche *(banded ornament)*
Guldenbaum *m* American red gum, sweet gum, SWG, Liquidambar styraciflua
Gumar-Teak *n*, **Gumari** *n* gmelina, goomar teak, gumari, gumhar, Gmelina arborea
Gummi *n* gum
Gummiakazie *f* gum arabic acacia, Acacia senegal
Gummiarabikum *n* gum arabic, gum acacia, acacin[e] *(from Acacia spp.)*
Gummiarabikumbaum *m* gum arabic acacia, Acacia senegal
Gummibaum *m* Indian rubber fig, rubber plant, Ficus elastica
Gummielastikum *n* gum elastic, caoutchouc, [natural, India] rubber, indiarubber
Gummifluß *m* gummosis *(wood disease)*
gummigefüllter Interzellularraum *m* gum cyst *(wood anatomy)*

Gummigutt *n* gamboge *(gum resin esp. from Garcinia hanburyi)*
Gummiharz *n* gum resin, resinoid
Gummihecke *f* milk bush, Indian tree spurge, Euphorbia tirucalli
gummiliefernde Pflanze *f* gum plant
Gummilücke *f* gum cyst *(wood anatomy)*
Gummimilch *f* latex, vegetable milk
Gummimilchgalle *f* latex gall
Gummisackpresse *f* rubber bag press
Gummizapfen *m* gum tapping
Gummose *f*, **Gummosis** *f* gummosis *(wood disease)*
Gurjun *n* gurjun, keruing, apitong, yang *(wood from Dipterocarpus spp.)*
Gurjunbalsam *m* gurjun [balsam], gurjun wood oil *(esp. from Dipterocarpus alatus)*
Gurjunbaum *m* gurjun, Dipterocarpus alatus *(wood species)*
Gurkenbaum *m* bilimbi[ng], Averrhoa bilimbi
Gurkenmagnolie *f* cucumber [wood], cucumber tree, evergreen magnolia, southern whitewood, Magnolia acuminata
Gurt *m* chord, boom *(of a trussed beam or trussed purlin)*; girth
Gurtholz *n* [timber] chord
Gurtspanner *m* web[bing] strainer, stretching pliers *(upholsterer's tool)*
Gurtstab *m* chord
Gurtung *f* girthes *(upholstered furniture)*
Gußeisennagel *m* cast nail
Gußmodell *n* foundry pattern
Gußnagel *m* cast nail
gut abgelagert well-seasoned *(wood)*
gute Kaufmannsware *f* fair average quality, FAQ *(timber trade)*
Güteklasse *f* grade
Gutfurnier *n* [sur]face veneer
Gutseite *f* better face *(of sawnwood)*; face [side] *(of a board)*
Gutstoff *m* accepted stock, accepts *(papermaking)*
Guttabaum *m* gamboge tree, Garcinia spp.
Guttapercha *f(n)* gutta-percha *(latex product esp. from Palaquium gutta)*
Guttaperchabaum *m* gutta-percha tree, Palaquium gutta
Guttibaum *m* gamboge tree, Garcinia spp.
GVZ *s.* Grenzviskositätszahl
gymnosperm gymnospermous
Gymnosperme *f* gymnosperm *(division Gymnospermae)*
Gymnospermenholz *n* gymnospermous wood

H

h *s.* Quellungskoeffizient
Haarbirke *f* pubescent birch, European birch, Betula pubescens
Haarfrüchtige Balsampappel *f* black cottonwood, western (Oregon) balsam poplar, Populus trichocarpa
Haarhygrometer *n* hair hygrometer
Haarpinsel *m* pencil brush
Haarriß *m* hair check, hair crack, hair-line split *(wood defect)*
Haarwurm *m* ship-timber beetle, Lymexylon navale
Hackbrett *n* dulcimer *(stringed instrument)*
hacken to chop; to chip, to hog
Hacken *n* chopping; chipping, hogging
Hackenstiel *m* pick handle
Hacker *m* chopping machine; chipper, chipping machine, hogging machine
Hackermaschinist *m* chipper
Hackgut *n* chips, chippings
Hackklotz *m* chopping block; butcher block
Hackmaschine *f* chopping machine; chipping machine, chipper, hogging machine
Hackmesser *n* chipper knife, hogging knife
Hackrotor *m* rotary hogger
Hackschnitzel *n(m)* [hogged] chip, hog
~-Feingut *n* undersized chips
~-Grobgut *n* oversized chips
Hackschnitzel *npl* chips, chippings
~ aus Industrieholz industrial wood chips
~ aus Vollholz industrial wood chips
~ mit Grüngut green chips
~ mit Rinde brown chips
Hackschnitzelabfuhrfahrzeug *n* chip truck, chip van
Hackschnitzelentrindung *f* chip debarking
Hackschnitzelerzeugung *f* chip production
Hackschnitzelfahrzeug *n* chip truck, chip van
Hackschnitzelfreilagerung *f* outdoor chip storage
Hackschnitzelgröße *f* chip size
Hackschnitzelhaufen *m* chip pile
Hackschnitzelherstellung *f* chip production, chipping
Hackschnitzellagerung *f* chip storage
Hackschnitzelmaschine *f* chipping machine, chipper, hogging machine
Hackschnitzelnachzerkleinerer *m* disintegrator
Hackschnitzelpresse *f* hog press
Hackschnitzelreinigungsanlage *f* hog cleaning unit
Hackschnitzelrohrleitung *f* chip pipeline
Hackschnitzelschliff *m* chip refining
Hackschnitzelsichter *m* hog sifter
Hackschnitzelsortierer *m* chip grader, chip sorter
Hackschnitzelvollerntemaschine *f* feller-chipper
Hackschnitzelvorwärmung *f* chip preheating
Hackspan *m* [hogged] chip, hog
Hackspänezerkleinerer *m* chip disintegrator
Hackstock *m* chopping block; butcher block

Hadern *mpl* rags *(paper-making)*
Haderngehalt *m* rag content *(paper-making)*
Hadernhalbstoffpapier *n* all-rag paper
hadernhaltig rag-containing *(paper)*
Hadernpapier *n* rag paper
Hadernstoff *m* rag pulp *(paper-making)*
Haematoxylin *n* haematoxylin *(dye from Haematoxylum campechianum)*
Haematoxylum brasiletto Brazilette, Haematoxylum brasiletto *(wood species)*
Hafenbauholz *n* wharf timber
Haferpflaume *f* bullace, bullet tree, bulletwood, Prunus [domestica ssp.] insititia
haftfähig tacky *(adhesive, gold size)*
Haftfähigkeitsprüfung *f* adhesion test
Haftfestigkeit *f* adhesive strength
Haftgrund *m* wash primer
Haftgrundmittel *n* wash primer
Haftklebeband *n* self-adhesive tape
Haftkleber *m*, **Haftklebstoff** *m* self adhesive
Haftpapier *n* adhesive paper
Haftreibungskoeffizient *m* static coefficient of friction
Haftvermögen *n* adhesiveness
Haftvermittler *m* primer *(gluing)*
Hagelschaden *m*, **Hagelschlagverletzung** *f* hail damage, hail injury
Hägglund-Verfahren *n* Hägglund process *(of wood saccharification)*
Hainbuche *f* 1. hornbeam, white (water) beech *(genus Carpinus)*; 2. [European] hornbeam, white beech, hornbeech, horse (hurst) beech, Carpinus betulus
Hainbuchenahorn *m* hornbeam maple, Acer carpinifolium
Haken *m* hook; hack *(resin tapping)*
Hakenblattverbindung *f* table joint
Hakenbolzen *m* hook bolt
Hakengelenkband *n* band and hook [hinge]
Hakengelenktorband *n* band and hook [hinge]
Hakenkiefer *f* 1. Spanish pine, Pinus uncinata; 2. erect mountain pine, Pinus uncinata ssp. uncinata
Hakenschraube *f* hook bolt
Hakenzahn *m* hook tooth
halbbehöft half-bordered *(pit pair; wood anatomy)*
Halbbinder *m* half truss
halbchemischer Aufschluß *m* semi-chemical pulping
~ Neutralsulfit-Holzaufschluß *m* neutral sulphite semichemical pulping (process)
~ Zellstoff *m* semi-chemical pulp
Halbedelsteinintarsie *f* pietra dura, pietre dure
halbentrindet half-barked
halbes Schwalbenschwanzblatt *n* double dovetail halved joint
~ Weißschwanzblatt *n* single dovetail halved joint
halbgebleichter Zellstoff *m* semi-bleached pulp, half-bleached pulp
halbgeschält half-barked
Halbglanzlack *m* semi-gloss varnish
halbhartes Holz *n* semi-hard wood
Halbhartfaserplatte *f* intermediate fibreboard

Halbholz *n* half-timber
Halbholzbalken *m* half-timber beam
halbiertes Langholz *n* longwood
Halbmikropyrolyse *f* semi-micropyrolysis
Halböl *n* half-and-half linseed oil and turps
Halbparabelträger *m* hog-back beam
halbrein entrinden to bark partially
~ **entrindet** partially-barked, half-barked
halbreines Entrinden *n* partial barking
halbringporig semi-ring-porous, falsely ring-porous *(wood)*
Halbringporigkeit *f* semi-ring-porousness
Halbrundbogen *m* semi-circular head *(window frame, door frame)*
halbrundes Oberlicht *n* fanlight
Halbrundfeile *f* half-round file
Halbrundholzschraube *f* round-head screw
~ **mit Querschlitz (Schlitz)** slotted round head wood screw
Halbrundkopfnagel *m* domed headed nail, convex headed nail
Halbrundraspel *f* half-round rasp
Halbrundschälen *n* half-round cutting (slicing), stay-log cutting *(veneer production)*
Halbrundschälfurnier *n* half-rotary-cut veneer, half-round-cut veneer
Halbrundschwelle *f* half-round sleeper
Halbrundstab *m* half-round moulding, bead[ing]
Halbrundstäbchen *n* lipping *(esp. applied to the edges of drawers)*
Halbrundstange *f* half-round pole
Halbschlichtfeile *f* second-cut file
Halbstoff *m* half-stuff, pulp
Halbstoffsortierer *m* pulp screen
halbtrocken partially air-dry, PAD, rough dry; shipping-dry, SD
Halbtrockenverfahren *n* semi-dry [production] process *(of fibreboard manufacture)*
halbverdecktes Scharnier *n* semi-concealed hinge
halbvergütetes Schnittholz *n* semi-finished sawn timber
Halbwender *m* wainscot billet
Halbzellstoff *m* semi-chemical pulp
Halbzellstoffaufschluß *m* semi-chemical pulping
halbzerstreutporig semi-diffuse-porous *(wood)*
Halbzeugholländer *m*, **Halbzeugmahlländer** *m* breaker [beater], breaking engine *(papermaking)*
Haldu *n* haldu, Adina cordifolia *(wood species)*
Halesia diptera calico wood, Halesia diptera
Hallimasch *m* honey-fungus, shoe-string fungus, honey agaric, Armillaria (Armillariella) mellea
Hals *m* neck
haltbar durable
Haltbarkeit *f* durability; shelf life, storage life *(e.g. of an adhesive)*
Haltebeschlag *m* stay
Hämalaun *n* haematoxylin *(dye from Haematoxylum campechianum)*
Hamamelitannin *n* hamamelitannin
Hamburger Säge *f* veneer frame-saw
Hamelia ventricosa princewood, Hamelia ventricosa
Hammer *m* hammer

~ **mit Kugelfinne** ball-peen hammer
Hammerentrindungsmaschine *f* hammer debarker
Hammerklaue *f* hammer claw
Hammerkopf *m* hammer-head
Hammerkorbmühle *f* hammer cage mill
Hammermühle *f* hammer mill
Hammerstiel *m* hammer handle
Hand-Ziehklingengratzieher *m* ticketer, scraper sharpener, burnisher
Handarbeitstischchen *n* sewing table
Handbandsäge[maschine] *f* portable band-saw
Handbandschleifer *m*, **Handbandschleifmaschine** *f* portable belt-sanding machine, portable electric belt sander
Handbeil *n* hatchet, chip axe
Handbohrer *m* hand-boring tool
Handbohrgerät *n* hand-boring tool
Handbohrmaschine *f* hand[-powered] drill
~ **mit Brustplatte** hand and breast drill
Handbohrmaschinenständer *m* drill stand
Handbohrwerkzeug *n* hand-boring tool
Handbügelkettensäge *f* portable bow chain-saw
Handdrehmeißel *m* hand turning tool
Handdrehstahl *m* hand turning tool
Handegalisierapparat *m* side dresser
Handelsgebräuche *mpl* trade terms
Handelsholz *n* commercial timber, timber (wood) of commerce, timber for sale
Handelsholzart *f* commercial wood (tree) species
Handelsholzstoff *m* commercial wood-pulp
Handelslaubholz *n* commercial hardwood
Handelsname *m* trade name *(e.g. of a wood species)*
Handelssortiment *n* merchantable assortment *(e.g. of timber)*
handelsübliche Höhe *f* saleable height *(of standing timber)*
~ **Länge** *f* commercial height *(of standing timber)*
Handentrindung *f* manual barking
Handentrindungsmaschine *f* portable debarking machine
Handfräsmaschine *f* hand-powered planer, portable electric planer
handgefertigte Möbel *npl* hand-made furniture
handgeführte Motorkreissäge *f* clearing saw
Handgegenzugsäge *f* double-handed saw
handgeschmiedeter Nagel *m* wrought nail
handgeschnitzt hand-carved
handgeschöpftes Papier *n* hand-made paper
handgespalten und rückseitig gesägt hand-split and resawn back *(shake)*
Handgriff *m* handle
Handhabungsautomat *m* robot
Handheftgerät *n* tacker
Handheftmaschine *f* portable stapler, hand-held stapling gun
Handhobel *m* [hand] plane
Handhobelmaschine *f* hand-powered planer, powered plane, portable electric planer
Handhobelspan *m* shaving
Handkettenfräse *f* portable chain mortiser (mortising machine)

Handkettensägemaschine *f* portable chain-saw
Handkettenstemmaschine *f* portable chain mortiser (mortising machine)
Handkreissäge[maschine] *f* portable [electric] circular saw, power hand saw
Handlauf *m* handrail, rail[ing]
~-Kontrollschablone *f* falling mould
Handlaufkonsole *f* handrail bracket *(staircase construction)*
Handlaufkrümmling *m* ramp, easement
~ ohne Steigung wreath
Handleimauftraggerät *n* portable glue spreader
Handnagelmaschine *f* portable nailer
Handnagelung *f* hand nailing
Handoberfräsmaschine *f* hand[-held] router, portable router, plunge router
Handpolieren *n* hand polishing, French polishing
Handsäge *f* handsaw
Handsägeblatt *n* handsaw blade
Handsägengestell *n* saw rack
Handschäleisen *n* **für Weidenruten** hand brake
Handschleifen *n* hand-sanding
Handschleifklotz *m* sanding block
Handschleifmaschine *f* portable sander
Handschnitzen *n* hand-carving
Handschnitzmaschine *f* hand carver, engraver
Handspannvorrichtung *f* hand clamp
Handspindelpresse *f* hand [screw] press *(veneer press)*
Handstauchapparat *m* hand swage
Handsteifsäge *f* back-saw, handsaw
Handtastenreihe *f* manual *(e.g. of an organ)*
Handtuchgestell *n* towel rail
Handwerkerbock[käfer] *m* sawyer *(genus Monochamus)*
Hanfschäben *fpl* hemp shives *(for chipboard manufacture)*
Hanfweide *f* [common, velvet] osier, basket willow, Salix viminalis
Hängebirke *f* European [white] birch, weeping birch, Swedish (white, silver) birch, Betula pendula (alba, verrucosa)
Hängebrücke *f* suspension bridge
Hängebuche *f* [green] weeping beech, Fagus sylvatica cv. pendula
Hängeeckschrank *m* hanging corner cabinet
Hängefichte *f* weeping spruce, Picea abies cv. viminalis
Hängepfosten *m* truss post, queen post
Hängeregal *n* hanging shelf
Hängeschrank *m* hanging cabinet, wall cabinet
Hängespiegel *m* hanging mirror
Hängesäule *f* king (truss) post, joggle piece, suspender *(carpentry)*
Hängesäulen[stütz]pfosten *m* princess post
Hängeuhr *f* wall clock
Hängewerk *n* [hanging] truss
Hängewerkbrücke *f* hanging truss bridge
Hankinsonsche Formel *f* Hankinson['s] formula *(strength of wood)*
Hannoa klaineana whitewood, Hannoa klaineana
Haraß *m* bottle case, bottle crate
Harfe *f* harp

Harlekintisch *m* harlequin table
Harmonikatür *f* accordion door, concertina (bellow-framed) door
Harnstoff *m* urea, carbamide
~-Formaldehyd-Klebstoff *m* urea-formaldehyde adhesive (glue), urea glue
~-Formaldehydharz *n* urea-formaldehyde resin, UF-resin, urea resin
~-Melamin-Formaldehyd-Harz *n* urea-melamine-formaldehyde resin
Harnstoffharz *n* urea-formaldehyde resin, UF resin, urea resin
Harnstoffkleber *m* urea-formaldehyde adhesive (glue), urea glue
Harringtons Kopfeibe *f* Harrington plum yew, cow's-tail pine, Cephalotaxus harringtonia var. drupacea
härtbar curable *(e.g. adhesive)*
Härtbarkeit *f* curability
Hartbast *m* hard bast
Härte *f* hardness
~ nach Brinell Brinell hardness
harte Faserplatte *f* hardboard, hard[-pressed] fibreboard
~ Holzfaserplatte *f* hardboard, hard[-pressed] fibreboard
~ Lochfaserplatte *f* perforated hardboard
~ Spezialholzfaserplatte *f* special densified hardboard
härten to cure, to harden *(adhesive)*
Härteprüfung *f* hardness test
Härteprüfwerkzeug *n* **nach Janka** Janka tool *(wood testing)*
harter Ahorn *m* hard maple *(comprehensive term)*
~ Zellstoff *m* hard pulp
Härter *m* hardener, accelerator *(e.g. for lacquers)*
Härterauftragmaschine *f* hardener applying machine
hartes Holz *n* hardwood
Härtetemperatur *f* curing temperature
Härtewert *m* **nach Brinell** Brinell number
Hartfaser *f* libriform [wood-]fibre
Hartfaserplatte *f* hardboard, hard[-pressed] fibreboard, compressed fibreboard
Hartharz *n* hard resin
Hartholz *n* hardwood
Hartholzbaum *m* hard-wooded tree
Hartholzbohle *f* hardwood plank
Hartholzdübel *m* coak *(ship carpentry)*
Hartholzrunddübel *m* Kübler dowel
Hartkarton *m* solid board
Hartkiefer *f* hard pine, yellow pine, YP *(comprehensive term)*
Hartlaubbaum *m* hardwood
hartmetallbestückt hard-tipped, tungsten-carbide-tipped, TCT *(e.g. saw-teeth)*
hartmetallbestückter Nutfräser *m* carbide-tipped slotting cutter
~ Sägezahn *m* tipped tooth
hartmetallbestücktes Kreissägeblatt (Sägeblatt) *n* tipped saw
Hartmetallschneidplatte *f* cutter tip, cutting tip *(of tools)*

Hartpapier *n* hard paper, laminated paper
Hartpappe *f* solid board
Hartparaffin *n* paraffin wax
Hartplatte *f* hardboard, hard[-pressed] fibreboard, compressed fibreboard
Hartriegel *m* dogwood, cornel [tree] *(genus Cornus)*
Hartriegelholz *n* dogwood
Hartschaumfüllung *f*, **Hartschaumkern** *m* solid [foam] core *(e.g. in doors)*
Härtung *f* cure
Härtungsgeschwindigkeit *f* cure rate
Härtungsmittel *n* hardener *(e.g. for lacquers)*
Härtungszeit *f* curing time (period), cure time
Harvester *m* harvester, logger
Harz *n* resin, gum, pitch
  mit ~ behandeln to resin
  mit ~ tränken to resinate
Harzablagerung *f* resin deposit, pitch deposition
Harzabscheider *m* resin separator, fractionator
Harzabscheidung *f*, **Harzabsonderung** *f* resin exudation, resin secretion
Harzader *f* gum[my] vein
harzähnlich resin-like, resinoid
Harzaldehyd *m* resin aldehyde
Harzalkohol *m* resin alcohol
Harzansammlung *f* resin accumulation; gum[my] vein; pitch *(in softwood)*
Harzarbeiter *m* resin tapper, dipper
harzartig resinous
Harzausbeute *f* resin yield
Harzausfluß *m*, **Harzausscheidung** *f* resin exudation (flow, flux), resinosis, gum exudation
Harzbalsam *m* balsam, balsamic resin, balm
harzbeschichtet resin-coated, resin-laminated
harzbeschichteter Nagel *m* cement-coated nail
Harzbestandteil *m* resin constituent
Harzbeule *f* pitch blister *(in softwood)*
harzbildend resiniferous
Harzbildung *f* resin formation, resinification
Harzdestillation *f* resin distillation
Harzeinschluß *m* resin inclusion
Harzeisen *n* barking-iron, barking spud
harzen to tap [for resin], to bleed, to box, to broach; to deresinify, to deresinate
Harzen *n* resin tapping, bleeding; deresination
Harzer *m* resin tapper, dipper
Harzertrag *m* resin yield
Harzerzeugnis *n* resin product
Harzfluß *m* resin exudation (flow, flux), resinosis, gum exudation
Harzflußauslösung *f* resin induction
harzfrei non-resinous
Harzgalle *f* resin (gum) gall, resin (pitch) pocket, resiniferous cavity; black check *(esp. in Tsuga heterophylla)*
Harzgang *m* resin canal, resin (gum) duct, pitch tubule
harzgefüllter Interzellularraum *m* resin cyst
Harzgehalt *m* resin content
harzgetränkt resin-impregnated, impregnated with resin
Harzgewinnung *f* resin extraction; resin tapping
harzhaltig resinous

Harzhaltigkeit *f* resinousness
harzig resinous
Harzigkeit *f* resinousness
Harzimprägnierung *f* resin impregnation
Harzkanal *m* resin canal, resin (gum) duct, pitch tubule
Harzkanalgewebe *n* resin canal tissue
Harzkitt *m* resinous putty
Harzkomponente *f* resin constituent
Harzkristallisation *f* resin crystallization
Harzlachte *f* resin blaze, face
Harzleim *m* resin glue, resin size, rosin size *(paper-making)*
Harzleimung *f* resin (rosin) sizing
harzliefernd resiniferous
harzliefernde Kiefer *f* pitch tree (pine) *(comprehensive term)*
Harzlücke *f* resin cyst
Harzöl *n* resin oil, rosin oil
Harzölfirnis *m* resin oil varnish
Harzpech *n* resin pitch
Harzpfropf *m* resinous plug
Harzprodukt *n* resin product
harzreich [highly-]resinous, fat
harzreiche Holzzone *f* pitch zone
harzreiches Holz *n* fatwood
~ Stockholz *n* resinous stumpwood
Harzriß *m* pitch seam, pitch shake (streak)
Harzsammelgefäß *n* gum cup
Harzsammler *m* resin tapper
Harzsäure *f* resin acid, rosin acid
Harzsäuremethylester *m* resin acid methyl ester
Harzsäuresalz *n* resin soap
Harzscharrer *m* dipper, puller
Harzschliere *f* resin streak
Harzschöpfspachtel *m(f)* dip iron, dipper
Harzschwierigkeiten *fpl* pitch troubles, pitch problems *(groundwood pulping)*
Harzseife *f* resin soap
Harzsekretion *f* resin secretion
Harzstörungen *fpl* pitch troubles, pitch problems *(groundwood pulping)*
Harzsynthese *f* resin synthesis
Harztasche *f* resin (pitch) pocket, gum pocket (gall), resiniferous cavity; black check *(esp. in Tsuga heterophylla)*
Harztränkung *f* resin impregnation
Harztrichter *m* resin tube *(at the entrance holes of bark-beetles)*
Harzung *f* resin tapping, bleeding; deresination
~ mit Doppellachten back cupping
Harzungsriß *m* streak
Harzungssaison *f* tapping season
Harzzelle *f* resin cell *(wood anatomy)*
Harzzone *f* resin streak
Hasel *f* hazel, filbert, nut wood, Corylus avellana
Haselbusch *m* hazel, nut-tree *(genus Corylus)*
Haselgerte *f* hazel withe (withy)
Haselholz *n* hazel
Haselnuß *f* hazel, filbert, wood nut, Corylus avellana
Haselnußholz *n* hazel
Haselnußstrauch *m* hazel, nut-tree *(genus Corylus)*

Haselrute *f* hazel withe (withy)
Hasen[haut]leim *m* rabbit skin glue
Haspel *f* reel
haubar ripe for felling (cutting)
Haubenscharnier *n* bonnet hinge
hauen to fell, to cut [down], to hew [down], *(Am)* to lumber
Hauklotz *m* chopping block; butcher block
Haumeister *m* felling foreman
Haupt *n* head *(e.g. of a bedstead)*
Hauptabfuhrweg *m* main haul road *(timber transport)*
Hauptast *m* main (chief) branch, limb, bough, arm
Hauptbaumart *f* main (principal) tree species
Hauptfördergasse *f* extraction way *(between stacks of timber)*
Hauptforsterzeugnis *n* major forest product
Hauptfruchtform *f* sexual stage, sexual state *(of fungi)*
Hauptholzabfuhrweg *m* main haul road *(timber transport)*
Hauptholzart *f* main (principal) tree species
Hauptmaschine *f* log saw, breakdown saw, head saw, headrig *(in the sawmill)*
Hauptpfeifenwerk *n* der Orgel great organ
Hauptschneide *f* lip *(of a tool)*
Hauptsparren *m* main rafter
Hauptstab *m* newel [post]
Hauptträger *m* main girder
Haupttreppe *f* main stairs
Haus *n* in **Mastenbauweise** pole house
Hausapotheke *f* medicinal chest, medicine cabinet
Hausarbeitsdrehstuhl *m* swivel chair for housework
Hausbar *f* cocktail cabinet, liquor cabinet
Hausbock *m* European house-borer, longhorn [beetle], longicorn, Hylotrupes bajulus
Hausbockbekämpfung *f* house longhorn control
Hausbockkäfer *m* s. Hausbock
Hauseingangstür *f* house-door, front door, street door
Hausenblasenleim *m* isinglass
Haushaltsgegenstände *mpl* aus Holz domestic wood ware, treen
Haushaltshammer *m* household hammer
Haushaltsmöbel *npl* household furniture, domestic furniture
Haustür *f* house-door, front door, street door
Hautbaum *m* alder buckthorn, Persian bark, Rhamnus frangula
Häuten *n* s. Häutung
Hautflügler *m* hymenopteran *(order Hymenoptera)*
Hautleim *m* hide glue, skin glue, Salisbury glue
Hautrelief *n* high relief, alto-relievo, alto-rilievo
Häutung *f* sloughing, ecdysis *(e.g. of insect larvae)*
HB *s.* 1. Hainbuche; 2. Gemeine Hainbuche
Hebefenster *n* lifting window
Hebeklappe *f* rising flap
Hebescharnier *n* rising butt [hinge], screw-butt hinge
Heft *n* handle, helve, haft

heften to staple, to tack
Hefter *m* stapler, tacker
Heftklammer *f* staple
Heftmaschine *f* stapling machine
Heidekrautgewächse *npl* heath family *(family Ericaceae)*
Heiliger Feigenbaum *m* pipal [tree], sacred fig tree, bo (peepul) tree, Ficus religiosa
heimisch native, indigenous *(e.g. wood species)*
heimisches Holz *n* home-grown timber
~ Nadelholz *n* native softwood
Heimmöbel *npl* home furniture
Heimwerker *m* [home, family] handyman, do-it-yourselfer
Heinsia diervilleoides bush apple, Heinsia diervilleoides *(wood species)*
Heiß-Kalt-Tränkung *f* hot-and-cold bath method (process), dual-bath treatment *(wood preservation)*
~-Kalt-Trogtränkung *f* s. Heiß-Kalt-Tränkung
heißabbindender Leim *m* hot-setting adhesive
Heißbiegen *n* steam bending, heated bending method
Heißdampf *m* steam
Heißdampftrocknung *f* steam drying
heißgepreßte Platte *f* hot-pressed panel
Heißgießmaschine *f* hot coating machine
heißhärtender Kleber *m* hot-setting adhesive
Heißkaschieranlage *f* thermolaminating (hot laminating) plant, hot roll[er] laminator
Heißkaschieren *n* thermolamination, hot foil transfer
Heißkleber *m* hot-setting adhesive
Heißleim *m* hot glue
Heißlufttrockner *m* hot[-air] dryer
Heißlufttrocknung *f* hot-air drying
Heißluftverfahren *n* heat sterilization *(wood preservation)*
Heißplattenpresse *f* hot press
Heißprägepresse *f* hot-process embossing press
Heißpresse *f* hot press
heißpressen to hot-press
Heißpressen *n* hot pressing
Heißpressung *f* hot pressing
Heißschliff *m* hot-ground pulp
Heißschmelzbeschichtung *f* hot-melt coating *(paper-making)*
Heißspritzen *n* hot spraying
Heißspritzlack *m* hot spraying lacquer
Heißwasserextrakt *m* hot-water extract
Heißwasserfestigkeit *f* hot liquid resistance *(e.g. of overlays)*
Heißwasserweiche *f* hot-water steeping
Heizen *n* mit Holz wood heating
Heizhackschnitzel *npl* hog fuel
Heizwert *m* heat[ing] value *(e.g. of wood)*
Heldbock *m* great capricorn beetle, oak cerambyx, Cerambyx cerdo
Heldreichs Ahorn *m* Balkan maple, Acer heldreichii
Helikopterbringung *f* helicopter logging
Heliotropismus *m* heliotropism *(tree physiology)*
heller Ast *m* light knot
helles Katechu *n* pale cutch
Hellrotes Meranti *n* light red meranti *(trade*

name for Shorea spp. and esp. for S. leprosula)
HEM s. Westamerikanische Hemlocktanne
Hemfir f(n) (Am) hem-fir, H-F (timber group consisting of Tsuga heterophylla, Abies amabilis, A. grandis, A. procera and A. concolor)
Hemicellulose f hemicellulose, pseudocellulose, wood polyose (polysaccharose)
~-Lignin-Fraktion f hemicellulose-lignin fraction
~-Lignin-Komplex m hemicellulose-lignin complex
Hemicelluloseextrakt m hemicellulose extract
hemicellulosehaltig hemicellulosic
Hemicellulosekette f hemicellulose chain
Hemicellulosematrix f hemicellulose matrix
Hemicellulosenzucker m hemicellulosic sugar
hemicellulosisch hemicellulosic
Hemlock[rinden]harz n hemlock pitch, Canada pitch
Hemlocktanne f 1. hemlock [fir, spruce] (genus Tsuga); 2. eastern (white, Canada) hemlock, huron pine, hemlock [fir, spruce], hem, HEM, Tsuga canadensis
herausklappbare Einlage f table-leaf
Herauslösung f removal (e.g. of lignin)
herausragen to jetty (beam)
heraussägen to saw out
herausziehbare Ablage (Abstellplatte) f pull-out slide
Herbizid n herbicide
Herkunft f provenance, (Am) provenience
Herkunftsbezeichnung f provenance denomination
Herkunftsgebiet n provenance
Herkunftsname m name of origin (e.g. of a wood species)
Herkunftsvariabilität f provenance variability
Herkunftsversuch m provenance trial
Herlitze f cornelian cherry, cornel [tree], male dogwood, Cornus mas
Herme f herm, Herma
Herreshoff-Ofen m Herreshoff furnace (wood charring)
herunterhängende Klappe f eines Klapptisches table-flap, table-leaf
heruntertrocknen to dry down
Herz n s. Herzholz
Herzblättrige Erle f Italian alder, Alnus cordata
Herzbohle f wainscot plank
Herzbrett n heart[wood] board
herzfrei clear heart (sawnwood)
Herzholz n core wood, heart [centre], centre, (Am) center
heterogen heterogeneous, heterocellular (ray tissue)
heterogenes Sperrholz n composite plywood
heterotroph heterotrophic
heterozellular heterocellular, heterogeneous (ray tissue)
Heterözie f heteroecism (e.g. of parasitic fungi)
heterözisch heteroecious
Heuschreckenbaum m 1. robinia, locust [tree], post (black, yellow) locust, [false] acacia, silver chain, Robinia pseudoacacia; 2. West Indian locust [tree], Hymenaea courbaril
Hexapode m hexapod, insect (class Hexapoda)
Hexenbesen m wyches'-broom (of woody plants mainly due to fungal attack)
Hexosan n hexosan (polysaccharide)
Hexose f hexose (monosaccharide)
HF s. Holzfaserplatte
HF-Erwärmung f high-frequency heating, dielectric heating (e.g. of wood)
~-Trocknung f high-frequency drying
HFD s. Holzfaserdämmplatte
HFE s. Extrahartplatte
HFH s. harte Holzfaserplatte
Hi-Fi-Turm m hi-fi [stack] unit, stereo cabinet
Hibaholz n, **Hibalebensbaum** m hiba [arbor vitae], thujopsis, Thujopsis dolabrata (wood species)
Hibiscus elatus mahoe, Hibiscus elatus (wood species)
~ tilaceus majagua, Hibiscus tilaceus (wood species)
HIC s. Hickory[baum]
Hickory[baum] m, **Hickory[nuß]** f [true] hickory (genus Carya)
Hiebsart f type (method) of felling
Hiebsaufnahme f registration of felled timber
Hiebsfläche f felling (logging) area, area under felling
Hiebsfolge f sequence of fellings
Hiebsort m felling site, felling location (place)
Hiebsplan m felling plan
hiebsreif ripe for felling (cutting)
Hiebsrichtung f felling direction
Hilfspfosten m prick post
Hilfssäge f scoring saw
Hilfsstoff m der Papierherstellung paper-making aid
Hilfswagen m auxiliary carriage (of a frame saw)
Himachalen n himachalene (sesquiterpene)
Himalajaeiche f Himalayan oak, Quercus spicata
Himalajafichte f [western] Himalayan spruce, Indian (weeping) spruce, Picea smithiana (morinda)
Himalajakiefer f Himalayan (Bhutan) pine, blue pine, Pinus wallichiana (excelsa)
Himalajatanne f 1. Himalayan silver fir, Abies spectabilis; 2. Himalayan fir, Abies pindrow
Himalajazeder f deodar [cedar], deodara, true (Indian) cedar, Cedrus deodara
Himalajazypresse f Himalayan cypress, Cupressus torulosa
Himmelbett n canopy bed, canopied (sealed) bed, four-post bed[stead], four-poster bed
hin- und hergehende Säge f reciprocating saw
Hinoki[holz] n, **Hinokischeinzypresse** f hinoki [cypress], Japanese cypress (cedar), Chamaecyparis obtusa
Hinokiresinol n hinokiresinol (lignan)
Hinterbein n back leg, backfoot (e.g. of a chair)
hinterer Sturzbalken m back lintel
Hinterfuß m backfoot, back leg (e.g. of a chair)
Hinterleib m abdomen (of arthropods)
Hintermast m tail spar, back spar (cableway

logging)
Hintertisch *m* outfeed table *(e.g. of a planer)*
Hintertür *f* back door, postern
Hinterzange *f* tail vice, end vice *(of a woodworking bench)*
Hirnende *n* end
Hirnendenschutz *m* end protection *(seasoning of sawn timber)*
Hirnfläche *f* cross-cut end
Hirnflächenanstrich *m* end coating
Hirnholz *n* end-grain wood, cross-cut wood
Hirnholzblock *m* end-grain block
Hirnholzbohren *n* end-grain boring
Hirnholzende *n* end
Hirnholzfurnier *n* oyster [shell] veneer, oyster work, end-grain veneer
Hirnholzhobel *m* block plane, low-angle plane
Hirnholzhobeln *n* end-grain planing
Hirnholznagelung *f* end-grain nailing
Hirnholzpflaster *n* end grain pavement
Hirnholzplatte *f* end-grained panel
Hirnholzriß *m* end shake
Hirnholzverleimung *f* end glu[e]ing
Hirnschnitt *m* 1. end-grain cutting; 2. *s.* Hirnschnitt[ober]fläche
Hirnschnitt[ober]fläche *f* end-grain surface, cross-cut [end], transverse (cross) section, t.s.
Hirschholunder *m* red-berried elder, Sambucus racemosa
Hirschkolbensumach *m* staghorn sumac[h], Rhus typhina
Hitchcock-Schaukelstuhl *m (Am)* Hitchcock rocker
~-Stuhl *m (Am)* Hitchcock chair
hitzefest heat-resistant
hitzehärtbarer Klebstoff *m* thermosetting adhesive
hitzehärtbares Acrylatharz *n* thermosetting acrylic [resin]
~ Kunstharz *n* thermosetting resin, heat-setting resin
~ Zweikomponentenharz *n* two-package thermosetting resin
Hitzehärten *n* curing by heat
Hitzeriß *m* drought crack, sun crack *(wood defect)*
hitzestabilisiertes Preßholz *n* heat-stabilized compressed wood, staypak
Hobbydrechsler *m* amateur turner
Hobel *m* plane
~ aus Eisen metal plane
~ aus Holz wood plane
Hobelanlage *f* planing installation
Hobelarbeit *f* planing work
Hobelbank *f* woodworking (woodworker's) bench, carpenter's bench
Hobelbankplatte *f* bench top
Hobelbreite *f* planing width
Hobelbrett *n* planed board
Hobeldiele *f* floor[ing] board
Hobeldielen *fpl* P.T.G. flooring
Hobeleinheit *f* planing unit
Hobeleisen *n* plane iron, [plane] cutter, bit
Hobeleisenklappe *f* cap iron
Hobelfehler *m* planing defect

Hobelfräser *m* planer head
Hobelfräserschneide *f* planer blade, planer knife
Hobelkettensäge *f* chipper chain-saw
Hobelkopf *m* planer head
Hobelkopfmesser *n* planer blade, planer knife
Hobelkreissäge *f* hollow ground saw, planer saw
Hobelkreissägeblatt *n* hollow-ground blade, taper-ground blade, planer [saw-]blade
Hobelleiste *f* moulding
Hobelmaschine *f* [machine] planer, planing machine, power plane
Hobelmaschinenführer *m* planerman
Hobelmaschinenspäne *mpl* planer shavings
Hobelmaschinenstraße *f* planer line
Hobelmaschinentisch *m* planer platen
Hobelmaul *n* escapement, throat, mouth
Hobelmessereinstellehre *f* planer knife and cutter setter
Hobelmesserschleifmaschine *f* planer knife grinder (grinding machine)
hobeln to plane, to surface, to dress
Hobeln *n* planing
~ quer zur Faserrichtung traversing
Hobelnase *f* toat, tote
Hobelschleifmaschine *f* planing-sanding machine
Hobelspan *m* [wood] shaving
Hobelspanplatte *f* shaving board
Hobelstahl *m* plane iron, [plane] cutter, bit
Hobelstraße *f* planer line
Hobelverlust *m* planing loss
Hobelware *f* planed (surfaced) timber, wrought timber, planing mill products
Hobelwerk *n* planer mill, planing mill (operation)
Hobelwerker *m* planer
Hobelwerkzeug *n* planing tool
Hobelzahn *m* cutter link, chipper chain-saw cutter link
~ links left-hand cutter *(of a saw chain)*
~ rechts right-hand cutter *(of a saw chain)*
Hobelzahnkette *f* chipper chain *(of a chain-saw)*
Hobelzahnkettensäge *f* chipper[-tooth] chain-saw
Hobelzahnsäge *f* novelty saw, combination saw
hoch körperhaltig high solids *(lacquer)*
Hochausbeute-Natronzellstoff *m* soda high-yield pulp
Hochausbeuteaufschluß *m* high-yield pulping
Hochausbeutezellstoff *m* high-yield pulp
Hochbau[schnitt]holz *n* carcassing timber, framing timber
Hochbett *n* high sleeper
Hochdruck-Schichtpreßstoffplatte *f* high-pressure laminate, HPL
~-Wasserstrahlentrinder *m* high-pressure jet barker
Hochdruckpapier *n* letterpress paper
hochfestes Papier *n* high-strength paper
Hochfrequenz-Durchlauftrockner *m* high-frequency tunnel
Hochfrequenzerwärmung *f* high-frequency heating, dielectric heating *(e.g. of wood)*
Hochfrequenz[feuchtemeß]gerät *n* **mit Scheinleitwertmessung** capacitive admittance meter
~ mit Verlustfaktormessung power-loss

[moisture] meter
Hochfrequenzklebung *f* high-frequency glu[e]ing, high-frequency curing
Hochfrequenztrocknung *f* high-frequency drying
Hochfrequenzverleimpresse *f* high-frequency glu[e]ing press
Hochfrequenzverleimung *f* high-frequency glu[e]ing, high-frequency curing
hochgehen to buckle [up] *(timber flooring)*
hochgemahlen highly beaten *(pulp)*
Hochgeschwindigkeitstrocknung *f* high-speed drying
Hochglanz *m* high gloss
hochglänzend high-gloss
Hochglanzpapier *n* high-gloss paper, slick (glossy) paper
Hochklappscharnier *n* rule joint stay
Hochkonsistenzmahlanlage *f* high-consistency refiner *(wood-pulp manufacture)*
Hochkonsistenzmahlung *f* high-consistency refining, HCR
Hochlachte *f* high face, pulling face *(resin tapping)*
Hochleistungsbandsäge *f* heavy-duty band-saw
Hochleistungsgatter *n* heavy-duty frame saw
Hochleistungshobelautomat *m* automatic heavy-duty planing machine
Hochleistungsvertikalgatter *n* heavy-duty vertical frame saw
Hochleistungsvollgatter *n* heavy-duty gang saw
hochreiner Chemiezellstoff *m* high-purity chemical cellulose
Hochrelief *n* high relief, alto-relievo, alto-rilievo
Hochsäule *f* queen post
Hochschleppwerk *n* overhead cableway, aerial cableway *(timber transport)*
Hochschrank *m* [für Kücheneinbaugeräte] larder unit
hochstämmig long-boled, long-stemmed
Höchstlast *f* ultimate load[ing] *(e.g. of structural timber)*
Hochtemperaturpyrolyse *f* high-temperature pyrolysis
Hochtemperaturtrocknung *f* high-temperature drying, HTD
Hochtrockner *m* vertical dryer *(lacquer drying)*
hochvermahlen highly beaten *(pulp)*
Hochzeitstruhe *f* hope chest, marriage chest, *(Am)* dower chest
Hochzwiesel *f(m)* schoolmarm *(wood defect)*
Hocker *m* stool
höckerig knobby
Höckerkiefer *f* knob-cone pine, Pinus attenuata
Hockersitzfläche *f* stool seat
Hockeyschläger *m* hockey stick
Hockeystock *m* hockey stick
Hof *m* pit border *(wood anatomy)*
höfische Möbel *npl* court furniture
Hoftüpfel *m(n)* bordered pit *(wood anatomy)*
Hoftüpfelmembran *f* bordered pit membrane
Hoftüpfelschließhaut *f* bordered pit membrane
Hoftüpfeltorus *m* bordered pit torus
Höhenfries *m* stile *(e.g. of a framed door)*
höhenverstellbare Möbelrolle *f* height-adjustable castor
höhenverstellbarer Tisch *m* height-adjustable table
Höhenzunahme *f*, **Höhenzuwachs** *m* accretion in height *(e.g. of trees)*
Hoheria populnea ribbonwood, Hoheria populnea
höhersiedende Terpentinölfraktion *f* pine oil
Hohlast *m* pith knot
Hohlbalken *m* box-beam, box girder, hollow beam
Hohlbeitel *m* [carver's] gouge, hollow chisel
~ **mit halbrundem Querschnitt** half-round gouge
mit dem ~ arbeiten to gouge
Hohldechsel *f(m)* cooper's adze
Hohleisen *n s.* Hohlbeitel
Hohlfase *f* hollow chamfer
Hohlfäule *f* pipe rot *(fungal-induced wood damage)*
hohlgeschliffenes Sägeblatt *n* hollow-ground blade
Hohlkante *f* hollow chamfer
Hohlkastenträger *m* box-beam, box girder, hollow beam
Hohlkehle *f* flute, cove, channel, cavetto
Hohlkehlhobel *m* fluting plane, moulding-plane, mouldplane
hohlkehlig fluted
Hohlkehlleiste *f* cove moulding
Hohlkonstruktion *f* hollow construction
Hohlmeißel *m* hollow chisel
Hohlmeißelstemmaschine *f* hollow chisel mortiser (mortising machine)
Hohlplatte *f* hollow panel, cellular board
Hohlraumkonstruktion *f* hollow construction
Hohlraummittellage *f* lightweight core
Hohlraummittellagentür *f* hollow-core door
Hohlraum[span]platte *f* hollow panel, cellular board
Hohlraumsperrholz *n* cellular board
Hohlschleifen *n* hollow grinding *(e.g. of circular saw blades)*
Hohlstelle *f* hollow *(in a veneered surface)*
Hohlträger *m* box-beam, box girder, hollow beam
Hohlwindung *f* open-bine twist turning
Hohlziehklinge *f* hollow cabinet scraper
Hokkaidofichte *f* Hokkaido spruce, Sakhalin fir (spruce), Picea glehnii
Holländer *m*, **Holländermühle** *f* Hollander [beater], beater *(paper-making)*
Holländerwindmühle *f* smock-mill
Holländische Linde *f* [common] lime, Tilia × vulgaris
~ **Sägemühle** *f* Dutch sawmill, fine-blade sawmill
~ **Ulme** *f* Dutch elm, Ulmus × hollandica
holländischer Ausziehtisch *m* draw-extension table
~ **Mahlgeschirr** *n s.* Holländer
Holm *m* 1. stile; 2. cane strip
Holocellulose *f* holocellulose
Holocellulosefaser *f* holocellulose fibre
holocellulosehaltig holocellulosic
holocellulosisch holocellulosic

Holunder *m* elder *(genus Sambucus)*
Holunderblättrige Vogelbeere *f* mountain ash, Sorbus sambucifolia
Holz *n* wood, wd, timber
~-**Alu-Fenster** *n* aluminium-cladded [wood] window
~ **auf dem Stock** timber
~-**Beton-Verbindung** *f* wood-to-concrete bonding
~-**Biotechnologie** *f* wood biotechnology
~-**Fertigfußboden** *m* finish wood floor
~ **für Außenbauzwecke** external joinery (structural) timber
~ **für Bauzwecke** wood for building purposes
~ **für den Hochbau** carcassing timber, framing timber
~ **für Musikinstrumente** wood for musical instruments
~ **für Tischlerarbeiten** joinery timber (wood)
~ **für Verpackungszwecke** packaging timber
~-**Holz-Verbindung** *f* wood-to-wood connection (joint)
~-**Innenausbau** *m* interior woodwork
~-**Inneneinrichtung** *f* interior woodwork
~-**Leichtmetall-Fenster** *n* metal-clad[ded] window
~-**Leim-Verbindung** *f* glued wood joint
~-**Liegendmessung** *f* log measurement
~-**Metall-Anschlagwinkel** *m* wood-metal square
~-**Metall-Verbindung** *f* wood-to-metal joint
~ **mit Chlorzinklösung tränken** to burnettize
~ -**Plast[ik]-Kombinationswerkstoff** *m* wood-plastic composite, wood-polymer composite (material), WPC
~ -**Polymeren-Material** *n* wood-plastic composite, wood-polymer composite (material), WPC
~ -**Ultrastruktur** *f* wood ultrastructure
~ **von geharzten Bäumen** bled timber
~ **zu Klaftern aufschichten** to cord
 aus dem vollen ~ in (on) the solid
 aus dem vollen ~ **herausgearbeitet** stuck [on the solid]
 aus ~ wooden, woody, ligneous, lignose, xyloid
 aus vergoldetem ~ gilt-wood
 ganz aus ~ **[bestehend]** all-wood
 mit ~ **verkleiden** to box up
 mit ~ **versorgen** to wood
Holzabbau *m* wood degradation, wood deterioration
holzabbauender Organismus *m* wood-degrading organism
Holzabfall *m* wood waste (scrap), waste timber, waste wood, wood residues (debris), *(Am)* lumber scrap
Holzabfallhaufen *m* wood scrap heap
Holzabfallnutzung *f* waste-wood utilization
Holzabfallofen *m* wood-residue burner, wood-refuse burner
Holzabfallprodukt *n* wood waste product
Holzabfallverbrennung *f* wood waste burning
Holzabfallverbrennungsanlage *f* wood-residue burner, wood-refuse burner
Holzabfallwirtschaft *f* waste-wood management
Holzabfuhr *f* [timber] hauling, haulage

Holzabfuhrstraße *f* clearing road, haul (export) road, *(Am)* lumber road
Holzachat *m* wood agate
Holzagentur *f* timber agency
holzähnlich wood-like, ligniform, xyloid
Holzalkohol *m* wood alcohol
Holzalter *n* timber age
Holzanalyse *f* wood analysis
Holzanalytik *f* wood analytics
Holzanatom *m* wood anatomist
Holzanatomie *f* wood anatomy
holzanatomisch wood-anatomic[al]
holzanatomische Untersuchung *f* wood anatomy study
Holzanlieferung *f* wood supply
Holzanstrich *m* wood finish
Holzanstrichschicht *f* wood finish
Holzantiquität *f* wood antique
Holzanzeichnen *n* wood marking
Holzapfel[baum] *m* wild apple [tree], Malus sylvestris [ssp. sylvestris]
Holzarbeit *f* woodwork
Holzarbeiter *m* woodworker, woodcraftsman
Holzarchitektur *f* timber architecture, architecture of wood construction
Holzart *f* wood species, timber species, species of wood; kind of wood
 nicht flößbare ~ non-floater
Holzarten *fpl* wood species, timber species, species of wood
Holzartenbestimmung *f* wood (timber) identification, identification of wood (timber)
Holzartengruppe *f* species group
Holzartengruppierung *f* species grouping
Holzartennomenklatur *f* timber nomenclature, nomenclature of commercial timbers
Holzartenwahl *f* timber selection
holzartig woody, ligneous, lignose, xyloid
holzartige Braunkohle *f* wood coal
Holzartikel *m* wood item, wooden article
Holzartikel *mpl* **[für den Hausgebrauch]** wood-ware, woodenware
Holzasbest *m* ligneous asbestos
Holzasche *f* wood ash
Holzaufarbeitung *f* [log] conversion, processing
Holzaufarbeitungskombine *f* multioperational logging machine, processor
Holzaufbereitung *f* wood preparation, wood processing
Holzaufkommen *n* timber crop
Holzaufnahme *f* registration of felled timber
Holzaufschluß *m* wood pulping, pulping (cooking) of wood, wood digestion
Holzaufschlußverfahren *n* wood-pulping process
Holzauktion *f* timber auction, auction of timber
Holzausbau *m* finish carpentry
Holzausbauten *mpl* wood trim
Holzausformung *f* [log] conversion, timber conversion
Holzausformungsplatz *m* conversion place (point, site, yard), final landing
Holzausfuhr *f* timber export
Holzausfuhrgebiet *n* timber-exporting area
Holzausfuhrhafen *m* timber-exporting port
Holzausfuhrland *n* timber-exporting country

Holzausstattung f wood trim
Holzaussteifung f cribbing, cribwork
Holzauswahl f timber (wood) selection
Holzaußenwand f timber external wall
Holzauszeichnen n wood marking
Holzazidität f wood acidity
Holzbalken m timber [beam], TBR, timber ba[u]lk, wood[en] beam
Holzbalkendach n timber roof
Holzbalkendecke f framed floor
~ **mit sichtbaren Balken** beamed ceiling
Holzbau m 1. timber (wood) construction, timberwork, timbering, carpentry; 2. timber structure, timber construction (building), wooden structure (building)
Holzbauarbeiten fpl timber construction works
Holzbaudenkmal n wooden monument
Holzbaueinheit f wood assembly
Holzbauelement n timber member, structural wood component
Holzbaugruppe f wood assembly
Holzbauhandbuch n timber construction manual
Holzbauindustrie f wood construction industry
Holzbauingenieur m timber (wood) engineer, timber designer
Holzbaukunst f architecture of wood construction
holzbauliche Gestaltung f timber design, wood design
~ **Projektierung** f wood design
holzbauliches Gerippe n carcass, carcase
Holzbaumast m building pole, construction pole
Holzbaunagel m construction nail, spike
Holzbaupraxis f timber construction practice
Holzbautechnik f timber building technique
holzbautechnische Sanierung f **mittels Epoxidharz** epoxy repair of timber
Holzbauteil n wood structural part, timber (wood) member, [structural] wood component, wood building component
Holzbauteile npl millwork
Holzbauteilliste f (Am) lumber materials list
Holzbauweise f timber (wood) design, method of timber construction
Holzbauwerk n timber structure, timber construction (building), wooden structure (building)
holzbearbeitende Industrie f primary woodworking industry
holzbearbeitendes Handwerk n woodworking trade
Holzbearbeiter m woodworker, woodcraftsman
Holzbearbeitung f woodworking, woodcraft
Holzbearbeitungsbetrieb m woodworking enterprise (factory)
Holzbearbeitungshandwerk n woodworking craft, woodworking trade
Holzbearbeitungshandwerkzeug n woodworking hand tool, hand woodworking tool
Holzbearbeitungsmaschine f woodworking machine
Holzbearbeitungsmaschinen fpl woodworking machinery
Holzbearbeitungsmaschinenbau m woodworking machinery construction
Holzbearbeitungsmaschinenhersteller m woodworking machinery manufacturer
Holzbearbeitungsmaschinenwerkzeug n machine woodworking tool
Holzbearbeitungsmechaniker m woodworking machine operator
Holzbearbeitungstechnik f woodworking technique
Holzbearbeitungstechnologie f woodworking technology
Holzbearbeitungswerk n woodworking enterprise (factory)
Holzbearbeitungswerkstatt f woodworking shop, woodshop
Holzbearbeitungswerkzeug n woodworking tool
Holzbedachung f wood roof covering, wood roofing
Holzbedarf m timber demand, timber needs
Holzbegleitstoff m secondary (accessory) wood constituent, extraneous component (material) of wood
Holzbehandlung f wood treatment
Holzbehandlungslösung f wood treatment solution
Holzbeilage f wooden caul (veneering)
Holzbeize f [wood] stain
holzbekleidet wood-faced, wood-sheathed
Holzbekleidung f timber cladding (lining), wooden lining
Holzbelag m wood covering
Holzbeplankung f timber planking; wooden hull planking (boat-building)
Holzberatungsstelle f wood information centre
holzbereitstellende Industrie f timber-supply industry
Holzbereitstellung f wood (timber) supply
~ **in Abschnitten (Stammabschnitten)** log-length logging
Holzbeschaffung f timber provision
holzbeschichtet wood-faced
Holzbeschreibung f wood description
holzbesohlter Schuh m wooden-soled shoe, clog, sabot
Holzbestandteil m wood constituent, wood component
Holzbestimmung f wood identification, identification of wood (timber)
Holzbeton m wood concrete
Holzbeton[hohlblock]stein m cement-wood-chip [hollow] block
Holzbeute f wooden beehive
Holzbevorratung f timber storage
Holzbewertung f timber evaluation
holzbewohnend wood-inhabiting, lignicole, lignicolous
holzbewohnende Roßameise f carpenter ant (esp. genus Camponotus)
holzbewohnender Pilz m wood-inhabiting fungus, timber fungus
Holzbiegemaschine f wood bending machine
Holzbiegerei f wood bending
Holzbiegevorrichtung f wood bending jig
Holzbiene f carpenter bee (esp. genus Xylocopa)
Holzbienenkasten m wooden beehive
Holzbilanz f timber balance
Holzbild n wood texture

holzbildend ligniferous
Holzbildhauer *m* wood sculptor
Holzbildhauerei *f* wood sculpture
Holzbildhauerklüpfel *m* wood-carver's mallet
Holzbildhauerraspel *f* wood-carving rasp
Holzbildhauerwerkzeug *n* wood-carving tool, sculpting tool
Holzbildsäule *f* wooden statue
Holzbildung *f* wood formation
Holzbinder *m* wood truss, timber roof truss
Holzbiochemie *f* wood biochemistry
Holzbiologie *f* wood biology
Holzbirne *f* wild pear, Pyrus pyraster
Holzblasinstrument *n* wood-wind [instrument]
Holzblock *m* [round] log, sawn log, block
Holzblockbau *m* 1. log construction; 2. log building
Holzbock *m* 1. house longhorn [beetle], longhorn [beetle], longicorn, Hylotrupes bajulus; 2. saw[ing]-horse, sawbuck
Holzbodenwrange *f* floor timber *(ship-building)*
Holzbogenbrücke *f* arched timber (wooden) bridge
holzbohrend xylotomous
holzbohrender Käfer *m* wood-engraver *(comprehensive term)*
Holzbohrer *m* 1. wood[-boring] bit; 2. wood borer (fretter), wood-boring insect
Holzbohrkäfer *m* 1. wood-boring beetle, wood borer *(comprehensive term)*; 2. wood-boring beetle, powder-post beetle (borer), bostrychid beetle *(family Bostrychidae)*
Holzbohrmuschel *f* 1. teredo *(genus Teredo)*; 2. ship-worm, teredo, marine [wood] borer, Teredo navalis
Holzbohrwerkzeug *n* wood-boring tool
Holzboot *n* wood boat
Holzbranche *f* timber branch
Holzbrand *m* wood burning
Holzbrandmalerei *f* poker-work, pyrography
Holzbrennstoff *m* wood fuel
Holzbringung *f* logging, timber (hauling, extraction)
~ **mit Luftfahrzeugen** aerial logging
~ **mit Traktoren** tractor logging
~ **mittels Sapinen** brutting
Holzbrücke *f* timber bridge, wood bridge
Holzbrückenbau *m* timber bridge construction
Holzbrückenbauer *m* builder of wooden bridges
Holzbrückenfachwerkträger *m* timber bridge truss
Holzbrückenkonstruktion *f* wooden bridge structure
holzbrütend timber-breeding *(e.g. bark-beetles)*
holzbrütender Borkenkäfer *m* wood-engraver *(family Scolytidae)*
Holzbunker *m* timber shelter
Holzbutterfaß *n* wooden butter churn
Holzcellulose *f* wood cellulose, lignocellulose
Holzchemie *f* wood chemistry
Holzchemikalie *f* wood chemical
Holzchemiker *m* wood chemist
holzchemisch wood chemical
holzchemisches Produkt *n* wood chemical
Holzdach *n* timber roof, wood roofing

Holzdachbelag *m* wood roof covering
Holzdachbinder *m* timber (wood) roof truss
Holzdach[ein]deckung *f* wood roofing
Holzdachhängewerk *n* timber roof truss
Holzdachrinne *f* wood gutter
Holzdachstuhl *m* timber roof truss, wood truss system
Holzdalbe *f* timber dolphin
Holzdämpfanlage *f* wood steaming installation (plant)
Holzdecke *f* wooden ceiling
Holzdelignifizierung *f* wood delignification
Holzdestillation *f* wood distillation
Holzdestillationsanlage *f* wood distilling apparatus
Holzdichte *f* wood density, bulk density of wood
Holzdichtekomponente *f* wood density component
Holzdielenfußboden *m* boarded floor
Holzdielung *f* timber planking
Holzdirekttransport *m* vom Hiebsort zum Sägewerk hot-logging
Holzdrechsler *m* wood turner
Holzdrehautomat *m* automatic wood-turning lathe
Holzdrehbank *f* wood[-turning] lathe
Holzdrehteile *npl* wood turnings, turnery [items]
Holzdrehwaren *fpl* wood turnings, turnery [items]
Holzdruckstab *m* solid timber column *(timber construction)*
Holzdübel *m* wood dowel, nog
Holzduft *m* wood fragrance
Holzdünnschnitt *m* wood microsection (section) preparation
Holzeigenschaft *f* wood property
Holzeimer *m* wooden bucket
Holzeinfuhr *f* timber import
Holzeinfuhrland *n* timber-importing country
Holzeinfuhrzoll *m* timber customs
Holzeinschlag *m* logging, felling, fell, fall, wood harvest[ing], forest harvest[ing], *(Am)* lumbering
~ **ab bestimmtem Mindestdurchmesser** diameter-limit cutting
Holzeinschlagindustrie *f* logging industry
Holzeinschlagsfläche *f* clear-cut [area], clearing
Holzeinschlagsgebiet *n* cutting area
Holzeinschlagsmaschinensystem *n* complete logging system
Holzeinschlagsrecht *n* logging right, *(Am)* lumbering right
Holzeinschlagsunternehmen *n* logging company
Holzeinschlagsunternehmer *m* timberman, *(Am)* lumberman
Holzeinschlagsystem *n* complete logging system
Holzeinzelhandel *m* retail timber trade
Holzeinzelhandelsunternehmen *n* retail timber yard
Hölzel *n* piling stick (strip), [stacking] strip, kiln stick, sticker, skid
holzen to ballhoot *(round timber)*
Holzenergie *f* wood energy
Holzentstehung *f* wood development

Holzentwertung f wood deterioration
Holzentwicklung f wood development
Holzenzym n wood enzyme
Holzerkennung f identification of timber (wood), timber (wood) identification
Holzerkrankung f wood disease
hölzern wooden, woody, timber, ligneous, lignose, xyloid
hölzerne Starrahmenkonstruktion f timber rigid frame
hölzerner Schwimmkasten m timber caisson
Holzernte f timber (wood) harvest, forest harvest[ing], logging
Holzernteertrag m timber crop
Holzerntemaschine f timber harvesting machine, tree harvester, logging machine
Holzertrag m timber crop
Holzertrag m timber yield, timber crop
Holzerzeuger m timber producer
Holzerzeugnis n wood product
Holzerzeugung f timber production, timber growing
Holzerzeugungsgebiet n wood-producing area, wood-producing region
Holzessig m wood vinegar, pyroligneous vinegar, pyroligneous acid
Holzexport m timber export
Holzexporteur m timber exporter
Holzextrakt m wood extract
Holzextrakt[iv]stoff m wood extractive
Holzfabrik f wood mill (s.a. unter sawmill)
Holzfacharbeiter m craftsman in wood
Holzfachausdruck m timber term
Holzfachhändler m wood stockist
Holzfachhandlung f retail timber yard
Holzfachliteratur f wood literature
Holzfachmann m timber expert
Holzfachmarkt m retail timber yard
Holzfachschule f woodworking school
Holzfachsprache f timber language
Holzfachwerk n timber (carpentry) framework, timber framing
Holzfachwerkbau m timber-frame construction
Holzfachwerkbrücke f trussed log bridge
Holzfachwort n timber term
Holzfäller m wood hewer, woodcutter, woodman, [tree] feller, timberman, logger, axe-man, (Am) lumberman, faller
Holzfällerlager m (Am) lumber camp
Holzfällerpodest n jigger[-board]
Holzfällerwettbewerb m wood-chopping contest, chop[s]
Holzfällung f felling
Holzfarbe f wood colour
Holzfärbemittel n wood dye
Holzfarbton m wood tone
Holzfärbung f wood colouration
Holzfaser f wood fibre, ligneous fibre, libriform [wood-]fibre
Holzfaserbeton m wood fibre concrete
Holzfaserdämmplatte f insulating board (panel), softboard, soft fibreboard
Holzfaserformkörper m fibre moulding
Holzfaserformteil n wood particle moulding
Holzfaserplatte f [wood] fibreboard, fibre panel, fibre building-board
Holzfaserrichtung f wood grain
Holzfaserstoff m wood-pulp, fibre pulp, pulp
Holzfaserverlauf m wood grain
holzfaserverstärkt wood-fibre reinforced (e.g. gypsum plaster products)
Holzfaserverstärkung wood-fibre reinforcement
Holzfaserwand f fibre wall
Holzfaserwerkstoff m wood-fibre material
Holzfaserzellwand f fibre wall
Holzfaß n wooden cask, barrel
Holzfäule f wood (timber) decay, wood rot
~ **verursachend** wood-rotting
Holzfäulepilz m wood-decay fungus, wood-rotting fungus
Holzfäulnis f s. Holzfäule
Holzfehler m wood defect, defect (flaw) in wood, fault in timber, (Am) lumber defect
Holzfehlerdiagnose f diagnosis of wood defects
Holzfeile f wood file
Holzfenster n wood window
Holzfensterflügel[rahmen] m wood window sash
Holzfestigkeit f wood strength
Holzfestigkeitsprüfung f wood strength testing
Holzfestigung f wood consolidation, stabilization of wood
Holzfestigungsmittel n wood consolidant
Holzfeuchte f wood moisture [content], wood water content
Holzfeuchtebestimmung f wood-moisture measurement
Holzfeuchteerfassung f wood-moisture recording
Holzfeuchtegehalt m s. Holzfeuchte
Holzfeuchtegleichgewicht n equilibrium moisture content of wood
Holzfeuchtemesser m wood-moisture meter
Holzfeuchtemeßgerät n wood-moisture meter
Holzfeuchtemeßmethode f wood-moisture measurement method
Holzfeuchtemessung f wood-moisture measurement
Holzfeuchtigkeit f wood moisture [content], wood water content
Holzfeuerungsanlage f wood firing plant
Holzflachspan m wood flake
Holzflößer m wood floater
Holzflugzeug n wooden aircraft
Holzforscher m timber research worker
Holzforschung f timber research
Holzforschungsinstitut n timber research institute
Holzforschungslabor[atorium] n timber research laboratory
Holzfracht f timber cargo
Holzfrachtschiff n timber carrier
Holzfräser m wood milling cutter
Holzfräsmaschine f wood milling machine
holzfrei wood-free (paper)
holzfressend wood-eating, wood-feeding, lignivorous, xylophagous
Holzfresser m xylophage
Holzfüllmasse f wood stopping
Holzfundament n wood foundation
Holzfundamentboden m wood foundation floor

Holzfundamentwand 94

Holzfundamentwand f wood foundation wall
Holzfurnier n wood veneer
Holzfußbank f cricket
Holzfußboden m wood[en] floor, timber floor, boarded floor
Holzgarten m riverside landing, landing *(timber floating)*
Holzgas n wood-gas
Holzgasgenerator m wood-gas generator, wood-gas producer
Holzgasmotor m wood-gas engine
Holzgasofen m wood-gas stove
Holzgebäude n timber building, wooden building
holzgedeckt wood-sheathed *(roof)*
Holzgeflecht n woven wood
Holzgefüge n wood texture, wood structure
Holzgegenstand m wooden article, wooden object
Holzgeist m wood alcohol (spirit, naphtha), pyroligneous spirit
Holzgerätschaften pl treen
Holzgerbmittel n wood tannin
Holzgerippe n timber studding
Holzgerippe[zwischen]wand f timber stud partition, [wood-]stud wall
Holzgerüst n wood scaffold[ing], wood staging
Holzgeschirr n wooden eating utensils
Holzgestaltung f wood design
Holzgestell n wood frame
holzgetäfelt wood-panelled
Holzgewächs n wood[y] plant, ligneous plant
Holzgewebe n wood (xylem) parenchyma, wood[-parenchyma] tissue, woody tissue
Holzgewerbe n timber trade
Holzgewicht n weight of wood, wood weight
Holzgewindeschneider m screw box and tap
Holzgewölbe n timber vault, wooden vault
Holzgitterbrücke f wooden lattice bridge
Holzgittermast m wood lattice mast
Holzgitterrost m wooden grating
Holzgitterträger m timber lattice girder, flitch girder
Holzgliederpuppe f Dutch doll
Holzglycosid n wood glycoside
Holzgriff m wood[en] handle
Holzgroßhandel m timber wholesale trade
Holzgroßhändler m timber merchant
Holzgroßhandlung f wholesale yard
Holzgrundiermittel n wood primer
Holzgründung f wood foundation
Holzgüte f timber quality
Holzgummi n wood gum, xylan (polysaccharide)
Holzgummizahl f xylan number *(of pulp)*
Holzhackmaschine f wood chopping machine
Holzhackschnitzel n wood chip
Holzhackschnitzelhaufen m wood-chip pile
Holzhafen m timber port
Holzhalbprodukt n wood semi-product
Holzhalbware f wood semi-product
Holzhalbwarenherstellung f basic woodworking
holzhaltig wood-containing
holzhaltiges Papier n wood[-containing] paper, groundwood paper

Holzhammer m wooden hammer, mallet
  großer ~ beetle
  schwerer ~ maul
Holzhandel m timber trade, *(Am)* lumber trade
Holzhandelsbegriff m timber trade term
Holzhandels[ge]bräuche mpl timber trade customs
Holzhandelshafen m timber port
Holzhandelshof m timber merchant's yard
Holzhandelsschiff n timber-carrying ship
Holzhandgriff m wood[en] handle
Holzhändler m timber merchant, woodmonger, *(Am)* lumber broker, lumber dealer
Holzhandwerk m woodcraft, woodworking craft, timber trade
Holzhandwerker m woodcraftsman, craftsman in wood
Holzhängewerk n wood truss [system]
Holzharke f wooden rake
Holzhärtungsmittel n wood hardener
Holzhauer m woodcutter, wood hewer, [tree] feller, logger, woodman, timberman, axeman, *(Am)* lumberman, faller
Holzhaueraxt f woodcutter's axe
Holzhauerwerkzeug n felling tool
Holzhaufen m wood pile
Holzhaus n wood house
Holzhausbau m timber house construction
Holzheimwerker m home woodshop craftsman
Holzheizung f wood heating
Holzhemicellulose f wood hemicellulose, wood polyose
Holzherd m wood stove
Holzhobel m wood plane
Holzhobelmaschine f wood-planing machine
Holzhof m timber-yard, wood-yard, industrial log depot, central processing plant
Holzhohlraum m wood void
Holzhütte f wooden shelter
Holzhydrierung f wood hydrogenation, wood liquefaction
Holzhydrolysat n wood hydrolyzate
Holzhydrolyse f wood hydrolysis, wood saccharification
holzig woody, ligneous, lignose, xyloid
holzige Pflanze f wood[y] plant, ligneous plant
Holzigkeit f woodiness
Holzimitation f wood imitation
Holzimport m timber import
Holzimporteur m timber importer, importer of wood
Holzimprägnierung f wood impregnation, wood steeping
Holzindustrie f wood[-based] industry, wood-using industry
  in der ~ hergestellte Hackschnitzel npl [saw]mill chips
Holzingenieur m wood engineer
Holzinhaltsstoff m secondary (accessory) wood constituent, extraneous component (material) of wood, wood extractive
Holzinnenausbauten mpl [interior] wooden furnishings
Holzinnenausstattung f interior wood trim
Holzinnenfläche f internal wood surface

Holzinsekt *n* timber insect
Holzionisierung *f* wood ionization
Holzisolierung *f* wood insulation
Holzjalousie *f* wood window blind
Holzkarton *m* wood-pulp [card]board, mechanical pulp board
Holzkastengesims *n* box cornice
Holzkaufmann *m* timber merchant
Holzkeil *m* wood wedge
Holzkern *m* peeler core, veneer core
Holzkirche *f* wooden church, timber church
Holzkitt *m* wood putty (stopping), plastic wood, badigeon
Holzkleber *m*, **Holzklebstoff** wood[-bonding] adhesive, woodwork adhesive, wood glue
Holzkleinteil *n* small item of wood
Holzkleinteile *npl* small wooden articles
Holzkleinwaren *fpl* small wooden articles
Holzklotz *m* wood-block
Holzklüpfel *m* [joiner's, woodworker's] mallet
Holzknappheit *f* timber shortage, timber scarcity
Holzknopf *m* wood button
Holzkochung *f* cooking of wood
Holzkohle *f* [wood-]charcoal, char[coal]
Holzkohlegewinnung *f* charcoal burning, charcoal-making, charring of wood
Holzkohlenausbeute *f* charcoal yield
Holzkohlenbrenner *m* charcoal-burner, wood collier
Holzkohlenbrikett *n* charcoal briquette
Holzkohlengas *n* charcoal gas
Holzkohlengrus *m* fines
Holzkohlenhydrat *n* wood carbohydrate
Holzkohlenteer *m* charcoal tar
Holzkomponente *f* wood component
Holzkonditionierung *f* wood conditioning
Holzkonservierung *f* wood conservation (preservation, protection), preservation of timber, timber proofing
Holzkonservierungsmittel *n* wood preservative
Holzkonstruktion *f* timber construction, timberwork, wood construction
Holzkontrastfarbe *f* counterstain (microtechnique)
Holzkopolymerisation *f* wood copolymerization
Holzkörperinnenfläche *f* internal wood surface
Holzkrankheit *f* wood disease
Holzkugel *f* wooden ball, bowl
Holzkunde *f* wood science
Holzkundler *m* wood scientist
Holzkunstwerk *n* wooden objet d'art
Holzkuppelbau *m* wood-dome structure
Holzlack *m* wood[-finishing] lacquer
Holzladekran *m* log loader
Holzladung *f* timber load
Holzlager *n* log storage place
Holzlagerort *m* timber storage site
Holzlagerplatz *m* timber-yard, wood-yard, mill-yard, *(Am)* lumber yard; log storage place; seasoning yard, air-drying yard
~ **im Walde** forest [log] depot
Holzlagerschuppen *m* timber storage shed, *(Am)* lumber shed
Holzlagerung *f* timber storage, wood storage
Holzlangschindel *f* wood shake

Holzlatte *f* wood slat (strip), timber batten
Holzlehre *f* xylology
Holzleibung *f* jamb casing
Holzleichtbauweise *f* light wood-frame construction
Holzleim *m* wood glue, wood[-bonding] adhesive, woodworking adhesive
~ **auf Ligninbasis** lignin-base adhesive
Holzleimbau *m* laminated [beam] construction, glulam construction, glued wood construction
Holzleimbaubetrieb *m* timber laminating plant
Holzleimbaumechaniker *m* laminator
Holzleimbauteil *n* glulam member
Holzleimindustrie *f* timber laminating industry
Holzleiste *f* wood slat (strip), timber moulding, timber batten
Holzleiter *f* timber ladder
Holzlieferant *m* wood supplier, timber supplier
holzliefernde Industrie *f* timber-supply industry
Holzlieferung *f* wood supply
Holzliefer[ungs]vertrag *m* timber contract
Holzlignin *n* wood lignin
Holzliteratur *f* wood literature
Holzlöffel *m* wooden spoon
Holzmakler *m* wood broker
Holzmakrostruktur *f* wood macrostructure
Holzmalerei *f* graining
Holzmangel *m* timber shortage, timber scarcity, timber famine
Holzmarkt *m* timber market
Holzmarktlehre *f* forest products marketing
Holzmaserung *f* wood grain [figure], wood grain patterning, grain [pattern]
~ **durch Farbauftrag imitieren** to grain
~ **malen** to grain
Holzmaß *n* timber measure
Holzmasse *f* 1. wood weight, weight of wood; 2. mechanical [wood] pulp
Holzmassenartikel *mpl* woodenware
Holzmassenaufnahme *f* measurement of standing timber
Holzmast *m* wood pole
Holzmastenbauart *f* pole construction
Holzmastentragwerk *n* pole structure
Holzmechanik *f* wood mechanics
Holzmehl *n* wood flour, wood powder (meal)
Holzmehlfabrik *f* wood flour manufacturing plant
Holzmerkmal *n* wood characteristic, wood feature
Holzmeßanweisung *f* timber measuring regulations
Holzmesser *m* bracker, grader, scaler
Holzmeßkunde *f* timber mensuration, forest mensuration
Holzmessung *f* **in Board-Fuß** board measure
Holzmikrostruktur *f* wood microstructure
Holzmöbel *npl* wood[en] furniture, wood-ware furniture
Holzmöbelindustrie *f* wood furniture industry
Holzmodell *n* wood pattern
Holzmonopol *n* monopoly of timber
Holzmontagebau *m* wood prefab[ricated] construction
Holzmosaik *n* wood mosaic; parquet[ry] *(esp. in*

Holzmosaik

    floorings)
Holzmühlenbauer *m* millwright
Holzmuster *n* wood sample, xylarium sample
Holzmustersammlung *f* wood [sample] collection, collection of wood specimens, xylarium
Holznagel *m* treenail, trenail, trunnel, barge spike
Holznagelbinder *m* nailed [timber] truss
Holznagelloch *n* treenail hole
Holzname *m* timber name
Holznot *f* timber famine
Holznutzer *m* timber user
Holznutzung *f* timber utilization, wood usage (use)
Holznutzungsrecht *n* logging right
Holzoberfläche *f* wood[en] surface
Holzoberflächenaufarbeitung *f* wood refinishing
Holzoberflächenbearbeiter *m* wood finisher
Holzoberflächenbearbeitung *f* wood finishing
Holzoberflächenbehandlung *f* wood finishing
Holzoberflächenverzierung *f* wood surface decoration
Holzobjekt *n* wooden object
Holzofen *m* wood-fueled heater, wood stove (furnace)
Holzöl *n* wood oil, tung oil *(esp. from Aleurites fordii)*
Holzölbaum *m* Chinese wood-oil tree, tung, Aleurites fordii
Holzölschleiflack *m* wood oil rubbing varnish
Holzopal *m* wood opal
Holzpackmittel *n* wood packing
Holzpaket *n* wood package
Holzpalette *f* wooden pallet
Holzpappe *f* wood-pulp [card]board, mechanical pulp board
Holzparenchym *n* wood parenchyma, wood[-parenchyma] tissue, woody tissue, xylem parenchyma
Holzparenchymstrang *m* wood-parenchyma strand
Holzparenchymzelle *f* wood-parenchyma cell
Holzpartikel *n(f)* wood particle
Holzpartikelwerkstoff *m* wood-based particle product
Holzpathologie *f* wood pathology
Holzpech *n* wood pitch, Stockholm pitch
Holzpechdestillation *f* pitch distillation
Holzpfahl *m* wood (timber) pile, pale, paling; wood[en] post
Holzpfahlgründung *f* wood pile foundation
Holzpfeiler *m* timber column
Holzpflanze *f* wood[y] plant, ligneous plant
Holzpflaster *n* wood-block pavement, wood paving
Holzpflasterarbeiten *fpl* wood blocks paving works
Holzpflasterboden *m* wood-block floor[ing]
Holzpflasterklotz *m* wooden paver, wood-block, timber paving block
Holzpflege *f* wood care
Holzpflegeschutzmittel *n* wood care preservative
Holzpflock *m* spile
Holzpflug *m* wooden plough

Holzphysik *f* wood physics
holzphysikalisch wood-physical
Holzphysiologie *f* wood physiology
Holzpilz *m* wood-decay fungus, wood-inhabiting fungus, timber fungus
Holzplastik *f* wood[en] sculpture
Holzplatte *f* wood panel
~ **für Bauzwecke** structural wood panel
Holzplatz *m* wood-yard, timber-yard, mill-yard, *(Am)* lumber yard
Holzplatzanlage *f* wood-yard installation
Holzplatzeinrichtung *f* timber-yard equipment
Holzplatzhygiene *f* yard hygiene
Holzplatzlagerung *f* wood-yard storage
Holzplatzschädling *m* mill-yard pest
Holzpolyose *f* wood polyose (polysaccharose), hemicellulose, pseudocellulose
Holzpolyphenol *n* wood polyphenol
Holzpolysaccharid *n* wood polysaccharide
Holzpore *f* wood pore
Holzpräparat *n* wood preparation
Holzprobe *f* wood sample
Holzprobenkonservierung *f* wood sample preservation
Holzprobensammlung *f* wood [sample] collection, collection of wood specimens, xylarium
Holzprobestück *n* wood specimen
Holzproduktion *f* timber production
Holzprofil *n* wood profile, timber profile
Holzprofilleiste *f* timber moulding
Holzprüfgerät *n* wood testing apparatus, wood testing instrument
Holzprüfkörper *m* wood specimen
Holzprüflabor[atorium] *n* timber-testing laboratory
Holzprüfung *f* wood testing, testing of wood
Holzpuppe *f* wooden doll, wooden puppet
Holzpyrolyse *f* wood pyrolysis, dry distillation of wood
Holzqualität *f* wood quality, timber quality
Holzqualitätsparameter *m* wood quality parameter
Holzquellung *f* wood swelling
Holzrad *n* wooden wheel
Holzrahmen *m* timber frame, wood frame
~~**-Leichtbauweise** *f* lightweight timber-frame construction
Holzrahmenbau *m* timber-frame construction
Holzrahmenbauweise *f* timber-frame construction, wood-frame [house] construction
Holzrahmenfenster *n* wood window
Holzrahmenhaus *n* timber frame house, timber frame home
Holzrahmenkonstruktion *f* timber-frame[d] structure, wooden frame construction, structural wood framing system
Holzrahmentür *f* wooden framed and panel door
Holzrahmenüberstand *m* horn
Holzrahmenwand *f* timber frame wall, wood-frame wall
Holzrahmenwerk *n* timber frame, wood framing
Holzrauch *m* wood-smoke
Holzrechen *m* wooden rake

Holzrecycling *n* wood recycling
Holzreifenbiegemaschine *f* wood-rim bending machine
Holzreifung *f* wood maturation
Holzreparatur *f* wood repair
Holzressourcen *fpl* wood resources
Holzreste *mpl* wood residues, wood debris
~ **aus Sägewerken** sawmill waste, mill cull
Holzrestspäne *mpl* waste chips
Holzreststoffverbrennung *f* waste-wood burning
Holzriese *f* timber (wooden) slide, log chute
Holzritzer *m* scribe [awl], scriber
Holzrohbau *m* 1. rough carpentry; 2. timber construction, timberwork
Holzrohstoff *m* wood raw material
Holzrost *m* wooden grating
Holzrücken *n s.* Holzrückung
Holzrückewagen *m* bummer
Holzrückgewinnung *f* wood recycling
Holzrückstände *mpl* wood debris
Holzrückung *f* skidding, timber hauling
~ **mit dem Zopfende voran** top-end-first skidding
~ **mit Pferden** horse skidding
~ **mit Tieren** animal skidding
~ **ohne Chokerseil** chokerless skidding
Holzrutsche *f* log chute
  mittels ~ fördern to chute, to slide
Holzsachverständiger *m* timber expert
Holzsäge *f* wood saw
Holzsägeblatt *n* wood[-cutting] blade
Holzsammelplatz *m* **im Walde** forest [log] depot, upper depot (landing)
Holzsammlung *f* wood [sample] collection, collection of wood specimens, xylarium
Holzsandale *f* wooden sandal
Holzsäule *f* timber column, timber pillar
Holzsäure *f* wood acid
Holzsäuregehalt *m* wood acidity
Holzschaden *m* wood injury
holzschädigender Käfer *m* timber beetle *(comprehensive term)*
holzschädigendes Insekt *n* timber insect
~ **Primärinsekt** *n* primary insect
~ **Sekundärinsekt** *n* secondary insect
~ **Waldinsekt** *n* forest insect
Holzschädigung *f* wood injury
Holzschädling *m* wood pest, wood destroyer, wood fretter
Holzschädlingsbefall *m* wood pest infestation
Holzschädlingsbekämpfung *f* wood pest control
Holzschälmaschine *f* wood-peeling machine
Holzschalung *f* timber formwork, wood form[work]; wood decking *(roofing)*
Holzscheit *n* billet, shide
Holzschichtpreßstoff *m* wood laminate
Holzschiff *n* wood[en] ship, wooden vessel
Holzschiffbau *m* wooden ship-building
Holzschindel *f* [wood] shingle
Holzschindelbeize *f* shingle stain
Holzschindeldach *n* wood shingle roof
Holzschindelmacher *m* shingle maker
Holzschlag *m* logging, *(Am)* lumbering
Holzschleifen *n* wood sanding; wood grinding
Holzschleifer *m* wood sander; wood[-pulp]

grinder, pulp grinder (grinding machine)
Holzschleiferei *f* 1. wood grinding; 2. groundwood mill
Holzschleifmaschine *f s.* Holzschleifer
Holzschleifstaub *m* wood sanding dust
Holzschliff *m* [mechanical] wood pulp, groundwood [pulp]
zu ~ verarbeiten to pulp
Holzschliffbleiche *f* groundwood bleach[ing]
Holzschlifferzeugung *f* [mechanical] wood pulping, wood-pulp manufacture, groundwood pulping
Holzschliffgrobstoff *m* mechanical pulp rejects
Holzschliffholz *n* paper [pulp] wood
Holzschliffpapier *n* groundwood paper, wood-pulp paper
Holzschmuck *m* wooden jewellery
Holzschneidekunst *f* woodcutting, wood-engraving, woodcraft
Holzschneiden *n* **mittels Laser** laser cutting
holzschneidend woodcutting, xylotomous
Holzschneider *m* woodcutter, wood-engraver
Holzschneidetechnik *f* woodcutting technique, wood-engraving technique
Holzschneidspan *m* wood flake
Holzschnitt *m* 1. woodcut *(printing technique)*; 2. woodcut, wood-block *(original print)*; 3. wood section [preparation]
Holzschnittechnik *f* woodcutting technique, wood-engraving technique
Holzschnittkunst *f* woodcut
Holzschnittwerkzeug *n* woodcut tool
Holzschnitzarbeit *f* wood-carving
Holzschnitzel *n* wood chip
Holzschnitzelhaufen *m* wood-chip pile
Holzschnitzen *n* wood-carving
Holzschnitzer *m* [wood-]carver, woodcraftsman
Holzschnitzerei *f* wood-carving, woodcraft
Holzschnitzerraspel *f* wood-carving rasp
Holzschnitzkunst *f* wood-carver's art
Holzschnitztechnik *f* [wood-]carving technique
Holzschnitzwerk *n* wood-carving
Holzschnitzwerkzeug *n* wood-carving tool
Holzschraube *f* wood-screw
~ **mit Schneidspitze** self-drilling screw
Holzschraubengewinde *n* wood-screw thread
Holzschraubengröße *f* wood screw size
Holzschraubenschneidzeug *n* screw box and tap
Holzschraubenverbindung *f* wood-screw joint
Holzschuh *m* clog, sabot, patten, wooden shoe
Holzschuhherstellung *f* clog-making
Holzschuhmacher *m* clog-maker
Holzschuppen *m* wood-shed, *(Am)* lumber shed
Holzschutz *m* wood preservation, wood protection, preservation of timber
~-Emulsionskonzentrat *n* preservative emulsion
Holzschutzbehandlungslösung *f* wood treatment solution
Holzschutzfachmann *m* wood preserver
Holzschutzindustrie *f* wood-preserving industry
Holzschutzmittel *n* wood preservative, preservative of timber
chemisches ~ wood-preserving chemical
Holzschutzmittelaufnahme *f* wood preservative retention

Holzschutzmittelbewertung 98

Holzschutzmittelbewertung *f* evaluation of wood preservatives
Holzschutzmittelemulsion *f* emulsion preservative
Holzschutzmittellösung *f* wood-preservative solution
Holzschutzmitteltoxizität *f* wood preservative toxicity
Holzschutznorm *f* wood preservation standard
Holzschutzöl *n* oil[-type] preservative, oil-soluble wood preservative
Holzschutzpaste *f* preservative paste
Holzschutzsalz *n* wood protecting salt, salt-[type] preservative
Holzschutzverfahren *n* wood-preserving method, timber preserving process
Holzschwamm *m* conk
Holzschwelle *f* timber sill, timber tie, wooden sleeper
Holzschwemmteich *m* log pond, mill-pond
Holzschwindung *f* wood shrinkage
Holzsegelschiff *n* wood sailing vessel
Holzsenker *m* countersink bit (drill), countersinker
Holzsenkkasten *m* timber caisson
Holzsirup *m* wood molasses
Holzskelett *n* wood framing
Holzskelettbau *m* wooden skeleton structure
Holzskelettbauweise *f* timber-frame construction, wood-frame [house] construction
Holzskulptur *f* wood[en] sculpture, carving in the round
Holzsorte *f* timber category
Holzsortierregeln *fpl* timber-grading rules
Holzsortierung *f* wood [grading and] sorting
Holzsortierungsgebräuche *mpl* timber-grading rules
Holzsortiment *n* timber assortment
Holzspalthammer *m* splitting maul, splitting hammer
Holzspaltkegel *m* log splitting cone
Holzspaltmaschine *f* wood-splitting machine
Holzspaltschindel *f* wood shake
Holzspan *m* wood chip; [wood] sliver
Holzspäne *mpl* matchwood
Holzspänebeton *m* chipped wood concrete
Holzspänetrockner *m* wood-chip dryer
Holzspanformteil *n* wood particle moulding
Holzspanplatte *f* [wood] chipboard, [wood] particleboard, particle panel
Holzspantrocknung *f* [wood-]chip drying
Holzsparren *m* timber rafter
Holzspeichenrad *n* wood-spoked wheel
Holzspezifikation *f* timber specification
Holzspielsachen *fpl* wooden toys
Holzspielwaren *fpl* wooden toys
Holzspielzeug *n* wooden toy
Holzspiralbohrer *m* spiral wood drill, drill bit, twist drill
Holzspiritus *m* wood spirit, wood alcohol, wood naphtha
Holzsplitter *m* [wood] sliver, wood splinter, spell
Holzsprengwerk *n* wood truss system
Holzstäbchen *n* stakelet

Holzstabgewebematte *f* wood lathing
Holzstabilisierung *f* wood consolidation
Holzstabilisierungsmittel *n* wood consolidant
Holzstabmatte *f* wood lathing
Holzständerbau *m* wooden post-and-beam structure
Holzständerkonstruktion *f* wooden post-and-beam structure
Holzstapel *m* timber stack, stack of wood, woodpile
Holzstapler *m* wood stacker
Holzstärke *f* wood starch *(polysaccharide)*
Holzstau *m* log jam, plug *(driving)*
Holzstaub *m* wood dust, wood powder
Holzstaubexplosion *f* wood dust explosion
Holzstecher *m* wood-engraver, xylographer
Holzsteige *f* wooden crate
Holzstempel *m* timber prop, wood prop
Holzsterilisation *f* wood sterilization
Holzstich *m* 1. wood-engraving, xylography *(printing technique)*; 2. xylograph *(woodblock)*; 3. wood-engraving, xylograph, xylographic impression *(original print)*
Holzstichkunst *f* wood-engraving, xylography
Holzstichplatte *f* wood-engraving block
Holzstichtechnik *f* wood-engraving technique
Holzstiege *f* wooden crate
Holzstift *m* wooden peg
Holzstock *m* printer's block, wooden printing block, wood-engraving block
Holzstoff *m* 1. lignin, encrusting (incrusting) ingredient; 2. wood-pulp, groundwood [pulp]
 zu ~ verarbeiten to pulp
Holzstoffaser *f* [wood-]pulp fibre
Holzstoffbleiche *f* wood-pulp bleach[ing]
Holzstoffentwässerungsmaschine *f* wet machine
Holzstofferzeugung *f* [ground]wood pulping, wood-pulp manufacture
Holzstofferzeugungsprozeß *m* pulping procedure (process)
Holzstoß *m* woodpile, pile of cut timber
Holzstrahl *m* [wood] ray, vascular ray, secondary ray, xylem ray *(wood anatomy)*
Holzstrahlbreite *f* ray width
Holzstrahldichte *f* wood ray density
Holzstrahlenanordnung *f* ray arrangement
Holzstrahlenstockwerkbau *m* storeyed rays
Holzstrahlgefäß *n* ray vessel
Holzstrahlgefäßtüpfel *m(n)* ray-vessel pit
Holzstrahlgefäßtüpfelung *f* ray-vessel pitting
Holzstrahlgewebe *n* ray tissue
Holzstrahlhöhe *f* ray height
Holzstrahlparenchym *n* [xylem] ray parenchyma, radial parenchyma
Holzstrahlparenchymzelle *f* ray-parenchyma cell
Holzstrahltracheide *f* ray tracheid
Holzstrahltyp *m* ray type
Holzstrahlvolumen *n* ray volume
Holzstrahlzelle *f* ray cell
Holzstrahlzellwand *f* ray cell wall
Holzstruktur *f* wood structure
Holzstrukturlehre *f* xylology
Holzstück *n* piece of wood, wood piece, timber piece
Holzsubstanz *f* wood substance, ligneous

substance, lignified tissue
Holzsubstrat *n* wood substrate
Holztafel *f* wood panel; flat stressed-skin panel
Holztafelbauweise *f* wood panel construction
Holztafeldruck *m* wood-block printing
Holztafelelement *n* flat stressed-skin panel
Holztafelgemälde *n* panel painting
Holztäfelung *f* wood[en] panelling, panel
Holztannin *n* wood tannin
Holztechnik *f* timber technology
Holztechniker *m* timber technologist
Holztechnologe *m* timber technologist
Holztechnologie *f* timber technology, wood technology
holztechnologisch timber-technologic[al], wood-technologic[al]
Holzteer *m* wood tar
Holzteerbestandteil *m* wood tar constituent
Holzteerkreosot *n* wood-tar creosote, [wood] creosote *(wood preservative)*
Holzteerpech *n* wood pitch
Holzteerphenol *n* wood tar phenol
Holzteil *m* 1. wood vessels, xylem, xylogen *(wood anatomy)*; 2. wood component, wood member (element), wood part
~ **einer Gründung** foundation timber
Holzteilliste *f (Am)* lumber materials list
Holzteppich *m* wood carpet
Holzterpentinöl *n* wood [spirits of] turpentine
Holztextur *f* [wood] texture, wood grain [figure], wood grain patterning
~-Dekorfolie *f* plastic veneer
Holzton *m* wood tone
Holzträger *m* flitch girder
Holztragwerk *n* load-bearing wood construction
Holztränkung *f* wood impregnation, wood steeping
Holztränkungsanlage *f* wood impregnation plant
Holztransport *m* timber transport[ation]
~-Lkw *m* timber truck
Holztransporter *m* timber carrier, *(Am)* lumber carrier
Holztransportschiff *n* timber carrier, *(Am)* lumber carrier
Holztreppe *f* wooden stairs
Holztreppenteile *npl* timber stairparts
Holztreppenträger *m* apron piece
Holztrockengewicht *n* wood dry weight
Holztrockenmasse *f* wood dry weight
Holztrockner *m* timber dryer, wood drying kiln, kiln [dryer]
Holztrocknung *f* drying of timber, wood drying (seasoning)
~ **in organischen Dämpfen** vapour drying
vorläufige ~ preliminary seasoning
Holztrocknungsanlage *f* wood-drying plant, seasoning (timber-drying) kiln
Holztrocknungsdiagramm *n* wood drying curve
Holztrocknungsplatz *m* drying yard
Holztrocknungsprozeß *m* wood-drying process
Holztrompete *f* alpenhorn
Holztumor *m* wood tumour
Holztür *f* wooden door
Holzüberschußland *n* timber-exporting country
Holzumschlagplatz *m* timber loading site

Holzunterbau *m* crib
Holzuntergrund *m* wood ground
Holzunterlage *f* wood ground
Holzuntersuchung *f* wood study
holzverarbeitend wood-processing
holzverarbeitende Industrie *f* wood-processing industry, secondary woodworking industry, wood-using (-based) industry
Holzverarbeiter *m* woodworking manufacturer, woodworker
Holzverarbeitung *f* wood processing, woodworking
Holzverarbeitungsbetrieb *m* wood-processing factory
Holzverarbeitungsindustrie *f s.* holzverarbeitende Industrie
Holzverarbeitungsprodukt *n* wood-processing product
Holzverband *m* carpentry joint, timber joint
Holzverbinder *m* timber connector
Holzverbindung *f* **[des Tischlers]** woodworking joint, wood[en] joint
Holzverbrauch *m* timber consumption
Holzverbraucher *m* timber user, wood consumer
Holzverbrennung *f* wood combustion
Holzverbrennungsanlage *f* wood-burning appliance (structure), wood burner
Holzverbrennungsofen *m* wood-fueled heater, wood furnace (stove)
Holzverbund[werk]stoff *m* wood[-based] composite
Holzverdauung *f* wood digestion
Holzveredelung *f* wood processing
Holzveredelungsprodukt *n* wood-processing product
Holzverfall *m* wood deterioration, wood degradation
holzverfärbender Pilz *m* wood-staining fungus, stain[ing] fungus
Holzverfärbung *f* **durch Pilzbefall** fungus stain
~ **durch Schimmelpilze** mould stain
Holzverfestigung *f* wood consolidation
Holzverfestigungsmittel *n* wood consolidant
Holzverfeuerung *f* wood burning
Holzverfeuerungsanlage *f* wood-burning appliance (structure), wood burner
Holzverflüssigung *f* wood liquefaction, wood hydrogenation
Holzvergaser *m* wood-burning gas generator, wood gasifier
Holzvergasung *f* wood gasification
Holzvergasungsapparat *m s.* Holzvergaser
Holzvergeudung *f* wood wastage
Holzvergütung *f* wood processing
Holzverkauf *m* timber sale
~ **auf dem Stock** sale on the stump
Holzverkeilung *f* blocking
Holzverklebung *f* wood bonding
holzverkleidet wood-faced (-lined), wood-sheathed, timber-cladded
Holzverkleidung *f* wood[en] lining, timber lining (facing, cladding), wainscot[ting]
Holzverknappung *f* timber shortage, timber scarcity

Holzverkohlung *f* charcoal burning (-making), wood charring, wood carbonization, dry distillation of wood
Holzverkohlungsgrube *f* pit kiln, country kiln
Holzverkohlungsrückstand *m* wood carbonization residue
Holzverladekai *m* timber wharf
Holzverlattung lathing, batten framework, battening
Holzverleimung *f* 1. wood glu[e]ing, wood bonding; 2. glued wood joint
Holzverlust *m* wood loss *(e.g. during debarking)*
Holzvermarktung *f* timber (wood) marketing, forest products marketing
Holzvermesser *m* scaler
Holzverpackung *f* wood package, wooden packing
Holzverpackungsmaterial *n* wood package
Holzverschalung *f* wood form[work]; timber shoring, wood siding, cribbing, cribwork
Holzverschwendung *f* wood wastage
Holzversiegelungsmittel *n* wood sealer
Holzversorgung *f* wood supply
Holzversteigerung *f* timber auction, auction of timber
Holzversteinerung *f* wood petrifaction
holzvertäfelt wood-panelled
Holzvertäfelung *f* wood panelling
Holzvertikalstab *m* timber column
Holzverwendung *f*, **Holzverwertung** *f* wood utilization, wood usage (use)
Holzverwitterung *f* wood weathering
Holzverzierung *f* timber decoration
Holzverzuckerung *f* wood saccharification, wood hydrolysis
Holzvolumen *n* in Kubikfuß footage
Holzvolumenmeßgerät *n* xylometer
Holzvorrat *m* timber stock
Holzvorschub *m* wood feeding *(mechanical pulping)*
Holzwachstum *n* wood growth
Holzwand *f* wood wall
Holzwand[verkleidungs]platte *f* wood wall panel
Holzwaren *fpl* wood products, woodenware
Holzwarenherstellung *f* manufacture of wood products
Holzwarenindustrie *f* wood products industry
Holzweichmacher *m* wood-softener
Holzwerbung *f* logging, timber harvest[ing]
Holzwerk *n* 1. woodwork; 2. wood mill *(s.a. under sawmill)*
Holzwerkstatt *f* woodworking shop, woodshop
Holzwerkstoff *m* wood[-based] material, timber-based product, manufactured wood product, wood derivative, derived timber product
Holzwerkstofferzeugnis *n* composite wood product, wood-base product
Holzwerkstoffklasse *f* bonding quality
Holzwerkstoffplatte *f* composite (reconstituted) wood panel, man-made board, wood-based panel [product], wood-based sheet material
Holzwert *m* wood value
Holzwespe *f* wood-wasp, horn-tail *(family Siricidae)*
Holzwespenbekämpfung *f* wood-wasp control
Holzwespenlarve *f* horn-tail
Holzwirtschaft *f* timber trade and industry, forest products industry, timber economy (management), *(Am)* lumber industry
Holzwirtschaftspolitik *f* timber policy
Holzwissenschaft *f* wood science
Holzwissenschaftler *m* wood scientist
Holzwolle *f* wood-wool, excelsior
Holzwolleballenpresse *f* wood-wool baling press
Holzwollebeton *m* excelsior concrete
Holzwollehobelmaschine *f* wood-wool planing machine
Holzwolleholz *n* wood-wool wood
Holzwolleisolation *f* excelsior insulation
Holzwolleisolierung *f* excelsior insulation
Holzwolleleichtbauplatte *f* wood-wool board (building slab), wood-wool lightweight building board, lightweight building board of wood-wool
Holzwollemaschine *f* wood-wool machine
Holzwollepackpresse *f* wood-wool baling press
Holzwolleschachtpresse *f* wood-wool volume reducer press
Holzwolleschneidemaschine *f* wood-wool shredding machine
Holzwolleseil *n* wood-wool rope
Holzwollespinnmaschine *f* wood-wool rope spinning machine
Holzwurm *m* [common, European] furniture beetle, death-watch [beetle], woodworm, worm, Anobium punctatum (striatum)
Holzwurmbefall *m* furniture-beetle attack, woodworm infestation
Holzwurmbekämpfung *f* woodworm control
Holzzähigkeit *f* wood toughness
Holzzaun *m* wooden fence
Holzzeichnung *f* wood grain [figure], wood grain pattern[ing], figure, [wood] texture
Holzzelle *f* wood cell
Holzzellstoff *m* lignocellulose, wood-pulp, wood cellulose
Holzzellumen *n* wood cell cavity
Holzzellwand *f* wood cell wall
Holzzellwand[ober]fläche *f* wood cell-wall surface
Holzzellwandsubstanz *f* wood substance, ligneous substance
Holzzement *m* wood cement
Holzzementbauplatte *f* wood cement construction board
Holzzementplatte *f* wood-cement board
Holzzerfall *m* wood deterioration, wood degradation
Holzzerfaserer *m* fiberizer
Holzzerkleinerung *f* wood shredding, comminution of wood
Holzzerkleinerungsmaschine *f* wood shredding machine
holzzerschneidend xylotomous
holzzersetzender Organismus *m* wood decayer, wood decomposer
~ **Pilz** *m* wood-decay fungus, wood-destroying fungus

Holzzersetzung *f* wood decay, wood decomposition
Holzzersetzungsprozeß *m* wood-decay process
holzzerstörend wood-destroying, ligniperdous
holzzerstörender Pilz *m* wood-destroying fungus, wood-decay fungus
holzzerstörendes Insekt *n* wood-boring insect, wood fretter
~ **Meerestier** *n* marine pest
Holzzerstörer *m* wood destroyer (decayer), wood decomposer
Holzzerstörung *f* wood (timber) decay, wood destruction (decomposition)
Holzziegel *m* timber brick, wood brick, nog
Holzzierat *m* timber decoration
Holzzoll *m* timber customs, timber duty
Holzzucker *m* wood sugar, xylose *(pentose)*
Holzzulage *f* wooden caul *(veneering)*
Holzzusammensetzung *f* wood composition
Holzzuwachs *m* growth increment
Holzzwischenlagerort *m* timber storage site
Homa *s.* Holzmeßanweisung
Homalanthus populifolius Queensland poplar, Homalanthus populifolius
homogener Holzstrahl *m* homogeneous ray *(wood anatomy)*
homozellular homocellular *(ray tissue)*
Hondolärche *f* Japanese larch, Larix kaempferi (leptolepis)
Honduras-Mahagoni *n* 1. American mahogany, Honduras mahogany, Swietenia macrophylla; 2. bay wood *(denomination of provenance)*
Honigbaum *m* pagoda tree, Sophora japonica
Honigschwamm *m* honey-fungus, shoe-string fungus, honey agaric, Armillaria (Armillariella) mellea
Hookesches Gesetz *n* Hooke's law *(elasticity)*
Hopea odorata heavy hopea, Hopea odorata *(wood species)*
Hopfenbuche *f* hop hornbeam *(genus Ostrya)*
Hopfenstange *f* hop-pole
Hoppus-Kubikfußmessung *f* quarter-girth measure *(timber mensuration)*
~-**Messung** *f* Hoppus measure
Horchgerät *n* sound detector *(for house longhorn detection)*
Horizontalbandsäge[maschine] *f* horizontal band-saw [machine]
Horizontalblockbandsäge[maschine] *f* horizontal log band-saw[ing machine]
Horizontalbohrmaschine *f* horizontal boring machine
Horizontalfestigkeit *f* flexural strength
Horizontalgatter *n* horizontal frame saw[ing machine]
Horizontalgattersägemaschine *f* horizontal frame saw[ing machine]
Horizontalgattersägewerk *n* horizontal frame sawmill
Horizontalschiebefenster *n* horizontal gliding window, horizontal slider [window], slider window
Hornast *m* horn knot, resinous knot
Hornbaum *m* hornbeam, hornbeech, horse (hurst, white) beech, yoke elm, Carpinus betulus
Hörnchen *n* knob *(of a bow-saw)*
Hotelbett *n* hotel bed
Hotelmöbel *npl* hotel furniture
Howard-Verfahren *n* Howard-process *(of lignosulphonate separation)*
Howe-Träger *m* Howe truss
HPL *s.* dekorative Hochdruck-Schichtpreßstoffplatte
Hubersche Formel *f* Huber's formula *(timber mensuration)*
Hubfenster *n* sash window
hublose Einblattkreissäge[maschine] *f* single-blade non-stroke circular sawing machine
Hubschrauberbringung *f* helicopter logging
Hubtisch *m* lifting table
Hubwagen *m* lifting truck
Hudsonfichte *f* red spruce, Picea rubens (rubra)
hufeisenförmiger Tisch *m* horseshoe-shaped table
Hufeisentafel *f* horseshoe-shaped table
Huffuß *m* hoof foot *(furniture foot)*
Hulebaum *m* Central American rubber [tree], Castilla elastica
Hülse *f* [European] holly, Ilex aquifolium
Humulen *n* humulene *(sesquiterpen)*
Hundholzbaum *m* fish-poison tree, Piscidia piscipula
Hundsschlinge *f*, **Hundswinde** *f* Grecian silk vine, Periploca graeca
Hura *n* hura, sand-box tree, Hura crepitans
Hutablage *f* hat-rack
Hutformmodell *n* hat former
Hutpilz *m* gill fungus, agaric *(order Agaricales)*
Hybridaspe *f* hybrid poplar *(comprehensive term)*
Hybride *f(m)* hybrid, bastard *(e.g. of wood species)*
Hybridlärche *f* hybrid larch, Dunkeld larch, Larix × eurolepis
Hybridpappel *f* hybrid poplar *(comprehensive term)*
Hydratcellulose *f* cellulose hydrate, regenerated cellulose, cellulose II
hydraulische Entrindungsmaschine *f* hydraulic [de]barker, stream barker
~ **Holzentrindung** *f* hydraulic barking, stream barking
~ **Presse** *f* hydraulic press
~ **Vieletagenpresse** *f* multi-daylight [heated] press, multi-plate[n] press
hydraulischer Entrinder *m* **des Ringtyps** hydraulic ring-type debarker
~ **Holzladekran** *m* hydraulic log loader
~ **Stoffschieber** *m* pulp valve
hydraulisches Spritzen *n* airless spraying *(painting technology)*
hydriertes Squalen *n* squalane
Hydrocellulose *f* hydrocellulose, hydrated cellulose
Hydrocelluloseacetat *n* cellulose diacetate
Hydrocracklignin *n* hydrocracked lignin
Hydroentrindungsmaschine *f* hydraulic [de]barker, stream barker
Hydrogenolyse *f* hydrogenolysis *(e.g. of lignin)*

hydrogenolytische Spaltung *f* hydrogenolysis *(e.g. of lignin)*
Hydrohobeln *n* hydro-planing
Hydrolyse *f* hydrolysis
Hydrolysenlignin *n* hydrolysis lignin
hydrolysierbarer Gerbstoff *m* hydrolyzable tannin
hydrolytische Cellulosespaltung *f* cellulose hydrolysis
hydrophob hydrophobic
Hydrophobierungsmittel *n* water-repellent [preservative, size]
Hydrospaltlignin *n* hydrocracked lignin
hydrothermaler Abbau *m* hydrothermolysis *(e.g. of wood)*
Hydrothermolyse *f* hydrothermolysis *(e.g. of wood)*
Hydrotroplignin *n* hydrotropic lignin
4-Hydroxy-3-methoxyzimtalkohol *m* coniferyl alcohol *(lignin component)*
Hydroxyethylcellulose *f* hydroxyethylcellulose
Hydroxymatairesinol *n* hydroxymatairesinol *(lignan)*
Hydroxypropyllignin *n* hydroxypropyl lignin
Hydroxystilben *n* hydroxystilbene *(secondary wood component)*
Hydrozyklon *m* centrifugal cleaner
Hyeronima alchorneoides pilon, Hyeronima alchorneoides *(wood species)*
~ **laxiflora** pilon, Hyeronima laxiflora *(wood species)*
Hygienekrepp *m* sanitary crepe paper
Hygienemaßnahme *f* sanitation
hygroskopisch hygroscopic
Hygroskopizität *f* hygroscopicity
Hymenienpilz *m* hymenomycete *(order Hymenomycetales)*
Hymenium *n* hymenium *(of fungal fruiting bodies)*
Hymenolobium excelsum Para-angelim, Hymenolobium excelsum *(wood species)*
Hymenomyzet *m* hymenomycete *(order Hymenomycetales)*
Hymenoptere *m* hymenopteran *(order Hymenoptera)*
Hyphe *f* hypha, mycelium filament
Hyphenscheide *f* hyphal sheath
Hypochloritbleiche *f* hypochlorite bleach[ing]
Hysterese[schleife] *f* hysteresis loop *(of wood moisture)*

I

I s. Trägheitsmoment
I-Balken m I-beam, I-joist
I-Träger m I-joist, I-beam
IC s. Isocyanatklebstoff
Ichse f valley *(of two roof surfaces)*
IDE s. Idewa
Idewa n black gum, Haplormosia monophylla *(wood species)*
Idigbo n idigbo, black afara, Terminalia ivorensis *(wood species)*
Idioblast m idioblast *(cell element differing markedly from adjacent cells)*
idioblastisch idioblastic
Ilex dahoon dahoon holly, Ilex dahoon
~-Kirschlorbeer m hollyleaf cherry, evergreen cherry, Prunus ilicifolia
Illustrations[druck]papier n art paper
ILO s. Ilomba
Ilomba n ilomba, false nutmeg, pycnanthus, cardboard, Pycnanthus angolensis (kombo)
Imago f imago
IMB s. Imbuia
Imbibitionswasser n imbibition water, bound water, cell-wall water
Imbuia n imbuya, imbula, embula, Brazilian walnut, Ocotea (Phoebe) porosa
immergrün evergreen, indeciduous
Impfstichverfahren n gun-injection, cobra process *(wood preservation)*
Importholz n imported timber (wood)
imprägnieren to impregnate
Imprägniermittel n impregnant, impregnating agent
Imprägniersalz n impregnating salt
imprägniertes Holz n impregnated wood
Imprägnierung f impregnation
Imprägnierungsmittel n impregnant, impregnating agent
Impreg n impreg *(non-compressed resin-impregnated wood)*
Incising-Verfahren n incising *(for improving penetration of wood preservatives)*
indigen indigenous *(e.g. wood species)*
indirektes Dämpfen n indirect steaming *(of wood)*
Indische Birke f Indian birch, Betula utilis (bhoipattra)
~ **Fichte** f Indian (Himalayan) spruce, weeping spruce, Picea smithiana (morinda)
~ **Kastanie** f Indian chestnut, Castanopsis indica
~ **Roßkastanie** f Indian horse chestnut, Aesculus indica
~ **Weide** f Indian willow, Salix tetrasperma
Indischer Bdelliumbaum m Indian bdellium tree, mukul myrrh tree, Commiphora (Balsamodendron) mukul
~ **Götterbaum** m Ganges tree of heaven, Ailanthus excelsa
~ **Gottesbaum** m pipal [tree], sacred fig tree, bo (peepul) tree, Ficus religiosa
~ **Korallenbaum** m condori wood, sandal bead tree, coral-wood, Adenanthera pavonina
~ **Mandelbaum** m India almond [wood], red brown terminalia, Terminalia catappa
~ **Sandoribaum** m sandal-tree, katon, Sandoricum koetjape (indicum)
~ **Tragant[h]** m sterculia gum, karaya gum *(esp. from Sterculia urens)*
~ **Zedrachbaum** m bead tree, Persian lilac, pride-of-India, China tree, azedarach, Melia azedarach
Indisches Bdellium n Indian bdellium *(gum resin from Commiphora mukul)*
~ **Canarium** n [white] dhup, Indian canarium, Canarium euphyllum *(wood species)*
~ **Ebenholz** n Macassar ebony, Diospyros melanoxylon
~ **Mahagoni** n Ceylon cedar, Ceylon mahogany, Melia dubia (composita)
~ **Rosenholz** n [East] Indian rosewood, Bombay blackwood, Dalbergia latifolia
induktionsgehärtet induction hardened *(saw-teeth)*
Industrie f **der chemischen Holzverarbeitung** wood chemical industry, forest chemical industry
Industriedübel m timber connector
Industrieholz n industrial timber
Industrieholzschutz m industrial timber preservation
Industrielaminat n industrial laminate
Industriemöbel npl industrial furniture
Industrieresholz n industrial waste wood, industrial wood waste, milling residues
Industrieroboter m robot
Industrierohholz n industrial roundwood
Industrierundholz n industrial roundwood
ineinanderfügen to let in *(wooden parts)*
Infrarottrocknung f infra-red drying
Inga alba manniballi, Inga alba *(wood species)*
Ingenieurholzbau m engineered timber construction, timber (wood) engineering
Ingenieurholzkonstruktion f engineered timber construction
initiale Schleifzeit f initial grinding time *(wood pulping)*
Initialparenchym n initial parenchyma *(wood anatomy)*
Initialschicht f initiating layer *(wood anatomy)*
Initialzelle f initial cell *(wood anatomy)*
Inkluse f inclusion *(e.g. in wood)*
Inkrustation f incrustation
inkrustierende Substanz f encrusting ingredient, incrusting substance
Inkrustierung f incrustation
inländisch indigenous *(e.g. wood species)*
inländisches Handelsholz (Holz) n domestic wood
Inlandsholz n domestic wood, home-grown timber
Innen-Bindefestigkeit f internal bond
Innenanstrich m interior finish
Innenanstrichschicht f interior finish
Innenarchitekt m interior decorator
Innenarchitektur f interior decoration
Innenausbau m interior joinery, interior finish

Innenausbau

(trim), interior woodwork
~ **aus Gipsbauplatten** lath-plaster work
Innenausbaubetrieb *m* interior finishing workshop
Innenausbauholz *n* interior[-use sawn] wood, interior trim, internal structural wood
Innenausbauten *mpl* indoor fittings, architectural joinery
~ **aus Holz** indoor woodwork
Innenausstatter *m* interior decorator
Innenausstattung *f* interior decoration, interior furnishing (trim)
Innenausstattungsgegenstände *mpl* interior fittings
Innenbläue *f* internal [blue-]stain, secret stain *(of coniferous woods esp. due to Ophiostoma spp.)*
Innendekoration *f* interior decoration
Innenecke *f* inside corner
Inneneinbau *m* interior woodwork
Inneneinrichtung *f* interior furnishing
Innenfäule *f* internal rot, internal decay *(e.g. of softwoods due to Lentinus spp.)*
Innenfenster *n* interior (inside) window, borrowed light
Innenfensterbank *f* interior sill
Innenfurnier *n* back[ing] veneer, balancing veneer
Innenhoftür *f* patio door
Innenholz *n* core
Innenlage *f* core [layer], inner ply *(e.g. of plywood)*
Innenlagenüberleimer *m* inner overlap *(in plywood)*
innenliegender Fensterblendrahmen *m* interior window casing (trim)
Innenmöbel *npl* indoor furniture
Innenmyzel *n* interstitial mycelium
Innenplanscheibe *f* inside face-plate *(of a wood-turning lathe)*
Innenraumausstattung *f* indoor furniture
Innenrinde *f* inner bark, bast
Innenriß *m* internal check, internal shake (split) *(wood defect)*
Innenrißbildung *f* internal check[ing] *(in sawnwood)*
Innenschicht *f* core [layer] *(e.g. of plywood)*
Innenschichtmaterial *n* corestock *(e.g. of plywood)*
Innenschmarotzer *m* endoparasite
Innenspannung *f* internal stress
Innensperrholz *n* interior plywood, plywood for internal use
Innenspiegel *m* interior mirror
Innentreppe *f* interior stairway
Innentür *f* interior door, internal door
Innentürrahmen *m* interior door frame
Innentürspiegel *m* interior mirror
Innenvergoldung *f* indoor gilding
Innenwand *f* inside wall
Innenwange *f* outside (outer) string, external (face) string, open (mitred) stringer *(of a staircase)*
innere Fachwerkwand *f* timber-framed partition
~ **Fensterbank** *f* interior sill

~ **Oberfläche** *f* **von Holz** internal wood surface
~ **Seite** *f* heart (internal) side, internal face *(of a board)*
~ **Spannung** *f* internal stress, strain *(e.g. in wood)*
innerer Riß *m* internal check, internal shake (split) *(wood defect)*
~ **Splint** *m* false sap[wood], included sapwood, internal sap[wood] *(of sawnwood)*
innerste Sperrholzlage *f* centre ply, central ply
Inosit *m*, **Inositol** *n* inositol *(wood constituent)*
Insekt *n* insect, hexapod *(class Hexapoda)*
Insektenbefall *m* insect attack, insect infestation
Insektenbekämpfungsmittel *n* insecticide
Insektenbohrmehl *n* insect frass
insektenfest insect-resistant
Insektenfestigkeit *f* insect resistance *(e.g. of wood)*
Insektenfraßgang *m* burrow[ing passage], tunnel, borehole
Insektenfraßloch *n* insect-hole
Insektenfraßlöcher kein Fehler pin holes no defect, PHND *(tropical timber trade)*
Insektenfraßmehl *n* insect frass
insektengeschädigtes Holz *n* insect-damaged wood
Insektenkunde *f* entomology
Insektenlarve *f* [insect] larva, grub
Insektenloch *n* insect-hole
insektenresistent insect-resistant
Insektenresistenz *f* insect resistance *(e.g. of wood)*
Insektenschaden *m* insect damage
Insektizid *n* insecticide
Inselmahagoni *n* Cuban mahogany, Spanish mahogany, Swietenia mahagoni
Instrumentenbauer *m* instrument-maker, musical instrument maker
Instrumentenholz *n* wood for musical instruments
Intaglio *n* intaglio
Intarsia *f* s. Intarsie
Intarsiator *m* inlayer; marquetry cutter, marquetarian
Intarsie *f* [in]tarsia, tarsia[tura], inlaid work, inlay [work]
Intarsienbild *n* marquetry
Intarsienmalerei *f* marquetry
Intarsienschneider *m* inlayer; marquetry cutter, marquetarian
Intarsienstreifen *m* string, line
intarsieren to inlay
interfibrillär interfibrillar
intermediäres Holz *n* heartwood transition zone
intervaskuläre Tüpfelung *f* lateral wall pitting *(wood anatomy)*
intervaskulärer Tüpfel *m* intervascular pit, intervessel pit
interxylärer Kork *m* interxylary cork
interxyläres Phloem *n* interxylary phloem, included phloem
interzellular, interzellulär intercellular
Interzellulargang *m*, **Interzellularkanal** *m* intercellular canal *(wood anatomy)*
Interzellularraum *m* intercellular space *(wood*

anatomy)
intrazellular, intrazellulär intracellular
intrazellulare Stabbildungen *fpl* trabeculae [of Sanio] *(wood anatomy)*
Intsia palembanica merbau, Intsia palembanica *(wood species)*
Ionisches Kyma[tion] *n* egg moulding *(decorative moulding)*
IPE *s.* Ipé
Ipé *n* ipe, guayacan *(esp.)* Tabebuia serratifolia *(wood species)*
IR *s.* Industrieroboter
Irische Eibe *f* Irish yew, Florence Court yew, Taxus baccata var. fastigiata
IRO *s.* Iroko
Iroko *n* iroko [wood], kambala, Chlorophora excelsa
Ironbark-Eukalyptus *m* iron-bark [tree] *(esp. Eucalyptus leucoxylon and E. resinifera)*
irreversible Verformung *f* plastic deformation
Irvingia gabonensis dika [nut] tree, Irvingia gabonensis
Irwin[schlangen]bohrer *m* Irwin bit
Iso-Olivil *n* iso-olivil *(lignan)*
~-Santalin *n* camwood *(dyestuff from Baphia nitida)*
Isocyanatklebstoff *m* isocyanate adhesive
Isocyanatlack *m* polyurethane lacquer (paint), urethane lacquer
Isodextropimarsäure *f* isodextropimaric acid *(resin acid)*
Isolariciresinol *n* isolariciresinol *(lignan)*
Isolationszelle *f* isolation cell *(wood anatomy)*
Isolierglas *n* insulating glass, insulated glass
Isoliergrund[lack] *m* insulating coat
Isolierkorkplatte *f* corkboard, cork slab
Isolierplatte *f* [structural] insulating board, insulation panel, softboard
Isolierverglasung *f* thermopane glazing
Isoliervollholz *n* insulating wood
Isometrie *f* isometric projection
isometrische Darstellung *f* isometric projection
Isopimarsäure *f* isopimaric acid *(diterpene, resin acid)*
Isopren *n* isoprene *(hydrocarbon)*
Isoprenbaustein *m* isoprene unit
Isopropylmethylphenanthren *n* retene *(product of softwood distillation)*
Isoptere *f* termite, white ant *(order Isoptera)*
Istmaß *n* actual measure (size)
~ nach dem Sägen off-saw measure (size)
Italienische Zypresse *f* common (Italian) cypress, Cupressus sempervirens
Italienischer Ahorn *m* Italian maple, Acer opalus
Ixora ferra iron tree, Ixora ferra
IZO *s.* Izombé
Izod-Schlagprüfung *f* Izod impact test
Izombé *n* izombe, Testulea gabonensis *(wood species)*

J

Jacareuba *n* jacareuba, calaba, Santa Maria, Calophyllum brasiliense (calaba) *(wood species)*
Jackfruchtbaum *m* jack tree, jackwood, jak, Artocarpus heterophyllus
Jagdzapfen *m s.* Jagzapfen
Jägerzaun *m* trellis[-work] fence, paling
Jagzapfen *m* chase tenon
Jagzapfenverbindung *f* chase mortise [joint]
Jahresgrenze *f* annual-ring boundary
Jahresring *m s.* Jahrring
Jahrring *m* annual [growth] ring, growth (tree) ring, annual growth layer
Jahrringanalyse *f* analysis of annual rings
Jahrringanordnung *f* growth-ring arrangement
Jahrringaufbau *m* annual-ring structure
Jahrringbildung *f* annual-ring formation
Jahrringbreite *f* annual-ring width, width of annual ring
Jahrringchronologie *f* growth-ring chronology, dendrochronology
Jahrringdatierung *f* tree-ring dating, dendrochronological dating
Jahrringgrenze *f* annual-ring boundary
Jahrringindex *m* annual-ring index
Jahrringmessung *f* measurement of growth rings
Jahrringspaltung *f* shelling (splintering) of annual rings
Jahrringuntersuchung *f* tree-ring study
Jakarandabaum *m* [Brazilian] rosewood, jacaranda, pali[s]sander, *(esp.)* Dalbergia nigra
Jalousette *f* jalousette
Jalousie *f* [Venetian] blind, louvre, jalousie
Jalousiebrett *n* louvre board
Jalousiefenster *n* jalousie window
Jalousiekasten *m* blind box
Jalousielamelle *f* Venetian blind slat
Jalousienutenfräsautomat *m* automatic louvre cutter
Jalousietür *f* louvre door, shutter door
Jamaika-Eisenholz *n* Jamaica bloodwood, ironwood of Guiana (Honduras), Laplacea curtyana
~-**Hundsholz** *n* fish-poison tree, Piscidia piscipula
Jambuse *f* rose-apple, Syzygium (Eugenia) jambos
Janka-Härte *f* Janka hardness *(wood testing)*
Japanische Buche *f* 1. Japanes beech, Fagus japonica; 2. Japanese (Siebold's) beech, buna, Fagus crenata (sieboldii)
~ **Eibe** *f* Japanese yew, Pacific yew, Taxus cuspidata
~ **Eiche** *f* Japanese oak, konara oak, Quercus glandulifera (serrata)
~ **Erle** *f* Japanese alder, Alnus japonica
~ **Esche** *f* Japanese ash, Manchurian ash, Fraxinus mandshurica
~ **Flügelnuß** *f* Japanese wingnut, Pterocarya rhoifolia
~ **Hasel[nuß]** *f* Siebold filbert, Corylus sieboldiana var. sieboldiana
~ **Hemlocktanne** *f* Japanese hemlock, Tsuga sieboldii
~ **Hopfenbuche** *f* Japanese hop-hornbeam, Ostrya japonica
~ **Kaisereiche** *f* daimyo oak, Quercus dentata
~ **Kastanie** *f* Japanese chestnut, Castanea crenata
~ **Kohleiche** *f s.* ~ Stieleiche
~ **Kopfeibe** *f* Harrington plum yew, Lord Harrington's yew, Cephalotaxus harringtonia var. drupacea
~ **Lärche** *f* Japanese larch, Larix kaempferi (leptolepis)
~ **Mispel** *f* Japanese medlar, loquat, Eriobotrya japonica
~ **Roßkastanie** *f* Japanese horse chestnut, Aesculus turbinata
~ **Rotkiefer** *f* Japanese red pine, akamatsu, Pinus densiflora
~ **Schirmtanne** *f* Japanese umbrella tree, Sciadopitys verticillata
~ **Schwarzkiefer** *f* [Japanese] black pine, Pinus thunbergii
~ **Sicheltanne** *f* cryptomeria, Japanese cedar, sugi, peacock pine, Cryptomeria japonica
~ **Stieleiche** *f* Japanese oak, konara oak, Quercus glandulifera (serrata)
~ **Strobe** *f* Japanese white pine, Pinus parviflora
~ **Thuja** *f* hiba [arbor vitae], thujopsis, Thujopsis dolabrata
~ **Zeder** *f* cryptomeria, Japanese cedar, sugi, peacock pine, Cryptomeria japonica
Japanischer Ahorn *m* 1. Japanese maple, Acer japonicum; 2. Japanese maple, Acer palmatum
~ **Firnis** *m* Japan varnish, japan, Japanese lacquer
~ **Kirschbaum** *m* miyana cherry, Prunus maximowiczii
~ **Ölbaum** *m* Japanese tung, Japanese wood oil tree, Aleurites cordatus
~ **Rosinenbaum** *m* Japanese raisin tree, Hovenia dulcis
~ **Schirmbaum** *m* Chinese parasol tree, Firmiana simplex (platanifolia)
~ **Schnurbaum** *m* [Japanese] pagoda tree, umbrella tree, Sophora japonica
~ **Spitzahorn** *m* Japanese maple, Acer mono
~ **Trompetenbaum** *m* Chinese catalpa [tree], Catalpa ovata (kaempferi)
Japanisches Mahagoni *n* Japanese raisin tree, Hovenia dulcis
Japanlack *m* japan, Japan varnish, [Japanese] lacquer, lacker
Japanpapier *n* Japanese paper
JAR *s.* Jarrah[baum]
Jardiniere *f* jardiniere
Jarrah[baum] *m* jarrah, Eucalyptus marginata
Javellesche Lauge *f*, **Javellwasser** *n* Javelle water, eau de Javelle *(bleaching agent)*
Jeffrey-Kiefer *f* Jeffrey pine, Pinus jeffreyi
JEL *s.* Jelutong
Jelutong *n* jelutong, Dyera costulata *(wood species)*

Jennings[schlangen]bohrer *m* Jennings[-pattern auger] bit
Jequitiba[holz] *n* jequitiba, Brazilian (Colombian) mahogany *(from Cariniana spp.)*
Jerseykiefer *f* Jersey pine, Virginia pine, Pinus virginiana
Jerusalemdorn *m* Jerusalem thorn, prickly broom, Parkinsonia aculeata
Jochbrücke *f* pile bridge
Johannisbrotbaum *m* carob [tree], algar[r]oba, Ceratonia siliqua
Johnson-Noll-Zahl *f* kappa number, Johnson-Noll number *(of pulp)*
Jointen *n* von Schneidenflugkreisradien ranging down
Jokromühle *f* Jokro mill *(for beating of pulp)*
Jordanmühle *f* Jordan mill *(defibrator)*
Judasbaum *m* 1. redbud *(genus Cercis)*; 2. Judas tree, love tree, Cercis siliquastrum
Jugendbett *n* junior bedstead
Jugendholz *n* juvenile wood, pith wood, core wood
Jugendstil *m* art nouveau, Modern Style *(art style)*
Jugendstilmöbel *npl* art nouveau furniture
Jugendstilschnitzerei *f* art-nouveau carving
Jugendzimmerbett *n* junior bedstead
Jujube *f* jujube *(genus Ziziphus)*
Junger Fustik *m* smoke plant, Venetian (elm-leaved) sumac[h], young fustic, Cotinus coggygria, Rhus cotinus
Juniperus barbadensis southern red cedar, Juniperus barbadensis
~ **bermudiana** Bermuda cedar, Juniperus bermudiana
~ **californicus** Californian juniper, Juniperus californicus
~ **cedrus** canary island cedar, Juniperus cedrus
~ **lucayana** Florida cedar, red juniper, Juniperus lucayana
~ **occidentalis** western juniper, western red cedar, WRC, Juniperus occidentalis
~ **osteosperma** Utah juniper, Juniperus osteosperma
~ **phoenicea** Phoenician (Arabian) juniper, Juniperus phoenicea
~ **sabinoides** mountain juniper, Juniperus sabinoides
~ **silicicola** southern red cedar, Juniperus silicicola
Jutestoff *m* hessian *(upholstery)*
juveniles Holz *n*, **Juvenilholz** *n* juvenile wood, pith wood, core wood

K

k-Wert *m* overall heat transfer coefficient
KA *s.* Gemeine Roßkastanie
Kabelkran *m* cable-crane
Kabeltrommel *f* cable-drum, cable reel
Kabeltrommelscheibe *f* cable reel flange
Kabelwinde *f* cable winch
Kabinett *n* cabinet
Kabinettfeile *f* cabinet file
Kabinettmacher *m* cabinet-maker
Kabinettschrank *m* cabinet
Käfer *m* beetle *(order Coleoptera)*
Käferfraß *m* beetle damage
Käferlarve *f* beetle grub
Käferschaden *m* beetle damage
Kaffeesäure *f* coffeic acid *(phenylpropane)*
Kahlblättrige Jujube *f* common jujube, Ziziphus jujuba
Kahle Kiefer *f* spruce pine, cedar pine, poor pine, Pinus glabra
Kahler Sumach *m* smooth sumac[h], Rhus glabra
kahlgeschlagene Fläche *f* clear-cut [area], clearing
Kahlhieb *m* clear-cut, clear cutting (felling), clearing, complete felling
Kahlschlag *m* 1. clear-cut [area], clearing; 2. *s.* Kahlhieb
kahlschlagen to clear-cut
Kahlschlagfläche *f* clear-cut [area], clearing
Kahlstreifenschlag *m* clear strip felling
Kaisereiche *f* daimyo oak, Quercus dentata
Kajeputbaum *m* swamp tea-tree, paperbark, Melaleuca leucadendra
Kakipflaume *f* kaki, Japanese persimmon, date plum, Diospyros kaki
Kalabrische Kiefer *f* Calabrian pine, Pinus nigra ssp. laricio
Kalamitätennutzung *f* salvage felling, salvaging
Kalamitätsholz *n* calamity wood
Kalander *n* 1. calender; 2. yellowwood, Podocarpus falcatus
~-Heißkaschieranlage *f* thermolaminating plant
~-Heißkaschieren *n* thermolamination, hot foil transfer
Kalanderlack *m* calender lacquer
kalandern to calender
Kalanderpresse *f* continuous roller press
kalandrieren to calender
Kalbshautleim *m* calf-skin glue
Kalebassenbaum *m* calabash tree, melon tree, Crescentia cujete
kalfatern to caulk
Kalibrierstahl *m* sizing tool *(wood-turning tool)*
Kalifornische Blaueiche *f* blue oak, Quercus douglasii
~ **Flußzeder** *f* Calforna incense cedar, Calocedrus decurrens
~ **Nußeibe** *f* California [false] nutmeg, California torreya, stinking cedar, Torreya californica
~ **Roßkastanie** *f* California buckeye, American horse-chestnut, Aesculus californica
~ **Stecheiche (Steineiche)** *f* California (coast) live oak, encina, evergreen oak, Quercus agrifolia
~ **Tanne** *f* grand fir, lowland (white) fir, Abies grandis
~ **Torreye** *f s.* ~ Nußeibe
~ **Weißeiche** *f* California white oak, valley oak, Quercus lobata
~ **Weißtanne** *f* white fir, WF, Colorado fir, black balsam [fir], Abies concolor
Kalifornischer Berglorbeer *m* California laurel, Oregon myrtle, spice tree, Umbellularia californica
Kalifornisches Bleistiftholz *n* Californian incense cedar, incense [pencil] cedar, bastard cedar, IC, Calocedrus (Libocedrus) decurrens
~ **Redwood** *n* [Californian] redwood, sequoia, Sequoia sempervirens
Kaliumarsenat *n* potassium arsenate *(wood preservative)*
Kaliumarsenit *n* potassium arsenite *(wood preservative)*
Kaliumcarbonat *n* pearl ash, potash *(stripper)*
Kaliumdichromat *n* potassium dichromate, bichromate of potash *(wood preservative)*
Kaliumfluorid *n* potassium fluoride *(wood preservative)*
Kaliumhydrogenfluorid *n* potassium hydrogenfluoride *(wood preservative)*
Kaliumoxalat *n* potassium oxalate *(bleaching agent)*
Kaliumpermanganat *n* permanganate of potash *(constituent of stains)*
Kaliumsilicat *n* potassium silicate *(wood preservative)*
Kalkeiche *f* limed oak
kalken to lime *(e.g. oak wood)*
Kalkesche *f* limed ash
kalkmilchbehandeltes Eichenholz *n* limed oak
Kallus *m* callus
Kallusring *m* callus ring
Kaltaushärtung *f s.* Kalthärtung
Kaltbiegen *n* cold [wood] bending
Kaltbiegeverfahren *n* cold bending
Kaltbreiten *n* swage setting, swaging *(of saw-teeth)*
Kältebrücke *f* thermal bridge
Kälterißbeständigkeit *f* cold crack resistance *(of a paint film)*
Kälteschwindung *f* coldness shrinkage *(of wood)*
kaltgepreßte Platte *f* cold-pressed panel
kaltgepreßtes Papier *n* cold-pressed paper
~ **Sperrholz** *n* cold-pressed plywood
kalthärtender Klebstoff *m* cold-setting adhesive, cold-setting glue
Kalthärtung *f* cold curing *(of lacquers)*; cold setting, cold hardening *(of adhesives)*
Kaltkaschieren *n* cold laminating
Kaltklebekraft *f* tack
Kaltklebrigkeit *f* tack
Kaltleim *m* cold[-application] glue
Kaltnatron[halbzell]stoff *m* cold soda pulp
Kaltnatronverfahren *n* cold soda pulping (process), cold caustic semichemical process

(pulp manufacture)
Kaltpresse *f* cold press
Kaltschleifen *n* cold grinding *(wood-pulp manufacture)*
Kaltschliff *m* cold-ground pulp
Kaltsiegelklebstoff *m* cold-seal adhesive
Kaltverleimung *f* cold glu[e]ing
Kaltwasserextrakt *m* cold-water extract
Kalumbak[holz] *n* agalloch[um], agalwood, paradise wood, calambac, Aquilaria agalloca
Kamassi *n* kamassi [boxwood], Knysna boxwood, Gonioma kamassi
Kambala *n* iroko [wood], kambala, Chlorophora excelsa
Kambialinitiale *f* cambial initial, cambial element *(wood anatomy)*
Kambialzelle *f* cambial cell
Kambialzone *f* cambial zone
Kambium *n* cambium
Kambiumgewebe *n* cambium
Kambiuminitialzelle *f* cambial initial, cambial element
Kambiummantel *m* vascular cambium, lateral meristem
Kambiumminierfliege[nlarve] *f* cambium miner *(genus Dizygomyza)*
Kambiummutterzelle *f* cambium mother cell, fusiform initial [cell], cambial fusiform initial
Kambiumschicht *f* cambium layer
Kambiumtätigkeit *f* cambial activity
Kambiumteilung *f* cambial division
Kambiumverletzung *f* cambium injury
Kambiumwachstum *n* cambial growth
Kambiumzelle *f* cambial cell
Kambiumzone *f* cambial zone
Kambiumzytologie *f* cambial cytology
Kamelott *m* camlet *(furnishing fabric)*
Kamerere *n* kamarere, Mindanao gum, Eucalyptus deglupta *(wood species)*
Kaminmöbel *npl* chimney furniture
Kaminsessel *m* fireside chair
Kamm *m* 1. cutting crest, sloven *(of a felled tree)*; 2. beard *(at a stump after felling)*
kammergetrocknet kiln-dried
Kammertrockner *m* kiln [dryer], compartment kiln
~ **mit außenliegendem Ventilator** external-fan [compartment] kiln
~ **mit innenliegendem Ventilator** internal-fan [compartment] kiln
~ **mit künstlichem Zug** forced-draught compartment kiln
~ **mit natürlichem Zug** natural-draught compartment kiln
Kammertrocknung *f* kiln drying, kiln seasoning
Kammverbindung *f* cogged joint, bearing (notched) joint *(timber construction)*
Kampescheholz *n* Campeachy wood, peachwood, logwood, Haematoxylum campechianum
Kampfer *m* camphor *(terpene ketone)*
Kämpfer *m* impost *(of a sash)*; transom *(of a window frame)*
Kampferbaum *m* camphor tree, true (Formosan) camphorwood, Cinnamomum camphora

Kampferholz *n* 1. camphorwood *(comprehensive term)*; 2. *s.* Kampferbaum
Kämpferol *n* kaempferol *(flavonoid)*
Kämpfersockel *m* impost *(of a pillar)*
Kampferspiritus *m* spirits of camphor
Kamyr-Verdrängungsbleiche *f* displacement bleaching *(of fibrous materials)*
Kamyr[zellstoff]kocher *m* Kamyr digester
Kanadabalsam *m*, **Kanadaterpentin** *n* Canada balsam *(from Abies balsamea)*
Kanadier *m* recliner, reclining chair
Kanadische Birke *f* sweet birch, cherry birch, Betula lenta
~ **Eibe** *f* Canada yew, Taxus canadensis
~ **Hemlocktanne** *f* eastern (Canada, Canadian, white) hemlock, huron pine, hemlock [fir, spruce], hem, HEM, Tsuga canadensis
~ **Pappel** *f* Canadian poplar, Populus x canadensis (x euramericana)
~ **Weißfichte** *f* Canadian spruce, white spruce, Picea glauca (alba)
Kanadischer Nußbaum *m* butter-nut, grey (white) walnut, Juglans cinerea
Kanaltrockner *m* continuous dryer, progressive kiln, tunnnel dryer (kiln), drying tunnel
Kanapee *n* settee, canape, sofa, sociable, chesterfield, *(Am)* davenport
Kanarische Eiche *f* Mediterranean (Algerian) oak, Mirbeck's (overcup) oak, Quercus canariensis
Kanevas *m* canvas
Känguruhbaum *m* horse-tail [tree] *(genus Casuarina)*
Kannelierapparat *m* fluting attachment
kannelieren to flute
kanneliert fluted *(column)*
Kannelur *f*, **Kannelüre** *f* flute, cannelure
Kanonenbaum *m* Congo-pump, Cecropia peltata *(wood species)*
Kante *f* edge; small face; arris
~ **brechen** to chamfer, to bevel
Kantel *f* square *(timber assortment)*
~ **zur Möbelbeinherstellung** leg square
Kantenabdeckleiste *f* corner cover moulding, corner cover strip
Kantenanleimmaschine *f* edge glu[e]ing (banding, bonding) machine, edge bander
Kantenanrißzeichen *n* edge mark
Kantenast *m* edge knot, corner knot
Kantenbandschleifen *n* edge belt sanding
Kantenbearbeitung *f* edge working, edge machining
Kantenbearbeitungsautomat *m* automatic edge working machine
Kantenbearbeitungsmaschine *f* edge working machine
Kantenbeleimer *m* edge [rotary] gluer
Kantenbeschichtung *f* edge coating
Kantenbeschichtungswerkstoff *m* edging material
Kantendeckleiste *f* corner cover moulding, corner cover strip
Kantenfase *f* chamfer, bevel
Kantenfehler *m* edge defect *(of sawn timber)*
Kantenfertigbearbeitung *f* edge finishing

kantenfest edge-holding
Kantenfläche f edge, small face
Kantenflächenriß m edge crack, edge shake *(wood defect)*
Kantenfräser m panel cutter
Kantenfräsmaschine f edge moulder
Kantenfurnier n edge veneer
Kantenfurnierbeleimung f edge veneer glu[e]ing
Kantenfurnieren n edge veneering
kantenfurniert edge-veneered
Kantenhobel m edge [trimming] plane, edge trimmer, spokeshave
Kantenkehlmaschine f edge moulder
Kantenleiste f edge banding, edge lipping (trim), edging [strip], rail[ing], corner bead
Kantenmaterial n edge (edging) material
Kantennachbearbeitung f edge finishing
Kantenriegel m blind bolt
Kantenriß m edge crack, edge shake *(wood defect)*
Kantenrißzeichen n edge mark
Kantenrundstab m staff bead, return bead
Kantenschleifen n edge sanding
Kantenschleifer m edge sander
Kantenschleifmaschine f edge [belt] sander
Kantenschliff m edge sanding
Kantenschutz m edge protection
Kantenschutzleiste f s. Kantenleiste
Kantenstreifen m edging strip
Kantenverdichtung f edge densification *(chipboard manufacture)*
Kantenverklebung f edge bonding
Kantenverleimmaschine f edge banding (lipping and bonding) machine, edge glu[e]ing machine, edge bander
Kantenverleimpresse f s. Kantenverleimmaschine
Kantenverleimung f edge glu[e]ing
Kantenzange f nippers, [pair of] pincers
Kantenzelle f marginal ray cell *(wood anatomy)*
Kantenziehpinsel m fitch brush
Kantenzwinge f edge clamp, corner clamp
Kanthaken m cant-dog, cant-hook, peav[e]y
Kantholz n scantling, cant, platt, balk, beam, square log, squared timber, stud
~-Kreissägemaschine f stud mill
Kantholzbinder m heavy timber truss
Kantholzboden m cant deck
Kantholzdecke f cant deck
Kantholzstiel m stud *(timber construction)*
Kantigdrehen n thurming, square turning
Kantigdrehtrommel f thurming drum
Kantinentisch m canteen table
Kantschnitt m double cut, prismatic cut
Kanupaddel n canoe paddle
Kanzleipult n clerk's desk
Kanzleischreibpult n clerk's desk
Kaolin m(n) kaolin
Kaolinmasse f clay slip *(paper-making)*
Kaori m [amboyna] pitch tree, amboyna pine, Agathis dammara (alba)
kapazitive Erwärmung f dielectric heating, high-frequency heating *(e.g. of wood)*
Kapillarität f capillarity
Kapitell n capital

Kapok m kapok, silk cotton *(esp. from Ceiba pentandra)*
Kapokbaum m ceiba, kapok tree, silk-cotton tree, ceiba, Ceiba pentandra
Kappa-Zahl f kappa number, Johnson-Noll number *(of pulp)*
~-Zahl-Bereich m kappa number range
Kappanlage f bucking station
Kappe f stempel, stemple, stull *(pitwood assortment)*
kappen to head back, to nose *(a tree-trunk)*; to buck; to trim, to equalize *(sawn wood)*
Kappriß m felling shake
Kappsäge f end-trimmer, docker, docking saw
Kappstation f cross-cut station
Kappvorrichtung f clipper
Kapschotendorn m allthorn acacia, Acacia karoo (horrida)
Kapur[holz] n [Indonesian] kapur, Borneo camphorwood, *(esp.)* Dryobalanops aromatica
KAR s. 1. Karri; 2. Verhältnis von Astschnittfläche zu Holz-Querschnittsfläche
Karambolabaum m carambola, Averrhoa carambola *(wood species)*
Karayagummi n karaya gum, sterculia gum *(esp. from Sterculia urens)*
Karbolineum n carbolineum, coal-tar creosote [solution], green oil *(wood preservative)*
Karbonrohpapier n carbonizing base paper
Karborund[um] n carborundum [powder] *(abrasive)*
Karelische Birke f Karelian birch *(provenience denomination)*
Karibische Kiefer f Caribbean [pitch-]pine, slash pine, Pinus caribaea
Karkarro n muhuhu, Brachylaena hutchinsii *(wood species)*
Karnaubapalme f carnauba, wax palm, Copernicia cerifera
Karnaubawachs n carnauba wax, Brazil wax
Karnies n ogee moulding
Karnieshobel m ogee plane
Karobenbaum m carob [tree], algar[r]oba, Ceratonia siliqua
Karolina-Pappel f Carolina black poplar, Populus angulata
Karosseriebau m coachwork
Karpatisches Terpentin n Riga balsam *(from Pinus cembra)*
Karrbohlenweg m barrow run, barrow way
Karri n karri, white gum, Eucalyptus diversicolor *(wood species)*
Karteikartenschubkasten m card drawer
Karteikasten m filing case, card box
Karteischrank m filing cabinet
Kartenspieltisch m card-table
Karton m [card]board, paperboard
Kartonagenpappe f boxboard
Kartonbuchzünder m book match
Kartonherstellung f [card]board-making
Kartonmaschine f board machine
Kartonpapier n [card]board, paperboard
Kartonpapierherstellung f [card]board-making
Kartusche f cartouche *(decorative tablet)*
Karusselltrockner m centrifugal dryer

Karusselltür f revolving door
Karweelbeplankung f carvel planking
karweelgebaut carvel-built (boat)
Karyatide f caryatid (decorative motif)
KAS s. Kasai
Kasai n taun, malagai, (esp.) Pometia pinnata (wood species)
Kaschieranlage f laminating plant
kaschieren to laminate, to overlay
Kaschierklebstoff m laminating adhesive
Kaschiermaschine f laminating machine
Kaschierpresse f laminating press
kaschierter Karton m lined board, illustration board
Kaschierung f lamination
Kaschubaum m cashew [nut tree], Anacardium occidentale
Käsefarbe f cheese colour[ing] (in wood painting)
Kaseinleim m casein glue
Käseschachtel f cheese-box
Kaspische Weide f Caspic willow, pussy willow, Salix acutifolia
Kasseler Braun n Cassel earth, cologne earth (earth colour)
Kassette f strong-box, coffer
Kassettendecke f panelled ceiling
Kastagnette f castanet
Kastanie f 1. chestnut (genus Castanea); 2. chestnut (fruit)
Kastanienblättrige Eiche f chestnut-leaved oak, Quercus castaneifolia
Kastanieneiche f chestnut oak, chinquapin (yellow) oak, Quercus prinus (muehlenbergii)
Kastanienholz n chestnut[-wood]
Kasten m box
Kastenbalken m box-beam, box girder, hollow beam
Kastenbett n box bed (medieval)
Kastenboden m drawer bottom
kastenförmige Möbel npl cabinet furniture, case furniture
Kastenhocker m box stool, storage stool
Kastenmöbel npl cabinet furniture, case furniture, storage furniture
Kastenmöbelbeschläge mpl cabinet hardware
Kastenmöbelgestell n cabinet carcass, cabinet frame
Kastenmöbelrahmen m cabinet carcass, cabinet frame
Kastenmöbelstück n case piece of furniture
Kastenmöbeltür f cabinet door
Kastenschloß n box lock, rim lock
Kastenseite f drawer side
Kastensitz m box seat
Kastensitzbank f settle
Kastenstapel m pigeon-hole stack
Kastenstütze f box column
Kastenträger m box-beam, box girder, hollow beam
Kasuarine f casuarina, horse-tail [tree] (genus Casuarina)
Katalysator m catalyst
Katappenbaum m India almond [wood], red brown terminalia, Terminalia catappa

Katechu n catechu, [dark] cutch, Bengal (Pegu) cutch, Japan earth (tannin extract esp. from Acacia catechu)
Katechuakazie f catechu (Indian) acacia, cutch [tree], Acacia catechu
Katechubaum m s. Katechuakazie
Kathstrauch m Arabian tea [plant], Catha edulis
Katon n katon, sandal-tree, Sandoricum koetjape (indicum)
Katsurabaum m katsura, Cercidiphyllum japonicum (wood species)
Kauf m **nach Probe** purchase according to sample (timber trade)
Kaufvertrag m fixing letter (timber trade)
Kaukasisch-Nuß f Caucasian walnut, Black Sea walnut (from Juglans nigra)
Kaukasischer Nußbaum m [Caucasian] wingnut, Pterocarya fraxinifolia
Kaukasus-Nußholz n Caucasian walnut, Black Sea walnut (from Juglans nigra)
Kaukasusfichte f oriental spruce, Picea orientalis
Kauren n kaurene (terpene)
Kaurenal n kaurene (terpene)
Kaurenol n kaurene (terpene)
Kaurensäure f kaurenoic acid (terpene)
Kaurifichte f 1. kauri [pine], wax pine, pitch tree (genus Agathis); 2. kauri [pine], New Zealand kauri, Agathis australis
Kauriharz n s. Kaurikopal
Kaurikopal m kauri copal, kauri gum (from Agathis australis)
Kausche f eye
Kauschring m eye ring
Kautschuk m(n) caoutchouc, [India, natural] rubber, indiarubber, gum elastic
Kautschukbaum m 1. rubber tree, caoutchouc tree (comprehensive term); 2. rubberwood, [Brazilian, Para] rubber tree, Hevea brasiliensis
kautschukliefernde Pflanze f rubber plant, gum plant
kautschukliefernder Baum m rubber tree, caoutchouc tree
Kautschukmilch f latex, vegetable milk
Kautschuksammelgefäß n gum cup
KB s. Europäischer Kirschbaum
KD-Möbel npl knock-down furniture, KD furniture, packaged (flat-packed) furniture
Keaki n keyaki, Zelkowa acuminata (serrata) (wood species)
Kegel m 1. cone; 2. skittle
Kegelaufschläger m cone-type refiner, conical refiner (pulp manufacture)
Kegelbahn f bowling alley, skittle alley
Kegeldach n conical broach roof
Kegelkugel f bowl
Kegelrefiner m cone-type refiner, conical refiner (pulp manufacture)
Kegelstoffmühle f Jordan mill
Kegligdrehen n tapering work (wood turning)
Kehlbalken m collar [beam]; collar rafter, span piece
~ von Sparrenstärke collar rafter
Kehlbalkendach n collar-beam roof; collar rafter

Kehlbalkendach

roof
Kehlbalkendachstuhl *m* collar and tie-beam truss
Kehlbalkenpfette *f* collar purlin, collar plate
Kehlbeitel *m* gouge
~ **mit halbrundem Querschnitt** half-round gouge
Kehlbrett *n* valley board
Kehle *f* 1. chase *(woodworking)*; 2. valley *(of two roof surfaces)*
kehlen to mould, to cove, to rabbet, to rebate
Kehlfräser *m* moulding cutter, cove cutter
Kehlfräsmaschine *f* moulding machine, moulder
Kehlhobel *m* moulding-plane, mouldplane, fluting plane, match plane, matcher
Kehlleiste *f* fillet, list[el], hollow moulding
Kehlmaschine *f* moulding machine, moulder, shaping machine, shaper
Kehlschifter *m* valley jack rafter
Kehlsparren *m* valley rafter
Kehlung *f* moulding, Mldg, MLDG, groove
Kehlungskasten *m* moulding box, turning box
Kehrhaken *m* spoke-dog
Keil *m* wedge
~ **zur Stielbefestigung** handle wedge
Keilangel *f* key buckle *(of a frame saw)*
keilartig feather-edged
Keildübel *m* plug
keilförmig gespaltene Schindel *f* taper-split [wood] shake
keilgezinktes Sperrholz *n* finger-jointed plywood
keilige Schindel *f* taper-split [wood] shake
Keilnutmesser *n* slitting cutter
Keilrahmen *m* stretcher
Keilriemenantrieb *m* V-belt drive
Keilschlitz *m* tapered slip joint
~-Zapfen-Rahmenverbindung *f* oblique bridle [joint]
Keilschlitzverbindung *f* tapered slip joint
Keilverbindung *f* keyed joint
Keilwinkel *m* grinding angle, bezel *(of cutting edge)*; tooth angle, sharpening angle, sharpness angle *(of the saw-tooth)*
Keilzinken-Gehrungseckverbindung *f* mitre dovetail [joint]
Keilzinkenanlage *f* finger-jointing line
Keilzinkenaushärtungslager *n* finger-joint curing zone
Keilzinkenfräser *m* finger jointer, finger jointing cutter, tapered finger cutter
Keilzinkenfräsgarnitur *f* finger jointer set
Keilzinkenverbindung *f s.* Keilzinkung
Keilzinkenverleimpresse *f* finger jointing clamp
Keilzinkung *f* [wedge] finger joint, forked joint
durch ~ verbinden to finger-joint
Keimhyphe *f* generative hypha
KEL *s.* Keledang
Keledang *n* keledang, Artocarpus anisophyllus (lanceifolius) *(wood species)*
Kellerassel *f* wood-louse *(genus Oniscus)*
Kellerfenster *n* basement window, cellar window
Kellerschwamm *m* cellar fungus, Coniophora puteana (cerebella)

Kellertür *f* cellar door
Kellertreppe *f* basement stairs
Kellertreppenwange *f* basement stair stringer
Kellogg's Eiche *f* Kellogg oak, California (mountain) black oak, Quercus kelloggii
KEM *s.* Kempas
Kempas *n* kempas, Koompassia malaccensis *(wood species)*
Kenia-Feigenbaum *m* Natal fig, bark-cloth fig, Ficus natalensis
kennzeichnen to mark
KEP *s.* Epoxidharzklebstoff
Keranji *n* keranji *(wood from Dialium spp.)*
Kerb *m*, **Kerbe** *f* kerf, notch; bird's-mouth *(in a rafter)*
kerben to notch; to hack *(tree-trunk for resin tapping)*
Kerbschnittkreissäge[maschine] *f* circular sawing machine for folding
Kerbschnitzen *n* chip carving
Kerbschnitzerei *f* chip carving
Kerbtier *n*, **Kerf** *m* insect, hexapod *(class Hexapoda)*
Kermeseiche *f* kermes [oak], Quercus coccifera
Kern *m* 1. core; 2. *s.* Kernholz
Kernbildung *f* heartwood formation, duramin[iz]ation
Kernbohle *f* wainscot plank
Kernbrett *n* heart[wood] board
Kernfärbung *f* heart stain
Kernfäule *f* heart[wood] rot, heartwood decay, central rot
kerngetrenntes Kantholz *n* half-timber
Kernholz *n* heart[wood], central wood, core wood, duramen
Kernholzbaum *m* tree with true heartwood
Kernholzbestandteil *m* heartwood constituent
Kernholzbildung *f* heartwood formation, duramin[iz]ation
Kernholzfarbe *f* heartwood colour
Kernholzfärbung *f* heartwood colour
Kernholzfäule *f* heart[wood] rot, heartwood decay, central rot
Kernholzharz *n* heartwood resin
Kernholzkäfer *m* ambrosia beetle, platypodid, pin-hole borer, timber beetle *(family Platypodidae)*
Kernholzpilz *m* heartwood fungus
Kernholzvolumen *n* heartwood volume
Kernholzzone *f* heartwood region
Kerninhaltsstoff *m* heartwood deposit
Kernkäfer *m s.* Kernholzkäfer
Kernobstgewächse *npl* apple family *(subfamily Pomoidae)*
Kernpapier *n* core paper, kraft-phenolic
Kernreifholz *n* heartwood transition zone
Kernriß *m* heart shake, rift crack, check *(wood defect)*
kernrissig heartshaken
Kernrissigkeit *f* quagginess
Kernseite *f* heart side, internal face *(of a board)*
Kernstoff *m* heartwood deposit
Kernverlagerung *f* wandering heart (pith), eccentricity
Keruing *n* gurjun, keruing, apitong, yang *(wood*

from Dipterocarpus spp.)
Kerve f bird's-mouth (in a rafter)
Kerzenbaum m candle tree, candle wood, Dacryodes excelsa
Kerzenschrank m candle chest
Kerzentischchen n candle-stand
Kerzenträgerbalken m candle beam
Kesambi n lac tree, Schleichera trijuga
kesseldruckgetränkt pressure-impregnated
Kesseldrucktränkung f pressure impregnation (wood preservation)
~ **mit Rückgewinnung des Lösungsmittels** Cellon process (wood preservation)
Kesselfeuerungsanlage f für Hackschnitzel hog fuel boiler system
Ketondelignifizierung f ketone delignification (pulping procedure)
Kette f für die Holzrückung drag chain
Kettenbremse f chain brake (of a chain-saw)
Kettenentrinder m chain barker
Kettenentrindungsmaschine f chain barking machine
Kettenfangvorrichtung f chain catcher (of a chain-saw)
Kettenförderer m chain conveyor
Kettenfräse f chain mortiser, chain mortising machine (set)
Kettenlängenverteilung f chain length distribution (of cellulose)
Kettenrückeschlepper m tracked log skidder
Kettenrücketraktor m tracked log skidder
Kettensäge f chain-saw
Kettensägemaschine f chain sawing machine
Kettenschälmaschine f chain barker, chain barking machine
Kettenschärfeinrichtung f chain grinder (of a chain mortiser)
Kettenschleifer m chain grinder (wood pulping)
Kettenschwenksäge f swing chain saw
Kettenstemmaschine f chain mortising machine (set)
Kettenstemmer m chain mortiser
Kettentransporteur m chain conveyor
Keule f [Indian] club (piece of sports equipment)
Keulenbaum m horse-tail [tree], beef wood, Casuarina equisetifolia
Keulenbein n, **Keulenfuß** m club foot, (Am) Dutch foot, spoon foot (furniture foot)
Keyaki n s. Keaki
KG s. Glutinleim
KH s. kunststoffbeschichtete dekorative Faserplatte
Khaya[-Mahagoni] n African mahogany, khaya (Khaya ivorensis, K. anthotheca, K. grandifoliola, K. senegalensis)
KI s. Gemeine Kiefer
Ki-Eiche f [Allegheny] chinquapin, Castanea pumila (wood species)
KIA s. Amerikanischer Kirschbaum
Kiefer f pine (genus Pinus)
Kieferastholz n knotty pine
kiefern pin[e]y
Kiefernaltstöcke mpl pine stump wood
Kiefernbalsam m [gum] turpentine
Kiefernbaumschwamm m conk rot fungus, ring scale fungus, Phellinus (Fomes, Trametes) pini
Kieferngewächse npl pine family (family Pinaceae)
Kiefernharz n pine resin
Kiefernharzgallenwickler m pine-resin gall-moth, Rhyacionia resinella
Kiefernholz n 1. pine[wood]; 2. s. Kiefernschnittholz
aus ~ pin[e]y
Kiefernholzteer m pine tar
Kiefernholzwespe f steel-blue wood-wasp, Sirex (Paururus) juvencus
Kiefernknospentriebwickler m [European] pine-shoot moth, Rhyacionia (Evetria) buoliana
Kiefernnadelöl n pine oil
Kiefernscharrharz n pine scrape, gum naval stores
Kiefernschnittholz n Baltic deal, Baltic redwood, European (Kara) redwood, red deal, yellow deal
Kiefernstockfäule f butt rot in Scotch fir (esp. caused by Polyporus sistrotremoides)
Kiefernstockholz n pine stump wood
Kiefernteer m pine tar
Kiefernterpentin n [gum] turpentine
Kieferntriebwickler m pine-shoot moth, Rhyacionia (Evetria) duplana
Kielpalle f keel block (ship-building)
Kien m [resinous] pinewood
Kienast m resinous knot, horn knot
Kienfackel f torch
Kienharz n pine resin
Kienholz n resinous wood, fatwood, (Am) lightwood; [resinous] pinewood
Kienholzfackel f torch
kienig resinous, fat
kieniges Holz n fatwood
Kienöl n pine oil
Kienspan m splinter
Kienteer m pine tar
Kienteerpech n pine pitch
Kiepe f farm basket, skep
Kieselholz n silicified wood
Kieselsäure f silicic acid (secondary wood constituent)
Kigelia f liver sausage tree, cucumber tree, Kigelia africana (pinnata)
Kikenzi n East African camphorwood, Ocotea usambarensis
Kiln m kiln (for wood charring)
Kimme f croze
Kimmhobel m chive, croze (cooperage)
Kinderbett n children's bed, [children's] cot
Kindergartentisch m kindergarten table
Kinderhochstuhl m [children's] high chair
Kinderlaufgestell n baby cage (trotter, walker), baby walking frame
Kindermöbel npl children's furniture
Kindermöbelprogramm n children's furniture range
Kinderschlafzimmermöbel npl children's bedroom furniture
Kinderschreibtisch m children's desk
kindersicherer Verschluß m child-proof lock

Kinderspielmöbel npl play furniture
Kinderspielplatz m playground
Kinderstuhl m children's chair, child's chair, infant's chair
Kindertisch m child's desk
Kinderwiege f cradle
Kinderzimmereinrichtung f nursery furniture
Kinderzimmermöbel npl nursery furniture
Kinderzimmerprogramm n children's furniture range
Kino n s. Kinogummi
Kinoader f kino vein
Kinobaum m dhak tree, bastard teak, flame-of-the-forest, Butea superba (monosperma, frondosa)
Kinobildung f kino formation
Kinogestühl n cinema seats
Kinogummi n kino [gum], gum kino (of numerous Eucalyptus species)
Kinogummibildung f kino formation
Kinoharz n s. Kinogummi
Kinoharzader f kino vein
Kinoharzansammlung f kino vein
Kippfenster n hopper window, tilting window
Kippfensterrahmen m hopper frame
Kippflügelfenster n hopper window, hospital window
Kippkante f tipping edge (tree felling)
Kippleiste f [drawer] kicker
Kippschrank m spring set (of saw-teeth)
Kippschränken n spring setting
Kipptisch m tilting table (e.g. of a circular saw)
Kirchenausbau m aus Holz ecclesiastical interior furnishing in wood
Kirchenausstattung f church furnishings
Kirchenbank f church bench, pew
Kirchenfenster n church window
Kirchengestühl n stallwork
Kircheninnenausbau m aus Holz ecclesiastical interior furnishing in wood
Kirchenmöbel npl ecclesiastical furniture
Kiri n kiri, Japanese paulownia, foxglove tree, Paulownia tomentosa (imperialis)
Kirschbaum m, **Kirsche** f cherry[-tree] (genus Prunus)
Kirschgummi n cherry gum (tree exudation)
Kirschholz n cherry[-wood]
Kirschholzmöbel npl cherry-wood furniture
Kirschlorbeer m cherry laurel, laurel cherry, Prunus laurocerasus
Kirschmyrtenbaum m rose-apple (genus Eugenia)
Kissendruckbalken m pressure pad (of a belt sanding machine)
Kiste f box
Kistenbeitel m pry bar
Kistenbrett n boxboard
Kistendeckel m box lid
Kistenfabrik f box mill
Kistenfabrikation f box-making
Kistenholz n box wood, [box] shook, case timber (wood), packaging timber, shake
Kistenmacher m box-maker
Kistenteile npl shook
Kistenware f box quality (sawnwood grade)

Kitt m [glazier's] putty
Kittbett n bed of putty (of a window sash)
kitten to putty
Kittfalzhobel m fillister [plane]
Kittfräse f putty cleaner
Kittmesser n putty knife
Kittstelle f filling
KIW s. Weymouthskiefer
KIZ s. Zirbe[lkiefer]
klaffender Riß m open split
Klafter m(n) cord (measure of cut wood)
Klafterholz n cordwood, corded timber, stacked cubic wood
Klafterholzmenge f cordage
klaftern to cord
Klammer f cramp, dog
klammern to cramp
Klammerplatte f clamping plate (timber connector)
Klammerrücken m staple crown
Klammerschaft m staple leg
Klangholz n resonance wood, resonant wood, tonal wood
klappbare Tischplatte f fall-leaf [of a table], flap
Klappbett n folding bed; hideaway bed
Klappcouch f sofa bed
Klappe f flap; back iron, [lever] cap (of a plane)
Klappeinlage f table-leaf
Klappenanschlag m secretaire joint
Klappenhalter m flap stay, lid stay
Klappenschraube f cap screw (of a plane)
Klappfenster m hinged window
Klappflügelfenster n awning window, trap window
Klappfuß m gateleg (of an extending table)
Klappfuß[auszieh]tisch m gateleg table
Klapphocker m folding stool, camp-stool
Klappladen m [folding] shutter, boxing shutter, blind; window shutter
Klappmöbel npl folding furniture
Klappscharnier n flap hinge
Klappschreibschrank m fall-front bureau
Klappschreibtisch m fall-front desk
Klappsessel m folding chair
Klappsitz m hinged seat
Klappspieltisch m folding card table
Klappstuhl m folding chair
Klapptisch m folding table, loose-leaf table
Klapptischband n table-top hinge
Klapptür f flap door, hinged door
Klarglastür f clear glass door
Klarinette f clarinet (wood-wind instrument)
Klarlack m [clear] varnish, clear lacquer
Klarlackanstrich m clear finish, clear (transparent) coating
Klarlackfilm m varnish film
Klarlackverdünner m varnish thinner
Klason-Lignin n Klason lignin, sulphuric-acid lignin
~-Verfahren n Klason process (of lignin determination)
Klassifizierung f classification, assortment
Klassizismus m classicism (art style)

Klaue f sally, bird's-mouth *(timber construction)*
Klauenhammer m claw hammer
Klauenverbindung f bird's-mouth joint *(timber construction)*
Klaviatur f clavier, keyboard
Klavier n piano[forte]
Klavierband n piano [strip] hinge, strip hinge
Klavierbau m piano construction, piano trade, pianoforte work
Klavierbauer m piano-maker
Klaviergehäuse n piano case
Klavierhocker m, **Klavierschemel** m piano-stool, music stool
Klaviertaste f piano key
Klavierteil n piano action
Klebast m epicormic branch, bole sprout *(wood defect)*
Klebdispersion f adhesive dispersion, liquid-dispersed [wood] adhesive
Klebeband n adhesive tape
Klebekarton m pasteboard
Klebekraft f adhesion power, tack
Klebemittel n bonding agent, agglutinant, adhesive
Klebemittelgrundstoff m adhesive base
kleben to bond, to glue
Kleben n adhesive bonding
Kleber m adhesive, glue, agglutinant *(s.a. under Klebstoff and Leim)*
Klebervorbeschichtung f glue pre-coating
Klebeschicht f adhesive layer
Klebeverbindung f adhesive joint, glued joint, rubbed (slayped) joint
klebfähig tacky *(adhesive, gold size)*
Klebfestigkeit f bond strength, adhesive strength
Klebfilm m adhesive film, film glue, film adhesive
Klebfläche f glued face, bond[ed] area
Klebfolie f adhesive film, film glue, film adhesive
Klebfuge f bond line, glue line, adhesive joint
Klebfugenausfall m bond failure
Klebfugenfestigkeitsprüfung f bond-line strength test
Klebfugenspannung f glue-line stress
Klebfugenverbindung f glue-line joint
Klebgrundstoff m adhesive base
Klebharz n adhesive resin, bonding resin
Klebkaschieren n adhesive laminating
Kleblack m adhesive lacquer
Klebling m adherend
Klebprofilfräser m finger jointer, finger jointing cutter
klebrig tacky *(adhesive, gold size)*
Klebrigkeit f tack
Klebstoff m adhesive, bonding agent, glue, agglutinant *(s.a. under Leim)*
~ **auf Eiweißbasis** protein[-type] adhesive
~ **auf Formaldehydgrundlage** formaldehyde-based adhesive
~ **für Faserplatten** fibreboard adhesive
Klebstoffabtrocknung f adhesive drying
Klebstoffansatz m adhesive formulation
Klebstoffauftrag m adhesive application
Klebstoffauftraggerät n adhesive applicator (coating machine), glue spreader, glue spreading (application) machine, gluer
Klebstoffbestandteil m adhesive component
Klebstoffdurchschlag m glue stain
Klebstoffeinsatzmasse f glue spread
Klebstoffgemisch n adhesive mix[ture]
Klebstoffilm m adhesive film
Klebstoffindustrie f adhesive industry
Klebstoffkomponente f adhesive component
Klebstoffkonsistenz f adhesive consistency
Klebstoffkunstharz n adhesive resin
Klebstofflösungsmittel n adhesive solvent
Klebstoffmischer m glue mixer
Klebstoffmischung f adhesive mix[ture]
Klebstoffprüfung f adhesive testing
Klebstoffsystem n adhesive system
Klebstofftrocknung f adhesive drying
Klebstoffzusatz m adhesive additive
Klebstoffzusatzmittel n adhesive additive
Klebtechnik f bonding technique
Kleb[verbind]ung f adhesive joint, bond, glued joint, rubbed (slayped) joint
Klebverfahren n bonding method
Kleesalz n oxalate
Kleiderablage f cloakroom
Kleiderbügel m coat-hanger
Kleiderrechen m coat hooks
Kleiderschrank m wardrobe
~-**Kommoden-Kombination** f chifforobe
großer ~ armoire
Kleiderschrankschloß n wardrobe lock
Kleiderschranktür f wardrobe door
Kleiderständer m clothes tree
~ **im Flur** hall-stand
Kleiderstange f wardrobe rail, hanging rail
Kleinblättrige Linde f [small-leaved] lime, small-leaved linden, Tilia cordata (parvifolia)
Kleinblütige Kiefer f Japanese white pine, Pinus parviflora
~ **Roßkastanie** f bottle-brush buckeye, Aesculus parviflora
Kleiner Aspenbock m small poplar borer (longicorn), Saperda populnea
~ **Eschenbastkäfer** m small ash bark-beetle, Leperisinus fraxinus
~ **Fichtenborkenkäfer** m micrographer bark-beetle, Pityophthorus micrographus
~ **Holzbohrer** m small shot-hole borer, Xylebor[in]us saxeseni
~ **Holzwurm** m [common, European] furniture beetle, Anobium punctatum (striatum)
~ **Kiefernborkenkäfer** m two-toothed [pine] bark-beetle, small pine tree bark-beetle, Pityogenes bidentatus
~ **Pappelbock[käfer]** m small poplar borer (longicorn), Saperda populnea
~ **Tannenborkenkäfer** m white spruce [bark-]beetle, silver fir bark-beetle, Cryphalus piceae
~ **Ulmensplintkäfer** m European (smaller) elm bark-beetle, Scolytus multistriatus
kleines Bohrloch (Fraßloch) n pin hole *(in pest-attacked wood)*
Kleinholz n firewood, matchwood
Kleinmöbel npl small furniture; occasional furniture

Kleinmöbelindustrie f small furniture industry
Kleinmöbelstück n small piece of furniture
Kleinpilz m microfungus
Kleinschlag m undersized chips
Kleinstmaß n scant measure, bare measure, scant size
Kleinzapfige Lärche f eastern larch, tamarack [larch], hackmatack, Larix laricina (americana)
Kleister m size, paste
Klemmbank f clam bunk *(timber harvest)*
Klemmbanktraktor m clam [bunk] skidder
klemmen to bind *(saw-blade)*
Klemmen n **von Sägeblättern** saw binding
Klemmhaken m bench hold-down, bench holdfast, holdfast [clamp]
Klemmvorrichtung f clamp
Klinge f blade
Klinikmöbel npl hospital furniture
klinkenloses Aufschraubschloß n rim deadlock
Klinkenschloß n Norfolk (Suffolk) latch, thumb latch, *(Am)* lift latch, Garden City latch
Klinkschnittkreissäge[maschine] f corner coping sawing machine, notching saw
Klipper m veneer clipper
Klismos[-Stuhl] m klismos chair
Kloben m log
Klobsäge f frame saw, web saw, whip-saw
  mit der ~ sägen to whip-saw
Klompe m clog
Klopfeisen n beating iron *(of the basket-maker)*
Klopfholz n [joiner's] mallet, woodworker's mallet
Klopfkäfer m furniture beetle, death-watch [beetle], anobiid beetle *(family Anobiidae)*
Klopfkäferlarve f woodworm, worm
Klotz m stem section, block, log
Klotzbrett n unedged board
Klötzchenmethode f, **Klötzchenverfahren** n wood block method, agar-block test *(wood preservation)*
Klotzfuß m spade toe *(furniture foot)*
Klotzstutzsäge f log cross-cut sawing machine
Klotzteich m log pond, mill-pond
Klotzteichlagerung f pond storage *(of timber)*
Klubmöbel npl lounge furniture
Klubsessel m lounge chair
Klubtisch m club table
Kluppe f calliper, caliper, diameter gauge
kluppen to calliper
Klupp[en]führer m calliper man
kluppieren to calliper
Kluppierer m calliper man
Klupp[meß]stock m calliper stick
KMF s. Melamin-Formaldehydharz
knacken to crackle *(wood)*
Knackweide f crack-willow, brittle willow, redwood willow, Salix fragilis
Knagge f bracket, bearing block, cleat, perch, corner block *(timber construction)*
  mittels ~ stützen to cleat
Knecht m bar cramp
Kneifzange f nippers, [pair of] pincers, tower pincers
Knicken n buckling

Knickfestigkeit f buckling strength, strength to buckling
Knickform f buckling mode
Knickformel f buckling formula
knickgelenkter Rücketraktor m frame-steer[ed] wheeled skidder
Knicklast f buckling load
Knick[rahmen]lenkung f articulated steering [system]
Knickrahmenrücketraktor m articulated skidder
Knickspannung f buckling stress
Knickstab m Euler column
Knickung f buckling
Knickwuchs m crooked growth *(of wood)*
Knickzugfestigkeit f tensile buckling
Knie n knee *(e.g. of furniture legs)*
Knieholz n knee timber
Knieraum m knee hole *(e.g. of writing furniture)*
Knieschemel m kneeling stool
Kniestock m knee-wall, cove ceiling
Kniestockwand f jamb wall
Knightia excelsa rewa-rewa, Knightia excelsa *(wood species)*
Knochenleim m bone glue
knochentrocken bone-dry
Knock-down-Möbel npl knock-down furniture, KD furniture, packaged (flat-packed) furniture
Knollenfurnier n burr [veneer]
knollenmaserig burry, gnarled, gnarly
Knopf m button; knob *(of a bow-saw)*
Knopfheftung f buttoning *(upholstery)*
Knopf[schel]lack m button shellac[k]
Knorpelwerk n twist turning, spiral turning
Knorren m gnarl, knag, knar, knob
  ~ bilden to gnarl
knorrig gnarled, gnarly, knaggy, knarled, knarred, knobby
Knoten m 1. node *(timber construction)*; 2. knot *(pulp manufacture)*; 3. s. Knorren
Knotenblech n gusset [nail] plate, nail[-on] plate, [nailed] gusset, junction plate, truss plate, metal-plate fastener [with integral teeth]
  mittels ~ verstärken to gusset
Knotenblechbinder m metal gusset plate truss
Knotenfang m knot screen, knotter *(wood-pulp manufacture)*
Knotenpunkt m node *(timber construction)*
knotig gnarled, gnarly, knaggy, knarled, knarred, knobby
Knüpfel m [joiner's] mallet, woodworker's mallet
Knüppel m billet
Knüppeldamm m corduroy [road]
Knüppelgatter n billet frame saw
Knüppelgattersäge f billet frame saw
Koa n koa, Acacia koa *(wood species)*
KOB s. Kotibé
kochen to cook
Kochen n **des Holzes** cooking of wood
Kocher m digester, kier
Kocherhals m digester neck
kochfest boil-proof, boil-resistant, BR *(adhesive joint)*
Kochlauge f alkaline cooking liquor *(paper-making)*

Kochlösung f pulping liquor
Kochschnitzel n wood chip
Kochung f cooking
kochwasserfest boil-proof, boil-resistant, BR *(adhesive joint)*
Kochzeit f cooking time
Koeberlinia spinosa [spiny] allthorn, Koeberlinia spinosa
Kofferschloß n desk lock
Kohäsion f cohesion
Kohäsionsbruch m cohesive failure *(of an adhesive joint)*
Kohäsionskraft f cohesive strength
kohlen to char, to carbonize *(e.g. wood)*
Kohlenanzünder m coal igniter
Kohlenbrenner m charcoal-burner, woodcollier
Kohlenhydrat n carbohydrate
Kohlenhydratleim m carbohydrate glue
Kohlenmeiler m charcoal pile
Kohlentstofftetrachlorid n carbon tetrachloride
Kohlepapier n carbon paper
Köhler m charcoal-burner, woodcollier
Köhlerei f charcoal burning, charcoal-making, charring of wood
Köhlereiholz n charcoal wood
köhlern to char
Kohlezeichenpapier n charcoal paper
Kohlpalme f pina-palm, Euterpe oleracea
Kokko n kokko, lebbek [tree], rain-tree, Albizia lebbeck
Kokos[nuß]faser f coco fibre, ginger fibre
Kokospalme f coconut palm, coco, Cocos nucifera
Kokrodua n afrormosia, kokrodua, Afrormosia (Pericopsis) elata *(wood species)*
Kokusholz n cocus[wood], American (green) ebony, granadillo [wood], Brya (Aspalathus) ebenus
Kollagen n collagen *(fibrous protein as base material for animal glues)*
Kollaps m collapse shrinkage [in wood], collapse *(resulting from faulty kilning of timber)*
Kollenchymzelle f collenchymatous cell *(wood anatomy)*
Kollergang m kollergang, pan grinder
Kollodium n collodion
Kollodiumwolle f collodion cotton, pyrocellulose
Kolloxylin n collodion cotton, pyrocellulose
Kolloxylinlösung f collodion
Kolonialmöbel npl colonial furniture
Kolophonium n [pine] rosin, [pine] resin, gum rosin, colophony
kolophoniumhaltig rosiny
Koloradotanne f Colorado fir, white fir, WF, black balsam [fir], Abies concolor
Kombinationsfenster n combination window
Kombinationshobel m combination plane
Kombinationsmaschine f combination machine
Kombinationswinkel m combination try and mitre square
kombinierte Säge- und Profiliermaschine f chip-and-saw headrig *(log conversion)*
kombinierter Femelschlag m femel strip felling
kombiniertes Fenster n combination window
Kombisperrholz n composite plywood

Kombizange f combination pliers
Kommode f chest of drawers, commode, *(Am)* bureau
~ **mit aufziehbarem Sekretärfach** bachelor's chest (desk)
hohe ~ tallboy, chest on chest, double chest of drawers
Kommodenschrank m commode clothes press, *(Am)* highboy
Kommodenspiegel m chest mirror
Kommodentisch m commode-table
Kommodentischchen n commode-table
Kompaktkantenanleimmaschine f compact edge banding machine
Kompakttrockner m compact dryer
Kompartimentbildung f compartmentalization *(reaction of wood to wounding)*
Kompostierung f **von Rinde** bark composting
Kompression f compression
Kondensatorpapier n capacitor tissue paper
Kondenswasser n condensation water
Konditionieren n conditioning *(e.g. of sheet materials)*
Konferenzsessel m boardroom chair
Konferenztisch m boardroom table, conference table
Konferenzzimmer n boardroom
konfluent confluent *(wood parenchyma)*
Konidie f conidium, fungal spore
Konidienbildung f conidiation
Konidiospore f conidium, fungal spore
Konifere f conifer, cone-bearing plant, needle-leaved tree *(order or subclass Coniferae = Pinidae)*
Koniferenharz n coniferous resin, alchitran
Koniferenholz n conifer[ous] wood, softwood
Koniferenkambium n conifer cambium
Koniferenxylem n coniferous xylem
König-Boris-Tanne f King Boris's fir, Abies borisii-regis
Königschinarinde f calisaya bark *(from Cinchonia calisaya)*
Königsholz n 1. kingwood, Prince's wood, violet wood, Dalbergia cearensis; 2. myall, Acacia harpophylla *(wood species)*
Königsnuß f big shell bark [hickory], king nut [hickory], swamp hickory, Carya laciniosa (sulcata)
Königspalme f Cuban royal palm, Roystonea regia
konjugiertes Parenchym n disjunctive parenchyma *(wood anatomy)*
konkave Ziehklinge f hollow cabinet scraper
Konnossement n bill of loading *(shipping document)*
konservieren to preserve
Konservierungsmittel n preservative [agent]
Konservierungsstoff m preservative [agent]
Konsignant m consignor *(timber trade)*
Konsignatar m consignee *(timber trade)*
Konsignation f consignment *(timber trade)*
Konsole f bracket, console [bracket], corbel, perch *(timber construction)*
konsolenförmiger Pilzfruchtkörper m bracket[-type sporophore], conk

Konsolen[möbel]fuß *m* console leg
Konsoltisch *m* console table
Konsoluhr *f* wall clock
konstante Schnittgeschwindigkeit *f* linear speed *(of a band-saw)*
Konstruktionsglied *n* engineering member
Konstruktionsholz *n* construction[al] timber, structural timber, *(Am)* construction lumber
Konstruktionsklebstoff *m* construction adhesive, structure adhesive
Kontaktkleben *n* contact adhesion
Kontaktkleber *m* contact [bond] adhesive, dry bond adhesive; rubber-based adhesive
~-Auftraggerät *n* contact adhesive applicator
Kontaktklebstoff *m s.* Kontaktkleber
Kontaktparenchym *n* contact parenchyma *(wood anatomy)*
Kontaktschleifen *n,* **Kontaktschliff** *m* touch-sanding
Kontakttrockner *m* contact dryer
Kontakttrocknung *f* contact drying
Kontakttüpfel *m* contact pit *(wood anatomy)*
Kontaktwalze *f* contact roll *(of a wide-belt sander)*
Konterlattung *f* cross lathing
kontinuierlich verbundener [mehrteiliger] Stab *m* built-up column *(timber construction)*
kontinuierliche Flachpresse *f* flow line press
kontinuierlicher Holzschleifer *m* continuous grinder
~ Kocher *m* continuous digester *(pulp manufacture)*
Kontrabaß *m* contrabass, double-bass, violone
Kontrastfarbe *f* counterstain *(microtechnique)*
Konus *m* cone
Konvektionstrocknung *f* convection drying
konventioneller Holzschliff *m* stone grinding
konvex gewölbt pulvinate[d] *(moulding profile, frieze)*
~ gewölbte Zierleiste *f* barrel moulding
Konvexspiegel *m* bull's eye mirror
Kopaivabalsam *m* copaiba, copaiva
Kopaivabaum *m* copaiba, copaiva *(genus Copaifera)*
Kopal *m* [gum] copal
~ erzeugend copaliferous
Kopal[hart]harz *n* [gum] copal
Kopalin *n* copalin[e], copalite *(fossil resin)*
Kopallack *m* copal varnish
kopalliefernd copaliferous
Kopalpolitur *f* copal polish
Kopfband *n* [up] brace *(timber construction)*
Kopfbinder *m* gable truss, end truss
Kopfbügelverbund *m* strapped joint
Kopfhochverfahren *n* high-lead [cable] logging
Kopfhöhe *f* headway *(timber construction)*
~ des Sägezahns addendum of [saw] tooth
Kopfholz *n* pollard, bolling
Kopfholzbaum *m* pollard, bolling
Kopfholzstamm *m* pollard, bolling
Kopfsäge *f* log cross-cut sawing machine
Kopfstütze *f* head support, head rest
Kopfteil *n* headboard, bed-head
Kopfverband *m* knee brace *(timber construction)*
Kopfverbindung *f* end joint *(timber construction)*
Kopfverbundbügel *m* strap
Kopfweide *f* pollard willow
Kopierdrehbank *f* copying lathe
Kopierdrehmaschine *f* copying lathe
Kopierfräsarbeit *f* copy-routing work
Kopierfräse *f* copy routing machine, copy moulding machine, copy shaper, copying machine, profiling machine
~ zum Schnitzen multiple-spindle carving machine
Kopierfräsen *n* copy-routing work
Kopierfräsmaschine *f s.* Kopierfräse
Kopierfräsvorrichtung *f* copy routing device
Kopiersäge *f* coping saw
Kopierschablone *f* template, templet
Kopierstift *m* guide pin *(of a routing machine)*
Korallenholz *n* 1. coral-wood *(comprehensive term)*; 2. condori wood, coral-wood, sandal bead tree, Adenanthera pavonina; 3. coral-wood, red bean tree, Erythrina corallodendron
Korallenpalisander *m* cocobolo, cocobola, *(esp.)* Dalbergia retusa *(wood species)*
Korbbogen *m* three-centred arch, basket arch, elliptical arch *(timber construction)*
Korbeiche *f* swamp chestnut oak, Quercus michauxii
Korbflechter *m* basket-maker
Korbflechterei *f* basket weaving, basket-making, basketry, basketwork
Korbmacher *m* basket-maker
Korbmacherei *f* basket-making, basket weaving, basketry, basketwork
Korbmöbel *npl* wicker furniture
Korbsessel *m* basket chair, wicker chair
Korbstuhl *m* basket chair, wicker chair
Korbwaren *fpl* basketry, basketwork, wickerwork [articles]
Korbweide *f* 1. basket willow *(comprehensive term)*; 2. [common, velvet] osier, basket willow, Salix viminalis
Korbweidenbündel *n* bolt, wad
Korbweiden[sitz]möbel *npl* osier seating furniture
Korbweidenstuhl *m* willow chair
Korea-Lebensbaum *m* Korean arbor-vitae, Thuja koraiensis
Koreakiefer *f* Korean pine, Pinus koraiensis
Koreapappel *f* Korean poplar, Populus maximowiczii (cathayana)
Kork *m* cork, suber; phellem
aus ~ [bestehend] corky
korkartig corky, suberose
Korkbildung *f* cork formation
Korkbildungsgewebe *n* cork cambium, phellogen
Korkbodenplatte *f* cork tile
Korkeiche *f* cork[-oak], cork-tree, Quercus suber
korken corky
Korken *m* cork
Korkernte *f* cork harvest
Korkerzeugnis *n* cork product
Korkgewebe *n* cork[y] tissue
Korkholz *n* corkwood

Korkholzbaum *m* corkwood
Korkkambium *n* cork cambium, phellogen
Korkklotz *m* cork rubber *(polishing tool)*
Korkkohle *f* burnt cork
Korkpappe *f* corkboard, cork slab
Korkplatte *f* corkboard, cork slab
Korkprodukt *n* cork product
Korkrinde *f* phelloderm, cork, suber
Korkschicht *f* phellem
Korkschrotpappe *f* corkboard, cork slab
Korkschrotplatte *f* corkboard, cork slab
Korkstoff *m* suberin
~ **ausbilden** to suberize
Korkstopfen *m* cork
Korktanne *f* cork-bark fir, Abies lasiocarpa var. arizonica
Korkverarbeitung *f* cork processing
Korkwarze *f* lenticel
Korkzelle *f* cork cell
Korkzellen-Gerüstsubstanz *f* suberin
Kornelkirsche *f* cornelian cherry, cornel [tree], male dogwood, Cornus mas
Körner *m* centre punch
Körnerbeize *f* dry colour; walnut stain
körnerförmiger Glutinleim *m* grain glue
Körnerlack *m* seed lac
Körnerleim *m* grain glue
Körnernußbeize *f* walnut stain
Körner[schel]lack *m* seed lac, grain lac
Körnerspitze *f* **des Reitstocks** taper centre *(of a wood-turning lathe)*
Kornmaterial *n* grindstone grits
Koromandel[holz] *n* Macassar ebony, coromandel [wood] *(from Diospyros spp.)*
Koromandellack *m* Coromandel lacquer
Körper *m* corpus *(of case furniture)*
körperhaltig bodied *(paint)*
körperreich [heavy-]bodied *(paint)*
Körperschall *m* impact sound
Korpus *n(m)* [furniture] carcass, carcase, corpus, shell, skeleton [framework]
Korpusmöbel *npl* carcass furniture
Korpusmontagelinie *f* carcass assembly line
Korpus[verleim]presse *f* carcass clamp (cramp), corpus press, cramping jig, frame glu[e]ing clamp
Korpusverleimvorrichtung *f s.* Korpus[verleim]presse
Korrosionsfäule *f* white rot
Korsikakiefer *f*, **Korsische Schwarzkiefer** *f* Corsican (Calabrian) pine, larch pine, Pinus nigra ssp. laricio
Kortex *m* cortex
korticol corticole, corticoline, corticolous *(e.g. wood pests)*
kortikal cortical
Korund *m* corundum *(abrasive)*
KOS *s.* Kosipo[-Mahagoni]
Kosipo[-Mahagoni] *n* heavy sapele, heavy mahogany, omu, Entandrophragma candollei
Kosobaum *m* kuso tree, Hagenia abyssinica
Kotballen *m* bun-shaped pellet *(e.g. of death-watch beetle)*
Kotibé *n* danta, Cistanthera (Nesogordonia) papaverifera *(wood species)*

Koto *n* 1. African pterygota, Pterygota macrocarpa *(wood species)*; 2. pterygota, *(esp.)* Pterygota bequaertii *(wood species)*
Kotpille *f* bun-shaped pellet *(e.g. of death-watch beetle)*
Kotteilchen *n s.* Kotpille
KP *s.* Kunstharzpreßholz
KPF *s.* Phenolformaldehydharz
KPR *s.* Kapur[holz]
KPVAC *s.* Polyvinylacetatleim
Kraft-Anthrachinon-Aufschluß *m* kraft-anthraquinone pulping
~-Durchbiegungs-Diagramm *n* load-deflection curve, load versus deflection diagram (graph)
Kraftaufschluß *m* kraft pulping, kraft cooking
Kraftkochung *f* kraft pulping, kraft cooking
Kraftlignin *n* kraft lignin
Kraftligninacetat *n* kraft lignin acetate
Kraftligninderivat *n* kraft lignin derivate
Kraftpapier *n* kraft [paper]
Kraftramme *f* pile driver
Kraftsackpapier *n* kraft [paper]
Kraftschwarzlauge *f* sulphate black liquor
Kraftstichsäge *f* reciprocating saw, sawzall
Kraftzellstoff *m* kraft pulp, sulphate pulp
Kraftzellstoffaser *f* kraft fibre
Kraftzellstoffgewinnung *f* kraft pulping, kraft cooking
Kraftzellstoffverfahren *n* kraft process, sulphate pulping (cooking), sulphate process
Kraftzellstoffwerk *n* kraft [pulp] mill
Kragarm *m* cantilever
Kragbalken *m* cantilevered beam, projecting beam
Kragdach *n* cantilever[ed] roof
Kragstein *m* corbel
Kragstuhl *m* cantilever chair
Kragtisch *m* cantilever table
Kragträger *m* cantilever, cantilevered log, corbel beam, overhanging beam (girder)
Kragtreppe *f* cantilevered steps
Krakelüre *f* crazing
Krallenfuß *m* paw foot, pad foot *(of a furniture leg)*
Krallenplatte *f* claw-plate connector
Krallenplattendübel *m* claw-plate connector
Krampe *f* dog, cramp; staple
Krampenloch *n* dog hole
Krankenhausmöbel *npl* hospital furniture
Krankenmöbel *npl* invalid furniture
Krankenstuhl *m* invalid chair
Krankentragstuhl *m* stretcher chair
kranker Ast *m* black knot
Kranzhobel *m* **der Küfer** sun plane
Krappgewächse *npl* madder family *(family Rubiaceae)*
kraterförmig crateriform *(pit)*
Kratzerentrinder *m* scraper
Krauskopf[bohrer] *m* countersink bit (drill), countersinker, rose[head] countersink bit
Krawattenbügel *m* tie rail
Krawattenleiste *f* tie rail
Krawattenstange *f* tie rail
Kraweelbeplankung *f* carvel planking
kraweelgebaut carvel-built *(boat)*

Krebs *m* canker *(e.g. on trees)*
~ **an Tannen** wyches'-broom [fir] rust *(caused by Melamsporella caryophyllacearum)*
krebserzeugender Pilz *m* canker fungus
Krebspilz *m* canker fungus
Kredenz *f* sideboard, serving commode, credenza
Kreidegrund *m* gesso [ground]
Kreideschnur *f* [carpenter] chalk line
Kreisbogenfenster *n* round top window
kreischen to screech *(saw)*
Kreisflächenmitteldurchmesser *m* quadratic mean diameter *(timber mensuration)*
Kreisflächenmittelstamm *m* mean basal area tree *(timber mensuration)*
Kreisflächenzuwachs *m* basal area increment *(timber mensuration)*
Kreisflächenzuwachsprozent *n* basal area increment percent[age] *(timber mensuration)*
Kreismesser *n* circular knife
Kreisschneideinrichtung *f* circle cutting attachment (device) *(of a hand-held router)*
Kreisschneider *m s.* Kreisschneideinrichtung
Kreissäge *f* circular saw, plate saw, *(Am)* buzz-saw, round saw
~ **mit eingesetzten Zähnen** inserted-tooth saw
mit der ~ geschnitten rotary-sawn, rotary-sawed
Kreissägeblatt *n* circular saw-blade, plate saw
Kreissägemaschine *f* circular saw, plate saw, *(Am)* buzz-saw, round saw
Kreissägenschärfautomat *m* automatic circular saw sharpener
Kreissägenschärfvorrichtung *f* circular saw grinding attachment
Kreissägetisch *m* circular saw table
Kreissägewelle *f* circular saw shaft, saw spindle, arbor, mandrel
Kreissägewerk *n* circular sawmill, scrag mill
Krempling *m* paxillus *(wood-damaging fungus of genus Paxillus)*
Kreosot *n* creosote *(wood preservative)*
~-**Volltränkungsverfahren** *n* Bethel[l] process, full-cell process *(wood preservation)*
kreosotieren to creosote
Kreosotlösung *f* creosote solution
Kreosotpinsel *m* creosote brush
Kreppapier *n* crêpe paper
Kreppen *n* creping *(paper-making)*
Kresolharz *n* cresol resin
Kreuzaxt *f* cross axe
Kreuzbandmuster *n* crossbanding *(veneering)*
Kreuzbug *m* cross-bracing *(timber framing)*
Kreuzdorn *m* common buckthorn, purging buckthorn, Rhamnus catharticus
Kreuzecke *f* cross corner
Kreuzfachwerkbinder *m* lattice truss
Kreuzfuge *f* four-piece [diamond] match *(veneer matchig)*
Kreuzhackenstiel *m* pickaxe handle
Kreuzhammer *m* cross-face hammer *(for leveling of band-saw blades)*
Kreuzholz *n* quarter timber
Kreuzkamm *m* cross cogging *(timber construction)*

Kreuzlattenzaun *m* trellis[-work] fence
Kreuzschleifautomat *m* automatic cross-sander, automatic cross-sanding machine
Kreuzschliffautomat *m s.* Kreuzschleifautomat
Kreuzschlitz *m* cruciform slot *(screw head)*
Kreuzschlitz[holz]schraube *f* Phillips screw
Kreuzsprossenfräsmaschine *f* mullion moulding machine
Kreuzstapel *m* Bristol pile (stack)
Kreuzstrebe *f* cross-bracing *(timber framing)*
Kreuzüberblattung *f* cross-halved joint, cross-halving, common halving, double notch[ed joint] *(carpentry)*
Kreuzungsfeld *n* cross field *(wood anatomy)*
Kreuzungsfeldtüpfel *m(n)* cross-field pit
Kreuzungsfeldtüpfelung *f* cross-field pitting
Kreuzungsprodukt *n* hybrid, bastard *(e.g. of wood species)*
Kreuzverbindung *f* cross joint *(timber construction)*
Kreuzverkämmung *f* cross cogging *(timber construction)*
Kreuzverstrebung *f* cross-bracing
kreuzweise auftrennen to quarter *(e.g. a log)*
Kreuzwinkel *m* posting square *(for frame saws)*
KRF *s.* Resorcin[formaldehyd]harz
Kricketschläger *m* cricket bat
Kricketweide *f* cricket-bat willow, Salix alba var. coerulea
Kriechen *n* creep [behaviour] *(e.g. of wood)*
Kriechverformung *f* creep deflection
Kriechverhalten *n* creep [behaviour] *(e.g. of wood)*
Kriechweide *f* creeping willow, dwarf willow, Salix repens
Krinolinensprosse *f* crinoline (spur) stretcher, cow-horn stretcher *(of a Windsor chair)*
Krippe[nwiege] *f* crib *(baby's bed)*
Kristall *m* crystal *(in wood cells)*
Kristalldruse *f* druse *(in wood cells)*
kristallführend crystalliferous *(wood cell)*
Kristallgitter *n* crystalline lattice *(e.g. of cellulose)*
kristallhaltige Holzzelle (Zelle) *f* crystal[-bearing] cell
kristallin angeordneter Cellulose[mikrofibrillen]bereich *m* crystalline region, crystalline cellulose
kristalliner Bereich *m* crystalline region, crystalline cellulose
Kristallinität *f* crystallinity *(e.g. of cellulose)*
Kristallinitätsgrad *m* degree of crystallinity, crystallinity index, state of order
Kristallit *m* crystallite, micelle, micell[a] *(of cellulose)*
Kristallsand *m* crystal sand *(in wood cells)*
kritische Knickspannung *f* buckling strength, strength to buckling
Krocketschläger *m* croquet mallet
Krone *f* crown, head
Kropfschraube *f* [mit Sternmutter] handrail bolt [and punch], rail bolt
Kröse *f* croze
Kröseisen *n* chive, croze *(cooperage)*
krümmen to camber

sich ~ to warp, to gnarl *(timber)*
Krummholz *n* curved timber, compass timber
Krummholzkiefer *f* dwarf pine, mountain pine, Pinus mugo (montana)
Krümmling *m* ramp, easement
krummschaftig, krummschäftig crooked-stemmed, curved
Krummschaftigkeit *f* crookedness, curvature *(e.g. of tree-trunks)*
~ **in einer Ebene** simple curvature
~ **in mehreren Ebenen** compound curvature
krummstämmig crooked-stemmed, curved
Krümmung *f* camber; crookedness, curvature *(e.g. of tree-trunks)*; warp
Krümmungsmessung *f* **an Baumstämmen** measurement of stem crookedness
Krümmungsradius *m* radius of curvature
Krummwuchs *m* crooked growth *(of wood)*
krummwüchsig crooked-grown *(wood)*
Krummzähniger Tannenborkenkäfer *m* fir bark-beetle, Pityokteines (Ips) curvidens
krüppelig crooked-grown *(wood)*
Krüppelkiefer *f* scrub pine
Krüppelwalm *m* half-hip
~-**Zwerggiebeldach** *n* half-hip and gablet roof
Krüppelwalmdach *n* half-hipped roof, false hip roof
Krüppelwuchs *m* crooked growth *(of wood)*
krüppelwüchsig crooked-grown *(wood)*
krustenförmig [aufliegend] resupinate *(fungal fruit body)*
Kryolith *m* cryolite *(wood preservative)*
KTO *s.* Koto
Kuba-Mahagoni *n* Cuban (Spanish) mahogany, Swietenia mahagoni
Kubanischer Eisenholzbaum *m* almique, Labourdonnaisia albescens *(wood species)*
Kübel *m* tub
kubieren to scale
Kubierungsformel *f* volume formula *(timber mensuration)*
Kubierungstafel *f* log volume table, log rule
Kubierungstafeln *fpl* **nach Hoppus** Hoppus measurer
Kubikfuß *m* cubic foot, cu. ft.
~-**Holzvolumen** *n* footage
~ **Hoppus** Hoppus [cubic] foot *(timber mensuration)*
~ **Schichtholz** stacked cubic foot
~ **Stapelholz** stacked cubic foot
Kubikmaß *n* cubic content
Kubikmeter *m(n)* cubic metre
~ **feste Holzsubstanz** cubic metre solid, [cubic] metre
~ **Festmaß** solid [cubic] metre
~ **Stapelvolumen** cubic metre of piled wood, stacked cubic metre, stere
~ **stehendes Holz** standing solid metre
kubizieren to scale
Kübler-Dübel *m* Kübler dowel
Küche *f* kitchen; kitchen furniture
Küchenarbeitsplatte *f* kitchen worktop, kitchen counter
Küchenbrett[chen] *n* chopping board, cutting board

Kücheneinrichtung *f* kitchen furniture
Küchenfront *f* kitchen-furniture front
Küchenhersteller *m* kitchen constructor
Küchenhocker *m* kitchen stool
Küchenmöbel *npl* kitchen furniture
Küchenmöbelfabrik *f* kitchen-furniture factory
Küchenmöbelhersteller *m* kitchen furniture manufacturer
Küchenmöbelindustrie *f* kitchen-furniture industry
Küchenschrank *m* [kitchen] cupboard, kitchen-cabinet, kitchen-dresser
Küchenschrankwand *f* kitchen wall unit
Küchenstuhl *m* kitchen chair
Küchentisch *m* kitchen table
Küchenunterschrank *m* kitchen-cabinet, kitchen-dresser, base-unit of kitchen cabinet
Kuckucksuhr *f* cuckoo clock
KUF *s.* Harnstoff-Formaldehydharz
Küfer *m* cooper
Küferei *f* cooper's workshop, coopery, cooperage
Kugeldruckhärte *f* resistance to [impact] indentation *(wood testing)*
kugelförmige Möbelrolle *f* ball castor
kugelförmiger Kristall *m* sphaerocrystal *(in wood cells)*
Kugelkocher *m* globe digester *(wood pulping)*
Kugelkrallenfuß *m* ball-and-claw foot, claw-and-ball foot *(of furniture)*
kugelkrallenfüßig claw-and-ball *(furniture foot)*
Kugelkristall *m* sphaerocrystal *(in wood cells)*
Kugellageranlaufring *m* bearing guide *(of a router cutter)*
Kugelmühlenlignin *n* ball-milled wood lignin
Kugelschnäpper *m* ball catch
Kugelzypresse *f* [Atlantic] white cedar, swamp cedar, Chamaecyparis thyoides
Kühlkanal *m* cooling channel *(e.g. in chipboard manufacture)*
Kühlperiode *f* cooling period *(of veneer drying)*
Kühlplatte *f* cooling plate *(of a hot press)*
Kühlpresse *f* cooling press
Kühlstation *f* cooling station
Kühlturm *m* [water] cooling tower
Kuhmilchbaum *m* sande, cow-tree, milk tree, galactodendron, Brosimum galactodendron (utile)
kulturelle Papiere *npl* cultural papers
Kummethölzer *npl* hames
Kunstdrechselei *f* artistic wood-turning
Kunstdruckpapier *n* art paper, coated paper
Kunstfaser *f* synthetic fibre
kunstgewerbliche Drechselerzeugnisse *npl* turned fancy goods
Kunstharz *n* [synthetic] resin
kunstharzbeschichtet resin-coated, resin-laminated
Kunstharzbindemittel *n* [synthetic-]resin binder
kunstharzgetränkt resin-impregnated
Kunstharzklebstoff *m* synthetic[-resin] adhesive, resin adhesive, synthetic-resin glue
Kunstharzlack *m* synthetic-resin varnish, resinous varnish
Kunstharzleim *m* synthetic-resin glue,

Kunstharzleim synthetic[-resin] adhesive
Kunstharzpreßholz n high-density plastic laminate, resin-treated compressed wood, compreg, pregwood, jicwood
Kunstharzspanplatte f resin-bonded chipboard
Kunstharzsperrholz n resin-bonded plywood
kunstharzverleimt resin-bound
Kunstholz n synthetic wood
künstlich getrocknet kiln-dried, oven-dried, KD, K/D, k.d.
~ **trocknen** to kiln-dry
künstliche Alterung f accelerated ag[e]ing, artificial ag[e]ing (e.g. of adhesive bonds)
~ **Harzflußauslösung** f resin induction
~ **Trocknung** f artificial drying (seasoning)
künstliches Trocknen n kiln drying, kiln seasoning
Kunstobjekt n objet d' art
Kunstschreiner m s. Kunsttischler
Kunstseide f artificial silk
Kunststein m artificial stone (wood-pulp grinder)
Kunststoff m plastic
  aus ~ hergestellte plastic
kunststoffbeschichtete dekorative Faserplatte f surface-laminated fibreboard
~ **Holzwerkstoffplatte** f plastic-faced wood panel
Kunststoffoberfläche f **mit Holzreproduktion** plastic veneer
Kunststoffolie f plastic foil
Kunsttischler m cabinet-maker; ebeniste, ebonist (esp. in France during the 18. century)
Kunsttischlerei f cabinet-making, cabinetwork, fine woodworking; high-class joinery
Kuoxam n cuprammonium [solution], cuoxam (solvent)
Kuoxamcellulose f cuprammonium cellulose
Kuoxamlignin n cu[pr]oxam lignin, cuprammonium lignin
KUP s. Polyesterklebstoff
Kupfercellulose f copper cellulose
Kupfernagel m copper nail
Kupfernaphthenat n copper naphthenate (wood preservative)
Kupfernatroncellulose f copper sodium cellulose
Kupferoxidammoniak n ammoniacal copper hydroxide, cuprammonium [solution], cuoxam (solvent)
Kupferoxidammoniakcellulose f cuprammonium cellulose
Kupferoxidammoniaklignin n cu[pr]oxam lignin, cuprammonium lignin
Kupferseide f copper rayon
Kupferstecher m six-dentated engraver beetle, six-toothed spruce bark-beetle, Pityogenes (Ips) chalcographus
Kupfersulfat n, **Kupfervitriol** n copper sulphate, copper (blue) vitriol (wood preservative)
Kupferzahl f copper number (cellulose chemistry)
Kuppeldach n domed roof
Kuroezomatsu n Yeso spruce, Yeddo spruce, Picea jezoensis
Kürschner m blister, blow, bubble (in veneered surfaces)
kurulisches Gestell n curule (e.g. of a folding chair)
Kurumi n Japanese walnut, Juglans ailantifolia [var. ailantifolia]
Kurvenrollenbahn f tapered roller curve
Kurvensägeschnitt m contour cut, curved cut
Kurvenschneiden n contour cutting, curved cutting (sawing), curving
kurzästig short-branched
Kurzbalken m stub beam
Kurzblättrige Eibe f Pacific yew, Taxus brevifolia
kurze Sägeware f shorts, ends (sawn timber assortment)
~ **Stütze** f strut
kurzer Pfosten m puncheon
~ **Querbalken** m needle
~ **Zapfen** m plug tenon, spur tenon
kurzes Rundholzstück n billet
~ **Streichholz (Zündholz)** n vesta
Kurzfaserfraktion f short fibre fraction (wood pulping)
kurzfaseriger Bruch m clean break
Kurzholz n shortwood, short timber
Kurzholzanhänger m shortwood trailer
Kurzholzgreifer m log grab
Kurzholzlademaschine f logger
Kurzholzsattelzug m short logger
Kurzholzverfahren n shortwood method, shortwood logging [system]
Kurzholzvollerntemaschine f shortwood harvester, feller-delimber-slasher-buncher
Kurzholzwagen m short timber truck
Kurzlängen fpl shorts
Kurzlehnstuhl m elbow chair
Kurznadelige Zeder f Cyprus cedar, Cedrus brevifolia
Kurzpfahl m stub pile
kurzschäftig short-stemmed, short-boled
kurzstämmig short-stemmed, short-boled
Kurzständer m jack stud, cripple stud (timber construction)
Kurzstofffraktion f short fibre fraction (wood pulping)
Kurztaktbeschichtungsanlage f short-cycle laminating plant
Kurztaktpresse f short-cycle press
Kürzungen fpl short ends
Kürzungslängen fpl short ends
Kürzungsmaterial n shorts
Kürzungsware f shorts
Kurzzapfen m plug tenon, spur tenon
Küstenmammutbaum m [Californian, coast] redwood, sequoia, Sequoia sempervirens
Küstensequoie f s. Küstenmammutbaum
Küstentanne f grand fir, lowland (white) fir, Abies grandis
KV-Zähne mpl brier teeth (circular saw-blade)
KVD-Verfahren n full-cell process (wood preservation)
Kyanisation f kyanization (wood preservation)
kyanisieren to kyanize
Kyanisierung f kyanization (wood preservation)
Kyma[tion] n cyma (decorative moulding)

L

L *s.* Langholz
LA *s.* Europäische Lärche
LAA *s.* 1. Amerikanische Lärche; 2. Westamerikanische Lärche
Laboratoriumstisch *m s.* Labortisch
Laboraufschluß *m* laboratory pulping
Laborblatt *n* laboratory sheet *(testing of pulp)*
Laborschleifer *m* laboratory grinder *(groundwood pulping)*
Labortisch *m* lab[oratory] bench, laboratory table
Labortischplatte *f* laboratory bench top
Lache *f s.* Lachte
Lachte *f* blaze, resin blaze, face *(resin-tapping)*
~ **der fallenden Harzung** descending face
~ **der steigenden Harzung** ascending face
~ **im ersten Nutzungsjahr** first-year face
Lachtenbeil *n* cupping axe
Lachtenbreite-Stammumfang-Verhältnis *n* face/girth ratio
Lachtenreißer *m* chipper for resin-tapping
Lacinilen *n* lacinilene *(sesquiterpene)*
Lack *m* lacquer, lacker; varnish
~ **auftragen** to lacquer; to varnish
Lackabfall *m* lacquer waste
Lackarbeit *f* lacquer work, lacwork, japan
Lackauftrag *m* lacquering, lacquer application
Lackauftragwalze *f* lacquering roll
Lackbaum *m* flame-of-the-forest, Butea monosperma (frondosa)
Lackbeize *f* varnish stain
Lackbenzin *n* white spirit *(turpentine substitute)*
Lackbeschichtung *f* lacquer coating
Lackdekor *m* japanning
~ **auftragen** to japan
lacken to lacquer; to varnish; to japan
Lackentferner *m* varnish remover
Lackfarbe *f* varnish paint
Lackfarbstoff *m* lacquer pigment
Lackfilm *m* paint film, paint skin
Lackfirnis *m* carriage varnish
Lackgießen *n* curtain coating
Lackgießmaschine *f* lacquer curtain coater, lacquer pouring machine
Lackharz *n* varnish-resin; [gum] elemi
~ **liefernder Baum** *m* varnish tree *(comprehensive term)*
Lackhärtung *f* lacquer curing (drying)
Lackhärtungsanlage *f* lacquer curing equipment
Lackhilfsstoff *m* lacquer auxiliary material
Lackieranlage *f* lacquering plant
lackieren to lacquer; to varnish
Lackieren *n* lacquering, lacquer application; varnishing
Lackierroboter *m* spray-painting robot
Lackierstraße *f* lacquer coating line, lacquering line
Lacklösungsmittel *n* lacquer solvent
Lackmalerei *f* japan, Japan work
~ **betreiben** to japan
lackmalereiverziert japanned, lacquer-decorated

Lackmöbel *npl* lacquer furniture
Lacknebel *m* lacquer mist
Lackpigment *n* lacquer pigment
Lackpolieren *n* spray polishing
Lackriß *m* paint crack
Lackrißbildung *f* paint cracking
Lackrückstand *m* lacquer residue, lacquer waste
Lackschicht *f* lacquering
Lackschlammentsorgung *f* lacquer sludge removal
Lackschleifen *n* lacquer sanding
Lackschliff *m* lacquer sanding
Lackschnitt *m* incised lacquer work
Lackspritzanlage *f* lacquer spraying plant
Lackspritzpistole *f* paint [spray] gun
Lackspritzstand *m* lacquer spraying booth
Lackspritzwand *f* spray wall
Lackstabilisator *m* lacquer stabilizer
Lackstaub *m* lacquer dust
Lacksumach *m* [japan, Japanese] varnish-tree, lac[quer]-tree, Toxicodendron vernicifera, Rhus vernicifera
Lacktrockner *m* lacquer [coat] dryer
Lacktrocknung *f* lacquer drying
Lacktrocknungsanlage *f* lacquer coat dryer, lacquer drying plant, lacquer curing equipment
Lacküberzug *m* lacquering
Lackverdünner *m* lacquer thinner
lackverziert japanned, lacquer-decorated
Lackwalze *f* lacquering roll; lacquer roller coating machine
Lackzwischenschliff *m* intermediate lacquer sanding
Lackzwischenschliffmaschine *f* intermediate lacquer sander
Lade *f* chest
Ladegerät *n* loader
Lademaschine *f* loader
Laden *n* loading
Ladenmöbel *npl* shop fittings, shop (store) furniture
Ladentisch *m* [shop] counter
Ladentischplatte *f* shop counter top
Ladeplatte *f* pallet
Lader *m* loader
Laderzange *f* grapple [loader]
Ladung *f* load
Lage *f* 1. ply *(e.g. of paper or board)*; 2. quire *(quantity of paper)*
Lagenholz *n* laminated wood
Lagenholzhersteller *m* laminator
Lagenleimung *f* face glu[e]ing
Lagenmaß *n* [sur]face measure, superficial measure (area), SM *(of boards)*
Lagenverleimung *f* face glu[e]ing
Lagerbalken *m* bearing beam, sleeper
Lagerbeständigkeit *f* shelf life, storage life *(e.g. of an adhesive)*
Lagerdauer *f s.* Lagerbeständigkeit
Lagerfäule *f* storage rot
Lagerfäuleerreger *m* storage-rot fungus
Lagerfäulepilz *m* storage-rot fungus
Lagerhaufen *m* pile
Lagerholz *n* 1. fallen deadwood; 2. [floor-]joist,

Lagerholz

common joist, floor timber
~ **des Polterunterbaues** log bunk
Lagerpolter *m(n)* log storage deck
Lagerschaden *m* storage defect
Lagerschuppen *m* storage shed
Lagerstroemia lanceolata benteak, pyinma, Lagerstroemia lanceolata *(wood species)*
Lagerungshaufen *m* pile
Lagerungsschaden *m* storage defect
LAI *s.* Terminalia tomentosa
LAJ *s.* Japanische Lärche
Lakritze *f* 1. liquorice, licorice, Glycyrrhiza glabra; 2. liquorice, licorice *(thickened sap from 1.)*
Lambrequin *n(m)* lambrequin *(decorative motif)*
Lamellenbogenbrücke *f* laminated arch bridge
Lamellenfensterladen *m* louvres, louvre-boards, louvers
Lamellenfüllung *f* jalousie
Lamellenfurnier *n* laminated veneer
Lamellentür *f* louvre door
lamellenverleimt glue-laminated
lamellierter Balken *m* [glue-]laminated beam, laminated timber beam
lamelliertes Holz *n* laminated wood
Laminat *n* laminate
laminieren to laminate
Laminierpresse *f* laminating press
Laminierung *f* lamination
Lampenruß *m* lamp black *(pigment)*
Lampentisch *m* lamp table
Landassel *f* wood-louse *(family Oniscoidea)*
Lände *f s.* Ländungsplatz
Landhaus *n* in **Chaletbauweise** chalet
Landkartenpapier *n* map paper, chart paper
Landlagerung *f* ground storage *(of roundwood logs)*
Landlagerungszeit *f* ground-storage time
Landsägewerk *n* dry [saw]mill
Ländungsplatz *m* [riverside] landing *(timber floating)*
lang abfallendes Dach *n* catslide roof
Langband *n* band hinge
Langbandschleifmaschine *f* narrow-belt sanding machine
Langblättrige Akazie *f* Sydney acacia, Acacia longifolia var. floribunda
Langblattsägewerkzeug *n* web
Langbogen *m* longbow *(weapon)*
Langdrehmaschine *f* turning lathe
Länge *f* length; linear measure
lange Schraubzwinge *f* bar cramp
Längenanschlag *m* 1. rip fence *(e.g. of a table saw)*; 2. length stop device *(routing)*
Längenanschlageinstellung *f* rip fence adjustment
Längenanschlag[ver]stelleinrichtung *f* rip fence adjustment
Längenmaß *n* linear measure
Längenquellung *f* length swelling
Längenübermaß *n* length allowance *(roundwood mensuration)*
Längenwachstum *n* longitudinal growth, growth in length, height growth
langer Modler *m* striper *(graining)*

langes Faserholz *n* longwood
langfaserig long-fibre[d]
Langfries *m* stile *(e.g. of a framed door)*
Langhobel *m* long plane, fore plane, jointer plane, trying plane
Langholz *n* long timber, longwood, stem timber, long log, forest timber
~-**Lkw** *m* log truck
~-**Nachläufersystem** *n* timber drag
Langholzabfuhr *f* bole removal
Langholzaufteilanlage *f* long-timber dividing plant
Langholzbereitstellung *f* long-length logging
Langholzbringung *f* whole-stem logging
Langholzdirektzerspaner *m* whole-log direct flaker
Langholzdrehen *n* spindle turning, between-centres turning
Langholzentladevorrichtung *f* log unloader
Langholzentrindung *f* long-log debarking
Langholzfahrzeug *n* timber lorry
Langholzladung *f* sett of timber
Langholzlänge *f* timber height *(lying stem)*
Langholzlastzug *m* log truck
Langholzpolter *m(n)* long-log deck
Langholzsortiment *n* longwood
Langholztransportfahrzeug *n* timber truck
Langholzverlade[seil]winde *f* timber loading winch
Langholzvollerntemaschine *f* longwood harvester, feller-delimber-buncher
Langholzwagen *m* timber transporter, *(Am)* lumber wagon
Langholzzerspaner *m* long-log chipper
Langhornbock[käfer] *m* sawyer *(genus Monochamus)*
länglicher Ast *m* splay knot, spike knot
Langloch *n* slot mortise
Langlochbohrer *m* long-hole borer
Langlochbohrfräsmaschine *f* slot mortising machine
Langlochbohrmaschine *f* slot boring machine
Langlochfräs[bohr]er *m* mortise bit (cutter), mortiser, rotary miller bit
Langlochfräsmaschine *f* chisel mortiser, slot moulding machine
Langnutzholz *n* long (stem) timber, large-sized merchantable wood
Langpfahl *m* long pile
Langrohholz *n* forest timber
Langrohholzabfuhr *f* bole removal
Langrohholzpolter *m(n)* rough-log deck
längs der Faser[richtung] along the grain, parallel to the grain, in the fibre direction
Längsabmessung *f* long dimension
langsamtrocknend slow-drying *(e.g. a lacquer)*
langsamwüchsig slow-growing
Längsbalken *m* long-beam
Längsbearbeitungsautomat *m* automatic longitudinal working machine
langschäftig long-boled, long-stemmed
Langschindel *f* shake
Längsdrechseln *n*, **Längsdrehen** *n* spindle turning, between-centres turning
Längsdruckfestigkeit *f* longitudinal compression

(compressive) strength; compression strength parallel to the grain
Längsfasernagelung *f* end-grain nailing
Längsfasersperrholz *n* long-grained plywood
Längsfuge *f* edge joint
Längsholz *n* stile *(e.g. of a framed door)*
Langsieb *n* Fourdrinier wire *(paper-making)*
Langsieb[entwässerungs]maschine *f* Fourdrinier machine
Langsiebpartie *f* Fourdrinier table, Fourdrinier former (wire part)
Längskrümmung *f* longitudinal curvature, longitudinal warping
~ **der Breitfläche** bowing, bow
~ **der Schmalfläche** spring, edge bend, *(Am)* crook *(of sawnwood)*
Langspan *m* long flake
Längsparenchym *n* axial (longitudinal) parenchyma, strand parenchyma *(wood anatomy)*
Längsparenchymzelle *f* axial parenchyma cell
Längsprofiliermaschine *f* lengthwise profiling machine
Längsquellung *f* longitudinal swelling
Längsrahmenholz *n* side rail
Längsriegel *m* ledger *(at a scaffold)*
Längsrillendübel *m* multi-grooved dowel
längssägen to rip [down]
Längssägen *n* rip sawing, ripping
  diagonales ~ taper ripping
  schräges ~ bevel ripping
Längsschafttrockner *m* longitudinal shaft kiln
längsschneiden to rip [down]
Längsschneiden *n* rip sawing, ripping, longitudinal cutting
Längsschnitt *m* 1. ripping cut, longitudinal cut; 2. *s.* Längsschneiden
Längsschnitt[schrot]säge *f* rip-saw, ripper
Längsschwindung *f* longitudinal (lengthwise) shrinkage, shrinkage parallel to the grain
Längsseite *f* long dimension
Längsstoß *m* abutment, abutting joint *(timber construction)*
Längsstromtrockner *m* longitudinal shaft kiln
langstämmig long-boled, long-stemmed
Längstracheide *f* axial element *(wood anatomy)*
Längsverband *m* lengthening joint
Längsverbinden *n* lengthening joint, grafting *(timber construction)*
Längsverklebung *f* longitudinal glu[e]ing
Längsverwerfung *f* longitudinal curvature, longitudinal warping
~ **der Breitfläche** bowing, bow
~ **der Schmalfläche** spring, edge bend, crook[ing] *(of sawnwood)*
Längswuchs *m* longitudinal growth
Längswuchsspannung *f* longitudinal growth stress
Längswuchsspannungsverteilung *f* longitudinal growth stress distribution
Längszugfestigkeit *f* longitudinal tensile strength, tensile strength parallel to the grain
Langtischfräse *f* long-table spindle shaper
Langzeitschutz *m* long-term protection *(e.g. of timber)*

Lanzenzahn *m* lance tooth, fleam tooth
Lanzettbogen *m* lancet arch
Lapachol *n* lapachol *(quinone)*
Lapislazuli *m* lapis [lazuli] *(as material for inlay work)*
Lärche *f* larch *(genus Larix)*
Lärchen-Baumschwamm *m* quinine fungus, Fomitopsis (Lariciformis) officinalis
Lärchenbock[käfer] *m* larch longhorn (longicorn), Tetropium gabrieli
Lärchenholz *n* larch[wood]
Lärchenkrebs *m* [European] larch canker *(caused by Dasyscypha willkommii)*
Lärchenkrebspilz *m*, **Lärchenrindenpilz** *m* larch canker fungus, Dasyscypha (Lachnellula) willkommii
Lärchenrüsselkäfer *m* larch weevil, Hylobius piceus
Lärchensplintbock *m* larch longhorn (longicorn), Tetropium gabrieli
Lariciresinol *n* lariciresinol *(lignan)*
Larix × pendula weeping larch, Larix × pendula
Larixol *n* larixol *(diterpene)*
Larve *f* [insect] larva, grub
Larven[fraß]gang *m* larval gallery, larval tunnel
Lasche *f* fish plate (piece), tie bolt, strap *(timber construction)*
Laschenstoß *m* fish plate joint, fished joint
Laschenverbindung *f* fish plate joint, fished joint
Laser-Richtlichtgerät *n* laser beam guidance
lasieren to glaze
lasierende Holzbeize *f* semi-transparent stain
lassen to ballhoot *(round timber)*
Last *f* load
~-Verformungskurve *f* load-deformation curve
Lastauftragsgeschwindigkeit *f* rate of loading, rate of head movement *(wood testing)*
Lastkahn *m* barge
Lastverschiebungsbild *n* load-displacement curve
Lasur *f* glaze
Lasurit *m*, **Lasurstein** *m* lapis [lazuli] *(as material for inlay work)*
LAT *s.* Lati
Latex *m* latex, vegetable milk
latexabsondernd laticiferous
latexerzeugend laticiferous
Latexerzeugnis *n* latex product
Latexfarbe *f* latex paint, latex-base[d] paint
Latexgalle *f* latex gall
Latexgang *m* latex passage *(wood anatomy)*
latexhaltig laticiferous
Latexkanal *m* latex canal (channel) *(wood anatomy)*
Latexklebstoff *m* latex adhesive
Latexschlauch *m* latex tube *(wood anatomy)*
Latextaschen kein Fehler latex tapes no defect, LTND *(tropical timber trade)*
Latexvorstreichfarbe *f* latex primer
Lati *n* white wenge, white oak, *(esp.)* Amphimas pterocarpoides
Latsche[nkiefer] *f* dwarf pine, mountain pine, Pinus mugo (montana)

Lattbeil

Lattbeil *n* shingling hatchet
Latte *f* lath, batten, slat, strip
Latten anbringen to lath
Lattendielung *f* wood strip [finish] flooring
Lattengerüst *n* batten framework
Lattengestell *n* batten framework
Lattenhammer *m s.* Latthammer
Lattenkiste *f* [wooden] crate
Lattenkistenmaterial *n* crating material, crating stock
Lattenkreissäge[maschine] *f* ripping circular saw
Lattenrahmen *m* slatted base *(of a bed)*
Lattenrost *m* slatted base *(of a bed)*
Lattenstuhl *m* lath-chair
Lattentür *f* ledged and braced door, ledged braced and battened door
Lattenverschlag *m* lath partition
Lattenwand *f* battened wall
Lattenwerk *n* lathing, lattice
Lattenzaun *m* slat (batten) fence, paling
Latthammer *m* lathing (framing, ripping) hammer, carpenter's roofing hammer
Lauan *n* lauan, Philippine mahogany *(wood species group consisting of Shorea spp., Parashorea spp. and Pentacme spp.)*
Laub *n* foliage
laubabwerfender Baum *m s.* Laubbaum
Laubbaum *m* deciduous tree, broad-leaved tree, hardwood [tree], leaf tree
Laubengang *m* pergola
Laubholz *n* hardwood, hdwd., dicotyledonous (angiospermous) wood, broad-leaved wood, pored wood
Laubholzart *f* hardwood species, deciduous wood species
Laubholzarten *fpl* hardwood species, deciduous wood species
Laubholzbaum *m s.* Laubbaum
Laubholzbohle *f* hardwood plank
Laubholzdübel *m* hardwood dowel
Laubholzeinschnitt *m* hardwood crosscutting
Laubholzkantel *f* hardwood square *(timber assortment)*
Laubholzlignin *n* hardwood lignin
Laubholzmistel *f* [European] mistletoe, Viscum album ssp. album
Laubholzsägewerk *n* hardwood [saw]mill
Laubholzsägewerker *m* hardwood sawyer
Laubholzzellstoff *m* hardwood pulp
Laublatsche *f* green alder, Alnus viridis [ssp. viridis]
Laubnutzholz *n* commercial hardwood
Laubrundholz *n* round hardwood
Laubsäge *f* fretsaw, coping saw, scroll-saw
Laubsägearbeit *f* fretwork
Laubsägeblatt *n* fretsaw blade
Laubsägebogen *m* fretsaw handframe
Laubsägebrettchen *n* fretsaw table, fretcutting table
Laubsägebügel *m* fretsaw handframe
Laubsägemaschine *f* fret machine, scroll-saw
Laubsägenzwinge *f* thumb screw, fret cramp, C clamp
Laubsägetisch *m* jigsaw table

Laubschnittholz *n* hardwood sawn timber, sawn hardwood [timber], *(Am)* hardwood lumber
Laubsperrholz *n* hardwood plywood
Laubstammholz *n* round hardwood
Laubwerk *n* foliage
Laufbohlenweg *m* duck-boards; *(Am)* boardwalk
Laufbretter *npl* gangboarding
laufender Fuß *m* foot run *(timber measure)*
Laufgitter *n* baby cage (trotter, walker), baby walking frame, play-pen, play-suit
Laufkatze *f* skyline carriage
Lauflänge *f* total run *(of a stairway)*
Laufleiste *f* drawer runner, *(Am)* drawer run
Lauflinie *f* walking line, line of travel *(staircase construction)*
Laufplanken *fpl* gangboarding
Laufplankenholz *n* gangboarding
Laufsteg *m* duck-boards
Laufwagen *m* skyline carriage *(logging)*
Laurinsäurebehandlung *f* lauroylation *(of wood)*
Lauroylcellulose *f* lauroyl cellulose
Laute *f* lute
Lävopimaral *n* laevopimaral *(diterpene)*
Lävopimarsäure *f* laevopimaric acid *(diterpene, resin acid)*
Lävulose *f* fructose *(monosaccharide)*
Lawsons Scheinzypresse *f* Lawson['s] cypress, Oregon (Port-Orford) cedar, Chamaecyparis lawsoniana
Lebendfärbung *f* **von Holz** injecting the living tree with dye
Lebendharzung *f* resin-tapping
Lebendstreifen *m* interface, interspace *(strip of bark between two faces in resin-tapping)*
Lebensbaum *m* thuja, arbor vitae, tree of life *(genus Thuja)*
Lebenseiche *f* live-oak, Virginia [live-]oak, encina, evergreen oak, Quercus virginiana
Leberpilz *m* beefsteak fungus, Fistulina hepatica
Leberwurstbaum *m* liver sausage tree, cucumber tree, Kigelia africana (pinnata)
Lecythis ollaria kakarali, Lecythis ollaria *(wood species)*
lederbezogene Möbel *npl* leather furniture
Lederbirne *f* snow pear, Pyrus nivalis
Lederholz *n* leatherwood, Dirca palustris
Lederleim *m* leather glue
Ledermöbel *npl* leather furniture
Ledernarbung *f* leather grain *(as surface pattern on fibreboards)*
Lederpolstermöbel *npl* leather upholstered furniture
Lederschwamm *m* stereum *(genus Stereum)*
Ledersessel *m* leather armchair
Leerpfosten *m* stud *(timber framing)*
Leersparren *m* common rafter
Legeapparat *m* egg-laying tube, ovipositor *(of insects)*
Legebohrer *m* terebra *(e.g. of wood-wasps)*
Legeröhre *f s.* Legeapparat
Legestachel *m* terebra *(e.g. of wood-wasps)*
Legföhre *f* dwarf pine, mountain pine, Pinus mugo (montana)
Lehmverputz *m* daub
Lehmverstrich *m* daub

Lehnenkopfstück *n* crest rail, cresting, top rail *(chair-making)*
Lehnenmittelstück *n* splat, splad *(chair-making)*
Lehrbrettchen *n* pitch board *(for laying out a stair stringer)*
Lehre *f* gauge, jig; template, templet
Lehrenform *f* template, templet
Lehrgerüst *n* soffit scaffold[ing], centering, falsework structure
Leibung *f* reveal
leicht [ab]gerundete Kante *f* eased arris
~ **angefaulter Ast** *m* knot with incipient decay
~ **splitternd** splintery *(wood)*
Leichtbau[holz]binder *m* lightweight [wood] truss
Leichtbauplatte *f* [lightweight] building board, wallboard
leichte Trennwand *f* screen
Leichter *m* barge
Leichterbau *m* barge-building
leichtes Wandelement *n* timber stud partition
Leichtholz *n* lightweight timber (wood)
leichtsiedendes Lösungsmittel *n* low-boiling solvent
Leier *f* lyre *(furniture ornament)*
Leierförmige Eiche *f* overcup oak, Quercus lyrata
Leierholz *n* fiddlewood *(genus Citharexylum)*
Leim *m* glue, [water-based] adhesive *(s.a. under Klebstoff, Kleber)*; size *(paper-making)*
~-**Holz-Verbindung** *f* glue-wood bond
~-**Nagel-Verbindung** *f* glue-nail joint
Leimabfall *m* glue waste
Leimansatz *m* glue solution
Leimaufbereitungsanlage *f* glue preparation system
Leimauftrag *m* glue application
Leimauftragmaschine *f* glue spreader, glue spreading (application) machine, gluer
Leimbauweise *f* laminated [beam] construction
Leimbinder *m* glue-laminated beam
Leimdurchschlag *m* glue penetration, glue stain, bleed through
leimen to glue, to bond, to agglutinate
Leimen *n* glu[e]ing; sizing *(paper-making)*
~ **in der Masse** internal sizing *(paper-making)*
~ **unter Druck** pressure glu[e]ing
Leimfaden *m* glue thread
Leimfadenklebemaschine *f* glue-thread splicer
Leimfilm *m* glue film
Leimflotte *f* glue liquors
Leimfluß *m* glue flow
Leimfuge *f* glue line, bond line; glued joint, rubbed (slayped) joint
Leimfugendicke *f* glue-line thickness
Leimfugenfestigkeit *f* glued joint strength
Leimfugenverbindung *f* glue-line joint
Leimgemisch *n* glue mix[ture]
Leimgrundierung *f* glue priming
Leimholz *n* laminated wood
Leimholzdruckstab *m* glulam column
Leimholzerzeugnis *n* glued-wood product
Leimholzhersteller *m* laminator
Leimklammer *f* spring corner cramp, spring dog

Leimknecht *m* glu[e]ing cramp
Leimkratzer *m* shave hook
Leimküche *f* glue room
Leimküchenausrüstung *f* glue room equipment
Leimlöffel *m* glue spoon
Leimlösung *f* glue solution
Leimmischer *m* glue mixer
Leimmischung *f* glue mix[ture]
Leimpinsel *m* glue brush
Leimpistole *f* glue gun
Leimpresse *f* size press *(of a Fourdrinier machine)*
Leimpressenstrich *m* size press coating *(paper-making)*
Leimpulver *n* powdered glue
Leimroller *m* hand glue spreader
Leimrückstand *m* glue waste
Leimrührer *m* glue stirrer
Leimrührwerk *n* glue stirring device
Leimspritzmaschine *f* glue extruder
Leimspritzpistole *f* glue spraying gun
Leimsteigrille *f* glue-escape groove (slot)
Leimstoff *m* sizing agent *(paper-making)*
Leimstraße *f* glu[e]ing line
Leimtechnik *f* glue technology
Leimtiegel *m* glue-pot
Leimtränke *f* glue solution, size *(gilding)*
Leimung *f* glu[e]ing; sizing *(paper-making)*
Leimungsmaterial *n* sizing agent *(paper-making)*
Leimungsstoff *m* sizing agent *(paper-making)*
Leimverbindung *f* glued joint, glue bond, rubbed (slayped) joint
Leimwasser *n* glue solution *(gilding)*
Leimzusammensetzung *f* glue composition
Leimzusatz *m* glue additive
Leinbaum *m* plane maple, Acer platanoides
Leinenprägung *f* damask finish *(paper-making)*
Leinöl *n* linseed oil
~-**Terpentin-Gemisch** *n* half-and-half linseed oil and turps
Leinölfarbe *f* linseed-oil paint
Leinölfirnis *m* linseed-oil varnish, boiled [linseed] oil, long oil
Leiste *f* cleat, slat, strip, lath, batten; moulding
~ **mit Halbkreisquerschnitt** half-round moulding
Leisten- und Mittellagenverleimmaschine *f* corestock composing and joinery stock offset composing and gluing-up machine
Leisten *m* shoe-tree, [shoe] last
Leistenhobelmaschine *f* moulding machine, moulder
Leistenmagazin *n* sticker hopper
Leistensäge *f* strip cutting saw
Leistenstift *m* brad [nail]
Leitast *m* branch leader
Leitblech *n* baffle *(e.g. in a kiln dryer)*; gutter, lip *(resin-tapping)*
Leitbündel *n* vascular bundle
Leitbündelpflanze *f* vascular plant
Leiter *f* ladder
leiterförmige Enddurchbrechung *f* scalariform perforation plate *(of a vessel member)*
Leiterholm *m* ladder stile, ladder upright
Leiterholz *n* ladder stock

Leiterrahmen 128

Leiterrahmen m ladder frame
Leiterrückenlehne f ladder back (chair-making)
Leitersprosse f ladder rail, [ladder] rung, round, rundle, stave, spoke, step
Leiterwagen m rack wag[g]on
Leitfähigkeits-Materialfeuchtemeßgerät n conductance-type [moisture] meter, conductivity moisture meter
Leitfläche f baffle (e.g. in a kiln dryer)
Leitgewebe n conducting tissue, vascular tissue (wood anatomy)
Leitname m standard name (of a wood species)
Leitungsmast m transmission pole, power-line pole
Leitungszelle f conducting cell (wood anatomy)
Leitwand f baffle (e.g. in a kiln dryer)
Leitzelle f conducting cell, tracheid (wood anatomy)
Lentizelle f lenticel (wood anatomy)
Lepidoptere f lepidopter[an], lepidopteron, butterfly (order Lepidoptera)
lesbisches Echinus-Kyma n egg-and-tongue ornament, egg-and-dart moulding
Lesepult n reading desk, reading stand, lectern; book-rest
Lesesessel m reading chair, straddling chair
Lesestuhl m [library] reading chair, cock-fighting chair, horseman's chair
Lesetisch m reading table
Lesine f lesene
Letternholz n leopardwood, letterwood, snakewood, Brosimum (Piratinera) guaianensis
Lettner m parclose [screen]
Leucaena leucocephala ipil-ipil, miracle tree, Leucaena leucocephala
Leuchtentisch m lamp table
Leuchterständer m gueridon, torchere
Leuchtertischchen n gueridon
Leuchttisch m luminous table (veneer control)
Leucocyanidin n leucocyanidin (flavonoid)
Levantiner Storax m Levant storax, [liquid] storax, liquidambar (balsam from Liquidambar orientalis)
Leylandzypresse f Leyland cypress, Cupressocyparis leylandii
LH s. Laubholz
LI s. Lindenholz
Libanonzeder f cedar of Lebanon, Lebanon (Taurus) cedar, Cedrus libani
Libby-O'Neil-Verfahren n Libby-O'Neil process (of wood-pulp manufacture)
Libriformfaser f libriform [wood-]fibre, ligneous fibre, [wood] fibre
Licania hypleuca pigeon plum, Licania hypoleuca (wood species)
lichtdurchlässige Fläche f sight size (of a window)
Lichtdurchlässigkeit f transparency (e.g. of paper)
Lichte f rough opening width
lichte Rahmenweite f inside width of a frame
~ **Türöffnung** f door opening
lichtechte Holzbeize f non-fade stain
Lichtmaß n rough opening width
Lichtnußbaum m Indian walnut, varnish tree, Aleurites moluccanus (trilobus)
Lichtstrahlschneidlinienprojektor m cut marker beam
Lichtundurchlässigkeit f opacity (e.g. of paper)
Lichtungshieb m accretion felling
Lichtwange f outside (outer) string, external string, face string, open (mitred) stringer (of a staircase)
Lichtwendigkeit f heliotropism (tree physiology)
Licuala acutifida Penang palm, Licuala acutifida (wood species)
Lieferschein m delivery order (timber trade)
Lieferung in Kommission consignment (timber trade)
Liege f day-bed, divan [bed]
liegendes Dürrholz (Trockenholz) n fallen deadwood, down timber
Liegendkubikmeter m(n) felled solid metre
Liegesessel m bed-chair, reclining chair, recliner
Liegesofa n couch
Liegestuhl m deck-chair
Lignan n lignan
lignifizieren to lignify, to run to wood
Lignifizierung f lignification
Lignifizierungstheorie f lignification theory
lignikol lignicole, lignicolous, wood-inhabiting
Lignin n lignin, encrusting ingredient (substance)
~~**-Cellulose-Bindung** f lignin-cellulose bond
~ **entfernen** to delignify
~~**-Kohlenhydrat-Bindung** f lignin-carbohydrate bond (linkage)
~~**-Kohlenhydrat-Komplex** m lignin-carbohydrate complex
~~**-Lignin-Bindung** f lignin-lignin bond
~~**-Makromolekül** n lignin macromolecule
~~**-Polysaccharid-Komplex** m lignin-polysaccharide complex, LPC
~~**-Saccharid-Komplex** m lignin-saccharide complex
Ligninabbau m lignin decomposition (degradation, breakdown), lignin catabolism
ligninabbauend lignin-degrading
ligninabbauender Mikroorganismus m lignin decomposer
Ligninabbauprodukt n lignin degradation product
Ligninabkömmling m lignin derivative
Ligninablagerung f lignin deposition
Ligninacidolyse f lignin acidolysis
ligninähnlich lignin-like
Ligninanalyse f lignin analysis
Ligninase f ligninase (complex of enzymes)
Ligninaufbau m lignin structure
ligninauflösend lign[in]olytic
Ligninauflösung f ligninolysis
Ligninauslösung f lignin dissolution
Ligninbestandteil m lignin component
Ligninbestimmung f lignin determination
Ligninbiochemie f lignin biochemistry
Ligninbiosynthese f lignin biosynthesis
Igninchemie f lignin chemistry
Ligninderivat n lignin derivative
Lignindialyse f lignin dialysis
Ligninenheit f lignin unit

ligninentfernende Bleiche *f* lignin-removing bleaching *(of pulps)*
Ligninentfernung *f* lignin removal, delignification
ligninerhaltende Bleiche *f* lignin-preserving bleaching *(of pulps)*
Ligninerweichung *f* lignin softening
Ligninfällung *f* lignin precipitate
Ligninforschung *f* lignin research
Ligninfragment *n* lignin fragment
Ligninfraktion *f* lignin fraction
Ligninfraktionierung *f* lignin fractionation
ligninfrei lignin-free
Ligningehalt *m* lignin content
Ligningel *n* lignin gel
Ligningerüst *n* lignin skeleton, lignin frame
Ligninharz *n* lignin resin
Ligninherauslösung *f* lignin dissolution
Ligninheterogenität *f* lignin heterogeneity
Ligninisolation *f* lignin isolation
Ligninkatabolismus *m* lignin catabolism
Ligninklassifizierung *f* lignin classification
Ligninkomponente *f* lignin component
Ligninkondensation *f* lignin condensation
Ligninkondensationsreaktion *f* lignin condensation reaction
Ligninkonzentrat *n* lignin concentrate
Ligninkonzentration *f* lignin concentration
Ligninleim *m* lignin-base adhesive
ligninlösend lign[in]olytic
Ligninlösung *f* lignin solution
Ligninmatrix *f* lignin matrix
Ligninmetabolismus *m* lignin metabolism
Ligninmikroschicht *f* lignin microlayer
Ligninmodell *n* lignin model
Ligninmodellsubstanz *f* lignin model compound
Ligninmodellverbindung *f* lignin model compound
Ligninmodifikation *f* lignin modification
Ligninmolekül *n* lignin molecule
Ligninmonomer *n* lignin monomer
Ligninmutante *f* lignin mutant
Ligninniederschlag *m* lignin precipitate
Ligninoxidationsprodukt *n* lignin oxidation product
Ligninpartikel *n* lignin particle
Ligninpech *n* lignin pitch
Ligninperoxidase *f* lignin peroxidase *(enzyme)*
Ligninphenol *n* lignin phenol
Ligninpolyalkohol *m* lignin polyol
Ligninpolymer *n* lignin polymer
Ligninpolymersystem *n* lignin polymer system
Ligninpolyol *n* lignin polyol
Ligninpräparat *n* lignin preparation
Ligninprodukt *n* lignin product
Ligninpyrolysat *n* lignin pyrolysate
Ligninpyrolyse *f* lignin pyrolysis
Ligninradikal *n* lignin radical
ligninreich lignin-rich, high-lignin, rich in lignin
Ligninreste *mpl* lignin residues
Ligninrückgewinnung *f* lignin recovery
Ligninskelett *n* lignin skeleton
Ligninspaltstück *n* lignin fraction
Ligninspezialist *m* white-rot fungus, white-rotter
Ligninstoffwechsel *m* lignin metabolism

Ligninstruktur *f* lignin structure
Ligninsubstrukturmodell *n* lignin substructure model
Ligninsulfonat *n* lignin sulphonate, lignosulphonate
Ligninsulfonsäure *f* lignosulphonic acid, ligninsulphonic acid
Ligninsynthese *f* lignin synthesis
Ligninteer *m* lignin tar
Ligninthermolyse *f* lignin thermolysis
Lignintyp *m* lignin type
Ligninverflüssigung *f* lignin liquefaction
Ligninverteilung *f* lignin distribution
Ligninverwertung *f* lignin utilization
Ligninvorstufe *f* lignin precursor
Ligninzersetzer *m* lignin decomposer
Ligninzusammensetzung *f* lignin composition
Ligninzwischenverbindung *f* lignin intermediate
Lignit *m* lignite
lignithaltig lignitiferous
Lignitholz *n* lignite
lignitholzhaltig lignitiferous
lignivor lignivorous, xylophagous, wood-eating, wood-feeding
Lignivore *m* xylophage
Lignocellulose *f* lignocellulose
~-Abfallstoff *m* lignocellulosic waste material
Lignocellulosefaser *f* lignocellulosic fibre
lignocellulosehaltig lignocellulosic
Lignocellulosematerial *n* lignocellulosic material
lignocellulosisch lignocellulosic
Lignocerinalkohol *m* lignoceric alcohol
Lignocerinsäure *f* lignoceric acid *(fatty acid)*
Lignol *n* lignol *(lignin precursor)*
Lignolyse *f* ligninolysis
lignolytisch lign[in]olytic
Lignosulfonat *n* lignosulphonate, lignin sulphonate
Lignosulfonsäure *f* lignosulphonic acid, ligninsulphonic acid
Lignotuber *n* lignotuber *(of Eucalyptus spp.)*
Liguster *m* privet, Ligustrum vulgare
Limba *n* limba, [white] afara, Terminalia superba *(wood species)*
Limonen *n* limonene *(monoterpene)*
Lindan *n* gamma HCH *(insecticide)*
Linde *f* lime, linden *(genus Tilia)*
Lindenbast *m* lime bast, bass
Lindenbaum *m* lime, linden *(genus Tilia)*
Lindengewächse *npl* linden family *(family Tiliaceae)*
  die ~ betreffend tiliaceous
Lindenholz *n* basswood, lime *(esp. from Tilia americana)*
Lineal *n* straight-edge
lineare Quellung *f* linear swelling *(of wood)*
~ Schwindung *f* linear shrinkage *(of wood)*
Lingue *n* lingue, Persea lingue *(wood species)*
Liniengerüst *n* wall scaffold[ing]
Liniierter Nutzholzborkenkäfer *m* lineate bark-beetle, Trypodendron lineatum, Xyloterus lineatus
linke Seite *f* external face *(of a board)*
linker Hobelzahn *m* left-hand cutter *(of a saw chain)*

links

links [auf]schlagende Tür f left-hand[ed] door
Linksdrehwuchs m counter-clockwise spiral grain, anticlockwise (left-handed) spiral grain
Linksschloß n left-hand lock
Linkstür f left-hand[ed] door
Linoleum n lino[leum]
Linsensenkkopf[holz]schraube f raised-head screw, oval-head wood-screw, mushroom-head screw, raised countersunk screw
Linters pl linters, white flock *(upholstery)*
Liovil n liovil *(lignan)*
Lipochrom n carotenoid, carotinoid *(natural dye)*
Lippenrand m lipping *(esp. applied to the edges of drawers)*
Liriodenin n liriodenine *(alkaloid)*
Lisene f lesene
Litchi n lingue, Persea lingue *(wood species)*
Litchibaum m, **Litchipflaume** f litchi, lychee, Litchi chinensis *(wood species)*
Lithocarpus densiflora (densiflorus) tan[bark] oak, Lithocarpus densiflora (densiflorus)
Lithographiepapier n litho[graphic paper]
Lkw-Pritsche f truck floor
LMB s. Limba
Lochbeitel m mortise chisel
Lochfaserplatte f perforated hardboard
Lochfäule f [white] pocket rot, peckiness
Lochkartenschlüssel m [multiple entry] card-key *(of timber identification)*
Lochkreissäge f hole saw, ring saw
Lochpause f pricking *(e.g. in marquetry)*
Lochplatte f 1. vessel perforation [plate], perforation plate *(wood anatomy)*; 2. gusset nail plate; 3. peg-board
Lochsäge f compass saw, turning saw
Lochspanplatte f perforated chipboard
Lockerwerden n **von Holz** mellowing of wood
Löffelbohrer m spoon bit, shell bit, quill bit
Lohe f tan[bark]
Loheisen n barking-iron, barking spud
Lohen n barking in period of sap flow
Lohrinde f tan[bark]
Lohschälen n, **Lohschälung** f barking in period of sap flow
Lonchocarpus castilloi black cabbage bark, manchich, Lonchocarpus castilloi *(wood species)*
~ **urucu (nitidus)** African wisteria, Lonchocarpus urucu (nitidus) *(wood species)*
Longicyclen n longicyclene *(sesquiterpene)*
Longifolen n longifolene *(sesquiterpene)*
Longipinen n longipinene *(sesquiterpene)*
Longitudinalquellung f longitudinal swelling
Longitudinalschwindung f longitudinal shrinkage, shrinkage parallel to the grain
Lontaropalme f palmyra [palm], Borassus flabellifer
Loquate f loquat, Japanese medlar, Eriobotrya japonica
Lorbeer[baum] m bay [laurel], bay tree, sweet bay, Laurus nobilis
Lorbeerblättriger Flachsbaum m Chinese laurel, salamander tree, Antidesma bunius
Lorbeereiche f [swamp] laurel oak, Darlington oak, Quercus laurifolia
Lorbeerkirsche f 1. laurel cherry, cherry laurel, Prunus laurocerasus; 2. black (cabinet) cherry, Prunus serotina
Lorbeerweide f laurel-leaved willow, bay[-leaved] willow, Salix pentandra
Löschpapier n blotting paper
lose einlegbare Sitzplatte f loose seat, slip seat
~ **Querholzfeder** f loose tongue, spline
lösemittelhaltiges Holzschutzmittel n oil-solvent wood preservative
Lösen n slushing *(paper-making)*
loser Ast m loose knot, falling-out knot, dead knot
loses Holz flößen to drift, to drive, to float
losfaserig flaky, scaly *(wood)*
lösliches Harz n soluble resin
Lösungsbenzin n white spirit, *(Am)* mineral spirits *(turpentine substitute)*
Lösungsmittel n solvent
Lösungsmittelaufschluß m solvent pulping
Lösungsmittelbeize f solvent stain
lösungsmittelbeschichtetes Papier n solvent-coated paper
lösungsmittelfreier Anstrichstoff m solvent-free paint
lösungsmittelhaltiges Holzschutzmittel n solvent-type [wood] preservative
Lösungsmittelkleber m solvent[-based] adhesive
Lösungsmittelklebstoff m solvent[-based] adhesive
Lösungsmitteltrocknung f solvent drying *(of wood)*
LOT s. Lotofa
Lotofa n brown sterculia, Sterculia rhinopetala *(wood species)*
lotrecht verlaufende gefugte Schalung f **mit Deckleisten** vertical weather-board cladding
Löwen[tatzen]fuß m [lion's] paw foot, pad foot *(furniture foot)*
Lowry-Verfahren n Lowry process, empty-cell process without initial air pressure *(wood preservation)*
Luchuföhre f, **Luchukiefer** f Luchu pine, Okinawa pine, Pinus luchuensis
luftbürstengestrichenes Papier n brush-coated paper
Luftdüsenstrich m air jet coating *(paper-making)*
Luftembolie f air embolism *(wood physiology)*
Lüfter m fan
Luftfeuchte f air humidity
Luftfeuchtigkeit f air humidity
luftgetrocknet [air-]seasoned, air-dried, air-dry
luftgetrocknetes Schnittholz n *(Am)* yard lumber
Luftholz n amaranth, purpleheart, purplewood *(from Peltogyne spp.)*
Luftkamin m chimney
Luftmesserstreichmaschine f air knife coater *(paper-making)*
Luftmesserstrich m air knife coating *(paper-making)*
Luftmyzel n aerial mycelium
Luftriß m shake, check *(wood defect)*

luftschabergestrichenes Papier *n* air-knife-coated paper
Luftschaberstreichmaschine *f* air knife coater *(paper-making)*
Luftschaberstreichverfahren *n* air knife coating *(paper-making)*
Luftschacht *m* chimney
Luftschleifprozeß *m*, **Luftschleifverfahren** *n* airbrasive process *(wood conservation)*
Luftströmungs-Geschwindigkeitsmesser *m* anemometer
lufttrocken air-seasoned, air-dry
lufttrockener Zellstoff *m* air-dry pulp
lufttrocknen to air-dry, to season
Lufttrocknung *f* air seasoning, natural seasoning, air-drying
Luftverfilzung *f* air felting *(fibreboard manufacture)*
Luftvordruck *m* initial air pressure *(during the Rueping process of wood preservation)*
Luke *f* hatch
Lumen *n* cell cavity, lumen *(wood anatomy)*
Lumholzkiefer *f* Lumholz pine, Pinus cembroides
Lumpen *mpl* rags *(paper-making)*
Lünette *f* 1. steady, supporting block *(of a wood-turning lathe)*; 2. lunette *(ornament)*
~-Schnitzerei *f* lunette carving
Lupenschlüssel *m* lens key *(of timber identification)*
Lupuna *n* lupuna, Ceiba samauma *(wood species)*
lutro air-seasoned, air-dry
Luxusmöbel *npl* fine furniture, high-class furniture, precious furniture
Luxusmöbeldesign *n* fine furniture design
Luxuspapier *n* high-grade stationery
Luxusschreibpapier *n* high-grade stationery
Lyalls Lärche *f* Lyall's larch, mountain (Alpine) larch, Larix lyallii
Lyctus[käfer] *m* [common] powder-post beetle, lyctus beetle, Lyctus brunneus
Lyoniresinol *n* lyoniresinol *(lignan)*
Lyra *f* lyre *(furniture ornament)*
Lysiloma latisiliqua (sabicu) Madeira wood, sabicu, Lysiloma latisiliqua (sabicu)

M

M s. Biegemoment
MAA s. 1. Afrikanisches Mahagoni; 2. Khaya[-Mahagoni]
MAC s. Makoré
Macadamia ternifolia Queensland nut, Macadamia ternifolia *(wood species)*
Machaerium villosum jacaranda pardo, Machaerium villosum *(wood species)*
Machang n mango wood, grey mango, Mangifera foetida
Maclurin n morin *(flavonoid)*
Macoubein n macoubeine *(alkaloid)*
Maculin n maculine *(alkaloid)*
MAD s. Erdbeerbaum
Mädchenkiefer f Japanese white pine, Pinus parviflora
Made f grub
Madenschraube f grub screw
Madhuca longifolia illupi, Madhuca (Bassia) longifolia *(wood species)*
Madison-Verfahren n Madison [wood-sugar] process
MAE s. 1. Amerikanisches Mahagoni; 2. Echtes Mahagoni
MAG s. 1. Magnolienholz; 2. Gurkenmagnolie
magazinierte Nägel mpl strip nails
Magazinnagler m magazine nailer
Magazinschleifer m magazine grinder *(wood pulping)*
magerer Lack m short oil varnish
Magnesiabinder m, **Magnesiamörtel** m, **Magnesiazement** m magnesia cement, Sorel cement *(mineral binder)*
Magnesiumbisulfitzellstoff m magnesium bisulphite pulp
Magnethalter m magnetic catch (lock)
Magnetscheider m magnet separator
Magnetschließe f, **Magnetschnäpper** m, **Magnetzuhaltung** f magnetic catch (lock)
Magnolia obovata honoki, Magnolia obovata (hypoleuca) *(wood species)*
Magnolie f magnolia *(genus Magnolia)*
Magnoliengewächse npl magnolia family *(family Magnoliaceae)*
    die ~ betreffend magnoliaceous
Magnolienholz n magnolia
Mahagoni n mahogany
mahagoniähnlich mahogany-like
Mahagonibaum m mahogany [tree] *(genus Swietenia)*
Mahagonibeize f mahogany stain
Mahagoniholz n mahogany
Mahagonimöbel npl mahogany furniture
Mahalebkirsche f rock cherry, mahaleb, St. Lucie cherry, Prunus mahaleb
Mahlbarkeit f beatability
mahlen to beat, to mill *(fibrous material)*
Mahlen n beating *(paper-making)*
mahlfähig beatable
Mahlfähigkeit f beatability
Mahlgrad m freeness, degree of beating *(of fibrous materials)*
~ nach Schopper-Riegler Schopper-Riegler freeness
Mahlgradprüfer m freeness tester, beaten stuff tester *(paper-making)*
~ nach Schopper-Riegler Schopper-Riegler apparatus for freeness testing
Mahlhilfsmittel n beater additive
Mahlscheibe f grinding disk, refiner disk
Mahlspan m ground particle
Mahlung f beating *(paper-making)*
Mahlungsenergie f beating energy
Mahlverhalten n beating behaviour
Mahlwerk n mill
Mährische Eberesche f rowan[-tree], Sorbus aucuparia var. edulis
Maidou n maidu, Pterocarpus pedatus *(wood species)*
Maidoumaser f maidu burr
MAK-Wert m s. maximal zulässige Arbeitsplatzkonzentration
Makarati n makarati, Burkea africana *(wood species)*
Makassarebenholz n 1. Celebes ebony, Diospyros celebica; 2. Macassar ebony, calamander [wood] *(from Diospyros spp.)*
Makkaronieisen n macaroni tool *(wood carving tool)*
Makoré n makoré, makori, Mimusops (Tieghemella, Dumoria) heckelii *(wood species)*
makroanatomischer Bau m **des Holzkörpers** gross wood structure, gross anatomical features of wood
Makrofibrille f macrofibril *(wood anatomy)*
Makropilz m macrofungus
makroskopischer Bau m **des Holzkörpers** gross wood structure, gross anatomical features of wood
Malabar-Kinobaum m Amboina wood, kiabooca (kyabuka) wood, Pterocarpus marsupium
Malabarkino n Malabar kino *(from Pterocarpus marsupium)*
Malaboda n wild nutmeg, Myristica dactyloides *(wood species)*
Malaguetapfeffer m African pepper tree, Xylopia aethiopica
Malasa n Burma lancewood, Homalium foetidum (tomentosum)
malen to paint
Malerpalette f palette
Mallotus philippinensis kamala tree, monkey-face tree, Mallotus philippinensis
~ ricinoides alem, Mallotus ricinoides *(wood species)*
Mammiapfel m mammee [apple], Mammea americana
Mammutbaum m ; 1. sequoia, wellingtonia *(genus Sequoia)* 2. mammoth (big) tree, giant sequoia, wellingtonia, Sequoiadendron giganteum, Sequoia gigantea
Man s. Mannose
Manbarklak n Toledo wood *(from Eschweilera spp.)*

Mandelbaum *m* almond [tree], Prunus dulcis (amygdalus)
Mandelblättriger Birnbaum *m* almond-leaved pear, Pyrus spinosa (amygdaliformis)
Mandelweide *f* French willow, almond-leaved willow, Salix triandra
Mandibel *f* mandible *(of insects)*
Mandioqueira *n* mandio[quiera] *(wood from Qualea spp.)*
Mandoline *f* mandolin[e]
Mandschurische Hasel[nuß] *f* 1. Manchurian filbert, Corylus sieboldiana var. mandshurica; 2. Japanese hazel, Corylus heterophylla
~ **Tanne** *f* Amur fir, Siberian white fir, Abies nephrolepis
~ **Walnuß** *f* Manchurian walnut, Juglans mandshurica
Mandschurischer Ahorn *m* 1. Manchurian maple, Acer caesium; 2. Amur maple, Acer ginnala
Mangabeirabaum *m* mangaba rubber tree, Hancornia speciosa
Manganbraun *n* bistre, bister, soot brown *(pigment derived from soot made by burning beech wood)*
mängelfrei fault-free *(e.g. wood)*
Manglebaumgewächse *npl* mangrove family *(family Rhizophoraceae)*
Mangobaum *m* mango tree, Mangifera indica
Mangrove[n]baum *m* mangrove, mangle *(genus Rhizophora)*
Mangroverindenextrakt *m* mangrove cutch *(tanning agent from Rhizophora spp.)*
Manierismus *m* mannerism, mannerist style *(of art)*
Manil *n* boarwood, hog (doctor) gum, manni, waika chewstick, Symphonia globulifera
Manila-Elemi[harz] *n* Manila elemi *(from Canarium luzonicum)*
~~-**Padouk** *n* Manila (Salomons) padouk, narra[wood], Pterocarpus indicus
Manilakopal *m* Manila copal *(from Agathis australis and A. dammara)*
Manilkara littoralis Andaman bulletwood, Manilkara littoralis
Manio *n* 1. manio, Chilean short-leaf pine, yellowood, Podocarpus nubigenus; 2. manio, yellowwood, Podocarpus salignus
Manipulator *m* knuckleboom [unscrambler], unscrambler, cherry picker
Manna *n(f)* manna *(sweet dried juice esp. from Fraxinus ornus)*
Mannabaum *m* manna tree, Alhagi maurorum
Mannaeiche *f* manna oak, Quercus brantii
Mannaesche *f* flowering ash, manna-ash, Fraxinus ornus
Mannan *n* mannan *(hemicellulose)*
Mannose *f* mannose *(monosaccharide)*
Mansardbinder *m* gambrel truss
Mansarddach *n* [gabled] mansard roof, gambrel roof
Mansarddachbinder *m* mansard [roof] truss
Mansardfachwerkbinder *m* mansard [roof] truss
Mansardwalmdach *n* hipped mansard roof
Mansonia *n* [dark] mansonia, Mansonia altissima *(wood species)*
Mansonon *n* mansonone *(sesquiterpene)*
Mantelpfahl *m* cased pile
Mantelreibung *f* side friction *(of a foundation pile)*
Mantelreibungspfahl *m* friction pile *(wood foundation)*
Mantelriß *m* sun crack
Mantelspore *f* chlamydospore *(of basidiomycetes)*
Manual *n* manual *(e.g. of an organ)*
Manualklaviatur *f* manual *(e.g. of an organ)*
manuelles Biegen *n* manual bending
~ **Entrinden** *n* manual barking
Manzinellenbaum *m* manchineel, Hippomane mancinella *(wood species)*
MAO *s.* Manio
Mappenständer *m* folio stand
Maracaibo Pockholz *n (Am)* verawood, Bulnesia arborea
Maranthes corymbosa busu plum, Maranthes corymbosa *(wood species)*
marginale Strahlzelle *f* marginal ray cell *(wood anatomy)*
marginales Parenchym *n* marginal parenchyma, boundary parenchyma *(wood anatomy)*
Margo *f* margo *(wood anatomy)*
Marimba *f* marimba *(percussion instrument)*
Marineleim *m* marine glue
mariner Holzschädling *m* marine pest
~ **Wasserbau** *m* marine construction, marine work
Marionette *f* wooden puppet
Mark *n* pith, medulla, [heart] centre *(wood anatomy)*
Marke *f* mark
Markenmöbel *npl* brand [name] furniture
Markenmöbelhersteller *m* branded furniture manufacturer
Marketerie *f* marquetry, inlaid work, inlay [work], [in]tarsia, tarsia[tura]
Marketerieeinlage *f* marquetry inlay
Marketerieschneider *m* marquetry cutter, marquetarian
Markfleck *m* pith fleck, medullary spot *(in wood)*
Markfleckchen *n* medullary blemish *(in wood)*
markfleckiges Birken[furnier]holz *n* Masur birch *(due to the attack of Dendromyza spp.)*
markgefüllt pithy
markieren to mark
mittels Schnurschlag ~ to snap a chalk line
Markierhammer *m* marking hammer
Markierpresse *f* marking press *(of a Fourdrinier machine)*
Markierung *f* mark
markig pithy
Markigkeit *f* pithiness
märkischer Verband *m* flying bond *(timber construction)*
marklos pithless
marknahes Holz *n* pith stock, heart [centre]
Markriß *m* heart shake, rift crack *(fault in wood)*
markrissig heartshaken *(wood)*

Markrissigkeit *f* quagginess *(wood defect)*
Markröhre *f* pith, medulla, [heart] centre
Markröhrenachse *f* pith axis
Markstrahl *m* pith ray, medullary ray, vascular (wood) ray, xylem ray
Markstrahlparenchym *n* xylem ray parenchyma
Markstrahlzelle *f* ray cell
Markstrang *m* heart centre
Marktware *f* sawn wood of common use
Markverlagerung *f* wandering heart (pith), eccentric growth
marmorieren to marble, to marbleize
Marmormalerei *f* marbling
  mit ~ versehen to marble[ize]
Marmorplatte *f* marble top
Marmortisch *m* marble-topped table
Marmortischplatte *f* marble top
Marokkoleder *n* morocco
Marone *f* [sweet] chestnut, marron, Castanea sativa (vesca)
Maroquin *n(m)* morocco
Martha Washington-Stuhl *m (Am)* Martha Washington chair
Marupa *n* mountain damson, bitter damson, Simaruba amara *(wood species)*
Maryland-Eiche *f* blackjack [oak], Quercus marilandica
MAS *s.* Sapelli
Maschine *f* **für die Holzbearbeitung** woodworking machine
maschinell bearbeitbar machin[e]able
~ bearbeiten to machine
~ festigkeitssortiert machine stress-rated, MSR
~ sortiert machine-graded *(sawnwood)*
maschinelle Bearbeitbarkeit *f* machin[e]ability
~ Entrindung *f* machine barking
~ Festigkeitssortierung *f* machine stress grading *(of sawnwood)*
~ Holzbearbeitung *f* wood machining
~ Kantenbearbeitung *f* edge machining
~ Laubsäge *f* machine fretsaw, jigsaw, *(Am)* bayonet saw
~ Nagelung *f* power nailing
~ Streuung *f* mechanical spreading *(fibreboard manufacture)*
maschinelles Hobeln *n* machine planing
Maschinen *fpl* **der Holzbearbeitungsindustrie** woodworking industry machinery
Maschinenbohrer *m* machine boring tool
Maschinenentrindung *f* machine barking
Maschinengraukarton *m* chipboard
Maschinenhobelspäne *mpl* planer shavings
Maschinenhohlstemmer *m* hollow [square mortise] chisel
Maschinenkalander *m* machine stack *(of a Fourdrinier machine)*
Maschinenkalandern *n* machine calendering *(paper-making)*
Maschinenkarton *m* millboard
Maschinennagelung *f* power nailing
Maschinenpappe *f* millboard
Maschinenrichtung *f* machine direction *(paper-making)*
Maschinensaal *m* machine shop *(e.g. of a furniture factory)*

Maschinensäge *f* power saw
Maschinensägefeile *f* filing machine
Maschinenschnitzen *n* machine carving
Maschinenschüttung *f* mechanical spreading *(fibreboard manufacture)*
Maschinensieb *n* Fourdrinier wire *(paper-making)*
Maschinenstraße *f* mass-production line *(furniture manufacture)*
Maschinenstrich *m* machine coating *(paper-making)*
Maschinentisch *m* machine table
Maschinentischverlängerung *f* table extension
Maser *f s.* Maserung
Maserbirke *f* curly birch, speckled birch
Maserfurnier *n* curl veneer, figured (fancy) veneer
Maserfurniertischplatte *f* curl veneer top
Maserholz *n* figured wood
maserieren to grain
Maserieren *n* graining
maserig figured, veined *(wood)*
Maserknolle *f* burr, gnarl, *(Am)* burl
Maserknollenfurnier *n* burr [veneer]
Maserkropf *m s.* Maserknolle
masern to spot *(wood)*
Maserung *f* wood grain [figure], figure, grain [pattern], wood grain patterning, [wood] texture, veining
Maserwuchs *m* curl figure, curl grain
maserwüchsig curly
Maske *f* [satyr] mask *(decorative feature)*
Mason-Kanone *f* Mason gun *(steam explosion defibration)*
Masonite-Verfahren *n* Masonite [explosion] process, explosion process *(of fibreboard manufacture)*
Maß *n* dimension
Maßabweichung *f* tolerance
Massaranduba *n* bully tree, bullet tree, bulletwood, balata, Manilkara bidentata, Mimusops balata
maßbeständig dimensionally stable
~ sein to stay [in place] *(wood)*
Maßbeständigkeit *f* dimensional stability
Masse *f* slip *(paper-making)*
Masseleimung *f* internal sizing *(paper-making)*
Massenpapier *n* low-quality paper
Massentafel *f* volume table *(timber mensuration)*
~ für Einzelstämme tree volume table
maßgefertigte Möbel *npl* bespoke furniture
maßgefertigtes Fenster *n* made-to-measure window
Maßgenauigkeit *f* accuracy to size
Maßhaltigkeit *f* size consistency *(e.g. of sawnwood)*
Maßholder *m* common maple, [English] field maple, hedge maple, mazer tree, Acer campestre
Massivholz *n* solid wood, natural wood, whole wood
Massivholzbalken *m* solid timber beam
Massivholzbiegen *n* solid-wood bending
Massivholzerzeugnis *n* solid-wood product
Massivholzkante *f* [edge] lipping, edging, facing

Massivholzmöbel *npl* solid [wood] furniture
Massivholzplatte *f* solid-wood board
Massivholzrahmen *m* solid wood frame
Massivholzverleimanlage *f* solid lumber panel composer
Massivholzverleimpresse *f* solid-wood glu[e]ing press
Massivholzverleimung *f* solid wood glu[e]ing
Massivumleimer *m* solid banding
Maßlehre *f* gauge
Maßschindel *f* dimension shingle
Maßtoleranz *f* tolerance
Maßvergütung *f* **für Rinde** bark allowance, bark deduction, allowance for bark
Maßwerk *n* [Gothic] tracery
Maßwerkfüllung *f* tracery panel
Maßzahl *f* module
Mast *m* pole, mast
Masteinzelfundament *n* pole footing
Mastenbauweise *f* pole construction
Mastenbehandlung *f* wood pole treatment
Mastenholz *m* mast timber
Mastenholzschutz *m* pole preservation
Mastennachpflege *f* wood pole maintenance
Mastenschälmaschine *f* pole-peeling machine
Mastenschutz *m* pole preservation
Mastenschutzbehandlung *f* wood pole treatment
Mastenschutzmittel *n* pole preservative
Mastenstumpf *m* pole stub
Mastfundament *n* pole footing
Mastgründung *f* pole foundation
Mastix *m* mastic
Mastixharz *n* mastic
Mastixklebstoff *m* mastic adhesive
Mastixstrauch *m* [Chios] mastic tree, mastic [tree], Pistacia lentiscus
Mastkonstruktion *f* pole structure
Mastsockel *m* pole footing
Maststumpf *m* pole stub
Matairesinol *n* matairesinol *(lignan)*
Material *n* stuff
Matratze *f* mattress
Matrix *f* matrix *(e.g. of wood cell wall)*
Matrize *f* mould
Matrizenblech *n* profiled press plate *(manufacture of embossed hardboards)*
Matrjoschka *f* matrushka doll
matt non-lustrous
Mattbürste *f* dulling brush
Matteffekt *m* matt effect
Mattenbildung *f* mat forming
Mattfarbe *f* flat paint, low-lustre paint
Mattgold *n* dead gold
mattieren to mat[t], to flat [down], to dull *(wood surface)*
Mattieren *n* dulling
Mattlack *m* flat varnish
Mattpapier *n* dull paper
mattpolierte Holzoberfläche (Oberfläche) *f* matt finish
Mattvergoldung *f* matt gilding
Mattwerden *n* **der Decklackschicht** sinking [in]
MAU *s.* Utile
Mauerbank *f* wall-plate, railing piece
Mauerlatte *f* wall-plate, railing piece

Mauernagel *m* masonry nail
Mauerstiel *m* bond timber, chain timber
Mauerwerksanker *m* **[aus Holz]** bond timber, chain timber
Maul *n* escapement, throat *(of a plane)*
Maulbeerbaum *m* mulberry *(genus Morus)*
Maulbeerbaumgewächse *npl* mulberry family *(family Moraceae)*
die ~ betreffend moraceous
Maulbeerbaumholz *n* mulberry
Maulbeerfeigenbaum *m* sycamore [fig], wild fig [tree], mulberry fig, Pharaoh's fig, Ficus sycomorus
Mäule-Test *m* Mäule reaction *(lignin determination)*
Maurerstemmeisen *n* wall chisel, brick bolster chisel
Maurerverband *m* mason's mitre *(esp. of early oak joinery)*
maximal zulässige Arbeitsplatzkonzentration *f* maximum allowable concentration
~ zulässige Konzentration *f* maximum allowable concentration
maximale Quellung *f* maximum swelling
~ Schwindung *f* maximum shrinkage
maximales Quellmaß *n* maximum swelling
~ Schwindmaß *n* maximum shrinkage
Maximowicz-Kirsche *f* miyana cherry, Prunus maximowiczii
Mayapis *n* mayapis, Shorea squamata *(wood species)*
Mazeration *f* maceration
Mazerationstechnik *f* macerative technique
mazerieren to macerate
Mazerieren *n* maceration
MBK *s.* Manbarklak
MDF-Platte *f* MDF [board], medium-density board, medium [hard]board
MEB *s.* Merbau
mechanische Adhäsion *f* mechanical adhesion
~ Spannung *f* stress
~ Spannvorrichtung *f* hand clamp
~ Widerstandsfähigkeit *f* strength
mechanischer Holzfaserstoff (Holzschliff) *m* mechanical [wood] pulp, stuff
~ Refinerholzstoff *m* refiner mechanical (groundwood) pulp, RMP
mechanisches Verbindungsmittel *n* fastening [device]
Medang *n* medang, *(esp.)* Dehaasia nigrescens *(wood species)*
Mediencenter *n s.* Medienschrank
Medienschrank *m* entertainment centre
Medikamentenschränkchen *n* apothecary chest, medicine cabinet
Meerespilz *m* marine fungus
Meerwasserbau *m* marine construction, marine work
Meerwasserbauten *mpl* wood marine structures
meerwasserbeständiger Lack *m* marine varnish
Meerwasserbeständigkeit *f* marine durability *(of timber)*
Meerwasserschädling *m* marine pest
MEG *s.* Gelbes Meranti
Mehlbeerbaum *m*, **Mehlbeere** *f* whitebeam

Mehlbeerbaum
[tree], Sorbus aria
Mehlkäfer m flour beetle, meal-beetle, Tenebrio molitor
Mehlkäferlarve f meal-worm, Tenebrio molitor
Mehlpapier n flour glass-paper *(finest grade of glass-paper)*
Mehltaubekämpfungsmittel n mildewcide
Mehltaufungizid n mildewcide
Mehltaupilz m mildew fungus *(order Erysephales)*
Mehltaupilzbekämpfungsmittel n mildewcide
Mehlwurm m meal-worm, Tenebrio molitor
Mehrausbeute f overrun *(e.g. of sawnwood)*
Mehrblattbandsäge[maschine] f multi-blade band sawing machine
Mehrblatthubkreissäge[maschine] f multi-blade stroke circular sawing machine
Mehrblattkreissägeanlage f gang [saw]mill
Mehrblattkreissägemaschine f multi-blade circular saw[ing machine], multi-blade saw, slasher, slashing saw
Mehretagen[heiß]presse f multi-daylight [heated] press, multi-plate[n] press
Mehrfachablängsäge f multiple cross-cut saw, trimming machine, trimmer
Mehrfachbandsäge f multiple band saw
Mehrfachkappsägemaschine f multiple cross-cut saw, trimming machine, trimmer
Mehrfachtrennbandsäge f multiple band resaw
mehrfarbiger Lackschnitt m polychrome incised lacquer work, polychrome Bantam work
Mehrgattersägewerk n multi-frame sawmill
Mehrkomponentenepoxidharz n multi-component epoxy [resin]
Mehrkomponentenklebstoff m more-part adhesive
Mehroperationsmaschine f multifunction machine, multiprocessor *(timber harvest)*
Mehrpressenschleifer m pocket grinder *(wood pulping)*
mehrreihig multiseriate *(wood ray)*
mehrreihige Tüpfelung f multiseriate pitting *(wood anatomy)*
mehrschichtig 1. multi-ply *(plywood)*; 2. *s.* mehrreihig
mehrschichtige Pappe f multi-ply board
~ **Platte** f multi-layered board
~ **Spanplatte** f multi-layer particleboard
Mehrschichtsperrholz n multi-plywood
mehrschneidige Axt f double[-bitted] axe, double-bladed axe
Mehrseitenfräsmaschine f shaping machine, shaper
Mehrseitenhobelmaschine f multi-side planing machine
Mehrspindel-Schnitzfräsmaschine f multiple-spindle carving machine
Mehrspindelbohrkopf m multi-spindle boring head
Mehrspindelbohrmaschine f multi-spindle boring machine
Mehrspindelholzbohrmaschine f multiple wood borer
mehrspindlige Oberfräsmaschine f multi-spindle router

Mehrstammentrindung f multiple-stem barking
Mehrstufenbleichanlage f multistage bleaching plant *(pulp manufacture)*
Mehrstufenbleiche f multistage bleaching
mehrstufige Bleiche f multistage bleaching
Mehrzweckmöbel npl multi-purpose furniture
Mehrzweckplatte f general-purpose board
Mehrzwecktisch m multi-purpose table, universal table
Mehrzweckvorstreichfarbe f multi-purpose primer
Meiler m charcoal pile, stack
Meilerholz n charcoal wood
Meilerofen m kiln *(for wood charring)*
Meilerverkohlung f charcoal burning, charcoal-making, wood charring
Meißel m chisel
Mekkabalsam m balm of Gilead
Mekkabalsambaum m balm of Gilead, Commiphora opobalsamum
Melaleuca styphelioides naambar, Melaleuca styphelioides *(wood species)*
Melamin n melamine *(organic base)*
~-**Formaldehydharz** n melamine-formaldehyde [resin], melamine resin
Melaminfilm m melamine film, melamine-resin-impregnated tissue
Melaminharz n melamine resin, melamine-formaldehyde [resin]
melaminharzbeschichtet melamine-resin-coated
Melaminharzlack m melamine lacquer, melamine finish
Melaminkunstharzleim m melamine-resin adhesive
Melaminlack m melamine lacquer, melamine finish
Melaminlaminat n melamine laminate
Melaminleim m melamine-resin adhesive
Melaminvergütungsanlage f melamine refinement plant
Melawis n ramin, melawis, *(esp.)* Gonystylus bancanus (macrophylla) *(wood species)*
Melia birmanica (superba) Malabar neem, Melia birmanica (superba) *(wood species)*
meliertes Papier n granite paper
Melunak n thitka, *(esp.)* Pentacme burmanica *(wood species)*
Membran[form]presse f membrane form press, membrane [moulding] press
MEN *s.* Mengkulang
Menage f dumb waiter, *(Am)* lazy Susan
Mende-Spanplatte f Mende chipboard, Mende-process board
~-**Verfahren** n Mende process *(of particleboard production)*
Mendlesham-Stuhl m Mendlesham chair
Mengkulang n mengkulang, chumprak, *(esp.)* Heritiera simplicifolia *(wood species)*
Menig-Nagelplatte f Swiss Menig plate, spike grid connector
MEP *s.* Merpau[h]
MER *s.* Rotes Meranti
MER/DRM *s.* Dunkelrotes Meranti
MER/LRM *s.* Hellrotes Meranti
Meranti n meranti *(species group of Shorea*

spp. and Parashorea spp.)
Merbatu[holz] *n* nonda tree *(Parinari spp.)*
Merbau *n* Bajam teak, Moluccan ironwood, merbau, Intsia bijuga (acuminata)
Mercerisation *f* mercerization
mercerisieren to mercerize *(to treat cellulosic fibres with caustic soda)*
Meristem *n* meristem, cell-forming tissue *(wood anatomy)*
meristematisch meristematic
Meristemmantel *m* lateral meristem, vascular cambium
Merpau[h] *n* merpau, *(esp.)* Swintonia penangiana *(wood species)*
Mersawa *n* mersawa, *(esp.)* Anisoptera curtisii *(wood species)*
Mertens-Hemlocktanne *f* western (Pacific) hemlock, grey fir, Prince Albert fir, Tsuga heterophylla
merzerisieren *s.* mercerisieren
MES *s.* Mersawa
messen to measure, to scale
Messer *n* knife, cutter
Messeranstellwinkel *m* knife angle
Messerblock *m* bolt, flitch
Messerentrinder *m* knife barker
messerfähig sliceable *(veneer wood)*
Messerfeile *f* knife file
Messerfurnier *n* knife-cut veneer, sliced veneer
Messerfurnierblock *m* flitch
Messerfurnierherstellung *f* veneer slicing
messergestrichenes Papier *n* blade-coated paper
Messerholz *n* slicewood
Messerklinge *f* knife[-blade], blade
Messerkopf *m* cutter head; chipping head *(of a log milling machine)*
Messerkopfschleifmaschine *f* cutter head grinding machine
Messermaschine *f* [veneer] slicing machine, [veneer] slicer
Messermühle *f* cutter head mill, knife mill
messern to slice
Messern *n* veneer slicing
Messerrest *m* veneer core
Messerringzerspaner *m* knife ring flaker, ring-type cutter-block chipper
Messerriß *m* knife check, cutting check, lathe check *(in veneer)*
Messerscheibenentrinder *m* disk barker, knife barker
Messerscheibenzerspaner *m* disk flaker
Messerschleifmaschine *f* knife grinder
Messerstreichen *n* blade coating *(paper-making)*
Messertisch *m* flitch table *(veneer manufacture)*
Messerurne *f* vase-shaped knife case
Messerwelle *f* cutter block *(of a moulding machine)*
Messerwellenabdeckung *f* cutter block guard
Messerwellenlager *n* cutter block bearing
Messerwellenzerspaner *m* cutter block chipper
Messerwinkel *m* knife angle
Meßfehler *m* measurement error
Messing-Durkee-Kocher *m* M & D digester *(pulp manufacture)*
~-Fensterbeschläge *mpl* window brassware

~-Schildpatt-Marketerie *f* boule (boulle, Boulle) work
Messingbeschläge *mpl* brassware, brass fittings (mounts)
messingbeschlagen brass-bound
Messingeinlage *f* brass inlay
Messingkäfer *m* golden spider beetle, Niptus hololeucus
Meßkluppe *f* calliper, caliper, diameter gauge
Meßlatte *f* scale stick
Meßstock *m* measuring stick, scale stick
Meßtisch *m* measuring table
Metabolismus *m* metabolism
Metall-Holz-Kleber *m* metal-to-wood adhesive
~-Holz-Laminierung *f* metal-to-wood lamination
Metalldübel *m* metal dowel
Metalleinschluß *m* metallic inclusion *(in wood)*
metallener Hobel *m*, **Metallhobel** *m* metal plane
Metallholz *n* metallized wood
metallisieren to metallize
metallisiertes Holz *n* metallized wood
Metallisierung *f* metallization
Metallklammer *f* **zum Verbinden eckiger Tischgestelle** table brace plate
Metallrosette *f* **[für Holzschrauben]** screw cup
Metallsalzbeize *f* metallic-salt stain
Metallschichtholz *n* metal-faced plywood, metallized wood
Metallsuchgerät *n* metal detecting machinery, metal detector
metallummanteltes Fenster *n* metal-clad[ded] window
Metallwinkel *m* steel square
metatracheal metatracheal *(wood parenchyma)*
Metaxylem *n* metaxylem *(wood anatomy)*
Meterholz *n* cordwood, stacked industrial wood
Meterstock *m* one-metre measuring rod
Methanol *n* methanol, methyl alcohol, wood alcohol
Methanolaufschluß *m* methanol pulping
3-Methoxy-4-hydroxy-benzaldehyd *m* vanillin
Methoxylgruppe *f* methoxyl group
Methylalkohol *m* methyl alcohol, methanol, wood alcohol
Methylbromid *n* methyl bromide *(fumigant)*
2-Methylbutadien *n* isoprene *(hydrocarbon)*
Methylcellulose *f* methyl cellulose
Methylethylketon *n* methylated spirit[s], denatured alcohol
Methylmethacrylat *n* methyl methacrylate *(impregnant)*
Methylolcellulose *f* methylol cellulose
Metopium brownii black poison wood, Metopium brownii
Metrosideros vera true ironwood, Metrosideros vera
~ villosa lehua, Metrosideros villosa *(wood species)*
MEW *s.* Weißes Meranti
Mexikanische Gelbkiefer *f* Mexican yellow pine, chihuahua pine, Pinus leiophylla
~ Graukiefer *f* Mexican grey pine, Pinus ayacahuite
~ Zypresse *f* Portuguese cypress, Cupressus lusitanica

MF

MF s. Melamin-Formaldehydharz
M.G.R. s. Sortierungsanweisungen für malaiisches Exportschnittholz
MH s. Meilerholz
MHF[-Platte *f*] MDF [board], medium-density fibreboard, medium [hard]board
Micropholis balata white balata, Micropholis balata *(wood species)*
Mikroaufschluß *m* micropulping
mikrobieller Ligninabbau *m* lignin catabolism
Mikrobild *n* micrograph
Mikrofibrille *f* microfibril, fusiform body *(wood anatomy)*
Mikrofibrillenwendel *f* microfibrillar helix
Mikrofibrillenwinkel *m* microfibrillar angle
mikrofibrillierte Cellulose *f* microfibrillated cellulose
Mikrofurnier *n* micro[-thin] veneer
Mikroholzaufschluß *m* micropulping
Mikrohyphe *f* microhypha
mikrokristalline Cellulose *f* microcrystalline cellulose
Mikrometer *n* micrometer calliper
Mikropapierfolie *f* micropaper foil
Mikropilz *m* microfungus
mikropor diffuse-porous *(wood)*
Mikropore *f* micropore
mikroporös microporous
Mikrotechnologie *f* microtechnique, microtechnic *(wood research)*
Mikrotom *n* microtome *(for cutting thin sections for microscopic examinations)*
~ **mit kreis[bogen]förmiger Messerführung** rotary microtome
Mikrotomie *f* microtomy
Mikrotracheide *f* microtracheid *(wood anatomy)*
Mikrowellenverleimung *f* microwave glu[e]ing
Mikrozinkenverbindung *f*, **Mikrozinkung** *f* mini finger joint, impressed [finger] joint
Milchbaum *m* cow-tree, Couma utilis (guatemalensis)
Milchbusch *m* milk bush, Indian tree spurge, Euphorbia tirucalli
Milchsaft *m* latex, vegetable milk
~ **ausscheidend** laticiferous
~ **enthaltend (führend)** laticiferous
Milchsaftprodukt *n* latex product
Milchsaftschlauch *m* latex tube *(wood anatomy)*
Milchsaftzelle *f* laticifer *(wood anatomy)*
milde Esche *f* soft ash *(comprehensive term in timber trade)*
Millingtonia hortensis Indian cork-tree, Millingtonia hortensis
Mimosenrinde *f* wattle bark
Mimusops elengi bukal [tree], Mimusops elengi
~ **hexandra** palu, Mimusops hexandra *(wood species)*
~ **laurifolia** sacred shoab-tree, Mimusops laurifolia
Minderbewertung *f* **bei Fehlerhaftigkeit** defect deduction
minderwertige Schnittware *f* mill cull
minderwertiges Holz *n* low-rate timber
Mindest[aus]härtungstemperatur *f* minimum cure temperature *(of adhesives)*

mineralgebundener Holzwerkstoff *m* mineral-bonded wood composite
mineralische Holzverfärbung (Verfärbung) *f* mineral stain
mineralisches Bindemittel *n* mineral binder
Miniaturmöbel *npl* miniature furniture
minieren to tunnel, to burrow, to bore
minierende Käferlarve *f* borer
Minierer *m* borer
Minizinkenfräser *m* micro finger jointing cutter
Minizinkenverbindung *f*, **Minizinkung** *f* mini finger joint, impressed [finger] joint
Mischbütte *f* mixing vat *(paper-making)*
Mischharzemulsion *f* mix resin emulsion *(adhesive)*
Miserikordie *f* misericord *(part of choir-stalls)*
Missanda *n* missanda, *(esp.)* Erythrophleum ivorense *(wood species)*
Mißwuchs *m* anomalous growth
Mistel *f* mistletoe *(genus Viscum)*
Mistelbefall *m* mistletoe attack
Mistelschaden *m* mistletoe damage
Mistpilz *m* ink[y] cap *(genus Coprinus)*
mitlaufende Körnerspitze *f* live centre *(of a wood-turning lathe)*
~ **Körnerspitze** *f* **des Reitstocks** revolving centre
~ **Zentrierspitze** *f* s. ~ Körnerspitze
Mitnahmemöbel *npl* knock-down furniture, KD furniture, packaged (flat-packed) furniture
Mittelbild *n* central panel *(of a triptych)*
Mittelblock *m* middle log, middle cut
Mittelbohle *f* centre board
Mittelbohlen *fpl* thick stuff
Mittelbrett *n* 1. centre board; 2. splat *(chair-making)*
Mittelfurnier *n* middle ply
mittelharte Faserplatte *f* medium-density fibreboard, MDF [board], medium [hard]board
~ **Faserplatte** *f* **geringer Dichte** low-density medium board, pinboard
~ **Faserplatte** *f* **hoher Dichte** high-density medium board, panelboard
~ **Holzfaserplatte** *f* s. ~ Faserplatte
Mittelholm *m* intermediate carriage *(of a stairway)*
Mittelkamm *m* [double] cogged joint *(timber construction)*
Mittellage *f* centre ply, central ply, core [layer]
Mittellagendicke *f* centre-ply thickness
Mittellagenfurnier *n* [central] core veneer
Mittellagenmaterial *n* corestock *(e.g. of plywood)*
Mittellagenplatte *f* centre-ply board
Mittellagenstab *m* intermediate rail *(of a flush door)*
Mittellamelle *f* middle lamella *(wood anatomy)*
Mittellamellenlignin *n* middle lamella lignin
Mittelmeereiche *f* Mediterranean oak, overcup oak, Mirbeck's oak, Quercus canariensis
Mittelpfette *f* middle purlin, side purlin
Mittelschichtspan *m* core chip
Mittelschifter *m* intermediate jack rafter
Mittelschluß *m* shutting joint *(of a double door)*

Mittelschnittsäge *f* middle-cutting saw
Mittelschubfach *n* centre drawer, middle drawer
Mittelsieder *m* medium boiler *(solvent)*
Mittelstamm *m* 1. mean tree, average tree *(timber mensuration)*; 2. middle log, middle cut
Mittelträger *m* central beam, spine beam
Mittelware *f* second lengths, middlings *(timber assortment)*
Mittendurchmesser *m* half-height diameter, mid-diameter, diameter at half tree height *(timber mensuration)*
Mittenflächen-Kubierungsformel *f* Huber's formula *(timber mensuration)*
Mittenstärke *f s.* Mittendurchmesser
Mittenumfang *m* mid-girth, midlength circumference *(timber mensuration)*
mittlere Feuchte *f* average moisture content *(e.g. of wood)*
~ **Grundfläche** *f* mean basal area *(timber mensuration)*
~ **Kreisfläche** *f* mean basal area *(timber mensuration)*
~ **Sekundärwand** *f* secondary wall 2, S_2 layer *(wood anatomy)*
mittlerer Ast *m* medium knot
~ **Feuchtesatz** *m* average moisture content *(e.g. of wood)*
Mixtion[öl] *n* gold size
Mizellarstrang *m* crystallite *(of cellulose)*
Mizelle *f* micelle, micell[a]; crystallite *(of cellulose)*
MKC *s.* mikrokristalline Cellulose
MKI *s.* Mukusi[holz]
MKS *s.* Motorkettensäge
MNA *s.* Muninga
MOA *s.* Moabi
Moabi *n* moabi, Baillonella toxisperma *(wood species)*
Möbel *n* piece (item) of furniture, furniture item
Möbel *npl* furniture, furnishings
~ **der [englischen] Restaurationszeit** Restoration furniture
~ **für öffentliche Einrichtungen** contract furniture
~ **für Verkaufs- und Dienstleistungseinrichtungen** store furniture
~ **im öffentlichen Bereich** public furniture
~~**-Maßanfertigung** *f* bespoke furniture
Möbelabholmarkt *m* furniture pick-up store
Möbelantiquar *m* furniture antiquarian (antiquary)
Möbelaufsatz *m* top [unit]
Möbelaußenfläche *f* furniture face
Möbelausstellung *f* furniture exhibition
Möbelbau *m* furniture-making, furniture manufacture
Möbelbaubetrieb *m* furniture-making firm
Möbelbauer *m* furniture-maker, furniture manufacturer
Möbelbaufirma *f* furniture-making firm
Möbelbauplatte *f* furniture board, furniture panel
Möbelbauskizze *f* furniture sketch
Möbelbauteil *n* furniture element

Möbelbein *n* furniture leg
Möbelbeschlag *m* furniture mount
Möbelbeschläge *mpl* furniture fittings, furniture hardware
Möbelbestandteil *n* furniture component (element), furniture part
Möbelbezug *m* furniture covering
Möbelbezugsstoff *m* furniture covering, furnishing fabric; upholstery fabric
~ **in türkischer Knotung** Turkey-work
Möbelborte *f* gimp
Möbeldesign *n* furniture design
Möbeldesigner *m* furniture designer, designer of furniture
Möbeleinheit *f* furniture unit
Möbelelement *n* furniture element (component), furniture part
Möbelendmontage *f* final assembly of furniture, furniture assembly
Möbelentwerfer *m* furniture designer, designer of furniture
Möbelentwurf *m* furniture design
Möbelfabrik *f* furniture factory
Möbelfabrikation *f* furniture-making, furniture manufacture
Möbelfachhändler *m* furniture stockist
Möbelfachmann *m* furniture expert
Möbelfertigung *f* furniture-making, furniture manufacture
Möbelfilz *m* baize
Möbelfläche *f* furniture surface
Möbelform *f* furniture form
Möbelfront *f* furniture front
Möbelfurnier *n* furniture veneer, cabinet-making veneer
Möbelfuß *m* furniture foot, furniture leg
Möbelgalerie *f* furniture gallery
Möbelgarnitur *f* set (suite) of furniture
Möbelgeschichte *f* furniture history
Möbelgestell *n* [furniture] carcass, carcase, shell, skeleton [framework]
Möbelgleiter *m* glider
Möbelgriff *m* furniture handle
Möbelgroßmarkt *m* furniture centre
Möbelhandel *m* furniture trade
Möbelhändler *m* furniture stockist, furnisher
Möbelhandwerk *n* furniture craft, furniture trade
Möbelhersteller *m* furniture-maker, furniture manufacturer
Möbelherstellung *f* furniture-making, furniture manufacture
Möbelhistoriker *m* furniture historian
Möbelholz *n* cabinet wood, furniture wood (timber), cabinet stock
Möbelindustrie *f* furniture[-making] industry
Möbelinkrustation *f* incrustation
Möbelkante *f* furniture edge
Möbelkatalog *m* furniture catalogue
Möbelkenner *m* furniture connoisseur
Möbelklarlack *m* cabinet varnish
Möbelkollektion *f* furniture collection
Möbelkonservierung *f* furniture conservation
Möbelkörper *m* [furniture] carcass, carcase
Möbellack *m* furniture lacquer; furniture varnish

Möbellager

Möbellager *n* furniture store
Möbellaubholz *n* hardwood furniture timber
Möbelleiste *f* furniture moulding, furniture ledge
Möbelmacher *m* furniture-maker, furniture manufacturer
Möbelmanufaktur *f* furniture manufactory
Möbelmarkt *m* furniture centre
Möbelmesse *f* furniture fair
Möbelmodell *n* furniture model
Möbelmodellbuch *n* furniture pattern book
Möbelmontage *f* furniture assembly, furniture mounting
Möbelmuseum *n* furniture museum
Möbelmusterbuch *n* furniture pattern book
Möbeloberfläche *f* furniture surface
Möbeloberflächenbearbeitung *f* furniture finishing
Möbeloberflächenbehandlung *f* furniture finishing
Möbelornament *n* furniture ornament
Möbelpatent *n* furniture patent
Möbelpflegecreme *f* furniture cream
Möbelplatte *f* furniture board, furniture panel
Möbelplüsch *m* moquette
Möbelpolierer *m* French polisher
Möbelpolitur *f* furniture reviver, [furniture] polish, cabinet varnish
Möbelproduktion *f* furniture production
Möbelprogramm *n* range of furniture, furniture series (programme)
Möbelrahmen *m* furniture frame
Möbelreparatur *f* furniture repair
Möbelreparaturtischler *m* furniture repairer
Möbelrestauration *f* furniture restoration
Möbelrestaurator *m* furniture restorer
Möbelrestaurierung *f* furniture restoration
Möbelrolle *f* castor, caster
Möbelsachverständige *m* furniture expert
Möbelsammler *m* furniture collector
Möbelsammlung *f* furniture collection
Möbelsamt *m* baize
Möbelschädling *m* pest of [old] furniture
Möbelscharnier *n* cabinet hinge
Möbelschloß *n* cabinet lock, furniture lock
Möbelschnur *f* gimp
Möbelschreiner *m* cabinet-maker, furniture-maker, furniture manufacturer
Möbelschreinerei *f* 1. cabinet-making, furniture-making, furniture manufacture; 2. *s.* Möbelschreinerwerkstatt
Möbelschreinerwerkstatt *f* cabinet-makers [work]shop, cabinet-making shop, furniture woodshop
Möbelserie *f* furniture series
Möbelskizze *f* furniture sketch
Möbelsonderanfertigung *f* custom furniture
Möbelspanplatte *f* furniture-grade particleboard, furniture chipboard
Möbelspediteur *m* furniture remover
Möbelstatik *f* furniture statics
Möbelstil *m* furniture style, style of furniture
Möbelstilperiode *f* furniture period
Möbelstoff *m s.* Möbelbezugsstoff
Möbelstoffbezug *m* fabric cover
Möbelstück *n* piece (item) of furniture, furniture item

Möbelsystem *n* furniture system
Möbelteil *n* furniture component (element), furniture part
Möbelterminologie *f* furniture terminology
Möbeltischler *m s.* Möbelschreiner
Möbeltischlerholz *n s.* Möbelholz
Möbeltür *f* furniture door
Möbelvergoldung *f* furniture gilding
Möbelverzeichnis *n* furniture directory
Möbelverzierung *f* furniture decoration
Möbelwachs *n* furniture wax
Möbelwachssalbe *f* paste [furniture] wax
Möbelzierat *m* furniture decoration
Möbelzierbeschläge *mpl* decorative fittings for furniture
mobile Hack[schnitzel]maschine *f* mobile chipper
mobiles Sägewerk *n* mobile [saw]mill, [trans]portable sawmill
Mobilhacker *m* mobile chipper
Mobiliar *n* furnishings, furniture
Mobilkran *m* mobile crane
möblieren to furnish
Möblierung *f* furnishing
Mobola-Pflaumenbaum *m* hissing tree, Parinarium mobola
Modeartikel *mpl* **aus Holz** woodenware novelties
Modeholz *n* fancy wood
Model *m* cant
Modell *n* model; [foundry] pattern
Modellbau *m* model-making; pattern-making
Modellbauer *m* pattern maker
Modellbauholz *n* pattern-making timber, pattern lumber
Modellfräsmaschine *f* pattern milling and recessing machine
Modellholz *n* pattern-making timber, pattern lumber
Modellierbank *f* banker
Modellküche[neinrichtung] *f* model kitchen
Modellmacherei *f s.* Modellschreinerei
Modellschreiner *m* model-maker; pattern maker
Modellschreinerei *f* 1. model-making; 2. wood pattern shop, pattern maker's shop
Modellstamm *m* average tree
Modellsteuerung *f* pattern control *(e.g. of a copying machine)*
Modelltischler *m s.* Modellschreiner
Modellware *f* pattern-making timber, pattern lumber
Modelschnitt *m* double cut, prismatic cut
Moder *m* mould
Moderfäule *f* soft rot
Moderfäulebefall *m* soft-rot attack
Moderfäulebekämpfung *f* soft-rot control
Moderfäulepilz *m* soft-rot fungus
moderig mouldy
modern to mould[er]
modifizierter Klebstoff *m* modified adhesive
modifiziertes Holz *n* modified wood
Modillion *n* modillion
Modler *m* graining brush
Modul *m* module; modulus

Modul *n* module *(e.g. in furniture manufacture)*
Moiré *n(m)* moiré
~-Textur *f* moiré
moirierte Pyramidentextur *f* feather [crotch]
Mokett *m*, **Mokette** *f* moquette
Molekülaggregat *n* micelle, micell[a], crystallite *(of cellulose)*
Mollisacacidin *n* mollisacacidin *(flavonoid)*
Mombinpflaume *f* hog plum, Spondias dulcis
Momitanne *f* Japanese fir, momi fir, Abies firma
Mönchsbank *f* monk's bench
Mondfäule *f* blown *(wood defect)*
Mondring *m* moon ring, blown *(wood defect)*
Mondringe *mpl* included sapwood, internal sap[wood] *(in logs)*
Mondringigkeit *f* ring rot *(wood defect)*
Mongolische Eiche *f* Mongolian oak, Japanese oak, Quercus mongolica
monophag monophagous *(wood pest)*
Monopodium *n* monopodium *(pedestal)*
Monoterpen *n* monoterpene *(wood constituent)*
Montageklebepistole *f* adhesive gun, caulking gun
Montageklebstoff *m* assembly adhesive
Montageleim *m* assembly glue
Montageleimung *f* assembly glu[e]ing
Montagepistole *f s.* Montageklebepistole
Montagepresse *f* squeeze press
Montageträger *m* built-up beam
Montageverbindung *f* assembly joint
Montageverleimung *f* assembly glu[e]ing
Montereykiefer *f* radiata (insignis) pine, Monterey pine, Pinus radiata
Montereyzypresse *f* Monterey cypress, Cupressus macrocarpa
Montezumakiefer *f* Montezuma pine, Pinus montezumae
Moorbirke *f* pubescent birch, European (white) birch, Betula pubescens
Mooreiche *f* bog oak *(fossil oak-wood)*
Moorholz *n* swamp[-degraded] wood
Moorweide *f* 1. creeping willow, Salix repens; 2. whortleberry willow, Salix myrtilloides
Mopanol *n* mopanol *(flavonoid)*
Mopé *n* yellow mombin, Spondias mombin *(wood species)*
Mora *f s.* Mora bukea
Mora bukea mora [bukea], Mora (Dimorphandra) excelsa, Mora gonggrijpii *(wood species)*
Moral *n* [old] fustic, Chlorophora tinctoria
Mordentvergoldung *f* mordant gilding
Mörderfeige *f* Indian rubber fig, Ficus elastica
Morgenländische Platane *f* oriental plane[-tree], chinar, Platanus orientalis
Morgenländischer Lebensbaum *m* Chinese (oriental) arbor vitae, oriental thuja, Thuja orientalis
Morin *n* morin *(flavonoid)*
Morinda citrifolia Indian mulberry, brimstone tree, Morinda citrifolia
Morindafichte *f* Himalayan (Indian) spruce, weeping spruce, Picea smithiana (morinda)
Morphologie *f* morphology

morsch brash[y], brittle, punky, crumbly, frowy *(wood)*
~ werden to crumble
morsches Holz *n* punk
Morus mesozygia difuo, Morus mesozygia *(wood species)*
Mosaikfarbkern *m*, **Mosaikfarbkernholz** *n* mosaic heart[wood], composite hearts *(of beech)*
Mosaikgold *n* ormolu
Mosaikparkett *n* mosaic parquet[ry], parquet[ry]
Mosaikparkettlamelle *f* [parquet] mosaic finger
Mosaikparkettlegerhandwerk *n* parquetry
motorgetriebene Seilbringung *f* powered cable logging
motorgetriebenes Werkzeug *n* power tool
Motorkettensäge *f* chain-saw
Motorkettensägenarbeit *f (Am)* chain-saw lumber-making
motorkraftgetriebene Seilbringung *f* powered cable logging
Motorsäge *f* power[ed] saw, machine saw, mechanical saw
Motorsägenarbeit *f (Am)* chain-saw lumber-making
Motorsägenführer *m* power saw operator, sawyer, sawer
Motorsägewerk *n* power-driven sawmill
Motorschrauber *m* screw driving machine
Motorstichsäge *f* sabre saw
Motorwagenladung *f* carload
Motorwerkzeug *n* power tool
Moulmein-Zeder *f* toon [tree], moulmein cedar, Burma cedar, Toona ciliata, Cedrela toona
MOV *s.* Movingui
Movingui *n* ayan, Nigerian satinwood, Distemonanthus benthamianus
m.R. *s.* mit Rinde
MSA *s.* Massaranduba
Mubura *n* mabura, Parinari excelsa *(wood species)*
MUC *s.* Mucarati
Mucarati *n* makarati, Burkea africana *(wood species)*
Mugonga *n s.* Mugonha
Mugonha *n* mugonha, Adina microcephala *(wood species)*
MUH *s.* Muhimbi
Muhimbi *n* muhimbi, Cynometra alexandri *(wood species)*
Mühle *f* mill, disintegrating machine
Mühlenbauer *m* millwright
Mühlentrichter *m* hopper
Mühlsägefeile *f* mill file.
Muhuhu *n* muhuhu, Brachylaena hutchinsii *(wood species)*
Muirapiranga *n* satiné, Brosimum rubescens (paraense) *(wood species)*
MUK *s.* Mukulungu
Mukulungu *n* autracon, Autranella (Mimusops) congolensis *(wood species)*
Mukumari *n* mukumari, West African cordia *(wood from Cordia spp.)*

Mukusi[holz] *n* Zambesi redwood, Rhodesian teak, Baikiaea plurijuga
Muldenverwerfung *f* transverse warping, cup[ping]
Multiplexpappe *f* multi-ply board
Multiplexplatte *f* multi-plywood
multivor polyphagous *(wood pest)*
Mundharmonika *f* mouth-organ
Muninga *n* muninga, sealing wax tree, Pterocarpus angolensis
Munitionskiste *f* ammunition box
Münzschrank *m*, **Münzschränkchen** *n* medal cabinet, coin cabinet
Münzzählbrett *n* till drawer block
mürbe spongy
mürbes Herz *n* brittle heart, spongy (soft, punky) heart *(wood defect)*
Murray-Kiefer *f* lodge-pole pine, knotty (twisted) pine, LP, Pinus contorta
Murraya paniculata Chinese myrtle (boxwood), Burma boxwood, orange jasmin[e], Murraya paniculata (exotica)
Musanga *m* umbrella tree, Musanga cecropioides (smithii)
Musase *n* albizia, *(esp.)* Albizia ferruginea *(wood species)*
Muschelgold *n* shell gold *(gilding)*
Muschelgrottenwerk *n* rocaille
Muschelornament *n* shell carving, scallop; coquillage *(e.g. around the edges of a table-top)*
Muschelschnitzerei *f s.* Muschelornament
Muschelwerksdekor *m(n)* rocaille
Musikinstrument *n* musical instrument
Musikinstrumentenbau *m* musical instrument making
Musikschrank *m* [music] cabinet, radio (phonograph) cabinet
Musine *n* musine, Croton megalocarpus *(wood species)*
Musivgold *n* ormolu
Musivgoldbeschlag *m* ormolu mount
Musizi *n* musizi, esenge, Maesopsis eminii *(wood species)*
Muskat[nuß]baum *m* nutmeg tree, Myristica fragrans
Muskatnußgewächse *npl* nutmeg family *(family Myristicaceae)*
Muster *n* pattern
MUT *s.* Mutenye
Mutenye *n* benge, olive walnut, Guibourtia arnoldiana
Mutter *f* nut
MUU *s.* Muhuhu
Muurolen *n* muurolene *(sesquiterpene)*
Mykologie *f* mycology
mykologisch mycologic[al]
Mykorrhiza *f* mycorrhiza
Mykose *f* mycosis
Myoporum laetum ngaio, Myoporum laetum *(wood species)*
Myrcen *n* myrcene *(monoterpene)*
Myrobalane *f* myrobalan *(tanning fruit from Terminalia spp.)*
Myrobalanenbaum *m* emblic myrobalan, Indian gooseberry, Malacca tree, Phyllanthus emblica
Myrrhe *f* myrrh *(gum resin from Commiphora spp.)*
Myrrhenharz *n* balm *(from Commiphora spp.)*
Myrrhenstrauch *m* bdellium [tree] *(genus Commiphora)*
Myrte *f* myrtle, Myrtus communis
Myrtengewächse *npl* myrtle family *(family Myrtaceae)*
Myxomyzet *m* myxomycete, slime fungus (mould) *(class Myxomycetes, order Myxomycotina)*
Myzel *n* mycelium, mycele
Myzelstrang *m* mycelial cord, hyphae strand, rhizomorph

N

Nabe *f* nave, hub
Nabenreifen *m* nave hoop
Nach-Putz-Einbauten *pl* second fixings *(e.g. handrails, skirtings)*
nachbeizen to restain
nachdunkeln to darken *(e.g. wood under the influence of light)*
nachentrinden to rebark
Nachentrinden *n,* **Nachentrindung** *f* second-stage barking
Nachfalzen *n* after-rabbeting, after-rebating
nachformen to postform *(wood-based materials)*
Nachformen *n* postforming
nachhacken to rechip
Nachhacker *m* rechipper
nachhärten to post-cure
Nachläufer *m* bolster, runner, timber drag *(of a timber truck)*
Nachläuferzug *m* sett *(longwood transportation)*
Nachmahlen *n,* **Nachmahlung** *f* post refining *(of pulpwood)*
Nachpflege *f* **von Holzmasten** wood pole maintenance
nachröten to freshen *(face in resin-tapping)*
nachschärfen to re-sharpen
Nachschneiden *n,* **Nachschnitt** *m* secondary breakdown, secondary cutting *(roundwood conversion)*
Nachschnittgatter *n* finishing frame saw, frame resaw
Nachschnittkreissäge *f* circular resaw, circular saw for finish cutting, conversion circular saw
Nachschnittsäge *f* resaw
Nachstauchen *n* reswaging *(of saw-teeth)*
nachstreichen to repaint
Nachtriegel *m* night latch *(of a door lock)*
nachtrocknen to re-dry *(e.g. preservative-impregnated timber)*
Nachtrocknung *f* second seasoning
Nachtschränkchen *n* bedside cabinet, bedside chest (cupboard)
Nachttisch *m* bedside table, *(Am)* night stand, night table
nachverformen to postform *(wood-based materials)*
Nachverformen *n* postforming
nachverglasen to reglaze
Nachvergütung *f* **[von Spanplatten]** post-pressing operations
Nachverkauf *m* sale after conversion *(timber trade)*
nachverkitten to reputty
nachzerkleinern to regrind *(wood chips)*
Nacken *m* pole *(of an axe)*
Nacktsamer *m* gymnosperm *(division Gymnospermae)*
nacktsamig gymnosermous
nacktsamige Blütenpflanze *f* gymnosperm *(division Gymnospermae)*
Nadel *f* needle, aciculum *(of conifers)*
Nadelbauholz *n* deal

Nadelbaum *m* conifer, coniferous tree, needle-leaved tree, cone-bearing tree, softwood [tree]
Nadelbaumrinde *f* conifer bark, coniferous wood bark
nadelblättrig coniferous
nadelförmig acicular
Nadelholz *n* conifer[ous] wood, gymnospermous wood, softwood; deal *(esp. from Abies spp. and Pinus spp.)*
~ **für Schreinerarbeiten** joinery softwood
aus ~ **hergestellt** soft-wooded, softwood
Nadelholzart *f* conifer, cone-bearing plant, softwood species *(order or subclass Coniferae = Pinidae)*
Nadelholzaufschluß *m* softwood pulping
Nadelholzaußensperrholz *n* exterior softwood plywood
Nadelholzbaum *m* softwood [tree]
Nadelholzbohle *f* deal
Nadelholzbrett *n* deal
Nadelholzdestillation *f* tar distillation, tar burning
Nadelholzeinschnitt *m* softwood cross-cutting
Nadelholzfurnier *n* softwood veneer
Nadelholzgewächs *n s.* Nadelholzart
Nadelholzlignin *n* conifer lignin, softwood lignin
Nadelholzmistel *f* mistletoe, Viscum album ssp. austriacum
Nadelholzrinde *f* coniferous wood bark
Nadelholzsägewerk *n* softwood [saw]mill
Nadelholztracheide *f* conifer[ous wood] tracheid, softwood tracheid
Nadelholzzelle *f* coniferous wood cell
Nadelholzzellstoff *m* softwood pulp
Nadelloch *n* needle hole *(wood defect)*
Nadelnutzholz *n* softwood timber, coniferous sawn timber
Nadelrundholz *n* round softwood
Nadelschichtholz *n* soft cordwood
Nadelschnittholz *n* sawn softwood [timber], softwood timber, coniferous sawn timber
Nadelschwachholz *n* small-diameter softwood
Nadelsperrholz *n* softwood plywood
nadelspitzig acicular
Nadelsplintholz *n* coniferous sapwood
Nadelstammholz *n* round softwood
NAG *s.* Naga
Naga *n* okwen, *(esp.)* Brachystegia cynometroides *(wood species)*
Nagasbaum *m,* **Nagasholz** *n* Indian rose chestnut, Ceylon ironwood, Mesua ferrea
Nagekäfer *m* 1. anobiid [beetle], furniture beetle, death-watch [beetle] *(family Anobiidae);* 2. [European] furniture beetle, death-watch [beetle], Anobium punctatum (striatum)
Nagekäferlarve *f* woodworm, worm
Nagel *m* nail
~ **entfernen** to de-nail
~ **mit Kopf** headed nail
verdeckter ~ blind nail
Nagelabstand *m* nail spacing, spacing of nails
Nagelapparat *m* nail gun
Nagelast *m* nail knot

Nagelauszieher m nail pull[er]
Nagelausziehwerkzeug n nail-extracting tool
Nagelausziehwiderstand m nail-withdrawal resistance
Nagelautomat m automatic nailing unit
nagelbar nailable
Nagelbarkeit f nailability
Nagelbauweise f nailed construction
Nagelbild n nailing diagram, nailing pattern
Nagelbinder m nailed [timber] truss
Nagelbohrer m gimlet, wimble *(historical)*
Nageldurchmesser m nail diameter
Nageleindringtiefe f nail penetration [depth]
Nageleinschlagversuch m nail-driving test
Nageleisen n box chisel, wrecking bar
nagelfest nail-holding
Nagelfläche f nailing surface
Nagelform f nail form
Nagelhaltevermögen n nail-holding power
Nagelkopf m nail head
Nagellänge f nail length
Nagellasche f nailing flange, nailer strip
Nagelleiste f nailing flange, nailer strip, backing timber
Nagelloch n 1. nail-hole; 2. pin hole *(in pest-attacked wood)*
Nagelmaschine f nailing machine, power nail gun, [power] nailer
nageln to nail
Nageln n nailing
~ **mit geringem Nagelabstand** close nailing
~ **mit weitem Nagelabstand** space nailing
Nagelplatte f gang nail plate, nail[-on] plate, gusset [nail] plate, nailed gusset, truss plate
Nagelplattenbinder m gang nail[ed] roof truss, metal gusset plate truss, metal plate [connected] wood truss
Nagelrand m nailing flange, nailer strip
Nagelschablone f nailing marker
Nagelschaft m nail shank
Nagelspitze f nail point
Nagelstelle f nail location
Nagelstellenschablone f nailing marker
Nageltechnik f nailing technique
Nageltiefe f nailing depth
Nageltreiber m nail-punch, [nail-]set
Nagelung f nailing, nail bonding
Nagelungsvorschrift f nailing specification
Nagelverbindung f nailed joint, nailed connection
Nagelverteilung f nail spacing
Nagelzieher m nail pull
Nagespäne mpl, **Nagsel** n frass
Nähkästchen n, **Nähkasten** m sewing box
Nähkommode f sewing chest of drawers
Nährboden m substrate
Nähschränkchen n needlework cabinet
Nähtisch m sewing table, needlework table, pouch table
Nanismus m dwarfism
Narbenring m callus ring
Nargusta n nargusta, white olivier, coffee mortar, *(esp.)* Terminalia amazonia *(wood species)*
Nase f 1. toat, tote *(of a plane)*; 2. cusp *(in Gothic tracery)*
naß alive *(wood)*
nasse Vliesbildung f wet felting, wet lap formation *(fibreboard manufacture)*
Naßentrinder m wet barker
Naßentrindung f wet [wood] barking
nasser Bruch m wet broke *(paper-making)*
nasses Furnier[band] n green veneer
~ **Holz** n wet wood
Naßfäule f wet rot *(of wood due to fungal attack)*
Naßfäulepilz m wet rot fungus *(comprehensive term)*
naßfest water-resistant, damp-proof
naßfestes Papier n wet strength paper
Naßfestigkeit f water resistance, wet strength *(e.g. of bonds)*
Naßfestleim m wet strength resin *(paper-making)*
naßgeklebt wet-cemented *(plywood)*
Naßholz n wet wood; waterlogged wood
Naßholzkonservierung f waterlogged wood conservation
Naßkern m wetwood, water core, wet heart[wood] *(wood defect)*
Naßklebezeit f open assembly time *(bonding)*
Naßklebstoff m wet-use adhesive
Naßkork m wet cork
Naßlagerung f wet storage *(of timber)*
Naßpresse f wet press *(of a Fourdrinier machine)*
Naßpressen n wet pressing
naßreißfestes Papier n wet strength paper
Naßriese f wet chute (slide), water slide *(wood extraction)*
Naßschleifen n wet sanding, wet grinding
Naßschleifmaschine f wet-stone grinder
Naßschleifstein m wet-stone grindstone
Naßspan m wet chip
Naßtemperatur f wet-bulb temperature
Naßverfahren n wet process *(of fibreboard manufacture)*
Naßverfestigung f wet pressing
Naßverfestigungsmittel n wet-strength agent *(paper-making)*
Naßwickelmaschine f wet lap machine, intermittent board machine *(board-making)*
Naßxanthogenierung f wet xanthation, emulsion xanthation *(viscose process)*
Naßzellstoff m wet pulp
Natick-Prozeß m Natick process *(of wood saccharification)*
native Cellulose f native cellulose, cellulose I
natives Lignin n, **Nativlignin** n native lignin, Brauns lignin, BL
Natriumarsenat n sodium arsenate *(wood preservative)*
Natriumarsenit n sodium arsenite *(wood preservative)*
Natriumcarboxymethylcellulose f sodium carboxymethylcellulose
Natriumcellulosexanthogenat n sodium cellulose xanthate
Natriumdichromat n sodium dichromate *(wood preservative)*

Natriumfluorid *n* sodium fluoride *(wood preservative)*
Natrium[hexa]fluorosilicat *n* sodium fluorosilicate *(wood preservative)*
Natriumligninsulfonat *n* sodium lignin sulphonate
Natriumpentachlorphenolat *n* sodium pentachlorophenate *(antistain chemical)*
Natriumperborat *n* sodium perborate *(bleaching agent)*
Natriumsilicat *n* sodium silicate *(wood preservative)*
Natriumtetraborat *n* sodium tetraborate, borax *(wood preservative)*
Natron-Chlorzellstoff *m* soda-chlorine pulp
Natronaufschluß *m* alkaline pulping
Natroncellulose *f* natron cellulose
Natronverfahren *n* soda pulping [process], soda process
Natronwasserglas *n* sodium silicate *(wood preservative)*
Natronzellstoff *m* soda pulp
Naturgummi *n* natural rubber, caoutchouc, [India] rubber, indiarubber
Naturharz *n* [natural] resin, wood (vegetable) resin, pitch
Naturharzlack *m* resinous varnish
Naturholz *n* natural wood, solid wood, whole wood
Naturkautschuk *m(n)* s. Naturgummi
Naturkork *m* natural cork
Naturlack *m* natural varnish
natürlich austrocknen to season
~ **getrocknet** seasoned, air-dried
~ **vortrocknen** to pre-season
natürliche Adhäsion *f* natural adhesion, specific adhesion
~ **Astreinigung** *f* natural pruning, self-pruning
~ **Cellulose** *f* native cellulose, cellulose I
~ **Dauerhaftigkeit** *f* natural durability *(of wood)*
~ **Holztrocknung** *f* wood seasoning
~ **Resistenz** *f* natural resistance *(e.g. of wood)*
~ **Schaftreinigung** *f* natural pruning, self-pruning
~ **Trocknung** *f* natural (air) seasoning, air-drying
~ **Widerstandsfähigkeit** *f* natural resistance *(e.g. of wood)*
natürlicher Klebstoff *m* natural adhesive
natürliches Harz *n* natural resin, wood resin
~ **Lignin** *n* native lignin, Brauns lignin, BL
Naturpapier *n* uncoated paper, natural paper
NB s. Nußbaum
NBA s. Amerikanischer Nußbaum
NC-Lack *m* nitro-cellulose lacquer, cellulose-[base] lacquer, cellulose nitrate lacquer
Neapolitanische Erle *f* Italian alder, Alnus cordata
Nebenbahn *f* side-run *(paper-making)*
Nebentür *f* side-door
Nectandra leucantha shinglewood, Nectandra leucantha
~ **rodiaei** bebeeru, Nectandra rodiaei *(wood species)*
Nectandrin *n* nectandrine *(alkaloid)*

Nekrose *f* necrosis *(wood defect)*
Nelson-Stuhl *m* Nelson Windsor chair, Trafalgar chair
Nelsonkiefer *f* Nelson pine, Pinus nelsonii
Nenngröße *f* rated size *(e.g. of sawnwood)*
Nennmaß *n* nominal dimension, nominal measure (size)
Neoabietinsäure *f* neoabietic acid *(diterpene, resin acid)*
Neogotik *f* s. Neugotik
Neoklassizismus *m* neoclassicism
neoklassizistisch neoclassic[al]
Neolignan *n* neolignan
Neoprenkleber *m* neoprene adhesive
Nepal-Weymouthföhre *f* Himalayan pine, Pinus wallichiana (excelsa)
Nepalzypresse *f* Himalayan cypress, Cupressus turulosa
Nerolidol *n* nerolidol *(sesquiterpene)*
Nestsäge *f* nest of saws
Nettoaufnahme *f* net absorption *(of a wood preservative)*
Nettovolumen *n* **eines Baumes** tree underbark volume
netzartig reticulate *(e.g. wood parenchyma)*
Netzmittel *n* wetting agent, wetter
Netzweide *f* netleaf willow, Salix reticulata
Neugotik *f* Gothic Revival, neo-Gothic, Gothick, mock-medieval style
Neuguinea-Holz *n* Bajam teak, Moluccan ironwood, Intsia bijuga (acuminata)
Neuklassizismus *m* neoclassicism
neuklassizistisch neoclassic[al]
Neuseelandzeder *f* New Zealand cedar, Libocedrus bidwillii
neutrale Schicht *f* neutral plane, neutral axis *(of a bended member)*
Neutralleim *m* neutral glue
Neutralsulfithalbzellstoff *m* neutral sulphite semichemical pulp
Neutralsulfitkochlauge *f* neutral sulphite semichemical liquor *(pulp manufacture)*
Neutralsulfitverfahren *n* neutral sulphite semichemical pulping (process), NSSC process
Neutralsulfitzellstoff *m* neutral sulphite pulp
Neutronenaktivierungsanalyse *f* neutron activation analysis *(wood analysis)*
Nevadazirbe *f* limber pine, Pinus flexilis
Newtonia bechananii muchenche, Newtonia bechananii *(wood species)*
NH s. Nadelholz
NIA s. Niangon
Niangon *n* nyankom, niangon, wishmore, Tarrietia utilis *(wood species)*
Nichtcellulosebestandteil *m* non-cellulosic constituent
nichtchemischer Holzschutz *m* non-chemical wood preservation
Nichtdruckverfahren *n* non-pressure method (process) *(wood preservation)*
nichtgepreßte Faserplatte *f* non-compressed softboard
nichtgilbend non-fading *(paper)*
nichtimprägniertes Preßholz *n* untreated

nichtimprägniertes Preßholz

compressed wood, staypak
nichtklaffender Riß *m* tight split *(wood defect)*
nichtkonventioneller Aufschluß[prozeß] *m* non-conventional pulping
Nichtlignin-Bestandteil *m* non-lignin constituent *(e.g. of wood)*
nichtparallele Trittstufe *f* winder [tread], radiating tread, radial step
nichtparasitärer [pflanzlicher] Aufsiedler *m* epiphyte
nichtrostender Nagel *m* non-corroding nail
Nichtschnürigkeit *f* compound curvature
nichtstimmiger Name *m* misnomer *(e.g. of a wood species)*
Niederbringen *n* bringing down *(tree-felling)*
Niederdrucklaminat *n* low-pressure laminate
niederliegende Markstrahlzelle *f* procumbent ray cell *(wood anatomy)*
Niederspannungsheizung *f* low-voltage heating, LV heating *(e.g. of a veneering press)*
Niedertemperatur-Ligninpyrolyse *f* low-temperature lignin pyrolysis
Niedertemperaturtrockner *m* low-temperature kiln
Niedertemperaturtrocknung *f* low-temperature drying
Niederwerfen *n* bringing down *(tree-felling)*
niedrige Holzfußbank *f* cricket
Niedrigsieder *m* low-boiling solvent
Nieparinde *f* niepa bark *(from Samadera indica)*
Nierenbaum *m* cashew [nut tree], Anacardium occidentale
Nierenform *f* kidney shape *(e.g. of a table-top)*
Nierenschuppige Tanne *f* Siberian white fir, Amur fir, Abies nephrolepis
Nierenstütze *f* lumbar roll
Nierentisch *m* kidney table
Nigerkopal *m* Niger copal *(from Daniella oblonga)*
Nikaragua-Kiefer *f* oocarpa pine, Nicaraguan [pitch] pine, Pinus oocarpa
Nikkotanne *f* Nikko fir, Abies nikoensis
Nimbaum *m* margosa, neem [tree], nim, curly calantas, Antelaea (Melia) azadirachta, Azadirachta indica
NIO *s.* Niové
Niové *n* niové, Staudtia gabonensis (stipitata) *(wood species)*
Nippesschrank *m* curio cabinet
Nippon-Ahorn *m* Japanese maple, Acer palmatum
Nische *f* niche
Nischenschrank *m* nook cabinet
Niststätte *f* nesting place, nesting site *(e.g. of wood pests)*
Nitratseide *f* chardonnet silk
Nitrilkautschuk *m* nitrile[-butadiene] rubber *(adhesive)*
Nitrocellulose *f* nitro-cellulose, cellulose nitrate
Nitrocelluloselack *m* cellulose[-base] lacquer, nitro-cellulose lacquer, cellulose nitrate lacquer
Nitroklarlack *m* nitro clear lacquer
Nitrolack *m* cellulose[-base] lacquer, cellulose nitrate lacquer

Nitrosolignin *n* nitrosolignin
Nittabaum *m* African locust bean, Parkia biglobosa
Nogal *m* nogal, tropical walnut, *(esp.)* Juglans neotropica
Nomenklatur *f* **der Holzarten** timber nomenclature
Nonsuch-Truhe *f* Nonsuch chest *(late 16th century)*
Nootkatin *n* nootkatin *(sesquiterpene)*
Nordamerikanische Balsamtanne *f* balsam [fir], silver fir, she-balsam, Abies balsamea
~ **Rotfichte** *f* red spruce, Picea rubens (rubra)
~ **Schwarzpappel** *f* cottonwood, alamo, Populus deltoides
Nordamerikanischer Zürgelbaum *m* hackberry, Celtis occidentalis
nordische Holzart *f* northern timber
nordisches Holz *n* northern timber
Nordmannstanne *f* Caucasian fir, Abies nordmannia
Norfolk-Tanne *f* Norfolk [Island] pine, Araucaria heterophylla
Normaldeckschichtspan *m* normal top layer chip
normale Formröhre *f* outside-ground gouge *(turning tool)*
Normalfenster *n* standard window
Normalfeuchte *f* standard (normalized) moisture content *(timber testing)*
normalharte Faserplatte *f* standard hardboard
Normalholz *n* normal wood
Normalrinde *f* normal bark
Normalspäne *mpl* **für Spanplattendeckschichten** fines
Normalverteilung *f* Gaussian distribution curve, Gaussian frequency distribution
Norsesquiterpen *n* norsesquiterpene
Notausgangsriegel *m* panic bolt
Notausgangsverriegelung *f* panic bolt
Notenpult *n*, **Notenständer** *m* music rack, music stand
Nothofagus cunninghamii myrtle beech (tree), Tasmanian myrtle (beech), Nothofagus cunninghamii
~ **fusca** red beech, Nothofagus fusca
~ **menziesii** silver beech, Nothofagus menziesii
~ **moorei** Australian black beech, Nothofagus moorei
~ **obliqua** Roblé beech, Nothofagus obliqua
NSSC-Stoff *m* neutral sulphite semichemical pulp
~-**Verfahren** *n* neutral sulphite semichemical pulping (process), NSSC process
Nudelholz *n* rolling pin
Nukleus *m* nucleus
Nullfaser *f* fines *(pulp manufacture)*
Nullfasergehalt *m* zero fibre content *(in chemical pulp)*
Nullinie *f* neutral axis, neutral plane *(of a bended member)*
Numerierhammer *m* numbering hammer
Numerierschlägel *m* numbering hammer
Numidische Tanne *f* Algerian fir, Abies numidica

Nuß *f* nut
Nußband[scharnier] *n* acorn hinge
Nußbaum *m* 1. nut-tree *(comprehensive term)*; 2. walnut *(genus Juglans)*; 3. English (European) walnut, Juglans regia
Nußbaumbeize *f* walnut stain
Nußbaumkörnerbeize *f* Vandyke crystals, walnut crystals
Nußbaummaser *f* burr walnut, figured walnut
Nußbaummöbel *npl* walnut furniture
Nußbeize *f* walnut stain
Nußeibe *f* Chinese torreya, Torreya grandis *(wood species)*
Nußkiefer *f* 1. single-leaf pinyon, Pinus monophylla; 2. Sabine pine, Pinus sabiniana
Nußtragende Stinkeibe *f* stinking nutmeg, Japanese torreya, Torreya nucifera
Nut *f* groove, channel; rabbet, rebate
~-**Feder-Verbindung** *f* dado and rabbet joint
~-**Feder-Verbindung** *f* **mit angestoßener Feder** tongue[d]-and-groove[d] joint
~-**Feder-Verbindung** *f* **mit eingeschobener Feder** tongued joint
~-**Nut-Verbindung** *f* tongued joint
~-**und-Feder-Brett** *n* matchboard, matched board, tongued-and-grooved board
~- **und Federfräsmaschine** *f* tonguing-and-grooving machine
~-**und-Spund-Brett** *n* matchboard, matched board, tongued-and-grooved board
durch ~ und Feder verbinden to feather, to tongue
Nute *f s.* Nut
nuten to groove, to channel, to plough, to trench; to rabbet, to rebate
Nutenbartschlüssel *m* grooved-bit key
Nutenfräser *m* grooving cutter, groover
Nutenfräsmaschine *f* groove cutting machine
nutfräsen to groove, to channel, to plough, to trench
Nutfräser *m* grooving (slotting) cutter, groover; rabbeting cutter
Nuthobel *m* match plane, matcher, plough (grooving, trenching) plane; sash fillister plane; dado plane
Nuthobelmaschine *f* matching machine, matcher
Nutkante *f* groove edge
Nutkascheinzypresse *f* Nootka [false] cypress, Sitka cypress, Alaska cedar (cypress), Chamaecyparis nootkatensis
Nutklotz *m* mullet; button *(for fixing table-tops)*
Nutkreissäge *f* grooving saw
Nutleiste *f* grooved strip
Nutleistenführung *f* grooved drawer guide
Nutsägeblatt *n* grooving saw
Nutverbindung *f* matched joint, housing (rabbet) joint, slot-dovetail joint
~ **mit Feder** tongued and trenched joint
Nutzholz *n* [converted, commercial] timber, TBR, merchantable wood, *(Am)* lumber
~ **mittlerer Qualität** middlings
Nutzholzbaum *m* timber-tree
nutzholzbewohnender Pilz *m* log fungus
Nutzholzblock *m* timber log
Nutzholzpilz *m* log fungus

Nutz[holz]scheit *n* large billet
Nutzschnittholz *n* factory-sawn timber, *(Am)* factory lumber
Nutzspälter *mpl* split billets
Nutzung *f* **ab bestimmtem Mindestdurchmesser** diameter-limit cutting
NYA *s.* Nyatho
Nyatho *n* nyatoh, *(esp.)* Palaquium maingayi *(wood species)*
Nyssa ogeche ogeechee tupelo, gopher plum, Nyssa ogeche *(wood species)*
~ **[sylvatica var.] biflora** swamp tupelo, Nyssa [sylvatica var.] biflora *(wood species)*

O

Oba n oro, Irvingia gabonensis (wood species)
Obeche n obeche, ayous, African whitewood, samba, Triplochiton scleroxylon
Oberbett n top bunk
obere Sockelleiste f surbase
Obereckregal n corner wall unit (piece of kitchen furniture)
Obereckschrank m corner wall unit (piece of kitchen furniture)
oberes Fensterrahmenquerstück n header jamb of a window frame
~ **Pfahlende** n pile head, pile top
~ **Stammende** n top end
Oberfenster n top window
Oberflächenbearbeitung f surface finishing
Oberflächenbehandlung f surface treatment; surface finishing
Oberflächenbeizung f surface staining
Oberflächenbeschaffenheit f finish
Oberflächenbeschichtung f surface coating
Oberflächenbläue f superficial (surface) bluestain (fault in softwoods esp. caused by Ophiostoma spp.)
Oberflächenfäule f surface decay, surface rot
Oberflächenfehler m surface defect
Oberflächengefüge n surface texture
oberflächengeleimtes Papier n surface-sized paper
oberflächenglatte Außentür f external flush door
~ **Tür** f flush[-mounted] door
Oberflächenleimung f surface sizing (papermaking)
Oberflächenmyzel n superficial (aerial) mycelium, mycelial mat
Oberflächenpilz m superficial mould
Oberflächenqualität f finish
Oberflächenrauhigkeit f surface roughness
Oberflächenriß m surface [seasoning] check
Oberflächenschutzbehandlung f surface treatment
Oberflächentextur f surface texture
oberflächentrocken surface-dry (wood)
Oberflächenverfärbung f surface discolouration
Oberflächenwerkstoff m overlay [material]
Oberfräsautomat m automatic routing machine
Oberfräse f [portable electric] router, routing machine
oberfräsen to rout
Oberfräser m router cutter
Oberfräsersatz m router cutter set
Oberfräsmaschine f [overhead] routing machine, [overhead] router
Oberfrässtaubabzug m router dust extraction
Oberfräswerkzeug n router cutter, routing tool
Obergadenfenster n clerestory window
Obergesims n surbase
Obergurt m top chord (of a trussed girder)
Oberkiefer m mandible (of insects)
Oberlicht[fenster] n ceiling light, lay-light, upper light

Oberplatte f main top (of an extending table)
Oberriegel m capping rail, top rail (of a fence)
Oberschneider m top sawyer
Oberschrank m top cabinet
~ **für Dunstabzug** cooker hood bridging unit (piece of kitchen furniture)
Oberschwelle f headpiece (of a timber stud partition)
Oberstärke f small-end diameter, top [end] diameter, diameter at the top (timber mensuration)
Oberteil n top unit
Objekt n aus Holz wooden object
Objektmikrometer n stage micrometer
obligat[orisch]er Parasit m obligate parasite
Oboe f oboe (wood-wind instrument)
Obstbaum m fruit-tree
Obstbaumholz n fruit-wood
Obstkorb m fruit picker
Obstkorbheftmaschine f basket stapling machine
Obstpflückkorb m fruit picker
Obstschale f fruit bowl
Occidenol n occidenol (sesquiterpene)
Occidentalol n occidentalol (sesquiterpene alcohol)
Ochsengalle f ox gall (dyestuff)
Ochsenzunge f beefsteak fungus, Fistulina hepatica
Ocimen n ocimene (terpene)
Ocote n ocote pine, Pinus oocarpa
Ocotea glomerata dolly pear, Ocotea glomerata (wood species)
~ **rubra** red louro, determa, Ocotea rubra (wood species)
Odoko n odoko, olusare, emufohai, Scottellia coriacea (wood species)
Oemia gahani live borer, Oemia gahani (wood pest)
Oenocarpus bacaba turu palm, Oenocarpus bacaba
Ofenschirm m fire screen
ofentrocken oven-dry, oven-dried, kiln-dry
ofentrockener Zustand m oven-dry state
offene Decklagenfuge f separated joint (in plywood)
~ **Enddurchbrechung** f simple perforation plate (of a vessel member)
~ **Fuge** f open joint
~ **Mittellagenfuge** f core gap (in plywood)
~ **Seite** f loose (slack) side, loose face (of a veneer)
~ **Wartezeit (Zeit)** f open assembly time (bonding)
offener Auto-Unterstellplatz m carport
~ **Riß** m open split
offenes Gesims n open cornice
~ **Holzdachwerk** n open timber roof
~ **Schreibmöbelfach** n pigeon hole
offizinelle Rinde f medicinal bark
Offsetdruckpapier n litho[graphic paper]
OHI s. Ohia
Ohia n African celtis, Celtis mildbraedii (wood species)
Ohio-Roßkastanie f Ohio buckeye, Aesculus glabra

ohne Rinde underbark, inside bark *(timber mensuration)*
~ **Stapellatten stapeln** to close-pile
Ohren[backen]sessel *m* wing-chair, lug chair, grandfather chair
Öhr *n* [der Axt] axe eye
Ohrweide *f* round-ear willow, Salix aurita
Oidie *f* oidium *(of fungi)*
Oidiospore *f* oidium *(of fungi)*
OKU *s.* Okoumé
Okan *n* oka, Cylicodiscus gabunensis *(wood species)*
Okanin *n* okanin *(flavonoid)*
Okinawakiefer *f* Luchu pine, Okinawa pine, Pinus luchuensis
Okoumé *n* gaboon, okoumé, Aucoumea klaineana *(wood species)*
OKU *s.* Okoumé
Okwen *n* okwen, *(esp.)* Brachystegia cynometroides *(wood species)*
Öl-Klarlack *m* clear oil varnish
~-**Mattlack** *m* flat oil paint
~-**Vergolden** *n* oil gilding
ölarmer Lack *m* short oil varnish
Ölanstrichstoff *m* oil-base[d] paint
Ölbaum *m* 1. *(comprehensive term)*; 2. olive tree, oil tree *(genus Olea)*
Ölbaumgewächse *npl* olive family *(family Oleaceae)*
Ölbaumharz *n* [gum] elemi
Ölbeize *f* oil[-based] stain, turpentine varnish
Olea africana brown (wild) olive, Olea africana *(wood species)*
~ **cunninghamii** black maire, Olea cunninghamii *(wood species)*
~ **ferruginea** Indian olive, Olea ferruginea (cuspidata)
~ **hochstetteri** olivewood, East African olive, Olea hochstetteri
~ **laurifolia** black ironwood, Olea laurifolia
Olean-12-en-13-ol *n* beta-amyrin *(terpene)*
Oleoresin *n* oleo-resin
Oleoresinat *n* balsam, balsamic resin, balm, gum
Ölfarbe *f* oil-paint, oil-colour
Ölfirnis *m* boiled oil
Ölgalle *f* oil gall
ölgehärtete Hart[faser]platte *f* oil-tempered hardboard
Ölhärtung *f* oil-tempering *(of hardboards)*
Ölharz *n* oleo-resin
ölharzhaltig oleoresinous
Ölharzlack *m* oleoresinous varnish
Ölharzzusammensetzung *f* oleo-resin composition
OLI *s.* Olive
Olibanum *n* oliban[um], [true] frankincense *(gum resin esp. from Boswellia sacra)*
Oliben *n* olibene *(terpene)*
Ölidioblast *m* oil cell *(wood anatomy)*
öliges Holzschutzmittel *n* oil[-type] preservative, oil-soluble wood preservative, preservative oil
Olive *f* olive tree *(genus Olea)*
Olivenbaum *m* olive tree *(genus Olea)*
Olivenesche *f* olive ash
Olivenholz *n* olive-wood
Olivil *n* olivil *(lignan)*
Öllack *m* oil[-based] varnish, spar varnish
ölliefernder Baum *m* oil tree
Ölnußbaum *m* butter-nut, grey (white) walnut, Juglans cinerea
Olonvogo *n* African satinwood, Fagara macrophylla
Ölpalme *f* [African] oil palm, Elaeis guineensis
Ölpapier *n* oiled paper
Ölporenfüller *m* oil-bound paste grain filler
Ölstein *m* oilstone
Ölsteintrog *m* oilstone box
Ölteerkreosot *n* oil-tar creosote *(wood preservative)*
Öltränkung *f* oil steeping *(wood preservation)*
Ölvergoldung *f* oil gilding
Ölweide *f* 1. oleaster *(genus Elaeagnus)*; 2. oleaster, Russian olive, Elaeagnus angustifolia
Ölweidenblättriger Birnbaum *m* olive-leaved pear, Pyrus eleagrifolia
Ölzelle *f* oil cell *(wood anatomy)*
Omorikafichte *f* Serbian spruce, Picea omorika
Omu *n* omu, heavy sapele, heavy mahogany, Entandrophragma candollei
Onsäure *f* aldonic acid *(wood chemistry)*
Opazität *f* opacity *(e.g. of paper)*
Opener *m* opener, separator *(pulp manufacture)*
Opobalsam *m* balm of Gilead
Opobalsambaum *m* balm of Gilead, Commiphora opobalsamum
Opopanax *n* opopanax *(gum resin from Opopanax chironium)*
Opoponax *n s.* Opopanax
opponierende Tüpfelung *f* opposite pitting *(wood anatomy)*
Optimierungskappanlage *f* optimizing cut-off saw
o.R. *s.* ohne Rinde
Orangenbaum *m* orange tree, Citrus [aurantium var.] sinensis
Orangenholz *n* orange-wood
Orangenschaleneffekt *m* orange peel *(of paint finishes)*
Oregonerle *f* Oregon alder, western (red) alder, Alnus oregona (rubra)
Oregonesche *f* Oregon ash, Fraxinus latifolia (oregana)
Oregonzeder *f* Lawson['s] cypress, Oregon (Port-Orford) cedar, Chamaecyparis lawsoniana
organisches Lösungsmittel *n* organic solvent
~ **Zinnpolymer** *n* organotin polymer *(wood preservative)*
Organosolv-Lignin *n* organosolv lignin
~-**Verfahren** *n* organosolv pulping
Organozinnpolymer *n* organotin polymer *(wood preservative)*
Orgel *f* organ
Orgelbank *f* organ bench
Orgelbau *m* organ building
Orgelbauer *m* organ-builder
Orgelboden *m* organ-loft
Orgelklaviatur *f* organ keyboard
Orgelpfeife *f* organ-pipe

Orgelregister

Orgelregister n organ-stop
Orgeltastatur f organ keyboard
Orientalische Buche f oriental beech, Fagus orientalis
~ **Fichte** f oriental spruce, Picea orientalis
~ **Hainbuche** f oriental hornbeam, Carpinus orientalis
~ **Weißbuche** f oriental hornbeam, Carpinus orientalis
Orientalischer Storax m storax *(balsam from Liquidambar orientalis)*
orientiert gestreute Platte f oriented strand (structural) board, OSB
Originalschnittware f original sawn timber
Orites excelsa mountain silky oak, Orites excelsa
Ornament n ornament
Oro n oro, Irvingia gabonensis *(wood species)*
Ortbalken m end girder, top beam
Ortgang m barge-board, verge-board
orthogonale Anisotropie f orthotropy
orthotrop orthotropic
Orthotropie f orthotropy
ortsfestes Sägewerk n stationary sawmill
Osagedorn m 1. Osage-orange *(genus Maclura)*; 2. Osage-orange, bowwood, Maclura pomifera (aurantiaca)
OSB-Anlage f OSB installation, OSB plant
~-**Platte** f oriented strand (structural) board, OSB
Osmose f osmosis
Osmoseverfahren n osmose process *(wood preservation)*
Ostafrikanisches Padouk[holz] n muninga, sealing wax tree, Pterocarpus angolensis
Ostamerikanische Strobe f Weymouth pine, [eastern] white pine, Quebec (yellow) pine, Pinus strobus
Ostasiatischer Birnbaum m white pear, Pyrus pyrifolia (sinensis)
Ostindischer Nußbaum m kokko, lebbek [tree], rain-tree, Albizia lebbeck
~ **Palisander** m [East] Indian rosewood, Bombay blackwood, Dalbergia latifolia
~ **Tintenbaum** m marsh nut, oriental cashew nut, marking nut tree, Semecarpus anacardium
Ostindisches Ebenholz n East Indian ebony, Diospyros montana
~ **Eisenholz** n Ceylon ironwood, Mesua ferrea
~ **Rosenholz** n 1. East Indian rosewood, blackwood, Dalbergia latifolia; 2. sissoo, Dalbergia sissoo
~ **Rotholz** n 1. East Indian redwood *(Brownlowia spp.)*; 2. sapan caesalpinia, buckham wood, sibukau, Caesalpinia sappan
~ **Satin[holz]** n [East Indian] satinwood, Ceylon satinwood, zantewood, Chloroxylon swietenia
Ottomane f ottoman
Ougeninia dalbergioides sandan, Ougeninia dalbergioides *(wood species)*
ovaler Ast m oval knot *(in sawn timber)*
~ **Drahtstift** m oval [wire] nail, *(Am)* finish nail
Ovaltisch m oval table
Ovalwerk n scroll-lathe
OVE s. Ovengkol

Ovengkol n ovangkol, ehie, Guibourtia ehie *(wood species)*
Overlay n overlay [material]
Overlaybogen m overlay sheet
Overlayfolie f overlay foil
Overlaypapier n overlay paper
Ovipositor m ovipositor, egg-laying tube *(of insects)*
Ovoga n poga, Poga oleosa *(wood species)*
Oxalat n oxalate
Oxalsäure f oxalic acid
Oxandra lanceolata lancewood, Oxandra lanceolata
Oxelbeere f Scotch (Swedish) whitebeam, Swedish beam-tree, Sorbus intermedia
Oxhoftstab m [barrel] stave, lag, shake
oxidative Ammonolyse f oxidative ammonolysis *(of lignin)*
~ **Bleiche** f oxidative bleach[ing] *(of pulps)*
oxidierte Cellulose f oxycellulose
Oxycellulose f oxycellulose
OZI s. Ozigo
Ozigo n ozigo, Dacryodes buettneri *(wood species)*
Ozokerit m ozocerite, ozokerite *(earth wax)*
Ozonbleiche f ozone bleach[ing] *(of pulps)*

P

p-Cumareinheit *f* p-coumaric unit *(structural unit of lignin)*
p-Cymen *n* cymene *(hydrocarbon)*
PA *s.* Pappelholz
Paarkernmyzel *n* secondary mycelium *(of basidiomycetes)*
Pack *m* **Furniere** veneer pack, veneer bundle
Packfaß *n* slack barrel
Packfässer *npl* slack cooperage
Packmittel *n* packing
Packpapier *n* wrapping-paper, packaging paper, brown paper
Packraum *m* packers' department *(e.g. of a furniture factory)*
Packseidenpapier *n* wrapping tissue
Padouk[holz] *n* padouk, padauk *(wood from Pterocarpus spp.)*
Padoukmaser *f* amboyna *(wood from Pterocarpus indicus)*
PAF *s.* Afrikanisches Padouk
Pagodenhartriegel *m* Asiatic dogwood, Cornus controversa
Paketieranlage *f* packaging installation, bundling installation
paketieren to package, to bundle
Paketierung *f* **von Schnittholz** packaging of sawnwood
Paketmöbel *npl* knock-down furniture, KD furniture, packaged (flat-packed) furniture
PAL *s.* Paldao
Palaquium galactoxylum palaquium, Cairns pencil cedar, Palaquium galactoxylum
Palasokino *n* Bengal kino, butea kino *(esp. from Butea monosperma)*
Paldao *n* paldao, New Guinea walnut, Dracontomelum dao
Palette *f* 1. pallet; 2. palette
Palettenbrett *n* pallet board
Palettenfasgerät *n* pallet chamfering unit
Palettenfertigungsstraße *f* pallet production line
Palettenförderer *m* pallet conveyor
Palettenklotz *m* pallet block
Palettenkufenstapelautomat *m* automatic pallet base stacker
Palettennagelmaschine *f* pallet nailer, pallet nailing machine
Palettenprofil *n* pallet profile
Palettenware *f* pallet stock, box quality *(sawnwood grade)*
Palisade *f* palisade; palisade fence (fencing), picket fence
Palisadenpfahl *m* palisade
Palisadenwand *f* palisade
Palisander *m* [Brazilian] rosewood, jacaranda, palissander, *(esp.)* Dalbergia nigra
Pallholz *n* keel block *(ship-building)*
Palmbast *m* bass
Palmbaum *m s.* Palme
Palme *f* palm[-tree] *(family Palmae)*
Palmenholz *n* palm wood
Palmette *f* palmette *(ornamental motif)*
Palmfaser *f* palm fibre
Palmyrapalme *f* palmyra [palm], Borassus flabellifer
Palustrinsäure *f* palustric acid *(diterpene, resin acid)*
Panamarinde *f* quillai [bark], quillaia bark, soap-bark *(from Quillaja saponaria)*
Pandia-Kocher *m* Pandia digester *(pulp manufacture)*
Paneel *n* panel, wainscot[ting], wood lining; wall panel
paneelieren to panel, to wainscot
Paneelnagel *m* panel pin
Paneelstraße *f* panel machining line *(furniture manufacture)*
Paneelwand *f* panel wall
Panflöte *f* pan-pipe[s]
Panoramafenster *n* picture window
Panzerglas *n* armour-plate glass
Panzerholz *n* metal-faced plywood, metallized wood
Panzerkiefer *f* whitebark pine, Balkan pine, Pinus heldreichii
PAP *s.* Brasilkiefer
Papier *n* paper
~ für Verpackungszwecke wrapping-paper
aus ~ [hergestellt] paper
Papierbahn *f* web
papierbeschichtet paper-faced
Papierbeschichtung *f* paper coating
Papierbirke *f* paper birch, canoe birch, [Canadian, large] white birch, Betula papyrifera
Papierblatt *n* paper sheet
Papierbogen *m* paper sheet
Papierbrei *m* paper-making slurry, paper pulp, groundwood pulp
Papierchemie *f* paper chemistry
Papierchemiker *m* paper chemist
Papiereigenschaft *f* paper property
papieren paper
Papiererzeugnis *n* paper product
Papiererzeugung *f* paper production
Papierfabrik *f* paper-mill
Papierfabrikabwasser *n* paper-mill effluent
Papierfabrikation *f* paper-making, paper manufacture
Papierfaser *f* paper-making fibre
Papierfaserholz *n* paper pulp wood
Papierfaserstoff *m* paper[-making] pulp, paper stock, raw paper-making material
Papierfehler *m* paper defect
Papierfestigkeit *f* paper strength
Papierfolie *f* paper foil
Papierformat *n* paper size
Papierfüllstoff *m* paper filler
Papiergewinnung *f* paper-making, paper manufacture
Papiergüte *f* paper quality
Papierhandmuster *n* hand sheet
Papierhersteller *m* paper-maker, paper manufacturer
Papierherstellung *f* paper-making, paper manufacture
Papierhilfsmittel *n* paper-making aid

Papierholz

Papierholz n paper [pulp] wood, pulpwood
Papierindustrie f paper industry
Papierklebstoff m paper adhesive
Papierleimung f paper sizing
~ **mit Gelatine** animal sizing
Papiermaché n papier mâché
Papiermacher m paper-maker, paper manufacturer
Papiermacherei f paper-making, paper manufacture
Papiermaschine f paper[-making] machine
Papiermaschinenfilz m paper machine felt
Papiermaulbeerbaum m paper-mulberry [tree], paper tree, Broussonetia papyrifera
Papiermaulbeer[baum]rinde f tapa (bark from Broussonetia papyrifera)
Papiermühle f paper-mill
Papiermüller m paper-maker, paper manufacturer
Papiermuster n hand sheet
Papierphysik f paper physics
Papierprodukt n paper product
Papierproduktion f paper production
Papierprüfung f paper testing
Papierqualität f paper quality, paper grade
Papierrindenahorn m paperbark maple, Acer griseum
Papierrohstoff m paper stock, raw paper-making material
Papiersorte f paper grade, type (kind) of paper
Papierstoff m stuff
Papierstoffänger m stuff catcher
Papiertambour m reel
Papiertechnologie f paper[-making] technology
Papiertrocknung f paper drying
Papierwabe f paper honeycomb [core]
Papierwerkstoff m paper-base material
Papierzellstoff m paper[-making] pulp
Pappe f cardboard, [paper]board
Pappel f poplar, popple (genus Populus)
Pappelholz n poplar
Pappenherstellung f cardboard-making
Pappe[n]nagel m felt nail
Pappmaché n papier mâché
Pappschachtel f cardboard box
Papyrusmark n papyrus pith
Papyrusstaude f papyrus, [Egyptian] paper reed, Cyperus papyrus
par. bes. s. parallel besäumt
Parabel[fachwerk]binder m bow[string] truss, Belfast [roof] truss
Parabolbogen m parabolic arch
Paraffin n paraffin (hydrocarbon)
Paraffineinbettung f paraffin embedding (e.g. of wood preparations)
paraffinieren to paraffin
Paraffinöl n paraffin oil
Paraformaldehyd m paraformaldehyde
Parahancornia amapa dukali, Parahancornia amapa (wood species)
Parakautschukbaum m 1. hevea (genus Hevea); 2. [Para, Brazilian] rubber tree, rubberwood, caoutchouc tree, Hevea brasiliensis
parallel besäumt square-edged, square-jointed, s.e. (sawnwood)

Parallel-Fachwerkträger m sag truss
Parallelanschlag m rip[ping] fence, fence (e.g. of a table saw)
parallele Trittstufe f flier
Parallelentrinder m pocket barker, bag barker
Parallelfaser f parallel grain
parallelfaserig parallel-grained
Parallelgewindeschraube f parallel-thread screw
parallelgurtiger Binder m parallel-chord [wood] truss, flat truss
Parallelpendelkreissäge f parallel swing circular saw
Parallelperspektive f oblique projection
Parallelschwingkreissägemaschine f parallel link sawing machine
Parallelvorderzange f woodworker's vice (of a woodworking bench)
Paranuß f Para nut, Brazil nut, Bertholletia excelsa
Paraphyse f paraphysis (of wood-damaging fungi)
Parapiassavapalme f piassava[-palm], Leopoldinia piassaba
Paraquat n paraquat (herbicide)
Parasit m parasite
parasitär m parasitic
parasitärer Pilz m parasitic fungus
parasitisch parasitic
paratracheal paratracheal (wood parenchyma)
~ **spärlich** paratracheal-scanty (wood parenchyma)
Paravent m(n) [fire] screen, folding screen
Paraventscharnier n reversible hinge, screen hinge
Parenchym n parenchyma, storage tissue, fundamental tissue (wood anatomy)
parenchymatisch, parenchymatös parenchymatous
Parenchymband n parenchyma band
Parenchymgefäßtüpfel m parenchyma-vessel pit
Parenchymgewebe n parenchymatous (fundamental) tissue
parenchymreich parenchymatous
Parenchymstrang m parenchyma strand
Parenchymtüpfel m parenchyma pit
Parenchymzelle f parenchyma cell, storage cell
Pariser Ware f square-edged oak timber
Parketerie f parquet[ry]
Parketeriekunst f parquetry
Parkett n parquet[ry], parquet floor[ing]; block floor
~ **auslegen** to parquet
Parkettafel f parquet block, parquet tile
Parkettarbeit f parquet[ry]
Parkettbeize f parquet stain
Parkettboden m parquet[ry], parquet floor[ing]; block floor
Parkette f parquet stave, parquet strip (batten)
Parketteinlegearbeit f parquet[ry]
Parkettfußboden m parquet[ry], parquet floor[ing]; block floor
Parketthobelmaschine f parquet planer
parkettieren to parquet
Parkettklebemasse f mastic
Parkettklebstoff m parquet adhesive

Parkettlack *m* parquet lacquer
Parkettleger *m* parquet[ry] layer
Parkettmaschine *f* parquet machine
Parkettmuster *n* parquet flooring pattern
Parkettriemen *m* parquet stave, parquet strip (batten)
Parkettrohfriese *f* raw parquet block (stave)
Parkettstab *m* parquet stave, parquet strip (batten)
Parkettversiegelungslack *m* parquet lacquer
Parqueterie *f* parquet[ry]
Partialhydrolyse *f* partial hydrolysis *(wood saccharification)*
Partie *f* parcel *(timber trade)*
Partikelgeometrie *f* particle geometry
Partikelmorphologie *f* particle morphology
Partikelorientierung *f* particle alignment
Partikelwerkstoff *m* particle panel [material]
pastenförmiges Holzschutzmittel *n* preservative paste
~ **Porenfüllmittel** *n* paste filler
Patagonische Eibe *f* Prince Albert yew, Saxegothaea conspicua
~ **Zypresse** *f* Patagonian cypress, alerce, alerse, Fitzroya cupressoides
Patentmöbel *npl* convertible furniture
Paternosterbaum *m* bead tree, Persian lilac, pride-of-India, China tree, chinaberry, azedarach, Melia azedarach
Paternosterstapelanlage *f* stacking hoist
pathologischer Farbkern *m* abnormal (false) heartwood, pathological heart[wood], facultatively coloured heartwood
Patina *f* patina
patinieren to distress, to antique *(furniture)*
Patinieren *n* distressing
Patiotür *f* patio door
Patulakiefer *f* Mexican (spreading-leaved) pine, Jelicote pine, Pinus patula
Pau marfim *n* pau marfim, Aspidosperma tomentosum, Balfourodendron riedelianum *(wood species)*
Payena leeri nyatoh, Payena leeri *(wood species)*
paynesieren to paynize *(wood preservation)*
Pazifische Eibe *f* Pacific yew, Taxus brevifolia
PBA *s.* Burma-Padouk
PCP *s.* Pentachlorphenol
PDG *s.* Rebhuhnholz 1. and 2.
Pecan-Hickory *m(f)* pecan [hickory], Carya illinoensis (oliviformis)
Pech *n* pitch
Pechbrennerei *f* pitch distillery
Pechdestillation *f* pitch distillation
Pechharz *n* mastic pitch
Pechkiefer *f* 1. pitch tree (pine) *(comprehensive term)*; 2. [northern] pitch pine, sap pine, stiff-needled pine, Pinus rigida
Pechkiefernholz *n* pitch pine
Pechlarse *f* pitch seam, pitch shake (streak)
Pechöl *n* resin oil, tar oil
Pechpinie *f* loblolly (frankincense) pine, short-leaf pine, foxtail (bull, slash) pine, Pinus taeda
Pechriß *m* pitch seam, pitch shake (streak)

Pedal *n* pedal *(of organ)*
Peddigrohr *n* rattan, *(esp.)* Calamus rotang
Peddigrohrspaltmaschine *f* rattan splitting machine
PEG-Behandlung *f* polyethylene glycol treatment
Peitschenstiel *m* whipstock
Pekannuß *f* pecan nut *(polishing agent)*
Pekannußbaum *m* pecan [hickory], Carya illinoensis (oliviformis)
Pektin *n* pectin *(wood constituent)*
Pektinsäure *f* pectic acid
Pelawan *n* brush box, *(esp.)* Tristania conferta
Peltogynol *n* peltogynol *(flavonoid)*
Peltophorum pterocarpum yellow flame, copper pod, Peltophorum pterocarpum *(wood species)*
Pembroke-Tisch *m* Pembroke table
Penak *n* chengal, Neobalanocarpus (Balanocarpus) heimii *(wood species)*
Pendelkreissäge *f* pendulum saw, swing saw, jump saw
Pendelsäge *f* pendulum saw, swing saw, jump saw
~ **zum Querschneiden** swinging cross-cut saw
Pendelschlagversuch *m* pendulum impact test
~ **nach Izod** Izod impact test
Pendelschlagwerk *n* pendulum impact machine *(for determination of the impact bending strength)*
Pendelstichsäge *f* jigsaw, sabre saw, *(Am)* bayonet saw
Pendeltür *f* swing[ing] door, double-acting door
Pendeltürband *n* Bommer-type helical hinge, double-acting hinge
Penderluhr *f* long-case clock, regulator clock
Pennantia cunninghamii brown beech, Pennantia cunninghamii
Pennsylvanischer Ahorn *m* Pennsylvanian (moose) maple, moosewood, goosefoot (striped) maple, Acer pensylvanicum (striatum)
Pentachlorphenol *n* pentachlorophenol, PCP *(wood preservative)*
Pentachlorphenolnatrium *n* sodium pentachlorophenate *(wood preservative)*
Pentacme suavis Burma sal, ingyin, Pentacme suavis *(wood species)*
Pentarthrum huttoni common wood-boring weevil, Pentarthrum huttoni
Pentosan *n* pentosan *(polysaccharide)*
Pentose *f* pentose *(monosaccharide)*
Pepper-Lignin *n* dioxan[e] lignin
Pepulbaum *m* **der Inder** pipal [tree], sacred fig tree, bo (peepul) tree, Ficus religiosa
PER *s.* Peroba rosa
Perfektstadium *n* sexual stage, sexual state *(of fungi)*
Perforatormethode *f* perforator method *(for measuring of formaldehyde release)*
Pergamentersatzpapier *n* glassine [paper], artificial parchment
Pergamentleimstoff *m* parchment size *(paper-making)*
Pergamentpapier *n* papyrin[e], vegetable

Pergamentpapier
parchment
Pergamin *n* glassine [paper]
Pergola *f* pergola
perikline Zellteilung *f* periclinal [cell] division *(wood formation)*
Periodatlignin *n* periodate lignin, Purves lignin
Perithezium *n* perithecium *(fructification of ascomycetes)*
Perlenkastanie *f* Henry chestnut, Castanea henryi
Perlenleim *m* pearl glue
Perlessenz *f* pearl essence *(lacquer ingredient)*
Perlleim *m* pearl glue
Perlmutt *n*, **Perlmutter** *f(n)* mother-of-pearl
Permanganatzahl *f* permanganate number *(pulp manufacture)*
permeabel permeable
Permeabilität *f* permeability
Pernambuk *n* [prickly] brazilwood, Lima wood, *(esp.)* Caesalpinia (Guilandina) echinata
Peroba de campos *n* white peroba, Paratecoma peroba *(wood species)*
~ **rosa** *n* peroba rosa, red peroba, Aspidosperma polyneuron (peroba) *(wood species)*
Peroxidbleiche *f* peroxide bleach[ing], peracid bleach[ing] *(of wood-pulp)*
Persea borbonia red bay, isabella wood, Persea borbonia
~ **nun-mu** nanmu, Persea nan-mu *(wood species)*
Persenning *f* tarpaulin
Persimone *f* [common] persimmon, Diospyros virginiana
Persische Akazie *f* silk tree, Albizia julibrissin
~ **Eiche** *f* Persian oak, Quercus castaneifolia
Persischrot *n* Persian red *(pigment)*
Peruanischer Pfefferbaum *m* Peruvian (false) pepper-tree, Schinus molle
Perubalsam *m* balsam of Peru, Peru balsam *(from Myroxylon balsamum var. pereirae)*
Perubalsambaum *m* Peru balsam tree, quinquino, Myroxylon balsamum var. pereirae
Perückenstrauch *m* 1. smoke plant (tree) *(genus Cotinus)*; 2. smoke plant (tree), Venetian sumac[h], young fustic, zantewood, wig tree, Cotinus coggygria, Rhus corinus
Petersburger Standard *m* Petrograd standard *(unit of measurement for sawnwood)*
Petitia domingensis fiddlewood, Petitia domingensis
Pfaffenhütchen *n*, **Pfaffenkäppchen** *n* skewerwood, skiverwood, prickwood, Euonymus europaeus
Pfahl *m* pole, pile, picket, spile
Pfahlbau *m* lake-dwelling, pile-dwelling
Pfahlbaudorf *n* lake-village
Pfahlbuhne *f* pile groyne
Pfahldorf *n* lake-village
Pfähle einrammen to pile
Pfahleiche *f* [American] post oak, box (iron) oak, Quercus stellata
Pfahlgründung *f* pile foundation
Pfahlgründungsbauwerk *n* pile-supported structure
Pfahlholz *n* pile timber

Pfahljoch *n* pile trestle
Pfahlkopf *m* pile head, pile top
Pfahlramme *f* pile driver
Pfahlrost *m* pile grating, pile foundation grill[e]
Pfahlschuh *m* pile shoe, steel-pointed shoe [of pile tip]
Pfahlspitze *f* pile tip
Pfahlwand *f* pile wall
Pfahlwerk *n* piling
Pfahlwurm *m* ship-worm, marine [wood] borer, teredo, Teredo navalis
Pfahlwurmschutz *m* marine borer protection
Pfahlzaun *m* palisade fence (fencing), picket fence
Pfeife *f* pipe
Pfeifen *fpl*, **Pfeifensteppung** *f* piping, *(Am)* cording
Pfeiler *m* pillar
Pfeilerholz *n* chockwood
Pfeilerspiegel *m* pier glass
Pfeilertisch *m* pier[-glass] table
Pfeilerweite *f* bay
Pfeilhöhe *f* camber
Pferdefleischholz *n* 1. balata, bully tree, bulletwood, Manilkara bidentata, Mimusops balata; 2. beef wood, brown ebony, wamara, Swartzia tomentosa (leiocalycina)
Pfette *f* purlin, purline
Pfettenabstand *m* purlin spacing
Pfettenanordnung *f* purlin arrangement
Pfettendach *n* purlin roof
Pfettenkonstruktion *f* purlin construction
Pfettenschuh *m* purlin hanger
Pfettensparren *m* rafter-supporting purlin
Pfettenstoß *m* purlin joint
Pfettenstoßverbindung *f* purlin butt joint
Pfirsichweide *f* 1. French willow, almond-leaved willow, Salix triandra; 2. peach-leaved willow, Salix amygdaloides
Pflanzeneiweißleim *m* plant protein glue
Pflanzenfarbstoff *m* vegetable dye
Pflanzengalle *f* gall
Pflanzengummi *n* gum
Pflanzenharz *n* vegetable resin
Pflanzenkunde *f* botany
Pflanzenleim *m* vegetable glue
Pflanzensaft *m* sap
Pflanzenständer *m* plant stand, flower-holder
pflanzlicher Farbstoff *m* vegetable dye
~ **Hemmstoff** *m* antibiotic
~ **Klebstoff** *m* vegetable glue
~ **Wuchsstoff** *m* plant hormone, phytohormone
pflanzliches Bildungsgewebe *n* meristem
Pflasterholz *n* paving wood
Pflasterklotz *m* paving-block
Pflaume *f*, **Pflaumenbaum** *m* [garden] plum, Prunus domestica
Pflaumenholz *n* plum wood *(from Prunus domestica)*
Pflegehieb *m* improvement felling
Pflock *m* stake, peg, picket, stob
Pfosten *m* post, pole, upright, strut, puncheon, prop, column; principal post *(framework)*
Pfostenanker *m* post anchor
Pfostenbett *n* post bed

Pfostenhocker *m* joint stool
Pfostenträger *m* post base
Pfostentreppe *f* **mit Treppenauge** open newel staircase
Pfotenfuß *m* paw foot *(of a furniture leg)*
Pfropfpolymerisation *f* grafting *(e.g. of modification of wood)*
PGW *s.* **Druckschliff**
pH-Wert *m* **von Holz** wood pH [value]
Phellem *n* phellem
Phelloderm *n* phelloderm
Phellogen *n* phellogen, cork cambium
Phenol *n* phenol *(extraneous wood constituent)*
~-Resorcin-Farmaldehydharz *n* phenol-resorcinol resin
~-Resorcinharz *n* phenol-resorcinol resin
Phenolaufschluß *m* phenol pulping
Phenolformaldehydharz *n* phenol-[formaldehyde] resin
Phenolformaldehyd[harz]leim *m* phenol-formaldehyde glue
Phenolharz *n* phenol[-formaldehyde] resin
Phenolharzfilm *m* plastic laminate
phenolharzgetränktes Sulfatkraftpapier *n* kraft-phenolic, core paper
Phenolharzlack *m* phenolic lacquer
Phenolharzleim *m* phenolic glue
phenolharzverleimte Spanplatte *f* phenolic-resin-bonded particleboard
Phenollack *m* phenolic lacquer
Phenollignin *n* phenol[ic] lignin
Phenoplastleim *m* phenolic glue
Phenylpropan *n* phenylpropane *(wood constituent)*
Philippinen-Mahagoni *n* Philippine mahogany, lauan *(wood species group consisting of Shorea spp., Parashorea spp. and Pentacme spp.)*
Phlobaphen *n* phlobaphene *(tannin compound)*
Phlobaphenkork *m* phlobaphene cork
Phlobatannin *n* phlobatannin
Phloem *n* phloem, sieve tube member *(wood anatomy)*
Phloemaufbau *m* phloem structure
Phloemgewebe *n* phloem tissue
Phloemmutterzelle *f* phloem mother cell
Phloemnekrose *f* phloem necrosis
Phloemparenchym *n* phloem parenchyma
Phloemparenchymzelle *f* phloem parenchyma cell
Phloemsiebelement *n* phloem sieve element
Phloemstrahl *m* phloem ray
Phloemstruktur *f* phloem structure
Pholiota carbonaria charcoal pholiota, Pholiota carbonaria *(wood fungus)*
Phonomöbel *n* [phonograph] cabinet, radio cabinet
Phonoturm *m* hi-fi [stack] unit, stereo cabinet
Phoracantha semipunctata longicorn borer, Phoracantha semipunctata *(wood pest)*
photochemischer Abbau *m* photodegradation *(e.g. of wood substance)*
Photokopierpapier *n* photocopying paper
Photorohpapier *n* photographic base paper
Photosynthese *f* photosynthesis

Phoxim *n* phoxim *(insecticide)*
Phylloclad-16-en-19-säure *f* kaurenoic acid *(terpene)*
Phyllocladus pypophyllus New Guinea celery top pine, Phyllocladus pypophyllus
~ trichomanoides celery top pine, Phyllocladus trichomanoides (asplenifolius)
Physik *f* **des Holzes** wood physics
Phytohormon *n* phytohormone, plant hormone
Phytologie *f* botany
Piano[forte] *n* piano[forte]
Pianogehäuse *n* piano case
Piassavafaser *f* piassava
Picea glauca var. albertiana western white spruce, Alberta white spruce, Picea glauca var. albertiana
~ glauca var. porsildii Porsild spruce, Picea glauca var. porsildii
piceoide Kreuzungsfeldtüpfelung *f* piceoid cross-field pitting *(wood anatomy)*
Pickelstiel *m* pickaxe handle
Picknickbank *f* picnic bench
Picknickkorb *m* picnic hamper
Picknicktisch *m* picnic table
Picramnia antidesma [Florida] bitterbush, Picramna antidesma
Pie-crust-Rand *m* pie-crust edging *(esp. on Chippendale furniture)*
~-crust-Tisch *m* pie-crust table
Piedestal *n* pedestal
~-Schreibtisch *m* pedestal writing desk
~-Tisch *m* pedestal table
Pietra-dura-Intarsie *f* pietra dura, pietre dure
Pigment *n* pigment; dry colour
Pigmentbeize *f* pigmented stain
pigmentierter Lack *m* pigmented lacquer
Pigmentlack *m* pigmented lacquer
PII *s.* **Radiatakiefer**
Pilaster *m* pilaster
Pile *m* pile
Pilla-murda *n* [black] chuglam, Terminalia mannii (chebula) *(wood species)*
Pilz *m* fungus *(kingdom Mycota)*
~-Wurzel-Symbiose *f* mycorrhiza
pilzabtötend fungicidal
Pilzabtötungsmittel *n* fungicide
Pilzangriff *m* fungal (fungi) attack
Pilzbefall *m* fungal (fungi) attack, fungal (fungus) infection
pilzbefallen fungus-infected
Pilzbesiedelung *f* fungal colonization
Pilzfaden *m* hypha, mycelium filament
Pilzfäule *f* fungal decay (decomposition)
pilzfest fungus-proof *(e.g. wood)*
Pilzfestigkeit *f* fungus resistance
Pilzflora *f* fungal flora
Pilzfruchtkörper *m* fungal fruit body
Pilzgeflecht *n* mycelium, mycele
pilzhemmend fungistatic, fungus-inhibitory
Pilzinfektion *f* fungal (fungus) infection, mycosis
Pilzkonsole *f* bracket[-type sporophore]
Pilzkultur *f* fungal culture
Pilzkunde *f* mycology
pilzkundlich mycologic[al]

pilzliche Holzzersetzung *f* fungal decay (decomposition)
pilzlicher Holzweichmacher *m* wood-softener
~ **Holzzerstörer** *m* wood-decay fungus
~ **Schmarotzer** *m* parasitic fungus
~ **Wundfäuleerreger** *m* wound pathogen
Pilzparasit *m* parasitic fungus
Pilzresistenz *f* fungus resistance
Pilzschaden *m* fungus damage
pilzsicher fungus-proof *(e.g. wood)*
Pilzspore *f* fungal spore
pilztötend fungicidal
pilzwachstumshemmend fungistatic, fungus-inhibitory
pilzzüchtender Käfer *m* ambrosia beetle, spot worm *(esp. Xyloterus spp. and Xyleborus spp.)*
Pimaradien *n* pimaradiene *(diterpene)*
Pimarsäure *f* pimaric acid *(diterpene, resin acid)*
Pin-2-en *n* alpha-pinene
~-2(10)-en *n* beta-pinene
Pineöl *n* pine oil
Pinen *n* pinene *(monoterpene)*
Pinie *f* [Italian] stone pine, umbrella (parasol), Tuscan tree, Pinus pinea
Pinkosknolle *f* bunya-bunya, bunya (Queensland) pine, Araucaria bidwillii
Pinobanksin *n* pinobanksin *(flavonoid)*
Pinocembrin *n* pinocembrin *(flavonoid)*
pinoid pinoid *(wood pit)*
Pinole *f* tailstock quill
Pinolenklemmung *f* tailstock quill (spindle) clamp
Pinoresinol *n* pinoresinol *(lignan)*
Pinostrobin *n* pinostrobin *(flavonoid)*
Pinosylvin *n* pinosylvin
~-Phenol *n* pinosylvin phenol
Pinsel *m* [paint]brush
Pinselmacher *m* brush manufacturer
Pinselschimmel *m* penicillium *(genus Penicillium)*
Pinselstiel *m* brush handle
Pinus brutia Calabrian pine, Pinus brutia
~ **caribaea var. bahamensis** Bahama pine, Pinus caribaea var. bahamensis
~ **caribaea var. hondurensis** Honduran pine, Pinus caribaea var. hondurensis
~ **clausa** sand pine, Pinus clausa
~ **douglasiana** Douglas pine, Douglas spruce, Pinus douglasiana
~ **edulis** Colorado pine, Arizona pine, pinyon, Pinus edulis
~ **elliottii var. densa** South Florida slash pine, Pinus elliottii var. densa
~ **halepensis var. brutia** Cyprus pine, Aleppo pine, Pinus halepensis var. brutia
~ **kesiya (khasia, insularis)** khasya pine, Benguet pine, Pinus kesiya (khasia, insularis)
~ **massoniana** Chinese red pine, Masson (Japanese) pine, matsu, Pinus massoniana
~ **maximinoi** ocote pine, Pinus maximinoi
~ **merkusii** Merkus pine, Indo-China pine, Pinus merkusii
~ **michoacana** Michoacan pine, Pinus michoacana
~ **mugo ssp. mugo** knee pine, Pinus mugo ssp. mugo
~ **murrayana** tamarack [pine], Pinus murrayana
~ **occidentalis** Haiti pine, Cuba pine, Pinus occidentalis
~ **pseudostrobus** false Weymouth pine, Pinus pseudostrobus
~ **quadrifolia** California pinyon pine, Parry pinyon, Pinus quadrifolia
~ **roxburghii** long-leaved Indian pine, three-leaved pine, Pinus roxburghii (longifolia)
~ **serotina** pond pine, Pinus serotina
~ **tecunumanii** tecun-uman pine, Pinus tecunumanii
~ **tropicalis** Cuba pine, Pinus tropicalis
~ × **attenuradiata** knob-cone-radiata hybrid, Pinus × attenuradiata *(wood species)*
~ × **rigitaeda** pitch-loblolly hybrid, Pinus × rigitaeda *(wood species)*
PIP *s.* Pechkiefernholz
Pipe *f* pipe
Pistacia chinensis ssp. integerrima zebra wood, Pistacia chinensis ssp. integerrima
Pitchpine *f* [northern] pitch pine, sap pine, stiff-needled pine, Pinus rigida
Pithecellobium micradenium shagbark, Pithecellobium micradenium *(wood species)*
Pitmann *m* bottom-sawyer
Plafond *m* plafond
Plafondlatte *f* plaster lath, screed
Plakat[druck]papier *n* poster paper
Planchonella thyrsoidea white planchonella, Planchonella thyrsoidea *(wood species)*
~ **torricellensis** red planchonella, Planchonella torricellensis *(wood species)*
Plandrehmaschine *f* facing lathe
planhobeln to true [up], to try [up], to joint, to shoot, to shute
Planke *f* plank
Planscheibe *f* face-plate *(of a wood-turning lathe)*
Planschnitzler *m* chipper canter; chipping headrig, chipper
Plansiebmaschine *f* gyratory sifter
Plantagenbaum *m* plantation-grown tree
Plantagenhartholz *n* plantation hardwood
Plantagenholz *n* plantation wood
Plantagenholzart *f* plantation wood species
Plasmodesmus *m* plasmodesm[a] *(wood cell anatomy)*
Plast *m* plastic
Plastfolie *f* plastic foil
plastifizieren to plasticize
Plastifizierung *f* plasticization, softening [pre-]treatment *(of wood e.g. by steaming)*
Plastik *n* plastic
  aus ~ hergestellt plastic
Plastikfolie *f* plastic foil
plastisch plastic
plastische Härte *f* **nach Brinell** Brinell hardness
~ **Verformung** *f* plastic deformation
plastischer Anstrichstoff *m* plastic paint
plastisches Holz *n* plastic wood
plastizieren to plasticize

Plast[preß]lagenholz *n* densified impregnated wood, resin-bonded plywood, high-density plastic laminate
plastummantelte Holzwerkstoffplatte *f* plastic-faced wood panel
Platane *f* plane[-tree], buttonwood, button-tree, platan[e] *(genus Platanus)*
Platanenholz *n* buttonwood, lacewood
Platanus racemosa Californian sycamore, Platanus racemosa
~ wrightii Arizona sycamore, Platanus wrightii
Plathymenia reticulata vinhatico, Plathymenia reticulata *(wood species)*
Plättbrett *n* ironing-board
Platte *f* 1. panel, board, sheet; 2. blaze *(tree marking)*; 3. quirk *(member of a moulding)*
Plattenaufbau *m* panel lay-up *(plywood)*
Plattenaufteilanlage *f* panel dividing unit
Plattenaufteilanlagen *fpl* panel sawing machinery
Plattenaufteilsäge *f* panel [dividing] saw, panel sizing saw[ing machine], panel sizer
Plattenband *n*, **Plattenbandförderer** *m* apron-plate conveyor
Plattenbesäumanlage *f* panel edging machine
Plattenbeschickung *f* panel feeding
Plattendichte *f* board density
Plattendicke *f* panel thickness, board thickness
Plattenerzeugnis *n* panel product
Plattenformatkreissäge[maschine] *f* panel sizing saw[ing machine], panel sizer
Plattenformatsäge *f* panel [dividing] saw
plattenförmiger Holzwerkstoff *m* wood-based panel [product], wood-based sheet material
plattenförmiges Sperrholz *n* plywood panel
Plattenformmaschine *f* board forming machine
Plattenfurnier *n* panel veneer
Plattengefüge *n* board texture
Plattengröße *f* sheet size
Plattenhersteller *m* board manufacturer
Plattenherstellung *f* board manufacture
Plattenindustrie *f* panel industry, board industry
Plattenkalandern *n* plate glazing *(paper-making)*
Plattenkante[nfläche] *f* panel edge, board edge
Plattenkiefer *f* scale pine
Plattenklebstoff *m* panel adhesive
Plattenpreßtemperatur *f* board press temperature
Plattenproduktion *f* board manufacture
Plattenprüfung *f* panel test
Plattenquellung *f* board swelling
Plattensäge *f* panel [dividing] saw
Plattenscherfestigkeit *f* panel shear strength
Plattenschleifstraße *f* panel sanding line
Plattenschrank *m* record cabinet
Plattenspielergehäuse *n* record-player cabinet
Plattenstapel *m* panel stack, stack of boards
Plattenstapler *m* panel stacker
Plattentextur *f* board texture
Plattenverleimmaschine *f* panel jointing machine
Plattenwaage *f* board scale
Plattenwender *m*, **Plattenwendevorrichtung** *f* panel turner, board turning unit
Plattenwerk *n* panel factory

Plattenwerkstoff *m* board material, panel (sheet) material
Plattenwerkstoffprüfung *f* panel test
Plattenzuschneid- und -aufteilsäge *f* panel cutter
Plattformbauweise *f* platform frame construction
platzen to check *(wood)*
plätzen *s.* platzweise entrinden
Platzholzhandlung *f* wholesale yard
platzweise entrinden to patch-bark, to bark in patches (places)
Plaudersitz *m* conversation chair, causeuse
Plauderstuhl *m* ca[c]queteuse [armchair], ca[c]quetoire, gossip chair
Pleiogynium timoriense Queensland hog plum, Burdekin plum, Pleiogynium timoriense
Plenterhieb *m* selection felling
Plicatin *n* plicatin *(lignan)*
Plicatinaphthol *n* plicatinapththol *(lignan)*
Plicatsäure *f* plicatic acid *(lignan)*
Plinthe *f* plinth
Plossobaum *m* dhak tree, palas tree, bastard teak, Butea superba (monosperma, frondosa)
PLT *s.* 1. Platane; 2. Platanenholz
Plusbaum *m* plus tree, select (superior) tree, elite (choice) tree
PNB *s.* Pernambuk
pneumatische Entrindung *f* pneumatic [de]barking
~ Spannvorrichtung *f* air-driven clamp
~ Verfilzung *f* air felting *(manufacture of fibreboards and chipboards)*
pneumatischer Dämpfungszylinder *m* pneumatic stay
pneumatisches Entrinden *n* pneumatic [de]barking
POC *s.* Oregonzeder
Pochkäfer *m* furniture beetle, death-watch [beetle], anobiid beetle *(family Anobiidae)*
Pochkäferlarve *f* woodworm, worm
Pockholz *n* guaiacum, lignum vitae, *(esp.)* Guaiacum officinale
Pockholzbaum *m* guaiacum *(genus Guaiacum)*
POD *s.* Podo
Podest *n(m)* landing, stair[case] landing
Podesttreppe *f* platform stair
Podo *n* podo, yellowwood, *(esp.)* Podocarpus gracilior
Podocarpinsäure *f* podocarpic acid *(triterpene)*
Podocarpus dacrydioides New Zealand white pine, kahikatea, Podocarpus dacrydioides
~ elata she-pine, Podocarpus elata
~ guatemalensis Honduras yellowwood, Podocarpus guatemalensis
~ henkelii Henkel yellowwood, Podocarpus henkelii
~ macrophyllus southern yew, Podocarpus macrophyllus
~ spicatus matai, Podocarpus spicatus
~ totara mahogany pipe, Podocarpus totara
POH *s.* Pockholz
Poisson-Zahl *f* Poisson's ratio
Poissonsche Konstante *f* Poisson's ratio
Polier *m* carpentry foreman
Polierballen *m* fad

Polierballen

~ **für das Abpolieren (Auspolieren)** ghost
polieren to polish
   mit dem Handballen ~ to French-polish
Polieren n polishing
~ **mit Schellackpolitur** French polishing
polierfähig polishable
Polierfähigkeit f polishability
Polierflüssigkeit f polishing liquid
Poliermaschine f polishing machine, polisher, buffing machine
Poliermasse f polishing compound
Poliermaterial n polish
Poliermittel n polish, polishing agent
Polieröl n oil polish, polishing oil
Polierpaste f polishing paste
Polierraum m polishing shop
Polierrot n crocus powder
Polierscheibe f polishing disk
Polierschiefer m Tripoli powder, rottenstone [powder]
Poliertechnik f polishing technique
Poliertrommel f polishing drum, tumbling box *(e.g. for small wooden articles)*
Polierverfahren n polishing method
Polierwachs n polishing wax
Polierwalze f polishing roll
Polierwasser n polish
Polierwerkstatt f polishing shop, polishing workroom
Polierwerkzeug n polishing tool
Poliment n gesso, poliment *(gilding)*
Polimentgrund m gesso ground
   mit ~ **versehen** gessoed
Polimentmasse f s. Poliment
Polimentvergolden n water gilding
Polimentvergoldung f water gilding
Polish n polish
Politur f polish
Poloschläger m polo stick
Polster n pad
Polsterarmlehnstuhl m padded carver [chair]
Polsterbank f settee
Polsterbezug m upholstery cover, cushion cover
Polsterei f 1. upholstery; 2. upholstery shop
Polsterer m upholsterer, upholder
Polsterfüllmaterial n, **Polsterfüllstoff** m upholstery stuffing (filling material), furniture filling, stuffing material
Polsterfeder f upholstery spring
Polstergarnitur f upholstered suite, three-piece suite
Polstergewebe n upholstery fabric
Polsterhammer m upholsterer's hammer
Polsterhocker m padded stool
Polsterholz n 1. firring [piece]; 2. floor-joist, common joist, floor timber, bolster
Polsterindustrie f upholstery industry
Polsterkante f upholstery edge
Polsterleder n upholstery leather, skin for upholstery
Polsterlehnstuhl m padded back chair
Polstermöbel npl upholstered furniture
Polstermöbelgarnitur f upholstered suite, three-piece suite
Polstermöbelstil m upholstery style

158

Polstermöbelstück n upholstered item
Polstermaterial n upholstery [stuffing]
polstern to upholster, to pad
Polsternagel m upholstery nail (tack), chair nail, antique nail
Polsterschemel m upholstered stool
Polstersessel m upholstered easy chair
Polstersitz m upholstered seat
Polstersitzbank f settee
Polstersitzmöbel n upholstered seating
Polsterstift m tack
Polsterstoff m upholstery fabric
Polsterstuhl m upholstered chair
~ **im Chippendalestil** Chippendale chair
Polsterung f upholstery
Polsterunterbau m upholstery foundation
Polsterwatte f wadding
Polsterwerkstatt f upholstery shop
Polsterwerkzeug n upholsterer's tool
Polsterziernagel m s. Polsternagel
Polsterzubehör n upholstery accessories
Polter m(n) deck; pile
Polterkapazität f deck capacity
poltern to deck; to pile [up] *(log wood)*
Polterschiene f bunk
Polterschild m logging blade
Polterstrang m bunk
Polyacrylatlack m polyacrylate lacquer
Polyalthia andamanica reel wood, Polyalthia andamanica
polydispers polydisperse *(cellulose)*
Polyesterharzimprägnierung f polyester impregnation
Polyesterharzlack m polyester lacquer
Polyesterharztränkung f polyester impregnation
Polyesterklebstoff m polyester adhesive
Polyesterlack m polyester lacquer
Polyethylenglykol n polyethylene glycol, PEG *(stabilizer for wood)*
Polyethylenglycol-Behandlung f polyethylene glycol treatment
Polyflavonoid n polyflavonoid
Polyisopren n gutta-percha *(latex product esp. from Palaquium gutta)*
Polymer n polymer
polymerchemische Holzergänzung f epoxy repair of timber
Polymer[en]holz n wood-plastic composite, wood-polymer composite (material), WPC
Polymerisation f polymerization
Polymerisationsgrad m degree of polymerization
Polyose f wood polyose, wood polysaccharose, hemicellulose, pseudocellulose
polyphag polyphagous *(wood pest)*
Polyphenol n polyphenol
Polysaccharid n polysaccharide, glycan
Polysulfid-Dichtstoff m polysulphide sealant
Polysulfid[holz]aufschluß m polysulphide pulping
Polyterpen n polyterpene *(wood constituent)*
Polyurethanklebstoff m polyurethane adhesive
Polyurethanlack m polyurethane lacquer (paint), urethane lacquer
Polyurethanschaum m polyurethane foam *(e.g. as a filling for upholstery)*

Polyvinylacetatleim *m* polyvinyl-acetate adhesive (glue), polyvinyl-acetate-resin emulsion, white glue
Pommelé-Textur *f* pommelle
pommeliert dappled *(wood grain)*
Populin *n* populin *(glycoside)*
Populus-Canadensis-Hybride *f* poplar hybrid, Euramerican (Euro-American) poplar hybrid, Canadian poplar, Populus × canadensis (× euramericana)
~ **deltoides ssp. virginiana** northern cottonwood, Populus deltoides ssp. virginiana
~ **heterophylla** river (swamp) cottonwood, downy poplar, Populus heterophylla
~ **japano-gigas** Japanese giant poplar, Populus japano-gigas
~ **marilandica** poplar hybrid, Populus marilandica
~ **monilifera** poplar hybrid, Populus monilifera
~ × **euramericana 'Serotina'** black Italian poplar, Populus × euramericana 'Serotina'
poröse Faserplatte *f* softboard, soft fibreboard, insulation panel, insulating board
Pore *f* vessel, vas, pore *(wood anatomy)*
Poren kreisförmig umfassend vasicentric *(wood parenchyma)*
~ **sichelförmig einfassend** sparsely paratracheal *(wood parenchyma)*
Porenanisotropie *f* pore anisotropy
Porenanordnung *f* vessel distribution, vessel grouping, pore arrangement
Porenblase *f* pore blister
poreneinfassend paratracheal *(wood parenchyma)*
porenfüllender Lack *m* grain-filling lacquer
Porenfüller *m* grain filler, wood filler *(wood finishing)*
Porenfüllpaste *f* paste filler
Porenfüllpulver *n* grain-filling powder
Porenfüllstoff *m* grain filler, wood filler *(wood finishing)*
Porengruppe *f* pore cluster
Porenkette *f* vessel line, pore-chain
Porennest *n* pore cluster
Porenraum *m* pore space
Porenrille *f* vessel line
Porenring *m* pore ring
Porenschwamm *m* white pore fungus, mine fungus, Antrodia sinuosa, Poria vaillantii (vaporaria)
Porenvolumen *n* pore space
poriges Holz *n* pored wood
Porigkeit *f* porosity *(e.g. of wood)*
Porosimetrie *f* porosimetry
Portalbohrmaschine *f* portal boring machine
Portalkran *m* gantry crane
Portugiesische Lorbeerkirsche *f* Portugal laurel, Prunus lusitanica
Portugiesischer Kirschlorbeer *m* Portugal laurel, Prunus lusitanica
Porus *m* porus, pit opening, pit aperture *(wood anatomy)*
Porzellanschrank *m* china [display] cabinet, china closet (cupboard)
Porzellan[vasen]ständer *m* china stand

Posamenten *npl* lacework *(e.g. on upholstered furniture)*
Posten *m* parcel *(timber trade)*
Posterpapier *n* poster paper
Postforming *n* postforming
~~-**Maschine** *f* postforming machine
Poststange *f* telegraph pole
Pottasche *f* potash, pearl ash *(stripper)*
Pouf *m* pouffe
Prächtiger Trompetenbaum *m* Indian bean, hardy catalpa, Catalpa speciosa
Prachtkäfer *m* buprestid[an] *(family Buprestidae)*
Prachttanne *f* [Californian] red fir, western balsam fir, golden fir, Abies magnifica
Prägekalander *m* embossing calender
Prägemaschine *f* embossing machine
Prägeplatte *f* [predecorated] embossed hardboard, embossed-surface board
Prägepresse *f* embossing press
Prägestempel *m* embossing die
Prägetiefe *f* embossing depth
Prägewalze *f* embossing roller
Prahm *m* pra[a]m *(flat-bottomed boat)*
Prall[teller]mühle *f* impact mill
Prallzerfaserer *m* fiberizer
Prallzerspaner *m* flaker
präparativer Holzschnitt *m* wood section [preparation]
Präsentkorb *m* hamper
Präventivknospe *f* dormant bud *(wood anatomy)*
Präzisionsdübellochbohrmaschine *f* precision dowel hole boring machine
Präzisionskreissäge *f* precision circular saw
Präzisionsschneidlade *f* precision mitre box
Prellbalken *m* fender beam
Prellpfahl *m* fender pile
Prellwunde *f* bruise *(e.g. on trees)*
Pressafiner *m* pressafiner *(extruder for wood refining)*
Preßdiagramm *n* pressing schedule *(particleboard manufacture)*
Preßdruck *m* press pressure *(chipboard manufacture)*
Preßdruckzeit *f* press[ing] time
Presse *f* **für die Beschichtung** coating press
Pressenpartie *f* press section *(of a Fourdrinier machine)*
Pressenschleifer *m* pocket grinder *(wood pulping)*
Preßform *f* mould
Preßholz *n* [untreated] compressed wood, staypak, pregwood
Preßkarton *m* pressboard
Preßkasten *m* pocket *(of a wood grinder)*
Preßkork *m* compressed cork
Preßkork[fuß]bodenplatte *f* cork tile
Preßkorkplatte *f* corkboard, cork slab
Preßlagenholz *n* laminated compressed wood
Preßluft-Handnagler *m* pneumatic nail gun (machine), pneumatic nailer
Preßpapier *n* presspaper
Preßprogramm *n*, **Preßschema** *n* pressing schedule *(particleboard manufacture)*
Preßschichtholz *n* [densified] laminated wood,

Preßschichtholz

jicwood
Preßspan *m* presspahn
Preßsperrholz *n* densified plywood
Preßtemperatur *f* press temperature
Pressung *f* compression
Preßvollholz *n* compressed solid wood, densified wood
Preßvorgang *m* pressing sequence
Preßwerkzeug *n* pressing tool
Preßzeit *f* press[ing] time
Preßzyklus *m* pressing cycle, pressing sequence, press cycle [time]
PRF-Harz *n* phenol-resorcinol resin
primäre Holzindustrie *f* primary woodworking industry
primärer Markstrahl *m* primary ray *(wood anatomy)*
primäres Dickenwachstum *n* primary thickening *(of wood)*
~ **Holz** *n* primary wood, primary xylem
~ **Insekt** *n* primary insect
~ **Phloem** *n* primary phloem *(wood anatomy)*
~ **Tüpfelfeld** *n* primary pit field *(wood anatomy)*
~ **Xylem** *n* primary xylem, primary wood
Primärfäule *f* primary rot
Primärinsekt *n* primary insect
Primärlamelle *f* secondary wall 1, S_1 layer *(wood anatomy)*
Primärphloem *n* primary phloem *(wood anatomy)*
Primärwand[schicht] *f* primary [cell] wall, P *(wood anatomy)*
Primärxylem *n* primary xylem, primary wood
Primavera *n* primavera, white mahogany, Cybistax (Roseodendron, Tabebuia) donnell-smithii
Prisma *n* cant
Prismenführung *f* prismatic guide
Prismenschnitt *m* prismatic cut, double cut
Pritsche *f* 1. truck floor; 2. plank bed; 3. bat
PRO *s.* Rio-Palisander
Probe *f* sample; test piece, specimen
  eine ~ [ent]nehmen to sample
Probebrett *n* sample board, test board
Probeeinschnitt *m* test conversion of a log
Probekörper *m* test piece, specimen
Procellulose *f* cellotriose *(trisaccharide)*
Profil *n* profile
Profilbrett *n* profile board, moulded board
Profilfräser *m* profile cutter
Profilfräsmaschine *f* profile moulder
Profilfräswerkzeug *n* profile cutter
Profilfuge *f* scribed joint, *(Am)* coped joint
Profilhobel *m* moulding-plane, mouldplane
Profilholz *n* *(Am)* matched lumber
Profilieranlage *f s.* Profilspanerlinie
profilieren to profile, to mould
profilierte Leiste *f* profiled lath
profiliertes Stülpschalungsbrett *n* moulded weather-board
Profilierwerkzeug *n* profiling tool
Profilierzerspaner *m s.* Profilspaner
Profilkante *f* profiled edge
Profilleiste *f* profiled lath (strip), moulding
Profilleistenspritzvorrichtung *f* profiled-strip spraying unit
Profilmesser *n* profile knife
Profilschleifautomat *m* automatic profile sanding machine
Profilschleifen *n* profile sanding
Profilschleifer *m* profile sander, profile sanding machine
Profilschleifgurt *m* profile sanding belt
Profilschleifklotz *m* moulding rubber
Profilschleifmaschine *f* profile sanding machine, profile sander
Profilschleifscheibe *f* profile sanding disk
Profilschliff *m* profile sanding
Profilspaner *m* log milling machine, profile chipper
~ **zur Kantholzherstellung** chipper canter
Profilspanerlinie *f*, **Profilspanerstraße** *f* profile chipper (chipping) line, profiling line, chipper-canter [headrig] sawing line
Profilsperrholz *n* moulded plywood
Profilummantelung *f* profile jacketing
Profilummantelungsanlage *f* profile jacketing plant
Profilummantelungsmaschine *f* profile jacketing (wrapping) machine
Profilziehhobel *m* scratch stock
programmgesteuerter Nagler *m* program-controlled tacker
Prokambium *n* procambium *(wood anatomy)*
Prokambiumstrang *m* procambial strand
Propanon *n* acetone *(solvent)*
Proportionalitätsgrenze *f* limit of proportionality, proportional limit *(wood physics)*
2-Propyl-piperidin *n* coniine *(alkaloid)*
Protium decandrum kurokai, Protium decandrum *(wood species)*
Protolignin *n* protolignin
Protoplasma *n* protoplasm
Protospore *f* ured[i]ospore *(of rust fungi)*
Protoxylem *n* protoxylem *(wood anatomy)*
Provenienz *f* provenance, *(Am)* provenience
Provenienzversuch *m* provenance trial
Proviantkorb *m* provision basket
provisorisch befestigen to tack
prozentualer Rindenanteil *m* bark percent[age]
Prozessor *m* processor, delimber-bucker, delimber-slasher
Prüfblatt *n*, **Prüfbogen** *m* hand sheet, laboratory sheet *(testing of pulp)*
Prüfbohrer *m* increment borer, accretion borer *(timber mensuration)*
Prüfbohrung *f* increment boring
Prüfbrett *n* test board, sample board
Prüfkörper *m* test piece, specimen
Prüfung *f* **von Holz** wood testing, testing of wood
Prügelweg *m* corduroy [road]
Prunetin *n* prunetin *(flavonoid)*
Prunkhimmel *m* baldachin, baldaquin
Prunkmöbel *npl* highest-class furniture, fine furniture
PSA *s.* Santos-Palisander
Pseudosindora palustris swamp sepetir, Pseudosindora palustris *(wood species)*

Pseudosindorin *n* pseudosindorin *(flavonoid)*
Pseudotsuga menziesii var. glauca blue Douglas fir, Pseudotsuga menziesii var. glauca
~ **menziesii var. menziesii** Douglas fir, Pseudotsuga menziesii var. menziesii
PSI *s.* Persimone
Psilotum nudum psilotum, Psilotum nudum *(wood species)*
Psychrometer *n* psychrometer
Ptaeroxylon obliquum (utile) sneezewood, Ptaeroxylum obliquum (utile)
Pterocarpin *n* pterocarpin *(flavonoid)*
Pterocarpus angolensis red sandalwood, Pterocarpus angolensis
~ **dalbergioides** coral-wood, Pterocarpus dalbergioides
~ **erinaceus** molompi, Pterocarpus erinaceus *(wood species)*
Pterygopodium oxyphyllum tola, Pterygopodium oxyphyllum *(wood species)*
Puffspielbrett *n* backgammon board
Pulai *n* pulai, white cheesewood, hard milkwood, *(esp.)* Alstonia scholaris
Pulpe *f* pulp; groundwood pulp
Pulper *m* pulper *(paper-making)*
Pult *n* desk
~-**Fachwerkträger** *m* pitched flat truss
Pultdach *n* mono-pitch roof, single-pitch roof, lean-to roof, shed roof, pent-roof
Pultdachbinder *m* pitched flat truss
Pultdachsparren *m* shed roof rafter
Pultschreibtisch *m* bureau on stand
Pultsekretär *m* bureau
pulverförmiges Siliciumcarbid *n* carborundum [powder] *(abrasive)*
Pulverholz *n* alder buckthorn, Persian bark, Rhamnus frangula
Punah *n* punah, Tetramerista glabra *(wood species)*
Punktast *m* pin knot
Punktierstift *m* frosting punch
Puppe *f* pupa, chrysalis *(stage of metamorphic insects)*
Puppenmöbel *npl* doll's furniture
Puppenstube *f* doll's house
Puppenstubenmöbel *npl* doll's furniture
Puppenwiege *f* pupal chamber
PUR-Klebstoff *m* polyurethane adhesive
~-**Lack** *m* polyurethane lacquer (paint), urethane lacquer
Purgierfaulbaum *m* shittim [wood], Rhamnus purshianus
Purgierkreuzdorn *m* common buckthorn, purging buckthorn, Rhamnus catharticus
Purpurholz *n* purpleheart, purplewood, amaranth *(from Peltogyne spp.)*
Purpurtanne *f* amabilis fir, lovely (cascade) fir, Pacific silver fir, Abies amabilis
Purpurweide *f* purple willow, Salix purpurea
Purves-Lignin *n* periodate lignin, Purves lignin
Putto *m* putto *(decorative motif)*
Putzen *n* cleaning up *(of wood surfaces)*
Putzerzirkel *m* radius rod
Putzhobel *m* smooth[ing] plane, smoother, finishing (polishing, fine) plane
Putzhobelmaschine *f* power plane
Putzkanten[schutz]leiste *f* staff angle
Putzträgerabstandsleiste *f* firring strip
Putztrommel *f* tumbling box, polishing drum *(e.g. for small wooden articles)*
PV-Sägezahn *m* hook tooth
PVAc, PVAC *s.* Polyvinylacetatleim
PVC-Folie *f* PVC foil
PVH *s.* Preßvollholz
Pyramidenfurnier *n* pyramid-texture veneer
Pyramidenpappel *f* Lombardy poplar, Populus nigra var. italica, Populus pyramidalis
Pyrenäen-Eiche *f* Pyrenean oak, Quercus pyrenaica
Pyrogallol *n* pyrogallic acid, pyrogallol
Pyrographie *f* pyrography, poker-work
Pyroligninsäure *f* pyroligneous acid, pyroligneous vinegar, wood vinegar
Pyrolyse *f* pyrolysis
Pyrolyseharz *n* pyrolysis resin
pyrolysieren to pyrolyze
Pyroxylin *n* pyroxylin
Pyrufuran *n* pyrufuran *(secondary wood constituent)*

Q

q *s.* Quellfaktor
QEB *s.* Quebrachobaum
QEC *s.* Quebracho [colorado]
QUA *s.* Quaruba
Quäker-Stuhl *m* Quaker chair
Qualitätsholz *n* quality timber, high-grade timber
Qualitätsmöbel *npl* quality furniture
Qualitätsnadelholz *n* quality softwood timber
Quarterschnitt *m s.* Quartierschnitt
Quartetto-Tische *mpl* quartetto tables
Quartierschnitt *m* quarter cut
   im ~ hergestellt quarter-sawn (-sawed, -cut), sawn-on-the-quarter
Quartierschnittfurnier *n* quarter-sliced veneer
Quaruba *n* quaruba, (*esp.*) Vochysia hondurensis (*wood species*)
quasi-ziehender Schnitt *m* slicing cut (*of a veneer slicer*)
Quassiabaum *m* [Surinam] quassia, Quassia amara (*wood species*)
Quassiaholz *n* quassia
Quassiarinde *f* amargoso [bark] (*from Quassia amara*)
Quassie *f* 1. quassia (*genus Quassia*); 2. [Surinam] quassia, Quassia amara (*wood species*)
Quebracho [colorado] *n* quebracho, Schinopsis lorentzii
Quebrachobaum *m* [common] white quebracho, Aspidosperma quebracho-blanco
Quebrachoextrakt *m* quebracho extract (*tannin*)
Quebrachoholz *n* quebracho, Schinopsis lorentzii
Quebrachorinde *f* quebracho bark
Quecksilber-II-Chlorid *n* sublimate (*wood preservative*)
Queenslandkauri *m(f)* Queensland kauri, Agathis brownii (robusta) (*wood species*)
Quell-Druckspannung *f*, **Quelldruck** *m* swelling pressure, swelling stress (*in wood*)
quellen to swell
Quellen *n* swelling (*e.g. of wood*)
Quellfaktor *m* differential swelling, swelling ratio
Quellneigung *f* swelling tendency
Quellung *f* swelling (*e.g. of wood*)
~ **in Faserrichtung** longitudinal swelling
Quellungsanisotropie *f* swelling anisotropy
Quellungsdruck *m* swelling pressure, swelling stress (*in wood*)
Quellungskoeffizient *m* coefficient of swelling
Quellungsneigung *f* swelling tendency
Quellverformung *f* deformation due to swelling
Quellverhalten *n* swelling behaviour
Quellwert *m* water imbibition value (*e.g. of pulp*)
quer zur Faser[richtung] across the grain, perpendicular to the grain
~ **zur Holzfaserrichtung nuten** to dado, to groove, to trench

Querast *m* splay knot, spike knot, slash knot
Queraufladen *n* crosshauling, (*Am*) parbuckling (*timber transportation*)
Queraxt *f* adze
Querbalken *m* traverse beam, trave, needle
Querbearbeitungsautomat *m* automatic cross-working machine
Querbeil *n* adze
Quercetin *n*, **Quercitrin** *n* quercetin (*flavonoid*)
Quercus arizonica Arizona [white] oak, Quercus arizonica
~ **crispula** Japanese oak, Karafuto oak, Quercus crispula
~ **dilatata** moru oak, Quercus dilatata
~ **durandii** Durand oak, Quercus durandii
~ **ellipsoidalis** northern pin oak, Quercus ellipsoidalis
~ **emoryi** emory oak, Quercus emoryi
~ **falcata var. pagodaefolia** cherry-bark oak, Quercus falcata var. pagodaefolia
~ **gambelii** Gambel oak, Quercus gambelii
~ **glauca** Japanese green oak, Quercus glauca
~ **laevis** Turkey oak, Quercus laevis
~ **lucombeana** Lucombe oak, Quercus lucombeana
~ **montana** rock oak, Quercus montana
~ **oblongifolia** Mexican blue oak, Quercus oblongifolia
~ **spicata** Indian oak, Quercus spicata
~ **turbinella** turbinella oak, Quercus turbinella
~ **wislizenii** interior live oak, Quercus wislizenii
Querdruckbelastung *f* side compression
Querdruckfestigkeit *f* compression strength perpendicular to the grain
Quereinschnitt *m* cross-cut
Querfasernagelung *f* side-grain nailing
Querfasersperrholz *n* cross-grained plywood
Querfenster *n* lying window
Querfestigkeit *f* flexural strength
Querflöte *f* flute
Querfries *m* cross rail, rail
Querfuge *f* end joint (*veneer*)
querfügen to end-joint (*veneer*)
Querfurnierschere *f* cross-cutting veneer clipper
querfurniert cross-veneered
quergeteilte Tür *f* Dutch door
Querhobeln *n* traversing
Querholz *n* cross bar, crosser, rail
Querholzaussteifung *f* solid strutting
Querholzdübel *m* cross dowel
Querholzfeder *f* feather, loose [cross] tongue, spline
Querholzzapfen *m* cross dowel
Querklebemaschine *f* cross splicer
Querkreissäge[maschine] *f* cross-cut circular saw[ing machine]
Querkrümmung *f* transverse warping, cup[ping]
Querleiste *f* cross batten, cleat, ledge
Querleisten *fpl* bars of Sanio, crassulae (*wood anatomy*)
Quernut *f* dado, trench
quernuten to dado, to trench, to groove
Querorientierungsvorrichtung *f* cross orienter (*particleboard manufacture*)
Querrahmen *m* transverse frame (*timber-frame*

162

construction)
Querrahmenholz *n* cross rail
querreißen to cross-crack
Querriegel *m* cross bracket; bearer, putlog *(of a scaffold)*
~ **des Sägegatters** frame cross-beam, frame crossbar
Querriß *m* cross-crack, cross break (fracture), transverse shake, thunder shake, upset *(wood defect)*
Quersäge *f s.* Querschnittsäge
querschneiden to cross-cut; to log, to trim *(roundwood)*
Querschneiden *n* cross-cutting; logging
Querschneidlehre *f* cross-cut fence
Querschnitt *m* 1. end-grain cutting; 2. cross-cut; 3. end grain [cross section], cross section, transverse section, t.s.
~-**Kreissäge[maschine]** *f* circular saw for cross-cutting
Querschnittsäge *f* cross-cutting saw; log cut-off saw, log cross-cut sawing machine, peg saw
Querschnittsägeblatt *n* cross-cut [saw-]blade
Querschnittschrotsäge *f* twart-saw, cross-cut saw
Querschnittsfläche *f* cross-sectional area, cross-cut end
Querschnittsmaß *n* cross-section dimension, dimension of cross-section
Querschnittsoberfläche *f* end-grain surface
Querschwindung *f* transverse shrinkage *(of wood)*
Quersparren *m* cross rafter
Querstab *m* cross bar
Querstrebentor *n* barred gate
Querstück *n* rail, ledge
Querträger *m* 1. cross girder (bearer), joist; 2. *s.* Querbalken
Querverstrebung *f* cross-bracing
Querverwerfung *f* transverse warping, cup[ping]
Querwand *f* cross wall *(e.g. in wood parenchyma cells)*
querwandlose Ersatzfaser *f* substitute fibre *(in hardwood)*
Querzugfestigkeit *f* [ultimate] tensile stress perpendicular to grain, transversal internal bond; tensile strength perpendicular to surface *(of wood-based panels)*
Quetschfestigkeit *f* crushing strength
Quetschwunde *f* bruise *(e.g. on trees)*
Queue *n(m)* [billiard-]cue
Queueständer *m* cue stand
Quillajarinde *f* quillai [bark], quillaia bark, soap-bark *(from Quillaja saponaria)*
Quirlholz *n* compound spur

R

R s. Raumdichte[zahl] von Holz
Radfelge f rim
Radfenster n wheel window, rose window, circular window
radial geschnitten edge-sawn (-grained), rift-sawn, quarter-sawn (-cut), radially cut (sawn), vertical-grained
radiale Quellung f radial swelling (of wood)
~ Schwindung f radial shrinkage (of wood)
Radialfurnier n cone-cut veneer
Radialparenchym n radial parenchyma, ray parenchyma
Radialquellung f radial swelling (of wood)
Radialriß m check; radial shake, ray shake (fault in wood)
Radialschnitt m radial cut
Radialschnittfurnier n cone-cut veneer
Radialschwindung f radial shrinkage (of wood)
Radiatakiefer f radiata (insignis) pine, Monterey pine, Pinus radiata
Radiocarbondatierung f radiocarbon dating (for determining the felling date of a tree)
Radiosterilisation f radiosterilization (wood conservation)
Radiusfräser m radius cutter, cove cutter
Radkranzteilstück n felloe
Radlader m wheel loader (roundwood transport)
Radnabe f hub, nave
Radspeiche f [wheel] spoke
Raffinose f raffinose (trisaccharide)
Rah[e] f, **Rahenholz** n yard
Rähm m(n) head[piece], plate (timber construction)
rahmen to frame
Rahmen m 1. frame; 2. bar, scantling, stud (sawnwood assortment)
Rahmenbinder m queen truss
Rahmeneckverbindung f corner joint
Rahmenfachwerk n timber-frame construction
Rahmenfachwerkbauweise f balloon frame construction, balloon framing
Rahmengerüst n framework
Rahmenholz n framing timber, carcassing timber
Rahmenlängsstück n jamb
Rahmenleiste f picture[-frame] moulding
Rahmenlenkung f articulated steering [system]
Rahmenpfosten m vertical bar
Rahmenpresse f frame clamp, frame press
Rahmenquerstück n jamb
Rahmenriegel m horizontal member
Rahmensäge f frame saw, web saw, whip-saw
mit der ~ sägen to whip-saw
Rahmenstab m frame member
Rahmenträger m **nach Vierendeel** Vierendeel girder
Rahmentruhe f framed chest
Rahmentür f panel[led] door, framed (braced) door
Rahmentür[zier]leiste f panel door moulding
Rahmenware f scantling

Rahmenwerk n carcass, carcase
RAM s. Ramin
Ramin n ramin, (esp.) Gonystylus bancanus (macrophylla) (wood species)
Ramme f pile driver
Rammelkammer f mating chamber (in galleries of bark-beetles)
Rammformel f pile-driving formula
Rammpfahl m ram (displacement) pile, [driven] pile, spile
Rammpfahlgründung f driven pile foundation
Rammpfahlkopf m pile head
Randbalken m edge beam, rim beam, edge bander
rändern to bark (peel) in strips
Randnagel m perimeter nail
Randschneider m edge cutter (of a Fourdrinier machine)
Randträger m boundary beam (timber construction)
Randwulst m(f) fat edge (paint failure)
Rankenornament n arabesque
Raphide f raphide (in wood cells)
Rapid-Cycle-Kocher m rapid-cycle digester (wood pulping)
~-Köthen-Gerät n Rapid-Köthen appliance (testing of pulp)
~-Köthen-Verfahren n Rapid-Köthen method (testing of pulp)
Rasamala n rasamala, Altingia excelsa (wood species)
Rasiertisch m shaving table
Raspel f rasp
raspeln to rasp
Rastermaß n module
Ratabaum m rata, Metrosideros robusta (wood species)
Ratschenschraubendreher m ratchet screwdriver
Ratschenschraubenzieher m ratchet screwdriver
Rattan n rattan, (esp.) Calamus rotang
Rattanmöbel npl rattan furniture
Rattenschwanz m rat-tail file
Rattermarke f chatter mark
RAU s. Rauli
Räuchereiche f fumed oak
Räucherfischkiste f kipper box
Räuchermittel n fumigant (wood preservation)
Räuchermittelharz n incense resin
räuchern to fumigate
Räuchern n 1. fumigation; 2. fuming (esp. of oak-wood using liquid ammonia)
Rauchgrauer Porling m scorched conk, Polyporus (Bjerkandera) adusta
Rauchsessel m smoking chair
Rauchtisch m smoker's table
rauh unplaned, unwrought, rough[-sawn], Rgh, RGH (sawnwood)
Rauhbank f fore plane; jointer [plane], jointing plane, try[ing] plane
Rauhblattgewächse npl borage family (family Boraginaceae)
rauher Sägeschnitt m rough saw cut
Rauhfasertapete f wood-chip wallpaper
Rauhmaß n rough size, nominal dimension, nominal measure (size)

Rauhware *f* rough timber, *(Am)* rough lumber
Rauli *n* rauli beech, *(Am)* South American beech, Nothofagus procera (alpina)
Raumdecke *f* ceiling
~ **mit sichtbaren Trägern** [open] beam ceiling
Raumdichte *f* density
Raumdichte[zahl] *f* **von Holz** basic density of wood
Räumen *n* haulage, hauling
Räumer[zahn] *m* clearer tooth, raker [tooth] *(of a saw-blade)*
raumgetrocknet kiln-dried, KD, K/D, k.d.
Raumhöhe *f* stud
Rauminhalt *m* volume
Rauminhaltsbestimmung *f* volume determination
räumlicher Quellsatz *m* volumetric swelling
räumliches Fachwerk *n* space frame[work]
Raummeter *m(n)* stacked cubic metre, stere
Raumteiler *m* room-divider
Raumtextilie *f* furnishing fabric
Raumtragwerk *n* space frame[work]
Räumung *f* 1. removal *(e.g. of old timber out of a stand to be thinned)*; 2. *s.* Räumungshieb
Räumungshieb *m*, **Räumungsschlag** *m* main felling, final felling (cut)
Raumvolumen *n* cubic content
Rauvolfia tetraphylla (nitida) *f* bitter ash, Rauvolfia tetraphylla (nitida)
RCW *s.* Riesenlebensbaum
Reaktionsholz *n* reaction wood
~ **aus dem unteren Stammteil** sway wood
Reaktionslack *m* catalyzed lacquer
Rebhuhnfäule *f* honey-comb rot *(of oak heartwood, caused by Xylobolus frustulatus)*
Rebhuhnholz *n* 1. partridge-wood, angelin *(esp. from Andira inermis and Caesalpinia grenadillo)*; 2. coffee wood, brown ebony, granadillo [wood], Caesalpinia grenadillo; 3. partridge-wood *(hardwood attacked by Stereum frustulosum)*
Rebpfahl *m* grape-stake, vineyard pole
Rechenzahn *m*, **Rechenzinke** *f* rake tooth
rechte Seite *f* heart side, internal side (face) *(of a board)*
rechter Hobelzahn *m* right-hand cutter *(of a saw chain)*
rechts [auf]schlagende Tür *f* right-hand[ed] door
Rechtsdrehwuchs *m* clockwise spiral grain, right-hand (RH) spiral grain
Rechtsschloß *n* right-hand lock
Rechtstür *f* right-hand[ed] door
rechtwinklig zugeschnitten die-square
rechtwinklige Brüstung *f* simple lap joint *(timber construction)*
~ **Zierleistenumlenkung** *f* return
Recycling *n* recycling
Reduktionsbleiche *f*, **reduktive Bleiche** *f* reduction bleach[ing] *(of pulps)*
Reduzierbandsäge *f* reducer band-saw
Refektoriumstisch *m* refectory table
Refiner *m* refiner
Refinerbleiche *f* refiner bleach[ing]
Refinerholzstoff *m* refiner mechanical (groundwood) pulp
~ **mit chemischer Vorbehandlung** chemi-mechanical refiner pulp, chemo-mechanical pulp
Refinerholzstofferzeugung *f* refiner [mechanical] pulping
Refinermahlscheibe *f* refiner disk, defibrator disk
Refinerschliff *m* **ohne Vorbehandlung** refiner mechanical (groundwood) pulp
Regal *n* shelf, rack
Regalaufsatz *m* open shelf top
Regalbau *m* shelf construction
Regalboden *m* shelf bottom; shelf [board]
Regalbrett *n* shelf [board]
Regalbretthalter *m* shelf support
Regalkonsole *f* shelf bracket
Regalsystem *n* shelf (shelving) system, shelf complex
Regency-Möbelstil *m* Regency style
Regencymöbel *npl* Regency furniture
Regeneratcellulose *f* regenerated cellulose, cellulose II
Regeneratcellulosemembran *f* regenerated cellulose membrane
regenerierte Cellulose *f* regenerated cellulose, cellulose II
Regenwaldbaum *m* rain-forest tree
Register *n* organ-stop
Registerknopf *m* organ-stop
Registraturpapier *n* chart paper
Registraturschrank *m* filing cabinet
Registrierpapier *n* recording paper
Regulator *m* long-case clock, regulator clock
Reibahle *f* square-blade bradawl, birdcage[-maker's] awl
Reibbeiwert *m* coefficient of friction
Reibeholz *n* fender
Reibepfahl *m* fender pile, barge-pole
Reibkoeffizient *m* coefficient of friction
Reibungsbeiwert *m* coefficient of friction
Reibungsentrinder *m* friction debarker
Reibungsentrindung *f* friction debarking, attrition barking
Reibungskoeffizient *m* coefficient of friction
Reibungspfahl *m* friction pile *(wood foundation)*
Reibungsschnäpper *m*, **Reibungsschnappverschluß** *m* friction catch
Reibungszahl *f* coefficient of friction
Reibverschleiß *m* abrasive wear
Reibzahl *f* coefficient of friction
reif ripe, mature, adult
Reifholz *n* ripewood, mature (adult) wood, outer wood
Reifholzzone *f* ripewood layer, ripewood zone
Reifmesser *n* drawing-knife, [draw-]shave
Reifweide *f* violet willow, mezereon willow, Salix daphnoides
Reihenstuhl *m* linking chair
Reindichte *f* cell-wall density, wood substance density
Reinkultur *f* pure culture *(of fungi)*
Reiseklappschreibtisch *m* travelling folding desk
Reiserholz *n* brushwood, faggot wood
Reiseschreibtisch *m* travelling desk

Reisholz n brushwood, faggot wood
Reisig n brushwood, faggot wood
Reisigbündel n faggot [wood], fascine, *(Am)* fagot
Reisigkrankheit f wyches'-broom *(of woody plants mainly due to fungal attack)*
Reisigwelle f faggot, fascine, *(Am)* fagot
Reispapier n rice paper
Reispapierbaum m rice paper tree, Tetrapanax papyrifer
Reißboden m framing ground, drawing floor
Reißbrett n drawing-board
reißen 1. to check *(wood)*; 2. to streak, to hack *(a tree to be tapped)*; 3. to scribe, to mark (set) out *(a workpiece)*
Reißer m hack operator, blazer *(resin-tapping)*
Reißfestigkeit f tear strength
Reißhaken m scribe [awl], scriber, race *(for marking of trees)*; [bark] blazer, hack *(resin-tapping)*
Reißlänge f breaking length *(of paper)*
Reißmesser n [bark] blazer, hack *(resin-tapping)*
Reißnadel f marking awl, bradawl, scribe [awl], scriber
Reißschiene f T-square
Reisstroh n rice straw
Reißzwecke f drawing-pin
Reitstock m tailstock *(of a wood-turning lathe)*
~-Schnellspannung f tailstock clamp
Reitstockklemmung f tailstock clamp
Reitstockkörnerspitze f centre
Reitstockpinole f tailstock quill
Reitstockquerverstellung f tailstock cross travel screw
Reitstockspitze f centre
Reizstoffe enthaltendes Holz n irritant timber (wood)
Rejektstoff m rejected stock, [pulp] rejects
relative Dichte f relative density, specific gravity
~ Holzdichte f wood specific gravity
~ Luftfeuchte f relative humidity [of the air]
Releasepapier n release paper
Relief n relief
Reliefleiste f embossed moulding
Reliefschnitzerei f relief carving
Reliefschnitzwerk n relief carving
Reliefzierleiste f embossed moulding
Reliquienschrein m reliquary chest
Renaissance f Renaissance
Renaissancestil m Renaissance
Rengas n red zebra, rengas, Borneo rosewood *(from Melanorrhoea spp.)*
Rengasin n rengasin *(flavonoid)*
reppeln to strip[-bark], to peel (bark) in strips
Reppelrinde f bark in strips
Reppener Schärfkluppe f saw sharpening vice
Repräsentationsmöbel npl,
  Repräsentationsmobiliar n representative furniture
Resak n resak *(wood from Vatica spp.)*
Reserve f recessed plane *(woodworking)*
Reservestoff m storage material, storage substance *(e.g. in wood)*
Resinat n resinate

Resinolsäure f resin acid, rosin acid
Resinose f resinosis, resin flow, resin flux, resin exudation
Resistenz f resistance
Resonanzboden m sound[ing]-board
~ des Klaviers piano sounding-board
Resonanzholz n resonance (resonant) wood, tonal wood
Resonanzkasten m sound-box, corpus *(of a musical instrument)*
Resonanzplatte f sounding-board
Resorcin[formaldehyd]harz n resorcinol-formaldehyde resin, resorcinol glue, resorcinol resin [adhesive]
Resorcin[ol] n resorcinol
Restaurator m restorer
restaurierbar restorable *(e.g. a piece of furniture)*
Restaurierbarkeit f restorability
restaurieren to restore
Restaurierung f restoration
Restfeuchte f residual moisture
Restholz n waste timber, waste wood, residual (refuse) wood, wood waste
Restholzverhobelungsmaschine f residual wood reducing machine
Restholzzerkleinerung f refuse wood reducing
Restholzzerkleinerungsmaschine f refuse wood reducing machine
Restlignin n residual lignin, lignin residues
Restligningehalt m residual lignin content
Restrolle f peeler core, veneer core, core
Restspannung f residual stress *(e.g. of sawnwood)*
resupinat resupinate *(fungal fruit body)*
Retardation f creep [behaviour] *(e.g. of wood)*
Reten n retene *(product of softwood distillation)*
retikulat reticulate *(e.g. wood parenchyma)*
Revierhammer m marking hammer
Reyon m(n) rayon
Reyonzellstoff m rayon pulp
rezentes Harz n recent resin
Rezyklierung f recycling
RGS s. Rengas
Rhamnose f rhamnose
Rhizomorph m rhizomorph
Rhizophora mangle black mangrove, *(Am)* red mangrove, Rhizophora mangle
rhombische Schwindverformung f diamonding
Rhus diversiloba western poison oak, Rhus diversiloba
~ microphylla little-leaf sumac[h], Rhus microphylla
Rhytidom n rhytidome, [outer, dead] bark
Richtanlage f stretching rolls *(for tensioning of saw-blades)*
Richten n und Spannen n von Bandsägeblättern band saw straightening and tensioning
Richtfest n topping-out [ceremony]
Richtgewebe n reaction wood
Richthammer f hammer
Richtleiste f parallel strip, winding stick (strip)
Richtlichtgerät n shadow guide device
Richtscheit n straight-edge

~ **mit Lot** plumb rule
Richtungsfällmaschine *f* feller director
Richtungsschwindung *f* directional shrinkage *(of wood)*
Ricinodendron rautanenii mugongo, Ricinodendron rautanenii *(wood species)*
Ried *n* reed
Riefe *f* flute
Riegel *m* girder, girding beam, girt, ledger *(timber construction)*; rail, bolt; fencing rail
Riegelahorn *m* fiddle-back sycamore, *(Am)* fiddle-back maple
Riegeleisen *n* drawer lock chisel
Riegelfachwerkmuster *n* wooden-frame pattern
Riegellocheisen *n* drawer lock chisel
Riegelschloß *n* dead lock
Riegeltextur *f* fiddle-back [figure], ripple grain, rippled mark, cross-grain
Riegelwand *f* **mit Plattenverkleidung** timber stud partition, [wood-]stud wall
Riegelwerk *n* bridging *(timber construction)*
Riegelwuchs *m s.* Riegeltextur
Riegelzaun *m* rail fence
Riemen *m* oar
Riemenantrieb *m* belt drive
Riemenboden *m* strip floor
Riemenbrett *n* matchboard, matched board
Riemenfußboden *m* strip floor
Riemenscheibe *f* pulley
Riemholz *n* konoko, Pruteria engleri *(wood species)*
Ries *n* ream *(quantity of paper)*
Riesbahn *f*, **Riese** *f* [log] chute, slide, channel
riesen to chute, to slide, to channel *(logs)*
Riesenameise *f* large (red) carpenter ant, Camponotus herculeanus
Riesenbambus *m* giant bamboo, Dendrocalamus giganteus
Riesenblatteiche *f* daimyo oak, Quercus dentata
Riesenfichtenbastkäfer *m* great (European) spruce bark-beetle, Dendroctonus micans
Riesenholzwespe *f* large wood-wasp, pinewood wasp, Sirex (Urocerus) gigas
Riesenlebensbaum *m* giant (American) arbor vitae, gigantic cedar, [western] red cedar, Thuja plicata (gigantea)
Riesenschierlingstanne *f* western (Pacific) hemlock, grey fir, Prince Albert fir, Tsuga heterophylla
Riesensequoie *f* giant sequoia, Sequoiadendron giganteum, Sequoia gigantea
Riesentanne *f* grand fir, lowland (white) fir, Abies grandis
Riesenthuja *f s.* Riesenlebensbaum
Riesweg *m* road slide *(logging)*
Riffeldübel *m* corrugated dowel
Rille *f* flute, streak
Rillen [ein]schneiden to streak
Rillennagel *m* annular[-ringed shank] nail, ring shank nail, annularly threaded nail
Rimu *n* rimu, red pine, Dacrydium cupressinum
Rinde *f* [tree] bark, rind cortex
 aus ~ **bestehend** barky
 mit ~ **over** bark, outside bark *(timber mensuration)*

mit ~ **bedeckt** corticose, corticous
Rindenabfall *m* bark waste
Rindenabschlag *m* bark allowance, bark deduction, allowance for bark
Rindenabschuppung *f* bark scaling
Rindenabzug *m s.* Rindenabschlag
Rindenanalyse *f* bark analysis
Rindenanatomie *f* bark anatomy
Rindenanteil *m* bark portion
rindenartig barky, corticose, corticous
Rindenaufbereitung *f* bark processing
Rindenbestandteil *m* bark constituent
rindenbewohnend corticole, corticoline, corticolous *(e.g. wood pests)*
Rindenbild *n* bark pattern
rindenbohrend bark-boring
Rindenbrand *m* bark blister (burn), bark scorch[ing], sun-scorch *(wood damage due to sun irradiation)*
rindenbrütend bark-breeding *(e.g. bark-beetles)*
Rindenbündel *n* bark bundle
Rindencellulose *f* bark cellulose
Rindendicke *f* bark thickness
Rindendickenmesser *m* bark gauge
Rindeneinriß *m* bark fissure
Rindeneinschluß *m* bark inclusion; inbark, ingrown bark
Rindeneinwuchs *m* inbark, ingrown bark
Rindenerzeugnis *n* bark product
Rindenextrakt *m* bark extract
Rindenextrakt[iv]stoff *m* bark extractive
Rindenfaser *f* bark fibre
Rindenfaserstoff *m* bark-fibre product
Rindenfäule *f* bark rot
Rindenforschung *f* bark research
Rindenfraktion *f* bark fraction
Rindenfurche *f* bark furrow
Rindengalle *f* rind gall
Rindengebund *n* bark bundle
Rindengerbstoff *m* bark tannin
Rindengerbstoffextrakt *m* bark tannin extract
Rindengewebe *n* bark tissue
Rindenhacker *m* bark chipper, bark hog
Rindenhackmaschine *f* bark chipper, bark hog
rindenhaltig barky
Rindenhumus *m* bark humus, bark compost
Rindenkompost *m* bark compost
Rindenkompostierung *f* bark composting
Rindenkratzer *m* bark scraper
Rindenlignin *n* bark lignin
Rindenmerkmal *n* bark feature
Rindenmesser *m* bark gauge
rindenminierend bark-boring
Rindenmühle *f* barking mill
Rindennekrose *f* bark necrosis
Rindennutzung *f* utilization of bark
Rindenoberfläche *f* bark surface
Rindenölharz *n* cortical oleo-resin
Rindenpapier *n* bark paper
Rindenpolysaccharid *n* bark polysaccharide
Rindenpore *f* lenticel
Rindenpresse *f* bark press
Rindenprodukt *n* bark product
Rindenpyrolyse *f* bark pyrolysis
Rindenrösten *n* bark burning *(bark-beetle*

Rindenrösten

control)
Rindenschäler *m* 1. bark peeler, barker, spudder *(worker)*; 2. barking-iron, barking spud, spud[der]
Rindenschälmaschine *f* [de]barking machine, debarker
Rindenschälung *f* barking
~ **in der Vegetationszeit** barking in period of sap flow
Rindenschneidrotor *m* bark cutting rotor
Rindenschuppigkeit *f* bark scaling
Rindenschuppung *f* bark scaling
Rindenstapel *m* bark pile
Rindensterben *n* bark death *(comprehensive term)*
Rindenstrahl *m* phloem ray *(wood anatomy)*
Rindenstreifigkeit *f* bark striation
Rindentannin *n* bark tannin
Rindentasche *f* bark pocket, bark seam; inbark, ingrown bark; bark inclusion
Rindenterpentin *n* cortical turpentine
rindentragend corticate[d], corticose, corticous
Rindentrockner *m* bark dryer
Rindenverbrennungsanlage *f* bark incineration plant
Rindenverwertung *f* bark utilization
Rindenzelle *f* bark cell
Rindenzerkleinerer *m* bark reducer
Rindenzuwachs *m* bark increment
Ringfäule *f* [white] ring rot
Ringformlehre *f* radius rod
Ringkreissäge *f* ring saw, hole saw
Ringlehre *f* radius rod
ringporig ring-porous *(wood)*
Ringporigkeit *f* ring-porousness, ring-porosity
Ringriß *m* ring shake (failure), cup shake, wind shake, shake, burst check *(wood defect)*
Ringschäle *f* ring delamination, annular delamination, round shake *(wood defect)*
Ringschleifer *m* ring grinder *(wood pulping)*
Ring[viel]strahlentrinder *m* hydraulic ring-type debarker
Rio-Palisander *m* [Brazilian] rosewood, jacaranda, pali[s]sander, *(esp.)* Dalbergia nigra
Rippe *f* stringer *(in stressed-skin constructions)*
rippenverleimte runde Tischzarge *f* brick-fashioned rim
Rippholz *n* [common] joist, [timber] floor-joist, floor timber
Rips *m* rep *(upholstery)*
Riß *m* crack, check, split, shake, chink
~ **infolge [unsachgemäßer] Trocknung** drying (seasoning) seasoning check, seasoning crack
Rißgeometrie *f* crack geometry
rissig shaky, chinked, sprung *(wood)*
Rißlinie *f* layout line
Rißneigung *f* tendency to splitting *(wood property)*
Rißwinkel *m* angle of streak *(of faces in resin-tapping)*
Ritter-Kellner-Sulfitverfahren *n* Ritter-Kellner [cook] process
Ritzsäge *f* scoring saw
RMP *s.* Refinerholzstoff

ROB *s.* Robinie
Robinetin *n* robinetin *(flavonoid)*
Robinie *f* 1. robinia *(genus Robinia)*; 2. locust [tree], robinia, black (post, yellow) locust, false acacia, silver chain, Robinia pseudoacacia
Roble *n* roble, mayflower, apamate, *(esp.)* Tabebuia rosea *(wood species)*
Roboter *m* robot
Roboterspritzlackierung *f* robot spray painting
Rocaille *n* rocaille
Rodel[schlitten] *m* toboggan
Roe-Zahl *f* Roe [chlorine] number *(pulp manufacture)*
roh behauen (beschlagen) to rough-hew
Rohbau *m* carcassing
Rohdichte *f* raw density
~ **im Frischzustand** green density
~ **von Holz** wood density, bulk density of wood
Rohdichtebestimmung *f* density determination
roher Sulfatzellstoff *m* brown pulp
rohes Kaliumcarbonat *n* pearl ash *(stripper)*
Rohfilzpappe *f* crude felt
Rohharz *n* crude resin, dip
Rohharzterpentin *n* gum turpentine
Rohholz *n* undressed (forest) timber, unhewn timber, raw wood, timber in the rough, roundwood, *(Am)* lumber
nicht entrindetes ~ rough timber
Rohholzaufarbeitung *f* rough (primary) conversion
Rohholzaufbereitung *f* timber conversion
Rohholzbearbeitung *f* basic woodworking, raw wood machining
Rohholzbereitstellung *f* wood harvest[ing], forest harvest[ing]
Rohholzeinteilung *f* **in Sortimente** wood [grading and] sorting
Rohholzerzeugung *f* timber production
Rohholzessig *m* pyroligneous vinegar, pyroligneous acid, wood vinegar
Rohholzkubikmeter *m(n)* cubic metre round timber
Rohholzmast *m* green pole
Rohholzplatz *m* raw wood yard
Rohholztransport *m* timber transport[ation]
Rohholztransportanlage *f* raw wood conveyor unit
Rohholzvolumen *n* **in Kubikmeter** cubic metre round timber
Rohkautschuk *m* crude rubber
Rohling *m* model, blank
Rohmaß *n* raw measure; gross scale, full (bigness) scale *(of tree-trunks)*
Rohmast *m* green pole
Rohpapier *n* body paper, base paper, raw paper
Rohplatte *f* raw panel
Rohplattenkühlstapler *m* raw panel cooling stacker
Rohr *n* cane
~ **[ver]flechten** to cane
Rohrblatt *n* reed
Rohrblattinstrument *n* reed instrument
Rohrbündeltrockner *m* tube dryer
Röhrenkassie *f* Indian laburnum, purging cassia,

golden shower, Cassia fistula
Röhren[span]platte *f* tubular board
Röhrentrockner *m* tube dryer
Rohrfaden *m* cane strip
Rohrflechten *n* caning
Rohrmöbel *npl* cane furniture
Rohrstuhl *m* cane[d] chair, cane-seated chair
Rohstoffrückgewinnung *f* recycling
Rohterpentin *n* crude turpentine
Rohwichte *f* oven-dry density
Rohzellstoff *m* brown pulp, brown stock
Rokoko *n* rococo [style]
    aus dem ~ stammend rococo
Rokokostil *m* rococo [style]
Rolladen *m* [window] shutter, roller shutter, blind, roller window shade; tambour door
~-Schreibschrank *m* tambour desk
Rolladengurt *m* roller shutter tape
Rolladenkasten *m* roller shutter housing
Rolladenleiste *f* roller shutter ledge
Rolladenschneidemaschine *f* roll-front cutting machine
Rolladentor *n* roll-up door
Rolladentür *f* tambour door
Rollbock *m* roller stand
Rollbureau *n* tambour desk
Rolldecke *f* roll-top *(of a secretaire)*
Rolle *f* 1. roll; 2. [round] log, sawn log
Rollenbahn *f* roller feed *(e.g. for wood transportation)*
Rollenfurniertrockner *m* roller dryer
rollengestrichenes Papier *n* roll-coated paper
Rollenheißkaschieranlage *f* thermolaminating plant, hot roll[er] laminator
Rollenschnäpper *m* roller catch
Rollenspaltmaschine *f* roundwood cleaving machine
Rollenstrich *m* roll coating *(paper-making)*
Rollentrockner *m* roller dryer
Rollenunterlage *f* apron *(timber transport)*
Rollenzinkenscharnier *n* knuckle joint
Rolljalousieschloß *n* roll-top desk lock
Rollschließblech *n* striking plate with roller
Rollschrank *m* roll-fronted cabinet, shutter cabinet
Rollschreibtisch *m* roll-top desk, cylinder[-top] desk
Rollschreibtischschloß *n* roll-top desk lock
Rollschublade *f* drawer on castors
Rollstuhl *m* wheelchair
Rollverschluß *m* roll-top *(of a secretaire)*; tambour
Rollwerk *n* scroll-work *(ornament)*
Romanik *f* Romanesque
romanisch Romanesque
Rosenapfel *m* rose-apple, Malabar plum, Syzygium (Eugenia) jambos
Rosengewächse *npl* rose family *(family Rosaceae)*
    die ~ betreffend rosaceous
Rosenholz *n* 1. rosewood *(comprehensive term)*; 2. [Brazilian] tulip-wood, pinkwood *(esp. from Dalbergia variabilis and D. frutescens)*
Rosenholzöl *n* rosewood oil
Rosenkranzpappel *f* eastern cottonwood, Populus deltoides
Rosette *f* rosette *(decorative element)*
Rosettenfenster *n* rose window, wheel window
Roßameise *f* large carpenter ant, Camponotus herculeanus
Roßhaar *n* horse hair *(upholstery stuffing)*
Roßkastanie *f* 1. buckeye *(genus Aesculus)*; 2. horse-chestnut, Aesculus hippocastanum
rostfreier Nagel *m* non-corroding nail
Rostpilz *n* rust fungus *(order Uredinales)*
Rotahorn *m* water (swamp) maple, red (scarlet) maple, Acer rubrum
Rotan[g]palme *f* rattan, rotang, *(esp.)* Calamus rotang
Rotationstrocknung *f* centrifugal drying
Rotblühende (Rotblütige) Roßkastanie *f* red horse-chestnut, Aesculus x carnea
Rotbuche *f* [European] beech, Fagus sylvatica
Rote Lebenseiche *f* acute-leaved oak, Japanese evergreen oak, Quercus acuta
~ Maulbeere *f* red mulberry, Morus rubra
~ Mombinpflaume *f* red mombin, Spanish plum, Spondias purpurea
~ Waldameise *f* wood ant, horse ant, Formica rufa
~ Zeder *f* [western] red cedar, American arbor vitae, Thuja plicata (gigantea)
Röteeisen *n* freshening tool, bark shave[r], hogal, puller *(resin-tapping)*
Rötegewächse *npl* madder family *(family Rubiaceae)*
    die ~ betreffend rubiaceous
Roteiche *f* 1. red oak *(comprehensive term)*; 2. [American, northern] red oak, Quercus rubra (borealis)
Rötel *m* red ochre *(earth colour)*
röten to redden
Röten *n* face delimination, bark scraping *(resin-tapping)*
Roter Ahorn *m s.* Rotahorn
~ Hartriegel *m* [red, common] dogwood, Cornus sanguinea
~ Hickory *m* small pignut [hickory], sweet pignut, Carya ovalis
~ Maulbeerbaum *m* red mulberry, Morus rubra
~ Sandelholzbaum *m* condori wood, coral-wood, Adenanthera pavonina
~ Santelbaum *m* red sandalwood, Pterocarpus santalinus
Roterle *f* 1. [common, black] alder, aller, Alnus glutinosa; 2. Oregon (red, western) alder, Alnus oregona (rubra)
Rotes Meranti *n* red meranti *(commercial term for mixtures of dark red meranti and light red meranti)*
~ Santelholz *n* caliatur wood, red sandalwood (sanders), ruby wood, *(esp.)* Pterocarpus santalinus
~ Tola[holz] *n* tchitola, lolagbola, Oxystigma (Pterygopodium) oxyphyllum
Rotesche *f* red (soft) ash, river ash, Fraxinus pennsylvanica [var. pennsylvanica]
Rotfärbung *f* red stain *(of wood)*
Rotfäule *f* red rot *(wood disease)*
~ der Fichte butt rot of spruce, Fomes root rot

Rotfäule
(caused by Heterobasidion annosum)
Rotfichte *f* 1. [European, Norway] spruce, European whitewood, Picea abies (excelsa); 2. red spruce, Picea rubens (rubra)
Rotfichtenholz *n* white deal
Rothärte *f s.* Rotholz 2.
Rotholz *n* 1. redwood *(comprehensive term)*; 2. compression (pressure, glassy) wood, hard streak[s], tenar; 3. brazilwood, *(esp.)* Caesalpinia (Guilandina) echinata
~ **liefernder Baum** *m* redwood *(comprehensive term)*
Rotkern *m* red heart[wood]
Rotkiefer *f* [Canadian] red pine, Pinus resinosa
Rotlauge *f* red liquor, sulphite liquor
Rotocker *m* red ochre *(earth colour)*
Rotorentrinder *m* rotary barker, ring-type [de]barker
Rotorentrindung *f* ring barking
Rotorentrindungsanlage *f,*
Rotorentrindungsmaschine *f s.* Rotorentrinder
Rotrandiger Baumschwamm *m* red-belt fungus, Fomes (Fomitopsis) pinicola, Fomes marginatus
Rotrüster *f s.* Rotulme
Rotscheckiger Klopfkäfer *m* death tick, death-watch [beetle], Xestobium rufovillosum
Rotstieliger Streifenahorn *m* China maple, Acer capillipes
rotstreifig red-striped *(wood)*
Rotulme *f* 1. smooth-leaved elm, field elm, Ulmus carpinifolia (minor, campestre); 2. red elm, slippery (moose) elm, Ulmus rubra (fulva)
Rotulmenbast *m* slippery elm
Rotverfärbung *f* red stain *(of wood)*
Rotwasserbaum *m* sass[y]wood, sassy bark, tali, Erythrophleum guineense (suaveolens)
Rotwasserbaumrinde *f* sassy bark *(from Erythrophleum guineense)*
Rotzederwacholder *m* [Virginian] pencil cedar, Virginian (red) juniper, (eastern) red cedar, Juniperus virginiana
RSB *s.* Bahia-Rosenholz
RU *s.* Rotulme
RUA *s.* Amerikanische Rüster
Rubinschellack *m* garnet shellac[k]
Rückbrett *n* top rail *(of a chair)*
Rücke- und Abfuhrreste *mpl* logging residues
Rückeaggregate *npl* skidding means
Rückearbeiter *m* **an Steilhängen** ballhooter
Rückeausrüstung *f* skidding equipment
Rückebogen *m* logging arch
Rückeentfernung *f* hauling distance
Rückegabel *f* lizard *(timber harvest)*
Rückegasse *f* skidding lane, skid road (trail), skidder track
Rückehaube *f* skidding cap, Baptist cone
Rückekarren *m* drag cart, bogie, bummer, dolly *(timber transport)*
Rückekette *f* skid chain, drag chain
Rückelinie *f* skidding line, extraction (haul, clearing, feeder) road
Rückemast *m* spar [tree] *(cableway logging)*

Rückemastanlage *f* high lead
Rückemastverfahren *n* high-lead [cable] logging
Rückemittel *npl* skidding means
rücken to skid, to log, to haul, to extract, *(Am)* to yard *(felled timber)*
Rücken *n* skidding, logging, haulage, hauling, [wood] extraction
~ **mit Pferden** horse skidding
~ **mit Tieren** animal skidding
~ **ohne Anschlingen der Stämme** chokerless skidding
Rückenfurnier *n* back[ing] veneer, balancing veneer
Rückenkantenwinkel *m* back bevel angle *(of saw-tooth)*
Rückenlehne *f* back
Rückenlehnenpolster *n* back cushion
Rückensäge *f* back-saw, tenon-saw
Rückenwinkel *m* clearance angle *(of cutting edge)*; back [clearance] angle, O.D. clearance *(of saw-tooth)*
Rückepfanne *f* skidding pan, skidding shoe
Rückeschaden *m* skidding damage, logging damage (injury)
Rückeschild *m* logging blade, blade
mit dem ~ **arbeiten** to blade
Rückeschlepper *m* skidding tractor, [logging] skidder, wheel skidder
~ **mit Knicklenkung (Rahmenlenkung)** frame-steer[ed] wheeled skidder
Rückeschlitten *m* drag sled[ge], bob-sleigh, lizard *(timber harvest)*
mit dem ~ **transportieren** to bob
Rückeschneise *f s.* Rückeweg
Rücketraktor *m s.* Rückeschlepper
Rückeverfahren *n* skidding method
Rückewagen *m* drag cart, bogie, bummer, dolly
Rückeweg *m* skidding (extraction) lane, skid road (trail), skidder track, logging (drag, haul) road
~ **bei Seilbringung** ropeway track
Rückewinde *f* skidding winch
Rückezange *f* skidding grapple, skidding tongs
Rückezug *m* skidding unit
Rückfederkraft *f* resilience
Rückholseil *n* tail rope, snubbing line *(cableway logging)*
Rückschlag *m* kick-back *(in operating a woodworking machine)*
Rückschlagsicherung[svorrichtung] *f* anti-kick[-back] device
Rückseite *f* back
Rückseitenfurnier *n* back[ing] veneer, balancing veneer
Rückung *f s.* Rücken
Rückwand *f* **[von Korpusmöbeln]** furniture backing
Rückweiche *f* lay-by *(around the base of a tree to be felled)*
Ruder *n* oar
Ruderstangenverschluß *m* espagnolette bolt (lock)
Ruhebank *f* **mit Lehne** settle
Ruhebett *n* day-bed, divan [bed]
Ruhesessel *m* recliner, reclining chair

Ruhrbirne *f* [wild] service-tree, whitebeam [tree], beam tree, Sorbus torminalis
Rumelische Kiefer (Weymouthskiefer) *f* Macedonian [white] pine, Balkan spruce, Pinus peuce
Rumpf *m* thorax *(of insects)*
Rundast *m* round knot
Rundbiegeform *f* bending mandrel
Rundblattahorn *m* mountain (vine) maple, Acer circinatum
Rundbogenoberlicht *n* fanlight
Runddeckeltruhe *f* ark chest
Runddübel *m* round dowel
runde Biegeform *f* bending mandrel
runden to round *(edges)*
runder Ast *m* round knot
~ Wurzelanlauf *m* round wood swelling
rundes Leuchtertischchen *n* gueridon, candlestand
Rundfeile *f* round file
Rundfenster *n* circular window
Rundhammer *m* doghead hammer *(for leveling of band-saw blades)*
Rundholz *n* roundwood, round timber, saw logs, timber in the round, *(Am)* lumber
~ in Sägequalität subgrade *(tropical timber trade)*
~-Sortierregel *f* log grading rule
Rundholzabwerfer *m*, **Rundholzauswerfer** *m* log ejector, [log] kicker
Rundholzbündel *n* bundle of logs
Rundholzbündelung *f* roundwood packaging
Rundholzdübel *m* **System Kübler** Kübler dowel
Rundholzeinteilung *f* log scaling
Rundholzerzeugnis *n* roundwood product
Rundholzförderer *m* log conveyor
Rundholzgreifer *m* timber grab
Rundholzkapplinie *f* roundwood cross-cutting line
Rundholzkettenförderer *m* log chain conveyor, chain logway
Rundholzkubiktabelle *f* log rule
Rundholzlader *m* log loader
Rundholzlagerplatz *m s*. Rundholzplatz
Rundholzmanipulator *m* knuckleboom [unscrambler], unscrambler, cherry picker
Rundholzmast *m* round[-timber] pole
Rundholzmeßstab *m* log scale, log rule
Rundholzmessung *f* **nach Hoppus** Hoppus measure
Rundholznaßkonservierung *f* wet preservation of logs
Rundholzpfahl *m* round-timber pile
Rundholzplatz *m* roundwood yard, mill-yard, log yard (dump), ground storage yard
~ im Wald concentration yard
Rundholzpolter *m(n)* log deck, log dump
~ am Sägewerk mill deck
Rundholzposten *m* log parcel
Rundholzsortierung *f* log sorting, log grading
Rundholzsortiment *n* roundwood assortment
Rundholzspaltmaschine *f* log splitter
Rundholzstamm *m* [round] log
Rundholzstapel *m* log pile
Rundholzstück *n* billet

Rundholztabelle *f* log rule
Rundholzumfang *m* girth
Rundholzzufuhr *f* log supply
Rundkopfnagel *m* round-head nail
Rundkopfpolsternagel *m* chair nail
Rundleiste *f* round moulding, bead[ing]
Rundling *m* billet
Rundmast *m* round pole
Rundnadel *f* half-round needle *(upholsterer's tool)*
Rundnasenstufe *f* bull-nose step, round step
Rundornament *n* patera
rundschälen to [rotary-]peel *(veneer)*
Rundschälen *n* rotary cutting, peripheral milling *(veneer production)*
Rundschälfurnier *n* rotary[-cut] veneer, peeled veneer
Rundschälmaschine *f* veneer peeler (lathe), veneer peeling machine, rotary [veneer] lathe
Rundschnitt *m* live log sawing
Rundschnitzwerk *n* roundel
Rundschwarte *f* slab, paling board, siding, off-cut
Rundsieb[papier]maschine *f* vat machine, cylinder paper machine
Rundstab *m* round moulding, bead[ing], spindle
~ mit Platte quirked bead
~ mit zwei Platten double-quirked bead
Rundstabbrett *n* beaded board
Rundstabfräsmaschine *f* round rod moulding machine, rounding (rod milling) machine
Rundstabhobel *m* bead plane
Rundstabverzierung *f* reediness, reeding
Rundstamm *m* [round] log
Rundtischzarge *f* rim
Rundverzierung *f* roundel
Runge *f* stanchion, stay, stake
Runkel-Lignin *n* Runkel lignin, acid-insoluble lignin
Runzelbildung *f* paint cracking, alligatoring, wrinkling *(paint failure)*
Rüping-Verfahren *n* Rueping [empty-cell] process *(wood preservation)*
Rüsselkäfer *m* snout-beetle *(family Curculionidae)*
Russischer Birnbaum *m* Russian pear, Pyrus rossica
Rüßler *m s*. Rüsselkäfer
Rüstbohle *f*, **Rüstbrett** *n* scaffold board (plank), staging plank, fleak
Rüster *f* elm *(genus Ulmus)*
Rüstergewächse *npl* elm family *(family Ulmaceae)*
die ~ betreffend ulmaceous
Rüsterholz *n* elm
rüstern elmen
Rüsternholz *n* elm
rustikal rustic *(e. g. furniture)*
Rüstloch *n* putlog hole
Rüststange *f* putlog, putlock
Rüststangenloch *n* putlog hole
Rüstungsbau *m* scaffold-building
Rute *f* withe, withy
Rutenschäleisen *n* hand brake
Rutsche *f* chute, slide
RWK *s*. Kalifornisches Redwood

S

S₁ s. Primärlamelle
S₂ s. Zentralschicht
S₃ s. Tertiärwand[schicht]
S-Haken *m* S-hook *(to prevent checking in roundwood)*
S-Schnitt *m* snake *(caused by running out of saws)*
Säbelbein *n* sabre leg, swept leg, Waterloo leg, *(Am)* saber leg *(of furniture)*
Säbelstuhlbein *n* scimitar[-shaped] chair leg, sabre leg
Säbelwuchs *m* sweep *(of a tree-trunk)*
Sabinen *n* sabinene *(monotperpene)*
Sabinischer Wacholder *m* savin[e], sabina juniper, Juniperus sabina
Sachalinfichte *f* Hokkaido spruce, Sakhalin fir (spruce), Picea glehnii
Sachalintanne *f* Japanese fir, Sakhalin fir, Abies sachalinensis
Sachverständiger *m* **für Holz** timber expert
Sackpapier *n* bag paper
Sadebaum *m* savin[e], sabina juniper, Juniperus sabina
SAF *s.* Safukala
Safaristuhl *m* safari chair
Safranin *n* safranin[e] *(stain for wood sections)*
Saft *m* sap
Saftaufstieg *m* sap ascent *(in trees)*
Saftbluten *n* bleeding
Saftfaden *m* paraphysis *(of wood-damaging fungi)*
saftfrisch green, verdant *(wood)*
~ **schälen** to sap-peel
saftfrisches Holz *n* green (newly cut) wood
Saftfrischverfahren *n* Boulton process, boiling-under-vacuum process *(wood preservation)*
Saftsteigen *n* sap ascent *(in trees)*
Saftstrom *m* sap flow *(in trees)*
Saftverdrängungsverfahren *n* Boucherie process [of sap displacement], sap displacement (replacement) treatment *(wood preservation)*
Saftzeit *f* sap-flow period
Safukala *n* safoukala, *(esp.)* Dacryodes pubescens *(wood species)*
Säge *f* saw
Sägeangel *f* buckle
Sägebearbeitungsqualität *f* sawing quality *(of wood)*
Sägeblatt *n* saw-blade, blade
Sägeblattabdeckung *f* saw-guard *(safety device)*
Sägeblattanordnung *f* blade setting; sawing set-up *(in a frame-saw)*
Sägeblattbehandlung *f* saw doctoring
Sägeblattdicke *f* saw-blade thickness
Sägeblattfeilmaschine *f* filing machine
Sägeblattführung *f* saw guide
Sägeblatthöhen[ver]stelleinrichtung *f* blade height adjustment
Sägeblattkippvorrichtung *f* blade tilting mechanism
Sägeblattlebensdauer *f* saw life

Sägeblättling *m* scaly lentinus, Lentinus lepideus (squamosus)
Sägeblattrücken *m* back edge of saw-blade
Sägeblattschärfen *n* saw-blade sharpening
Sägeblattschleifmaschine *f* saw-blade grinding machine, saw sharpening machine
Sägeblattschwenkmechanismus *m* blade tilting mechanism
Sägeblattspannung *f* saw-blade tension
Sägeblattstandzeit *f* saw[-blade] life
Sägeblattverschleiß *m* blade wear
Sägebloch *m(n)* *s.* Sägeblock
Sägeblock *m* [round] log, saw[n] log, sawmill log
~-**Ketten[längs]förderer** *m* log chain conveyor
Sägeblockende *n* saw log end
Sägeblockförderer *m* log conveyor
Sägeblockpolter *m(n)* log deck, log dump
Sägeblocksortierung *f* log sorting
Sägebock *m* saw[ing]-horse, sawbuck, buck, saw[ing] stool, trestle
Sägedach *n* shed roof
Sägeeinschnitt *m* saw cut
sägefallend run-of-the-log, run-of-the-mill *(sawnwood)*
sägefallendes Schnittholz *n* log run
Sägefehler *m* sawing defect, milling defect
Sägefeile *f* saw [sharpening] file
Sägefeilmaschine *f* saw filer, saw filing machine
Sägeführer *m* sawmill operator
Sägefurnier *n* saw-cut veneer, sawn (sawed) veneer
Sägegatter *n* log frame [saw], sash gang [saw], saw-frame, saw-gate, mill saw
Sägegestell *n* *s.* Sägebock
Sägegrube *f* saw pit
Sägehalle *f* sawmill shop, sawing hall
Sägeholz *n* sawmill wood, saw logs
Sägeholzausnutzung *f* yield of sawn timber, *(Am)* lumber recovery factor, LRF
Sägeholzblock *m* timber log
Sägeholzlinie *f* sawing line
Sägeindustrie *f* saw[mill]ing industry, *(Am)* lumber industry
Sägekette *f* saw chain
Sägekuhle *f* saw pit
Sägeleistung *f* saw output
Sägelot *n* posting plumb *(for frame saw-blades)*
Sägemaschine *f* sawing machine, machine saw, mechanical saw
~ **mit Zahnstangenvorschub** rack saw
Sägemaß *n* green [sawn] size
Sägemehl *n* sawdust, sawings, saw swarf
Sägemeister *m* master-sawyer
Sägemotor *m* saw motor
Sägemühle *f* sawmill, mill, *(Am)* lumber mill *(s.a. under Sägewerk)*
~ **mit Wasserantrieb** water-powered [saw]mill
~ **ohne Klotzteich** dry sawmill
Sägemüller *m* sawyer, sawer, sawmiller
sägen to saw
Sägen *n* sawing
von unten geführtes ~ sawing up from beneath
Sägenabstumpfung *f* saw dulling

172

Sägenantriebsmotor *m* saw motor
Sägendoktor *m* saw doctor
Sägeneinhang *m* saw hanger
Sägenfeilmaschine *f* saw filer, saw filing machine
Sägengestell *n* saw rack, saw bench
Sägenhaus *n* sawing shop
Sägenleistung *f* saw performance
Sägenlötvorrichtung *f* saw brazing machine
Sägennest *n* nest of saws
Sägenpflege *f* saw maintenance
Sägenrahmen *m* sash
Sägenrolle *f* [band-]saw wheel
Sägenschärfer *m* saw sharpener, saw filer
Sägenschärferei *f* saw sharpening
Sägenschärfmaschine *f* saw sharpening machine
Sägenschärfung *f* saw sharpening
Sägenschränkmaschine *f* saw-setting machine
Sägenstahl *m* saw steel
Sägenverschleiß *m* saw wear
Sägequalität *f* sawmill quality, sawing quality (*esp. in tropical timber trade*)
Säger *m* sawyer, sawer
Sageraea elliptica Andaman bowwood, Sageraea elliptica
Sägerahmen *m* saw-frame, frame
sägerauh rough[-sawn], unwrought, unplaned, straight from the saw, Rgh, RGH
Sägerei *f* sawmill, mill, (*Am*) lumber mill
Sägereiarbeiter *m* woodcutter
Sägerestholz *n* off-cuts
sägeroh *s*. sägerauh
Sägerolle *f* [band-]saw wheel
Sägerundholz *n* saw logs, saw timber
Sägeschärffeile *f* saw [sharpening] file
Sägeschiene *f* sword (*of a chain-saw*)
Sägeschienenspitze *f* [bar] nose
Sägeschnitt *m* saw cut
Sägeschwert *n* sword (*of a chain-saw*)
Sägespäne *mpl* sawdust, sawings
Sägespäneaufschluß *m* sawdust pulping
Sägespänebeton *m* sawdust concrete
Sägespänebrikett *n* sawdust briquette
Sägespur *f* saw mark
Sägestaub *m* sawdust, sawings
Sägetisch *m* saw table, saw bench
Sägewelle *f* saw shaft (spindle), arbor
Sägewellenlager *n* saw spindle bearing
Sägewerk *n* sawmill, mill, (*Am*) lumber mill
~ **mit Holzverschiffungsanlagen** cargo sawmill
~ **mit mehreren Gatterstraßen** multi-frame sawmill
~ **mit zwei Blockbandsägemaschinen** double-band sawmill
~ **ohne Klotzteich** dry sawmill
Sägewerker *m* sawyer, sawer, sawmill operator, millman
Sägewerksabfall *m* sawmill waste, mill cull
Sägewerksarbeiter *m* sawyer, sawer
Sägewerksausrüstung *f* sawmill equipment
Sägewerksbesitzer *m* sawmill owner
Sägewerksbetreiber *m* sawmill operator
Sägewerkshackschnitzel *npl* [saw]mill chips
Sägewerksindustrieanlage *f* industrial sawmill plant

Sägewerksmaschinen *fpl* sawmill machinery
Sägewerksmeister *m* master-sawyer
Sägewerkstechnologie *f* sawmill[ing] technology
Sägewerkzeugtechnik *f* sawing tool technique
Sägewindmühle *f* wind-driven sawmill
Sägezahn *m* saw tooth
~~**-Spanwinkel** *m* saw-tooth hook
Sägezahnform *f* tooth pattern
Sägezahnhöhe *f* tooth height
Sägezahnrücken *n* heel
Sägezahnteilung *f* saw pitch
Saitenhalter *m* tailpiece (*of a string instrument*)
Saitenhalterknopf *m* button
Saiteninstrument *n* stringed musical instrument, string instrument
Sal *m s.* Salbaum
Salai[baum] *m* Indian frankincense, Boswellia serrata (*wood species*)
Salamanderbaum *m* Chinese laurel, salamander tree, Antidesma bunius
Salbaum *m* Indian sal [tree], sa[u]l, Shorea robusta
Salem-Gummi *n* babul gum (*from Acacia nilotica*)
Salharz *n* sal resin
Salicin *n* salicin (*glucoside*)
Salmiak *m(n)* ammonium chloride (*wood preservative*)
Salonmöbel *npl* salon furniture, morning-room furniture
Salontisch *m* salon table
Salpetersäureverfahren *n* **der Zellstofferzeugung** nitric acid pulping
Salweide *f* [common] sallow, sally, goat (hedge) willow, Salix caprea
Salzsäurelignin *n* hydrochloric-acid lignin
Salzwasserbauholz *n* marine timber
Salzwasser[ramm]pfahl *m* marine pile, coastal water pile
Salzwasserschädling *m* marine pest
Saman *m* saman, monkey-pod, rain-tree, Enterolobium (Pithecelobium) saman
Sammelgefäß *n* collecting cup (*resin-tapping*)
Sammelhieb *m* sanitation felling (cutting)
Sammelschrank *m* collector's cabinet
Sammlervitrine *f* collector's cabinet
Sammlungsschrank *m* collector's cabinet
Samowartischchen *n* samovar table
Samtesche *f* velvet ash, Fraxinus velutina
Samtfußrübling *m* velvet-stemmed agaric, Collybia (Flammulina) velutipes
Samtieren *n* flock lining
samtiert flock-lined, flock-coated (*e.g. a drawer*)
Samttamarinde *f* tamarind plum, Dialium indum
Sandarach *m s.* Sandarak
Sandaracopimarsäure *f* sandaracopimaric acid (*diterpene, resin acid*)
Sandarak *m* 1. sandarac[h], gum juniper (*from Tetraclinis articulata*); 2. *s.* Sandarakbaum
Sandarakbaum *m*, **Sandarakholz** *n* sandarac[h] tree, African thuja, thuya [burr], Tetraclinis articulata, Callitris quadrivalvis
Sandbüchsenbaum *m* hura, sand-box tree, Hura crepitans

Sandbeere

Sandbeere *f* strawberry-tree, Arbutus unedo
Sandbirke *f* white (silver, weeping) birch, European (Swedish) birch, Betula pendula (alba, verrucosa)
Sandbirne *f* white pear, Pyrus pyrifolia (sinensis)
Sandé[holz] *n* sande, milk tree, cow-tree, Brosimum galactodendron (utile)
Sandelholz *n* sandal[wood], sanders[wood], Santalum album
Sandelholzbaum *m* sandal-tree *(genus Santalum)*
Sandelholzöl *n* sandalwood oil
Sandeln *n* sand blasting *(e.g. of wood surfaces)*
Sandfang *m* sand-table, sand trap, riffler *(pulp manufacture)*
Sandpapier *n* abrasive paper, sandpaper, glass-paper
Sandpapierbaum *m* sandpaper tree, Cecropia adenopus
Sandstrahlen *n* sand blasting *(e.g. of wood surfaces)*
Sandwichbauweise *f* composite construction
Sandwichelement *n*, **Sandwichplatte** *f* sandwich board, sandwich panel
Sanierung *f* sanitation
Saniosche Balken *mpl* bars of Sanio, crassulae *(wood anatomy)*
Sanitärhieb *m* sanitation felling (cutting)
Sansibarakazie *f* gold mohur, flame tree, Delonix (Poinciana) regia
Sansibarkopal *m* Zanzibar copal *(from Trachylobium verrucosum)*
Santa-Lucia-Tanne *f* Santa Lucia fir, Abies bracteata
Santal *n* 1. sandal[wood], sanders[wood], Santalum album; 2. santal *(flavonoid)*
Santalen *n* santalene *(sesquiterpene)*
Santalin *n* 1. santalin *(flavonoid)*; 2. barwood *(dyestuff from Pterocarpus spp.)*
Santos-Palisander *m* saltfish wood, *(esp.)* Machaerium scleroxylum
SAO *s.* Ostindisches Satin[holz]
Sapeli *n s.* Sapelli
Sapelli *n* sapele [mahogany], Entandrophragma cylindricum
Sapin *m s.* Sapine
Sapindusfichte *f* oriental spruce, Picea orientalis
Sapine *f* cant-dog, cant-hook, peav[e]y
Saponin *n* saponin *(glycoside)*
Sapotegewächse *npl* star-apple family *(family Sapotaceae)*
Sapotillbaum *m* sapodilla, sappadillo [tree], Manilkara (Achras) zapota
Sappanbaum *m* sapan caesalpinia, buckham wood, sibukau, Caesalpinia sappan
Sappanholz *n* sapan-wood *(heartwood of Caesalpinia sappan)*
Sappel *m* cant-dog, cant-hook, peav[e]y
saprophag saprophagous, saprotrophic
Saprophyt *m* saprophyte
saprophytisch saprophytic
saprovor saprophagous, saprotrophic
Saraca asoka asoka tree, Saraca asoka
Sarcomphalus laurinus bastard lignum vitae, Sarcomphalus laurinus

Sarg *m* coffin, *(Am)* casket
Sargbrett *n* coffin board
Sargtischler *m* coffin-joiner, coffin-maker
Sargtischlerei *f* coffin-making
Sassafras *n* sassafras, Sassafras albidum *(wood species)*
Satin *n s.* Satinholz
Satinage *f* glazing *(paper-making)*
Satiné *n* satiné, Brosimum rubescens (paraense) *(wood species)*
Satinholz *n* satinwood *(comprehensive term)*
satinieren to glaze, to calender *(paper-making)*
Satinieren *n* glazing, [super]calendering
Satinierkalander *m* [glazing] calender
Satinierung *f* glaze
Sattel *m* 1. saddle; 2. bird's-mouth *(in a rafter)*; 3. nut *(of stringed instruments)*
Sattelanhänger *m* semi-trailer
sattelartig gemuldete Sitzfläche *f* saddle[-shaped] seat *(esp. in Windsor chairs)*
Satteldach *n* span roof, gable[d]
Sattelholz *n* head tree, bolster, saddle
Sättigungs[dampf]druck *m* saturation vapour pressure
Sättigungstemperatur *f* dew-point [temperature]
Satyrmaske *f* satyr mask *(decorative feature)*
Satztisch *m* nest of tables, table nest
sauberer Schnitt *m* accurate cut *(woodworking)*
Sauerkirsche *f* sour cherry, garden cherry, Prunus cerasus
Sauerstoff-Vorbleiche *f* oxygen pre-bleaching
Sauerstoffaufschluß *m* oxygen pulping
Sauerstoffbleiche *f* oxygen bleaching, oxygen delignification
saugfähig bibulous *(paper)*
Saugfutter *n* vacuum chuck *(of a wood-turning lathe)*
Saugkasten *m* suction box *(of a Fourdrinier machine)*
Saugluftspannfutter *n* vacuum chuck *(of a wood-turning lathe)*
Saugpapier *n* blotting-paper, absorbent paper
Säule *f* column; post, pillar, upright
Säulenanker *m* post anchor
Säulenausbauchung *f* entasis
Säulendeckplatte *f* abacus
Säuleneibe *f* 1. common yew, ground hemlock, Taxus baccata; 2. Irish yew, Florence Court yew, Taxus baccata var. fastigiata
Säulenfuß *m* plinth
Säulenschaftausbauchung *f* entasis
Säulensockel *m* dado
Säulentisch *m* pillar table, tripod table, pedestal table
Säulenwulst *m* echinus
Saumfemelschlag *m* femel strip felling
Saumhieb *m* strip felling, staggering
Saumholz *n* listing
Saumkahlhieb *m* clear strip felling
Säumling *m* edging, rand, slab
Säumlingszerspaner *m* slab chipper
Saumschlag *m* strip felling, staggering
Sauna *f* sauna
Saunabank *f* sauna bench
Saunapritsche *f* sauna bench

Saunaraum *m* sauna
saure Hydrolyse *f* acid hydrolysis *(wood pulping)*
säurefreies Papier *n* acid-free paper, antiacid paper
säurehärtender Klebstoff *m* acid-cured adhesive
Säurelignin *n* acid lignin
Säurestation *f* acid plant *(paper-making)*
Säureteer *m* acid tar
säureunlösliche Asche *f* acid-insoluble ash *(e.g. of pulp)*
säureunlösliches Lignin *n* acid-insoluble lignin, Runkel lignin
Savonarolastuhl *m* Savonarola chair
SAW *s.* Westindisches Satinholz
Sawarascheinzypresse *f* Sawara cypress, pea-fruited cypress, Chamaecyparis pisifera
Saxesens Holzbohrkäfer *m* small shot-hole borer, Xylebor[in]us saxeseni
Saxophon *n* saxophone *(wood-wind instrument)*
SBK-Kleber *m* SBR [emulsion] adhesive
Schäben *fpl* shives
Schabergriff *m* scraper handle
Schabhobel *m* spokeshave
  mit dem ~ bearbeiten to spoke-shave
Schablone *f* template, templet, mould
Schablonendrehautomat *m* automatic copying lathe
Schablonendrehmaschine *f* copying lathe, back-knife lathe
Schablonensteuerung *f* template control *(e.g. of a copying machine)*
Schachbrett *n* chess-board, draught-board
schachbrettartig tessellated *(e.g. inlaid work)*
Schachfigur *f* chess-man, chess-piece
Schachspieltisch *m* chess table
Schachtelkarton *m* boxboard
Schachtisch *m* chess table
Schachtofen *m* kiln *(for wood charring)*
Schadholz *n* damaged timber
Schadinsekt *n* injurious (obnoxious) insect
Schädling *m* pest
schädlingsresistent pest-resistant
Schädlingsresistenz *f* pest resistance
Schaffhauser Schloß *n* table joint
Schaft *m* shaft; shank; stock; trunk, stem, bole *(of a tree)*
Schaftdurchmesser *m* trunk diameter
schäften to scarf[-joint], to splice
Schäfter *m* stocker
Schaftfäule *f* bole rot
Schaftfläche *f* bole area *(timber mensuration)*
Schaftform *f* stem form, bole form
Schaftfräser *m* shank cutter, spoon bit
  ~ für Oberfräsen router bit
Schäftfräsmaschine *f* scarf moulding machine
Schäftfuge *f* scarf [joint] *(of veneers)*
Schaftholz *n* stem wood, bole wood, bodywood
Schaftholzformzahl *f* stem wood form factor
Schaftholzrückung *f* bole skidding
Schaftholzvolumen *n* stem volume
Schaftkreisfläche *f* bole area *(timber mensuration)*
Schaftmessung *f* measurement of stems
schaftrein clear-boled, clear-shafted

Schaftreinheit *f* clearness
Schaftreinigung *f* self-pruning
Schaftring *m* annulet *(of a Doric capital)*
Schaftumfang *m* **in der Mitte des Nutzholzteiles** average girth *(timber mensuration)*
Schäftung *f* scarf[ing], spliced joint, splayed [scarf] joint *(lengthening joint)*
Schäftverleimpresse *f* scarfing clamp
Schaftvermessung *f* measurement of stems
Schaftverstärkung *f* stem swelling
Schaftvolumen *n* stem volume
Schälabgang *m* barking waste (refuse)
Schälaxt *f* paring axe
schälbar peelable
Schälbarkeit *f* peelability
Schälbeil *n* barking axe
Schälblock *m* veneer log, veneer block (bolt)
Schalboden *m* soffit [boards]
Schalbrett *n* form board, shuttering board, siding
Schalbretter *npl* timbering, soffit [boards]
Schäleisen *n* barking-iron, bark scraper, barking spud, spudder, shave knife
schälen to [de]bark, to unbark, to disbark, to ross, to rind, to peel, to strip, to flay, to pare
Schalensessel *m* shell chair
schälfähig peelable
Schälfähigkeit *f* peelability
Schälfurnier *n* rotary[-cut] veneer, peeled veneer
Schalholz *n* supporting timber; supporting pit timber
Schälholz *n* barked wood, peeled wood
Schalkante *f* wane, rough (dull) edge, natural bevel
schalkantig waney[-edged], wany, rough-edged, unedged
Schälklotz *m* billet
Schalkonstruktion *f* form construction
Schall *m* sound
Schallabsorption *f* sound absorption
Schallabsorptionsgrad *m* sound absorption coefficient
schalldämmendes Fenster *n* noise-proofing window
Schalldämmtür *f* sound-rated door
Schalldämmung *f* sound insulation
Schalldämmwert *m* sound reduction value
Schalldruck *m* sound pressure
Schalleigenschaften *fpl* **von Holz** acoustical properties of wood
Schallgeschwindigkeit *f* speed of sound
Schallpegel *m* sound level
Schallplattengestell *n* record rack
Schallplattenschrank *m* record cabinet
Schallschluckdecke *f* acoustic ceiling
Schallschluckgrad *m* sound absorption coefficient
Schallschluckplatte *f* acoustic tile (board), sound-deadening board
Schallschluckung *f* sound absorption
Schallschutzfenster *n* noise-proofing window
Schalm *m* [axe-]blaze, mark *(tree marking)*
  mit einem ~ versehen to blaze

Schälmaschine *f* peeler
Schalmaxt *f* blazer
Schalmbeil *n* blazer
schalmen to blaze, to mark, to spot *(a tree)*
Schälmesser *n s.* Schäleisen
Schalplatte *f* shuttering panel
Schälprüfung *f* peeling test
Schälriß *m* [veneer] lathe check, knife (cutting) check *(in veneer)*
schälrissig shaky
Schälschaden *m* bark-peeling damage (injury) *(esp. by game)*
Schälspan *m* peeling chip
Schaltafel *f* shuttering panel
Schalter[tisch] *m* counter [table]
Schalung *f* 1. [timber] formwork, shuttering, form construction; 2. cladding, siding, boarding
Schalungsbau *m* form building
Schalungsbrett *n* form board, siding
Schalungsplatte *f* shuttering panel
~ **für den Betonbau** concrete form hardboard
Schälwiderstand *m* peel strength
Schapp *m* armoire
Schärfautomat *m* automatic sharpener
scharfe Kante *f* arris
Schärfen *n* **von Sägen** saw sharpening
scharfkantig feather-edged
Schärfkluppe *f* [saw] sharpening vice
Schärfmaschine *f* [saw] sharpening machine
Schärfraum *m* saw [filing] shop
Schärfscheibe *f* grinding wheel
Scharfschnitt *m* live log sawing
Schärfschräge *f* grinding angle, bezel
Schärfwinkel *m* top-plate angle, top-edge angle, filing angle *(of a chain-saw tooth)*
Scharlacheiche *f* scarlet oak, Spanish oak, Quercus coccinea
Scharlachsumach *m* smooth sumac[h], Rhus glabra
Scharnier *n* hinge
~ **mit Zuhaltung** self-closing hinge
mit ~ **versehen** to hinge
Scharnierband *n* hinge band, strap (tee) hinge
Scharnierlappen *n* leaf
Scharnierstreifenverbindung *f* rule joint
Scharniertopf *m* hinge cup
Scharrharzhacke *f* iron scrape
Schatulle *f* casket
Schatztruhe *f* coffer, strong-box
Schaufelstiel *m* shovel handle
Schaufenster *n* shop-window, show-window, store window
Schaukasten *m* show-case
Schaukel-Liegesessel *m* rocker recliner
~-Ruhesessel *m* rocker recliner
Schaukelfauteuil *m* rocking chair, *(Am)* rocker
Schaukelpferd *n* rocking horse
Schaukelsofa *n* rocking sofa
Schaukelstuhl *m* rocking chair, *(Am)* rocker
Schaumklebstoff *m* foam-bonding adhesive
Schaumkunststoff *m* expanded plastic
Schaumschichtbildner *m* intumescent material
Schaumstoff *m* expanded plastic
Schaumverhütungsmittel *n* defoamer,

defoaming agent *(e.g. as glue additive)*
Schauschrank *m* vitrine, display cabinet
Scheibenaufschläger *m* disk[-type] refiner
Scheibenhacker *m* disk chipper
Scheibenhackmaschine *f* disk chipper
Scheibenleisten *fpl* strap-work *(ornamentation)*
Scheibenmühle *f* disk[-type] refiner
Scheibenpilz *m* discomycete *(order Discomycetales)*
Scheibenrefiner *m* disk[-type] refiner
Scheibenschleifmaschine *f* disk sander, disk sanding machine
Scheibenzwischenraum *m* airspace between [the] panes *(insulating glass)*
Scheidenzelle *f* sheath cell *(wood anatomy)*
Scheinakazie *f* locust [tree], robinia, black (post, yellow) locust, false acacia, silver chain, Robinia pseudoacacia
scheinbarer Elastizitätsmodul *m* apparent modulus of elasticity
Scheinbock[käfer] *m* wharf borer, Nacerda melanura
Scheinbuche *f* southern beech *(genus Nothofagus)*
Scheinjahrring *m* false annual [growth] ring, false ring, double ring
Scheinkern *m* abnormal heartwood, pathological heart[wood], false (facultatively coloured) heartwood
Scheinlärche *f* [Chinese] golden larch, Pseudolarix kaempferi (amabilis)
Scheinmarkstrahl *m* aggregate ray
Scheinzypresse *f* false cypress, shining cypress *(genus Chamaecyparis)*
Scheit *n* billet, shide
Scheitelrahmenholz *n* solid rib
Scheitholz *n* split billets
Scheitsäge *f* billet saw
Schellack *m* shellac, shellack *(resin product)*
mit ~ **behandeln** to shellac[k]
Schellackfirnis *m* shellac varnish
Schellacklack *m* shellac varnish
Schellacklösung *f* shellac solution
Schellackpolitur *f* shellac polish, French polish
Schemel *m* stool
Schemelsitzfläche *f* stool seat
Scherbeanspruchung *f* shear load
Scherbruch *m* shear fracture, shear failure
Scherdehnung *f* shear strain
Scherdübel *m* shear connector *(timber construction)*
Scherenfüße *mpl* scissor legs *(of furniture)*
Scherensessel *m* Savonarola chair
Scherenstapel *m* pole stack
Scherenzaun *m* trellis[-work] fence
Scherfestigkeit *f* shear strength, ultimate strength in shearing
~ **in Faserrichtung** shear strength parallel to the grain
~ **quer zur Faserrichtung** shear strength across the grain, rolling shear strength
~ **quer zur Plattenebene** shear strength perpendicular to the plane of the board, interlaminar shear *(chipboard testing)*
Scherkraft *f* shear force

Scherprüfung *f* shear test
Scherspannung *f* shear stress
Scherung *f* shear
Scherverformung *f* shear strain
Scherverschiebung *f* shear strain
Scherzapfen *m* **als Querverbindung** open mortise [joint], *(Am)* slip joint
~ **auf Gehrung** mitred bridle
~ **einseitig auf Gehrung** angle bridle [joint]
Scheuerleiste *f* skirting[-board], scrubboard, baseboard, mopboard
Scheunentor *n* barn door
Schi *m* ski, snow-shoe
Schichtenpappe *f* pasteboard
Schichtholz *n* 1. short timber, shortwood; [merchantable] cordwood, stacked (piled) timber, stacked industrial wood; 2. laminated wood, wood laminate
Schichtholzbalken *m* [glue-]laminated beam, laminated timber beam
Schichtholzgestell *n* laminated wood frame
Schichtholzhersteller *m* laminator
Schichtholzkipp[anhäng]er *m* tilting cordwood trailer
Schichtholzplatte *f* laminated densified sheet, laminated wood sheet
Schichtholzpolter *m(n)* short-log deck
Schichtholzpresse *f* press for laminated wood
Schichtholzrahmen *m* laminated wood frame
Schichtholzrückeschlepper *m* forwarder
Schichtholzsattelzug *m* short logger
Schichtholzsortiment *n* stacked products
Schichtholzsparren *m* glulam rafter
Schichtholzstoß *m* stack of wood, pile of cut timber
schichtig seriate *(wood ray)*
Schichtmaß *n* stacked measure
Schichtnutzholz *n* s. Schichtholz 1.
Schichtpilz *m* stereum *(genus Stereum)*
Schichtplatte *f* laminate
Schichtpreßholz *n* laminated wood
Schichtpreßholzplatte *f* laminated densified sheet
Schichtpreßstoff *m* laminate; paper[-base] laminate
Schichtpreßstoffplatte *f* paper[-base] laminate; plastic laminate sheet
Schichtprobe *f* strip [test piece] *(timber drying)*
Schichtrindenpilz *m* stereum *(genus Stereum)*
Schichtstoff *m* s. Schichtpreßstoff
Schiebefenster *n* sliding [sash] window, slider window, sash and frame
Schiebefensterflügel *m* sliding sash
Schiebefenstergleitleiste *f* parting bead
Schiebeflügel *m* sliding sash
Schiebeflügelfenster *n* s. Schiebefenster
Schiebeholz *n* push block
Schiebekasten *m* drawer
Schiebekastenführung *f* drawer guide
Schiebeladen *m* sliding shutter
Schiebeplatte *f* sliding top
Schiebestock *m* push stick
Schiebetischkreissäge[maschine] *f* sliding table circular sawing machine
Schiebetischplatte *f* sliding top
Schiebetür *f* sliding door
Schiebetürführung *f* sliding door track
Schiebetürgleiter *m* sliding door runner
Schiebetürschloß *n* sliding door lock
Schiedsgutachter *m* arbiter *(timber trade)*
schiefe Parallelperspektive *f* oblique projection
Schieferweiß *n* flake white *(pigment)*
Schiene *f* guide bar, [chain] bar, chain rail, blade *(of a chain-saw)*
Schierlingstanne *f* hemlock [fir, spruce] *(genus Tsuga)*
Schießbaumwolle *f* pyroxylin
schießen to ballhoot *(round timber)*
Schiffhobel *m* compass plane
Schiffsbauholz *n* ship [building] timber
Schiffsbaunagel *m* boat nail
Schiffsbohrer *m* teredinid [borer] *(family Teredinidae)*
Schiffsbohrwurm *m* ship-worm, marine [wood] borer, teredo, Teredo navalis
Schiffsholz *n* ship [building] timber
Schiffsimshobel *m* compass rabbet plane
Schiffsmast *m* mast
Schiffsmöbel *npl* ship furniture
Schiffsnagel *m* treenail, trenail, trunnel
Schiffsschnitzer *m* ship carver
Schiffswerftkäfer *m* ship-timber beetle, Lymexylon navale
Schiffszimmerei *f* ship carpentry
Schiffszimmerer *m*, **Schiffszimmermann** *m* ship's carpenter, shipwright
Schifter *m* jack rafter
Schiftsparren *m* jack rafter
Schild *m* blade
Schildkrot *n* tortoise [shell]
Schildpatt *n* tortoise [shell]
Schilf *n* reed
Schilfrohr[bau]platte *f* reed panel
Schimmel *m* mould, *(Am)* mold
Schimmelbeständigkeit *f* mould resistance
schimmelfest mould-resistant
Schimmelfestigkeit *f* mould resistance
Schimmelfichte *f* Canadian spruce, white spruce, Picea glauca (alba)
schimmelig mouldy
schimmeln to mould
Schimmelpilz *m* mould [fungus] *(comprehensive term)*
Schimmelpilzrasen *m* mould [bed]
Schimmelweide *f* violet willow, mezereon willow, Salix daphnoides
Schindel *f* [wood] shingle; roof[ing] shingle
schindelartig shingly
Schindelband *n* course of shingles
schindelbedeckt shingly
Schindelblock *m* shingle bolt
Schindeldach *n* shingle roof
Schindeleiche *f* shingle oak, glossy oak, Quercus imbricaria
Schindelfabrik *f* shingle mill
schindelgedeckt shingly
Schindelhammer *m* shingling hatchet
Schindelhersteller *m* shingle maker
Schindelherstellungsmaschine *f* shingler
Schindelholz *n* shinglewood

Schindelholzblock *m* shingle bolt
Schindelkopfende *n* shingle tip
Schindelleger *m* shingler
Schindellegerhammer *m* shingling hatchet
Schindelmacher *m* shingle maker
Schindelmacherei *f* shingle mill
Schindelmaschine *f* shingler
Schindelnagel *m* shingle nail
Schindelreihe *f* course of shingles, shingle row
Schindelreihenabstand *m* shingle row spacing
Schindelrindige Hickory *f* shagbark [hickory], shell-bark hickory, bigbud hickory, Carya ovata (alba)
Schindelsäge *f* shingle saw
Schindelspalter *m* shingle maker
Schindelwand *f* shingle wall
Schindelwerk *n* shingle mill
Schirmbaum *m* umbrella tree, Musanga cecropioides (smithii)
Schirmhieb *m* shelterwood felling
Schirmsaumschlag *m* shelterwood strip felling
Schirmschlag *m* shelterwood felling
Schirmständer *m* umbrella stand
Schirmstreifenhieb *m* shelterwood strip felling
Schirmtanne *f* parasol fir, umbrella pine, Sciadopitys verticillata
Schizolobium parahybum Brazilian fire tree, Schizolobium parahybum
Schizomeria ovata white birch, Schizomeria ovata
Schizomyzet *m* bacterium *(class Schizomycetes)*
Schlafbaum *m* silk tree, Albizia julibrissin
Schlafcouch *f* studio couch, chesterfield, *(Am)* davenport
schlafendes Auge *n* dormant bud *(wood anatomy)*
Schlafmöbel *n* bed
Schlafsofa *n* sofa bed, bed-settee
Schlafzimmereinrichtung *f* bedroom suite [of furniture], *(Am)* case goods
Schlafzimmermöbel *npl* bedroom furniture
Schlafzimmerschrank *m (Am)* bedroom closet
Schlafzimmersessel *m* bedroom chair
Schlafzimmerspiegeltür *f* bedroom mirror door
Schlafzimmerstuhl *m* bedroom chair
Schlagabnahme *f* acceptance *(timber harvest)*
Schlagabraum *m* felling waste (refuse), logging wood-waste, [logging] slash
Schlagaufnahme *f* registration of felled timber
schlagbar ripe for cutting (felling)
Schlagbiegefestigkeit *f* impact bending strength, impact resistance (viscosity)
~ **nach Izod** Izod impact strength
Schlagbiegeprüfung *f* impact [bending] test
Schlagbiegeversuch *m* impact [bending] test
Schlagbohrmaschine *f* hammer-drill
Schlägelhacke *f* cleaver, cleaving (splitting) axe, break axe
schlagen to fell, to cut [down], *(Am)* to lumber
Schlagen *n* stroking *(graining)*
Schläger *m* striper *(graining)*
Schlägerung *f* felling
schlagfähig ripe for cutting (felling)
Schlagfestigkeit *f* shock resistance, shock resisting ability
Schlagfläche *f* felling area
Schlaghärte *f* impact hardness *(e.g. of chipboards)*
Schlagholz *n* 1. coppice-wood; 2. bat
Schlaginstrument *n* percussion instrument
Schlagkettenentrinder *m* chain flail [de]barker
Schlagkettenentrindungsmaschine *f* chain flail [de]barker
Schlagknopf *m* striking button *(of a plane)*
Schlagkreuzmühle *f* wing-beater mill
Schlagordnung *f* sequence of fellings
Schlagreisig *n* lop and top
Schlagreste *mpl* felling refuse, felling waste, logging [wood] waste, [logging] slash
Schlagspaner *m* beating flaker
Schlagstempel *m* marking punch
Schlagwerkzeuggriff *m* impact handle
Schlagzähigkeit *f* impact bending strength, impact resistance (viscosity)
Schlagzerspaner *m* beating flaker
Schlämmkreide *f* whiting
schlängeliges Herz *n* pith wander *(wood defect)*
Schlangenbaum *m* mawbee stick, snake bark, Colubrina ferruginosa *(wood species)*
Schlangenbohrer *m* auger [bit, drill]; twist bit, Jennings[-pattern auger] bit
~ **mit durchgehendem Schaft** Irwin bit
~ **mit vollem Kern** Irwin bit
Schlangenfeder *f* sinuous spring, zigzag spring, serpentine spring *(upholstery)*
schlangenhautähnliche Marmormalerei *f* serpentine marble
Schlangenhautkiefer *f* Bosnian pine, greybark pine, Pinus leucodermis
Schlangenholz *n* 1. snakewood, leopardwood, letterwood, Brosimum (Piratinera) guaianensis; 2. red (striped) letterwood, bowwood, Amoanoa guianenses
Schlangenwindung *f* single-bine twist turning
Schlankheitsgrad *m* 1. slenderness *(of tree-stems)*; 2. slenderness ratio *(of a compression member)*
Schlauchhyphe *f* conducting hypha
Schlauchpilz *m* ascomycete *(class Ascomycetes)*
Schlauder *f* sill anchor, plate anchor
Schlaufe *f* staple
schlechtere Seite *f* worse face *(of sawnwood)*
Schlechtseite *f* worse face *(of sawnwood)*
Schlehdorn *m* blackthorn, Prunus spinosa
Schleifautomat *m* automatic sander
Schleifband *n* abrasive belt (cloth), sanding belt
Schleifdruck *m* grinding pressure
Schleifdruckbalken *m* sanding pressure bar
Schleifegalisieren *n* abrasive planing
Schleifeinrichtung *f* sanding attachment
schleifen 1. to sand; to grind *(e.g. wood)*; 2. *s.* schleifrücken
Schleifen *n* sanding; grinding
schleifend abrasive
Schleifer *m* grinder; wood[-pulp] grinder
Schleifereisäge[maschine] *f* pulpwood cross-cutting band sawing machine
Schleiferstein *m* grindstone, stone
Schleifertrog *m* grinder pit
Schleiffahren *n* high-lead skidding, bob-tailing

Schleiffehler *m* sanding defect
Schleifgeschwindigkeit *f* sanding speed
Schleifgewebe *n* abrasive cloth
Schleifgrund *m* sanding sealer
Schleifholz *n* paper [pulp] wood, pulpwood
Schleifholzknüppel *m* pulpwood bolt
Schleifholzrundling *m* pulpwood bolt
Schleifklotz *m* sanding block
Schleifkorn *n* abrasive grain
Schleifkörner *npl* grindstone grits
Schleiflack *m* rubbing varnish, flatting varnish
Schleiflack[ober]fläche *f* rubbed finish
Schleifmaschine *f* sanding machine, sander
Schleifmaschinentisch *m* sanding table
Schleifmasse *f* mechanical [wood] pulp
Schleifmittel *n* abrasive [material]
Schleifmittelstaub *m* abrasive dust
Schleiföl *n* grinding oil
Schleifpapier *n* abrasive paper, sandpaper, glass-paper
   mit ~ [ab]schleifen to sandpaper
Schleifpaste *f* rubbing compound
Schleifraum *m* grinder chamber
Schleifrückekette *f* skid chain
schleifrücken to skid, to drag, to snake *(timber harvest)*
Schleifrücken *n* [ground] skidding, dragging, snaking, snigging, bob-tailing
   ~ mittels Seilkran ground-lead [cable] logging
Schleifrücker *m* [logging] skidder, skidding tractor
Schleifscheibe *f* sanding disk; grinding wheel
Schleifscheibenabrichter *m* wheel dresser
Schleifschlag *m* chatter mark
Schleifspäne *mpl* sanding dust, sander dust
Schleifstaub *m* sanding dust, sander dust; grinding dust
Schleifstaubabsaugung *f* sanding dust extraction
Schleifstein *m* grindstone, stone
Schleifstift *m* für Holzschnitzer carver's burr
Schleifstraße *f* sanding line
Schleiftemperatur *f* grinding temperature
Schleiftisch *m* sanding table; grinding table
Schleifvlies *n* abrasive cloth
Schleifweg *m* skidding lane, skid (drag) road, skidder track, logging road
Schleifwerkzeug *n* sanding tool
Schleifzone *f* grinding zone
Schleifzonentemperatur *f* grinding temperature
Schleifzylinder *m* sanding drum
Schleimansammlung *f* slime accumulation *(paper-making)*
Schleimpilz *m* slime fungus (mould), myxomyzete *(class Myxomycetes, order Myxomycotina)*
Schleimstoff *m* slime pulp *(paper-making)*
Schleimstoffansammlung *f* slime accumulation
Schleimzelle *f* mucilage cell *(wood anatomy)*
Schlepperbringung *f* tractor logging
Schleppgaube *f* shed dormer
Schlepphaube *f* skidding cap, Baptist cone
Schleppkette *f* binding chain, binder chain *(timber transport)*
Schleuderkreissäge *f* drunken saw, wobble saw
Schleudermühle *f* centrifugal mill

Schleudersäge *f* drunken saw, wobble saw
Schleudertrockner *m* centrifugal dryer
Schleudertrocknung *f* centrifugal drying
Schleusentor *n* sluice gate
schlichte Textur *f* straight grain
Schlichtfeile *f* smooth file
Schlichthobel *m* jointer [plane], jointing plane, shooting plane
Schlichtstahl *m* skew chisel, long-cornered [turning] chisel
Schließblech *n* striking plate, strike [plate], nab
Schließblechplatte *f* striker
Schließe *f* catch *(furniture fitting)*
Schließhautpore *f* pit [membrane] pore *(wood anatomy)*
Schließlängsholz *n* meeting stile *(of a window or door)*
Schließmembran *f* pit membrane
Schliffgrund *m* sanding sealer
Schlitten *m* sled[ge], toboggan
Schlittenkufe *f* sledge runner
Schlittenmikrotom *n* sliding microtome, sledge [microtome]
Schlittweg *m* sledge-way *(timber logging)*
Schlitz *m* slot, curf; mortise [slot], mortice [slot]
   ~ ausstemmen to mortise
   ~-Zapfen-Rahmeneckverbindung *f* corner bridle [joint]
   ~-Zapfen-Rahmenverbindung *f* bridle joint
   ~-Zapfen-Verbindung *f* mortise and tenon [joint], mortise joint
   mittels ~ und Zapfen fügen to mortise
   verbohrte ~-Zapfen-Verbindung *f* pegged joint
Schlitzautomat *m* automatic tenoner
schlitzen to mortise, to notch
Schlitzfräser *m* slotting bit
Schlitzkopf *m* slotted head *(of a screw)*
Schlitzmaschine *f* mortising machine, [chain] mortiser
Schlitzscheibe *f* mit zwei Messern two-wing cutter *(moulding tool)*
Schlitzschraubverbindung *f* slot screw[ed] joint
Schloß *n* lock
Schloßbrett *n* slamming stile *(in the door leaf)*
Schloßholz *n* lock block *(of a flush door)*
Schloßkasten *m* lock case
Schloßleiste *f* lock rail *(of a door)*
Schloßriegel *m* dead bolt
Schloßseite *f* lock edge *(of a door)*
Schloßverstärkung *f* lock block *(of a flush door)*
Schlupftür *f* wicket
Schlußanstrich *m* paint finish, finish [coat], finishing coat
Schlußbrief *m* fixing letter *(timber trade)*
Schlüsselbart *m* bit
Schlüsselbuchse *f* [thread] escutcheon, scutcheon
Schlüsselfeile *f* warding file
Schlüsselloch *n* keyhole
Schlüssellochsäge *f* keyhole saw, pad-saw
Schlüssellochsägeblatt *n* pad-saw blade
Schlüsselschild *n* [plate] escutcheon, scutcheon, lock plate, key plate
Schlüsselschraube *f* coach screw, carriage

Schlüsselschraube

screw, *(Am)* lag screw, lag bolt
Schlußschein *m* fixing letter *(timber trade)*
Schlußverzierung *f* finial
Schmalbahn *f* peen, pein *(of the hammer)*
Schmalblättrige Esche *f* narrow-leaved ash, Fraxinus angustifolia ssp. oxycarpa
~ **Ölweide** *f* oleaster, Russian olive, Elaeagnus angustifolia
Schmaldielung *f* wood strip [finish] flooring
Schmalfläche *f* narrow face, small face, edge *(e.g. of a board)*
Schmalflächenbeschichtungsmaschine *f* edge glu[e]ing machine
Schmalflächenfurniermaschine *f* edge bonding machine
Schmalflächenfurnierpresse *f* edge bonding machine
Schmalflächenverdichtung *f* edge densification *(chipboard manufacture)*
Schmalhobel *m* thumb plane
Schmalseite *f s.* Schmalfläche
Schmalware *f* narrow stuff, narrows, strips *(timber assortment)*
Schmarotzer *m* parasite
schmarotzerhaft parasitic
Schmelzkleber *m* holt-melt adhesive
~ **auf Polyesterbasis** hot-melt polyester adhesive
Schmelzkleberauftragmaschine *f* hot-melt glue applying machine
Schmelzklebstoff *m s.* Schmelzkleber
Schmelzleim *m* melt glue
Schmetterling *m* butterfly, lepidopter[an], lepidopteron *(order Lepidoptera)*
Schmiedenagel *m*, **schmiedeeiserner Nagel** *m* wrought nail, square nail
Schmiege *f* adjustable bevel, *(Am)* sliding T-bevel
schmieriger Stoff *m* soft stock *(paper-making)*
Schminkwurz *f* alkanet, Alkanna tinctoria (tuberculata)
Schmirgel *m* emery *(abrasive)*
schmirgeln to paper [down], to sandpaper, to sand
Schmirgelpapier *n* abrasive paper, sandpaper, glass-paper, emery paper
Schmirgel[schleif]scheibe *f* emery grinding wheel
Schmuckfries *m* decorative frieze
Schmuckfurnier *n* decorative veneer
Schmuckgewinde *n* looped ornament
Schmuckkästchen *n* jewelry box
Schmuckkassette *f* coffer, strong-box
Schmuckkasten *m* jewelry box
Schmuckleiste *f* decorative moulding
Schmuckmotiv *n* decorative motif
Schmuckschrank *m* jewel cabinet
Schmuckzypresse *f* white cypress pine, Callitris columellaris
Schnabeleinhieb *m* bird peck *(in stemwood)*
Schnabelhiebmal *n* bird peck *(in stemwood)*
Schnabelzwinge *f* hand screw
Schnäpper *m* catch *(furniture fitting)*
Schnappriegel *m* spring catch
Schnappverschluß *m* catch *(furniture fitting)*
Schnecke *f* volute, scroll *(decorative motif)*; scroll *(of violins)*
Schneckenbohrer *m* gimlet bit, half-twist bit, auger [bit, drill], wimble
schneckenförmige Verdickung *f* helical thickening, helical sculpture (sculpturing) *(in vessels of certain wood species)*
Schneckenfuß *m* scroll foot, scroll leg, whorl foot *(of furniture)*
Schneebirne *f* snow pear, Pyrus nivalis
Schneebruch *m* snow break
Schneeschaden *m* snow damage
Schneeschaufel *f*, **Schneeschippe** *f* snow-shovel
Schneeschuh *m* ski, snow-shoe
Schneezaun *m* snow fence
Schneide *f* cutting edge, blade, bit
Schneideblock *m* [saw] log, round log
Schneideholz *n* saw timber, sawnwood
Schneideisen *n* iron
Schneidemühle *f* sawmill, mill, *(Am)* lumber mill
Schneidemüller *m* sawyer, sawer, sawmiller
Schneidemaschine *f* cutter
schneiden to cut; to engrave
Schneiden *n* **mittels Laser** laser cutting
Schneidenabstumpfung *f* dulling
Schneidenfase *f* grinding angle, bezel
Schneidenflugkreis *m* cutting circle
Schneidkante *f* cutting edge
Schneidkante *f* bit
Schneidlade *f* mitre box
Schneidmaß *n* cutting gauge
Schneidplättchen *n* cutter tip, cutting tip *(of tools)*
Schneidspan *m* [flat] flake, flat chip
Schneidspäne *mpl* **für OSB-Platten** strands, *(Am)* fingerlings
Schneidstahl *m* iron
Schneidwerkzeug *n* cutting tool, cutter, edge tool
Schneidwinkel *m* pitch *(of a plane)*
Schneidzahn *m* cutter tooth *(of a saw)*
Schneise *f* ride
schnellabbindender Kleber (Leim) *m* fast setting adhesive
Schnellarbeitsstahl *m* high-speed steel, HSS
Schnellbinder *m* fast setting adhesive
schnellhärtend fast-curing *(e.g. bonding agent)*
Schnellschnittstahl *m* high-speed steel, HSS
Schnellspanner *m* clamp-on vice; quick-action clamp
Schnellspannschraubstock *m* vice with quick-release
Schnellspannwagen *m* rapid (quick) dogging carriage *(of a frame saw)*
schnelltrocknend rapid-drying, quick-(fast-)drying *(e.g. a lacquer)*
Schnelltrocknung *f* high-speed drying, accelerated drying
Schnittabfall *m* cutting waste
Schnittbild *n* sawing schedule *(processing of saw logs)*
Schnittbreite *f* cut width, kerf width, saw kerf, curf
Schnittdruck *m* cutting stress *(at a band-saw blade)*

Schnittergiebigkeit *f s.* Sägeholzausnutzung
Schnitterzeugnis *n* sawnwood product
Schnittfehler *m* sectioning defect *(of a wood preparation)*
Schnittfigur *f* sawing pattern
Schnittfläche *f* sectional area, cut surface
Schnittfuge *f* [saw] kerf, notch, curf
Schnittfugenbreite *f* kerf width
Schnittfugengrund *m* kerf bottom
Schnittgenauigkeit *f* cutting accuracy
Schnittgeschwindigkeit *f* cutting speed
Schnitthöhe *f* cut height
Schnittholz *n* [sawn] timber, sawnwood, sawtimber, *(Am)* lumber
~ niedrigster Qualität mill cull
~-Sollmaß *n* surfaced timber size
Schnittholzabfall *m* sawn waste, abatement
Schnittholzausbeute *f* yield of sawn timber, *(Am)* lumber recovery
Schnittholzbläue *f* superficial (surface) blue-stain *(fault in softwoods esp. caused by Ophiostoma spp.)*
Schnittholzgüteklasse *f* sawnwood grade, *(Am)* lumber grade
Schnittholzgüteklassenstempel *m (Am)* lumber grade stamp
Schnittholzindustrie *f* sawmilling industry, sawing industry
Schnittholzkappstation *f* sawnwood cross-cutting station
Schnittholzklasse *f s.* Schnittholzgüteklasse
Schnittholzklassifizierungsbehörde *f (Am)* lumber grading authority
Schnittholzlagerplatz *m s.* Schnittholzplatz
Schnittholzmaß *n* sawnwood size
Schnittholzmeßlatte *f (Am)* lumber scale stick
Schnittholzpaket *n* timber pack
Schnittholzpaketierung *f* packaging of sawn timber
Schnittholzplatz *m* sawnwood yard, mill-yard, *(Am)* lumber yard
Schnittholzprodukt *n* sawnwood product
Schnittholzrest *m* cut-off, off-cut
Schnittholzsortentabelle *f* timber tally, mill tally, *(Am)* lumber tally
Schnittholzsortierer *m* marker
Schnittholzsortiermaschine *f* timber grader
Schnittholzsortierung *f* grading of sawnwood
Schnittholzsortiment *n* sawnwood assortment
Schnittholzstapel *m (Am)* lumber pile
Schnittholzstapeln *n* **ohne Stapelleisten bei senkrecht stehenden Breitflächen** edge stacking
Schnittholztabelle *f* mill tally
Schnittholztrockner *m* sawnwood (solid wood) dryer, kiln [dryer], *(Am)* lumber drying kiln
Schnittholztrocknungsanlage *f (Am)* lumber drying kiln
Schnittholztrocknung *f (Am)* lumber drying
Schnittiefe *f* cutting depth
Schnittiefenanschlag *m* depth stop
Schnittleistung *f* cutting performance
Schnittliste *f* cutting list, *(Am)* bill of materials *(woodworking)*
Schnittprodukt *n* sawnwood product

Schnittstück *n* cutting
Schnittsteuer[licht]strahl *m* cut marker beam
Schnittverlust *m* cutting waste, loss due to sawing, trim
Schnittware *f* cut stock, [sawn] timber, sawn wood, sawtimber, *(Am)* lumber; stuff *(woodworking)*
Schnittwiderstand *m* cutting resistance
Schnittwinkel *m* cutting angle
~ des Zahndaches top-plate cutting angle, top-face angle, top filing angle
Schnitzarbeit *f* carving
Schnitzbank *f* carver's stand
Schnitzbeitel *m* carving (carver's) chisel
Schnitzdekor *m(n)* carved decoration
Schnitzeigenschaft *f* carving property *(of wood)*
Schnitzeignung *f* carving property *(of wood)*
Schnitzeisen *n* carving tool, carving (carver's) chisel
Schnitzeisensatz *m* carving tool set
Schnitzel *n(m)* chip
Schnitzel *npl* chips, chippings
Schnitzelmaschine *f* slicing machine, slicer
schnitzeln to chip, to hog, to slice, to flake
Schnitzelraffination *f* chip refining
schnitzen to carve, to whittle; to clean-bark, to bark and bast
Schnitzen *n* carving; full barking
Schnitzer *m* carver
Schnitzerei *f* carving
Schnitzerschraube *f* [wood-]carver's screw
Schnitzfähigkeit *f* carving property *(of wood)*
Schnitzleiste *f* carved moulding
Schnitzmaschine *f* carving machine
Schnitzmesser *n* [wood-]carving knife
Schnitzmöbel *npl* carved furniture
Schnitzschmuck *m s.* Schnitzwerk
Schnitztechnik *f* carving technique
Schnitzwerk *n* carving, carved work, carved decoration (ornamentation)
Schnitzwerkzeug *n* carving tool
Schnörkelornament *n* arabesque
Schnur *f* line *(for marking out of timber constructions)*
Schnurbaum *m* pagoda tree, Sophora japonica
Schnurbock *m* batterboards
Schnurbockbrett *n* batter board
Schnürboden *m* framing ground, drawing floor
Schnurgerüst *n* batter boards
Schnürigkeit *f* bole straightness, stem straightness, straightness [of stem]
Schnurriß *m,* **Schnurschlag** *m* chalk line
mittels ~ markieren to snap [a chalk] line
Schober *m* timber storage shed
Scholler[-Tornesch]-Verfahren *n* Scholler process *(of wood saccharification)*
Scholten-Nomogramm *n* Scholten nomograph *(for determining the wood strength in relation to grain direction)*
Schöpfbütte *f* dipping vat *(paper-making)*
Schöpfer *m* vatman
Schöpfform *f* mould *(paper-making)*
Schöpfspachtel *m(f)* dipper, dip iron, iron dip *(resin-tapping)*
Schopper-Riegler-Apparat *m* Schopper-Riegler

Schopper

apparatus *(for freeness testing)*
~-**Riegler-Mahlgrad** *m* Schopper-Riegler freeness
Schotendorn *m* acacia, wattle *(genus Acacia)*
Schottsäge *f* pit saw
schräg abfallende Zierleiste *f* raking moulding
~ **eingeschlagener Nagel** *m* toe-nail
Schrägbalken *m* diagonal beam
Schrägbild *n* oblique projection, isometric projection
Schrägblatt *n* **mit Führungsstoß** spliced joint with sallied vertical abutments
Schrägbrett *n* angle board *(timber construction)*
schräge Endverkämmung *f* bevelled end cogging
~ **Schreibplatte** *f* writing-slab, writing slope
~ **Setzstufe** *f* raking riser
~ **Verkämmung** *f* bevelled cogging
schrägen to round *(edges)*
schräger Rammpfahl *m* batter pile
~ **Zapfen** *m* oblique mortise and tenon, oblique tenon joint
schräges Hakenblatt *n* tabled scarf joint *(lengthening joint)*
Schrägfaser *f* sloping grain, oblique grain, angle grain
Schrägkamm *m* bevelled cogging
Schrägmaß *n* adjustable bevel, *(Am)* sliding T-bevel
schrägnageln to toe-nail
Schrägnageln *n* toe-nailing, skew (slant) nailing
Schrägnagelverbindung *f* toe-nailed joint
Schrägpfahl *m* batter pile
Schrägriemenparkett *n* herring-bone parquet
Schrägschliff *m* bevel grind *(circular saw-blade)*
Schrägschnitt *m* bevel cut, angle (diagonal) cut
Schrägschnittpapier *n* angle[-cut] paper
Schrägstütze *f* raking shore
Schrägverband *m*, **Schrägverbindung** *f* oblique joint, inclined joint *(timber construction)*
Schrägzierkante *f* raking moulding
Schrank *m* 1. cabinet, cupboard, *(Am)* closet; 2. [lateral] set *(of saw-teeth)*, saw set, saw wrest
Schränkamboß *m* setting anvil
Schrankbeschlag *m* cabinet fitting
Schrankbett *n* cabinet bed, box bed
Schränkchen *n* dwarf chest
Schränkeisen *n* saw set, saw wrest
schränken to set *(saw-teeth)*
Schränken *n* saw setting
Schrankfach *n* shelf
Schränkhammer *m* setting hammer
Schrankkoffer *m* wardrobe-trunk
Schränkmaschine *f* [saw-]setting machine
Schränkmaß *n* amount of set
Schrankmeßlehre *f* saw set gauge
Schrankmöbel *npl* cabinet furniture
Schrankrückwand *f* cabinet back
Schrankschloß *n* cupboard lock
Schranktür *f* cupboard door
Schränkung *f* saw set, lateral set [of saw-teeth]
Schränkvorrichtung *f* saw set, saw wrest
Schrankwand *f* wall-unit, cupboard unit, storage wall
Schrankwandrückwand *f* unit back

Schrankweite *f* width over set *(of a saw-tooth)*
Schränkwerkzeug *n* setting tool, saw set, saw wrest
Schränkzange *f* saw-setting pliers, pliers saw-set, saw-tooth setter, spring saw set
Schraube *f* screw
~ **mit Schneidspitze** self-drilling screw
Schraubenausziehwiderstand *m* screw-withdrawal resistance, screw retention strength
Schraubenbohrer *m* twist bit, auger [bit, drill], wimble *(historical)*
Schraubenbolzen *m* [screw] bolt, timber (carriage) bolt
Schraubenbolzenloch *n* timber bolt hole
Schraubenbolzenverbindung *f* bolted [timber] joint
Schraubendreher *m* screwdriver, turn-screw
Schraubendrehereinsatz *m* screwdriver bit
schraubenförmige Verdickung *f* helical thickening, helical sculpture (sculpturing) *(in vessels of certain wood species)*
schraubenförmiger Wuchs *m* spiral bole
Schraubenfutter *n* *s.* Schraubenspannfutter
Schraubenhalteprüfung *f* screw-holding test
Schraubenhaltevermögen *n* screw-holding strength
Schraubenkopf *m* screw head
Schraubenpfahl *m* screw pile
Schraubenpresse *f* screw press
Schraubenschaft *m* screw shank
Schraubenschaftbohrung *f* clearance (lead) hole, pilot hole
Schraubenschneidspitze *f* gimlet point
Schraubenspannfutter *n* cup chuck, screw-point chuck, *(Am)* cupped center *(wood-turning lathe)*
Schraubenspitze *f* gimlet point
Schraubenwuchs *m* **[des Stammes]** stem spirality, spiral bole
Schraubenzieher *m* screwdriver, turn-screw
Schraubenzuführgerät *n* screw feeding unit
Schrauber *m* screwdriver, turn-screw
~-**Bit** *n* screwdriver bit
Schraubknecht *m* bar cramp
Schraubloch *n* screw hole
Schraubnagel *m* screw nail, [helically] threaded nail
Schraubstock *m* vice, *(Am)* vise
in den ~ einspannen to vice
Schraubungssinn *m* helical orientation *(of microfibrils)*
Schraubverbindung *f* screw connection
Schraubzwinge *f* screw clamp, joiner's clamp
Schreib- und Lesestuhl *m* reading chair, horseman's chair, cock-fighting chair
Schreibfläche *f* writing surface *(of a writing table)*
Schreibgerätefach *n* stationery nest *(of a bureau)*
Schreibkasten *m* table desk
Schreibklappe *f* secretaire flap
Schreibkommode *f* **mit Knieraum** knee-hole desk
Schreiblade *f* writing drawer
Schreiblehne *f* writing arm

Schreibmaschinenpapier *n* typewriting paper, typing paper
Schreibmaschinentisch *m* typist's desk, typewriter desk
Schreibmöbel *npl* writing furniture
Schreibmöbelfach *n* pigeon hole
Schreibpapier *n* writing-paper
Schreibplatte *f* writing top, writing-slab, writing slope
Schreibpult *n* writing-desk
Schreibschrank *m* writing cabinet, writing secretaire, escritoire, bureau, davenport, *(Am)* slant-front desk
~ **mit geschlossenem Aufsatz** secretaire-cabinet
~ **mit hohem Gestell** fall-front writing cabinet
Schreibschrankaufsatz *m* bureau top
Schreibsekretär *m s.* Schreibschrank
Schreibtisch *m* writing table, writing-desk
Schreibtischfach *n* pigeon hole
Schreibtischgarnitur *f* standish, inkstands
Schreibtischplatte *f* desk top
Schreibtischsessel *m* writing armchair
Schrein *m* shrine
Schreiner *m* cabinet-maker, joiner *(s.a. under* Tischler)
Schreinerarbeit *f* cabinetwork, cabinet-making, joiner's work, joinery [work]
Schreinerei *f* 1. cabinet-maker's [work]shop, joiner's shop, joinery shop; 2. *s.* Schreinerarbeit
Schreinergilde *f* joiners' guild
Schreinerhammer *m* London hammer, Exeter hammer
Schreinerholz *n* cabinet wood
Schreinerinnung *f* joiners' guild
Schreinerklüpfel *m* [joiner's] mallet, woodworker's mallet
Schreinerlehrwerkstatt *f* cabinet-making school
Schreinermöbel *npl* craftsman-made furniture, hand-made furniture
schreinern to do joiner's work
Schreinerschraubstock *m* woodcraft vice
Schreinerware *f* cabinet wood, joinery timber (wood)
Schreinerwerkstatt *f* joiner's shop, joinery shop, cabinet-maker's [work]shop
Schrenks Fichte *f* Schrenk spruce, Picea schrenkiana
Schriftenfräser *m* engraving cutter
Schropphobel *m s.* Schrupphobel
Schrotaxt *f* felling axe
Schrotsäge *f* cross-cut saw, twart-saw
große ~ pit saw
Schrotstahl *m* round-nose turning chisel
schrumpfen to shrink
Schrumpffolien-Verpackungsmaschine *f* shrink foil wrapping machine
Schrumpfung *f* shrinkage
Schrupphobel *m* scrub plane, scurfing (roughing) plane, jack-plane
Schruppstahl *m* scraping tool *(of the wood turner)*
Schub *m* shear
Schubfach *n* drawer
Schubkasten *m* drawer

Schubkastenauskleidung *f* drawer lining
Schubkastenblende *f* drawer front
Schubkastenboden *m* drawer bottom
Schubkastengriff *m* drawer handle, pull
Schubkastenkippleiste *f* [drawer] kicker
Schubkastenkommode *f* drawer chest, chest of drawers
Schubkastenlaufleiste *f* drawer runner, *(Am)* drawer run
Schubkastenleiste *f* drawer rail
Schubkastenöffnung *f* drawer opening
Schubkastenpresse *f* drawer clamp
Schubkastenrollenführung *f* drawer runners and rollers
Schubkastenschloß *n* drawer lock, till lock
Schubkastenseite *f* drawer side
Schubkastenstreichleiste *f* drawer rail
Schubkastenvorderstück *n* drawer front
Schubkastenvorderstückmaschine *f* drawer front making machine
Schublade *f* drawer
Schubladenbeschlag *m* drawer handle, pull
Schubladenfront *f* drawer front
Schubladenschrank *m* tallboy, chest on chest, double chest of drawers
~ **mit Schreiblade** tallboy secretaire
Schubmittelpunkt *m* shear centre
Schubmodul *m* modulus of elasticity in shear, shear modulus, modulus of rigidity, G-modulus
Schubspannung *f* shear stress
Schuhabsatz *m* [shoe] heel
Schuhgestell *n* shoe rack, shoe rail
Schuhleisten *m* shoe-tree, [shoe] last
Schuhrost *m* shoe rack, shoe rail
Schuhschrank *m* shoe cabinet
Schuhspanner *m* shoe-tree
Schulbank *f* school bench, form
Schulmöbel *npl* school furniture, furniture for educational institutions
Schultafelanstrich *m* blackboard coating (paint)
Schuppen *m* shed
Schuppenborke *f* scale (scaly) bark, flaked (shell) bark
Schuppenkiefer *f* scale pine
Schuppenmuster *n* imbrication *(carving)*
Schuppenrindenhickory *m(f)* shagbark [hickory], shell-bark hickory, scalebark, bigbud hickory, Carya ovata (alba)
Schuppenschindel *f* thick-butted shingle
Schuppenschwamm *m* scaly lentinus, Lentinus lepideus (squamosus)
Schuppentrocknung *f* shed seasoning *(of sawnwood)*
Schuppentür *f* shed door
Schuppiger Sägeblättling *m* scaly lentinus, Lentinus lepideus (squamosus)
Schüppling *m* pholiota *(genus Pholiota)*
schüsseln to cup *(timber)*
Schüsseln *n* cup[ping], transverse warping
Schußloch *n* shot hole *(fault in wood)*
Schusterbock[käfer] *m* pine sawyer [beetle], Monochamus sutor
Schute *f* barge
Schutzanstrich *m* protective paint layer

Schutzaufbau *m* **gegen herabfallende Gegenstände** falling object protective structure, FOPS *(e.g. on timber-harvesting machines)*
schutzbehandelt preservative-treated, preservatively treated
Schutzdach *n* penthouse
Schutzholz *n* protection wood
Schutzholzbildung *f* compartmentalization
Schutzhütte *f* [wooden] shelter
Schutzklasse *f* hazard level, hazard class *(wood preservation)*
Schutzlack *m* protective lacquer
Schutzmittel *n* preservative [agent]
  mit ~ behandeln to preserve
Schutzmittelanwendung *f* preservative application
Schutzmittelaufbringung *f* preservative application
Schutzmittelaufnahme *f* preservative retention
schutzmittelbehandelt preservative-treated, preservatively treated
Schutzmittelbehandlung *f* preservative treatment
Schutzmittelemulsion *f* preservative emulsion, emulsion preservative
Schutzmittellösung *f* preservative solution
Schutzöl *n* preservative oil
Schutzsalz *n* salt[-type] preservative
Schutzschwelle *f* protective threshold *(e.g. of a preservative against pests)*
Schutzvorrichtung *f* safety device *(e.g. on a woodworking machine)*
Schwabbelautomat *m* automatic buffing machine
Schwabbelbock *m* buffing stand
Schwabbelmaschine *f* buffing machine
schwabbeln to buff
Schwabbelwerkzeug *n* buffing tool
schwache Verfärbung *f* light stain *(e.g. of wood)*
schwaches Rohholz (Rundholz) *n s.* Schwachholz
Schwachgas *n* low-energy gas *(wood gasification)*
Schwachholz *n* [forest] thinnings, small[-sized] timber, wood of small diameter, small-diameter trees, small roundwood
~-Vorschnittsäge *f* small-log headrig
Schwachholzaufarbeitung *f* conversion of small timber
Schwachholzernte *f* small timber harvest[ing]
Schwachholzprozessor *m* small timber processor
Schwachholzsägewerk *n* small-log [saw]mill
Schwachholzverarbeitung *f* small timber processing
Schwachstromheizung *f* low-voltage heating, LV heating *(e.g. of a veneering press)*
schwachsulfidischer Aufschluß (Zellstoffaufschluß) *m* low-sulphidity pulping
Schwalbe *f* dovetail
schwalben to dovetail
Schwalbenschwanz *m* dovetail
Schwalbenschwanzeinlage *f* [als Fremdverbinder] dovetail key
schwalbenschwanzförmiger Holzdübel *m* dovetail key

schwalbenschwanzförmiges Blatt *n* dovetail-halved joint, dovetail halving
Schwalbenschwanzfräsmaschine *f* dovetail cutting machine
Schwalbenschwanzfügemaschine *f* dovetail jointing machine
Schwalbenschwanzzapfen *m* **als Rahmeneckverbindung** single through dovetail joint
Schwalbenschwanzzinkenverbindung *f* dovetail joint
Schwalbenschwanzzinkung *f* dovetail joint
Schwamm *m* conk, fungus, mould, *(Am)* mold
Schwammbaum *m* sweet (Farnesian) acacia, popinac, sponge tree, Acacia farnesiana
schwammig conky, punky, spongy *(wood)*
schwammiger Kern *m* spongy heart, soft (brittle, punky) heart *(wood defect)*
schwammiges Herz *n s.* schwammiger Kern
~ Holz *n* conk
Schwammkellerversuch *m* fungal cellar trial *(wood preservation)*
Schwanenhalspediment *n* swan-neck pediment, broken-arch pediment, scrolled pediment
Schwarte *f* slab, siding, off-cut
Schwartenbrett *n* slab board
Schwartenholz *n* slabwood
Schwarzahorn *m* black [sugar] maple, Acer nigrum
Schwarzast *m* black knot
schwarzästig black-knotty
Schwarzbirke *f* black (red) birch, river birch, Betula nigra
Schwarzdorn *m* blackthorn, Prunus spinosa
Schwarze Akazie *f* [Sydney] black wattle, Acacia mearnsii (mollissima), Acacia decurrens var. mollis
~ Maulbeere *f* black mulberry, Morus nigra
~ Weide *f* black willow, Salix nigra
Schwarzer Fichtenbock *m* pine sawyer [beetle], Monochamus sutor
~ Holunder *m* elder, Sambucus nigra
~ Kiefernbastkäfer (Kiefernwurzelbrüter) *m* black pine bark-beetle, black pine bast-beetle, Hylastes ater
~ Maulbeerbaum *m* black mulberry, Morus nigra
Schwarzerle *f* [common, black] alder, European [black] alder, aller, Alnus glutinosa
Schwarzes Dammarharz *n* black dam[m]ar *(esp. from Balanocarpus penangianus)*
Schwarzesche *f* black (brown) ash, hoop ash, swamp ash, Fraxinus nigra
Schwarzfichte *f* black spruce, double spruce, Picea mariana (nigra)
Schwarzholzakazie *f* Australian blackwood, blackwood acacia, lightwood, Acacia melanoxylon
Schwarzkern *m* black heart *(wood defect)*
Schwarzkiefer *f* European black pine, Pinus nigra
Schwarzkochung *f* black cook *(pulp manufacture)*
Schwarzlack *m* Coromandel lacquer
Schwarzlauge *f* [kraft] black liquor, kraft

pulping effluent, sulphate liquor
Schwarzlaugenaufbereitung *f* black liquor recovery
Schwarzlinde *f* bee tree, Tilia americana
Schwarznußbaum *m* [American] black walnut, Juglans nigra
Schwarzpappel *f* [European] black poplar, willow poplar, Populus nigra
Schwarzpech *n* black pitch
Schwarzpolitur *f* black polish
Schwarzschnitt *m* black-line method (technique) (of wood-engraving)
Schwarzwälder Figurenuhr *f* Dutch clock
Schwarzwaldhaus *n* Black Forest house (timber architecture)
Schwarzwalduhr *f* Dutch clock
Schwebebalken *m* balance beam (sports equipment)
schwebender Pfahl *m* friction pile (wood foundation)
Schweberückung *f* overhead skidding, aerial skidding
Schwebeträger *m* suspended beam
Schwebetrockner *m* [air] flotation dryer (e.g. for wood particles)
Schwedenzahnung *f* Swedish toothing, brier toothing (of circular saw-blades)
Schwedische Mehlbeere (Vogelbeere) *f* Scotch (Swedish) whitebeam, Swedish beam-tree, Sorbus intermedia
Schwedischer Hartriegel *m* dwarf cornel, dwarf dogwood, Cornus suecica
~ **Meilerteer** *m* Stockholm tar
schwefelfreier Holzaufschluß *m* non-sulphur pulping, sulphur-free pulping, alkali-peroxide pulping
Schwefelporling *m* sulphur fungus, sulphur polypore, Laetiporus (Polyporus) sulphureus
Schwefelsäurelignin *n* sulphuric-acid lignin
Schweifarbeit *f* curve work
schweifen *s.* schweifsägen
Schweifsäge *f* scroll-saw, bow-saw
Schweifsägearbeit *f* curve work
schweifsägen to curve
Schweifsägen *n* contour (scroll) cutting, curved sawing (cutting), curving
Schweifschnitt *m* curved cut
Schweizers Reagens *n* cuprammonium [solution], ammoniacal copper hydroxide, cuoxam (solvent)
Schwellbalken *m* sill plate, sole [plate], bottom (post) plate, groundsel, groundsill, shoe, (Am) abutment piece
Schwelle *f* 1. roof plate, top plate (framework); 2. [railway] sleeper, (Am) railroad tie, crosstie; 3. *s.* Schwellbalken
Schwellenanker[bolzen] *m* sill anchor, plate anchor
Schwellenholz *n* 1. bottom rail; 2. sleeper timber
Schwellenkopf *m* sleeper butt end
Schwellenschubholz *n* kicking piece
Schwellenstapel *m* sleeper pile
Schwellriegel *m s.* Schwellbalken
Schwellung *f* bombé (bellied front surface e.g.

of cabinets)
Schwelwasser *n* wood vinegar
Schwemmrinne *f* flume
mittels ~ **fördern** to flume
schwenkbare Klappeinlage *f* flip-action centre [piece] (of a folding table)
schwenkbarer Fußrahmen *m* gateleg (of an extending table)
Schwenkbug *m* up brace, brace (timber construction)
Schwenkfräs[maschin]e *f* tilting spindle moulder (moulding machine)
Schwenksäge *f* pendulum saw, swing saw, pivoting saw
Schwenkspiegel *m* swing mirror
schwer bearbeitbar refractory (wood)
~ **entflammbar** fire-resistant
~ **imprägnierbar** refractory (wood)
~ **tränkbar** refractory (wood)
~ **trocknend** refractory (wood)
~ **zu bleichender Zellstoff** *m* hard-bleaching pulp
Schwerentflammbarkeit *f* fire retardancy
Schwerfaß *n* heavy barrel
Schwerholz *n* heavy timber
Schwerholzkiefer *f* ponderosa [pine], pondosa pine, PP, western yellow pine, Californian white pine, bull pine, Pinus ponderosa
schwerspaltig difficult to cleave
Schwert *n* 1. scissor brace (timber construction); 2. sword, blade, guide bar, chain rail (of a chain-saw)
Schwertlatte *f* scissor brace (timber construction)
Schwertspitze *f* bar nose, nose (of a chain-saw)
schwimmender Estrich *m* floating inner floor
~ **Fußboden (Holzfußboden)** *m* floating floor
schwindarm low in shrinkage (wood)
schwinden to shrink
Schwinden *n* shrinkage
Schwindfaktor *m* differential shrinkage
Schwindmaß *n* shrinkage figure, shrinkage ratio (value)
Schwindneigung *f* shrinkage tendency
Schwindriß *m* seasoning check, seasoning crack; shrinkage crack (shake)
Schwindsatz *m* coefficient of shrinkage
Schwindung *f* shrinkage
~ **in Faserrichtung** longitudinal (lengthwise) shrinkage, shrinkage parallel to the grain
Schwindungsanisotropie *f* shrinkage anisotropy
Schwindungsneigung *f* shrinkage tendency
Schwindungsriß *m s.* Schwindriß
schwindungsverhütende Behandlung *f* antishrinkage treatment (of wood)
Schwindungsverringerung *f* shrinkage reduction
Schwindverhalten *n* shrinkage behaviour
Schwing[fenster]flügel *m* swing sash
Schwingflügelfenster *n* swinging window
Schwingmeißel *m* swing (oscillating) chisel
Schwingmeißelstemmaschine *f* swing chisel mortiser
Schwingsäge *f* pendulum saw, swing saw, jump saw
~ **zum Querschneiden** swinging cross-cut saw

Schwingschleifer *m*, **Schwingschleifmaschine** *f* reciprocating (oscillating) sander, orbital sander, [portable electric] finishing sander
Schwingsieb *n*, **Schwingsiebmaschine** *f* oscillating sieve *(fibreboard manufacture)*
Schwingtür *f* swing[ing] door
Schwitzen *n* bleeding *(of tar-oil-impregnated timber)*
Schwitzwasser *n* condensation water
Schwundneigung *f* tendency to shrink *(wood property)*
Schwundriß *m* shrinkage crack, shrinkage shake
Schwundzugabe *f* allowance for shrinkage *(timber evaluation)*
Scolopia ecklonii South African red pear, thorn pear, Scolopia ecklonii
Scolytus ventralis fir engraver beetle, Scolytus ventralis
Scraper *m* scraper
Screening *n* screening *(e.g. in testing wood preservatives)*
Scribner Rule *f* Scribner rule *(of roundwood mensuration in the USA)*
Sechskantholzschraube *f* hexagon head wood screw, coach (carriage) screw, *(Am)* lag screw, lag bolt
Sechsstufenbleiche *f* six-stage bleaching *(papermaking)*
Sechszähniger Fichtenborkenkäfer *m* six-dentated engraver beetle, six-toothed spruce bark-beetle, Pityogenes (Ips) chalcographus
~ **Kiefernborkenkäfer** *m* top bark-beetle, Ips sexdentatus (acuminatus)
Seebauholz *n* marine timber
Seeflößerei *f* lake floating
See[strand]kiefer *f* 1. maritime (cluster) pine, pinaster [pine], Pinus pinaster (maritima); 2. Jerusalem (Aleppo) pine, Cyprus pine, Pinus halepensis
Seetangmarketerie *f* seaweed marquetry, scrolled endive marquetry
Segmentbogen *m* segmental arch
Segmentkreissäge *f* segmental circular saw
Segmentmahlscheibe *f* segmented grinding disk *(of a disk refiner)*
Seidelbastweide *f* violet willow, mezereon willow, Salix daphnoides
Seidenbaumwolle *f* silk cotton, kapok *(esp. from Ceiba pentandra)*
Seidenglanz *m* satin finish, satin sheen *(e.g. of wood)*
Seidenholz *n* satinwood *(comprehensive term)*
Seidenkautschuk *m* Lagos silk rubber *(from Funtumia elastica)*
Seidenkautschukbaum *m* West African rubber tree, Lagos (ire) rubber tree, Funtumia (Kickxia) elastica
Seidenpapier *n* tissue paper, wrapping tissue
Seidenraupenzucht *f* sericulture, silk culture
Seifenbaumgewächse *npl* soapberry family *(family Sapindaceae)*
  die ~ betreffend sapindaceous
Seilbahn *f* [overhead] cableway, aerial skidder *(timber transport)*
Seilbringung *f* cableway (aerial) skidding, cableway logging, cable hauling (logging)
Seilbringungsanlage *f* cableway, aerial skidder, ropeway
Seilkante *f* cable moulding, rope moulding
Seilkran *m* cable-crane, skyline crane (cableway)
Seilkrananlage *f* skyline cableway
Seilkranbringung *f* aerial skidding (logging), skyline [cable] logging, skyline hauling
Seilriese *f* cable slide
Seilrückeweg *m* ropeway track
Seilrückung *f* cable[way] skidding, cableway logging
Seilschwebebahn *f* overhead line, cableway *(timber transport)*
Seilskidder *m* cable skidder
Seiltrommel *f* cable-drum, cable reel
Seilwinde *f* cable winch
Seilwindenrücketraktor *m* cable skidder
Seilwindenrückung *f* winch skidding, drum logging
Seilzierkante *f* cable moulding, rope moulding
Seilzug *m* cable traction
  mit ~ rücken to cable *(longwood)*
Seilzugrücketraktor *m* cable skidder
Seite *f* side; face [side]
Seitenast *m* margin knot, face knot
Seitenbeitel *m* long-cornered [turning] chisel, corner chisel, skew chisel
Seitenbohle *f* off-diametrical plank
Seitenbrett *n* side board, siding *(timber assortment)*
Seitenbretterzeugung *f* side board production
Seitenbrettsortierung *f* side board sorting
Seitenfläche *f* cheek *(mortise hole)*
Seitengattersägemaschine *f* single-blade frame sawing machine
Seitenmaterial *n* side boards, *(Am)* side lumber
Seitenriß *m* face shake, edge crack *(in sawnwood)*
Seitenrunge *f* stanchion, stay, stake
Seitenschneider *m* side-cutting pliers
Seitenstütze *f* side stud *(timber construction)*
Seitentür *f* side-door
Seitenware *f* side boards, *(Am)* side lumber
Seitenzapfen *m* side tenon
seitlich glatthobeln to side
seitlicher Schlag *m* chatter *(of saw blade)*
Sekondi-Mahagoni *n* sekondi, Khaya ivorensis *(wood species)*
Sekretär *m* [writing] secretaire, secretary, scriptoire, scriptor, scrutoire, escritoire, writing cabinet, davenport
~-Schreibklappe *f* drop lid fall front
Sekretäraufsatz *m* bureau top
Sekretärkasten *m* **auf Kommodenunterteil** cabinet on chest of drawers
~ **auf Tischbeinen** cabinet on stand
sekretfreier Interzellularraum *m* non-secretory intercellular space *(wood anatomy)*
Sekretgang *m*, **Sekretkanal** *m* secretory canal *(wood anatomy)*
Sekretzelle *f* secretory [parenchyma] cell, mucilage (epithelial) cell *(wood anatomy)*
sekundäre Bläue *f* superficial (surface) blue-

stain *(fault in softwoods esp. caused by Ophiostoma spp.)*
~ **Holzindustrie** *f* secondary woodworking industry
sekundärer Markstrahl *m* secondary ray
sekundäres Ammonphosphat *n* diammonium hydrogen phosphate *(flame-retardant)*
Sekundärfäule *f* secondary rot
Sekundärholz *n* secondary wood, secondary xylem
Sekundärinsekt *n* secondary insect
Sekundärphloem *n* secondary phloem
Sekundärrinde *f* secondary phloem, bast, liber
Sekundärwandlignin *n* secondary wall lignin
Sekundärwandschicht *f* secondary wall *(wood anatomy)*
Sekundärxylem *n* secondary xylem, secondary wood
Selbstbaumöbel *npl* [do-it-yourself] knock-down furniture, KD furniture, packaged (flat-packed) furniture, shook
Selbstentzündung *f* self-ignition *(e.g. of wood chips)*
Selbstklebeband *n* self-adhesive tape
Selbstkleber *m* self adhesive
Selbstschließvorrichtung *f* self-closing feature *(door furniture)*
selbstverkeilender Zapfen *m* fox-wedged tenon joint
selbstzentrierendes Dreibacken[spann]futter *n* self-centreing chuck
selektiver Einschlag (Holzeinschlag) *m* selective logging
Semidry-Verfahren *n* semi-dry [production] process *(of fibreboard manufacture)*
Sendung *f* **in Kommission** consignment *(timber trade)*
Senegalakazie *f* gum arabic acacia, Acacia senegal
Sengen *n* sand shading *(of veneer by dipping into hot sand)*
senken to set *(nail heads)*
Senker *m* 1. rose[head] countersink bit, rose countersink [bit], countersinker; 2. sinker *(of mistletoe)*
Senkerwurzel *f* sinker *(of mistletoe)*
Senkholz *n* sinker, snag; bobber *(log driving)*
Senkholzschraube *f* countersunk [wood] screw
~ **mit Querschlitz (Schlitz)** slotted countersunk (flat) head wood screw
Senkkopfnagel *m* countersunk nail
Senklot *n* plumb bob
Senkrechtdarstellung *f* orthographic projection
senkrechte Hohlkehle *f* cannelure
Senkrechtfries *m* stile *(e.g. of a framed door)*
Senkrechtprojektion *f* orthographic projection
Senkrechtstab *m* upright, stile
Senkrechttrockner *m* vertical dryer *(lacquer drying)*
Senkstift *m* nail-punch, [nail-]set
Sennhütte *f* chalet
Sentang *m* China (bead) tree, chinaberry, Persian lilac, pride-of-India, azedarach, Melia azedarach
Sentul *m* katon, sandal-tree, Sandoricum

koetjape (indicum)
SEP *s.* Sepetir
Separator *m* separator, opener *(pulp manufacture)*
Sepascharnier *n* Sepa hinge
Sepetir *n* 1. sepetir, *(esp.)* Sindora coraceae *(wood species)*; 2. sepetir [paya], Copaifera (Pseudosindora) palustris *(wood species)*
septiert septate *(e.g. a wood fibre)*
Sequoie *f* 1. sequoia, wellingtonia *(genus Sequoia)*; 2. [Californian, coast] redwood, sequoia, Sequoia sempervirens
Serbische Fichte *f* Serbian spruce, Picea omorika
Serge *f(m)* serge *(upholstery fabric)*
seriell seriate *(wood ray)*
Serienmöbel *npl* series furniture, mass-produced furniture
Serienstuhl *m* serial-produced chair
Serigraphie *f* screen printing technique
Servierdrehtisch *m* dumb waiter, *(Am)* lazy Susan
Serviertisch *m* serving table, dumb waiter
Serviertischrolle *f* socket castor
Servierwagen *m* serving trolley, serving cart
Sesquiterpen *n* sesquiterpene *(secondary wood constituent)*
Sesquiterpenoid *n* sesquiterpenoid
Sessel *m* easy chair, armchair, chair
Sesselbezug *m* chair covering
Sesselbezugsstoff *m* chair covering
Sesselfuß *m* armchair leg
Sessellehne *f* chair-back
Setzbrett *n* riser [board]
Setzlatte *f* straight-edge
~ **mit Lot** plumb rule
Setzstufe *f* riser [board]
Setzwaage *f* plumb rule
Sexualdimorphismus *m* sex dimorphism
Shaker-Möbel *npl* Shaker furniture
~-**Möbelknauf** *m* Shaker knob
Shasta-Tanne *f* Shasta [red] fir, Abies magnifica var. shastensis
Sheddach *n* shed roof
Sheraton-Stil *m* Sheraton [style] *(of furniture)*
Shisham *n* sissoo, Dalbergia sissoo *(wood species)*
Shorea leprosula red seraya, *(esp.)* Shorea leprosula *(wood species)*
Shumard-Eiche *f* Shumard oak, Quercus shumardii
SHZ *s.* Schlangenholz 1.
Siambenzoeharz *n* Siam benzoin gum *(from Styrax tonkinensis)*
Siaresinolsäure *f* siaresinolic acid *(resin acid)*
Sibiren *n* sibirene *(sesquiterpene)*
Sibirische Balsampappel *f* doronoki, Populus suaveolens
~ **Fichte** *f* Siberian spruce, Picea obovata
~ **Haselnuß** *f* Japanese hazel, Corylus heterophylla
~ **Lärche** *f* Siberian larch, Larix sibirica
~ **Tanne** *f* Siberian fir, Abies sibirica
~ **Ulme** *f* Siberian elm, Ulmus pumila
~ **Zirbe[lkiefer]** *f* Siberian pine, Pinus [cembra

Sibirische Zirbe[lkiefer]
var.] sibirica
Sicheleiche *f* southern red oak, Quercus falcata
Sicheltanne *f* cryptomeria, sugi, peacock pine, Japanese cedar, Cryptomeria japonica
Sichelzapfen *m* hammer-head tenon
Sicherheitsfaktor *m* safety factor *(timber construction)*
Sicherheitsspaltkeil *m* riving knife, river, splitter *(at a sawing machine)*
Sicherheitstür *f* security door
Sicherheitsvorrichtung *f* safety device *(e.g. on a woodworking machine)*
Sicherheitszahl *f* safety factor *(timber construction)*
sichtbares Dach[trag]werk *n* open timber roof
Sichtbreitenseite *f* face width
Sichtfläche *f* 1. marked face *(of a timber member)*; 2. sight size *(of a window)*
Sichtflächen[ver]nagelung *f* face nailing, straight nailing
Sideboard *n* sideboard, dresser, serving commode
Sieb *n* sieve; screen
Siebabwasser *n* tray water, backwater *(paper-making)*
siebartige Tüpfelung *f* sieve pitting *(wood anatomy)*
Siebdrucktechnik *f* screen printing technique
Siebelement *n* sieve element *(wood anatomy)*
Siebfeld *n* sieve field, sieve area *(wood anatomy)*
Siebleder *n* apron *(paper-making)*
Siebmarkierungen *fpl* screen pattern, mesh pattern *(of fibreboards)*
Siebmuster *n* screen pattern, mesh pattern *(of fibreboards)*
Siebolds Hasel *f* Siebold filbert, Corylus sieboldiana var. sieboldiana
~ Walnuß *f* Japanese walnut, Juglans ailantifolia [var. ailantifolia]
Siebparenchym *n* phloem parenchyma
Siebpartie *f* Fourdrinier table, Fourdrinier former (wire part) *(paper-making)*
Siebplatte *f* sieve plate *(wood anatomy)*
Siebröhre *f* sieve tube *(wood anatomy)*
Siebröhrenglied *n* sieve tube element
Siebseite *f* mesh face *(of fibreboards)*
Siebteil *n* sieve tube member, phloem *(wood anatomy)*
Siebtest *m* screening *(e.g. in testing wood preservatives)*
Siebtüpfel *m(n)* sieve pit *(wood anatomy)*
Siebtüpfelung *f* sieve pitting
Siebverstopfung *f* screen clogging *(paper-making)*
Siebwasser *n* tray water, backwater *(paper-making)*
Siebzelle *f* sieve cell *(wood anatomy)*
Siebzellenultrastruktur *f* sieve cell ultrastructure
Siegelkapsel *f* skippet
SIK *s.* Sikon
Sikon *n* tetraberlinia, Tetraberlinia tubmaniana (bifoliolata) *(wood species)*
Silberahorn *m* silver (white) maple, river (swamp, soft) maple, Acer saccharinum

Silberakazie *f* silver wattle, Acacia dealbata
Silberaspe *f s.* Silberpappel
Silberbaum *m* swamp tea-tree, paperbark, Melaleuca leucadendra
silberbeschlagene Möbel *npl* silver furniture
Silberbronze *f* silver paint
silberfarbene Bronze[farbe] *f* silver paint
Silberlinde *f* silver linden, Tilia tomentosa (argentea)
Silbermöbel *npl* silver furniture
Silberpappel *f* silver-leaf poplar, white poplar, abele, Populus alba
Silberpulver *n* silver powder *(gilding)*
silberverzierte Möbel *npl* silver furniture
Silberweide *f* common (white) willow, Salix alba
Siliciumcarbid *n* silicon carbide *(abrasive)*
Siliciumkörper *m*, **Siliciumpartikel** *n* silica body, silica grain *(in wood)*
Siliciumtetrachlorid *n* silicon tetrachloride *(wood preservative)*
Silvichemikalie *f* silvichemical *(chemical substance made of secondary wood constituents)*
Simmental-Haus *n* Simmental house *(timber architecture)*
Sims *m(n)* cornice, cornish
Simshobel *m* rabbet[ing] plane
Sims[zier]leiste *f* cornice moulding
Simultanfäule *f* simultaneous rot
Sinapinalkohol *m*, **Sinapylalkohol** *m* sinapyl alcohol *(lignin component)*
Sinkholz *n* sinker, snag, bobber *(log driving)*
Sipo *n* utile, Entandrophragma utile *(wood species)*
Sisalfaser *f* sisal fibre *(stuffing material)*
Siskiyoufichte *f* Brewer's spruce, weeping spruce, Picea breweriana
Sissoo *n*, **Sissu** *n* sissoo, Dalbergia sissoo *(wood species)*
Sitar *m* sitar *(guitar-like instrument)*
Sitkafichte *f* Sitka spruce, California coast spruce, silver (tideland) spruce, SIT. SPR, SS, Picea sitchensis
Sitosterin *n s.* Sitosterol
Sitosterol *n* sitosterol, sitosterin *(wood extractive)*
Sitzbank *f* settee
~ mit Lehne settle
Sitzbezug *m* seat covering
Sitzgarnitur *f* set of seat furniture
Sitzgruppe *f* seating arrangement, seating group
Sitzmöbel *n* seating
Sitzmöbel *npl* seat furniture, furniture for seating
Sitzmöbelbau *m* seating construction
Sitzmöbelgarnitur *f* set of seat furniture
Sitzmöbelgruppe *f* seating arrangement, seating group
Sitzmöbelstück *n* seating
Sitzpolster *n* seat cushion
Sitzrahmen *m* seat frame
Sitzrahmenteil *n* seat rail
Sitzschale *f* chair shell
Sitzungszimmer *n* boardroom

Sizilianische Tanne *f* Sicilian fir, Abies nebrodensis
skalariforme Enddurchbrechung *f* scalariform perforation plate *(of a vessel member)*
Skatol *n* skatole *(alkaloid)*
Skelett *n* skeleton [framework]
Skelettbau *m* timber-frame construction
Skeletthyphe *f* skeletal hypha
Skelettplattenbauweise *f* frame and panel construction
Skelettstruktur *f* skeletal structure
Ski *m* ski, snow-shoe
Skidder *m* [logging] skidder, skidding tractor
Sklereide *f s.* Sklerenchymzelle
Sklerenchym *n* sclerenchyma *(wood anatomy)*
Sklerenchymfaser *f* libriform [wood-]fibre
Sklerenchymzelle *f* sclerenchyma cell, sclereid, sclerotic cell, stone cell *(of bark)*
sklerotische Holzstrahlzelle *f* sclerotic ray cell
sklerotisierte Füllzelle (Thylle) *f* sclerosed tylosis *(wood anatomy)*
skulptieren to sculpture, to sculpt
Skulptur *f* sculpture
skulpturierter Tüpfel *m* vestured pit *(wood anatomy)*
Slascher *m* slasher, slashing saw
Slawonische Buche *f* Slavonian beech *(provenance denomination)*
~ Eiche *f* Slavonian oak *(provenance denomination)*
~ Rotbuche *f* Slavonian beech *(provenance denomination)*
Sloanea woollsii yellow carabeen, Sloanea woollsii *(wood species)*
Smith'scher Abbau *m* Smith degradation *(of lignin)*
Sockel *m* pedestal, socle, plinth *(of a piece of case furniture)*
Sockelfuß *m* bracket foot *(of case furniture)*
Sockelkonstruktion *f* underframe, underframing
Sockelleiste *f* skirting[-board], scrubboard, baseboard, mopboard, base moulding, dado
Sockelrahmen *m* plinth
Sockelschubkasten *m* bottom drawer
Sockeltäfelung *f* dado
Sockelzarge *f* plinth *(of a piece of case furniture)*
Soda-Anthrachinon-Aufschluß *m* soda-anthraquinone pulping
Sodalignin *n* soda lignin, alkali lignin
Sodaverfahren *n* soda pulping [process], soda process
Sofa *n* sofa, sociable, canape, chesterfield, *(Am)* davenport
~-Beistelltisch *m* *(Am)* end-table
Sofabank *f* settee
Sofagarnitur *f* sofa suite
Sofatisch *m* sofa table
Sofatischchen *n* mini sofa table
Softformingkante *f* softforming edge
Softformingmaschine *f* softforming machine
Sohlbank *f* [window] sill
Sohl[en]holz *n* sill, sole
Soja[bohnen]leim *m* soya glue, soybean adhesive

Solartrocknung *f* solar drying
Solitärbaum *m* solitary tree
solitäre Pore *f* solitary vessel *(wood anatomy)*
Solitärmöbel[stück] *n* stand-alone piece [of furniture], [free-standing] single unit
Sollmaß *n* target size, set size, finished (dressed) size *(e.g. of sawnwood)*
Solo-Umfälzautomat *m* solo outer profiler
Solvolyse-Aufschluß *m* solvolysis pulping
~-Delignifizierung *f* solvolysis delignification
Solvolyselignin *n* solvolysis lignin
Solvolysezellstoff *m* solvolysis pulp
Sommereiche *f* common oak, European (English, Austrian) oak, pedunculate oak, Quercus robur (pedunculata)
Sommereinschlag *m* summer felling
Sommerfällung *f* summer felling
sommergrüner Baum *m* deciduous tree, broad-leaved tree
Sommerholz *n* late wood, summer wood, autumn wood
Sommerlinde *f* [large-leaved] lime, broad-leaved lime[-tree], female (red-twigged) lime, Tilia platyphyllos (grandifolia)
Sommerrinde *f* late bark
Sondermöbel *npl* special furniture
Sondernagel *m* special[-purpose] nail
Sonnenbrand *m* bark burn (blister), sun-scald, sun-scorch *(of sun-exposed tree-trunks)*
sonnenläufiger Drehwuchs *m* counter-clockwise spiral grain, anticlockwise (left-handed) spiral grain
Sonnenschutzfenster *n* sun window
sonniger Drehwuchs *m s.* sonnenläufiger Drehwuchs
Sopraporte *f* over-door
Sorbe *f* service-tree, Sorbus torminalis
Sorelzement *m* Sorel cement, magnesia cement *(mineral binder)*
Sorption *f* sorption
Sorptionsbereich *m* sorption range
Sorptionshysterese *f* sorption hysteresis
Sorptionsisotherme *f*, **Sorptionsschleife** *f* sorption isotherm, hysteresis loop *(of wood moisture)*
sorptive Bindung *f* sorption
Sorte *f* variety
Sortenbildung *f* wood [grading and] sorting, assortment formation
Sortenpolter *m(n)* sorting deck
Sortentafel *f* assortment table *(timber mensuration)*
~ für den Einzelstamm single-tree assortment table
sortenweises Rücken *n* shortwood logging [system]
Sortieranlage *f* sorting installation (plant)
~ für Sägeblöcke log sorting system
sortieren to grade *(logwood)*
Sortieren *n* grading, assortment
Sortierer *m* grader, bracker
Sortierfach *n* sorting boom, sort bin *(roundwood sorting)*
Sortierförderer *m* sorting conveyor
Sortiermaschine *f* grading machine

Sortierpolter m(n) sorting deck
Sortierregel f grading rule
Sortierstrecke f sorting line
Sortierung f grading, assortment [formation]
~ **nach Festigkeit** stress-grading *(of sawnwood)*
Sortierungsanweisungen fpl **für malaiisches Exportschnittholz** Malayan Grading Rules, M.G.R.
Sortierungsgebräuche pl grading rules
Sortierwasserplatz m sorting boom *(roundwood sorting)*
Sortiment n assortment
Sortimentsbildung f assortment formation
Sortimentshieb m exploitation felling
Sortimentsmethode f shortwood logging [system]
sortimentsweises Rücken n shortwood logging [system]
Sougue n mabura, Parinari excelsa *(wood species)*
sp. s. Species
Spachtel m(f) 1. stripping knife; 2. s. Spachtelmasse
Spachtelmasse f stopping
Spalier n trellis
Spalierlatte f plaster lath, screed, lag
Spalt m crack
Spaltaxt f cleaver, cleaving (splitting) axe, break axe
Spaltbandsäge f band resaw[ing machine]
spaltbar cleavable, fissile
Spaltbarkeit f cleavability *(wood property)*
Spaltdruck m splitting pressure
spalten to cleave, to split, to rive, to rip
sich ~ to split
Spalten n cleavage *(e.g. of wood)*; deeping *(of sawnwood)*
Spälter m split log
Spalterfrüherkennungsanlage f blister early detection system
Spalterzeugnis n split product
Spalterzeugnisse npl splitwood, split-up assortment
spaltfähig cleavable
spaltfest splitting-resistant
Spaltfestigkeit f splitting resistance, cleavage strength
Spalthammer m splitting maul, splitting hammer, cleaving hammer
Spaltholz n splitwood, cleft wood (timber); split-up assortment
Spaltkeil m cleaving wedge, splitting wedge; riving knife, river, splitter *(at a sawing machine)*
Spaltklotz m split block
Spaltkreissäge f splitting saw, taper (swage) saw
Spaltmaschine f splitting machine, cleaving machine; log splitter
Spaltmesser n pick knife *(of the basket-maker)*
Spaltprüfung f splitting test
Spaltriß m split, sun crack
Spaltsäge f cleaving saw, resaw
Spaltschindel f [hand-split] shake, [hand-]split shingle
    nichtkeilförmige ~ straight-split [wood] shake

Spaltschlegel m beetle
Spaltschnitt m dividing cut, resawing (radial) cut
Spaltversuch m cleavage test
Spaltware f splitwood, split-up assortment
Spaltwiderstand m splitting resistance
Span m splinter, split; chip, shaving
Spanaufbereitungsanlage f hogging plant
Spanaufteiler m chip separator
Spanausrichtung f particle alignment
Spanbarkeit f machining characteristic
Spanbeleim[ungs]maschine f chip-and-glue blending machine
Spanbrecher m chip breaker, back iron, cap *(at a plane)*
Spandicke f chip thickness
Späne mpl chips, chippings
Spänebeleimung f chip glu[e]ing
Spänebunker m chip bin, particle-collecting bin
Spänedosierbunker m chip proportioning bin
Spänedosierung f chip batching
Späneeinblasvorrichtung f chip blow-in unit *(waste wood burning)*
Späneförderventilator m chip conveying fan
Spänegeometrie f chip geometry, chip form
Spänekuchen m particle mattress, chip mat
spanen to chip, to flake, to hog
spanend behauen to chip
spanende Holzbearbeitung f wood machining
Spaner m flaker
Spänesichter m chip sifter
Spänesilo m(n) chip bin, particle-collecting bin
Spänesortierer m chip grader, chip sorter
Spänetrockner m chip dryer
Spänetrocknung f chip drying
Spänevlies n particle mattress, chip mat
Spanfläche f face *(of tools)*; rake face *(of a saw-tooth)*
Spanform f chip form, chip geometry
Spanformkörper m chip moulding
Spanformteil n wood particle moulding
Spanfraktion f chip fraction
Spange f fencing rail
Spangröße f chip size
Spangut n furnish *(particleboard manufacture)*
Spanholz n chip wood
Spanholzplatte f wood chipboard
Spanische Eiche f Spanish oak, Quercus x hispanica
~ **Kiefer** f Spanish pine, Pinus uncinata
~ **Tanne** f Spanish fir, Abies pinsapo
spanische Wand f folding screen, fire screen, screen
Spanischer Flieder m [common] lilac, Syringa vulgaris
Spanisches Mahagoni n Cuban (Spanish) mahogany, Swietenia mahagoni
~ **Rohr** n rattan, *(esp.)* Calamus rotang
Spankorb m chip [basket], trug
Spanlänge f chip length
Spanloch n escapement, throat, mouth
spanlos chipless
Spanmühle f chip refining mill
Spannbacke f, **Spannbacken** m jaw *(e.g. of a vice)*

Spannbackenfräsmesser n profile knife
Spannbalken m tie[-beam], straining beam
Spannen n **und Richten** n **von Sägeblättern** saw doctoring, stretch rolling, tensioning
Spannfutter n chuck
Spannklammer f spring corner cramp, spring dog *(gluing tool)*
Spannkluppe f dog vice
Spannriegel m tie[-beam], straining beam, collar beam
spannrückig buttressed, grooved *(stemwood)*
spannrückiger Stammanlauf (Wurzelanlauf) m root buttress, buttress [flare], veined root swelling
Spannrückigkeit f buttressing *(growth anomaly)*
Spannsäge f span-saw
Spannschloß n, **Spannschraube** f turnbuckle, tension sleeve
Spannschnur f tourniquet *(of a bow saw)*
Spannung f stress, strain *(e.g. in wood)*
~ **in der Klebfuge** glue-line stress
Spannungs-Dehnungs-Diagramm n strain-stress curve
Spannungskonzentration f stress concentration
Spannungsnullinie f neutral axis, neutral plane *(of a bended member)*
Spannungsriß m stress crack
Spannut f flute *(of a cutter)*
Spannvorrichtung f clamping device, clamp; tensioning device *(e.g. of a band-saw)*
Spannwalzmaschine f roller stretching machine, stretching rolls *(for tensioning of band-saw blades)*
Spannweite f span
Spannzeit f press[ing] time
Spanoberfläche f chip surface
Spanöffnung f escapement, throat, mouth *(of a plane)*
spanorientierte Platte f oriented strand (structural) board
Spanplatte f [wood] chipboard, [wood] particleboard, particle panel
~ **aus Flachspänen** flakeboard
~ **mit ausgerichteten Spänen** oriented strand (structural) board, OSB
~ **mit Deckfurnieren** veneered chipboard [panel], veneer-particle [composite] panel
~ **mit Feinspandeckschicht** smooth-surface panel
Spanplatten-Dickenschleifmaschine f panel sander
Spanplattenabfall m chipboard waste
Spanplattenanlage f chipboard plant
Spanplattenfabrik f chipboard plant
Spanplattenherstellung f chipboard production (manufacture)
Spanplattenleim m chipboard adhesive
Spanplattenpresse f chipboard press, chipboard pressing machine, particleboard press
Spanplattenschraube f chipboard screw
~ **mit Doppelganggewinde** twin-thread screw
Spanplattenverschnitt m chipboard offcuts
Spanplattenvlies n particleboard mat[tress]
Spanplattenwerk n chipboard plant
Spanraum m gullet area *(of saw-teeth)*

Spanräumung f chip clearance *(sawing)*
Spanreinigung f chip cleaning
Spanschachtel f chip box
Spanschneidemaschine f flaking machine
Spante f rib *(boat-building)*
Spantrocknung f chip drying
Spanwinkel m hook angle, rake angle *(of a saw-tooth)*
Spanzerleger m chip cutter
spärlich paratracheal sparsely paratracheal *(wood parenchyma)*
Sparren m rafter
Sparrenabstand m rafter spacing
Sparrenankereisen n heel strap
Sparrendach n rafter roof, single roof, couple roof
~ **mit Dachbalken** close-couple rafter roof
Sparrenfuß m rafter foot
Sparrenkopf m rafter head
Sparrenlage f rafter system
Sparrenpaar n couple
Sparrenpfette f rafter-supporting purlin
Sparrenschwelle f roof plate, top plate *(framework)*
Sparrenüberstand m rafter tail
Sparrenzuschneidetisch m framing table
Sparschalung f open formwork
Spartränkung f empty-cell process, open-cell process *(wood preservation)*
~ **nach Rüping** Rueping [empty-cell] process
~ **ohne Luftvordruck** empty-cell process without initial air pressure, Lowry process *(wood preservation)*
Spar[tränkungs]verfahren n s. Spartränkung
Späteiche f sessile oak, stalkless-flowered oak, Quercus petraea (sessiliflora)
Spatel m spatula
Spätholz n late wood, summer wood, autumn wood
Spätholzanteil m late-wood band, share of late wood, summer wood content (percent)
Spätholzgefäß n late-wood vessel
Spätholzlängstracheide f axial lignified element
Spätholzparenchym n late-wood parenchyma
Spätholzpore f late-wood vessel
Spätholztracheide f late-wood tracheid, summer wood tracheid, thick-walled tracheid *(wood anatomy)*
Spätholzzelle f late-wood cell
Spätholzzone f late-wood zone
Spätlichtungshieb m accretion felling
Spätrinde f late bark
Spazierstock m walking-stick
Spechtloch n woodpecker's hole, bird-hole
Species f species, sp. *(taxonomy)*
Speer m javelin
Speiche f [wheel] spoke
Speichenhobelmaschine f wheel-spoke planing machine
Speichergewebe n storage tissue *(wood anatomy)*
Speicherstoff m storage material, storage substance *(e.g. in wood)*
Speicherzelle f [food] storage cell, parenchyma cell *(wood anatomy)*
Speierling m service-tree, true service, sorb,

Speierling

Sorbus domestica
Speiseschrank m food cabinet
Speisetisch m dining-table, dinner-table
Speisezimmermöbel npl dining[-room] furniture
Sperrfurnier n cross-band [veneer], crossbanding
Sperrholz n plywood, ply
~-**Formpressen** n plywood forming
~ **für Bauzwecke** construction plywood
~ **für den Flugzeugbau** aircraft plywood
~-**Grundpfahlauflage** f plywood pad footing
~ **mit Mittellage** core plywood
Sperrholzabdeckung f plywood covering
Sperrholzabfall m plywood mill waste
Sperrholzaufbau m plywood lay-up, plywood construction
Sperrholzbeplankung f plywood covering
Sperrholzbiegemaschine f plywood bender
Sperrholzboden m plywood floor
Sperrholzcontainer m plywood container
Sperrholzdachplatte f plywood deck
Sperrholzfabrik f plywood mill, plywood factory (plant), plymill
Sperrholzfertigungsabfall m plywood mill waste
Sperrholzformteil n plywood-manufactured mould
Sperrholzformteile npl moulded plywood, formed (curved) plywood
Sperrholzfurnier n plywood veneer
Sperrholzfußboden m plywood floor
Sperrholzherstellung f plywood manufacture
Sperrholzindustrie f plywood industry
Sperrholzinnenlage f inner ply
Sperrholzkiste f plywood box, plywood packing case
Sperrholzklassifikation f plywood classification
Sperrholzkleber m plywood adhesive
Sperrholzlage f ply
Sperrholzleim m plywood glue
Sperrholzleimung f plywood glu[e]ing
Sperrholzmaschine f plywood machine
Sperrholzmittellage f centre ply, central ply
Sperrholzpalette f plywood pallet
Sperrholzplatte f plywood panel, plywood board
Sperrholzpresse f plywood press
Sperrholzschicht f ply
Sperrholztäfelung f plywood panelling
Sperrholztür f plywood door
Sperrholzwerk n plywood mill, plywood factory (plant), plymill
Sperrholzzwischenlage f plywood underlayment (in floorings)
Sperrpappe f felt
Sperrplatte f plywood panel, plywood board
Sperrtür f flush[-mounted] door
Sperrtürmittellage f door core
sperrwüchsig crooked-grown (wood)
Spezialfräser m special cutter
Spezialfurnier n special veneer
Spezialleim m special-purpose glue
Spezialmöbel npl special furniture
Spezialpapier n special paper
Spezialplatte f special board
Spezialsäge f special saw
Spezialspanplatte f special chipboard

Spezialsperrholz n special plywood
Spezialtür f special door
Spezies f species, sp. (taxonomy)
spezifische Adhäsion f specific adhesion, natural adhesion
~ **Auftragsmenge** f spread rate
~ **Klebstoffeinsatzmasse** f spread rate of adhesives
~ **Leimauftragsmenge** f glue spread
~ **Wärme[kapazität]** f specific heat, thermal capacity (e.g. of wood)
Spickpfahl m faggot stake
Spiegel m 1. mirror, looking-glass; 2. recessed plane (cabinet-making); 3. s. ~ des Holzes
~ **des Holzes** comb grain, edge (vertical) grain, rift grain
Spiegelglas n mirror glass
Spiegelholz n quarter-sawn timber
Spiegelkluft f heart shake, rift crack (fault in wood)
Spiegelrahmen m mirror frame
Spiegelrinde f smooth bark
Spiegelschnitt m radial cut
im ~ hergestellt radially cut (sawn), edge-sawn (-grained), vertical-grained, quarter-sawn (-cut), rift-sawn
Spiegelschnittfurnier n quarter-sliced veneer
Spiegelschrank m mirror cabinet
Spiegelständer m mirror stand
Spiegeltextur f silver figure, silver grain
Spiegeltisch m dressing-table, toilet table, (Am) dresser
Spiegeltür f mirror[ed] door
Spiegelware f quarter-sawn oak
Spiegelzeichnung f silver figure, silver grain
Spielmöbel npl play furniture
Spielplatz m playground
Spieltisch m games table, gaming table, play table
Spieltischband n counterflap hinge
Spieltischbeschläge mpl card-table fittings
Spieltischscharnier n card-table hinge
Spielwarenindustrie f toy industry
Spielzeugindustrie f toy industry
Spielzeugkiste f toy case
Spielzeugkreisel m top
Spielzeugmöbel npl toy furniture
Spießeiche f pin oak, water (swamp) oak, Spanish oak, Quercus palustris
Spießtanne f Cunningham pine, China fir, Cunninghamia lanceolata
Spilling m bullace, bullet tree, bulletwood, Prunus [domestica ssp.] insititia
Spind m locker
Spindel f spindle; arbor, mandrel (e.g. of a lathe)
Spindelfeststeller m indexing pin (wood-turning lathe)
spindelförmige Initialzelle f fusiform initial [cell], cambial fusiform initial, cambium mother cell (wood anatomy)
Spindelpoliermaschine f bobbin buffing machine
Spindelschleifer m bobbin sander
Spindelstock m lathe-head, headstock, poppet
Spindelstrauch m spindle tree, pricktimber,

prickwood, louseberry (*genus Euonymus*)
Spinett *n* spinet (*keyboard instrument*)
Spinnrad *n* spinning-wheel
Spiralbohrer *m* drill bit, twist drill
~ **für Holz** spiral wood drill
Spiraldrehung *f* winding (*e.g. of sawnwood*)
Spiraldübel *m* spiral dowel
spiralförmig verdreht (**verzogen**) twisted, winding (*sawnwood*)
sich ~ **verziehen** to twist, to wind
spiralförmige Verdickungsleiste *f* spiral thickening (*wood anatomy*)
Spiralfräsmaschine *f* spiral moulding machine
spiralige Wandverdickung *f* helical thickening, helical sculpture (sculpturing) (*in vessels of certain wood species*)
Spiralmesserwelle *f* spiral cutter block
Spiralrillendübel *m* spiral dowel
Spiralstab *m* rope moulding, cable moulding
Spiralverdickung *f* spiral thickening (*wood anatomy*)
Spiralwuchs *m* [**des Stammes**] spiral bole, stem spirality
Spiritusbeize *f* spirit[-based] stain
Spirituslack *m* spirit varnish
Spirke *f* erect mountain pine, Pinus uncinata ssp. uncinata
Spitzahorn *m* European (Norway, Bosnian) maple, plane maple, Acer platanoides
Spitzblatt *n* bevelled housed joint
Spitzblättrige Weide *f* pussy willow, Salix acutifolia
Spitzblättriger Ahorn *m* *s.* Spitzahorn
Spitzblattverbindung *f* bevelled housed joint
Spitzbogen *m* pointed arch, equilateral arch
Spitzbohrer *m* bradawl, marking awl
~ **mit eckigem Querschnitt** square-blade bradawl, birdcage[-maker's] awl
~ **mit rundem Querschnitt** round-blade bradawl
Spitze *f* cusp (*in Gothic tracery*)
spitze Entrindungshacke *f* barking bill
Spitzeiche *f* saw-tooth oak, Quercus acutissima
Spitzendruckpfahl *m* end-bearing pile
Spitzensenker *m* reamer, rimer
Spitzenwinkel *m* point angle
spitzer Pfahlschuh *m* steel-pointed shoe [of pile tip]
Spitzweide *f* Caspic willow, Salix acutifolia
Spitzwinder *m* auger [bit, drill], wimble (*historical*)
Spitzwinkelzahn *m* lance tooth, fleam tooth
Spitzzahnkette *f* ripping-tooth chain
Spitzzirkel *m* dividers
Splint *m* sapwood, sap, alburnum
Splintblaufärbung *f* blue-stain, blue sap-stain, (inexact) blue rot (*caused by fungal attack*)
Splintfäule *f* heart[wood] rot, heartwood decay, sapwood (central, shell) rot, sapwood decay
Splintfäulepilz *m* heart-rot fungus, sap-rot fungus, heartwood fungus
splintfrei sap-clear, all-heart (*wood*)
Splintholz *n* sapwood, sap, alburnum (*s.a. under* Splint)
~**-Kernholz-Grenze** *f* sapwood-heartwood boundary

Splintholzbaum *m* [all-]sapwood tree
Splintholzjahrring *m* sapwood ring, alburnum ring
Splintholzkäfer *m* powder-post beetle (borer), lyctus beetle (*genus Lyctus; family Lyctidae*)
Splintholzkäferlarve *f* woodworm, worm
Splintholzring *m* sapwood ring, alburnum ring
splintholzverfärbender Pilz *m* sap-stain fungus
Splintholzverfärbung *f* sapwood discolouration, sap-stain
Splintholzzone *f* sapwood zone
Splintkäfer *m* bark-beetle, engraver beetle, keyhole (shot-hole) borer, ipid [beetle] (*family Scolytidae = Ipidae*)
Splintschnitt *m* cornering (*tree felling*)
Splintseite *f* external face (*of a board*)
Splintverfärbung *f* sapwood discolouration, sap-stain
Splitter *m* splinter, split, sliver, chip
splitterfrei splinter-free (*e.g. a saw cut*)
splittern to splinter, to chip
Splitterzahn *m* sliver tooth
splittrig splintery
splittriger Bruch *m* stringy fracture
Sporangium *n* sporangium (*of fungi*)
Spore *f* spore, seed (*of fungi*)
Sporenbehälter *m* sporangium (*of fungi*)
sporenbildende Schicht *f* hymenium (*of fungal fruiting bodies*)
Sporeninfektion *f* spore infection
Sporenlager *n* hymenium (*of fungal fruiting bodies*)
Sporenpflanze *f* spore plant
Sporenschlauch *m* ascus (*of ascomycetes*)
Sportartikel *mpl* sporting goods, sports goods
Sportbogen *m* archery bow
Sportgeräte *npl* sporting goods, sports goods
Spottnußbaum *m* mockernut [hickory], Carya tomentosa (alba)
Spranz *m* nose
spranzen to nose, to snape (*roundwood*)
Sprechzimmermöbel *npl* surgery furniture
Spreißel *m(n)* edging, rand
Spreize *f* brace
Spreizwerk *n* bridging (*timber construction*)
Sprengkeil *m* explosive wedge
Sprengroden *n* stump blasting
Sprengspaltkeil *m* splitting gun
Sprengstrebe *f* straining beam
Sprengung *f* camber
Sprengwerk *n* strutted frame
Sprengwerkbalken *m* strut-framed beam
Sprengwerkbrücke *f* trussed bridge
Sprieß *m* dead shore
Sprinkleranlage *f* sprinkler system
Spritzen *n* spraying
Spritzkabine *f* spray[ing] booth, lacquer spraying booth,
Spritzlack *m* spray lacquer, spraying varnish
Spritzlackieren *n* spray painting
Spritzlackierung *f* spray painting
~ **durch Roboter** robot spray painting
Spritzpistole *f* paint [spray] gun, spray gun
Spritzpolieren *n* spray polishing
Spritzroboter *m* spraying robot

Spritzstand *m* spraying stand
Spritzwand *f* spray wall *(lacquering)*
spröde brittle, brash[y], fragile *(e.g. wood)*
sprödelastischer Klebstoff *m* high-viscosity adhesive
spröder Bruch *m* clean break
Sprödfaserigkeit *f* brittle heart, soft (spongy, punky) heart *(wood defect)*
Sprödigkeit *f* brittleness, brashness, fragility
Sprödkernigkeit *f s.* Sprödfaserigkeit
spronzen to nose, to snape *(roundwood)*
Sproß *m* shoot *(e.g. of woody plants)*
Sprosse *f* rung, stave, spoke, round; mullion, bar, slat; bar *(wood anatomy)*
sprossen to shoot
Sprossenfenster *n* mullioned (barred) window, muntin[g] window
Sprossenlehne *f* slatted back
Sprossenlehnenstuhl *m* slat-back chair, lath back chair
Sprossenrückenlehne *f* spindle back
Sprossenstuhl *m* lath back chair, slat-back chair, turned (thrown, runged) chair
Sprossentür *f* sash door, barred door
Sprossenwand *f* wall bars *(sports equipment)*
Sprühbehandlung *f* spray treatment *(wood preservation)*
Sprühen *n* spraying
Sprühverfahren *n* spray treatment
Sprungfeder *f* upholstery spring
Sprungfedermatratze *f* spring [interior] mattress, sprung mattress, innerspring mattress
Spuckstoff *m* [pulp] rejects, rejected stock
Spule *f* bobbin, spool
Spülschrank *m (Am)* dry sink
Spültisch *m* sink
Spund *m* bung, shive
Spundbohle *f* sheet pile, pile plank
Spundbohrer *m* taper bit
Spundbrett *n* matchboard, matched board
Spunddaube *f* bung stave
spunden to feather, to tongue, to match *(boards)*
Spundhobel *m* match plane, matcher
Spundloch *n* bung[-hole]
Spundmaschine *f* grooving machine
Spundung *f* matched joint
Spundwand *f* sheet-pile wall
Spurenelement *n* trace element *(e.g. in wood)*
Squalan *n* squalane *(triterpene)*
Squalen *n* squalene *(triterpene)*
SR *s.* Schopper-Riegler-Mahlgrad
SS-Stahl *m* high-speed steel, HSS
ST *s.* Stabsperrholz
St. Petersburger Standard *m* Petrograd standard *(unit of measurement for sawnwood)*
Stab *m* rod; [timber] member, upright *(timber construction)*; nogging [piece] *(framework)*
~ mit Spreizung spaced column
Stabbau *m* stave construction
Stabbauweise *f* stave construction
Stabbauwerk *n* stave construction
Stabbrett *n* tongued grooved and beaded board
Stabbrettdecke *f* beaded boarding
Stäbchenplatte *f* laminboard, laminated board

Stäbchensperrholz *n* laminboard, laminated board
Stabdübel *m* drift bolt, drift pin
Stabfräser *m* astragal cutter
Stabhobel *m* bead plane
Stabilisator *m* stabilizer *(e.g. in adhesive formulations)*
Stabilisierung *f* **von Holz** stabilization of wood
Stabdübel *m* drift bolt, drift pin
Stabkirche *f* stave church
Stabparkett *n* block parquet
Stabplatte *f* blockboard
Stabsperrholz *n* blockboard
Stabwerk *n* strap-work *(ornamentation)*
Stachelfichte *f* tiger's-tail spruce, Picea polita
Stachelschweinholz *n* palmyra [palm] *(from Borassus flabellifer)*
Stachliger Ginster[baum] *m* prickly broom, Jerusalem thorn, Parkinsonia aculeata
Stack *n* stack *(measure esp. of fuelwood)*
Stadionsitz *m* stadium seat
STAE *s.* Stäbchensperrholz
Staffelei *f* easel
Stahl-Holz-Dachbinder *m* composite truss
Stahlanschlagwinkel *m* steel square
Stahlbandmaß *n* steel tape, spring measuring tape, steel tape
Stahlblaue Fichtenholzwespe (Holzwespe) *f* steel-blue wood-wasp, Sirex (Paururus) juvencus
Stahldachnagel *m* steel roofing nail
Stahllasche *f* metal-plate connector, plate, strap
Stahlleistenverbindung *f* gibs-and-cotters connection (joint)
Stahlmeßband *n* spring measuring tape, steel tape
Stahlmöbel *npl* steel furniture
Stahlnagel *m* steel nail
Stahlnagelplatte *f* steel gusset plate
Stahlwellenband *n* corrugated [joint] fastener, wriggle nail, wiggle nail
Stahlwolle *f* steel wool *(abrasive)*
Stake *f* stake *(basket-making)*
Staket *n*, **Stakete** *f* pale, paling, stockade
Stakung *f* false ceiling
Stalltür *f* stable door, barn door
Stamm *m* [tree-]trunk, stem, stock
Stammabknickung *f* stem kink
Stammabschnitt *m* log, block, stem section
Stammachse *f* stem axis
Stammanalyse *f* stem analysis
Stammanlauf *m* knee
Stammauswerfer *m* log ejector, log kicker
Stammbasis *f* butt[-end]
Stammbläue *f* log blue (bluing) *(softwood defect esp. due to Ophiostoma spp.)*
Stammblock *m* tree saw log
Stammdreher *m* log turner
Stammdurchmesser *m* trunk diameter
Stammendbehandlung *f* butt treatment *(wood preservation)*
Stammende *n* stem base, butt[-end]
Stammendendurchmesser *m* base diameter
Stammendenreduzierer *m* butt-end reducer
Stammendenreduzierung *f* butt-end reduction
Stammentrindung *f* long-log debarking

Stammexzentrizität *f* stem eccentricity
Stammfäule *f* trunk (bole) rot, stem (tree) decay *(caused by fungi on the living tree)*
Stammfehler *m* tree defect
Stammform *f* stem form, bole form
Stammfuß *m* butt[-end], stem base
  mit dem ~ voran butt-end first *(timber transport)*
  mit starkem ~ swell-butted
Stammfußbehandlung *f* butt treatment *(wood preservation)*
Stammfußdurchmesser *m* butt diameter, base diameter *(timber mensuration)*
Stammfußfäule *f* butt rot, stump rot
Stammfußumfang *m* butt circumference
Stammheber *m* log lever
Stammholz *n* stem wood (timber), trunk (bole) wood, roundwood, longwood, round timber, bodywood, tree-length timber
Stammholzabfuhr *f* bole removal
stammholzbewohnender Pilz *m* standing-tree fungus
Stammholzernte *f* stem-only harvest
Stammholzkäufer *m* log buyer
Stammholzlänge *f* timber height *(standing stem)*
Stammholzposten *m* log parcel
Stammholzrücken *n* bole skidding
Stammholzstreichlehre *f* log scriber
Stammholztransport *m* log transport
Stammholzwunde *f* trunk wound, bole wound
Stammklasse *f* size class *(timber mensuration)*
Stammknick *m* stem kink
Stammknickung *f* stem kink
Stammlösung *f* stock solution *(e.g. of a wood stain)*
Stammquersäge *f* log cross-cutting saw[ing machine], log cut-off saw, logging saw
Stammquerschnitt *m* log cross-cut
Stammriese *f* log chute
Stammrinde *f* stem bark
Stammriß *m* stem crack
Stammstück *n* log, block, stem section
  zu spaltendes ~ split log
stammtrockenes Holz *n* deadwood
Stammumfang *m* trunk circumference, girth
Stammverstärkung *f* stem swelling
Stammvolumen *n* stem volume
stammweises Treibenlassen *n* floating
Stammwendegerät *n* flipper *(of a log band-saw)*
Stammwender *m* log turner, cant-dog (-hook), peav[e]y
Stammwuchsbild *n* stem growth model
Stammwunde *f* stem wound, trunk (bole) wound
Stammzeichen *n* log mark
Stammzuteiler *m* log feeder
Standard-Bandsägemaschine *f* standard band-saw machine
Standardfuß *m* standard foot *(furniture-making)*
standardisierte Tür *f* standard door
standardisierter Name *m* standard name *(of a wood species)*
standardisiertes Bauteil *n* module *(e.g. in furniture manufacture)*
Standardname *m* standard name *(of a wood species)*

Ständer *m* 1. upright, post, column, pillar *(timber construction)*; principal post *(framework)*; 2. stand; 3. basidium *(of basidiomycetes)*
~-Sturz-Bauweise *f* post-and-lintel construction
Ständerbau *m* post-and-beam construction
Ständerbauweise *f* post-and-beam construction
Ständerbohrmaschine *f* pillar drill
Ständerkirche *f* stave church
Ständerpilz *m* basidiomycete *(class Basidiomycetes)*
Ständerschwabbelmaschine *f* buffing stand
Ständertisch *m* pillar table, tripod table, supper table
Ständerzelle *f* basidium *(of basidiomycetes)*
Standuhr *f* long-case clock, grandfather clock, hall clock
Stange *f* pole
Stangengerüst *n* pole scaffold
  einreihiges ~ single-pole scaffold
Stangenholz *n* pole timber
Stangenholzalter *n* pole-timber stage
Stangenholzstadium *n* pole-timber stage
Stangenscharnier *n* strip hinge, piano [strip] hinge
Stangenschloß *n* espagnolette bolt (lock)
Stangenschneckenbohrer *m* auger [bit, drill], wimble *(historical)*
Stangenzirkel *m* trammel points, trammels, beam-compass
Stapel *m* stack, pile
Stapelabdeckung *f* pile roof, pile cover
Stapelanlage *f* stacking unit, stacker
Stapelarbeiter *m* stacker
Stapelautomat *m* automatic stacker
Stapelbahn *f* stacking line
stapelbarer Stuhl *m* stacker chair, stacking chair
Stapelbläue *f* sticker stain, bridging-blue
Stapelfaden *m* piled fathom
Stapelförderer *m* stacking conveyor
Stapelgerät *n* stacker
Stapelhocker *m* stacking stool
Stapelholz *n* stacked timber, piled timber (wood)
Stapelkran *m* stacker crane
Stapellatte *f* sticker, [stacking, piling] strip, kiln stick, skid, crosser
Stapellatten einlegen to sticker
Stapellattenmagazin *n* sticker hopper
Stapelleiste *f* s. Stapellatte
Stapelmaschine *f* stacker
Stapelmöbel *npl* stacking furniture
stapeln to stack, to pile [up]
Stapeln *n* stacking, stack-building, piling
~ ohne Stapellatten (Stapelleisten) solid (tight, bulk, blocked) stacking, close-piling, close-stacking
Stapelplatz *m* piling place, piling yard
Stapelpresse *f* piling clamp
Stapelschnittholz *n* *(Am)* yard lumber
Stapelsetzen *n* stack-building
Stapelsockel *m* stack foundation [stone]
Stapelstein *m* stack foundation stone
Stapelstuhl *m* stacker chair, stacking chair

Stapeltechnik

Stapeltechnik *f* piling technique
Stapeltrocknung *f* stack seasoning
Stapelunterbau *m* stack foundation, stack bottom
Stapelunterlagsholz *n* piling sleeper
Stapelvolumen *n* stacked volume
~ **in Kubikmeter** cubic metre of piled wood
Stapelwagen *m* **[zur Holztrocknung]** kiln truck
Stapler *m* stacker
stark astig much-branched
Stärke *f* 1. starch *(polysaccharide, secondary wood constituent)*; 2. calliper, caliper *(of paper, board or a tree-trunk)*
Stärkeklasse *f* size class *(timber mensuration)*
Stärkeleim *m* [vegetable] starch glue, starch adhesive
starker Ast *m* arm
~ **Stammanlauf (Wurzelanlauf)** *m* butt swelling
starkes Nutzholz *n* heavy timber, large[-dimension] timber
Starkholz *n* large logs; heavy timber, large[-dimension] timber
Starkholzkonstruktion *f* heavy timber construction
Starkholzsägewerk *n* large log mill
Starrahmenkonstruktion *f* timber rigid frame
starrer Holzrahmen *m* timber rigid frame
starzen to nose, to snape *(roundwood)*
Statik *f* statics
stationäre Holzausformungsanlage *f* lower landing, lower depot
stationäres Sägewerk *n* stationary sawmill
statische Belastung *f* static load[ing]
~ **Biegefestigkeit** *f* ultimate strength in static bending
~ **Biegung** *f* static bending
~ **Festigkeit** *f* static strength
~ **Härte** *f* static hardness *(e.g. of wood)*
~ **Längszugfestigkeit** *f* static tensile strength
~ **Last** *f* static load[ing]
statisches Moment *n* static moment
Staub *m* 1. dust; 2. short fibre fraction *(wood pulping)*
Staubabsauganlage *f* dust-extraction plant, dust extractor, dust removal system
Staubabsaughaube *f* dust extraction hood
Staubabsaugung *f* dust extraction
Staubabscheider *m* dust separator
Staubleiste *f* dustboard *(between drawers)*
Staubsammelvorrichtung *f* dust collector
Stauch *m* swage *(of a saw-tooth)*
Stauch- und Egalisierautomat *m* automatic swaging and shaping unit
Stauchapparat *m* hand swage
Stauchautomat *m* automatic swage machine
Stauchbruch *m* compression rupture (failure); transverse shake, upset, thunder shake *(wood injury)*
Stauchbruchfestigkeit *f* modulus of rupture in compression
Stauche *f* bark pile
stauchen to swage *(a saw-tooth)*
Stauchen *n* swage setting, swaging *(of saw-teeth)*
Stauchgrenze *f* compression yield point

Stauchkopfnagel *m* lost-head [wire] nail
Stauchmaschine *f* swage machine, swager
Stauchtechnik *f* swaging technique
Stauchung *f* compression
Stauchvorrichtung *f* swager, jumper upset *(for saw teeth)*
Stauhölzer *npl* dunnage
Stay-log[-Körper] *m* stay log *(supporting device)*
~-**log-Schälen** *n* stay-log cutting, stay-log slicing, half-round slicing *(veneer production)*
Staybwood *n* (Am) staybwood *(modified wood)*
Stechbeitel *m* wood[working] chisel, paring chisel
Stecheiche *f* coast live oak, Quercus agrifolia
Stecheisen *n* wood[working] chisel, firmer chisel; paring chisel; bodkin *(of basket-maker)*
stechen to pare
Stechfase *f* stopped chamfer, chiselled stop
Stechfichte *f* silver (white, blue) spruce, Colorado spruce, Picea pungens
Stechkiefer *f* hickory pine, Pinus pungens
Stechmeißel *m* parting tool
Stechpalme *f* 1. holly *(genus Ilex)*; 2. [European] holly, Ilex aquifolium
Stechzirkel *m* dividers
Steg *m* 1. foot-rail *(of a trestle table)*; 2. bridge *(e.g. of stringed instrument)*; 3. *s.* Stegleiste
Stegleiste *f* stretcher, rung, round, rundle *(chair-making)*
Stegschraube *f* screw plate
Stegträger *m* I-beam
Stegverstärkungsplatte *f* shear plate
stehen to stay [in place] *(wood)*
stehend asten to delimb
stehender Holzvorrat *m* standing timber, stumpage
~ **Pfahl** *m* end-bearing pile
stehendes Holz *n* standing timber, stumpage
~ **Trockenholz** *n* deadwood
Stehendfestmeter *m(n)* standing solid metre
Stehfestigkeit *f* ability to stay [in place] *(of timber)*
Stehpult *n* standing-desk
Stehvermögen *n* ability to stay [in place] *(of timber)*
Steifblättriger Wacholder *m* stiff-leaved juniper, Japanese juniper, Juniperus rigida
Steife *f* puncheon *(carpentry)*
Steifigkeit *f* stiffness *(e.g. of wood)*
Steifigkeitsmatrix *f* stiffness matrix
Steifsäge *f* handsaw
Steige *f* crate
Steigeisen *n* climbing-iron
steigende Viertelkehle *f* cavetto *(moulding)*
Steigenmaterial *n* crating material, crating stock
Steigung *f* rise
Steigungsverhältnis *n* [einer Treppe] riser-to-tread ratio
Steilast *m* vertical branch, upright limb
Steildach *n* steep roof
Stein *m* stone
Steineiche *f* 1. holm[-oak], evergreen oak, holly [oak], Quercus ilex; 2. durmast oak, Quercus petraea (sessiliflora)

Steinfalle *f* sill anchor, plate anchor
Steinholz *n* wood (flooring) cement, xylolith, magnesite composition (compositum)
Steinholz[fuß]boden *m* xylolith floor, magnesite floor[ing]
Steinholzplatte *f* xylolith slab
Steinholzschliff *m* stone groundwood, SGW
Steinholzspanplatte *f* wood cement particleboard
Steinkohlenkreosot *n*, **Steinkohlenteeröl** *n* creosote [oil], tar black *(wood preservative)*
  mit ~ imprägnieren (tränken) to creosote
Steinmeißel *m* brick bolster chisel
Steinnagel *m* masonry nail
Steinnußpalmne *f* ivory nut (palm), taqua nut (palm), Phytelephas macrocarpa
Steinschliff *m* stone groundwood, SGW
Steinschliffherstellung *f* stone grinding
Steinthylle *f* sclerotic tylosis, sclerosed tylosis *(wood anatomy)*
Steinumfangsgeschwindigkeit *f* stone surface velocity
Steinverfahren *n* stone grinding
Steinweichsel *f* rock cherry, mahaleb, St. Lucie cherry, Prunus mahaleb
Steinzelle *f* stone cell, sclereid, sclerotic cell *(of bark)*
Steinzellthylle *f* sclerosed tylosis *(wood anatomy)*
stellenweise entrinden to bark in patches (places)
Stellit *m(n)* stellite *(hard metal alloy)*
  mit ~ bestücken to stellite *(saw-teeth)*
stelliti[si]eren to stellite *(saw-teeth)*
Stellmacher *m* wheelwright, wheeler
Stellmacherei *f* wheelwright's shop
Stellmaß *n* lining rule
Stellschmiege *f* adjustable bevel, *(Am)* sliding T-bevel
Stelzwurzel *f* stilt root
Stemmaggregat *n* mortising aggregate
Stemmarbeit *f* chopping work
Stemmaschine *f* mortising machine, mortiser
Stemmeisen *n* wood[working] chisel, firmer chisel, chisel
  ~ mit Seitenfase bevel-edge chisel, bevel-edged wood chisel
  schweres ~ registered chisel
Stemmeißel *m* mortising chisel
stemmen to chisel, to mortise, to mortice, to chop
Stemmknüppel *m* [joiner's, woodworker's] mallet
Stemmloch *n* mortise [hole]
Stemmschlitz *m* mortise [slot]
Stempel *m* pit-prop, [mine] prop, dead shore, durn, stull
Stempeldruckfestigkeit *f* prop crushing strength
Stempelholz *n* prop wood, short pitwood, [short] props
Stenocarpus salignus [scrub] beef wood, Stenocarpus salignus
Ster *m* stere, stacked cubic metre
Sterigma *n* sterigma *(in the hyphal ends of basidiomycetes)*
Steril[is]ans *n*, **Sterilisant** *n s.* Sterilisationsmittel
Sterilisationsmittel *n* sterilant *(e.g. for wood conservation)*
Sternapfelbaum *m* 1. white bully tree, galimeta [wood], bustic, Dipholis salicifolia; 2. white star apple, saffron tree, Chrysophyllum cainito
sternförmige Anordnung *f* star formation *(e.g. of veneer plies)*
Sterngang *m* stellate gallery
Sternholz *n* star plywood
Sternkiefer *f* maritime (seaside, star, cluster) pine, pinaster [pine], Pinus pinaster (maritima)
Sternriß *m* star-shake *(wood defect)*
Stetigschleifer *m* continuous grinder, chain grinder *(wood pulping)*
Stetigtrockner *m* continuous dryer, progressive kiln
Stich *m* camber *(e.g. of a glulam girder)*
Stichaxt *f* mortise axe, carpenter's axe
Stichbalken *m* hammer beam, tail beam
Stichbalkendach *n* hammer-beam roof
Stichbalkendachstuhl *m* hammer-beam roof truss
Stichbalkenpfosten *m* hammer post
Stichbalkenträgerpfosten *m* hammer post
Stichel *m* graver
Stichelauflage *f* tool-rest *(of a wood-turning lathe)*
Stichnagel *m* toe-nail
Stichnageln *n* toe-nailing, skew nailing
Stichprobe *f* sample
Stichsäge *f* compass saw, turning saw; jigsaw, sabre saw
Stichsägeblatt *n* jigsaw blade, sabre saw blade
Stiege *f* crate
Stiel *m* 1. post, upright, column; principal post *(framework)*; 2. handle, haft
Stielchen *n* sterigma *(in the hyphal ends of basidiomycetes)*
Stieleiche *f* common oak, European (pedunculate, English, Russian) oak, Quercus robur (pedunculata)
Stift *m* pin
Stiftast *m* pin knot
Stiftästchen *n* pin knot
Stiftlappen *m* knuckle *(of a hinge)*
Stiftloch *n* pin hole
Stiftnagel *m* tack
Stilben *n* stilbene *(secondary wood component)*
Stilbenoid *n* stilbenoid *(secondary wood component)*
Stillingie *f* [Chinese] tallow-tree, tallow-berry, soap tree, Sapium sebiferum
Stilmöbel *npl* period furniture; reproduction [period] furniture, replica furniture
Stilmöbelgarnitur *f* reproduction suite
Stimmstock *m* sound-post *(of stringed instruments)*
Stinkasant *m* asafoetida *(gum resin esp. from Ferula asa-foetida)*
Stinkbeere *f* cluster cherry, Prunus padus
Stinkeibe *f* Florida stinking cedar, fetid yew, Torreya taxifolia

Stinkholz

Stinkholz *n* stinkwood, Cape laurel, Ocotea bullata
Stinkwacholder *m* savin[e], sabina juniper, Juniperus sabina
Stinkzeder *f* s. Stinkeibe
Stirnbrett *n* fascia [board], cornice fascia
Stirnende *n* end
Stirnflächenanstrich *m* end coating
Stirnflächenriß *m* end shake
Stirnholz *n* end-grain wood
Stirnkantenfräser *m* end-section moulder
Stirnversatz *m* oblique [mortise and] tenon joint, bridle joint, single step joint *(timber construction)*
Stock *m* 1. [tree-]stump, stub, stock; 2. stick
Stockdurchmesser *m* stump (base) diameter, diameter at stump height (level) *(timber mensuration)*
Stöcke roden to stump [out], to stub [out]
Stockende *n* butt[-end]
Stockfäule *f* butt rot, stump rot
Stockfäuleerreger *m* butt-rot agent
Stockfäulepilz *m* butt-rot fungus
Stockfleck *m* spot of mould, mould stain, streak
Stockhöhe *f* stump height
Stockhöhendurchmesser *m* diameter at stump height (level) *(timber mensuration)*
Stockholmer Teer *m* Stockholm tar
Stockholz *n* stumpwood
Stockholznutzung *f* stump[wood] utilization
Stockholzspalter *m* stump splitter
Stockholzsprengung *f* stump[wood] blasting
stockig doty, dosey, dosy, dozy, foxy *(wood)*
Stockkluppe *f* calliper stick
Stocklack *m* stick shellac[k], shellac stick
Stockrodegabel *f* log fork
Stockrodegerät *n* stump puller (grubber), stump pulling machine
stockroden to stump [out], to stub [out]
Stockrodung *f* [tree-]stump removal, stump grubbing (extraction)
Stocksessel *m* walking-stick chair
Stocksprengung *f* stump[wood] blasting
Stockstärke *f* stump diameter
Stockwerk *n* floor, stor[e]y
stockwerkartig angeordnete Holzstrahlen *mpl* storeyed rays *(wood anatomy)*
  nicht ~ angeordnet unstoried
Stockwerkbau *m* storeyed structure *(wood anatomy)*
Stockwerkshöhe *f* storey height
Stoddard-Solvent *n* Stoddard solvent *(wood preservative)*
Stoff *m* [pulp] stock, pulp, stuff *(pulp manufacture, paper-making)*
Stoffänger *m* stuff catcher
Stoffaser *f* pulp fibre
Stoffaufbereitung *f* stock preparation
Stoffauflauf *m* forming zone *(of a Fourdrinier machine)*
Stoffaufschläger *m* refiner
Stoffbezug *m* fabric cover
Stoffbütte *f* pulp chest
Stoffdichte *f*, **Stoffkonzentration** *f* stock density (concentration)

Stofflöser *m* pulper
~ mit zwei Aufschlagscheiben duopulper
Stoffleitung *f* stock piping
Stoffmahlung *f* stock disintegration
Stoffmühle *f* refiner
Stoffreinigung *f* stock cleaning
Stoffrohrleitung *f* stock piping
Stoffschieber *m* pulp valve
Stoffwechsel *m* metabolism
Stollen *m* upright
Stoppklotz *m* stop *(of a drawer)*
Stoppleiste *f* stop bar *(of a drawer)*
Storax *m* Levant storax, liquid storax, styrax, liquidambar *(balsam from Liquidambar orientalis)*
Storaxbaum *m* storax[-tree] *(genus Styrax)*
Stoß *m* abutment, abutting joint *(timber construction)*
Stoßaxt *f* mortise axe, carpenter's axe
Stoßfuge *f* butt joint, square joint
Stoßklammer *f* cramp
Stoßlade *f* shooting board
Stoßsäge *f* push-pull handsaw; carpenter's handsaw
Stoßwinkel *m* hook angle, rake angle *(of a saw-tooth)*
Strahl *m* [vascular] ray *(wood anatomy)*
Strahlenparenchym *n* s. Strahlparenchym
Strahlenpolymerisation *f* radiation polymerization *(wood conservation)*
Strahlenriß *m* heart shake, rift crack *(fault in wood)*
Strahlinitiale *f* ray initial [cell]
Strahllosigkeit *f* raylessness
Strahlparenchym *n* ray parenchyma, radial parenchyma
Strahlungshärtung *f* radiation curing *(wood conservation)*; electron [beam] curing *(of lacquered surfaces)*
Strahlungstrocknung *f* infra-red drying
Stramin *m* canvas
Strandholz *n* stranded timber
Strandkasuarine *f* horse-tail [tree], Casuarina equisetifolia
Strandkiefer *f* maritime (seaside, cluster, star) pine, pinaster [pine], Pinus pinaster (maritima)
Strandkorb *m* roofed wicker beach chair
Strands *pl* strands, *(Am)* fingerlings
Strang *m* strand *(e.g. of parenchyma cells)*
strangförmiges Längsparenchym *n* s. Strangparenchym
stranggepreßte Spanplatte *f* extruded [particle]board, extruded panel
Strangmyzel *n* rhizomorph
Strangparenchym *n* axial (longitudinal) parenchyma, strand parenchyma *(wood anatomy)*
Strangpresse *f* extrusion press
Strangpreßplatte *f* extruded [particle]board, extruded panel
Straßburger Terpentin *n* Strasbourg turpentine *(from Abies alba)*
Straßenbaum *m* roadside tree
Strauch *m* shrub, bush

Streambarker *m* stream barker
Strebe *f* brace, stay, raking shore; corner brace
Strebeleiste *f* brace
Strebepfeiler *m* flying buttress
Streckbalkensystem *n* sturdy baulk system
Streckenpfahl *m* intermediate post *(fencing)*
Streckmittel *n* extender
Streckwalze *f* roller stretching machine, stretching rolls *(for tensioning of band-saw blades)*
Streichbalken *m* border joist
Streichbogen *m* bow *(for stringed instruments)*
streichen to paint
Streichen *n* brush painting, brush application, brush treatment; coating *(paper-making)*
~ **in der Maschine** machine coating *(paper-making)*
Streichfarbe *f* brushing paint
Streichholz *n* match[stick]
Streichholzblock *m* match block
Streichhölzerholz *n* matchwood
Streichholzfabrikation *f* match-making
Streichholzschachtel *f* matchbox
Streichinstrument *n* stringed musical instrument, string instrument
Streichlack *m* brushing lacquer
Streichleiste *f* drawer rail
Streichmaß *n* marking gauge
Streichmasse *f* coating slip, coating colour *(paper-making)*
Streichrohpapier *n* coated base paper
streifen *s.* streifenweise entrinden
Streifen *n* [ground] skidding, snaking, snigging
Streifenborke *f* bark in strips
Streifenfäule *f* streaked rot *(of softwoods)*
streifenförmiger Mineralstoffeinschluß *m* mineral streak *(wood anatomy)*
~ **Stockfleck** *m* streak
streifenförmiges Parenchym *n* banded parenchyma *(wood anatomy)*
Streifen[hobel]messer *n* thin-knife cutter, thin planer knife
Streifenplatte *f* battenboard
Streifentextur *f* ribbon figure (grain), stripe (striated) grain
streifenweise entrinden to strip[-bark], to bark (peel) in strips
Streifenzeichnung *f* ribbon figure (grain), stripe (striated) grain
Streifer *m* raised grain *(fault in wood)*
streifig striped, stripy *(wood grain)*
streifige Harzgalle *f* resin streak, *(Am)* sap streak
streifiges Holz *n* zebra wood
Streueinheit *f* felter *(fibreboard manufacture)*
Streukopf *m* forming head, spreading head *(fibreboard manufacture)*
Streumaschine *f* mat-forming machine, spreading machine *(chipboard production)*
Strichlaser *m* laser beam guide
Stringer *m* beam clamp *(boat-building)*
Strobe *f* Weymouth pine, [eastern] white pine, yellow (Quebec) pine, Pinus strobus
Stroh *n* straw *(material e.g. for chipboards)*
Strohspanplatte *f* strawboard

Stroh[zell]stoff *m* straw pulp
Stromleitungsmast *m* power-line pole
Strychnin *n* strychnin[e] *(alkaloid)*
Strychninbaum *m* nux vomica, Strychnos nux-vomica
Strychnos pseudoquina copalche, copalchi, Strychnos pseudoquina *(wood species)*
Stubben *m* [tree-]stump, stub, stock
Stubbenhöhe *f* stump height
Stubbenroder *m* stump puller (grubber), stump pulling machine
Stubbenrodung *f* stump grubbing, stump extraction
Stubbenspaltmaschine *f* stump splitter
Stückholz *n* wainscot billet
Stückrestholz *n* off-cuts
Studiofenster *n* atelier window
Stufe *f* tread *(of a ladder)*
Stufenhöhe *f* rise
Stufenleiter *f* step-ladder, [pair of] steps
stufenlos aufgebaute Spanplatte *f* graded board
Stufenzapfen *m* haunch tenon
Stufenzapfenverbindung *f* haunch mortise and tenon
~ **mit Nutzapfen** haunch mortise and tenon with groove
Stuhl *m* chair
~ **mit Rohrgeflechteinlage** cane[d] chair, cane-seated chair
~**-Untergestell** *n* chair underframing
Stuhlbau *m* chair-making
Stuhlbaukunst *f* art of chair-making
Stuhlbautechnik *f* chair-making technology
Stuhlbein *n* chair leg
Stuhlbezug *m* chair covering
Stuhlherstellung *f* chair-making
Stuhlhobel *m* spokeshave
mit dem ~ bearbeiten to spoke-shave
Stuhllehne *f* chair-back, back [of a chair]
~ **mit Sprossen** slatted back
Stuhllehnenschreibplatte *f* writing arm
Stuhlmacher *m* chair-maker
Stuhlpfosten *m* queen post, crown post *(timber construction)*
Stuhlpolsterbezug *m* chair covering
Stuhlrahmen *m* chair frame
Stuhlrolle *f* chair castor
Stuhlsäule *f* queen post, crown post *(timber construction)*
Stuhlschreiner *m* chair-maker
Stuhlschreinerei *f* chair-maker's workshop
Stuhlsitzplatte *f* chair seat
Stuhlsitzrahmen *m* chair frame
Stuhltisch *m* chair-table
Stuhlzarge *f* chair frame
Stulp *m* face-plate *(of a cut lock)*
Stülpschalung *f* weather-board cladding, weather-boarding, weather-boards, [drop, bevel, rustic] siding, DS, shiplap [cladding], SL, clapboarding
~ **anbringen** to weather-board, to shiplap, *(Am)* to clapboard
Stülpschalungsbrett *n* weather-board, drop siding, DS, rustic siding, *(Am)* clapboard
Stummel *m* stub

Stummer Diener

Stummer Diener *m* serving trolley, serving cart
Stumpen *m* [tree-]stump, stock, stub
Stumpenbretter *npl* ends, shorts *(sawnwood assortment)*
stumpf blunt, dull *(cutting edge)*; non-lustrous *(e.g. a wood surface)*
~ **aneinanderfügen** to butt[-joint]
~ **eingenutete Fläche** *f* through housing [joint], plain housing joint
~ **fügen** to butt[-joint]
~ **werden** to blunt, to dull *(cutting edge)*
~ **werden lassen** to blunt
Stumpf *m* stub
Stumpfblättrige Sonnenzypresse *f* tree of the sun, Japanese cypress (cedar), Chamaecyparis obtusa
stumpfe Fuge *f* butt joint
~ **Gehrung** *f* **mit Hirnholzfeder** tongued mitre, diagonal spline mitre
stumpfen to blunt, to dull; to round *(edges)*
stumpfer Bruch *m* clean break
Stumpfwerden *n* blunting, dulling
Sturmfenster *n* storm-window
Sturmgold *n* transfer gold
Sturmholz *n* blowdown timber, blowdowns, wind-fallen wood
Sturmlatte *f* wind brace, purlin brace, sway brace
Sturz *m* lintel
~ **der Sägebandrolle** tilting of idler pulley
Sturzbalken *m* lintel; bressumer, summer beam
Sturzbrett *n* apron
Stürzen *n* **von Furnierblättern** matching of veneer leaves, veneer matching
Sturzriegel *m* intertie [beam]
Sturzunterfläche *f* soffit
Stützbalken *m* supporting beam, stringer
Stütze *f* post, stud, pillar, prop, strut, upright, column *(timber construction)*
Stützenfuß *m* column base
Stützenschuh *m* column base
Stützgewebe *n* supporting (strengthening) tissue, mechanical tissue *(wood anatomy)*
Stützleiste *f* support batten
Stützstrebe *f* flying buttress
Stützwurzel *f* supporting root
Stützzelle *f* supportive cell *(wood anatomy)*
styloider Kristall *m* styloid *(in wood cells)*
Styracin *n* styracin
Styrax paralleloneurum Sumatra benzoin, Styrax paralleloneurum *(wood species)*
~ **tonkinensis** Siam benzoin, Styrax tonkinensis *(wood species)*
Styren-Butadien-Kautschukklebstoff *m* SBR [emulsion] adhesive
subalpin[isch] subalpine, alpestrine
Suberin *n* suberin
~ **ausbilden** to suberize
Suberinlamelle *f* suberin lamella
Suberinmonomer *n* suberin monomer
Sublimat *n* sublimate *(wood preservative)*
Sublimationstrocknung *f* sublimation drying *(of wood)*
Substitutionsgrad *m* degree of substitution *(e.g. of cellulose derivatives)*

Substrat *n* substrate
Substratmyzel *n* interstitial mycelium
SUC *s.* Sucupira
Succinit *m* amber *(hard resin)*
Succinsäure *f* succinic acid, amber acid
Sucupira *n* sucupira, Bowdichia nitida *(wood species)*
Südafrikanisches Gelbholz *n* knobwood, Zanthoxylum capense
Südamerikanischer Kopal *m* courbaril *(from Hymenaea courbaril)*
~ **Nogal (Nußbaum)** *m* nogal, tropical walnut, *(esp.)* Juglans neotropica
Südeuropäische Hopfenbuche *f* hop hornbeam, Ostrya carpinifolia
Südliche Esche *f* narrow-leaved ash, Fraxinus angustifolia ssp. oxycarpa
~ **Kiefer** *f* southern pine *(comprehensive term)*
Südlicher Hornbaum *m* oriental hornbeam, Carpinus orientalis
~ **Zürgelbaum** *m* nettle tree, Celtis australis
Südsee-Eisenholz *n* Alexandrian laurel, Calophyllum inophyllum
SUG *s.* Sugi
Sugi *n* cryptomeria, sugi, peacock pine, Japanese cedar, Cryptomeria japonica
Sulfat-Holzterpentinöl *n* sulphate [wood] turpentine
Sulfatablauge *f* sulphate [black] liquor, [kraft] black liquor, kraft pulping effluent
Sulfatablaugenlignin *n* alkali lignin, soda lignin
Sulfataufschluß *m* sulphate pulping (cooking), sulphate process, kraft process
Sulfataufschlußverfahren *n s.* Sulfataufschluß
Sulfatfabrik *f* sulphate mill
Sulfatkocher *m* sulphate digester
Sulfatkochlauge *f* kraft cooking liquor
Sulfatkochlaugenrückgewinnung *f* kraft liquor recovery
Sulfatkochung *f s.* Sulfataufschluß
Sulfatlignin *n* sulphate lignin, thiolignin
Sulfatschwarzlauge *f* sulphate black liquor
Sulfatterpentin[öl] *n* sulphate [wood] turpentine
Sulfatverfahren *n s.* Sulfataufschluß
Sulfatzellstoff *m* sulphate pulp, kraft pulp
Sulfatzellstoffabrik *f* sulphate mill, kraft [pulp] mill
Sulfatzellstoffkocher *m* sulphate digester
Sulfidierkessel *m*, **Sulfidiertrommel** *f* baratte *(viscose process)*
Sulfidität *f* sulphidity *(pulp manufacture)*
Sulfitablauge *f* sulphite liquor, red liquor
Sulfitablaugenlacton *n* conidendrin *(lignan)*
Sulfitaufschluß *m* sulphite pulping [process], sulphite cooking
Sulfitkocher *m* sulphite digester
Sulfitkochsäure *f* wood sulphite liquor
Sulfitlignin *n* sulphite lignin
Sulfitsäure *f* wood sulphite liquor
Sulfitterpentinöl *n* sulphite turpentine
Sulfitverfahren *n* sulphite pulping [process], sulphite cooking
Sulfitzellstoff *m* sulphite pulp
Sulfitzellstoffabrik *f* sulphite wood pulp factory
Sulfitzellstofferzeugung *f* sulphite wood pulp

manufacture
Sulfitzellstoffkocher *m* sulphite digester
Sulfonierungsgrad *m* degree of sulphonation *(of lignin)*
Sumach *m* sumac[h] *(genus Rhus)*
Sumachgewächs *n* anacard *(family Anacardiaceae)*
Sumatrabenzoe *f* Sumatra benzoin *(esp. from Styrax benzoin)*
Sumpfeibe *f* swamp cypress *(genus Taxodium)*
Sumpfeiche *f* water (pin) oak, Spanish oak, Quercus palustris
Sumpfkiefer *f* swamp pine, Pinus palustris
Sumpfkiefer *f* American pitch pine, long-leaf [yellow] pine, long-leaved [pitch] pine, Georgia pine, Pinus palustris
Sumpflärche *f* eastern larch, tamarack larch, hackmatack, Larix laricina (americana)
Sumpfmagnolie *f* swamp magnolia (sassafras), sweet bay, Magnolia virginiana (glauca)
Sumpfscharlacheiche *f* scarlet oak, Quercus coccinea
Sumpfzypresse *f* swamp cypress *(genus Taxodium)*
Superkalander *m* supercalender *(paper-making)*
Superkalandern *n* supercalendering
Supersatinage *f* supercalendering
Supraporte *f* over-door
SUR *s.* Surenbaum
Surcharge *f* surtax *(timber trade)*
Surenbaum *m* toon [tree], moulmein (Burma, red) cedar, Toona ciliata, Cedrela toona
Surtaxe *f* surtax *(timber trade)*
Suspension *f* suspension
Süße Balsampflaume *f* hog plum, Spondias dulcis
Süßholz *n* liquorice, licorice, Glycyrrhiza glabra
Süßkirsche *f* sweet cherry, mazard [cherry], mazzard, gean, Prunus avium
Süßwasser[ramm]pfahl *m* freshwater pile
Sweetgum *n* American red gum, sweet gum, SWG, Liquidambar styraciflua
SWW *s.* 1. Weißfichte; 2. Picea glauca var. albertiana
Sykomore *f* sycamore [fig], wild fig [tree], mulberry fig, Pharaoh's fig, Ficus sycomorus
Sylvinsäure *f* abietic acid, abietinic (sylvic) acid *(resin acid, diterpene)*
Symbiont *m* symbiont, symbiote
symbiontisch symbiotic
Symbiose *f* symbiosis
Symbiosepartner *m* symbiont, symbiote
Syncarpia hillii satinay, Syncarpia hillii *(wood species)*
~ laurifolia [Queensland] turpentine tree, Syncarpia laurifolia (glomulifera)
Synthesefaser *f* synthetic fibre
synthetischer Klebstoff *m* synthetic[-resin] adhesive, resin adhesive, synthetic-resin glue
Syringaaldehyd *m* syringa aldehyde *(lignin precursor)*
Syringin *n* syringin *(glucoside)*
Syringyl-Einheit *f* syringyl unit *(structural unit of lignin)*
Syringyllignin *n* syringyl lignin

Systemmöbel *npl* modular [constructed] furniture
Syzygium buettnerianum Papua water gum, Syzygium buettnerianum *(wood species)*

T

T-Flachwinkel *m* T-strap tie *(timber connector)*
T-Nagel *m* T-nail
T-Nagler *m* T-nailer
T-Schlitzfräser *m* T slotter
T-u-Verfärbung *f* [chemical] brown stain *(seasoning defect)*
T-Überblattung *f* T [halved] joint, T halving, tee-halved joint
TA *s.* Tannenholz
Tabak[s]pfeife *f* tobacco pipe
Tabebuia stenocalyx white tabebuia, Tabebuia stenocalyx *(wood species)*
Tabernakel *n* tabernacle
Tablar *n* writing arm
Tableautisch *m* tray table
Tablett *n* [brushing] slide, slider
Tabouret *n*, **Taburett** *n* tabouret, *(Am)* taboret
Tacker *m* tacker
Taedaföhre *f* loblolly pine, short-leaf pine, foxtail (bull, slash) pine, frankincense pine, Pinus taeda
Tafel *f* panel
Tafelaufbau *m* panel lay-up *(plywood)*
Tafelgemälde *n* panel painting
Täfelholz *n* wainscot[ting] *(oak assortment)*
Tafelklavier *n* table piano
Tafelmalerei *f* panel painting
täfeln to panel, to wainscot
Täfeln *n* panelling, wainscot[t]ing, *(Am)* paneling, panelization
Tafelparkett *n* panel (block) parquet, boarded parquet [floor]
Täfelung *f* panelling, panel, wainscot[ting], boarding, wood lining, *(Am)* paneling, panelization
Taft *m* taffeta, taffety *(furniture fabric)*
Tagebett *n* day-bed
Tahitikastanie *f* Tahiti (Polynesian) chestnut, Inocarpus fagifer (edulis)
Taillen[sprung]feder *f* spiral double-cone spring
Takamahak *n* alouchi resin *(from Protium spp.)*
TAL *s.* Tali
Talgsumach *m* Japanese sumac[h], wax-tree, Japanese wax, Toxicodendrum succedanum, Rhus succedanea
Tali *n* 1. tali, Erythrophleum guineense (suaveolens) *(wood species)*; 2. tali, missanda, Erythrophleum ivorense *(wood species)*
Tallfettsäure *f* tall-oil fatty acid
Tallharz *n* tall-oil resin, sulphate wood rosin
Tallöl *n* tall oil *(by-product of pinewood sulphate pulping)*
Tallölkolophonium *n* tall-oil rosin, sulphate wood rosin
Tallölvorstufe *f* tall-oil precursor
Tallpech *n* tall-oil pitch
Tallseife *f* tall-oil soap
Tamarinde *f* tamarind, Tamarindus indica
Tamarindenöl *n* tamarind oil
Tamarindenbaum *m* tamarind, Tamarindus indica

Tambour *m* tambour, reel
tangential geschnitten flat-sawn, plain-sawn, slash-sawn (-grained), live-sawn, crown-cut, bastard-sawn, sawn-on-the back *(wood)*
tangentiale Quellung *f* tangential swelling
~ Schwindung *f* tangential shrinkage
tangentialer Riß *m* shake
Tangentialquellung *f* tangential swelling
Tangentialschneiden *n s.* Tangentialschnitt
Tangentialschnitt *m* flat-sawing, plain sawing, tangential cutting, through and through cutting
  im ~ hergestellt flat-sawn (-cut), plain-sawn (-grained), tangentially sawn, slash-sawn (-grained), live-sawn, sawn-on-the-back
Tangentialschnittfläche *f* tangential section
Tangentialschnittholz *n* plain-sawn timber
Tangentialschwindung *f* tangential (transverse) shrinkage
Tangile *n* tangile, Shorea polysperma *(wood species)*
Tankholz *n* gas wood
Tankholzhackmaschine *f* gas wood chopping machine
Tannat *n* tannate
Tanne *f* fir *(genus Abies)*
tannen firry
tannenartig abietineous
Tannenborkenkäfer *m* silver fir bark-beetle, Cryphalus piceae
Tannenholz *n* fir
  aus ~ [hergestellt] firry
Tannenknospenlaus *f* balsam woolly aphid, Dreyfusia (Adelges) piceae
Tannenkrebs *m* wyches'-broom [fir] rust *(caused by Melamsporella caryophyllacearum)*
Tannenmistel *f* mistletoe, Viscum album ssp. abietis
Tannennaßkern *m* wetwood of fir
Tannenstammrindenlaus *f* balsam woolly aphid, Dreyfusia (Adelges) piceae
Tannin *n* tannin, tannic acid
~-Formaldehydharz *n* tannin adhesive
Tanninfärbung *f* tannic discolo[u]ration, tannin colo[u]ration
Tanningerbstoff *m* tannin, [gallo]tannic acid, gallotannin
Tanninverfärbung *f* tannic discolouration, tannin colouration
Tanzboden *m* dance floor
Tanzparkett *n* dance floor
Tapete *f* wallpaper
Tapetenleiste *f* border
Tapetenrohpapier *n* wallpaper base
Tapetentür *f* secret door
Tapeziernagel *m* domed-headed nail, convex-headed nail
Tapingmaschine *f* taping machine *(veneer splicing)*
Tarrieta javanica lumbayao, Philippine mahogany, Tarrietia javanica
Tasche *f* pocket
Taschenentrindung *f* pocket barking
Taschenentrindungsanlage *f* pocket barker
Taschenfederkernmatratze *f* pocket spring mattress

Taschenfederkernpolsterung *f* pocketed spring upholstery
Taschenwasserwaage *f* pocket level
Tastatur *f* keyboard, clavier
Tasteninstrument *n* keyboard instrument, clavier
Tatarenahorn *m* Tatarian maple, Acer tataricum
Tauch-Diffusionsverfahren *n* dip-diffusion *(wood preservation)*
tauchbehandeln to dip-treat
Tauchbehandlung *f* dip treatment, dipping *(wood preservation)*
Tauchbütte *f* dipping vat *(paper-making)*
Tauchen *n* dipping, dip treatment *(wood preservation)*
Taucher *m* bobber *(log driving)*
Tauchlack *m* dipping lacquer
Tauchlackieren *n* dip lacquering
Tauchtränkung *f* steeping [treatment] *(wood preservation)*
Taumel[kreis]säge *f* drunken saw, wobble saw
Taumelsägeblatt *n* drunken saw, wobble saw
Taumelsiebmaschine *f* tumbler screening machine
Taupunkt *m* dew-pint
Taupunkthygrometer *n* dew-point hygrometer
Taupunkttemperatur *f* dew-point [temperature]
Tauwasser *n* condensation water
Taxifolin *n* taxifolin *(flavonoid)*
Taxin *n* taxine *(alkaloid)*
Taxon *n* taxon
Taxonomie *f* taxonomy
taxonomisch taxonomic
taxonomische Einheit *f* taxon
Taxus *f(m)* yew *(genus Taxus)*
Taxusin *n* taxusin *(diterpenoid)*
TCH *s.* Tchitola
Tchitola *n* tchitola, Oxystigma oxyphyllum *(wood species)*
Teak *n* teak[wood], Tectona grandis
Teakholz *n* teak[wood], Tectona grandis
Teak[holz]möbel *npl* teak furniture
Teaköl *n* teak oil
technisch getrocknet oven-dry, oven-dried, kiln-dried, KD, K/D, k.d.
~ **trocknen** to kiln-dry, to bake
technische Balkenbiegelehre *f* beam [bending] theory
~ **Trocknung** *f* artificial drying *(seasoning)*
technischer Werkstoff *m* engineering material
technisches Lignin *n* technical lignin
~ **Papier** *n* technical paper, industrial paper
~ **Trocknen** *n* kiln drying, kiln seasoning
Technologie *f* technology
~ **der Holzbearbeitung** woodworking technology
~ **der Papierherstellung** paper[-making] technology
Tectochinon *n* tectoquinone
Teebeutel[seiden]papier *n* tea-bag tissue
Teebüchse *f* tea chest, tea caddy
Teer *m* tar
Teercresol *n* cresylic acid
Teerdestillat *n* tar distillate
Teerdestillation *f* tar distillation, tar burning

Teerdestillationsprodukt *n* tar distillate
Teeröl *n* tar oil
teerölhaltiges Holzschutzmittel *n* tar-oil[-type] preservative
Teerölpräparat *n* tar-oil[-type] preservative
Teerpapier *n* tar paper
Teerpappe *f* tar-board, tarred board
Teersäure *f* tar acid
Teerschwelerei *f* tar distillation, tar burning
Teeschatulle *f* tea chest, tea caddy
Teetisch *m* tea table
Teewagen *m* tea-trolley, tea cart, *(Am)* tea wagon
Teilaufarbeitungskombine *f* semi-processor *(timber harvesting machine)*
Teilbrett *n* pitch board *(for laying out a stair stringer)*
Teilewender *m* panel turner
Teilhydrolyse *f* partial hydrolysis *(wood saccharification)*
teilvergoldet parcel gilt, partially gilt
Teilvergoldung *f* partial gilding
teilweise entrinden to bark partially
~ **holzig** lignescent
~ **lufttrocken** partially air-dry, PAD
~ **vergoldet** parcel gilt, partially gilt
~ **verholzt** lignescent
~ **verwachsener Ast** *m* partially intergrown knot
~ **vorstehende Tür** *f* lipped door
teilweises Entrinden *n* partial barking
TEK *s.* Teak
Telefonbank *f* telephone seat
Telefon[leitungs]mast *m* telephone pole, telecommunication pole
Telefontischchen *n* telephone table
Telegraphenstange *f* telegraph pole
Teleutospore *f* teliospore *(of rust fungi)*
Teleutosporenlager *n* telium *(of rust fungi)*
Teliospore *f* teliospore *(of rust fungi)*
Telium *n* telium *(of rust fungi)*
Tellerholzschleifmaschine *f* face-plate sander
Tellerschleifmaschine *f* rotary sander
Tembusu *n* anan, tembusu, Fagraea gragrans (gigantea) *(wood species)*
Tempelbaum *m* temple tree, Plumeria acutifolia (acuminata)
Temperaturleitfähigkeit *f* temperature conductivity *(e.g. of wood)*
Temperaturleitzahl *f* temperature conductivity *(e.g. of wood)*
Tennisschläger *m* racket, raquet
TER *s.* Terentang
Terap *n* chaplash, *(esp.)* Artocarpus chaplasha *(wood species)*
Terebinthe *f* terebinth[-tree], [Cyprus] turpentine tree, Pistacia terebinthus
Terebinthenöl *n* [Chian] turpentine *(from Pistacia terebinthus)*
Terebra *f* terebra *(e.g. of wood-wasps)*
Terentang *n* terentang, *(esp.)* Campnosperma auriculatum *(wood species)*
terminales Parenchym *n* terminal parenchyma *(wood anatomy)*
Terminalia alata Indian laurel, Terminalia alata
~ **baumannia** dry-zone terminalia, Terminalia

Terminalia baumannia

baumannia
~ **belerica** beleric myrobalan, bedda nut tree, Terminalia belerica
~ **bialata** silver greywood, Terminalia bialata
~ **chebula** chebulic (black) myrobalan, Terminalia chebula
~ **complanata** yellow terminalia, Terminalia complanata
~ **latifolia** almond tree, broadleaf, Terminalia latifolia
~ **mannii** Indian silver greywood, Terminalia mannii
~ **myriocarpa** hollock, Terminalia myriocarpa
~ **obovata** coffee mortar, Terminalia obovata
~ **sericea** yellowwood, Terminalia sericea
~ **tomentosa** [Indian] laurel, Terminalia tomentosa
Terminalparenchym *n* terminal parenchyma *(wood anatomy)*
Termite *f* termite, white ant *(order Isoptera)*
termitenabtötend termiticidal
Termitenabwehrmittel *n* termite repellant
Termitenbefall *m* termite attack
Termitenbekämpfung *f* termite control
Termitenbekämpfungsmittel *n* termiticide
termitenfest termite-resistant, termite-proof
Termitenfestigkeit *f* termite resistance
Termitenprüftest *m* termite bioassay
Termitenschaden *m* termite damage
Termitenschutz *m* termite protection
termitentötend termiticidal
Termitentoxizität *f* termite toxicity
termitizid termiticidal
Termitizid *n* termiticide
Terpen *n* terpene *(natural substance)*
terpenartige Verbindung *f* terpenoid
Terpenharz *n* terpene resin
Terpenketon *n* terpene keton
Terpenkohlenwasserstoff *m* terpene hydrocarbon
Terpenoid *n* terpenoid
Terpentin *n(m)* [gum] turpentine
~ **extrahieren** to turpentine *(esp. through tapping of Pinus spp.)*
Terpentinbeize *f* turpentine varnish
Terpentinharzöl *n* rosin oil
terpentinliefernder Baum *m* terebinth-tree
Terpentinöl *n* turpentine oil, oil of turpentine, turps
~ **liefernder Baum** *m* turpentine tree
  mit ~ behandeln to turpentine
Terpentinölersatz *m* turpentine substitute
Terpentinpistazie *f* terebinth[-tree], [Cyprus] turpentine tree, Pistacia terebinthus
Terpineol *n* terpineol *(monoterpene)*
Terpinolen *n* terpinolene *(monoterpene)*
Terrassendach *n* terrace roof
Terrassenmöbel *npl* terrace furniture
Terrassentür *f* terrace door, patio door
Tertiärlamelle *f*, **Tertiärwand[schicht]** *f*, tertiary lamella (wall), secondary wall 3, S_3 layer *(wood anatomy)*
tessellarisch tessellated *(e.g. inlaid work)*
Tetraacetat *n* [cellulose] tetraacetate
Tetrachlorkohlenstoff *m* carbon tetrachloride

1,3,4,5-Tetrahydroxy-cyclohexancarbonsäure *f* quinic acid *(lignin biosynthesis)*
Tetramethylammoniumcellulose *f* tetramethylammonium cellulose
Tetraterpen *n* tetraterpene
Tetropium abietis round-headed fir borer, Tetropium abietis *(wood pest)*
~ **velutinum** western larch borer, Tetropium velutinum
Teufelsdreck *m* asafoetida *(gum resin esp. from Ferula asa-foetida)*
Teufelsholz *n* devilwood, American olive, Osmanthus americanus
Texas-Pappel *f* Texas poplar, Fremont cottonwood (poplar), Populus fremontii
textilfaserbeschichtet flock-lined, flock-coated *(e.g. a drawer)*
Textilzellstoff *m* dissolving pulp, rayon pulp
Textur *f* texture; grain [pattern], figure, texture *(in wood)*
  mit schlichter ~ straight-grained
texturbelebende Beizung *f* grain-raising staining
texturiert figured *(wood)*
TEY *s.* Terminalia complanata
TF *s.* Tannin-Formaldehydharz
Theatergestühl *n* theatre seats
Theaterstuhl *m* theatre seat
thermische Holzzersetzung *f* wood pyrolysis
thermischer Ausdehnungskoeffizient *m* coefficient of thermal expansion, thermal expansion coefficient
Thermofensterscheibe *f* thermopane unit, sealed [glass] unit, insulating glass unit
Thermographie *f* thermography
Thermokaschieranlage *f* thermolaminating plant, hot roll[er] laminator
Thermokaschieren *n* thermolamination, hot foil transfer
thermomechanischer Holzstoff (Refinerholzstoff) *m* thermomechanical pulp, TMP
Thermoplast *m* thermoplastic [resin]
Thermoplastifizierung *f* thermoplasticization *(e.g. of wood)*
thermoplastisch thermoplastic
thermoplastische Dekorfolie *f* thermolaminating foil
thermoplastischer Klebstoff *m* thermoplastic adhesive
thermoplastisches Kunstharz *n* thermoplastic [resin]
Thermoscheibe *f* *s.* Thermofensterscheibe
Thermoverglasung *f* thermopane glazing
Thespesia populnea Portia-tree, false rosewood, Thespesia populnea
Thiodan *n* endosulfan *(insecticide)*
Thioglycolsäurelignin *n* thioglycol[l]ic-acid lignin, TGA-L
Thiolignin *n* thiolignin, sulphate lignin
Thitka *f* thitka, *(esp.)* Pentacme burmanica *(wood species)*
Thonet-Stuhl *m* Thonet [bent-wood] chair
Thorax *m* thorax *(of insects)*
Thron[sessel] *m* throne [chair]
Thuja *f* thuja, arbor vitae, tree of life *(genus*

Thuja)
Thujaplicatin *n* thujaplicatin *(lignan)*
Thujaplicin *n* thujaplicin *(terpenoid)*
Thujasäure *f* thujic acid *(terpenoid)*
Thujen *n* thujene *(monoterpene)*
Thujon *n* thuyin *(terpenoid)*
Thunbergskiefer *f* Japanese black pine, Pinus thunbergii
Thuya-Maser *f* African thuja, Tetraclinis articulata, Callitris quadrivalvis
Thylle *f* tylosis, thylosis *(wood anatomy)*
Thyllenbildung *f* tylose formation
Thyllenwand *f* tylosis wall *(wood anatomy)*
TIA *s.* Tiama
Tiama *n* edinam, gedu nohor, Entandrophragma angolense *(wood species)*
Tiaong *n* tiaong, Shorea agsaboensis *(wood species)*
Tiefdruckpapier *n* rotogravure paper
tiefe Sägespur *f* deep saw mark
Tiefenbegrenzer *m* raker, depth stop *(of a chain-saw)*
Tiefenbegrenzerabstand *m* raker clearance *(of a chain-saw)*
Tiefensteller *m* depth gauge *(e.g. of a bit)*; depth gauge adjustment *(of a plough plane)*
tiefer Außenriß (Riß) *m* deep shake, severe check *(in sawnwood)*
Tieflochbohrmaschine *f* deep hole boring machine
Tiefschutz *m* deep penetration *(wood preservation)*
tiefsiedendes Lösungsmittel *n* low-boiling solvent
Tiefzwiesel *f(m)* twin stem, forking near ground level
tierischer Leim *m* animal glue, Scotch glue
Tierleim *m* animal glue, Scotch glue
Tigerholz *n* African (Nigerian) walnut, Lovoa klaineana (trichilioides)
Tigerschwanzfichte *f* tiger's-tail spruce, Picea polita
Tilia japonica Japanese lime, Tilia japonica
Tindalo *n* tindalo, Pahudia rhompoidea *(wood species)*
Tintenbaum *m* marking nut tree, Semecarpus anacardium
Tintling *m* ink[y] cap *(genus Coprinus)*
Tisch *m* table, desk
~ **mit abklappbarer Platte** flip top table
~ **mit [seitlicher] Klappfläche** drop-leaf table
Tischanschlag *m* fence
Tischband *n* card-table hinge
Tischbandsäge[maschine] *f* table band sawing machine, narrow band-saw
Tischbank *f* table-bench, monk's bench
Tischbein *n* table leg
Tischblatt *n* leaf
Tischchen *n* small table
Tischfräsen *n* spindle moulding
Tischfräskopf *m* spindle cutter head
Tischfräsmaschine *f* spindle moulder, spindle shaping machine, [spindle] shaper, spiral moulding machine
Tischfräsmaschinen[unter]gestell *n* routing stand
Tischfuß *m* table foot
Tischgestell *n* table underframe
Tischhöhe *f* table-top height
Tischkante *f* table edge
Tischkasten *m* table drawer
Tischklappe *f* table-flap, table-leaf
Tischkreissäge[maschine] *f* bench [circular] saw, table saw, circular saw bench
Tischlade *f* table drawer
Tischler *m* joiner, cabinet-maker *(s.a. under Schreiner)*
Tischlerarbeit *f* joiner's work, joinery [work]
Tischlerbandsäge[maschine] *f* joiner's band-saw, bench band-saw
Tischlerbeitel *m* bevel edge[d] wood chisel
Tischlerdübel *m* wood dowel
Tischlerei *f* 1. joinery, cabinet-making; 2. joiner's shop, joinery shop, cabinet-maker's [work]shop; assembly shop *(of a furniture factory)*
Tischlerhammer *m* joiner's (woodworking) hammer, London (Exeter) hammer
Tischlerhandwerk *n* joinery
Tischlerhobel *m* joiner's plane
Tischlerholz *n* joinery timber (wood)
Tischlerinnung *f* joiners' guild
Tischlerlehrwerkstatt *f* cabinet-making school
Tischlerleim *m* joiner's glue (adhesive)
tischlern to do joiner's work
Tischlerplatte *f* coreboard, [solid-]wood-core plywood, chipboard, *(Am)* lumber-core panel
~ **mit Streifenmittellage** battenboard
Tischlerqualität *f* joinery grade *(of coniferous sawnwood)*
Tischlerraspel *f* cabinet rasp
Tischlersäge *f* frame saw, bow-saw, *(Am)* bucksaw
Tischlerstechbeitel *m* bevel edge[d] wood chisel
Tischlersteifsäge *f* cabinet saw
Tischlerware *f* cabinet wood, joinery timber (wood)
Tischlerwerkstatt *f* joiner's shop, joinery shop, cabinet-maker's [work]shop
Tischlerzunft *f* joiners' guild
Tischlippe *f* surfacing table lip plate *(of a surface planer)*
Tischoberfräsmaschine *f* overhead router, overhead routing machine, bench router
Tischplatte *f* table-top
Tischplattenscharnier *n* back-flap hinge
Tischsäge *f* bench [circular] saw, table saw
Tischschublade *f* table drawer
Tischsessel *m* table-chair
Tischstaffelei *f* table easel
Tischtennisplatte *f* table-tennis table
Tischtennisschläger *m* table-tennis bat
Tischverlängerung *f* table extension
Tischzarge *f* table frame
Titandioxid *n* titanium dioxide *(filler used in paper-making)*
TMP *s.* thermomechanischer Holzstoff
TMS-Cellulose *f* TMS-cellulose, trimethylsilylcellulose
Toilettenmöbel *npl* toilet furniture

Toilettenpapier 206

Toilettenpapier *n* toilet-paper, lavatory paper
Toilettenschrank *m* bureau-toilette
Toilettensitz *m* toilet seat
Toilettenspiegel *m* toilet mirror
Toilettentisch *m* dressing-table, toilet table, *(Am)* dresser, vanity [dresser]
Tola[holz] *n* agba, Nigerian cedar, pink mahogany, Gossweilerodendron balsamiferum
Toleranz *f* tolerance
Tolubalsam *m* tolu [balsam], balsam of tolu *(from Myroxylon balsamum)*
Tolubaum *m* tolu tree, Myroxylon balsamum [var. balsamum]
Tonholz *n* tonal wood, resonance wood, resonant wood
Tonkabohnenbaum *m* tonka[-bean tree], tonka-wood, Dipteryx odorata
Tonmöbel *n* [radio] cabinet, phonograph cabinet
Tonmodell *n* model *(e.g. of a wood-carving)*
Tonnendach *n* barrel roof
Tonnengewölbedach *n* barrel-arch roof
Topfscharnier *n* cup hinge, circular hinge
Topfzeit *f* pot-life, working life *(of adhesives or lacquers)*
Topmann *m* top sawyer
Toranofichte *f* tiger's-tail spruce, Picea polita
Torf *m* peat
Torlader (Torladewagen) *m* für den Schnittholztransport timber carrier, timber cart
Tornillo *n* tornillo, cedro-rana, Cedrelinga catenaeformis *(wood species)*
Torpfosten *m* gate post
Torreykiefer *f* Sabine pine, Pinus torreyana
Torsion *f* torsion
Torsionsbeanspruchung *f* torsional load
Torsionsfestigkeit *f* torsional shear strength
Torsionsmodul *m* modulus of torsion
Torsionsspannung *f* torsional stress
Torsionssteifigkeit *f* torsional rigidity
Torulahefe *f* torula yeast
Torula[hefe]pilz *m* torula, Torulopsis utilis *(for yeastification of wood sugar)*
Torus *m* 1. [pit] torus, tore *(wood pit anatomy)*; 2. torus, tore *(of a column's base)*
Totalrodung *f* full-forest harvesting
Totara *n* totara, Podocarpus totara *(wood species)*
Totempfahl *m* totem-pole
Totenbeinbaum *m* nicker tree, Gymnoclades dioicus
Totenuhr *f* death tick, death-watch [beetle], Xestobium rufovillosum
toter Ast *m* dead knot
totharzen to tap to death
Totsonnen *n* solar heat method *(of bark-beetle control)*
Toxizität *f* toxicity
~ **gegenüber Termiten** termite toxicity
Toxizitätsschwelle *f* protective threshold *(e.g. of a preservative against pests)*
Trabeculae *fpl* trabeculae [of Sanio] *(wood anatomy)*
Trachee *f* vessel, vas, pore *(wood anatomy)*
tracheidal tracheidal

Tracheide *f* tracheid *(wood anatomy)*
Tracheidenbreite *f* tracheid width
Tracheidenlänge *f* tracheid length
Tracheidenlumen *n* tracheid lumen
Tracheidenmembran *f* tracheid membrane
Tracheidentüpfelung *f* tracheid pitting
Tracheidenwand[ung] *f* tracheid wall
Tracheidenwandverdickung *f* tracheid wall thickening
Trachylobium verrucosum gum copal tree, Trachylobium verrucosum
Traditionsmöbel *npl* traditional furniture
Trafalgar-Möbel *npl* Trafalgar furniture
~-**Stuhl** *m* Trafalgar chair, Nelson Windsor chair
Tragantgummi *n*, **Traganth** *m* [gum] tragacanth, gum dragon *(from Astragalus spp.)*
Tragbalken *m* bearer, [bridging] joist, [girding, binding] beam, girder, girt, binder; floor beam
tragbare Durchforstungsmaschine *f* clearing saw
~ **Oberfräsmaschine** *f* hand[-held] router
~ **Werkbank** *f* workmate bench
Tragelement *n s.* Träger 1.
Träger *m* 1. bearer, [bridging] joist, [girding, binding] beam, girder, girt, binder; stay; 2. groundwork, grounds *(veneering)*
~ **mit Stich** cambered beam
Trägeranker *m* beam hanger
Trägerbalken *m* sleeper
Trägerfachwerk *n* web
Trägerfestigkeit *f* beam strength
Trägerhaken *m* beam hanger
Trägerleiste *f* cleat, backing timber
Trägerplatte *f* substrate; groundwork, grounds *(veneering)*
Trägerstoß *m* girder joint
Trägersubstanz *f* vehicle *(of a paint or varnish)*
Trägerwerkstoff *m* substrate
Trägheitsmoment *n* moment of inertia
Tragkonstruktion *f* underlayment *(e.g. of a roof)*
Tragkorb *m* farm basket, skep
Tragpfahl *m* load-bearing pile, supporting pile
Tragseil *n* skyline *(cable logging)*
Tragseil *n* carrier (bearing) cable, burden cable, skyline *(cable logging)*
Tragseilstütze *f* spar [tree]
Tragstein *m* corbel
Tragtraktor *m* forwarder
Tragwerk *n* load-bearing structure, framework *(timber construction)*
Tragwerkplatte *f* skin-stress panel, stressed-skin panel
Tragwerksoptimierung *f* structural optimization *(timber construction)*
Trai *n* anan, tembusu, Fagraea fragrans (gigantea) *(wood species)*
Tramete *f* tramete *(fungus of group Trametes)*
Tränender Hausschwamm *m*, **Tränenhausschwamm** *m* house fungus, dry rot [fungus], Serpula (Merulius) lacrymans
Tränenkiefer *f* blue pine, Himalayan (Bhutan)

pine, Pinus wallichiana (excelsa)
Tränkanlage *f* impregnation installation, wood-preserving plant
tränkbar impregnable, penetrable, treatable
Tränkbarkeit *f* impregnability, penetrability, treatability *(wood preservation)*
tränken to impregnate, to soak
Tränkharz *n* impregnating resin
Tränkmittel *n* impregnant, impregnating agent
Tränksalz *n* impregnating salt
Tränkung *f* impregnation
Tränkvorrichtung *f* impregnation installation
Transferfolie *f* [heat] transfer foil
Transfergold *n* transfer gold
Transferstraße *f* transfer line
Transformatorenpreßspan *m* transformer board
Transmissionsriemen *m* transmission belt
transparente Anstrichschicht *f* transparent coating, clear coating
Transparenz *f* transparency *(e.g. of paper)*
transportables Sägewerk *n* portable sawmill
Transportpalette *f* pallet
Transpressorium *n* transpressorium *(of certain fungi)*
Trapezhängewerk *n* trapezoidal hanging truss, queen-post hanging truss
Traubeneiche *f* sessile (durmast) oak, stalkless-flowered oak, Quercus petraea (sessiliflora)
Traubenholunder *m* red-berried elder, Sambucus racemosa
Traubenkirsche *f* cluster cherry, Prunus padus
Traubenulme *f* rock elm, cork elm, Ulmus racemosa (thomasii)
Traueraspe *f s.* Trauerespe
Trauerbuche *f* [green] weeping beech, Fagus sylvatica cv. pendula
Trauerespe *f* weeping aspen, Populus tremula cv. pendula
Trauerulme *f* weeping elm, Ulmus glabra cv. pendula
Trauerweide *f* 1. weeping willow, Salix babylonica; 2. weeping willow, mourning willow, Salix alba var. tristis
Trauerzypresse *f* weeping cypress, funeral cypress, Chamaecyparis (Cupressus) funebris
Traufbohle *f*, **Traufbrett** *n* eaves board (catch), eaves fascia (lath), gutter board, fascia [board]
Traufe *f* eave[s]
Traufenbrett *n s.* Traufbohle
Trauflatte *f* doubling piece
Traufrinne *f* eaves gutter, eaves trough (trow)
Traufschalung *f* soffit [boards]
traumatischer Interzellulargang *m* traumatic resin duct, traumatic canal (gum duct)
traumatisches Parenchym *n* traumatic parenchyma, wound parenchyma *(wood anatomy)*
Traverse *f* cross bar
Trebol[holz] *n* Panama redwood, *(esp.)* Platymiscium duckei
treiben to ballhoot *(round timber)*
Treibenlassen *n* floating
Treibglied *n* drive link *(of a saw chain)*
Treibholz *n* driftwood, [loose-]floated timber,
floating timber; sawyer
Tremuloidin *n* tremuloidin *(glycoside)*
Trennbandsäge[maschine] *f* band resaw[ing machine], pony band-saw
Trennemulsion *f* caul release agent
trennen to resaw
Trennen *n* deeping *(of sawnwood)*
Trenngitter *n* traverse
Trennkettensägemaschine *f* chain sawing machine for log breakdown
Trennkreissäge *f* [circular] rip-saw, resaw, circular saw for ripping
Trennkreissägeblatt *n* rip-saw blade
Trennmittel *n* caul release agent
Trennsäge *f* resaw, cut-off saw
Trennsägen *n* cut-off sawing
Trennsägenführer *m* resawyer
Trennsägewerk *n* resaw mill
Trennschnitt *m* resawing cut, dividing cut; opening cut *(veneer log)*
~ **parallel zur Schmalfläche** flat cutting
Trennschnittprobe *f* strip [test piece] *(timber drying)*
Trennwand *f* screen
Trennware *f* resawn material
Treppe *f* staircase, stairway, stair[s]
~ **mit Zwischenpodest** platform stair[way]
Stellen der ~ stair framing
untergeordnete ~ service stair
Treppenabsatz *m* stair[case] landing, landing
Treppenauftritt *m* going *(staircase construction)*
Treppenauge *n* [stair] well
Treppenausbau *m* stair finish
Treppenbalkenbeschalung *f* apron lining
Treppenbau *m* staircase construction (work), staircasing
Treppenbauer *m* stair builder
Treppenbreite *f* stair width
Treppendurchgangshöhe *f* headway, headroom
Treppenfenster *n* staircase window
Treppenform *f* staircase configuration
Treppengeländer *n* staircase railing, stair balustrading, banisters
Treppengrundriß *m* staircase configuration
Treppenhandlauf *m* [stair] handrail
Treppenhaus *n* staircase, stairway, stair enclosure
Treppenhausfenster *n* staircase window
Treppenhöhe *f* total rise [of a stairway]
Treppenholm *m* stair carriage, stair horse, rough stringer
Treppenlauf *m* flight
Treppenlauflänge *f* total run [of a stairway]
Treppenloch *n* stair opening, stair well
Treppenlochlänge *f* length of stair well
Treppenöffnung *f* stair opening, stair well
Treppenpfosten *m* newel [post]
Treppenpfostenkappe *f* newel cap
Treppenpodest *n(m)* stair landing
Treppenraum *m* staircase, stairway, stair enclosure
Treppenrohbau *m* stair framing
Treppenspindel *f* staircase spindle; newel [post]
Treppensteigung *f* rise
Treppenstufe *f* stair [tread], step

Treppenwange

Treppenwange f staircase string, stair stringer, string [board], finish stringer
  ausgeklinkte ~ open stringer
Treppenwangenfräse f staircase housing jig
Treppenwangenkrümmling m wreathed string, wreath piece
Treppenwechselbalken m stair trimmer
Treppenzarge f s. Treppenwange
Triacetat n cellulose triacetate
Tributylzinnoxid n tributyltin oxide, TnBTO *(wood preservative)*
Trichilia hirta broomwood, broomstick, Trichilia hirta
Trichloreth[yl]en n trichloroethylene *(extractant)*
Trichter m hopper
Trichterzinkung f hopper dovetail joint
Tricktrack-Spieltisch m tric-trac table
Triester Holz n nettle tree, Celtis australis
triftbar floatable
Triftbarkeit f floatability
triften to float, to drift, to drive
Triften n s. Triftflößerei
triftendes Holz n s. Triftholz
Triftflößerei f [loose] floating, [timber] driving, stream driving
Triftholz n drift[wood], loose-floated timber, floating timber
Triftholzstau m log jam, plug
Triftrinnenverstopfung f log jam, plug
Triftstraße f driftway
Triftweg m driftway
Triglyphe f triglyph *(ornament on a Doric frieze)*
1,2,3-Trihydroxy-benzen n pyrogallic acid, pyrogallol
3,4,5-Trihydroxybenzoesäure f gallic acid
Trimethylsilylcellulose f trimethylsilylcellulose, TMS-cellulose
Trimmer m trimmer, trimming machine
Tripel m s. Tripelpulver
Tripelpulver n Tripoli powder, rottenstone [powder]
Triplexkarton m triplex board
triplierte Spanplatte f three-layer particleboard
Triptychon n triptych
Tristania conferta turpentine tree, Brisbane mahogany, Tristania conferta
~ suaveolens swamp box, Tristania suaveolens *(wood species)*
Triterpen n triterpene *(secondary wood constituent)*
Triterpenoid n triterpenoid *(secondary wood constituent)*
Tritt m tread
Trittbrett n tread[-board]
Tritthöhenmarkierungsstange f storey rod *(stairway construction)*
Trittleiter f step-ladder, [pair of] steps
Trittleiterscharnier n step-ladder hinge
Trittschall m impact sound
Trittstufe f stair tread, step; tread *(of a ladder)*
Trittstufenbreite f going *(staircase construction)*
Trittstufenvorderkante f [tread] nosing
Trittvorsprung m [tread] nosing
Trivialmöbel npl trivial furniture

Trivialname m vernacular name *(e.g. of a wood species)*
trocken dry
Trockenanlage f drying section *(of a furniture factory)*
Trockenast m dead knot
Trockenbauweise f dry construction
Trockenbindefestigkeit f dry strength
trockene Destillation f **von Holz** dry distillation of wood, wood pyrolysis
~ Lachte f dry face *(resin-tapping)*
Trockenentrindung f dry barking
trockener Bruch m dry broke *(paper-making)*
Trockenfaß n slack barrel
Trockenfässer npl slack cooperage
Trockenfäule f dry rot
Trockenfestigkeit f dry strength
Trockenholz n dry wood
Trockenholzgewicht n dry wood weight
Trockenholzinsekt n dry-wood insect *(comprehensive term)*
Trockenholzmasse f dry wood weight
Trockenholztermite f dry-wood termite *(comprehensive term)*
Trockenkammer f kiln-drying chamber, drying room, seasoning kiln
Trockenkernholz n mature wood, ripewood, adult wood, outer (stem-formed) wood
Trockenklebstoff m, **Trockenleim** m dry adhesive
Trockenmasse f dry weight
Trockenofen m seasoning kiln
Trockenraum m seasoning kiln
Trockenraumtrocknung f kiln drying, kiln seasoning
Trockenrinde f dry bark
Trockenriß m drought crack *(wood defect)*; check; sun crack *(in standing softwood)*
Trockenschleifen n dry sanding
Trockenschrank m [drying] oven
  im ~ trocknen to oven-dry
Trockenschuppen m drying shed, seasoning shed
Trockenspan m dry chip
Trockenspritzstand m dry spraying booth
Trockensubstanz f solids
Trockentemperatur f dry-bulb temperature
Trockenthermometer n dry-bulb thermometer
Trockenthermometertemperatur f dry-bulb temperature
Trockenverfahren n **der Faserplattenherstellung** dry-process fibreboard manufacturing, dry production process
Trockenxanthogenierung f gas-phase xanthation, dry xanthation *(viscose process)*
Trockenzellstoff m dry pulp
trocknen to dry
Trocknen n drying, seasoning
Trocknertemperatur f kiln temperature
Trocknisschaden m drought damage, drought injury
Trocknung f drying, seasoning
~ an der Luft air (natural) seasoning, air-drying
~ in Lösungsmitteln solvent drying *(of wood)*

~ **in organischen Dämpfen** vapour drying
~ **mit Chemikalien** chemical (salt) seasoning
Trocknungsablauf *m* kiln run
trocknungsbedingte Wertminderung *f* drying degrade
Trocknungsblasen *fpl* temperature blisters *(paint failure)*
Trocknungsdiagramm *n* drying curve
Trocknungsfahrplan *m* [kiln-]drying schedule, kiln[-drying] schedule
Trocknungsfehler *m* seasoning defect, drying defect
Trocknungsführung *f* kiln operation; seasoning technique
Trocknungsgefälle *n* drying gradient
Trocknungsgeschwindigkeit *f* rate (speed) of drying
Trocknungsgradient *m* drying gradient
Trocknungsmethode *f* drying method, seasoning method
Trocknungsmittel *n* drier
Trocknungsplan *m* [kiln-]drying schedule, kiln[-drying] schedule
Trocknungsplatz *m* drying yard
Trocknungsprogramm *n s.* Trocknungsplan
Trocknungsriß *m* drying check, seasoning check, seasoning crack
Trocknungsschaden *m* drying defect, seasoning defect
Trocknungsschuppen *m* drying shed
Trocknungsschwund *m* drying shrinkage
Trocknungsspannung *f* drying stress *(in wood)*
Trockungstafel *f* kiln[-drying] schedule, [kiln]-drying schedule
Trocknungstechnik *f* seasoning technique
Trocknungstemperatur *f* kilning temperature
Trocknungsverlust *m* drying degrade
Trocknungswart *m* [dry-]kiln operator
Trocknungszeitraum *m* drying time, seasoning period
Trocknungszentrifuge *f* centrifugal dryer
Trogentrinder *m* pocket barker, bag barker
Trogentrindung *f* pocket barking
Trogtränkung *f* tank steeping (soaking), open-tank treatment *(wood preservation)*
Trogtränkverfahren *n* open-tank method (process)
Trommelabkürzsäge *f* drum saw
Trommelentrinder *m* drum [de]barker
Trommelentrindung *f* drum barking
Trommelentrindungsmaschine *f* drum [de]barker
Trommelhacker *m*, **Trommelhackmaschine** *f* drum chipper, drum hog
Trommelpolieren *n* drum polishing
Trommelpoliermaschine *f* drum polishing machine
Trommelsäge[maschine] *f* drum (barrel) saw, cylinder saw, crown saw
Trommelschleifen *n* drum sanding
Trommelschleifmaschine *f* drum sander, drum sanding machine
Trommelstock *m* drumstick
Trommeltisch *m* drum table, loo table, capstan table, monopodium

Trommeltrockner *m* drum dryer *(e.g. for chips)*
Trompetenbaum *m* catalpa *(genus Catalpa)*
Tropenholz *n* tropical wood (timber), exotic timber
Tropenholzart *f* exotic tree species
Tropenholzfurnier *n* tropical wood veneer
Tropenlaubholz *n* tropical hardwood
Tropenwaldbaum *m* tropical forest tree
Tropfenleiste *f* drip moulding, corona
Tropfkante *f* drip edge
Tropfnut *f* drip (capillary) groove, drip channel, check throat, throating *(weather moulding)*
Tropfrinne *f* gutter *(resin-tapping)*
tropisches Holz *n* tropical wood (timber), exotic timber
Tropolon *n* tropolone *(terpene)*
Truhe *f* chest
~ **mit gewölbtem Deckel** ark chest
Trumeau *m* pier glass
Trumeautisch *m* pier[-glass] table, console table
Trus-Joist-Träger *m* Trus Joist beam
Tudorbogen *m* Tudor arch *(timber construction)*
Tulpenbaum *m* tulip-tree, tulip-poplar, yellow poplar, [American, canary] whitewood, Liriodendron tulipifera
Tungbaum *m* tung *(genus Aleurites)*
Tungöl *n* tung (wood) oil, Chinese wood oil *(esp. from Aleurites fordii)*
Tungölbaum *m* tung, Chinese wood-oil tree, Aleurites fordii
Tunnel *m* tunnel
Tunneltrockner *m* tunnel dryer (kiln), drying tunnel, continuous dryer, progressive kiln
Tunnelzimmerung *f* tunnel timbering
Tupelobaum *m* tupelo [gum], pepperidge [tree], gum-tree *(genus Nyssa)*
Tupeloholz *n* tupelo [gum]
Tüpfel *m(n)* pit *(wood anatomy)*
~ **zwischen Gefäß und Parenchymzelle** vessel-parenchyma pit
tüpfelähnlich pit-like
Tüpfelaspiration *f* pit aspiration
Tüpfeldurchmesser *m* pit diameter
Tüpfelfeld *n* pit field
Tüpfelgröße *f* pit size
Tüpfelhöhle *f* pit cavity
Tüpfelhohlraum *m* pit cavity
Tüpfelinkrustation *f* pit incrustation
Tüpfelkammer *f* pit chamber
Tüpfelkanal *m* pit canal
Tüpfelmembran *f* pit membrane
Tüpfelmembranstruktur *f* pit membrane structure
Tüpfelmündung *f* pit opening, pit aperture, porus
Tüpfelöffnung *f* pit opening, pit aperture, porus
Tüpfelpaar *n* pit-pair
Tüpfelpore *f* pit pore
Tüpfelrandzone *f* margo
Tüpfelringzone *f* margo
Tüpfelschließhaut *f* pit membrane
Tüpfelung *f* pitting
Tüpfelwulst *m* pit border
Tür *f* door
~ **mit bündigem Anschlag** flush door

Tür

~ mit doppeltem Blatt double-leafed door
Türachse *f* door centre line
Türangel *f* hinge pivot
Türanschlag *m* door stop, rabbet
Türaußenrahmen *m* door-frame, door-case, door-casing
Türband *n* door hinge
Türbau *m* door construction
Türbekrönung *f* over-door
Türbeschläge *mpl* door furniture, door hardware, door ironmongery
Türblatt *n* door leaf
Türblendrahmen *m* door trim
Türbogen *m* door head[er]
Türdecklage *f* door skin
Türdicke *f* door thickness
Türdrücker *m* door handle
Türenbearbeitung *f* door processing
Türendeck *n* door face, door facing
Türenfabrik *f* door mill
Türenfertigung *f* door manufacture
Türenspanner *m* door cramp, sash cramp
Türenwerk *n* door mill
Türfalz *m* door rabbet, door rebate
Türfeststeller *m* doorstop; elbow catch, trigger catch
Türflucht *f* enfilade
Türflügel *m* wing of a door
Türflügelrahmen *m* door-frame
Türfüllung *f* door panel
Türfutter *f* jamb casing
Türfutterrahmen *m* internal door casing
Türglas *n* door glass
Türgriff *m* door handle
Türhobel *m* door plane
Türholz *n* door stock
Turibaum *m*, Turiholz *n* Australian corkwood-tree, sesbania, Sesbania grandiflora
Türkische Eiche *f* wainscot oak, Turkey oak, Quercus cerris
~ Hasel (Nuß) *f* tree hazel, Turkish filbert (hazel), Corylus colurna
Türklinke *f* door handle
Türklopfer *m* door knocker
Türknauf *m* doorknob
Türknopf *m* doorknob
Türlaufschiene *f* door runner rail
Türleibung *f* reveal, embrasure
Türlichte *f* door aperture
Turmbleiche *f* tower bleach[ing] *(pulp manufacture)*
Turnhallen[fuß]boden *m* gymnasium floor
Türoberlicht *n* transom window
Türöffnung *f* doorway, door opening
Türpfosten *m* doorpost, doorjamb
Türprofil *n* door profile
Türquerholz *n* transom
Türrahmen *m* door-frame, door-case, door-casing
Türrahmenabschluß *m* door head[er]
Türrahmenlängsstück *n s.* Türpfosten
Türrahmenlichte *f* door aperture
Türriegel *m* door rail, door bolt
Türsäule *f* doorpost, doorjamb
Türscharnier *n* door hinge

Türschiene *f* door runner rail
Türschließblech *n* nab
Türschließer *m* door closer
Türschloß *n* door lock
Türschloßfräse *f* door lock mortiser
Türschloßsäule *f* door lock pillar
Türschnappverschluß *m* door catch
Türschwelle *f* doorsill, sill, stool, *(Am)* saddle
Türspanner *m* door cramp, sash cramp
Türstock *m* 1. door-frame, door-case, door-casing; 2. timber set *(mining)*
Türstrebe *f* door brace
Türstreb[e]leiste *f* door brace
Türsturz *m* [door] lintel
Türsturzfutter *n* soffit casing
Türverkleidung *f* door panel, door face (facing)
Türzarge *f* door croze, door-frame, door-case, door-casing
TUY *s.* Sandarakbaum
TV-Video-Eckschrank *m* TV-video corner unit
Twin-Refiner *m* twin-disk refiner
Typenmöbel *npl* unit furniture
Typentreppe *f* mill-made staircase
Typentür *f* standard door

U

U-Stützenschuh *m* U-shaped column base
u/s *s.* unsortiert
~-Ware *f* unsorted [joinery] softwood, *(Am)* select merchantable
über die Kanten gepolstert overstuffed
~ die Kanten gepolsterter Rahmen *m* stuff-over [seat]
überaltert over-matured *(e.g. a tree)*
überblatten to halve [together], to scarf[-joint], to graft *(timber construction)*
überblattete Eckverbindung *f* corner lap joint
~ Rahmeneckverbindung *f* angle halving, L halving
Überblattung *f* halving [joint], halved joint, scar [joint], half-lap[ped] joint, double notch[ed joint]; cross (common) halving, corner lap joint
überdachte Holzbrücke *f* covered (roofed) timber bridge
überfälzen to rabbet, to rebate
überfälzte Fuge *f* rabbet joint
~ Zierleiste *f* bolection moulding
Überfälzung *f* stop *(e.g. of a door)*
Übergangsholz *n* intermediate wood *(between sapwood and heartwood)*
Übergangslamelle *f* secondary wall 1, S_1 layer *(wood anatomy)*
Übergangszone *f* transition zone *(between sapwood and heartwood)*
Überhaltbaum *m* remnant tree, reserved tree
Überhälter *m* remnant tree, reserved tree
Überhang *m* 1. jetty *(timber construction)*; 2. lead *(of a saw)*
Überhangmeßgerät *n* posting plumb *(for frame saw-blades)*
überhitzter Dampf *m* steam
Überhöhung *f* camber
überlappende Tüpfelöffnung *f* extended pit aperture *(wood anatomy)*
Überlappung[sverbindung] *f* lap joint
überlaschen to splice
Überleimer *m* overlap *(in plywood)*
Übermaß *n* oversize
übermäßig getrocknet overdried
~ trocknen to overdry
übermäßige Trocknung *f* overdrying
Überplattung *f s.* Überblattung
überpolstert overstuffed
überpolsterte Lehne *f* padded back
überpolsterter Sitzmöbelrahmen *m* stuff-over [seat]
Überpolsterung *f* stuff-over upholstery
Überschlag *m* stop *(e.g. of a door)*
Überschuß *m* overrun *(e.g. of sawn timber)*
Überseeholz *n* oversea[s] timber, exotic wood
überständig over-matured *(e.g. a tree)*
überstehendes Rahmenende *n* horn
übertrocknen to overdry
übertrocknet overdried
Übertrocknung *f* overdrying
überwallen to occlude, to overgrow, to wall off (knot)
überwallt overgrown *(knot)*
überwallte Schadstelle *f* scab *(on trees)*
überwallter Ast[stumpf] *m* encased knot, knob, knag, knar
~ Faulast *m* blind conk
Überwallung *f* occlusion, scab, callus
Überwurf *m* hasp [and staple] *(fastening contrivance)*
Uhrengehäuse *n* clock-case
Uhrkasten *m* clock-case
Ulme *f* elm *(genus Ulmus)*
Ulmenbast *m* elm bast
Ulmengewächse *npl* elm family *(family Ulmaceae)*
die ~ betreffend ulmaceous
Ulmenholz *n* elm
aus ~ [hergestellt] elmen
Ulmenkrankheit *f* [Dutch] elm disease *(caused by Ceratocystis ulmi)*
Ulmenmaser *f* elm burr
Ulmensplintkäfer *m* elm bark-beetle, Dutch elm beetle, Scolytus destructor, Eccoptogaster scolytus (multistriatus)
Ulmensterben *n* [Dutch] elm disease *(caused by Ceratocystis ulmi)*
Ulmus alata winged elm, wahoo, Ulmus alata
~ crassifolia cedar elm, Ulmus crassifolia
~ japonica Japanese elm, Ulmus japonica (davidiana)
~ serotina red elm, September elm, Ulmus serotina
ultradünner Holzmikrotomschnitt *m* ultramicrotomed wood section
Ultraschall *m* ultrasound
Ultrastruktur *f* ultrastructure
ultraviolett ultraviolet, UV
Ultraviolettstrahlenhärtung *f* UV curing
ultraviolettrocknender Lack *m* UV-curing paint
Umber *m* umber *(pigment)*
umbiegen to clench, to clinch *(nail point)*
Umbra *f* umber *(pigment)*
UMF-Harz *n* urea-melamine-formaldehyde resin
Umfälzautomat *m* outer profiler (profiling machine)
Umfang *m* girth
~ des dicken Endes butt circumference *(pile)*
~ über Wurzelanlauf girth above buttress *(timber mensuration)*
Umfangband *n* diameter tape *(for timber mensuration)*
Umfangsgeschwindigkeit *f* peripheral speed, tip speed *(e.g. of a saw blade)*
Umfangsmeßband *n* **zur Viertelumfangsmessung** quarter-girth tape
umformen to postform *(wood-based materials)*
Umformen *n* postforming
umgezogenes Schloß *n* box lock
Umgusi *n* Zambesi redwood, Rhodesian teak, Baikiaea plurijuga
umhauen to hew [down]
Umlaufstern *m* sprocket nose, roller nose *(of a chain-saw)*
Umleimer *m* edge strip, edge band

Umlenkrolle f sprocket nose, roller nose *(of a chain-saw)*
Umlenkstern m s. Umlenkrolle
Umluft f recirculated air *(e.g. of a timber drying plant)*
Umlufttrocknung f circulating air drying
ummanteln to jacket, to face
Ummantelungsanlage f jacketing plant
umnieten to clench, to clinch *(nail point)*
Umrechnungsfaktor m conversion factor
Umrechnungszahl f conversion factor
umsägen to saw down
umschlagen to clench, to clinch *(nail point)*
umschroten to chop [down], to chop off
Umtrieb m felling cycle
Umtriebszeit f felling cycle
unabgeschliffen unsanded *(e.g. plywood)*
unaufgeschlossen uncooked *(pulp)*
unbearbeiteter Stamm m log
unbearbeitetes Holz n undressed timber
~ **Schnittholz** n rough timber, *(Am)* rough lumber
unbehauen unhewn, in the log
unbehauener Stamm m log
unbehobelt s. ungehobelt
unbehöft non-bordered *(pit)*
unbesäumt unedged
unbesäumte Stammware f flitches
Unbewehrte Pistazie f large terebinth, Pistacia atlantica
Underlay n underlay
Unechte Formzahl f artificial form factor *(timber mensuration)*
Unechter Formquotient m artificial form quotient *(timber mensuration)*
unechter Quartierschnitt (Viertelschnitt) m faux quarter cutting
Unechtes Lanzenholz n wild sugar apple, Rollinia mucosa
unechtes Wasserzeichen n simulated watermark *(in paper)*
unentrindete [getrocknete] Weidenruten fpl browns
Ungarische Eiche f Hungarian oak, Quercus frainetto (conferta)
ungebeizt unstained
ungebleichter Zellstoff m unbleached pulp
ungebleichtes Papier n brown paper
ungefälzte Tür f overlay door
ungefärbte Politur f transparent polish
ungeharzter Baum m virgin tree
ungehobelt unplaned, unwrought, rough-sawn, straight from the saw
ungehöft non-bordered *(pit)*
ungeleimtes Papier n unsized paper, waterleaf paper
ungepolstert unupholstered, non-upholstered
ungesättigter Polyester[harz]lack m unsaturated polyester lacquer
ungeschält non-debarked *(raw wood)*
ungeschälte [getrocknete] Weidenruten fpl browns
ungeschlechtliche Vermehrung f asexual propagation *(e.g. of timber-trees)*
ungeschliffen unsanded *(e.g. plywood)*

ungestrichen unpainted
ungeteilte Ersatzfaser f substitute fibre *(in hardwood)*
ungetränkt unimpregnated
ungetrocknet undried, unseasoned *(wood)*
ungewaschener Sulfatzellstoff m brown pulp
Ungleicher Holzbohrer (Nutzholzborkenkäfer) m European (fruit-tree) shot-hole borer, Anisandrus (Xyleborus) dispar
ungleichmäßige Holzzeichnung (Maserung, Textur) f uneven grain, uneven texture
Universalaxt f multi-purpose axe
Universalbohrer m Forstner bit
Universalfräskopf m universal cutter head
Universalmesser n trimming knife, utility knife
Universalsäge f nest of saws
Universalverbinder m framing anchor *(metal fitting)*
Universalwerkzeug n universal tool
univor monophagous *(wood pest)*
Unkrautbekämpfungsmittel n herbicide
unlösliches Lignin n insoluble lignin
unregelmäßige Faser (Textur) f irregular grain
unregelmäßiger Faserverlauf m irregular grain
~ **Kurzzapfen** m stump tenon
~ **Wellenwuchs (Wimmerwuchs)** m interrupted wavy grain *(wood structure)*
unrund out-of-round *(e.g. a bole cross section)*
Unrundheit f out-of-round
unscharf dull, blunt *(cutting edge)*
~ **werden** to dull
unschnürig many-sided *(tree-trunk)*
Unschnürigkeit f compound curvature
unsortiert unsorted, u.s., u/s *(sawnwood)*
unsortierte Breiten (Größen) fpl random widths *(timber assortment)*
unsortiertes Nadelschnittholz n unsorted [joinery] softwood, *(Am)* select merchantable
unspezifische Harzansammlung f pitch *(in softwood)*
unter der Baumgrenze [wachsend] subalpine, alpestrine
~ **Luftabschluß [lebend]** anaerobic
~ **Luftzutritt [lebend]** aerobic
~ **Sauerstoffabschluß [stattfindend]** anaerobic
~ **Sauerstoffzutritt [stattfindend]** aerobic
unterbleichen to underbleach *(pulp)*
Unterbleichen n underbleaching
Unterboden m sub-base, subfloor
unterbrochener Spannbalken (Zugbalken) m interrupted tie-beam
Unterdecke f suspended ceiling, dropped ceiling
Untereckschrank m drawer-line corner unit *(piece of kitchen furniture)*
unteres Abmaß n scant measure (size), bare measure
~ **Ende** n bottom end, base *(e.g. of a bole)*
~ **Längsholz** n groundsel, groundsill
~ **Stammende** n butt[-end]
~ **Stammstück** n bottom log, bottom piece
Unterfläche f soffit *(e.g. of a stair)*
Unterfräs[maschin]e f spindle moulder, spindle shaping machine, [spindle] shaper
Unterfußboden m subfloor
Unterfurnier n cross-band [veneer],

crossbanding; utility veneer; back ply *(plywood)*
Unterfußboden *m* sub-base, subfloor
Unterfütterung *f* firring
Untergestell *n* underframe, underframing
Untergröße *f* undersize
Untergurt *m* bottom chord, bottom boom *(of a trussed girder)*; tie[-beam]
Untergurtstab *m* bottom chord member
unterirdische Holzknolle *f* lignotuber *(of Eucalyptus spp.)*
unterkochen to undercook *(pulp manufacture)*
Unterkochung *f* undercooking
Unterkonstruktion *f* underlayment *(e.g. of a roof)*
Unterlagsfilm *m* underlay
Unterlagsholz *n* sill
Unterleglaminat *n* underlay laminate
Unterlegscheibe *f* washer
Untermaß *n* undersize, scant measure (size), short (bare) measure
untermaßig scant *(sawnwood)*
Untersatz *m* pedestal
Unterschalung *f* firring
Unterschicht *f* underliner *(of board)*
Unterschleifen *n* hollow grinding *(e.g. of circular saw blades)*
unterschliffenes Sägeblatt *n* hollow-ground blade
Unterschneider *m* bottom-sawyer
Unterschneidung *f* [tread] nosing
Unterschnitt[voll]kreissäge *f* undercut circular saw
Unterschrank *m* base cabinet (cupboard); drawer-line base unit *(piece of kitchen furniture)*
Unterseite *f* soffit *(e.g. of a stair)*
Untersicht *f* soffit *(e.g. of a stair)*
unterspannte Pfette *f* trussed purlin
unterspannter Träger *m* trussed beam
Unterstärke *f* diameter at foot *(timber mensuration)*
unterstes Schalbrett *n* starting board
Unterteil *n* base unit *(case furniture)*
Untertischkappsäge *f* undercut swing saw
Unterwasserfäule *f* underwater rot *(of wood)*
Unterwasserholz *n* submerged timber
Unterwasserpfahl *m* underwater pile
Unterzug *m* stringer, sill
Unterzugsbalken *m* bridging piece
unverändertes Lignin *n* native lignin, Brauns lignin, BL
unverborkte Rinde *f* smooth bark
unverfärbt bright *(wood)*
unverglast unglazed
unverholzt unlignified, non-lignified
unverkient non-resinous
unverleimt unglued
unvollständiges Gefäßglied *n* vascular tracheid *(wood anatomy)*
UP-Lack *m* unsaturated polyester lacquer
Urea-Formaldehydharz *n* urea-formaldehyde resin, UF resin, urea resin
Uredospore *f* ured[i]ospore *(of rust fungi)*
Urne *f* urn *(decorative motif)*
Urnenständer *m* urn stand

Urnentischchen *n* urn table
Uronsäure *f* uronic acid *(secondary wood constituent)*
Urunday[holz] *n* glassy wood, Astronium balansae (graveolens)
Urwaldbaum *m* primeval tree
Utile *n* utile, Entandrophragma utile *(wood species)*
UV-Absorber *m* ultraviolet [light ray] absorber *(e.g. in lacquers)*
~-Grundlack *m* UV priming lacquer
~-Strahlenhärtung *f* UV curing
~-strahlungshärtender Lack *m* UV-curing paint

V

V-Nutfräser *m* V-groove cutter, V-groover
Vakuole *f* vacuole
Vakuum-Druck-Verfahren *n* vacuum-pressure process, full-cell process *(wood preservation)*
Vakuumgummisack *m* vacuum bag *(veneering)*
Vakuumimprägnierung *f* vacuum impregnation, vacuum process *(wood preservation)*
Vakuumpresse *f* vacuum press
Vakuumspannfutter *n* vacuum chuck *(of a wood-turning lathe)*
Vakuumtrockner *m* vacuum dryer
Vakuumtrocknung *f* vacuum drying, vacuum seasoning
Vakuumverfahren *n* s. Vakuumimprägnierung
Van-Dyck-Braun *n* Vandyke brown *(pigment)*
Vanillin *n* vanillin
Vanillylalkohol *m* vanillyl alcohol
var. s. Varietät
Varietät *f* variety *(taxonomy)*
Vasalteil *m* wood vessels, xylem, xylogen *(wood anatomy)*
vasizentrisch vasicentric *(wood parenchyma)*
vaskular, vaskulär vascular
Vateria indica piny [varnish] tree, Vateria indica
vegetabilisches Roßhaar *n* Algerian fibre *(from Chamaerops humilis)*
Vegetationskegel *m* growing tip *(wood anatomy)*
Vegetationsperiode *f* growing season
Vegetationspunkt *m* growing tip *(wood anatomy)*
Vegetationsring *m* annual [growth] ring, growth (tree) ring, annual growth layer
Vegetativvermehrung *f* asexual propagation *(e.g. of timber-trees)*
Veilchenholz *n* 1. gidgee, Acacia homalophylla *(wood species)*; 2. myall, Acacia harpophylla
Veitch-Tanne *f* Veitch fir, Abies veitchii
Velinpapier *n* wove paper
Venezianer Terpentin *n* Venice turpentine *(from Larix decidua)*
Venezianischrot *n* Venetian red *(dyestuff)*
Venezuela-Sandelholz *n* amyris, West Indian rosewood (sandalwood), [balsam] torch wood, Amyris balsamifera
Ventilator *m* fan
VEP s. Vera
Vera *n* verawood, Bulnesia arborea
Veränderlicher Scheibenbock[käfer] *m* tanbark borer, Phymatodes (Callidium) testaceus
Veranda *f* veranda[h], *(Am)* porch
Veranda[fuß]boden *m* veranda[h] floor
Verankerungspfahl *m* anchor pile
Verankerungsturm *m* anchor tower *(of a cable-crane)*
verarbeitbar machin[e]able
Verarbeitbarkeit *f* machin[e]ability
Verarbeitung *f* **von Holz** wood processing
verbautes Holz *n* wood in service
verbesserte Weichfaserplatte *f* improved softboard

verbinden to join[t], to bond, to agglutionate
sich ~ to bond
Verbinden *n* joining, bonding
Verbindung *f* joint
~ auf (in) Gehrung mitre [joint], mitred joint
Verbindungsbalken *m* bond timber
Verbindungsglied *n* tie strap *(of the saw-chain)*
Verbindungsmittel *n* fastening [device]
~ des Holzbaus timber connector
Verbindungssystem *n* **für Handoberfräsen zur Herstellung von Schwalbenschwanzzinkungen** dovetail jig set
Verbißschaden *m* browsing damage
Verbißschutzmittel *n* deer repellent
Verbißstelle *f* browsing wound
Verbißwunde *f* browsing wound
verblatten to scarf[-joint], to splice
Verblattung *f* **auf Gehrung** mitred half-lap [joint]
verblauen to blue *(wood)*
Verblauen *n* blu[e]ing
verblaut blue-stained, blued
Verblauung *f* blue-stain, blue sap-stain, (inexact) blue rot *(caused by fungal attack)*
Verbohren *n* **einer Zapfenverbindung auf Zug** draw-boring [of a mortise and tenon joint]
verbohrte Schlitzzapfenverbindung *f* pegged joint
Verborkung *f* obliteration
verbrennen to burn
verbrettern to board [up], to sheathe
Verbretterung *f* boarding, [wood] siding
Verbundbalken *m* composite (compound) beam, built-up beam
Verbundbauweise *f* composite construction
Verbunddachbinder *m* composite truss
Verbundfenster *n* double[-glazed] window, double-pane window
Verbundholzbalken *m* built-up wood beam
Verbundmaterial *n* laminate
Verbundplatte *f* composite board, composite panel, three-ply [panel]
~ mit Hohlraummittellage cellular board
~ mit Spanplattenmittellage centre-ply board
~ mit Vollholzmittellage [solid-]wood-core plywood, coreboard, *(Am)* lumber-core panel (plywood)
Verbundträger *m* composite beam; compound girder
Verbundtür *f* combination door
Verdampfung *f* evaporation
verdeckt [ein]zapfen to stub-tenon
verdeckte Anbringung (Befestigung) *f* secret fixing
~ gefederte Eckverbindung *f* half-blind tongue and rabbet joint
~ Mittellagenfuge *f* hidden core gap *(in plywood)*
~ Nagelung *f* secret (hidden) nailing, blind-nailing, edge (concealed) nailing
~ Schlitzzapfenverbindung *f* stopped mortise and tenon
~ Schwalbenschwanzinkenverbindung *f* secret dovetail [joint], lap[ped] dovetail joint, *(Am)* half-blind dovetail [joint]

verdeckter Zapfen *m* stub tenon
verdecktes Aufschraubscharnier *n* lay-on hinge
~ Zapfenloch *n* stub mortise
verderblich perishable
verdichtetes Holz *n* compressed wood
Verdichtungsgrad *m* compaction ratio *(e.g. of wood-based panels)*
Verdichtungspfahl *m* compaction pile
Verdichtungsverhältnis *n* compaction ratio *(e.g. of wood-based panels)*
Verdickungsmittel *n* thickener *(e.g. in adhesives)*
Verdrängungsbleiche *f* displacement bleaching *(of fibrous materials)*
Verdrängungspfahl *m* displacement pile
Verdrehmodul *m* modulus of torsion
verdreht twisted *(sawnwood)*
Verdrehung *f* twist, winding, torsion *(e.g. of sawnwood)*
verdübeln to dowel, to key
verdübelte Gehrung *f* dowelled mitre [joint]
verdübelter Balken (Träger) *m* dowelled beam, flitched beam
Verdübelung *f* dowelling
verdünnter Papierbrei *m* paper-making slurry
Verdünnungsmittel *n* thinner
Verdunstung *f* evaporation
Verdunstungs[luft]feuchtemesser *m* psychrometer
Verdunstungsmesser *m* psychrometer
vereidigter Prüfer *m* arbiter *(timber trade)*
Vereinzeler *m* singulator *(sawmill equipment)*
Vereinzelung *f* singulation *(of long logs)*
Verfahrgasse *f* extraction way *(between stacks of timber)*
verfärben to stain
sich ~ to stain
Verfärbung *f* stain, discolo[u]ration
~ bei der Holztrocknung seasoning colo[u]ration
~ durch Eisen iron stain
~ durch Pilzbefall fungus stain
Verfärbungen hervorrufender Pilz *m* stain[ing] fungus
verfärbungsfrei bright *(wood)*
verfaulen to rot [away, down], to decay
Verfaulen *n* decay
verfault conky, punky *(wood)*
verfaultes Holz *n* punk
Verfolgbohrer *m* taper bit
Verformungsdiagramm *n* load-deformation curve
Verformungsverhalten *n* deformation behaviour
vergällter Spiritus *m* denaturated alcohol, methylated spirit[s]
Vergasung *f* gasification *(e.g. of wood)*
Vergilbung *f* yellowing
Vergilbungsneigung *f* yellowing tendency *(e.g. of groundwood pulp)*
verglasen to glaze
verglaste Holztür *f* glazed timber door
~ Seitenöffnung *f* sidelight *(of a door or window)*
~ Tür *f* glazed door, glass door
Verglasung *f* glazing

Vergoldekissen *n* gilder's cushion, suede palette
Vergoldemesser *n* gilder's knife
vergolden to gild
Vergolden *n* gilding
Vergolder *m* gilder
Vergoldersieb *n* gilder's sieve
Vergolderwerkstoff *m* gilder's shop
vergoldeter Bronzebeschlag *m* ormolu mount
~ Messingbeschlag *m* ormolu mount
Vergrauen *n* greying, grey discolouration *(of wood surfaces)*
vergraut foxy *(oak)*
vergütetes Holz *n* modified wood, improved wood
vergütetes Massivholz (Vollholz) *n* modified solid wood
Vergütungsmittel *n* water-repellent [preservative, size]
Verhältnis *n* **von Astschnittfläche zu Holz-Querschnittsfläche** knot area ratio, KAR
verharzen to resinify
Verharzen *n* resin build-up *(behind the cutting teeth of a saw-blade)*
verharzt resinous, resin-soaked, impregnated with resin, fat
verharzter Ast *m* resinous knot, horn knot
Verharzung *f* resinification
Verhefung *f* yeastification *(e.g. of wood sugar)*
verholzen to run to wood, to lignify
verholzend lignescent
verholzt woody, ligneous, lignose, xyloid
Verholzung *f* lignification
verhungerte Klebfuge *f* starved joint
Verjüngungshieb *m* reproduction felling (cutting), regeneration felling, harvest cut
verkämmen to cog *(timber construction)*
Verkämmung *f* cogged joint, notched joint
Verkauf *m* **nach Ausformung** sale after conversion *(timber trade)*
~ stehenden Holzes sale on the stump
verkäufliche Höhe *f* saleable height *(of standing timber)*
Verkaufssortiment *n* merchantable assortment *(e.g. of timber)*
verkehrt gekröpfter Bildhauerbeitel *m* back-bent veiner
~ gekröpftes Hohleisen *n* back-bent carver's gouge
verkehrte Kreuzfuge *f* reverse diamond match *(veneer matching)*
verkeilen to wedge, to key
verkeilter Brustzapfen *m* keyed tusk tenon
~ Fingerzapfen *m* keyed tenon
~ Stemmzapfen *m* wedged [through] tenon
~ Träger *m* anchor beam
~ Zapfen *m* fox-wedged tenon joint
Verkernung *f* heartwood formation, duramin[iz]ation
verkienen to resinify
verkient resinous, resin-soaked, impregnated with resin, fat
verkiente Holzzone *f* pitch zone
verkientes Holz *n* resinous wood, fatwood, *(Am)* lightwood
~ Stockholz *n* resinous stumpwood

Verkienung

Verkienung *f* resin soak[ing], resinification
verkieseltes Holz *n* silicified wood, petrified wood
Verkieselung *f* silicification, petrifaction *(e.g. of wood)*
verkitten to putty
verklammern to cramp
verklebbar gluable, bondable
Verklebbarkeit *f* gluability, bondability
Verklebemaschine *f* gluer
verkleben to glue, to bond
Verkleben *n* [adhesive] bonding
Verklebung *f* bond[ing]
Verklebungs[preß]druck *m* glu[e]ing pressure
Verklebungstemperatur *f* glu[e]ing temperature, bonding temperature
Verklebungstheorie *f* theory of adhesion
verkleiden to line, to sheathe, to box up; to clad *(e.g. an external wall)*; to panel
Verkleidung *f* lining, sheathing; apron; cladding; panelling, *(Am)* paneling, panelization
verklemmen to bind *(saw-blade)*
verkohlen to carbonize, to char, to burn *(wood)*
Verkohlung *f* carbonization
verkrümmt gnarled, gnarly
verkümmerter Hoftüpel *m* vestigially bordered pit *(wood anatomy)*
Verladegerät *n* loader
Verladekosten *pl* **und Seefracht** *f* **[bis Bestimmungshafen]** cost and freight
~ Versicherungsprämie *f* **und Seefracht** *f* **[bis Bestimmungshafen]** cost insurance and freight
Verlader *m* shipper *(timber trade)*
verladetrocken shipping-dry, SD
Verlängerungsplatte *f* extension leaf *(table)*
Verlaschung *f* fish plate joint, fished joint
Verlattung *f* batten framework, battening
Verlaufen *n* **der Säge** saw wandering, running out *(of saw-blades)*
verleimbar gluable, bondable
Verleimbarkeit *f* gluability, bondability
verleimen to glue, to bond, to agglutinate
Verleimen *n* glu[e]ing, [adhesive] bonding
~ unter Druck pressure glu[e]ing
Verleimerei *f* glu[e]ing shop *(of a furniture factory)*
verleimfähig gluable, bondable
Verleimmaschine *f* bonding machine
Verleimung *f* 1. glu[e]ing, [adhesive] bonding; 2. bond
Verleimungsfehler *m* glu[e]ing defect, glu[e]ing fault
Verleimungsklasse *f* bonding quality
Verleimungsqualität *f* bonding quality
Verleimungstemperatur *f* glu[e]ing temperature, bonding temperature
Verleimwerkzeug *n* glu[e]ing tool
verleisten to bar *(a window or door)*
Verlustwinkel[holz]feuchtemeßgerät *n* power-loss [moisture] meter
vermahlen to mill
vermasert curled
Vermessen *n* measuring-off, marking-off *(of hewn timber)*
vermessen und ablängen to lay off *(roundwood)*
vermodern to mould[er], to decay
Vermodern *n* decay
Vermoderung *f* decay
Vermont-Ahorn *m* mountain maple, Acer spicatum
vermorschen to crumble
Vermorschung *f* crumbling *(of wood)*
Vernakularname *m* vernacular name *(e.g. of a wood species)*
Vernis Martin *m* vernis Martin *(furniture varnish)*
Verpackung *f* **aus Holz** wood package
Verpackungsfaß *n* packaging barrel (drum)
Verpackungsholz *n* packaging timber, case timber (wood)
Verpackungskiste *f* packing case
Verpackungspapier *n* wrapping-paper
Verpackungssperrholz *n* packaging plywood
Verpuppung *f* pupation *(of insect's larvae)*
verrotten to rot [away, down]
Versagen *n* **der Klebfuge** bond failure
Versatz *m* step joint
verschalen to plank, to sheathe
Verschalung *f* 1. siding, boarding; 2. case-hardening *(drying defect)*
Verschalungsprobe *f* strip [test piece] *(timber drying)*
Verschiedenblättrige Linde *f* white basswood, Tilia heterophylla
Verschiffer *m* shipper *(timber trade)*
verschiffungstrocken shipping-dry, SD
verschimmeln to mould
verschindeln to shingle
Verschindeln *n* shingling
Verschindelung *f* shingling
Verschlag *m* crate
Verschlagmaterial *n* crating material, crating stock
Verschleiß *m* wear
verschleißfest wear-resistant
Verschleißfestigkeit *f* wear resistance
Verschleißprüfung *f* wearing test
Verschnitt *m* trim waste, off-cuts, waste timber, waste wood, abatement
verschwertete Schäftung *f* reinforced scarf joint
Versender *m* consignor *(timber trade)*
versenken to set *(nail heads)*
Versenker *m* rose[head] countersink bit, rose countersink [bit], countersink drill, countersinker
Versenkstift *m* nail-punch, [nail-]set
Versenktür *f* pocket door, disappearing door
versetztes Nageln *n* staggered nailing
versiegeln to seal *(e.g. timber surfaces)*
Versiegelungslack *m* sealing lacquer
Versiegelungsmittel *n* sealer
Versorgungsleitungsmast *m* utility pole
verspröden to become brittle *(bonding)*
Verspundung *f* match joint
verstärkter Leim *m* fortified glue
Verstärkungszwickel *m* corner bracket, angle block *(to strengthen the angles of framings)*
Versteifung *f* stay

versteinertes Holz n petrified wood, fossilized wood, woodstone
verstellbare Werkzeugzuführung f fence
verstellbarer Fachboden m adjustable shelf
~ **Ruhesessel** m recliner, reclining chair
verstellbares Schneid[streich]maß n cutting gauge
Verstellfügfräser m adjustable jointing cutter
Verstelltisch m height-adjustable table
verstemmen to caulk
Verstocken n incipient decay, incipient deterioration, dote, foxiness (of hardwood)
verstockt doty, dos[e]y, foxy
Verstockung f s. Verstocken
verstreben to brace
verstrebte Zimmerung f braced timbering
Verstrebung f brace
Verstreckungsschablone f stretch-out (staircasing)
Versuchsaufschluß m experimental pulping, pulping trial, micropulping
vertäfeln to panel
Vertäfeln n panelling, (Am) paneling, panelization
Vertäfelung f panelling, (Am) paneling, panelization
Vertäfelungsnagel m panel pin
Verteiler m regulator (upholsterer's tool)
Verthyllung f tylose formation
vertiefte Fläche f recessed panel
Vertiefung f pan, sinking (e.g. for mountings)
Vertikalblockbandsäge[maschine] f vertical log band saw[ing machine]
Vertikalgatter n vertical frame sawing machine
Vertikalgattersägemaschine f vertical frame sawing machine
Vertikalschiebefenster n vertically sliding (gliding) window, double-hung window
Vertikalsichter m selectifier screen (paper-making)
Vertragsforme[l]n fpl trade terms (timber trade)
Vertreiber[pinsel] m French polisher's mop
verwachsen intergrown, blind (knot)
Verwachsung f adnation
Verwahren n bordering off (of stakes in basket-making)
Verwandlungsmöbel npl convertible furniture
Verwandlungstisch m metamorphic table, harlequin table
Verwerfen n warping, distortion
~ **längs zur Holzfaser** longitudinal warping, longitudinal curvature
~ **quer zur Holzfaser** transverse warping, cup[ping]
Verwerfung f warp, distortion
Verwindung f torsion
Verwindungsfestigkeit f racking resistance (e.g. of sheet materials)
Verwindungstest m racking test
verwittern to weather
Verwitterung f weathering
verwitterungsbedingte Holzverfärbung f weather stain
verzahnen to notch
Verzahnung f indented joint (timber construction)
verzapfen to mortise, to tenon together
Verziehen n warping, distortion
~ **längs zur Holzfaser** longitudinal warping, longitudinal curvature
~ **quer zur Holzfaser** transverse warping, cup[ping]
verzierte Decke (Raumdecke) f plafond
verzierter Tüpfel m vestured pit (wood anatomy)
Verzierung f ornament, decoration; vesture (in hardwood pits)
verzimmern to timber, to frame, to crib
Verzimmerung f timbering, boarding
verzinken to joint, to joggle, to dovetail
verzinkter Blattnagel (Dachpappstift) m galvanized clout nail
~ **Nagel** m zinc-coated nail
Verzinkung f match joint
verzogen out of truth
verzogene Antrittsstufe f commode step
~ **Trittstufe** f winder [tread], radiating tread, radial step
verzogenes Holz n warped timber
Verzugsbrett n cover board
Verzugspfahl m lagging timber (mine timbering)
Verzweigen n branching
verzweigter Ast m branched knot
Verzwillung f [stem] forking, forked growth
Vibrationsknotenfänger m vibrating screen (paper-making)
Vibrationsrinne f vibrating trough (chip transport)
Vibrationsschleifer m orbital sander, oscillating sander, [portable electric] finishing sander
Vibrationssortierer m vibrating screen (paper-making)
Vibrationsstockrodegerät n vibrating stump puller
Vibrorinne f vibrating trough (chip transport)
Video-Ausziehboden m pull-out video shelf
~-**Auszug** m pull-out video shelf
~-**Wagen** m video trolley, TV trolley
Vielblattabkürzsäge f slashing saw, slasher
Vielblattkreissäge f multi-blade circular saw[ing machine], multi rip-saw, gang saw; slashing saw, slasher
Vielblattkreissägemaschine f circular gang saw
Vielblattsäge f multi-blade saw
Vieletagenpresse f multi-daylight [heated] press, multi-plate[n] press
Vielfachpore f multiple pore (wood anatomy)
Vielschicht[span]platte f multi-layer particleboard
Vielschichtsperrholz n multi-plywood
Vielstabfräsmaschine f multi-rod moulding machine
Vielstammentrindung f multiple-stem barking
Vielzweckmesser n utility knife, trimming knife
Vieräugiger Fichtenbastkäfer m spruce bark-beetle, Polygraphus polygraphus
Vierbacken[bohr]futter n four-jaw chuck
Vierendeel-Stütze f Vierendeel column (timber construction)
~-**Träger** m Vierendeel girder

vierfache Stammgabelung *f* fourfold division of the bole
vierfachwirkende Holzwollemaschine *f* quadruple-acting wood-wool machine
Vierflügeliger Schneeglöckchenbaum *m* shittim [wood], Halesia carolina
~ **Schnurbaum** *m* four-wing sophora, Sophora tetraptera
Vierkantblock *m* squared timber, square log, cant
Vierkantholz *n* squared timber, square log, cant
Vierkantholzschraube *f* coach screw, carriage screw, *(Am)* lag screw, lag bolt
vierkantig schneiden to side
Vierkantmesserwelle *f* square cutter block *(of a moulding machine)*
Vierkantmutter *f* square nut
Vierlingsgabelwuchs *m* fourfold division of the bole
Vierpaß *m* quatrefoil *(ornamental feature)*
Vierseitenfräsmaschine *f* four-side moulding machine, four-sided planer and moulder, four-sider
Vierseitenhobelmaschine *f s.* Vierseitenfräsmaschine
vierseitig gehobelt surfaced four sides, S4S
viertelgewendete Treppe *f* quarter turn staircase
vierteln to quarter *(e.g. a log)*
Viertelpodest *n* quarter-space landing *(staircase construction)*
Viertelrundstab *m* quarter-round moulding, quadrant moulding
Viertelschnitt *m* quarter cut
  im ~ hergestellt quater-sawn (-cut), sawn-on-the-quarter, vertical-grained, edge-grained
Viertelstab *m* quarter-round moulding, quadrant moulding; ovolo
~ **mit Platten** ovolo
Viertelstabfräser *m* ovolo [cutter]
~ **für flache Ellipsen** flat ovolo cutter
Viertelstabhobel *m* ovolo plane
Viertelumfang *m* quarter-girth *(timber mensuration)*
Viertelumfangsmessung *f* quarter-girth measuring *(timber mensuration)*
viertüriger Schrank *m* four-door cabinet
Vierwege-Flachpalette *f* four-way flat pallet
Vierwegepalette *f* four-way pallet
Vierzackspitze *f* four-pronged chuck *(of a lathe spindle)*
Viola *f* viola, tenor violin, alto violin
~ **da gamba** viola da gamba, bass viol
Violetter Porling *m* purple conk, Polystictus (Hirschioporus, Polyporus) abietinus
Violettholz *n* purpleheart, purplewood, amaranth *(from Peltogyne spp.)*
Violettporling *m* purple conk, Polystictus (Hirschioporus, Polyporus) abietinus
Violine *f* violin
Violoncell[o] *n* [violon]cello
Violone *f* violone, contrabass, double-bass
VIR *s.* Virola
Virginia-Eiche *f* Virginia [live] oak, live-oak, evergreen oak, encina, Quercus virginiana
Virginische Hopfenbuche *f* hop hornbeam, [American] ironwood, Ostrya virginiana
Virginischer Ahorn *m* red maple, scarlet maple, water (swamp) maple, Acer rubrum
~ **Wacholder** *m* [Virginian] pencil cedar, [eastern] red cedar, Virginian (red) juniper, Juniperus virginiana
Virginisches Bleistiftholz *n s.* Virginischer Wacholder
Virginisches Dattelpflaumenholz *n* [common] persimmon, Diospyros virginiana *(wood species)*
Virola *n* dalli, banak, *(esp.)* Virola surinamensis (koschnyi) *(wood species)*
viskoelastisch viscoelastic
Viskoelastizität *f* viscoelasticity
viskos viscous
Viskose *f* viscose
Viskose[kunst]seide *f* [viscose] rayon
Viskoseverfahren *n* viscose process
Viskosimetrie *f* viscometry
Viskosität *f* viscosity
Viskositätsmessung *f* viscometry
visuell festigkeitssortiert visually stress-graded *(sawnwood)*
Vitaminmehl *n* vitamin meal *(made from coniferous foliage)*
Vitex littoralis New Zealand teak, Vitex littoralis
Vitrine *f* vitrine, glass cabinet, glass cupboard, display cabinet
Vitrinenaufsatz *m* glazed display top unit, glazed top
Vitrinenschrank *m* display cabinet with cupboard base, china hutch
Vitrinentischchen *n* vitrine table
vitriolgebeizter Bergahorn *m* harewood, silverwood
Vitruvianische Volute *f* Vitruvian scroll, wave scroll
Vlies *n* fibre mat, fleece
Vliesbildung *f*, **Vliesformung** *f* mat forming, sheet formation
Vlieskaschiermaschine *f* fleece laminating machine
Vochysia guianensis copaiye wood, Vochysia guianensis
Vogelauge *n* bird's-eye [figure]
Vogelaugenahorn *m* 1. curled maple *(comprehensive term)*; 2. sugar-maple, bird's-eye maple, Canadian (rock, blister) maple, Acer saccharum
Vogelaugentextur *f* bird's-eye [figure]
Vogelbeerbaum *m* rowan[-tree], mountain ash, Sorbus aucuparia
Vogelfuß *m* claw-and-ball foot *(of furniture)*
vogelfüßig claw-and-ball *(furniture foot)*
Vogelkirsche *f* sweet cherry, mazard [cherry], mazzard, gean, Prunus avium
Volksname *m* vernacular name *(e.g. of a wood species)*
voll eingespannter Balken *m* fully restrained beam
vollautomatische Stauchmaschine *f* automatic swage machine
Vollbaumnutzung *f* whole-tree utilization

Vollbleiche *f* full bleaching
Vollenden *n* fitting up *(furniture-making)*
vollentrinden to clean-bark, to bark and bast
vollentrindet whole-barked
Vollentrindung *f* clean barking
voller Sockel *m* plinth *(of a piece of case furniture)*
Vollerntemaschine *f* feller-processor, harvester
Vollgatter *n* vertical frame sawing machine, multi-blade frame saw[ing machine]
Vollgattersägemaschine *f s.* Vollgatter
vollgebleichter Zellstoff *m* fully bleached pulp
vollgepolsterter Sessel *m* barjier
Vollholz *n* solid wood, natural wood, whole wood
~-Hängewerk *n* full-scale timber truss
~-Sperrholz-Leimbauteil *n* wood-plywood glued structural member
Vollholzanleimer *m* edge lipping
Vollholzbalken *m* solid timber beam
Vollholzdruckstab *m* solid timber column
Vollholzeinleimer *m* edge lipping
vollholzig full-bodied, full-boled, non-tapering *(tree-trunk)*
Vollholzigkeit *f* fullness of bole
Vollholzmöbel *npl* solid [wood] furniture
Vollholzteil *n* solid-wood part
Vollholztreppenstufe *f* solid step
Vollholztrittstufe *f* solid step
Vollholzumleimer *m* edge lipping
Vollinsekt *n* imago
vollkantig full edged *(sawnwood)*
Vollkerf *m* imago
vollkernig all-heart *(wood)*
vollkontinuierlicher Holzschleifer *m* continuous grinder
vollmaßig full-size, full measure, overcut size *(sawnwood)*
Vollpappe *f* solid fibreboard
vollplastisches Schnitzwerk *n* carving in the round
vollrindig non-debarked *(raw wood)*
Vollsichtkabine *f* all-round visibility cab *(e.g. of a timber harvesting machine)*
vollständiger Bruch *m* complete fracture
Volltränkung *f* full-cell process, deep impregnation *(wood preservation)*
Volltür *f* solid door
vollverseifter Leim *m* neutral glue
Vollwandbinder *m* solid-web truss
Vollwandträger *m* solid-web girder
~ mit Hartfaserstegplatte hardboard-webbed beam
Vollzelltränkung *f* full-cell process, deep impregnation *(wood preservation)*
Volumen *n* volume
~ in Kubikmeter Festmaß solid volume
Volumenermittlung *f* volume determination
Volumenformel *f* volume formula *(timber mensuration)*
Volumenquellmaß *n*, **Volumenquellung** *f* volumetric (volume) swelling
Volumenschwindmaß *n*, **Volumenschwindung** *f* volumetric (volume) shrinkage
Volumentafel *f* [log] volume table, log rule *(timber mensuration)*
~ für Einzelstämme tree volume table
Volumenzuwachs *m* volume increment
Volute *f* volute *(decorative motif)*
Volutenbalken *m* inclined haunched beam
Volutenfuß *m* scroll foot, scroll leg, whorl foot *(of furniture)*
Voranstrich *m* primer [coat], priming coat
Vorarbeiten *fpl* [der Harzgewinnung] setting-up *(resin-tapping)*
Vorbau *m* porch
vorbehandeltes Sperrholz *n* prefinished plywood
Vorbeize *f* basic stain
vorbeizen to pre-stain
Vorbereitungsschlag *m* advance felling *(timber harvest)*
vorbeugender Holzschutz *m* preventive wood preservation
Vorbleiche *f* pre-bleaching
vorbleichen to pre-bleach
Vorbleichmittel *n* pre-bleaching agent
vorbohren to pre-bore, to pre-drill
Vorbohrloch *n* clearance (lead) hole, pilot hole
Vorbringer *m* forwarder *(timber harvest)*
Vordach *n* penthouse
vordämpfen to pre-steam *(hogged chips)*
Vordämpfkessel *m* pre-steaming vessel
Vorderansicht *f* facade *(of a building)*
Vorderseite *f* face [side]
Vordertisch *m* infeed table *(e.g. of a surface planer)*
Vorderzange *f* woodworker's vice *(of woodworking bench)*
Vordrehstahl *m* scraping tool *(of the wood turner)*
Vorentstipper *m* pre-deflaker
Vorextraktion *f* pre-extraction *(wood analysis)*
vorführen to skid
Vorführen *n* skidding *(timber harvest)*
vorgefertigte Holzbauteile *npl* millwork, joinery work
vorgefertigter Holzverbinder *m* preengineered timber connector
vorgefertigtes Bauelement *n* prefabricated component
~ Parkett *n* prefabricated parquet
Vorgriffshieb *m* advance felling *(timber harvest)*
Vorhalle *f* porch
Vorhangstange *f* curtain pole
vorhärten to pre-cure
Vorhieb *m* advance felling *(timber harvest)*
vorhobeln to rough-plane
Vorhobelstraße *f* preplaning line
Vorhydrolysat *n* prehydrolysate *(pulp manufacture)*
Vorhydrolyse *f* prehydrolysis
~-Sulfatverfahren *n* prehydrolysis sulphate process
~-Sulfatzellstoff *m* prehydrolysis sulphate pulp
Vorlage *f* pattern
Vorliefern *n*, **Vorlieferung** *f* preskidding *(timber harvest)*
Vornutzung *f* intermediate felling
Vornutzungshieb *m* intermediate felling

Vornutzungsholz *n* timber from intermediate fellings
Vorpreßpartie *f* couch *(of a Fourdrinier machine)*
Vorratskantholz *n* square timber stock
Vorreiber *m* casement fastener
Vorritzaggregat *n* scoring unit
vorritzen to score
Vorritzer *m* scoring saw-blade
Vorritzsäge *f* scoring saw
Vorritzsägeblatt *n* scoring saw-blade
Vorritzsägewelle *f* scoring saw spindle
vorschneiden to pre-cut; to break down, to open *(stemwood)*
Vorschneiden *n* [primary] breakdown, opening *(of stemwood)*
Vorschneider *m* wing cutter, spur *(of an auger bit)*; nicker *(of a centre bit)*
Vorschnitt *m* opening cut, preliminary cut, [primary] breakdown *(of stemwood)*
Vorschnittsäge *f* head saw, headrig
Vorschnittgatter *n* head frame saw, roughing frame
Vorschnittgattersäge *f s.* Vorschnittgatter
Vorschub *m* feed
Vorschubgeschwindigkeit *f* rate of feed, feed speed
Vorschubmechanismus *m* carriage feed, feed works *(e.g. of a frame saw)*
Vorschubsteuerung *f* feed control *(e.g. of a machine saw)*
Vorschubtisch *m* feed table *(e.g. of a planer)*
vorspannen to pre-stress *(a circular saw-blade)*
vorspringen to jetty *(beam)*
Vorstecher *m* scribe [awl], scriber, marking awl, bradawl
vorstehende Randleiste *f* cock[ed] bead
Vorstreichfarbe *f* [paint] primer, priming paint
Vortransport *m* [wood] extraction, logging
vortrocknen to pre-dry, to pre-season
Vortrockner *m* pre-dryer
Vortrocknung *f* pre-drying, initial drying, preliminary seasoning
~ im Lagerschuppen storage shed pre-drying
Vortrocknungskammer *f* pre-dryer
Vorwärmer *m* preheater *(fibreboard manufacture)*
Voute *f* haunch, hauncheon, relish
Vulgärname *m* vernacular name *(e.g. of a wood species)*
Vulkanfiber *f* vulcanized fibre

W

W-Binder *m* Fink truss
Waagerechtgatter *n* horizontal frame saw[ing machine]
Waagerechtgattersägemaschine *f s.* Waagerechtgatter
Waagescheit *n* straight-edge
Wabenfäule *f* 1. [white] pocket rot, peckiness; 2. honey-comb rot *(of oak heartwood, caused by Xylobolus frustulatus)*
Wabigwerden *n* honey-combing, internal checking *(of wood)*
WAC *s.* Wacapou
Wacapou *n* acapu, brownheart, Vouacapoua americana, Andira aubletii *(wood species)*
Wacholder *m* 1. juniper *(genus Juniperus)*; 2. common juniper, *(Am)* ground cedar, Juniperus communis
Wacholder[teer]öl *n* juniper tar oil, alchitran *(from Juniperus oxycedrus)*
Wachs *n* wax
Wachsbeize *f* staining wax
Wachskitt *m* wax stopping, beaumontage
Wachsmattierung *f* wax polish
Wachspalme *f* wax palm, Ceroxylon alpinum (andicolum)
Wachspapier *n* wax[ed] paper
Wachstumsfaktor *m* growth factor
wachstumshemmend growth-inhibiting, antibiotic
Wachstumspunkt *m* growing tip *(wood anatomy)*
Wachstumszone *f* increment zone *(wood anatomy)*
Waferboard-Platte *f*, **Waferplatte** *f* waferboard [panel]
Wafers *pl*, **Waferspäne** *mpl* wafer-type flakes
Waffentruhe *f* arming chest
Wagenbauer *m* cart-wright, wainwright
Wagendeichsel *f* carriage-shaft
Wagenladung *f* carload
Wagenschoß *m* wainscot[ting] *(oak assortment)*
Wagenschoßbohle *f* sawn wainscot oak log
Wagenschuß *m s.* Wagenschoß
Waggonbohle *f* wagon plank
Waggonplanke *f* wagon plank
Wagner *m* cart-wright, wainwright
Wahnkante *f* wane, rough (dull) edge, natural bevel
Walaba *n* wallaba, Eperua falcata *(wood species)*
Wald *m* forest, wood
Waldaufarbeitungsplatz *m* forest [log] depot
Waldausformungsplatz *m* forest [log] depot, upper depot, upper landing
Waldbart *m* cutting crest, beard, sloven *(of a felled tree)*
Waldbaum *m* forest tree
Waldbläue *f* log blue (bluing) *(softwood defect esp. due to Ophiostoma spp.)*
Walddattel *f* wild date palm, Phoenix sylvestris
waldfeucht forest-dry, dried in the forest *(timber)*
Waldflächenausbeutung *f* exploitation
waldfrisch green, fresh, verdant *(wood)*
waldfrisches Holz *n* greenwood, newly cut wood
Waldgärtner *m* pine beetle, Tomicus (Blastophagus, Myelophilus) piniperda
waldgrün green, fresh, verdant *(wood)*
waldgrünes Holz *n* greenwood, newly cut wood
Waldhammer *m* marking hammer, numbering hammer, blazer
Waldhammermarke *f*, **Waldhammerzeichen** *n* [end] mark, blaze
Waldhasel *f* filbert, hazel, wood nut, Corylus avellana
Waldhieb *m s.* Waldbart
Waldholz *n* raw wood
Waldinsekt *n* forest insect
Waldkante *f* wane, rough (dull) edge, natural bevel
waldkantig waney[-edged], wany, rough-edged, unedged
Waldkiefer *f* common (Norway, Baltic) pine, Scotch fir (pine), Pinus sylvestris; Riga deal, European (Kara) redwood *(trade name)*
Waldkirsche *f* sweet cherry, mazard [cherry], mazzard, gean, Prunus avium
Waldlagerplatz *m* concentration yard
Waldprodukt *n* forest product
Waldrestholz *n* logging wood-waste, [logging] slash
waldschälen to rough-bark, to bark partially
Waldschälen *n* partial barking
Waldspan *m* cutting crest, beard, sloven *(of a felled stem)*
waldtrocken forest-dry, dried in the forest *(timber)*
Waldtupelobaum *m* black tupelo, tupelo [gum], sour gum, gum-tree, Nyssa sylvatica
Waldverladeplatz *m* forest [log] depot
Waldweide *f* forest pasture (range), woodland grazing area (ground)
Waldweideauftrieb *m*, **Waldweidegang** *m* woodland grazing
Waldweidegebiet *n s.* Waldweide
Waldzeichen *n* end mark, blaze *(tree marking)*
Walliser Haus *n* Valais house *(timber architecture)*
Walloneneiche *f* valonia oak, Quercus macolepis (aegilops)
Walm *m* hip *(roof surface)*
Walmdach *n* hip-roof, hipped roof
Walmdachtragwerk *n* hip-roof frame
Walmgiebel *m* clipped gable
Walmschifter *m* hip jack rafter
Walmsparren *m* angle rafter
Walnußbaum *m* 1. walnut *(genus Juglans)*; 2. common (European, English, Persian) walnut, Juglans regia
Walnußgewächse *npl* walnut family *(family Juglandaceae)*
  die ~ betreffend juglandaceous
Walnußöl *n* walnut oil
Walnußschale *f* walnut shell
Walzenauftrag *m* roll spreading *(e.g. of*

Walzenauftrag lacquer)
Walzenbahntrockner m roller dryer
walzenförmiges Kotteilchen n bun-shaped pellet (e.g. of death-watch beetles)
Walzenglättwerk n calender
Walzenleimauftragmaschine f roll glue spreader
Walzenpresse f continuous roller press
Walzenschleifmaschine f drum sander, drum sanding machine
~ **mit drei Schleifzylindern** three-drum travelling-bed sander
Walzlackiermaschine f lacquer[ing] roll, roller coating machine
Walzmaschine f roller stretching machine, stretching rolls (for tensioning of band-saw blades)
Wamara n wamara, brown ebony, beef wood, Swartzia tomentosa (leiocalycina)
Wandbauplatte f aus Gips lath and plaster
Wandbauplatten fpl aus Gips lath and plaster
Wandbekleidung f wall cladding, wall sheathing
Wandbrett n wall shelf
Wandbrettnische f shelf alcove
Wandbug m wall brace (framework)
wandernder Zimmermannsgeselle m travelling journeyman carpenter
Wandholzstoß m log wall extension
Wandklappbett n wall bed, wardrobe bed
Wandklapptisch m [folding] wall table
Wandleuchter m wall light
Wandmöbel npl wall furniture
Wandpfosten m wall post, stud (framework)
Wandplatte f wallboard
Wandrahmen m wall frame
Wandregal n wall[-mounted] shelf
Wandsäule f wall post (framework)
Wandschalung f wall sheathing
Wandschalungsbrett n siding
Wandschindel f wall shingle, siding shingle
Wandschirm m screen
Wandschrank m [wall] cupboard; built-in wardrobe
Wandschränkchen n wall cabinet
Wandsockelleiste f dado
Wandspiegel m wall mirror
Wandstrebe f wall brace (framework)
Wandtafel f blackboard, chalkboard
Wandtafelfarbe f blackboard coating (paint)
Wandtäfelung f wall panelling
Wandtisch m wall table
Wanduhr f wall clock, mural clock
Wandverkleidung f wall-lining, wall sheathing
Wandvertäfelung f wall panelling
Wandwange f wall string [board], closed string [board], housed (closed) stringer (of a staircase)
Wange f cheek (e.g. of an axe)
Wangenkrümmling m wreathed string, wreath piece
Wangenschreibtisch m pedestal writing desk
Wangensessel m grandfather chair
Wangentisch m trestle table, pedestal table
Wangentreppe f housed stair[case]
wangenverzierte Treppe f bracketed staircase
Wanknutsäge f drunken saw, wobble saw

wärmeaushärtendes Zweikomponentenharz n two-package thermosetting resin
wärmebeständig heat-resistant
Wärmebrücke f thermal bridge
Wärmedämmplatte f thermal insulating panel
Wärmedämmung f thermal insulation, heat insulation
Wärmedurchgangskoeffizient m, **Wärmedurchgangszahl** f overall heat transfer coefficient
Wärmedurchlaßwiderstand m thermal resistance, R-value, RSI-value
Wärmehärtung f heat-curing (of adhesives)
Wärmekapazität f thermal capacity
Wärmeleitfähigkeit f thermal (heat) conductivity
Wärmeleitvermögen n thermal conductivity
Wärmeleitwiderstand m thermal resistance, R-value, RSI-value
Wärmeleitzahl f thermal conductivity
Wärmerückgewinnung f heat recovery
Wärmeschrank m [drying] oven
Wärmeschutz m thermal insulation
Wärmetauscher m heat exchanger
Wärmeübergangskoeffizient m heat transfer coefficient
wärmevergütete Faser[hart]platte f tempered hardboard, super[hard]board, high-denisty hardboard
Warmleim m hot glue
Warmwasserweiche f hot-water steeping
Warnfähigkeit f warning ability (timber property)
Wartezeit f assembly time (bonding process)
Warze f, **warzenartige Erhebung** f wart (on bordered pits)
Warzenkiefer f knob-cone pine, Pinus attenuata
Warzenschicht f warty layer (overlaying the tertiary wall of wood cells)
Warzenschwamm m cellar fungus, Coniophora puteana (cerebella)
waschbrettartige Holzverformung f washboarding (seasoning defect)
Waschbrettschnitt m washboarding, snake (caused by running out of saws)
Wäscheablage f laundry [corner] unit
Wäscheklammer f clothes-peg, (Am) clothes-pin
Wäschekorb m clothes basket, linen basket
Wäschepfahl m clothes-post, clothes-prop (-pole)
Wäscher m washer (wood pulping)
Wäscheschrank m linen closet, linen cupboard, (Am) clothes closet
Wäschestange f clothes-post, clothes-prop (-pole)
Wäschetruhe f clothes-chest, blanket box (chest)
Waschholländer m washer [beater] (pulp manufacture)
Waschkommode f washing stand, basin stand
Waschkorb m clothes basket
Waschtisch m washing stand, basin stand
~ **mit Spiegel** dressing table, toilet table, (Am) vanity [dresser], dresser
Waschtischspiegel m dressing-table mirror
Washprimer m wash primer
wasserabweisend hydrophobic
Wasserbauholz n marine timber

Wasserbeize *f* water[-based] stain
Wasserberieselung *f* water spraying *(of roundwood as protective measure against fungal attack)*
Wasserdampf *m* water vapour, steam
  durch ~ plastifizieren to steam *(wood)*
Wasserdampfdestillation *f* steam distillation *(e.g. of wood)*
Wasserdampfdurchlässigkeit *f* water vapour permeance *(e.g. of fibreboards)*
Wassereiche *f* water oak, Quercus nigra
Wassereis *n* epicormic branch, bole sprout *(wood defect)*
Wasseresche *f* water ash, pop ash, Carolina (Arkansas) ash, Fraxinus caroliniana
wasserfest water-resistant
Wasserfestigkeit *f* water resistance, wet strength *(e.g. of bonds)*
wasserfrei absolutely dry
wasserfreie Masse *f* dry weight
Wassergarten *m* mill-pond; log harbour, rafting reservoir; sorting boom *(roundwood sorting)*
Wassergasteer *m* water-gas tar *(wood preservative)*
wassergetränkt waterlogged, soggy *(wood)*
wassergetränktes Holz *n* waterlogged wood
Wasserglas *n* soluble glass
Wasserhof *m s.* Wassergarten
Wasserholz *n* waterlogged wood
wasserklar water-white *(e.g. a liquid)*
Wasserkornmühle *f* water-powered corn mill
Wasserkühlturm *m* [water] cooling tower
Wasserlack *m* water varnish, water lacquer
Wasserlagerplatz *m* log harbour, rafting reservoir
Wasserlagerung *f* water storage, pond storage *(of timber)*
Wasserleitung *f* water conduction *(e.g. in wood)*
wasserlösliche Farbstoffbeize *f* water[-based] stain
wasserlöslicher Extraktivstoff (Holzinhaltsstoff) *m* water-soluble extractive
~ Klebstoff *m* water-borne adhesive, water-based adhesive, glue
wasserlösliches Holzschutzmittel *n* water-soluble [wood] preservative, water-borne [wood] preservative
Wassermühle *f* water-powered corn mill
Wassernase *f* drip cap, weather check, throat[ing] *(e.g. of a window sill)*
Wassernasenrinne *f* drip groove (channel), capillary groove, check throat *(weather moulding)*
Wasserrad *n* water-wheel *(of a mill)*
Wasserreis *n* epicormic branch, bole sprout *(defect in wood)*
Wasserriese *f* [water] flume *(timber transport)*
Wasserrückhaltewert *m* water retention value, WRV *(paper-making)*
Wassersägemühle *f* water-powered [saw]mill
Wassersägewerk *n* wet sawmill
wassersatt waterlogged, soggy *(wood)*
wassersattes Holz *n* waterlogged wood
Wasserschenkel *m* weather strip, weather moulding

Wasserski *m* water-ski
Wasserstoffbindung *f,* **Wasserstoffbrücke** *f* hydrogen bonding *(e.g. between cellulose molecules)*
Wasserstoffperoxid *n* hydrogen peroxide *(bleaching substance)*
Wasserstoffperoxidbleiche *f* hydrogen peroxide bleach[ing] *(of fibrous materials)*
Wasserstoffsuperoxid *n* hydrogen peroxide *(bleaching substance)*
Wasserstrahlentrinder *m* hydraulic [de]barker, jet (stream) barker
Wasserstrahlentrindung *f* hydraulic barking, jet (stream) barking, barking by water jets
Wassertupelobaum *m* water tupelo, tupelo [gum], Nyssa aquatica
Wasserwaage *f* spirit-level, carpenter's level
Wasserzeichen *n* watermark *(in paper)*
wäßrige Faserstoffsuspension *f* aqueous pulp
~ Formaldehydlösung *f* formalin
wäßriger Stoff *m* free stock *(paper-making)*
Wawabima *n* brown sterculia, Sterculia rhinopetala *(wood species)*
WDE *s.* Weidenholz
Webb's Tanne *f* Indian silver fir, Abies webbiana
~ Weißtanne *f* Himalayan silver fir, Abies spectabilis
Webschiffchen *n,* **Webschützen** *m* shuttle
Wechsel *m s.* Wechselbalken
Wechsel-Naßprüfung *f* wet cyclic test *(e.g. on fibreboards)*
Wechselbalken *m* trimmer [beam], trimmer joist
Wechseldrehwuchs *m* interlocked fibre (grain), double cross-grain, alternating spiral grain, ribbon figure, changing twisted growth
Wechseldruckverfahren *n* alternating-pressure process *(wood preservation)*
Wechselfalz *m* rabbet joint
wechselseitiger Schrägschliff *m* alternate top bevel grind *(circular saw-blade)*
Wechselsparren *m* trimmer rafter
Wechselstab *m* counter brace *(timber frame)*
wechselständige Tüpfelung *f* alternate pitting *(wood anatomy)*
Wedgwood-Plakette *f* Wedgwood plaque *(ornamentation on furniture)*
weghobeln to plane away
Wegriese *f* road slide *(logging)*
wegstemmen to chisel off
Wehrtruhe *f* arming chest
Weichbast *m* soft bark
Weiche Erle *f* speckled alder, Alnus rugosa
weiche Faserplatte *f* [wood fibre] softboard, soft fibreboard
weichelastischer Klebstoff *m* low-viscosity adhesive
Weichenschwelle *f* turn-out sleeper, *(Am)* switch tie *(timber assortment)*
weicher Ahorn *m* soft maple *(comprehensive term)*
~ Kern *m* brittle (spongy) heart, soft heart, punky-heart *(wood defect)*
Weicher Nagekäfer *m* soft furniture beetle, Ernobius mollis

weicher Zellstoff *m* soft pulp
weiches Holz *n* softwood
Weichfaserplatte *f* [wood fibre] softboard, soft fibreboard
Weichharz *n* soft resin
Weichholz *n* 1. softwood, non-porous wood; 2. sapwood, alburnum
~-**Tafelgemälde** *n* softwood panel painting
 aus ~ hergestellt soft-wooded
weichholzig soft-wooded
Weichholzmöbel *npl* softwood furniture
Weichkiefer *f* soft pine, white pine *(comprehensive term)*
weichmachen to plasticize
Weichmachen *n* plasticization
Weichmacher *m* plasticizer, flexibilizer *(e.g. for adhesives)*
Weichsel[kirsche] *f* sour cherry, garden cherry, Prunus cerasus
Weide *f* willow, osier *(genus Salix)*
Weidenbohrer *m* goat moth, Cossus cossus
Weideneiche *f* [swamp] willow oak, peach oak, Quercus phellos
Weidengeflecht *n* wickerwork, wicker
Weidengerte *f* withe, withy, willow rod, osier, wand
Weidengewächse *npl* willow family *(family Salicaceae)*
 die ~ betreffend salicaceous
Weidenholz *n* willow
Weidenkorb *m* wicker basket
Weidenmatratze *f* willow mattress *(groyne construction)*
Weidenrute *f* withe, withy, willow rod, osier, wand
~ **aus mehrjährigem Aufwuchs** stick
Weidenrutenbündel *n* wad, bolt
Weidenrutenschälen *n* stripping whites, whitening
Weidenrutenspaltmaschine *f* osier splitting machine
Weidenrutenverarbeitung *f* willow processing
Weidensinkstück *n* willow mattress *(groyne construction)*
Weide[zaun]pfahl *m* pasture pole
Weihnachtsbaum *m* Christmas tree
Weihrauch *m* oliban[um], [true] frankincense *(gum resin esp. from Boswellia sacra)*
Weihrauchbaum *m* 1. incense tree *(genus Boswellia)*; 2. bible frankincense, Boswellia sacra (carteri)
Weihrauchkiefer *f* loblolly (frankincense) pine, short-leaf pine, foxtail (bull, slash) pine, Pinus taeda
Weihrauchwacholder *m* incense juniper, Juniperus thurifera
Weihrauchzeder *f* incense [pencil] cedar, bastard cedar, IC, Calocedrus (Libocedrus) decurrens
Weinahorn *m* vine maple, mountain maple, Acer circinatum
Weinbergpfahl *m* grape-stake, vineyard pole
Weinfach *n* cellaret[te] *(in a buffet)*
Weinfaß *n* wine barrel
Weinflaschenfach *n* cellaret[te] *(in a buffet)*

Weinserviervagen *m* wine waiter
Weißahorn *m* sycamore maple (plane), great maple, harewood, English sycamore, Acer pseudoplatanus
Weißarbeit *f* stripping whites, whitening *(basket-making)*
Weißast *m* sound knot, sound branch
Weißbaum *m* whitebeam [tree], Sorbus aria
Weißbirke *f* white (silver, weeping) birch, Swedish (European) birch, Betula pendula (alba, verrucosa)
Weißbuche *f* 1. hornbeam, white (water) beech *(genus Carpinus)*; 2. [European] hornbeam, white (horse, hurst) beech, yoke elm, Carpinus betulus
Weißdorn *m* hawthorn, whitethorn *(genus Crataegus)*
Weißdornakazie *f* allthorn acacia, Acacia karoo (horrida)
Weiße Akazie *f* white acacia, ana-tree, Acacia (Faidherbia) albida
~ **Ameise** *f* white ant, termite *(order Isoptera)*
~ **Esche** *f* white ash, Fraxinus americana
~ **Indische Lebenseiche** *f* grey oak, Quercus leucotrichophora (incana)
weiße Politur *f* white polish
Weißeiche *f* 1. white oak *(group of species)*; 2. [American] white oak, Quebec oak, chestnut (stave) oak, tanbark oak, Quercus alba
Weißer Ahorn *m* silver (white, soft) maple, river (swamp, water) maple, Acer saccharinum
~ **Hartriegel** *m* red osier [dogwood], Cornus sericea (stolonifera)
~ **Hickory** *m* shagbark [hickory], bigbud (shellbark) hickory, scalebark, Carya ovata (alba)
~ **Maulbeerbaum** *m* white mulberry, Morus alba
~ **Porenschwamm** *m* white pore fungus, mine fungus, Antrodia sinuosa, Poria vaillantii (vaporaria)
weißer Schellack *m* white (bleached) shellac[k], de-waxed shellac[k]
~ **Ton** *m* kaolin
Weißerle *f* [Norwegian] grey alder, speckled alder, Alnus incana
weißes Fichtenharz *n* barras
Weißes Meranti *n* white meranti, *(esp.)* Shorea bracteolata *(wood species)*
Weißesche *f* white ash, American (Canadian) ash, Fraxinus americana
Weißeschenholz *n* calico ash
Weißfäule *f* white rot
weißfäulebefallenes Holz *n* white-rotted wood
Weißfäuleloch *n* rot pocket
Weißfäulepilz *m* white-rot fungus, white-rotter
Weißfichte *f* [eastern] Canadian spruce, white spruce, Picea glauca (alba)
Weißgehalt *m s.* Weißgrad
weißgeschält completely peeled *(timber)*
Weißgrad *m* brightness, whiteness [degree] *(of pulp or paper)*
Weißgraderhöhung *f*, **Weißgradsteigerung** *f* brightness gain (increase)
Weißholz *n* 1. whitewood *(comprehensive term)*;

2. tension wood
Weißkiefer *f* 1. white (soft) pine *(comprehensive term)*; Riga deal, European (Kara) redwood *(trade name)*; 2. common (Baltic) pine, Scotch fir (pine), Pinus sylvestris
Weißlauge *f* white liquor, cooking liquor *(pulp manufacture)*
Weißleim *m* white glue, polyvinyl-acetate adhesive (glue), polyvinyl-acetate-resin emulsion
Weißliche Akazie *f* silver wattle, Acacia dealbata
Weißlochfäule *f* [white] pocket rot, peckiness
Weißpappel *f* white poplar, silver-leaf poplar, abele, Populus alba
Weißpfeifigkeit *f* pipe rot *(of oakwood caused by Stereum spp.)*
Weißrindige Kiefer *f* whitebark pine, Pinus heldreichii
Weißrüster *f* American elm, white (grey) elm, Ulmus americana (alba)
weißschälen to clean-bark, to bark and bast
Weißschälen *n* clean barking, full barking, barking in full
Weißschliff *m* white groundwood
Weißschnitt *m* white-line method (technique) *(of woodcutting)*
weißschnitzen *s.* weißschälen
Weißstammzirbe *f* alpine white-bark pine, Pinus albicaulis
Weißtanne *f* silver fir, Abies alba (pectinata)
Weißtannenholz *n* whitewood
Weißtannenstammlaus *f* balsam woolly aphid, Dreyfusia (Adelges) piceae
Weißulme *f* American elm, white (grey) elm, soft elm, Ulmus americana (alba)
Weißweide *f* common willow, white willow, Salix alba
weitjährig *s.* weitringig
weitringig wide-ringed, coarse-ringed, open-grained, broad-ringed *(wood)*
Weitringigkeit *f* coarse-grain *(of wood)*
Welle *f* 1. shaft, arbor; 2. *s.* Wellenbahn
Wellenbahn *f* flute
Wellen[dübel]band *n* corrugated [joint] fastener, wriggle nail, wiggle nail
Wellenleiste *f* wave moulding
Wellennagel *m* corrugated [joint] fastener, wriggle nail, wiggle nail
Wellennagelmaschine *f* corrugated [joint] fastener nailing machine
Wellenprofilleiste *f* wave moulding
Wellenschnitt *m* snake *(caused by running out of saws)*
Wellenspur *f* fiddle-back [figure], ripple[d] grain, ripple[d] mark
Wellenwuchs *m* wavy (curly) grain, wavy (curly) figure, quilted figure, waviness
welliger Faserverlauf *m* wavy figure (grain), curly figure, waviness
Wellingtonia *f* sequoia, wellingtonia *(genus Sequoia)*
Wellpappe *f* corrugated [card]board, corrugated paperboard, corrugating board, cellular (cushion) board

~-Mittellage *f* corrugating medium, fluting material (medium)
Wellstegträger *m* corrugated-web girder
Wellstift *m* corrugated [joint] fastener, wriggle nail, wiggle nail
Welscher Walnußbaum *m* Persian walnut, Juglans regia ssp. regia
Weltholzressourcen *fpl* world wood resources
Weltholzverbrauch *m* world wood consumption
Weltholzvorräte *mpl* world wood resources
Weltmöbelmarkt *m* world furniture market
WEN *s.* Wengé
Wendeaxt *f* double[-bitted] axe, double-bladed axe
Wendehaken *m* cant-dog, cant-hook, cant-dog, spoke, dog, peav[e]y
~ nach Gayer-Fabricius ring dog
Wendelstufe *f* winder [tread], radiating tread, radial step
Wendeltreppe *f* winding staircase, spiral stair[case], helical stair, caracole
Wendeschneidplatte *f* turnplate cutter
Wendevorrichtung *f* turning device
Wengé *n* wenge, Millettia laurentii *(wood species)*
weniger bekannte Arten (Holzarten) *fpl* lesser known species
Werfen *n* warping, casting *(of wood)*
Werftbohrkäfer *m* wharf borer, Nacerda melanura
Werkbank *f* bench
Werkholz *n* timber, TBR
Werkholzbohrkäfer *m* anobiid beetle *(family Anobiidae)*
Werkleimung *f* factory bonding
Werkstättenschnittholz *n (Am)* shop lumber, factory lumber
Werkstattmöbel *npl* workshop furniture
Werkstattwinkel *m* [try-]square
Werkstattzeichnung *f* working drawing
Werkstück *n*, **Werkteil** *n* workpiece, job
Werktisch *m* bench
Werkzeugauflage *f* tool-rest, rest *(of a wood-turning lathe)*
Werkzeuggriff *m* tool handle, handle
Werkzeugkasten *m* tool box
Werkzeugschleifmaschine *f* tool-grinding machine
Werkzeugstiel *m* tool handle, helve
Werkzeugträger *m* tool-holder
Werkzeugverschleiß *m* tool wear
Werkzeugwelle *f* arbor
Werkzeugzuführung *f* fence
Wertastung *f* pruning for quality
Wertholz *n* high-grade timber, showwood, fine wood, quality (superior, primary) timber
Wertholzstamm *m* valuable timber-tree
Westafrikanischer Walnußbaum *m* African (Nigerian) walnut, Lovoa klaineana (trichilioides)
Westafrikanisches Eisenholz *n* azobe, ekki, red ironwood, scrubby oak, Lophira procera (lanceolata, alata)
~ Rosenholz *n* bubinga, African rosewood, Guibourtia tessmannii

Westamerikanische Balsamtanne f Alpine fir, Abies lasiocarpa (subalpina)
~ **Hemlocktanne** f 1. western hemlock (spruce), Pacific hemlock, West Coast hemlock, WCH, Tsuga heterophylla; 2. mountain (black) hemlock, MH, weeping spruce, Tsuga mertensiana
~ **Lärche** f western larch, western tamarack, Larix occidentalis
Westindische Kirsche f Barbados cherry, West Indian cherry, Malpighia glabra (punicifolia)
~ **Zeder** f Spanish (Honduras, Central American) cedar, cedrela, bastard Barbados cedar, Cedrela odorata (mexicana)
Westindisches Sandelholz n balsam torchwood, Amyris balsamifera
~ **Satinholz** n West Indian satinwood, Fagara flava, Zanthoxylum flavum
Westliche Balsampappel f black cottonwood, western (Oregon) balsam poplar, Populus trichocarpa
Westlicher Erdbeerbaum m strawberry-tree, Arbutus unedo
wetter- und kochfestes Sperrholz n weather- and-boil-proof plywood, WBP
Wetterbaum m primeval tree
wetterbeständig weather-proof, weather-resistant
Wetterschalung f weather-board cladding, weather-boarding, weather-boards
Wetterscheider m brattice (mine timbering)
Wetterschenkel m weather moulding, weather strip
Wetterschleuse f brattice (mine timbering)
wetterseitig to the weather
Wettertür f brattice (mine timbering)
wetzen to whet (a cutting edge)
Wetzstein m whetstone
Weymouth-Himalajakiefer f Himalayan pine, Pinus wallichiana (excelsa)
Weymouthskiefer f [eastern] white pine, Weymouth pine, yellow pine, Quebec pine, Pinus strobus
Weymouthskiefernblasenrost m white pine blister rust (caused by Cronartium ribicola)
Weymouthskiefernblasenrostpilz m white pine blister rust, Cronartium ribicola
White Spirit m white spirit, (Am) mineral spirits (turpentine substitute)
Whitewood n [canary-]whitewood, canary wood, tulip-tree, yellow poplar, Liriodendron tulipifera
Wichte f density
Wickler m tortricid [moth], tortrix [moth] (family Tortricidae)
Widdringtonia juniperoides clanwilliam cedar, Widdringtonia juniperoides
~ **whytei** milanji cedar (cypress), Widdringtonia whytei
widersonniger Drehwuchs m clockwise spiral grain, right-hand (RH) spiral grain
widerspänige Holzfaser f, **Widerspänigkeit** f raised grain, cross-grain (fault in wood)
Widerstandserwärmung f resistance heating (e.g. for timber drying)
Widerstandsfähigkeit f strength, resistance

~ **gegen Termiten** termite resistance
Wiederhacker m rechipper
Wiederkehrdach n intersecting roof
wiederverlegen to re-lay (e.g. floor boards)
Wiege f cradle
Wiener Kalk m Vienna chalk (polish)
~ **Schraube** f hexagon head wood screw
~ **Stuhl** m Thonet [bent-wood] chair
Wiesner-Reaktion f Wiesner reaction (lignin determination)
Wildapfel[baum] m wild apple [tree], Malus sylvestris [ssp. sylvestris]
Wilde Olive f wild olive, oleaster, Olea europaea ssp. sylvestris
Wilder Birnbaum m wild pear, Pyrus pyraster
~ **Feigenbaum** m sycamore [fig], wild fig [tree], mulberry fig, Pharaoh's fig, Ficus sycomorus
~ **Mann** m wild man (timber-frame carpentry)
~ **Ölbaum** m s. Wilde Olive
Wildflößerei f floating, stream driving
Wildschaden m damage by game
Wildverbiß m browsing [by game]
Wildverbißschaden m browsing damage
Wildverbißschutzmittel n antigame protective agent, deer repellent
Willstätter-Lignin n Willstätter lignin, hydrochloric-acid lignin
Wimmerwuchs m wavy figure (grain), curly figure, waviness
Windbrett n barge-board, verge-board; wind (purlin) brace, sway brace
Windbruch m, **Windbruchholz** n blowdown timber, blowdowns, wind-fallen wood
Windenschneckenbohrer m gimlet bit, half-twist bit
Windfallholz n s. Windbruch
Windfang m porch
Windfeder f, **Windlatte** f s. Windbrett
Windriß m wind (cup) shake, ring shake, ring failure (wood defect)
Windrispe f s. Windbrett
Windschaden m wind damage
windschief winding, twisted, out of truth, lopsided (sawnwood)
~ **werden** to wind, to twist (sawnwood)
Windschiefe f winding, lopsidedness
Windsichter m air separator
Windsorstuhl m Windsor chair
~ **mit Schreiblehne** writing Windsor [chair]
Windstrebe f wind brace, purlin brace, sway brace
Windung f twist turning, spiral turning
Windungsgrund m hollow portion of the twist (wood turning)
Windverband m wind bracing, bracing system (timber construction)
Windwurf m windthrow
Windwurfholz n windthrow timber
Winkel m 1. angle; 2. [try-]square
Winkelanschlag m mitre fence, mitre gauge, cross-cut fence (e.g. of a table saw)
Winkelbrett[chen] n pitch board (for laying out a stair stringer)
Winkeldruckstab m angle strut
Winkeleisen n [des Zimmermanns] rafter

(framing) square, [steel] carpenter's square
Winkelhaken *m* [try-]square
Winkelkantenabrichthobelmaschine *f* surface planing and edge jointing machine
Winkelleiste *f* angle fillet
Winkelmaß *n* [try-]square
Winkelschleifer *m* angle grinder
Winkelschnitt *m* angle (diagonal) cut, squaring cut
Winkelstoß *m* angle joint
Winkelstrebe *f* angle brace, angle tie
Winkelverbinder *m* angle fastener, framing anchor
Winkelverbindung *f* angle joint
Winkelzählmethode *f* **nach Bitterlich** Bitterlich angle-count method [of cruising], angle-gauge method *(timber mensuration)*
Winkelzählprobe *f s.* Winkelzählmethode nach Bitterlich
Winkelzapfen *m* box[ed] tenon
winklig schneiden to square [up]
Wintereiche *f* sessile oak, durmast oak, stalkless-flowered oak, Quercus petraea (sessiliflora)
Wintereinschlag *m* winter felling
Winterfällung *f* winter felling
Wintergartenmöbel *npl* conservatory furniture
Wintergrüne Eiche *f* Turner's oak, Quercus x turneri
Winterlinde *f* [small-leaved] lime, small-leaved linden, little-leaf linden, Tilia cordata (parvifolia)
Winterpilz *m* velvet-stemmed agaric, Collybia (Flammulina) velutipes
Winterrinde *f* Winter's cinnamon, Drimys winteri *(wood species)*
Winterspore *f* teliospore *(of rust fungi)*
Wipfel *m* tree-top, top, head, crown
wipfeldürr top-dry, stag-headed
Wipfeldürre *f* stag-headedness
Wipfelholz *n* head log
Wipfelstück *n* top log, top
Wippdrechselbank *f*, **Wippe** *f* pole [and treadle] lathe
Wirbel *m* 1. crotch, curl *(in wood)*; 2. peg *(of a stringed instrument)*
Wirbelbalken *m* peg-board *(of a piano)*
Wirbelbettholzvergaser *m* fluidized-bed wood gasifier
Wirbelfeld *n* peg-board *(of a piano)*
Wirbelkasten *m* peg-box *(of a violin)*
Wirbelschichtholzvergaser *m* fluidized-bed wood gasifier
Wirtel *m* branch whorl; knot whorl
Wirtsbaum *m* host tree
Wirtschaftsbaumart *f* commercial tree species
Wirtshaustisch *m* inn table
Wirtswechsel *m* heteroecism *(e.g. of parasitic fungi)*
wirtswechselnd heteroecious
wissenschaftliche Baumkunde *f* dendrology, dendrography
witterungsbeständig weather-proof, weather-resistant
witterungsbeständiger Holzklarlack *m* spar varnish
witterungsfest weather-proof, weather-resistant
WIW *s.* Whitewood
Wohnblockhaus *n* timber frame home, log home
Wohngeschoßtreppe *f* finish stairs, main stairs
Wohnhaus *n* **in Fertigteilbauweise** modular home
~ **in Mastenbauweise** pole house
Wohnmöbel *npl* home (domestic) furniture, residential furniture
Wohnungs[eingangs]tür *f* residential [entrance] door
Wohnwagen-Innenausbauten *pl* caravan interiors
Wohnzimmer-Polster[möbel]garnitur *f* living-room set
Wohnzimmermöbel *npl* living-room furniture
Wohnzimmerstuhl *m* parlour chair
Wölbung *f* camber *(e.g. of a beam)*; vaulting
Wolframcarbid *n* tungsten carbide
Wolken *fpl* cloudiness *(in French polishing)*
Wollbaum *m* silk-cotton tree, kapok tree, ceiba, Ceiba pentandra
Wollbaumgewächse *npl* silk-cotton family *(family Bombacaceae)*
die ~ betreffend bombacaceous
wollige Holzoberfläche *f* tears in wood
Wollmispel *f* Japanese medlar, loquat, Eriobotrya japonica
Wollweide *f* woolly willow, Salix lanata
Wolman-Salz *n* Wolman salt *(wood preservative)*
Wrightia tinctoria pala indigo-plant, Wrightia tinctoria *(wood species)*
WS *s.* Wandschindel
Wuchsfehler *m* growth[-related] defect, defect in growth
Wuchsform *f* **eines Baumes** tree habit
Wuchsgebiet *n* provenance
Wuchsring *m* growth (tree) ring, annual [growth] ring, annual growth layer
Wuchsspannung *f* growth stress
Wuchsstoff *m* phytohormone, plant hormone
Wuchtschüttler *m* vibrating screen *(paper-making)*
wulstartiger Kallus *m* callus overgrowth
Wundfäule *f* wound[-initiated] rot, wound decay *(comprehensive term)*
Wundfäuleerreger *m* wound pathogen
Wundgewebe *n* traumatic tissue, callus
Wundgummi *n* wound gum *(secondary wood constituent)*
Wundharz *n* callus resin
Wundharzkanal *m* traumatic resin duct, traumatic canal (gum duct), wound duct
Wundholz *n* wound wood, callus
Wundkallus *m* callus
~ **ausbilden** to cork
Wundkanal *m s.* Wundharzkanal
Wundkern *m*, **Wundkernholz** *n* wound heartwood, traumatic heartwood
Wundkork *m* wound cork
~ **ausbilden** to cork
Wundparenchym *n* wound parenchyma,

Wundparenchym

traumatic parenchyma *(wood anatomy)*
Wundrandgewebe *n* callus
Wundrinde *f* wound bark
Wundstelle *f* **am Stamm** stem wound
Wundüberwallung *f* callus overgrowth
Wundverfärbung *f* wound stain *(of wood)*
Wundverschlußmittel *n* sealant
Würfelbruch *m* cubical rot, cubical (cuboidal) cracking *(of wood)*
würfelförmiger Säulensockel *m* dado
~ **Zerfall** *m* cubical rot, cubical (cuboidal) cracking *(of wood)*
Würgehaken[seil]schlinge *f* choker *(logging)*
Wurm *m* worm, woodworm
Wurmloch *m* worm (grub) hole, flight hole *(of insect pests)*
wurmstichig worm-eaten, wormy, vermiculate[d]
Wurzel *f* root
Wurzelanlauf *m* root collar, root swelling, root buttress, knee
    mit starkem ~ buttressed
Wurzeldruckholz *n* root compression wood
Wurzelfäule *f* root rot
Wurzelfurnier *n* stump veneer
Wurzelholz *n* root wood
Wurzelknolle *f* root burl
Wurzelpilzsymbiose *f* mycorrhiza
Wurzelreduzierer *m* butt-end reducer
Wurzelrinde *f* root bark
Wurzelstock *m* root-stock
Wurzelstockabschnitt *m* butt length, butt log, bottom log (piece)
Wurzelstockfurnier *n* stump veneer
Wurzelstockspaltmaschine *f* root-stock cleaving machine
Wurzelterpentinöl *n* wood [spirits of] turpentine
WZP *s.* Winkelzählmethode nach Bitterlich

X

Xanthat *n* xanthate
Xanthogenat *n* xanthate
Xanthogenierung *f* xanthation *(of cellulose)*
Xanthogensäure *f* xanthogenic acid
Xanthon *n* xanthone *(secondary wood constituent)*
Xanthophyllum papuanum New Guinea boxwood, Xanthophyllum papuanum
Xylan *n* xylan, wood gum *(polysaccharide)*
Xylanase *f* xylanase *(enzyme)*
Xylanauslösung *f* xylan removal
xylanolytisch xylanolytic *(enzyme)*
Xylanzahl *f* xylan number *(of pulp)*
Xylem *n* xylem, xylogen, wood vessels *(wood anatomy)*
Xylemaufbau *m* xylem structure
Xylemband *n* xylem band
Xylembildung *f* xylogenesis
Xylemharz *n* xylem resin
Xylemmutterzelle *f* xylem mother cell
Xylemölharz *n* xylem oleo-resin
Xylemparenchym *n* xylem parenchyma, wood parenchyma
Xylemsaft *m* xylem sap
Xylemstrahl *m* xylem ray, wood ray
Xylemstruktur *f* xylem structure
Xylemzylinder *m* xylem cylinder
Xylenol *n* xylenol
Xylenolharz *n* xylenol resin
Xyleutes ceramica beehole borer, Xyleutes ceramica *(wood pest)*
Xylit *m* 1. lignite; 2. xylitol *(sugar alcohol)*
xylitische Braunkohle *f* wood coal
Xylitol *n* xylitol *(sugar alcohol)*
Xylogenese *f* xylogenesis
Xyloglucan *n* xyloglucan *(polysaccharide)*
Xylograph *m* xylographer
Xylographie *f* xylography, wood-engraving
xylographisch xylographic[al]
Xylometer *n* xylometer
xylometrisch xylometric
xylophag xylophagous, lignivorous, wood-eating, wood-feeding
Xylophage *m* xylophage
Xylophon *n* xylophone *(percussion instrument)*
Xylothek *f* xylarium, wood [sample] collection

Y

Yachtbau *m* yacht construction
YAN *s.* Keruing
Yang *m* gurjun, Dipterocarpus alatus *(wood species)*
Yedofichte *f* Yezo spruce, Hondo spruce, Picea jezoensis
Ylang-Ylangpflanze *f* ylang-ylang, Macassar oil tree, Cananga odorata
Yohimbin *n* yohimbine *(alkaloid)*
Youngscher Elastizitätsmodul *m* Young's modulus, modulus of elasticity, MOE

Z

Z-Stapel *m* sleeper pile
Zagai[holz] *n* assegai, Cape lancewood, Curtisia faginea
zäh tough; viscous
zähe Esche *f* tough ash *(timber trade term)*
zäher Bruch *m* stringy fracture, fibrous fracture
zähflüssig viscous
Zähflüssigkeit *f* viscosity
Zähigkeit *f* toughness; viscosity
Zählbrett *n* till drawer block
Zähling *m* scaly lentinus, Lentinus lepideus (squamosus)
Zahltisch *m* counting table
Zahme Eberesche *f* service-tree, true service, sorb, Sorbus domestica
Zahnabstand *m* tooth pitch, tooth spacing
Zahnbrust *f* rake face
Zahndach *n* top plate *(of the saw chain tooth)*
~-Schnittwinkel *m* face angle *(of a saw-tooth)*
Zahnform *f* tooth pattern
Zahnfries *m* dentils *(decorative element)*
Zahnfußrundung *f* gullet
Zahngrund *m* gullet
Zahngrundlinie *f* [teeth] root line
Zahnhobel *m* toothing plane
  mit dem ~ aufrauhen (bearbeiten) to tooth, to key
Zahnhöhe *f* tooth height, height of tooth, gullet depth *(of a saw)*
Zahnhöhendifferenzmeßgerät *n* tooth depth difference measuring instrument
Zahnkopfhöhe *f* addendum of [saw] tooth
Zahnkopflinie *f* tooth line
Zahnkopfradius *m* addendum radius
Zahnkörper *m* tooth body
Zahnleiste *f* **für Einlegböden** rack-type shelf support
Zahnleistenauflage[vorrichtung] *f* saw-tooth rack *(to support shelves)*
Zahnlinie *f* tooth line
Zahnlücke *f* gullet area
Zahnlückengrund *m* gullet
Zahnputzholz *n* chewstick, Garcinia cola
Zahnringdübel *m* toothed-ring connector
Zahnrücken *m* tooth back
Zahnschnitt *m* dentils *(decorative element)*
Zahnschrank *m* set
Zahnspitzenlinie *f* tooth line
Zahnstocher *m* toothpick
Zahnteilung *f* tooth pitch, tooth spacing, saw pitch
Zahnung *f* toothing *(of saw-blades)*
Zahnwehbaum *m* s. Zahnwehholz
Zahnwehholz *n* [common] prickly-ash, toothache tree, Hercules-club, Zanthoxylum fraxineum (americanum)
Zahnwinkeldifferenzmeßgerät *n* tooth pitch difference measuring instrument
Zange *f* 1. horizontal timber *(carpentry)*; 2. bench vice *(of a carpenter's bench)*
Zangenrücketraktor *m* grapple skidder
Zangenspindel *f* bench screw *(of a carpenter's bench)*
Zangentraktor *m* grapple skidder
Zanthoxylum fagara lime prickly-ash, Zanthoxylum fagara
~ senegalense Senegal prickly-ash, Zanthoxylum senegalense
ZAP *s.* 1. Zapatero; 2. zentraler Aufarbeitungsplatz
Zapatero *n* Venezuela (Maracaibo) boxwood, West Indian boxwood, Gossypiospermum praecox
zapfen to tenon
Zapfen *m* 1. tenon; 2. cone *(fruit of conifers)*
~ schneiden to tenon
  mit abgesetztem ~ verbinden to stub-tenon
Zapfenband *n* pivot (pin) hinge, centre hinge
Zapfenkeil *m* fox wedge
Zapfenloch *n* tenon hole, mortise [hole], slot mortise, mortice
Zapfensäge *f* tenon-saw
Zapfenschlitzverbindung *f* mortise and tenon [joint], mortise joint
Zapfenschneidapparat *m* tenoner, shoulder cutter
Zapfenschneidemaschine *f* tenoner, shoulder cutter
Zapfenschneidmesser *n* tenoning cutter
Zapfenstufe *f* haunch[eon], relish
zapfentragend coniferous
zapfentragender Nadelbaum *m* conifer, coniferous tree, cone-bearing tree
zapfentragendes Nadelholzgewächs *n* conifer, cone-bearing plant *(order or subclass Coniferae = Pinidae)*
Zapfenträger *m* conifer, cone-bearing plant *(order or subclass Coniferae = Pinidae)*
Zapfenverbindung *f* mortise and tenon [joint], mortise joint; housed joint
Zaponlack *m* cellulose lacquer
Zapoterin *n* zapoterin *(flavonoid)*
Zarge *f* jamb casing, frame
Zaubernußgewächse *npl* wych-hazel family *(family Hamamelidaceae)*
  die ~ betreffend hamamelidaceous
Zaun *m* fence, fencing
Zaunanlage *f* fencing
Zaunbau *m* fence-building
Zaunbaumaterial *n* fencing
Zaunholz *n* fencing timber, railing
Zaunlatte *f* pale, paling
Zaunmaterial *n* fencing
Zaunpfahl *m* fence post, fence picket, fence stake, stob
Zaunpfosten *m* s. Zaunpfahl
Zaunriegel *m* fencing rail
Zaunstange *f* fence stake
ZD *s.* Zopfdurchmesser
Zebraholz *n* zebra wood, Connarus guianensis
Zechenholz *n* mine (mining) timber, pit timber, pitwood
ZED *s.* Zedernholz
Zeder *f* cedar *(genus Cedrus)*
Zederachgewächse *npl* mahogany family *(family Meliaceae)*

Zederachgewächse

die ~ betreffend meliaceous
zedern cedrine, cedarn
Zedernholz n cedar[wood]
   aus ~ cedrine, cedarn
Zedernholzöl n cedarwood oil, alchitran
Zedernholzschindel f cedar shingle
Zedernkampfer m cedrol *(sesquiterpene alcohol)*
Zedernöl n cedarwood oil, alchitran
Zedernschindel f cedar shingle
Zederwacholder m prickly cedar (juniper), Juniperus oxycedrus [ssp. oxycedrus]
Zederzypresse f [Atlantic] white cedar, swamp cedar, Chamaecyparis thyoides
Zedrachbaum m bead (China) tree, Persian lilac, pride-of-India, azedarach, Melia azedarach
Zeeneiche f Mediterranean oak, overcup oak, Mirbeck's oak, Quercus canariensis
Zeichenbrett n drawing-board
Zeichenpapier n drawing-paper
Zeichentisch m drawing table, draughtsman's (architect's) table
zeichnen to score *(wood)*
Zeitschriftenpapier n magazine paper
Zeitschriftenständer m magazine rack
Zeitschriftentisch m magazine table
Zeitungs[druck]papier n newsprint
Zeitungspapierfabrik f newsprint mill
Zeitungsständer m magazine rack
Zelle f cell
   in der ~ gelegen intracellular
Zelleinbruch m ribbing, collapse *(timber drying defect)*
Zellenlehre f cytology
Zellerbach-Entrinder m hydraulic (oscillating) wig-wag debarker
Zellhohlraum m cell cavity, lumen; vacuole *(wood anatomy)*
Zellhorn n celluloid
Zellinhalt m cell content
Zellkern m nucleus
Zellkollaps m ribbing, collapse *(timber drying defect)*
Zellplasma n cytoplasm
Zellpulver n cellular powder
Zellschwund m **und Zelleinbruch** m collapse shrinkage [in wood], collapse *(kilning defect)*
Zellstoff m [cellulosic] pulp, cellulose [pulp]
~ **aus Astholz** branch pulp
~ **mit hohem Restligningehalt** hard pulp
~ **mit niedrigem Restligningehalt** soft pulp
~-**Papierindustrie** f pulp and paper industry
~-**Restlignin** n residual pulp lignin
   in ~ zurückverwandeln to re-pulp
Zellstoffablauge f cellulose waste liquor, pulp liquor
Zellstofffabrik f pulp[ing] mill
Zellstoff[abrik]abwasser n pulp mill effluent
Zellstoffanalyse f pulp analysis
Zellstoffaufschluß m chemical pulping
Zellstoffausbeute f pulp yield
Zellstoffbütte f pulp chest
Zellstoffbestandteil m pulp constituent
Zellstoffbleiche f pulp bleach[ing]
Zellstoffbleichereiabwasser n pulp mill bleachery effluent
Zellstoffbogen m pulp sheet
Zellstoffentwässerungsmaschine f wet machine
Zellstofferzeugung f pulp manufacture
Zellstoffestigkeit f pulp strength
Zellstoffgewinnung f **aus Einjahrespflanzen** non-wood plant fibre pulping
Zellstoffharz n pitch
Zellstoffhersteller m pulp-maker
Zellstoffherstellung f pulp manufacture
Zellstoffholz n pulpwood
Zellstoffindustrie f pulp industry
Zellstoffkocher m [pulp] digester
Zellstoffkochung f pulp cooking
Zellstofflignin n pulp lignin
Zellstoffpapier n cellulosic paper
Zellstoffpappe f pulp board, cellulose board
Zellstoffplatte f pulp board
Zellstoffprobe f pulp sample
Zellstoffprodukt n cellulose product
Zellstoffprüfbogen m hand sheet
Zellstoffqualität f pulp quality
Zellstoffreinigung f pulp purification, pulp cleaning
Zellstoffsuspension f pulp suspension; stock suspension *(paper-making)*
Zellstofftechnologe m pulp technologist
Zellstofftechnologie f pulp technology
zellstofftechnologisch pulp technological
Zellstofftrockner m pulp dryer
Zellstofftrocknung f pulp drying
Zellstoffwäsche f pulp washing
Zellstoffwäscher m pulp washer
Zellstoffwatte f cellulose wadding
Zellstoffwerk n pulp[ing] mill
Zellulose f s. Cellulose
Zellumen n lumen, cell cavity *(wood anatomy)*
Zellwand f cell wall
Zellwandabbau m cell-wall degradation
Zellwandaufbau m cell-wall structure
Zellwandbestandteil m cell-wall component (constituent)
Zellwandcellulose f cell-wall cellulose
Zellwanddichte f cell-wall density, wood substance density
Zellwandfläche f cell-wall area
Zellwandgefüge n cell-wall structure
Zellwandsubstanz f cell-wall substance
Zellwandverdickung f cell-wall thickening
Zellwolle f viscose staple fibre, rayon staple [fibre]
Zellzusammenbruch m ribbing, collapse *(resulting from faulty kilning of timber)*
Zeltstange f tent pole
zementgebundene Spanplatte f s. Zementspanplatte
zementgebundener Holzwerkstoff m wood-cement composite
~ **Kunststein** m cement-bonded stone *(of a wood-pulp grinder)*
zementierter Nagel m cement-coated nail
Zementspanplatte f cement-bonded particleboard, wood cement particleboard
zentrale Holzausformungsanlage f industrial log depot, central processing yard, timber-yard

~ **Sekundärwand** *f* secondary wall 2, S$_2$ layer *(wood anatomy)*
zentraler Aufarbeitungsplatz *m* industrial log depot, central processing yard, timber-yard
Zentralschicht *f* secondary wall 2, S$_2$ layer *(wood anatomy)*
Zentralverschluß *m* central locking device
Zentrierspitze *f* centre point
Zentrifugalabscheider *m* centrifugal separator
Zentrifugal[kraft]reiniger *m* centrifugal cleaner
Zentrifugalsortierer *m* centrifugal strainer
Zentrifugalzerstäuber *m* centrifugal atomizer
Zentrischschälen *n* rotary cutting *(veneer production)*
Zentrumbohrer *m* centre [auger] bit
~ **mit verstellbarem Messer** expansive bit, expanding bit
Zeresin *n* ceresin, bleached earth wax
Zerfaserer *m* fiberizer, defibrator, disintegrator, refiner *(pulp manufacture)*; kneader, kneading machine *(paper-making)*
zerfasern to [de]fiberize, to disintegrate *(cellulose)*
Zerfasern *n*, **Zerfaserung** *f* defibration, fiberization, disintegration
Zerfaserungsgrad *m* freeness, degree of beating *(of fibrous materials)*
~ **nach Schopper-Riegler** Schopper-Riegler freeness
Zerfaserungsmaschine *f s.* Zerfaserer
Zerfaserungsscheibe refiner disk
Zerfaserungstemperatur *f* kneading temperature
zerhacken to chip, to hog
Zerhacken *n* chipping, hogging
zerkleinern to mill
zerkleinerte Gerbrinde *f* tan[bark]
Zerkleinerungsanlage *f* mill
Zerkleinerungsmaschine *f* reducing machine
zerlegbare Möbel *npl* demountable furniture
zerlegbarer Stuhl *m* collapsible chair
Zerlegtmöbel *npl* [do-it-yourself] knock-down furniture, KD furniture, packaged (flat-packed) furniture, shook
Zerrbalken *m* flexible foundation beam
Zerreiche *f* wainscot oak, Adriatic (Turkey) oak, Quercus cerris
Zerrüttung *f* fatigue *(e.g. of wood)*
zersägen to saw [up], to buck
zerschneiden to cut
Zersetzung *f* decay
Zersetzungserscheinung *f* decay damage
Zersetzungsgefahr *f* decay hazard
Zersetzungsgeschwindigkeit *f* decay rate
zerspanen to chip, to hog, to flake
Zerspaner *m* chipper, flaker, hogger
Zerspanerkörper *m* hogging cutter block
Zerspanermesser *n* hogging cutter knife
Zerspanungsmaschine *f* chipping machine
zersplittern to chip
Zerstörung *f* **durch Pilze** fungal decay, fungal decomposition
Zerstörungsbild *n* decay pattern *(of wood degradation)*
zerstreutes Parenchym *n* diffuse parenchyma *(wood anatomy)*

zerstreutporig diffuse-porous *(wood)*
Zerstreutporigkeit *f* diffuse-porousness
Zibetbaum *m* durian, durion, Durio zibethinus *(wood species)*
Zickzackfeder *f* zigzag spring, sinuous spring, serpentine spring *(upholstery)*
Zickzackornament *n* chevron
Ziegelausfachung *f* brick nogging *(half-timbering)*
ziegelförmige Holzstrahlzelle (Zelle) *f* tile cell *(wood anatomy)*
Ziegellatte *f* roof batten
Ziegenweide *f* [common] sallow, goat (hedge) willow, sally, Salix caprea
Ziehen *n* [ground] skidding, snaking, snigging *(timber harvest)*
Ziehklinge *f* [cabinet] scraper, scraping tool
Ziehklingengratzieher *m* scraper sharpener, burnisher, ticketer
Ziehklingenhobel *m* scraper plane, handled scraper
Ziehklingenmaschine *f* scraping machine, [mechanical] scraper
Ziehklingenspan *m* scraping chip
Ziehklingenstahl *m* scraper sharpener, burnisher, ticketer
Ziehmesser *n* draw[ing]-knife, [draw-]shave; cleaning knife *(for clean barking)*
Ziehweg *m* sledge-way *(timber logging)*
Zierat *m* ornament, decoration; decorative motif
Zierbalken *m* ornamental beam
Zierband[scharnier] *n* ornamental strap hinge, decorative [strap] hinge
Zierbekleidung *f* decorative cladding *(e.g. of a door)*; architrave moulding
Zierbeschlag *m* ornamental hinge
Zierdeckleiste *f* cover moulding
Zierecke *f* [über Gesimsen] antefix
Ziergewinde *n* looped ornament
Ziergiebel *m* pediment
Zierkante *f* decorative border
Zierkonsole *f* modillion
Zierleiste *f* [decorative, ornamental] moulding, [decorative] batten
Zierleistenfräser *m* decorative moulding cutter
Zierleistenfräsmaschine *f* decorative strip moulding machine
Zierleistenumlenkung *f* return
Ziermöbel *npl* decorative furniture
Ziermotiv *n* decorative motif
Ziernagel *m* decorative nail
Zierscharnier *n* ornamental hinge
Zier[ver]täfelung *f* decorative panelling
Zigarettenpapier *n* cigarette-paper
Zigarrenkistenholz *n* cigar-box wood
Zigarrenkistenzeder *f* [Central American] cedar, cedrela, *(esp.)* Cedrela odorata (mexicana)
Zimmerarbeit *f s.* Zimmermannsarbeit
Zimmeraxt *f* broad axe
Zimmerei *f* carpenter [work]shop, joiner's shop, joinery shop
Zimmerer *m* carpenter
Zimmererarbeit *f s.* Zimmermannsarbeit
Zimmererhammer *m* s.Zimmermannshammer
Zimmererhandwerk *n s.* Zimmerhandwerk

Zimmererlehrling

Zimmererlehrling *m* apprentice carpenter
Zimmererpolier *m* carpentry foreman
Zimmergeschäft *n* s. Zimmerei
Zimmergewerbe *n* s. Zimmerhandwerk
Zimmerhandwerk *n* carpenter's craft, [structural] carpentry, carpentering, carpentership, carpentry trade
Zimmerholz *n* carpentry timber, timbering
Zimmermann *m* carpenter, joiner, house-wright
Zimmermannsarbeit *f* carpentry [work], structural carpentry, carpenter's work, carpentering, carpentership; timber construction, timberwork
~ **im Fachwerkbau** timber-frame carpentry
Zimmermannsbleistift *m* carpenter's pencil
Zimmermannsbohrer *m* auger [bit, drill], wimble *(historical)*
Zimmermannsdach *n* framed roof
Zimmermannsgeselle *m* journeyman carpenter
Zimmermannsgewerk *n* [structural] carpentry, carpentering, carpentership
Zimmermannshammer *m* carpenter's hammer, claw (adze-eye) hammer, woodworking hammer
Zimmermannshobel *m* carpenter's plane
Zimmermannsholz *n* carpentry wood
zimmermannsmäßige Holzverbindung *f* carpentry joint
Zimmermannsnagel *m* spike
Zimmermannsschraubstock *m* bar clamp
Zimmermannsstift *m* carpenter's pencil
Zimmermannsware *f* carpentry wood
Zimmermannswerkstatt *f* carpentry [work]shop, joiner's shop, joinery shop
Zimmermannswerkzeug *n* carpenter's tool, carpentry tool
Zimmermannswinkel *m* carpenter's square, framing square
Zimmermeister *m* master-carpenter
zimmern to timber, to carpenter
Zimmerschiebetür *f* room-size sliding door
Zimmertanne *f* Norfolk [Island] pine, Araucaria heterophylla
zimmertrocken room-dry
Zimmertür *f* room door
Zimmertürschloß *n* room door lock
Zimmerung *f* timbering
Zimmerwerksatz *m* assembled piece of carpentry
Zimtbaum *m* canella bark tree, Canella winterana (alba)
ZIN s. Zingana
Zinchonin *n* cinchonine *(alkaloid)*
Zingana *n* African zebra wood, zebrano, Microberlinia brazzavillensis
Zinkchloridlösung *f* Burnett's liquid *(wood preservative)*
zinken to dovetail, to joggle, to joint
Zinkeneckverbindung *f* comb joint, box corner joint
Zinkenfräsapparat *m* s. Zinkenfräsmaschine
Zinkenfräser *m* dovetail cutter
Zinkenfräsmaschine *f* [für Schwalbenschwanzzinken] dovetailer, dovetailing (interlocking) machine
Zinkenfuge *f* finger-joint *(of veneers)*
Zinkenmaschine *f* dovetailer, interlocking machine
Zinkensäge *f* dovetail saw
Zink[hexa]fluorosilicat *n* zinc fluorosilicate, zinc silicofluoride *(wood preservative)*
Zinknaphthenat *n* zinc naphthenate *(wood preservative)*
Zinkschiefernagel *m* zinc slate nail
Zinksilikofluorid *n* s. Zink[hexa]fluorosilicat
Zinkung *f* joggle, joint
mittels ~ fügen to joggle, to joint
Zinkweiß *n* zinc white
Zinkzulage *f* zinc caul *(veneering)*
Zirbel[kiefer] *f* cembra[n] pine, arolla [pine], Swiss pine, Pinus cembra
Zither *f* zither[n] *(stringed instrument)*
Zitron-Doppelgold *n* lemon gold *(gilding)*
Zitronengelb *n* lemon chrome *(pigment)*
Zitronengold *n* lemon gold *(gilding)*
Zitronenmahagoni *n* dita bark, devil's-tree, Alstonia scholaris
Zitterpappel *f* trembling poplar, [European, Swedish] aspen, Populus tremula
Zitterpilz *m* trembling fungus *(order Tremellales)*
Zollernia paraensis enemy, Zollernia paraensis *(wood species)*
Zollstock *m* carpenter's rule, folding rule
viergliedriger ~ [mit Scharniergelenken] fourfold rule
Zonenbegrenzungslinie *f* zone line, pencil line *(in fungal-attacked wood)*
Zopf *m* head [log], top log, crown
Zopfdurchmesser *m* top [end] diameter, small-end diameter, diameter at the smaller end, diameter at the top *(timber mensuration)*
Zopfende *n* top end, small end *(of the tree-stem)*
mit dem ~ voran small-end first *(timber transport)*
Zopfholz *n* topwood, tops
Zopfschellack *m* stick shellac[k], shellac[k] stick
Zopfstärke *f* s. Zopfdurchmesser
Zopfstil *m* Louis Seize *(style of furniture)*
Zopfstück *n* head log, top log
zopftrocken stag-headed, top-dry *(tree)*
Zopftrocknis *f* stag-headedness
Zopfware *f* tops, topwood
Zopfwinde *f* deragger *(paper-making)*
Zucker *m* sugar *(secondary wood constituent)*
Zuckerahorn *m* sugar-maple, Canadian (rock) maple, blister (bird's-eye) maple, Acer saccharum
~-Splintholz *n* white maple *(trade name)*
Zuckeralkohol *m* sugar alcohol *(secondary wood constituent)*
Zuckerbirke *f* sweet birch, cherry birch, Betula lenta
Zuckerbirkenkernholz *n* red birch *(from Betula lenta)*
Zuckerkiefer *f* sugar pine, Lambert's (gigantic, white) pine, SP, Pinus lambertiana
Zuckerpalme *f* 1. sugar palm *(comprehensive term)*; 2. [true] sugar palm, gomuti [palm], areng[a], Arenga pinnata (saccharifera)

Zuckerrohrpreßrückstand *m* bagasse
Zufallbringen *n* bringing down *(tree-felling)*
Zuführgeschwindigkeit *f* rate of feed, feed speed
Zuführung *f* feed
Zugangstür *f* walk-in door
Zuganker *m* tie[-rod]
Zugband *n* tie[-beam]
zugbeanspruchtes Holz *n* tension wood
Zugbeanspruchung *f* tensile stress
Zugelastizitätsmodul *m* modulus of elasticity in tension
zugeschnittenes und verpacktes Daubenholz *n* [stave] shook, shake
~ **und verpacktes Kistenholz** *n* [box] shook, shake
zugespitzt faserförmig (spindelförmig) fusiform
Zugfestigkeit *f* tensile strength, ultimate strength in tension
~ **in Faserrichtung** [ultimate] tensile strength parallel to the grain, longitudinal tensile strength
~ **quer zur Faserrichtung** [ultimate] tensile strength perpendicular to grain
Zugfestigkeitsindex *m* tensile index *(of wood pulp)*
Zugholz *n* tension wood
Zugholzbildung *f* tension wood formation
Zugholzfaser *f* tension [wood] fibre
Zugmöbel *npl* railway furniture
Zugsäge *f* drag saw
Zugschäler *m* draw[ing]-knife, [draw-]shave
Zugspannung *f* tensile stress
Zugstab *m* tie[-rod]
Zugtierbetrieb *m* animal traction *(timber transport)*
Zugverformungsrest *m* tension set
Zuhalter *m* tumbler *(lock)*
Zuhaltungshebel *m* tumbler *(lock)*
zuhauen to hew, to axe[-hew], to hack
Zulage *f* caul *(veneering)*
zulässige Biegespannung *f* allowable stress in bending
~ **Klebfugenspannung** *f* allowable glue-line stress
~ **Maßabweichung** *f* tolerance
~ **Spannung** *f* allowable stress *(statics)*
zulässiger Fehler *m* allowable defect *(e.g. in wood)*
Zuluftöffnungen *fpl* **in der Traufschalung** soffit vents
zunageln to nail up
Zunder *m* s.Zunderschwamm
Zunderholz *n* touchwood
Zunderschwamm *m* 1. agaric *(esp. genus Fomes)*; 2. tinder fungus, Fomes (Polyporus) fomentarius; 3. punk *(dry fructifications esp. from Fomes spp.)*
Zündholz *n* match[stick]
Zündholzautomat *m* automatic match-making machine
Zündholzblock *m* match block
Zündholzherstellung *f* match-making
Zündholzmaschine *f* match-making machine
Zündholzschachtel *f* matchbox
zundrig punky
Zündwarenholz *n* matchwood
Zunehmen *n* accretion
Zungenband *n* cross garnet [hinge], T-hinge
Zuordnung *f* assortment
Zupfinstrument *n* plucked instrument
Zürgelbaum *m* nettle tree, celtis *(genus Celtis)*
Zurückfedern *n* resilience
zurückgesetzte Füllung *f* sunk panel
zurechtschneiden to trim, to equalize
Zurechtschneiden *n* end-butting *(timber)*
zureißen to scribe, to mark [out], to set out *(a workpiece)*
zurichten to slab[-cut], to convert *(roundwood)*; to mill *(boards)*; to surface, to dress
Zusägen *n* siding
zusammenfügen to join[t]
zusammenfließend confluent *(wood parenchyma)*
zusammengenähter Ast *m* arris knot
zusammengesetzte Mittellamelle *f* compound middle lamella *(wood anatomy)*
zusammengesetzter Holzstrahl *m* aggregate ray
zusammengesetztes Hänge[spreng]werk *n* composite truss frame
~ **Sperrholz** *n* composite plywood
zusammenkleben to bond together, to agglutinate
zusammenleimen to glue together, to bond together
zusammennageln to nail together
zusammenrücken to bunch *(logs to be harvested)*
Zusammensetzen *n* **der Furniere** veneer matching
Zusatz *m* additive *(e.g. to adhesives)*
Zusatzlachte *f* back face *(resin-tapping)*
Zusatzstoff *m* additive *(e.g. to adhesives)*
Zuschneideliste *f* cutting list
zuschneiden to trim, *(Am)* to lumber
Zuschnittmaß *n* raw measure
Zuschnittoptimierung *f* size cutting optimization
Zuschnittreste *mpl* trimmings, off-cuts
Zuschnittsäge[maschine] *f* stripper
Zuwachs *m* [growth] increment, accretion
Zuwachsbohrer *m* increment borer, accretion borer *(timber mensuration)*
Zuwachsbohrkern *m* increment core, boring (borer) core *(timber mensuration)*
Zuwachsbohrung *f* increment boring, accretion boring
zuwachsen to occlude *(knot)*
Zuwachsen *n* occlusion *(of knots)*
Zuwachsmantel *m* growth layer *(of a tree)*
Zuwachsring *m* growth (tree) ring, annual [growth] ring, annual growth layer
Zuwachsringbreite *f* growth-ring width
Zuwachsringgrenze *f* growth-ring boundary
Zuwachsschicht *f* cambium
Zuwachszone *f* increment zone, accretion zone *(wood anatomy)*; growth ring *(in tropical woods)*
Zwangseinschlag *m* salvage felling, salvaging
Zweckenhammer *m* tack-hammer
Zweckmöbel *npl* utility furniture, purpose furniture

Zweibacken[bohr]futter

Zweibacken[bohr]futter *n* two-jaw chuck, two-part jaws
Zweiblatt-Blockbandsäge *f* twin band headrig
Zweiblattkreissäge[maschine] *f* double saw, double-blade circular sawing machine
Zweiersofa *n* two seater [sofa], love-seat
Zweietagenlachte *f* two-storey face *(resin-tapping)*
Zweifach-Isolierglasfenster *n* double-glazed window, double-pane window
Zweifachwellpappe *f* double-wall corrugated paperboard, double-double-faced corrugated paperboard
zweifachwirkende Holzwollemaschine *f* double-acting wood-wool machine
Zweifarbige Eiche *f* swamp white oak, Quercus bicolor
zweiflügelige Tür *f* biparting door, double door
~ **Pendeltür** *f* double swing door
Zweig *m* twig, branchlet
zweigängige Windung *f* double-bine twist turning
Zweigelenkbinder *m* two-hinged truss
Zweigelenkbogen *m* two-hinged arch
Zweigelenkrahmen *m* two-hinged Tudor arch
Zweiggeflecht *n* wattle
~ **und Lehm** *m* wattle and daub *(half-timbering)*
Zweigriffeliger Weißdorn *m* may tree, Crataegus laevigata (oxyacantha)
zweigriffige Handsäge *f* two-handed saw, two-man saw
Zweigsucht *f* wyches'-broom *(of woody plants mainly due to fungal attack)*
zweikantig abgerichtet (gehobelt) surfaced two edges, S2E
Zweikomponentenbleichmittel *n* two-part bleach
Zweikomponentenklebstoff *m* two-part adhesive, two-component adhesive
Zweikomponentenlack *m* two-pack lacquer
zweilagige Wellpappe *f* double-wall corrugated paperboard, double-double-faced corrugated paperboard
zweiläufige gegenläufige Treppe *f* mit Zwischenpodest U-type platform stairway
~ **gewinkelte Treppe** *f* mit Zwischenpodest L-type platform stairway
~ **Treppe** *f* double-flight stair
~ **Treppe** *f* mit Halbpodest half-turn staircase with landing
Zweimann-Schrotsäge *f* twart-saw, cross-cut saw
Zweimannblattsäge *f*, **Zweimann[hand]säge** *f* double-handed saw, two-handed saw, two-man saw
Zweinadler *m* two-needle pine *(species group)*
zweireihiges Stangengerüst *n* double-pole scaffold (staging)
zweischichtige Spanplatte *f* two-layer particleboard
Zweischichtplatte *f* two-layer particleboard
zweischneidiger Fräser *m* two-flute cutter
~ **Oberfräser** *m* double-edged panel cutter
zweischnittige Nagelverbindung *f* double-shear nailed joint
Zweiseitenfräsmaschine *f* two-side moulding machine
Zweiseitenhobelmaschine *f* two-side planing machine
Zweiseitenpresse *f* two-side press
zweiseitig abgerichtet surfaced two sides, S2S, planed all round, PAR
~ **bezahnte Bandsäge** *f* double-cutting band-saw
~ **gehobelt** *s.* ~ abgerichtet
~ **glatt** smooth two sides, S2S *(fibreboard)*
~ **glatte Faser[hart]platte** *f* duo-faced [hard]board, smooth-2-sides hardboard
~ **und einkantig abgerichtet (gehobelt)** surfaced two sides one edge, S2S1E
zweiseitige Büge *mpl* two-way bracing
~ **Kopfbänder** *npl* two-way bracing
~ **Nagelplatte** *f* spike grid connector, Swiss Menig plate
~ **Wellpappe** *f* single-wall corrugated paperboard, double-faced corrugated paperboard
zweiseitiger Furnierschneider *m* veneer saw [with reversible saw blade]
Zweisitzer *m*, **Zweisitzersofa** *n* two seater [sofa], love-seat
zweistapeliger Trockner (Holztrockner) *m* double-stack kiln
zweistielig einschneiden to halve *(roundwood)*
Zweistufenaufschluß *m* two-stage pulping *(pulp manufacture)*
Zweistufenbleiche *f* two-stage bleach[ing] *(of wood-pulp)*
Zweistufenspänetrockner *m* two-stage chip dryer
Zweistufenverfahren *n* der Holzschlifferzeugung two-stage refining
zweitbestes Mischsortiment *n* No. 1 common & selects *(timber grading)*
zweite Klasse (Qualität) *f* seconds *(timber grading)*
zweiteilige Möbel *npl* two-part furniture
Zweithölzer *npl* lesser known species
zweitüriger Kleiderschrank *m* two-door wardrobe
Zweizähniger Kiefernborkenkäfer *m* two-toothed [pine] bark-beetle, small pine tree bark-beetle, Pityogenes bidentatus
Zweizeilige Sumpfeibe (Sumpfzypresse) *f* bald (deciduous, red) cypress, swamp (Louisiana) cypress, Taxodium distichum
Zwerchaxt *f* cross axe
Zwergbaum *m* dwarf tree
Zwergbirke *f* dwarf birch, Arctic birch, Betula nana
Zwerggiebeldach *n* gablet roof
Zwergholunder *m* dwarf elder, Sambucus ebulus
Zwergkastanie *f* Allegheny chinquapin, chinquapin, Castanea pumila *(wood species)*
Zwergkiefer *f* dwarf Siberian pine, Pinus pumila
Zwergkirsche *f* Japanese cherry wood, Chinese fruiting cherry, Prunus pseudocerasus
Zwergwuchs *m* dwarfism
Zwetsch[g]enbaum *m* [garden] plum, Prunus domestica
zwiebelartig ausgerundet bulbous *(turned baluster or leg)*

Zwiesel *f(m)* crotch, curl
Zwieselbildung *f* forking, bifurcation, forked growth
Zwieselholz *n* crotchwood
zwieselig forked *(tree-trunk)*
Zwieselstamm *m* forked stem, twin stem
Zwieselung *f s.* Zwieselbildung
Zwillingsbandsäge *f* twin-band saw
Zwillingsfenster *n* gemel window
Zwillingstischfräsmaschine *f* double-spindle moulding machine
Zwillingsvollgatter *n* two-framed sawmill, twin-frame sawmill
Zwinge *f* ferrule *(around a tool handle)*
Zwirl *m* prong chuck, fork chuck *(of a lathe spindle)*
Zwirnspule *f* bobbin, spool
Zwischenbalken *m* mid-beam
Zwischenfensterspiegel *m* pier glass
Zwischenfirnis *m* intermediate varnish
Zwischengasse *f* passage way *(between stacks of timber)*
Zwischenholm *m* intermediate carriage *(of a stairway)*
Zwischenholz *n* crosser
Zwischenlage *f* underlayment *(of a flooring)*
Zwischenlagerung *f* intermediate storage
Zwischennutzung *f* intermediate felling
Zwischennutzungsholz *n* timber from intermediate fellings
Zwischenpfette *f* middle purlin
Zwischenpodest *n* intermediate landing *(of a staircase)*
Zwischenschleifen *n* intermediate grinding
Zwischenschliff *m* intermediate grinding
Zwischensparren *m* intermediate (common) rafter
Zwischenträger *m* secondary beam, joist
Zwischenwandpfosten *m* intermediate wall pole
Zwischenzellraum *m* intercellular space *(wood anatomy)*
Zwittertanne *f* Cunningham pine, Cunninghamia lanceolata
Zwölfstundenöl *n* 12-hour gold size *(gilding)*
Zwölfzähniger Kiefernborkenkäfer *m* stenograph bark-beetle, pine tree beetle, Ips sexdentatus
zyklopor ring-porous *(wood)*
Zyklustest *m* **im feuchten Milieu** wet cyclic test *(e.g. on fibreboards)*
Zylinderbohrer *m* Forstner bit
Zylinderbureau *n* cylinder[-top] desk, roll-top desk
Zylindereinsteck[möbel]schloß *n* cylinder mortise cabinet lock
Zylinderkopfbohrer *m* Forstner bit
Zylindermöbelschloß *n* cylinder cabinet lock
Zylinderpoliermaschine *f* drum polishing machine
Zylindersäge[maschine] *f* cylinder saw, crown saw, barrel saw
Zylinderschleifmaschine *f* drum sander, drum sanding machine
Zylinderschloß *n* cylinder lock, Yale night latch
zylindrisch cylindrical; full-bodied, full-boled *(tree-trunk)*
zylindrische Feder (Zugfeder) *f* tension spring *(upholstery)*
zylindrischer Oberfräser *m* straight cutter
ZYP *s.* 1. Zypressenholz; 2. Echte Zypresse
Zypresse *f* cypress *(genus Cupressus)*
Zypressengewächse *npl* cypress family *(family Cupressaceae)*
Zypressenholz *n* cypress [wood]
Zystid[i]e *f* cystidium *(of basidiomycetes)*
Zystolith *m* cystolith *(wood anatomy)*
Zytologie *f* cytology
Zytoplasma *n* cytoplasm

Verzeichnis internationaler Organisationen

AFC African Forestry Commission
Afrikanische Forstkommission
ANRPC Association of Natural Rubber Producing Countries
Vereinigung der Naturkautschuk produzierenden Länder
APFC Asia-Pacific Forestry Commission
Asiatisch-Pazifische Forstkommission
ATO African Timber Organization
Afrikanische Holzorganisation
ECE Timber Committee
Holzkomitee der ECE
ECMA European Carton Makers' Association
Vereinigung der europäischen Kartonagenhersteller
EDG European Drying Group
Europäisches Trocknungsforum
EFC European Forestry Commission
Europäische Forstkommission
EFCBWU European Federation of Christian Building and Woodworkers' Unions
Europäischer Bund Christlicher Bau- und Holzarbeiterverbände
EFF European Furniture Federation
Europäischer Möbel-Verband, EMV
FEPMA Federation of European Pencil Manufacturer's Associations
Verband Europäischer Bleistifthersteller
FIDOR Fibre Building-Board Development Organization
Organisation für die Entwicklung von Faserplatten
IAWA International Association of Wood Anatomists
Internationale Vereinigung der Holzanatomen
IAWS International Academy of Wood Science
Internationale Akademie für Holzwissenschaft
ICCA International Corrugated Case Association
Internationale Vereinigung der Wellpappehersteller
IFBWW International Federation of Building and Woodworkers
Internationaler Bund der Bau- und Holzarbeiter, IBBH
INRO International Natural Rubber Organization
Internationale Organisation für Naturkautschuk
IPC International Poplar Commission
Internationale Pappel[anbau]kommission
IRG/WP International Research Group on Wood Preservation
Internationale Forschungsgruppe Holzschutz
IRSG International Rubber Study Group
Internationale Forschungsgruppe [für] Kautschuk
ITTO International Tropical Timber Organization
Internationale Tropenholzorganisation
ITTTA International Technical Tropical Timber Association
Internationaler technischer Verband für tropische Hölzer
IUFRO International Union of Forestry Research Organizations
Internationaler Verband forstlicher Forschungsanstalten
LAFC Latin-American Forestry Commission
Lateinamerikanische Forstkommission
NEFC Near East Forestry Commission
Forstkommission für den Nahen Osten
SEALPA Southeast Asia Lumber Producers Association
Vereinigung der Holzproduzenten Südostasiens
WFBW World Federation of Building- and Woodworkers
Unions Weltverband der Bau- und Holzarbeiterorganisaionen, WVBH